Scale 1:190,000
or 3 miles to 1 inch
(1.9km to 1cm)

12th edition June 2016

© AA Media Limited 2016
Original edition printed 2005

Copyright: © IGN-FRANCE 2015
The IGN data or maps in this atlas are from the latest IGN editions, the years of which may be different. www.ign.fr. Licence number 40000556.

Published by AA Publishing (a trading name of AA Media Limited, whose registered office is Fanum House, Basing View, Basingstoke, Hampshire RG21 4EA, UK. Registered number 06112600).

ISBN: 978 0 7495 7785 8 (paperback)
ISBN: 978 0 7495 7786 5 (spiral bound)

A CIP catalogue record for this book is available from The British Library.

Printed in Italy by G. Canale & C. S.p.A

The contents of this atlas are believed to be correct at the time of printing. However, the publishers cannot be held responsible for loss occasioned to any person acting or refraining from action as a result of any material in this atlas, nor for any errors, omissions or changes in such material. This does not affect your statutory rights.

Photographs on pages II and III are held in the Association's own library (AA World Travel Library) with contributions from the following photographers (from left to right):
R Victor, S Day, S Abraham, R Moore, C Sawyer, W Voysey, C Sawyer, M Busselle.

AA

BIG EASY FRANCE

Atlas contents

Key to map pages	inside front cover
Channel hopping guide	II–III
Route planner 1:957,000	IV–XV
Map Legend	XVI
France road maps 1:190,000	1–201
Corsica road maps 1:190,000	202–207
Central Paris	208–211
Environs maps	212–217
Paris	212–215
Lyon	216–217
Town plans	218–223

Aix-en-Provence	218	Cherbourg	220	Montpellier	221
Amiens	218	Clermont-Ferrand	220	Nancy	222
Angers	218	Coquelles Terminal	I	Nantes	222
Annecy	218	Dieppe	220	Nice	222
Avignon	218	Dijon	220	Orléans	222
Bayeux	218	Dover, Port of	III	Pau	222
Bordeaux	218	Dunkerque	220	Perpignan	222
Brest	219	Folkestone Terminal	I	Poitiers	222
Caen	219	Grenoble	220	Reims	223
Calais	III	la Rochelle	220	Rouen	223
Cannes	219	le Havre	220	St-Malo	223
Châlons-en-		Lille	221	Strasbourg	223
Champagne	219	Limoges	221	Toulon	223
Channel Tunnel	I	Lyon-Villeurbanne	221	Toulouse	223
Chartres	219	Marseille	221	Tours	223

Département map	224
Index to place names	224–256
Distances and journey times	inside back cover

Channel Tunnel Terminals

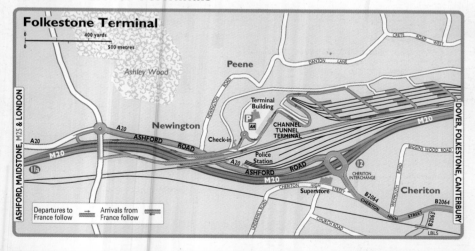

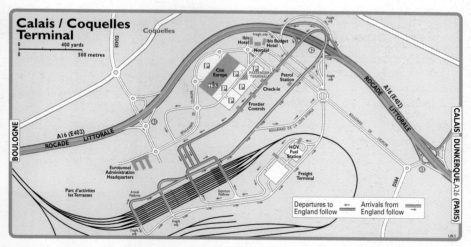

Whether for 'duty free' shopping, eating and drinking, sightseeing or a combination of all four, it's fun to hop across the Channel. High-speed ferries and the Channel Tunnel have made it easier than ever, Cherbourg is less than three hours sailing, while Calais is less than an hour away.

Drive out of the terminal and large shopping complexes and hypermarkets are waiting close by, with large car parks, a fantastic choice of things to buy, and often with eating places all under the same roof. Cité Europe in Calais is the best example.

If you prefer town-centre shopping, colourful markets and tempting patisseries, specialist cheese shops and bakeries, follow the signs for the town centre or Centre-Ville. Boulogne, and Dieppe, for example, are ideal.

France time is normally one hour ahead of British time and remember to drive on the right and go round roundabouts in an anti-clockwise direction! You can also check for the latest travel information and advice on driving in France at *theaa.com/ motoring-advice/overseas/countrybycountry*

Vehicle ferries

Destination	Departure port	Operator	Journey time (approx)
FRANCE AND BELGIUM			
Caen (Ouistreham)	Portsmouth	Brittany Ferries	6–7 hrs
Calais (Coquelles)	Channel Tunnel - Folkestone Terminal	Eurotunnel	35 mins
Calais	Dover	DFDS Seaways	1½ hrs
Calais	Dover	P&O Ferries	1½ hrs
Cherbourg	Dublin	Irish Ferries	18½ hrs
Cherbourg	Poole	Brittany Ferries	4¼ hrs
Cherbourg	Portsmouth (May–Aug)	Brittany Ferries	3 hrs
Cherbourg	Portsmouth (May–Aug)	Condor Ferries	5½ hrs
Cherbourg	Rosslare	Irish Ferries	17½ hrs
Cherbourg	Rosslare	Stena Line Ferries	17 hrs
Dieppe	Newhaven	DFDS Seaways	4 hrs
Dunkerque	Dover	DFDS Seaways	2 hrs
le Havre	Portsmouth (Jan–Oct)	Brittany Ferries	8 hrs
Roscoff	Cork (Apr–Oct)	Brittany Ferries	14 hrs
Roscoff	Plymouth	Brittany Ferries	6–8 hrs
Roscoff	Rosslare	Irish Ferries	17½ hrs
St-Malo	Plymouth (Nov–Mar)	Brittany Ferries	10¼ hrs
St-Malo	Poole	Condor Ferries	7–12 hrs
St-Malo	Portsmouth	Brittany Ferries	9–11 hrs
CHANNEL ISLANDS			
Guernsey	Poole	Condor Ferries	3 hrs
Guernsey	Portsmouth	Condor Ferries	7 hrs
Jersey	Poole	Condor Ferries	4½ hrs
Jersey	Portsmouth	Condor Ferries	8–11 hrs

Ferry services listed are provided as a guide only and are liable to change at short notice, so please check sailings before planning your journey.

Ferry operators

Operator	Website
Brittany Ferries	brittany-ferries.co.uk brittanyferries.ie
Condor Ferries	condorferries.co.uk
DFDS Seaways	dfdsseaways.co.uk
Eurotunnel	eurotunnel.com
Irish Ferries	Irishferries.com
P&O Ferries	poferries.com
Stena Line Ferries	stenaline.co.uk stenaline.ie

Cherbourg

St Peter Port

Roscoff

15th century castle of St-Malo

ENGLISH

Port plans: Cherbourg p.220, le Havre p.220 and St-Malo p.223

Port of Dover

DOVER
Dover Castle
FERRY TERMINAL
CONNAUGHT ROAD
LONDON ROAD
HIGH STREET
A256
A258
CASTLE HILL ROAD
MAISON DIEU ROAD
JUBILEE WAY
TOWNHALL STREET
DOVER PRIORY STATION
NORTH MILITARY ROAD
FOLKESTONE ROAD
B2011
Clarendon
DOVER PRIORY STATION
YORK STREET RBT
PRINCE OF WALES RBT
Western Heights
LIMEKILN RBT
WESTERN HEIGHTS RBT
A20
Western Docks
Outer Harbour
Eastern Docks
Inner Harbour
CRUISE TERMINALS
LBLS
0   500 m

Calais
CAR FERRY TERMINAL
Notre Dame
Citadelle
GARE CENTRALE
Fort Nieulay
Hypermarket
Stadium
Hospital
CALAIS CHANNEL TUNNEL TERMINAL ENTRANCE
EXIT FROM CHANNEL TUNNEL
Cité de l'Europe
BOULEVARD DE L'EUROPE
SANGATTE
BOULOGNE
GUINES
ST OMER
DUNKERQUE
PARIS
© IGN France 2015

III

Portsmouth Harbour

Dover

Dieppe

Abbey aux Hommes, Caen

CHANNEL

Baie de la Seine

Isle of Wight

B

LILLE

PARIS

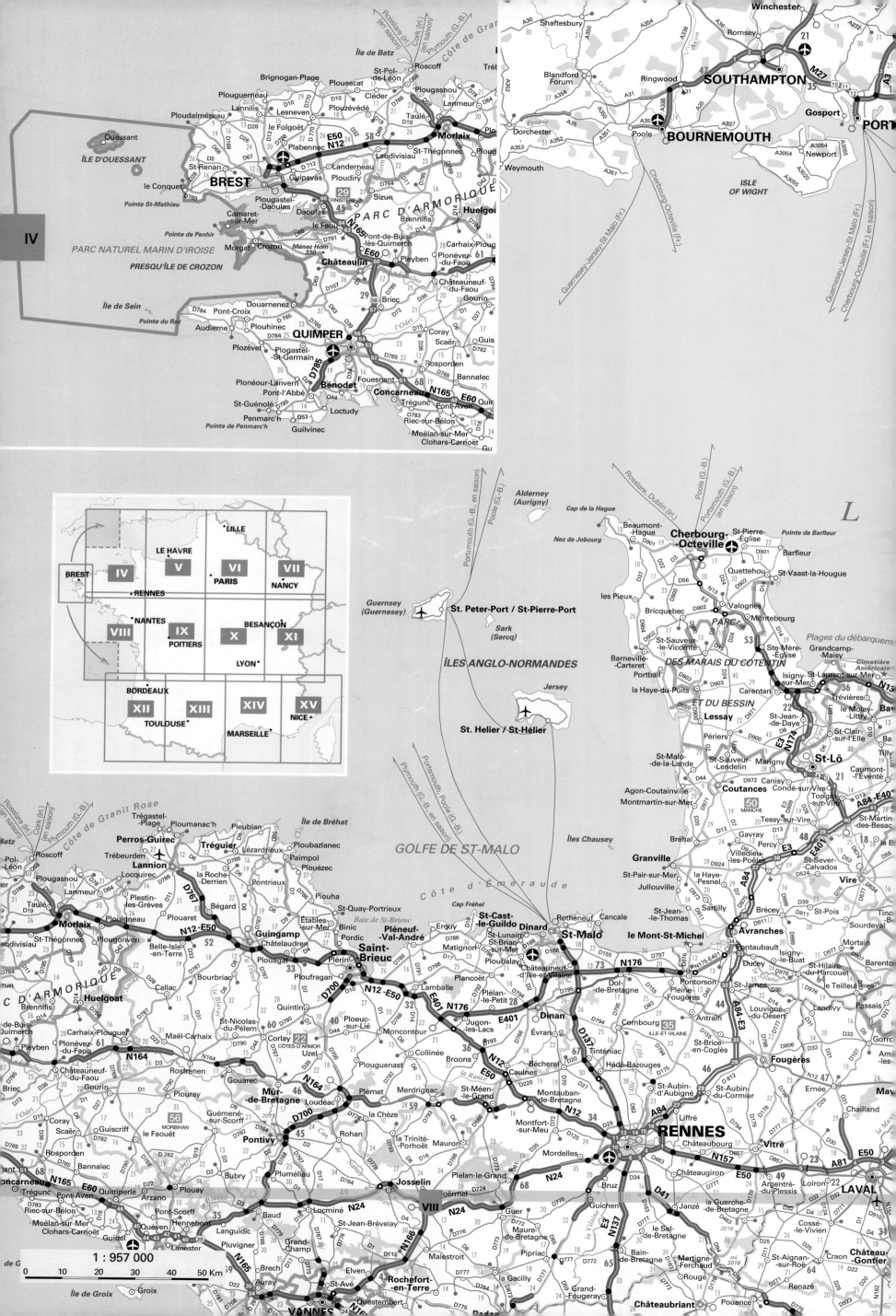

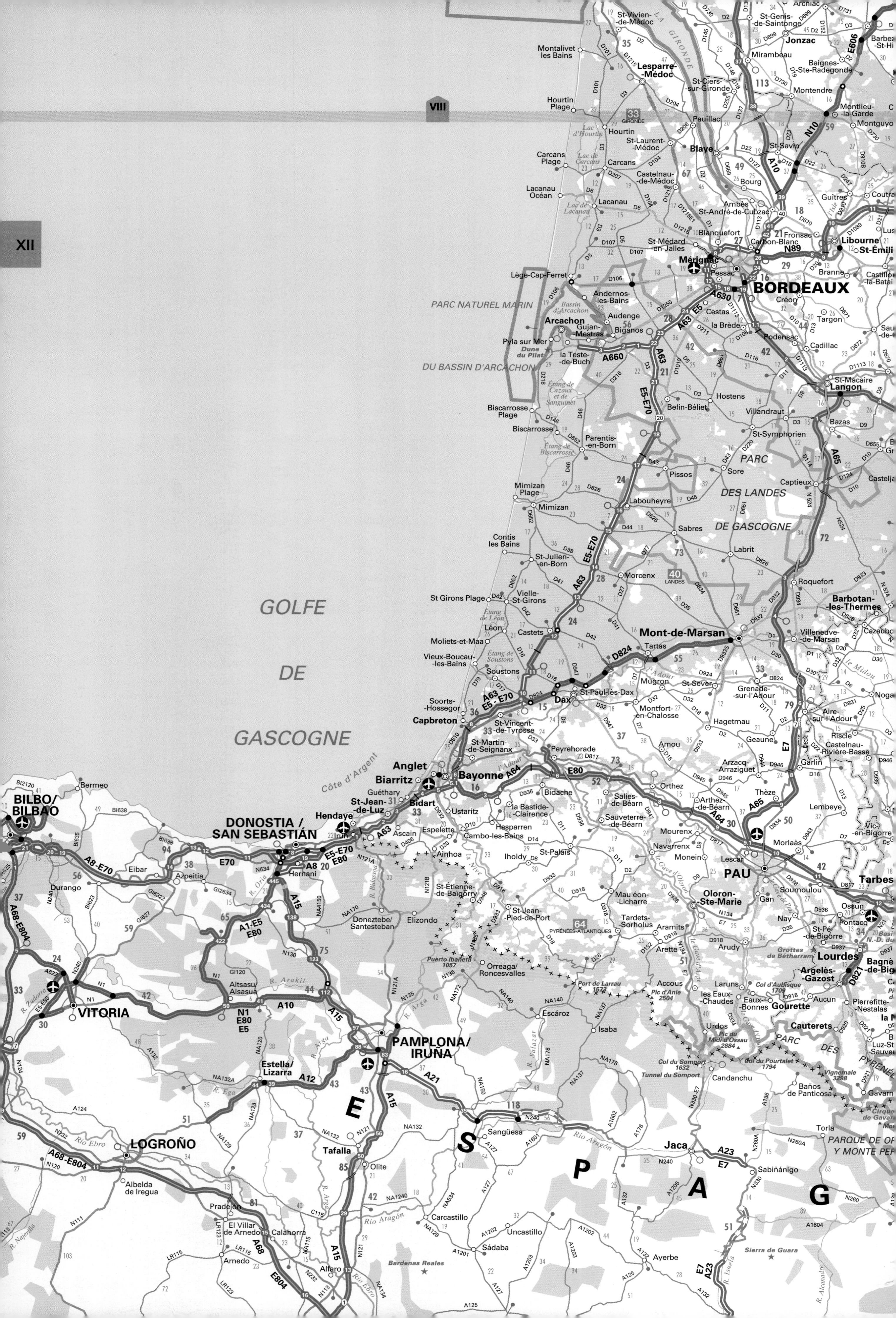

GOLFE

DE

GASCOGNE

BORDEAUX

PARC NATUREL MARIN

DU BASSIN D'ARCACHON

PARC DES LANDES DE GASCOGNE

Côte d'Argent

BILBO / BILBAO

DONOSTIA / SAN SEBASTIÁN

VITORIA

LOGROÑO

PAMPLONA / IRUÑA

PAU

Mont-de-Marsan

Lourdes

E S P A G

PARQUE DE ... Y MONTE PER...

PARC DES PYRÉNÉ...

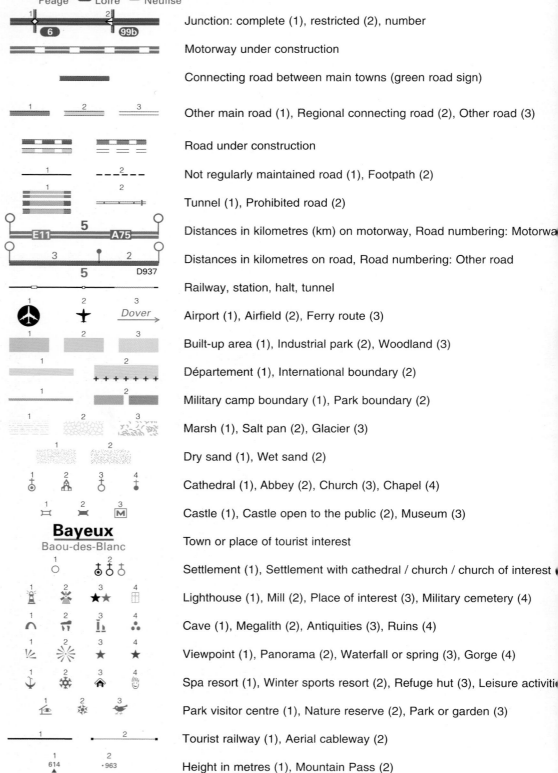

(F) Légende 🇫🇷 — (GB) Legend 🇬🇧

(F) Légende	(GB) Legend
Autoroute, section à péage (1), Autoroute, section libre (2), Voie à caractère autoroutier (3)	Motorway, toll section (1), Motorway, toll-free section (2), Dual carriageway with motorway characteristics (3)
Barrière de péage (1), Aire de service (2), Aire de repos (3)	Tollgate (1), Service area (2), Rest area (3)
Échangeur: complet (1), partiel (2), numéro	Junction: complete (1), restricted (2), number
Autoroute en construction	Motorway under construction
Route appartenant au réseau vert	Connecting road between main towns (green road sign)
Autre route de liaison principale (1), Route de liaison régionale (2), Autre route (3)	Other main road (1), Regional connecting road (2), Other road (3)
Route en construction	Road under construction
Route irrégulièrement entretenue (1), Chemin (2)	Not regularly maintained road (1), Footpath (2)
Tunnel (1), Route interdite (2)	Tunnel (1), Prohibited road (2)
Distances kilométriques (km), Numérotation: Autoroute, type autoroutier	Distances in kilometres (km) on motorway, Road numbering: Motorway
Distances kilométriques sur route, Numérotation: Autre route	Distances in kilometres on road, Road numbering: Other road
Chemin de fer, gare, arrêt, tunnel	Railway, station, halt, tunnel
Aéroport (1), Aérodrome (2), Liaison maritime (3)	Airport (1), Airfield (2), Ferry route (3)
Zone bâtie (1), Zone industrielle (2), Bois (3)	Built-up area (1), Industrial park (2), Woodland (3)
Limite de département (1), limite d'État (2)	Département (1), International boundary (2)
Limite de camp militaire (1), Limite de Parc (2)	Military camp boundary (1), Park boundary (2)
Marais (1), Marais salants (2), Glacier (3)	Marsh (1), Salt pan (2), Glacier (3)
Région sableuse (1), Sable humide (2)	Dry sand (1), Wet sand (2)
Cathédrale (1), Abbaye (2), Église (3), Chapelle (4)	Cathedral (1), Abbey (2), Church (3), Chapel (4)
Château (1), Château ouvert au public (2), Musée (3)	Castle (1), Castle open to the public (2), Museum (3)
Localité d'intérêt touristique	Town or place of tourist interest
Commune (1), Commune avec cathédrale / église / église d'intéret (2)	Settlement (1), Settlement with cathedral / church / church of interest
Phare (1), Moulin (2), Curiosité (3), Cimetière militaire (4)	Lighthouse (1), Mill (2), Place of interest (3), Military cemetery (4)
Grotte (1), Mégalithe (2), Vestiges antiques (3), Ruines (4)	Cave (1), Megalith (2), Antiquities (3), Ruins (4)
Point de vue (1), Panorama (2), Cascade ou source (3), Gorge (4)	Viewpoint (1), Panorama (2), Waterfall or spring (3), Gorge (4)
Station thermale (1), Sports d'hiver (2), Refuge (3), Activités de loisirs (4)	Spa resort (1), Winter sports resort (2), Refuge hut (3), Leisure activities
Maison du Parc (1), Réserve naturelle (2), Parc ou jardin (3)	Park visitor centre (1), Nature reserve (2), Park or garden (3)
Chemin de fer touristique (1), Téléphérique (2)	Tourist railway (1), Aerial cableway (2)
Taille en mètres (1), Col (2)	Height in metres (1), Mountain Pass (2)

1:190,000

(F) Légende de plans de ville 🇫🇷 — (GB) Town plan legend 🇬🇧

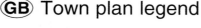

(F) Légende de plans de ville	(GB) Town plan legend
Autoroute, section à péage (1), Autoroute, section libre (2), Voie à caractère autoroutier (3)	Motorway, toll section (1), Motorway, toll-free section (2), Dual carriageway with motorway characteristics (3)
Échangeur: complet (1), partiel (2), numéro	Junction: complete (1), restricted (2), number
Barrière de péage (1), aire de service (2)	Tollgate (1), service area (2)
Route appartenant au réseau vert	Connecting road between main towns (green road sign)
Autre route de liaison principale	Other main road
Route de liaison régionale	Regional connecting road
Tunnel routier (1), Autre route (2)	Road tunnel (1), Other road (2)
Bâtiment administratif (1), église, chapelle (2), hôpital (3)	Administrative building (1), church, chapel (2), hospital (3)
Limite de commune, de canton	Commune, canton boundary
Limite d'arrondissement, de département	Arrondissement, département boundary
Limite de région, d'État	Region, international boundary
Zone bâtie, superficie > 8 ha (1), < 8 ha (2), zone industrielle (3)	Built-up area, more than 8 ha (1), less than 8 ha (2), industrial park (3)

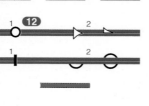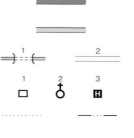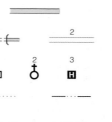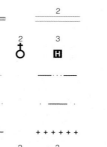

XVI

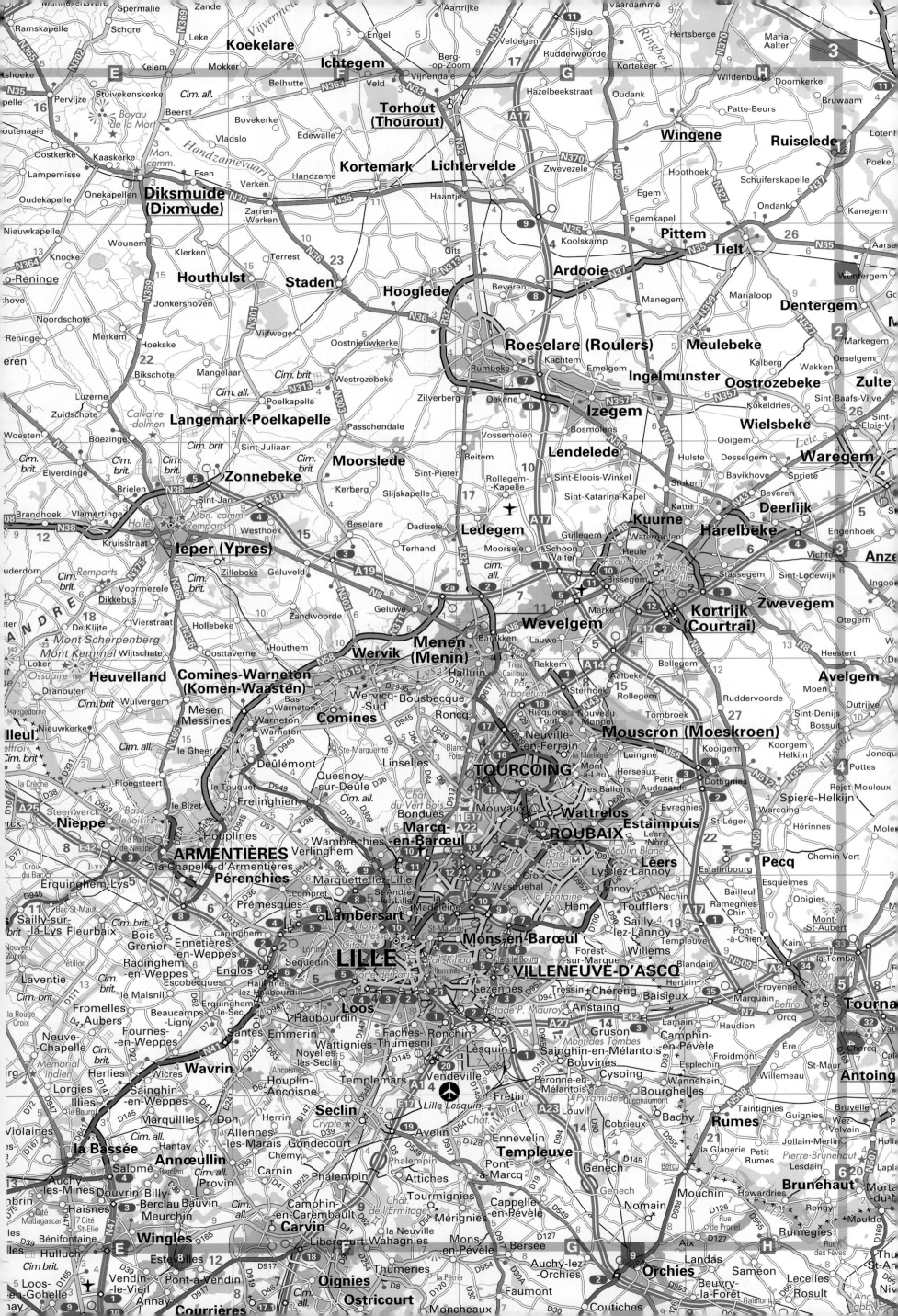

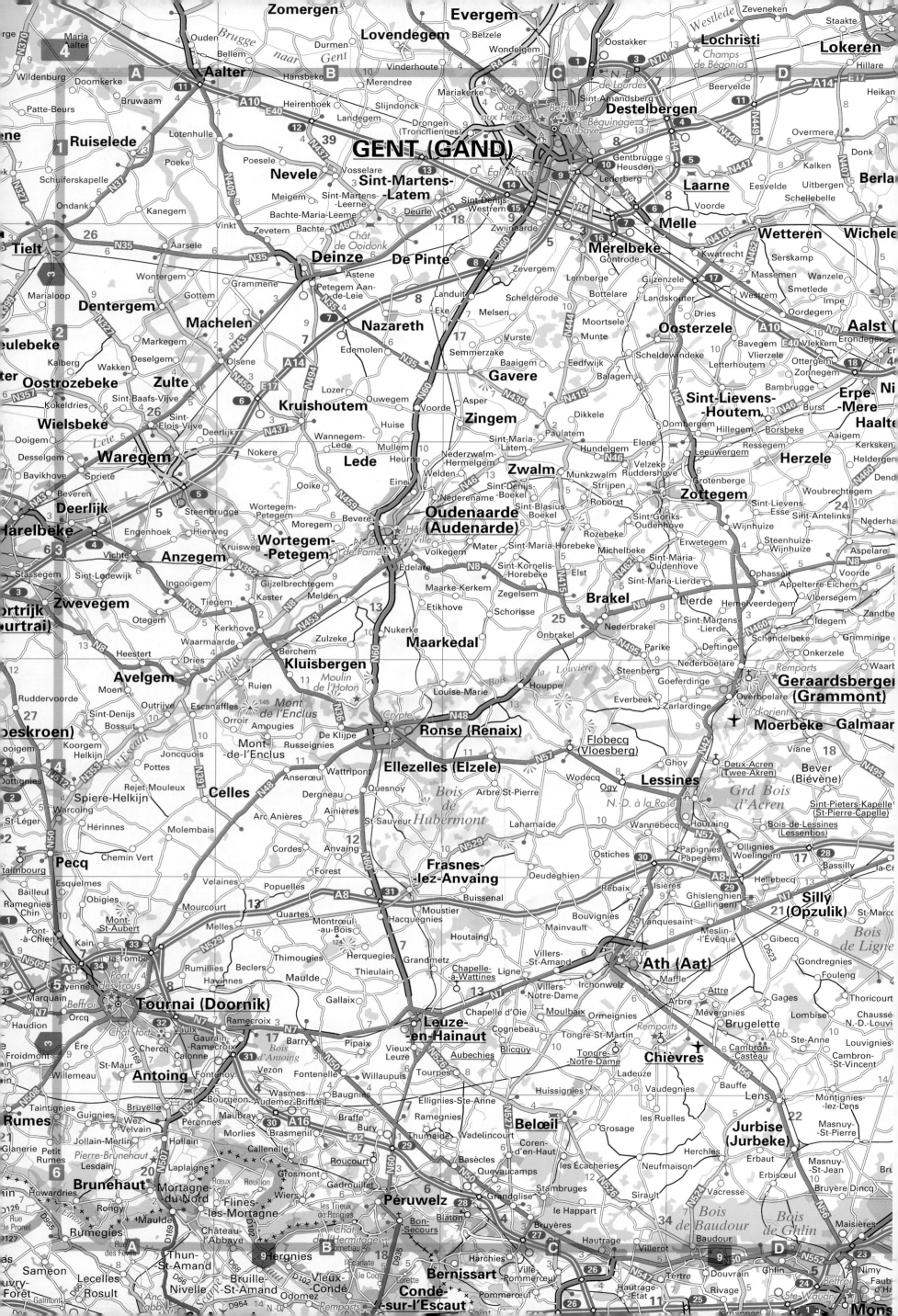

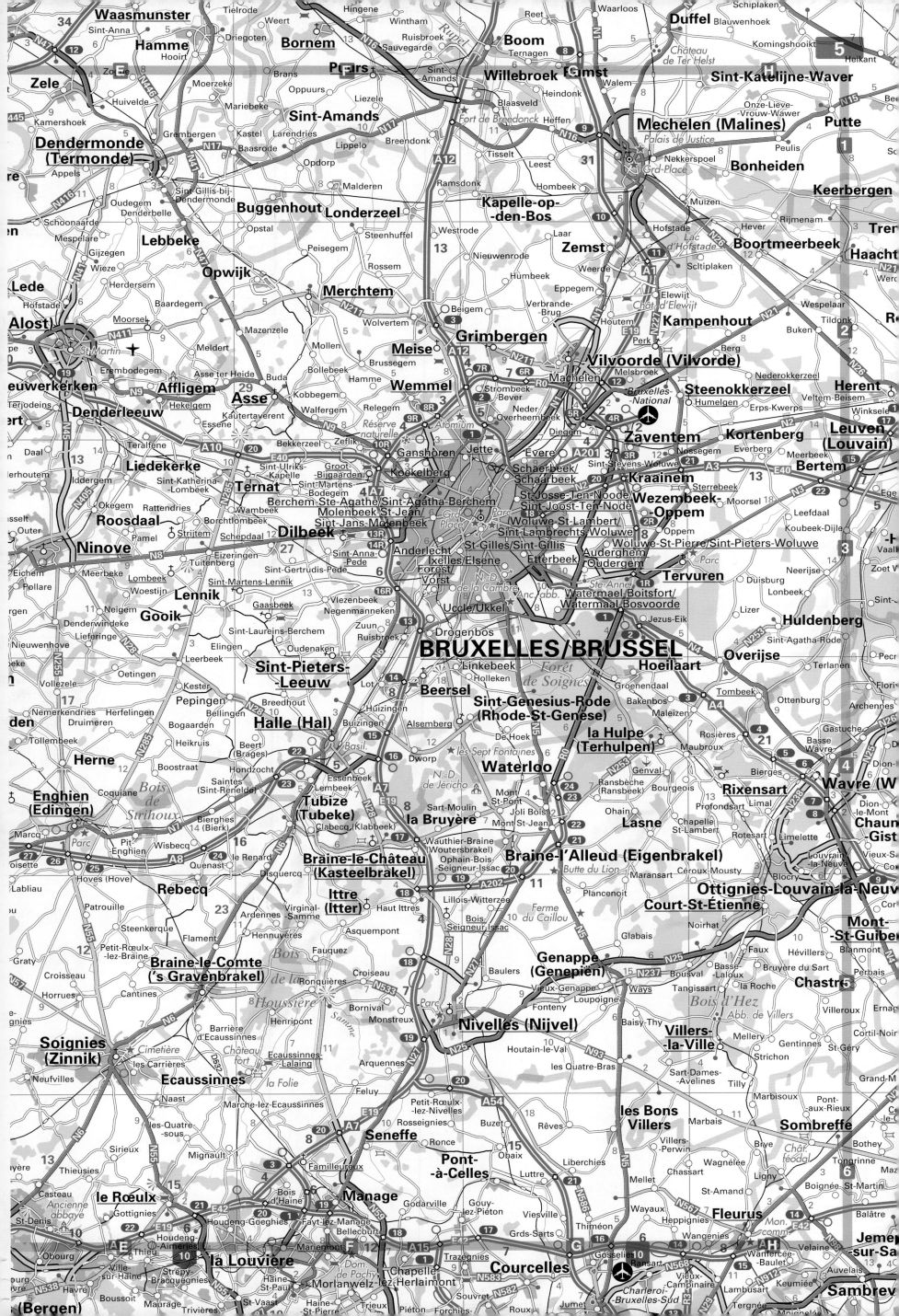

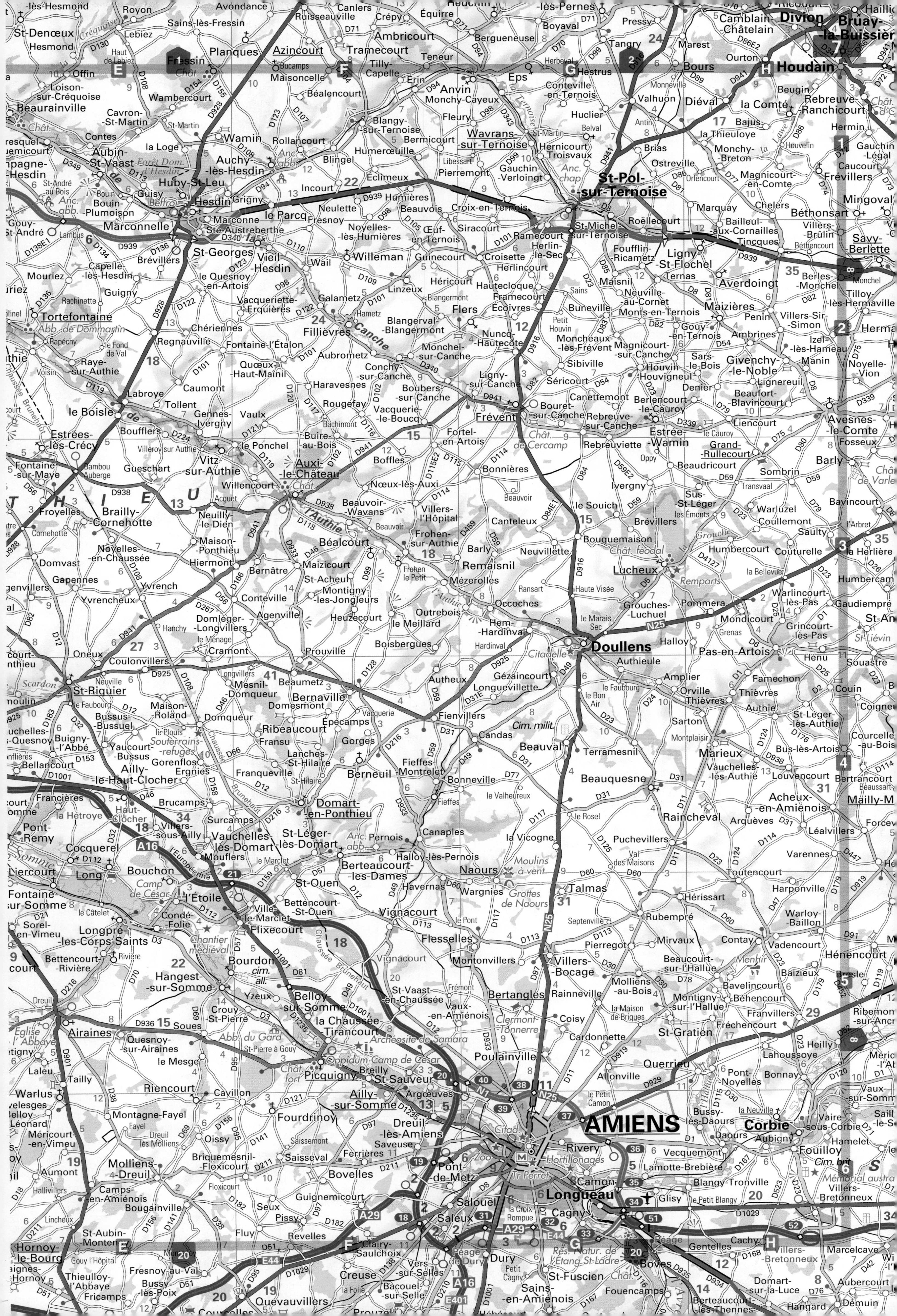

St-Pol-sur-Ternoise
Hesdin
Frévent
Auxi-le-Château
Doullens
AMIENS
Longueau
Corbie
Houdain
Divion
Bruay-la-Buissière
St-Riquier
Long
Airaines
Picquigny
Ailly-sur-Somme
Flixecourt
Naours
Villers-Bocage
Beauquesne
Lucheux
Avesnes-le-Comte
Pas-en-Artois
Acheux-en-Amiénois
Domart-en-Ponthieu
Bernaville
Hornoy-le-Bourg
Conty
Boves
Dury
Saleux
Salouël
Pont-de-Metz
Dreuil-lès-Amiens
Rivery
Camon
Villers-Bretonneux
Fouilloy
Querrieu
Poulainville
Bertangles
Vignacourt
Talmas
Beauval
Fienvillers
Candas
Ailly-le-Haut-Clocher
Pont-Remy
Cocquerel
Hangest-sur-Somme
Longpré-les-Corps-Saints
Molliens-Dreuil
Crécy
Tortefontaine
Labroye
Le Boisle
Fillièvres
Anvin
Heuchin
Fressin
Azincourt
Ambricourt
Auchy-lès-Hesdin
Vieil-Hesdin
Willeman
Flers
Ligny-St-Flochel
Averdoingt
Maizières
Savy-Berlette
Béthonsart
Mingoval
Canche
l'Authie
Somme
A16
A29
N25
N1
E44
E401

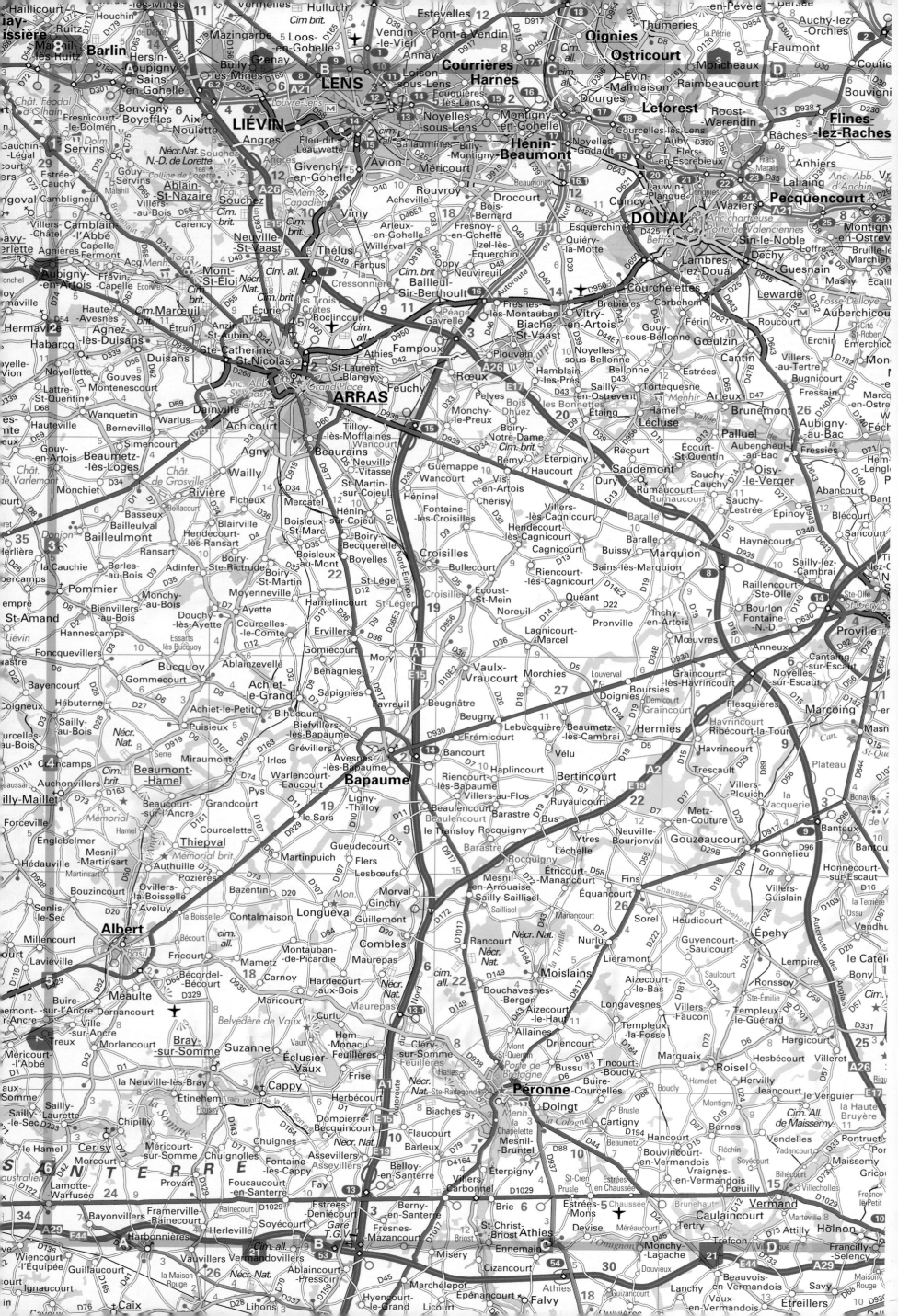

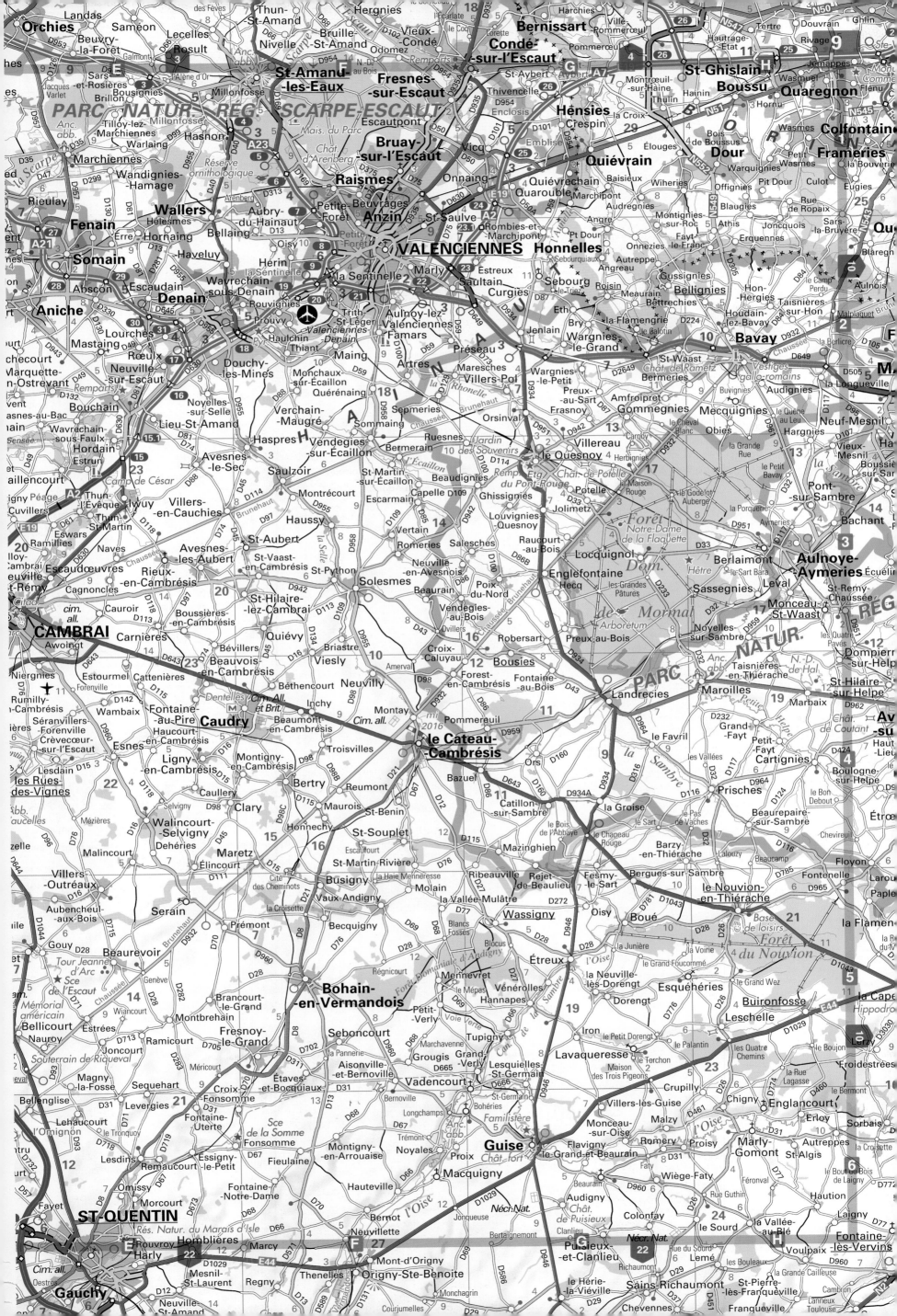

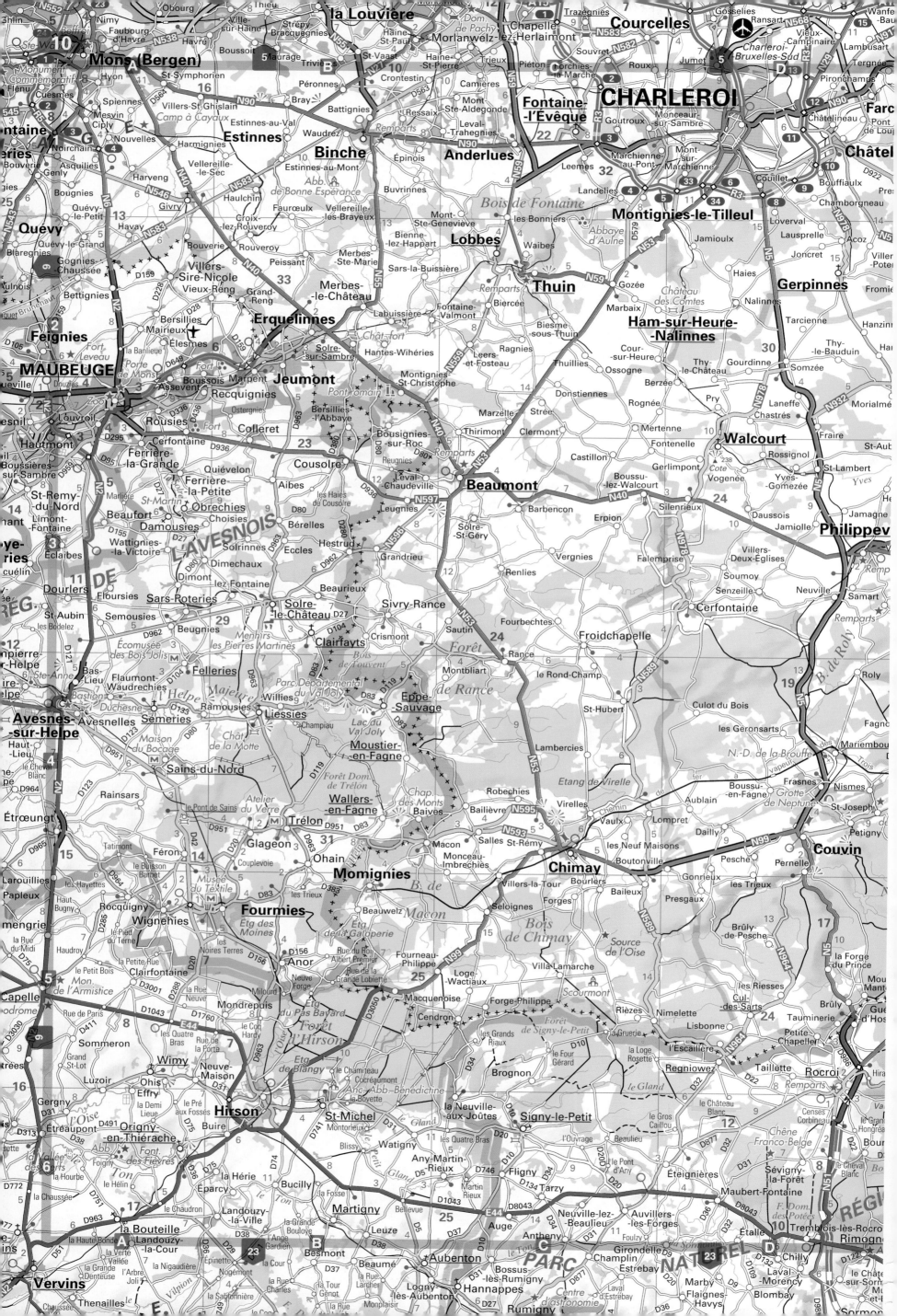

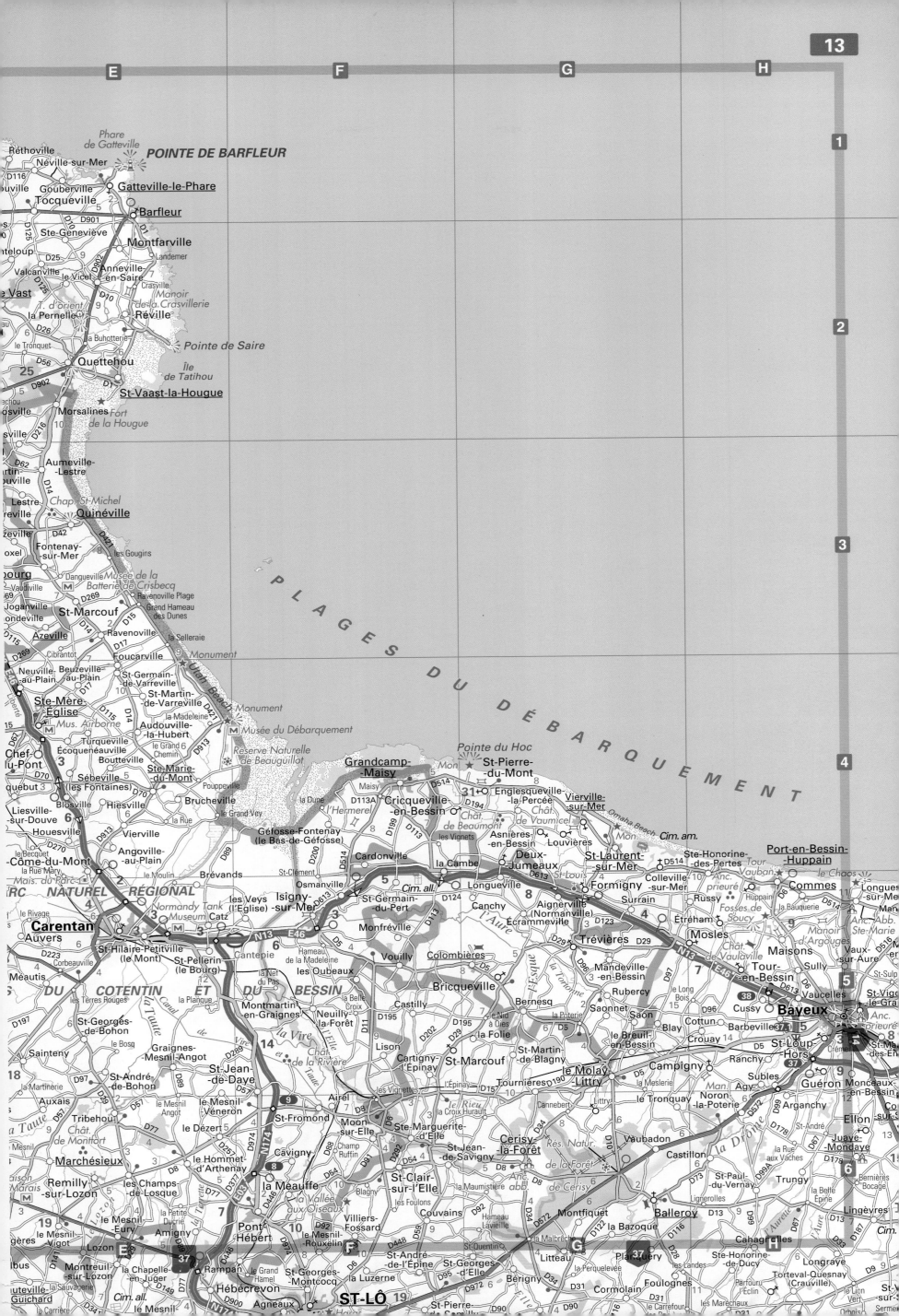

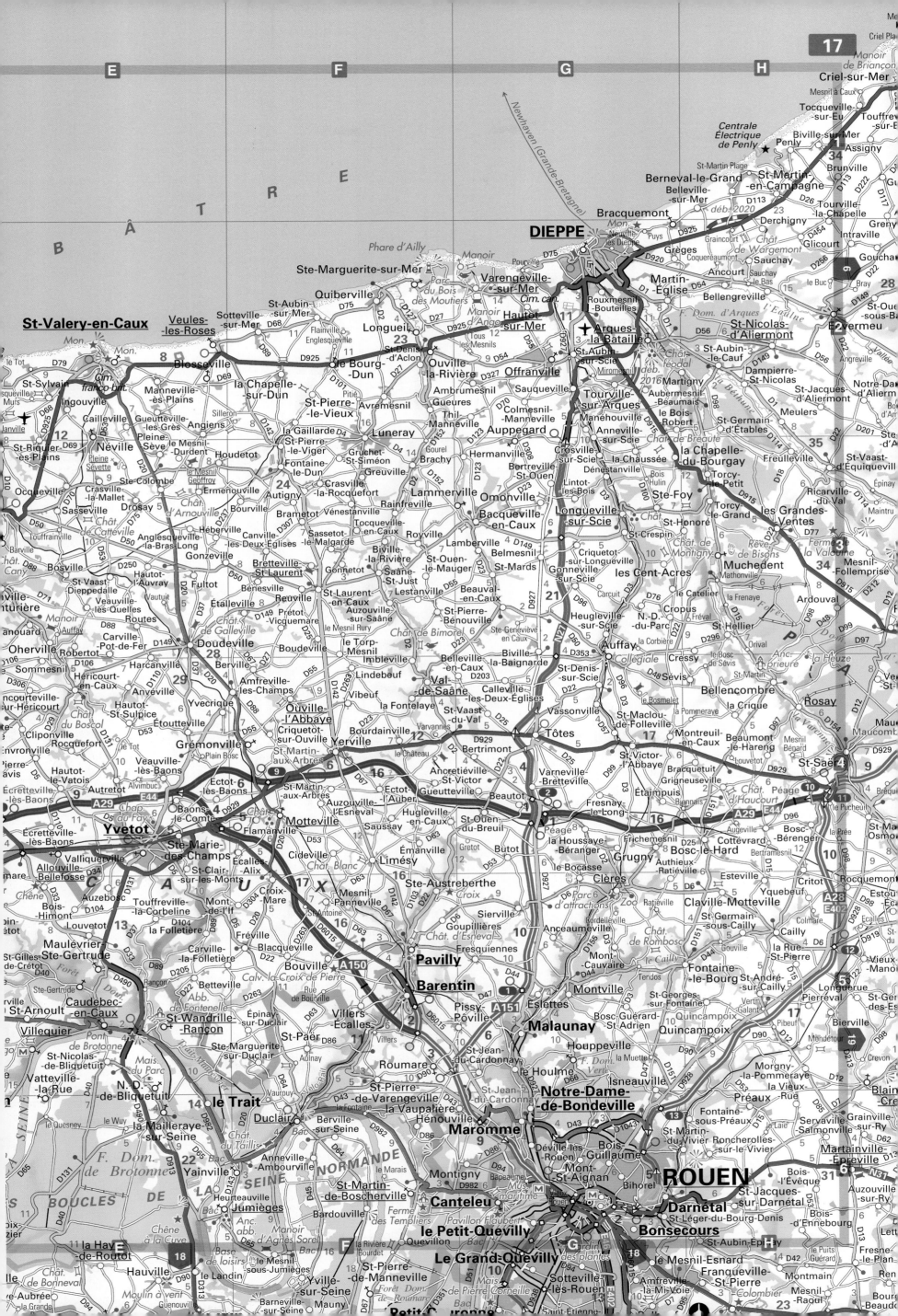

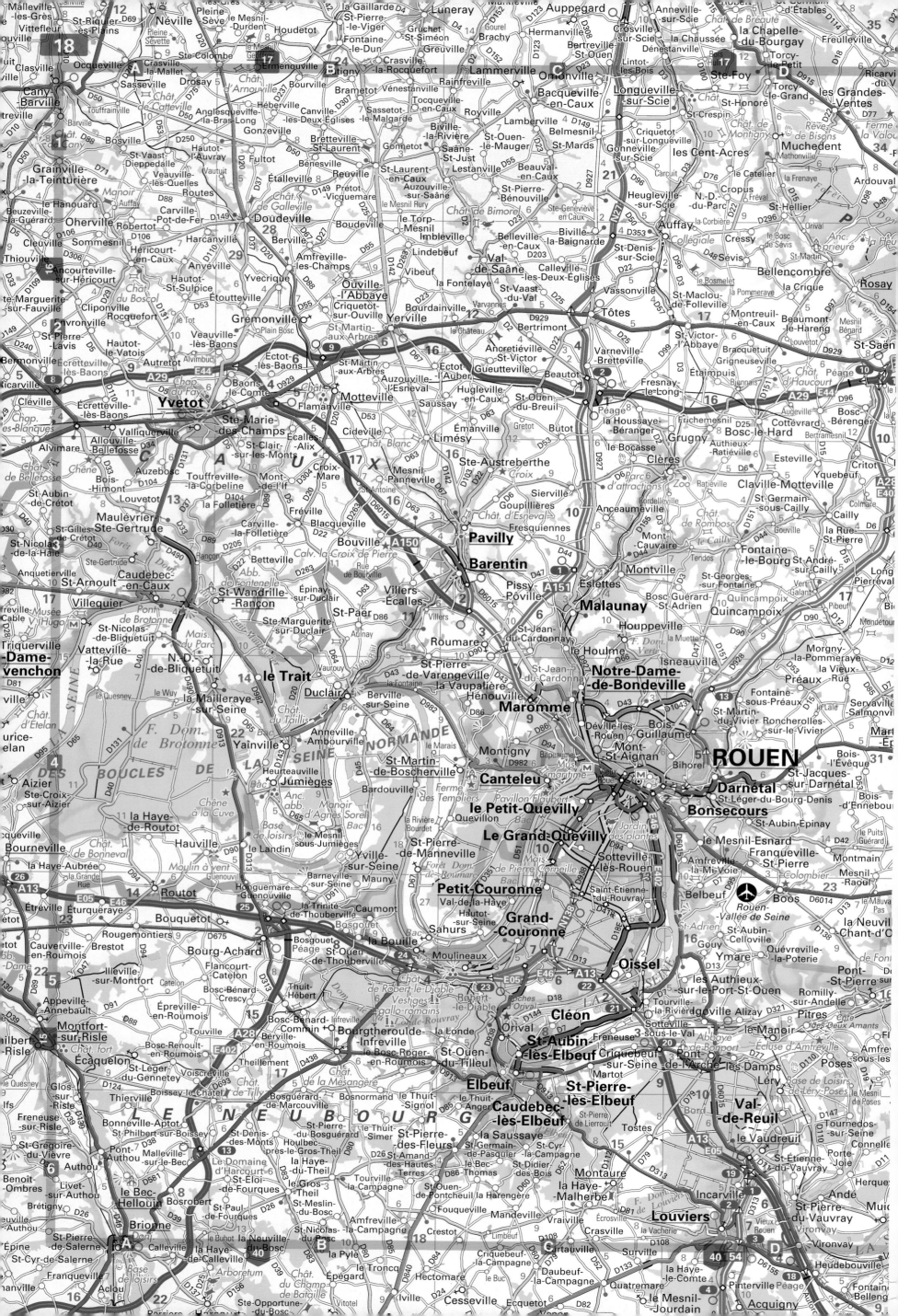

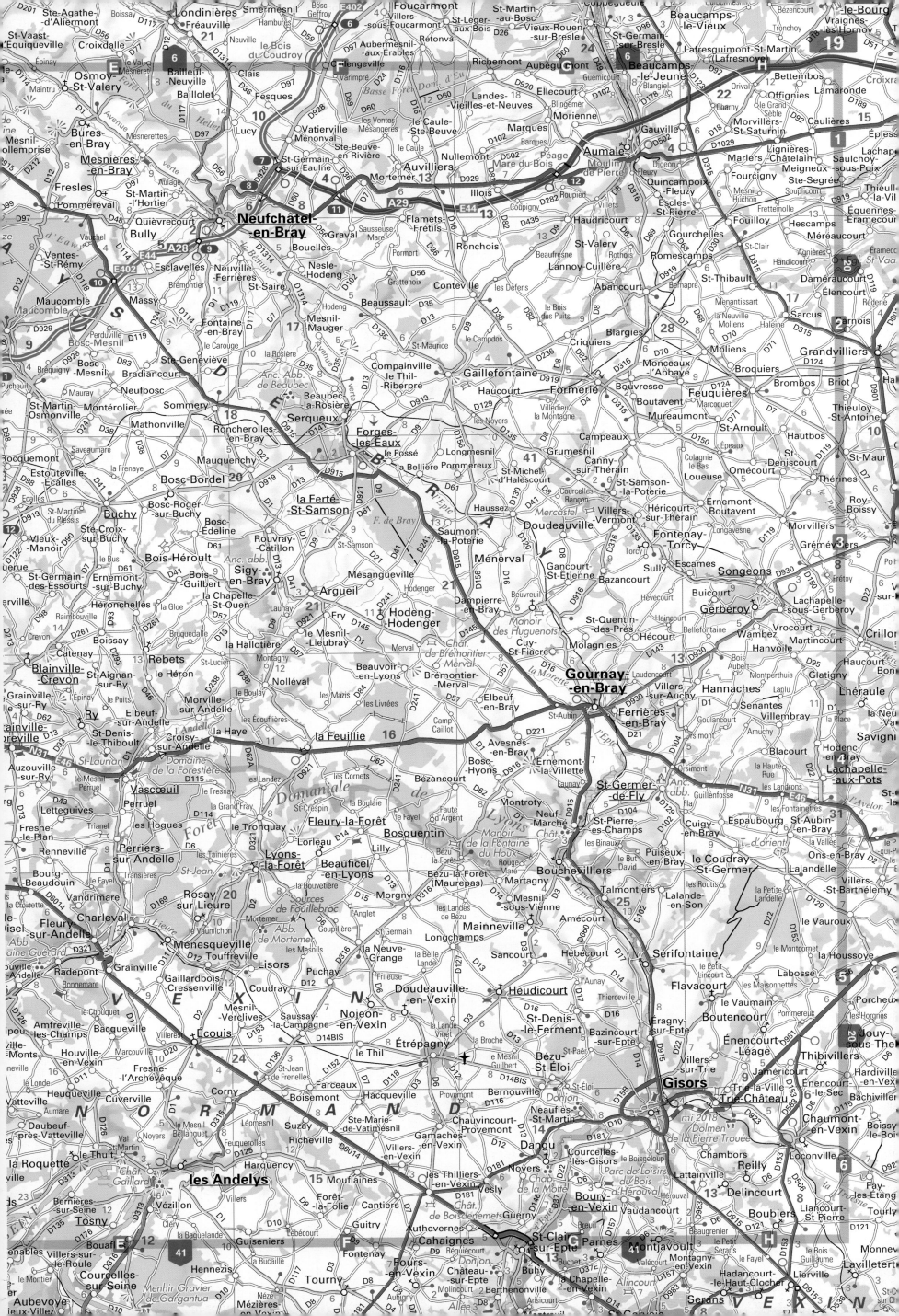

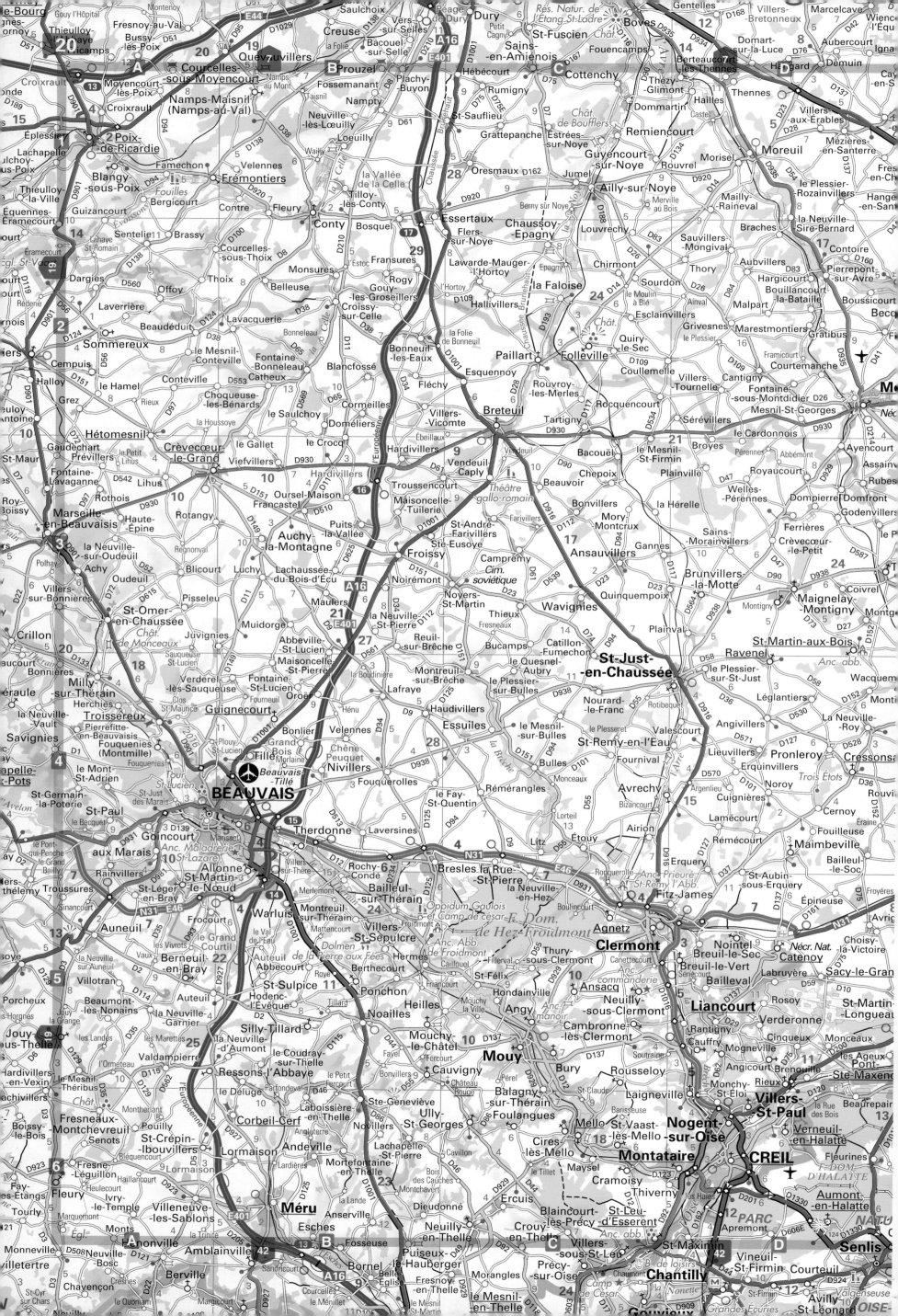

A   B   C   D

1

2

CÔTE DES LÉG

Phare de l'Île
Île Vierge
Kélerdut
St-Cava
Presqu'île
Ste-Marguerite
Plouguerneau
Aber Wrac'h
Landéda
Morgan   Coum   D128
3   Trémazan   Portsall   Lampaul-   Lannilis
Chât.   Kersaint   Ploudalmézeau   St-Pabu   12
Pointe de Landunvez   9   D168   Ploudalmézeau   Tréglonou
Landunvez   Tariec
Radénec   Argenton   Plourin   D28   Plouguin   D3
Porspoder   Kerazant   Menhir   5
Kervignen   Coat-Méal
Menhirs   15   Tréouergat   Bourg-
Melon   Manoir   17   Guipronvel   Blanc   14
de   D168   les Trois
Bel-air   Brélès   Lanrivoaré   Lanner   Curés
Perros   Lanildut   Kergroadès   Milizac   la-Récré
Lampaul-   12   D27   Lanvénec   des Trois Curés   Gou
-Plouarzel   2   Erragounan   L'Aber Ildut   Kerviniou
Kerescar   D5   St-Renan   10   Bohars
Phare   Plouarzel   14   12   D5
de Trézien   Menhir   Guilers
Ruscumunoc   de Kerloas   Lamber   Trégorff   Penfeld
Pointe de Corsen   Kerhornou   Kerlazou   D38   le Bouguen
Ploumoguer   5   D67   Arsenal
Illien   16   Locmaria-   Plouzané   St-Pierre
Trébabu   -Plouzané   Kerarmazé   Quilbignon
le Conquet   23   la Trinité   D789   Ste-Anne   B
Lochrist   D789   Porsmilin   Trégana   du Portzic
St-Mathieu   le Trez Hir   Pointe du   RA
M   D85   Plougonvelin   Petit Minou   DE
Abbaye   1h00   Goulet de Brest   BR
POINTE DE ST-MATHIEU   Pointe
des Espagnols
D355
Roscanvel
Lanvernazal
Fort   Quélern   Taladerc'h
N.-D. de Roch   St-Fiacre
Amadour   D55   Lanvé
Camaret-   Tour Vauban   D55
-sur-Mer   D55   PRESQU'ÎLE
Alignements de Lagatjar   D55
Monument   D5
POINTE DE PEN-HIR   les Tas de Pois   Croz
Gaoulac'h
Pointe de Dinan   D308   Morgat
D887   Pointe
des Gro
la Palue   Grottes
St-Her   M   Maison
D255   des minéraux
52   D
Cap de
la Chèvre   Rostudel

Île d'Ouessant

Phare de
Créac'h   Phare du Stiff
Niou Uhella   2
Frugullou
Notre-Dame   Ouessant
de Bon Voyage   (Lampaul)
Feunteun Vélen

Phare   Passage du Fromveur
de la Jument   30mn

Île-Molène   35mn

Île
Molène

Réserve Naturelle
d'Iroise

Île de Béniguet

PARC   NATUREL   MARIN   D'IROISE

A   B   C   D

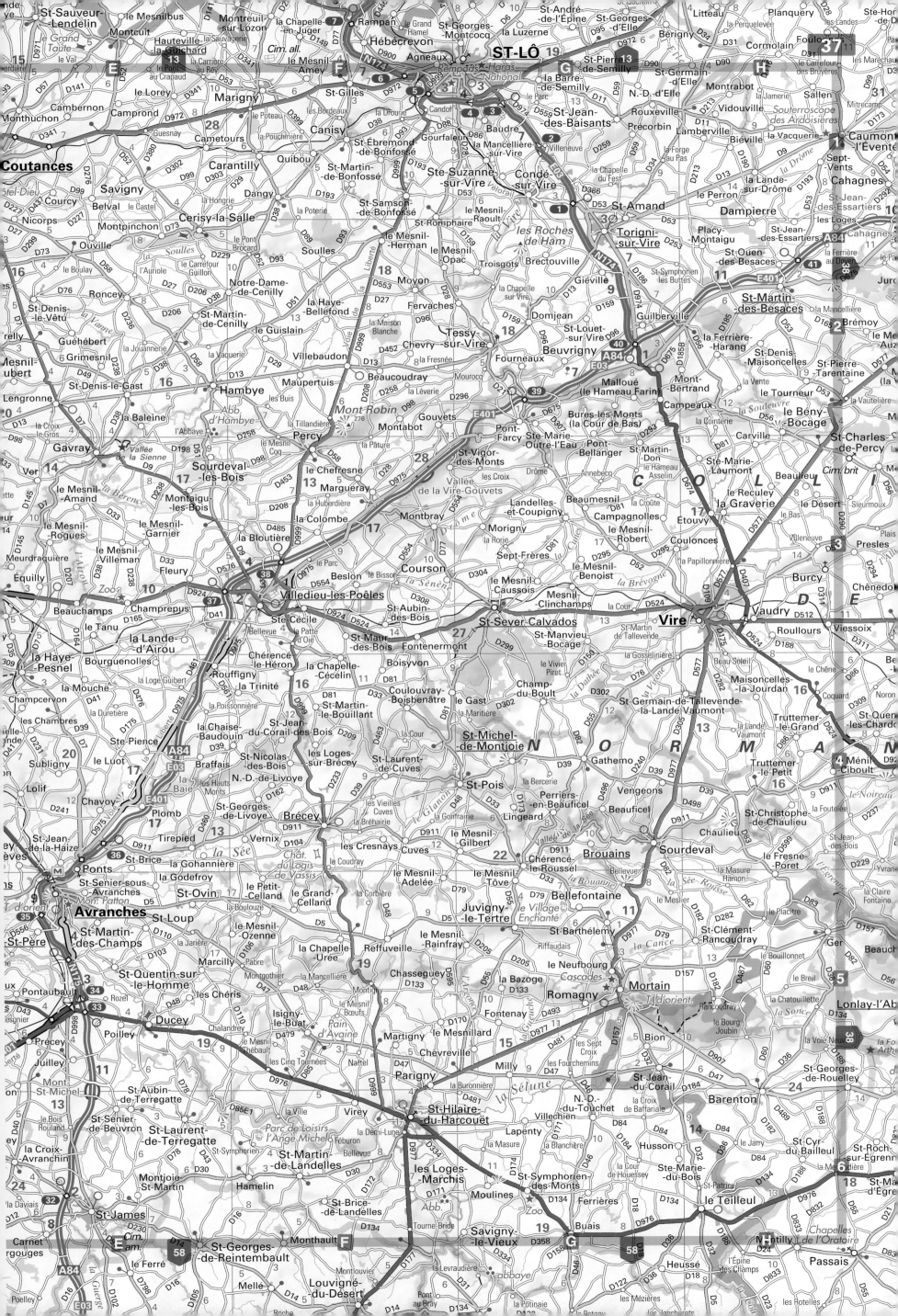

Jonquet · le Ham · Hotot-en-Auge · Léaupartie · la Roque-Baignard · Mânerbe · Ouilly-le-Vicomte · Rocques · Hermival-les-Vaux · Fumichon · Heudreville-en-Lieuvin · le Favril · St-Aubin-de-Scellon · **39**

St-Ouen-Mesnil-Oger · Cléville · Victot-Pontfol (l'École) · Cambremer · N.-D.-d'Estrées-Corbon · Montreuil-en-Auge · Chât. du Val Richer · le Pré-d'Auge · Lisieux · Ouilly-du-Houley · Firfol · **15** · Piencourt · Fontaine-la-Louvet · Folleville

E · Méry-Corbon · Croissanville · Bissières · Magny-le-Freule · St-Loup-de-Fribois · Crèvecoeur-en-Auge · St-Laurent-du-Mont (les Trois Rois) · la Houblonnière · St-Ouen-le-Pin · St-Aubin-sur-Algot · Cim. brit. · St-Désir · St-Ouen-le-Pin · Basilique · **8** · Beuvillers · Glos · les Places · l'Hôtellerie · **1** · Malouy

Cesny-aux-Vignes · Mézidon-Canon · Bréville-Quétiéville · le Mesnil-Mauger · Monteille · le Mesnil-Simon · les Monceaux · St-Pierre-des-Ifs · St-Martin-de-la-Lieue · le Mesnil-Guillaume · St-Martin-de-Mailloc · St-Denis-de-Mailloc · la Chapelle-Hareng · le Planquay · Plainville · St-Victor-de-Chrétien

Ouézy · Canon · Ecajeul · le Mesnil-Durand · Grandchamp-le-Château · Lessard-et-le-Chêne · le Mesnil-Eudes · St-Germain-de-Livet · St-Jean-de-Livet · St-Martin-de-Mailloc · Prêtreville · St-Julien-de-Mailloc · Courtonne-les-Deux-Églises · la Thibouterie

Vieux-Fumé · Magny-la-Campagne · Percy-en-Auge · Ouville-la-Bien-Tournée · Bretteville-sur-Dives · Vieux-Pont-en-Auge · St-Martin-du-Mesnil-Oury · Castillon-en-Auge · la Chapelle-Noiremare · Auquainville · Fervaques · St-Martin-de-Bienfaite-la-Cressonnière · Orbiquet · Orbec · Capelle-les-Grands

Thiéville · Hiéville · Boissey · St-Michel-de-Livet · Livarot · le Mesnil-Germain · Cheffreville-Tonnencourt · Cernay · St-Cyr-du-Ronceray · St-Maur · la Croupte · Orbec · la Vespière · St-Aubin-du-Thenney

St-Pierre-sur-Dives · Ste-Marguerite-de-Viette · Montviette · Ste-Marguerite-des-Loges · Chât. de la Cauvinière · Friardel · St-Jean-du-Thenney · Broglie

Vendeuvre · Carel · Mittois · St-Georges-en-Auge · le Mesnil-Bacley · St-Ouen-le-Houx · Bellou · N.-D.-de-Courson · Préaux-St-Sébastien · la Folletière-Abenon · la Chapelle-Gauthier · St-Vincent-la-Rivière

Jort · Courcy (St-Martin-de-Fresnay) · l'Oudon · Heurtevent · la Brévière (la Cour) · Ste-Foy-de-Montgommery · les Moutiers-Hubert · Meulles · Familly · le Coudray · la Trinité-de-Réville

Bernières-d'Ailly · Louvagny · Vaudeloges · Ammeville · Tortisambert · la Chapelle-Haute-Grue · St-Germain-de-Montgommery · Lisores · le Bourg · Avernes-St-Gourgon · St-Aubin-de-Bonneval · la Goulafrière · Courteilles · St-Agnan-de-Cernières

Morteaux-Coulibœuf · Norrey-en-Auge · Abbeville · Grandmesnil · les Autels-St-Bazile (la Mairie) · le Renouard · Croutes · Vimoutiers · Ticheville · Pontchardon · le Bigot · St-Germain-d'Aunay · la Croix Blanche · Montreuil-l'Argillé · St-Denis-d'Augerons · Verneusses

Beaumais · le Marais-la-Chapelle · Crocy · les Moutiers-en-Auge (les Grands Moutiers) · St-Gervais-des-Sablons · Guerquesalles · Camembert · Orville · le Bosc-Renoult · le Sap · de Bois-Hébert · Notre-Dame-du-Hamel

Fresné-la-Mère · le Grand Jardin · Montreuil-la-Cambe · les Champeaux · Roiville · Fresnay-le-Samson · Neuville-14-sur-Touques · Monnai · St-Laurent-du-Tencement · Villers-en-Ouche · Anceins · la Ferté-Frênel

Vignats · Merri · Ommoy · Fontaine-les-Bassets · Écorches · Champosoult · la Bruyère Fresnay · la Halte · le Douet Arthus · Heugon · le Sap-André · Bocquencé · la Gonfrière

Brieux · Guêprei · Coulonces · Neauphe-sur-Dive · Coudehard (le Hameau-Sorel) · Survie · Aubry-le-Panthou · Mardilly · Chaumont · St-Nicolas-des-Laitiers · le Noyer Ménard · Dolmen · le Hamel

Occagnes · Sévigny · Trun · Villedieu-lès-Bailleul · Mimbeville · Mont-Ormel (la Panthelière) · St-Pierre-la-Rivière · la Fresnaie-Fayel (la Morinière) · St-Evroult-de-Montfort · la Trinité-des-Laitiers · Touquettes · St-Evroult-N.-D.-du-Bois · la Gastière

Montabard · St-Lambert-sur-Dive · Mémorial · Chambois · Tournai-sur-Dive · Aubry-en-Exmes (l'Église) · Ménil-Hubert-en-Exmes · Avernes-sous-Exmes · Réseulieu · Gacé · Cisai-St-Aubin · Pomont · Forêt d'Evroult

Montbarré · Bailleul · Ste-Eugénie · Fougy · le Bourg-St-Léonard · Fel · Omméel (Avenelles) · Villebadin · Courménil · Coulmer · Orgères · St-Pierre-des-Loges · Beaufai

Argentan · Silly-en-Gouffern · le Pin-au-Haras · Exmes · Croisilles · le Ménil-Vicomte · le Ménil-Guyon · Échauffour · St-Germain

Urou-et-Crennes · Sai · Aunou-le-Faucon · le Haras du Pin · Ginai · le Champ Pivet · Ménil-Froger · Lignères · Champ-Haut · le Vieux Bourg · St-Hilaire-sur-Risle · Brethel

Sarceaux · Juvigny-sur-Orne · la Cochère · le Vieux Pin · St-Germain-de-Clairefeuille · les Authieux-du-Puits · Ste-Gauburge-Ste-Colombe · le Ménil-Bérard

Boischampré · Boissei-la-Lande · Médavy · Almenêches · Nonant-le-Pin · Godisson · Planches · la Ferrière-au-Doyen

Tanques · Fleuré · Marcei · le Château-d'Almenêches · Marmouillé · la Genevraie · Fay · Moulins-la-Marche

Montmerrei · Mortrée · Chailloué · Brullemail · Ferrières-la-Verrerie · Mahéru · St-Aquilin-de-Corbion

Francheville · la Bellière · Belfonds · Neuville-près-Sées · St-Léonard-des-Parcs · Courtomer · Tellières-le-Pléssis · St-Martin-des-Pézerits

la Perdrière · Méhéran · Sées · Fresneaux · Gâprée · St-Germain-le-Vieux · St-Agnan-sur-Sarthe · St-Aubin-de-Courteraie

la Lande-de-Goult · le Cercueil · St-Hilaire-la-Gérard · les Choux · Sévilly · Aunou-sur-Orne · Trémont · le Chalange · le Plantis · St-Germain-de-Martigny · St-Ouen-de-Sécherouvre

St-Sauveur-de-Carrouges · la Ferrière-Béchet · le Bouillon · la Chapelle-près-Sées · Macé · Montchevrel · Ste-Scolasse-sur-Sarthe · Bures · Razoches-sur-Hoëne · St-Hilaire-le-Châtel

Rouperroux · le Signal d'Écouves · la Croix de Médavy · Carrefour · Boitron · Neauphe-sous-Essai · Montreuil-sur-Sarthe · Ste-Cerlès-des-Bois

E · St-Didier-sous-Écouves · le Souche · St-Gervais-du-Perron · Bursard · Essay · Aunay-les-Bois · Coulonges-sur-Sarthe · St-Hilaire

Longuenoë · Fontenai-les-Louvets · Vingt-Hanaps · Marchemaisons · le Mêle-sur-Sarthe · les Mesniers

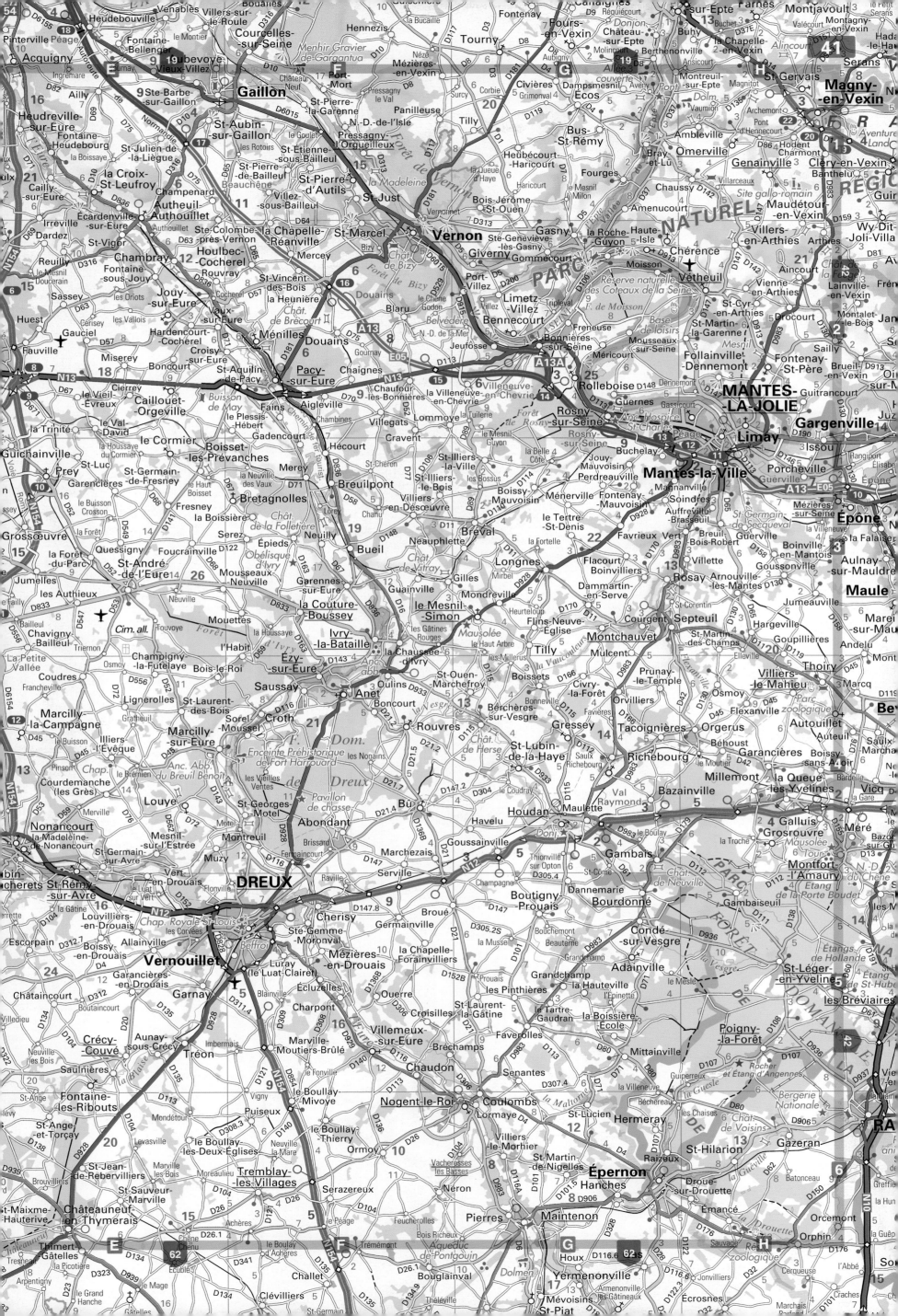

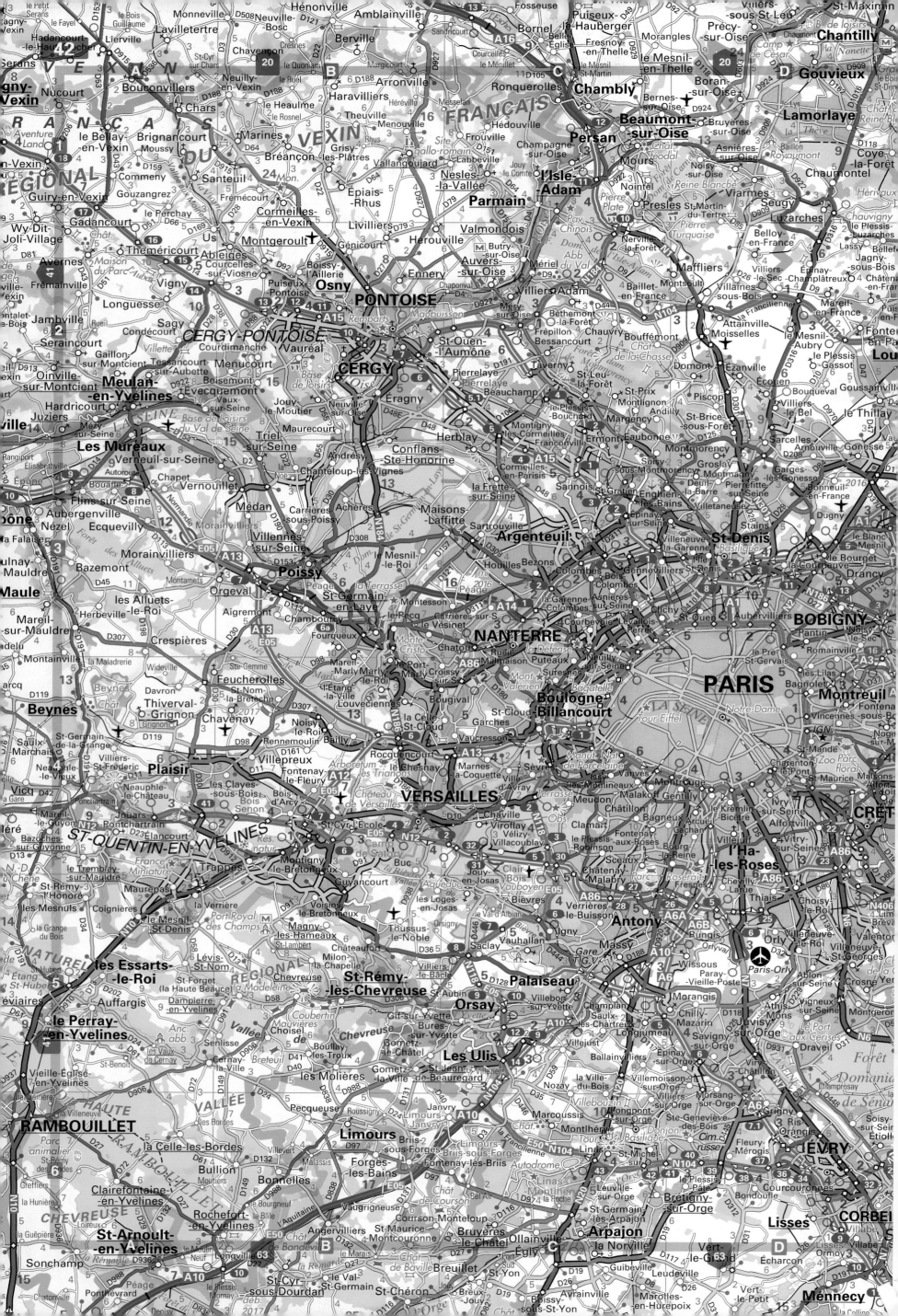

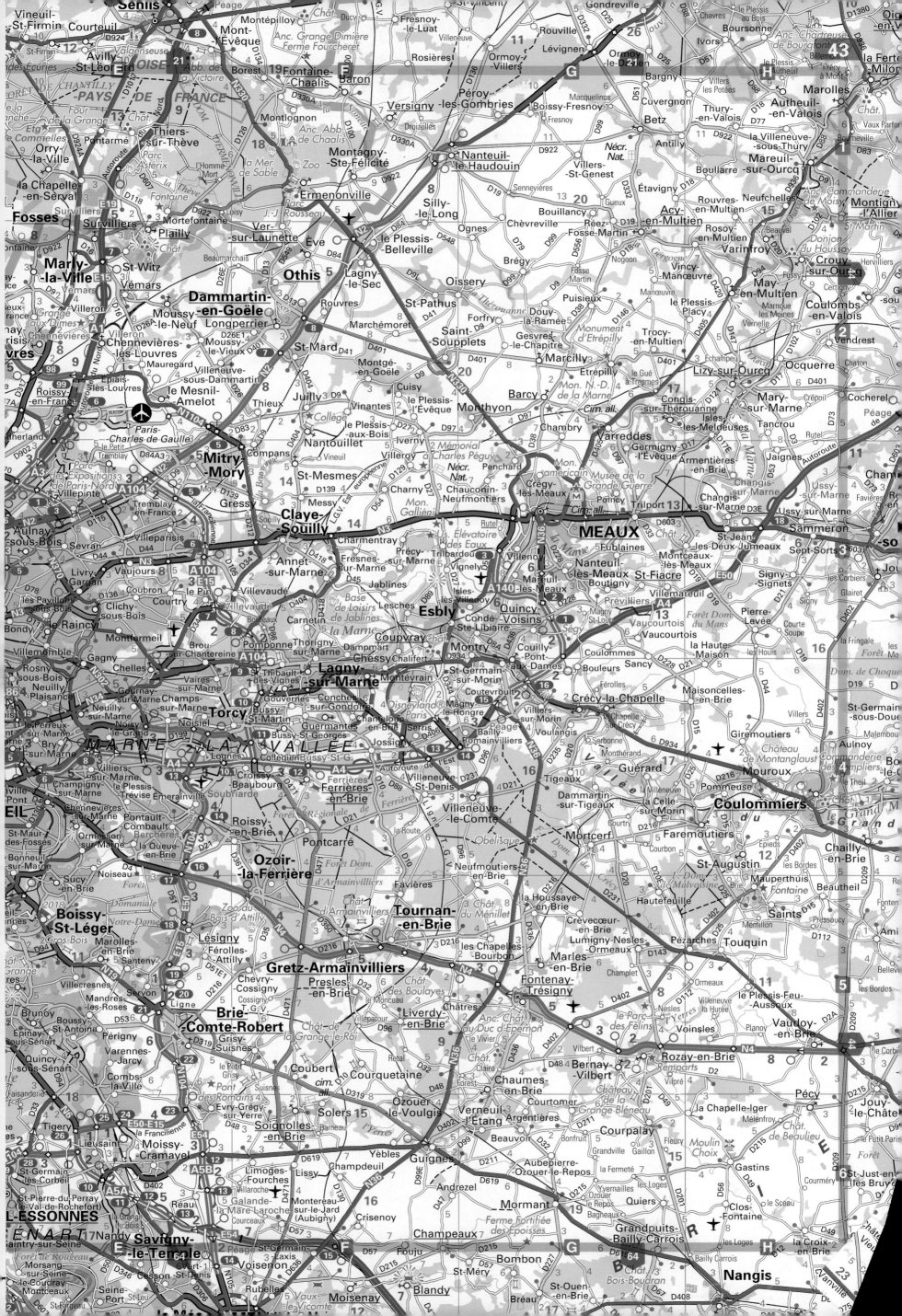

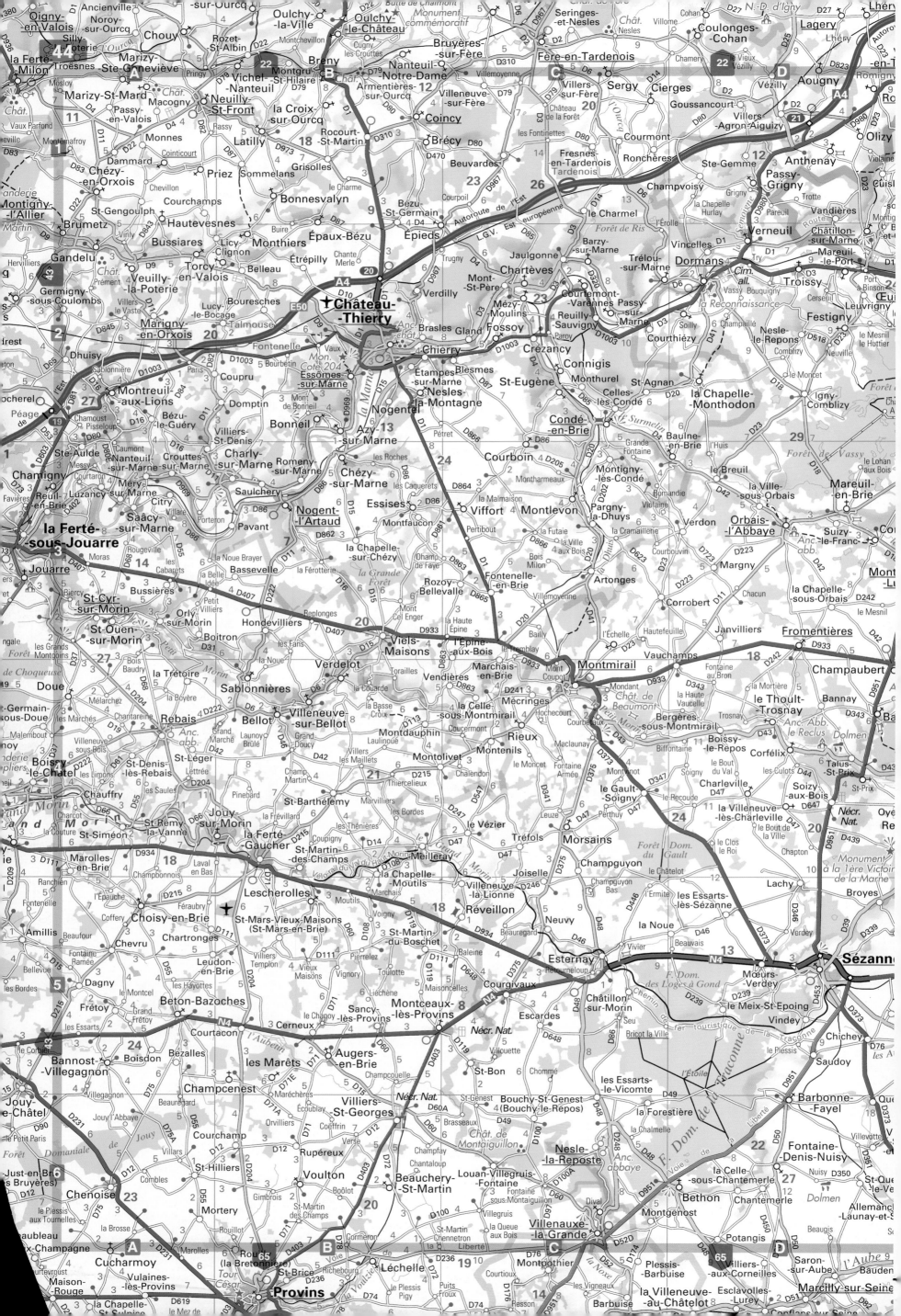

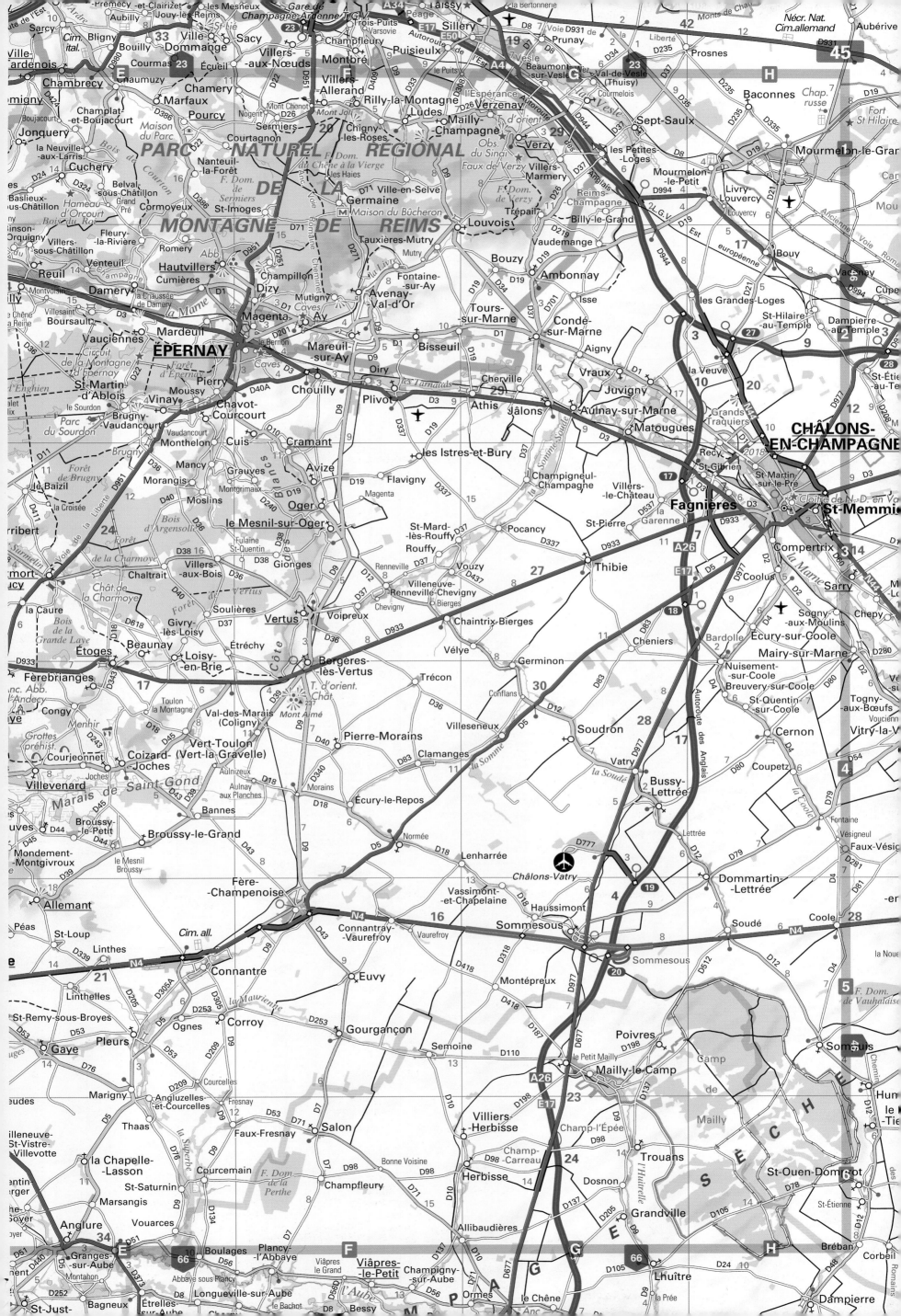

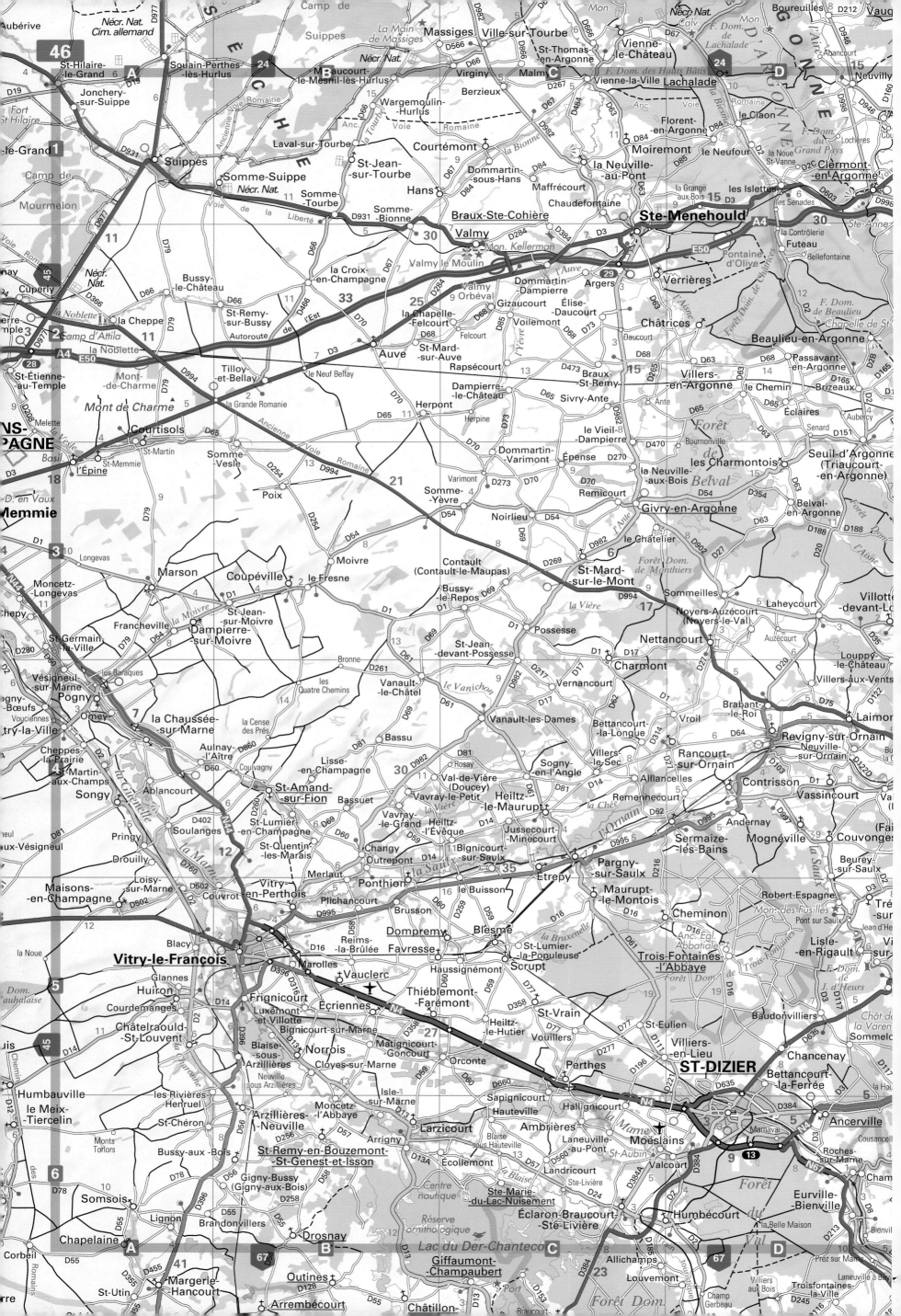

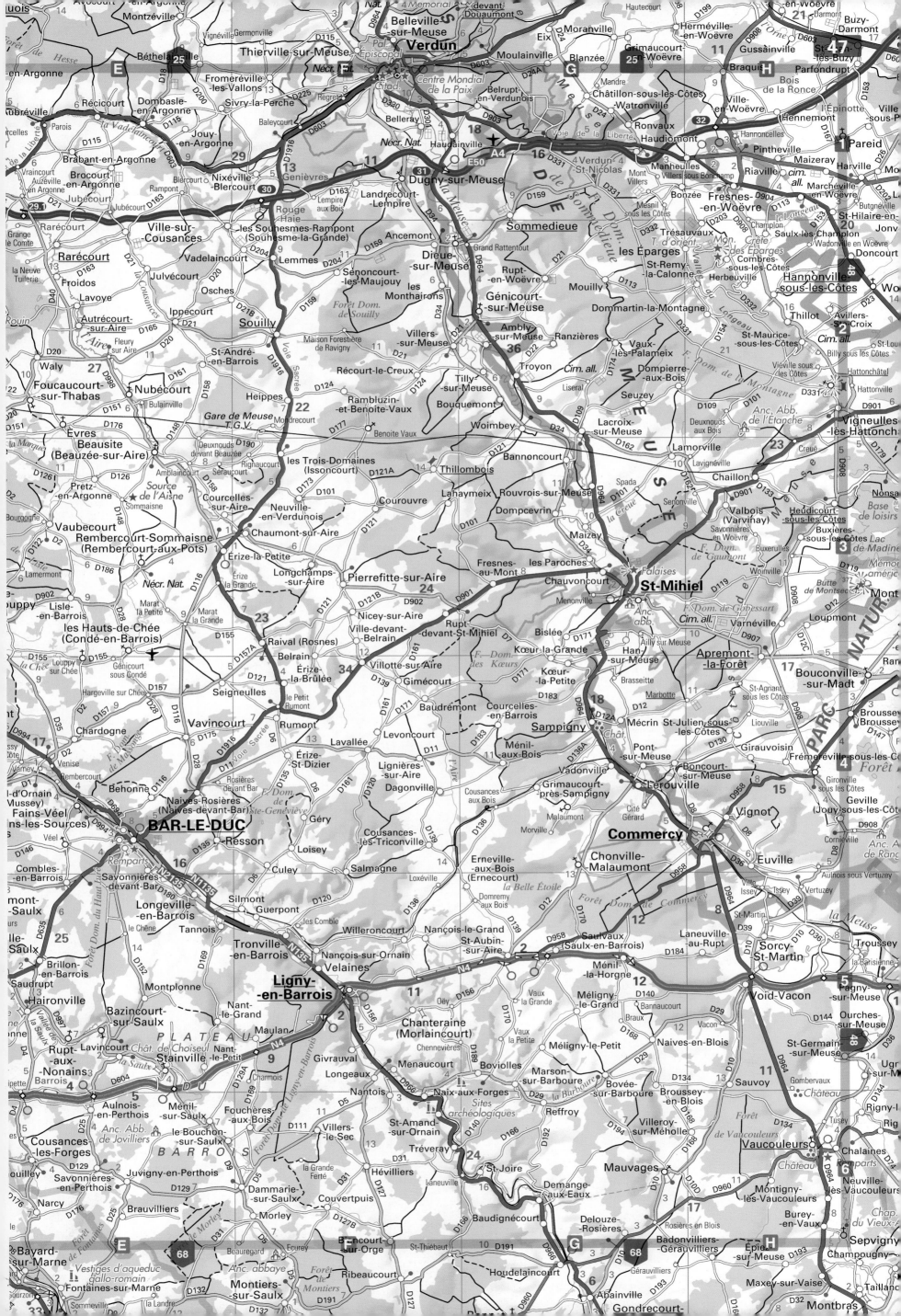

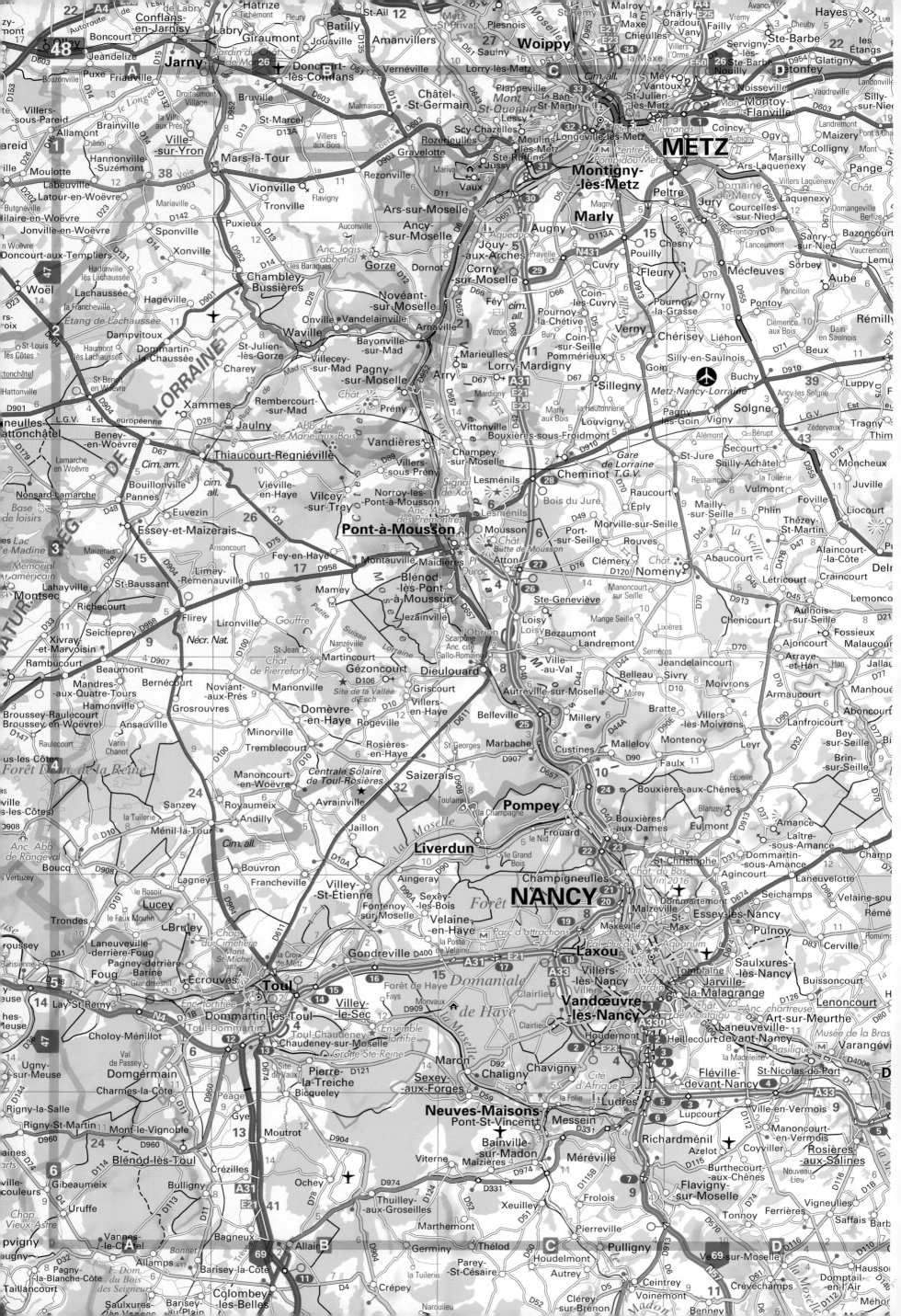

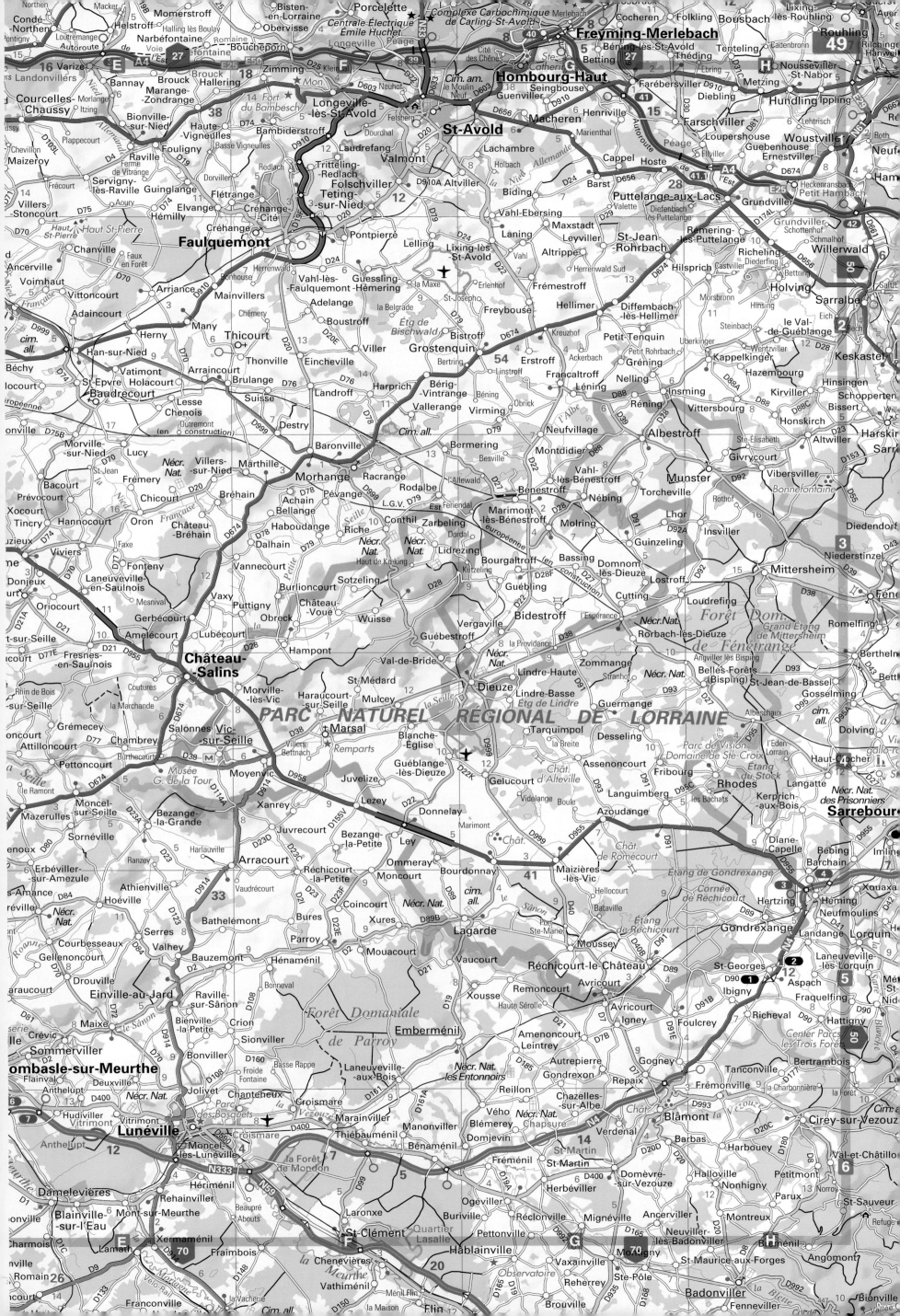

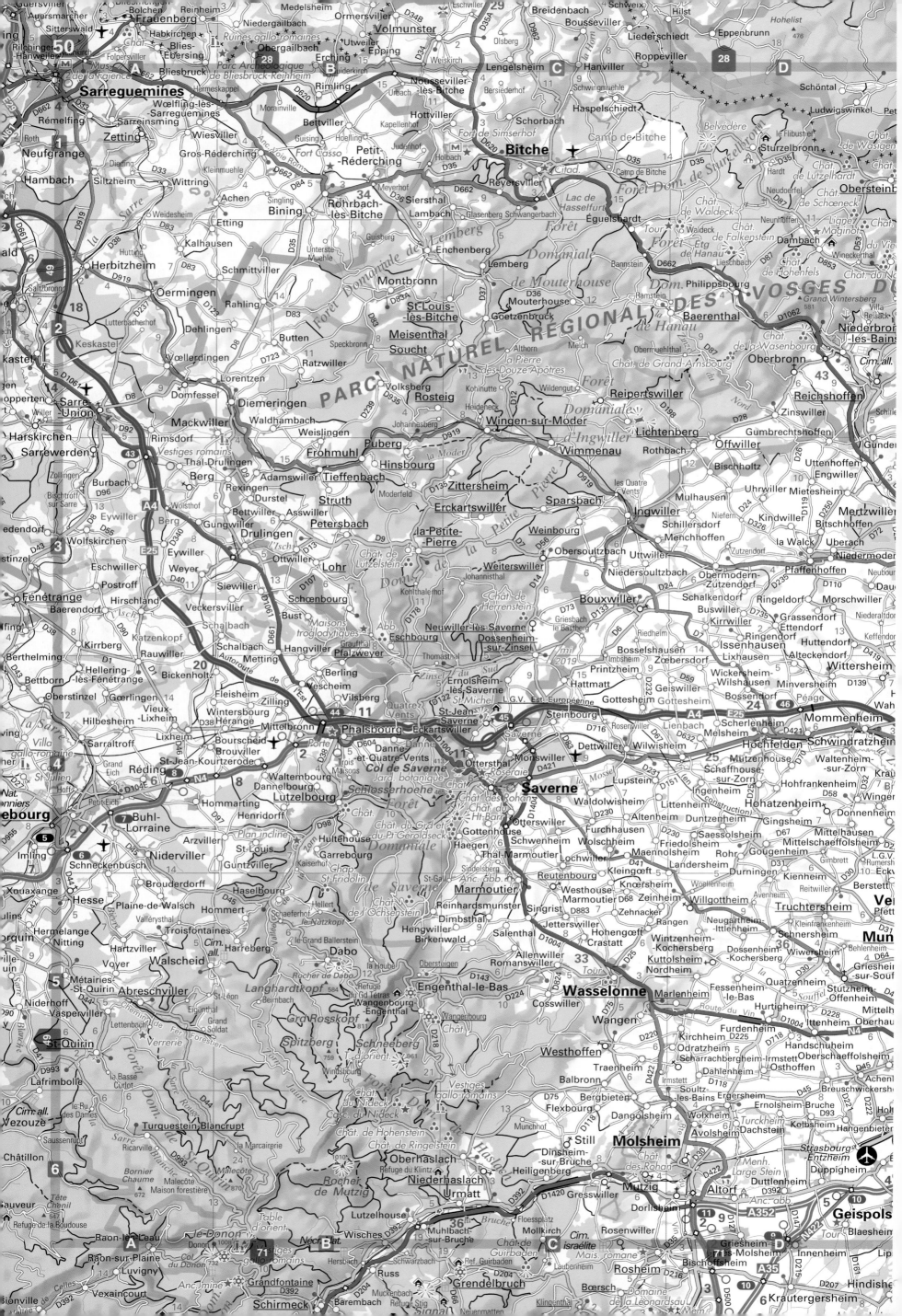

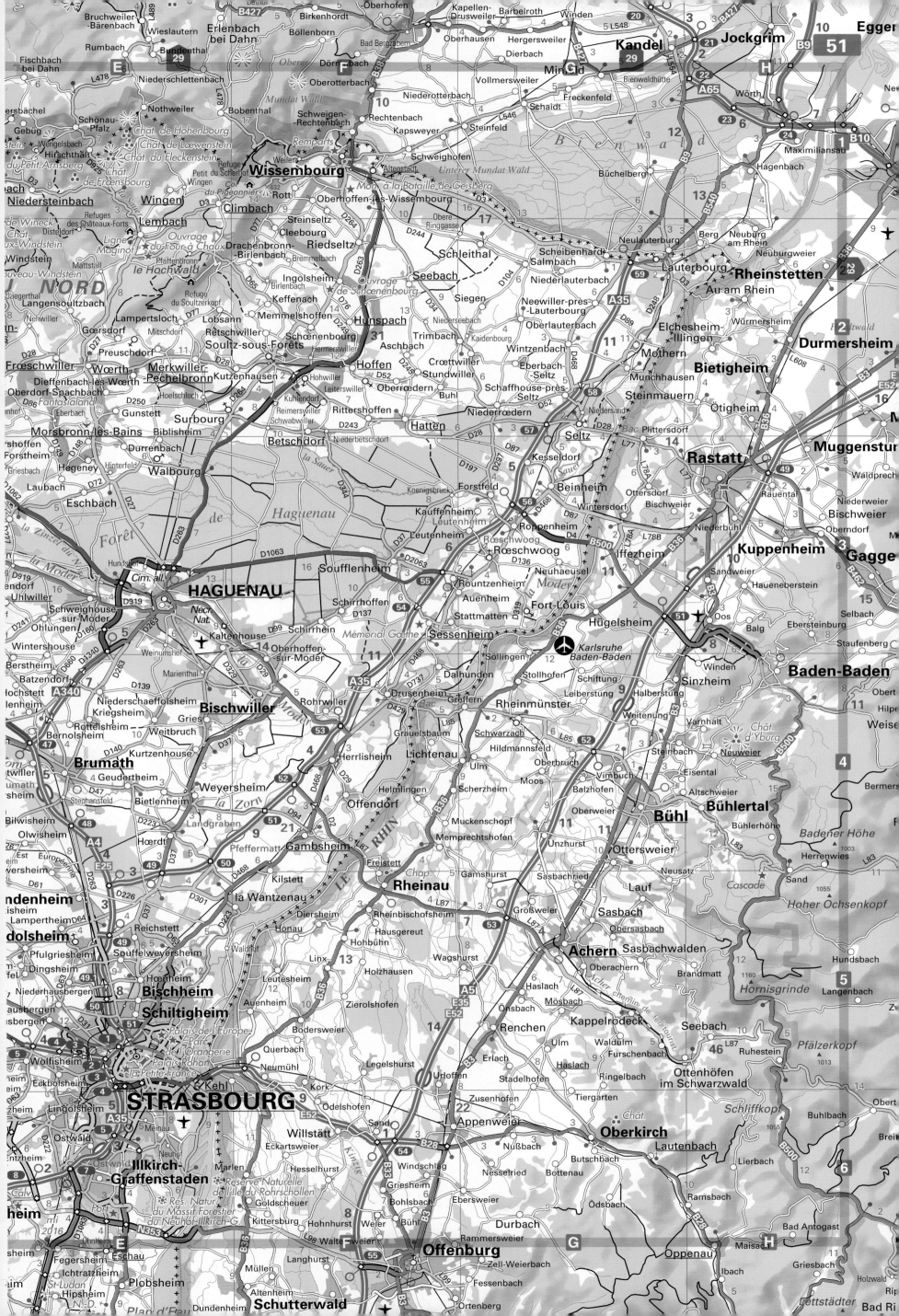

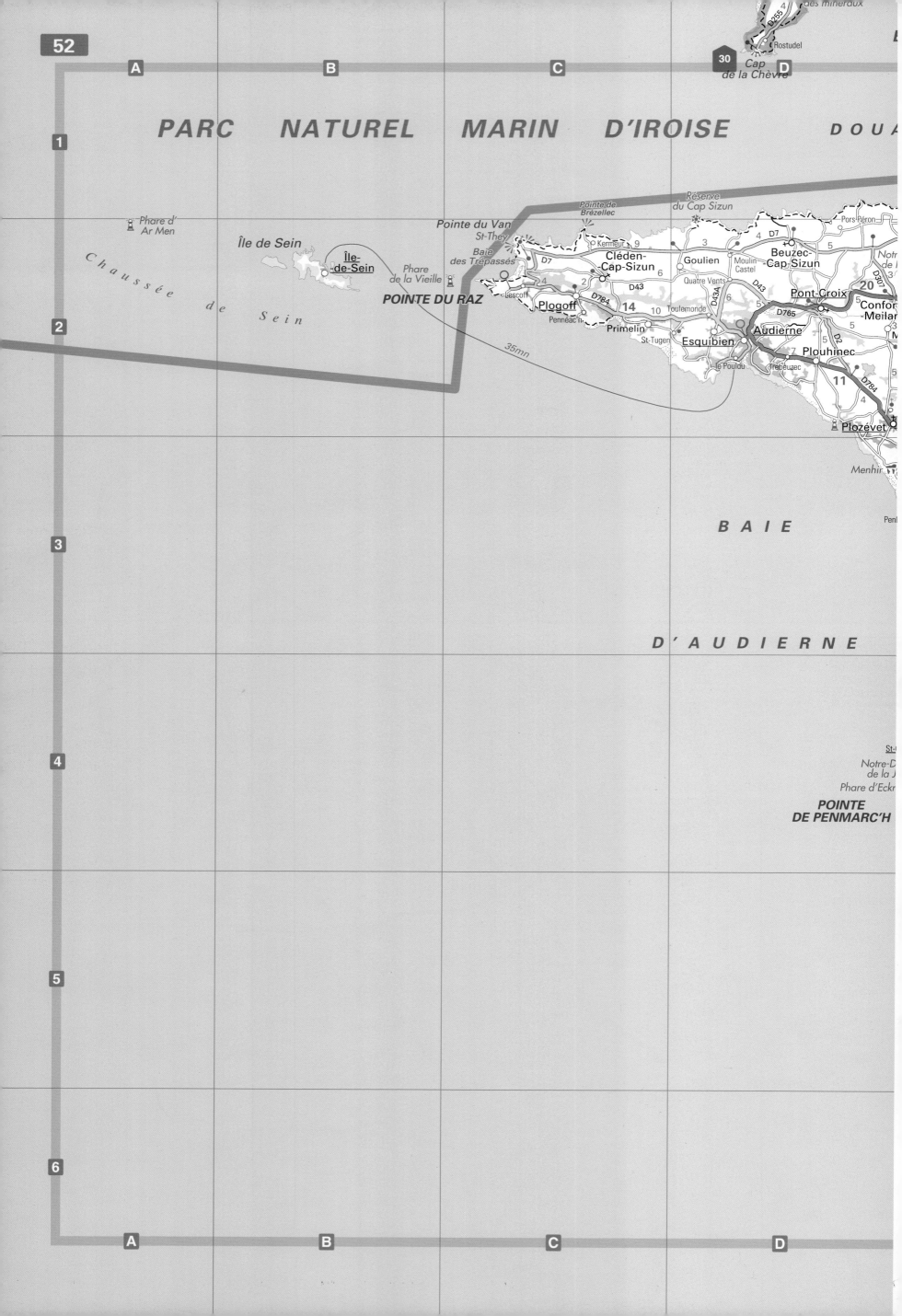

PARC   NATUREL   MARIN   D'IROISE   D O U A

Phare d'
Ar Men

Île de Sein

Île-
-de-Sein

C h a u s s é e   d e   S e i n

Phare
de la Vieille

POINTE DU RAZ

Pointe du Van
St-They

Baie
des Trépassés

Pointe de
Brézellec

Réserve
du Cap Sizun

Pors Péron

Kermeur

Cléden-
Cap-Sizun

Goulien

Moulin
Castel

Beuzec-
Cap-Sizun

D7

Quatre Vents

Pont-Croix

D765

Confor-
-Meilar

20

Lescoff

Plogoff

Pennéac'h

Primelin

St-Tugen

D784

D43

Toulemonde

14

Esquibien

Audierne

Plouhinec

Le Pouldu

Trébéuzec

11

D784

Plozévet

Menhir

Cap
de la Chèvre

30

Rostudel

D255

B A I E

D ' A U D I E R N E

35mn

St-
Notre-D
de la J

Phare d'Eckr

**POINTE
DE PENMARC'H**

Penh

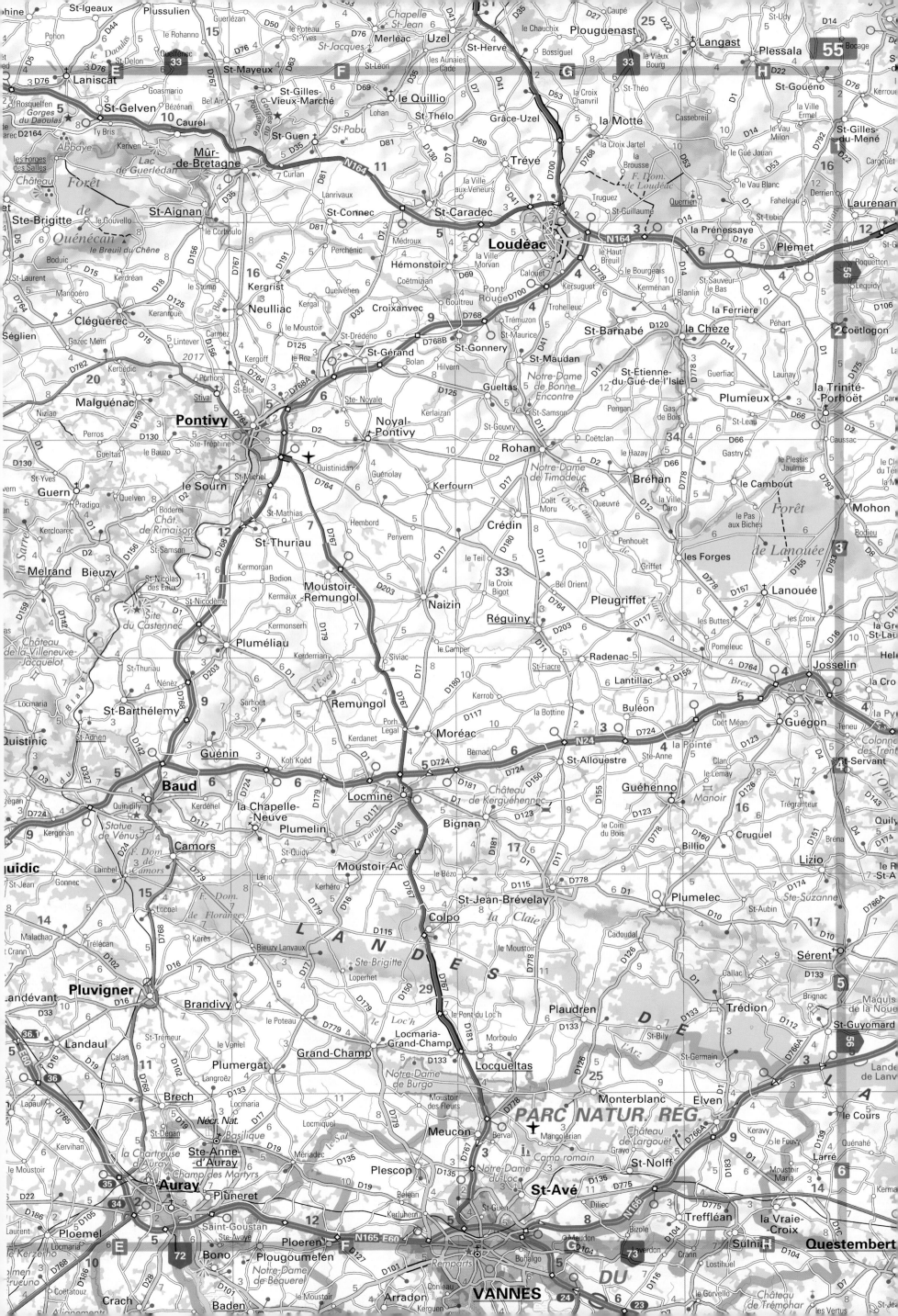

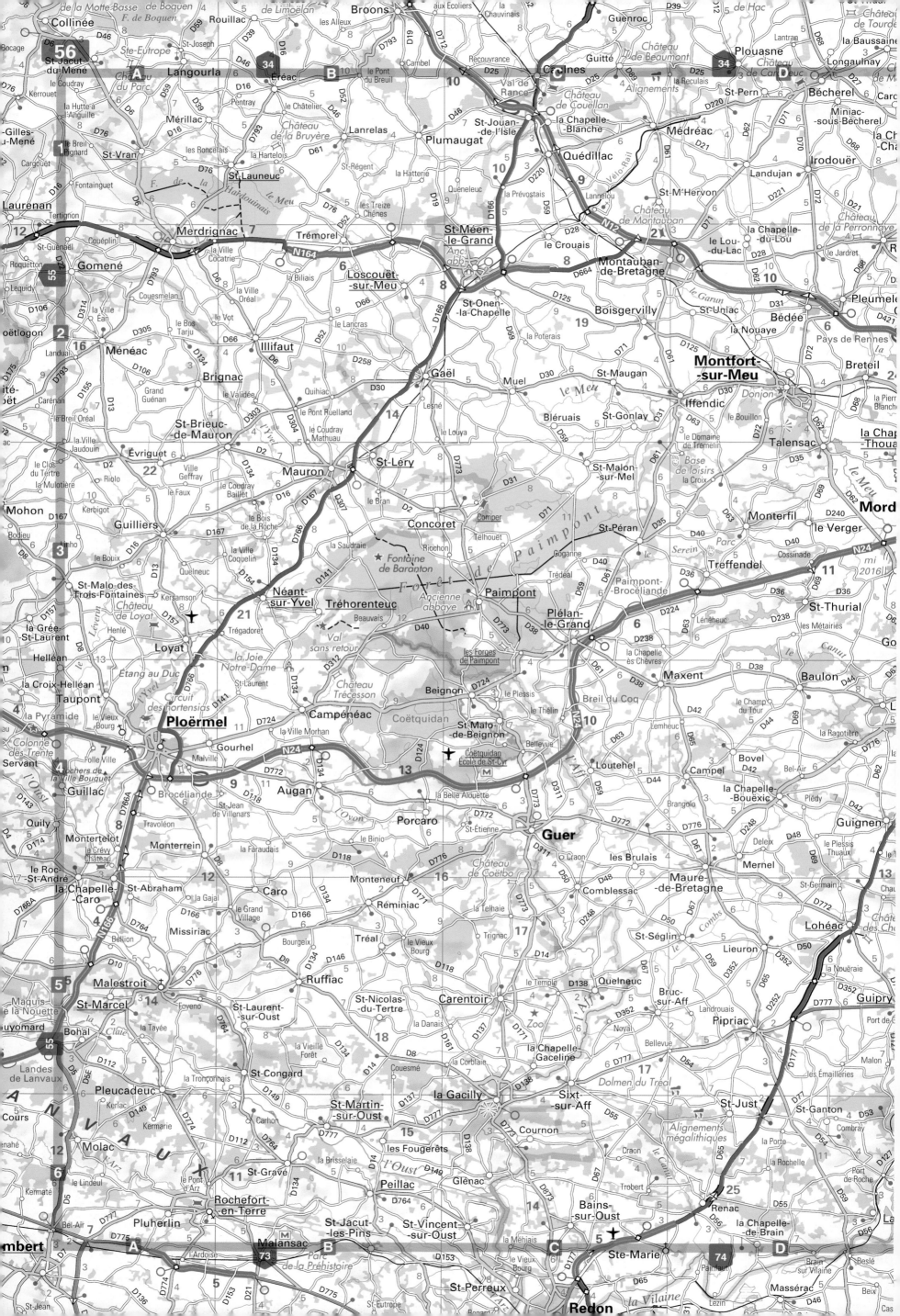

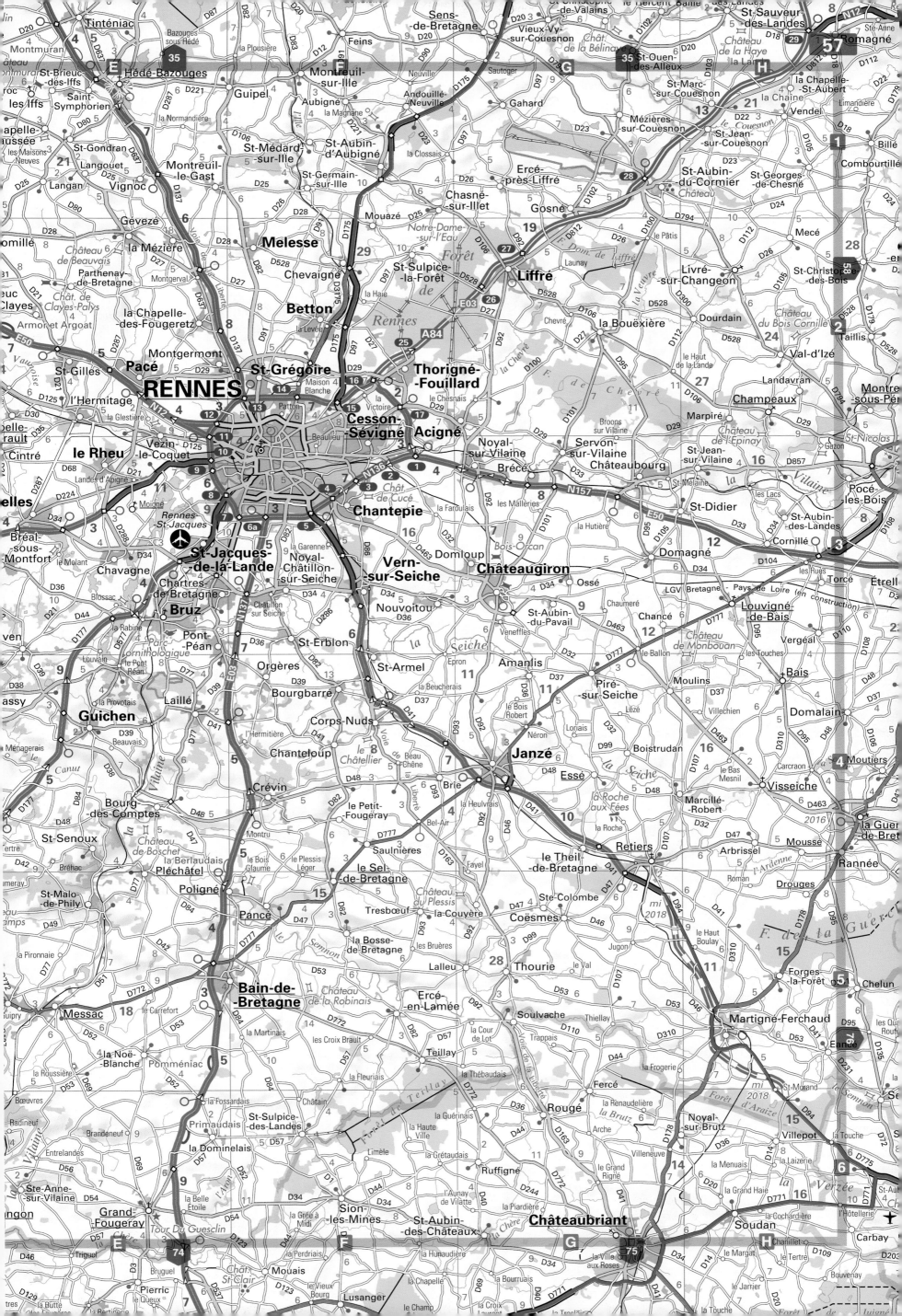

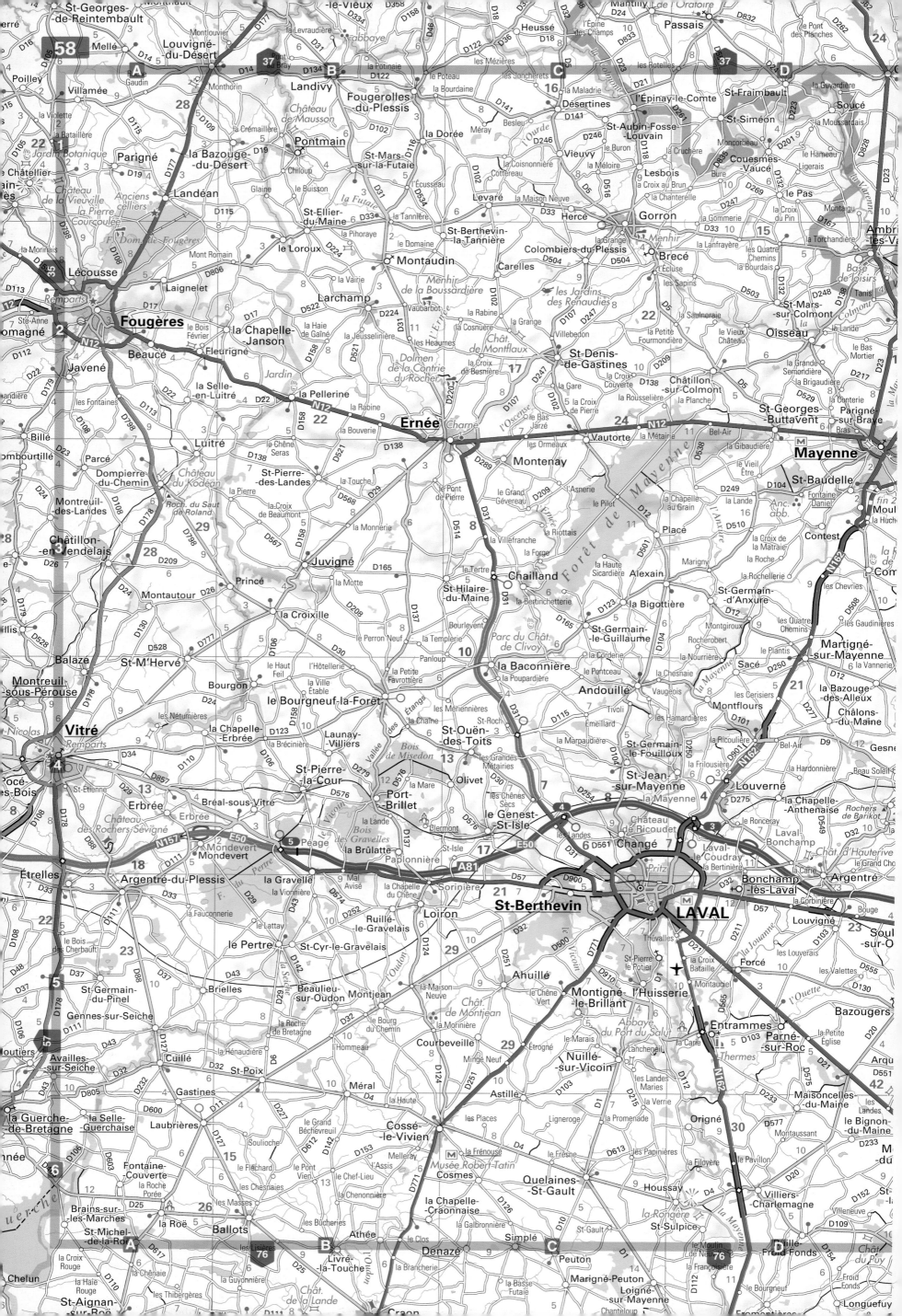

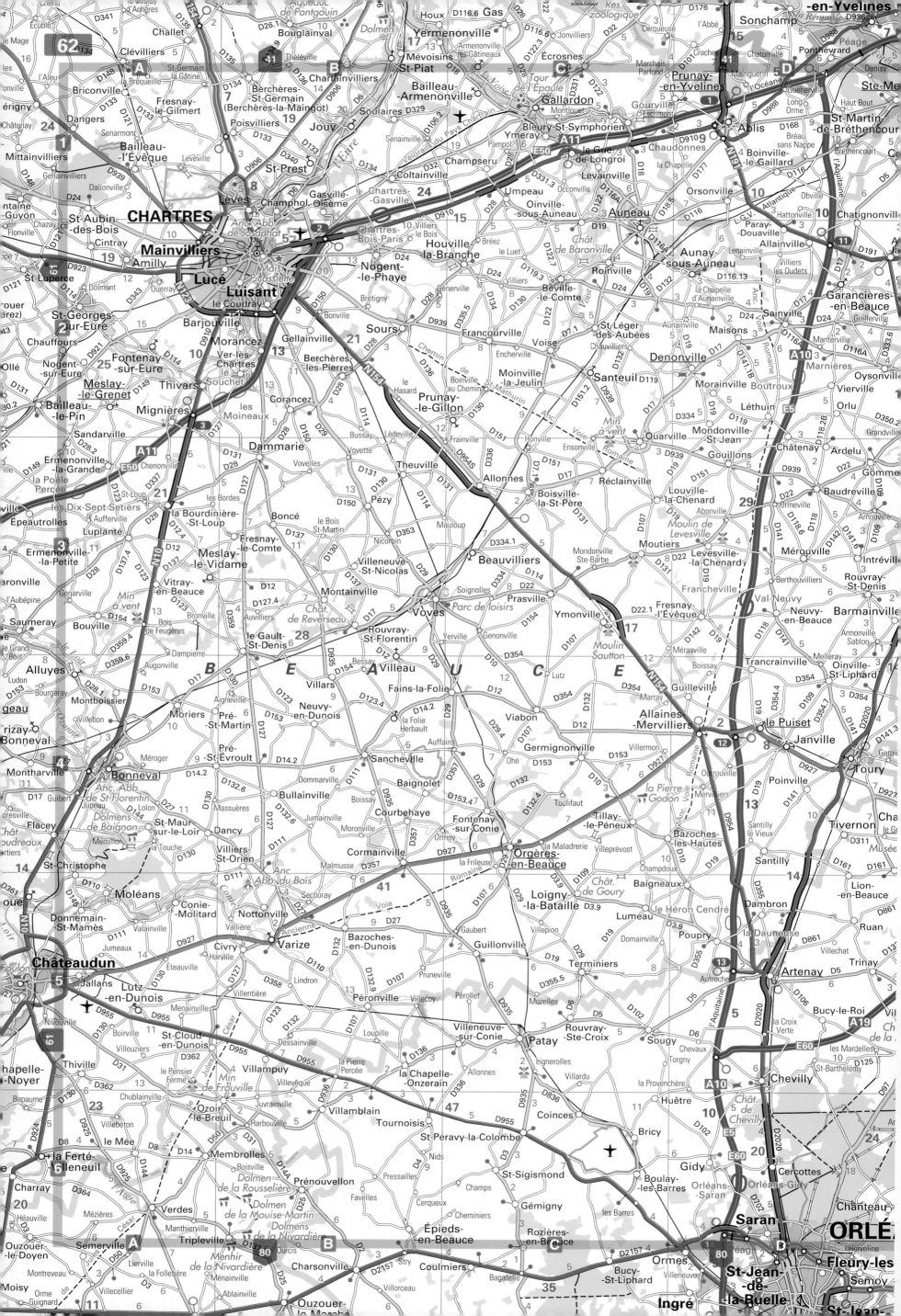

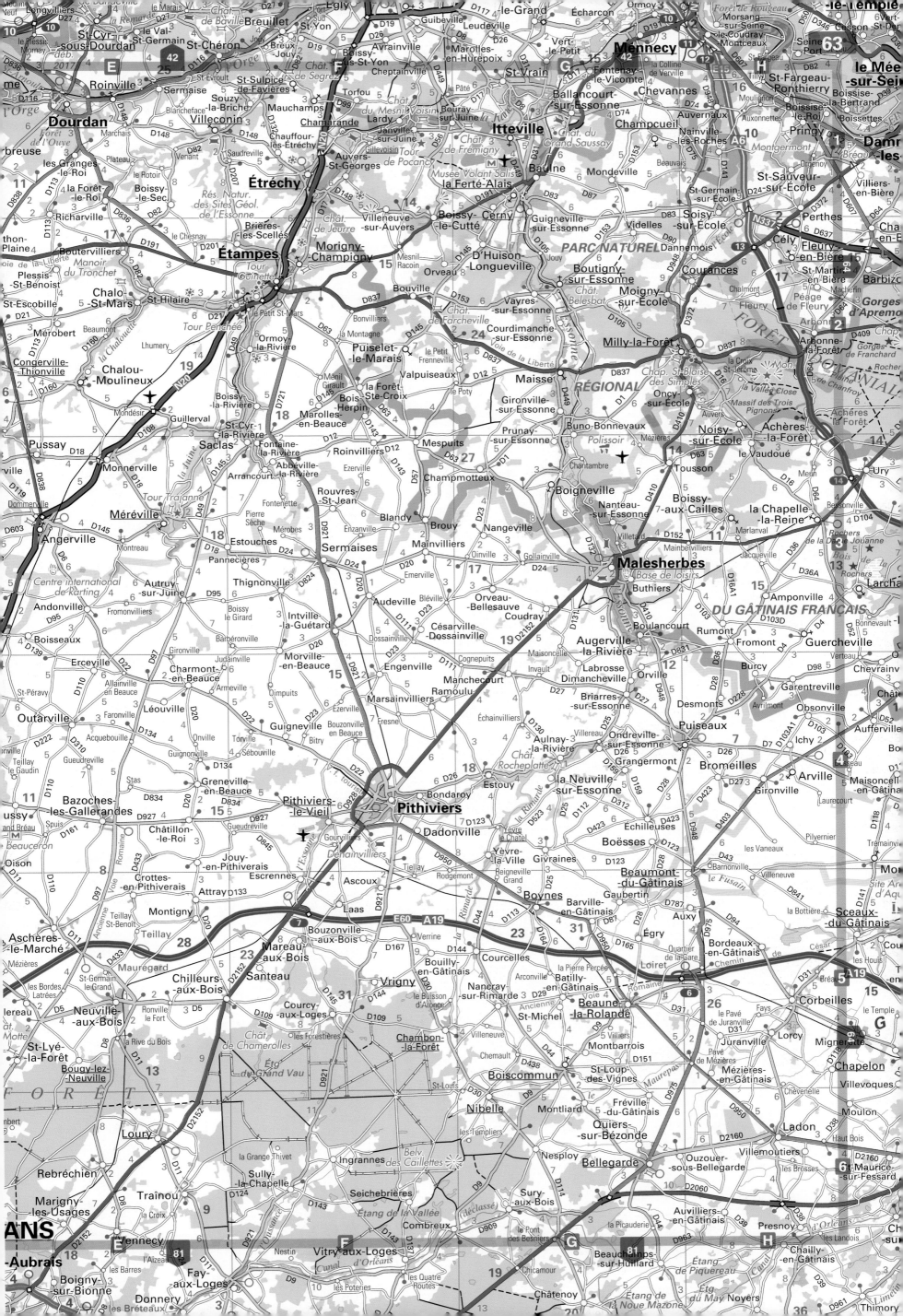

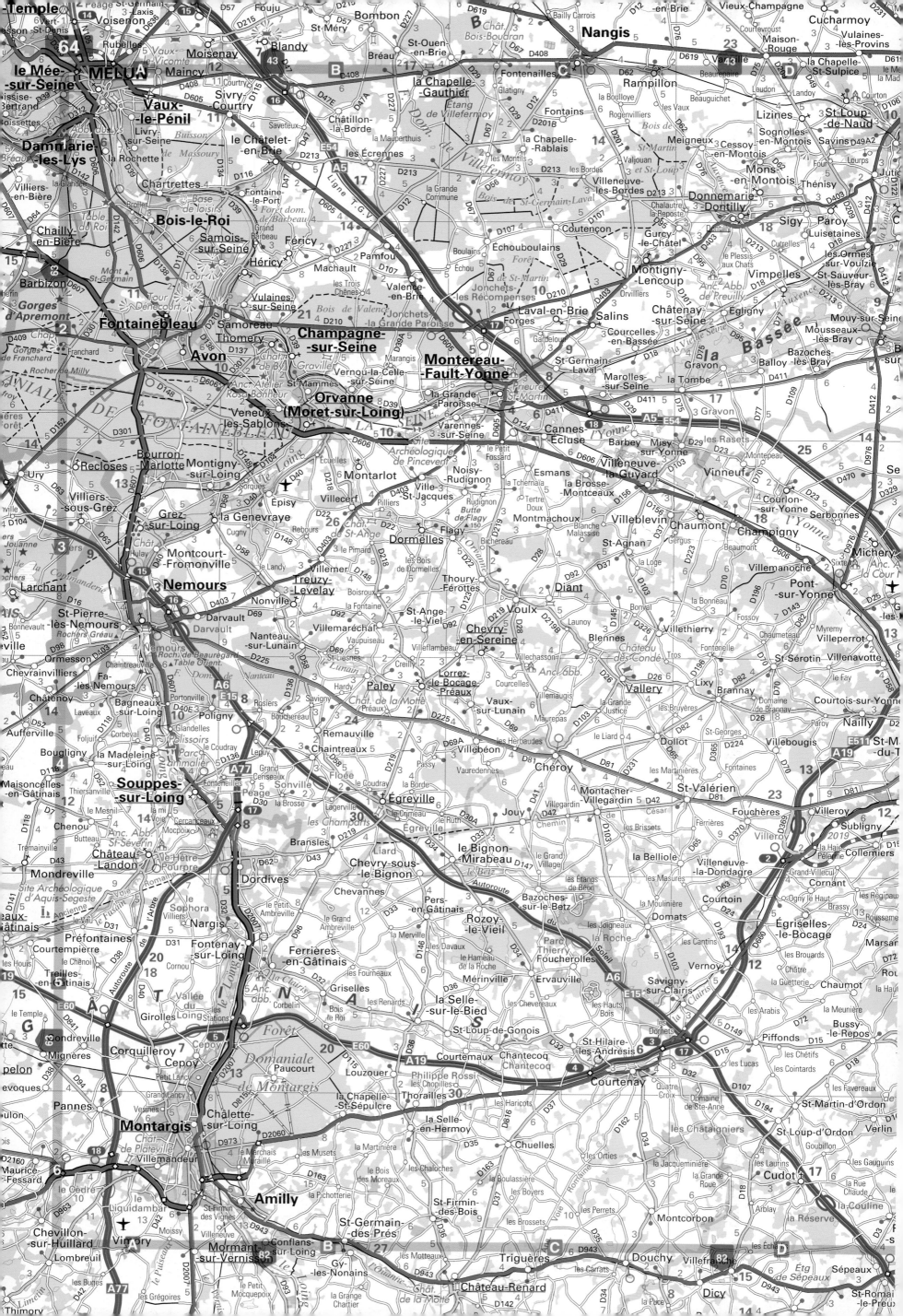

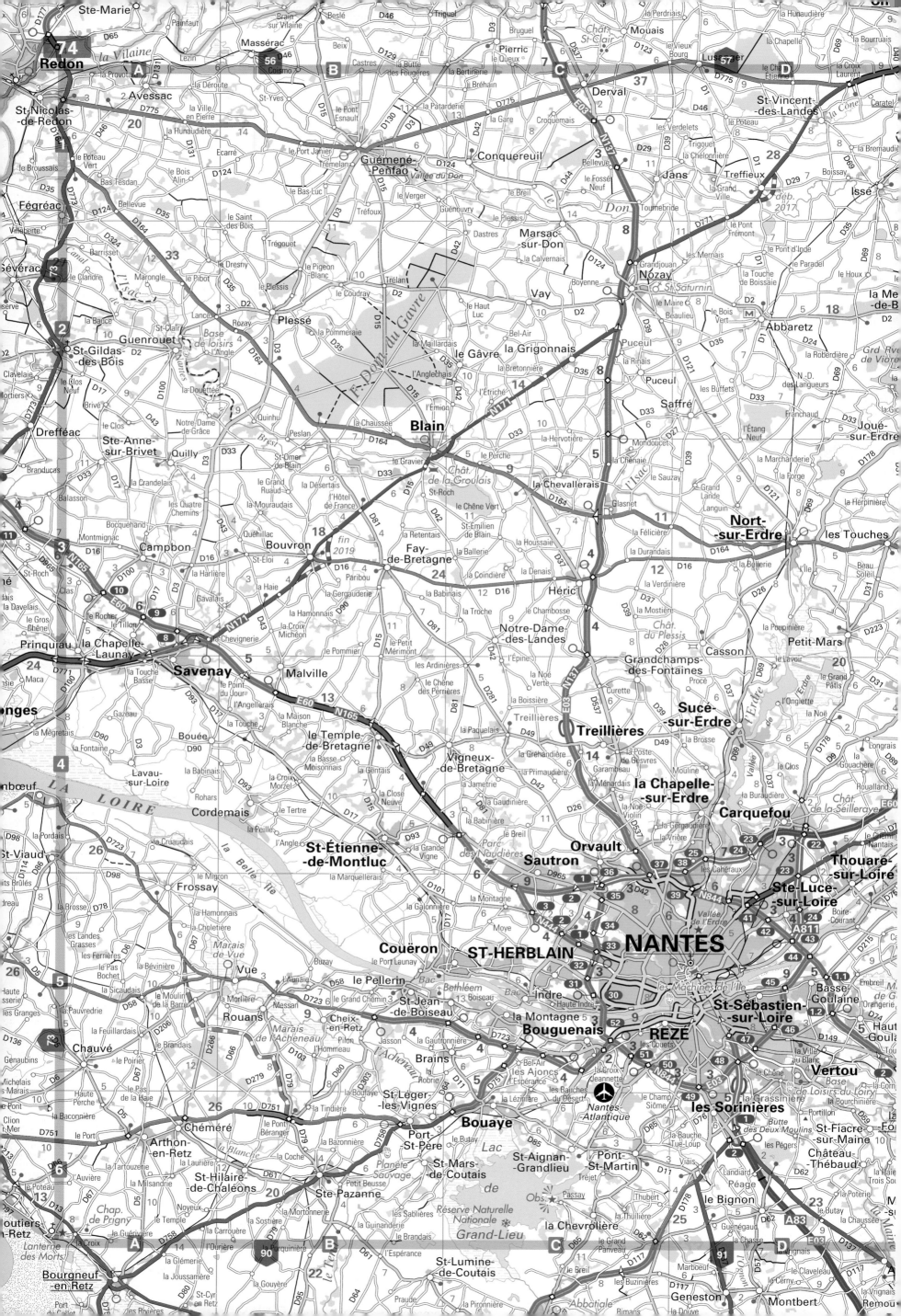

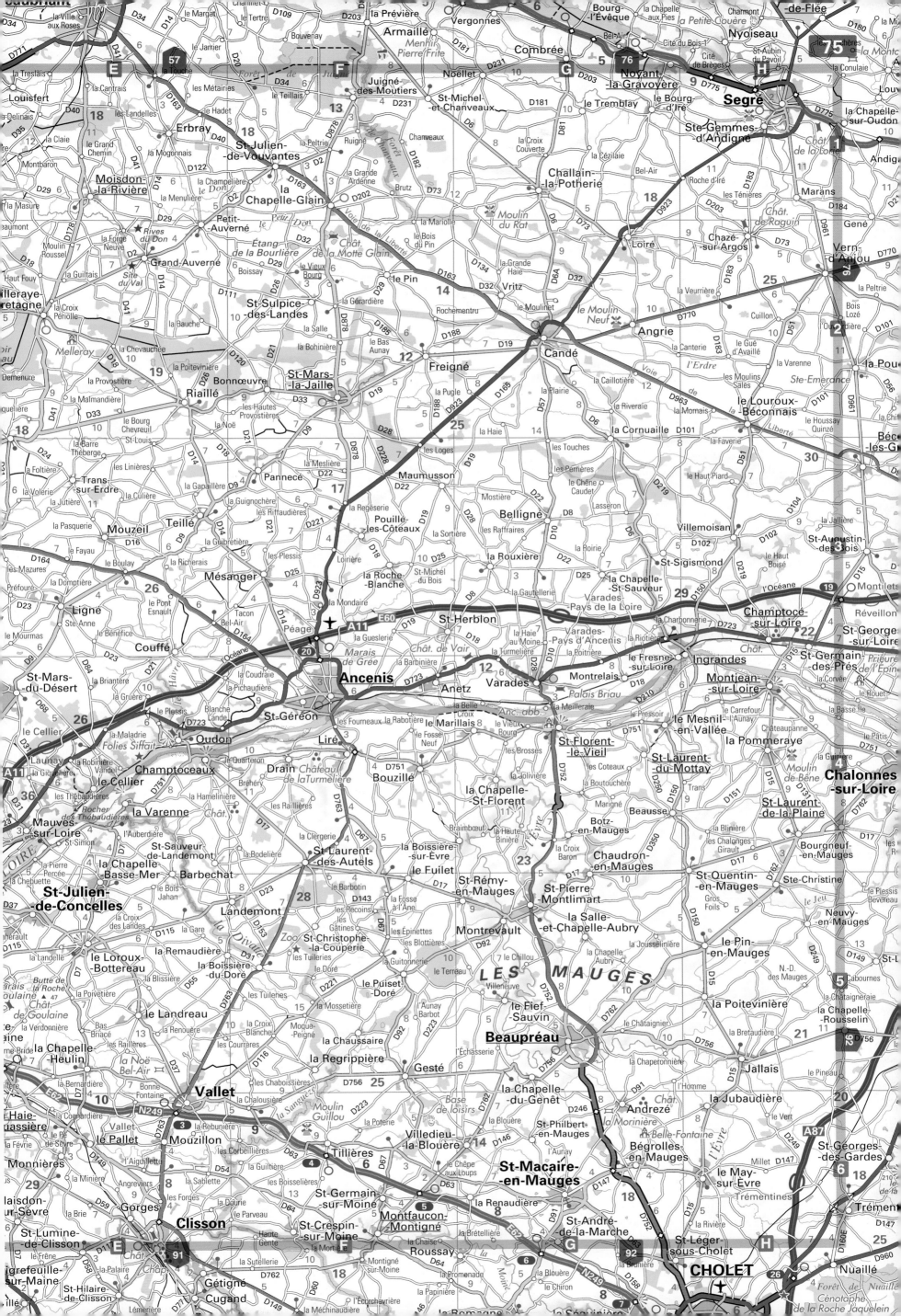

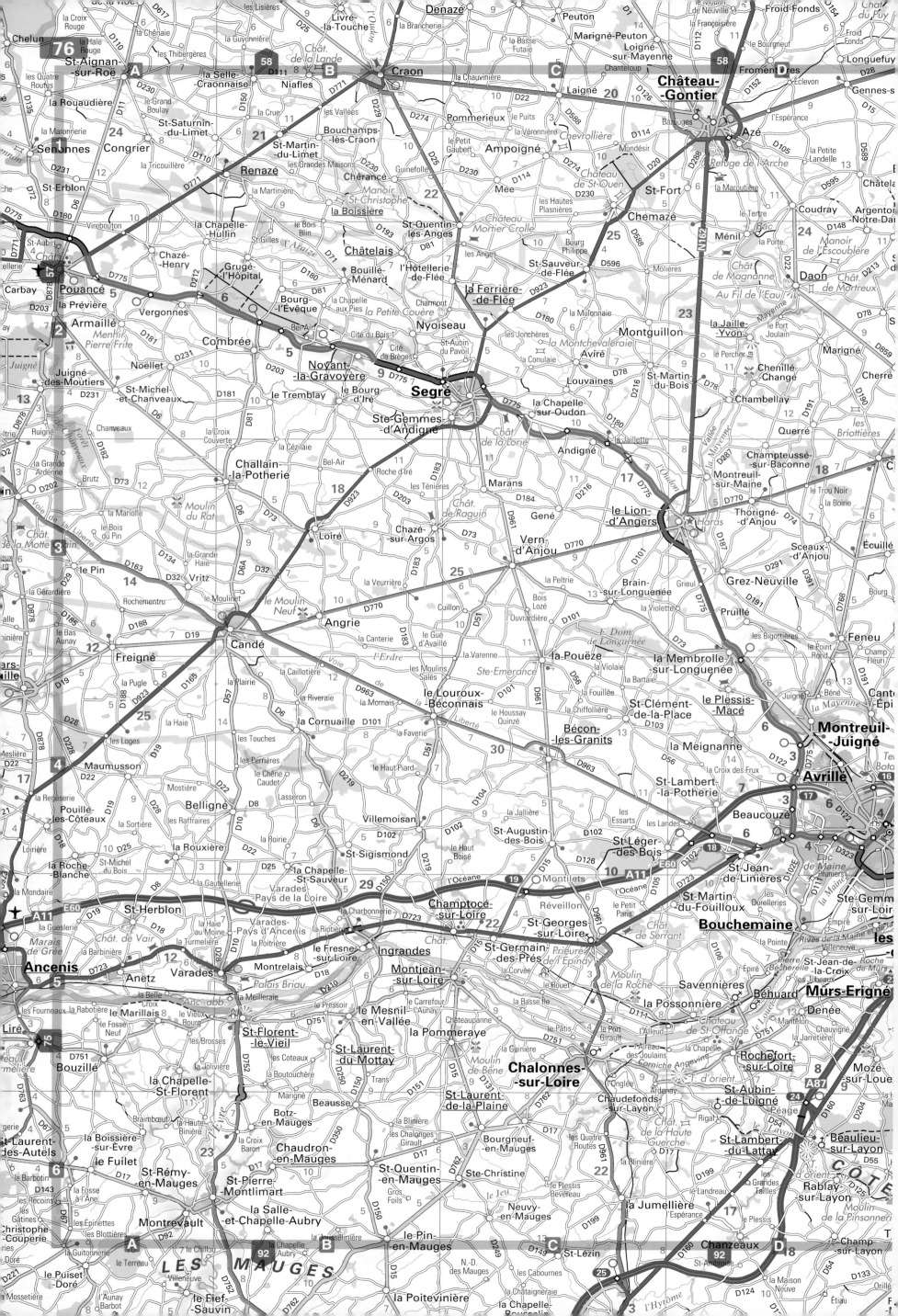

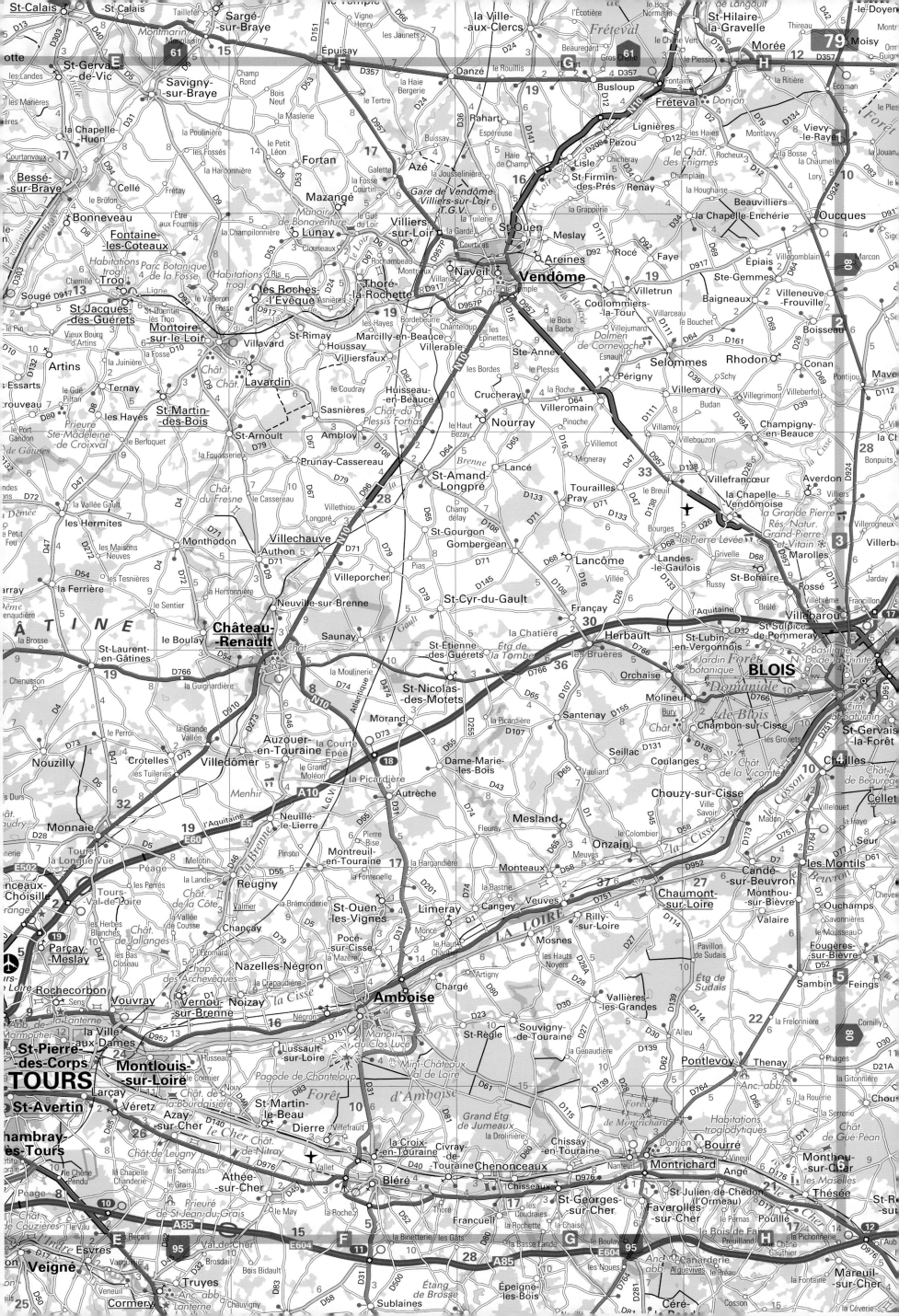

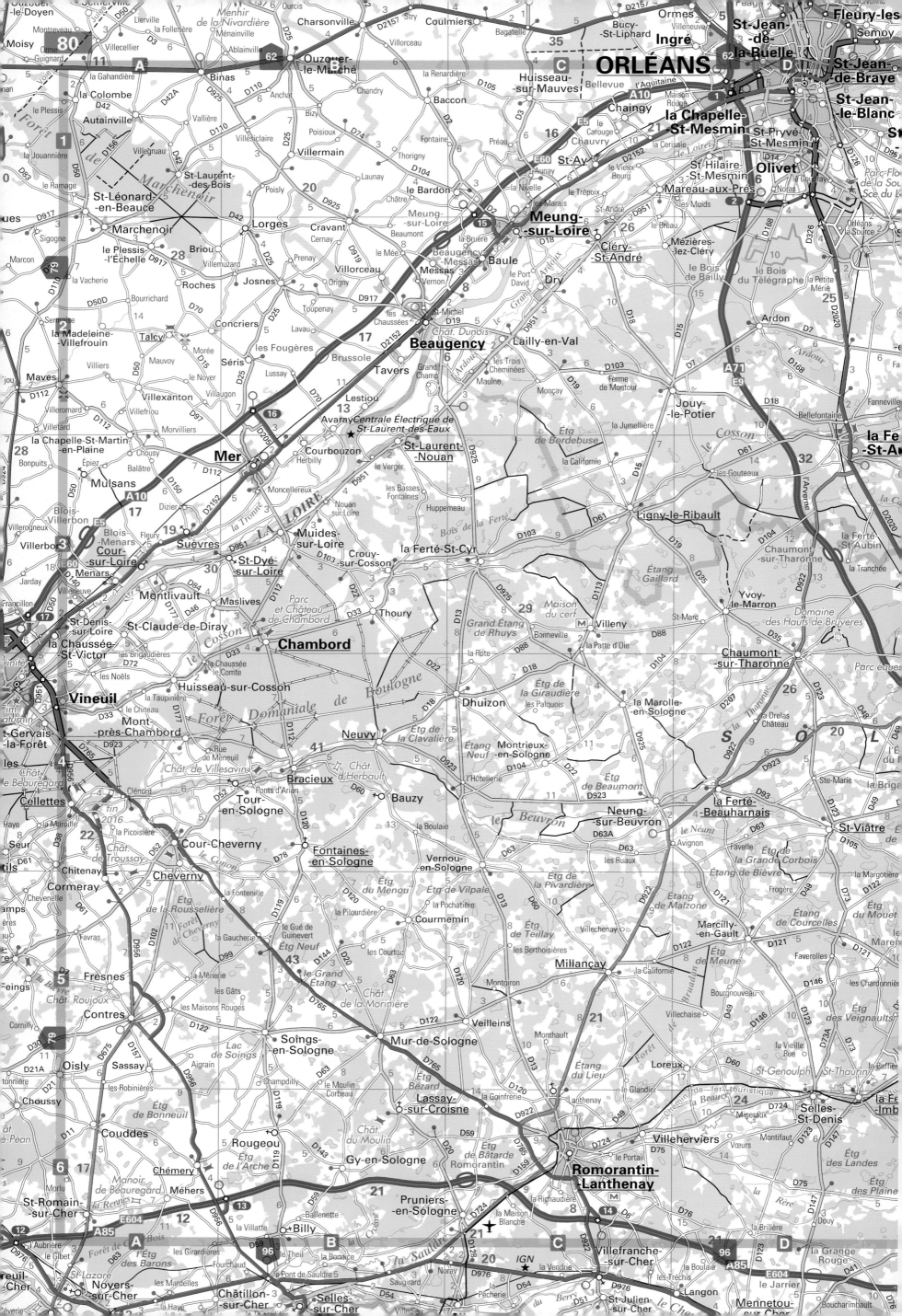

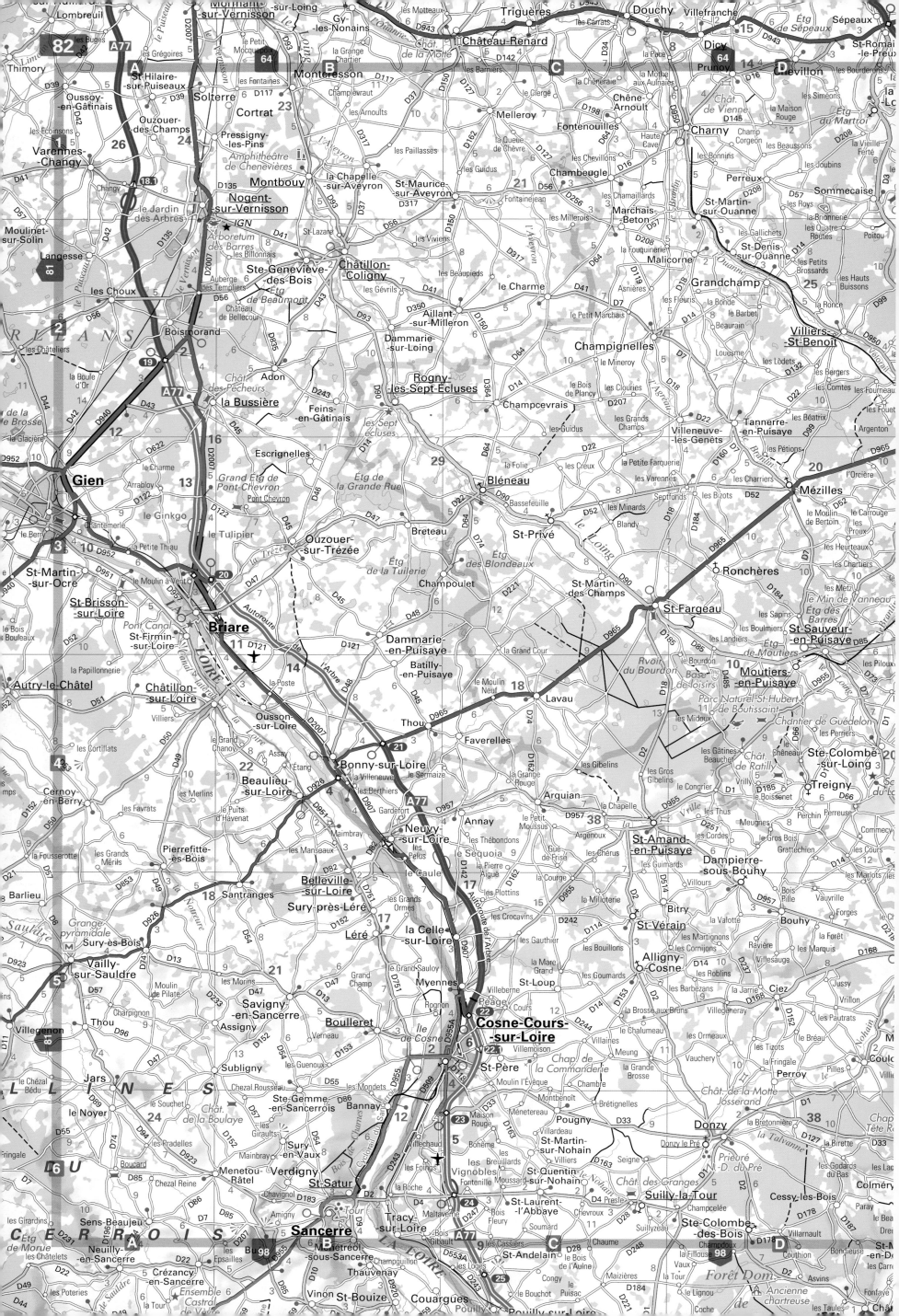

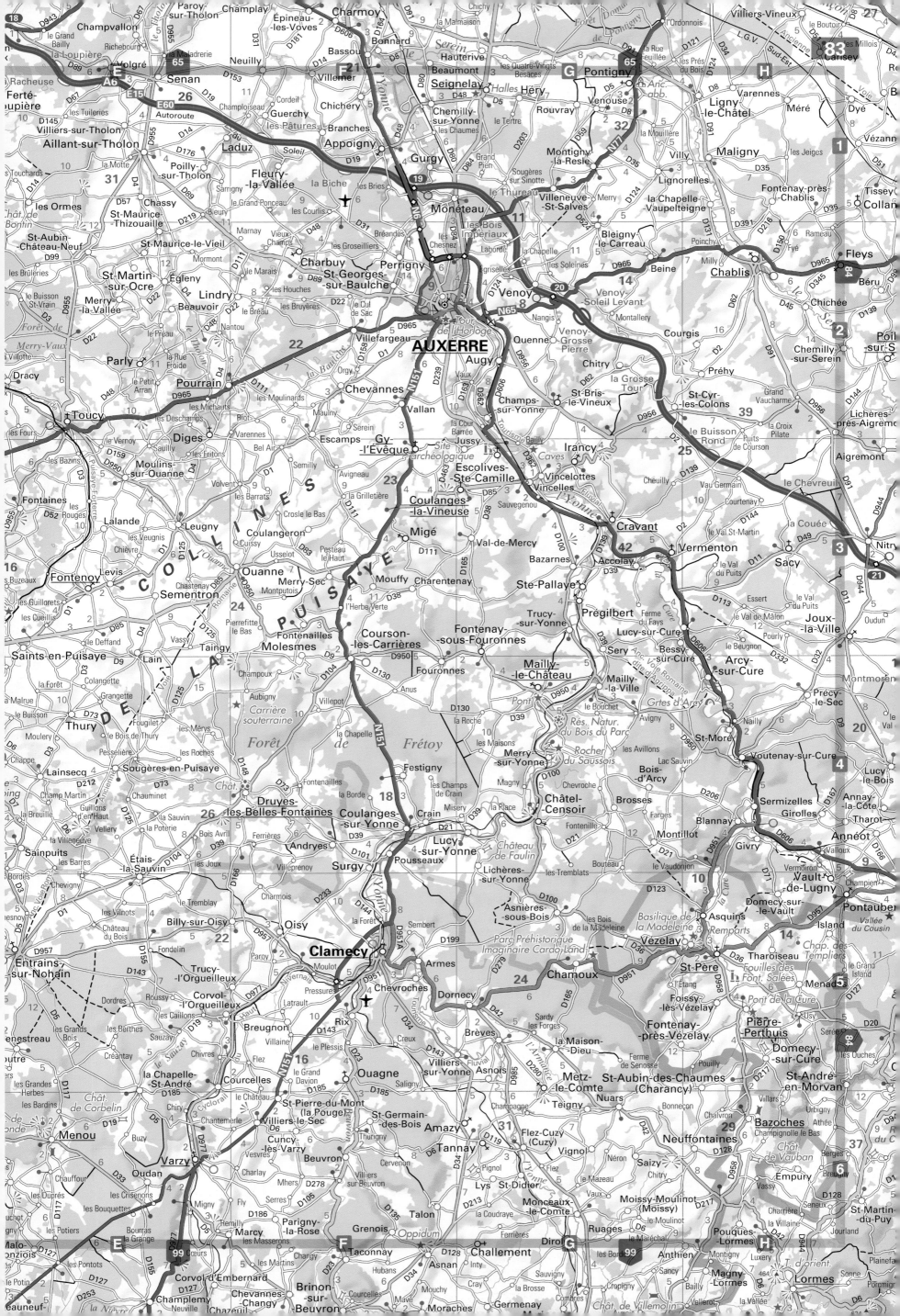

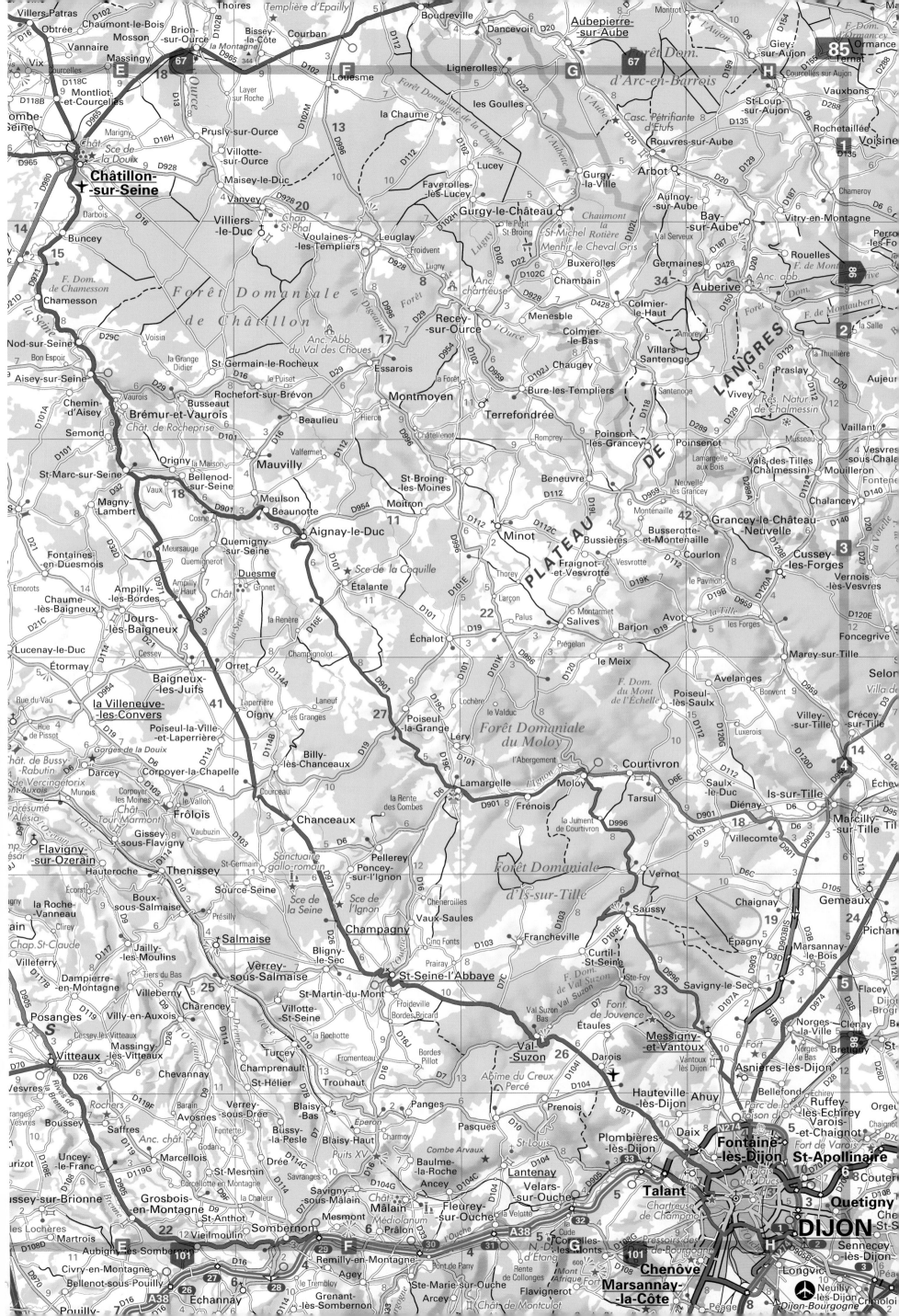

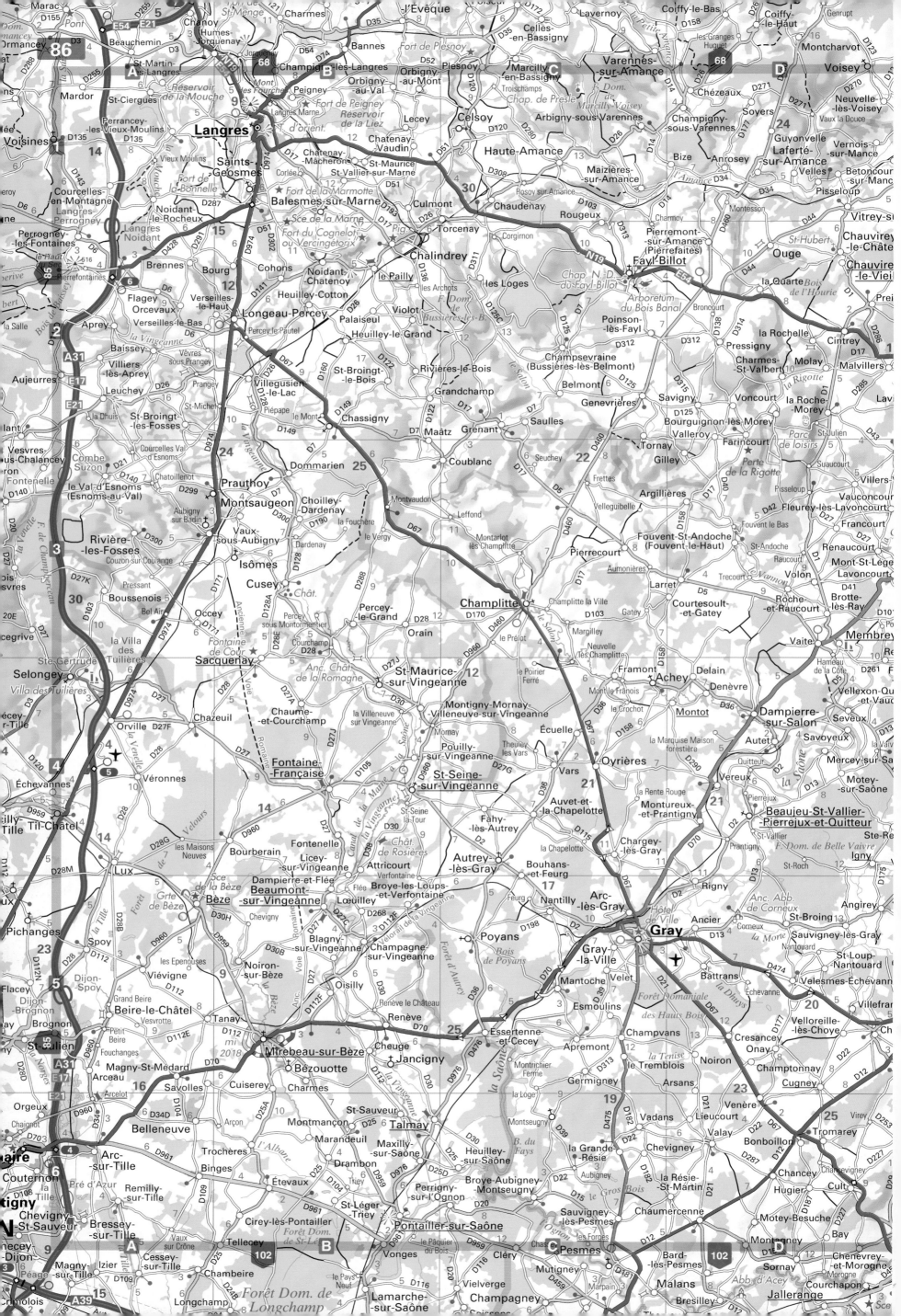

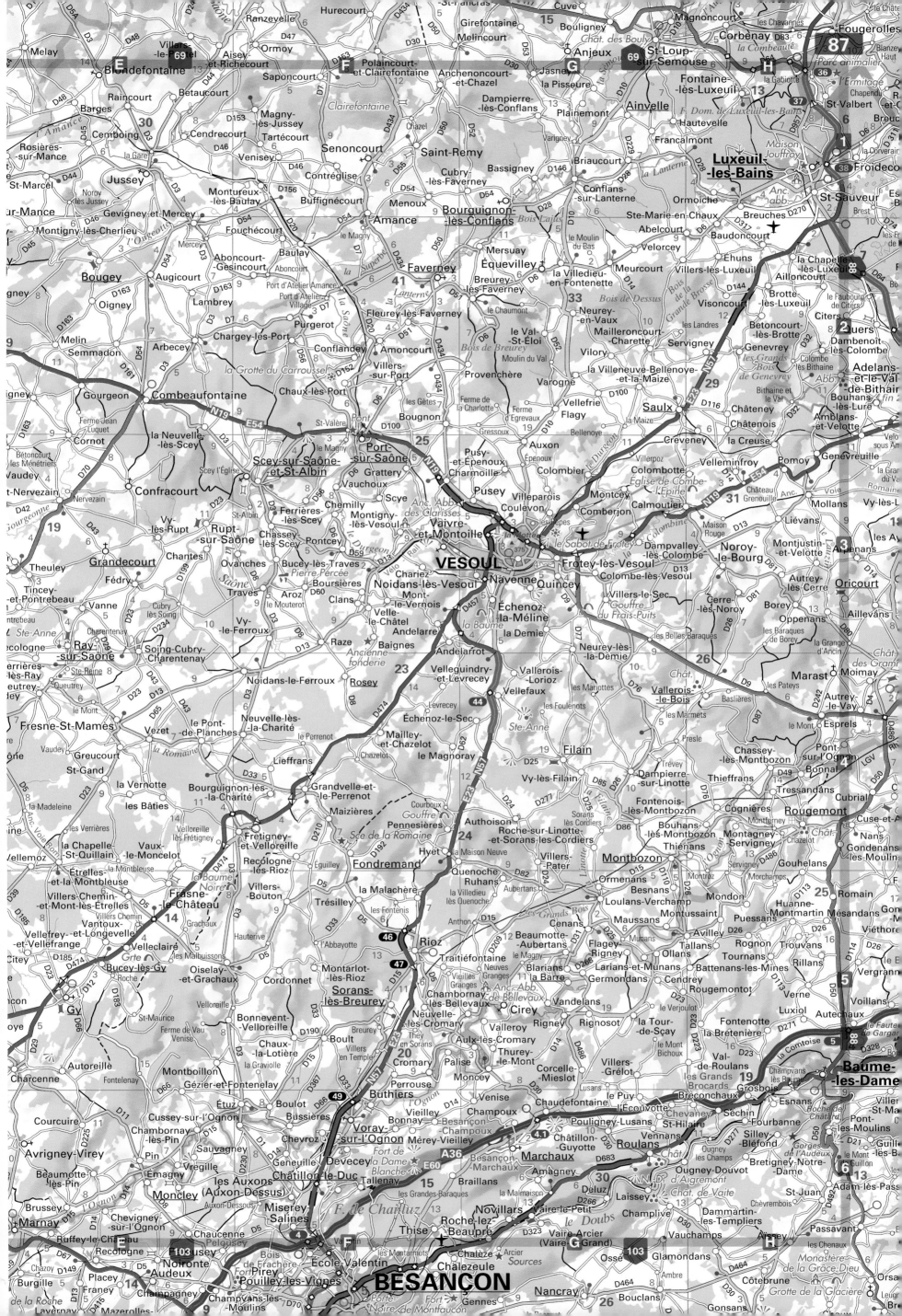

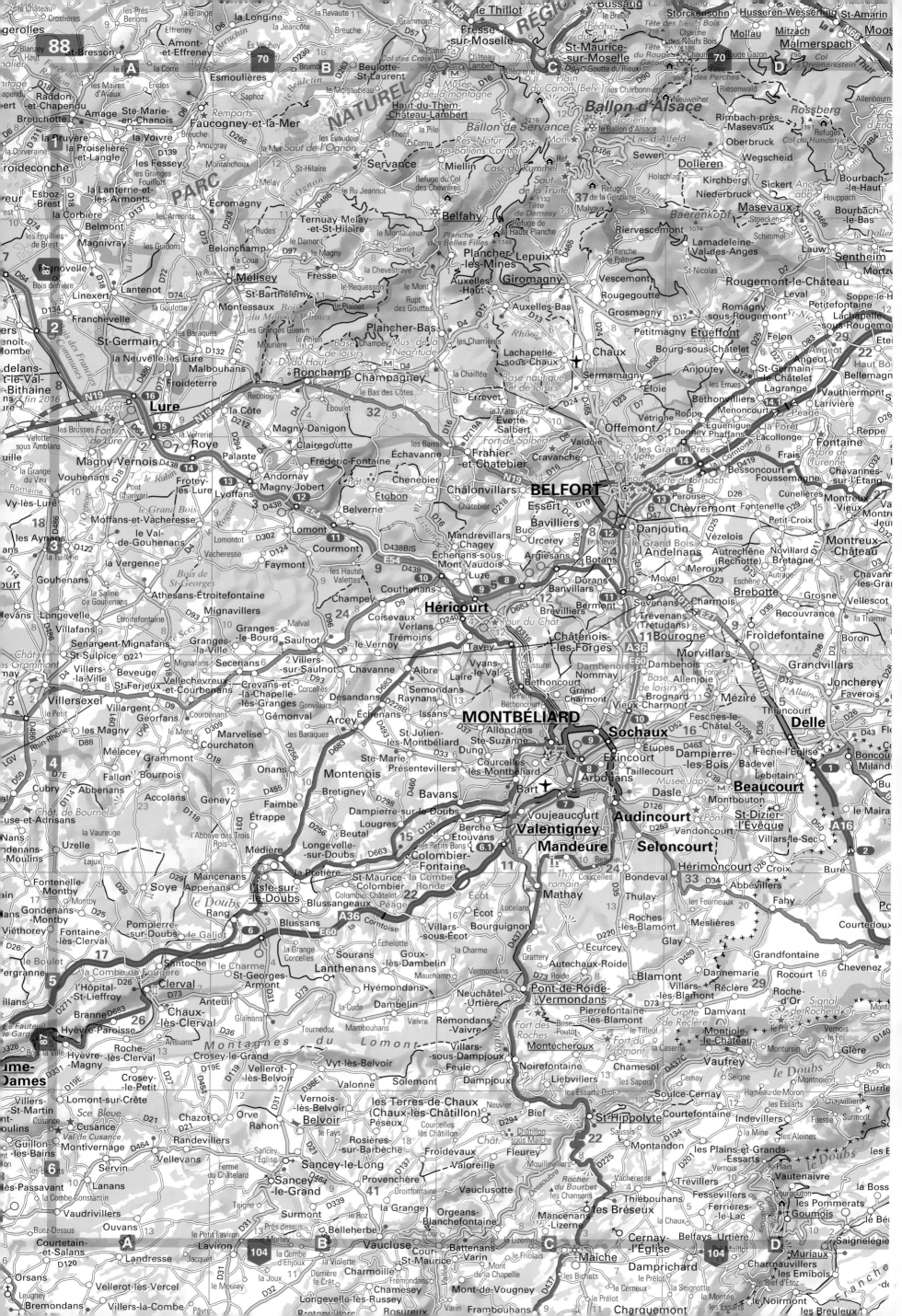

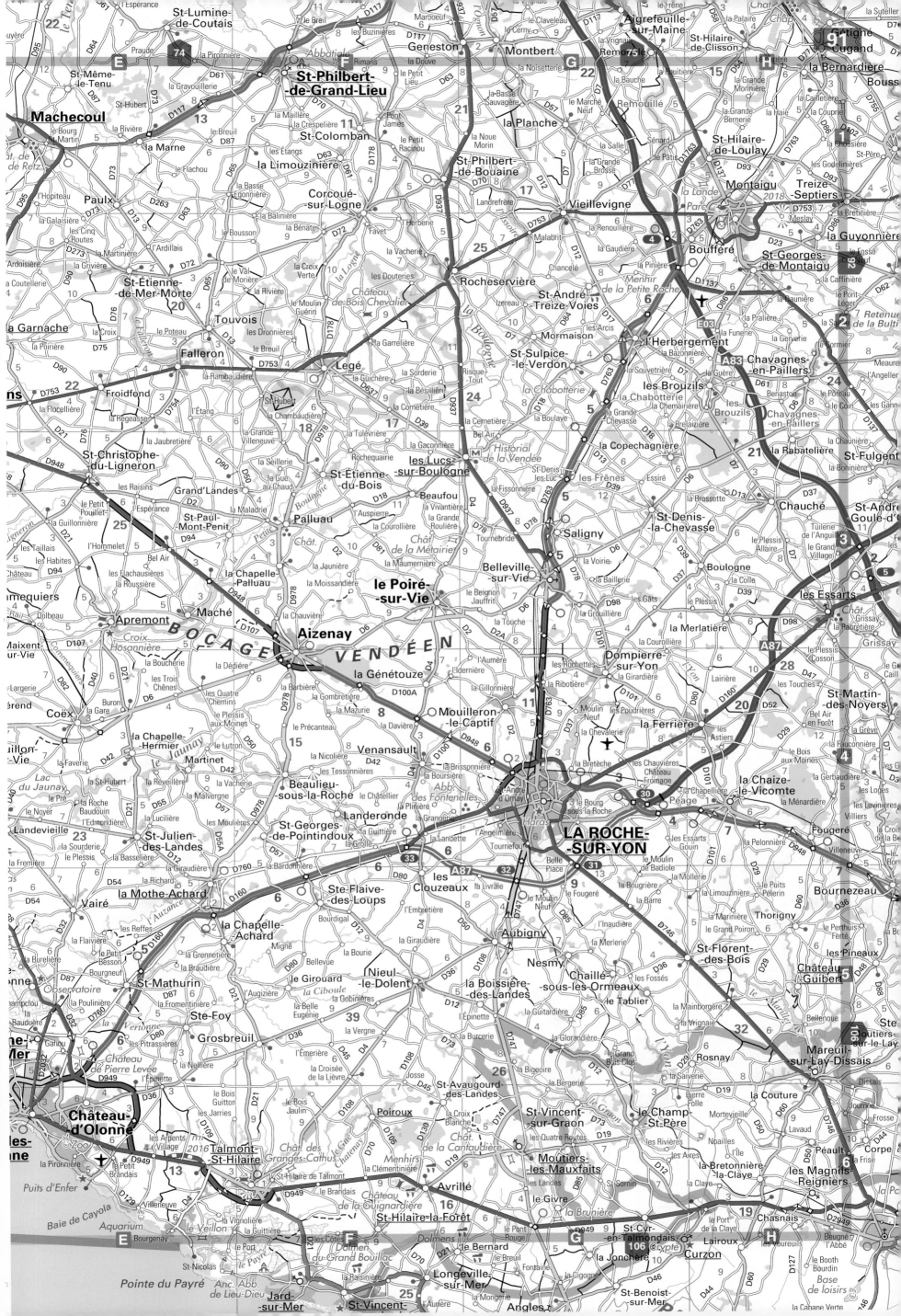

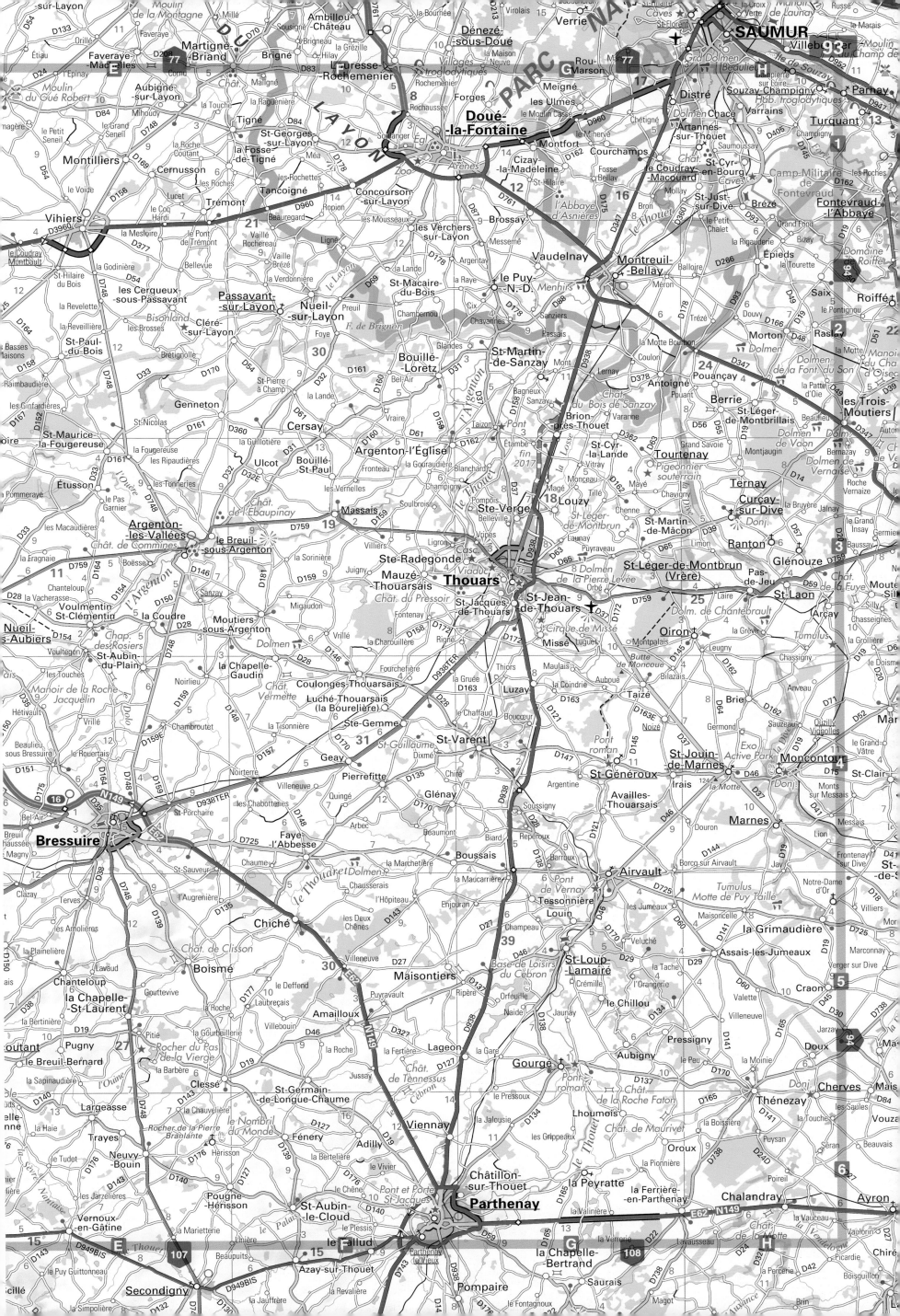

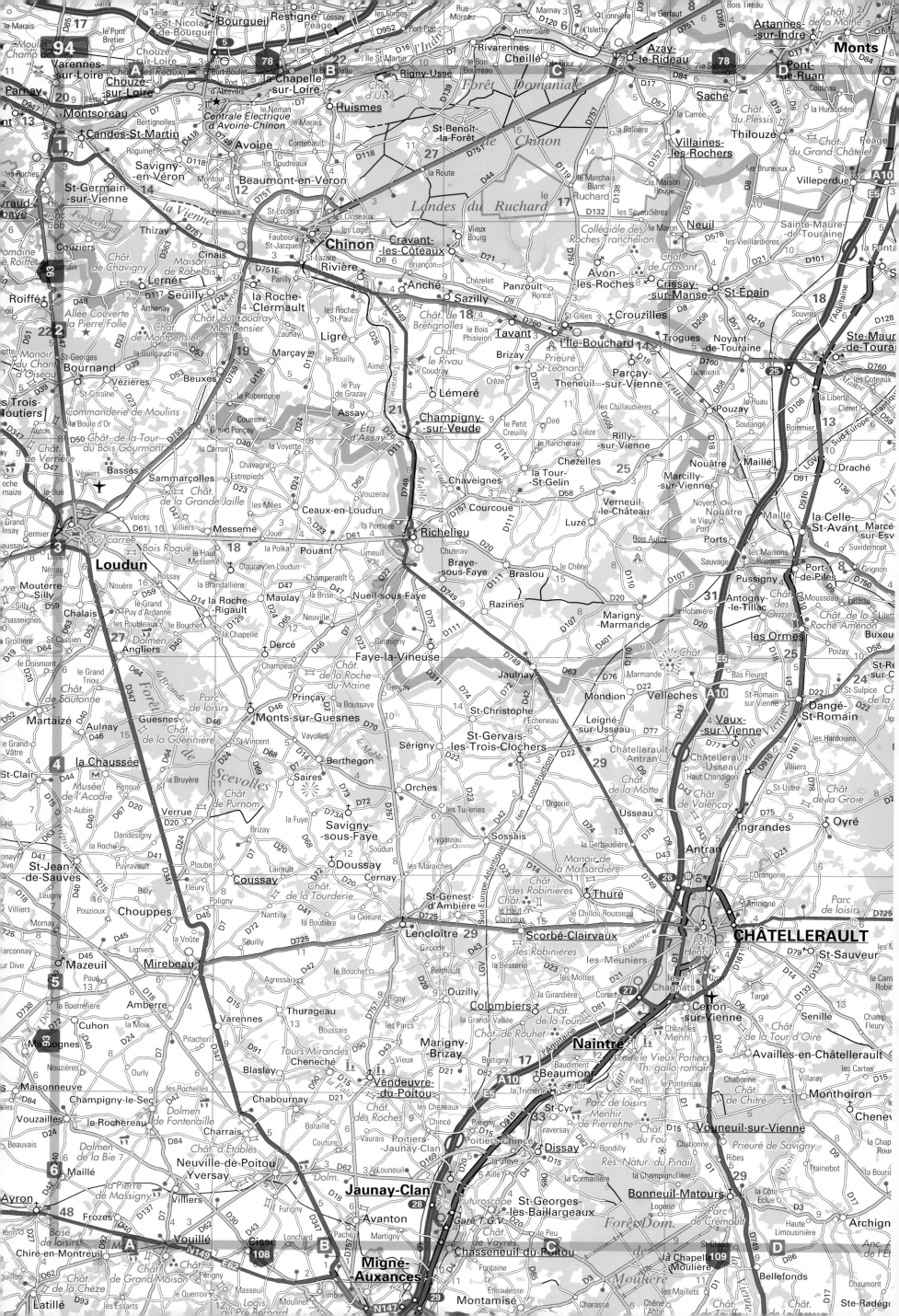

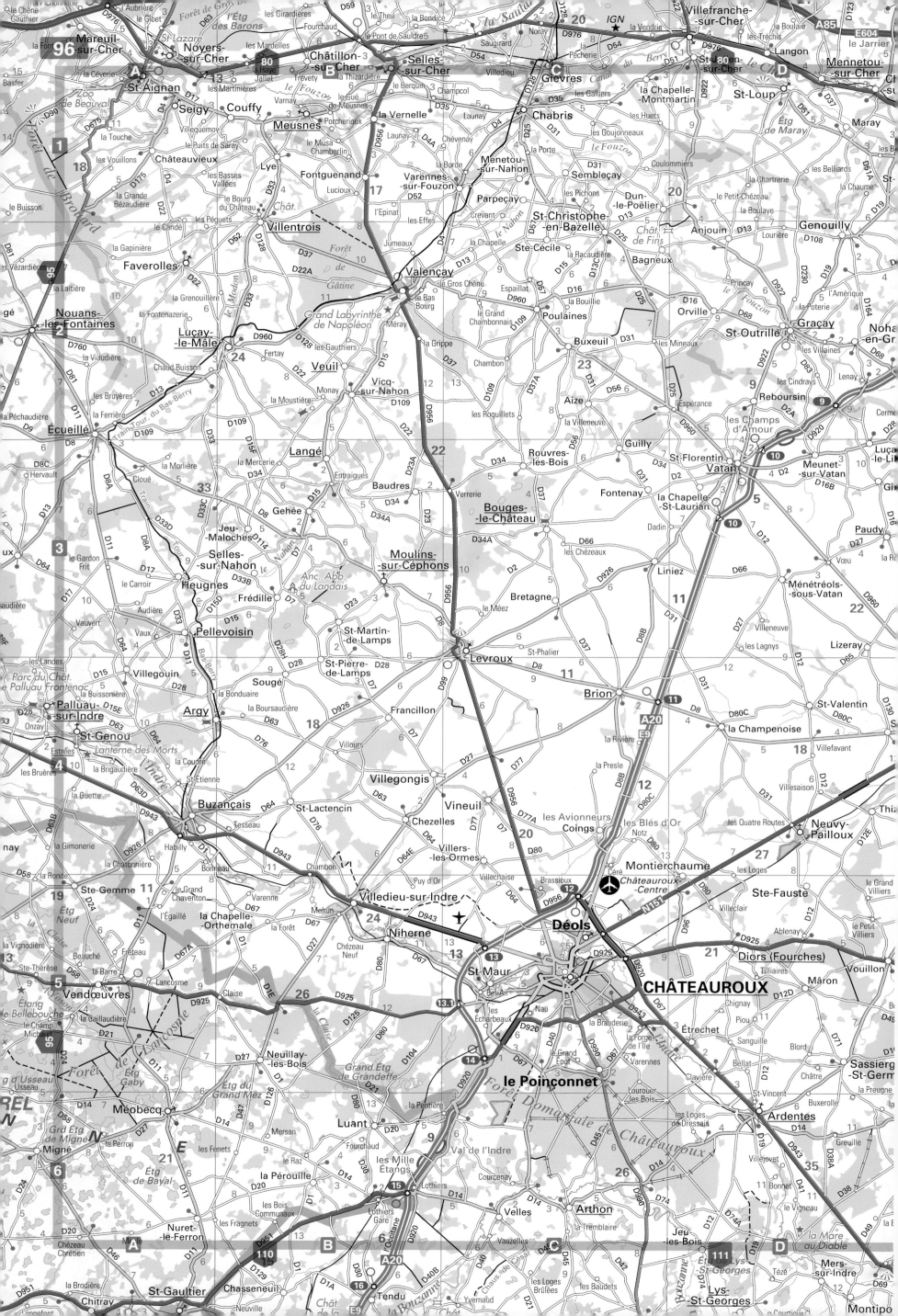

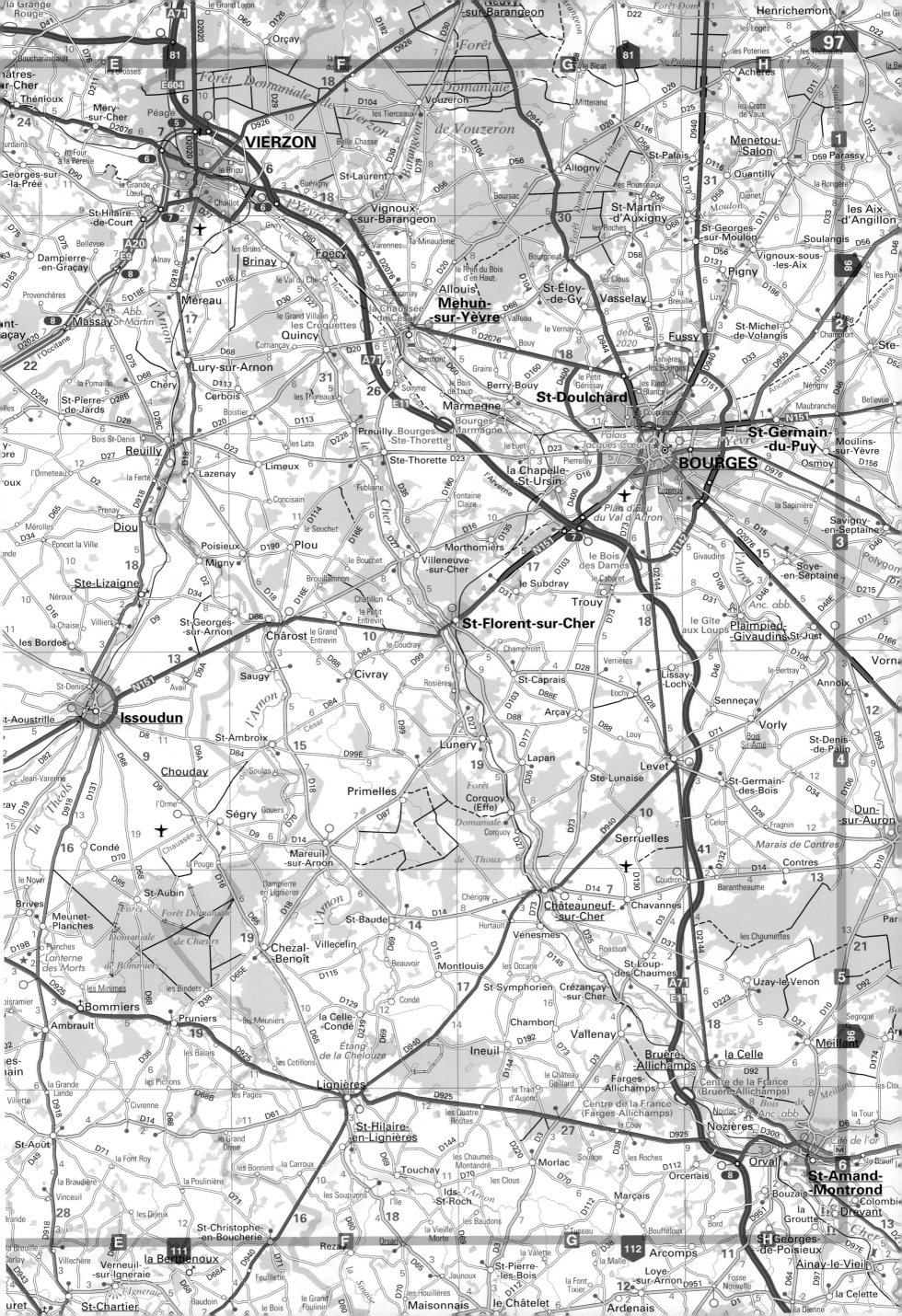

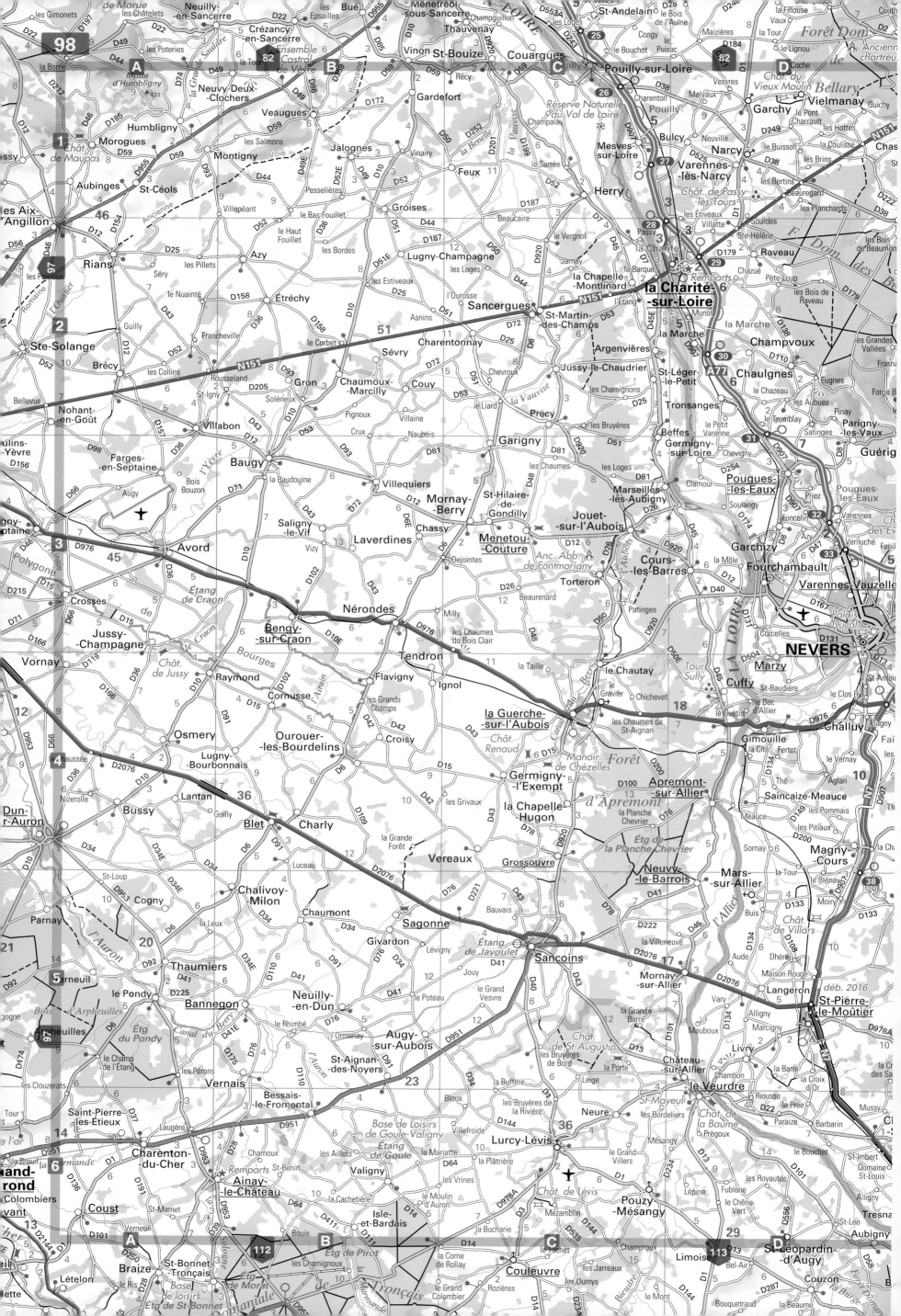

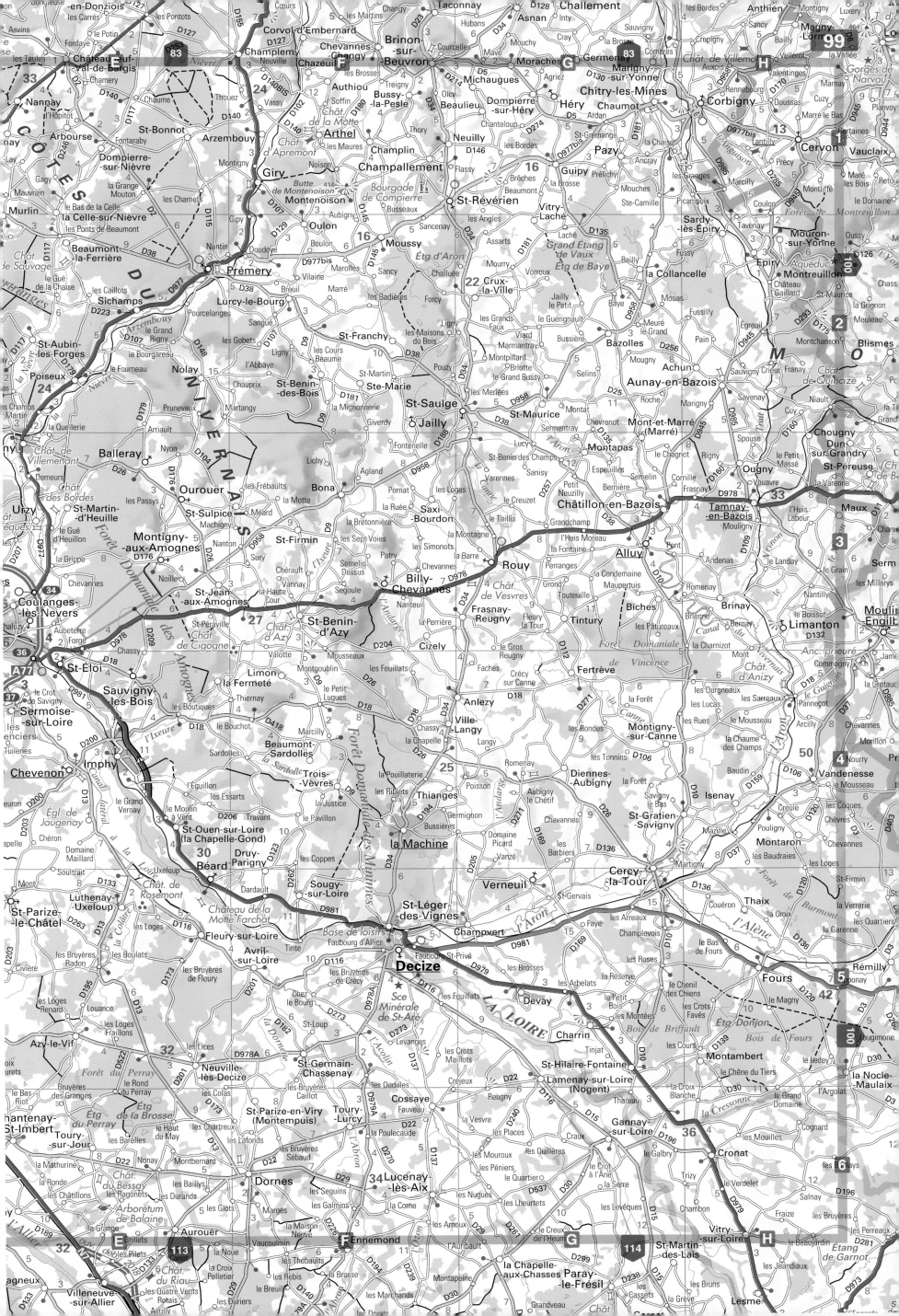

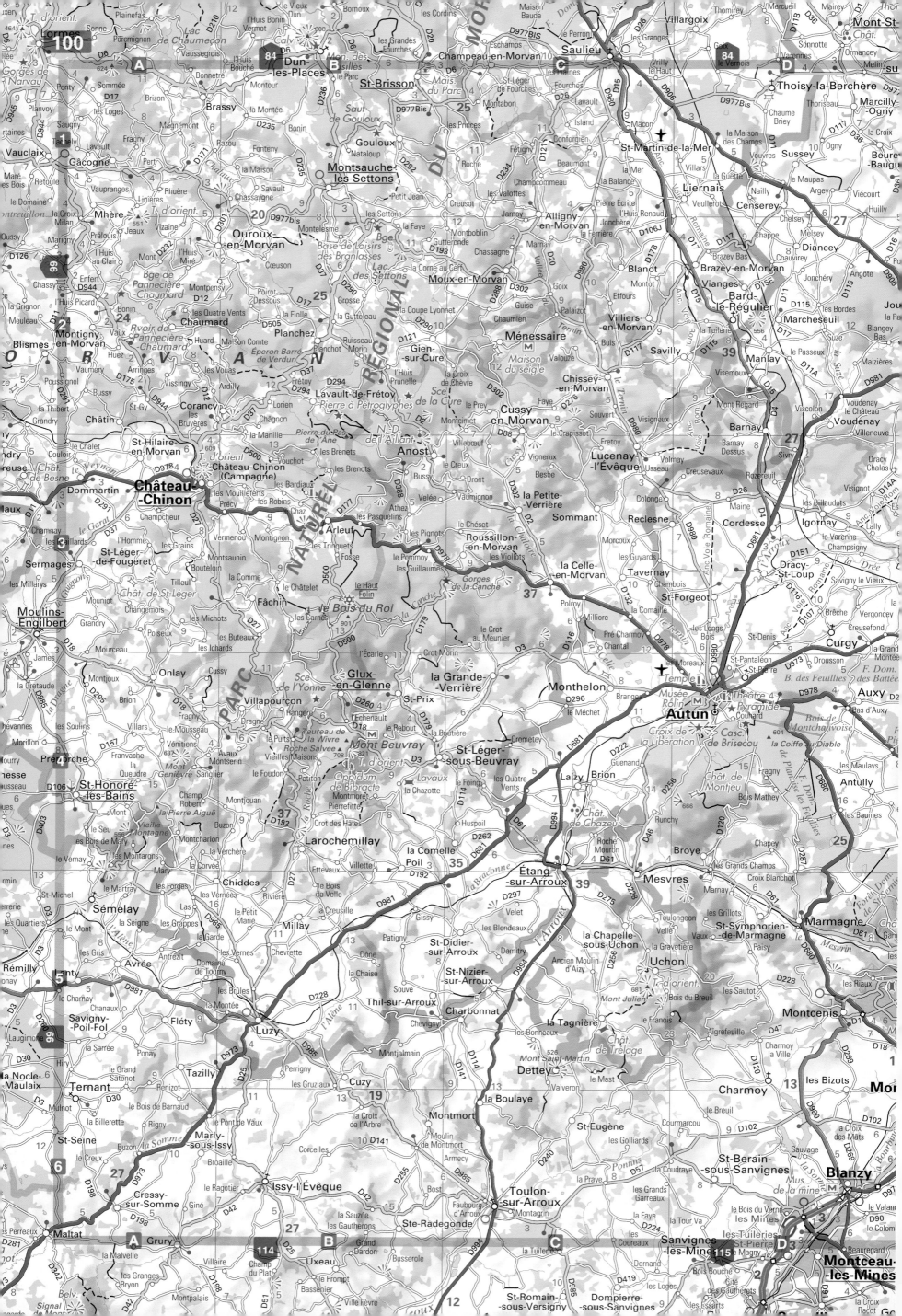

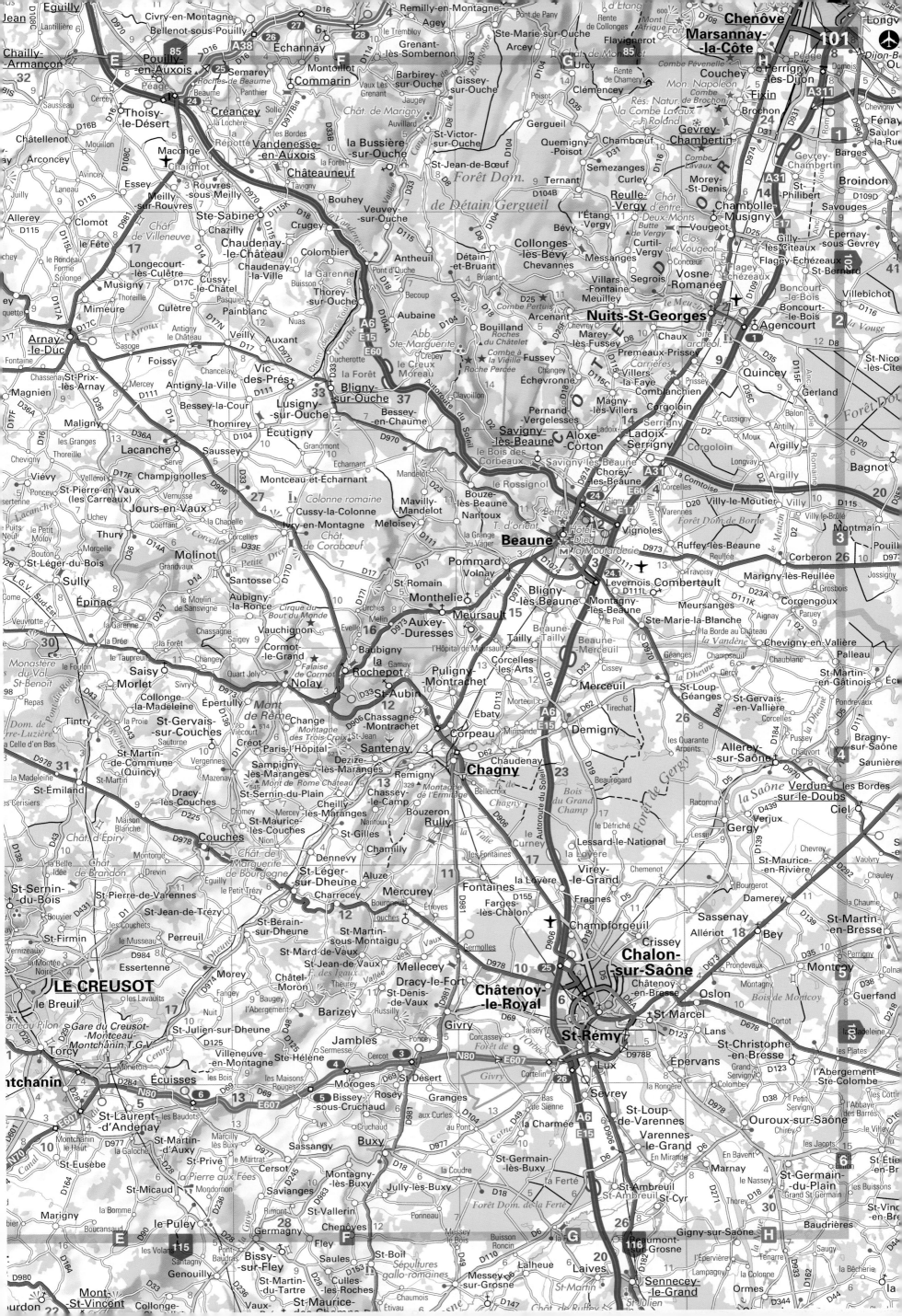

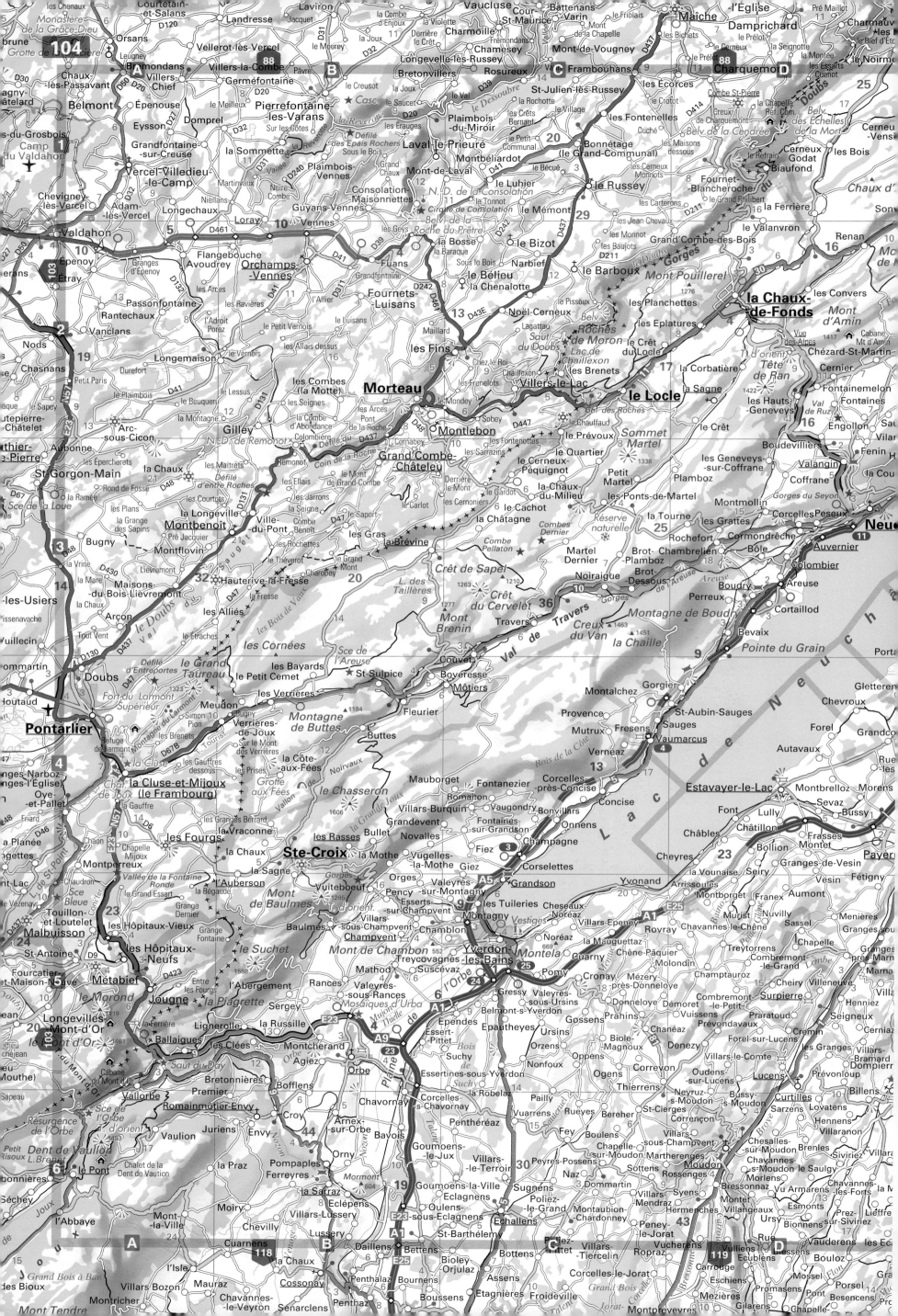

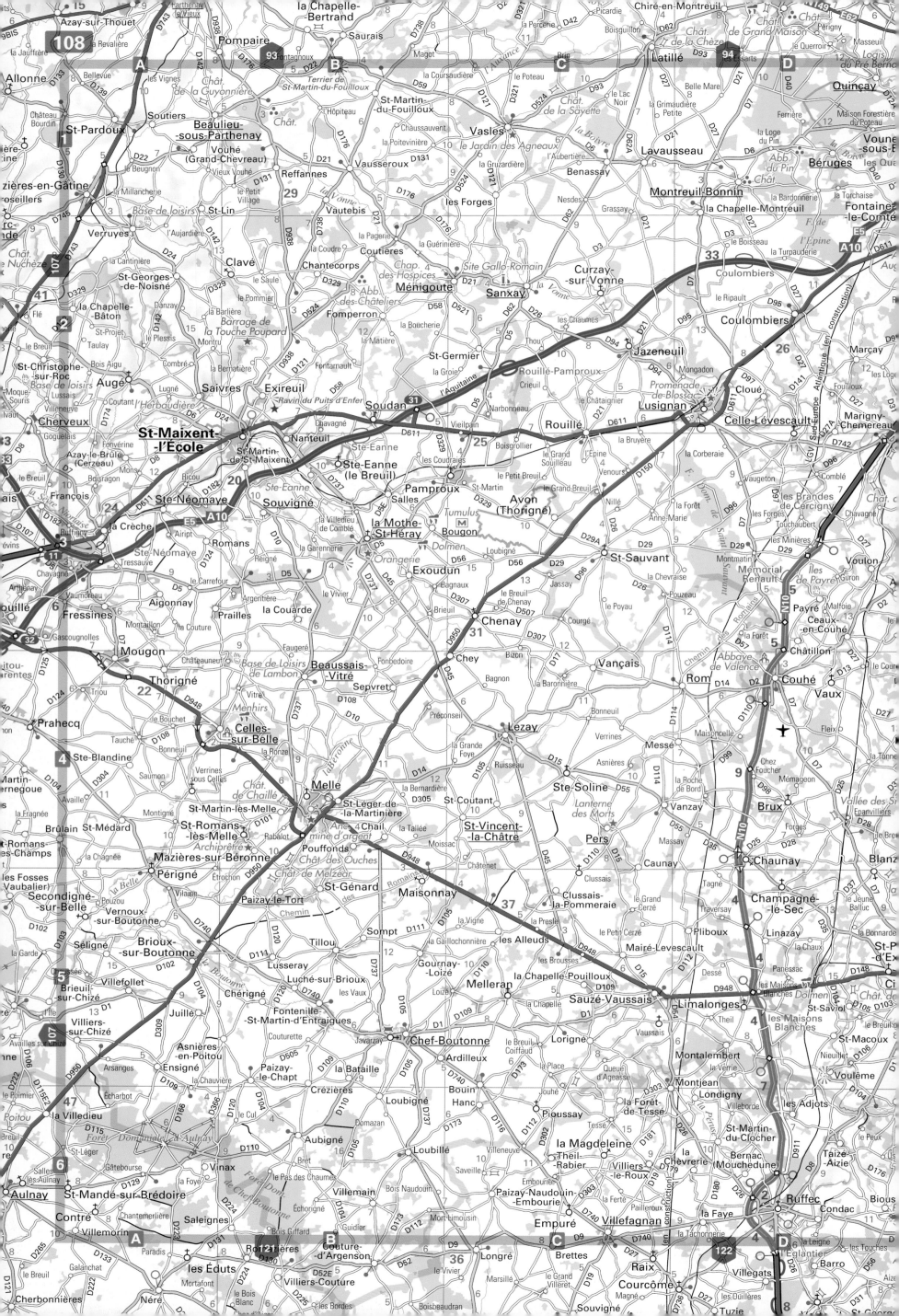

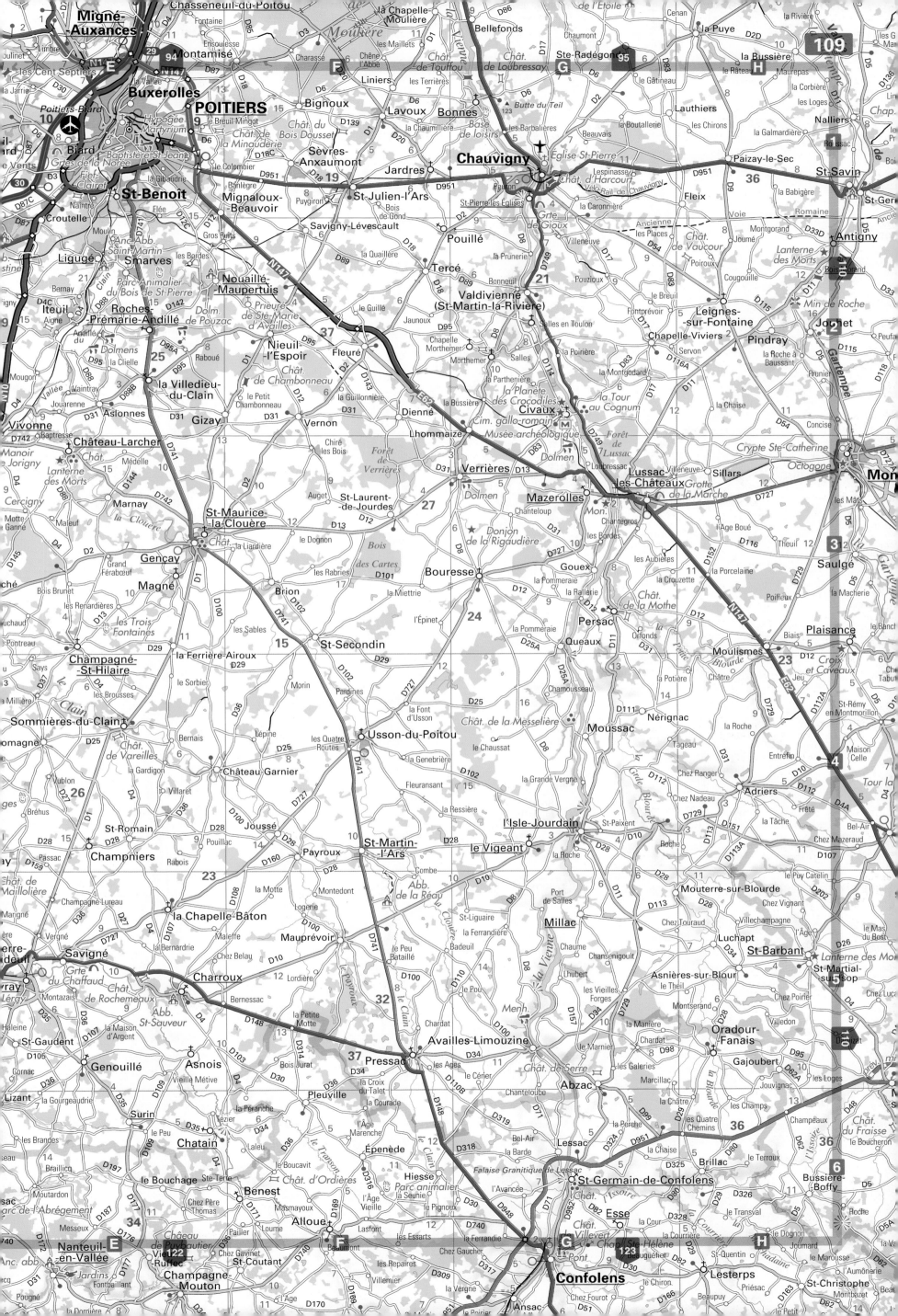

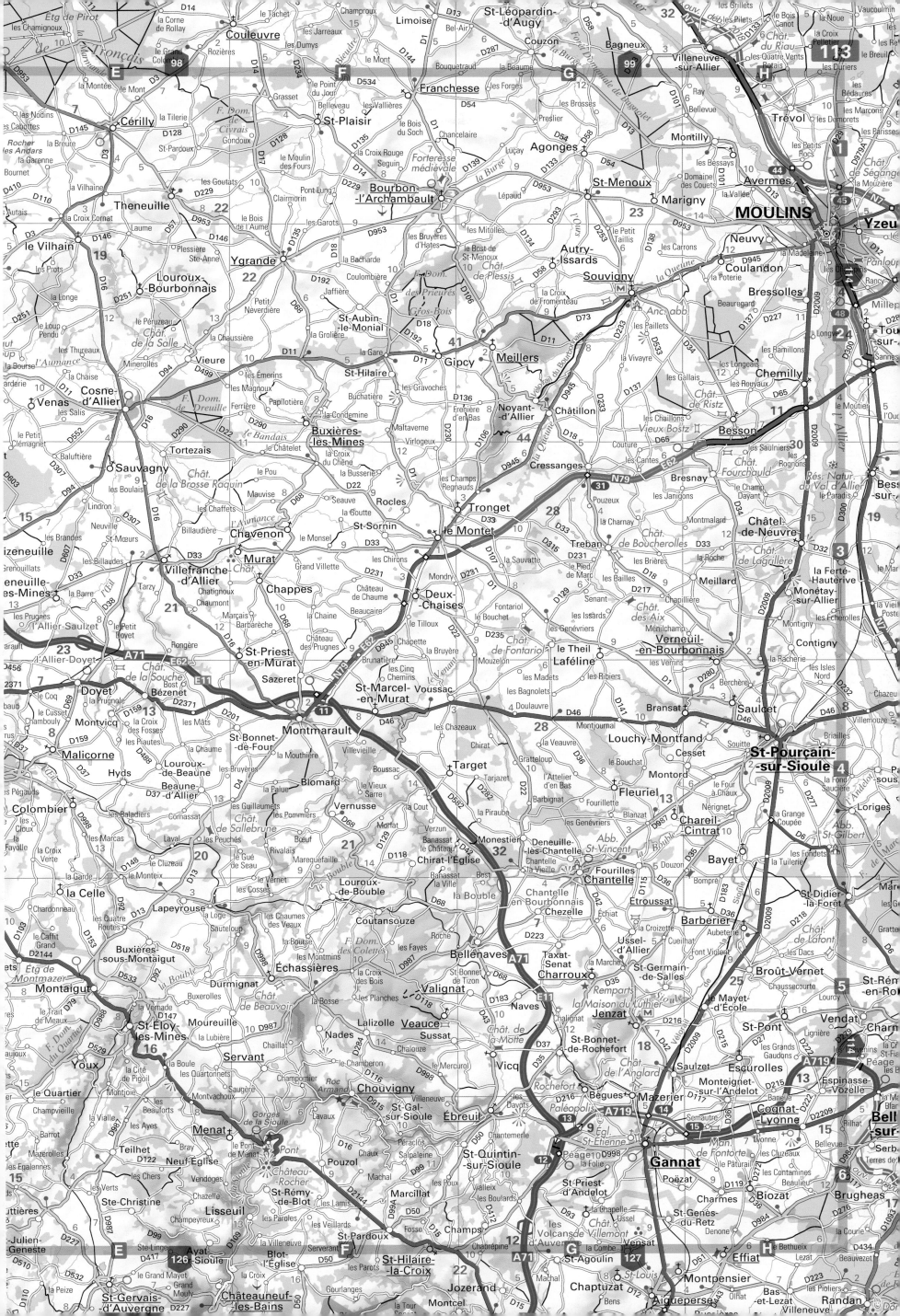

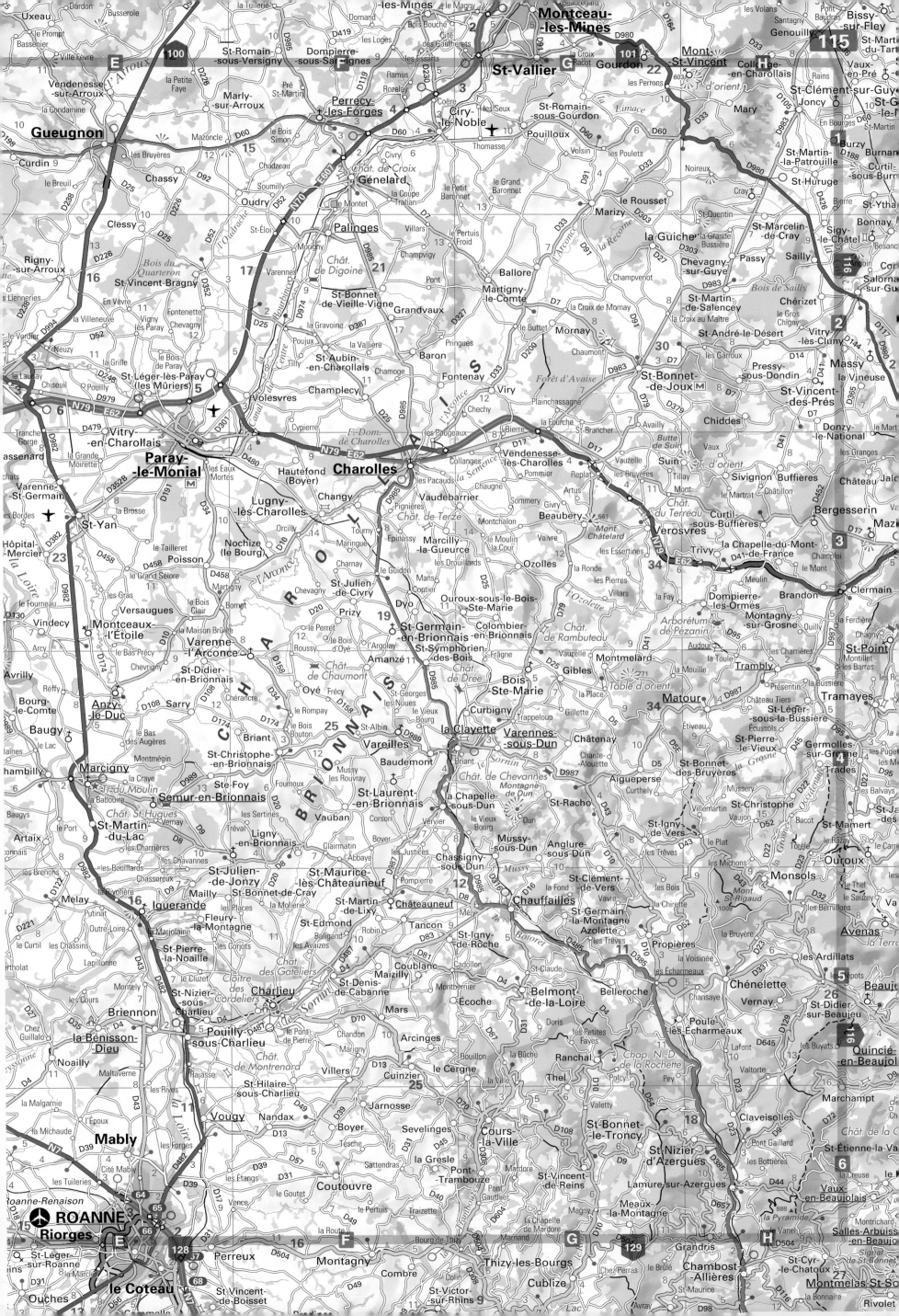

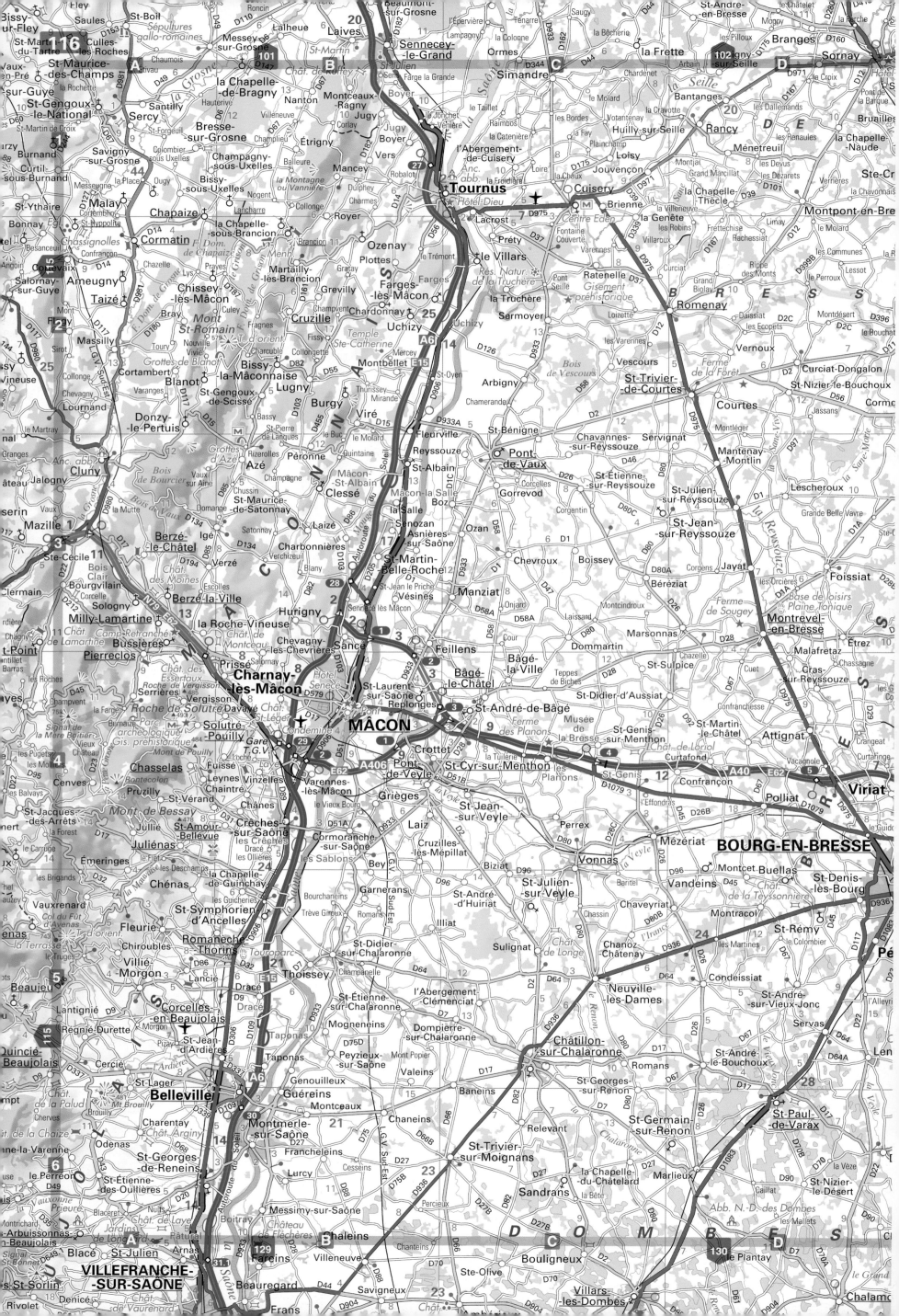

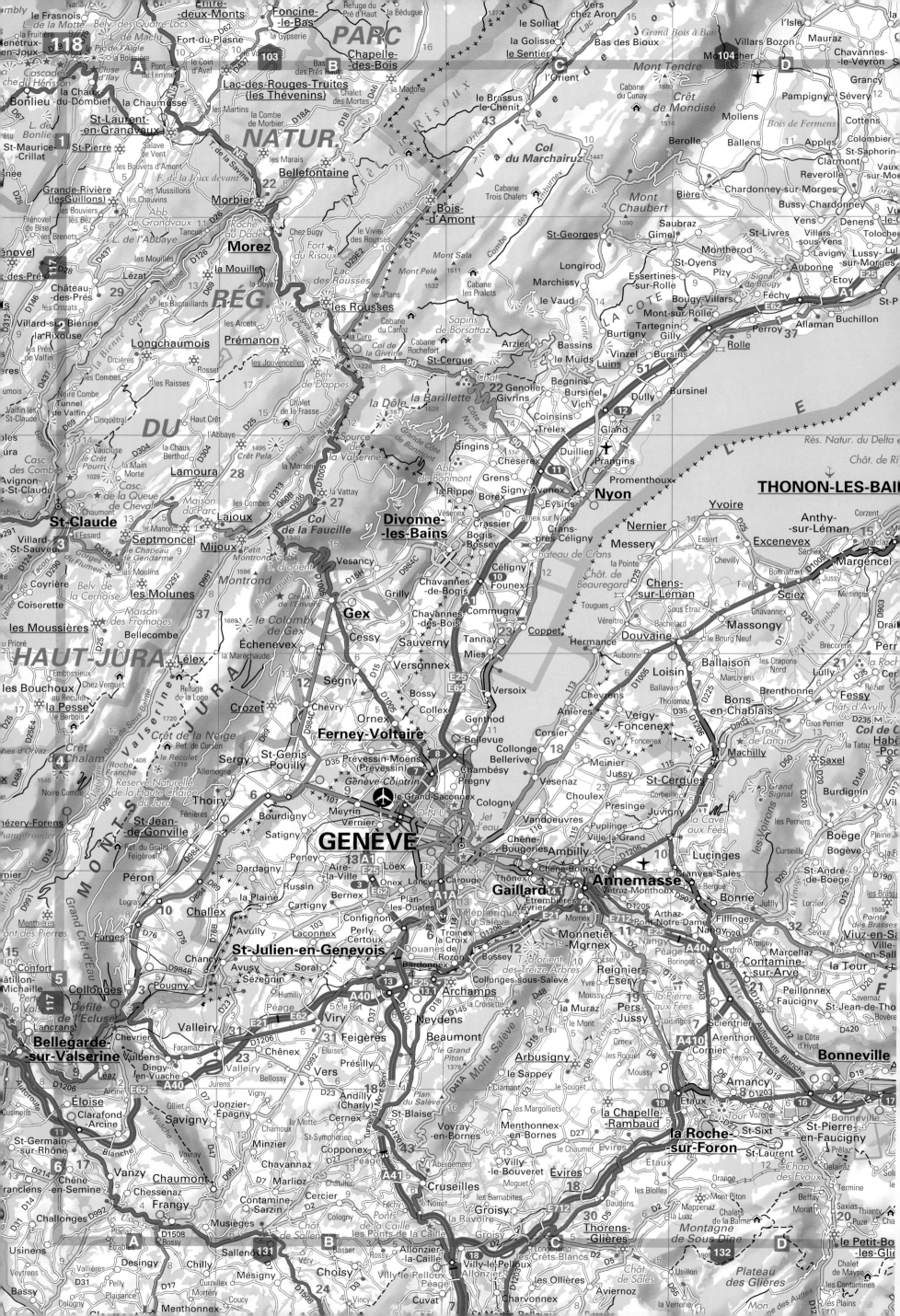

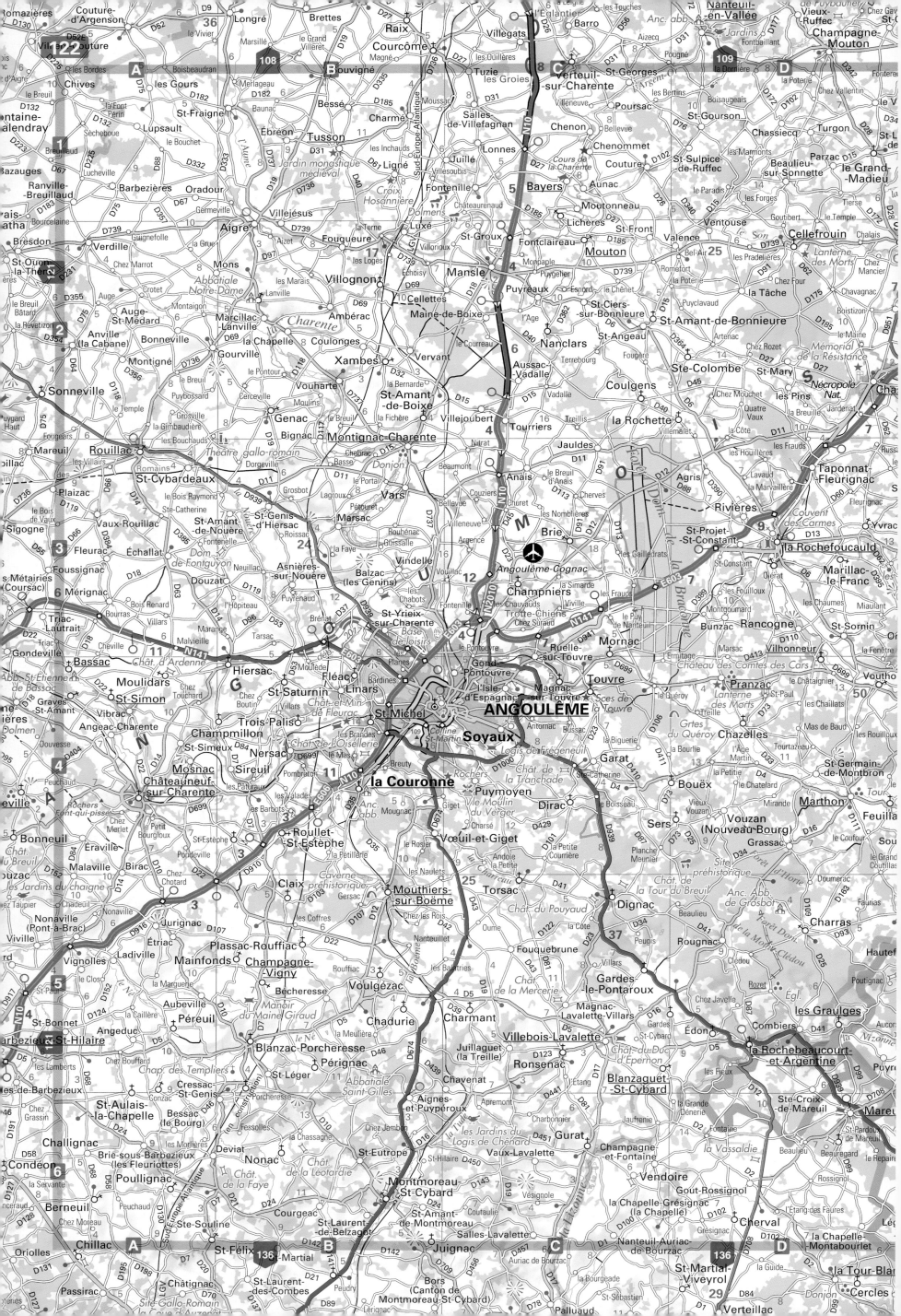

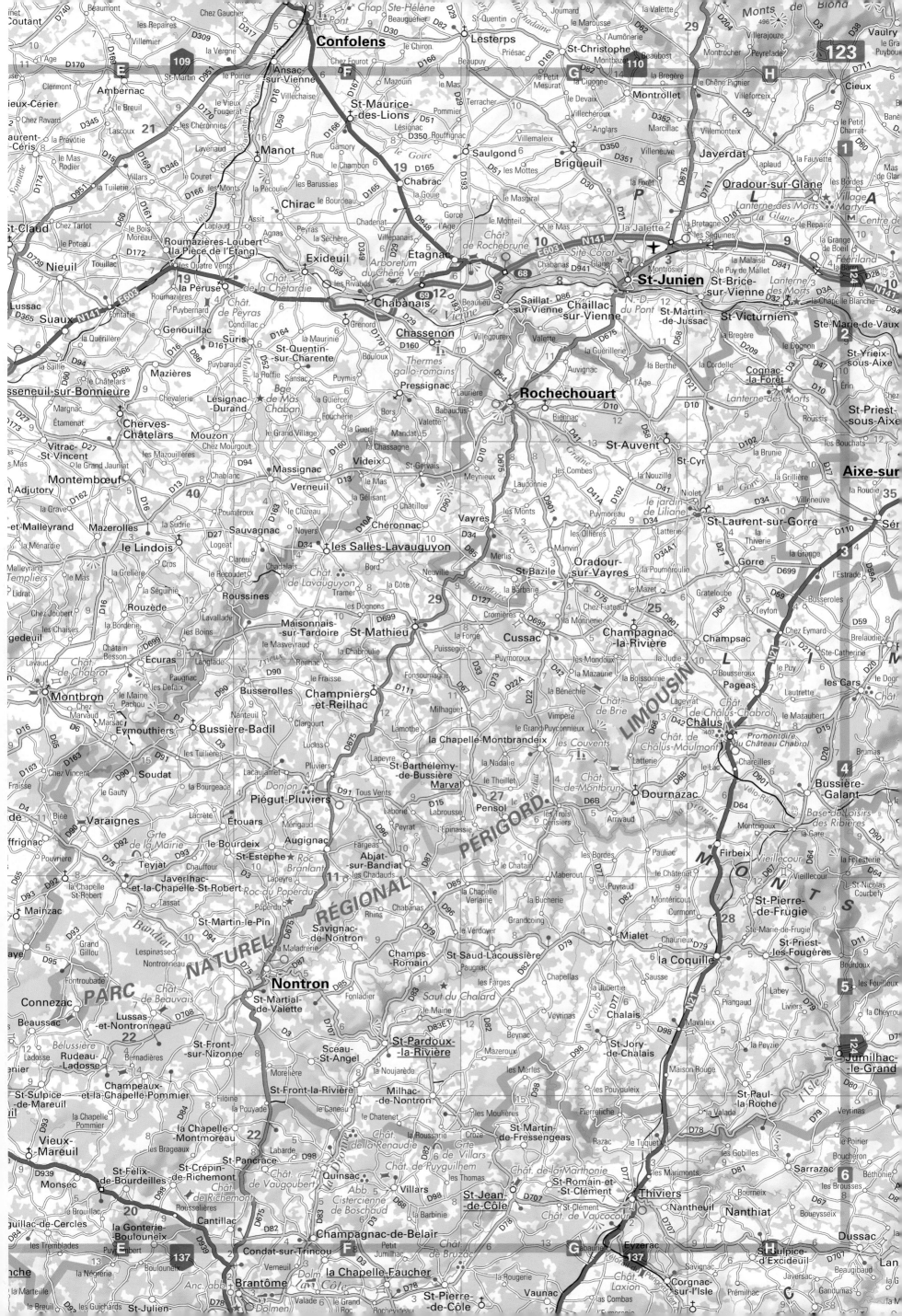

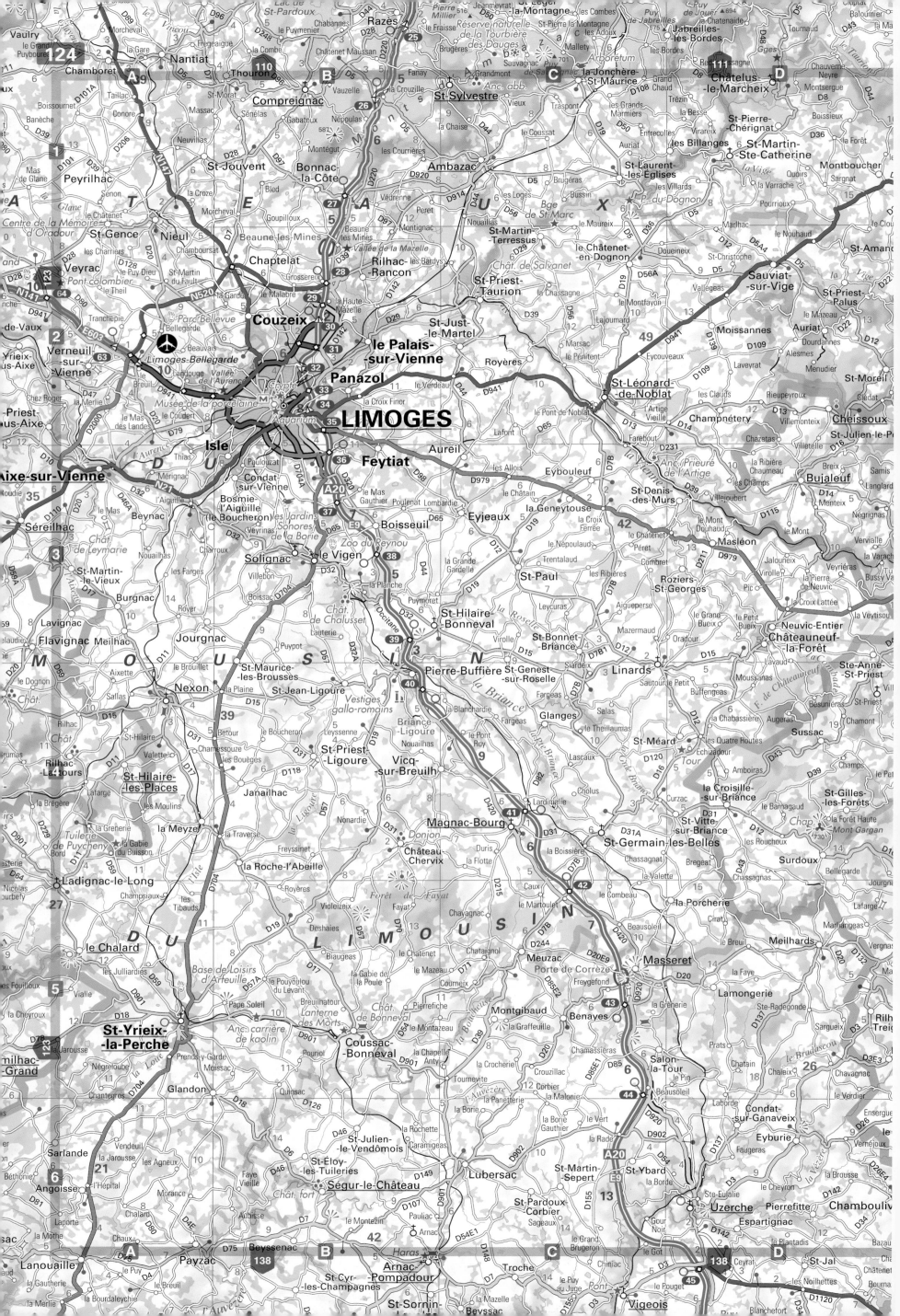

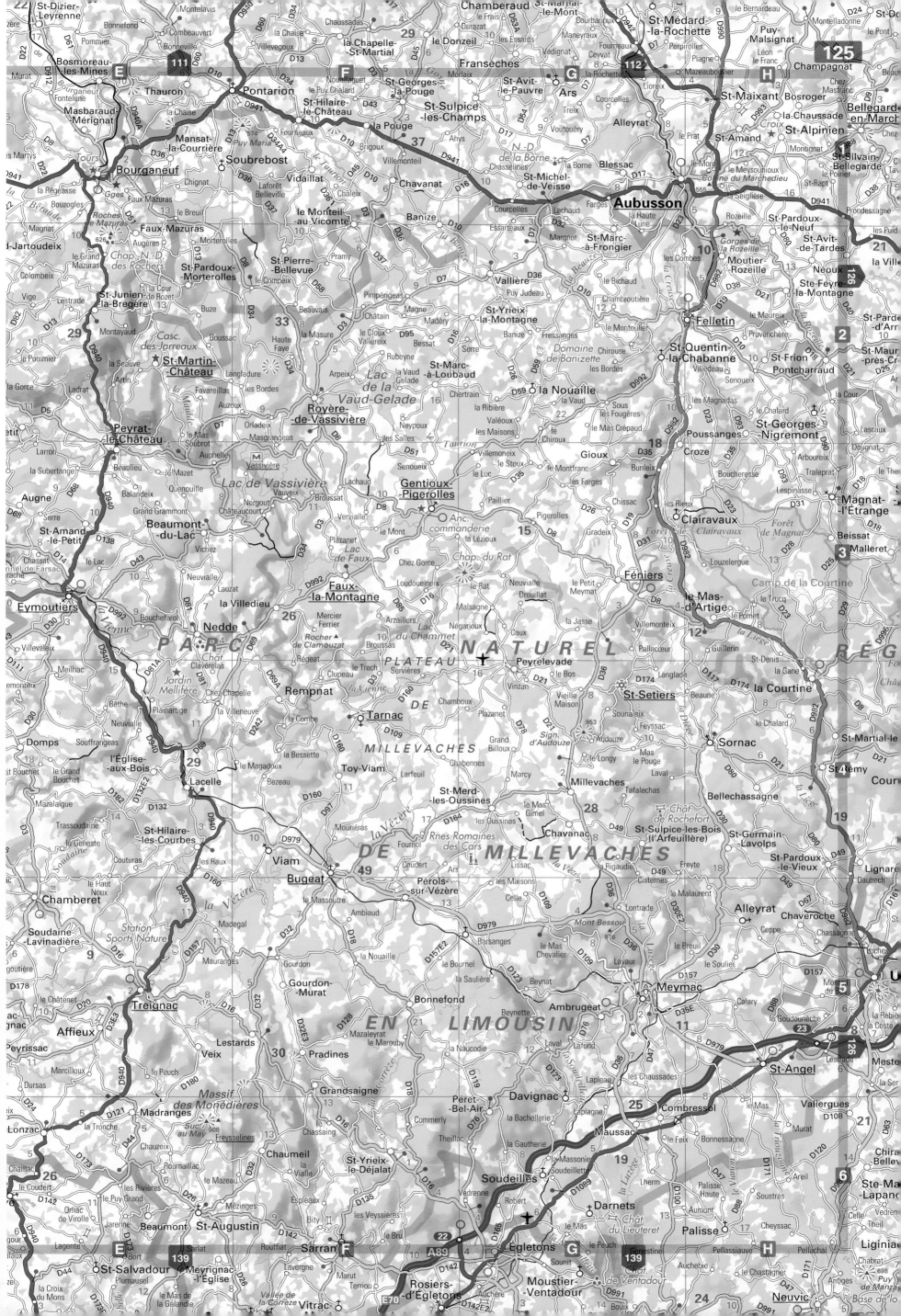

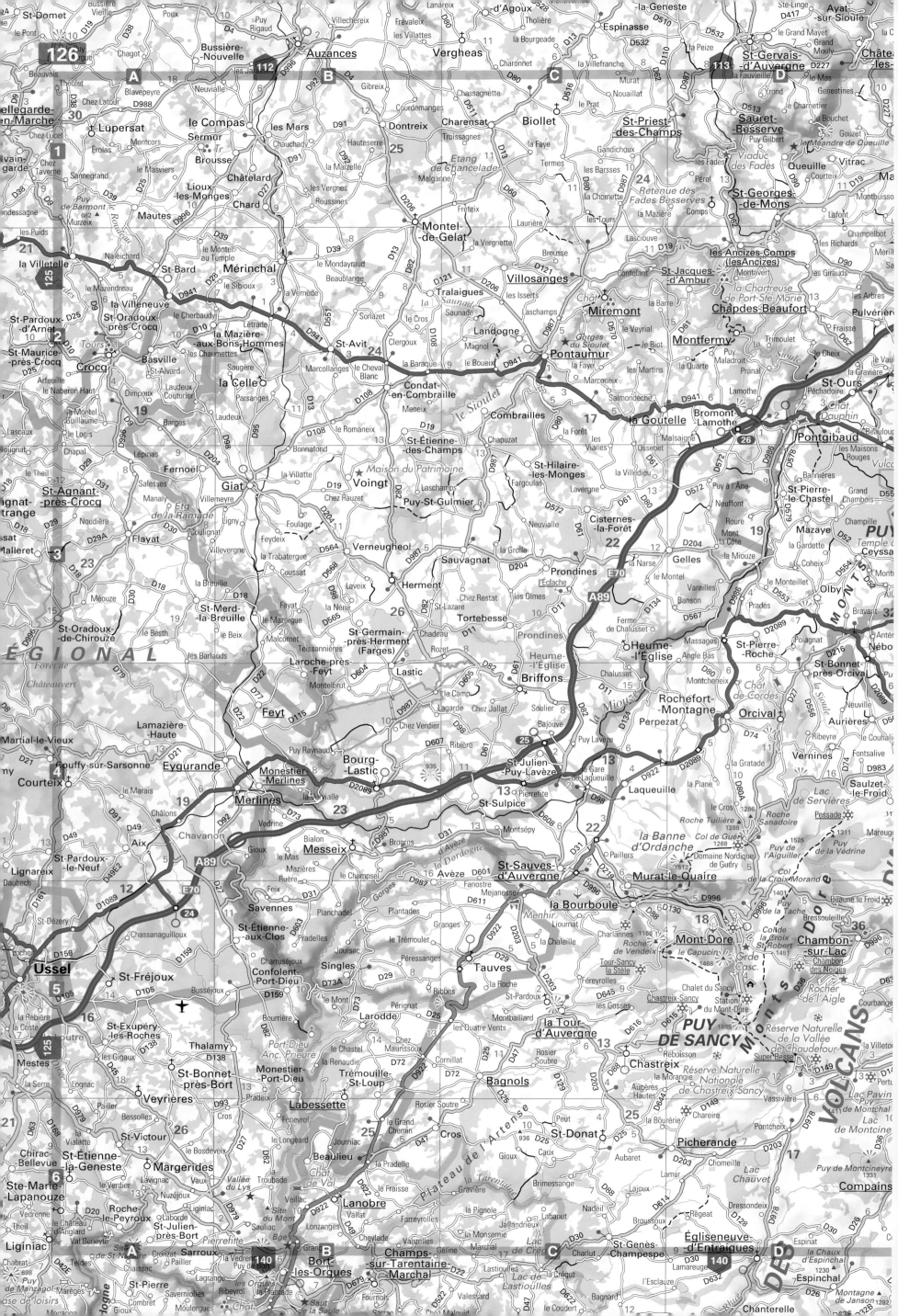

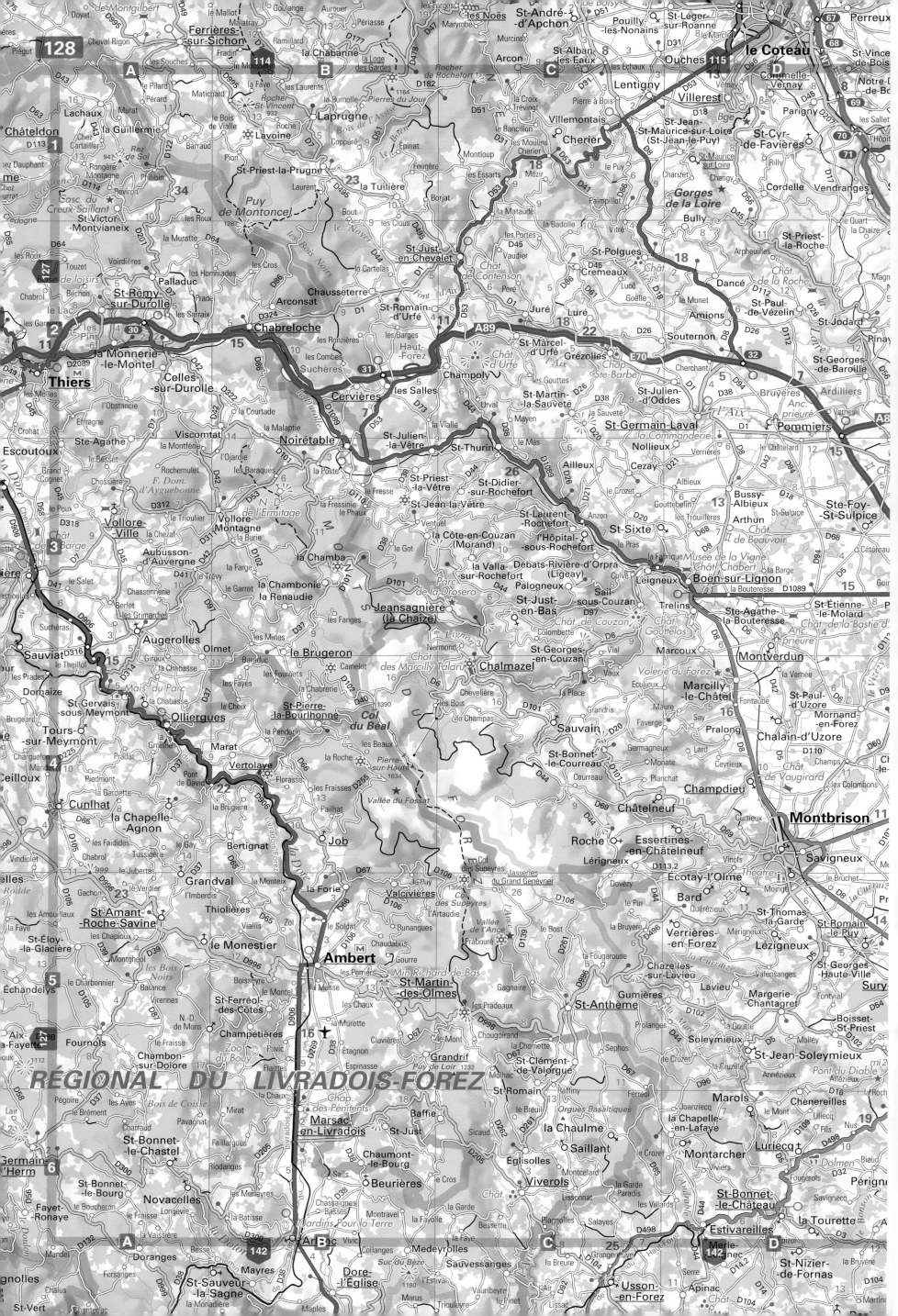

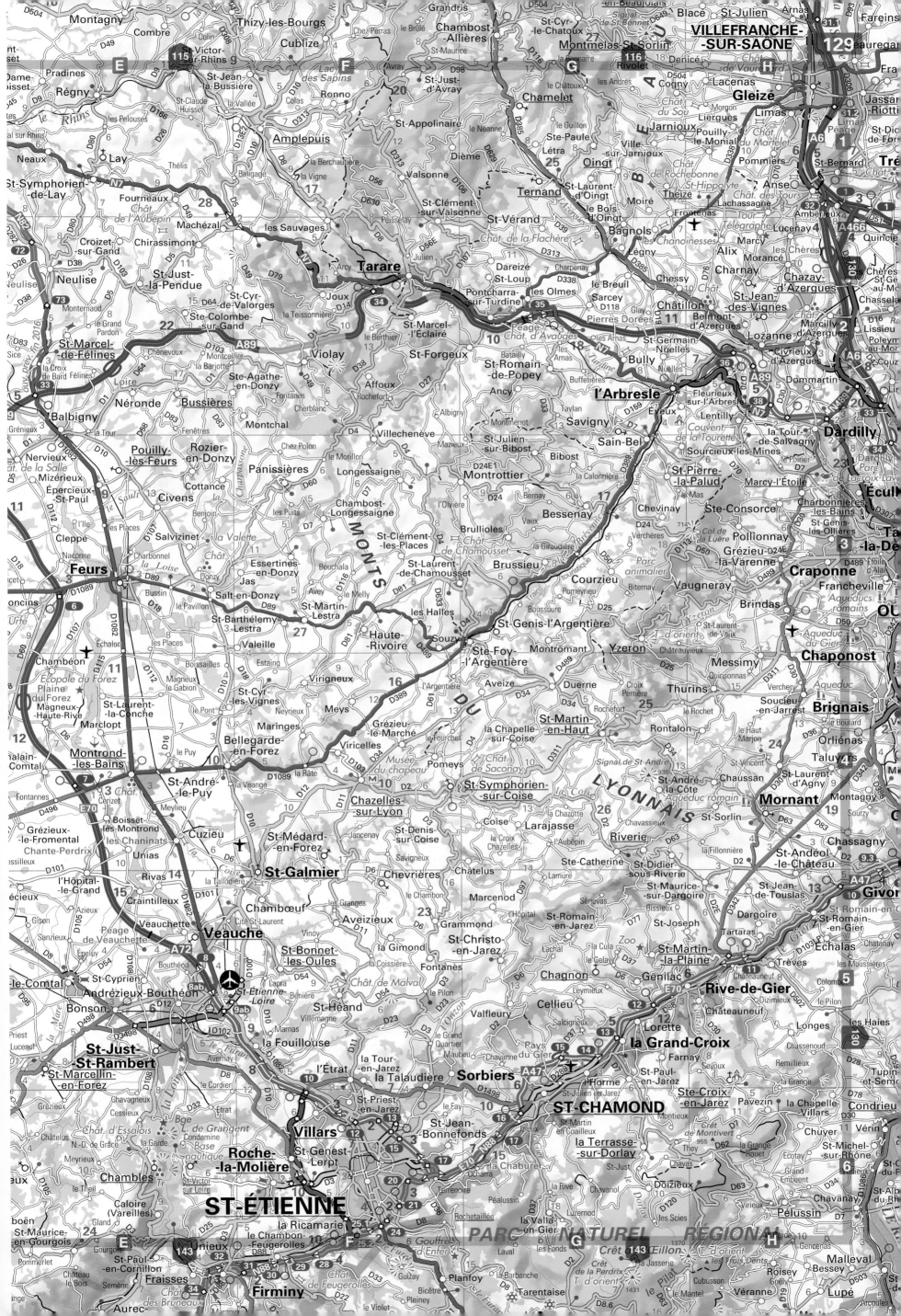

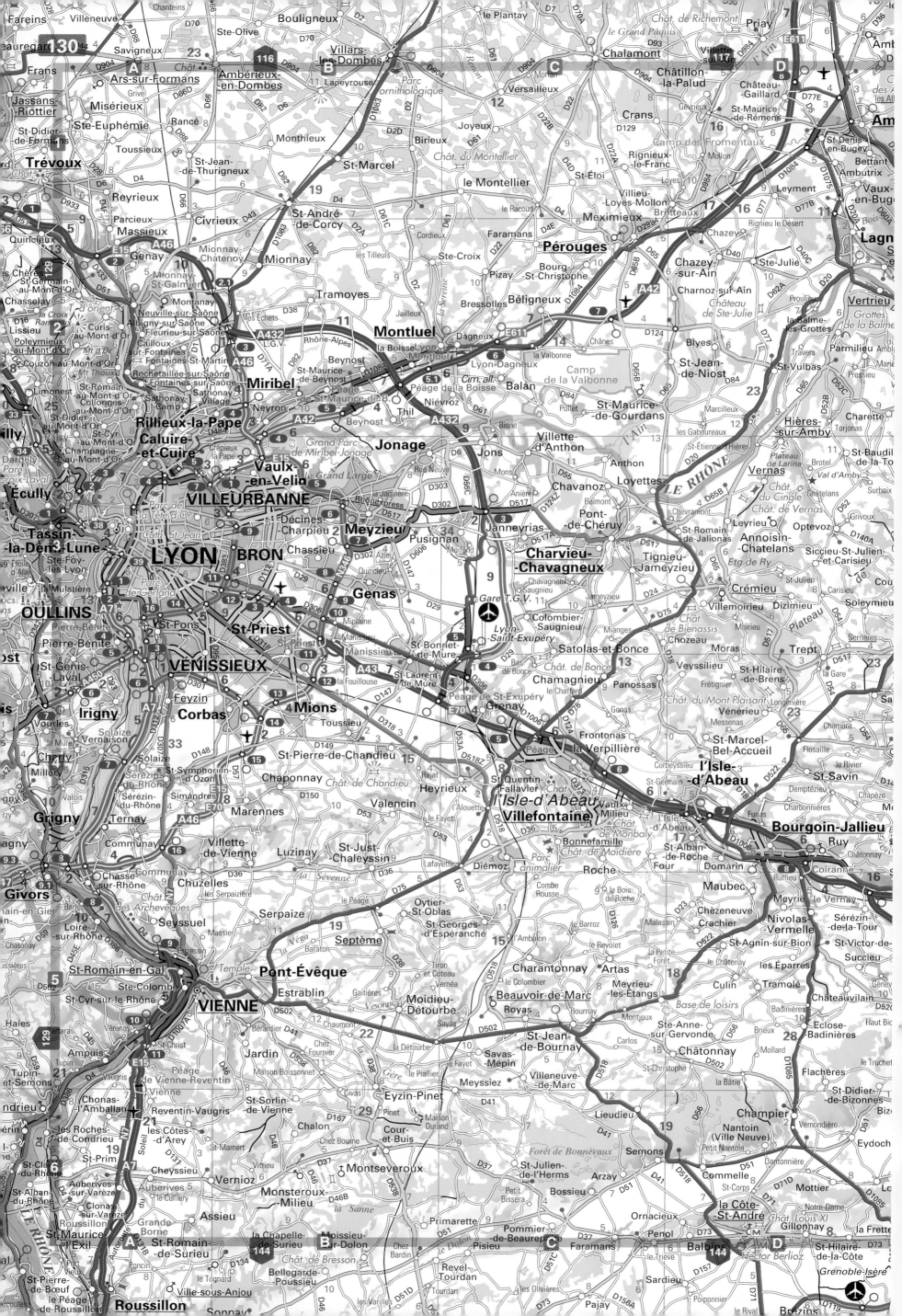

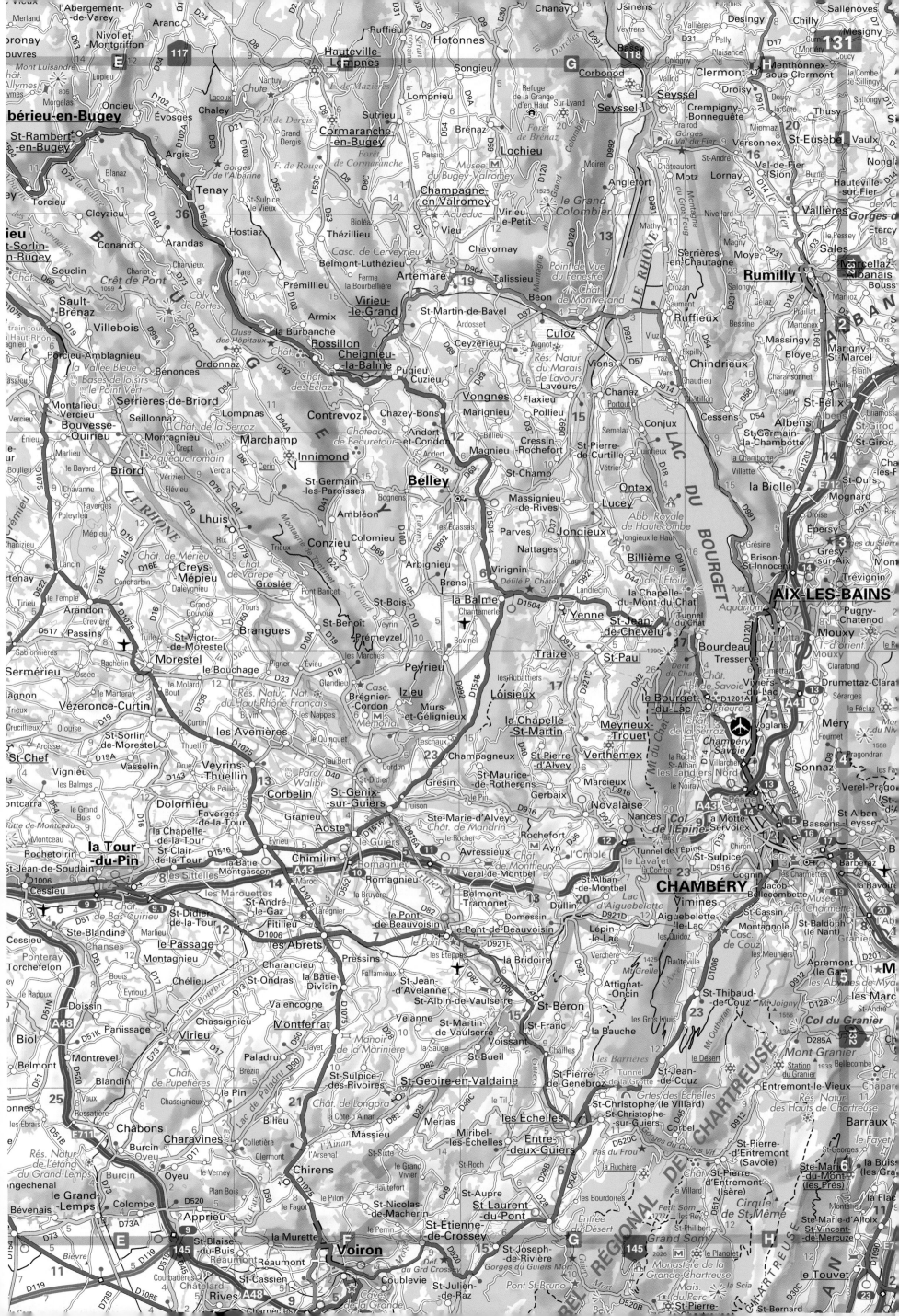

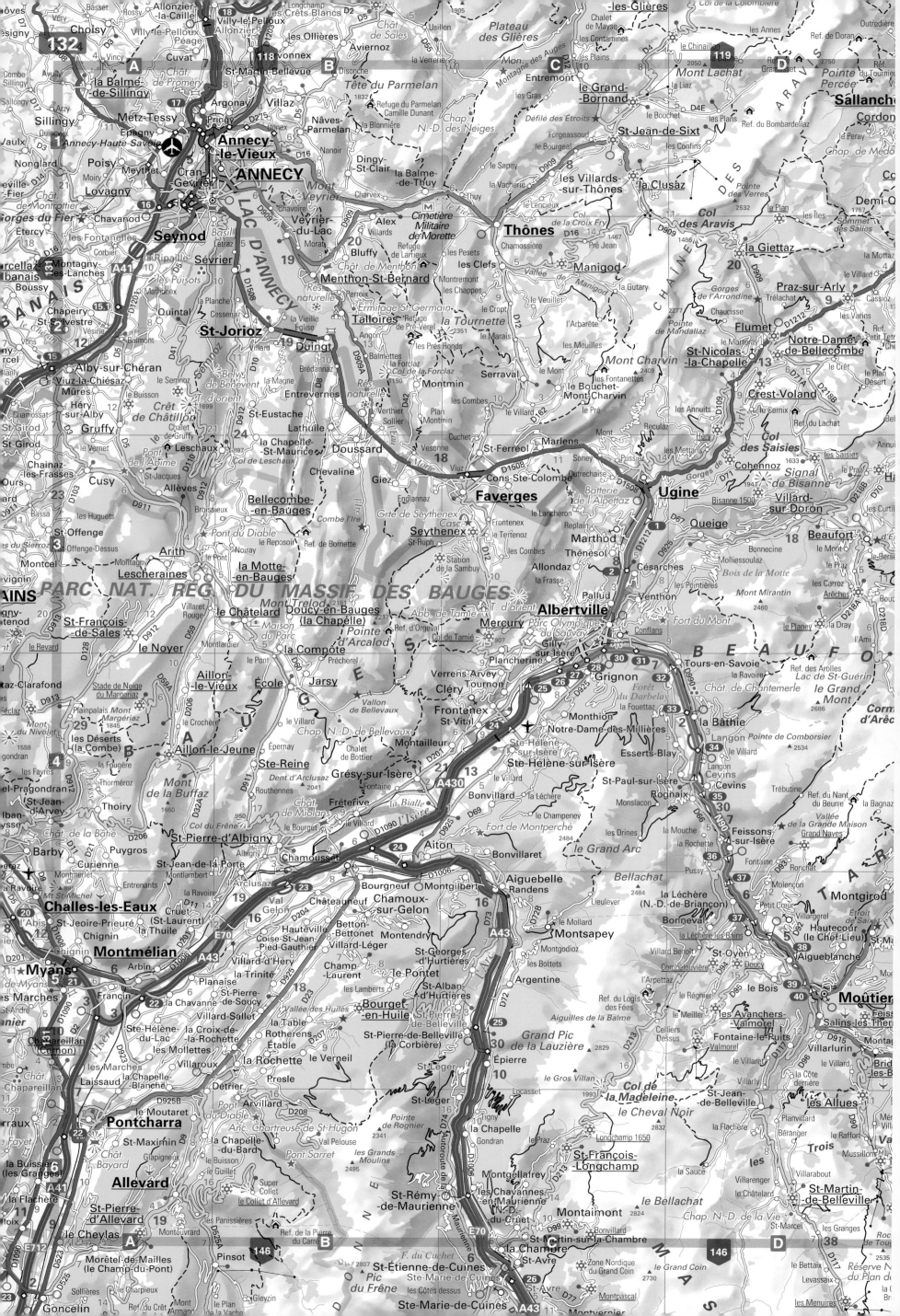

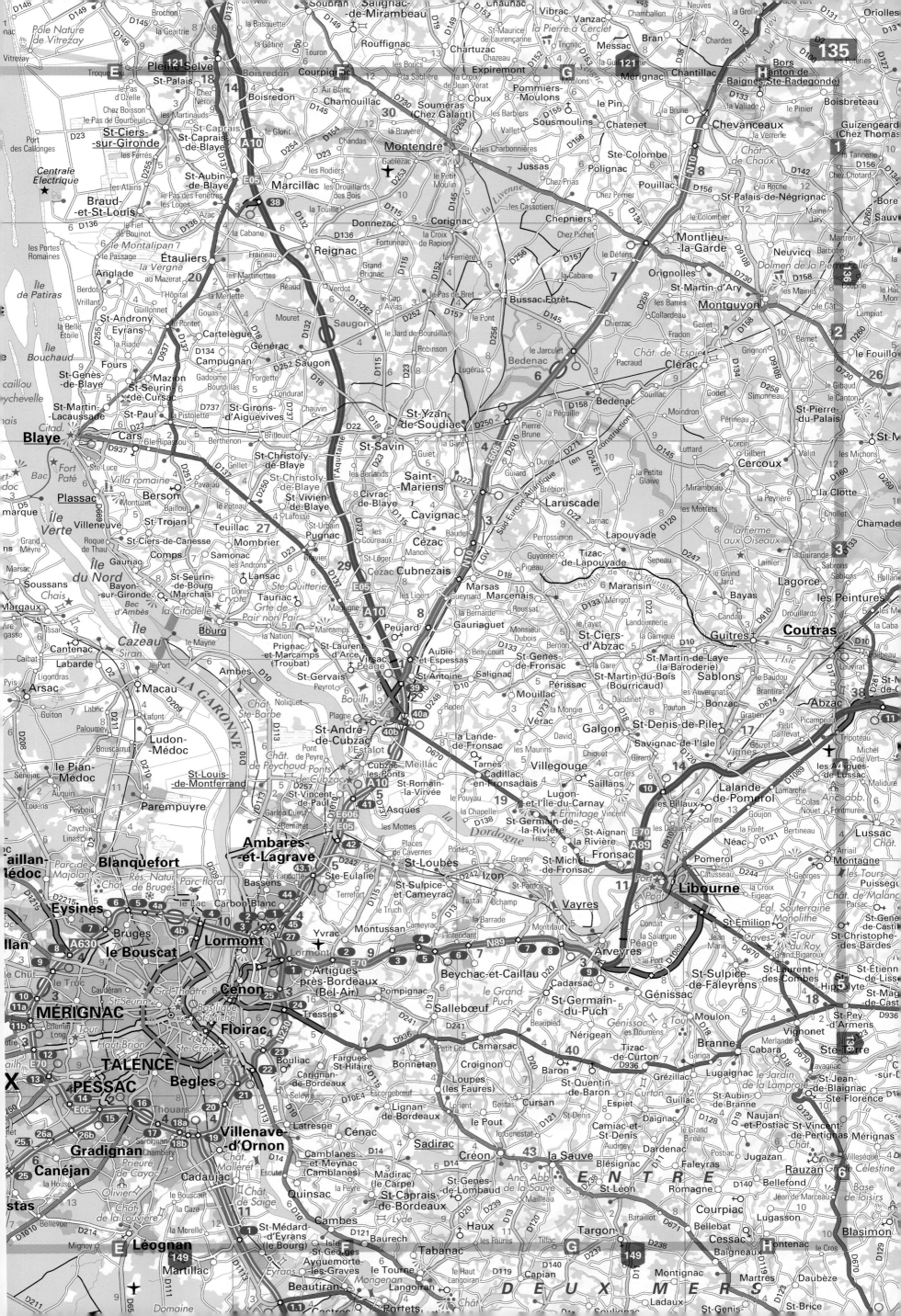

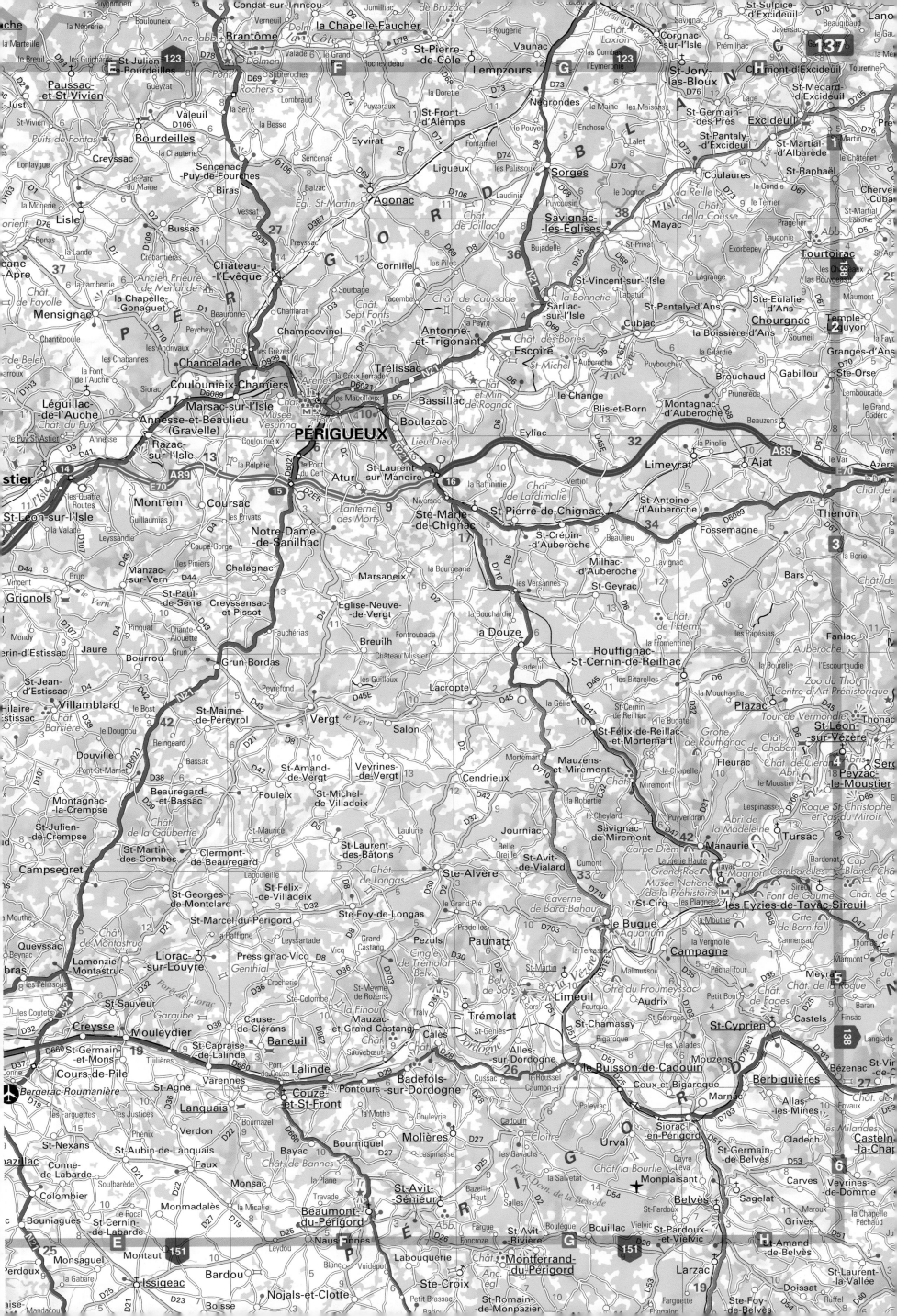

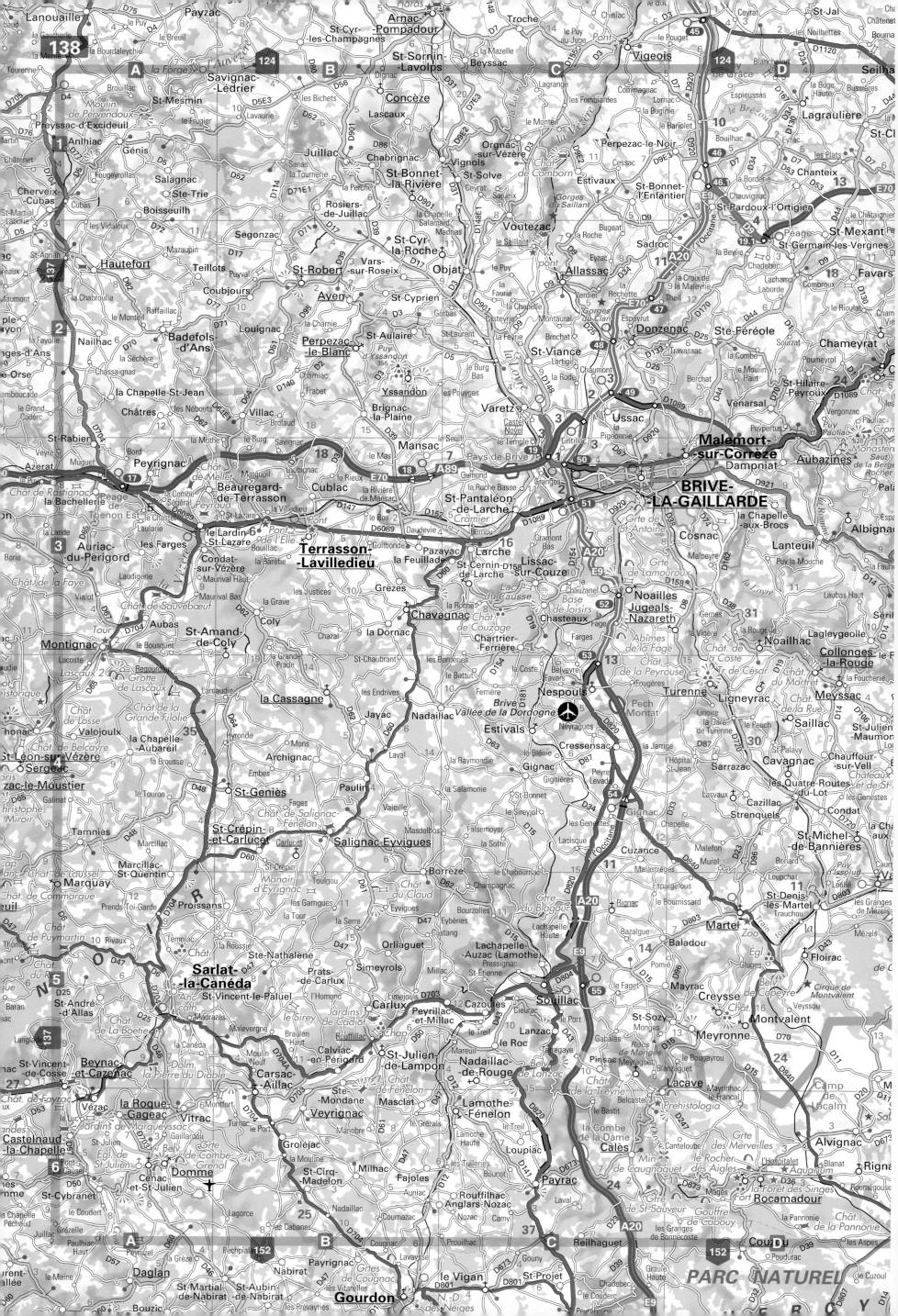

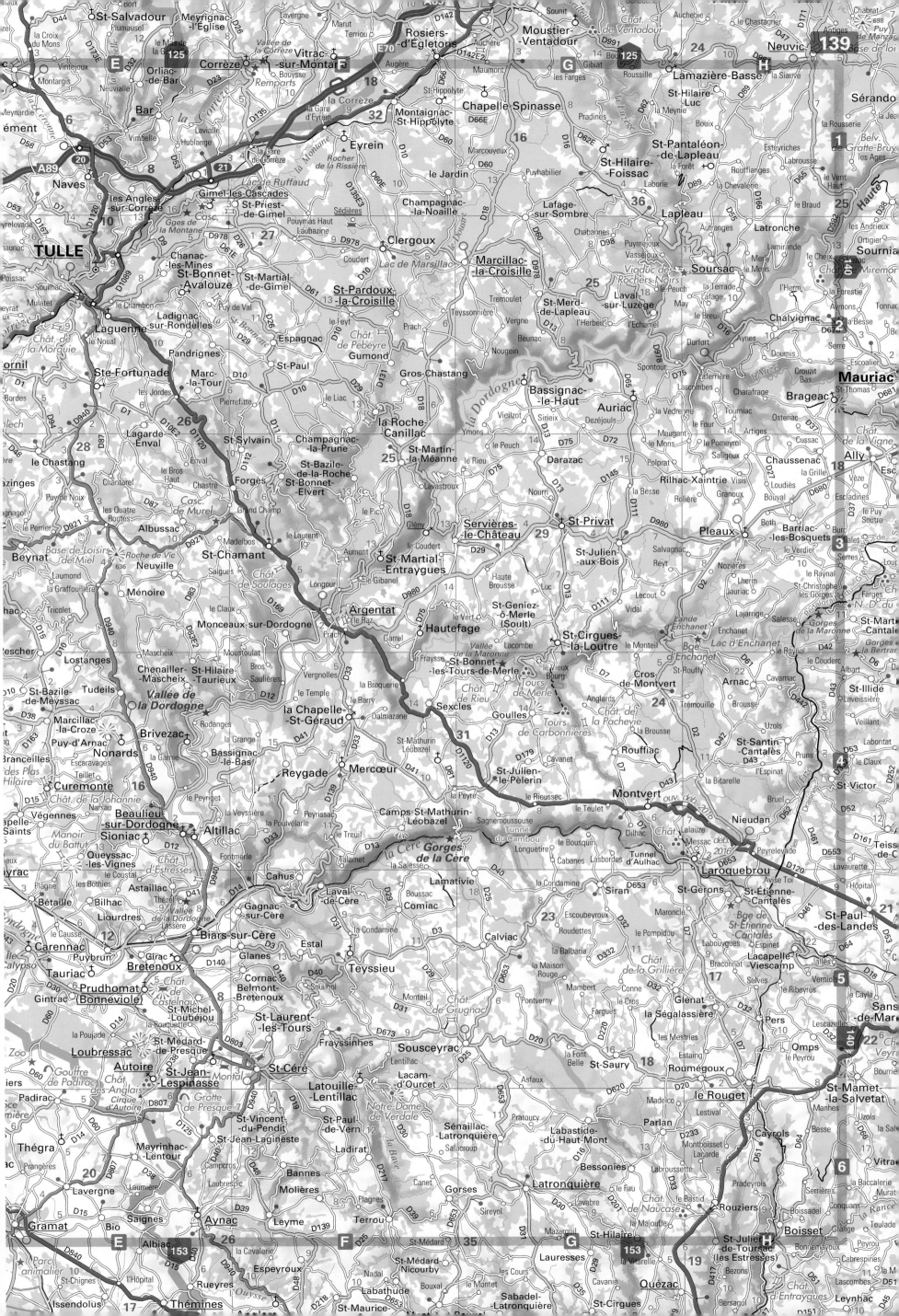

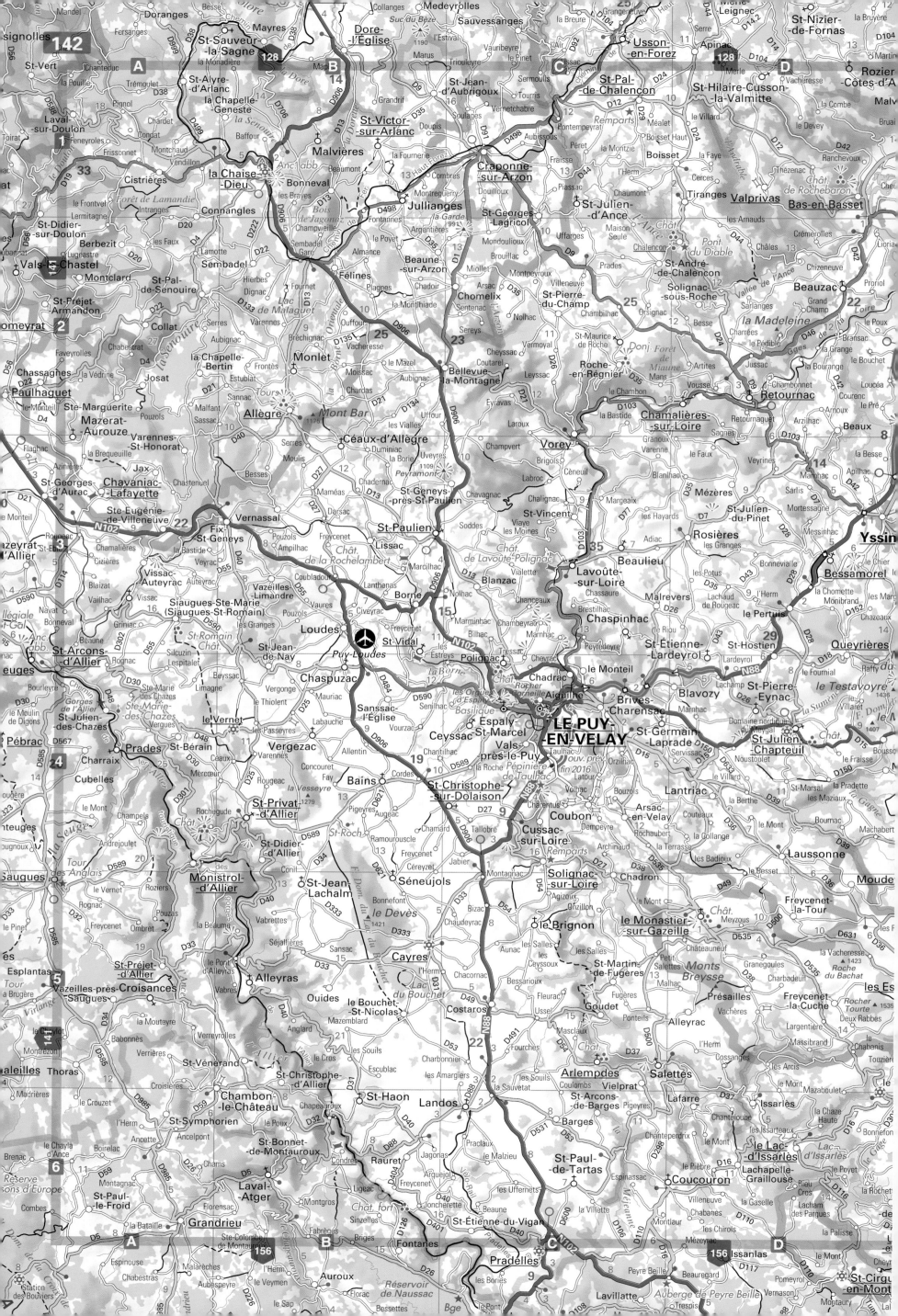

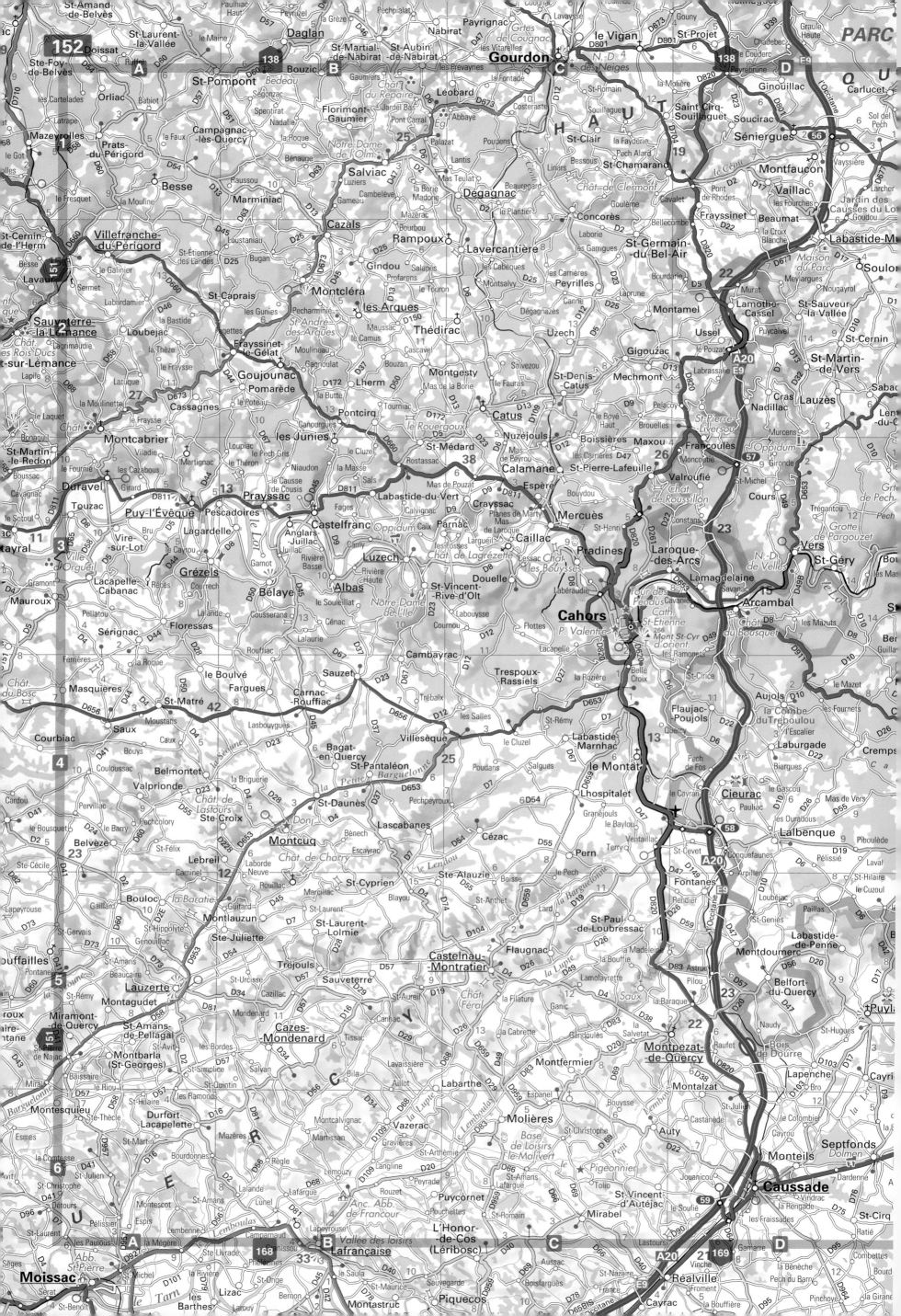

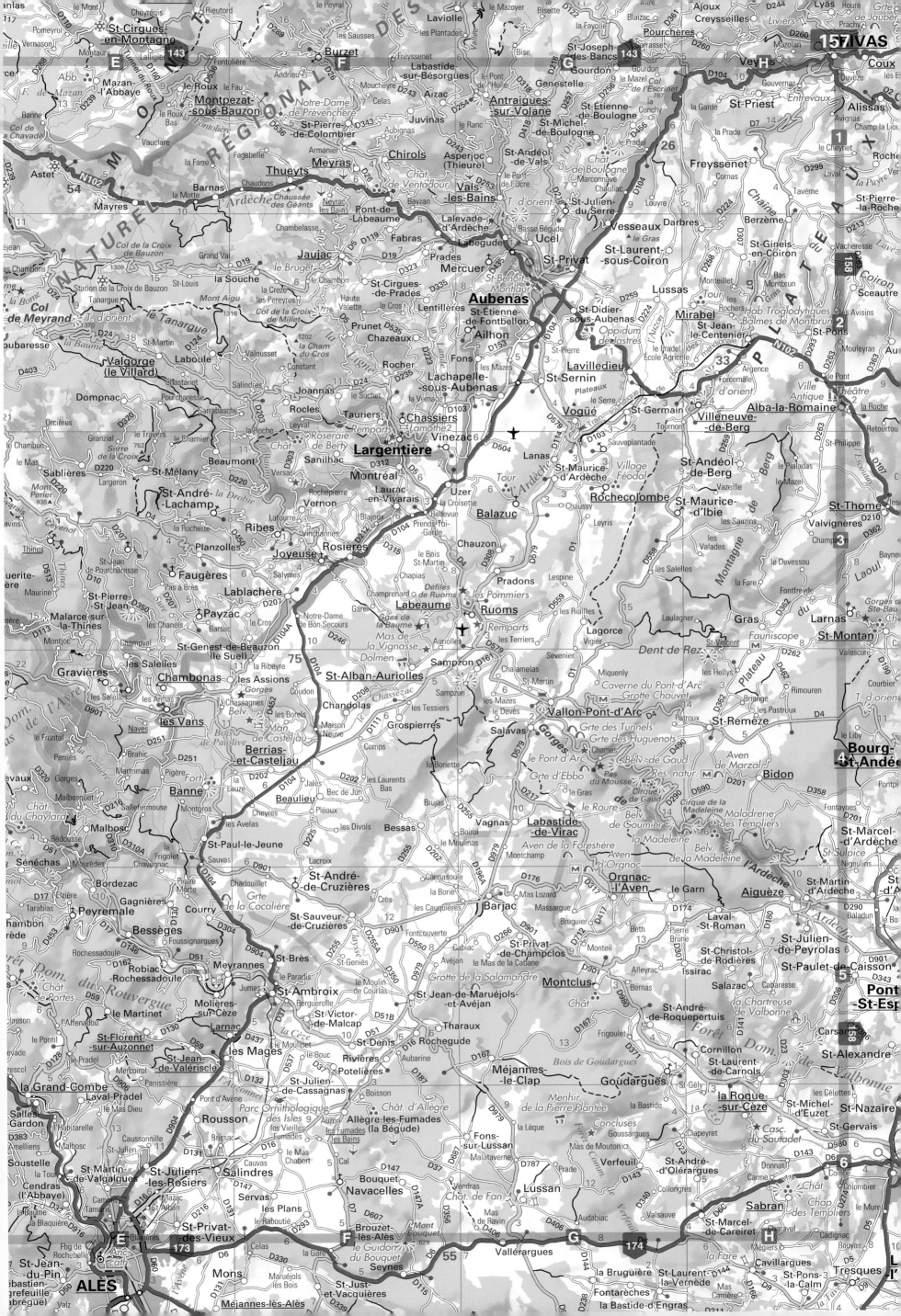

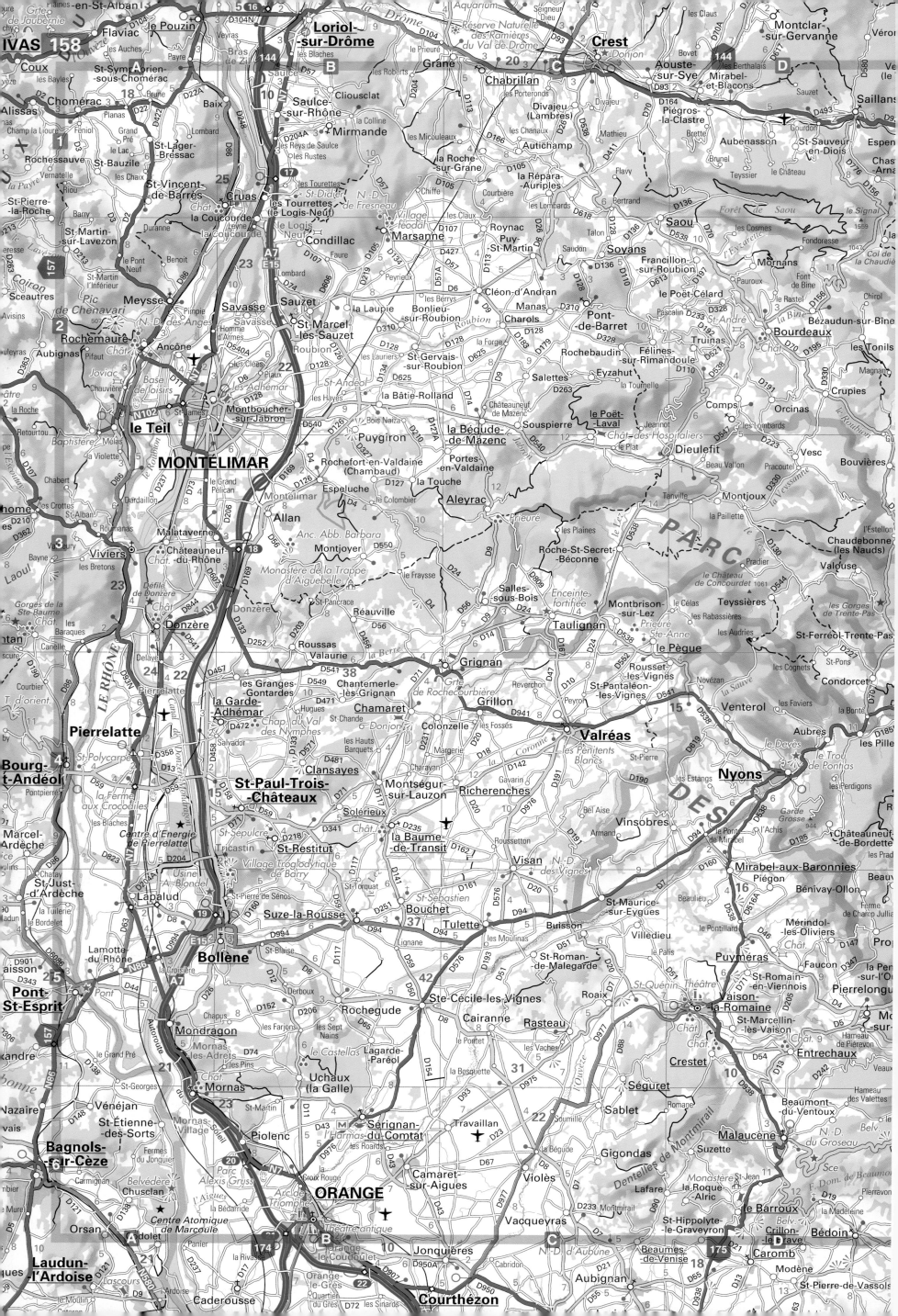

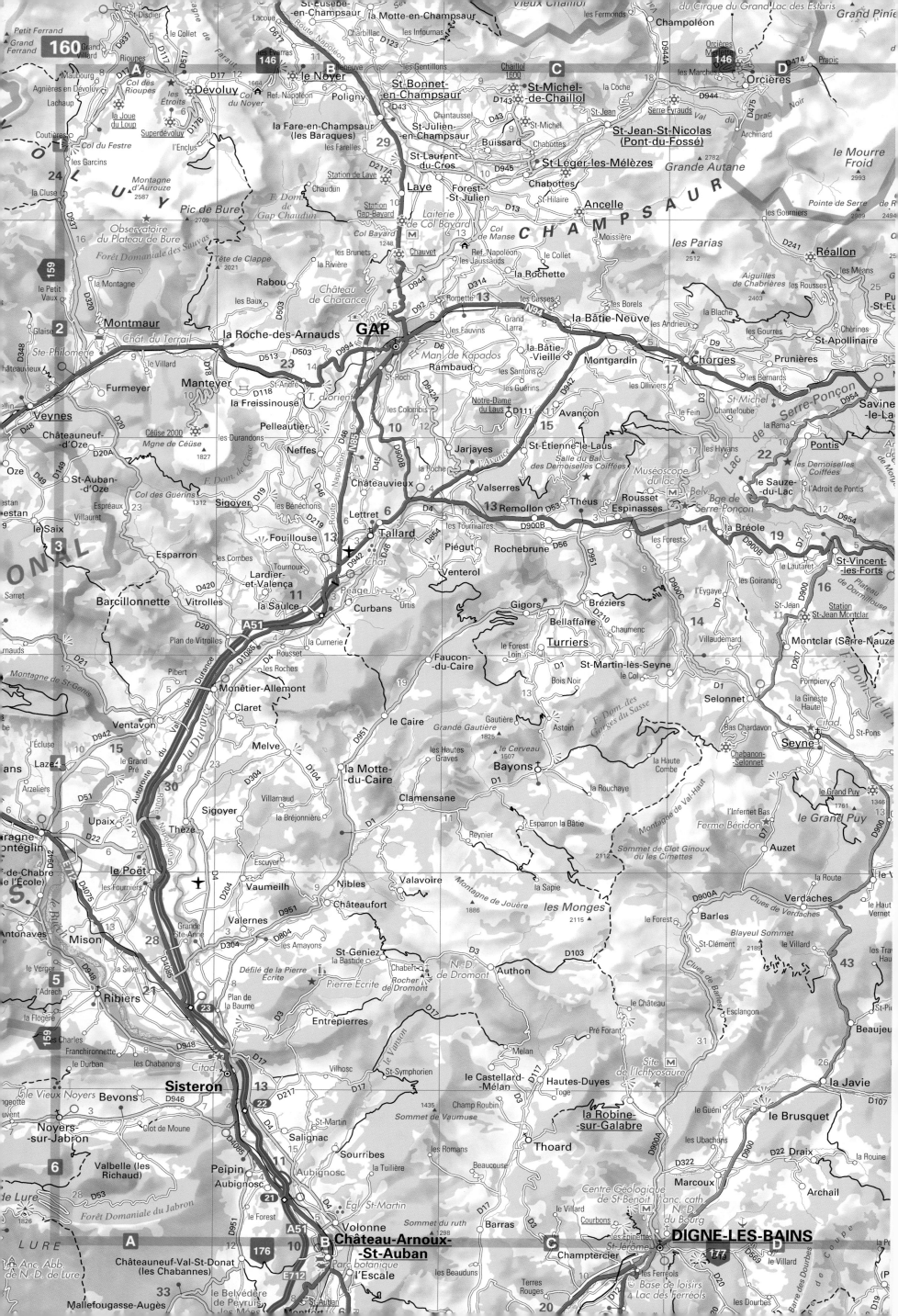

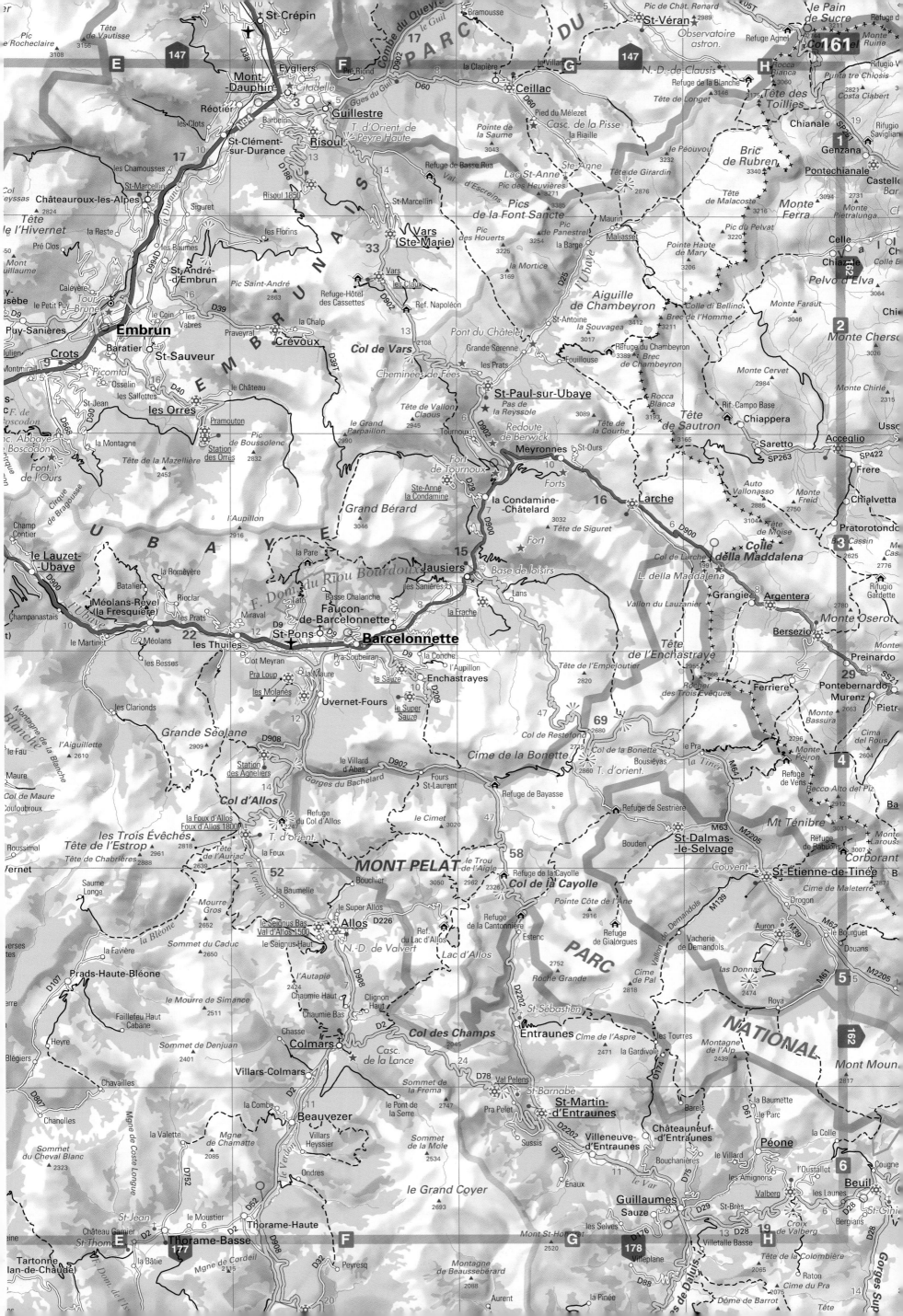

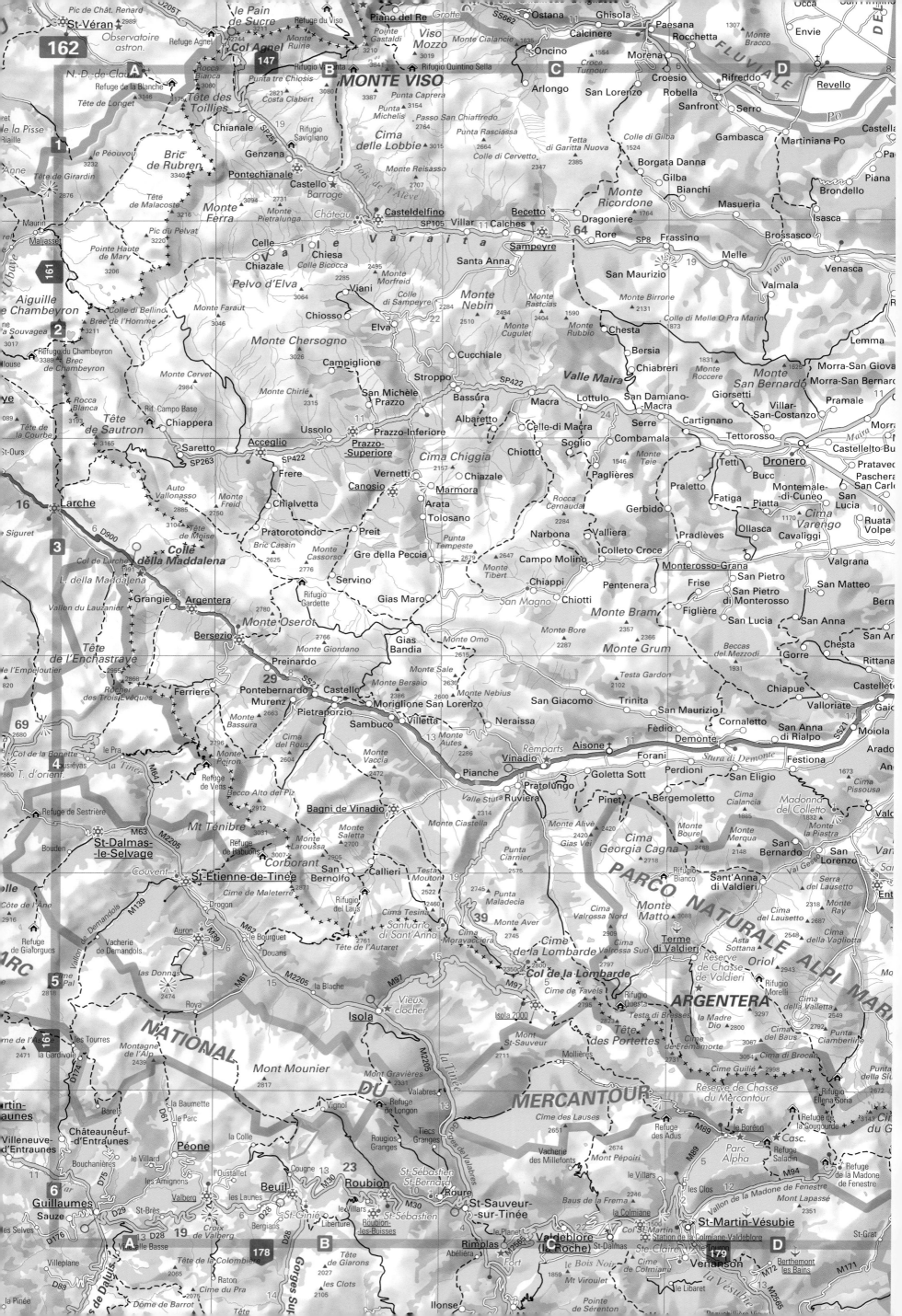

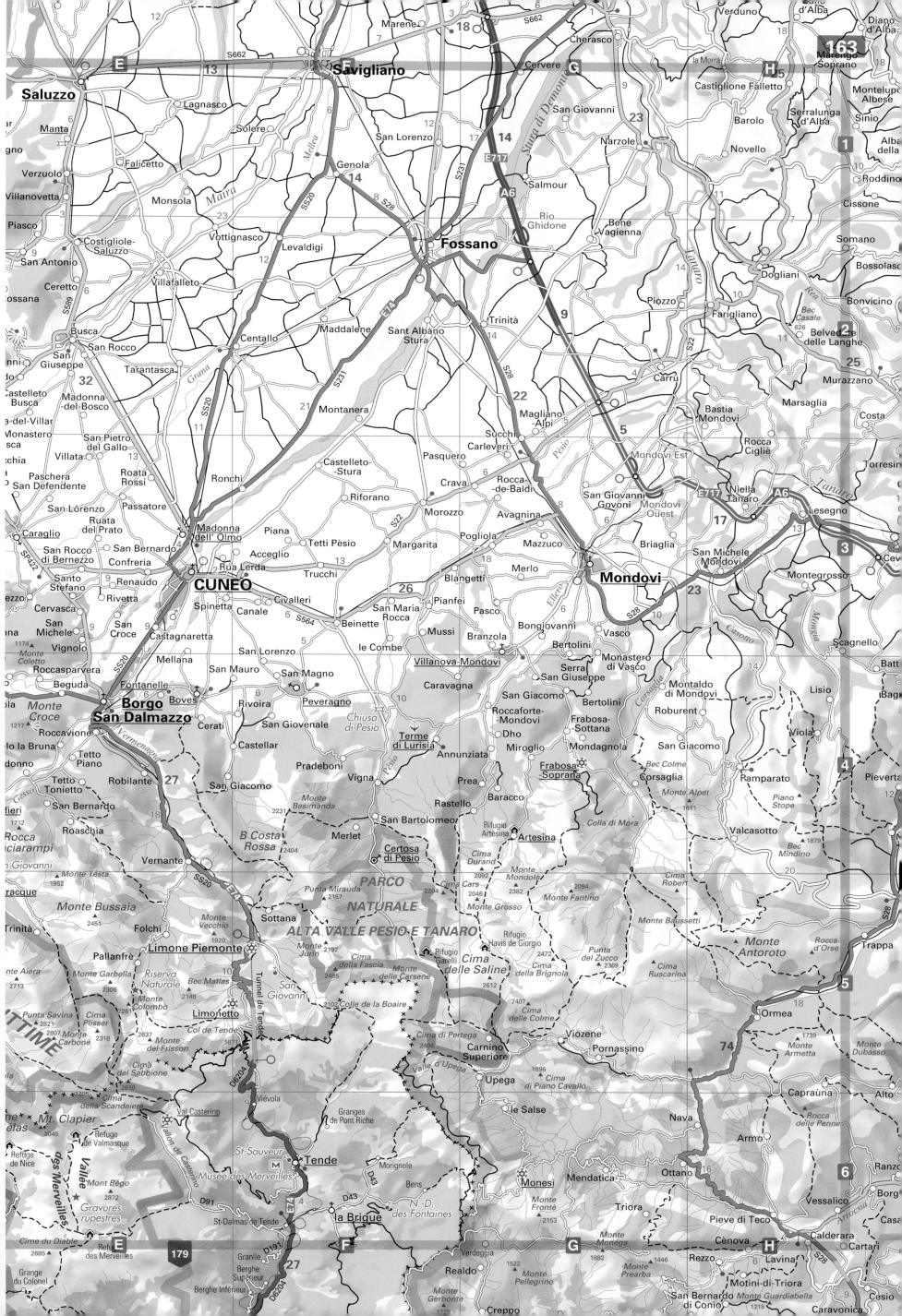

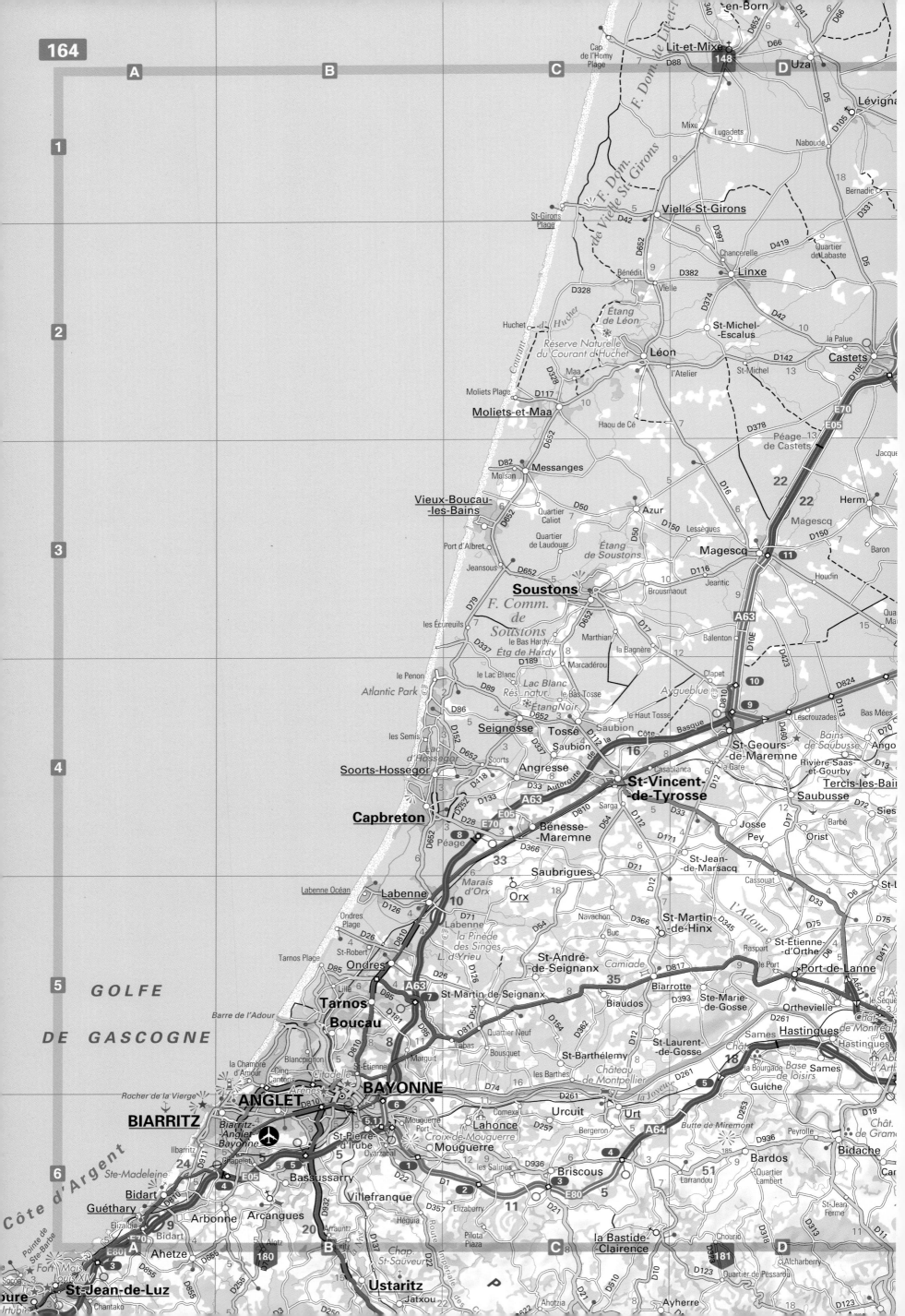

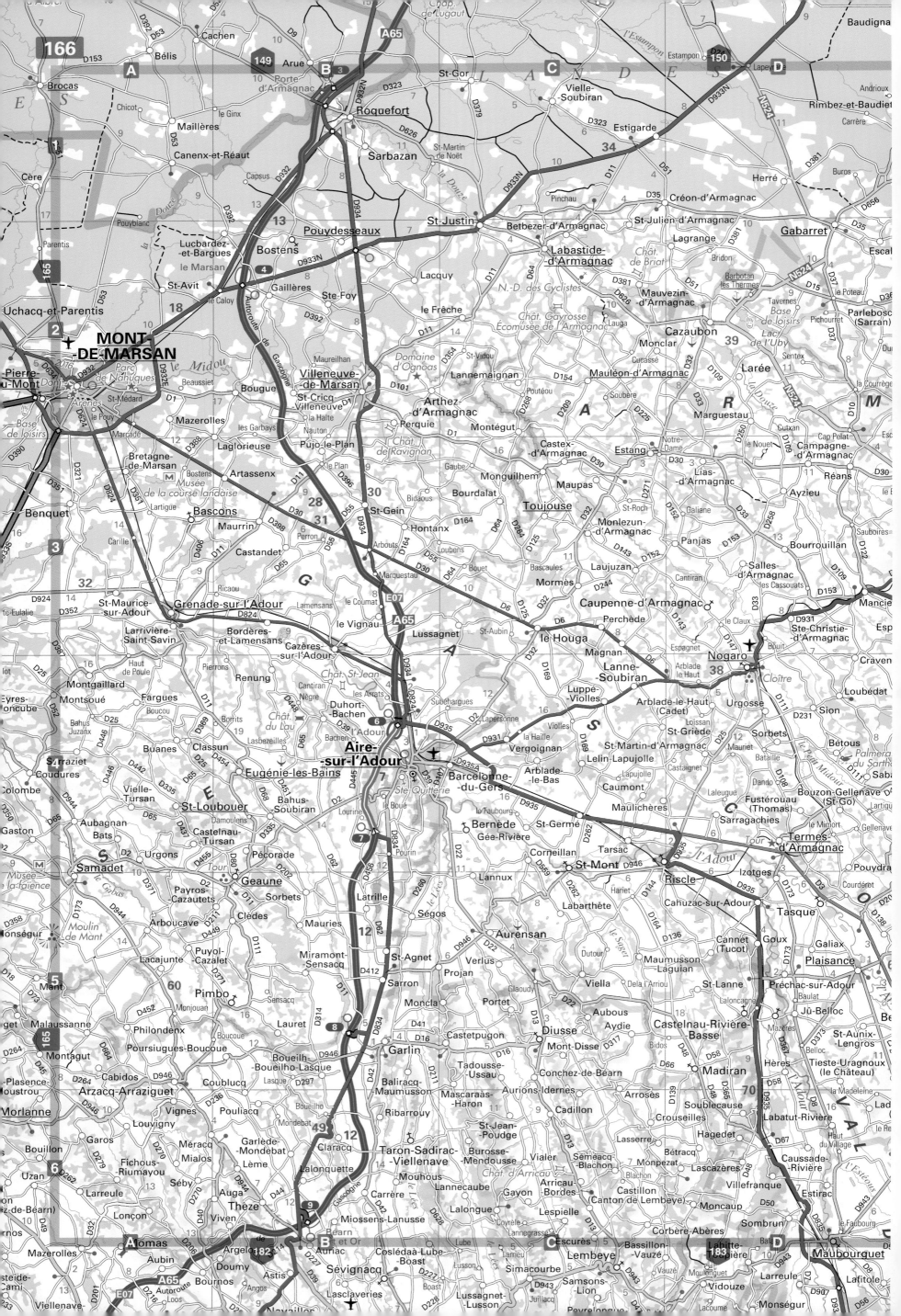

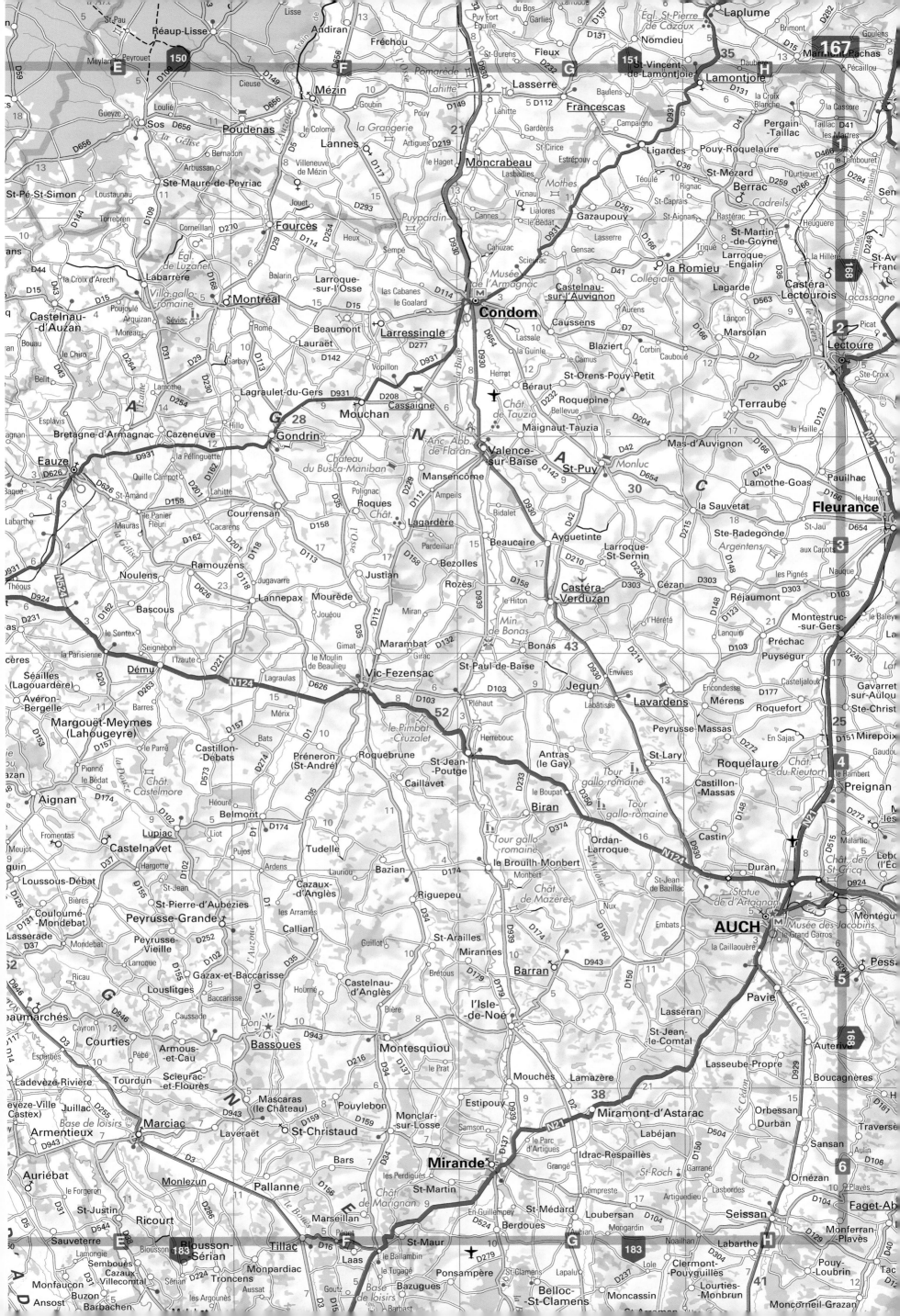

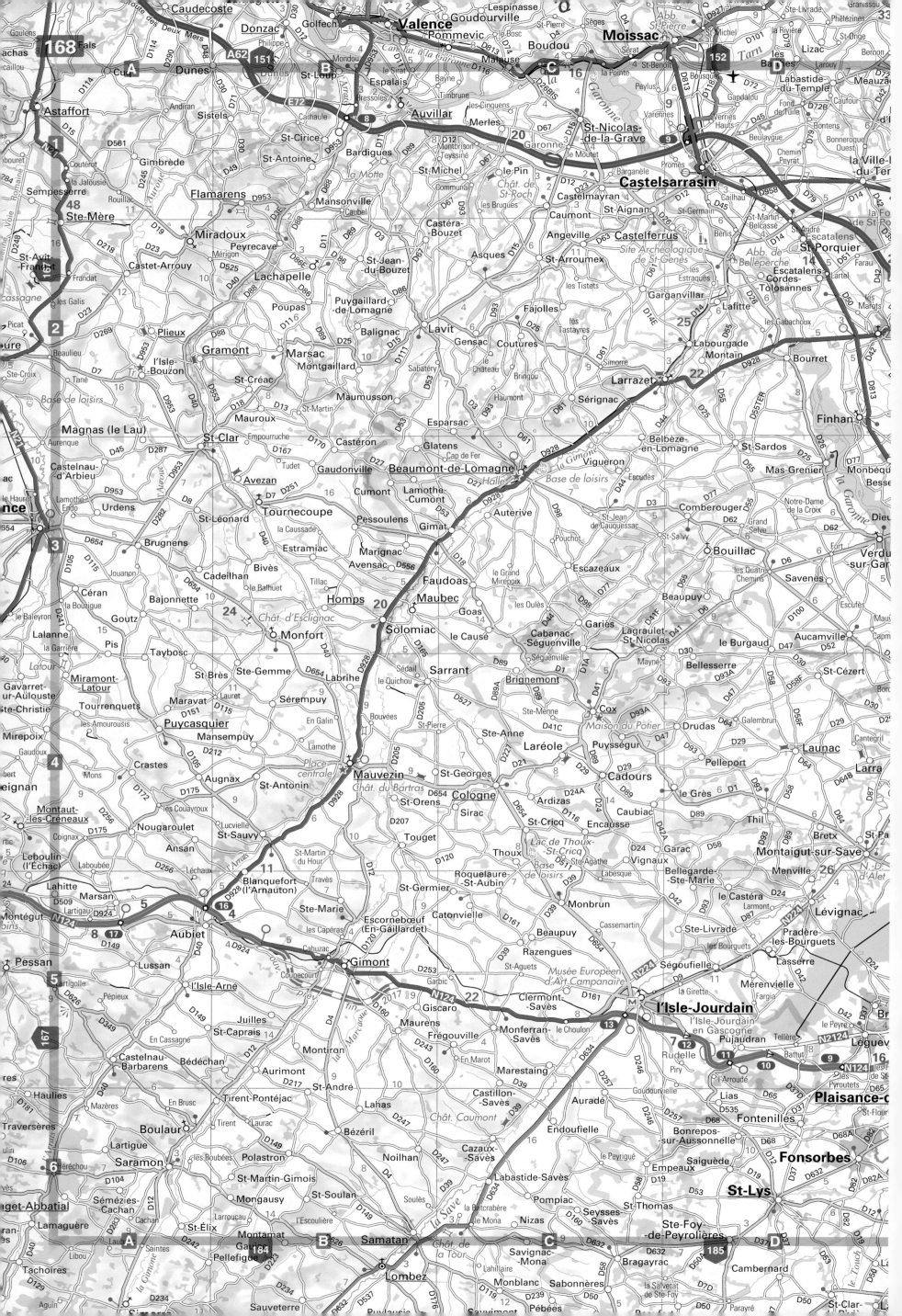

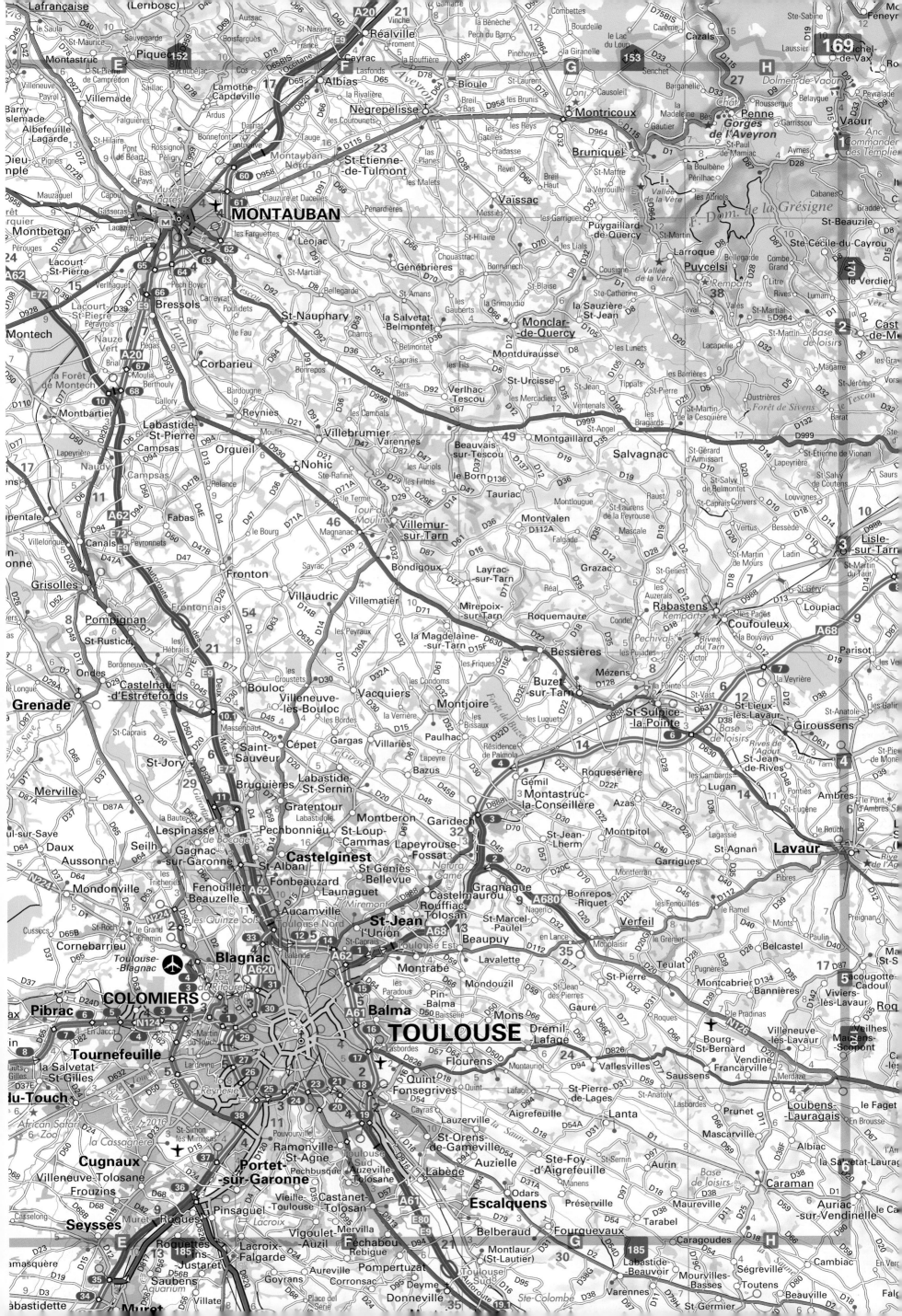

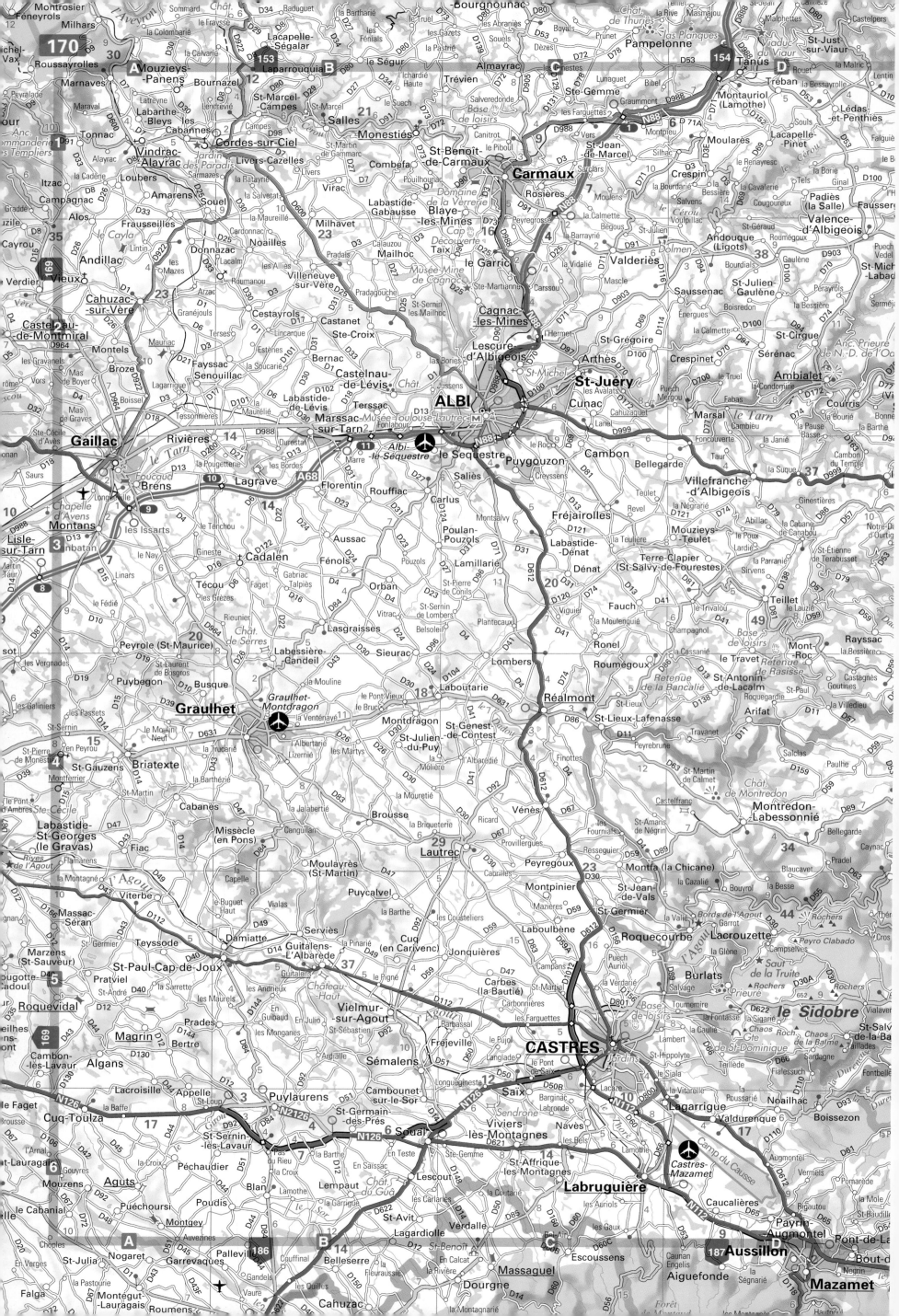

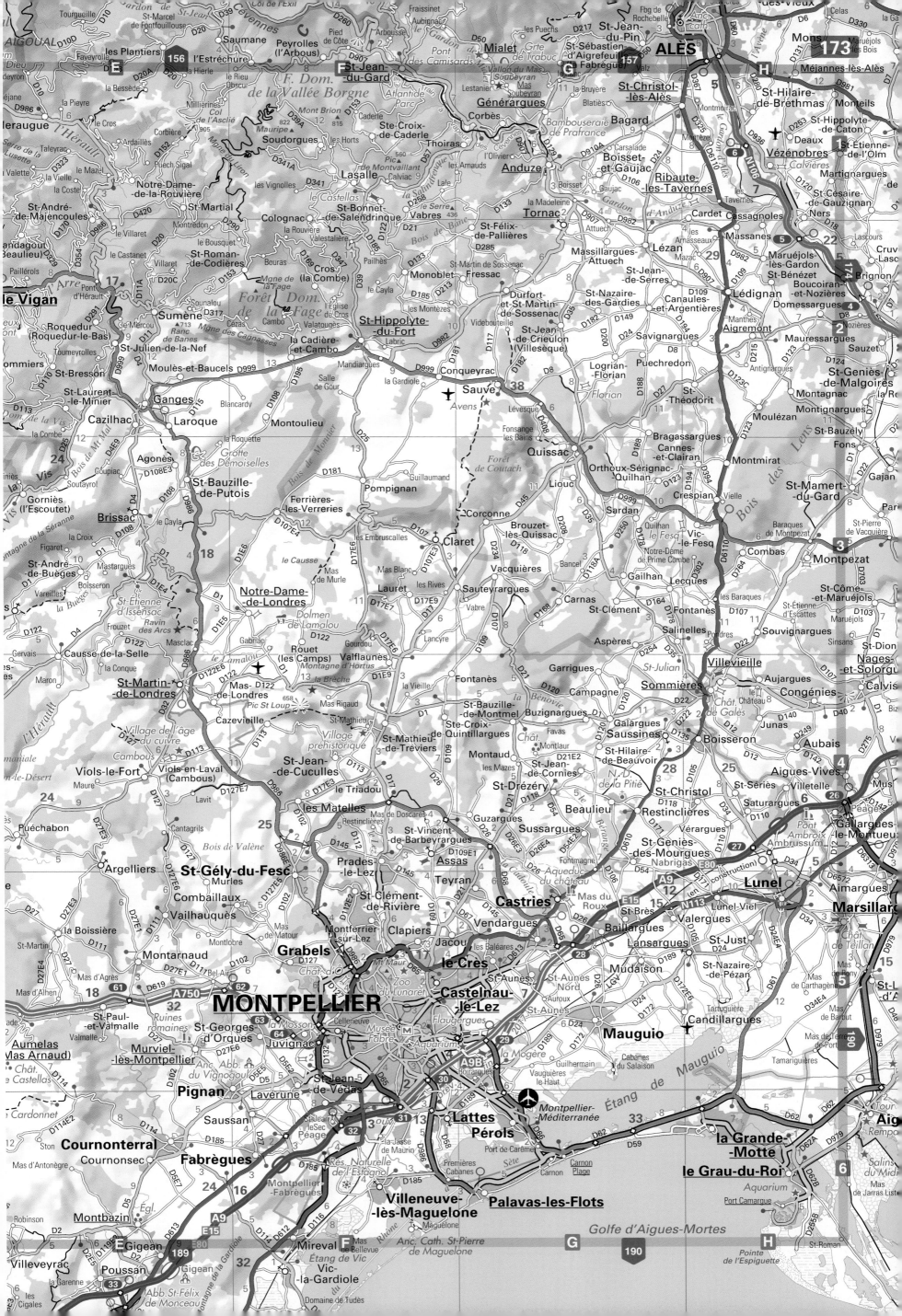

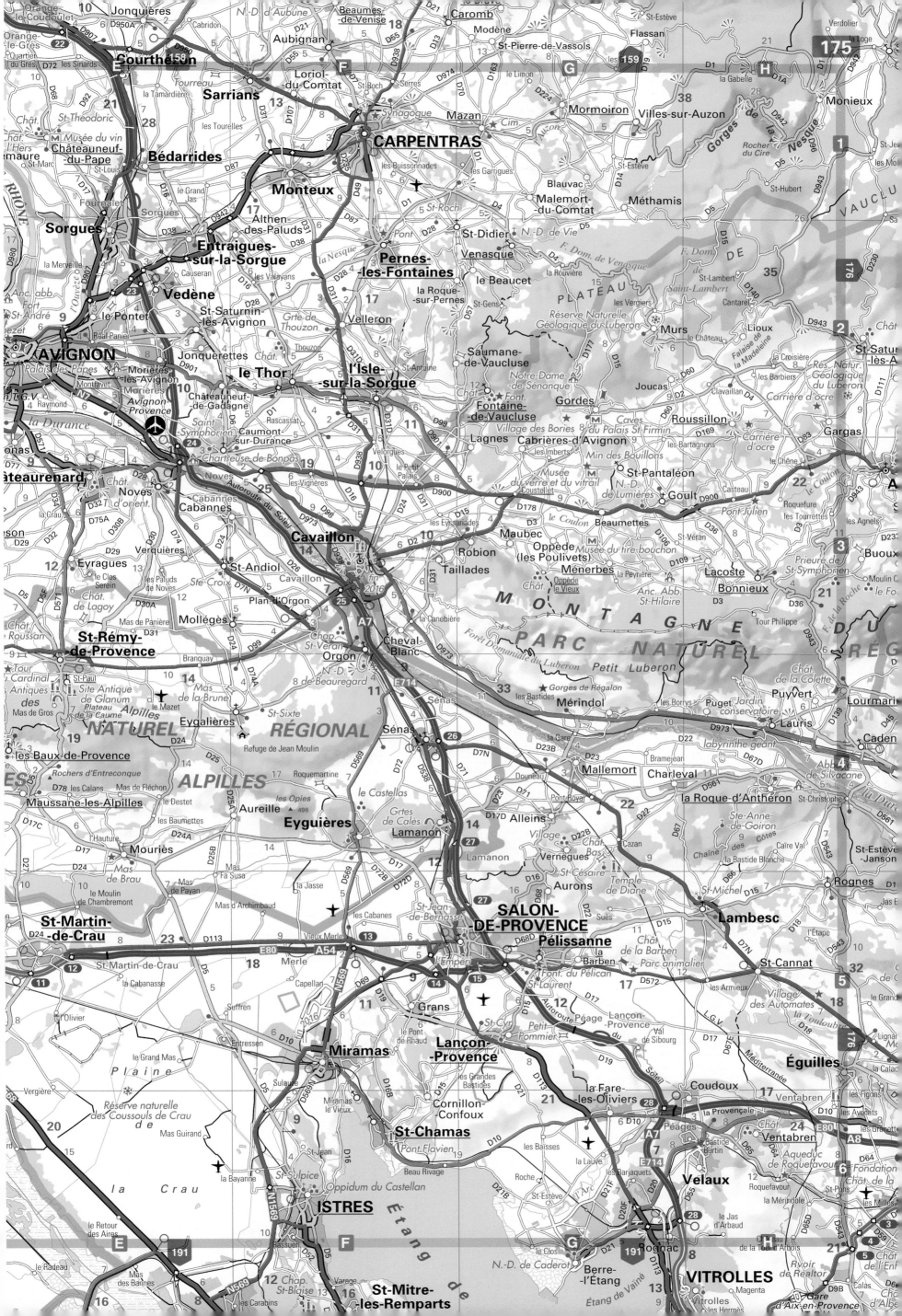

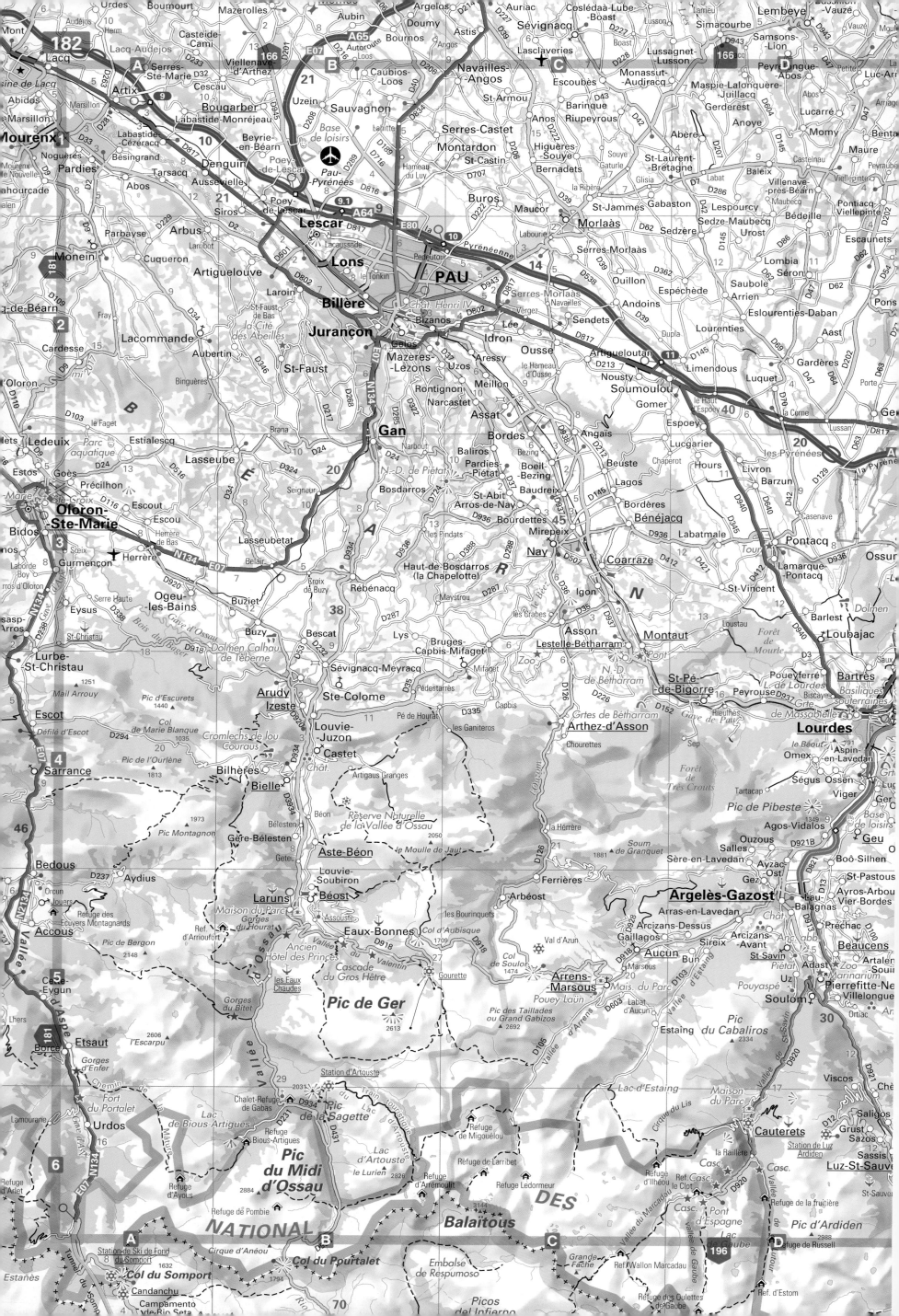

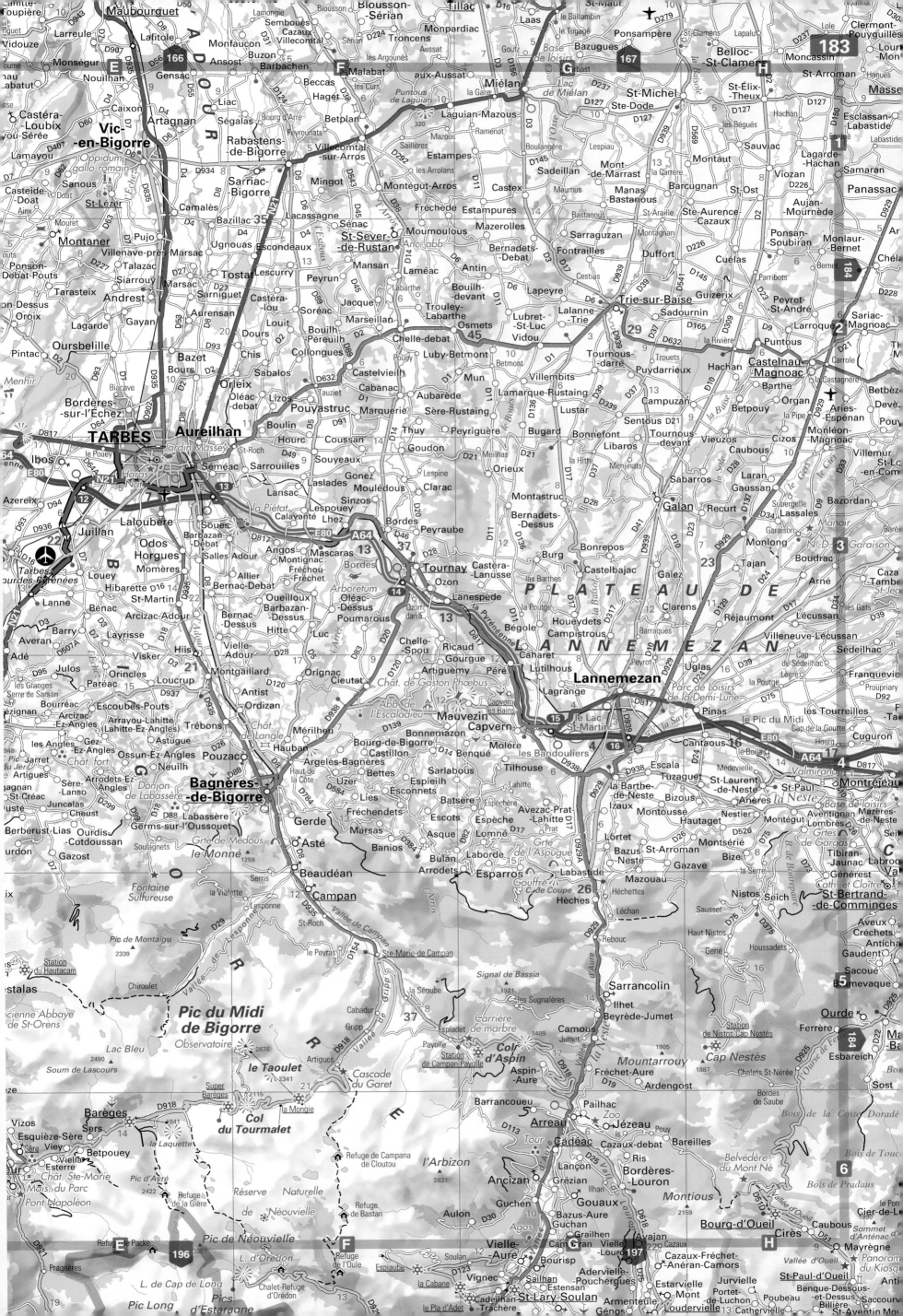

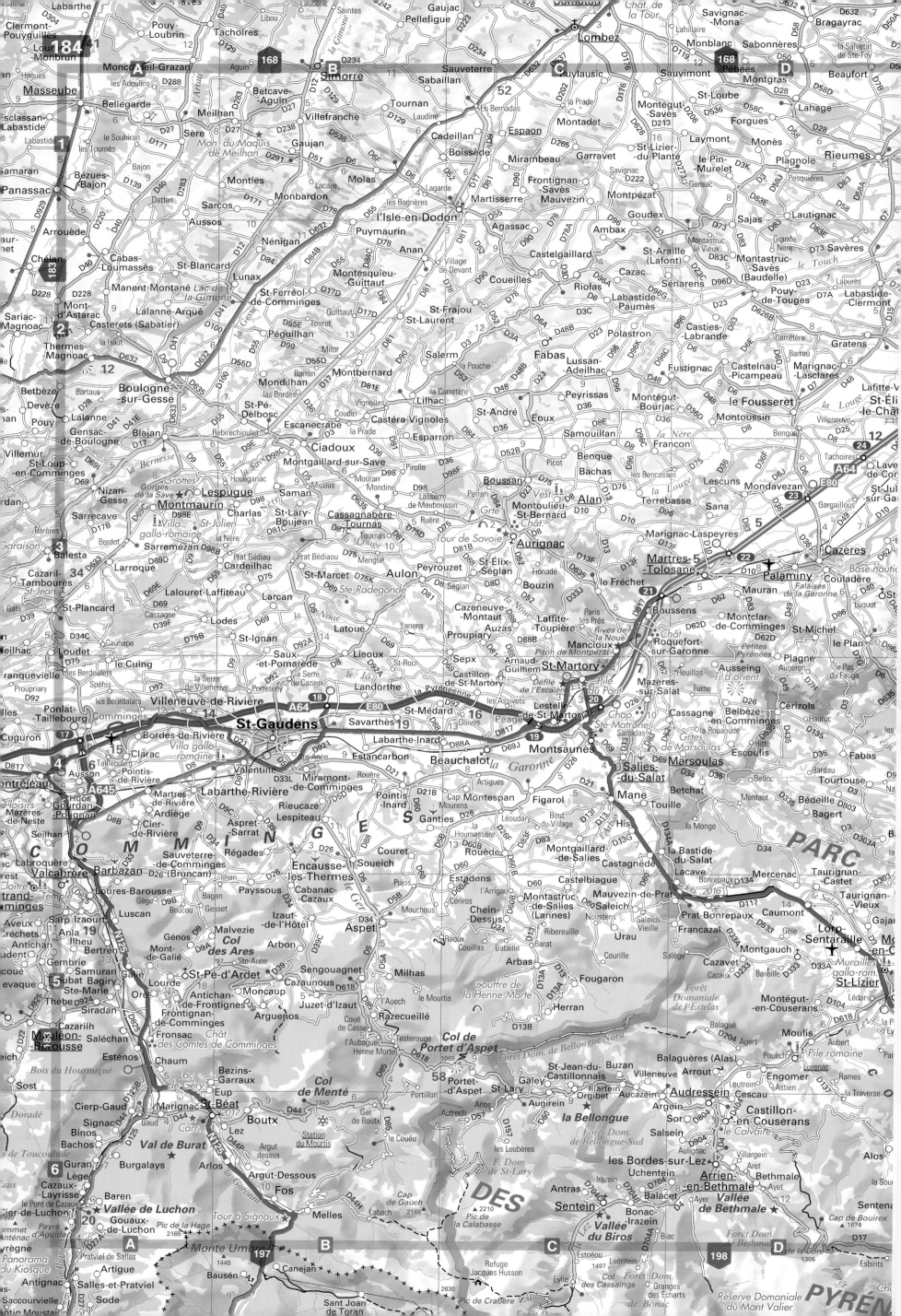

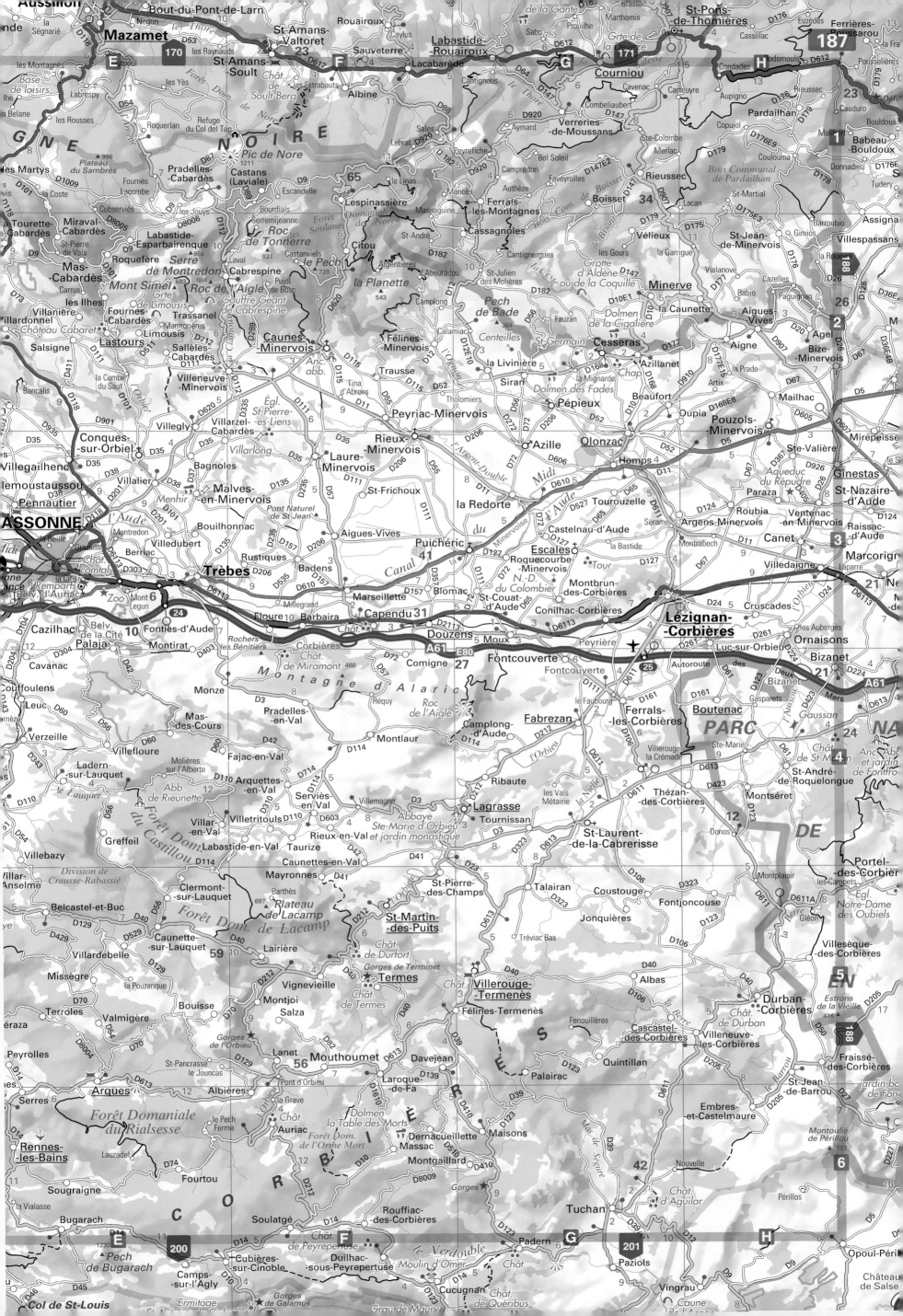

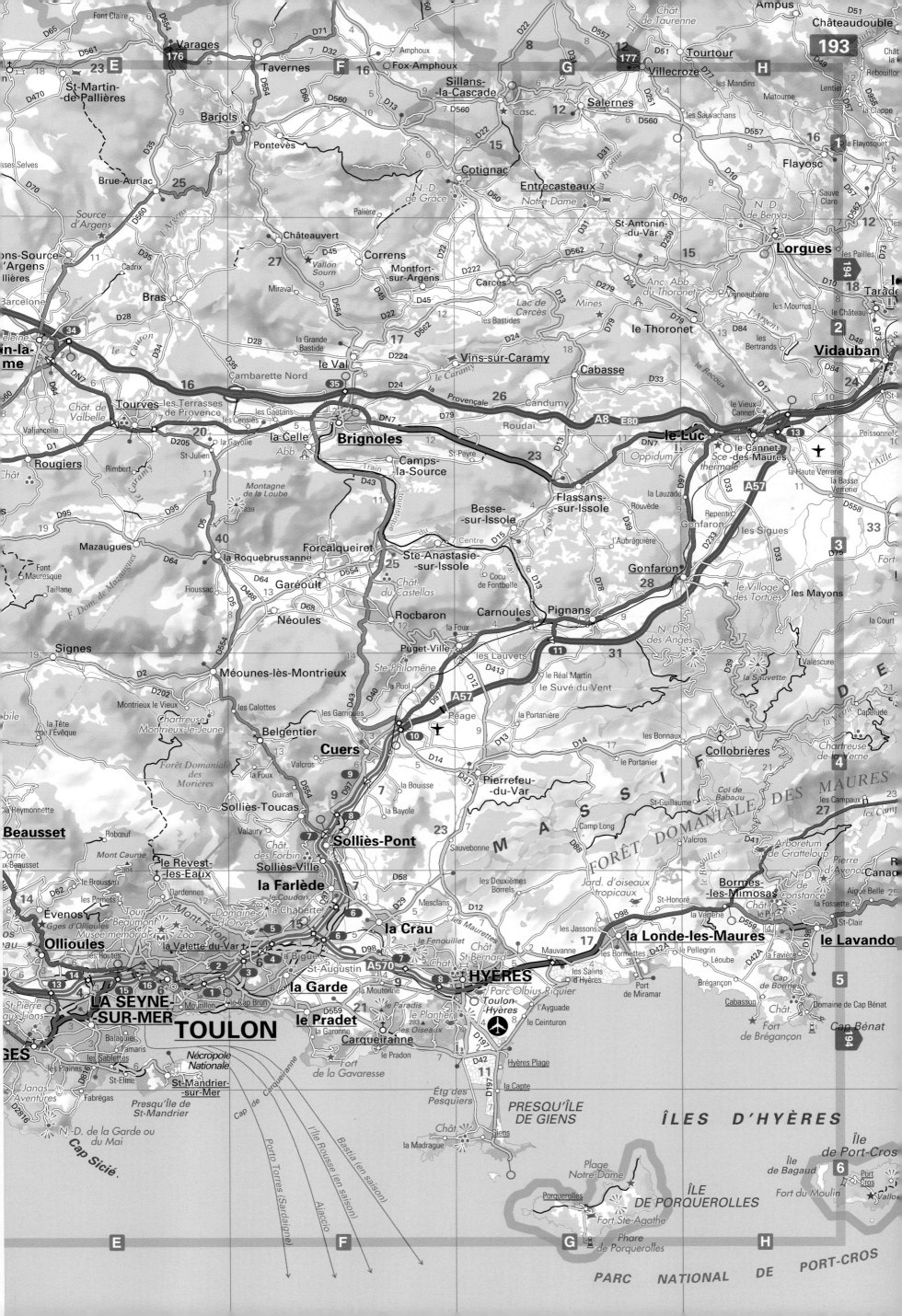

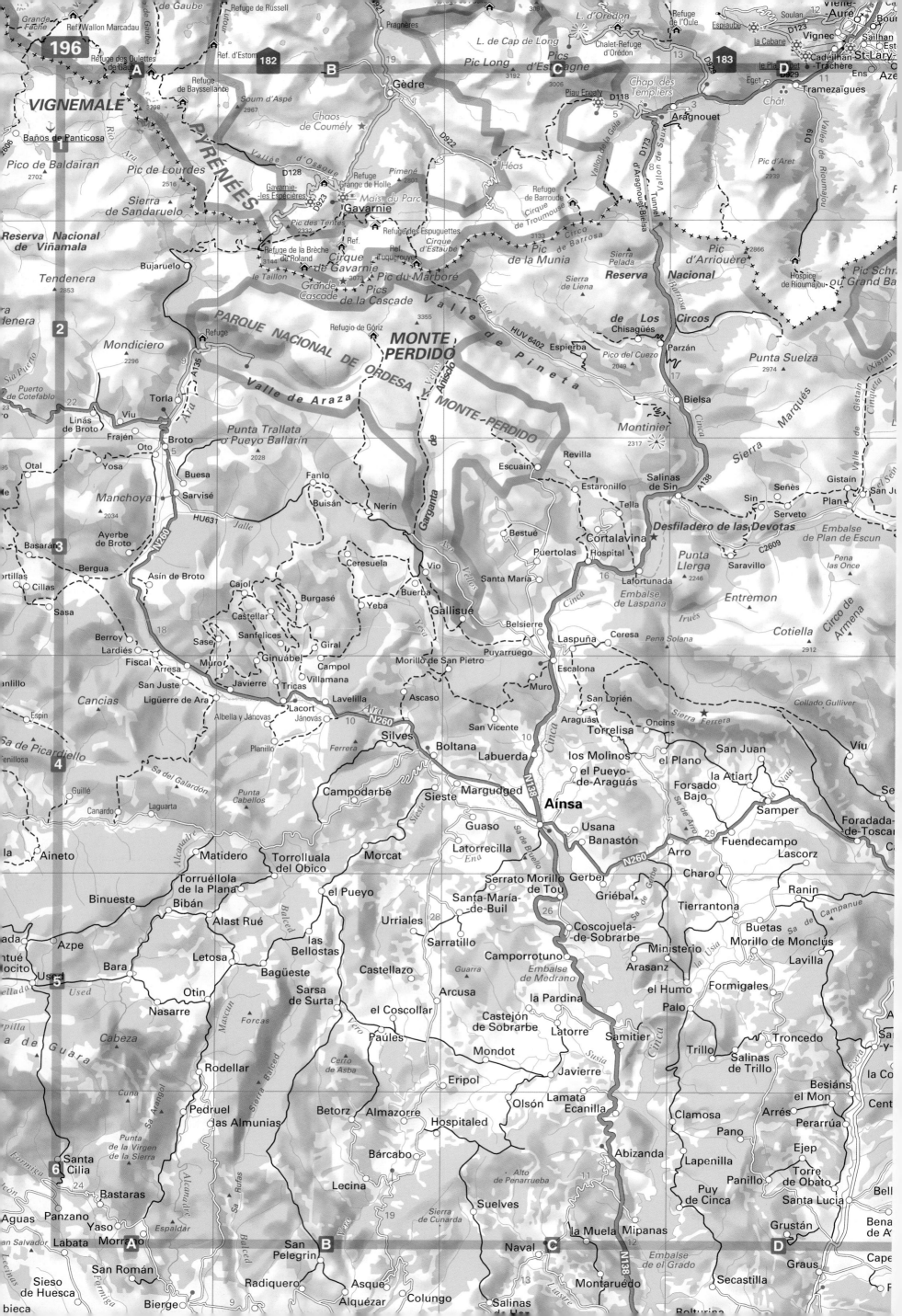

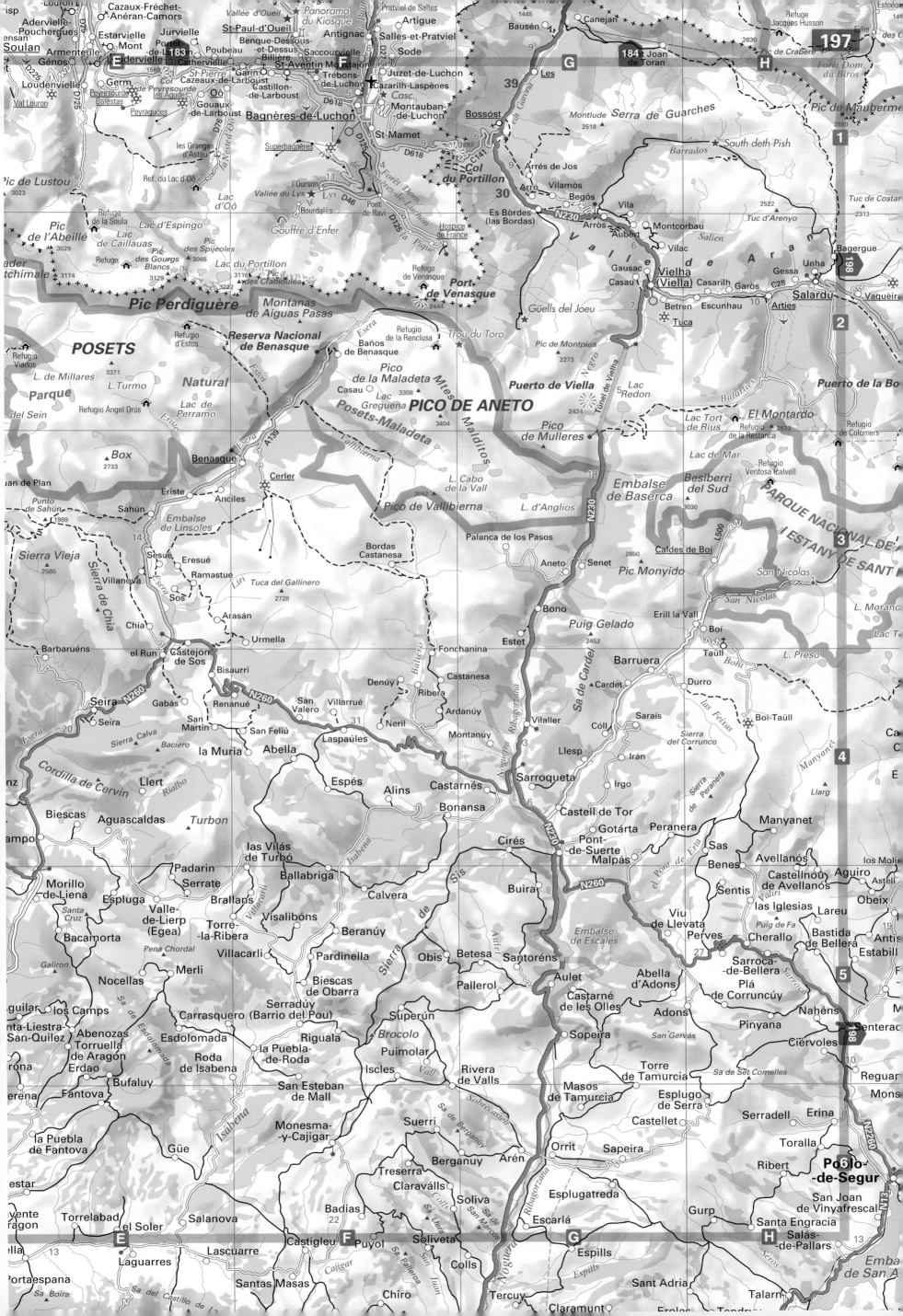

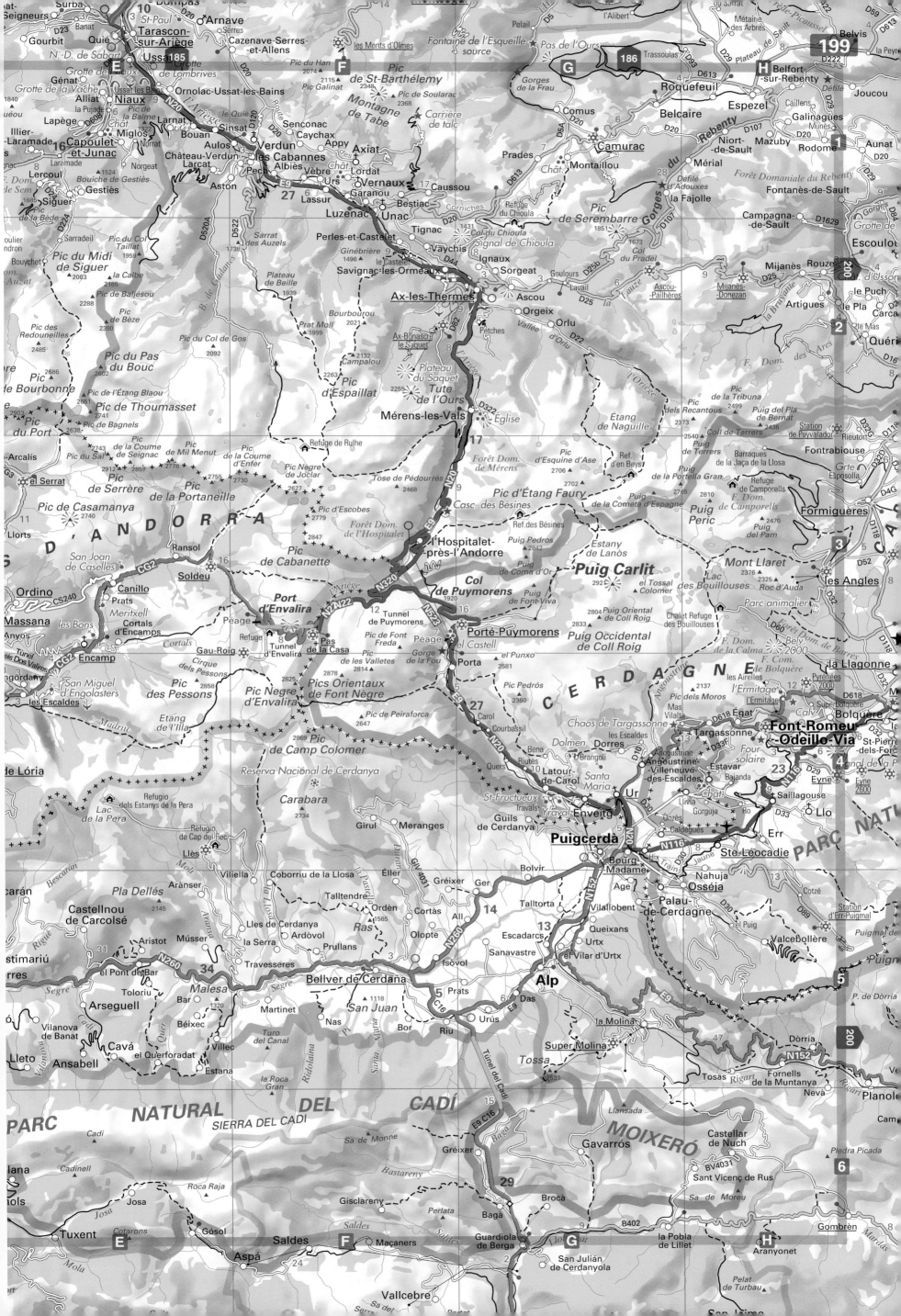

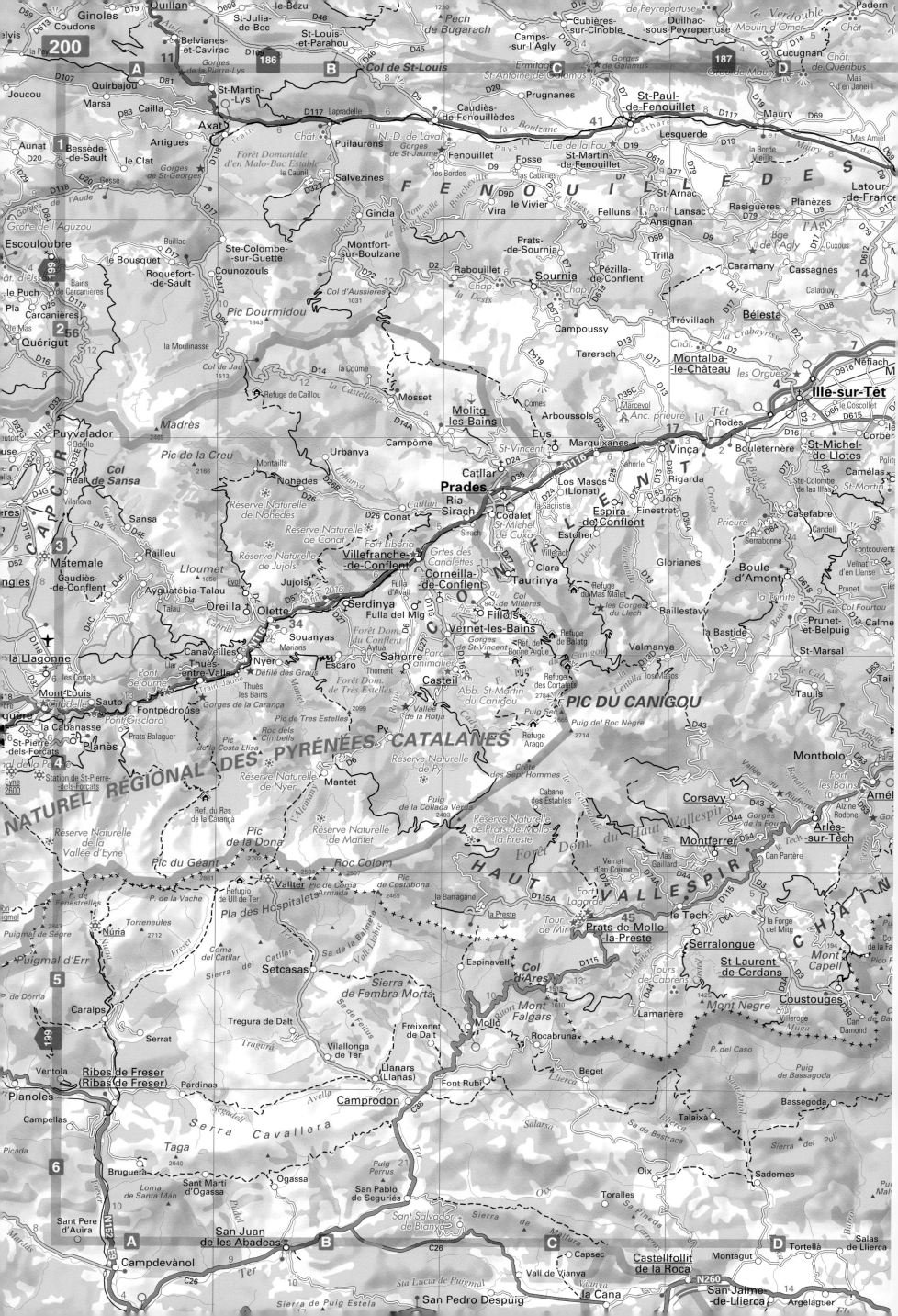

A B C D

1

2

3

4

5

6

Marseille

Nice

Savona (Italie)

Marseille

Toulon (en saison)

Nice

Savona (Italie, en saison)

Punta di l'Acciolu

Tour

Ogliast

9

Phare de la Pietra

L'Île-Rousse

Tour de Saleccia

Tour

Lozari

N197

D113

D513

304

Monte Négru

Parc botanique

Punta di Vallitone

D263

Monticello

D63

D363

Marine de Davia

Corbara

Santa-Reparata-di-Balagna

8

Punta di Varcale

Collégiale

Occigioni

Palasca

Marine de Sant'Ambrogio

Algajola

11

Pigna

Couvent de Corbara

D113

Tocconc

Citadelle

30

Sant'Antonino

Belgodère

Punta Spano

D71

D551

10

D151

Costa

D71

D963

Tour

Lumio

Aregno

D413

D13

Occhiatana

Ville-di-Paraso

7

la Revellata

Tour

5

Lavatoggio

8

Cateri

509

Anc. Couvent de Tuani

5

Punta Caldanu

Bocca di Salvi

Avapessa

D663

Speloncato

D963

Grotte des Veaux Marins

Citadelle

Golfe de Calvi

San Petru

D151

Montegrosso (Lunghignano)

D71

Nessa

17

D63

Pioggiola

D81B

Calvi

B A L A G N E

9

Muro

Feliceto

D963

N197

4

1

D151

San Raineru

17

Cassano

Zilia

San Parteo

Olmi-Cappella

Valli

N.-D. de-la-Serra

Petra Maio

D151

8

D451

Montemaggiore

D963

Mausoléo

Capu di a Conca

Anc. Couvent d'Alzi Pratu

1680

Punta di Cantaleli

725

Priugio

Calvi-Sainte-Catherine

Santa Restituta

Monte Grosso

Capo Cavallo

Sémaphore

15

D51

1937

Torre Truccia

295

D81B

801

Monte Cintu

Suare

D81

Moncale

Tarazone

Calenzana

Capu a u Dente

Monte Padru

2393

Asco

Truccia

Torre Mozza

32

la Figarella

2029

Refuge de l'Ortu di u Piobbu

2143

Monte Corona

Cima di a Statoja

2304

Gorges

Capu di a Mursetta

D251

Chaos de Bocca Rezza

2145

Capu Corona

Pont génois

A B C D

l'Argentella

Pieve

Frassigna

Cirque de Bonifatu

Capu di l'Argentella

15

16

Amacu

Ladroncellu

13

Punta di Ciuttone

813

Forêt Territoriale de Tartagine-Melaja

Giunte

Bocca Bassa

D351

Colfe de Galéria

Tour Maraghiu

Forêt Communale d'Asco

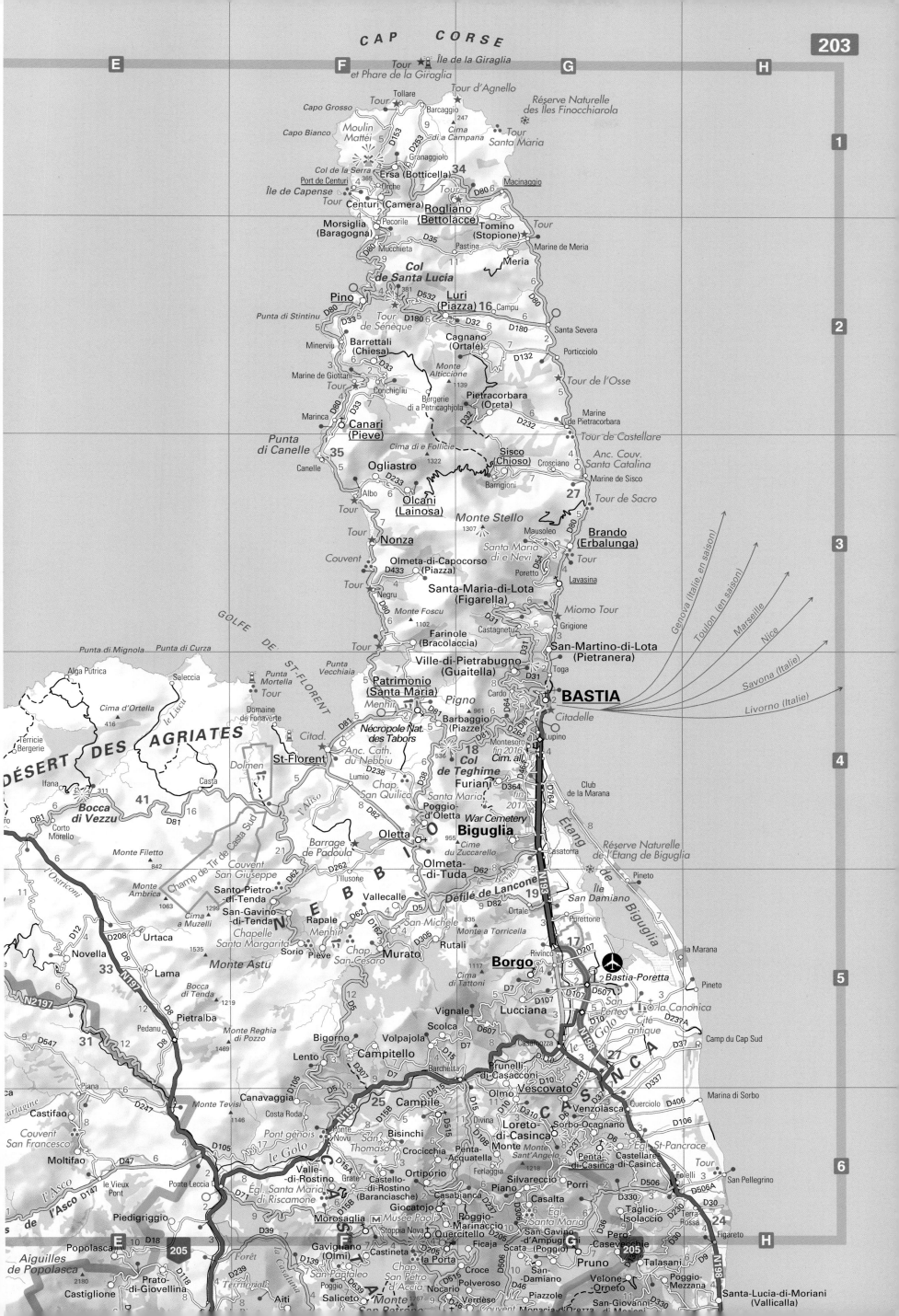

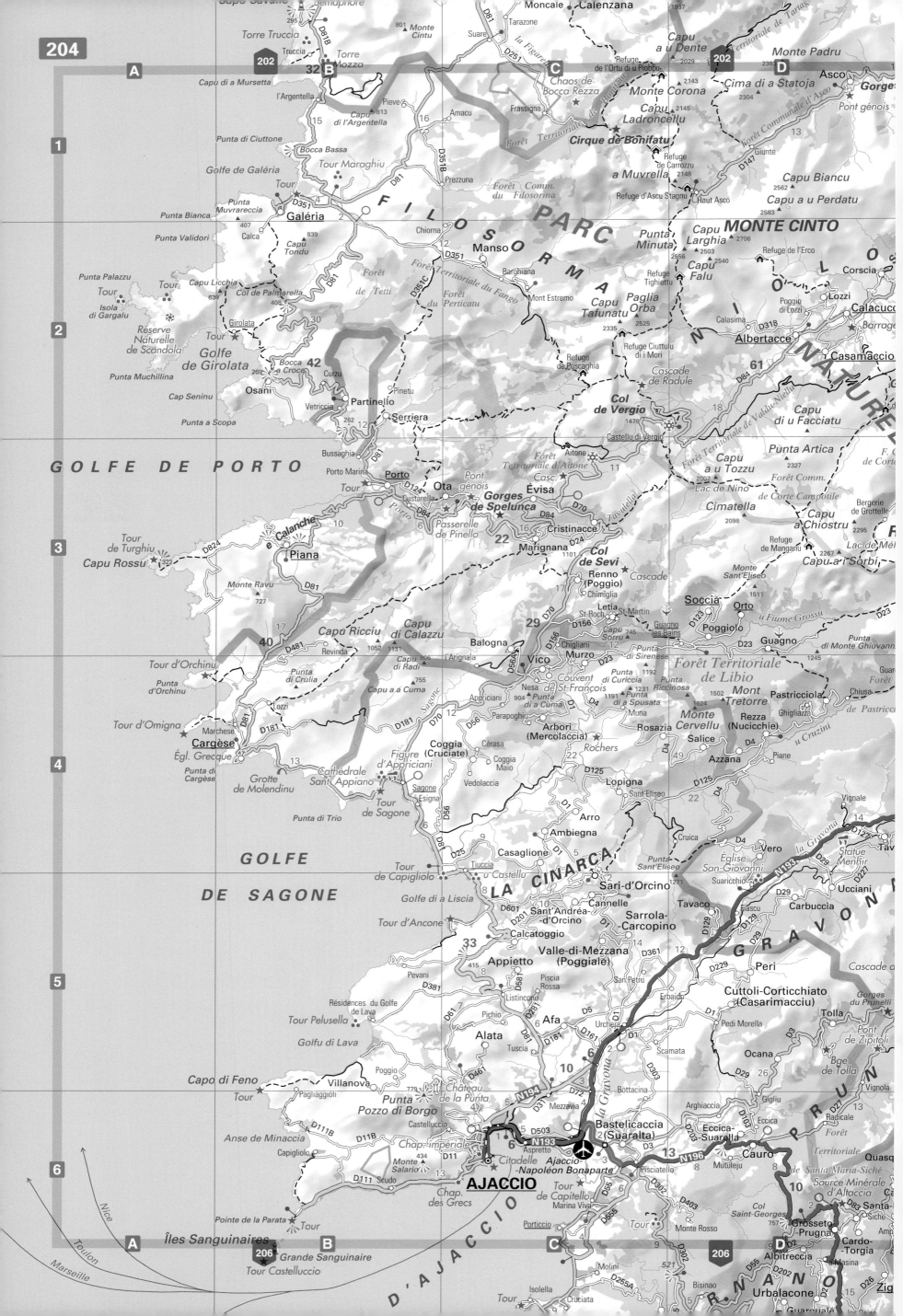

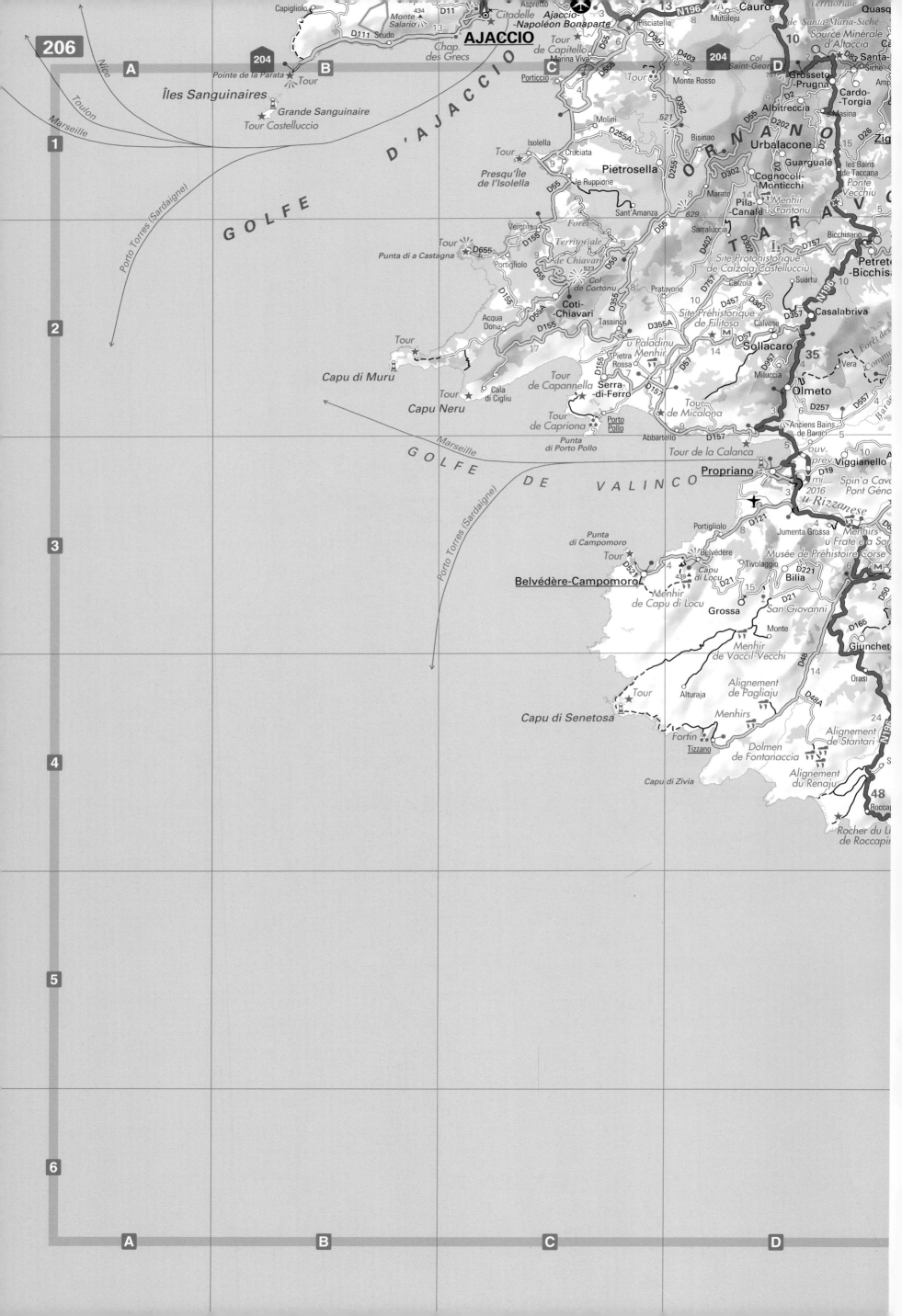

AJACCIO

GOLFE D'AJACCIO

Îles Sanguinaires

Pointe de la Parata · Tour

Grande Sanguinaire
Tour Castelluccio

Capigliolo

Monte Salario · 434

D11 · D11 Scudo

D111

Chap. des Grecs

Citadelle Ajaccio-Napoléon Bonaparte

Pisciatello

Tour de Capitello

Marina Viva

Porticcio

Tour

Monte Rosso

Col Saint-Georges

Cauro

Mutuleju

Source Minérale d'Altaccia

Grosseto-Prugna

Cardo-Torgia

Santa-Maria-Siché

Santa

a Masina

Albitreccia

Urbalacone

Guargualé

Cognocoli-Monticchi

les Bains de Taccana

Ponte Vecchiu

Zig

ORNANO

Molini

Isolella

Cruciata

Presqu'Île de l'Isolella

le Ruppione

Pietrosella

Bisinao

Sarraluccia

TARAV

Bicchisano

Petreto-Bicchisa

Verghia

Forêt Territoriale de Chiavari

Punta di a Castagna · D655

Portigliolo

Sant'Amanza

Marato

Pila-Canale

Menhir u Cantonu

629

Calzola

Site Protohistorique de Calzola Castellucciu

Pratavone

Suartu

Acqua Dona

Coti-Chiavari

Col de Cortonu

523

Tassinca

Site Préhistorique de Filitosa

Casalabriva

Sollacaro

Calvese

Tour

Capu di Muru

Tour

Capu Neru

Cala di Ciglju

Tour de Capannella

Pietra Rossa

u Paladinu Menhir

Serra-di-Ferro

Tour de Capriona

Porto Pollo

Punta di Porto Pollo

Tour de Micalona

Abbartello

Miluccia

Vera

Olmeto

Anciens Bains de Baraci

GOLFE DE VALINCO

Marseille

Porto Torres (Sardaigne)

Tour de la Calanca

Propriano

Viggianello

Spin'a Cava Pont Géno

u Rizzanese

Portigliolo

Jumenta Grossa

Menhirs u Frate e la Sor

Musée de Préhistoire Corse

Punta di Campomoro

Tour

Belvédère-Campomoro

Belvédère

Capu di Locu

Tivolaggio

Menhir de Capu di Locu

Grossa

Monte

Bilia

San Giovanni

Menhir de Vaccil-Vecchi

Alignement de Pagliaju

Giunchet

Orasi

Alturaja

Menhirs

Alignement de Stantari

Capu di Senetosa

Fortin

Tizzano

Dolmen de Fontanaccia

Alignement du Renaju

Capu di Zivia

Rocher du Li de Roccapi

Roccapi

Nice

Toulon

Marseille

Porto Torres (Sardaigne)

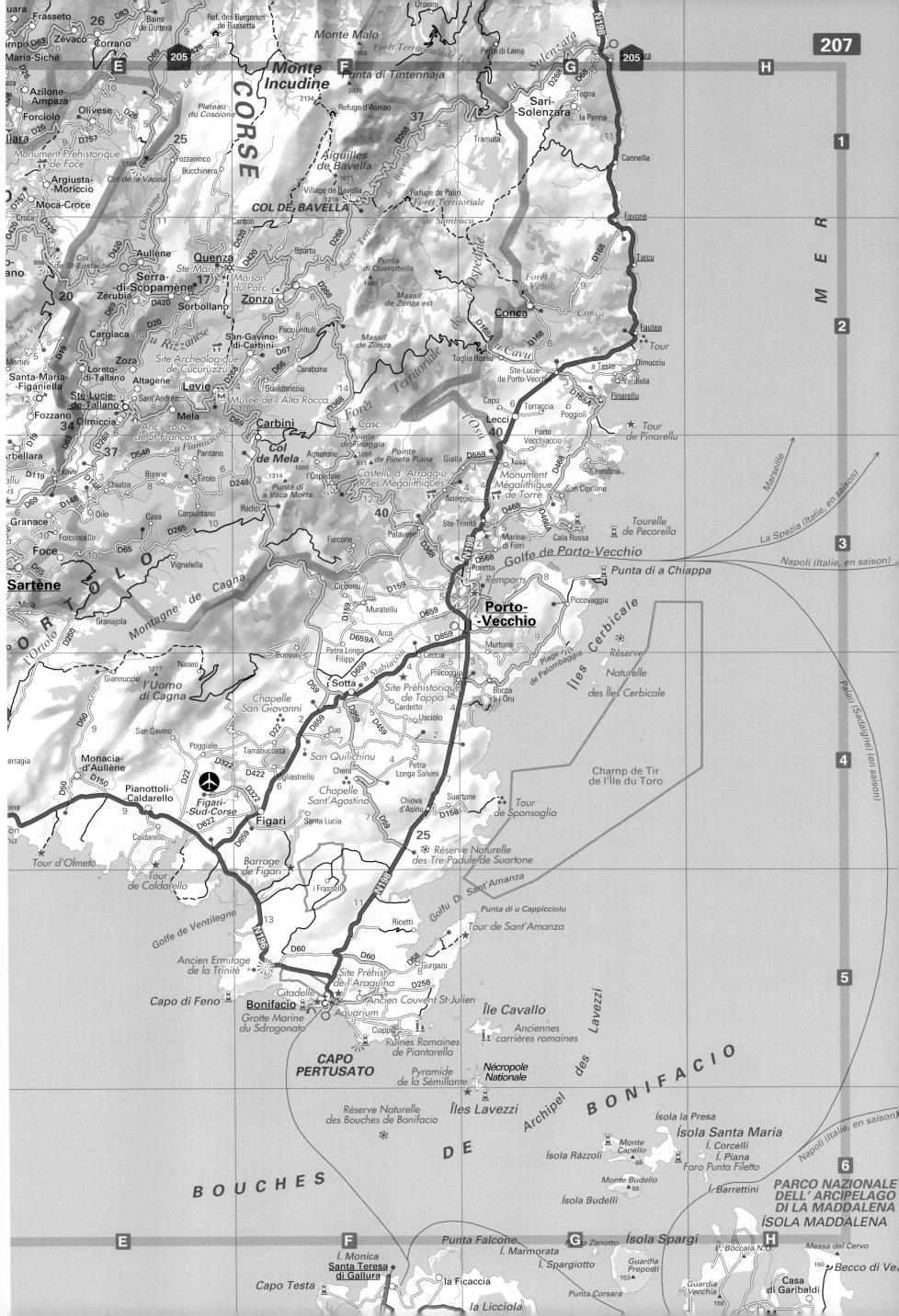

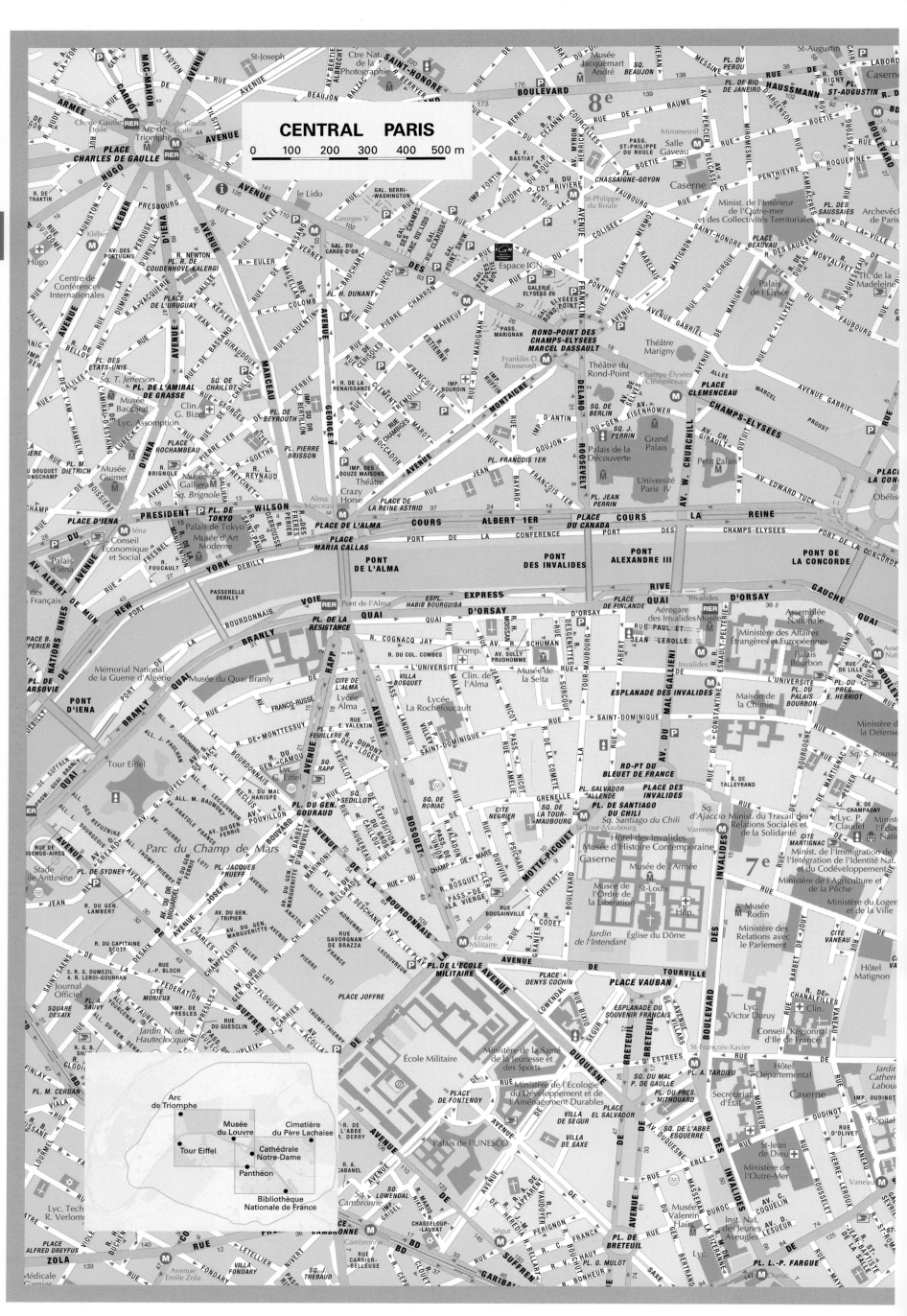

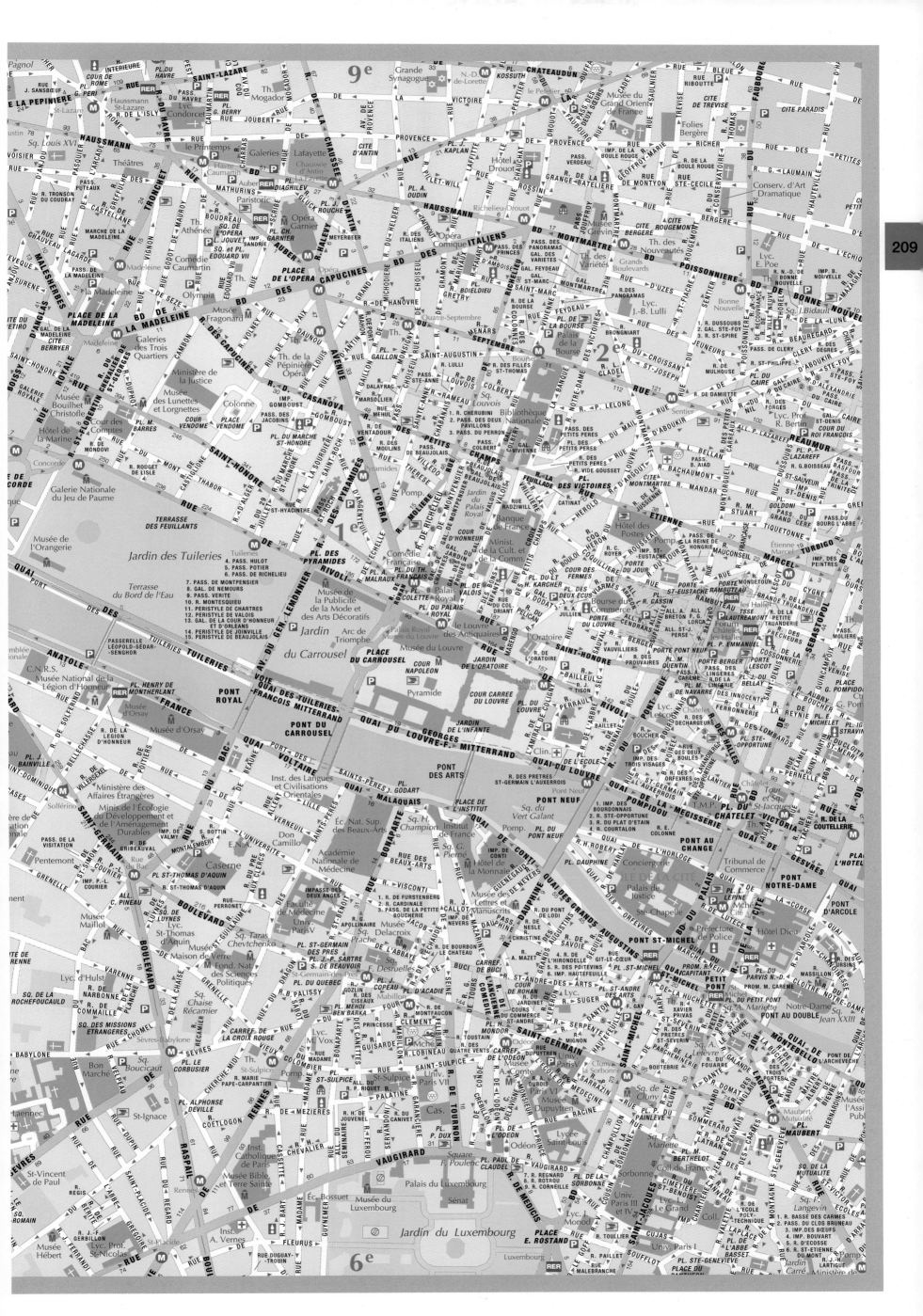

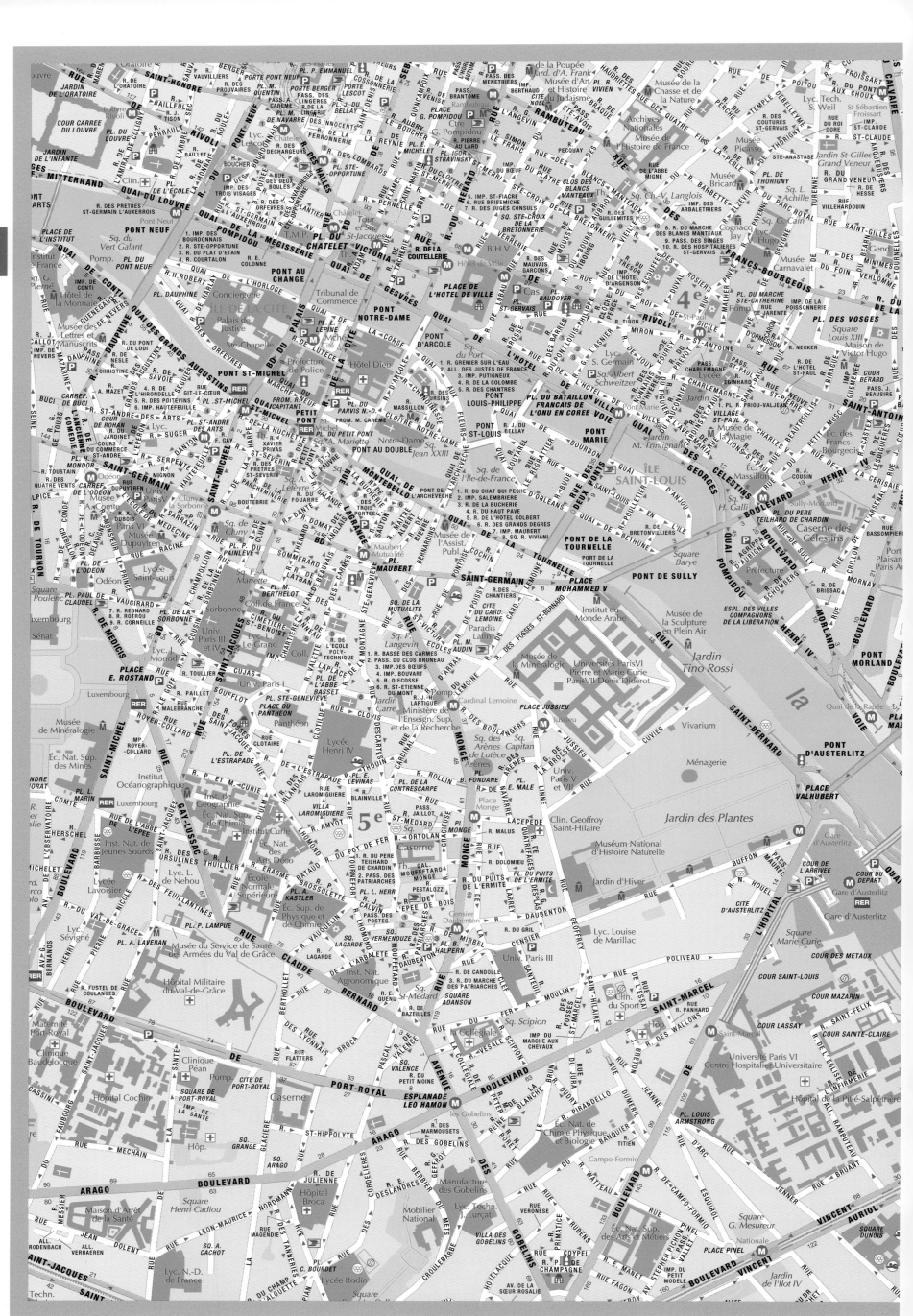

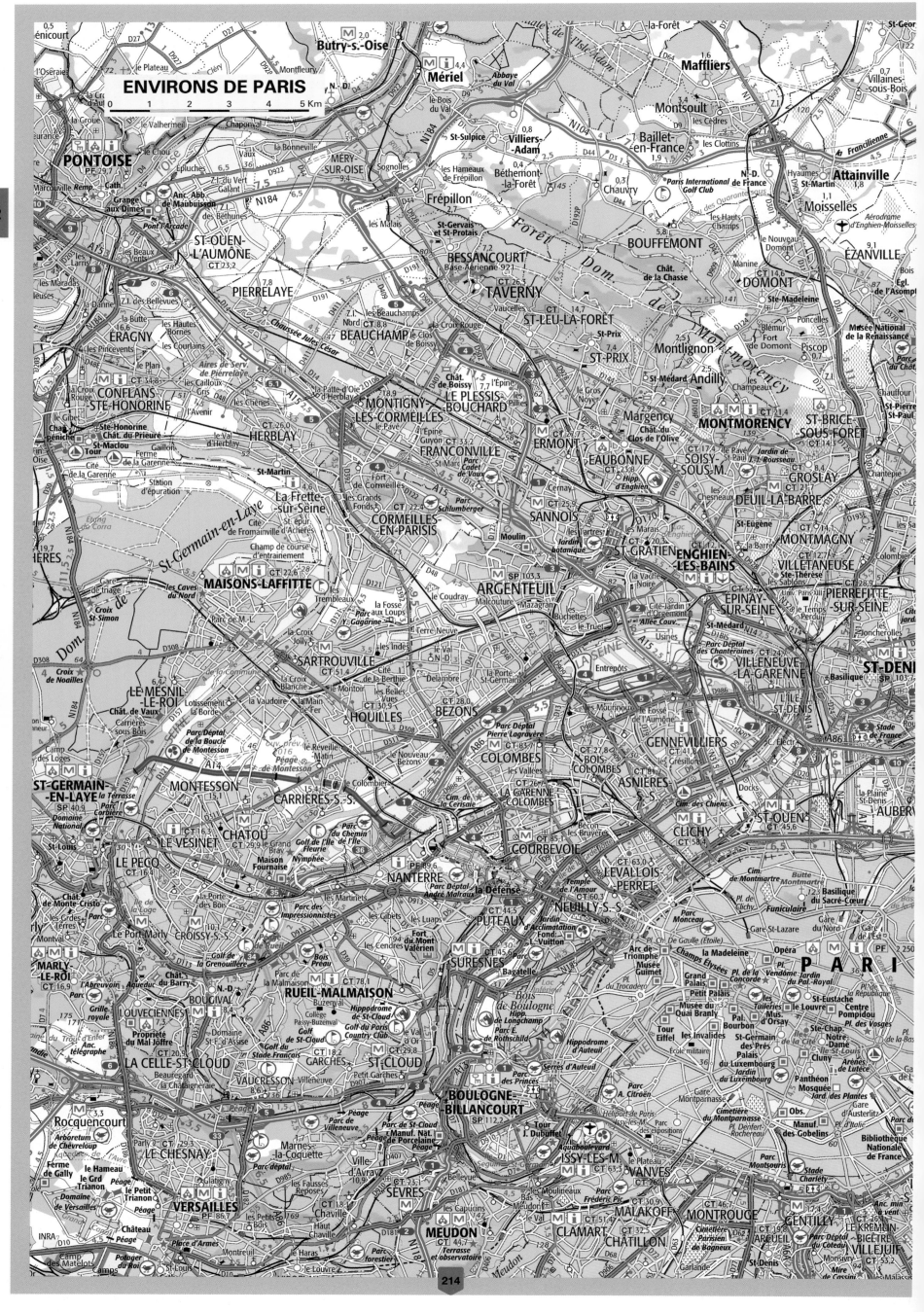

ENVIRONS DE PARIS
0 1 2 3 4 5 Km

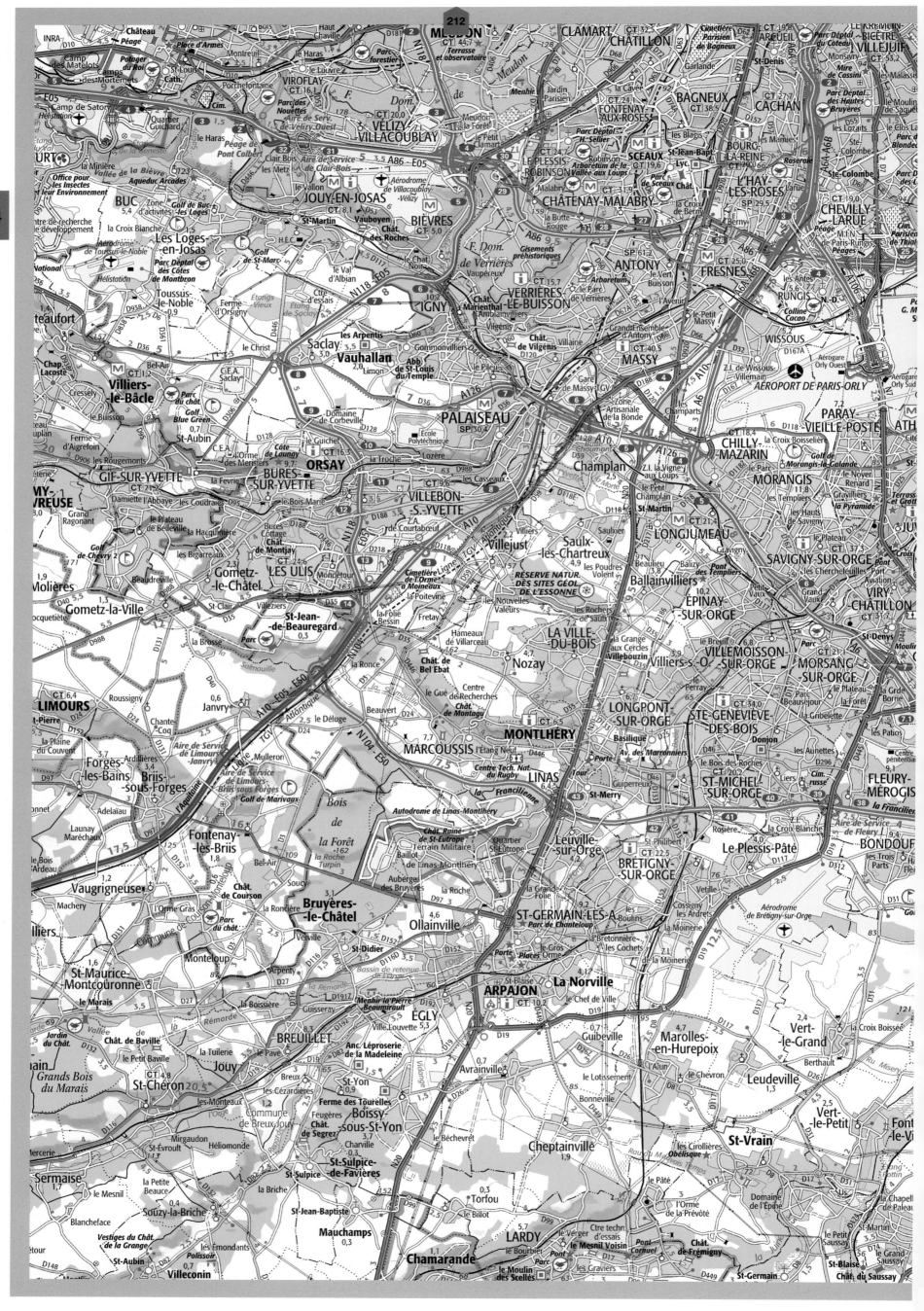

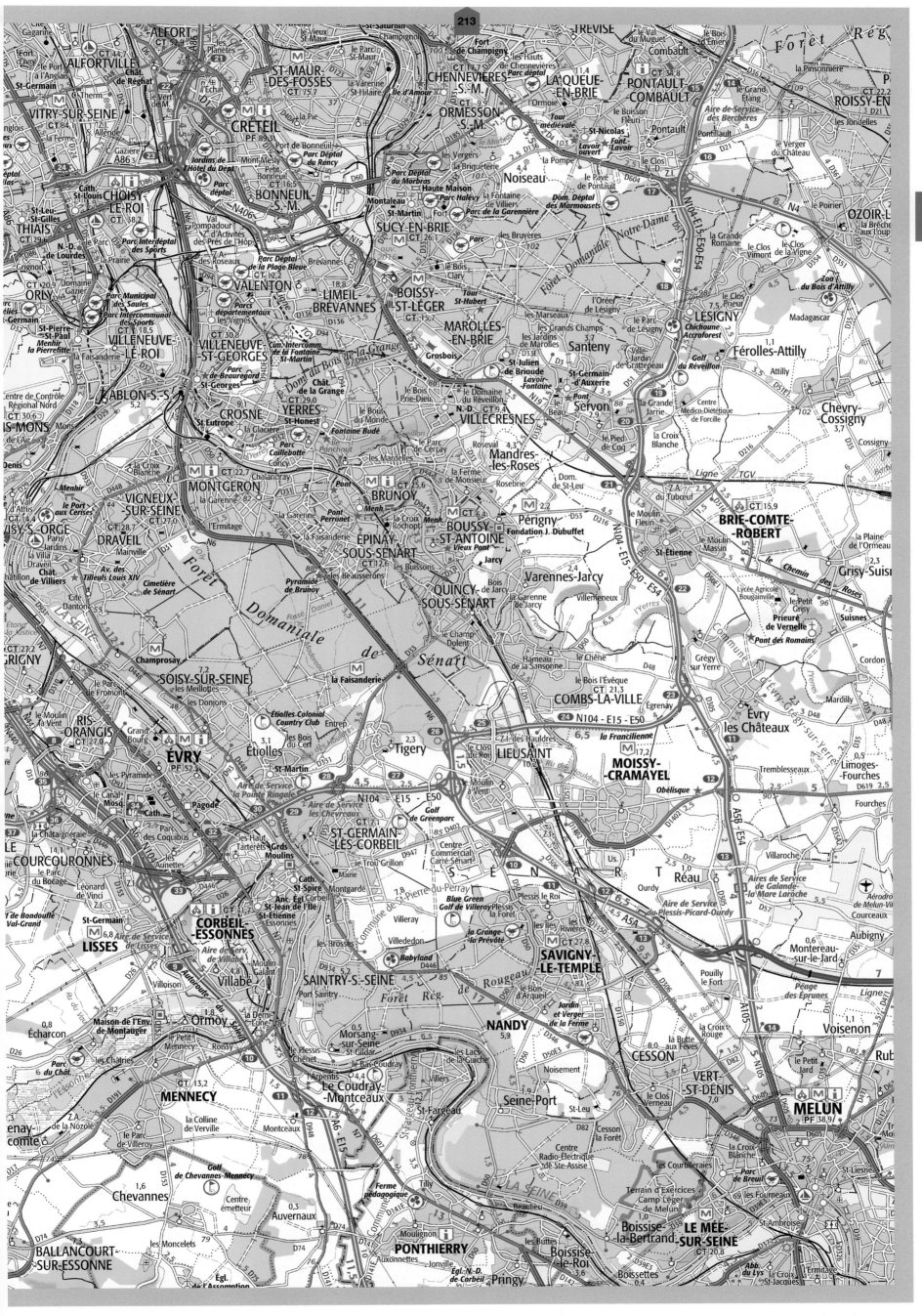

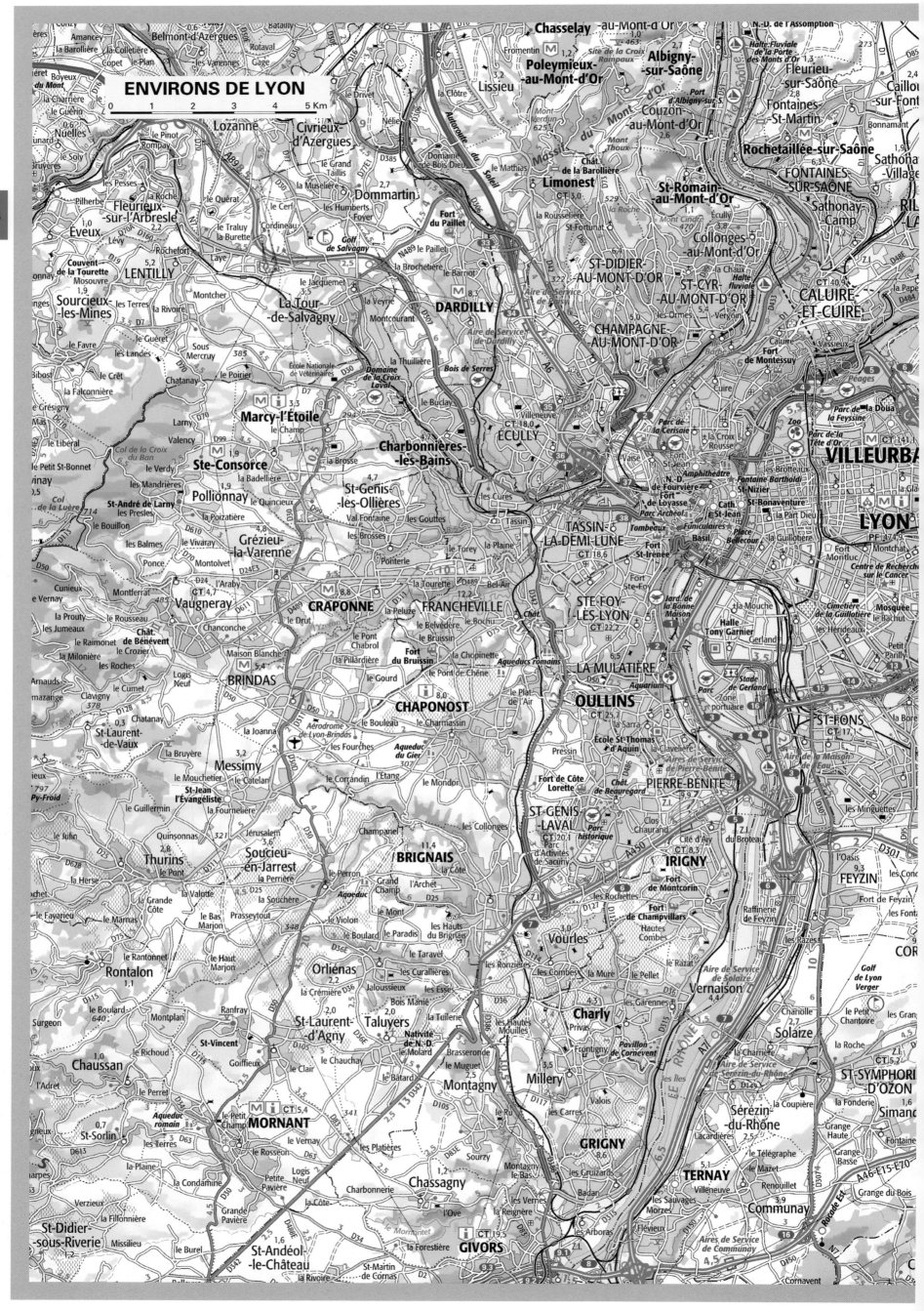

ENVIRONS DE LYON

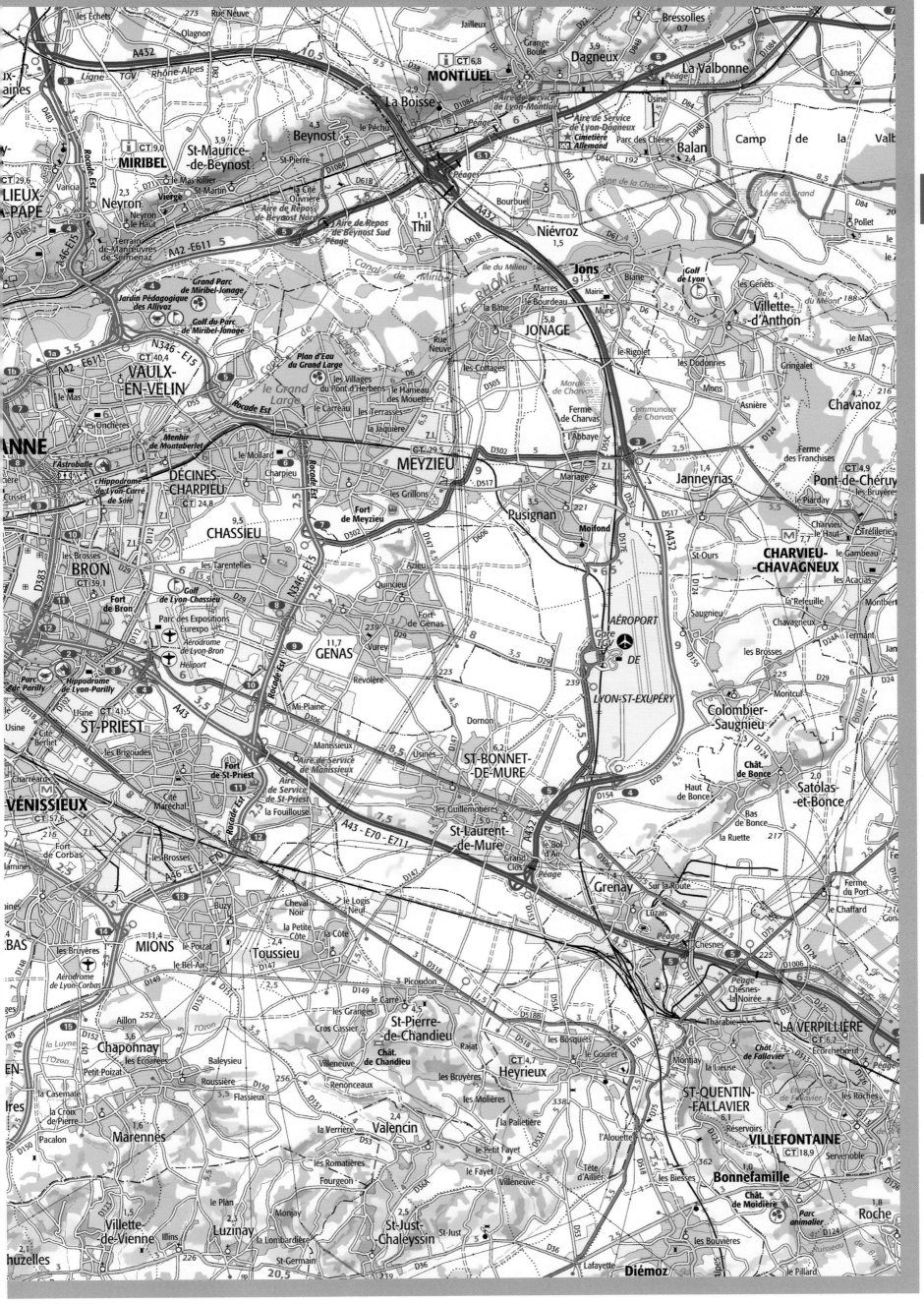

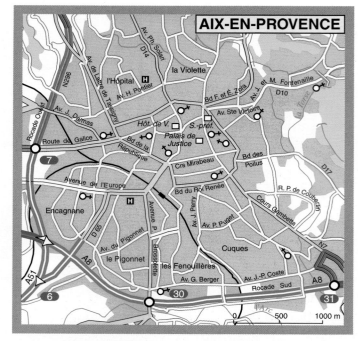

AIX-EN-PROVENCE

AMIENS

ANGERS

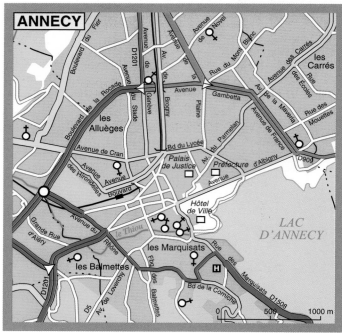

ANNECY

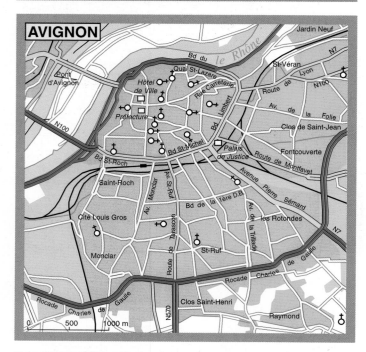

AVIGNON

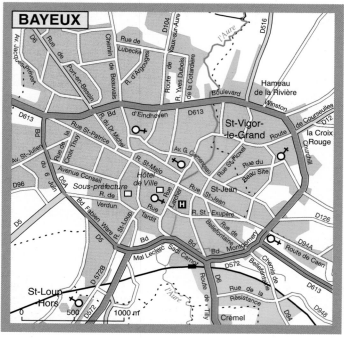

BAYEUX

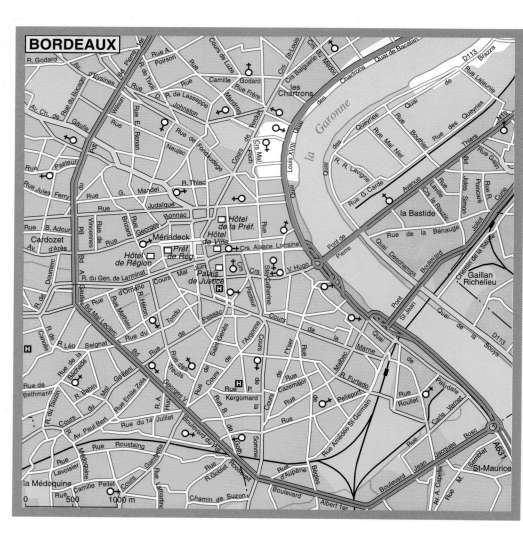

BORDEAUX

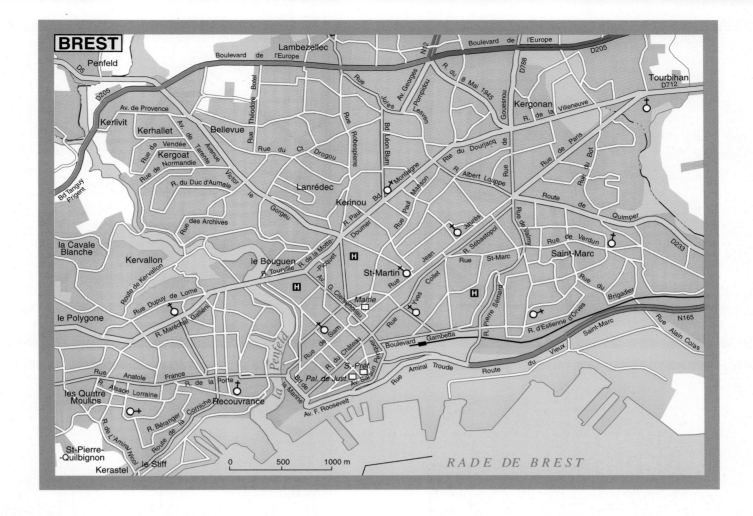

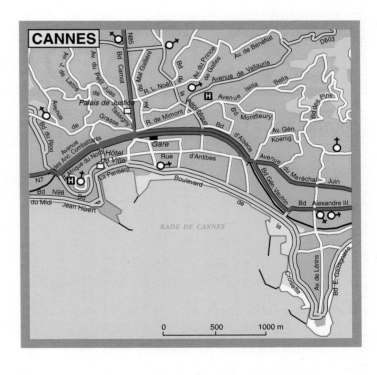

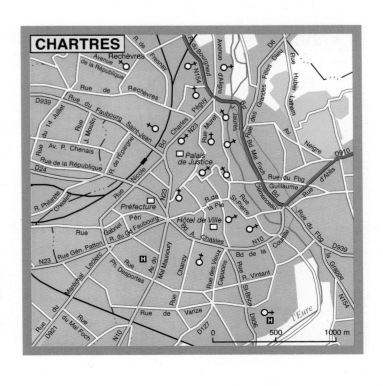

CHERBOURG

CLERMONT-FERRAND

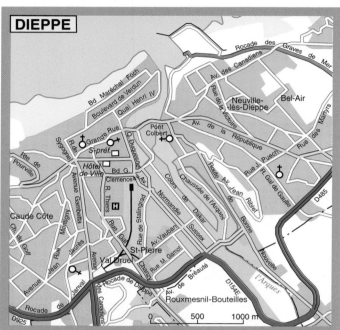

DIEPPE

DIJON

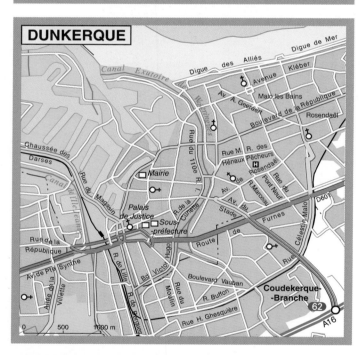

DUNKERQUE

GRENOBLE

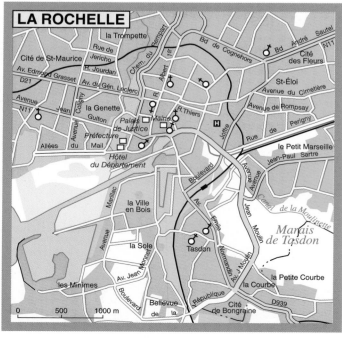

LA ROCHELLE

LE HAVRE

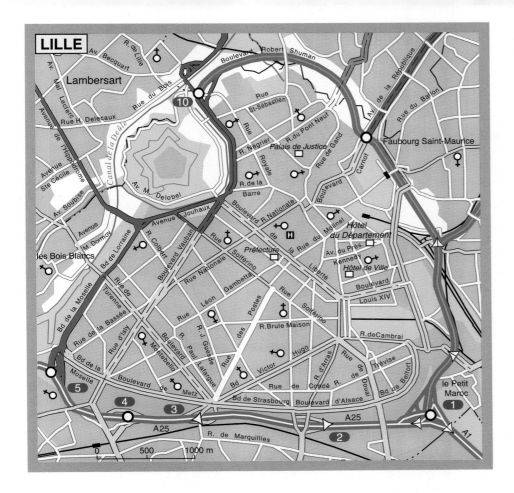

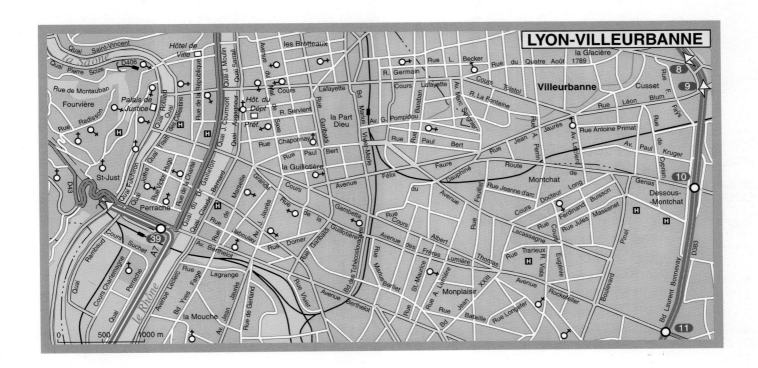

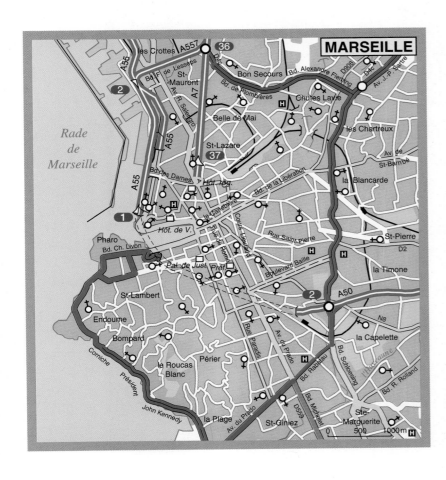

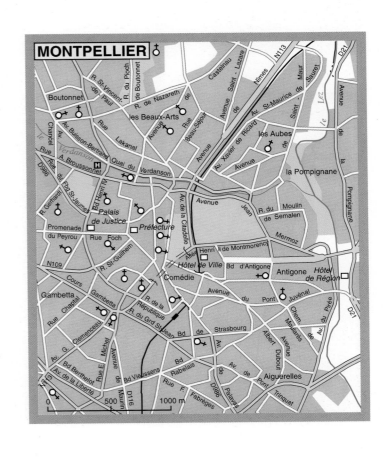

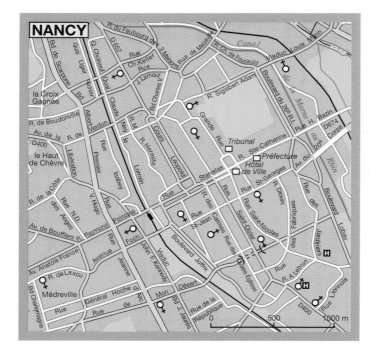

NANCY

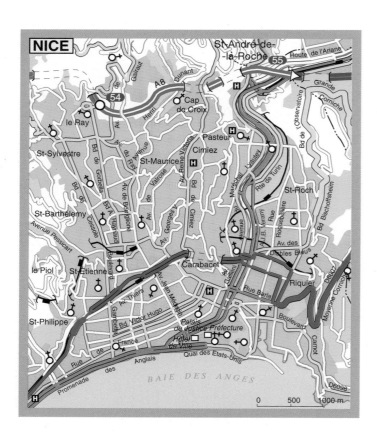

NICE

PERPIGNAN

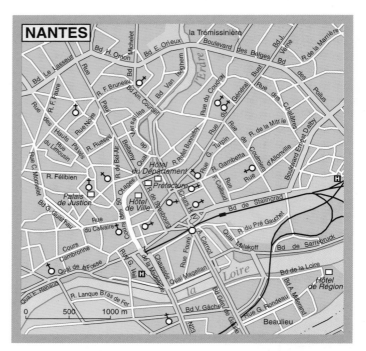

NANTES

ORLÉANS

PAU

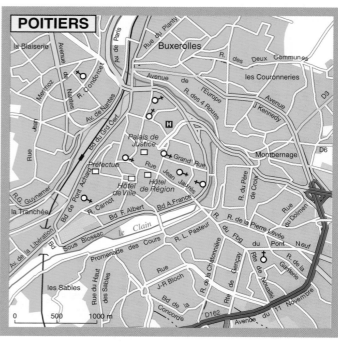

POITIERS

222

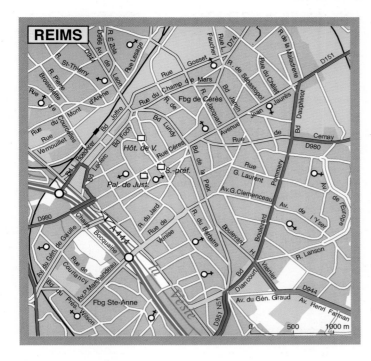

REIMS

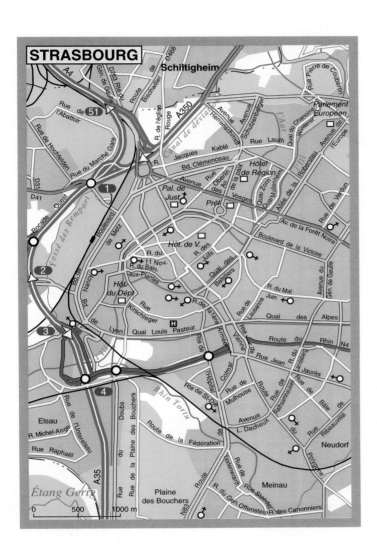

STRASBOURG

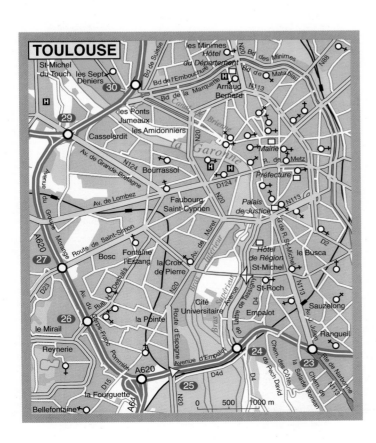

TOULOUSE

ROUEN

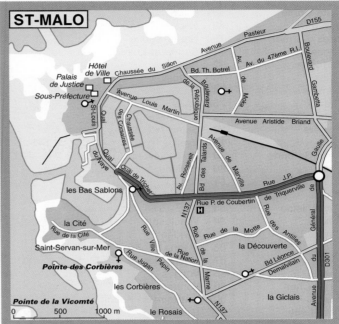

ST-MALO

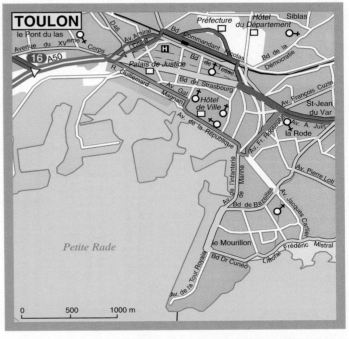

TOULON

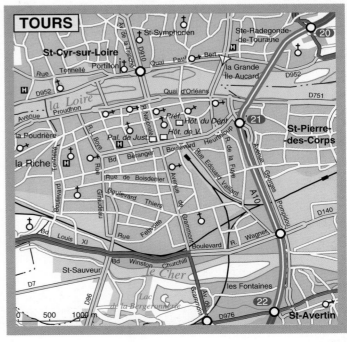

TOURS

224

01	Ain	48	Lozère
02	Aisne	49	Maine-et-Loire
03	Allier	50	Manche
04	Alpes-de-Haute-	51	Marne
	-Provence	52	Haute-Marne
05	Hautes-Alpes	53	Mayenne
06	Alpes-Maritimes	54	Meurthe-et-Moselle
07	Ardèche	55	Meuse
08	Ardennes	56	Morbihan
09	Ariège	57	Moselle
10	Aube	58	Nièvre
11	Aude	59	Nord
12	Aveyron	60	Oise
13	Bouches-du-Rhône	61	Orne
14	Calvados	62	Pas-de-Calais
15	Cantal	63	Puy-de-Dôme
16	Charente	64	Pyrénées-
17	Charente-Maritime		-Atlantiques
18	Cher	65	Hautes-Pyrénées
19	Corrèze	66	Pyrénées-Orientales
2A	Corse-du-Sud	67	Bas-Rhin
2B	Haute-Corse	68	Haut-Rhin
21	Côte-d'Or	69	Rhône
22	Côtes d'Armor	70	Haute-Saône
23	Creuse	71	Saône-et-Loire
24	Dordogne	72	Sarthe
25	Doubs	73	Savoie
26	Drôme	74	Haute-Savoie
27	Eure	75	Paris
28	Eure-et-Loir	76	Seine-Maritime
29	Finistère	77	Seine-et-Marne
30	Gard	78	Yvelines
31	Haute-Garonne	79	Deux-Sèvres
32	Gers	80	Somme
33	Gironde	81	Tarn
34	Hérault	82	Tarn-et-Garonne
35	Ille-et-Vilaine	83	Var
36	Indre	84	Vaucluse
37	Indre-et-Loire	85	Vendée
38	Isère	86	Vienne
39	Jura	87	Haute-Vienne
40	Landes	88	Vosges
41	Loir-et-Cher	89	Yonne
42	Loire	90	Territoire de Belfort
43	Haute-Loire	91	Essonne
44	Loire-Atlantique	92	Hauts-de-Seine
45	Loiret	93	Seine-Saint-Denis
46	Lot	94	Val-de-Marne
47	Lot-et-Garonne	95	Val-d'Oise

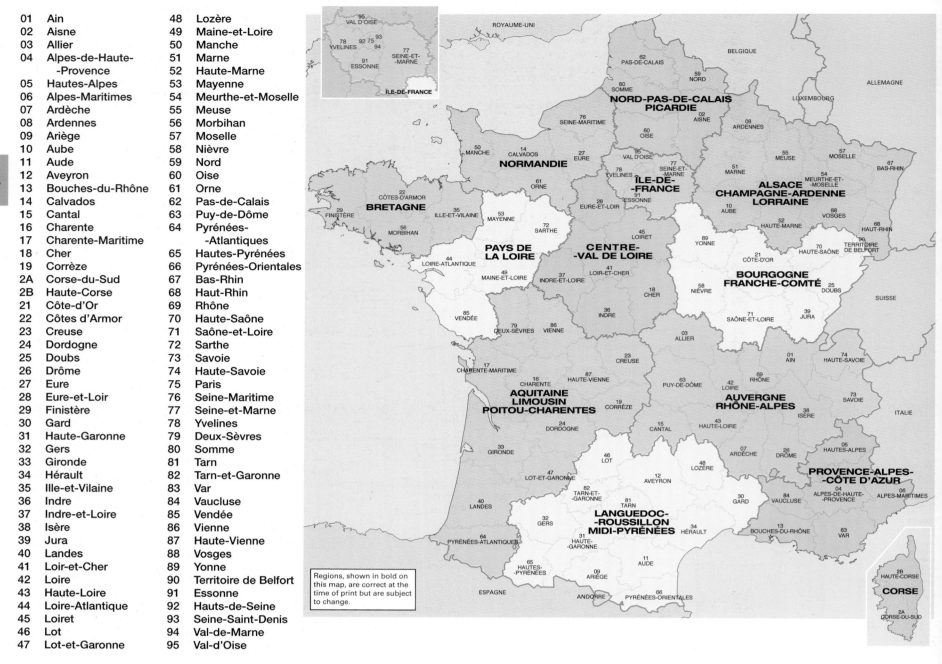

Regions, shown in bold on this map, are correct at the time of print but are subject to change.

A

Aast (64) 182 D2
Abainville (55) 68 B1
Abancourt (59) 8 D3
Abancourt (60) 19 G2
Abaucourt (54) 48 D3
Abaucourt-Hauteourt (55) 55 F6
Abbans-Dessous (25) 103 F2
Abbans-Dessus (25) 103 F2
Abbaretz (44) 74 D2
Abbécourt (02) 21 H3
Abbécourt (60) 20 B5
Abbenans (25) 88 A4
Abbeville (80) 6 D4
Abbeville-la-Rivière (91) 63 F3
Abbeville-lès-Conflans (54) 25 H6
Abbéville-Saint-Lucien (60) 20 B3
Abbévillers (25) 88 D5
Abeilhan (34) 188 C1
Abelcourt (70) 87 H2
Abère (64) 182 D1
l'Abergement-Clémenciat (01) 116 C5
l'Abergement-de-Cuisery (71) 116 C1
l'Abergement-de-Varey (01) 117 F6
Abergement-la-Ronce (39) 102 C2
Abergement-le-Grand (39) 102 D4
Abergement-le-Petit (39) 103 E4
Abergement-lès-Thésy (39) 103 F4
l'Abergement-Sainte-Colombe (71) 101 H5
Abidos (64) 182 A1
Abilly (37) 95 E4
Abitain (64) 165 E6
Abjat-sur-Bandiat (24) 123 F4
Ablain-Saint-Nazaire (62) 8 B1
Ablaincourt-Pressoir (80) 8 B6
Ablainzevelle (62) 8 B3
Ablancourt (51) 46 A4
Ableiges (95) 42 B2
les Ableuvenettes (88) 69 G4
Ablis (78) 62 D1
Ablon (14) 16 B6
Ablon-sur-Seine (94) 42 D5
Aboën (42) 128 D5
Aboncourt (54) 69 E2
Aboncourt (57) 26 C4
Aboncourt-Gesincourt (70) 87 F2
Aboncourt-sur-Seille (57) 48 D4
Abondance (74) 119 F4
Abondant (28) 41 F4
Abos (64) 182 A1
Abreschviller (57) 50 A5
Abrest (03) 114 A6
les Abrets (38) 131 F5
Abriès (05) 147 G5
Abscon (59) 9 E2
l'Absie (79) 92 D6
Abzac (16) 109 G5
Abzac (33) 135 H4
Accolans (25) 88 A4
Accolay (89) 83 G3
Accons (07) 143 F5
Accous (64) 182 A5
Achain (57) 49 F3
Achen (57) 50 A1
Achenheim (67) 50 D5
Achères (18) 97 H1
Achères (78) 42 B3
Achères-la-Forêt (77) 63 H3
Achery (02) 22 A2
Acheux-en-Amiénois (80) 7 H4
Acheux-en-Vimeu (80) 6 C4
Acheville (62) 8 B1

Achey (70) 86 C4
Achicourt (62) 8 B2
Achiet-le-Grand (62) 8 B4
Achiet-le-Petit (62) 8 B4
Achun (58) 99 H2
Achy (60) 20 A3
Aclou (27) 40 B1
Acigné (35) 57 G2
Acon (27) 40 D1
Acq (62) 8 A2
Acqueville (14) 14 B6
Acqueville (50) 12 B2
Acquigny (27) 41 E1
Acquin-Westbécourt (62) 2 A4
Acy (02) 22 B5
Acy-en-Multien (60) 43 G2
Acy-Romance (08) 23 G4
Adaincourt (57) 49 E2
Adainville (78) 41 G5
Adam-lès-Passavant (25) 87 H6
Adam-lès-Vercel (25) 104 A1
Adamswiller (67) 50 B3
Adast (65) 182 D5
Adé (65) 183 E3
Adelange (57) 49 F2
Adelans-et-le-Val-de-Bithaine (70) 87 H2
Adervielle-Pouchergues (65) 197 E1
Adilly (79) 93 F6
Adinfer (62) 8 A3
Adissan (34) 172 C6
les Adjots (16) 108 D6
Adon (45) 82 B2
les Adrets (38) 146 A1
les Adrets-de-l'Estérel (83) 178 B5
Adriers (86) 109 H4
Afa (2A) 204 C5
Affieux (19) 125 E5
Affléville (54) 25 H5
Affoux (69) 129 F2
Affracourt (54) 69 G1
Affringues (62) 1 H4
Agassac (31) 184 C2
Agde (34) 188 D2
Agel (34) 187 H2
Agen (47) 151 F5
Agen-d'Aveyron (12) 154 D4
Agencourt (21) 101 H2
Agenville (80) 7 F3
les Ageux (60) 20 D5
Ageville (52) 68 B5
Agey (21) 85 G6
Aghione (2B) 205 G4
Agincourt (54) 48 D4
Agmé (47) 150 D3
Agnac (47) 150 D1
Agnat (43) 141 H1
Agneaux (50) 37 F1
Agnetz (60) 20 C5
Agnez-lès-Duisans (62) 8 A2
Agnicourt-et-Séchelles (02) 23 E2
Agnières (62) 8 A2
Agnin (38) 144 A1
Agnos (64) 181 H3
Agny (62) 8 B2
Agon-Coutainville (50) 36 D1
Agonac (24) 137 F1
Agonès (34) 173 E3
Agonges (03) 113 G1
Agos-Vidalos (65) 182 D3
Agris (16) 122 D3
Agudelle (17) 121 F6
Aguessac (12) 155 F6
Aguilcourt (02) 23 E4
Aguts (81) 170 A6
Agy (14) 13 H5

Ahaxe-Alciette-Bascassan (64) 181 E3
Ahetze (64) 164 A6
Ahéville (88) 69 G3
Ahuillé (53) 58 C5
Ahun (23) 111 H6
Ahuy (21) 85 H6
Aibes (59) 10 B3
Aibre (25) 88 B4
Aïcirits-Camou-Suhast (64) 181 F1
Aiffres (79) 107 H4
Aigaliers (30) 174 A1
l'Aigle (61) 40 A4
Aiglemont (08) 24 B1
Aiglepierre (39) 103 E3
Aigleville (27) 41 F2
Aiglun (04) 177 E1
Aiglun (06) 178 C2
Aignan (32) 167 E4
Aignay-le-Duc (21) 85 F3
Aigné (72) 60 A5
Aignerville (14) 13 G5
Aigné (85) 185 G2
Aignes (31) 185 H3
Aignes-et-Puypéroux (16) 122 B6
Aigneville (80) 6 C4
Aigny (51) 45 G2
Aigonnay (79) 108 A3
Aigre (16) 122 B2
Aigrefeuille (31) 169 G6
Aigrefeuille-d'Aunis (17) 107 E5
Aigrefeuille-sur-Maine (44) 74 D6
Aigremont (30) 173 H2
Aigremont (52) 68 D5
Aigremont (78) 42 B3
Aigremont (89) 84 A3
Aiguebelette-le-Lac (73) 131 G5
Aiguebelle (73) 132 C5
Aigueblanche (73) 132 D5
Aiguefonde (81) 170 D6
Aigueperse (63) 127 F1
Aigueperse (69) 115 G4
Aigues-Juntes (09) 185 G4
Aigues-Mortes (30) 190 A3
Aigues-Vives (09) 186 B5
Aigues-Vives (11) 187 F3
Aigues-Vives (30) 173 H4
Aigues-Vives (34) 187 H3
Aiguèze (30) 157 H5
Aiguilhe (43) 142 C4
Aiguilles (05) 147 G6
l'Aiguillon (09) 186 B6
l'Aiguillon-sur-Mer (85) 105 H3
l'Aiguillon-sur-Vie (85) 90 D4
Aiguines (83) 177 F3
Aigurande (36) 111 G3
Ailhon (07) 157 G2
Aillant-sur-Milleron (45) 82 C2
Aillant-sur-Tholon (89) 83 E1
Aillas (33) 150 A3
Ailleux (42) 128 C3
Aillevans (70) 87 H3
Ailleville (10) 67 E3
Aillevillers-et-Lyaumont (70) 69 H6
Aillianville (52) 68 B2
Aillières-Beauvoir (72) 60 B2
Aillon-le-Jeune (73) 132 A4
Aillon-le-Vieux (73) 132 A4
Ailloncourt (70) 87 H2
Ailly (27) 41 E1
Ailly-le-Haut-Clocher (80) 7 E4
Ailly-sur-Noye (80) 20 C1
Ailly-sur-Somme (80) 7 F5
Aimargues (30) 174 A5
Aime (73) 133 E4
Ainay-le-Château (03) 98 B6
Ainay-le-Vieil (18) 98 A6

Aincille (64) 181 E3
Aincourt (95) 41 H2
Aincreville (55) 24 D5
Aingeray (54) 48 B4
Aingeville (88) 68 D4
Aingoulaincourt (52) 68 A1
Ainharp (64) 181 F2
Ainhice-Mongelos (64) 181 E3
Ainhoa (64) 180 C1
Ainvelle (70) 87 G1
Ainvelle (88) 69 E5
Airaines (80) 7 E5
Airan (14) 14 D5
Aire (08) 23 F4
Aire-sur-la-Lys (62) 2 B5
Aire-sur-l'Adour (40) 166 B4
Airel (50) 13 F6
les Aires (34) 172 A6
Airion (60) 20 C4
Airon-Notre-Dame (62) 6 C1
Airon-Saint-Vaast (62) 6 C1
Airoux (11) 186 B2
Airvault (79) 93 G5
Aiserey (21) 102 A2
Aisey-et-Richecourt (70) 87 E1
Aisey-sur-Seine (21) 85 E2
Aisonville-et-Bernoville (02) 9 F5
Aïssey (25) 104 A1
Aisy-sous-Thil (21) 84 C5
Aisy-sur-Armançon (89) 84 C3
Aiton (73) 132 B4
Aix (19) 126 A4
Aix (59) 3 H6
les Aix-d'Angillon (18) 98 A2
Aix-en-Diois (26) 159 F1
Aix-en-Ergny (62) 1 H5
Aix-en-Issart (62) 1 G6
Aix-en-Othe (10) 65 G4
Aix-en-Provence (13) 176 A6
Aix-la-Fayette (63) 127 H5
Aix-les-Bains (73) 131 H3
Aix-Noulette (62) 8 A1
Aixe-sur-Vienne (87) 124 A3
Aizac (07) 157 F1
Aizanville (52) 67 E4
Aize (36) 96 C2
Aizecourt-le-Bas (80) 8 C5
Aizecourt-le-Haut (80) 8 C5
Aizelles (02) 22 D4
Aizenay (85) 91 F4
Aizier (27) 15 H2
Aizy-Jouy (02) 22 B4
Ajac (11) 186 C5
Ajaccio (2A) 204 C6
Ajain (23) 111 H5
Ajat (24) 137 H3
Ajoncourt (57) 48 D3
Ajou (27) 40 B2
Ajoux (07) 143 G6
Alaigne (11) 186 C4
Alaincourt (02) 22 A1
Alaincourt (70) 69 E6
Alaincourt-la-Côte (57) 48 D3
Alairac (11) 186 D3
Alan (31) 184 C3
Aland'Huy-et-Sausseuil (08) 24 A3
Alando (2B) 205 F2
Alata (2A) 204 C5
Alba-la-Romaine (07) 157 H2
Alban (81) 171 E3
Albaret-le-Comtal (48) 141 G5
Albaret-Sainte-Marie (48) 141 G5
Albas (11) 187 G5
Albas (46) 152 B3
Albé (67) 71 F2
Albefeuille-Lagarde (82) 169 E1
l'Albenc (38) 145 E2

Albepierre-Bredons (15) 140 D3
l'Albère (66) 201 F4
Albert (80) 8 A5
Albertacce (2B) 204 D2
Albertville (73) 132 C3
Albestroff (57) 49 G3
Albi (81) 170 C2
Albiac (24) 138 D3
Albiac (46) 139 E6
Albias (82) 169 F1
Albières (11) 187 F6
Albiès (09) 199 F1
Albiez-le-Jeune (73) 146 C2
Albiez-Montrond (73) 146 C2
Albignac (19) 138 D3
Albigny-sur-Saône (69) 130 A2
Albine (81) 187 F1
Albitreccia (2A) 204 D6
Albon (26) 144 A2
Albon-d'Ardèche (07) 143 F6
Aboussière (07) 143 H5
les Albres (12) 153 H3
Albussac (19) 139 E3
Alby-sur-Chéran (74) 132 A2
Alçay-Alçabéhéty-Sunharette (64) 181 F4
Aldudes (64) 180 C3
Alembon (62) 1 G3
Alençon (61) 60 A2
Aléria (2B) 205 G3
Alès (30) 157 E6
Alet-les-Bains (11) 186 D5
Alette (62) 1 G6
Aleu (09) 185 G6
Alex (74) 132 B1
Alexain (53) 58 C3
Aleyrac (26) 158 C3
Alfortville (94) 42 D4
Algajola (2B) 202 C5
Algans (81) 170 A5
Algolsheim (68) 71 G5
Algrange (57) 26 B3
Alièze (39) 117 G1
Alignan-du-Vent (34) 188 D1
Alincourt (08) 23 G4
Alincthun (62) 1 G3
Alise-Sainte-Reine (21) 84 D4
Alissas (07) 158 A1
Alix (69) 129 H2
Alixan (26) 144 C4
Alizay (27) 18 D5
Allain (54) 48 B6
Allaines (80) 8 B6
Allaines-Mervilliers (28) 62 D4
Allainville (28) 41 E5
Allainville (78) 62 D2
Allaire (56) 73 H2
Allamont (54) 48 A1
Allamps (54) 48 A6
Allan (26) 158 B3
Allanche (15) 141 E2
Allarmont (88) 70 D1
Allas-Bocage (17) 121 F6
Allas-Champagne (17) 121 G5
Allas-les-Mines (24) 137 H6
Allassac (19) 138 C2
Allauch (13) 192 B3
Allègre (43) 142 B3
Allègre-les-Fumades (30) 157 E5
Alleins (13) 191 H2
Allemagne-en-Provence (04) 177 E3
Allemanche-Launay-et-Soyer (51) 45 E6
Allemans (24) 136 C1

Allemans-du-Dropt (47) 150 D2
Allemant (02) 22 B4
Allemant (51) 45 E5
Allemond (38) 146 A3
Allenay (80) 6 B4
Allenc (48) 156 B3
Allenjoie (25) 88 D4
Allennes-les-Marais (59) 3 F6
Allenwiller (67) 50 C5
Allerey (21) 101 E2
Allerey-sur-Saône (71) 101 H4
Allériot (71) 101 H5
Allery (80) 6 D5
Alles-sur-Dordogne (24) 137 G5
les Alleuds (49) 77 E6
les Alleuds (79) 108 C5
les Alleux (08) 24 B4
Alleuze (15) 141 F5
Allevard (38) 132 A6
Allèves (74) 132 A2
Alleyrac (43) 142 D5
Alleyras (43) 142 B5
Alleyrat (19) 125 H5
Alleyrat (23) 125 G1
Allez-et-Cazeneuve (47) 151 F4
Alliancelles (51) 46 C4
Alliat (09) 199 E1
Allibaudières (10) 45 H5
Allichamps (52) 46 C6
Allier (65) 183 F3
les Alliés (25) 104 A3
Alligny-Cosne (58) 82 C5
Alligny-en-Morvan (58) 100 C1
Allineuc (22) 33 F6
Allinges (74) 119 E3
Allogny (18) 97 G1
Allondans (25) 88 C4
Allondaz (73) 132 C3
Allondrelle-la-Malmaison (54) 25 F3
Allonne (60) 20 B5
Allonne (79) 107 H1
Allonnes (28) 62 C3
Allonnes (49) 77 G6
Allonnes (72) 60 A6
Allons (04) 177 H1
Allons (47) 150 A4
Allonville (80) 7 G5
Allonzier-la-Caille (74) 118 B6
Allos (04) 161 F5
Alloue (16) 109 F6
Allouagne (62) 2 C6
Allouis (18) 97 F6
Alluets-le-Roi (78) 42 A3
les Allues (73) 132 D6
Alluy (58) 99 H3
Alluyes (28) 61 H4
Ally (15) 139 H3
Ally (43) 141 H3
Almayrac (81) 170 C1
Almenêches (61) 39 F5
Almont-les-Junies (12) 154 A4
Alos (09) 185 F5
Alos (81) 170 A2
Alos-Sibas-Abense (64) 181 G3
Aloxe-Corton (21) 101 G3
Alpuech (12) 140 D6
Alquines (62) 1 H4
Alrance (12) 154 D5
Alsting (57) 27 H4
Altagène (2A) 207 E2
Alteckendorf (67) 50 D4
Altenach (68) 89 E3
Altenheim (67) 50 C4
Altenstadt (67) 51 F2
Althen-des-Paluds (84) 175 F2

Altiani (2B) 205 F2
Altier (48) 156 C3
Altillac (19) 139 E4
Altkirch (68) 89 F3
Altorf (67) 50 D6
Altrippe (57) 49 G2
Altviller (57) 49 G1
Altwiller (67) 49 H3
Aluze (71) 101 G5
Alvignac (46) 138 D6
Alvimare (76) 18 A3
Alzen (09) 185 G5
Alzi (2B) 205 F2
Alzing (57) 27 E3
Alzon (30) 172 C2
Alzonne (11) 186 D3
Amage (70) 88 A1
Amagne (08) 23 H3
Amagney (25) 87 G6
Amailloux (79) 93 F5
Amance (10) 66 D3
Amance (54) 48 D4
Amance (70) 87 F1
Amancey (25) 103 G3
Amancy (74) 118 D6
Amange (39) 102 D2
Amanlis (35) 57 G4
Amanty (55) 68 C1
Amanvillers (57) 26 B5
Amanzé (71) 115 F4
Amarens (81) 170 A1
Amathay-Vésigneux (25) 103 H3
Amayé-sur-Orne (14) 14 B5
Amayé-sur-Seulles (14) 38 A1
Amazy (58) 83 G6
Ambacourt (88) 69 F2
Ambarès-et-Lagrave (33) 135 F4
Ambax (31) 184 C2
Ambazac (87) 124 C1
Ambel (38) 145 H6
Ambenay (27) 40 B4
Ambérac (16) 122 B2
Ambérieu-en-Bugey (01) 130 D1
Ambérieux (69) 129 H1
Ambérieux-en-Dombes (01) 130 B1
Ambernac (16) 123 E2
Amberre (86) 94 A5
Ambert (63) 128 B5
Ambès (33) 135 F4
Ambeyrac (12) 153 G3
Ambialet (81) 170 D2
Ambiegna (2A) 204 C4
Ambierle (42) 114 C6
Ambiévillers (70) 69 G6
Ambillou (37) 78 C5
Ambillou-Château (49) 77 F6
Ambilly (74) 118 C4
Amblaincourt (55) 47 E2
Amblainville (60) 20 B6
Amblans-et-Velotte (70) 87 H2
Ambleny (02) 21 H5
Ambléon (01) 131 F3
Ambleteuse (62) 1 F3
Ambleville (16) 121 H5
Ambleville (95) 41 H1
Amblie (14) 14 B3
Ambloy (41) 79 F2
Ambly-Fleury (08) 23 H4
Ambly-sur-Meuse (55) 47 G2
Ambon (56) 73 E2
Ambonil (26) 144 B6
Ambonnay (51) 45 G2
Ambonville (52) 67 G2
Ambrault (36) 97 E4
Ambres (81) 169 H4
Ambricourt (62) 2 A6
Ambrief (02) 22 B5
Ambrières (51) 46 C6
Ambrières-les-Vallées (53) 58 D2
Ambrines (62) 7 H2
Ambronay (01) 117 E6
Ambrugeat (19) 125 G5
Ambrumesnil (76) 17 G2
Ambrus (47) 150 C5
Ambutrix (01) 130 D1

Ambrief (02).....22 B5
Ambrières (51).....46 C6
Ambrières-les-Vallées (53).....58 D2
Ambrines (62).....7 H2
Ambronay (01).....130 D1
Ambrugeat (19).....125 G5
Ambrumesnil (76).....17 G2
Ambrus (47).....150 C5
Ambutrix (01).....130 D1
Amécourt (27).....19 G5
Amel-sur-l'Étang (55).....25 G6
Amelécourt (57).....49 E3
Amélie-les-Bains-Palalda (66).....200 D4
Amendeuix-Oneix (64).....181 F1
Amenoncourt (54).....49 G5
Amenucourt (95).....41 G1
Ames (62).....2 C6
Amettes (62).....2 B6
Ameugny (71).....116 A2
Ameuville (88).....69 E6
Amfreville (14).....14 C4
Amfreville (76).....12 D4
Amfreville-la-Campagne (27).....18 B6
Amfreville-la-Mi-Voie (76).....18 D4
Amfreville-les-Champs (27).....19 E5
Amfreville-les-Champs (76).....17 H4
Amfreville-sous-les-Monts (27).....18 D5
Amfreville-sur-Iton (27).....40 D1
Amfroipret (59).....9 G2
Amiens (80).....7 G6
Amifontaine (02).....23 E4
Amigny (50).....13 E6
Amigny-Rouy (02).....22 A3
Amillis (77).....43 H5
Amilly (28).....62 A2
Amilly (45).....64 B6
Amions (42).....128 D2
Amirat (08).....178 B2
Ammerschwihr (68).....71 F4
Ammerzwiller (68).....89 E2
Amné (72).....59 H5
Amnéville (57).....26 B4
Amoncourt (70).....87 F2
Amondans (25).....103 G2
Amont-et-Effreney (70).....181 E1
Amorots-Succos (64).....85 F2
Amou (40).....165 G5
Ampilly-le-Sec (21).....85 E3
Ampilly-les-Bordes (21).....85 E3
Amplepuis (69).....129 F1
Amplier (62).....7 G4
Amponville (77).....63 H3
Ampriani (2B).....205 G2
Ampuis (69).....130 A5
Ampus (83).....177 G5
Amuré (79).....107 G4
Amy (60).....21 F2
Anais (16).....122 C3
Anais (17).....107 E4
Anan (31).....184 B2
Ance (64).....181 H3
Anceaumeville (76).....17 G5
Anceins (39).....39 H3
Ancelle (05).....160 C1
Ancemont (55).....47 F2
Ancenis (44).....75 F4
Ancerville (76).....46 D6
Ancerville (57).....26 D6
Ancerviller (54).....49 G6
Ancey (21).....85 F6
Anchamps (08).....11 E5
Anché (37).....94 B2
Anché (86).....108 D3
Anchenoncourt-et-Chazel (70).....87 F1
Ancienville (02).....21 H6
Ancier (70).....86 D5
Ancinnes (72).....60 A2
Ancizan (65).....183 G6
les Ancizes-Comps (63).....126 D2
Ancône (26).....158 A2
Ancourt (76).....17 G2
Ancourteville-sur-Héricourt (76).....17 E4
Ancretiéville-Saint-Victor (76).....17 H4
Ancretteville-sur-Mer (76).....16 D3
Ancteville (50).....36 D1
Anctoville (14).....38 A1
Anctoville-sur-Boscq (50).....35 G2
Ancy (69).....129 G2
Ancy-le-Franc (89).....84 B2
Ancy-le-Libre (89).....84 B2
Ancy-sur-Moselle (57).....26 B6
Andainville (80).....6 D6
Andance (07).....144 A2
Andancette (26).....144 A2
Andard (49).....77 E4
André (27).....18 D6
Andechy (80).....21 E2
Andel (22).....33 H5
Andelain (02).....22 A2
Andelaroche (03).....114 C4
Andelarre (70).....87 F3
Andelarrot (70).....87 F3
Andelat (15).....141 E4
Andelans (90).....88 C3
Andelot-Blancheville (52).....68 A3
Andelot-en-Montagne (39).....103 F4
Andelot-Morval (39).....117 F3
Andelu (78).....41 H3
les Andelys (27).....19 E6
Andernay (52).....46 D4
Andernos-les-Bains (33).....134 B6
Anderny (54).....25 H5
Andert-et-Condon (01).....131 F2
Andeville (60).....20 B6
Andigné (49).....76 D3
Andillac (81).....170 A2
Andilly (17).....106 D4
Andilly (54).....48 B4
Andilly (74).....118 B6
Andilly (95).....42 C6
Andilly-en-Bassigny (52).....86 C6
Andiran (47).....150 C6
Andlau (67).....71 F2
Andoins (64).....182 C2
Andolsheim (68).....71 F4
Andon (06).....178 B3
Andonville (45).....63 E3
Andornay (70).....88 B3
Andouillé (53).....58 C4
Andouillé-Neuville (35).....57 F1
Andouque (81).....170 D2
Andres (62).....1 G3
Andrein (64).....181 H1
Andres (62).....1 G3
Andrest (65).....183 E2
Andrésy (78).....42 B3
Andrezé (49).....75 G6
Andrezel (77).....43 F6
Andrézieux-Bouthéon (42).....129 F3
Andryes (89).....83 F4
Anduze (30).....173 G1
Anères (65).....183 H4
Anet (28).....41 F4
Anetz (44).....75 F4
Angaïs (64).....182 C2
Angé (41).....79 H6
Angeac-Champagne (16).....121 G4
Angeac-Charente (16).....122 A4
Angecourt (08).....24 C2
Angeduc (16).....122 A5
Angely (89).....84 B4
Angeot (90).....88 D2
Angers (49).....76 D4
Angerville (14).....14 D4
Angerville (91).....63 E3
Angerville-Bailleul (76).....16 D3
Angerville-la-Campagne (27).....40 D2
Angerville-la-Martel (76).....16 D3
Angervilliers (91).....42 D6
Angeville (82).....168 C2
Angevillers (57).....26 B3
Angey (50).....35 G3
Angicourt (60).....20 D5
Angiens (76).....17 E2
Angirey (70).....86 D5
Angivillers (60).....20 D4

Anglade (33).....135 E2
Anglards-de-Saint-Flour (15).....141 F4
Anglards-de-Salers (15).....140 A2
Anglars (46).....153 F1
Anglars-Juillac (46).....152 B3
Anglars-Nozac (46).....138 C6
Anglars-Saint-Félix (12).....153 H4
Anglefort (01).....131 G1
Anglemont (88).....70 B2
Angles (04).....177 H2
les Angles (30).....174 C2
les Angles (65).....183 E4
les Angles (66).....199 H3
Anglès (81).....171 E6
Angles (85).....106 B2
les Angles-sur-Corrèze (19).....139 E1
Angles-sur-l'Anglin (86).....95 F6
Anglesqueville-la-Bras-Long (76).....17 E3
Anglesqueville-l'Esneval (76).....16 B4
Anglet (64).....164 B6
Angliers (17).....107 E4
Angliers (86).....94 A3
Anglure (51).....45 E6
Anglure-sous-Dun (71).....115 G4
Angluzelles-et-Courcelles (51).....45 E6
Angoisse (24).....124 A6
Angomont (54).....49 H6
Angos (65).....183 F3
Angoulême (16).....122 B4
Angoulins (17).....106 D5
Angoumé (40).....164 D4
Angous (64).....181 G2
Angoustrine-Villeneuve-des-Escaldes (66).....199 G4
Angoville (14).....38 C3
Angoville-au-Plain (50).....13 E4
Angoville-sur-Ay (50).....12 C5
Angres (62).....8 B1
Angresse (40).....164 C4
Angrie (49).....76 B3
Anguerny (14).....14 B4
Anguilcourt-le-Sart (02).....22 B4
Angy (60).....20 C5
Anhaux (64).....180 D3
Anhiers (59).....8 D1
Aniane (34).....172 D5
Aniche (59).....9 E2
Anisy (14).....14 B4
Anizy-le-Château (02).....22 B4
Anjeux (88).....87 G1
Anjou (38).....144 B1
Anjouin (36).....96 D2
Anjoutey (90).....88 D2
Anla (65).....184 A5
Anlezy (58).....99 G4
Anlhiac (24).....138 A1
Annay (58).....82 C4
Annay (62).....8 B1
Annay-la-Côte (89).....84 A4
Annay-sur-Serein (89).....84 A2
Annebault (14).....15 E4
Annecy (74).....132 A1
Annecy-le-Vieux (74).....132 B1
Annelles (08).....23 G4
Annemasse (74).....118 C4
Annéot (89).....84 A4
Annepont (17).....121 E2
Annequin (62).....2 D6
Annesse-et-Beaulieu (24).....137 E2
Annet-sur-Marne (77).....43 F3
Anneux (59).....8 D3
Annéville-Ambourville (76).....17 H6
Anneville-en-Saire (50).....13 E2
Anneville-la-Prairie (52).....67 H4
Anneville-sur-Mer (50).....12 C6
Anneville-sur-Scie (76).....17 G2
Anneyron (26).....144 B2
Annezay (17).....107 F6
Annezin (62).....2 C6
Annœullin (59).....3 E6
Annoire (39).....102 B4
Annois (02).....21 H2
Annoisin-Chatelans (38).....130 D3
Annoix (18).....97 H4
Annonay (07).....143 H2
Annonville (52).....68 A2
Annot (04).....178 A2
Annouville-Vilmesnil (76).....16 C4
Annoville (50).....84 B3
Annoville (50).....35 G1
Anor (59).....10 B5
Anos (64).....182 C1
Anost (71).....100 B3
Anould (88).....70 D3
Anoux (54).....25 H5
Anoye (64).....182 D1
Anquetierville (76).....18 A3
Anrosey (52).....86 D1
Ansac-sur-Vienne (16).....123 F1
Ansacq (60).....20 C5
Ansan (32).....168 A4
Ansauville (54).....48 A4
Ansauvillers (60).....20 C3
Anse (69).....129 H2
Anserville (60).....20 B6
Ansignan (66).....200 C2
Ansost (65).....183 F1
Ansouis (84).....176 A4
Anstaing (59).....3 G5
Antagnac (47).....150 B4
Anterrieux (15).....141 E6
Antezant-la-Chapelle (17).....107 H6
Anthé (47).....151 H4
Anthelupt (54).....49 E6
Anthenay (51).....44 D1
Antheny (08).....10 C5
Antheuil (21).....101 F2
Antheuil-Portes (60).....21 E4
Anthien (58).....83 H6
Anthon (38).....130 C3
Anthy-sur-Léman (74).....118 D3
Antibes (06).....195 E4
Antichan (65).....184 A5
Antichan-de-Frontignes (31).....184 A5
Antignac (15).....140 B1
Antignac (31).....197 F1
Antigny (85).....92 C6
Antigny (86).....109 H2
Antigny-la-Ville (21).....101 E2
Antilly (57).....26 C5
Antilly (60).....43 G1
Antin (65).....183 G2
Antisanti (2B).....205 G3
Antist (65).....183 F4
Antogny-le-Tillac (37).....94 D3
Antoigné (49).....93 G2
Antoigny (61).....38 C6
Antoingt (63).....127 F5
Antonaves (05).....159 H5
Antonne-et-Trigonant (24).....137 E2
Antony (92).....42 C5
Antraigues-sur-Volane (07).....143 G5
Antrain (35).....35 G5
Antran (86).....94 D4
Antras (09).....184 C6
Antras (32).....167 G4
Antrenas (48).....155 G6
Antugnac (11).....186 D5
Antully (71).....100 D4
Anveville (76).....17 E4
Anville (16).....122 A2
Anvin (62).....7 G1
Any-Martin-Rieux (02).....10 C6
Anzat-le-Luguet (63).....141 E1
Anzeling (57).....26 D4
Anzème (23).....111 G4
Anzex (47).....150 C5
Anzin (59).....9 F2
Anzin-Saint-Aubin (62).....8 B2
Anzy-le-Duc (71).....115 E4
Aoste (38).....131 F4
Aougny (51).....44 D1
Aouste (08).....10 C6
Aouste-sur-Sye (26).....158 C1
Aouze (88).....69 E2
Apach (57).....26 D2
Apchat (63).....141 F1

Apchon (15).....140 C2
Apinac (42).....142 D1
Appelle (81).....170 A5
Appenai-sous-Bellême (61).....60 D2
Appenans (25).....88 B5
Appenwihr (68).....71 G5
Appeville (50).....12 D5
Appeville-Annebault (27).....18 A5
Appietto (2A).....204 C5
Appilly (60).....21 H3
Appoigny (89).....83 F1
Apprieu (38).....131 E6
Appy (09).....199 F1
Apremont (01).....117 G4
Apremont (08).....24 C6
Apremont (60).....20 D6
Apremont (70).....86 C5
Apremont (73).....131 H5
Apremont (85).....91 E3
Apremont-la-Forêt (55).....47 H4
Apremont-sur-Allier (18).....98 D4
Apt (84).....176 A3
Arabaux (09).....185 H5
Arâches-la-Frasse (74).....119 F6
Aragnouet (65).....196 D1
Aragon (11).....187 E2
Aramits (64).....181 H3
Aramon (30).....174 D3
Aranc (01).....117 F6
Arancou (64).....165 E6
Arandas (01).....131 E2
Arandon (38).....131 E3
Araujuzon (64).....181 G1
Araules (43).....143 E3
Araux (64).....181 G1
Arbanats (33).....149 G1
Arbas (31).....184 C5
Arbecey (70).....87 E2
Arbellara (2A).....207 E3
Arbent (01).....117 G4
Arbéost (65).....182 D5
Arbérats-Sillègue (64).....181 F1
Arbigny (01).....116 C2
Arbigny-sous-Varennes (52).....86 C1
Arbin (73).....132 A5
Arbis (33).....149 H1
Arblade-le-Bas (32).....166 C4
Arblade-le-Haut (32).....166 C4
Arbois (39).....103 E4
Arbon (31).....184 B5
Arbonne (64).....164 B6
Arbonne-la-Forêt (77).....63 H2
Arboras (34).....172 D4
Arbori (2A).....204 C4
Arbot (52).....85 G1
Arbouans (25).....88 C4
Arboucave (40).....166 A5
Arbourse (58).....99 E2
Arboussols (66).....200 C3
l'Arbresle (69).....129 G2
Arbrissel (35).....57 H4
Arbus (64).....182 A2
Arbusigny (74).....118 C5
Arc-en-Barrois (52).....67 G6
Arc-et-Senans (25).....103 E3
Arc-lès-Gray (70).....86 C5
Arc-sous-Cicon (25).....103 H4
Arc-sous-Montenot (25).....103 F4
Arc-sur-Tille (21).....86 A6
Arcachon (33).....148 B1
Arçais (79).....107 F3
Arcambal (46).....152 D3
Arcangues (64).....164 B6
Arçay (18).....97 G4
Arçay (86).....93 H3
Arceau (21).....86 A5
Arcenant (21).....101 G2
Arcens (07).....143 F5
Arces (17).....120 D4
Arces-Dilo (89).....65 G5
Arcey (21).....101 G1
Arcey (25).....88 B4
Archail (04).....160 D6
Archamps (74).....118 C5
Archelange (39).....102 C3
Arches (15).....140 A1
Arches (88).....70 A4
Archettes (88).....70 A4
Archiac (17).....121 G5
Archignac (24).....138 B4
Archignat (03).....112 C3
Archigny (86).....94 D6
Archingeay (17).....121 E1
Archon (02).....23 F1
Arcinges (42).....115 F5
Arcins (33).....134 D3
Arcis-le-Ponsart (51).....22 C6
Arcis-sur-Aube (10).....66 B1
Arcizac-Adour (65).....183 E3
Arcizac-Ez-Angles (65).....183 E4
Arcizans-Avant (65).....182 D5
Arcizans-Dessus (65).....182 D5
Arcomps (18).....97 H6
Arçon (25).....104 A4
Arçon (42).....128 D1
Arconcey (21).....101 E1
Arconnay (72).....60 A2
Arconsat (63).....128 B2
Arconville (10).....67 E4
les Arcs (83).....177 H6
Arcueil (94).....42 D4
Arcy-Sainte-Restitue (02).....22 B6
Arcy-sur-Cure (89).....83 H4
Ardelles (28).....61 G1
Ardelu (28).....62 D3
Ardenais (18).....112 B1
Ardenay-sur-Mérize (72).....60 C6
Ardengost (65).....183 G5
Ardentes (36).....96 D6
Ardes (63).....127 F6
Ardeuil-et-Montfauxelles (08).....24 B4
Ardiège (31).....184 B4
les Ardillats (69).....115 H5
Ardilleux (79).....108 B5
Ardillières (17).....107 E6
Ardin (79).....107 G3
Ardizas (32).....168 A3
Ardoix (07).....143 H3
Ardon (39).....103 F5
Ardon (45).....80 D2
Ardouval (76).....17 H3
Ardres (62).....1 H3
Aregno (2B).....202 C5
Areines (41).....79 G2
Aren (64).....181 H2
Arengosse (40).....165 G1
Arenthon (74).....118 D5
Arès (33).....134 B6
Aresches (39).....103 F4
Aressy (64).....182 C2
Arette (64).....181 H4
Arfeuille-Châtain (23).....112 C5
Arfeuilles (03).....114 C5
Arfons (81).....186 C1
Argagnon (64).....165 G6
Arganchy (14).....13 H6
Argançon (10).....67 E3
Argancy (57).....26 C5
Argein (09).....184 C6
Argelès (65).....183 G4
Argelès-Bagnères (65).....183 F4
Argelès-Gazost (65).....182 D5
Argelès-sur-Mer (66).....201 G3
Argeliers (11).....188 A2
Argelliers (34).....173 E4
Argelos (40).....165 H5
Argelos (64).....166 A6
Argelouse (40).....149 F5
Argences (14).....14 C5
Argences-en-Aubrac (12).....154 D1
Argens-Minervois (11).....187 G3
Argent-sur-Sauldre (18).....81 G4
Argentan (61).....39 E4
Argentat (19).....139 F3
Argentenay (89).....84 B2
Argenteuil (95).....42 C3
Argenteuil-sur-Armançon (89).....84 B2
l'Argentière-la-Bessée (05).....147 E6

Argentières (77).....43 G6
Argentine (73).....132 C5
Argenton (47).....150 B4
Argenton-l'Église (79).....93 F3
Argenton-les-Vallées (79).....93 E3
Argenton-Notre-Dame (53).....76 D2
Argenton-sur-Creuse (36).....111 F1
Argentré (53).....58 D4
Argentré-du-Plessis (35).....58 A5
Argenvières (18).....98 C2
Argenvilliers (28).....61 F3
Argers (51).....46 C2
Argiésans (90).....88 C3
Argillières (70).....86 B3
Argilliers (30).....174 C2
Argilly (21).....101 H3
Argis (01).....131 E1
Argiusta-Moriccio (2A).....207 E2
Argœuves (80).....7 F5
Argol (29).....31 E6
Argonay (74).....132 B1
Argouges (50).....35 H5
Argoules (80).....6 D2
Arguel (25).....103 G1
Arguel (80).....6 D6
Arguenos (31).....184 B5
Argut-Dessous (31).....184 B6
Argy (36).....96 A4
Arhansus (64).....181 F2
Aries-Espénan (65).....183 H2
Arifat (81).....170 D4
Arignac (09).....185 G6
Arinthod (39).....117 F2
Arith (73).....132 A2
Arjuzanx (40).....165 F1
Arlanc (63).....128 B6
Arlay (39).....102 D5
Arlebosc (07).....143 H4
Arlempdes (43).....142 C5
les Arlès-sur-Tech (66).....200 D4
Arlet (43).....141 H3
Arleuf (58).....100 B3
Arleux (59).....8 D2
Arleux-en-Gohelle (62).....8 B2
Arlos (31).....184 B6
Armaillé (49).....76 A2
Armancourt (60).....21 E5
Armancourt (80).....21 E2
Armaucourt (54).....48 D4
Armbouts-Cappel (59).....2 B2
Armeau (89).....65 E5
Armendarits (64).....181 E2
Armenteule (65).....197 E1
Armentières (59).....3 E4
Armentières-en-Brie (77).....43 H3
Armentières-sur-Avre (27).....40 B5
Armentières-sur-Ourcq (02).....44 B1
Armentieux (32).....167 E2
Armes (58).....83 F5
Armillac (47).....150 D2
Armissan (11).....188 B3
Armix (01).....131 F2
Armous-et-Cau (32).....167 E3
Armoy (74).....119 E3
Arnac (15).....139 H4
Arnac-la-Poste (87).....110 D3
Arnac-Pompadour (19).....124 B6
Arnac-sur-Dourdou (12).....171 H4
Arnage (72).....60 A6
Arnancourt (52).....67 G2
Arnas (69).....116 A6
Arnaud-Guilhem (31).....184 C4
Arnave (09).....185 H6
Arnaville (54).....26 B6
Arnay-le-Duc (21).....101 E2
Arnay-sous-Vitteaux (21).....84 D5
Arnayon (26).....159 E3
Arné (65).....183 H3
Arnéguy (64).....180 D3
Arnèke (59).....2 C3
Arnicourt (08).....23 G3
Arnières-sur-Iton (27).....40 D2
Arnos (64).....165 H6
Arnouville (95).....42 D3
Arnouville-lès-Mantes (78).....41 H3
Aroffe (88).....69 E2
Aromas (39).....117 F4
Aron (53).....59 E3
Aroue-Ithorots-Olhaïby (64).....181 F2
Aroz (70).....87 F4
Arpaillargues-et-Aureillac (30).....174 B2
Arpajon (91).....42 D6
Arpajon-sur-Cère (15).....140 B5
Arpavon (26).....159 E4
Arpenans (70).....87 H3
Arpheuilles (18).....98 A5
Arpheuilles (36).....95 H5
Arpheuilles-Saint-Priest (03).....112 D5
Arphy (30).....172 D2
Arquenay (53).....59 E5
Arques (11).....187 E5
Arques (12).....154 D5
les Arques (46).....152 B2
Arques (62).....2 B3
Arques-la-Bataille (76).....17 G2
Arquettes-en-Val (11).....187 F4
Arquèves (80).....7 H4
Arquian (58).....82 C4
Arracourt (54).....49 E5
Arradon (56).....72 D1
Arraincourt (57).....49 E2
Arrancourt (91).....63 F3
Arrancy (02).....22 D4
Arrancy-sur-Crusne (55).....25 G4
Arrans (21).....84 C3
Arras (62).....8 B2
Arras-en-Lavedan (65).....182 D5
Arras-sur-Rhône (07).....144 A3
Arrast-Larrebieu (64).....181 G2
Arraute-Charritte (64).....181 E1
Arraye-et-Han (54).....48 D3
Arrayou-Lahitte (65).....183 E4
Arre (30).....172 D2
Arreau (65).....183 G6
Arrelles (10).....66 C5
Arrembécourt (10).....66 D1
Arrènes (23).....111 E5
Arrens-Marsous (65).....182 C5
Arrentès-de-Corcieux (88).....70 C4
Arrentières (10).....67 E3
Arrest (80).....6 C4
Arreux (08).....11 E6
Arriance (57).....49 E2
Arricau-Bordes (64).....166 B6
Arrien (64).....182 D2
Arrien-en-Bethmale (09).....184 D6
Arrigas (30).....172 D2
Arrigny (51).....46 B6
Arro (2A).....204 C4
Arrodets (65).....183 G5
Arrodets-Ez-Angles (65).....183 E4
Arromanches-les-Bains (14).....14 A3
Arronnes (03).....114 B6
Arronville (95).....42 B1
Arros-de-Nay (64).....182 C3
Arrosès (64).....166 B6
Arrou (28).....61 G4
Arrouède (32).....183 H2
Arry (57).....26 B6
Arry (80).....6 C2
Ars (16).....121 G5
Ars (23).....125 G1
Ars-en-Ré (17).....106 A4
Ars-Laquenexy (57).....26 C5
Ars-les-Favets (63).....112 D3
Ars-sur-Formans (01).....130 A1
Ars-sur-Moselle (57).....26 B5
Arsac (33).....135 E4
Arsac-en-Velay (43).....142 C4
Arsague (40).....165 G5
Arsans (70).....86 D5
Arsonval (10).....67 E3
Arsure-Arsurette (39).....103 G5
les Arsures (39).....103 E3
Arsy (60).....21 E5
Art-sur-Meurthe (54).....48 D5

Artagnan (65).....183 E1
Artaise-le-Vivier (08).....24 C3
Artaix (71).....115 E4
Artalens-Souin (65).....182 D5
Artannes-sur-Indre (37).....94 D1
Artannes-sur-Thouet (49).....93 H1
Artas (38).....130 C5
Artassenx (40).....166 B3
Artemare (01).....131 F2
Artemps (02).....21 H1
Artenay (45).....62 D5
Arthaz-Pont-Notre-Dame (74).....118 C5
Arthel (58).....99 F1
Arthémonay (26).....144 C3
Arthenac (17).....121 G5
Arthenas (39).....117 F1
Arthès (81).....170 C2
Arthez-d'Armagnac (40).....166 B2
Arthez-d'Asson (64).....182 C4
Arthez-de-Béarn (64).....165 H6
Arthezé (72).....77 G2
Arthies (95).....41 H2
Arthon (36).....96 C6
Arthon-en-Retz (44).....74 A6
Arthonnay (89).....66 C6
Artigat (09).....185 F4
Artignosc-sur-Verdon (83).....177 E4
Artigue (31).....184 A6
Artigueloutan (64).....182 C2
Artiguelouve (64).....182 B2
Artigues (09).....199 F1
Artigues (11).....200 A1
Artigues (65).....183 E4
Artigues (83).....192 D1
les Artigues-de-Lussac (33).....135 H4
Artigues-près-Bordeaux (33).....135 F5
Artins (41).....79 E2
Artix (09).....185 G4
Artix (64).....182 A1
Artolsheim (67).....71 G3
Artonges (02).....44 C3
Artonne (63).....127 F1
Artres (59).....9 F3
Artzenheim (68).....71 G4
Arudy (64).....182 B4
Arue (40).....166 B1
Arvert (17).....120 B3
Arveyres (33).....135 G5
Arvieu (12).....154 C6
Arvieux (05).....147 F6
Arvigna (09).....186 A4
Arvillard (73).....132 B6
Arville (41).....61 F3
Arville (77).....64 B1
Arvillers (80).....21 E1
Arx (40).....150 B6
Arzacq-Arraziguet (64).....166 A5
Arzal (56).....73 F2
Arzano (29).....54 C4
Arzay (38).....130 C6
Arzembouy (58).....99 F1
Arzenc-d'Apcher (48).....141 F6
Arzenc-de-Randon (48).....142 C2
Arzens (11).....186 D3
Arzillières-Neuville (51).....46 B6
Arzon (56).....72 C1
Arzviller (57).....50 B4
Asasp-Arros (64).....182 A3
Ascain (64).....180 B1
Ascarat (64).....180 D3
Aschbach (67).....51 G3
Aschères-le-Marché (45).....63 E5
Asco (2B).....202 D6
Ascou (09).....199 G2
Ascoux (45).....63 F5
Ascros (06).....178 C2
Asfeld (08).....23 F4
Aslonnes (86).....109 E2
Asnan (58).....83 H6
Asnans-Beauvoisin (39).....102 D4
Asnelles (14).....14 A3
Asnières (27).....15 G4
Asnières-en-Bessin (14).....13 H4
Asnières-en-Montagne (21).....84 C3
Asnières-en-Poitou (79).....108 B5
Asnières-la-Giraud (17).....121 F1
Asnières-lès-Dijon (21).....85 H5
Asnières-sous-Bois (89).....83 H4
Asnières-sur-Blour (86).....109 H5
Asnières-sur-Nouère (16).....122 B3
Asnières-sur-Oise (95).....42 D2
Asnières-sur-Saône (01).....116 B3
Asnières-sur-Seine (92).....42 C3
Asnières-sur-Vègre (72).....59 G6
Asnois (86).....109 E5
Aspach (57).....49 H5
Aspach (68).....89 F1
Aspach-le-Bas (68).....89 E1
Aspach-le-Haut (68).....89 E1
Aspères (30).....173 G3
Asperjoc (07).....157 G1
Aspet (31).....184 B5
Aspin-Aure (65).....183 G5
Aspin-en-Lavedan (65).....172 C6
Aspiran (34).....172 C5
Aspremont (05).....159 H3
Aspremont (06).....195 F2
Aspres-lès-Corps (05).....146 A5
Aspres-sur-Buëch (05).....159 H2
Aspret-Sarrat (31).....184 B4
Asprières (12).....153 H3
Asque (65).....183 F4
Asques (33).....135 G4
Asques (82).....168 C2
Asquins (89).....83 H5
Assac (81).....171 E2
Assainvillers (80).....21 E3
Assais-les-Jumeaux (79).....93 H5
Assas (34).....173 F4
Assat (64).....182 C2
Assay (37).....94 A3
Assé-le-Bérenger (53).....59 F4
Assé-le-Boisne (72).....59 H3
Assé-le-Riboul (72).....60 A4
Assenay (10).....66 B4
Assencières (10).....66 B2
Assenoncourt (57).....49 G4
Assérac (44).....73 F3
Assevent (59).....10 A2
Assevillers (80).....8 A6
Assier (46).....153 F1
Assignan (34).....187 H2
Assigny (18).....82 A5
Assigny (76).....17 H1
les Assions (07).....157 E4
Assis-sur-Serre (02).....22 B2
Asswiller (67).....50 B3
Astaffort (47).....151 E5
Astaillac (19).....139 F4
Aste (65).....183 F4
Aste-Béon (64).....182 B5
Astet (07).....157 E1
Astillé (53).....58 C6
Astis (64).....166 B6
Aston (09).....199 F1
Astugue (65).....183 F4
Athée (21).....102 C1
Athée (53).....76 D1
Athée-sur-Cher (37).....79 F6
Athesans-Étroitefontaine (70).....88 A3
Athie (21).....84 C4
Athie (89).....84 A3
Athienville (54).....49 E5
Athies (62).....8 B2
Athies (80).....21 H1
Athies-sous-Laon (02).....22 C3
Athis (51).....45 F2
Athis-de-l'Orne (61).....38 B4
Athis-Mons (91).....42 D5
Athos-Aspis (64).....181 F1
Athose (25).....103 H2
Attainville (95).....42 D2
Attancourt (52).....67 G1

les Attaques (62).....1 H2
Attenschwiller (68).....89 G3
Attiches (59).....3 F6
Attichy (60).....21 G4
Attignat (01).....116 C4
Attignat-Oncin (73).....131 G5
Attigneville (88).....68 D2
Attigny (08).....24 A4
Attigny (88).....69 F5
Attilloncourt (57).....49 E4
Attilly (02).....8 D6
Attin (62).....1 F6
Atton (54).....48 C3
Attray (45).....63 E4
Attricourt (70).....86 B4
Atur (24).....137 F3
Aubagnan (40).....166 A4
Aubagne (13).....192 C4
Aubaine (21).....101 F2
Aubais (30).....173 H4
Aubarède (65).....183 F2
Aubas (24).....138 A3
Aubazat (43).....141 H3
Aubazines (19).....138 D3
Aube (57).....26 C6
Aube (61).....40 A5
Aubéguimont (76).....19 G1
Aubenas (07).....157 G2
Aubenas-les-Alpes (04).....176 C2
Aubenasson (26).....158 D1
Aubencheul-au-Bac (59).....8 D3
Aubencheul-aux-Bois (02).....8 D5
Aubenton (02).....10 B6
Aubepierre-Ozouer-le-Repos (77).....43 G6
Aubepierre-sur-Aube (52).....85 G1
l'Aubépin (39).....117 F2
Auberchicourt (59).....8 D2
Aubercourt (80).....20 D1
Aubergenville (78).....42 A3
Auberive (51).....23 G6
Auberive (52).....85 H2
Auberives-en-Royans (38).....145 E3
Auberives-sur-Varèze (38).....130 A6
Aubermesnil-aux-Érables (76).....19 F1
Aubermesnil-Beaumais (76).....17 G2
Aubers (59).....3 E5
Aubertin (64).....182 B2
Auberville (14).....14 D3
Auberville-la-Campagne (76).....15 H1
Auberville-la-Manuel (76).....16 C3
Auberville-la-Renault (76).....16 C4
Aubervilliers (93).....42 D3
Aubeterre (10).....66 B2
Aubeterre-sur-Dronne (16).....136 B1
Aubeville (16).....122 A5
Aubevoye (27).....41 E1
Aubiac (33).....149 H3
Aubiac (47).....151 E6
Aubiat (63).....127 F1
Aubie-et-Espessas (33).....135 F4
Aubière (63).....127 F3
Aubiet (32).....168 A5
Aubignan (84).....175 F1
Aubignas (07).....157 H2
Aubigné (35).....57 F1
Aubigné (79).....108 B6
Aubigné-Racan (72).....78 B3
Aubigné-sur-Layon (49).....93 E1
Aubigny (03).....114 C3
Aubigny (14).....38 D3
Aubigny (79).....93 G5
Aubigny (80).....7 H6
Aubigny (85).....91 G5
Aubigny-au-Bac (59).....8 D3
Aubigny-aux-Kaisnes (02).....21 H1
Aubigny-en-Artois (62).....8 A2
Aubigny-en-Laonnois (02).....22 D4
Aubigny-en-Plaine (21).....102 A2
Aubigny-la-Ronce (21).....101 F3
Aubigny-les-Pothées (08).....23 H1
Aubigny-lès-Sombernon (21).....85 E6
Aubigny-sur-Nère (18).....81 G5
Aubilly (51).....22 D6
Aubin (12).....154 A3
Aubin (64).....166 A4
Aubin-Saint-Vaast (62).....7 E1
Aubinges (18).....98 A1
Auboncourt-Vauzelles (08).....23 H3
Aubonne (25).....104 A3
Aubord (30).....174 A4
Auboué (54).....26 A5
Aubous (64).....166 C5
Aubres (26).....158 D4
Aubréville (55).....46 D1
Aubrives (08).....11 F2
Aubrometz (62).....7 F2
Aubry-du-Hainaut (59).....9 F2
Aubry-en-Exmes (61).....39 F4
Aubry-le-Panthou (61).....39 G4
Aubure (68).....71 E3
Aubussargues (30).....174 A2
Aubusson (23).....125 G1
Aubusson (61).....38 B4
Aubusson-d'Auvergne (63).....128 A3
Aubvillers (80).....20 D2
Auby (59).....8 C1
Aucaleuc (22).....34 C5
Aucamville (31).....169 E5
Aucamville (82).....168 D5
Aucazein (09).....184 C6
Aucelon (26).....159 E2
Aucey-la-Plaine (50).....35 G5
Auch (32).....167 H5
Auchel (62).....2 C6
Auchonvillers (80).....8 A4
Auchy-au-Bois (62).....7 G1
Auchy-la-Montagne (60).....20 B3
Auchy-les-Hesdin (62).....7 F2
Auchy-les-Mines (62).....2 D6
Auchy-lez-Orchies (59).....9 E1
Aucun (65).....182 D5
Audaux (64).....181 G1
Audelange (39).....102 C3
Audeloncourt (52).....68 B5
Audembert (62).....1 F3
Audenge (33).....148 C1
Auderville (50).....12 A1
Audes (03).....112 C2
Audeux (25).....103 F1
Audeville (45).....63 E3
Audierne (29).....52 C2
Audignicourt (02).....21 H4
Audignies (59).....9 H2
Audignon (40).....165 H4
Audigny (02).....9 G6
Audincourt (25).....88 C4
Audincthun (62).....7 F1
Audinghen (62).....1 E3
Audon (40).....165 F3
Audouville-la-Hubert (50).....13 E4
Audrehem (62).....1 H4
Audressein (09).....184 C6
Audresselles (62).....1 E3
Audrieu (14).....14 A5
Audrix (24).....137 G5
Audun-le-Roman (54).....26 A4
Audun-le-Tiche (57).....26 B3
Auenheim (67).....51 G3
Auffargis (78).....42 A5
Auffay (76).....17 G4
Aufferville (77).....64 A3
Auffreville-Brasseuil (78).....41 H3
Auflance (08).....24 D2
Auga (64).....166 B6
Augan (56).....56 B4
Auge (08).....24 A6
Auge (23).....112 A4
Augé (79).....108 A3
Augea (39).....117 F2
Auger-Saint-Vincent (60).....21 E6
Augerans (39).....102 D4
Augères (23).....111 F6
Augerolles (63).....128 A3
Augers-en-Brie (77).....44 C6
Augerville-la-Rivière (45).....63 F3
Augicourt (70).....87 E2

Augignac (24).....123 F4
Augirein (09).....184 C6
Augisey (39).....117 F1
Augnat (63).....127 F6
Augnax (32).....168 A4
Augne (87).....125 E3
Augny (57).....26 B6
Auguaise (61).....40 A5
Augy (02).....22 B5
Augy (89).....83 G2
Augy-sur-Aubois (18).....98 C5
Aujac (17).....121 G2
Aujac (30).....156 C4
Aujan-Mournède (32).....183 H1
Aujargues (30).....173 H4
Aujeurres (52).....86 A2
Aujols (46).....152 D4
Aulan (26).....159 E5
Aulas (30).....172 D2
Aulhat-Saint-Privat (63).....127 G4
Aullène (87).....207 E2
Aulnat (63).....127 F3
Aulnay (10).....66 D1
Aulnay (17).....107 H6
Aulnay (86).....94 A4
Aulnay-la-Rivière (45).....63 G4
Aulnay-l'Aître (51).....46 B4
Aulnay-sous-Bois (93).....43 E3
Aulnay-sur-Iton (27).....40 D2
Aulnay-sur-Marne (51).....45 G3
Aulnay-sur-Mauldre (78).....42 A3
les Aulneaux (72).....60 B2
Aulnois (88).....68 D3
Aulnois-en-Perthois (55).....47 E6
Aulnois-sous-Laon (02).....22 C3
Aulnois-sur-Seille (57).....48 D3
Aulnoy (77).....43 H4
Aulnoy-lez-Valenciennes (59).....9 F2
Aulnoy-sur-Aube (52).....85 H2
Aulnoye-Aymeries (59).....9 H3
Aulon (23).....111 F6
Aulon (31).....184 B3
Aulon (65).....183 G6
Aulos (09).....199 F1
Aulus-les-Bains (09).....198 C1
Aulx-lès-Cromary (70).....87 G5
Aumagne (17).....121 G2
Aumale (76).....19 G1
Aumâtre (80).....6 D6
Aumelas (34).....172 D5
Auménancourt (51).....23 E5
Aumerval (62).....2 B6
Aumes (34).....188 D1
Aumessas (30).....172 D2
Aumetz (57).....26 A3
Aumeville-Lestre (50).....13 E3
Aumont (39).....102 D4
Aumont (80).....7 E6
Aumont-Aubrac (48).....155 G1
Aumont-en-Halatte (60).....20 D6
Aumontzey (88).....70 C4
Aumur (39).....102 B3
Aunac (16).....122 D2
Aunat (11).....199 H1
Aunay-en-Bazois (58).....99 H2
Aunay-les-Bois (61).....39 G6
Aunay-sous-Auneau (28).....62 D2
Aunay-sous-Crécy (28).....41 E5
Aunay-sur-Odon (14).....14 A6
Auneau (28).....62 C2
Auneuil (60).....20 B5
Aunou-le-Faucon (61).....39 E5
Aunou-sur-Orne (61).....39 F6
Auppegard (76).....17 G3
Aups (83).....177 F5
Auquainville (14).....15 F6
Auquemesnil (76).....6 A5
Auradé (32).....168 C6
Auradou (47).....151 G4
Auragne (31).....185 G1
Auray (56).....55 E6
Aure (08).....24 A6
Aurec-sur-Loire (43).....143 E1
Aureil (87).....124 C3
Aureilhan (40).....148 B5
Aureilhan (65).....183 E3
Aureille (13).....175 E4
Aurel (26).....159 E1
Aurel (84).....159 F6
Aurelle-Verlac (12).....155 E3
Aurensan (32).....166 D3
Aurensan (65).....183 E2
Aureville (31).....169 F6
Auriac (11).....187 F6
Auriac (19).....139 G2
Auriac (64).....166 A6
Auriac-du-Périgord (24).....138 A3
Auriac-Lagast (12).....154 C6
Auriac-l'Église (15).....141 F3
Auriac-sur-Dropt (47).....150 C1
Auriac-sur-Vendinelle (31).....169 H6
Auriat (23).....124 D2
Auribail (31).....185 F2
Auribeau (84).....176 A4
Auribeau-sur-Siagne (06).....178 C5
Aurice (40).....165 H3
Auriébat (65).....167 E5
Aurières (63).....127 E3
Aurignac (31).....184 C3
Aurillac (15).....140 A5
Aurimont (32).....168 A5
Aurin (31).....169 G6
Auriol (13).....192 C3
Auriolles (33).....150 A1
Aurions-Idernes (64).....166 C6
Auris (38).....146 B3
Aurons (13).....191 H2
Auros (33).....150 A2
Aurouer (03).....114 A1
Auroux (48).....142 B6
Aussac (81).....170 B3
Aussac-Vadalle (16).....122 C2
Ausseing (31).....184 D4
Aussevielle (64).....182 B1
Aussillon (81).....170 D6
Aussois (73).....147 F1
Ausson (31).....184 B4
Aussonce (08).....23 F4
Aussonne (31).....169 E5
Aussos (32).....184 A2
Aussurucq (64).....181 F3
Autainville (41).....80 B2
Autechaux (25).....88 A6
Autechaux-Roide (25).....88 C5
les Autels (02).....23 F1
les Autels-Saint-Bazile (14).....39 F2
les Autels-Villevillon (28).....61 F4
Auterive (31).....185 F2
Auterive (32).....168 A6
Auterive (82).....168 C3
Auterrive (64).....181 G1
Auteuil (60).....20 B5
Auteuil (78).....42 A4
Autevielle-Saint-Martin-Bideren (64).....181 F1
Authe (08).....24 B3
Autheuil (28).....61 E4
Autheuil (61).....40 A6
Autheuil-Authouillet (27).....41 E1
Autheux (80).....7 F4
Authevernes (27).....19 G6
Authezat (63).....127 F4
Authie (14).....14 B4
Authie (80).....7 G3
les Authieux (27).....41 E3
les Authieux-du-Puits (61).....39 G5
les Authieux-Papion (14).....15 E6
Authieux-Ratiéville (76).....17 H5
les Authieux-sur-Calonne (14).....15 F4
les Authieux-sur-Port-Saint-Ouen (76).....18 D5
Authiou (58).....99 G1
Authoison (70).....87 G4
Authon (04).....160 B5
Authon (41).....79 F2
Authon-du-Perche (28).....61 F4

Authon-Ébéon (17) 121 G2
Authon-la-Plaine (91) 62 D2
Authou (27) 18 A6
Authuille (80) 8 A4
Authume (39) 102 C2
Authumes (71) 102 B4
Autichamp (26) 158 C1
Autignac (34) 172 B6
Autigny (76) 17 F3
Autigny-la-Tour (88) 68 D2
Autigny-le-Grand (52) 67 H1
Autigny-le-Petit (52) 67 H1
Autingues (62) 1 H3
Autoire (46) 139 E5
Autoreille (70) 87 E5
Autouillet (78) 41 H4
Autrac (43) 141 F1
Autrans (38) 145 F2
Autrèche (37) 79 F4
Autrechêne (90) 88 D3
Autrêches (60) 21 H4
Autrecourt-et-Pourron (08) ..24 C3
Autrecourt-sur-Aire (55) 47 E2
Autremencourt (02) 22 D2
Autrepierre (54) 69 G5
Autreppes (02) 9 H6
Autretot (76) 17 E4
Autreville (02) 21 H3
Autreville (88) 69 E1
Autréville-Saint-Lambert (55)..24 D3
Autreville-sur-la-Renne (52)...67 G5
Autréville-sur-Moselle (54)...48 C4
Autrey (54) 69 G1
Autrey (88) 70 B3
Autrey-le-Vay (70) 87 H4
Autrey-lès-Cerre (70) 87 H3
Autrey-lès-Gray (70) 86 C4
Autricourt (21) 67 E6
Autruche (08) 24 C4
Autruy-sur-Juine (45) 63 E3
Autry (08) 24 B6
Autry-Issards (03) 113 G2
Autry-le-Châtel (45) 81 H4
Autun (71) 100 D4
Auty (82) 152 C6
Auvare (06) 178 C1
Auve (51) 46 B2
Auvernaux (91) 63 H1
Auvers (43) 141 H4
Auvers (50) 13 E5
Auvers-le-Hamon (72) 59 F6
Auvers-Saint-Georges (91) ..63 F1
Auvers-sous-
 -Montfaucon (72) 59 H5
Auvers-sur-Oise (95) 42 C2
Auvet-et-la-Chapelotte (70)...86 C4
Auvillar (82) 168 B1
Auvillars (14) 15 E4
Auvillars-sur-Saône (21) 102 A3
Auvilliers-les-Forges (08) 10 C6
Auvilliers (76) 19 F1
Auvilliers-
 -en-Gâtinais (45) 63 H6
aux-Aussat (32) 183 G1
Auxais (50) 13 E6
Auxange (39) 102 D2
Auxant (21) 101 F2
Auxelles-Bas (90) 88 C2
Auxelles-Haut (90) 88 C2
Auxerre (89) 83 F2
Auxey-Duresses (21) 101 F3
Auxi-le-Château (62) 7 F3
Auxon (70) 66 A5
Auxon (10) 66 A5
Auxonne (21) 102 C1
les Auxons (25) 87 F6
Auxy (45) 63 H5
Auxy (71) 100 D4
Auzainvilliers (88) 69 E3
Auzances (23) 126 B1
Auzas (31) 184 C3
Auzat (09) 198 D1
Auzat-la-Combelle (63) 127 G6
Auzay (85) 107 E2
Auzebosc (76) 17 E5
Auzelles (63) 127 H4
Auzers (15) 140 B2
Auzeville-Tolosane (31) 169 F6
Auzielle (31) 169 G6
Auzits (12) 154 A3
Auzon (43) 141 G1
Auzouer-en-Touraine (37) ...79 F4
Auzouville-Auberbosc (76)...16 D4
Auzouville-l'Esneval (76)....17 F4
Auzouville-sur-Ry (76) 19 E4
Auzouville-sur-Saâne (76)...17 F3
Auzon-en-Châtellerault (86)..94 D5
Availles-Limouzine (86) 109 G5
Availles-sur-Seiche (35) 58 A5
Availles-Thouarsais (79) 93 G4
Avajan (65) 183 G6
Avallon (89) 84 A5
les Avanchers-Valmorel (73)..132 D5
Avançon (05) 160 C2
Avançon (08) 23 F4
Avanne-Aveney (25) 103 F1
Avant-lès-Marcilly (10) 65 F2
Avant-lès-Ramerupt (10) 66 C2
Avanton (86) 94 B6
Avapessa (2B) 202 D5
Avaray (41) 80 B2
Avaux (08) 23 F4
Aveize (69) 129 G4
Aveizieux (42) 129 F5
Avelanges (21) 86 H4
Avelesges (80) 7 E6
Avelin (59) 3 F6
Aveluy (80) 8 A5
Avenas (69) 116 A5
Avenay (14) 14 B5
Avenay-Val-d'Or (51) 45 F2
Avène (34) 172 A4
les Avenières (38) 131 F4
Avensac (32) 168 B3
Avensan (33) 134 D3
Aventignan (65) 183 H4
Averan (65) 183 E3
Averdoingt (62) 7 H2
Averdon (41) 79 H3
Avermes (03) 113 H1
Avernes (95) 42 A2
Avernes-Saint-Gourgon (61)..39 G3
Avernes-sous-Exmes (61) ...39 F4
Avéron-Bergelle (32) 167 E4
Averton (53) 59 G2
Avesnelles (59) 10 A4
Avesnes (62) 1 H6
Avesnes-Chaussoy (80) 19 G6
Avesnes-en-Bray (76) 19 G4
Avesnes-en-Saosnois (72)....60 A3
Avesnes-en-Val (76) 18 B5
Avesnes-le-Comte (62) 7 H2
Avesnes-le-Sec (59) 9 E3
Avesnes-les-Aubert (59) 9 E3
Avesnes-lès-Bapaume (62) ...8 A4
Avesnes-sur-Helpe (59) 10 A4
Avessac (44) 74 A1
Avessé (72) 59 F6

Aviron (27) 40 D2
Avize (51) 45 F3
Avocourt (55) 24 D6
Avoine (37) 94 B1
Avoine (61) 39 E5
Avoise (72) 77 G1
Avolsheim (67) 50 D6
Avon (79) 108 C3
Avon (77) 64 B2
Avon-la-Pèze (10) 65 G2
Avon-les-Roches (37) 94 C2
Avondance (62) 2 A6
Avord (18) 98 A3
Avosnes (21) 85 E6
Avot (21) 85 H3
Avoudrey (25) 104 A2
Avrainville (54) 68 C5
Avrainville (88) 69 G2
Avrainville (91) 63 F1
Avrechy (60) 20 C4
Avrecourt (52) 68 C6
Avrée (58) 100 A5
Avremesnil (76) 17 F2
Avressieux (73) 131 G4
Avreuil (10) 66 A5
Avricourt (54) 49 G5
Avricourt (57) 49 G5
Avricourt (60) 21 F2
Avrieux (73) 147 E2
Avrigney-Virey (70) 87 E6
Avrigny (60) 20 D5
Avril (54) 26 A4
Avril-sur-Loire (58) 99 F5
Avrillé (49) 76 D4
Avrillé (85) 91 F6
Avrillé-les-Ponceaux (37).....78 B5
Avrilly (03) 114 D4
Avrilly (27) 40 D3
Avrilly (61) 38 A6
Avroult (62) 2 A5
Avy (17) 121 F4
Awoingt (59) 9 E3
Ax-les-Thermes (09) 199 G2
Axat (11) 200 B1
Axiat (09) 199 F1
Ay (51) 45 F2
Ay-sur-Moselle (57) 26 C4
Aydat-sur-Sioule (63) 113 E6
Aydat (63) 127 E4
Aydie (64) 166 B5
Aydius (64) 182 A5
Aydoilles (88) 70 A3
Ayen (19) 138 B2
Ayencourt (80) 20 D3
Ayette (62) 8 B3
Ayguatébia-Talau (66) 200 A3
Ayguemorte-
 -les-Graves (33) 135 G6
Ayguesvives (31) 185 H1
Ayguetinte (32) 167 G3
Ayherre (64) 180 D1
Ayn (73) 131 G4
les Aynans (70) 88 A3
Ayrens (15) 140 A4
Ayron (86) 94 A6
Ayros-Arbouix (65) 182 D5
Ayse (74) 118 D5
Ayssènes (12) 171 G1
Aytré (17) 106 D5
les Ayvelles (08) 24 B2
Ayzac-Ost (65) 182 D4
Ayzieu (32) 166 D3
Azannes-et-
 -Soumazannes (55) 25 F5
Azas (31) 169 G4
Azat-Châtenet (23) 111 F6
Azat-le-Ris (87) 110 B4
Azay-le-Brûlé (79) 108 A3
Azay-le-Ferron (36) 95 G5
Azay-le-Rideau (37) 94 C1
Azay-sur-Cher (37) 79 F6
Azay-sur-Indre (37) 95 F1
Azay-sur-Thouet (79) 93 F6
Azé (41) 79 F1
Azé (53) 76 D1
Azé (71) 116 B3
Azelot (54) 48 D6
Azerables (23) 110 D3
Azerailles (54) 49 H5
Azerat (24) 138 A3
Azérat (43) 141 G1
Azereix (65) 183 E3
Azet (65) 196 D1
Azeville (50) 13 E3
Azillanet (34) 187 G2
Azille (11) 187 G3
Azilone-Ampaza (2A) 205 E6
Azincourt (62) 7 F1
Azolette (69) 115 G5
Azoudange (57) 49 G4
Azur (40) 164 C3
Azy (18) 98 B2
Azy-le-Vif (58) 99 E5
Azy-sur-Marne (02) 44 B2
Azzana (2A) 204 C4

B

Baâlon (55) 25 E4
Baâlons (08) 24 A3
Babeau-Bouldoux (34) 188 A1
Babœuf (60) 21 G3
Baby (77) 65 E2
Baccarat (54) 70 B1
Baccon (45) 80 B1
Bach (46) 153 E4
Bachant (59) 9 H3
Bachas (31) 184 C3
la Bachellerie (24) 138 A3
Bachivillers (60) 20 A6
Bachos (31) 184 A6
Bachy (59) 3 G6
Bacilly (50) 35 G3
Baconnes (51) 45 H1
la Baconnière (53) 58 C4
Bacouël (60) 20 C3
Bacouel-sur-Selle (80) 20 B1
Bacourt (57) 49 E5
Bacquepuis (27) 40 D1
Bacqueville (27) 19 E5
Bacqueville-en-Caux (76) 17 G3
Badailhac (15) 140 C5
Badaroux (48) 156 A3
Badecon-le-Pin (36) 111 E2
Badefols-d'Ans (24) 138 A2
Badefols-sur-Dordogne (24)..137 F5
Baden (56) 72 C1
Badens (11) 187 F3
Badevel (25) 88 D3
Badménil-aux-Bois (88) 70 A2
Badonviller (54) 70 C1
Badonvilliers-
 -Gérauvilliers (55) 47 H6
Baerendorf (67) 50 A4
Baerenthal (57) 28 C6
la Baffe (88) 70 A4
Baffie (63) 128 C6
Bagard (30) 171 G3
Bagas (33) 150 A1
Bagat-en-Quercy (46) 152 B4
Bâgé-la-Ville (01) 116 C4
Bâgé-le-Châtel (01) 116 C4
Bagert (09) 184 D4
Bages (11) 188 A4
Bages (66) 201 E3
Bagiry (31) 184 A5
Bagnac-sur-Célé (46) 153 H1
Bagneaux (89) 65 F4
Bagneaux-sur-Loing (77) 64 A4
Bagnères-de-Bigorre (65)...183 F4
Bagnères-de-Luchon (31)....197 E1
Bagneux (02) 22 A4
Bagneux (36) 96 C2
Bagneux (03) 113 G1
Bagneux (51) 65 H1

Bagneux (54) 48 B6
Bagneux (92) 42 C4
Bagneux-la-Fosse (10) 66 C6
Bagnizeau (17) 121 G1
Bagnoles (11) 187 E3
Bagnoles-de-l'Orne (61) 38 C4
Bagnols (63) 126 C5
Bagnols (69) 129 G2
Bagnols-en-Forêt (83) 178 B5
Bagnols-les-Bains (48) 156 B3
Bagnols-sur-Cèze (30) 158 A6
Bagnot (21) 102 A3
Baguer-Morvan (35) 35 E5
Baguer-Pican (35) 35 F4
Baho (66) 201 E2
Bahus-Soubiran (40) 166 B4
Baignes (70) 87 F3
Baigneaux (41) 80 A2
Baigneaux (33) 135 H5
Baigneaux (28) 62 B2
Baignes (70) 87 F3
Baignes-Sainte-
 -Radegonde (16) 121 H6
Bagneux-les-Juifs (21) 85 E4
Baignolet (28) 62 B2
Baigts (40) 165 G4
Baigts-de-Béarn (64) 165 H6
Baillargues (34) 173 G5
Baillé (35) 57 H1
Bailleau-Armenonville (28)....62 C1
Bailleau-le-Pin (28) 62 A2
Bailleau-l'Évêque (28) 62 A1
Baillestavy (66) 200 C3
Baillet-en-France (95) 42 C2
Bailleul (59) 2 D4
Bailleul (61) 39 E4
le Bailleul (72) 77 G2
Bailleul (80) 6 D6
Bailleul-aux-Cornailles (62)....7 H2
Bailleul-la-Vallée (27) 15 G4
Bailleul-le-Soc (60) 20 D4
Bailleul-lès-Pernes (62) 2 B6
Bailleul-Neuville (76) 19 E1
Bailleul-Sir-Berthoult (62)......8 B2
Bailleul-sur-Thérain (60) 20 B5
Bailleulmont (62) 8 A3
Bailleulval (62) 8 A3
Bailleval (60) 20 D5
Baillolet (76) 19 E1
Baillou (41) 79 E1
Bailly (60) 21 G4
Bailly (78) 42 B4
Bailly-aux-Forges (52) 67 G1
Bailly-en-Rivière (76) 6 A6
Bailly-le-Franc (10) 67 E1
Bailly-Romainvilliers (77) 43 G4
Bain-de-Bretagne (35) 57 E5
Bainghen (62) 1 F4
Bains (43) 142 B4
Bains-les-Bains (88) 69 G5
Bains-sur-Oust (35) 56 C6
Bainville-aux-Miroirs (54) 69 E2
Bainville-aux-Saules (54) 69 F4
Bainville-sur-Madon (54) 48 C6
Bairols (06) 178 D1
Bais (35) 57 H4
Bais (53) 59 F3
Baisieux (59) 3 G5
Baissey (52) 86 A2
Baives (59) 10 B4
Baix (07) 158 A1
Baixas (66) 201 E2
Baizieux (80) 7 H5
le Baizil (51) 45 E3
Bajamont (47) 151 F5
Bajonnette (32) 168 A3
Bajus (62) 7 H1
Balacet (09) 184 C6
Baladou (46) 138 C5
Balagny-sur-Thérain (60) 20 C5
Balaguères (09) 184 D5
Balaguier-d'Olt (12) 153 G3
Balaguier-sur-Rance (12)....171 E3
Balaiseaux (39) 102 C3
Balaives-et-Butz (08) 24 B2
Balan (01) 130 C2
Balan (08) 24 C2
Balanod (39) 117 E2
Balansun (64) 165 G6
Balanzac (17) 120 D3
Balaruc-le-Vieux (34) 189 F1
Balaruc-les-Bains (34) 189 F1
Balâtre (80) 21 F2
Balazé (35) 58 A4
Balazuc (07) 157 G3
Balbigny (42) 129 E2
Balbins (38) 130 D6
Balbronn (67) 50 C5
Baldenheim (67) 71 G3
Baldersheim (68) 89 F1
la Baleine (50) 35 H1
Baleix (64) 182 D1
Balesmes-sur-Marne (52) 86 B1
Balesta (31) 184 A3
Baleyssagues (47) 150 C1
Balgau (68) 71 G6
Balham (51) 46 A1
Balignac (82) 168 B2
Balignicourt (10) 66 D1
Bâlines (27) 40 D4
Balinghem (62) 1 H3
Baliracq-Maumusson (64) ...166 B5
Baliros (64) 182 C2
Balizac (33) 149 G3
Ballainvilliers (91) 42 C5
Ballaison (74) 118 D3
Ballan-Miré (37) 78 D6
Ballancourt-
 -sur-Essonne (91) 63 G1
Ballans (17) 121 H2
Ballay (08) 24 B4
Balleden (87) 110 C5
Balleray (58) 99 E3
Ballersdorf (68) 89 E3
Balléville (88) 69 E2
Ballon (17) 106 D5
Ballon (72) 60 B4
Ballons (26) 159 G5
Ballore (71) 115 G2
Ballots (53) 58 B6
Balloy (77) 64 D2
Balma (31) 169 F5
Balnot-la-Grange (10) 66 C6
Balnot-sur-Laignes (10) 66 D5
Balogna (2A) 204 C5
Balot (21) 84 D4
Balsac (12) 154 B4
Balschwiller (68) 89 E2
Balsièges (48) 156 A4
Baltzenheim (68) 71 G4
Balzac (16) 122 B3
Bambecque (59) 2 C2
Bambiderstroff (57) 49 F1
Ban-de-Laveline (88) 70 D3
Ban-de-Sapt (88) 70 D2
le Ban-Saint-Martin (57) 26 B5
Ban-sur-Meurthe-Clefcy (88)..70 D4
Banassac (48) 155 G4
Banca (64) 180 C3
Bancigny (02) 23 E1
Bancourt (62) 8 C4
Bandol (83) 192 D5
Baneins (01) 116 C5
Baneuil (24) 137 F5
Bangor (56) 72 A3
Banios (65) 183 F4
Banize (23) 125 F2
Bannalec (29) 54 A3
Bannans (25) 103 H4
Bannay (18) 82 B6
Bannay (51) 44 D4
Bannay (57) 49 E1
Banne (07) 157 E4

Bannegon (18) 98 B5
Bannes (46) 139 F6
Bannes (51) 45 E4
Bannes (52) 86 B1
Bannes (53) 59 F5
Banneville-la-Campagne (14)..14 C5
Banneville-sur-Ajon (14) 14 A5
Bannières (81) 169 H5
Bannoncourt (55) 47 G3
Bannost-Villegagnon (77) 44 A5
Banogne-Recouvrance (08)....23 F3
Banon (04) 176 B1
Banos (40) 165 H4
Bans (39) 102 D3
Bansat (63) 127 G6
Bantanges (71) 116 D1
Banteux (59) 8 D4
Banthelu (95) 41 H1
Bantheville (55) 24 D5
Bantigny (59) 8 D3
Bantouzelle (59) 8 D4
Bantzenheim (68) 89 G1
Banvillars (90) 88 C3
Banville (14) 14 B3
Banvou (61) 38 B5
Banyuls-dels-Aspres (66) ...201 E3
Banyuls-sur-Mer (66) 201 G4
Baon (89) 84 B1
Baons-le-Comte (76) 17 E4
Bapaume (62) 8 B4
Bar (39) 139 E1
Bar-le-Duc (55) 47 E4
Bar-lès-Buzancy (08) 24 C4
Bar-sur-Aube (10) 67 F4
le Bar-sur-Loup (06) 178 C4
Bar-sur-Seine (10) 66 D5
Baracé (49) 77 F3
Baraigne (11) 186 A2
Baraize (36) 111 E2
Baralle (62) 8 C3
Baraqueville (12) 154 B5
Barastre (62) 8 C4
Baratier (05) 161 E2
Barbachen (65) 183 F1
Barbaggio (2B) 203 F4
Barbaira (11) 187 F3
Barbaise (08) 24 A2
Barbas (54) 49 G6
Barbaste (47) 150 D6
Barbâtre (85) 90 B1
Barbazan (31) 184 A4
Barbazan-Debat (65) 183 F3
Barbazan-Dessus (65) 183 F3
la Barben (13) 191 H3
Barbentane (13) 174 D3
Barberaz (73) 131 H4
Barberey-Saint-Sulpice (10)...66 A3
Barberier (03) 113 H5
Barbery (21) 85 E6
Barbery (60) 21 E6
Barbeville (14) 13 H5
Barbey (77) 64 C2
Barbey-Seroux (88) 70 C4
Barbezières (16) 122 A1
Barbezieux-
 -Saint-Hilaire (16) 121 H6
Barbières (26) 144 C4
Barbirey-sur-Ouche (21) 101 F1
Barbizon (77) 63 H2
Barbonne-Fayel (51) 44 D6
Barbonville (54) 48 D6
le Barboux (25) 104 C2
Barbuise (10) 65 F1
Barby (08) 23 G3
Barby (73) 131 H4
Barc (27) 40 B2
le Barcarès (66) 201 F1
Barcelonne (26) 144 C5
Barcelonne-du-Gers (32) ...166 C4
Barcelonnette (04) 161 F3
Barchain (57) 49 H5
Barcillonnette (05) 160 A3
Barcugnan (32) 183 G1
Barcus (64) 181 G3
Barcy (77) 43 G2
Bard (42) 129 E4
Bard-le-Régulier (21) 100 D2
Bard-lès-Époisses (21) 84 C4
Bard-lès-Pesmes (70) 86 D6
la Barde (17) 136 A3
Bardenac (16) 136 A1
Bardigues (82) 168 B1
le Bardon (45) 80 C1
Bardos (64) 164 D6
Bardou (24) 137 F6
Bardouville (76) 17 F6
Barèges (65) 183 E6
Bareilles (65) 183 G6
Barembach (67) 71 E1
Baren (31) 184 A6
Barentin (76) 17 F5
Barenton (50) 37 H6
Barenton-Bugny (02) 22 C2
Barenton-Cel (02) 22 C2
Barenton-sur-Serre (02) 22 C2
Barésia-sur-l'Ain (39) 117 G1
Barfleur (50) 13 F1
Bargème (83) 177 H3
Bargemon (83) 178 A4
Barges (21) 85 H6
Barges (43) 142 C6
Barges (70) 87 E1
Bargny (60) 43 G1
Barie (33) 150 A2
les Barils (27) 40 B5
Barinque (64) 182 C1
Barisey-au-Plain (54) 69 E1
Barisey-la-Côte (54) 48 A6
Barisis-aux-Bois (02) 22 A3
Barizey (71) 101 F5
Barjac (09) 184 D4
Barjac (30) 157 F5
Barjac (48) 156 A4
Barjols (83) 193 F1
Barjon (21) 85 G3
Barjouville (28) 62 B2
Barles (04) 160 C4
Barlest (65) 182 D3
Barleux (80) 8 C6
Barlieu (18) 82 A5
Barlin (62) 7 H1
Barly (80) 7 G4
Barly (62) 7 H3
Barmainville (28) 62 D3
Barnas (07) 157 E1
Barnave (26) 159 E1
Barnay (71) 100 D2
Barneville-Carteret (50) 12 B4
Barneville-la-Bertran (14)....15 E3
Barneville-sur-Seine (27) 18 B5
la Baroche-sous-Lucé (61)...38 B6
les Baroches (54) 26 A4
Baromesnil (76) 6 B6
Baron (33) 135 H5
Baron (30) 171 H4
Baron (60) 21 E6
Baron (71) 115 F2
Baron-sur-Odon (14) 14 B5
Baroville (10) 67 E4
Barou-en-Auge (14) 39 E2
Baroville (10) 67 E4
le Barp (33) 149 E1
Barquet (27) 40 C2
Barr (67) 71 F2
Barrais-Bussolles (03) 114 A4
Barran (32) 167 F4
Barrancoueu (65) 183 G6
Barras (04) 160 C6
Barraute-Camu (64) 181 F1
Barraux (38) 145 H1
Barre (81) 171 F4
la Barre (39) 102 D1
la Barre (70) 87 G5
Barre-des-Cévennes (48)....156 B5
la Barre-de-Monts (85) 90 C2
la Barre-de-Semilly (50) 37 G1
Barrême (04) 177 G2
Barret (16) 121 H5
Barret-de-Lioure (26) 159 F6

Barret-sur-Méouge (05) 159 H5
Barretaine (39) 103 E5
Barrettali (2B) 203 F2
Barriac-les-Bosquets (15)....139 H3
Barro (16) 108 D6
Barrou (37) 95 F4
Barry (65) 183 E3
Barry-d'Islemade (82) 169 E1
Bars (24) 137 H3
Bars (32) 167 F6
Barsac (26) 159 E1
Barsac (33) 149 G2
Barst (57) 49 G1
Bart (25) 88 C4
Bartenheim (68) 89 G3
Barthe (65) 183 H2
la Barthe-de-Neste (65) 183 G4
Barthelange (65) 103 F3
les Barthes (82) 168 D1
Bartrès (65) 182 D4
Barville (27) 15 G5
Barville (61) 60 C1
Barville (88) 68 D2
Barville-en-Gâtinais (45) 63 G5
Barzan (17) 120 C5
Barzun (64) 182 D3
Barzy-en-Thiérache (02) 9 G4
Barzy-sur-Marne (02) 44 C2
Bas-en-Basset (43) 142 D1
Bas-et-Lezat (63) 127 G1
Bas-Lieu (59) 10 A4
Bas-Mauco (40) 165 H3
Bascons (40) 166 A3
Bascous (32) 167 E3
Basley (14) 14 B4
Baslieux (54) 25 H3
Baslieux-lès-Fismes (51) 22 C5
Baslieux-sous-Châtillon (51)..45 E1
Basly (14) 14 B4
Bassan (34) 188 C1
Bassanne (33) 150 A2
Basse-Goulaine (44) 74 D5
Basse-Ham (57) 26 C3
Basse-Rentgen (57) 26 C2
Basse-sur-le-Rupt (88) 70 C5
la Basse-Vaivre (70) 69 F6
la Bassée (59) 3 E6
Bassemberg (67) 71 F2
Bassenne (14) 14 C4
Basse-Rentgen (57) 26 C2
Bassens (33) 135 F5
Bassens (73) 131 H4
Basseux (62) 8 A3
Bassevelle (77) 44 B3
Bassignac (15) 140 A1
Bassignac-le-Bas (19) 139 E4
Bassignac-le-Haut (19) 139 G2
Bassillac (24) 137 G3
Bassillon-Vauzé (64) 166 B6
Bassing (57) 49 F3
Bassoles-Aulers (02) 22 A3
Bassoncourt (52) 68 B6
Bassou (89) 83 F1
Bassoues (32) 167 F5
Bassu (51) 46 C3
Bassuet (51) 46 C3
Bassurels (48) 156 B6
Bassussarry (64) 164 B6
Bassy (74) 131 G1
Bastanès (64) 181 G1
Bastelica (2A) 205 E4
Bastelicaccia (2A) 204 C6
Bastennes (40) 165 G4
Bastia (2B) 203 G4
la Bastide (66) 200 D3
la Bastide (83) 178 A3
la Bastide-Clairence (64) 164 C6
la Bastide-de-Besplas (09)...185 E3
la Bastide-
 -de-Bousignac (09) 186 B5
la Bastide-de-Lordat (09) 185 H4
la Bastide-de-Sérou (09) 185 F5
la Bastide-d'Engras (30) 174 B1
la Bastide-
 -des-Jourdans (84) 176 C3
la Bastide-du-Salat (09) 184 C4
la Bastide-l'Évêque (12) 153 H4
la Bastide-Pradines (12) 172 A2
la Bastide-Puylaurent (48)...156 D2
la Bastide-Solages (12) 171 E2
la Bastide-sur-l'Hers (09) ...186 B5
la Bastidonne (84) 176 C4
la Bastie (46) 153 E1
Basville (23) 126 B2
la Bataille (79) 108 B5
Bathelémont (54) 49 E5
Bathernay (26) 144 B2
la Bâthie (73) 132 D4
la Bâtie-Divisin (38) 131 F4
la Bâtie-Montgascon (38) ...131 F3
la Bâtie-Montsaléon (05) 159 H3
la Bâtie-Neuve (05) 160 C2
la Bâtie-Rolland (26) 158 B3
la Bâtie-Vieille (05) 160 C2
les Bâties (70) 87 E4
Batilly (61) 38 D5
Batilly (54) 26 A5
Batilly-en-Gâtinais (45) 63 G5
Batilly-en-Puisaye (45) 82 B3
Bats (40) 166 A4
Batsère (65) 183 G4
Battenans-les-Mines (25) 87 H5
Battenans-Varin (25) 88 B6
Battenheim (68) 89 F1
Battexey (88) 69 F3
Battigny (54) 69 E1
Batz-sur-Mer (44) 73 E5
Batzendorf (67) 51 E4
Baubigny (21) 101 F3
Baubigny (50) 12 B3
la Bauche (73) 131 G5
Baud (56) 55 E4
Baudement (51) 45 E6
Baudemont (71) 115 F4
Baudignan (40) 150 B6
Baudignécourt (55) 47 F6
Baudinard-sur-Verdon (83)...177 F4
Baudoncourt (70) 87 H2
Baudonvilliers (55) 46 D5
Baudre (50) 37 G1
Baudrecourt (52) 67 G2
Baudrecourt (57) 49 E4
Baudreix (64) 182 C2
Baudrémont (55) 47 F3
Baudres (36) 96 C3
Baudreville (28) 62 C3
Baudreville (50) 12 C4
Baudricourt (88) 69 F3
Baudrières (71) 116 C1
Bauduen (83) 177 F4
Baugé-en-Anjou (49) 77 G3
Baugy (18) 98 A2
Baugy (71) 115 F3
Baugy (60) 21 E4
Baulay (70) 87 F2
Baule (45) 80 C2
la Baule-Escoublac (44) 73 F4
Baulme-la-Roche (21) 85 F6
Baulne (91) 63 G1
Baulne-en-Brie (02) 44 C3
Baulny (55) 24 C5
Baulou (09) 185 G5
la Baume (74) 119 E4
la Baume-Cornillane (26) 144 C5
la Baume-de-Transit (26) 158 B4
la Baume-d'Hostun (26) 144 C3
Baume-les-Dames (25) 87 H5
Baume-les-Messieurs (39)...102 D6
Bauné (49) 77 G4
Baupte (50) 12 D5
Bauquay (14) 14 A6
Baurech (33) 135 F6
la Baussaine (35) 56 D1
Bauvin (59) 3 E6

les Baux-de-Provence (13)...191 E2
les Baux-Sainte-Croix (27)....40 D3
Bauzemont (54) 49 E5
Bauzy (41) 80 B4
Bavans (25) 88 C4
Bavay (59) 9 H2
Bavelincourt (80) 7 H5
Bavent (14) 14 C4
Baverans (39) 102 D2
Baville (91) 88 C3
Bavinchove (59) 2 C3
Bavincourt (62) 8 A3
Bax (31) 185 E3
Bay (39) 86 D6
Bay-sur-Aube (52) 86 A2
Bayac (24) 137 F6
Bayard-sur-Marne (52) 47 E6
Bayas (33) 135 H3
Baye (51) 44 D4
Baye (29) 54 A3
Bayecourt (88) 70 A3
Bayel (10) 67 F4
Bayencourt (80) 8 A4
Bayenghem-
 -lès-Éperlecques (62) 2 A3
Bayenghem-
 -lès-Seninghem (62) 1 H4
Bayers (16) 122 C1
Bayet (03) 113 H4
Bayeux (14) 13 H5
Bayon (54) 69 E1
Bayon-sur-Gironde (33) 135 E3
Bayonne (64) 164 B6
Bayons (04) 160 C4
Bayonville (08) 24 B4
Bayonville-sur-Mad (54) 26 A6
Bayonvillers (80) 8 A6
Bazac (16) 136 B2
Bazaiges (36) 111 E2
Bazailles (54) 25 H4
Bazainville (78) 41 G4
Bazancourt (51) 23 E5
Bazancourt (60) 19 H5
Bazarnes (89) 83 G3
Bazas (33) 149 H3
Bazauges (17) 121 H1
Bazegney (88) 69 G3
Bazeilles (08) 24 C2
Bazeilles-sur-Othain (55) 25 F3
Bazelat (23) 111 E3
Bazemont (78) 42 A3
Bazens (47) 150 D5
Bazentin (80) 8 B5
Bazenville (14) 14 A3
Bazet (65) 183 E2
la Bazeuge (87) 110 B4
Bazian (32) 167 F4
Bazicourt (60) 21 E5
Baziège (31) 185 H1
Bazien (88) 70 A2
Bazillac (65) 183 E2
Bazincourt-sur-Epte (27) 19 G5
Bazincourt-sur-Saulx (55) 47 E5
Bazinghen (62) 1 F3
Bazinval (76) 6 B5
la Bazoche-Gouet (28) 61 F4
Bazoches (58) 100 A1
Bazoches-au-Houlme (61)....38 D4
Bazoches-en-Dunois (28) 62 B3
Bazoches-les-Bray (77) 64 D2
Bazoches-
 -les-Gallerandes (45) 63 E4
Bazoches-les-Hautes (28) 62 C4
Bazoches-sur-Guyonne (78)..42 A4
Bazoches-sur-Hoëne (61) 39 H6
Bazoches-sur-le-Betz (45) ...64 C4
Bazoches-sur-Vesles (02) 22 C5
la Bazoge (50) 37 H3
la Bazoge (72) 60 A5
la Bazoge-Montpinçon (53)...59 E3
la Bazoge-du-Désert (35) 58 B1
Bazoges-en-Pareds (85) 92 B6
Bazoges-en-Paillers (85) 92 B6
Bazoilles-et-Ménil (88) 69 F3
Bazoilles-sur-Meuse (88) 68 D3
Bazolles (58) 99 H2
Bazoncourt (57) 26 D6
Bazonville (54) 26 A4
la Bazoque (14) 13 G6
la Bazoque (61) 38 B4
Bazoques (27) 15 H5
Bazordan (65) 183 H3
la Bazouge-
 -de-Chemeré (53) 58 D5
la Bazouge-des-Alleux (53)...58 D4
la Bazouge-du-Désert (35) ...58 B1
Bazougers (53) 59 E5
Bazouges-la-Pérouse (35) ...57 F1
Bazouges-sur-le-Loir (72)....77 F2
Bazuel (59) 9 F4
Bazugues (32) 183 G1
Bazus (31) 169 G4
Bazus-Aure (65) 183 G6
Bazus-Neste (65) 183 G4
le Béage (07) 143 E6
Béalcourt (80) 7 F4
Béalencourt (62) 7 F2
Béard (58) 99 E5
Beaubec-la-Rosière (76) 19 F2
Beaubery (71) 115 G3
Beaubray (27) 40 C3
Beaucaire (30) 174 C4
Beaucaire (32) 167 G3
Beaucamps-le-Jeune (80) ...19 G1
Beaucamps-le-Vieux (80) 19 G2
Beaucamps-Ligny (59) 3 E5
Beaucé (35) 58 A2
Beauchalot (31) 184 C4
Beauchamp (95) 42 C2
Beauchamps (50) 35 H2
Beauchamps (80) 6 C6
Beauchamps-
 -sur-Huillard (45) 63 G6
Beauchastel (07) 144 A6
Beauche (28) 40 D4
Beauchemin (52) 86 A1
Beauchêne (41) 79 E1
Beauchêne (61) 38 A4
Beauchery-
 -Saint-Martin (77) 44 B6
Beauclair (55) 24 D4
Beaucoudray (50) 37 F2
Beaucourt (90) 88 D4
Beaucourt-en-Santerre (80)...20 D1
Beaucourt-sur-l'Ancre (80)....8 A5
Beaucourt-sur-l'Hallue (80)...7 H5
Beaucouzé (49) 76 D4
Beaucroissant (38) 145 E1
Beaudéan (65) 183 F4
Beaudignies (59) 9 G3
Beaudricourt (62) 7 G3
Beaufai (61) 39 H5
Beaufay (72) 60 B4
Beauficel (50) 37 H4
Beauficel-en-Lyons (27) 19 F4
Beaufin (38) 146 A6
Beaufort (31) 184 D1
Beaufort (73) 133 E4
Beaufort (34) 187 H2
Beaufort (39) 117 F1
Beaufort (38) 130 D6
Beaufort (59) 9 G3
Beaufort-Blavincourt (62) 7 H2
Beaufort-en-Argonne (55) ...24 D4
Beaufort-en-Santerre (80) ...20 D1
Beaufort-en-Vallée (49) 77 G4
Beaufort-sur-Gervanne (26)..144 C5
Beaufou (85) 91 G3
Beaufour-Druval (14) 15 E4
Beaufremont (88) 68 D3
Beaugas (47) 151 F3
Beaugeay (17) 120 C2
Beaugency (45) 80 C2
Beaugies-sous-Bois (60) 21 G2
Beaujeu (04) 160 C5
Beaujeu (69) 116 A5
Beaujeu-Saint-Vallier-
 -Pierrejux-et-Quitteur (70)...86 D4
Beaulandais (61) 38 C6
Beaulencourt (62) 8 B4

Beaulieu (07) 157 F4
Beaulieu (14) 37 H3
Beaulieu (15) 126 B6
Beaulieu (21) 85 F2
Beaulieu (34) 173 G4
Beaulieu (36) 110 C3
Beaulieu (38) 145 E2
Beaulieu (43) 142 C3
Beaulieu (58) 99 G5
Beaulieu (61) 40 B5
Beaulieu (63) 127 H6
Beaulieu-en-Argonne (55) ...46 D2
Beaulieu-les-Fontaines (60)...21 F2
Beaulieu-lès-Loches (37) 95 F2
Beaulieu-sous-la-Roche (85)..91 F4
Beaulieu-sous-
 -Parthenay (79) 108 A1
Beaulieu-sur-Dordogne (19)..139 E4
Beaulieu-sur-Layon (49) 76 D6
Beaulieu-sur-Loire (45) 82 B3
Beaulieu-sur-Mer (06) 195 F3
Beaulieu-sur-Oudon (53) 58 B5
Beaulieu-sur-Sonnette (16)...122 D1
Beaulon (03) 114 C1
Beaumais (14) 39 E3
Beaumarchés (32) 167 E5
Beaumat (46) 138 D4
la Beaume (05) 159 G2
Beaumé (02) 10 C6
Beauménil (88) 70 B4
Beaumerie-Saint-Martin (62)...6 D2
Beaumes-de-Venise (84) 158 C6
Beaumesnil (14) 37 G3
Beaumesnil (27) 40 B2
Beaumettes (84) 175 G3
Beaumetz (80) 7 F4
Beaumetz-lès-Aire (62) 2 A6
Beaumetz-lès-Cambrai (62)....8 C4
Beaumetz-lès-Loges (62) 8 A3
Beaumont (19) 125 E6
Beaumont (32) 167 E2
Beaumont (43) 141 G4
Beaumont (54) 48 A4
Beaumont (63) 127 F3
Beaumont (74) 118 B5
Beaumont (89) 83 F1
Beaumont-
 -de-Lomagne (82) 168 C3
Beaumont-de-Pertuis (84)....176 C4
Beaumont-du-Gâtinais (77)...63 G4
Beaumont-du-Lac (87) 125 F3
Beaumont-du-Périgord (24)..137 F6
Beaumont-du-Ventoux (84)...158 D6
Beaumont-en-Argonne (08)...24 C3
Beaumont-en-Auge (14) 15 E4
Beaumont-en-Beine (02) 21 H2
Beaumont-en-
 -Cambrésis (59) 9 F4
Beaumont-en-Diois (26) 159 F2
Beaumont-en-Verdunois (55)...25 F6
Beaumont-en-Véron (37) 94 B1
Beaumont-Hague (50) 12 B2
Beaumont-Hamel (80) 8 A4
Beaumont-la-Ferrière (58) ...98 D2
Beaumont-la-Ronce (37) 78 D4
Beaumont-le-Hareng (76) ...17 H4
Beaumont-le-Roger (27) 40 B2
Beaumont-les-Autels (28) 61 F3
Beaumont-les-Nonains (60)...20 A5
Beaumont-lès-Randan (63)...127 G1
Beaumont-lès-Valence (26)...144 B5
Beaumont-Monteux (26) 144 B3
Beaumont-
 -Pied-de-Bœuf (72) 59 E6
Beaumont-
 -Pied-de-Bœuf (53) 59 F6
la Bazoge-Sardolles (58) 99 F4
Beaumont-sur-Dême (72) 78 D2
Beaumont-sur-Grosne (71)...101 G6
Beaumont-sur-Lèze (31) 185 F2
Beaumont-sur-Oise (95) 42 C1
Beaumont-sur-Sarthe (72) ...60 A4
Beaumont-sur-Vesle (51) 45 G1
Beaumont-
 -sur-Vingeanne (21) 86 B5
Beaumont-Village (37) 95 H2
Beaumontel (27) 40 B2
Beaumotte-Aubertans (70)...87 G5
Beaumotte-lès-Pin (70) 87 E6
Beaune (21) 101 G3
Beaune-d'Allier (03) 113 E4
Beaune-la-Rolande (45) 63 G5
Beaune-sur-Arzon (43) 142 B2
Beaunotte (21) 85 F3
Beaupont (01) 117 E3
Beaupouget (24) 138 C4
Beaupréau (49) 75 G5
Beaupuy (32) 169 E3
Beaupuy (31) 168 C5
Beaupuy (47) 150 C2
Beaupuy (82) 168 D3
Beauquesne (80) 7 G4
Beaurain (59) 9 F3
Beaurains (62) 8 A3
Beaurains-lès-Noyon (60) 21 G3
Beaurainville (62) 6 D2
Beaurecueil (13) 192 B3
Beauregard (01) 116 C6
Beauregard (46) 153 E4
Beauregard-Baret (26) 144 C4
Beauregard-
 -de-Terrasson (24) 138 A3
Beauregard-et-Bassac (24)...137 E4
Beauregard-l'Évêque (63) ...127 G3
Beauregard-Vendon (63) 127 F1
Beaurepaire (60) 20 D6
Beaurepaire (76) 16 B5
Beaurepaire (85) 92 A3
Beaurepaire (38) 144 C1
Beaurepaire-en-Bresse (71)..102 C6
Beaurepaire-sur-Sambre (59)..9 H4
Beaurières (26) 159 G2
Beaurieux (02) 22 D5
Beaurieux (59) 10 B4
Beauronne (24) 136 D3
Beausemblant (26) 144 A2
Beausite (55) 47 E3
Beausoleil (06) 195 F3
Beaussac (24) 123 E5
Beaussais-Vitré (79) 108 B4
Beaussault (76) 19 F2
Beausse (49) 75 H4
le Beausset (83) 192 D4
Beauteville (31) 185 H2
Beautheil (77) 43 H5
Beautiran (33) 149 G1
Beautor (02) 22 B2
Beautot (76) 17 G4
Beauvain (61) 38 C5
Beauval (80) 7 G4
Beauval-en-Caux (76) 17 G4
Beauvais (60) 20 B4
Beauvais-sur-Matha (17) 121 H2
Beauvais-sur-Tescou (81)....169 G3
Beauval (80) 7 G4
Beauvau (49) 77 F3
Beauvène (07) 143 G5
Beauvernois (71) 102 C5
Beauvezer (04) 161 F5
Beauville (31) 186 A1
Beauville (47) 151 G5
Beauvilliers (28) 62 C3
Beauvilliers (41) 80 A1
Beauvilliers (89) 84 B4
Beauvoir (77) 43 H4
Beauvoir (89) 83 E2
Beauvoir (50) 35 G4
Beauvoir (60) 20 D3
Beauvoir-de-Marc (38) 130 C5
Beauvoir-en-Lyons (76) 19 F4
Beauvoir-en-Royans (38) 144 D2
Beauvoir-sur-Mer (85) 90 C2
Beauvoir-sur-Niort (79) 107 H4
Beauvoir-Wavans (62) 7 F3
Beauvois (62) 7 F2
Beauvois-en-Cambrésis (59)..9 E3
Beauvois-en-Vermandois (02)..8 C6

Beauvoisin (26) 159 E5
Beauvoisin (30) 174 A4
Beaux (43) 142 D2
Beauzac (43) 142 C2
Beauzelle (31) 169 E5
Beauziac (47) 150 B4
Bébing (57) 49 H4
Beblenheim (68) 71 H4
Bec-de-Mortagne (76) 16 C4
le Bec-Hellouin (27) 18 A6
le Bec-Thomas (27) 18 C6
Beccas (32) 183 F1
Béceleuf (79) 107 G2
Béchamps (54) 25 H6
Bécherel (35) 56 D1
Bécheresse (16) 122 B5
Béchy (57) 48 D2
Bécon-les-Granits (49) 75 H3
Bécordel-Bécourt (80) 8 A5
Bécourt (62) 1 G5
Becquigny (02) 9 F5
Becquigny (80) 21 E2
Bédarieux (34) 172 B5
Bédarrides (84) 175 E1
Beddes (18) 112 A1
Bédéchan (32) 168 B5
Bédée (35) 56 D2
Bédeilhac-et-Aynat (09) 185 G6
Bédeille (09) 184 D4
Bédeille (64) 182 D2
Bedenac (17) 135 G2
Bédoin (84) 158 D6
Bédouès (48) 156 B4
Bedous (64) 182 A5
Béduer (46) 153 G2
Beffes (18) 98 C3
Beffia (39) 117 F2
Beffu-et-le-Morthomme (08) 24 C5
Bégaar (40) 165 F3
Bégadan (33) 120 C6
Béganne (56) 73 G1
Bégard (22) 32 D3
Bègles (33) 135 E5
Begnécourt (88) 69 G4
Bégole (65) 183 G3
Bégrolles-en-Mauges (49) 75 G6
la Bégude-de-Mazenc (26) 158 C2
Bègues (03) 113 G5
Béguey (33) 149 G1
Béguios (64) 181 E1
Béhagnies (62) 8 B3
Béhasque-Lapiste (64) 181 F1
Béhen (80) 6 D4
Béhéricourt (60) 21 G3
Behonne (55) 47 E3
Béhorléguy (64) 181 E3
Behoust (78) 41 H4
Behren-lès-Forbach (57) 27 G5
Béhuard (49) 76 D5
Beignon (56) 56 C4
Beillé (72) 60 C5
Beine (89) 83 G2
Beine-Nauroy (51) 23 F6
Beinheim (67) 51 G3
Beire-le-Châtel (21) 86 A5
Beire-le-Fort (21) 102 B1
Beissat (23) 125 H3
Bélâbre (36) 110 B2
Belan-sur-Ource (21) 67 E6
Bélarga (34) 172 D6
Bélaye (46) 152 B3
Belberaud (31) 169 G6
Belbeuf (76) 18 D5
Belbèze-de-Lauragais (31) 185 G1
Belbèze-en-Comminges (31) 184 D4
Belbèze-en-Lomagne (82) 168 C3
Belcaire (11) 199 G1
Belcastel (12) 154 A4
Belcastel (81) 169 H5
Belcastel-et-Buc (11) 187 E5
Belcodène (13) 192 C2
Bélesta (09) 186 B6
Bélesta (66) 200 D2
Bélesta-en-Lauragais (31) 186 A1
Beleymas (24) 137 E4
Belfahy (70) 88 B1
Belfays (25) 88 D6
Belflou (11) 186 A2
Belfonds (61) 39 F6
Belfort (90) 88 C3
Belfort-du-Quercy (46) 152 D5
Belfort-sur-Rebenty (11) 199 H1
Belgeard (53) 59 E3
Belgentier (83) 193 F4
Belgodère (2B) 202 D5
Belhade (40) 149 E4
Belhomert-Guéhouville (28) 61 G1
le Bélieu (25) 104 C2
Bélignaux (01) 130 C2
Belin-Béliet (33) 148 D2
Bélis (40) 166 A1
Bellac (87) 110 B5
Bellaffaire (04) 160 C3
Bellaing (59) 9 F2
Bellancourt (80) 7 E4
Bellange (57) 49 F3
Bellavilliers (61) 60 C2
le Bellay-en-Vexin (95) 42 A1
Belle-Église (60) 42 C1
Belle-et-Houllefort (62) 1 F4
Belle-Isle-en-Terre (22) 32 C4
Belleau (02) 44 B2
Belleau (54) 48 C4
Bellebat (33) 135 H6
Bellebrune (62) 1 G4
Bellechassagne (19) 125 H4
Bellechaume (89) 65 G5
Bellecombe (39) 118 A3
Bellecombe- en-Bauges (73) 132 B3
Bellecombe-Tarendol (26) 159 E4
Bellefond (21) 85 H5
Bellefond (33) 135 H6
Bellefonds (86) 94 D6
Bellefontaine (39) 118 B1
Bellefontaine (50) 37 H4
Bellefontaine (88) 69 H5
Bellefontaine (95) 42 D2
Bellefosse (67) 71 E1
Bellegarde (30) 174 C4
Bellegarde (32) 184 A1
Bellegarde (45) 63 G6
Bellegarde (81) 170 D3
Bellegarde-du-Razès (11) 186 C4
Bellegarde-en-Diois (26) 159 F2
Bellegarde-en-Forez (42) 129 E4
Bellegarde-en-Marche (23) 125 H1
Bellegarde-Poussieu (38) 130 B6
Bellegarde- Sainte-Marie (31) 168 D5
Bellegarde- sur-Valserine (01) 117 H5
Belleherbe (25) 88 B6
Bellemagny (68) 89 E2
Bellême (61) 60 D2
Bellenaves (03) 113 G5
Bellencombe (76) 17 H4
Bellengreville (14) 38 D1
Bellengreville (76) 17 H2
Bellenod-sur-Seine (21) 85 E3
Bellenot- sous-Pouilly (21) 101 E1
Bellentre (73) 133 E4
Belleray (55) 47 F1
Bellerive-sur-Allier (03) 114 A6
Belleroche (42) 115 G5
Belles-Forêts (57) 49 H4
Belleserre (81) 170 B6
Bellesserre (31) 168 D4
Belleu (02) 22 B5
Belleuse (80) 20 B2
Bellevaux (74) 119 E4
Bellevesvre (71) 102 C5
Belleville (54) 48 C4
Belleville (69) 116 B6
Belleville (79) 107 G5
Belleville-en-Caux (76) 17 G4

Belleville-et- Châtillon-sur-Bar (08) 24 B4
Belleville-sur-Loire (18) 82 B4
Belleville-sur-Mer (76) 17 H1
Bellevue-la-Montagne (43) 142 B2
Belley (01) 131 F3
Belleydoux (01) 117 H4
Bellicourt (02) 9 E5
la Bellière (61) 39 E5
la Bellière (76) 19 F3
Bellignat (01) 117 G4
Belligné (44) 76 B4
Bellignies (59) 9 H2
la Belliole (89) 64 D4
Belloc (09) 186 B5
Belloc-Saint-Clamens (32) 183 H1
Bellocq (64) 165 F5
Bellon (16) 136 B1
Bellone (62) 8 C2
Bellot (77) 44 B4
Bellou (14) 15 F6
Bellou-en-Houlme (61) 38 B5
Bellou-le-Trichard (61) 60 D3
Bellou-sur-Huisne (61) 61 E2
Belloy (60) 21 E3
Belloy-en-France (95) 42 D2
Belloy-en-Santerre (80) 8 B6
Belloy-Saint-Léonard (80) 6 D6
Belloy-sur-Somme (80) 7 F5
la Belle (17) 121 F5
Belmesnil (76) 17 G3
Belmont (25) 104 A1
Belmont (32) 167 F4
Belmont (38) 131 E5
Belmont (39) 102 D3
Belmont (52) 86 C2
Belmont (67) 71 E1
Belmont (70) 88 A1
Belmont-Bretenoux (46) 139 F5
Belmont-d'Azergues (69) 129 H2
Belmont-de-la-Loire (42) 115 G5
Belmont-lès-Darney (88) 69 F5
Belmont-Luthézieu (01) 131 F2
Belmont-Sainte-Foi (46) 153 E5
Belmont-sur-Buttant (88) 70 B3
Belmont-sur-Rance (12) 171 G3
Belmont-sur-Vair (88) 69 E3
Belmont-Tramonet (73) 131 F5
Belmontet (46) 152 A4
Belonchamp (70) 88 B2
Belpech (11) 186 A3
Belrain (55) 47 F3
Belrupt (88) 69 F5
Belrupt-en-Verdunois (55) 47 G1
Bélus (40) 165 E5
Belval (08) 24 A1
Belval (50) 37 E1
Belval (88) 70 D1
Belval-Bois-des-Dames (08) 24 C4
Belval-en-Argonne (51) 46 D3
Belval-sous-Châtillon (51) 45 E1
Belvédère (06) 179 E1
Belvédère-Campomoro (2A) 206 C3
Belverne (70) 88 B3
Belvès (24) 137 H6
Belvès-de-Castillon (33) 136 A5
Belvèze (82) 152 A4
Belvèze-du-Razès (11) 186 C4
Belvézet (30) 174 B1
Belvianes-et-Cavirac (11) 200 A1
Belvis (11) 199 H1
Belvoir (25) 88 B5
Belz (56) 54 D6
Bémécourt (27) 40 C4
Bénac (09) 185 G5
Bénac (65) 183 E3
Benagues (09) 185 H4
Bénais (37) 78 A6
Bénaix (09) 186 B6
Bénaménil (54) 49 H6
Bénarville (76) 16 D4
Benassay (86) 108 C1
la Bénate (17) 107 G6
Benay (02) 22 A1
Benayes (19) 124 C5
Bendejun (06) 195 F2
Bendorf (68) 89 F4
Bénéjacq (64) 182 C3
Benerville-sur-Mer (14) 15 E3
Bénesse-lès-Dax (40) 165 E4
Bénesse-Maremne (40) 164 C4
Benest (16) 109 F6
Bénestroff (57) 49 G3
Bénesville (76) 17 F3
Benet (85) 107 G3
Bénévent-l'Abbaye (23) 111 E5
Beney-en-Woëvre (55) 48 A3
Benfeld (67) 71 G2
Bengy-sur-Craon (18) 98 B3
Bénifontaine (62) 3 E6
Béning-lès-Saint-Avold (57) 49 G1
la Bénisson-Dieu (42) 115 E5
Bénivay-Ollon (26) 158 D5
Bennecourt (78) 41 G2
Bennetot (76) 16 D4
Benney (54) 69 G1
Bennwihr (68) 71 F4
Bénodet (29) 53 F4
Benoisey (21) 84 D4
Benoîtville (50) 12 B3
Benon (17) 107 E4
Bénonces (01) 131 E2
Bénouville (14) 16 C3
Benque (31) 184 C3
Benqué (65) 183 G4
Benque-Dessous- et-Dessus (31) 197 F1
Benquet (40) 166 A3
Bentayou-Sérée (64) 182 D1
Bény (01) 117 E4
le Bény-Bocage (14) 37 H2
Bény-sur-Mer (14) 16 C3
Béon (01) 131 G2
Béon (89) 65 E6
Béost (64) 182 B5
Bérat (31) 185 E2
Béraut (32) 167 G2
Berbérust-Lias (65) 182 D4
Berbezit (43) 142 A2
Berbiguières (24) 137 H6
Bercenay-en-Othe (10) 65 H4
Bercenay-le-Hayer (10) 65 G3
Berche (25) 88 C4
Berchères-les-Pierres (28) 62 B2
Berchères- Saint-Germain (28) 62 B1
Berchères-sur-Vesgre (28) 41 G4
Berck (62) 6 C1
Bercloux (17) 121 F2
Berd'huis (61) 61 E2
Berdoues (32) 167 G6
Bérengeville- la-Campagne (27) 40 D1
Berentzwiller (68) 89 G3
Bérenx (64) 165 F6
Bérézat (01) 116 C3
Berfay (72) 61 E4
Berg (67) 50 A3
Berg-sur-Moselle (57) 26 C2
Bergbieten (67) 50 D6
Bergerac (24) 136 D5
Bergères (10) 67 E4
Bergères-lès-Vertus (51) 45 F4
Bergères-sous- Montmirail (51) 44 C4
Bergesserin (71) 115 H3
Bergheim (68) 71 F3
Bergholtz (68) 71 E6
Bergholtzzell (68) 71 E6
Bergicourt (80) 20 B2
Bergnicourt (08) 23 G4
Bergonne (63) 127 F5
Bergouey (40) 165 G4
Bergouey-Viellenave (64) 165 E6

Bergueneuse (62) 2 B6
Bergues (59) 2 C3
Bergues-sur-Sambre (02) 9 G5
Berhet (22) 32 D2
Bérig-Vintrange (57) 49 F2
Bérigny (50) 13 G6
Berjou (61) 38 B3
Berlaimont (59) 9 H3
Berlancourt (02) 22 D1
Berlancourt (60) 21 G2
Berlats (81) 171 E4
Berlencourt-le-Cauroy (62) 7 H2
Berles-au-Bois (62) 8 A3
Berles-Monchel (62) 7 H2
la Berlière (08) 24 C3
Berling (57) 50 B4
Berlise (02) 23 F2
Berlou (34) 188 A1
Bermerain (59) 9 F3
Berméricourt (51) 23 E5
Bermeries (59) 9 H2
Bermering (57) 49 F3
Bermicourt (62) 7 F1
Bermont (90) 88 C3
Bermonville (76) 18 A2
Bernac (16) 108 D6
Bernac (81) 170 B2
Bernac-Debat (65) 183 E3
Bernac-Dessus (65) 183 E3
Bernadets (64) 182 C1
Bernadets-Debat (65) 183 G2
Bernadets-Dessus (65) 183 G3
le Bernard (85) 91 F6
la Bernardière (85) 91 H1
Bernardswiller (67) 71 G1
Bernardvillé (67) 71 F2
Bernâtre (80) 7 F3
Bernaville (80) 7 F4
Bernay (27) 15 H5
Bernay-en-Champagne (72) 59 H5
Bernay-en-Ponthieu (80) 6 D2
Bernay-Saint-Martin (17) 107 G6
Bernay-Vilbert (77) 43 G5
Berné (56) 54 C3
Bernécourt (54) 48 A4
Bernède (32) 166 C4
la Bernerie-en-Retz (44) 73 H6
Bernes (80) 8 D6
Bernes-sur-Oise (95) 42 C1
Bernesq (14) 13 G5
Berneuil (17) 121 E4
Berneuil (80) 7 F4
Berneuil (87) 110 B6
Berneuil-en-Bray (60) 20 A5
Berneuil-sur-Aisne (60) 21 G4
Berneval-le-Grand (76) 17 H1
Bernex (74) 119 F3
Berneville (27) 40 D2
Bernières (76) 15 H1
Bernières-d'Ailly (14) 39 E2
Bernières-le-Patry (14) 38 A4
Bernières-sur-Mer (14) 14 B3
Bernières-sur-Seine (27) 19 E6
Bernieulles (62) 1 G6
Bernin (38) 145 H1
Bernis (30) 174 A4
Bernolsheim (67) 51 E4
Bernon (10) 66 A6
Bernos-Beaulac (33) 149 H4
Bernot (02) 9 F6
Bernouil (89) 84 A1
Bernouville (27) 19 G5
Bernwiller (68) 89 E2
Berny-en-Santerre (80) 8 B6
Berny-Rivière (02) 21 H5
Bérou-la-Mulotière (28) 40 D5
Berrac (32) 167 H1
Berre-les-Alpes (06) 195 F2
Berre-l'Étang (13) 175 G6
Berrias-et-Casteljau (07) 157 F4
Berric (56) 73 F1
Berrie (86) 93 H2
Berrien (29) 32 A5
Berrieux (02) 22 D4
Berrogain-Laruns (64) 181 G2
Berru (51) 23 F6
Berrwiller (68) 89 E1
Berry-au-Bac (02) 22 D5
Berry-Bouy (18) 97 G2
le Bersac (05) 159 H3
Bersac-sur-Rivalier (87) 110 D6
Bersaillin (39) 102 D4
Bersée (59) 3 G6
Bersillies (59) 10 A2
Berson (33) 135 E3
Berstett (67) 51 E5
Berstheim (67) 51 E4
Bert (03) 114 C4
Bertangles (80) 7 G5
Bertaucourt-Epourdon (02) 22 A3
Berteaucourt-les-Dames (80) 7 F4
Berteaucourt- lès-Thennes (80) 20 D1
Berthecourt (60) 20 B5
Berthegon (86) 94 B4
Berthelange (25) 103 E1
Berthelming (57) 49 H4
Berthen (59) 2 D4
Berthenay (37) 78 C6
Berthenicourt (02) 22 A1
la Berthenoux (36) 97 E6
Berthez (33) 150 A3
Bertholène (12) 154 D4
Berthouville (27) 15 H5
Bertignat (63) 128 B4
Bertignolles (10) 66 D5
Bertincourt (62) 8 C4
Bertoncourt (08) 23 G3
Bertrambois (54) 49 H5
Bertrancourt (80) 7 H4
Bertrange (57) 26 B4
Bertre (81) 170 A5
Bertren (65) 184 A5
Bertreville (76) 16 D3
Bertreville-Saint-Ouen (76) 17 G3
Bertric-Burée (24) 136 D1
Bertrichamps (54) 70 C1
Bertricourt (02) 23 E5
Bertrimont (76) 17 G4
Bertrimoutier (88) 70 D3
Bertry (59) 9 F4
Béru (89) 84 A2
Béruges (86) 108 D1
Bérulle (10) 65 G4
Bérus (72) 60 A2
Berville (76) 17 F4
Berville (95) 42 B1
Berville-en-Roumois (27) 18 B5
Berville-la-Campagne (27) 40 C2
Berville-sur-Mer (27) 15 G2
Berville-sur-Seine (76) 17 H6
Berviller-en-Moselle (57) 27 E4
Berzé-la-Ville (71) 116 A3
Berzé-le-Châtel (71) 116 A3
Berzème (07) 157 H2
Berzieux (51) 46 C1
Berzy-le-Sec (02) 22 A5
la Besace (08) 24 C3
Besain (39) 103 E5
Besançon (25) 103 G1
Bésayes (26) 144 C4
Bescat (64) 182 B3
Bésignan (26) 159 E4
Bésingrand (64) 182 A1
Beslon (50) 37 F3
Besmé (02) 21 H3
Besmont (02) 10 B5
Besnans (70) 87 G5
Besné (44) 73 H3
Besneville (50) 12 C4
Besny-et-Loizy (02) 22 C3
Bessac (16) 122 A6
Bessais-le-Fromental (18) 98 B6
Bessamorel (43) 142 D3
Bessan (34) 188 D2

Bessancourt (95) 42 C2
Bessans (73) 147 G1
Le Bessat (42) 143 G1
Bessay (85) 106 C1
Bessay-sur-Allier (03) 113 H3
Besse (15) 140 A3
Besse (16) 122 B1
Besse (24) 152 A1
Besse (38) 146 B3
Besse-et- Saint-Anastaise (63) 127 E5
Besse-sur-Braye (72) 79 E1
Besse-sur-Issole (83) 193 G3
Bessède-de-Sault (11) 200 A1
Bessèges (30) 157 E5
Bessenay (69) 129 G3
Bessens (82) 169 E3
Besset (09) 186 A4
Bessey (42) 129 H6
Bessey-en-Chaume (21) 101 F2
Bessey-la-Cour (21) 101 F2
la Besseyre-Saint-Mary (43) 141 H4
Bessières (31) 169 G3
Bessines (79) 107 G3
Bessines-sur-Gartempe (87) 110 D6
Bessins (38) 144 D2
Besson (03) 113 H2
Bessoncourt (90) 88 D3
Bessonies (46) 139 G6
les Bessons (48) 141 G6
Bessuéjouls (12) 154 D3
Bessy (10) 66 A1
Bessy-sur-Cure (89) 83 G3
Bestiac (09) 199 F1
Bétaille (46) 139 E5
Betaucourt (70) 87 E1
Betbeze (65) 184 A2
Betbezer-d'Armagnac (40) 166 C2
Betcave-Aguin (32) 184 B1
Betchat (09) 184 D4
Bétête (23) 111 H3
Béthancourt-en-Valois (60) 21 F6
Béthancourt-en-Vaux (02) 21 H3
Béthelainville (55) 47 E1
Béthemont-la-Forêt (95) 42 C2
Béthencourt (59) 9 F4
Béthencourt-sur-Mer (80) 6 B4
Béthencourt-sur-Somme (80) 21 G1
Bétheniville (51) 23 G5
Bétheny (51) 23 E6
Béthines (86) 110 A2
Béthisy-Saint-Martin (60) 21 F6
Béthisy-Saint-Pierre (60) 21 F5
Bethmale (09) 184 D6
Bethon (51) 44 D6
Béthon (72) 60 A2
Bethoncourt (25) 88 C4
Béthonsart (62) 7 H1
Béthonvilliers (28) 61 F4
Bethonvilliers (90) 88 D2
Béthune (62) 2 D6
Bétignicourt (10) 66 D2
Beton-Bazoches (77) 44 B5
Betoncourt-lès-Brotte (70) 87 H2
Betoncourt- Saint-Pancras (70) 69 G6
Betoncourt-sur-Mance (70) 86 D1
Bétous (32) 166 D3
Betplan (32) 183 F1
Betpouey (65) 183 E6
Betpouy (65) 183 H2
Bétracq (64) 166 D6
Betschdorf (67) 51 F2
Bettainvillers (54) 26 A4
Bettancourt-la-Ferrée (52) 46 D5
Bettancourt-la-Longue (51) 46 C4
Bettange (57) 26 C3
Bettant (01) 130 D1
Bettborn (57) 50 A4
Bettegney-Saint-Brice (88) 69 G3
Bettelainville (57) 26 C4
Bettembos (80) 19 H1
Bettencourt-Rivière (80) 7 F5
Bettencourt-Saint-Ouen (80) 7 F5
Bettendorf (68) 89 F3
Bettes (65) 183 F4
Betteville (76) 17 F5
Bettignies (59) 10 A2
Betting (57) 49 G1
Bettlach (68) 89 G4
Betton (35) 57 F2
Betton-Bettonet (73) 132 B5
Bettoncourt (88) 69 G2
Bettrechies (59) 9 G2
Bettviller (57) 50 B2
Bettwiller (67) 50 B3
Betz (60) 43 G1
Betz-le-Château (37) 95 F3
Beugin (62) 7 H1
Beugnâtre (62) 8 B4
Beugneux (02) 22 B6
Beugnies (59) 10 A4
le Beugnon (79) 107 H1
Beugny (62) 8 C4
Beuil (06) 161 H6
le Beulay (88) 70 D2
Beulotte-Saint-Laurent (70) 88 B1
Beure (25) 103 F1
Beurey (10) 66 D3
Beurey-Bauguay (21) 100 D1
Beurey-sur-Saulx (55) 46 D4
Beurières (63) 128 B6
Beurizot (21) 84 D6
Beurlay (17) 120 D2
Beurville (52) 67 F3
Beussent (62) 1 G6
Beuste (64) 182 C3
Beutal (25) 88 B4
Beutin (62) 1 F6
Beuvardes (02) 44 C1
Beuveille (54) 25 G4
Beuvillers (14) 15 F5
Beuvillers (54) 26 A3
Beuvrages (59) 9 F2
Beuvraignes (80) 21 F2
Beuvron (58) 83 F5
Beuvron-en-Auge (14) 14 D4
Beuvry (62) 2 D6
la Beuvry-la-Forêt (59) 9 E1
Beux (57) 26 C6
Beuxes (86) 94 A2
Beuzec-Cap-Sizun (29) 52 D2
Beuzeville (27) 15 G3
Beuzeville-au-Plain (50) 13 E4
Beuzeville-la-Bastille (50) 12 D4
Beuzeville-la-Grenier (76) 16 C4
Beuzeville-la-Guérard (76) 16 D3
Beuzevillette (76) 16 D4
Bévenais (38) 131 E6
Beveuge (70) 88 A4
Béville-le-Comte (28) 62 C2
Bévillers (59) 9 F3
Bevons (04) 160 A6
Bévy (21) 101 G1

Bézac (09) 185 G6
Bézalles (77) 44 A5
Bézancourt (76) 19 F4
Bézange-la-Grande (54) 49 E4
Bézange-la-Petite (57) 49 F4
Bezannes (51) 23 E6
Bezaudun-les-Alpes (06) 195 E2
Bézaudun-sur-Bîne (26) 158 D2
Bezaumont (54) 48 C3
Bèze (21) 86 A5
Bézenac (24) 137 H5
Bézenet (03) 113 E4
Bézéril (32) 168 B6
Béziers (34) 188 C2
Bezinghem (62) 1 G5
Bezins-Garraux (31) 184 A5
la Bezole (11) 186 C5
Bezolles (32) 167 F3
Bezons (95) 42 C3
Bezonvaux (55) 25 F6
Bezouce (30) 174 C3
Bézouotte (21) 86 B5
Bézu-la-Forêt (27) 19 G4
Bézu-le-Guéry (02) 44 A2
Bézu-Saint-Éloi (27) 19 G5
Bézu-Saint-Germain (02) 44 B1
Bézues-Bajon (32) 184 A1
Biache-Saint-Vaast (62) 8 C2
Biaches (80) 8 C6
Bians-les-Usiers (25) 103 H3
Biard (86) 109 E1
Biarne (39) 102 C2
Biarre (80) 21 F2
Biarritz (64) 164 B5
Biarrotte (40) 164 C5
Biars-sur-Cère (46) 139 E5
Bias (40) 148 A5
Bias (47) 151 F4
Biaudos (40) 164 C5
Bibiche (57) 26 D3
Biblisheim (67) 51 E3
Bibost (69) 129 G3
Bichancourt (02) 21 H3
Biches (58) 99 G3
Bickenholtz (57) 50 B4
Bicqueley (54) 48 B6
Bidache (64) 164 D6
Bidarray (64) 180 D2
Bidart (64) 164 A6
Bidestroff (57) 49 G3
Biding (57) 49 G1
Bidon (07) 157 H4
Bidos (64) 182 A3
Biécourt (88) 69 E3
Biederthal (68) 89 G4
Bief (25) 88 C5
Bief-des-Maisons (39) 103 G6
Bief-du-Fourg (39) 103 G5
Biefmorin (39) 102 D4
Biefvillers-lès-Bapaume (62) 8 B4
Bielle (64) 182 B4
Biencourt (80) 6 C5
Biencourt-sur-Orge (55) 47 F6
Bienville (60) 21 E4
Bienville-la-Petite (54) 49 E5
Bienvillers-au-Bois (62) 8 A3
Biermes (08) 23 G4
Biermont (60) 21 E3
Bierné (53) 77 E1
Bierne (59) 2 C3
Bierre-lès-Semur (21) 84 C5
Bierry- les-Belles-Fontaines (89) 84 B4
Biert (09) 185 F6
Bierville (76) 17 H5
Biesheim (68) 71 G5
Biesles (52) 68 A5
Bietlenheim (67) 51 E4
Bieujac (33) 150 A2
Bieuxy (02) 22 A4
Bieuzy (56) 55 E3
Biéville (50) 37 H1
Biéville-Beuville (14) 14 C4
Biéville-Quétiéville (14) 39 E1
Bièvres (02) 22 C4
Bièvres (08) 24 D3
Bièvres (91) 42 C5
Biffontaine (88) 70 C3
Biganos (33) 148 C1
Bignan (56) 55 G4
Bignay (17) 121 F1
la Bigne (14) 38 A2
Bignicourt (08) 23 H5
Bignicourt-sur-Marne (51) 46 C5
Bignicourt-sur-Saulx (51) 46 C4
le Bignon (44) 74 D6
le Bignon-du-Maine (53) 58 D6
le Bignon-Mirabeau (45) 64 C4
Bignoux (86) 109 F1
Bigorno (2B) 203 F5
la Bigottière (53) 58 C3
Biguglia (2B) 203 G4
Bihorel (76) 17 G6
Bihucourt (62) 8 B4
Bilazais (79) 93 G3
Bilhères (64) 182 B4
Bilia (2A) 206 D3
Bilieu (38) 131 F6
Billancelles (28) 61 H1
les Billanges (87) 124 D1
les Billaux (33) 135 G4
Billé (35) 57 H1
Billecul (39) 103 G5
Billère (64) 182 B2
Billey (21) 102 C2
Billezois (03) 114 B5
Billiat (01) 117 H5
Billième (73) 131 G3
Billière (31) 197 F1
Billiers (56) 73 F2
Billio (56) 55 G4
Billom (63) 127 G3
Billy (03) 114 A4
Billy (14) 38 D1
Billy (41) 80 A6
Billy-Berclau (62) 3 E6
Billy-Chevannes (58) 99 F3
Billy-le-Grand (51) 45 G1
Billy-lès-Chanceaux (21) 85 F4
Billy-Montigny (62) 8 C1
Billy-sous-Mangiennes (55) 25 G5
Billy-sur-Aisne (02) 22 B5
Billy-sur-Oisy (58) 83 F5
Billy-sur-Ourcq (02) 22 B6
Biltzheim (68) 71 F5
Bilwisheim (67) 51 E4
Bimont (62) 1 G6
Binarville (51) 24 C6
Binas (41) 80 A1
Bindernheim (67) 71 G2
Binges (21) 86 B6
Binic (22) 33 H3
Bining (57) 50 C2
Biniville (50) 12 D4
Binos (31) 184 A6
Binson-et-Orquigny (51) 45 E2
Bio (46) 139 E6
Biol (38) 131 E6
la Biolle (73) 131 H3
Biollet (63) 126 C2
Bion (50) 37 G5
Bioncourt (57) 49 E4
Bionville (54) 70 C1
Bionville-sur-Nied (57) 26 D6
Biot (06) 195 E4
le Biot (74) 119 F4
Bioule (82) 169 F1
Bioussac (16) 108 D6
Biozat (03) 113 H6
Birac (16) 122 A5
Birac (33) 149 H3
Birac-sur-Trec (47) 150 C3
Biran (32) 167 F4
Biras (24) 137 F1
Biriatou (64) 164 A6
Birieux (01) 130 C1
Birkenwald (67) 50 C5
Biron (17) 121 F4
Biron (24) 151 G2
Biron (64) 165 G6

Bligny (51) 45 E1
Bligny-le-Sec (21) 85 F5
Bligny-lès-Beaune (21) 101 G3
Bligny-sur-Ouche (21) 101 F2
Blincourt (60) 21 E5
Blingel (62) 7 F1
Blis-et-Born (24) 137 G2
Blismes (58) 100 A2
Blodelsheim (68) 71 G6
Blois (41) 79 H4
Blois-sur-Seille (39) 102 D5
Blomac (11) 187 F3
Blomard (03) 113 F4
Blombay (08) 23 H1
Blond (87) 110 A6
Blondefontaine (70) 87 E1
Blonville-sur-Mer (14) 15 E3
Blosseville (76) 17 F2
Blosville (50) 13 E4
Blot-l'Église (63) 113 F6
Blotzheim (68) 89 G3
Blou (49) 77 H5
Blousson-Sérian (32) 167 E6
la Bloutière (50) 37 F3
Bloye (74) 131 H2
Bluffy (74) 132 B2
Blumeray (52) 67 F3
Blussangeaux (25) 88 C4
Blussans (25) 88 B5
Blye (39) 117 G1
Blyes (01) 130 D2
le Bô (14) 38 C3
Bobigny (93) 42 D3
Bobital (22) 34 C5
le Bocasse (76) 17 G5
Bocé (49) 77 G4
Bocognano (2A) 205 E4
Bocquegney (88) 69 G3
Bocquencé (61) 39 H4
le Bodéo (22) 33 F6
Bodilis (29) 31 G3
Boé (47) 151 F6
Boëce (61) 60 C1
Boëge (74) 118 D4
Boeil-Bezing (64) 182 C3
Boën-sur-Lignon (42) 128 D3
Boersch (67) 71 F1
Boeschepe (59) 2 D3
Boëseghem (59) 2 C5
Boesenbien (59) 71 G3
Boëssé-le-Sec (72) 60 D4
Bœurs-en-Othe (89) 65 G4
Boffles (62) 7 F3
Boffres (07) 143 H5
Bogève (74) 118 D4
Bogny-sur-Meuse (08) 11 F6
Bogy (07) 144 A2
Bohain-en-Vermandois (02) 9 F5
Bohal (56) 56 A5
Bohars (29) 30 D4
Bohas-Meyriat-Rignat (01) 117 F5
Boigneville (91) 63 G3
Boigny-sur-Bionne (45) 81 E1
Boinville-en-Mantois (78) 41 H3
Boinville-en-Woëvre (55) 25 G6
Boinville-le-Gaillard (78) 62 D1
Boinvilliers (78) 41 G3
Boiry-Becquerelle (62) 8 B3
Boiry-Notre-Dame (62) 8 C2
Boiry-Saint-Martin (62) 8 A3
Boiry-Sainte-Rictrude (62) 8 A3
Bois (17) 121 E5
le Bois (73) 132 D5
Bois-Anzeray (27) 40 B3
Bois-Arnault (27) 40 B4
Bois-Bernard (62) 8 C1
Boischampré (61) 39 E5
Bois-Colombes (92) 42 C3
Bois-d'Amont (39) 118 B1
Bois-d'Arcy (78) 42 B4
Bois-d'Arcy (89) 83 G4
Bois-de-Céné (85) 90 D2
Bois-de-Champ (88) 70 C3
Bois-de-Gand (39) 102 C5
Bois-de-la-Pierre (31) 185 E2
le Bois-d'Ennebourg (76) 17 H6
le Bois-d'Oingt (69) 129 G2
Bois-Grenier (59) 3 E5
Bois-Guilbert (76) 17 G6
le Bois-Hellain (27) 15 G3
Bois-Héroult (76) 19 E3
Bois-Herpin (91) 63 F2
Bois-Himont (76) 17 F5
Bois-Jérôme- Saint-Ouen (27) 41 G1
Bois-le-Roi (27) 41 E1
Bois-le-Roi (77) 64 A1
Bois-lès-Pargny (02) 22 C2
l'Évêque (76) 17 H6
Bois-Normand- près-Lyre (27) 40 B3
le Bois-Plage-en-Ré (17) 106 B4
le Bois-Robert (76) 17 G2
Bois-Sainte-Marie (71) 115 G4
Boisbergues (80) 7 F3
Boisbreteau (16) 135 H1
Boiscommun (45) 63 G5
Boisdinghem (62) 2 A4
Boisdon (77) 44 A5
Boisemont (27) 19 F6
Boisemont (95) 42 B2
Boisgasson (28) 61 G5
Boisgervilly (35) 56 C2
Boisjean (62) 6 D1
le Boisle (80) 7 E2
Boisleux-au-Mont (62) 8 B3
Boisleux-Saint-Marc (62) 8 B3
Boismé (79) 93 F5
Boismont (54) 25 H4
Boismont (80) 6 C4
Boismorand (45) 82 A2
Boisney (27) 40 A1
Boisredon (17) 135 F1
Boisroger (50) 36 D1
Boissay (76) 19 F4
la Boisse (01) 130 C2
Boisse (24) 151 F1
Boisse-Penchot (12) 153 H3
Boisseau (41) 79 H2
Boisseaux (45) 63 E3
Boissède (31) 184 B1
Boissei-la-Lande (61) 39 F5
Boisserolles (79) 107 H5
Boisseron (34) 173 G4
Boisset (15) 139 H5
Boisset (34) 187 G1
Boisset (43) 142 D1
Boisset-et-Gaujac (30) 173 G1
Boisset-lès-Montrond (42) 129 E4
Boisset-les-Prévanches (27) 41 E3
Boisset-Saint-Priest (42) 128 D5
Boissets (78) 41 G4
Boissettes (77) 43 E6
Boisseuil (87) 124 B3
Boisseuilh (24) 138 A1
Boissey (01) 116 C3
Boissey (14) 15 E6
Boissey-le-Châtel (27) 18 B6
Boissezon (81) 170 D6
la Boissière (14) 15 E5
la Boissière (27) 41 F3
la Boissière (34) 173 E4
la Boissière (39) 117 F3
la Boissière (53) 76 B1
la Boissière-d'Ans (24) 137 H2
la Boissière- de-Montaigu (85) 91 H2
la Boissière- des-Landes (85) 91 G5
la Boissière-du-Doré (44) 75 E5
la Boissière-École (78) 41 G5
la Boissière-en-Gâtine (79) 107 H1
la Boissière-sur-Èvre (49) 75 F5
Boissières (30) 174 A3
Boissières (46) 152 C2
Boissise-la-Bertrand (77) 63 H1
Boissise-le-Roi (77) 63 H1
Boissy-aux-Cailles (77) 63 H3

Boissy-en-Drouais (28) ...41 E5
Boissy-Fresnoy (60) ...43 G1
Boissy-la-Rivière (91) ...63 F2
Boissy-l'Aillerie (95) ...42 B2
Boissy-Lamberville (27) ...15 H5
Boissy-le-Bois (60) ...19 H6
Boissy-le-Châtel (77) ...44 A4
Boissy-le-Cutté (91) ...63 F2
Boissy-le-Repos (51) ...44 D4
Boissy-le-Sec (91) ...63 E1
Boissy-lès-Perche (28) ...40 C5
Boissy-Maugis (61) ...40 A2
Boissy-Mauvoisin (78) ...41 G3
Boissy-Saint-Léger (94) ...43 E5
Boissy-sans-Avoir (78) ...41 H4
Boissy-sous-Saint-Yon (91) ...63 F1
Boistrudan (35) ...57 G4
Boisville-la-Saint-Père (28) ...62 C3
Boisyvon (50) ...37 F4
Boitron (61) ...39 G6
Boitron (77) ...44 A3
Bolandoz (25) ...103 G3
Bolazec (29) ...32 A4
Bolbec (76) ...15 G1
Bollène (84) ...158 B5
la Bollène-Vésubie (06) ...179 F1
Bolleville (50) ...12 C5
Bolleville (76) ...15 H1
Bollezeele (59) ...2 B3
Bolliville (68) ...71 F6
Bologne (52) ...67 H4
Bolozon (01) ...117 F5
Bolquère (66) ...199 H4
Bolsenheim (67) ...71 G1
Bombon (77) ...43 G6
Bommes (33) ...149 G2
Bommiers (36) ...97 E3
Bompas (09) ...185 H6
Bompas (66) ...201 F2
Bomy (62) ...2 A5
Bon-Encontre (47) ...151 F6
Bona (58) ...99 F3
Bonac-Irazein (09) ...184 C6
Bonas (32) ...167 G3
Bonboillon (70) ...86 D6
Boncé (28) ...62 B3
Bonchamp-lès-Laval (53) ...58 D5
Boncourt (02) ...24 C3
Boncourt (27) ...41 E2
Boncourt (54) ...48 A1
Boncourt-le-Bois (21) ...101 H2
Boncourt-sur-Meuse (55) ...47 G4
Bondaroy (45) ...63 F4
Bondeval (25) ...88 C4
Bondigoux (31) ...169 F3
les Bondons (48) ...156 B4
Bondoufle (91) ...42 D6
Bondues (59) ...3 F4
Bondy (93) ...43 E3
Bongheat (63) ...127 H3
le Bonhomme (68) ...71 E4
Bonifacio (2A) ...207 F5
Bonlier (60) ...20 B4
Bonlieu (39) ...117 H1
Bonlieu-sur-Roubion (26) ...158 B2
Bonloc (64) ...180 D1
Bonnac (09) ...185 G4
Bonnac (15) ...141 F2
Bonnac-la-Côte (87) ...124 B1
Bonnal (25) ...87 H4
Bonnard (89) ...83 F1
Bonnat (23) ...111 G4
Bonnaud (39) ...117 F1
Bonnay (25) ...87 F6
Bonnay (71) ...116 A2
Bonnay (80) ...7 H5
Bonne (74) ...118 D5
Bonnebosq (14) ...15 E4
Bonnecourt (52) ...68 C4
Bonnée (45) ...81 G2
Bonnefamille (38) ...130 C4
Bonnefoi (61) ...40 A5
Bonnefond (19) ...125 F5
Bonnefont (65) ...183 G3
Bonnefontaine (39) ...103 E5
Bonnegarde (40) ...165 G5
Bonneil (02) ...44 B2
Bonnes (16) ...123 E4
Bonnes (86) ...109 G1
Bonnesvalyn (02) ...44 B1
Bonnet (55) ...68 B1
Bonnétable (72) ...60 C4
Bonnétage (25) ...104 C1
Bonnetan (33) ...135 F5
Bonneuil (16) ...121 H4
Bonneuil (60) ...110 C3
Bonneuil-en-France (95) ...42 D3
Bonneuil-en-Valois (60) ...21 G6
Bonneuil-les-Eaux (60) ...20 B2
Bonneuil-Matours (86) ...94 D6
Bonneuil-sur-Marne (94) ...43 E4
Bonneval (28) ...62 A4
Bonneval (43) ...142 B1
Bonneval (73) ...132 D5
Bonneval-sur-Arc (73) ...133 G6
Bonnevaux (25) ...103 H5
Bonnevaux (30) ...157 E4
Bonnevaux (74) ...119 F3
Bonnevaux-le-Prieuré (25) ...103 G2
Bonneveau (41) ...79 E2
Bonnevent-Velloreille (70) ...87 E5
Bonneville (16) ...122 A2
la Bonneville (50) ...12 D4
Bonneville (74) ...118 D5
Bonneville (80) ...7 G4
Bonneville-Aptot (27) ...18 A6
Bonneville-et-Saint-Avit-
-de-Fumadières (24) ...136 B5
Bonneville-la-Louvet (14) ...15 G4
la Bonneville-sur-Iton (27) ...40 D2
Bonneville-sur-Touques (14) ...15 E3
Bonnières (60) ...20 A4
Bonnières (62) ...7 F3
Bonnières-sur-Seine (78) ...41 G2
Bonnieux (84) ...175 H3
Bonningues-lès-Ardres (62) ...1 H3
Bonningues-lès-Calais (62) ...1 H3
Bonnœil (14) ...38 C3
Bonnœuvre (44) ...75 F2
Bonnut (64) ...165 G5
Bonny-sur-Loire (45) ...82 B4
Bono (56) ...55 E6
Bonrepos (65) ...183 G3
Bonrepos-Riquet (31) ...169 F5
Bonrepos-sur-
-Aussonnelle (31) ...168 D6
Bons-en-Chablais (74) ...118 D4
Bons-Tassilly (14) ...38 D2
Bonsecours (76) ...18 D5
Bonsmoulins (61) ...39 H5
Bonson (06) ...195 E1
Bonson (42) ...129 E5
Bonvillard (73) ...132 C4
Bonvillers (60) ...20 C3
Bonvillet (88) ...69 F5
Bony (02) ...8 D5
Bonzac (33) ...135 H4
Bonzée (55) ...47 H1
Boô-Silhen (65) ...182 D4
Boofzheim (67) ...71 H2
Boos (40) ...165 E2
Boos (76) ...18 D5
Bootzheim (67) ...71 G3
Boqueho (22) ...33 F4
Bor-et-Bar (12) ...153 G6
Boran-sur-Oise (60) ...42 D1
Borce (64) ...182 B6
Bord-Saint-Georges (23) ...112 B4
Bordeaux (33) ...135 F5
Bordeaux-
-en-Gâtinais (45) ...63 H5
Bordeaux-Saint-Clair (76) ...16 B4
Bordères (64) ...182 C3

Bordères-et-
-Lamensans (40) ...166 B3
Bordères-Louron (65) ...183 G6
Bordères-sur-l'Échez (65) ...183 E2
les Bordes (36) ...97 E3
les Bordes (45) ...81 G2
les Bordes (64) ...182 C2
les Bordes (65) ...183 F3
les Bordes (89) ...65 E5
les Bordes-Aumont (10) ...66 B4
Bordes-de-Rivière (31) ...184 A4
les Bordes-sur-Arize (09) ...185 F4
les Bordes-sur-Lez (09) ...184 D6
Bordezac (30) ...157 E5
Bords (17) ...120 D1
Borée (07) ...143 E5
Boresse-et-Martron (17) ...136 A1
Borest (60) ...43 F1
Borey (70) ...87 H3
Borgo (2B) ...203 G5
Bormes-les-Mimosas (83) ...193 H5
le Born (31) ...169 F3
le Born (48) ...156 B2
Bornambusc (76) ...16 C4
Bornay (39) ...117 F1
Borne (07) ...156 D2
Borne (43) ...142 B3
Bornel (60) ...42 C1
Boron (90) ...88 D3
Borre (59) ...2 C4
Borrèze (24) ...138 B4

Bougy-lez-Neuville (45) ...63 E5
Bouhans (71) ...102 B5
Bouhans-et-Feurg (70) ...86 C4
Bouhans-lès-Lure (70) ...87 H2
Bouhans-lès-Montbozon (70) ...87 H4
Bouhet (17) ...107 F5
Bouhey (21) ...101 F1
Bouhy (58) ...82 D5
Bouilh-devant (65) ...183 F2
Bouilh-Péreuilh (65) ...183 F2
Bouilhonnac (11) ...187 E3
Bouillac (12) ...153 H2
Bouillac (24) ...137 G6
Bouillac (82) ...168 D3
la Bouilladisse (13) ...192 C3
Bouillancourt-en-Séry (80) ...6 C5
Bouillancourt-la-Bataille (80) ...20 D2
Bouillancy (60) ...43 G1
Bouilland (21) ...101 G2
Bouillargues (30) ...174 B3
la Bouille (76) ...18 B5
Bouillé-Courdault (85) ...107 F3
Bouillé-Loretz (79) ...93 F2
Bouillé-Ménard (49) ...76 B2
Bouillé-Saint-Paul (79) ...93 F3
Bouilly (10) ...66 A4
le Bouillon (61) ...39 F6
Bouillon (64) ...166 A6
Bouillonville (54) ...48 A3
Bouilly (51) ...45 E1
Bouilly (89) ...65 G6
Bouilly-en-Gâtinais (45) ...63 F5
Bouin (79) ...108 C5
Bouin (62) ...7 E1
Bouin-Plumoison (62) ...7 E1
Bouisse (11) ...187 E5
Bouix (21) ...84 D1
Boujailles (25) ...103 G4
Boujan-sur-Libron (34) ...188 C2
Boulages (10) ...45 E6
Boulaincourt (88) ...69 F2
Boulancourt (77) ...63 G3
Boulange (57) ...26 A3
Boulaur (32) ...168 A6
le Boulay (37) ...79 E3
le Boulay-les-Barres (45) ...62 C6
le Boulay-Morin (27) ...41 E2
Boulay-Moselle (57) ...26 D5
la Boulaye (71) ...100 C6
Boulazac (24) ...137 F2
Boulbon (13) ...174 D3
Boulc (26) ...159 G1
Boule-d'Amont (66) ...200 D3
Bouleternère (66) ...200 D3
Bouleurs (77) ...43 G4
Bouleuse (51) ...22 D6
Bouliac (33) ...135 F5
Boulieu-lès-Annonay (07) ...143 H2
Bouligneux (01) ...116 C6
Bouligney (70) ...69 G6
Bouligny (55) ...25 H5
Boulin (65) ...183 F2
Boullarre (60) ...43 H1
le Boullay-les-
-Deux-Églises (28) ...41 E6
Boullay-les-Troux (91) ...42 B5
le Boullay-Mivoye (28) ...41 F6
le Boullay-Thierry (28) ...41 F6
Boulleret (18) ...82 B5
Boulleville (27) ...15 G3
Bouloc (31) ...169 F4
Bouloc (82) ...152 A5
Boulogne (85) ...91 H3
Boulogne-Billancourt (92) ...42 C4
Boulogne-la-Grasse (60) ...21 E3
Boulogne-sur-Gesse (31) ...184 A2
Boulogne-sur-Helpe (59) ...9 H4
Boulogne-sur-Mer (62) ...1 F4
Bouloire (72) ...60 D6
Boulon (14) ...14 B6
Boulot (70) ...87 F5
Boult (70) ...87 F5
Boult-aux-Bois (08) ...24 B4
Boult-sur-Suippe (51) ...23 F5
le Boulvé (46) ...152 A4
Boulzicourt (08) ...24 A2
Boumourt (64) ...165 H6
Bouniagues (24) ...137 E6
Bouquehault (62) ...1 G3
Bouquelon (27) ...15 G4
Bouquemaison (80) ...7 F3
Bouquemont (55) ...47 G2
Bouquet (30) ...157 F6
Bouquetot (27) ...18 B5
Bouqueval (95) ...42 D2
Bouranton (10) ...66 B3
Bouray-sur-Juine (91) ...63 F1
Bourbach-le-Bas (68) ...88 D1
Bourbach-le-Haut (68) ...88 D1
Bourberain (21) ...86 B4
Bourbévelle (70) ...69 E6
Bourbon-Lancy (71) ...114 C1
Bourbon-l'Archambault (03) ...113 F1
Bourbonne-les-Bains (52) ...68 D5
la Bourboule (63) ...126 C5
Bourbourg (59) ...2 A2
Bourbriac (22) ...33 E4

Bourg-
-Saint-Christophe (01) ...130 C2
le Bourg-Saint-Léonard (61) ...39 F4
Bourg-Saint-Maurice (73) ...133 F4
Bourg-Sainte-Marie (52) ...68 C4
Bourg-sous-Châtelet (90) ...88 D2
Bourgaltroff (57) ...49 G3
Bourganeuf (23) ...125 E1
Bourgbarré (35) ...57 F4
Bourgeauville (14) ...15 E4
Bourges (18) ...97 G3
le Bourget (93) ...42 D3
le Bourget-du-Lac (73) ...131 H4
Bourget-en-Huile (73) ...132 B5
Bourgheim (67) ...71 G1
Bourghelles (59) ...3 G5
Bourgnac (24) ...136 D4
Bourgneuf (17) ...106 D4
Bourgneuf (73) ...132 B5
Bourgneuf-en-Mauges (49) ...75 H4
le Bourgneuf-la-Forêt (53) ...58 B4
Bourgogne (51) ...23 E5
Bourgoin-Jallieu (38) ...130 D4
Bourgon (53) ...58 A4
Bourgougnague (47) ...150 D3
la Bourgonce (88) ...70 C2
Bourgtheroulde-Infreville (27) ...18 B5
Bourguébus (14) ...38 D1
Bourgueil (37) ...78 A6
Bourguignon (25) ...88 C5
Bourguignon-
-lès-Conflans (70) ...87 G2
Bourguignon-
-lès-la-Charité (70) ...87 F3
Bourguignon-lès-Morey (70) ...86 D2
Bourguignon-
-sous-Coucy (02) ...21 H3
Bourguignon-
-sous-Montbavin (02) ...22 B3
Bourgvilain (71) ...116 A3
Bourideys (33) ...149 G4
Bourière (11) ...186 C5
Bourisp (65) ...183 G6
Bourlens (47) ...151 H4
Bourlon (62) ...8 D3
Bourmont (52) ...68 C4
Bournainville-Faverolles (27) ...15 G5
Bournan (37) ...95 E3
Bournand (86) ...94 A2
Bournazel (12) ...154 A3
Bournazel (81) ...170 B1
Bournel (47) ...151 F2
Bournezeau (85) ...92 A6
Bournois (25) ...88 A4
Bournoncle-
-Saint-Pierre (43) ...141 G1
Bournonville (62) ...1 G4
Bournos (64) ...166 A6
Bourogne (90) ...88 D3
Bourran (47) ...150 D5
Bourré (41) ...79 H6
Bourréac (65) ...183 E4
Bourret (82) ...168 D2
Bourriot-Bergonce (40) ...149 H6
Bourron-Marlotte (77) ...64 A3
Bourrou (24) ...137 E4
Bourrouillan (32) ...166 D3
Bours (62) ...7 G1
Bours (65) ...183 E2
Boursault (51) ...45 E2
Boursay (41) ...61 F5
Bourscheid (57) ...50 B4
Bourseul (22) ...34 B5
Bourseville (80) ...6 B4
Boursières (70) ...87 F3
Boursies (59) ...8 C4
Boursin (62) ...1 G4
Boursonne (60) ...43 G1
Bourth (27) ...40 B3
Bourthes (62) ...1 G5
Boury-en-Vexin (60) ...19 G6
Bousbach (57) ...27 G5
Bousbecque (59) ...3 F3
le Bouscat (33) ...135 E5
Bousies (59) ...9 F4
Bousignies (59) ...9 E1
Bousignies-sur-Roc (59) ...10 B2
le Bousquet (11) ...200 A2
le Bousquet-d'Orb (34) ...172 B5
Boussac (12) ...154 B5
Boussac (23) ...112 A3
la Boussac (35) ...35 E5
Boussac (46) ...153 F2
Boussac-Bourg (23) ...112 A3
Boussais (79) ...93 F4
Boussan (31) ...184 C3
Boussay (37) ...95 F5
Boussay (44) ...92 A2
Bousse (57) ...26 C4
Bousse (72) ...77 H2
Bousselange (21) ...102 A3
Boussenac (09) ...185 F6
Boussenois (21) ...86 A3
Boussens (31) ...184 D3
Bousseraucourt (70) ...69 E6
Boussès (47) ...150 B5
Bousseviller (57) ...28 B5
Boussey (21) ...85 E6
Boussois (59) ...10 B2
Boussy (74) ...131 H2
Boussy-Saint-Antoine (91) ...43 E5
Boust (57) ...26 B2
Boustroff (57) ...49 F2
Bout-du-Pont-de-Larn (81) ...170 D6
Boutancourt (08) ...24 A2
Boutavent (60) ...19 H2
la Bouteille (02) ...10 A5
Bouteilles-
-Saint-Sébastien (24) ...136 C1
Boutenac (11) ...187 H4
Boutenac-Touvent (17) ...120 D5
Boutencourt (60) ...19 H5
Boutervilliers (91) ...63 E2
Bouteville (16) ...121 H4
Boutiers-Saint-Trojan (16) ...121 G3
Boutigny (77) ...43 H3
Boutigny-Prouais (28) ...41 F4
Boutigny-sur-Essonne (91) ...63 G2
Bouttencourt (80) ...6 C5
Boutteville (50) ...13 E4
Boutx (31) ...184 A4
Bouvaincourt-
-sur-Bresle (80) ...6 B5
Bouvancourt (51) ...22 D5
Bouvante (26) ...144 D4
Bouvelinghem (62) ...1 H4
Bouvellemont (08) ...24 A3
Bouverans (25) ...103 H4
Bouvesse-Quirieu (38) ...131 E3
Bouvières (26) ...158 D3
Bouvignies (59) ...9 E1
Bouvigny-Boyeffles (62) ...8 A1
Bouville (28) ...62 A3
Bouville (76) ...17 F5
Bouville (91) ...63 F3
Bouvincourt-en-
-Vermandois (80) ...8 C6
Bouvresse (60) ...19 G2
Bouvron (44) ...74 B3
Bouvron (54) ...48 B4
Boux-sous-Salmaise (21) ...85 E5
Bouxières-aux-Bois (88) ...69 G3
Bouxières-aux-Chênes (54) ...48 D4
Bouxières-aux-Dames (54) ...48 C4
Bouxières-
-sous-Froidmont (54) ...48 C3
Bouxurulles (88) ...69 G2
Bouxwiller (67) ...50 C3

Bouxwiller (68) ...89 F4
Bouy (51) ...45 H2
Bouy-Luxembourg (10) ...66 C2
Bouy-sur-Orvin (10) ...65 F2
Bouyon (06) ...195 E2
le Bouyssou (46) ...153 G1
Bouzais (18) ...97 H6
Bouzancourt (52) ...67 G3
Bouzanville (54) ...69 F2
Bouze-lès-Beaune (21) ...101 G3
Bouzel (63) ...127 G3
Bouzemont (88) ...69 G3
Bouzeron (71) ...101 F4
Bouzic (24) ...152 B1
Bouziès (46) ...153 E3
Bouzigues (34) ...189 F1
Bouzillé (49) ...75 F4
Bouzin (31) ...184 C3
Bouzincourt (80) ...8 A5
Bouzon-Gellenave (32) ...166 D4
Bouzonville (57) ...27 E4
Bouzonville-aux-Bois (45) ...63 F5
Bouzy (51) ...45 G2
Bouzy-la-Forêt (45) ...81 G1
Bovée-sur-Barboure (55) ...47 G5
Bovel (35) ...56 D4
Bovelles (80) ...7 F6
Boves (80) ...7 G6
Boviolles (55) ...47 G5
Boyaval (62) ...2 A6
Boyelles (62) ...8 B3
Boyer (42) ...115 F6
Boyer (71) ...116 B1
Boyeux-Saint-Jérôme (01) ...117 F6
Boynes (45) ...63 G5
Boz (01) ...116 C3
Bozas (07) ...143 H4
Bozel (73) ...133 E5
Bozouls (12) ...154 D3
Brabant-en-Argonne (55) ...47 E1
Brabant-le-Roi (55) ...46 D4
Brabant-sur-Meuse (55) ...25 E6
Brach (33) ...134 C3
Brachay (52) ...67 G2
Braches (80) ...20 D2
Brachy (76) ...17 F3
Bracieux (41) ...80 B4
Bracon (39) ...103 F4
Bracquemont (76) ...17 G2
Bracquetuit (76) ...17 H4
Bradiancourt (76) ...19 E2
Braffais (50) ...37 E4
Bragassargues (30) ...173 G2
Bragayrac (31) ...168 C6
Brageac (15) ...139 H2
Bragelogne-Beauvoir (10) ...66 C6
Bragny-sur-Saône (71) ...101 H4
Braillans (25) ...87 F6
Brailly-Cornehotte (80) ...7 E3
Brain (21) ...84 D5
Brain-sur-Allonnes (49) ...77 H6
Brain-sur-l'Authion (49) ...77 E5
Brain-sur-Longuenée (49) ...76 C3
Brainans (39) ...102 D4
Braine (02) ...22 B5
Brains (44) ...74 C5
Brains-sur-Gée (72) ...59 H5
Brains-sur-les-Marches (53) ...58 A6
Brainville (50) ...36 D1
Brainville (54) ...48 A1
Brainville-sur-Meuse (52) ...68 C4
Braisnes-sur-Aronde (60) ...21 F4
Braize (03) ...98 A6
Bralleville (54) ...69 G2
Bram (11) ...186 C3
Bramans (73) ...147 F2
Brametot (76) ...17 F3
Bramevaque (65) ...184 A5
Bran (17) ...121 G6
Branceilles (19) ...138 D4
Branches (89) ...83 F1
Brancourt-en-Laonnois (02) ...22 B4
Brancourt-le-Grand (02) ...9 E5
Brandérion (56) ...54 D5
Brandeville (55) ...25 E4
Brandivy (56) ...55 F5
Brando (2B) ...203 G3
Brandon (71) ...115 H3
Brandonnet (12) ...153 H4
Brandonvillers (51) ...46 A6
Branges (71) ...102 A5
Brangues (38) ...131 F3
Brannay (89) ...64 D4
Branne (25) ...88 A5
Branne (33) ...135 H5
Brannens (33) ...149 H2
Branoux-les-Taillades (30) ...156 D5
Brans (39) ...102 D1
Bransat (03) ...113 H4
Branscourt (51) ...22 D6
Bransles (77) ...64 B4
Brantes (84) ...159 E5
Brantigny (88) ...69 G2
Brantôme (24) ...137 F1
Branville (14) ...15 E4
Branville-Hague (50) ...12 B1
Braquis (55) ...25 G6
Bras (83) ...193 E1
Bras-d'Asse (04) ...177 E2
Bras-sur-Meuse (55) ...25 E6
Brasc (12) ...171 E2
Braslou (37) ...94 C3
Brasparts (29) ...31 H6
Brassac (09) ...185 G5
Brassac (81) ...171 E5
Brassac (82) ...151 H5
Brassac-les-Mines (63) ...127 G6
Brassempouy (40) ...165 G5
Brasseuse (60) ...21 E6
Brassy (58) ...100 A1
Brassy (80) ...20 A1
Bratte (54) ...48 D4
Braud-et-Saint-Louis (33) ...135 E1
Brauvilliers (55) ...47 E6
Braux (04) ...178 A1
Braux (21) ...85 E5
Braux-le-Châtel (52) ...67 G5
Braux-Saint-Remy (51) ...46 C2
Braux-Sainte-Cohière (51) ...46 C2
Brax (31) ...168 D5
Brax (47) ...151 E5
Bray (27) ...40 C1
Bray (71) ...116 A1
Bray-Dunes (59) ...2 C1
Bray-et-Lû (95) ...41 G1
Bray-lès-Mareuil (80) ...7 E4
Bray-Saint-Christophe (02) ...21 H1
Bray-sur-Seine (77) ...65 E2
Bray-sur-Somme (80) ...8 A5
Braye (02) ...22 A4
Braye-en-Laonnois (02) ...22 C4
Braye-en-Thiérache (02) ...10 B6
Braye-sous-Faye (37) ...94 C3
Braye-sur-Maulne (37) ...78 A3
Brazey-en-Morvan (21) ...100 D2
Brazey-en-Plaine (21) ...102 A2
Bréal-sous-Montfort (35) ...56 D3
Bréal-sous-Vitré (35) ...58 B4
Bréançon (95) ...42 B1
Bréau (77) ...64 B1
Bréau-et-Salagosse (30) ...172 D2
Bréauté (76) ...16 C4
Bréban (51) ...46 B5
Brebières (62) ...8 C3
Brebotte (90) ...88 D3
Brécé (53) ...58 B3
Brécé (35) ...57 G3
Brech (56) ...55 E5
Brechainville (88) ...68 B2
Bréchamps (28) ...41 F5
Bréchaumont (68) ...89 E2
Brèches (37) ...78 B3
Breconchaux (25) ...87 H5
Brectouville (50) ...37 G2
Brécy (02) ...44 B1
Brécy (18) ...98 A3
Brécy-Brières (08) ...24 B5

Bréziers (05) ...160 C3
Brézilhac (11) ...186 C4
Brézins (38) ...144 D1
Brezolles (28) ...40 D5
Brezons (15) ...140 D4
Briançon (05) ...147 E5
Briançonnet (06) ...178 B2
Brianny (21) ...84 D5
Briant (71) ...115 F4
Briantes (36) ...111 H2
Briare (45) ...82 A3
Briarres-sur-Essonne (45) ...63 G4
Brias (62) ...7 G1
Briastre (59) ...9 F3
Briatexte (81) ...170 A4
Briaucourt (52) ...67 H4
Briaucourt (70) ...87 G1
Bricon (52) ...67 G5
Briconville (28) ...62 A1
Bricquebec (50) ...12 C3
Bricquebosq (50) ...12 B3
Bricqueville (14) ...13 G5
Bricqueville-la-Blouette (50) ...36 D1
Bricqueville-sur-Mer (50) ...36 C2
Bricy (45) ...62 C6
Brides-les-Bains (73) ...132 D5
la Bridoire (73) ...131 G5
Bridoré (37) ...95 G3
Brie (02) ...22 C5
Brie (09) ...185 G3
Brie (16) ...122 C3
Brie (35) ...57 F4
Brie (79) ...93 H4
Brie (80) ...8 C6
Brie-Comte-Robert (77) ...43 E5
Brié-et-Angonnes (38) ...145 G3
Brie-sous-Archiac (17) ...121 G5
Brie-sous-Barbezieux (16) ...122 A6
Brie-sous-Chalais (16) ...136 A1
Brie-sous-Matha (17) ...121 H2
Brie-sous-Mortagne (17) ...120 D5
Briec (29) ...53 G2
Brié-sur-Barse (10) ...66 C4
Brielles (35) ...58 A5
Brienne (71) ...116 C1
Brienne-la-Vieille (10) ...66 D2
Brienne-le-Château (10) ...66 D2
Brienne-sur-Aisne (08) ...23 E4
Briennon (42) ...115 E5
Brienon-sur-Armançon (89) ...65 G6
Brières-les-Scellés (91) ...63 F2
Brieuil-sur-Chizé (79) ...108 A5
Brieulles-sur-Bar (08) ...24 B4
Brieulles-sur-Meuse (55) ...24 D5
Brieux (61) ...39 E4
Briey (54) ...26 A5
Briffons (63) ...126 C4
Brignac (34) ...172 C5
Brignac (56) ...56 A2
Brignac-la-Plaine (19) ...138 B3
Brignais (69) ...129 H4
Brignancourt (95) ...42 A1
Brigné (49) ...93 F1
Brignemont (31) ...168 C4
Brignogan-Plage (29) ...31 F2
Brignoles (83) ...193 F2
Brignon (30) ...174 A2
le Brignon (43) ...142 C5
la Brigue (06) ...179 F6
Briguil-le-Chantre (86) ...110 B3
Brigueuil (16) ...123 G1
Briis-sous-Forges (91) ...42 B6
Brillac (16) ...109 H6
la Brillanne (04) ...176 D2
Brillecourt (10) ...66 C1
Brillevast (50) ...12 D2
Brillon (59) ...9 F1
Brillon-en-Barrois (55) ...47 E5
Brimeux (62) ...6 D1
Brimont (51) ...23 E5
Brin-sur-Seille (54) ...48 D4
Brinay (18) ...97 F3
Brinay (58) ...99 H2
Brinckheim (68) ...89 G3
Brindas (69) ...129 H3
Bringolo (22) ...33 F4
Brinon-sur-Beuvron (58) ...99 F1
Brinon-sur-Sauldre (18) ...81 F4
Briod (39) ...102 D6
Briollay (49) ...77 E3
Brion (01) ...117 G5
Brion (36) ...96 C5
Brion (38) ...144 D1
Brion (48) ...155 H1
Brion (71) ...100 D3
Brion (86) ...109 F3
Brion (89) ...65 F5
Brion-près-Thouet (79) ...93 G2
Brion-sur-Ource (21) ...85 E1
la Brionne (23) ...111 F5
Brionne (27) ...18 A6
Briosne-lès-Sables (72) ...60 C4
Briot (60) ...19 H2
Briou (41) ...80 B2
Brioude (43) ...141 G2
Brioux-sur-Boutonne (79) ...108 A5
Briouze (61) ...38 D5
Briquemesnil-Floixicourt (80) ...7 F6
Briquenay (08) ...24 B4
Briscous (64) ...164 C6
Brison-Saint-Innocent (73) ...131 H3
Brissac (34) ...173 E3
Brissac-Quincé (49) ...77 E5
Brissarthe (49) ...77 E2
Brissay-Choigny (02) ...22 A1
Brissy-Hamégicourt (02) ...22 A1
Brive-la-Gaillarde (19) ...138 C3
Brives (36) ...97 E5
Brives-Charensac (43) ...142 C4
Brives-sur-Charente (17) ...121 F3
Brivezac (19) ...139 E4
Brix (50) ...12 C2
Brixey-aux-Chanoines (55) ...68 D2
Brizambourg (17) ...121 F2
Brizay (37) ...94 C2
Brizeaux (55) ...46 D2
Brizon (74) ...119 E5
le Broc (06) ...195 E2
le Broc (63) ...127 G5
Brocas (40) ...149 E6
Brochon (21) ...101 H1
Brocourt (80) ...6 D6
Brocourt-en-Argonne (55) ...47 E1
Broglie (27) ...40 A1
Brognard (25) ...88 C4
Brognon (08) ...10 C5
Brognon (21) ...86 A5
Broin (21) ...102 A2
Broindon (21) ...101 H2
Broissia (39) ...117 F3
Brombos (60) ...19 H2
Bromeilles (45) ...63 H4
Bromont-Lamothe (63) ...126 D3
Bron (69) ...130 B3
Bronvaux (57) ...26 B5
Broons (22) ...34 C6
la Broque (67) ...71 E1
Broquiès (12) ...171 F2
Broquiers (60) ...19 H2
Brossac (16) ...136 B1
Brossainc (07) ...143 H1
Brossay (49) ...93 F1
la Brosse-Montceaux (77) ...64 C3
Brosses (89) ...83 G4
Brosville (27) ...40 D1
Brotte-lès-Luxeuil (70) ...87 H2
Brotte-lès-Ray (70) ...86 D3
Brou (28) ...61 G4
Brou-sur-Chantereine (77) ...43 E3
Brouains (50) ...37 G4
Broualan (35) ...35 F5
Brouay (14) ...14 A5
Brouchaud (24) ...137 H2
Brouchy (80) ...21 G2
Brouck (57) ...27 E5
Brouckerque (59) ...2 A2
Brouderdorff (57) ...50 A4

Broué (28) ...41 F5
Brouennes (55) ...25 E3
le Brouilh-Monbert (32) ...167 G4
Brouilla (66) ...201 F3
Brouillet (51) ...22 D6
Brouqueyran (33) ...149 H3
la Brousse (17) ...121 G1
Brousse (23) ...126 B1
Brousse (63) ...127 H4
Brousse (81) ...170 B4
Brousse-le-Château (12) ...171 F2
Brousses-et-Villaret (11) ...186 D2
Brousseval (52) ...67 G1
Broussey-en-Blois (55) ...47 G5
Broussey-Raulecourt (55) ...47 H4
Broussy-le-Grand (51) ...45 E4
Broussy-le-Petit (51) ...45 E4
Broût-Vernet (03) ...113 H5
Brouvelieures (88) ...70 B3
Brouville (54) ...70 B1
Brouviller (57) ...50 A4
Brouy (91) ...63 E2
Brouzet-lès-Alès (30) ...157 F6
Brouzet-lès-Quissac (30) ...173 G3
les Brouzils (85) ...91 H2
Broxeele (59) ...2 B3
Broye (71) ...100 D4
Broye-Aubigney-
-Montseugny (70) ...86 C6
Broye-les-Loups-
-et-Verfontaine (70) ...86 B5
Broyes (51) ...44 D5
Broyes (60) ...20 D3
Broze (81) ...170 A2
Brû (88) ...70 B2
Bruailles (71) ...117 E1
Bruay-la-Buissière (62) ...2 C6
Bruay-sur-l'Escaut (59) ...9 F1
Bruc-sur-Aff (35) ...56 C4
Brucamps (80) ...7 E4
Bruch (47) ...150 D5
Brucheville (50) ...13 E4
Brucourt (14) ...14 D4
Brue-Auriac (83) ...193 E1
Bruebach (68) ...89 F2
Brueil-en-Vexin (78) ...41 H2
Bruère-Allichamps (18) ...97 H5
la Bruère-sur-Loir (72) ...78 B3
la Bruffière (85) ...92 A3
Brugairolles (11) ...186 C4
le Brugeron (63) ...128 B3
Bruges (33) ...114 A6
Bruges-Capbis-Mifaget (64) ...182 C3
Brugheas (03) ...114 A6
Brugnac (47) ...151 E3
Brugnens (32) ...168 A3
Brugny-Vaudancourt (51) ...45 E2
la Bruguière (30) ...174 B1
Bruguières (31) ...169 F4
Bruille-lez-Marchiennes (59) ...9 E2
Bruille-Saint-Amand (59) ...4 B6
Bruis (05) ...159 F3
Brûlain (79) ...108 A4
les Brulais (35) ...56 C4
Brulange (57) ...49 E1
la Brûlatte (53) ...58 B4
Bruley (54) ...48 A5
Brullemail (61) ...39 G5
Brullioles (69) ...129 G3
Brûlon (72) ...59 G6
Brumath (67) ...51 E4
Brumetz (02) ...44 A2
Brunehamel (02) ...23 F1
Brunelles (28) ...61 F3
les Brunels (11) ...186 C1
Brunembert (62) ...1 G4
Brunémont (59) ...8 D2
Brunet (04) ...177 E2
Bruniquel (82) ...169 G1
Brunoy (91) ...43 E5
Brunstatt (68) ...89 F2
Brunville (76) ...17 H1
Brunvillers-la-Motte (60) ...20 D3
Brusque (12) ...171 H4
le Brusquet (04) ...160 D6
Brussey (70) ...87 E6
Brussieu (69) ...129 G3
Brusson (51) ...46 B5
Brusvily (22) ...34 C6
Brutelles (80) ...6 B4
Bruville (54) ...26 A5
Brux (86) ...108 D4
la Bruyère (70) ...88 A1
Bruyères (88) ...70 B3
Bruyères-et-Montbérault (02) ...22 C3
Bruyères-le-Châtel (91) ...42 C6
Bruyères-sur-Fère (02) ...44 B1
Bruyères-sur-Oise (95) ...42 D1
Bruys (02) ...22 C6
Bruz (35) ...57 E3
Bry (59) ...9 G2
Bry-sur-Marne (94) ...43 E4
Bû (28) ...41 F4
le Bû-sur-Rouvres (14) ...38 D2
Buais (50) ...37 G6
Buanes (40) ...166 A4
Bubertré (61) ...40 A6
Bubry (56) ...54 D3
Buc (78) ...42 B4
Buc (90) ...88 C3
Bucamps (60) ...20 C3
Bucéels (14) ...14 A4
Bucey-en-Othe (10) ...65 H3
Bucey-lès-Gy (70) ...87 E5
Bucey-lès-Traves (70) ...87 F3
Buchelay (78) ...41 G3
Buchères (10) ...66 B4
Buchy (57) ...48 D2
Buchy (76) ...19 E3
Bucilly (02) ...10 B6
Bucquoy (62) ...8 A4
Bucy-le-Long (02) ...22 A5
Bucy-le-Roi (45) ...62 D5
Bucy-lès-Cerny (02) ...22 B3
Bucy-lès-Pierrepont (02) ...22 C2
Bucy-Saint-Liphard (45) ...62 C6
Budelière (23) ...112 C5
Budling (57) ...26 C3
Budling (57) ...26 C3
Budos (33) ...149 G2
Bué (18) ...82 B6
Bueil (27) ...41 F3
Bueil-en-Touraine (37) ...78 D3
Buellas (01) ...116 D5
Buethwiller (68) ...89 E2
Buffard (25) ...103 E3
Buffières (71) ...115 H3
Buffignécourt (70) ...87 F1
Buffon (21) ...84 C3
Bugarach (11) ...187 E6
Bugard (65) ...183 G2
Bugeat (19) ...125 F4
Bugnein (64) ...181 G1
Bugnicourt (59) ...8 D2
Bugnières (52) ...67 H6
Bugny (25) ...104 A3
le Bugue (24) ...137 H5
Buhl (67) ...51 F2
Buhl (68) ...71 E6
Buhl-Lorraine (57) ...50 A4
Buhy (95) ...41 H1
Buicourt (60) ...19 H3
Buigny-l'Abbé (80) ...7 E4
Buigny-lès-Gamaches (80) ...6 C5
Buigny-Saint-Maclou (80) ...6 D3
Buire (02) ...10 B6
Buire-au-Bois (62) ...7 F2
Buire-Courcelles (80) ...8 C5
Buire-le-Sec (62) ...6 D1
Buironfosse (02) ...9 H5
le Buis (87) ...110 C6
Buis-les-Baronnies (26) ...159 E5
Buis-sur-Damville (27) ...40 D4
Buissard (05) ...160 C1
la Buisse (38) ...145 F1
la Buissière (38) ...132 A6
le Buisson (48) ...155 G2
le Buisson (51) ...46 C4
Buisson (84) ...158 C5
le Buisson-de-Cadouin (24) ...137 G5

Buissoncourt (54) ...48 D5
Buissy (62) ...8 C3
Bujaleuf (87) ...124 D3
Bulan (64) ...183 F4
Bulat-Pestivien (22) ...32 D5
Bulcy (58) ...98 D1
Buléon (56) ...55 G4
Bulgnéville (88) ...69 E4
Bulhon (63) ...127 G2
Bullainville (28) ...62 B4
Bulle (25) ...103 H4
Bullecourt (62) ...8 C3
Bulles (60) ...20 C4
Bulligny (54) ...48 A6
Bullion (78) ...42 B6
Bullou (28) ...61 H3
Bully (42) ...128 D2
Bully (69) ...129 G2
Bully (76) ...19 E2
Bully-les-Mines (62) ...8 B1
Bulson (08) ...24 C2
Bult (88) ...70 B3
Bun (65) ...182 D5
Buncey (21) ...85 E2
Buneville (62) ...7 G2
Buno-Bonnevaux (91) ...63 G2
Bunus (64) ...181 E2
Bunzac (16) ...122 D3
Buoux (84) ...175 H3
Burbach (67) ...50 A3
la Burbanche (01) ...131 F2
Burbure (62) ...2 C6
Burcin (38) ...131 E6
Burcy (14) ...37 H3
Burcy (77) ...63 H4
Burdignes (42) ...143 G2
Burdignin (74) ...118 D4
Bure (55) ...68 B1
Bure-les-Templiers (21) ...85 G2
Burelles (02) ...22 D1
Bures (54) ...49 F5
Bures (61) ...39 G6
Bures-en-Bray (76) ...19 E1
Bures-les-Monts (14) ...37 G2
Bures-sur-Yvette (91) ...42 C5
le Buret (53) ...59 E6
Burey (27) ...40 C2
Burey-en-Vaux (55) ...47 H6
Burey-la-Côte (55) ...68 D1
Burgalays (31) ...183 H6
Burgaronne (64) ...181 G1
le Burgaud (31) ...168 D3
Burgille (21) ...87 E6
Burgnac (87) ...124 A3
Burgy (71) ...116 B2
Burie (17) ...121 G2
Buriville (54) ...49 G6
Burlats (81) ...170 D5
Burlioncourt (57) ...49 F3
Burnand (71) ...116 A1
Burnevillers (25) ...88 D5
Burnhaupt-le-Bas (68) ...89 E2
Burnhaupt-le-Haut (68) ...89 E2
Buros (64) ...182 C1
Burosse-Mendousse (64) ...166 C6
Burret (09) ...185 G5
Bursard (61) ...39 F6
Burthecourt-aux-Chênes (54) ...48 D6
Burtoncourt (57) ...26 D4
Bury (60) ...20 C5
Burzet (07) ...157 F1
Burzy (71) ...115 H1
Bus (62) ...8 C4
Bus-la-Mésière (80) ...21 E2
Bus-lès-Artois (80) ...7 H4
Bus-Saint-Rémy (27) ...41 G1
Buschwiller (68) ...89 G3
Busigny (59) ...9 F5
Busloup (41) ...79 G1
Busnes (62) ...2 C5
Busque (81) ...170 A4
Bussac (24) ...137 E2
Bussac-Forêt (17) ...135 G2
Bussac-sur-Charente (17) ...121 E2
Bussang (88) ...70 C6
le Busseau (79) ...107 G1
Busseaut (21) ...85 E2
Busséol (63) ...127 G4
Busserolles (24) ...123 F4
Busserotte-et-
-Montenaille (21) ...85 G3
Bussiares (02) ...44 A2
la Bussière (45) ...82 A2
la Bussière (86) ...109 H1
Bussière-Badil (24) ...123 E4
Bussière-Boffy (87) ...109 H6
Bussière-Dunoise (23) ...111 F4
Bussière-Galant (87) ...123 H4
Bussière-Nouvelle (23) ...126 A1
Bussière-Poitevine (87) ...110 A4
Bussière-
-Saint-Georges (23) ...112 A3
la Bussière-sur-Ouche (21) ...101 F1
Bussières (21) ...85 G3
Bussières (42) ...129 E2
Bussières (63) ...112 D6
Bussières (70) ...87 F6
Bussières (71) ...116 A3
Bussières (77) ...44 A3
Bussières (89) ...84 B5
Bussières-et-Pruns (63) ...127 F1
Busson (52) ...68 B3
Bussunarits-
-Sarrasquette (64) ...181 E3
Bussus-Bussuel (80) ...7 E4
Bussy (18) ...98 A4
Bussy (60) ...21 G3
Bussy-Albieux (42) ...128 D3
Bussy-en-Othe (89) ...65 F6
Bussy-la-Pesle (21) ...85 F6
Bussy-la-Pesle (58) ...99 F1
Bussy-le-Château (51) ...46 A2
Bussy-le-Grand (21) ...85 E4
Bussy-le-Repos (51) ...46 C3
Bussy-le-Repos (89) ...64 D5
Bussy-lès-Daours (80) ...7 H6
Bussy-lès-Poix (80) ...20 A1
Bussy-Lettrée (51) ...45 G4
Bussy-Saint-Georges (77) ...43 F4
Bussy-Saint-Martin (77) ...43 F4
Bust (67) ...50 B3
Bustanico (2B) ...205 F2
Bustince-Iriberry (64) ...181 E3
Buswiller (67) ...50 D3
Buthiers (70) ...87 F6
Buthiers (77) ...63 G3
Butot (76) ...17 G4
Butot-Vénesville (76) ...16 D3
Butry-sur-Oise (95) ...42 D2
Butteaux (89) ...65 H6
Butten (67) ...50 B2
Buverchy (80) ...21 G2
Buvilly (39) ...103 E4
la Buxerette (36) ...111 F2
Buxerolles (21) ...85 G2
Buxerolles (86) ...109 E1
Buxeuil (10) ...66 D6
Buxeuil (36) ...96 C2
Buxeuil (86) ...95 E3
Buxières-d'Aillac (36) ...111 F1
Buxières-lès-Clefmont (52) ...68 B6
Buxières-les-Mines (03) ...113 F2
Buxières-lès-Villiers (52) ...67 H5
Buxières-sous-les-Côtes (55) ...47 H3
Buxières-
-sous-Montaigut (63) ...113 E5
Buxy (71) ...101 F6
Buysscheure (59) ...2 B3
Buzan (09) ...184 C5
Buzançais (36) ...96 A4
Buzancy (02) ...22 A5
Buzancy (08) ...24 C4
Buzeins (12) ...155 E4
Buzet-sur-Baïse (47) ...150 D5
Buzet-sur-Tarn (31) ...169 G4

Buziet (64) ...182 B3
Buzignargues (34) ...173 G4
Buzon (65) ...183 F1
Buzy (64) ...182 B3
Buzy-Darmont (55) ...47 H1
By (25) ...103 F3
Byans-sur-Doubs (25) ...103 E2

C

Cabanac (65) ...183 F2
Cabanac-Cazaux (31) ...184 B5
Cabanac-et-Villagrains (33) ...149 F2
Cabanac-Séguenville (31) ...168 C3
la Cabanasse (66) ...200 A4
Cabanès (12) ...154 A6
Cabanès (81) ...170 A4
le Cabanial (31) ...170 A6
les Cabannes (09) ...199 F1
les Cabannes (13) ...175 F3
les Cabannes (81) ...170 A1
Cabara (33) ...135 H5
Cabariot (17) ...120 D1
Cabas-Loumassès (32) ...184 A2
Cabasse (83) ...193 G2
Cabestany (66) ...201 F2
Cabidos (64) ...166 A5
Cabourg (14) ...14 D4
Cabrerets (46) ...153 E3
Cabrerolles (34) ...172 A6
Cabrespine (11) ...187 E2
Cabrières (30) ...174 B3
Cabrières (34) ...172 C6
Cabrières-d'Aigues (84) ...176 A3
Cabrières-d'Avignon (84) ...175 G3
Cabriès (13) ...192 B2
Cabris (06) ...178 C4
Cachan (94) ...42 D4
Cachen (40) ...166 A1
Cachy (80) ...7 H6
Cadalen (81) ...170 B3
Cadarcet (09) ...185 G5
Cadarsac (33) ...135 G5
Cadaujac (33) ...135 F6
Cadéac (65) ...183 G6
Cadeilhan (32) ...168 A3
Cadeilhan-Trachère (65) ...196 D1
Cadeillan (32) ...184 C1
Cademène (25) ...103 G2
Caden (56) ...73 G1
Cadenet (84) ...175 H4
Caderousse (84) ...158 A6
la Cadière-d'Azur (83) ...192 D4
la Cadière-et-Cambo (30) ...173 F2
Cadillac (33) ...149 G1
Cadillac-en-Fronsadais (33) ...135 G4
Cadillon (64) ...166 C6
Cadix (81) ...171 E2
Cadolive (13) ...192 C3
Cadours (31) ...168 C4
Cadrieu (46) ...153 F3
Caen (14) ...14 B4
Caëstre (59) ...2 C4
Caffiers (62) ...1 G3
Cagnac-les-Mines (81) ...170 C2
Cagnano (2B) ...203 G2
Cagnes-sur-Mer (06) ...195 E3
Cagnicourt (62) ...8 C3
Cagnoncles (59) ...9 E3
Cagnotte (40) ...165 E5
Cagny (14) ...38 D1
Cagny (80) ...7 G6
Cahagnes (14) ...38 A1
Cahagnolles (14) ...13 H6
Cahaignes (27) ...19 F6
Cahan (61) ...38 C3
Caharet (65) ...183 G3
Cahon (80) ...6 C4
Cahors (46) ...152 C3
Cahus (46) ...139 F5
Cahuzac (11) ...186 C3
Cahuzac (47) ...151 E1
Cahuzac (81) ...186 B1
Cahuzac-sur-Adour (32) ...166 D5
Cahuzac-sur-Vère (81) ...170 A2
Caignac (31) ...185 H2
le Cailar (30) ...174 A5
Cailhau (11) ...186 C4
Cailhavel (11) ...186 C4
Cailla (11) ...200 A1
Caillac (46) ...152 C3
Caillavet (32) ...167 F4
Caille (06) ...178 B3
la Caillère-Saint-Hilaire (85) ...92 B6
Cailleville (76) ...17 E2
Caillouël-Crépigny (02) ...21 H3
Caillouet-Orgeville (27) ...41 E2
Cailloux-sur-Fontaines (69) ...130 A2
Cailly (76) ...17 H5
Cailly-sur-Eure (27) ...41 E1
la Caine (14) ...14 A6
Cairanne (84) ...158 C5
le Caire (04) ...160 B4
Cairon (14) ...14 B4
Caisnes (60) ...21 H3
Caissargues (30) ...174 A4
Caix (80) ...21 E1
Caixas (66) ...200 D3
Caixon (65) ...183 E1
Cajarc (46) ...153 F3
Calacuccia (2B) ...204 D2
Calais (62) ...1 G2
Calamane (46) ...152 C3
Calan (56) ...54 C4
Calanhel (22) ...32 C5
Calavanté (65) ...183 F3
Calcatoggio (2A) ...204 C5
Calce (66) ...201 E2
Calenzana (2B) ...202 C6
Calès (24) ...137 H5
Calès (46) ...138 D6
Calignac (47) ...150 D6
Caligny (61) ...38 B4
Callac (22) ...32 C5
Callas (83) ...177 H5
Callen (40) ...149 H4
Callengeville (76) ...19 F1
Calleville (27) ...18 A5
Calleville-
-les-Deux-Églises (76) ...17 G4
Callian (32) ...167 F5
Callian (83) ...178 B5
Calmeilles (66) ...200 D3
Calmels-et-le-Viala (12) ...171 G2
la Calmette (30) ...174 A2
Calmont (12) ...154 B5
Calmont (31) ...185 H2
Calmoutier (70) ...87 H3
Caloire (42) ...129 E6
Calonges (47) ...150 C4
Calonne-Ricouart (62) ...2 C6
Calonne-sur-la-Lys (62) ...2 D5
Calorguen (22) ...34 C5
la Calotterie (62) ...1 F6
Caluire-et-Cuire (69) ...130 A3
Calvi (2B) ...202 B5
Calviac (46) ...139 G5
Calviac-en-Périgord (24) ...138 B6
Calvignac (46) ...153 E3
Calvinet (15) ...154 B1
Calvisson (30) ...173 H4
Calzan (09) ...186 A5
Camalès (65) ...183 E1
Camarade (09) ...185 E4
Camarès (12) ...171 G3
Camaret-sur-Aigues (84) ...158 B6
Camaret-sur-Mer (29) ...30 C5
Camarsac (33) ...135 G5
Cambayrac (46) ...152 B4
la Cambe (14) ...13 F4
Cambernard (31) ...185 E1
Cambernon (50) ...37 E1
Cambes (33) ...135 F6
Cambes (46) ...153 H2
Cambes (47) ...150 D3
Cambes-en-Plaine (14) ...14 B4
Cambia (2B) ...205 F2
Cambiac (31) ...169 H6

Cambieure (11) ...186 C4
Camblain-Châtelain (62) ...2 C6
Camblain-l'Abbé (62) ...8 A1
Camblanes-et-Meynac (33) ...135 F6
Camblignneul (62) ...8 A1
Cambo-les-Bains (64) ...180 C1
Cambon (81) ...170 C3
Cambon-et-Salvergues (34) ...171 G5
Cambon-lès-Lavaur (81) ...170 A5
Camboulazet (12) ...154 A5
Camboulit (46) ...153 G2
Cambounès (81) ...171 E5
Cambounet-sur-le-Sor (81) ...170 B6
le Cambout (22) ...55 H3
Cambrai (59) ...8 D3
Cambremer (14) ...15 E5
Cambrin (62) ...2 D6
Cambron (80) ...6 D4
Cambronne-
-lès-Clermont (60) ...20 C5
Cambronne-
-lès-Ribécourt (60) ...21 F4
Camburat (46) ...153 G2
Came (64) ...164 D6
Camélas (66) ...200 D3
Camelin (02) ...21 H3
Camembert (61) ...39 F3
Cametours (50) ...37 E1
Camiac-et-Saint-Denis (33) ...135 G6
Camiers (62) ...1 F5
Camiran (33) ...150 A1
Camjac (12) ...154 B6
Camlez (22) ...32 D2
les Cammazes (81) ...186 C1
Camoël (56) ...73 F2
Camon (09) ...186 B5
Camon (80) ...7 G6
Camors (56) ...55 E4
Camou-Cihigue (64) ...181 F3
Camous (65) ...183 G5
Campagna-de-Sault (11) ...199 H1
Campagnac (12) ...155 F4
Campagnac (81) ...170 A1
Campagnac-
-lès-Quercy (24) ...152 B1
Campagnan (34) ...172 D6
Campagne (24) ...137 G5
Campagne (34) ...173 G4
Campagne (40) ...165 H2
Campagne (60) ...21 G2
Campagne-
-d'Armagnac (32) ...166 D3
Campagne-
-lès-Boulonnais (62) ...1 H5
Campagne-lès-Guines (62) ...1 G3
Campagne-lès-Hesdin (62) ...6 D1
Campagne-
-lès-Wardrecques (62) ...2 B4
Campagne-sur-Arize (09) ...185 F4
Campagne-sur-Aude (11) ...186 D6
Campagnolles (14) ...37 G3
Campan (65) ...183 F4
Campana (2B) ...205 F1
Campandré-Valcongrain (14) ...14 A6
Camparan (65) ...183 G6
Campbon (44) ...74 A3
Campeaux (14) ...37 G2
Campeaux (60) ...19 G3
Campel (35) ...56 D4
Campénéac (56) ...56 B4
Campestre-et-Luc (30) ...172 C2
Campet-et-Lamolère (40) ...165 H3
Camphin-en-Carembault (59) ...3 F6
Camphin-en-Pévèle (59) ...3 G5
Campi (2B) ...205 G2
Campigneulles-
-les-Grandes (62) ...6 C1
Campigneulles-
-les-Petites (62) ...6 D1
Campigny (14) ...13 H5
Campigny (27) ...15 H3
Campile (2B) ...203 F6
Campistrous (65) ...183 G3
Campitello (2B) ...203 F5
Camplong (34) ...172 A6
Camplong-d'Aude (11) ...187 G4
Campneuseville (76) ...6 C6
Campo (2A) ...205 E6
Campôme (66) ...200 B3
Campouriez (12) ...154 C1
Campoussy (66) ...200 C2
Campremy (60) ...20 C3
Camprond (50) ...37 E1
Camps-en-Amiénois (80) ...7 E6
Camps-la-Source (83) ...193 F3
Camps-Saint-Mathurin-
-Léobazal (19) ...139 F4
Camps-sur-l'Agly (11) ...187 E6
Camps-sur-l'Isle (33) ...136 A4
Campsas (82) ...169 E3
Campsegret (24) ...137 E5
Campuac (12) ...154 C2
Campugnan (33) ...135 E2
Campuzan (65) ...183 H2
Camurac (11) ...199 G1
Canale-di-Verde (2B) ...205 G2
Canals (82) ...169 E3
Canaples (80) ...7 F4
Canappeville (27) ...40 D1
Canapville (14) ...15 E3
Canapville (61) ...39 G3
Canari (2B) ...203 F2
Canaules-et-
-Argentières (30) ...173 G2
Canavaggia (2B) ...203 F6
Canaveilles (66) ...200 B4
Cancale (35) ...35 G4
Canchy (14) ...13 G5
Canchy (80) ...6 D3
Cancon (47) ...151 F2
Candas (80) ...7 G4
Candé (49) ...76 B3
Candé-sur-Beuvron (41) ...79 H4
Candes-Saint-Martin (37) ...94 A1
Candillargues (34) ...173 H5
Candor (60) ...21 F3
Candresse (40) ...165 E4
Canehan (76) ...6 A5
Canéjan (33) ...135 E6
Canens (31) ...185 F3
Canenx-et-Réaut (40) ...166 A1
Canet (11) ...187 H3
Canet (34) ...172 D5
Canet-de-Salars (12) ...154 D5
Canet-en-Roussillon (66) ...201 G2
Canettemont (62) ...7 G2
Cangey (37) ...79 G5
Caniac-du-Causse (46) ...152 D2
Canihuel (22) ...33 E6
Canilhac (48) ...155 F3
Canisy (50) ...37 E1
Canlers (62) ...2 A6
Canly (60) ...21 E4
Cannectancourt (60) ...21 F3
Cannelle (2A) ...204 C5
Cannes (06) ...195 E4
Cannes-Écluse (77) ...64 C2
Cannes-et-Clairan (30) ...173 H3

Cantoin (12) ...140 D6
Cantois (33) ...149 H1
Canville-la-Rocque (50) ...12 C4
Canville-
-les-Deux-Églises (76) ...17 F3
Cany-Barville (76) ...18 A1
Caorches-Saint-Nicolas (27) ...15 H5
Caouënnec-Lanvézéac (22) ...32 D2
Caours (80) ...6 D4
Cap-d'Ail (06) ...179 F3
Capbreton (40) ...164 B4
Capdenac (46) ...153 G2
Capdenac-Gare (12) ...153 G2
Capdrot (24) ...151 H1
la Capelle (02) ...10 A5
Capelle (59) ...9 F3
la Capelle-Balaguier (12) ...153 G4
la Capelle-Bleys (12) ...153 H5
la Capelle-Bonance (12) ...155 F4
la Capelle-
-et-Masmolène (30) ...174 C1
Capelle-Fermont (62) ...8 A2
la Capelle-lès-Boulogne (62) ...1 F4
Capelle-les-Grands (27) ...15 G5
Capelle-lès-Hesdin (62) ...7 E2
Capendu (11) ...187 F3
Capens (31) ...185 E2
Capestang (34) ...188 B2
Capian (33) ...135 G6
Capinghem (59) ...3 F5
Caplong (33) ...136 B6
Captieux (33) ...149 H4
Capvern (65) ...183 G4
Caragoudes (31) ...169 G6
Caramany (66) ...200 D2
Carantec (29) ...31 H2
Carantilly (50) ...37 F1
Carayac (46) ...153 F2
Carbay (49) ...57 H6
Carbes (81) ...170 C5
Carbini (2A) ...207 F3
Carbon-Blanc (33) ...135 F5
Carbonne (31) ...185 E2
Carbuccia (2A) ...204 D5
Carcagny (14) ...14 A4
Carcanières (09) ...200 A2
Carcans (33) ...134 B3
Carcarès-Sainte-Croix (40) ...165 G3
Carcassonne (11) ...187 E3
Carcen-Ponson (40) ...165 G2
Carcès (83) ...193 G2
Carcheto-Brustico (2B) ...205 G2
Cardaillac (46) ...153 G1
Cardan (33) ...149 G1
Cardeilhac (31) ...184 B3
Cardesse (64) ...182 A2
Cardet (30) ...173 H1
Cardo-Torgia (2A) ...204 D6
Cardonnette (80) ...7 G5
le Cardonnois (80) ...20 D3
Cardonville (14) ...13 F4
Cardroc (35) ...56 D1
Carelles (53) ...58 C2
Carency (62) ...8 A1
Carennac (46) ...139 E5
Carentan (50) ...13 E5
Carentoir (56) ...56 C5
Cargèse (2A) ...204 B4
Cargiaca (2A) ...207 E2
Carhaix-Plouguer (29) ...32 B6
Carignan (08) ...24 D2
Carignan-de-Bordeaux (33) ...135 F5
Carla-Bayle (09) ...185 F4
Carla-de-Roquefort (09) ...186 A5
le Carlaret (09) ...185 H4
Carlat (15) ...140 B5
Carlencas-et-Levas (34) ...172 B5
Carlepont (60) ...21 G4
Carling (57) ...27 F5
Carlipa (11) ...186 C2
Carlucet (46) ...152 D1
Carlus (81) ...170 B3
Carlux (24) ...138 B5
Carly (62) ...1 F5
Carmaux (81) ...170 C1
Carnac (56) ...72 B1
Carnac-Rouffiac (46) ...152 B4
Carnas (30) ...173 G3
la Carneille (61) ...38 C4
Carnet (50) ...35 H5
Carnetin (77) ...43 F3
Carneville (50) ...12 D1
Carnières (59) ...9 E3
Carnin (59) ...3 F6
Carnoët (22) ...32 B5
Carnoules (83) ...193 G3
Carnoux-en-Provence (13) ...192 C4
Carnoy (80) ...8 B5
Caro (56) ...56 B3
Caro (64) ...180 D3
Carolles (50) ...35 G3
Caromb (84) ...158 D6
Carpentras (84) ...175 F1
Carpineto (2B) ...205 G2
Carpiquet (14) ...14 B4
Carquebut (50) ...13 E4
Carquefou (44) ...74 D4
Carqueiranne (83) ...193 F5
Carrépuis (80) ...21 F2
Carrère (64) ...166 B6
Carresse-Cassaber (64) ...165 E6
Carrières-sous-Poissy (78) ...42 B3
Carrières-sous-Seine (78) ...42 C3
Carros (06) ...195 E2
Carrouges (61) ...38 D6
Carry-le-Rouet (13) ...191 H5
Cars (33) ...135 E3
les Cars (87) ...123 H4
Carsac-Aillac (24) ...138 B6
Carsac-de-Gurson (24) ...136 B4
Carsan (30) ...157 H5
Carsix (27) ...40 B1
Carspach (68) ...89 E3
Cartelègue (33) ...135 E2
Carticasi (2B) ...205 F2
Cartignies (59) ...9 H4
Cartigny (80) ...8 C5
Cartigny-l'Épinay (14) ...13 G5
Carves (24) ...137 H6
Carville (14) ...37 H2
Carville-la-Folletière (76) ...17 F5
Carville-Pot-de-Fer (76) ...17 E3
Carvin (62) ...3 F6
Casabianca (2B) ...203 G6
Casaglione (2A) ...204 C4
Casalabriva (2A) ...206 D2
Casalta (2B) ...203 G6
Casamaccioli (2B) ...204 D2
Casanova (2B) ...205 E3
Cascastel-
-des-Corbières (11) ...187 G5
Casefabre (66) ...200 D3
Caseneuve (84) ...176 A3
Cases-de-Pène (66) ...201 E2
Casevecchie (2B) ...205 G3
Cassagnabère-Tournas (31) ...184 B3
Cassagnas (48) ...156 C5
la Cassagne (24) ...138 B4
Cassagne (31) ...184 C4
Cassagnes (46) ...152 A3
Cassagnes (66) ...200 D2
Cassagnes-Bégonhès (12) ...154 C5
Cassagnoles (30) ...173 G2
Cassagnoles (34) ...187 F2
la Cassaigne (11) ...186 C3
Cassaigne (32) ...167 F2
Cassaignes (11) ...186 D6
Cassaniouze (15) ...154 B1
Cassel (59) ...2 C3
Cassen (40) ...165 F3
Casseneuil (47) ...151 F4
les Cassés (11) ...186 B2
Casseuil (33) ...150 A2

Cassignas (47) ...151 G5
Cassis (13) ...192 C4
Casson (44) ...74 D3
Cassuéjouls (12) ...154 D1
Cast (29) ...53 F1
Castagnac (31) ...185 F3
Castagnède (31) ...184 C4
Castagnède (64) ...165 E6
Castagniers (06) ...195 F2
Castaignos-Souslens (40) ...165 G5
Castandet (40) ...166 B3
Castanet (12) ...154 A5
Castanet (81) ...170 B2
Castanet (82) ...153 G5
Castanet-le-Haut (34) ...171 H5
Castanet-Tolosan (31) ...169 F6
Castans (11) ...187 F1
Casteide-Cami (64) ...182 A1
Casteide-Candau (64) ...165 H6
Casteide-Doat (64) ...183 E1
Casteil (66) ...200 C4
Castel-Sarrazin (40) ...165 G5
Castelbajac (65) ...183 G3
Castelbiague (31) ...184 C5
Castelculier (47) ...151 F6
Castelferrus (82) ...168 D2
Castelfranc (46) ...152 B3
Castelgaillard (31) ...184 B2
Castelginest (31) ...169 F4
Casteljaloux (47) ...150 C4
Castella (47) ...151 F4
Castellane (04) ...177 H3
Castellar (06) ...195 G2
le Castellard-Mélan (04) ...160 C5
Castellare-di-Casinca (2B) ...203 G6
Castellare-di-Mercurio (2B) ...205 F2
le Castellet (04) ...176 D2
le Castellet (83) ...192 D4
Castellet (84) ...176 A3
Castellet-lès-Sausses (04) ...178 B1
Castello-di-Rostino (2B) ...203 F6
Castelmary (12) ...154 A6
Castelmaurou (31) ...169 F5
Castelmayran (82) ...168 C1
Castelmoron-d'Albret (33) ...150 A1
Castelmoron-sur-Lot (47) ...151 F4
Castelnau-Barbarens (32) ...168 A5
Castelnau-Chalosse (40) ...165 F4
Castelnau-d'Anglès (32) ...167 F4
Castelnau-d'Arbieu (32) ...168 A3
Castelnau-d'Aude (11) ...187 G3
Castelnau-d'Auzan (32) ...167 E2
Castelnau-de-Brassac (81) ...171 E5
Castelnau-de-Guers (34) ...188 D1
Castelnau-de-Lévis (81) ...170 B2
Castelnau-
-de-Mandailles (12) ...155 E3
Castelnau-de-Médoc (33) ...134 D3
Castelnau-
-de-Montmiral (81) ...169 H2
Castelnau-
-d'Estrétefonds (31) ...169 E4
Castelnau-Durban (09) ...185 F5
Castelnau-le-Lez (34) ...173 F5
Castelnau-Magnoac (65) ...183 H3
Castelnau-Montratier (46) ...152 C5
Castelnau-Pégayrols (12) ...155 E6
Castelnau-
-Picampeau (31) ...184 D2
Castelnau-
-Rivière-Basse (65) ...166 D5
Castelnau-sur-Gupie (47) ...150 C2
Castelnau-
-sur-l'Auvignon (32) ...167 G2
Castelnau-Tursan (40) ...166 A4
Castelnau-Valence (30) ...174 A2
Castelnaud-
-de-Gratecambe (47) ...151 F3
Castelnaud-la-Chapelle (24) ...138 A6
Castelnavet (32) ...167 E4
Castelner (40) ...165 H5
Castelnou (66) ...200 D3
Castelreng (11) ...186 C5
Castels (24) ...137 H5
Castelsagrat (82) ...151 H6
Castelsarrasin (82) ...168 C1
Castelvieilh (65) ...183 F3
Castéra-Bouzet (82) ...168 B2
Castéra-Lanusse (65) ...183 G3
Castéra-Lectourois (32) ...167 H2
Castéra-lou (65) ...183 F2
Castéra-Loubix (64) ...183 E1
Castéra-Verduzan (32) ...167 F3
Castéra-Vignoles (31) ...184 B2
Castéras (09) ...185 F4
Casterets (65) ...184 A2
Castéron (32) ...168 B3
Castet (64) ...182 B2
Castet-Arrouy (32) ...168 A2
Castétis (64) ...165 G6
Castetnau-Camblong (64) ...181 G2
Castetner (64) ...165 G6
Castetpugon (64) ...166 B5
Castets (40) ...165 E3
Castets-en-Dorthe (33) ...150 A2
Castex (09) ...185 F3
Castex (32) ...183 H2
Castex-d'Armagnac (32) ...166 C2
Casties-Labrande (31) ...184 D2
Castifao (2B) ...203 E6
Castiglione (2B) ...205 E1
Castillon (06) ...195 G2
Castillon (14) ...13 H6
Castillon (Canton
d'Arthez-de-Béarn) (64) ...165 H6
Castillon (Canton
de Lembeye) (64) ...166 C6
Castillon-de-Castets (33) ...150 A2
Castillon-de-Larboust (31) ...197 F1
Castillon-
-de-Saint-Martory (31) ...184 C4
Castillon-Debats (32) ...167 E3
Castillon-du-Gard (30) ...174 C2
Castillon-en-Auge (14) ...15 E6
Castillon-en-Couserans (09) ...184 D6
Castillon-la-Bataille (33) ...136 A5
Castillon-Massas (32) ...167 G3
Castillon-Savès (32) ...168 C5
Castillonnès (47) ...151 F1
Castilly (14) ...13 G5
Castin (32) ...167 H4
Castineta (2B) ...203 F6
Castirla (2B) ...205 E2
Castres (02) ...21 H1
Castres (81) ...170 C5
Castres-Gironde (33) ...149 G1
Castries (34) ...173 G4
le Cateau-Cambrésis (59) ...9 F4
le Catelet (02) ...9 E5
le Catelier (76) ...18 D1
Catenay (76) ...19 E4
Catenoy (60) ...20 D5
Cateri (2B) ...202 C5
Cathervielle (31) ...197 F1
Catheux (60) ...20 B2
Catigny (60) ...21 F2
Catillon-Fumechon (60) ...20 C4
Catillon-sur-Sambre (59) ...9 G4
Catllar (66) ...200 C3
Catonvielle (32) ...168 C5
Cattenières (59) ...9 E4
Cattenom (57) ...26 C3
Catteville (50) ...12 C4
Catus (46) ...152 C3
Catz (50) ...13 F5
Caubeyres (47) ...150 C5
Caubiac (31) ...168 C4
Caubios-Loos (64) ...182 B1
Caubon-Saint-Sauveur (47) ...150 C2
Caubous (31) ...197 F1
Caubous (65) ...183 H3
Caucalières (81) ...170 D6
la Cauchie (62) ...8 A3
Cauchy-à-la-Tour (62) ...2 C6
Caucourt (62) ...8 A1
Caudan (56) ...54 C5
Caudebec-en-Caux (76) ...17 F5

Caudebec-lès-Elbeuf (76) ...18 C5
Caudebronde (11) ...187 E2
Caudecoste (47) ...151 F6
Caudeval (11) ...186 B4
Caudiès-
-de-Conflent (66) ...200 A3
Caudiès-
-de-Fenouillèdes (66) ...200 B1
Caudrot (33) ...150 A2
Caudry (59) ...9 F4
Cauffry (60) ...20 D5
Caugé (27) ...40 D2
Caujac (31) ...185 G2
Caulaincourt (02) ...8 D6
Caule-Sainte-Beuve (76) ...19 F1
Caulières (80) ...19 H1
Caullery (59) ...9 E4
Caulnes (22) ...56 C1
Caumont (02) ...21 H1
Caumont (09) ...184 D5
Caumont (27) ...18 B5
Caumont (32) ...166 C4
Caumont (33) ...150 B1
Caumont (62) ...7 E2
Caumont (82) ...168 C2
Caumont-l'Éventé (14) ...37 H1
Caumont-sur-Durance (84) ...175 F3
Caumont-sur-Garonne (47) ...150 C3
Caumont-sur-Orne (14) ...38 B2
Caunay (79) ...108 C4
Cauneille (40) ...165 E5
Caunes-Minervois (11) ...187 F2
la Caunette (34) ...187 H2
Caunette-sur-Lauquet (11) ...187 E5
Caunettes-en-Val (11) ...187 F4
Caupenne (40) ...165 G4
Caupenne-d'Armagnac (32) ...166 C3
la Caure (51) ...45 E2
Caurel (22) ...55 E1
Caurel (51) ...23 E5
Cauro (2A) ...204 D6
Cauroir (59) ...9 E3
Cauroy (08) ...23 H5
Cauroy-lès-Hermonville (51) ...23 E5
le Causé (82) ...168 C3
Cause-de-Clérans (24) ...137 E5
Caussade (82) ...152 D6
Caussade-Rivière (65) ...166 D6
Causse-Bégon (30) ...172 C1
Causse-de-la-Selle (34) ...173 E4
Causse-et-Diège (12) ...153 G3
Caussens (32) ...167 G2
Causses-et-Veyran (34) ...188 A1
Caussiniojouls (34) ...172 B6
Caussols (06) ...178 C3
Caussou (09) ...199 F1
Cauterets (65) ...182 D6
Cauverville-en-Roumois (27) ...18 A5
Cauvicourt (14) ...38 D2
Cauvignac (33) ...150 A3
Cauville (14) ...38 B2
Cauville-sur-Mer (76) ...15 E1
Caux (34) ...172 C6
Caux-et-Sauzens (11) ...186 D3
Cauzac (47) ...151 G5
Cavagnac (46) ...138 D4
Cavaillon (84) ...175 F3
Cavalaire-sur-Mer (83) ...194 A4
la Cavalerie (12) ...172 A2
Cavan (22) ...32 D2
Cavanac (11) ...187 E4
Cavarc (47) ...151 F1
Caveirac (30) ...174 A3
Caves (11) ...188 A6
Cavignac (33) ...135 G3
Cavigny (50) ...13 F6
Cavillargues (30) ...174 C1
Cavillon (80) ...7 F6
Cavron-Saint-Martin (62) ...7 E2
Caychax (09) ...199 F1
Cayeux-en-Santerre (80) ...21 E1
Cayeux-sur-Mer (80) ...6 B3
le Caylar (34) ...172 C3
Caylus (82) ...153 E5
Cayrac (82) ...169 F1
Cayres (43) ...142 B5
Cayriech (82) ...152 D5
le Cayrol (12) ...154 D2
Cayrols (15) ...139 H6
Cazac (31) ...184 C2
Cazalis (33) ...149 G4
Cazalis (40) ...165 G5
Cazalrenoux (11) ...186 B3
Cazals (46) ...152 B2
Cazals (82) ...153 E6
Cazals-des-Baylès (09) ...186 B4
Cazarilh (65) ...184 A4
Cazarilh-Laspènes (31) ...197 F1
Cazats (33) ...149 H3
Cazaubon (32) ...166 C2
Cazaugitat (33) ...150 B1
Cazaux (09) ...185 G4
Cazaux-d'Anglès (32) ...167 G5
Cazaux-debat (65) ...183 G6
Cazaux-Fréchet-
-Anéran-Camors (65) ...183 G6
Cazaux-Layrisse (31) ...184 A6
Cazaux-Savès (32) ...168 C6
Cazaux-Villecomtal (32) ...167 G6
Cazavet (09) ...184 D5
Cazeaux-de-Larboust (31) ...197 F1
Cazedarnes (34) ...188 B1
Cazenave-
-Serres-et-Allens (09) ...199 F1
Cazeneuve (32) ...167 E2
Cazeneuve-Montaut (31) ...184 C3
Cazères (31) ...184 D3
Cazères-sur-l'Adour (40) ...166 B3
Cazes-Mondenard (82) ...152 B5
Cazevieille (34) ...173 F4
Cazideroque (47) ...151 H4
Cazilhac (11) ...187 E3
Cazilhac (34) ...173 E3
Cazillac (46) ...138 D4
Cazoulès (24) ...138 C5
Cazouls-d'Hérault (34) ...172 D6
Cazouls-lès-Béziers (34) ...188 B1
Ceaucé (61) ...58 D1
Ceaulmont (36) ...111 F2
Céaux (50) ...35 H4
Céaux-d'Allègre (43) ...142 B3
Ceaux-en-Couhé (86) ...108 D3
Ceaux-en-Loudun (86) ...94 B3
Cébazan (34) ...188 A1
Cébazat (63) ...127 E2
Ceffonds (52) ...67 E2
Ceignes (01) ...117 F5
Ceilhes-et-Rocozels (34) ...172 A4
Ceillac (05) ...161 G1
Ceintrey (54) ...69 F1
la Celle (03) ...113 E4
la Celle (18) ...112 C1
la Celle (63) ...126 B2
la Celle (83) ...193 F3
la Celle-Condé (18) ...97 F5
la Celle-Dunoise (23) ...111 F4
la Celle-en-Morvan (71) ...100 C3
la Celle-Guenand (37) ...95 F4
la Celle-les-Bordes (78) ...42 A6
Celle-Lévescault (86) ...108 D2
la Celle-Saint-Avant (37) ...94 D3
la Celle-Saint-Cloud (78) ...42 C4
la Celle-Saint-Cyr (89) ...65 E6
la Celle-sous-
-Chantemerle (51) ...44 D6
la Celle-sous-Gouzon (23) ...112 A5
la Celle-sous-Montmirail (02) ...44 C4
la Celle-sur-Loire (58) ...82 C4
la Celle-sur-Morin (77) ...43 G4
la Celle-sur-Nièvre (58) ...98 D1
Cellefrouin (16) ...122 D2
Celles (09) ...185 H6
Celles (15) ...141 E4
Celles (17) ...121 G4
Celles (24) ...136 D1

230

Celles (34) ... 172 C5
Celles-en-Bassigny (52) ... 68 C6
Celles-lès-Condé (02) ... 44 C2
Celles-sur-Aisne (02) ... 22 B5
Celles-sur-Belle (79) ... 108 A4
Celles-sur-Durolle (63) ... 128 A2
Celles-sur-Ource (10) ... 66 D5
Celles-sur-Plaine (88) ... 70 C1
la Cellette (23) ... 111 H3
la Cellette (63) ... 112 D6
Cellettes (16) ... 122 C2
Cellettes (41) ... 80 A4
le Cellier (44) ... 75 E4
Cellier-du-Luc (07) ... 156 D1
Cellieu (42) ... 129 G5
Cellule (63) ... 127 F1
Celon (36) ... 110 D2
Celoux (15) ... 141 G3
Celsoy (52) ... 86 C1
Cély (77) ... 63 H2
Cemboing (70) ... 87 E2
Cempuis (60) ... 20 A2
Cénac (33) ... 135 F6
Cénac-et-Saint-Julien (24) ... 138 A6
Cendras (30) ... 157 E6
le Cendre (63) ... 127 F3
Cendrecourt (70) ... 87 E1
Cendrey (25) ... 87 G5
Cendrieux (24) ... 137 G4
Cénevières (46) ... 153 E3
Cenne-Monestiés (11) ... 186 C2
Cenon (33) ... 135 F5
Cenon-sur-Vienne (86) ... 94 D5
Censeau (39) ... 103 G5
Censerey (21) ... 100 D1
Censy (89) ... 84 B3
les Cent-Acres (76) ... 18 D1
Centrès (12) ... 154 B6
Centuri (2B) ... 203 F1
Cenves (69) ... 116 A4
Cépet (31) ... 169 F4
Cépie (11) ... 186 D4
Cepoy (45) ... 64 A5
Céran (32) ... 168 A3
Cérans-Foulletourte (72) ... 78 A1
Cerbère (66) ... 201 H4
Cerbois (18) ... 97 F2
Cercié (69) ... 116 A5
Cercier (74) ... 118 B6
Cercles (24) ... 136 D1
Cercottes (45) ... 62 D6
Cercoux (17) ... 135 H3
le Cercueil (61) ... 39 E6
Cercy-la-Tour (58) ... 99 G5
Cerdon (01) ... 117 F6
Cerdon (45) ... 81 G3
Cère (40) ... 166 A1
Céré-la-Ronde (37) ... 95 H1
Cerelles (37) ... 78 D4
Cérences (50) ... 35 H1
Céreste (04) ... 176 B3
Céret (66) ... 201 E4
Cerfontaine (59) ... 10 A2
le Cergne (42) ... 115 G5
Cergy (95) ... 42 B2
Cérilly (03) ... 113 E1
Cérilly (21) ... 84 D1
Cérilly (89) ... 65 G4
Cerisé (61) ... 60 A1
Cerisières (52) ... 67 F5
Cerisiers (89) ... 65 F5
Cerisy (80) ... 8 A6
Cerisy-Belle-Étoile (61) ... 38 A4
Cerisy-Buleux (80) ... 6 C5
Cerisy-la-Forêt (50) ... 13 G6
Cerisy-la-Salle (50) ... 37 E2
Cerizay (79) ... 92 D4
Cérizols (09) ... 184 D4
Cerizy (02) ... 22 A1
la Cerlangue (76) ... 15 G1
Cernans (39) ... 103 F4
Cernay (14) ... 15 F6
Cernay (28) ... 61 H2
Cernay (68) ... 89 E1
Cernay (86) ... 94 B5
Cernay-en-Dormois (51) ... 24 B6
Cernay-la-Ville (78) ... 42 A5
Cernay-l'Église (25) ... 88 C6
Cernay-lès-Reims (51) ... 23 F6
Cerneux (77) ... 44 B5
Cernex (74) ... 118 B6
Cerniébaud (39) ... 103 G5
Cernion (08) ... 23 G1
Cernon (39) ... 117 G3
Cernon (51) ... 45 H4
Cernoy (60) ... 20 D4
Cernoy-en-Berry (45) ... 82 A4
Cernusson (49) ... 93 E1
Cerny (91) ... 63 G1
Cerny-en-Laonnois (02) ... 22 C4
Cerny-lès-Bucy (02) ... 22 B3
Céron (71) ... 114 D4
Cérons (33) ... 149 G1
Cerqueux (14) ... 15 G6
les Cerqueux (49) ... 92 D3
les Cerqueux-
 -sous-Passavant (49) ... 93 E2
Cerre-lès-Noroy (70) ... 87 H3
Cers (34) ... 188 C2
Cersay (79) ... 93 F2
Cerseuil (02) ... 22 B5
Cersot (71) ... 101 F6
Certilleux (88) ... 68 D3
Certines (01) ... 117 E5
Cervens (74) ... 118 D4
Cervières (05) ... 147 F5
Cervières (42) ... 128 C1
Cerville (54) ... 48 D5
Cervione (2B) ... 205 G2
Cervon (58) ... 99 H1
Cerzat (43) ... 141 H3
Cesancey (39) ... 117 F1
Césarches (73) ... 132 C3
Césarville-Dossainville (45) ... 63 F3
Cescau (09) ... 184 D6
Cescau (64) ... 182 B1
Cesny-aux-Vignes (14) ... 39 E1
Cesny-Bois-Halbout (14) ... 14 B6
Cessac (33) ... 135 H6
Cessales (31) ... 186 A1
Cessé (55) ... 24 D3
Cessenon-sur-Orb (34) ... 188 B1
Cessens (73) ... 131 H2
Cesseras (34) ... 187 G2
Cesset (03) ... 113 G4
Cesseville (27) ... 40 C1
Cessey (25) ... 103 F2
Cessey-sur-Tille (21) ... 86 A6
Cessières (02) ... 22 B3
Cessieu (38) ... 131 E5
Cesson (77) ... 63 H1
Cesson-Sévigné (35) ... 57 F2
Cessoy-en-Montois (77) ... 64 D1
Cessy (01) ... 118 B3
Cessy-les-Bois (58) ... 82 D6
Cestas (33) ... 135 E6
Cestayrols (81) ... 170 B2
Ceton (61) ... 61 E4
Cette-Eygun (64) ... 182 A5
Cevins (73) ... 132 D4
Ceyras (34) ... 172 D5
Ceyrat (63) ... 127 E3
Ceyreste (13) ... 192 C5
Ceyroux (23) ... 111 E6
Ceyssac (43) ... 142 C4
Ceyssat (63) ... 126 D3
Ceyzériat (01) ... 117 E5
Ceyzérieu (01) ... 131 F2
Cézac (33) ... 135 F3
Cézac (46) ... 152 C4
Cezais (85) ... 107 F1
Cézan (32) ... 167 G3
Cezay (42) ... 128 C3
Cézens (15) ... 140 D4
Cézia (39) ... 117 G3
Cézy (89) ... 65 E6
Chabanais (16) ... 123 G2
la Chabanne (03) ... 128 B1
Chabestan (05) ... 159 H3
Chabeuil (26) ... 144 B5

Chablis (89) ... 83 H2
Châbons (38) ... 131 E6
Chabottes (05) ... 160 C1
Chabournay (86) ... 94 B6
Chabrac (16) ... 123 F1
Chabreloche (63) ... 128 B2
Chabrignac (19) ... 138 B1
Chabrillan (26) ... 158 C1
Chabris (36) ... 96 C1
Chacé (49) ... 93 H1
Chacenay (10) ... 66 D5
Chacrise (02) ... 22 B5
Chadeleuf (63) ... 127 F5
Chadenac (17) ... 121 F5
Chadenet (48) ... 156 B3
Chadrac (43) ... 142 C4
Chadron (43) ... 142 C5
Chadurie (16) ... 122 B5
le Chaffal (26) ... 144 D5
le Chaffaut-
 -Saint-Jurson (04) ... 177 F1
Chaffois (25) ... 103 H4
Chagey (70) ... 88 C3
Chagnon (42) ... 129 G5
Chagny (08) ... 24 A3
Chagny (71) ... 101 F4
Chahaignes (72) ... 78 C2
Chahains (61) ... 38 D6
Chaignay (21) ... 85 H5
Chaignes (27) ... 41 F2
Chail (79) ... 108 B4
Chaillac (36) ... 110 C3
Chaillac-sur-Vienne (87) ... 123 G2
Chaillé-les-Marais (85) ... 106 C3
Chaillé-sous-
 -les-Ormeaux (85) ... 91 G5
Chailland (53) ... 58 C3
Chaillevette (17) ... 120 C3
Chaillevois (02) ... 22 B4
Chailley (89) ... 65 G5
Chaillon (55) ... 47 H3
Chailloué (61) ... 39 F5
Chailly-en-Bière (77) ... 63 H2
Chailly-en-Brie (77) ... 43 H4
Chailly-en-Gâtinais (45) ... 63 H6
Chailly-lès-Ennery (57) ... 26 C4
Chailly-sur-Armançon (21) ... 101 E1
Chainaz-les-Frasses (74) ... 132 A3
Chaînée-des-Coupis (39) ... 102 C4
Chaingy (45) ... 80 C1
Chaintré (71) ... 116 B4
Chaintreaux (77) ... 64 B4
Chaintrix-Bierges (51) ... 45 F3
la Chaise (10) ... 67 E2
la Chaise-Baudouin (50) ... 37 G4
la Chaise-Dieu (43) ... 142 B1
Chaise-Dieu-du-Theil (27) ... 40 B4
Chaix (85) ... 107 E2
la Chaize-Giraud (85) ... 90 D4
la Chaize-le-Vicomte (85) ... 91 H4
Chalabre (11) ... 186 B5
Chalagnac (24) ... 137 F3
Chalain-d'Uzore (42) ... 128 D4
Chalain-le-Comtal (42) ... 129 E4
Chalampé (68) ... 89 G1
Chalancey (52) ... 85 H3
Chalancon (26) ... 159 E3
Chalandray (86) ... 93 H6
Chalandry (02) ... 22 C2
Chalandry-Elaire (08) ... 24 B2
le Chalange (61) ... 39 G6
le Chalard (87) ... 124 A5
Chalautre-la-Grande (77) ... 65 F1
Chalautre-la-Petite (77) ... 65 E1
Chalaux (58) ... 84 A6
Chaleins (01) ... 116 B6
Chalencon (07) ... 143 G5
les Chalesmes (39) ... 103 G6
Châlette-sur-Loing (45) ... 64 A4
Chalette-sur-Voire (10) ... 66 D2
Chaley (01) ... 131 E1
Chalèze (25) ... 87 F6
Chalezeule (25) ... 87 F6
Chaliers (15) ... 141 F5
Chalifert (77) ... 43 F3
Chaligny (54) ... 48 C5
Chalinargues (15) ... 141 E3
Chalindrey (52) ... 86 B2
Chalivoy-Milon (18) ... 98 B5
Challain-la-Potherie (49) ... 76 B3
Challans (85) ... 90 D2
Challement (58) ... 83 G6
Challerange (08) ... 24 B5
Challes (72) ... 60 C5
Challes-la-Montagne (01) ... 117 F5
Challes-les-Eaux (73) ... 132 A5
Challet (28) ... 62 A1
Challex (01) ... 118 B5
Challignac (16) ... 122 A6
Challonges (74) ... 118 A5
Challuy (58) ... 98 D4
Chalmaison (77) ... 64 D2
Chalmazel (42) ... 128 C4
Chalmoux (71) ... 114 D1
Chalo-Saint-Mars (91) ... 63 E2
le Chalon (26) ... 144 C2
Chalon-sur-Saône (71) ... 101 G5
Chalonnes-sous-le-Lude (49) ... 78 A4
Chalonnes-sur-Loire (49) ... 76 C5
Châlons (38) ... 130 C6
Châlons-du-Maine (53) ... 58 D4
Châlons-en-Champagne (51) ... 45 H3
Châlons-sur-Vesle (51) ... 23 E6
Châlonvillars (70) ... 88 C3
Chalou-Moulineux (91) ... 63 E2
Chaltrait (51) ... 45 E3
Chalus (63) ... 127 F5
Châlus (87) ... 123 H4
Chalvignac (15) ... 139 H2
Chalvraines (52) ... 68 B3
Chamadelle (33) ... 136 A3
Chamagne (88) ... 69 G2
Chamagnieu (38) ... 130 C4
Chamalières (63) ... 127 E3
Chamalières-sur-Loire (43) ... 142 D2
Chamaloc (26) ... 145 E6
Chamant (60) ... 21 E6
Chamarande (91) ... 63 F1
Chamarandes-Choignes (52) ... 68 A5
Chamaret (26) ... 158 B4
la Chamba (42) ... 128 B3
Chambain (21) ... 85 G2
Chambeire (21) ... 86 A6
Chambellay (49) ... 76 D2
Chambéon (42) ... 129 E4
Chamberaud (23) ... 111 H6
Chamberet (19) ... 125 E5
Chambéria (39) ... 117 G2
Chambéry (73) ... 131 H4
Chambeugle (89) ... 82 C1
Chambezon (43) ... 141 G1
Chambilly (71) ... 115 E4
Chamblac (27) ... 40 A2
Chamblanc (21) ... 102 A3
Chamblay (39) ... 103 E3
Chamblet (03) ... 112 D4
Chambley-Bussières (54) ... 26 A6
Chambly (60) ... 42 C1
Chambœuf (21) ... 101 G1
Chambœuf (42) ... 129 E5
Chambois (61) ... 39 F4
Chambolle-Musigny (21) ... 101 H2
le Chambon (07) ... 143 F6
Chambon (17) ... 107 E4
Chambon (18) ... 97 G6
Chambon (30) ... 157 E5
Chambon (37) ... 95 H5
le Chambon-
 -Feugerolles (42) ... 129 F6
Chambon-la-Forêt (45) ... 63 F5
Chambon-le-Château (48) ... 142 B5
Chambon-Sainte-Croix (23) ... 111 F3

Chambon-sur-Cisse (41) ... 79 H4
Chambon-sur-Dolore (63) ... 128 A4
Chambon-sur-Lac (63) ... 126 D5
Chambon-sur-Lignon (43) ... 143 F4
Chambon-sur-Voueize (23) ... 112 C5
Chambonas (07) ... 157 E4
Chambonchard (23) ... 112 C5
la Chambonie (42) ... 128 B3
Chamborand (23) ... 111 E5
Chambord (27) ... 40 A3
Chambord (41) ... 80 B3
Chamboret (87) ... 124 A1
Chamborigaud (30) ... 156 D5
Chambornay-
 -lès-Bellevaux (70) ... 87 G5
Chambornay-
 -lès-Pin (70) ... 87 E6
Chambors (60) ... 19 H6
Chambost-Allières (69) ... 129 G1
Chambost-
 -Longessaigne (69) ... 129 F3
Chamboulive (19) ... 125 E6
Chambourcy (78) ... 42 B3
Chambourg-sur-Indre (37) ... 95 F2
Chambray (27) ... 41 E2
Chambray-lès-Tours (37) ... 78 D6
la Chambre (73) ... 132 C6
Chambrecy (51) ... 45 E1
les Chambres (50) ... 35 H3
Chambretaud (85) ... 92 B3
Chambrey (57) ... 49 E4
Chambroncourt (52) ... 68 B2
Chambry (02) ... 22 C3
Chambry (77) ... 43 G2
Chaméane (63) ... 127 H5
Chamelet (69) ... 129 G1
Chamery (51) ... 45 F1
Chamesey (25) ... 104 C1
Chamesol (25) ... 88 C5
Chamesson (21) ... 85 E2
Chameyrat (19) ... 138 D2
Chamigny (77) ... 44 A3
Chamilly (71) ... 101 F4
Chammes (53) ... 59 F5
Chamole (39) ... 103 E4
Chamonix-Mont-Blanc (74) ... 133 F1
Chamouillac (17) ... 135 F1
Chamouille (02) ... 22 C4
Chamouilley (52) ... 46 D6
Chamousset (73) ... 132 B4
Chamoux (89) ... 83 G5
Chamoux-sur-Gelon (73) ... 132 B5
Chamoy (10) ... 66 A4
le Champ-de-la-Pierre (61) ... 38 D6
Champ-d'Oiseau (21) ... 84 C4
Champ-Dolent (27) ... 40 D3
Champ-du-Boult (14) ... 37 G3
Champ-Haut (61) ... 39 G5
Champ-Laurent (73) ... 132 B5
le Champ-le-Duc (88) ... 70 B3
Champ-près-Froges (38) ... 145 H1
le Champ-Saint-Père (85) ... 91 G6
Champ-sur-Barse (10) ... 66 D4
Champ-sur-Drac (38) ... 145 G3
Champ-sur-Layon (49) ... 76 D6
Champagnac (15) ... 140 A1
Champagnac (17) ... 135 F1
Champagnac-de-Belair (24) ... 123 F6
Champagnac-la-Noaille (19) ... 139 F1
Champagnac-la-Prune (19) ... 139 F2
Champagnac-
 -la-Rivière (87) ... 123 G3
Champagnat-le-Vieux (43) ... 141 H1
Champagnat (23) ... 112 A6
Champagnat (71) ... 117 E2
Champagnat-le-Jeune (63) ... 127 H6
Champagne (07) ... 144 A2
Champagne (17) ... 120 D2
Champagne (72) ... 60 B5
Champagne-au-
 -Mont-d'Or (69) ... 130 A3
Champagne-
 -en-Valromey (01) ... 131 F1
Champagne-
 -et-Fontaine (24) ... 122 C6
Champagné-le-Sec (86) ... 108 D5
Champagné-les-Marais (85) ... 106 C3
Champagne-Mouton (16) ... 122 D1
Champagné-
 -Saint-Hilaire (86) ... 109 E3
Champagne-sur-Loue (39) ... 103 E3
Champagne-sur-Oise (95) ... 42 C1
Champagne-sur-Seine (77) ... 64 B2
Champagne-
 -sur-Vingeanne (21) ... 86 B5
Champagne-Vigny (16) ... 122 B5
Champagney (21) ... 86 A6
Champagney (25) ... 103 F1
Champagney (39) ... 102 C2
Champagney (70) ... 88 A3
Champagnier (38) ... 145 G3
Champagnole (39) ... 103 F5
Champagnolles (17) ... 121 E5
Champagny (21) ... 85 F5
Champagny-
 -en-Vanoise (73) ... 133 E5
Champagny-
 -sous-Uxelles (71) ... 116 A1
Champallement (58) ... 99 F1
Champanges (74) ... 119 E3
Champaubert (51) ... 44 D4
Champcella (05) ... 147 E6
Champcenest (77) ... 44 B5
Champcerie (61) ... 38 D4
Champcervon (50) ... 35 H2
Champcevinel (24) ... 137 F2
Champcevrais (89) ... 82 C2
Champcey (50) ... 35 H3
Champclause (43) ... 143 E4
Champcueil (91) ... 63 G1
Champdeniers-
 -Saint-Denis (79) ... 107 H2
Champdeuil (77) ... 43 F6
Champdieu (42) ... 128 D4
Champdivers (39) ... 102 C3
Champdolent (17) ... 120 D1
Champdor (01) ... 117 G6
Champdôtre (21) ... 102 B2
Champdray (88) ... 70 B4
Champeau-en-Morvan (21) ... 100 C1
Champeaux (35) ... 57 H3
Champeaux (50) ... 35 G3
les Champeaux (61) ... 39 F3
Champeaux (77) ... 43 F6
Champeaux-et-
 -la-Chapelle-Pommier (24) 123 E5
Champeaux-sur-Sarthe (61) ... 39 H6
Champeix (63) ... 127 F5
Champenard (27) ... 41 E1
la Champenoise (36) ... 96 D4
Champenoux (54) ... 48 D4
Champéon (53) ... 59 E2
Champétières (63) ... 128 B5
Champey (70) ... 88 B3
Champey-sur-Moselle (54) ... 48 C3
Champfleur (72) ... 60 A2
Champfleury (10) ... 45 F6
Champfleury (51) ... 23 E6
Champforgeuil (71) ... 101 G5
Champfrémont (53) ... 59 H2
Champfromier (01) ... 117 H5
Champgenéteux (53) ... 59 F3
Champguyon (51) ... 44 C4
Champhol (28) ... 62 B1
Champien (80) ... 21 F2
Champier (38) ... 130 D6
Champigné (49) ... 76 D3
Champignelles (89) ... 82 C2
Champigneul-
 -Champagne (51) ... 45 G3
Champigneul-sur-Vence (08) ... 24 A2
Champigneulle (08) ... 24 C5
Champigneulles (54) ... 48 C4
Champigneulles-
 -en-Bassigny (52) ... 68 C4
Champignol-
 -lez-Mondeville (10) ... 67 E4
Champignolles (21) ... 101 E3
Champignolles (27) ... 40 D3
Champigny (51) ... 23 E6
Champigny (89) ... 64 D3
Champigny-en-Beauce (41) ... 79 H3

Champigny-la-Futelaye (27) ... 41 E4
Champigny-le-Sec (86) ... 94 A6
Champigny-lès-Langres (52) ... 86 B1
Champigny-
 -sous-Varennes (52) ... 86 D1
Champigny-sur-Aube (10) ... 66 B1
Champigny-sur-Marne (94) ... 43 E4
Champigny-sur-Veude (37) ... 94 A3
Champillet (36) ... 111 H2
Champillon (51) ... 45 F2
Champis (07) ... 143 H4
Champlan (91) ... 42 C5
Champlat-et-Boujacourt (51)...45 E1
Champlay (89) ... 65 E5
Champlecy (71) ... 115 F2
Champlemy (58) ... 99 E1
Champlin (08) ... 10 C6
Champlin (58) ... 99 F1
Champlitte (70) ... 86 C3
Champlive (25) ... 87 G6
Champlost (89) ... 65 G5
Champmillon (16) ... 122 B4
Champmotteux (91) ... 63 G3
Champneuville (55) ... 25 E6
Champniers (16) ... 122 C3
Champniers (86) ... 109 E4
Champniers-et-Reilhac (24)...123 F4
Champoléon (05) ... 146 C6
Champoly (42) ... 128 C2
Champougny (55) ... 47 H6
Champoulet (45) ... 82 B3
Champoux (25) ... 87 G6
Champrenault (21) ... 85 F5
Champrepus (50) ... 35 H2
Champrond (72) ... 61 E5
Champrond-en-Gâtine (28) ... 61 F2
Champrond-en-Perchet (28)...61 E3
Champrougier (39) ... 102 D4
Champs (02) ... 21 H3
Champs (61) ... 40 A6
Champs (63) ... 127 E1
les Champs-de-Losque (50)...13 E6
les Champs-Géraux (22)...34 D5
Champs-Romain (24) ... 123 F5
Champs-sur-Marne (77) ... 43 E4
Champs-sur-
 -Tarentaine-Marchal (15)...126 B6
Champs-sur-Yonne (89) ... 83 G2
Champsac (87) ... 123 H3
Champsanglard (23) ... 111 G4
Champsecret (61) ... 38 B6
Champsevraine (52) ... 86 C2
Champtercier (04) ... 160 C6
Champteussé-
 -sur-Baconne (49) ... 76 D3
Champtocé-sur-Loire (49) ... 75 H5
Champtoceaux (49) ... 75 E4
Champtonnay (70) ... 86 D5
Champvallon (89) ... 65 E5
Champvans (39) ... 102 C2
Champvans (70) ... 86 C5
Champvans-
 -les-Moulins (25) ... 103 F1
Champvert (58) ... 99 F5
Champvoisy (51) ... 44 D1
Champvoux (58) ... 98 D2
Chamrousse (38) ... 145 H3
Chamvres (89) ... 65 E5
Chana (48) ... 155 H3
Chanac-les-Mines (19) ... 139 E2
Chanaleilles (43) ... 141 H5
Chanas (38) ... 144 A1
Chanat-la-Mouteyre (63) ... 127 E2
Chanay (01) ... 117 H6
Chanaz (73) ... 131 G2
Chançay (37) ... 79 F5
Chancé (35) ... 57 G3
Chanceaux (21) ... 85 F4
Chanceaux-près-Loches (37)...95 F2
Chanceaux-sur-Choiselle (37)...78 D5
Chancelade (24) ... 137 F2
Chancenay (52) ... 46 D5
Chancey (70) ... 86 D6
Chancia (39) ... 117 G3
Chandai (61) ... 40 B4
Chandolas (07) ... 157 F4
Chandon (42) ... 115 F5
Chanéac (07) ... 143 F5
Chaneins (01) ... 116 B5
Chânes (71) ... 116 B4
le Change (24) ... 137 G2
Changé (53) ... 58 C4
Changé (72) ... 60 B6
Changey (52) ... 86 B1
Changis-sur-Marne (77) ... 43 H2
Changy (42) ... 115 F5
Changy (51) ... 46 B4
Changy (71) ... 115 F2
Chaniat (43) ... 141 H1
Chaniers (17) ... 121 F3
Channay (21) ... 84 C1
Channay-sur-Lathan (37) ... 78 A4
Channes (10) ... 66 C6
Chanonat (63) ... 127 F4
Chanos-Curson (26) ... 144 B3
Chanousse (05) ... 159 G4
Chanoy (52) ... 86 A2
Chanoz-Châtenay (01) ... 116 D5
Chanteau (45) ... 62 D6
Chantecoq (45) ... 64 C5
Chantecorps (79) ... 108 B2
Chanteheux (54) ... 49 F6
Chanteix (19) ... 138 D1
Chantelle (03) ... 113 G5
Chanteloup (27) ... 40 D3
Chanteloup (35) ... 57 F4
Chanteloup (50) ... 35 G1
Chanteloup (79) ... 93 E5
Chanteloup-en-Brie (77) ... 43 F4
Chanteloup-les-Bois (49) ... 92 C2
Chanteloup-les-Vignes (78) ... 42 B3
Chantelouve (38) ... 146 A3
Chantemerle (51) ... 44 D6
Chantemerle-les-Blés (26) ... 144 B3
Chantemerle-
 -lès-Grignan (26) ... 158 B4
Chantemerle-
 -sur-la-Soie (17) ... 107 F6
Chantenay-Saint-Imbert (58)...98 D6
Chantenay-Villedieu (72) ... 59 G6
Chantepie (35) ... 57 F3
Chantérac (24) ... 136 D2
Chanteraine (55) ... 47 F5
Chanterelle (15) ... 140 D1
Chantes (70) ... 87 E3
Chantesse (38) ... 145 E2
Chanteuges (43) ... 142 A4
Chantillac (16) ... 135 H1
Chantilly (60) ... 42 D1
Chantonnay (85) ... 92 B5
Chantraine (88) ... 69 H4
Chantraines (52) ... 68 A4
Chantrans (25) ... 103 G3
Chantrigné (53) ... 59 E2
Chanu (61) ... 38 A4
Chanville (57) ... 49 E2
Chanzeaux (49) ... 76 D6
Chaon (41) ... 81 F3
Chaouilley (54) ... 69 F1
Chaource (10) ... 66 B5
Chaourse (02) ... 23 E2
Chapaize (71) ... 116 A1
Chapareillan (38) ... 132 A5
Chapdes-Beaufort (63) ... 126 D2
Chapdeuil (24) ... 137 E1
Chapeau (03) ... 114 A3
Chapeiry (74) ... 132 A2
Chapelaine (51) ... 46 A6
la Chapelaude (03) ... 112 C3
la Chapelle (03) ... 114 C5
la Chapelle (08) ... 24 D1
la Chapelle (16) ... 122 B3
la Chapelle (73) ... 132 C6
la Chapelle-
 -Achard (85) ... 91 E5
la Chapelle-Agnon (63) ... 128 A4
la Chapelle-Anthenaise (53)...58 D4
la Chapelle-au-Mans (71) ... 114 D2

la Chapelle-au-Moine (61) ... 38 B5
la Chapelle-au-Riboul (53) ... 59 F2
la Chapelle-Aubareil (24) ... 138 A4
la Chapelle-aux-Bois (88) ... 69 H5
la Chapelle-aux-Brocs (19) ... 138 D3
la Chapelle-
 -aux-Chasses (03) ... 99 G6
la Chapelle-aux-Choux (72)...78 B3
la Chapelle-
 -aux-Filtzméens (35) ... 35 E6
la Chapelle-aux-Lys (85) ... 92 D6
la Chapelle-aux-Naux (37) ... 78 C6
la Chapelle-aux-Saints (19) ... 139 E4
la Chapelle-Baloue (23) ... 111 E3
la Chapelle-Basse-Mer (44)...75 E5
la Chapelle-Bâton (79) ... 108 A2
la Chapelle-Bâton (86) ... 109 E5
la Chapelle-Bayvel (27) ... 15 G4
la Chapelle-Bertin (43) ... 142 A2
la Chapelle-Bertrand (79) ... 93 G6
la Chapelle-Biche (61) ... 38 A5
la Chapelle-Blanche (22) ... 56 C1
la Chapelle-Blanche (73) ... 132 A5
la Chapelle-Blanche-
 -Saint-Martin (37) ... 95 E2
la Chapelle-Bouëxic (35) ... 56 D4
la Chapelle-Caro (56) ... 56 A5
la Chapelle-Cécelin (50) ... 37 F4
la Chapelle-Chaussée (35) ... 57 E1
la Chapelle-Craonnaise (53)...58 B6
la Chapelle-
 -d'Abondance (74) ... 119 G3
la Chapelle-d'Alagnon (15) ... 140 D3
la Chapelle-d'Aligné (72) ... 77 F2
la Chapelle-d'Andaine (61) ... 38 B6
la Chapelle-d'Angillon (18) ... 81 G6
la Chapelle-
 -d'Armentières (59) ... 3 E5
la Chapelle-
 -d'Aunainville (28) ... 62 D2
la Chapelle-d'Aurec (43) ... 143 E1
la Chapelle-de-Bragny (71)...116 B1
la Chapelle-de-Brain (35) ... 56 D6
la Chapelle-
 -de-Guinchay (71) ... 116 B5
la Chapelle-de-la-Tour (38) ... 131 E4
la Chapelle-de-Mardore (69)...129 F1
la Chapelle-de-Surieu (38) ... 130 B6
Chapelle-des-Bois (25) ... 118 B1
la Chapelle-
 -des-Fougeretz (35) ... 57 E2
la Chapelle-des-Marais (44)...73 G3
la Chapelle-des-Pots (17) ... 121 F3
la Chapelle-devant-
 -Bruyères (88) ... 70 C4
Chapelle-d'Huin (25) ... 103 G4
la Chapelle-du-Bard (38) ... 132 A6
la Chapelle-du-Bois (72) ... 60 D4
la Chapelle-
 -du-Bois-des-Faulx (27) ... 40 D1
la Chapelle-du-Bourgay (76)...18 D1
la Chapelle-
 -du-Châtelard (01) ... 116 C6
la Chapelle-du-Lou (35) ... 56 D2
la Chapelle-
 -du-Mont-de-France (71)...115 H3
la Chapelle-
 -du-Mont-du-Chat (73) ... 131 H3
la Chapelle-du-Noyer (28) ... 61 H5
la Chapelle-en-Juger (50) ... 37 F1
la Chapelle-en-Lafaye (42) ... 128 D6
la Chapelle-en-Serval (60) ... 42 D1
la Chapelle-
 -en-Valgaudémar (05) ... 146 B5
la Chapelle-en-Vercors (26)...145 E4
la Chapelle-en-Vexin (95) ... 41 H1
la Chapelle-Enchérie (41) ... 79 H2
la Chapelle-Engerbold (14) ... 38 A3
la Chapelle-Erbrée (35) ... 58 A4
la Chapelle-Faucher (24) ... 137 F1
la Chapelle-Felcourt (51) ... 46 B2
la Chapelle-Forainvilliers (28)...41 F5
la Chapelle-Fortin (28) ... 40 D6
la Chapelle-Gaceline (56) ... 56 C6
la Chapelle-Gaudin (79) ... 93 E4
la Chapelle-Gaugain (72) ... 78 D2
la Chapelle-Gauthier (27) ... 39 H2
la Chapelle-Gauthier (77) ... 64 B1
la Chapelle-Geneste (43) ... 142 B1
la Chapelle-Glain (44) ... 75 F1
la Chapelle-Gonaguet (24) ... 137 E2
la Chapelle-Grésignac (24)...122 D6
Chapelle-Guillaume (28) ... 61 F5
la Chapelle-Hareng (27) ... 15 G5
la Chapelle-Haute-Grue (14)...39 F2
la Chapelle-Hermier (85) ... 91 E4
la Chapelle-Heulin (44) ... 75 E5
la Chapelle-Hugon (18) ... 98 C4
la Chapelle-Hullin (49) ... 76 A2
la Chapelle-Huon (72) ... 79 E1
la Chapelle-Iger (77) ... 43 H6
la Chapelle-Janson (35) ... 58 B2
la Chapelle-la-Reine (77) ... 63 H3
la Chapelle-Lasson (51) ... 45 E6
la Chapelle-Launay (44) ... 74 A3
la Chapelle-Laurent (15) ... 141 G2
la Chapelle-lès-Luxeuil (70)...87 H2
la Chapelle-Marcousse (63)...127 F6
la Chapelle-
 -Montabourlet (24) ... 122 D6
la Chapelle-
 -Montbrandeix (87) ... 123 G4
la Chapelle-Monthodon (02)...44 D2
la Chapelle-Montligeon (61)...60 D1
la Chapelle-Montlinard (18) ... 98 C2
la Chapelle-Montmartin (41)...96 C1
la Chapelle-
 -Montmoreau (24) ... 123 E5
la Chapelle-Montreuil (86) ... 108 D1
la Chapelle-Moulière (86) ... 94 D6
la Chapelle-Moutils (77) ... 44 B4
la Chapelle-Naude (71) ... 116 D1
la Chapelle-Neuve (22) ... 32 C4
la Chapelle-Neuve (56) ... 55 F3
la Chapelle-Onzerain (45) ... 62 B5
la Chapelle-Orthemale (36) ... 96 C5
la Chapelle-Palluau (85) ... 91 F3
la Chapelle-Pouilloux (79) ... 108 C5
la Chapelle-près-Sées (61) ... 39 F6
la Chapelle-Rablais (77) ... 64 C1
la Chapelle-Rainsouin (53) ... 59 E4
la Chapelle-Rambaud (74) ... 118 D6
la Chapelle-Réanville (27) ... 41 F2
la Chapelle-Rousselin (49) ... 75 H5
la Chapelle-Royale (28) ... 61 G4
la Chapelle-Saint-André (58)...83 E5
la Chapelle-Saint-Aubert (35)...57 H1
la Chapelle-Saint-Aubin (72)...60 A5
la Chapelle-
 -Saint-Étienne (79) ... 92 D6
la Chapelle-Saint-Florent (49)...75 G4
la Chapelle-Saint-Fray (72) ... 60 A4
la Chapelle-
 -Saint-Géraud (19) ... 139 F4
la Chapelle-Saint-Jean (24)...138 A2
la Chapelle-Saint-Laud (49) ... 77 F3
la Chapelle-
 -Saint-Laurent (79) ... 93 E5
la Chapelle-
 -Saint-Laurian (36) ... 96 D3
la Chapelle-Saint-Luc (10) ... 66 A3
la Chapelle-Saint-Martial (23)...111 G6
la Chapelle-Saint-Martin (73)...131 H3
la Chapelle-Saint-Martin-
 -en-Plaine (41) ... 80 A3
la Chapelle-
 -Saint-Maurice (74) ... 132 B3
la Chapelle-Saint-Mesmin (45)...80 C1
la Chapelle-Saint-Ouen (76) ... 19 E3
la Chapelle-
 -Saint-Quillain (70) ... 87 E4
la Chapelle-Saint-Rémy (72)...60 C5
la Chapelle-
 -Saint-Sauveur (44) ... 76 B5
la Chapelle-
 -Saint-Sauveur (71) ... 102 B5
la Chapelle-
 -Saint-Sépulcre (45) ... 64 B6

la Chapelle-
 -Saint-Sulpice (77) ... 64 D1
la Chapelle-Saint-Ursin (18)...97 G3
la Chapelle-
 -sous-Brancion (71) ... 116 B2
la Chapelle-sous-Dun (71) ... 115 F4
la Chapelle-sous-Orbais (51)...44 D3
la Chapelle-
 -sous-Uchon (71) ... 100 C5
Chapelle-Spinasse (19) ... 139 G1
la Chapelle-sur-Aveyron (45)...82 B1
la Chapelle-sur-Chézy (02) ... 44 B3
la Chapelle-sur-Coise (69) ... 129 G4
la Chapelle-sur-Dun (76) ... 17 F2
la Chapelle-sur-Erdre (44) ... 74 D4
la Chapelle-
 -sur-Furieuse (39) ... 103 E3
la Chapelle-sur-Loire (37) ... 94 B1
la Chapelle-sur-Oreuse (89) ... 65 E3
la Chapelle-sur-Oudon (49) ... 75 H1
la Chapelle-sur-Usson (63) ... 127 H6
la Chapelle-Taillefert (23) ... 111 G5
la Chapelle-Thècle (71) ... 116 D1
la Chapelle-Thémer (85) ... 107 E1
la Chapelle-Thireuil (79) ... 107 H1
la Chapelle-Thouarault (35) ... 57 E2
la Chapelle-Urée (50) ... 37 F5
la Chapelle-Vallon (10) ... 66 B2
la Chapelle-Vaupelteigne (89)...83 H1
la Chapelle-Vendômoise (41)...79 H3
la Chapelle-Vicomtesse (41) ... 61 G6
la Chapelle-Viel (61) ... 40 A5
la Chapelle-Villars (42) ... 129 H6
Chapelle-Viviers (86) ... 109 F2
la Chapelle-Voland (39) ... 102 C5
la Chapelle-Yvon (14) ... 15 G6
les Chapelles (73) ... 133 E4
les Chapelles-Bourbon (77) ... 43 G5
Chapelon (45) ... 63 H5
la Chapelotte (18) ... 81 H6
Chapet (78) ... 42 A3
Chapois (39) ... 103 F4
Chaponnay (69) ... 130 B4
Chaponost (69) ... 129 H4
Chappes (03) ... 113 F3
Chappes (08) ... 23 G3
Chappes (10) ... 66 C4
Chappes (63) ... 127 F2
Chaptelat (87) ... 124 B1
Chaptuzat (63) ... 113 G6
Charancieu (38) ... 131 F4
Charantonnay (38) ... 130 C5
Charavines (38) ... 131 E6
Charbogne (08) ... 24 A4
Charbonnat (71) ... 100 C5
Charbonnier-les-Mines (63)...127 G6
Charbonnières (28) ... 61 F4
Charbonnières (71) ... 116 C3
Charbonnières-
 -les-Bains (69) ... 129 H3
Charbonnières-
 -les-Sapins (25) ... 103 H2
Charbonnières-
 -les-Varennes (63) ... 127 E2
Charbonnières-
 -les-Vieilles (63) ... 127 E1
Charbuy (89) ... 83 F2
la Charce (26) ... 159 F3
Charcé-Saint-Ellier-
 -sur-Aubance (49) ... 77 E5
Charcenne (70) ... 87 E5
Charchigné (53) ... 59 F2
Charchilla (39) ... 117 H2
Charcier (39) ... 117 H1
Chard (23) ... 112 C6
Chardeny (08) ... 24 A4
Chardogne (55) ... 47 E4
Chardonnay (71) ... 116 B2
Chareil-Cintrat (03) ... 113 G4
Charencey (21) ... 85 E5
Charency (39) ... 103 F5
Charency-Vezin (54) ... 25 F4
Charens (26) ... 159 F2
Charensat (63) ... 126 C1
Charentay (69) ... 116 A6
Charentenay (89) ... 83 F3
Charentilly (37) ... 78 D5
Charenton-du-Cher (18) ... 98 A5
Charenton-le-Pont (94) ... 42 D4
Charentonnay (18) ... 98 C2
Charette (38) ... 130 D3
Charette-Varenne (71) ... 102 B4
Charey (54) ... 48 B2
Charézier (39) ... 117 H1
Chargé (37) ... 79 F5
Chargey-lès-Gray (70) ... 86 C4
Chargey-lès-Port (70) ... 87 F2
Chariez (70) ... 87 F3
Charigny (21) ... 84 D5
la Charité-sur-Loire (58) ... 98 D2
Charix (01) ... 117 H5
Charlas (31) ... 184 B3
Charleval (13) ... 175 H4
Charleval (27) ... 19 E5
Charleville (51) ... 44 D4
Charleville-Mézières (08) ... 24 A1
Charleville-sous-Bois (57) ... 26 D5
Charlieu (42) ... 115 F5
Charly (18) ... 98 C4
Charly (69) ... 130 A4
Charly-Oradour (57) ... 26 C5
Charly-sur-Marne (02) ... 44 B3
Charmant (16) ... 122 C5
Charmauvillers (25) ... 88 D6
Charmé (16) ... 122 B1
la Charme (39) ... 102 D4
le Charme (45) ... 82 B2
la Charmée (71) ... 101 G6
Charmeil (03) ... 114 A5
le Charmel (02) ... 44 C1
Charmensac (15) ... 141 F2
Charmentray (77) ... 43 F3
Charmes (02) ... 22 A2
Charmes (03) ... 113 H6
Charmes (21) ... 86 A5
Charmes (52) ... 86 C1
Charmes (88) ... 69 G2
Charmes-en-l'Angle (52) ... 67 G2
Charmes-la-Côte (54) ... 48 A5
Charmes-la-Grande (52) ... 67 G2
Charmes-Saint-Valbert (70)...86 D2
Charmes-
 -sur-l'Herbasse (26) ... 144 B3
Charmes-sur-Rhône (07) ... 144 A5
Charmoille (25) ... 88 B6
Charmoille (70) ... 87 F3
Charmois (54) ... 49 E6
Charmois (90) ... 88 D3
Charmois-
 -devant-Bruyères (88) ... 70 A4
Charmois-l'Orgueilleux (88)...69 H4
Charmont (51) ... 46 C3
Charmont (95) ... 41 H1
Charmont-en-Beauce (45) ... 63 E4
Charmont-
 -sous-Barbuise (10) ... 66 B2
les Charmontois (51) ... 46 D3
Charmoy (10) ... 65 H2
Charmoy (71) ... 100 D5
Charmoy (89) ... 65 F4
Charnas (07) ... 143 H1
Charnat (63) ... 127 H1
Charnay (25) ... 103 F1
Charnay (69) ... 129 H2
Charnay-lès-Chalon (71) ... 102 A4
Charnay-lès-Mâcon (71) ... 116 B4
Charnècles (38) ... 145 F1
Charny (21) ... 84 C6
Charny (77) ... 43 F3
Charny (89) ... 82 C1
Charny-le-Bachot (10) ... 66 A1
Charny-sur-Meuse (55) ... 25 E6
Charolles (71) ... 115 F2
Charols (26) ... 158 C2
Charonville (28) ... 61 H3
Chârost (18) ... 97 F3

Charpentry (55) ... 24 C6
Charpey (26) ... 144 C5
Charpont (28) ... 41 F5
Charquemont (25) ... 104 D1
Charrais (86) ... 94 B6
Charraix (43) ... 142 A4
Charras (16) ... 122 D5
Charray (28) ... 61 H6
Charre (64) ... 181 G2
Charrecey (71) ... 101 F5
Charrey-sur-Saône (21) ... 102 A2
Charrey-sur-Seine (21) ... 66 D6
Charrin (58) ... 99 F5
Charritte-de-Bas (64) ... 181 G2
Charron (17) ... 106 C4
Charron (23) ... 112 C6
Charroux (03) ... 113 G5
Charroux (86) ... 109 E5
Chars (95) ... 42 A1
Charsonville (45) ... 62 B6
Chartainvilliers (28) ... 62 B1
Chartèves (02) ... 44 C2
la Chartre-sur-le-Loir (72) ... 78 D2
Chartrené (49) ... 77 F4
Chartres (28) ... 62 B2
Chartres-de-Bretagne (35) ... 57 F3
Chartrettes (77) ... 64 A1
Chartrier-Ferrière (19) ... 138 C3
Chartronges (77) ... 44 A5
Chartuzac (17) ... 135 F2
Charvieu-Chavagneux (38)...130 C3
Charvonnex (74) ... 132 A1
Chas (63) ... 127 G3
Chaserey (10) ... 66 A6
Chasnais (85) ... 106 C2
Chasnans (25) ... 103 H2
Chasnay (58) ... 99 E1
Chasné-sur-Illet (35) ... 57 F1
Chaspinhac (43) ... 142 C3
Chaspuzac (43) ... 142 B4
la Chassagne (39) ... 102 C4
Chassagne (63) ... 127 F5
Chassagne-Montrachet (21)...101 F4
Chassagne-
 -Saint-Denis (25) ... 103 G3
Chassagnes (43) ... 142 A2
Chassagny (69) ... 129 H5
Chassaignes (24) ... 136 C2
Chassal (39) ... 117 H3
Chassant (28) ... 61 G3
Chasse-sur-Rhône (38) ... 130 A5
Chasseguey (50) ... 37 G5
Chasselas (71) ... 116 A4
Chasselay (38) ... 145 E2
Chasselay (69) ... 129 H2
Chassemy (02) ... 22 B5
Chassenard (03) ... 114 D3
Chasseneuil (36) ... 110 D1
Chasseneuil-du-Poitou (86)...94 C6
Chasseneuil-
 -sur-Bonnieure (16) ... 122 D2
Chassenon (16) ... 123 F2
Chasseradès (48) ... 156 C2
Chassey (21) ... 84 D5
Chassey-Beaupré (55) ... 68 B1
Chassey-le-Camp (71) ... 101 F4
Chassey-lès-Montbozon (70)...87 H4
Chassey-lès-Scey (70) ... 87 F3
Chassiecq (16) ... 122 D1
Chassiers (07) ... 157 F2
Chassieu (69) ... 130 B3
Chassignelles (89) ... 84 B2
Chassignieu (38) ... 131 E5
Chassignolles (36) ... 111 G2
Chassignolles (43) ... 127 G6
Chassigny (52) ... 86 B2
Chassigny-sous-Dun (71) ... 115 F4
Chassillé (72) ... 59 G5
Chassors (16) ... 121 H3
Chassy (18) ... 98 B3
Chassy (71) ... 115 E1
Chassy (89) ... 83 E1
le Chastang (19) ... 139 E2
Chastanier (48) ... 156 C1
Chasteaux (19) ... 138 C3
Chastel (43) ... 141 G3
Chastel-Arnaud (26) ... 158 C1
Chastel-Nouvel (48) ... 156 A2
Chastel-sur-Murat (15) ... 140 D3
Chastellux-sur-Cure (89) ... 84 A5
Chastreix (63) ... 126 C5
la Châtaigneraie (85) ... 92 C6
Chatain (86) ... 109 E6
Châtaincourt (28) ... 41 E5
Châtas (88) ... 70 D2
Château (71) ... 115 H3
Château-Arnoux-
 -Saint-Auban (04) ... 160 B6
Château-Bernard (38) ... 145 F4
Château-Bréhain (57) ... 49 E3
Château-Chalon (39) ... 103 E6
Château-Chervix (87) ... 124 B4
Château-Chinon
 -(Campagne) (58) ... 100 A2
Château-Chinon (Ville) (58)...100 A2
le Château-
 -d'Almenêches (61) ... 39 F5
Château-des-Prés (39) ... 118 A2
le Château-d'Oléron (17) ... 120 B1
Château-d'Olonne (85) ... 91 E6
Château-du-Loir (72) ... 78 C2
Château-Gaillard (01) ... 130 D1
Château-Garnier (86) ... 109 E4
Château-Gontier (53) ... 76 D1
Château-Guibert (85) ... 91 H5
Château-la-Vallière (37) ... 78 B4
Château-l'Abbaye (59) ... 4 B6
Château-Landon (77) ... 64 A4
Château-Larcher (86) ... 109 E3
Château-l'Évêque (24) ... 137 F2
Château-l'Hermitage (72) ... 78 A2
Château-Porcien (08) ... 23 F3
Château-Renard (45) ... 82 B1
Château-Renault (37) ... 79 F4
Château-Rouge (57) ... 27 E4
Château-Salins (57) ... 49 E4
Château-sur-Allier (03) ... 98 D5
Château-sur-Cher (63) ... 112 C6
Château-Thébaud (44) ... 74 D6
Château-Thierry (02) ... 44 B2
Château-Verdun (09) ... 199 F1
Château-Ville-Vieille (05) ... 147 F6
Château-Voué (57) ... 49 F3
Châteaubernard (16) ... 121 G3
Châteaubleau (77) ... 64 D1
Châteaubourg (07) ... 144 A4
Châteaubourg (35) ... 57 H3
Châteaubriant (44) ... 75 E1
Châteaudouble (26) ... 144 C5
Châteaudouble (83) ... 177 H5
Châteaudun (28) ... 61 H5
Châteaufort (04) ... 160 B4
Châteaufort (78) ... 42 B5
Châteaugay (63) ... 127 F2
Châteaugiron (35) ... 57 G3
Châteaulin (29) ... 53 G1
Châteaumeillant (18) ... 112 A2
Châteauneuf (21) ... 101 F1
Châteauneuf (42) ... 129 H5
Châteauneuf (71) ... 115 F4
Châteauneuf (73) ... 132 B5
Châteauneuf (85) ... 90 D2
Châteauneuf-
 -de-Bordette (26) ... 158 D4
Châteauneuf-
 -de-Chabre (05) ... 160 A5
Châteauneuf-
 -de-Gadagne (84) ... 175 E2
Châteauneuf-
 -de-Galaure (26) ... 144 B2
Châteauneuf-
 -de-Randon (48) ... 156 B1
Châteauneuf-
 -de-Vernoux (07) ... 143 H5
Châteauneuf-
 -d'Entraunes (06) ... 161 G6
Châteauneuf-
 -d'Ille-et-Vilaine (35) ... 34 D4
Châteauneuf-d'Oze (05) ... 160 A3
Châteauneuf-du-Faou (29)...53 H1

Châteauneuf-du-Pape (84)....175 E1
Châteauneuf-du-Rhône (26)..158 E3
Châteauneuf-
  -en-Thymerais (28)............41 E6
Châteauneuf-Grasse (06)......178 C4
Châteauneuf-la-Forêt (87)...124 D3
Châteauneuf-le-Rouge (13)...176 B6
Châteauneuf-les-Bains (63)..126 D1
Châteauneuf-
  -les-Martigues (13)...........191 H5
Châteauneuf-Miravail (04)...159 H6
Châteauneuf-
  -sur-Charente (16).............122 A4
Châteauneuf-sur-Cher (18).....97 G5
Châteauneuf-sur-Isère (26)..144 B4
Châteauneuf-sur-Loire (45)....81 F1
Châteauneuf-sur-Sarthe (49)...77 E2
Châteauneuf-
  -Val-de-Bargis (58).............99 E1
Châteauneuf-
  -Val-Saint-Donat (04).........160 B6
Châteauponsac (87).............110 C5
Châteauredon (04)...............177 F1
Châteaurenard (13).............175 E3
Châteauroux (36)................96 C5
Châteauroux-les-Alpes (05)..161 E1
Châteauvert (83)................177 E6
Châteauvieux (05)...............160 B3
Châteauvieux (41)...............96 A1
Châteauvieux (83)..............178 A3
Châteauvieux-
  -les-Fossés (25)...............103 H2
Châteauvilain (38).............130 D5
Châteauvillain (52).............67 G5
le Châtel (73).................146 C1
la Châtelaine (39).............103 E4
Châtelais (49)..................76 B2
le Châtelard (23).............126 B1
le Châtelard (73).............132 B3
Châtelaudren (22)...............33 F4
Chatelay (39)..................103 E3
Châtelblanc (25)..............103 G6
Châteldon (63)................127 E1
le Châtelet (18)...............112 B1
le Châtelet-en-Brie (77).......64 D1
le Châtelet-sur-Meuse (52)....68 C6
le Châtelet-sur-Retourne (08)..23 G4
le Châtelet-
  -sur-Sormonne (08)..........10 D6
les Châtelets (28)..............40 C5
le Chateley (39)...............102 D4
le Châtelier (51)..............46 C3
Châtellenot (21)...............101 E1
Châtellerault (86)..............94 D5
le Châtellier (35)..............58 A1
le Châtellier (61)..............38 B5
les Châtelliers-
  -Notre-Dame (28)..............61 H2
les Châtelliers-
  -Châteaumur (85).............92 C4
Châtelneuf (39)................103 F6
Châtelneuf (42)................128 C4
Châtelperron (03)..............114 B3
Châtelraould-
  -Saint-Louvent (51)...........46 A5
Châtelus (03)..................114 C5
Châtelus (38)..................145 E3
Châtelus (42)..................129 F4
Châtelus-le-Marcheix (23)...124 D1
Châtelus-Malvaleix (23).....111 F1
Châtenay (01)..................116 D6
Châtenay (28)...................62 D2
Châtenay (38)..................144 D1
Châtenay (71)..................115 G4
Châtenay-en-France (95).......42 D2
Chatenay-Mâcheron (52)........86 A1
Châtenay-Malabry (92).........42 C5
Châtenay-sur-Seine (77)........64 D2
Chatenay-Vaudin (52)..........86 B1
Chatenet (17)..................135 G1
le Châtenet-en-Dognon (87)..124 C2
Châtenay (70)...................87 H2
Châtenois (39).................102 D2
Châtenois (67)..................71 F3
Châtenois (70)..................87 H2
Châtenois (88)..................69 G3
Châtenois-les-Forges (90)......88 C3
Châtenoy (45)...................81 G1
Châtenoy (77)...................64 A4
Châtenoy-en-Bresse (71).....101 G5
Châtenoy-le-Royal (71).......101 G5
Châtignac (16).................136 A1
Chatignonville (91).............62 D2
Châtillon (03).................113 G2
Châtillon (39).................103 E6
Châtillon (69).................129 H2
Châtillon (86).................108 D3
Châtillon (92)..................42 C4
Châtillon-Coligny (45)........82 C5
Châtillon-en-Bazois (58).......99 G3
Châtillon-en-Diois (26)......159 F1
Châtillon-en-Dunois (28)......61 G5
Châtillon-en-Michaille (01)..117 H5
Châtillon-en-Vendelais (35)...58 A3
Châtillon-Guyotte (25).........87 G6
Châtillon-la-Borde (77)........64 B1
Châtillon-la-Palud (01)......130 D1
Châtillon-le-Duc (25)..........87 F6
Châtillon-le-Roi (45)..........63 E4
Châtillon-lès-Sons (02)........22 C1
Châtillon-Saint-Jean (26)....144 C3
Châtillon-sous-les-Côtes (55)..47 G1
Châtillon-sur-Broué (51).......67 E1
Châtillon-
  -sur-Chalaronne (01)........116 C5
Châtillon-sur-Cher (41)........96 A1
Châtillon-sur-Cluses (74)....119 E6
Châtillon-sur-Colmont (53)....58 D2
Châtillon-sur-Indre (36)......95 H4
Châtillon-sur-Lison (25)......103 F2
Châtillon-sur-Loire (45).......82 A4
Châtillon-sur-Marne (51).......44 D2
Châtillon-sur-Morin (51).......44 C5
Châtillon-sur-Oise (02)........22 B1
Châtillon-sur-Saône (88).......69 E6
Châtillon-sur-Seine (21).......85 E1
Châtillon-sur-Thouet (79).....93 G6
Châtin (58)....................100 A2
Châtonnay (38).................130 D5
Chatonnay (39).................117 F3
Châtonrupt-
  -Sommermont (52)............67 H1
Chatou (78).....................42 C3
la Châtre (36).................111 H1
la Châtre-Langlin (36).......110 D3
Châtres (10)....................65 H1
Châtres (24)...................138 A2
Châtres (77)....................43 F5
Châtres-la-Forêt (53)..........59 E4
Châtres-sur-Cher (41)..........96 C1
Chatrices (51)..................46 D2
Chattancourt (55)..............25 E6
Chatte (38)....................144 D3
Chatuzange-le-Goubet (26)..144 C4
Chaucenne (25)..................87 E6
Chauchailles (48).............141 H6
Chauché (85)....................91 H3
le Chauchet (23)...............112 B6
Chauchigny (10).................66 A2
Chaucourt-
  -Neufmontiers (77)...........43 G3
Chaudardes (02)................22 D5
Chaudebonne (26)..............159 E3
Chaudefonds-sur-Layon (49)..76 C6
Chaudefontaine (25)............87 G6
Chaudefontaine (51)............46 C1
Chaudenay (52)..................86 C1

Chaudenay (71).................101 G4
Chaudenay-la-Ville (21)......101 F2
Chaudenay-le-Château (21)...101 F2
Chaudenay-sur-Moselle (54)...48 B5
Chaudes-Aigues (15)..........141 E5
Chaudeyrac (48)...............156 C2
Chaudeyrolles (43)............143 E5
la Chaudière (26).............158 D2
Chaudon (28)...................41 F5
Chaudon-Norante (04).........177 G2
Chaudrey (10)...................66 C1
Chaudron-en-Mauges (49).....76 B6
Chaudun (02)....................22 A5
Chauffailles (71).............115 G5
Chauffayer (05)...............146 A6
Chauffecourt (88)..............69 F2
Chauffour-lès-Bailly (10)......66 C4
Chauffour-lès-Étréchy (91)....63 F1
Chauffour-sur-Vell (19)......138 D4
Chauffours (28).................62 A2
Chauffourt (52).................68 B6
Chauffry (77)...................44 A3
Chaufour-lès-Bonnières (78)...41 F2
Chaufour-Notre-Dame (72)....60 A5
Chaugey (21)....................85 G2
Chaulgnes (58)..................98 D2
Chaulhac (48)..................141 G5
Chaulieu (50)...................37 H4
la Chaulme (63)...............128 C6
Chaulnes (80)...................21 F1
Chaum (31).....................184 A5
Chaumard (58)..................100 A2
Chaume-et-Courchamp (21).....86 B4
Chaume-lès-Baigneux (21).....85 E3
Chaumeil (19)..................125 F6
Chaumercenne (70)..............86 D6
Chaumergy (39).................102 C4
Chaumes-en-Brie (77)...........43 G5
Chaumesnil (10).................67 E2
Chaumont (18)...................98 B5
Chaumont (52)...................67 H5
Chaumont (61)...................39 G4
Chaumont (74)..................118 A6
Chaumont (89)...................64 D3
Chaumont-d'Anjou (49)..........77 F4
Chaumont-
  -devant-Damvillers (55)......25 F5
Chaumont-en-Vexin (60).........19 H6
Chaumont-la-Ville (52).........68 D4
Chaumont-le-Bois (21)..........67 E6
Chaumont-le-Bourg (63).......128 B6
Chaumont-Porcien (08)..........23 F2
Chaumont-sur-Aire (55).........47 F3
Chaumont-sur-Loire (41)........79 G5
Chaumont-sur-Tharonne (41)....80 D4
Chaumontel (95)................42 D1
Chaumot (58)....................99 G1
Chaumot (89)....................64 D5
Chaumousey (88)................69 H4
Chaumoux-Marcilly (18).........98 B2
Chaumussay (37).................95 F4
la Chaumusse (39).............118 A1
Chaumuzy (51)...................45 E1
Chaunac (17)...................135 H2
Chaunay (86)...................108 D4
Chauny (02).....................21 H3
Chauray (79)...................107 H3
Chauriat (63)..................127 G3
la Chaussade (23).............125 H1
la Chaussaire (49).............75 F5
Chaussan (69)..................129 H4
la Chaussée (76)...............17 G3
la Chaussée (86)...............94 A4
la Chaussée-d'Ivry (28)........41 F3
la Chaussée-Saint-Victor (41)..80 A3
la Chaussée-sur-Marne (51)....46 A4
la Chaussée-Tirancourt (80)....7 F5
Chaussenac (15)...............139 H3
Chaussenans (39)..............103 E5
Chausseterre (42).............128 B2
Chaussin (39)..................102 C3
Chaussoy-Epagny (80)...........20 C2
Chaussy (45)....................63 E4
Chaussy (95)....................41 H1
le Chautay (18).................98 C4
Chauvac-
  -Laux-Montaux (26)..........159 G4
Chauvé (44).....................74 A5
Chauvency-le-Château (55).....25 E3
Chauvency-Saint-Hubert (55)...25 E3
Chauvigné (35)..................35 G6
Chauvigny (86).................109 G1
Chauvigny-du-Perche (41).......61 G2
Chauvincourt-
  -Provemont (27)..............19 G6
Chauvirey-le-Châtel (70).......86 D2
Chauvirey-le-Vieil (70)........86 D2
Chauvoncourt (55)..............47 G3
Chauvry (95)....................42 C2
Chaux (21).....................101 G2
la Chaux (25)..................104 A3
la Chaux (61)...................38 D6
la Chaux (71)..................102 B5
Chaux (90)......................88 C2
Chaux-Champagny (39).........103 F4
Chaux-des-Crotenay (39)......103 F6
Chaux-des-Prés (39)...........118 A2
la Chaux-du-Dombief (39).....118 A1
la Chaux-en-Bresse (39)......102 C5
Chaux-la-Lotière (70)..........87 F5
Chaux-lès-Clerval (88).........88 A3
Chaux-lès-Passavant (25).....104 A1
Chaux-lès-Port (70)............87 F2
Chaux-Neuve (25)..............103 G6
Chauzon (07)...................157 H3
Chavagnac (15).................140 D3
Chavagnac (24).................138 B3
Chavagne (35)...................57 E3
Chavagnes (49)..................77 F6
Chavagnes-en-Paillers (85)....91 H2
Chavagnes-les-Redoux (85)....92 B5
Chavaignes (49).................77 H4
Chavanac (19)..................125 G4
Chavanat (23)..................125 G1
Chavanatte (90)................89 E3
Chavanay (42)..................129 H6
Chavanges (10)..................67 E1
Chavaniac-Lafayette (43).....142 A3
Chavannaz (74).................118 A6
la Chavanne (73)..............132 A5
Chavannes (18)..................97 G5
Chavannes (26)................144 B3
les Chavannes-
  -en-Maurienne (73)..........132 C6
Chavannes-les-Grands (90).....88 D3
Chavannes-sur-l'Étang (68)....88 D3
Chavannes-
  -sur-Reyssouze (01).........116 D3
Chavannes-sur-Suran (01).....117 F4
Chavanod (74)..................132 A2
Chavanoz (38)..................130 C3
Chavaroux (63).................127 G2
la Chavatte (80)................21 E1
Chaveignes (37).................94 C3
Chavelot (88)...................69 H3
Chavenat (16)..................122 C6
Chavenay (78)...................42 B4
Chavençon (60)..................42 B1
Chavenon (03)..................113 F3
Chavéria (39)..................117 G2
Chavéroche (19)................125 H5
Chaveyriat (01)................116 D5
Chavignon (02)..................22 C4
Chavigny (02)...................22 B5
Chavigny (54)...................48 C5
Chavigny-Bailleul (27).........41 E4
Chaville (92)...................42 C4
Chavin (36)....................111 E2
Chavonne (02)...................22 C5
Chavornay (01).................131 G2
Chavot-Courcourt (51)..........45 E2
Chavoy (50).....................35 H3
Chavroches (03)................114 B3
le Chay (17)...................120 D4
Chay (25)......................103 F3
Chazay-d'Azergues (69).......129 H2
la Chaze-de-Peyre (48).......141 G1
Chazé-Henry (49)...............76 A2
Chazé-sur-Argos (49)...........76 B3

Chazeaux (07)..................157 F2
Chazelet (36)..................110 D2
Chazelles (15).................141 G5
Chazelles (16).................122 D4
Chazelles (39).................117 E3
Chazelles (43).................141 H4
Chazelles-sur-Albe (54).......49 H5
Chazelles-sur-Lavieu (42)....128 D5
Chazelles-sur-Lyon (42)......129 F4
Chazemais (03).................112 C2
Chazeuil (21)...................86 A4
Chazeuil (58)...................99 F1
Chazey-Bons (01)..............131 F2
Chazey-sur-Ain (01)...........130 D2
Chazilly (21)..................101 E2
Chazot (25).....................88 B6
Chécy (45)......................81 E1
Chédigny (37)...................95 G1
Chef-Boutonne (79)...........108 B5
Chef-du-Pont (50)...............12 D4
Cheffes (49)....................77 F3
Cheffois (85)...................92 C6
Cheffreville-Tonnencourt (14)..15 F6
le Chefresne (50)...............37 F3
Chéhéry (08)....................24 B2
Cheillé (37)....................94 C1
Cheilly-lès-Maranges (71)....101 F4
Chein-Dessus (31).............184 C5
Cheissoux (87).................124 D2
le Cheix (63)..................127 F1
Cheix-en-Retz (44).............74 B5
Chélan (32)....................184 A2
Chelers (62).....................7 H1
Chelle-debat (65).............183 F2
Chelle-Spou (65)..............183 F4
Chelles (60)....................21 G5
Chelles (77)....................43 E4
Chemaudin (25).................103 F1
Chemazé (53)....................76 C1
Chémené (44)....................74 A6
Chémeré-le-Roi (53)............59 E6
Chémery (41)....................80 A6
Chémery-les-Deux (57).........26 D4
Chémery-sur-Bar (08)...........24 B3
Chemilla (39)..................117 G3
Chemillé-Melay (49)............92 C1
Chemillé-sur-Dême (37).........78 D3
Chemillé-sur-Indrois (37)......95 H2
Chemilli (61)...................60 B2
Chemilly (03)..................113 H2
Chemilly (70)...................87 F3
Chemilly-sur-Serein (89).......83 H2
Chemilly-sur-Yonne (89)........83 F1
Chemin (39)....................102 B3
Chemin-d'Aisey (21)............85 E2
Cheminas (07)..................144 A3
Cheminon (51)...................46 C5
Cheminot (57)...................48 C3
Chemiré-en-Charnie (72).......59 G5
Chemiré-le-Gaudin (72)........59 H6
Chemiré-sur-Sarthe (49).......77 E2
Chemy (59)......................3 F6
Chenac-Saint-Seurin-
  -d'Uzet (17)................120 D5
Chenailler-Mascheix (19).....139 E4
la Chenalotte (25)............104 C2
Chénas (69)....................116 A5
Chenaud (24)...................136 B2
Chenay (51).....................23 E5
Chenay (72).....................60 A1
Chenay (79)....................108 C3
le Chêne (10)...................66 B1
Chêne-Arnoult (89).............82 C1
Chêne-Bernard (39)............102 C4
Chêne-en-Semine (74).........118 A6
Chêne-Sec (39).................102 C4
Chenebier (70)..................88 B3
Chenecey-Buillon (25).........103 F2
Cheneché (86)...................94 B5
Chênedollé (14).................38 A3
Chênedouit (61).................38 C4
Chênehutte-
  -Trèves-Cunault (49)........77 G6
Chénelette (69)...............115 H5
Chénérailles (23).............112 A6
Chenereilles (42).............128 D6
Chenereilles (43).............143 E3
Chenevelles (86)...............94 D6
Chenevières (54)...............49 F6
Chenevrey-et-Morogne (70)....86 D6
Cheney (89).....................84 A1
Chenicourt (54)................48 D3
Chenières (54)..................25 H4
Chéniers (23)...................111 F3
Cheniers (51)...................45 G3
Chenillé-Changé (49)...........76 D2
Cheniménil (88).................70 A4
Chennebrun (27).................40 D5
Chennegy (10)...................65 H4
Chennevières-
  -lès-Louvres (95)............43 E2
Chennevières-
  -sur-Marne (94).............43 E4
Chenois (57)....................49 E2
Chenoise (77)...................44 A6
Chenommet (16).................122 C1
Chenon (16)....................122 C2
Chenonceaux (37)...............79 G6
Chenou (77).....................64 A4
Chenôve (21)....................85 H6
Chens-sur-Léman (74).........118 C3
Chenu (72)......................78 B3
Cheny (89)......................65 F6
Chepniers (17).................135 G1
Chepoix (60)....................20 C3
la Cheppe (51)..................46 A3
Cheppes-la-Prairie (51)........46 A4
Cheppy (55).....................24 D6
Cheptainville (91).............63 F1
Chepy (51)......................46 A3
Chépy (80).......................6 C4
Chérac (17)....................121 F3
Chérancé (53)...................76 B1
Chérancé (61)...................59 H1
Chéraute (64)..................181 G2
Cherbonnières (17)............121 G1
Cherbourg-Octeville (50)......12 C2
Chérence (95)...................41 G2
Chérencé-le-Héron (50).........37 F4
Chérencé-le-Roussel (50).......37 G4
Chéreng (59).....................3 G5
les Chères (69)................129 H2
Chériennes (62)..................7 E2
Cherier (42)...................128 C1
Chérigné (79)..................108 B5
les Chéris (50).................37 E5
Chérisay (72)...................60 A2
Chérisey (57)...................26 C6
Chérisy (28)....................41 F5
Chérisy (62).....................8 C3
Chérizet (71)..................115 H2
Chermignac (17)................121 E3
Chermisey (88)..................68 C3
Chermizy-Ailles (02)...........22 C4
Chéronnac (87)................123 F3
Chéronvilliers (27)............40 D4
Chéroy (89).....................64 C4
Cherré (49).....................77 E2
Cherré (72).....................61 E4
Cherreau (72)...................61 E4
Cherveix-Cubas (24)...........138 A1
Cherves (86)...................108 D1
Cherves-Châtelars (16).......123 E2
Cherves-Richemont (16).......121 G3
Chervettes (17)................121 F1
Cherveux (79)..................107 H3
Chervey (10)....................66 D4
Cherville (51)..................45 F2

Chéry (18)......................97 E2
Chéry-Chartreuve (02).........22 C6
Chéry-lès-Pouilly (02).........22 C2
Chéry-lès-Rozoy (02)...........23 E2
Chesley (10)....................66 C5
le Chesnay (78).................42 B4
le Chesne (08)..................24 B3
le Chesne (27)..................40 C3
Chesnois-Auboncourt (08)......23 H3
Chesny (57).....................26 C6
Chessenaz (74).................118 A6
Chessy (69)....................129 G2
Chessy (77).....................43 F4
Chessy-les-Prés (10)...........66 A6
Chéu (89).......................65 H6
Cheuge (21).....................86 B5
Cheust (65)....................183 E4
Cheux (14)......................13 G4
Chevagnes (03).................114 B1
Chevagny-
  -les-Chevrières (71)........115 H3
Chevagny-sur-Guye (71).......115 H2
Chevaigné (35)..................57 F1
Chevaigné-du-Maine (53)........59 F1
le Chevain (72).................60 A2
Cheval-Blanc (84).............175 F3
Chevaline (74).................132 B3
la Chevallerais (44)...........74 C3
Chevanceaux (17)..............135 H1
Chevannay (21)..................85 E5
Chevannes (21).................101 G2
Chevannes (45)..................64 B5
Chevannes (89)..................83 F2
Chevannes (91)..................63 G1
Chevannes-Changy (58).........99 F1
Chevenes (02)...................22 C1
Chevenon (58)...................99 E4
Chevennes (02)..................22 D2
Cheveuges (08)..................24 B2
Chevières (08)..................24 D5
Chevigney (70)..................86 C6
Chevigney-lès-Vercel (21)....104 A1
Chevigney-sur-l'Ognon (25)....87 E6
Chevigny (39)..................102 C2
Chevigny-en-Valière (21).....101 H3
Chevigny-Saint-Sauveur (21)...86 H6
Chevillard (01)................117 G4
Chevillé (72)...................59 G6
Chevillon (52)..................67 H1
Chevillon (89)..................82 D1
Chevillon-sur-Huillard (45)....64 A6
la Chevillotte (25)...........103 G1
Chevilly (45)...................62 D5
Chevilly-Larue (94)............42 D5
Chevinay (69)..................129 G3
Chevincourt (60)...............21 E4
Cheviré-le-Rouge (49)..........77 G3
Chevrainvilliers (77)..........64 A4
Chevreaux (39).................117 F2
Chevregny (02)..................22 C4
Chèvremont (90)................88 D3
Chevresis-Monceau (02)........22 B1
la Chèvrerie (16).............108 C6
Chevreuse (78).................42 B5
Chèvreville (50)................37 G1
Chèvreville (60)................43 G1
Chevrier (74)..................118 A5
Chevrières (38)...............144 D2
Chevrières (42)...............129 F5
Chevrières (60).................21 E5
Chevroches (58).................83 F6
la Chevrolière (44)............74 C5
Chevroux (01)..................116 C3
Chevroz (25)....................87 F6
Chevru (77).....................44 A5
Chevry (01)....................118 B4
Chevry (50).....................37 F2
Chevry-Cossigny (77)...........43 F5
Chevry-en-Sereine (77).........64 C3
Chevry-sous-le-Bignon (45)....64 A4
Chey (79)......................108 C4
Cheylade (15)..................140 C2
le Cheylard (07)..............143 F5
Cheylard-l'Évêque (48).......156 C2
le Cheylas (38)................132 A6
Cheyssieu (38).................130 A6
Chezal-Benoît (18).............97 F6
la Chèze (22)...................55 H2
Chèze (65).....................182 D5
Chézeaux (52)...................86 D1
Chezelle (03)..................113 G5
Chezelles (36)..................96 B4
Chezelles (37)..................94 C3
Chèzeneuve (38)...............130 D5
Chézery-Forens (01)...........118 A4
Chézy (03).....................114 A1
Chézy-en-Orxois (02)...........44 A1
Chézy-sur-Marne (02)...........44 B3
Chiatra (2B)...................205 G2
Chiché (79)....................108 A4
Chicheboville (14).............38 D1
Chichée (89)....................83 H2
Chichery (89)...................83 F1
Chichey (51)....................44 D5
Chichilianne (38).............145 F6
Chicourt (57)...................49 E3
Chiddes (58)..................100 A4
Chiddes (71)...................115 H2
Chidrac (63)...................127 F5
Chierry (02)....................44 B2
Chieulles (57)..................26 C5
Chigné (49).....................78 A3
Chigny (02).....................22 D1
Chigny-les-Roses (51)..........45 F1
Chigy (89)......................65 F4
Chilhac (43)...................141 H3
Chillac (16)...................122 A6
Chille (39)....................102 D6
Chilleurs-aux-Bois (45)........63 E5
le Chillou (79)................93 G6
Chilly (08)....................11 E4
Chilly (74)....................118 A6
Chilly (80).....................21 E1
Chilly-le-Vignoble (39).......102 C6
Chilly-Mazarin (91)............42 D5
Chilly-sur-Salins (39)........103 F4
Chimilin (38)..................131 F4
Chindrieux (73)...............131 G2
Chinon (37).....................94 B2
Chipilly (80)....................8 A5
Chirac (16)....................123 E2
Chirac (48)....................155 G3
Chirac-Bellevue (19)..........125 H6
Chirassimont (42).............129 E2
Chirat-l'Église (03)..........113 F4
Chirols (07)...................157 F1
Chiré-en-Montreuil (86)........94 A6
Chirens (38)...................131 F6
Chirmont (80)...................20 C2
Chisa (2B).....................205 F2
Chissay-en-Touraine (41).......79 G6
Chisseaux (37)..................79 G6
Chissey-en-Morvan (71).......100 C2
Chissey-lès-Mâcon (71).......116 A2
Chissey-sur-Loue (39).........103 E3
Chitenay (41)...................80 A4
Chitray (36)...................110 D1
Chitry (89).....................83 G2
Chitry-les-Mines (58)..........99 G1
Chives (17)....................108 A6
Chivres (21)...................102 A3
Chivres-en-Laonnois (02).......22 D2
Chivres-Val (02)...............22 C5
Chivy-lès-Étouvelles (02)......22 C3
Chizé (79).....................107 H5
Chocques (62)....................2 C6
Choilley-Dardenay (52).........86 B3
Choisel (78)....................42 B5
Choiseul (52)...................68 C5
Choisies (59)...................10 A3
Choisy (74)....................118 B6
Choisy-au-Bac (60)..............21 F4
Choisy-en-Brie (77)............44 A5

Choisy-la-Victoire (60)........20 D5
Choisy-le-Roi (94).............42 D5
Cholet (49).....................92 C2
Cholonge (38)..................145 G4
Choloy-Ménillot (54)...........48 A5
Chomelix (43)..................142 C2
Chomérac (07)..................158 A1
la Chomette (43)..............141 H2
Chonas-l'Amballan (38).......130 A6
Chonville-Malaumont (55)......47 G4
Chooz (08)......................11 H4
Choqueuse-les-Bénards (60)....20 A2
Choranche (38)................145 E3
Chorey-les-Beaune (21).......101 G3
Chorges (05)...................160 D2
Chouain (14)....................14 A4
Chouday (36)....................97 F4
Choue (41)......................61 F6
Chougny (58)....................99 H3
Chouilly (51)...................45 F2
Chouppes (86)...................94 A5
Choussy (41)....................79 H6
Chouvigny (03).................113 F5
le Chouy (45)...................82 A2
Chouy (02)......................21 H6
Chouzé-sur-Loire (37)..........94 A1
Chouzelot (25).................103 F2
Chouzy-sur-Cisse (41)..........79 H5
Choye (70)......................86 D5
Chozeau (38)...................130 C3
Chuelles (45)...................64 C6
Chuffilly-Roche (08)...........24 A4
Chuignes (80)....................8 A6
Chuignolles (80)................8 A6
Chuisnes (28)...................61 H2
Chusclan (30)..................158 A6
Chuyer (42)....................129 H6
Chuzelles (38).................130 A4
Ciadoux (31)...................184 B3
Ciamannacce (2A)..............205 E5
Cibourg (63)...................180 B1
Cideville (76)..................17 F4
Ciel (71)......................101 H4
Cier-de-Luchon (31)...........184 A6
Cier-de-Rivière (31)..........184 A4
Cierges (02)....................44 C1
Cierges-sous-
  -Montfaucon (55)............24 D5
Cierp-Gaud (31)...............184 A6
Cierrey (27)....................41 E2
Cierzac (17)...................121 G4
Cieurac (46)...................152 D4
Cieutat (65)...................183 F4
Cieux (87).....................123 H1
Ciez (58).......................82 D5
Cigogné (37)....................95 F1
Cilly (02)......................22 D2
Cinais (37).....................94 B2
Cindré (03)....................114 B4
Cinq-Mars-la-Pile (37).........78 C6
Cinqueux (60)...................20 D5
Cintegabelle (31).............185 G2
Cintheaux (14)..................38 D2
Cintray (27)....................40 C4
Cintray (28)....................62 A2
Cintré (35).....................56 D3
Cintrey (70)....................86 D2
la Ciotat (13).................192 C5
Cipières (06)..................178 C3
Ciral (61)......................59 G2
Ciran (37)......................95 F3
Circourt (88)...................69 G3
Circourt-sur-Mouzon (88).......68 D3
Ciré-d'Aunis (17).............107 E6
Cirès (31).....................183 H6
Cires-lès-Mello (60)...........20 C5
Cirey (21).....................101 G1
Cirey-lès-Mareilles (52).......68 A3
Cirey-lès-Pontailler (21)......86 B6
Cirey-sur-Blaise (52)..........67 G3
Cirey-sur-Vezouze (54).........49 H6
Cirfontaines-en-Azois (52)....67 G5
Cirfontaines-
  -en-Ornois (52)..............68 B1
Cirières (79)...................92 D4
Ciron (36).....................110 C1
Ciry-le-Noble (71)............115 F1
Ciry-Salsogne (02).............22 B5
Cisai-Saint-Aubin (61).........39 G4
Cisery (89).....................84 B4
Cissac-Médoc (33).............134 D2
Cissé (86)......................94 B6
Cisternes-la-Forêt (63).......126 C3
Cistrières (43)................142 A1
Citerne (80).....................6 D5
Citers (70).....................87 H2
Citey (70)......................87 E5
Citou (11).....................187 F2
Citry (77)......................44 A3
Civaux (86)....................109 G2
Civens (42)....................129 E3
Civières (27)...................41 G1
Civrac-de-Blaye (33)..........135 F3
Civrac-en-Médoc (33)..........120 C6
Civrac-sur-Dordogne (33)......136 A5
Civray (18).....................97 F4
Civray (86)....................109 E5
Civray-de-Touraine (37)........79 F6
Civray-sur-Esves (37)..........95 E3
Civrieux (01)..................130 A1
Civrieux-d'Azergues (69).....129 H2
Civry (28)......................62 B5
Civry-en-Montagne (21).........85 E6
Civry-la-Forêt (78)............41 G4
Cizancourt (80).................8 C6
Cizay-la-Madeleine (49)........93 G1
Cize (01)......................117 F5
Cize (39)......................103 G5
Cizely (58).....................99 F3
Cizos (65).....................183 H2
Clacy-et-Thierret (02).........22 B3
Cladech (24)...................137 H6
Claira (66)....................201 F2
Clairac (47)...................150 D4
Clairavaux (23)...............125 G3
Clairefontaine-
  -en-Yvelines (78)...........42 A6
Clairegoutte (70)..............88 B3
Clairfayts (59).................10 B3
Clairfontaine (02)..............10 A5
Clairmarais (62).................2 B4
Clairoix (60)...................21 F4
Clairvaux-d'Aveyron (12).....154 B4
Clairvaux-les-Lacs (39)......117 H2
Clairy-Saulchoix (80)...........7 F6
Clais (76)......................19 F1
Claix (16).....................122 B5
Claix (38).....................145 G3
Clam (17)......................121 F5
Clamanges (51)..................45 F4
Clamart (92)....................42 C4
Clamecy (02)....................22 B4
Clamecy (58)....................83 F5
Clamensane (04)...............160 B4
Clamerey (21)...................85 E5
Clans (06).....................178 D1
Clans (70)......................87 F3
Clansayes (26).................158 B3
le Claon (51)...................46 D1
le Clapier (12)................172 B2
Clapiers (34)..................173 F5
Clara (66).....................200 C3
Clarac (31)....................184 A4
Clarac (65)....................183 F3
Claracq (64)...................166 B6
Clarafond-Arcine (74)........118 A5
Clarbec (14)....................15 E4
Clarens (65)...................183 G3
Clarensac (30).................174 A3
Claret (04)....................160 B3
Claret (34)....................173 F4
Clarques (62)....................2 B5
Clary (59).......................9 E4
Classun (40)...................166 A4
Clastres (02)...................21 H1
Clasville (76)..................17 E3
le Clat (11)...................200 A1
Claudon (88)....................69 F5
le Claux (15)..................140 C2

Clavans-
  -en-Haut-Oisans (38)........146 B3
Clavé (79).....................108 B2
Claveisolles (69).............115 H6
Clavette (17)..................106 D5
Claveyson (26).................144 B2
Clavières (15).................141 G4
Claviers (83)..................178 A5
Claville (27)...................40 D2
Claville-Motteville (76).......17 H5
Clavy-Warby (08)...............23 H1
Claux-Souilly (27).............43 F3
Clayes (35).....................57 E2
les Clayes-sous-Bois (78)......42 B4
la Clayette (71)...............115 G4
Clayeures (54)..................69 H1
Clécy (14)......................38 B3
Cléden-Cap-Sizun (29)..........52 C2
Cléden-Poher (29)...............32 B6
les Clefs (74).................132 C2
Clefmont (52)...................68 C5
Clefs (49)......................77 F4
Cléguer (56)....................54 C4
Cléguérec (56)..................55 E2
Clelles (38)...................145 F5
Clémencey (21).................101 G1
Clémensat (63).................127 F5
Clémery (54)....................48 C3
Clémont (18)....................81 F4
Clénay (21).....................85 H5
Clenleu (62).....................6 D1
Cléon (76)......................18 C5
Cléon-d'Andran (26)...........158 C2
Cleppé (42)....................129 E3
Clérac (17)....................135 H2
Cléré-les-Pins (37)............78 B5
Cléré-sur-Layon (49)...........93 F2
Clères (76).....................18 D3
Clérey (10).....................66 B4
Clérey-la-Côte (88)............68 D1
Clérey-sur-Brenon (54).........69 F1
Clergoux (19)..................139 F2
Clérieux (26)..................144 B3
les Clérimois (89).............65 F4
le Clerjus (88).................69 H6
Clerlande (63).................127 F2
Clermain (71)..................115 H3
Clermont (09)..................185 F5
Clermont (40)..................165 F4
Clermont (60)...................20 C4
Clermont (74).................131 H1
Clermont-Créans (72)...........77 H2
Clermont-
  -de-Beauregard (24).........137 E4
Clermont-Dessous (47)........150 D5
Clermont-d'Excideuil (24)....138 A1
Clermont-en-Argonne (55)......46 D1
Clermont-Ferrand (63).........127 F3
Clermont-le-Fort (31).........185 G1
Clermont-les-Fermes (02).......23 E2
Clermont-l'Hérault (34)......172 C5
Clermont-Pouyguillès (32)....167 G6
Clermont-Savès (32)...........168 C5
Clermont-Soubiran (47).......151 G6
Clermont-sur-Lauquet (11)....187 E5
Cléron (25)....................103 G2
Clerques (62)....................2 B4
Clerval (25)....................88 A5
Cléry (21)......................86 C5
Cléry (73).....................132 C4
Cléry-en-Vexin (95)............42 A1
Cléry-le-Grand (55)............24 D5
Cléry-le-Petit (55)............24 D5
Cléry-Saint-André (45).........80 C2
Cléry-sur-Somme (80)............8 B5
Clesles (51)....................65 H1
Clessé (71)....................116 B3
Clessé (79).....................93 E5
Clessy (71)....................115 E2
Cléty (62).......................2 B5
Cleurie (88)....................70 B5
Cleuville (76)..................17 E3
Cléville (14)...................39 E1
Cléville (76)...................17 F4
Clévilliers (28)................62 A1
Cleyrac (33)...................136 A6
Cleyzieu (01)..................131 E2
Clézentaine (88)................69 H2
Clichy (92).....................42 C3
Clichy-sous-Bois (93)..........43 E3
Climbach (67)...................51 E1
Clinchamp (52)..................68 B4
Clion (17).....................135 G2
Clion (36)......................95 H4
le Clion-sur-Mer (44)..........73 H5
Cliousclat (26)................158 B1
Cliponville (76)................17 E4
Cliron (08).....................24 A1
la Clisse (17).................120 D3
Clisson (44)....................75 E6
Clitourps (50)..................12 D2
Clohars-Carnoët (29)...........54 B4
Clohars-Fouesnant (29).........53 G3
le Cloître-Pleyben (29)........31 H6
le Cloître-
  -Saint-Thégonnec (29).......32 A4
Clomot (21)....................101 E2
Clonas-sur-Varèze (38)........130 A6
Clos-Fontaine (77).............43 H6
la Clotte (17).................135 H3
Clouange (57)...................26 B4
Cloué (86).....................108 D2
les Clouzeaux (85).............91 F5
Cloyes-sur-le-Loir (28)........61 G4
Cloyes-sur-Marne (51)..........46 B5
Clucy (39).....................103 F3
Clugnat (23)...................111 H4
Cluis (36).....................111 F2
Clumanc (04)...................177 G1
Cluny (71).....................116 A3
la Clusaz (74).................132 C1
la Cluse-et-Mijoux (25).......104 A4
les Cluses (66)................201 F4
Cluses (74)....................119 E6

Cohiniac (22)...................33 F5
Cohons (52).....................86 B2
Coiffy-le-Bas (52)..............68 C6
Coiffy-le-Haut (52)............68 D6
Coigneux (80)....................7 H4
Coignières (78).................42 A5
Coigny (50).....................12 D4
Coimères (33)..................149 H3
Coin-lès-Cuvry (57)............26 B6
Coin-sur-Seille (57)...........26 B6
Coinces (45)....................62 C6
Coinches (88)...................70 D3
Coincourt (54)..................49 F5
Coincy (02).....................44 B1
Coincy (57).....................26 C5
Coings (36).....................96 C4
Coingt (02).....................23 F1
Coirac (33)....................150 A1
Coise (69).....................129 G4
Coise-
  -Saint-Jean-
  -Pied-Gauthier (73).........132 B5
Coiserette (39)................117 H3
Coisevaux (70)..................88 B3
Coisia (39)....................117 G3
Coisy (80).......................7 G5
Coivert (17)...................107 H6
Coivrel (60)....................20 D3
Coizard-Joches (51)............45 E4
Colayrac-Saint-Cirq (47).....151 E4
Colembert (62)...................1 G4
Coligny (01)...................117 E3
Colincamps (80)..................8 H1
Collan (89).....................83 H1
la Collancelle (58)............99 G2
Collandres (15)................140 C2
Collandres-Quincarnon (27)....40 C2
Collanges (63).................127 F6
Collat (43)....................142 A2
la Colle-sur-Loup (06).......195 E3
Collégien (77)..................43 F4
Collemiers (89).................64 D4
Colleret (59)...................10 B3
le Collet-de-Dèze (48)........156 D5
Colletot (27)...................15 H3
Colleville (76).................16 C3
Colleville-Montgomery (14)....14 C4
Colleville-sur-Mer (14)........13 G4
Collias (30)...................174 B2
Colligis-Crandelain (02)......22 C4
Colligny (57)...................26 C5
Colline-Beaumont (62)...........6 C2
Collinée (22)...................34 A6
Collioure (66).................201 G4
Collobrières (83)..............193 H4
Collonge-en-Charollais (71)..115 H1
Collonge-la-Madeleine (71)...101 E4
Collonges (01).................118 A5
Collonges-
  -au-Mont-d'Or (69)..........130 A2
Collonges-la-Rouge (19)......138 D4
Collonges-lès-Bévy (21)......101 G2
Collonges-
  -lès-Premières (21).........102 B1
Collonges-sous-Salève (74)...118 C5
Collongues (06)................178 C2
Collongues (65)................183 F2
Collorec (29)...................32 A6
Collorgues (30)................174 A2
Colmar (68).....................71 F4
Colmars (04)...................161 F5
la Colombe (41)................80 A1
la Colombe (50).................37 F3
Colombé-la-Fosse (10)..........67 F3
Colombé-le-Sec (10)............67 F3
Colombe (38)...................131 F5
Colombe-lès-Vesoul (70)........87 G3
Colombelles (14)................14 C4
Colombes (92)...................42 C3
Colombey-les-Belles (54).......69 E1
Colombey-
  -les-Deux-Églises (52)......67 G4
Colombier (03).................113 E4
Colombier (21).................101 F2
Colombier (24).................137 E6
Colombier (42).................143 G1
Colombier-
  -en-Brionnais (71)..........115 G3
Colombier-Fontaine (25)........88 B4
Colombier-le-Cardinal (07)...143 H2
Colombier-le-Jeune (07)......143 H4
Colombier-le-Vieux (07)......143 H3
Colombier-Saugnieu (69)......130 C3
la Colombière (13).............13 G5
Colombiers (17)................121 F4
Colombiers (18)................97 H6
Colombiers (34)................188 B2
Colombiers (61).................60 A1
Colombiers (86)................94 B5
Colombiers-du-Plessis (53).....58 C2
Colombiers-sur-Seulles (14)...14 B3
Colombiès (12).................154 A4
Colomby (50)....................12 D3
Colomby-sur-Thaon (14).........14 B4
Colomieu (01)..................131 E3
Colomiers (31).................169 E5
Colonard-Corubert (61).........60 D2
Colondannes (23)..............111 E4
Colonfay (02)...................9 G6
Colonne (39)...................102 D4
Colonzelle (26)................158 B3
Colpo (56)......................55 F5
Colroy-la-Grande (88)..........71 E2
Colroy-la-Roche (67)...........71 E2
Coltainville (28)...............62 B1
Coltines (15)..................141 E3
Coly (24)......................138 B3
Combaillaux (34)...............173 F5
la Combe-de-Lancey (38)......145 H2
la Combeaufontaine (70)........87 E2
Combefa (81)...................170 B1
Comberanche-
  -et-Épeluche (24)...........136 C1
Comberjon (70)..................87 G3
Comberouger (82)..............168 D3
Combertault (21)..............101 G3
les Combes (25)...............104 B2
Combes (34)....................172 B5
Combiers (16)..................122 D6
Comblanchien (21).............101 G2
Combles (80).....................8 B5
Combles-en-Barrois (55)........47 E5
Comblessac (35).................56 C5
Combleux (45)...................81 E1
Comblot (61)....................60 C1
Combloux (74)..................119 E6
Combon (27).....................40 C1
Combourg (35)...................35 E6
Combourtillé (35)...............57 H1
Combovin (26)..................144 C5
Combrailles (63)..............126 B3
Combrand (79)...................92 D4
Combray (14)....................38 C2
Combres (28)....................61 F3
Combres-
  -sous-les-Côtes (55)........47 H2
Combressol (19)................125 G6
Combret (12)...................171 F3
Combreux (45)...................81 G1
Combrimont (88).................70 D3
Combrit (29)....................53 F3
Combronde (63).................127 E2
Combs-la-Ville (77)............43 E6

Comines (59).....................3 F4

Commana (29) 31 H5
Commarin (21) 101 F1
Commeaux (61) 38 D4
Commelle (38) 130 D6
Commelle-Vernay (42) ...128 D3
Commenailles (39) 102 C5
Commenchon (02) 21 H2
Commensacq (40) 148 D5
Commentry (03) 112 D4
Commeny (95) 42 A1
Commequiers (85) 90 D3
Commer (53) 58 D3
Commercy (55) 47 H4
Commerveil (72) 60 C3
Commes (14) 13 H5
Communailles-
  -en-Montagne (39) 103 G5
Communay (69) 130 A4
Compains (63) 127 E6
Compainville (76) 19 F2
Compans (77) 43 F3
le Compas (23) 126 B1
Compertrix (51) 45 H3
Compeyre (12) 155 F6
Compiègne (60) 21 F4
Compigny (89) 65 E2
Compolibat (12) 153 H4
la Compôte (73) 132 B3
Compreignac (87) 171 H1
Comps (26) 158 D2
Comps (30) 174 C3
Comps (33) 135 E3
Comps-la-Grand-Ville (12) ..154 C5
Comps-sur-Artuby (83) ..177 H3
la Comté (62) 7 H1
Comus (11) 199 G1
Conan (41) 79 H2
Conand (01) 131 E2
Conat (66) 200 B3
Conca (2A) 207 G2
Concarneau (29) 53 G4
Concevreux (02) 22 D5
Concèze (19) 138 B1
Conches-en-Ouche (27) ...40 C3
Conches-sur-Gondoire (77) ..43 F4
Conchez-de-Béarn (64) ..166 C5
Conchil-le-Temple (62) ..6 C1
Conchy-les-Pots (60) 21 E3
Conchy-sur-Canche (62) ..7 F2
Concorès (46) 152 C1
Concoret (56) 56 B3
Concots (46) 153 E4
Concoules (30) 156 D4
Concourson-sur-Layon (49) ..93 F1
Concremiers (36) 110 B1
Concressault (18) 81 H5
Concriers (41) 80 A2
Condac (16) 108 D6
Condal (71) 117 E2
Condamine (01) 117 G5
Condamine (39) 102 C6
la Condamine-
  -Châtelard (04) 161 G2
Condat (01) 140 C1
Condat (46) 138 D4
Condat-en-Combraille (63) ..126 B2
Condat-
  -lès-Montboissier (63) ..127 H5
Condat-sur-Ganaveix (19) ..124 D6
Condat-sur-Trincou (24) ..123 F1
Condat-sur-Vézère (24) ..138 A3
Condat-sur-Vienne (87) ..124 B3
Condé (36) 97 E4
Condé-en-Brie (02) 44 C2
Condé-Folie (80) 7 E5
Condé-lès-Autry (08) 24 B6
Condé-lès-Herpy (08) 23 F3
Condé-Northen (57) 26 D5
Condé-Sainte-Libiaire (77) ..43 G3
Condé-sur-Aisne (02) 22 B5
Condé-sur-Huisne (61) ...61 F2
Condé-sur-Ifs (14) 39 E2
Condé-sur-Iton (27) 40 C2
Condé-sur-l'Escaut (59) ..9 G1
Condé-sur-Marne (51) 45 G2
Condé-sur-Noireau (14) ..38 B3
Condé-sur-Risle (27) 15 H3
Condé-sur-Sarthe (61) ...60 A2
Condé-sur-Seulles (14) ..14 A4
Condé-sur-Suippe (02) ...23 E4
Condé-sur-Vesgre (78) ...41 G5
Condé-sur-Vire (50) 37 G1
Condeau (61) 61 E2
Condécourt (95) 42 A2
Condeissiat (01) 116 D5
Condéon (16) 121 H6
Condes (39) 117 G3
Condes (52) 67 H4
Condette (62) 1 F5
Condezaygues (47) 151 H3
Condillac (26) 158 B2
Condom (32) 167 G2
Condom-d'Aubrac (12) ...155 E2
Condorcet (26) 158 D4
Condren (02) 22 A2
Condrieu (69) 130 A6
Conflandey (70) 87 F2
Conflans-en-Jarnisy (54) ..48 A1
Conflans-
  -Sainte-Honorine (78) ..42 B3
Conflans-sur-Anille (72) ..61 E6
Conflans-sur-Lanterne (70) ..87 G1
Conflans-sur-Loing (45) ..64 B6
Conflans-sur-Seine (51) ..65 G1
Confolens (16) 109 G6
Confolent-Port-Dieu (19) ..126 B5
Confort (01) 117 H5
Confort-Meilars (29) 53 E2
Confracourt (70) 87 E3
Confrançon (01) 116 D4
Congé-sur-Orne (72) 60 B4
Congénies (30) 173 H4
Congerville-Thionville (91) ..63 E2
Congis-sur-Thérouanne (77) ..43 G2
Congrier (53) 76 A1
Congy (51) 45 E4
Conie-Molitard (28) 62 A5
Conilhac-Corbières (11) ..187 G3
Conilhac-de-
  -la-Montagne (11) 186 D5
Conjux (73) 131 G2
Conlie (72) 59 H4
Conliège (39) 102 D6
Connac (12) 171 F2
Connangles (43) 142 A1
Connantray-Vaurefroy (51) ..45 F5
Connantre (51) 45 F5
Connaux (30) 174 C1
Conne-de-Labarde (24) ..137 E6
Connelles (27) 18 D6
Connerré (72) 60 C5
Conquereuil (44) 74 B2
Conques (12) 154 B2
Conques-sur-Orbiel (11) ..187 E3
le Conquet (29) 30 C5
Conqueyrac (30) 173 F2
Cons-la-Grandville (54) ..25 G4
Cons-Sainte-Colombe (74) ..132 C3
Consac (17) 121 E6
Conségudes (06) 195 E2
Conseuvoye (55) 24 D6
Consigny (52) 68 B4
Consolation-
  -Maisonnettes (25) 104 B1
Contalmaison (80) 8 B5
Contamine-Sarzin (74) ..118 B6
Contamine-sur-Arve (74) ..118 D5
les Contamines-
  -Montjoie (74) 133 E2
Contault (51) 46 C3
Contay (80) 7 H5
Conte (39) 103 G5
Contes (06) 195 F2
Contes (62) 1 H6
Contescourt (02) 21 H1
Contest (53) 58 D3
Conteville (14) 38 D1
Conteville (27) 15 G2

Conteville (60) 20 A2
Conteville (76) 19 G2
Conteville (80) 7 F3
Conteville-en-Ternois (62) ..7 G1
Conteville-lès-Boulogne (62) ..1 F4
Conthil (57) 49 F3
Contigné (49) 77 E2
Contigny (03) 113 H3
Contilly (72) 60 C2
Continvoir (37) 78 A5
Contoire (80) 20 D2
Contrazy (09) 185 G4
Contré (17) 108 A4
Contréglise (70) 87 F1
Contremoulins (76) 16 C3
Contres (18) 97 H5
Contres (41) 80 A5
Contreuve (08) 24 A5
Contrevoz (01) 131 F2
Contrexéville (88) 69 E4
Contrières (50) 36 D2
Contrisson (55) 46 D4
Conty (80) 20 B1
Contz-les-Bains (57) 26 C2
Conzieu (01) 131 F3
Coole (51) 45 H5
Coolus (51) 45 H3
la Copechagnière (85) ...91 G3
Copponex (74) 118 B6
Coquainvilliers (14) 15 F4
Coquelles (62) 1 G2
la Coquille (24) 123 H6
Corancez (28) 62 B2
Corancy (58) 100 B2
Coray (29) 53 H2
Corbara (2B) 202 C5
Corbarieu (82) 169 E2
Corbas (69) 130 B4
Corbeil (51) 46 A4
Corbeil-Cerf (60) 20 B6
Corbeil-Essonnes (91) ..43 E6
Corbeilles (45) 63 H5
Corbel (73) 131 G6
Corbenay (70) 69 H6
Corbény (02) 22 D4
Corbère (66) 200 D2
Corbère-Abères (64) 166 C6
Corbère-les-Cabanes (66) ..200 D2
Corberon (21) 101 H3
Corbès (30) 173 G1
Corbie (80) 7 H6
la Corbière (70) 88 A1
Corbières (04) 176 C4
Corbières (11) 186 B5
Corbigny (58) 100 A1
Corbon (61) 60 D1
Corbonod (01) 131 G1
Corbreuse (91) 62 D1
Corcelle-Mieslot (25) ...87 G5
Corcelles (01) 117 G6
Corcelles-
  -en-Beaujolais (69) ...116 A5
Corcelles-Ferrières (25) ..103 E1
Corcelles-lès-Arts (21) ..101 G4
Corcelles-les-Citeaux (21) ..102 A2
Corcelles-les-Monts (21) ..85 G6
Corcieux (88) 70 C4
Corcondray (25) 103 E1
Corconne (30) 173 G3
Corcoué-sur-Logne (44) ..91 F1
Corcy (02) 21 H6
Cordac (28) 145 H6
Cordebugle (14) 15 G5
Cordelle (42) 128 D1
Cordemais (44) 74 B4
Cordes-sur-Ciel (81) ...170 A1
Cordes-Tolosannes (82) ..168 D2
Cordesse (71) 100 D3
Cordey (14) 38 D3
Cordon (74) 133 E1
Cordonnet (70) 87 F5
Coren (15) 141 F4
Corenc (38) 145 G2
Corent (63) 127 F4
Corfélix (51) 44 D4
Corgengoux (21) 101 H3
Corgnac-sur-l'Isle (24) ..123 G6
Corgoloin (21) 101 G2
Corignac (17) 135 G2
Corlay (22) 53 E6
Corlier (01) 117 F6
Cormainville (28) 62 B4
Cormaranche-
  -en-Bugey (01) 131 F1
Cormatin (71) 116 A2
Corme-Écluse (17) 120 D4
Corme-Royal (17) 120 D3
Cormeilles (27) 15 G4
Cormeilles (60) 20 D3
Cormeilles-en-Parisis (95) ..42 C3
Cormeilles-en-Vexin (95) ..42 B2
Cormelles-le-Royal (14) ..14 C5
Cormenon (41) 61 F4
Cormeray (41) 80 A5
Cormery (37) 95 F1
Cormes (72) 60 D4
Cormicy (51) 22 D5
le Cormier (27) 41 E3
Cormolain (14) 37 H1
Cormont (62) 1 F5
Cormontreuil (51) 23 E6
Cormoranche-
  -sur-Saône (01) 116 B4
Cormost (10) 66 B4
Cormot-le-Grand (21) ...101 F4
Cormoyeux (51) 45 E1
Cormoz (01) 117 E2
Corn (46) 153 F2
Cornac (46) 139 F5
Cornant (89) 64 D5
Cornas (07) 144 A4
Cornay (08) 24 C5
Corné (49) 77 F4
Cornebarrieu (31) 169 E5
Corneilhan (34) 188 C1
Corneilla-
  -de-Conflent (66) 200 B3
Corneilla-del-Vercol (66) ..201 F3
Corneilla-la-Rivière (66) ..201 E2
Corneillan (32) 166 C4
Corneuil (27) 40 D3
Corneville-
  -la-Fouquetière (27) ..40 B2
Corneville-sur-Risle (27) ..15 H3
Cornier (74) 118 D5
Cornil (19) 138 D2
Cornillac (26) 159 F3
Cornille (24) 137 F2
Cornillé (35) 57 H3
Cornillé-les-Caves (49) ..77 F4
Cornillon (30) 157 H5
Cornillon-Confoux (13) ..191 G3
Cornillon-en-Trièves (38) ..145 G5
Cornillon-sur-l'Oule (26) ..159 E3
Cornimont (88) 70 C6
Cornod (39) 117 G2
Cornot (70) 87 E3
la Cornuaille (49) 76 B4
Cornus (12) 172 B3
Cornusse (18) 98 B4
Corny (27) 18 B6
Corny-Machéroménil (08) ..23 H3
Corny-sur-Moselle (57) ..26 C6
Coron (49) 92 D2
Corpe (85) 106 D1
Corpeau (21) 101 H4
Corpoyer-la-Chapelle (21) ..85 E4
Corps (38) 146 A5
Corps-Nuds (35) 57 F4
Corquilleroy (45) 63 H5
Corquoy (18) 97 G4
Corrano (2A) 205 E6
Corravillers (70) 70 B6
Corre (70) 87 E2
Corrençon-en-Vercors (38) ..145 E4
Correns (83) 177 G6
Corrèze (19) 139 F1
Corribert (51) 44 D3

Corrobert (51) 44 C3
Corrombles (21) 84 C4
Corronsac (31) 185 G1
Corroy (51) 45 E5
Corsaint (21) 84 C4
Corsavy (66) 200 D4
Corscia (2B) 204 D6
Corsept (44) 73 H4
Corseul (22) 34 C5
Cortambert (71) 116 A2
Corte (2B) 205 E2
Cortevaix (71) 116 A2
Cortrat (45) 82 B1
les Corvées-les-Yys (28) ..61 G2
Corveissiat (01) 117 F4
Corvol-d'Embernard (58) ..99 F1
Corvol-l'Orgueilleux (58) ..83 E5
Corzé (49) 77 E4
Cos (09) 185 G5
Cosges (39) 102 C5
Coslédaà-Lube-Boast (64) ..166 B6
Cosmes (53) 58 C6
Cosmes-Cours-sur-Loire (58) ..82 C5
Cosne-d'Allier (03) 113 E2
Cosnes-et-Romain (54) ..25 G3
Cosqueville (50) 12 D1
Cossaye (58) 99 F6
Cossé-d'Anjou (49) 92 D1
Cossé-en-Champagne (53) ..59 F6
Cossé-le-Vivien (53) 58 B6
Cosswiller (67) 50 C5
Costa (2B) 202 D5
Costaros (43) 142 C5
les Costes (05) 146 A6
les Costes-Gozon (12) ..171 G2
la Côte (70) 88 B2
la Côte-d'Aime (73) 133 E4
la Côte-en-Couzan (42) ..128 B3
la Côte-Saint-André (38) ..130 D6
le Coteau (42) 128 D1
Côtebrune (25) 87 H6
les Côtes-d'Arey (38) ..130 A6
les Côtes-de-Corps (38) ..145 H5
Coti-Chiavari (2A) 206 C2
Cotignac (83) 193 G1
les Côtils (14) 129 E3
Cottenchy (80) 20 C1
Cottévrard (76) 17 H4
Cottun (14) 13 H5
la Couarde (79) 108 B3
la Couarde-sur-Mer (17) ..106 B4
Couargues (18) 98 C1
Coubert (77) 43 F5
Coubeyrac (33) 136 B5
Coubisou (12) 154 D2
Coubjours (24) 138 B2
Coublanc (52) 86 C3
Coublanc (71) 115 F5
Coublevie (38) 145 F1
Coublucq (64) 166 B6
Coubon (43) 142 C4
Coubron (93) 43 E3
Couches (71) 101 F4
Couchey (21) 101 H1
la Coucourde (26) 158 B3
Coucouron (07) 142 D6
Coucy (02) 23 H4
Coucy-la-Ville (02) 22 A3
Coucy-le-Château-
  -Auffrique (02) 22 A4
Coucy-lès-Eppes (02) ...22 D3
Couddes (41) 80 C6
Coudehard (61) 39 F4
Coudekerque-Branche (59) ..2 B1
Coudekerque-Village (59) ..2 C2
Coudes (63) 127 F4
Coudeville-sur-Mer (50) ..35 G1
Coudons (11) 186 C6
Coudoux (13) 191 H3
Coudray (27) 19 F5
le Coudray (28) 62 B2
Coudray (45) 63 G2
Coudray (53) 76 D1
le Coudray-au-Perche (28) ..61 F3
le Coudray-Macouard (49) ..93 G1
le Coudray-Montceaux (91) ..63 H1
Coudray-Rabut (14) 15 F3
le Coudray-
  -Saint-Germer (60) 19 H4
le Coudray-sur-Thelle (60) ..20 B5
la Coudre (79) 93 E3
Coudreceau (28) 61 F2
Coudrecieux (72) 60 D6
Coudres (27) 41 E4
Coudroy (45) 81 G1
Coudun (60) 21 F4
Coudures (40) 166 A4
Coueilles (31) 184 C2
Couëron (44) 74 C5
Couesmes (37) 78 B4
Couesmes-Vaucé (53) 58 D1
Couffé (44) 75 E4
Couffoulens (11) 186 D4
Couffy (41) 96 B1
Couffy-sur-Sarsonne (19) ..126 A4
Couflens (09) 198 B1
Coufouleux (81) 169 G3
Couhé (86) 108 D4
Couilly-Pont-aux-Dames (77) ..43 G4
Couin (62) 8 A4
Couiza (11) 186 D6
Couladère (31) 184 D3
Coulaines (72) 60 B5
Coulandon (03) 113 H2
Coulangeron (89) 83 F3
Coulanges (03) 114 D2
Coulanges (41) 79 H4
Coulanges-la-Vineuse (89) ..83 G3
Coulanges-lès-Nevers (58) ..98 D3
Coulanges-sur-Yonne (89) ..83 F4
Coulans-sur-Gée (72) 59 H5
Coulaures (24) 137 H1
Couleuvre (03) 98 D6
Coulevon (70) 87 G3
Coulgens (16) 122 C2
Coulimer (61) 60 C2
Coullemelle (80) 20 C2
Coullemont (62) 7 H3
Coullons (45) 81 H3
Coulmer (61) 39 G4
Coulmier-le-Sec (21) 84 D2
Coulmiers (45) 62 C6
Coulobres (34) 188 C1
Coulogne (62) 1 G3
Couloisy (60) 21 G5
Coulombiers (72) 60 A3
Coulombiers (86) 108 D2
Coulombs (14) 14 A4
Coulombs-en-Valois (77) ..43 H2
Coulommes (51) 45 G1
Coulommes-
  -et-Marqueny (08) 24 A4
Coulommes-
  -la-Montagne (51) 23 E6
Coulommiers (77) 43 H4
Coulommiers-la-Tour (41) ..79 G2
Coulon (79) 107 G3
Coulonces (14) 37 G3
Coulonces (61) 39 E4
la Coulonche (61) 38 C4
Coulongé (72) 78 A2
Coulonges (16) 122 B2
Coulonges (17) 121 G4
Coulonges (86) 110 B3
Coulonges-Cohan (02) 22 C6
Coulonges-les-Sablons (61) ..61 F2
Coulonges-sur-l'Autize (79) ..107 G2
Coulonges-sur-Sarthe (61) ..60 C1
Coulonges-Thouarsais (79) ..93 F3
Coulonvillers (80) 7 E4
Couloumé-Mondebat (32) ..167 E5
Coulounieix-Chamiers (24) ..137 F2
Coulours (89) 65 F4
Couloutre (58) 82 D5
Coulouvray-Boisbenâtre (50) ..37 F4
Coulvain (14) 38 A2

Coulx (47) 151 E3
Coume (57) 27 E4
Counozouls (11) 200 A3
Coupelle-Neuve (62) 2 A4
Coupelle-Vieille (62) ...2 A4
Coupesarte (14) 15 E6
Coupetz (51) 46 A3
Coupéville (51) 46 B3
Coupiac (12) 171 F2
Coupray (52) 67 G2
Coupru (02) 44 A2
Couptrain (53) 59 F1
Coupvray (77) 43 F3
Couquèques (33) 120 D6
Cour-Cheverny (41) 80 B4
Cour-et-Buis (38) 130 B6
Cour-l'Évêque (52) 67 G4
la Cour-Marigny (45) 81 H1
Cour-Saint-Maurice (25) ..88 C4
Cour-sur-Loire (41) 80 A3
Courances (91) 63 H2
Courant (17) 107 G6
Courban (21) 85 G2
la Courbe (61) 38 D4
Courbehaye (28) 62 B4
Courbépine (27) 15 H5
Courbes (02) 22 B2
Courbesseaux (54) 49 E5
Courbette (39) 117 G1
Courbeveille (53) 58 C5
Courbevoie (92) 42 C3
Courbiac (47) 152 A4
Courbillac (16) 121 H3
Courbouzon (39) 102 D6
Courbouzon (41) 80 B3
Courçais (03) 112 C2
Courçay (37) 95 F1
Courcebœufs (72) 60 B4
Courcelette (80) 8 B5
Courcelles (17) 121 F1
Courcelles (25) 103 F2
Courcelles (45) 63 G5
Courcelles (54) 69 F2
Courcelles (58) 83 E5
Courcelles (90) 89 E4
Courcelles-au-Bois (80) ..8 A4
Courcelles-
  -lès-Montbéliard (25) ..88 C4
Courcelles-Chaussy (57) ..49 E1
Courcelles-de-Touraine (37) ..78 B4
Courcelles-en-Barrois (55) ..47 G2
Courcelles-en-Bassée (77) ..64 C2
Courcelles-en-Montagne (52) ..86 A1
Courcelles-Epayelles (60) ..21 E3
Courcelles-Frémoy (21) ..84 B5
Courcelles-la-Forêt (72) ..77 H2
Courcelles-le-Comte (62) ..8 B3
Courcelles-lès-Gisors (60) ..19 G6
Courcelles-lès-Lens (62) ..8 C1
Courcelles-lès-Montbard (21) ..84 D4
Courcelles-
  -lès-Semur (21) 84 C5
Courcelles-
  -sous-Châtenois (88) ..68 D3
Courcelles-
  -sous-Moyencourt (80) ..20 A1
Courcelles-sous-Thoix (80) ..20 A2
Courcelles-sur-Aire (55) ..47 E3
Courcelles-sur-Blaise (52) ..67 G2
Courcelles-sur-Nied (57) ..48 D1
Courcelles-sur-Seine (27) ..41 F1
Courcelles-sur-Vesle (02) ..22 C5
Courcelles-sur-Viosne (95) ..42 B2
Courcelles-sur-Voire (10) ..66 D1
Courchamp (77) 44 B6
Courchamps (02) 44 A1
Courchamps (49) 93 G1
Courchapon (25) 103 E1
Courchaton (70) 88 B3
Courchelettes (59) 8 C2
Courcité (53) 59 G3
Courcôme (16) 122 B1
Courçon (17) 107 E4
Courcouronnes (91) 42 D6
Courcoury (17) 121 F3
Courcuire (70) 87 E5
Courcy (14) 39 E2
Courcy (50) 37 E1
Courcy (51) 23 E5
Courcy-aux-Loges (45) ...63 F5
Courdemanche (27) 41 E4
Courdemanche (72) 78 D2
Courdemanges (51) 46 A5
Courdimanche (95) 42 B2
Courdimanche-
  -sur-Essonne (91) 63 G2
Courgains (72) 60 B3
Courgeac (16) 122 B6
Courgenard (72) 61 E4
Courgenay (89) 65 F3
Courgent (78) 41 G3
Courgeon (61) 60 D1
Courgeoût (61) 60 C2
Courgis (89) 83 G3
Courgivaux (51) 44 C5
Courgoul (63) 127 E5
Courjeonnet (51) 45 E4
Courlac (16) 136 B1
Courlandon (51) 22 C5
Courlans (39) 102 C6
Courlaoux (39) 102 C6
Courléon (49) 78 A4
Courlon (21) 85 G3
Courlon-sur-Yonne (89) ..64 D3
Courmangoux (01) 117 E3
Courmas (51) 45 E1
Courmelles (02) 22 A5
Courmemin (41) 80 C5
Courménil (61) 39 F4
Courmes (06) 178 D4
Courmont (02) 44 C1
Courmont (70) 88 B3
Cournanel (11) 186 D5
Courniou (34) 187 F1
Cournols (63) 127 E4
Cournon (56) 56 D6
Cournon-d'Auvergne (63) ..127 F3
Cournonsec (34) 173 E6
Cournonterral (34) 173 E6
Courpalay (77) 43 G6
Courpière (63) 128 A4
Courpignac (17) 135 F2
Courquetaine (77) 43 F5
Courrensan (32) 167 F3
Courris (81) 170 D2
Courry (30) 157 E5
Cours (46) 152 D3
Cours (47) 151 F5
le Cours (56) 55 H6
Cours (69) 115 G5
Cours-de-Monségur (33) ..150 C1
Cours-de-Pile (24) 137 E5
Cours-la-Ville (69) 115 G5
Cours-les-Bains (33) ...150 B4
Cours-les-Barres (18) ..98 D3
Coursac (24) 137 E3
Coursan (11) 188 A3
Coursan-en-Othe (10) ...65 H5
Coursegoules (06) 195 E2
Courset (62) 1 G5
Courseulles-sur-Mer (14) ..14 B3
les Coursières (38) 145 G3
Courson (14) 37 G3
les Cours-Carrières (89) ..83 F4
Cours-Monteloup (91) 42 C6
Courtacon (77) 44 B5
Courtagnon (51) 45 E1

Courtalain (28) 61 G3
Courtançay (21) 101 E1
Courtaoult (10) 65 H6
Courtauly (11) 186 C5
Courtavon (68) 89 E4
Courtefontaine (25) 88 D3
Courtefontaine (39) 103 E2
Courtes (01) 117 E2
Courteilles (27) 40 D3
Courteix (19) 126 A4
Courtelevant (90) 89 E4
Courtemanche (80) 20 D2
Courtémont (51) 46 C1
Courtemont-Varennes (02) ..44 C2
Courtempierre (45) 64 A5
Courtenay (38) 131 E5
Courtenay (45) 64 C5
Courtenot (10) 66 C4
Courteranges (10) 66 C3
Courtes (01) 117 E2
Courteron (10) 66 D5
Courtesoult-et-Gatey (70) ..86 D3
Courtetain-et-Salans (25) ..88 A6
la Courtète (11) 186 C4
Courtieux (60) 21 G5
Courtillers (72) 77 F1
Courtils (50) 35 H4
la Courtine (23) 125 H4
Courtisols (51) 46 A2
Courtivron (21) 85 G4
Courtoin (89) 64 D6
Courtois-sur-Yonne (89) ..65 E4
Courtomer (61) 39 G6
Courtomer (77) 43 G6
Courtonne-
  -les-Deux-Églises (14) ..15 G5
Courtonne-la-Meurdrac (14) ..15 F5
Courtrizy-et-Fussigny (02) ..22 D3
Courtry (77) 43 E3
Courvaudon (14) 14 A6
Courvières (25) 103 G4
Courville (51) 22 C5
Courville-sur-Eure (28) ..61 H2
Courzieu (69) 129 G3
Cousance (39) 117 E2
Cousances-les-Forges (55) ..47 E6
Cousances-
  -lès-Triconville (55) ..47 F4
Cousolre (59) 10 B3
Coussa (09) 185 H4
Coussac-Bonneval (87) ..124 B5
Coussan (65) 183 F3
Coussay (86) 94 B4
Coussay-les-Bois (86) ...95 E5
Coussegrey (10) 66 A6
Coussergues (12) 155 E4
Coussey (88) 68 D2
Coust (18) 98 A6
Coustaussa (11) 186 D6
Coustouges (66) 201 E5
Coutances (50) 36 D1
Coutansouze (03) 113 F5
Coutençon (77) 64 C2
Coutens (09) 186 A4
Couternon (21) 86 A6
Couteuges (43) 141 H2
Couthenans (70) 88 C3
Couthures-sur-Garonne (47) ..150 C3
Coutiches (59) 8 D1
Coutières (79) 108 C1
Coutouvre (42) 115 F6
Coutras (33) 135 H3
la Couture (16) 122 C1
la Couture (62) 3 E5
la Couture (85) 91 H6
la Couture-Boussey (27) ..41 F3
Couture-d'Argenson (79) ..108 B6
Couture-sur-Loir (41) ...78 D2
Couturelle (62) 7 H3
Coutures (24) 136 D1
Coutures (33) 136 D1
Coutures (49) 77 F5
Coutures (82) 168 C2
Couvains (50) 13 F6
Couvains (61) 39 H4
la Couvertoirade (12) ..172 C3
Couvertpuis (55) 47 F6
Couvignon (10) 66 D4
Couville (50) 12 C2
Couvonges (55) 46 D4
Couvrelles (02) 22 B5
Couvron-et-Aumencourt (02) ..22 B3
Couvrot (51) 46 B5
Coux (17) 135 G2
Coux (07) 157 H1
Coux-et-Bigaroque (24) ..137 G6
Couy (18) 98 B2
la Couyère (35) 57 G4
Couze-et-Saint-Front (24) ..137 F6
Couzeix (87) 124 B2
Couziers (37) 94 A2
Crézilles (54) 94 A2
Couzon (03) 113 G1
Couzon-au-Mont-d'Or (69) ..130 A2
Couzou (46) 138 D6
Cox (31) 168 C4
Coye-la-Forêt (60) 42 D1
Coyecques (62) 2 A5
Coyolles (02) 21 G6
Coyrière (39) 118 A3
Coyron (39) 117 H2
Coyviller (54) 48 D6
Cozes (17) 120 D4
Cozzano (2A) 205 F6
Crach (56) 72 C1
Crachier (38) 130 D5
Crain (89) 83 F4
Craincourt (57) 48 D3
Craintilleux (42) 129 E5
Crainvilliers (88) 68 D4
Cramaille (02) 22 B6
Cramans (39) 103 E3
Cramchaban (17) 107 F4
Craménil (61) 38 C4
Cramoisy (60) 20 C6
Cramont (80) 7 F4
Crampagna (09) 185 H5
Cran-Gevrier (74) 132 A1
Crancey (10) 65 G1
Crançot (39) 102 D6
Crandelles (15) 140 A4
Crannes-en-Champagne (72) ..59 H6
Crannes (37) 103 F6
Cransac (12) 154 B3
Crantenoy (54) 69 G1
Cranves-Sales (74) 118 D4
Craon (53) 76 B1
Craon (86) 93 H4
Craonne (02) 22 D4
Craonnelle (02) 22 D4
Crapeaumesnil (60) 21 E2
Craponne (69) 129 H3
Craponne-sur-Arzon (43) ..142 C1
Cras (38) 145 E2
Cras (46) 152 D3
Cras-sur-Reyssouze (01) ..116 D3
Crastatt (67) 50 D5
Crasville (27) 18 C6
Crasville (50) 13 E3
Crasville-la-Mallet (76) ..17 E3
Crasville-la-Rocquefort (76) ..17 F3
la Crau (83) 193 E5
Cravanche (90) 88 C3
Cravans (17) 121 E4
Cravant (45) 62 C6
Cravant (89) 83 G3
Cravant-les-Côteaux (37) ..94 C2
Cravencères (32) 166 D3
Cravent (78) 41 F2
Crayssac (46) 152 C3
Craywick (59) 2 B1
Crazannes (17) 121 E2

Créances (50) 12 C6
Créancey (21) 101 E1
Crécey-sur-Tille (21) ...85 H4
la Crèche (79) 108 A3
Crèches-sur-Saône (71) ..116 B4
Créchets (65) 184 A5
Créchy (03) 114 A4
Crécy-au-Mont (02) 22 A4
Crécy-Couvé (28) 41 E5
Crécy-en-Ponthieu (80) ..6 D3
Crécy-la-Chapelle (77) ..43 G4
Crécy-sur-Serre (02) 22 C2
Crédin (56) 55 G3
Crégols (46) 153 E3
Crégy-lès-Meaux (77) 43 G3
Créhange (57) 49 F1
Créhen (22) 34 C4
Creil (60) 20 D6
Creissan (34) 188 A2
Creisseils (12) 172 A1
Crémarest (62) 1 G4
Cremeaux (42) 128 C2
Crémery (80) 21 F1
Crémieu (38) 130 D3
Crempigny-
  -Bonneguête (74) 131 H1
Cremps (46) 152 D4
Crenans (39) 117 H2
Creney-près-Troyes (10) ..66 B3
Crennes-sur-Fraubée (53) ..59 F2
Créon (33) 135 F5
Créon-d'Armagnac (40) ..166 C1
Créot (71) 101 F4
Crépand (21) 84 C4
Crépey (54) 69 E1
Crépol (26) 144 C2
Crépon (14) 14 A3
Crépy (02) 22 C3
Crépy (62) 2 A6
Crépy-en-Valois (60) 21 F6
Créquy (62) 2 A5
le Crès (34) 173 G5
Cresancey (70) 86 D5
Crésantignes (10) 66 A4
les Cresnays (50) 37 F4
Crespian (30) 173 H3
Crespières (78) 42 B3
Crespin (12) 154 A6
Crespin (59) 9 H1
Crespin (81) 170 D3
Crespinet (81) 170 D2
Crespy-le-Neuf (10) 67 E2
Cressac-Saint-Genis (16) ..122 B6
Cressanges (03) 113 G3
Cressat (23) 111 H5
la Cresse (12) 155 F6
Cressé (17) 121 H1
Cresserons (14) 14 C3
Cresseveuille (14) 15 E4
Cressia (39) 117 F2
Cressin-Rochefort (01) ..131 G3
Cressonsacq (60) 20 D4
Cressy (76) 17 H3
Cressy-Omencourt (80) ...21 F2
Cressy-sur-Somme (71) ..100 A6
le Crest (63) 127 F4
Crest (26) 158 C1
Crest-Voland (73) 132 D2
Creste (63) 127 E5
le Crestet (07) 143 H4
Crestet (84) 158 D5
Crestot (27) 18 C6
Cré-sur-Loir (72) 77 F2
Créteil (94) 42 D4
Cretteville (50) 12 D4
Creully (14) 14 A3
la Creuse (70) 87 H3
Creuse (80) 20 A1
le Creusot (71) 101 E5
Creutzwald (57) 27 F4
Creuzier-le-Neuf (03) ..114 A5
Creuzier-le-Vieux (03) ..114 A5
Crevans-et-la-Chapelle-
  -lès-Granges (70) 88 B2
Crevant (36) 111 G2
Crevant-Laveine (63) ...127 G2
Crévéchamps (54) 69 G1
Crèvecœur-en-Auge (14) ..15 E5
Crèvecœur-en-Brie (77) ..43 G5
Crèvecœur-le-Grand (60) ..20 A3
Crèvecœur-le-Petit (60) ..20 D3
Crèvecœur-sur-l'Escaut (59) ..9 E4
Creveney (70) 87 H2
Crévic (54) 49 E5
Crevin (35) 57 F4
Crévoux (05) 161 E2
Creys-Mépieu (38) 131 E3
Creyssac (24) 137 E1
Creysse (24) 137 F5
Creysse (46) 138 D5
Creysseilles (07) 143 G6
Creyssensac-et-Pissot (24) ..137 F3
Crézancy (02) 44 C2
Crézancy-en-Sancerre (18) ..82 A6
Crézières (79) 108 B5
Crézilles (54) 48 B6
Cricqueville-en-Auge (14) ..14 D4
Cricqueville-en-Bessin (14) ..13 F4
Criel-sur-Mer (76) 6 A5
Crillon (60) 19 H3
Crillon-le-Brave (84) ..158 D6
Crimolois (21) 102 A1
Crion (54) 49 E5
la Crique (76) 17 H4
Criquebeuf-en-Caux (76) ..16 C3
Criquebeuf-
  -la-Campagne (27) 18 C6
Criquebeuf-sur-Seine (27) ..18 C5
Criquetot-le-Mauconduit (76) ..16 D3
Criquetot-l'Esneval (76) ..16 C4
Criquetot-
  -sur-Longueville (76) ..17 G3
Criquetot-sur-Ouville (76) ..17 F3
Criquiers (76) 19 G2
Crisenoy (77) 43 F6
Crisolles (60) 21 G3
Crissay-sur-Manse (37) ..94 C2
Crissé (72) 59 H4
Crissey (39) 102 C2
Crissey (71) 101 H5
Cristinacce (2A) 204 C3
Criteuil-la-Magdeleine (16) ..121 H5
Critot (76) 17 H4
Croce (2B) 203 G6
Crochte (59) 2 B2
Crocicchia (2B) 203 F6
Crocq (23) 126 A2
le Crocq (60) 20 C3
Crocy (14) 39 E3
Crœttwiller (67) 51 G2
Croignon (33) 135 G5
Croisances (43) 142 A5
Croisette (62) 7 G2
la Croisille (27) 40 C2
la Croisille-sur-Briance (87) ..124 D4
Croisilles (28) 41 F5
Croisilles (61) 39 G5
Croisilles (62) 8 B3
Croisilles (70) 88 A6
Croismare (54) 49 F5
Croissanville (14) 14 D5
Croissy-Beaubourg (77) ..43 F4
Croissy-sur-Celle (60) ..20 B2
Croissy-sur-Seine (78) ..42 B4
Le Croisty (56) 54 C3
Croisy (18) 98 B4
Croisy-sur-Andelle (76) ..19 E4
Croisy-sur-Eure (27) 41 F2
Croix (59) 3 G4
Croix (90) 88 D4
la Croix-aux-Bois (08) ..24 B4
la Croix-aux-Mines (88) ..70 D3
la Croix-Avranchin (50) ..35 H4
la Croix-Blanche (47) ...151 F4
la Croix-Caluyau (59) ...9 G4
la Croix-Chapeau (17) ..106 D5

la Croix-Comtesse (17) ..107 G5
la Croix-de-la-Rochette (73) ..132 B5
la Croix-du-Perche (28) ..61 G3
la Crèche (79) 108 A3
Croix-en-Brie (77) 43 H6
Croix-en-Ternois (62) ...7 G1
Croix-en-Touraine (79) ..79 E6
Croix-Fonsomme (02) 9 E6
la Croix-Helléan (56) ...55 H4
Croix-Mare (76) 17 F5
Croix-Moligneaux (80) ...21 G1
la Croix-Saint-Leufroy (27) ..41 E1
la Croix-sur-Gartempe (87) ..110 A6
la Croix-sur-Ourcq (02) ..44 B1
la Croix-sur-Roudoule (06) ..178 C1
la Croix-Valmer (83) ...193 E4
Croixanvec (56) 55 F2
Croixdalle (76) 19 E1
la Croixille (53) 58 B3
Croixrault (80) 20 A1
Croizet-sur-Gand (42) ..129 E2
Crolles (38) 145 H1
Crollon (50) 35 H4
Cromac (87) 110 C3
Cromary (70) 87 F5
Cronat (71) 99 G6
Cronce (43) 141 H3
la Cropte (53) 59 E6
Cropus (76) 18 D1
Cros (63) 173 F2
Cros (30) 156 D4
Cros (34) 172 C3
Cros (63) 126 B6
Cros-de-Géorand (07) ...142 D5
Cros-de-Montvert (15) ..139 H3
Cros-de-Ronesque (15) ..140 C5
Crosey-le-Grand (25) 88 A5
Crosey-le-Petit (25) 88 A5
Crosmières (72) 77 G2
Crosne (91) 42 D5
Crossac (44) 73 H3
Crosses (18) 98 A3
Crosville-la-Vieille (27) ..40 C1
Crosville-sur-Douve (50) ..12 D4
Crosville-sur-Scie (76) ..17 G3
Crotelles (37) 79 E4
Crotenay (39) 103 F5
Croth (27) 41 F4
le Crotoy (80) 6 C3
Crots (05) 161 E2
Crottes-en-Pithiverais (45) ..63 E5
Crottet (01) 116 B4
le Crouais (35) 56 C2
Crouay (14) 13 H5
la Croupte (14) 15 F6
Crouseilles (64) 166 C6
Croutelle (86) 109 E2
les Croûtes (10) 65 H6
Croutoy (60) 21 G5
Crouttes (61) 39 F3
Crouttes-sur-Marne (02) ..44 A3
Crouy (02) 22 A4
Crouy-en-Thelle (60) 20 D6
Crouy-Saint-Pierre (80) ..7 F5
Crouy-sur-Cosson (41) ...80 B3
Crouy-sur-Ourcq (77) 43 H2
le Crouzet (25) 103 G6
Crouzet-Migette (25) ...103 G3
la Crouzille (63) 112 D5
Crouzilles (37) 94 C2
Crozant (23) 111 E3
Croze (23) 125 G3
Crozes-Hermitage (26) ..144 A3
Crozet (01) 118 B4
le Crozet (42) 114 C5
les Crozets (39) 117 H2
Crozon (29) 30 D6
Crozon-sur-Vauvre (36) ..111 G2
Cruas (07) 158 A1
Crucey-Villages (28) 40 D5
Crucheray (41) 79 G2
Cruéjouls (12) 155 E3
Cruet (73) 132 A4
Crugey (21) 101 F2
Crugny (51) 22 C6
Cruguel (56) 55 H4
Crulai (61) 40 A5
Crupies (26) 158 D2
Crupilly (02) 9 H6
Cruscades (11) 187 H3
Cruseilles (74) 118 B6
Crusnes (54) 26 A2
Cruviers-Lascours (30) ..173 H2
Crux-la-Ville (58) 99 G2
Cruzille (71) 116 B2
Cruzilles-lès-Mépillat (01) ..116 B4
Cruzy (34) 188 A2
Cruzy-le-Châtel (89) 84 C1
Cry (89) 84 C3
Cubelles (43) 142 A4
Cubières (48) 156 C3
Cubières-sur-Cinoble (11) ..187 E6
Cubiérettes (48) 156 C3
Cublac (19) 138 B3
Cublize (69) 115 G6
Cubnezais (33) 135 F3
Cubrial (25) 88 A4
Cubry (25) 88 A4
Cubry-lès-Faverney (70) ..87 G1
Cubzac-les-Ponts (33) ..135 F4
Cucharmoy (77) 44 A6
Cuchery (51) 45 E1
Cucq (62) 1 E6
Cucugnan (11) 200 D1
Cucuron (84) 176 A4
Cudos (33) 149 H4
Cudot (89) 64 D6
Cuébris (06) 178 D2
Cuélas (32) 183 H2
Cuers (83) 193 E5
Cuffies (02) 22 A5
Cuffy (18) 98 D4
Cugand (85) 91 H1
Cuges-les-Pins (13) 192 D5
Cugnaux (31) 169 E6
Cugney (70) 86 D6
Cugny (02) 21 H2
Cuguen (35) 35 F5
Cuguron (31) 183 H4
Cuhon (86) 94 A4
Cuignières (60) 20 D4
Cuigy-en-Bray (60) 19 H4
Cuillé (53) 57 H5
Cuinchy (62) 3 E5
le Cuing (31) 184 A4
Cuinzier (42) 115 F5
Cuirieux (02) 22 D2
Cuiry-Housse (02) 22 C5
Cuiry-lès-Chaudardes (02) ..22 D5
Cuiry-lès-Iviers (02) ...23 F1
Cuis (51) 45 F2
Cuise-la-Motte (60) 21 G5
Cuiseaux (71) 117 E2
Cuisery (71) 116 C1
Cuisia (39) 117 F1
Cuisles (51) 45 E1
Cuissai (61) 60 A2
Cuissy-et-Geny (02) 22 D4
Cuisy (55) 24 D6
Cuisy (77) 43 F2
Cuisy-en-Almont (02) 21 H4
Culan (18) 112 A1
Culêtre (21) 101 F3
Culey-le-Patry (14) 38 B3
Culhat (63) 127 G2
Culin (38) 130 D5
Culles-les-Roches (71) ..116 A1
Cully (14) 14 A4
Culmont (52) 86 B1
Culoz (01) 131 G2
Cult (70) 86 D6
Cultures (48) 155 H4
Cumières (51) 45 F1
Cumières-
  -le-Mort-Homme (55) ..25 E6
Cumiès (11) 186 A2
Cumont (82) 168 A2

Cunac (81) ...170 C2
Cuncy-lès-Varzy (58) ...83 F6
Cuneges (24) ...136 D6
Cunel (55) ...24 D5
Cunelières (90) ...88 D3
Cunfin (10) ...67 E5
Cunlhat (63) ...128 A4
Cuon (49) ...77 G4
Cuperly (51) ...45 H2
Cuq (47) ...168 A1
Cuq (81) ...170 D5
Cuq-Toulza (81) ...170 A6
Cuqueron (64) ...182 A2
Curac (16) ...136 B1
Curan (12) ...155 E6
Curbans (04) ...160 B3
Curbigny (71) ...115 G4
Curçay-sur-Dive (86) ...93 H3
Curchy (80) ...21 F1
Curciat-Dongalon (01) ...116 D2
Curcy-sur-Orne (14) ...14 A6
Curdin (71) ...115 E1
Curel (04) ...159 G6
Curel (52) ...67 H1
Curemonte (19) ...139 E4
Cures (72) ...59 H5
Curgies (59) ...9 G2
Curgy (71) ...100 D3
Curienne (73) ...132 A4
Curières (12) ...155 E2
Curis-au-Mont-d'Or (69) ...130 A2
Curley (21) ...101 G1
Curlu (80) ...8 B5
Curmont (52) ...67 G3
Curnier (26) ...159 E4
Cursan (33) ...135 G6
Curtafond (01) ...116 C4
Curtil-Saint-Seine (21) ...85 G5
Curtil-sous-Buffières (71) ...115 H3
Curtil-sous-Burnand (71) ...116 A1
Curtil-Vergy (21) ...101 G2
Curvalle (81) ...171 E2
Curzay-sur-Vonne (86) ...108 C2
Curzon (85) ...91 G6
Cusance (25) ...88 A6
Cuse-et-Adrisans (25) ...87 H4
Cusey (52) ...86 B3
Cussac (15) ...141 E4
Cussac (87) ...123 G3
Cussac-Fort-Médoc (33) ...134 D3
Cussac-sur-Loire (43) ...142 C4
Cussangy (10) ...66 B6
Cussay (37) ...95 E3
Cusset (03) ...114 A5
Cussey-les-Forges (21) ...85 H3
Cussey-sur-Lison (25) ...103 F2
Cussey-sur-l'Ognon (25) ...87 F6
Cussy (14) ...13 H5
Cussy-en-Morvan (71) ...100 C4
Cussy-la-Colonne (21) ...101 F3
Cussy-le-Châtel (21) ...101 E2
Cussy-les-Forges (89) ...84 B5
Custines (54) ...48 C4
Cusy (74) ...132 A3
Cutry (02) ...21 H5
Cutry (54) ...25 H4
Cuts (02) ...21 G3
Cutting (57) ...49 G3
Cuttoli-Corticchiato (2A) ...204 D5
Cuttura (39) ...117 H3
Cuvat (74) ...132 A1
Cuve (70) ...69 G6
Cuvergnon (60) ...43 H1
Cuverville (27) ...19 E5
Cuverville (76) ...16 B4
Cuverville-sur-Yères (76) ...6 B5
Cuves (50) ...37 F4
Cuves (52) ...68 B5
Cuvier (39) ...103 G5
Cuvillers (59) ...9 E3
Cuvilly (60) ...21 F3
Cuvry (57) ...26 B6
Cuxac-Cabardès (11) ...186 D2
Cuxac-d'Aude (11) ...188 A3
Cuy (60) ...21 F3
Cuy (89) ...65 E3
Cuy-Saint-Fiacre (76) ...19 G3
Cuzac (46) ...153 H2
Cuzance (46) ...138 C4
Cuzieu (01) ...131 F2
Cuzieu (42) ...129 E4
Cuzion (36) ...111 E2
Cuzorn (47) ...151 H2
Cuzy (71) ...100 B5
Cys-la-Commune (02) ...22 C5
Cysoing (59) ...3 G5

D

Dabo (57) ...50 B5
Dachstein (67) ...50 D6
Dadonville (45) ...63 F4
Daglan (24) ...152 B1
Dagneux (01) ...130 C2
Dagny (77) ...44 A5
Dagny-Lambercy (02) ...23 E1
Dagonville (55) ...47 F4
la Daguenière (49) ...77 E5
Dahlenheim (67) ...50 D5
Daignac (33) ...135 G6
Daigny (08) ...24 C2
Daillancourt (52) ...67 G3
Daillecourt (52) ...68 C5
Dainville (62) ...8 B2
Dainville-Bertheléville (55) ...68 A2
Daix (21) ...85 G6
Dalem (57) ...27 E4
Dalhain (57) ...49 F3
Dalhunden (67) ...51 F4
Dallet (63) ...127 G3
Dallon (02) ...21 H1
Daluis (06) ...185 H5
Dalstein (57) ...26 D3
Daluis (06) ...178 B1
Damas-aux-Bois (88) ...69 H2
Damas-et-Bettegney (88) ...69 H3
Damazan (47) ...150 C5
Dambach (67) ...28 C6
Dambach-la-Ville (67) ...71 F2
Dambelin (25) ...88 B5
Dambenois (25) ...88 C4
Dambenoît-lès-Colombe (70) ...87 H2
Damblain (88) ...68 D5
Damblainville (14) ...39 E3
Dambron (28) ...62 D5
Dame-Marie (27) ...40 C4
Dame-Marie (61) ...59 H2
Dame-Marie-les-Bois (37) ...79 F4
Damelevières (54) ...49 E6
Daméraucourt (60) ...20 B2
Damerey (71) ...101 H5
Damery (51) ...45 E2
Damery (80) ...21 E2
Damgan (56) ...73 E2
Damiatte (81) ...170 B5
Damigny (61) ...60 A1
Damloup (55) ...26 B5
Dammard (02) ...44 A1
Dammarie (28) ...62 B3
Dammarie-en-Puisaye (45) ...82 B3
Dammarie-les-Lys (77) ...64 A1
Dammarie-sur-Loing (45) ...82 B2
Dammarie-sur-Saulx (55) ...47 F6
Dammartin-en-Goële (77) ...43 F2
Dammartin-en-Serve (78) ...41 G3
Dammartin-
  -les-Templiers (25) ...87 H6
Dammartin-Marpain (39) ...102 D1
Dammartin-sur-Meuse (52) ...68 C6
Dammartin-sur-Tigeaux (77) ...43 G4
Damousies (59) ...10 A3
Damouzy (08) ...24 A1
Damparis (39) ...102 C3
Dampierre (10) ...66 C1
Dampierre (14) ...37 H2
Dampierre (39) ...103 E2
Dampierre (52) ...68 B6

Dampierre-au-Temple (51) ...45 H2
Dampierre-en-Bray (76) ...19 G3
Dampierre-en-Bresse (71) ...102 B5
Dampierre-en-Burly (45) ...81 H1
Dampierre-en-Crot (18) ...81 H5
Dampierre-en-Graçay (18) ...97 E2
Dampierre-en-Montagne (21) ...85 E5
Dampierre-en-Yvelines (78) ...42 B5
Dampierre-et-Flée (21) ...86 B5
Dampierre-le-Château (51) ...46 C2
Dampierre-les-Bois (25) ...88 D4
Dampierre-les-Conflans (70) ...87 G1
Dampierre-Saint-Nicolas (76) ...17 H2
Dampierre-sous-Bouhy (58) ...82 D5
Dampierre-sous-Brou (28) ...61 H5
Dampierre-sur-Avre (28) ...40 D4
Dampierre-
  -sur-Boutonne (17) ...107 H6
Dampierre-sur-Doubs (25) ...88 C4
Dampierre-sur-Linotte (70) ...87 G4
Dampierre-sur-Moivre (51) ...46 A3
Dampierre-sur-Salon (70) ...86 D3
Dampjoux (25) ...88 C5
Dampleux (02) ...21 H6
Dampmart (77) ...43 F3
Dampniat (19) ...138 D3
Damprichard (25) ...88 D5
les Damps (27) ...18 D5
Dampsmesnil (27) ...41 G1
Dampvalley-
  -lès-Colombe (70) ...87 G3
Dampvalley-
  -Saint-Pancras (70) ...69 G6
Dampvitoux (54) ...48 A2
Damrémont (52) ...68 D6
Damville (27) ...40 D3
Damvillers (55) ...25 C5
Damvix (85) ...107 F3
Dancé (42) ...128 D2
Dancé (61) ...61 E2
Dancevoir (52) ...67 G6
Dancourt (76) ...6 B6
Dancourt-Popincourt (80) ...21 E2
Dancy (28) ...62 A4
Danestal (14) ...15 E4
Dangé-Saint-Romain (86) ...94 D4
Dangeau (28) ...61 H5
Dangers (28) ...62 A1
Dangeul (72) ...60 A3
Dangolsheim (67) ...50 C6
Dangu (27) ...19 G6
Dangy (50) ...37 F1
Danizy (02) ...22 A2
Danjoutin (90) ...88 C3
Danne-et-Quatre-Vents (57) ...50 B4
Dannelbourg (57) ...50 B4
Dannemarie (25) ...88 D5
Dannemarie (68) ...89 E3
Dannemarie (78) ...41 G5
Dannemarie-sur-Crète (25) ...103 F1
Dannemoine (89) ...84 A1
Dannemois (91) ...63 H2
Dannevoux (55) ...25 E5
Danvou-la-Ferrière (14) ...38 A2
Danzé (41) ...79 F1
Daon (53) ...77 E2
Daoulas (29) ...31 F5
Darazac (19) ...139 G3
Darbonnay (39) ...102 D5
Darbres (07) ...157 H2
Darcey (21) ...85 E4
Dardenac (33) ...135 G6
Dardez (27) ...41 E2
Dardilly (69) ...129 H2
Dareizé (69) ...129 G2
Dargies (80) ...20 A2
Dargnies (80) ...6 B4
Dargoire (42) ...129 H5
Darmannes (52) ...68 A4
Darnac (87) ...110 A4
Darnétal (76) ...18 D4
Darnets (19) ...125 G6
Darney (88) ...69 F5
Darney-aux-Chênes (88) ...68 D3
Darnieulles (88) ...69 H4
Darois (21) ...85 G5
Darvault (77) ...64 A3
Darvoy (45) ...81 F1
Dasle (25) ...88 D4
Daubensand (67) ...71 H2
Daubeuf-la-Campagne (27) ...18 C6
Daubeuf-près-Vatteville (27) ...19 E6
Daubeuf-Serville (76) ...16 D4
Daubèze (33) ...150 A1
Dauendorf (67) ...50 D3
Daumazan-sur-Arize (09) ...185 F4
Daumeray (49) ...77 F2
Dauphin (04) ...176 D2
Dausse (47) ...151 G4
Daux (31) ...169 E4
Dauzat-sur-Vodable (63) ...127 F6
Davayat (63) ...127 F1
Davayé (71) ...116 B4
Davejean (11) ...187 F5
Davenescourt (80) ...20 D2
Davézieux (07) ...143 H2
Davignac (19) ...125 G6
Davron (78) ...42 A4
Dax (40) ...165 E4
Deauville (14) ...15 E3
Deaux (30) ...173 H2
Débats-Rivière-d'Orpra (42) ...128 C3
Decazeville (12) ...154 A2
Dechy (59) ...8 D2
Décines-Charpieu (69) ...130 B3
Decize (58) ...99 F5
Dégagnac (46) ...152 C1
Degré (72) ...60 A5
Déhault (72) ...60 D4
Dehéries (59) ...9 E4
Dehlingen (67) ...28 A6
Deinvillers (88) ...70 A2
Delain (70) ...86 D4
Delettes (62) ...2 A5
Delincourt (60) ...19 H6
Delle (90) ...88 D4
Delme (57) ...49 E3
Delouze-Rosières (55) ...47 G6
le Déluge (60) ...20 B6
Delut (55) ...25 F4
Deluz (25) ...87 G6
Demandolx (04) ...178 A2
Demange-aux-Eaux (55) ...47 G6
Demangevelle (70) ...69 F6
Demi-Quartier (74) ...133 E1
la Demie (70) ...87 G3
Demigny (71) ...101 G4
Démouville (14) ...14 C5
Dému (32) ...167 E4
Démuin (80) ...20 D1
Denain (59) ...9 E2
Dénat (81) ...170 C3
Denazé (53) ...58 C6
Denée (49) ...76 D1
Deneuille-lès-Chantelle (03) ...113 G4
Deneuille-les-Mines (03) ...113 E3
Deneuvre (54) ...70 B1
Denève (76) ...86 D4
Dénezé-sous-Doué (49) ...93 F1
Dénezé-sous-le-Lude (49) ...78 A4
Denezières (39) ...117 H2
Denguin (64) ...181 A1
Denicé (69) ...129 G1
Denier (62) ...7 H2
Denipaire (88) ...70 D2
Dennebrœucq (62) ...2 A4
Denneville (50) ...12 C5
Dennevy (71) ...101 F4
Denney (90) ...88 D3
Denonville (28) ...62 C3
Denting (57) ...27 E4
Déols (36) ...96 C5
Derbamont (88) ...69 G3
Dercé (86) ...94 B3
Derchigny (76) ...17 H1
Dercy (02) ...22 C2
Dernacueillette (11) ...187 F6

Dernancourt (80) ...8 A5
Derval (44) ...74 C1
Désaignes (07) ...143 G4
Désandans (25) ...88 B4
Descartes (37) ...95 E3
le Deschaux (39) ...102 C4
le Désert (14) ...37 H4
Désertines (03) ...113 D3
Désertines (53) ...58 C1
les Déserts (73) ...132 A4
Déservillers (25) ...103 G3
Desges (43) ...141 H4
Desingy (74) ...118 A6
Desmonts (45) ...63 H4
Desnes (39) ...102 C5
Desseling (57) ...49 G4
Dessenheim (68) ...71 G5
Destord (88) ...70 B3
la Destrousse (13) ...192 C3
Destry (57) ...49 F2
Détain-et-Bruant (21) ...101 G2
Détrier (73) ...132 A6
le Détroit (14) ...38 C3
Dettey (71) ...100 C5
Dettwiller (67) ...50 C4
Deuil-la-Barre (95) ...42 D3
Deuillet (02) ...22 A2
Deûlémont (59) ...3 F4
Deux-Chaises (03) ...113 F3
Deux-Évailles (53) ...59 E4
les Deux-Fays (39) ...102 C4
Deux-Jumeaux (14) ...13 G4
Deux-Verges (15) ...141 E6
les Deux-Villes (08) ...24 C2
Deuxville (54) ...49 E5
Devay (58) ...99 G5
Devecey (25) ...87 F6
Devesset (07) ...143 F4
Devèze (65) ...183 H2
Deviat (16) ...122 A6
Dévillac (47) ...151 G2
Déville-lès-Rouen (76) ...18 C4
Devise (80) ...8 C6
Dévoluy (05) ...160 A1
Devrouze (71) ...102 A5
Deycimont (88) ...70 B4
Deyme (31) ...185 G1
Deyvillers (88) ...70 A3
le Dézert (50) ...13 E6
Dezize-lès-Maranges (71) ...101 F4
D'Huison-Longueville (91) ...63 G2
Dhuisy (77) ...44 A2
Dhuizel (02) ...22 C5
Dhuizon (41) ...80 C4
Diancey (21) ...100 D2
Diane-Capelle (57) ...49 H4
Diant (77) ...64 C3
Diarville (54) ...69 F2
Diconne (71) ...102 A5
Dicy (89) ...82 D1
Didenheim (68) ...89 F1
Die (26) ...145 E6
Diebling (57) ...27 F5
Diebolsheim (67) ...71 H2
Diedendorf (67) ...50 A3
Dieffenbach-au-Val (67) ...71 F2
Dieffenbach-lès-Wœrth (67) ...51 E2
Dieffenthal (67) ...71 F2
Diefmatten (68) ...89 E2
Dième (69) ...129 F1
Diemeringen (67) ...50 B2
Diémoz (38) ...130 C4
Diénay (21) ...85 H4
Dienne (15) ...140 D3
Dienné (86) ...109 F2
Diennes-Aubigny (58) ...99 G4
Dienville (10) ...66 D3
Dieppe (76) ...17 G2
Dieppe-sous-
  -Douaumont (55) ...25 F6
Dierre (37) ...79 F6
Dierrey-Saint-Julien (10) ...65 H3
Dierrey-Saint-Pierre (10) ...65 H3
Diesen (57) ...27 E5
Dietwiller (68) ...89 G2
Dieudonné (60) ...20 B6
Dieue-sur-Meuse (55) ...47 F2
Dieulefit (26) ...158 D2
Dieulivol (33) ...150 C1
Dieulouard (54) ...48 C4
Dieupentale (82) ...169 E3
Dieuze (57) ...49 G4
Diéval (62) ...7 H1
Diffembach-lès-Hellimer (57) ...49 G2
Diges (89) ...83 E2
Digna (39) ...117 F2
Dignac (16) ...122 C5
la Digne-d'Amont (11) ...186 C5
la Digne-d'Aval (11) ...186 D5
Digne-les-Bains (04) ...160 C6
Dignonville (88) ...70 A3
Digny (28) ...61 G1
Digoin (71) ...114 D2
Digosville (50) ...12 D2
Digulleville (50) ...12 C1
Dijon (21) ...85 H6
Dimancheville (45) ...63 G4
Dimbsthal (67) ...50 C5
Dimechaux (59) ...10 A3
Dimont (59) ...10 A3
Dinan (22) ...34 D5
Dinard (35) ...34 C4
Dinéault (29) ...31 F6
Dingé (35) ...35 F6
Dingsheim (67) ...51 E5
Dingy-en-Vuache (74) ...118 A6
Dingy-Saint-Clair (74) ...132 B1
Dinozé (88) ...70 A4
Dinsac (87) ...110 B4
Dinsheim-sur-Bruche (67) ...50 C6
Dinteville (52) ...67 F5
Dio-et-Valquières (34) ...172 B5
Dionay (38) ...144 D2
Dions (30) ...174 A2
Diou (03) ...114 C2
Diou (36) ...97 G3
Dirac (16) ...122 C4
Dirinon (29) ...31 F5
Dirol (58) ...83 G6
Dissangis (89) ...84 A4
Dissay (86) ...94 C6
Dissay-sous-Courcillon (72) ...78 C3
Dissé-sous-Ballon (72) ...60 B3
Dissé-sous-le-Lude (72) ...78 A3
Distré (49) ...93 G1
Distroff (57) ...26 C3
Diusse (64) ...166 C5
Divajeu (26) ...158 C1
Dives (60) ...21 F3
Dives-sur-Mer (14) ...14 D4
Divion (62) ...2 C6
Divonne-les-Bains (01) ...118 C3
Dixmont (89) ...65 E5
Dizimieu (38) ...130 D3
Dizy (51) ...45 F2
Dizy-le-Gros (02) ...23 E2
Doazit (40) ...165 H4
Doazon (64) ...165 H6
Docelles (88) ...70 B4
Dœuil-sur-le-Mignon (17) ...107 G6
Dognen (64) ...181 H2
Dogneville (88) ...69 H3
Dohem (62) ...2 A4
Dohis (02) ...23 F1
Doignies (59) ...8 C4
Doingt (80) ...8 B5
Doissat (24) ...152 A1
Doissin (38) ...131 E5
Doix (85) ...107 F3
Doizieux (42) ...129 G6
Dol-de-Bretagne (35) ...35 E5
Dolaincourt (88) ...68 D2
Dolancourt (10) ...67 E3
Dolcourt (54) ...69 E2
Dole (39) ...102 C3
Dolignon (02) ...23 E1
Dolleren (68) ...88 D1

Dollon (72) ...60 D5
Dollot (89) ...64 C4
Dolmayrac (47) ...151 F4
Dolo (22) ...34 B6
Dolomieu (38) ...131 E4
Dolus-d'Oléron (17) ...120 A1
Dolus-le-Sec (37) ...95 F1
Dolving (57) ...50 A4
Dom-le-Mesnil (08) ...24 B2
Domagné (35) ...57 G3
Domaize (63) ...128 A4
Domalain (35) ...57 H4
Domancy (74) ...133 E1
Domarin (38) ...130 D4
Domart-en-Ponthieu (80) ...7 F4
Domart-sur-la-Luce (80) ...20 D1
Domats (89) ...64 C5
Domazan (30) ...174 D2
Dombasle-
  -devant-Darney (88) ...69 F4
Dombasle-en-Argonne (55) ...47 E1
Dombasle-en-Xaintois (88) ...69 F3
Dombasle-sur-Meurthe (54) ...48 D5
Domblans (39) ...102 D5
Dombras (55) ...25 F4
Dombrot-le-Sec (88) ...69 E4
Dombrot-sur-Vair (88) ...69 E3
Domecy-sur-Cure (89) ...83 H5
Domecy-sur-le-Vault (89) ...83 H5
Doméliers (60) ...20 B2
Domène (38) ...145 H2
Domérat (03) ...112 C3
Domesmont (80) ...7 F4
Domessargues (30) ...173 H2
Domessin (73) ...131 G5
Domèvre-en-Haye (54) ...48 B4
Domèvre-sous-Montfort (88) ...69 F3
Domèvre-sur-Avière (88) ...69 H3
Domèvre-sur-Durbion (88) ...70 A3
Domèvre-sur-Vezouze (54) ...49 G6
Domeyrat (43) ...141 H2
Domeyrot (23) ...112 A4
Domezain-Berraute (64) ...181 F1
Domfaing (88) ...70 B3
Domfessel (67) ...50 A2
le Domfront (17) ...121 F2
Domfront (61) ...38 B1
Domfront-
  -en-Champagne (72) ...59 H4
Domgermain (54) ...48 A5
la Dominelais (35) ...57 E6
Dominois (80) ...6 D2
Domjean (50) ...37 G2
Domjevin (54) ...49 G6
Domjulien (88) ...69 F3
Domléger-Longvillers (80) ...7 F3
Domloup (35) ...57 G3
Dommarie-Eulmont (54) ...69 F2
Dommartemont (54) ...48 D5
Dommartin (01) ...116 C3
Dommartin (25) ...103 H4
Dommartin (58) ...100 A3
Dommartin (69) ...129 H2
Dommartin (80) ...20 C1
Dommartin-aux-Bois (88) ...69 G4
Dommartin-Dampierre (51) ...46 C2
Dommartin-la-Chaussée (54) ...26 A6
Dommartin-la-Montagne (55) ...47 H2
Dommartin-le-Coq (10) ...66 C1
Dommartin-le-Franc (52) ...67 G2
Dommartin-
  -le-Saint-Père (52) ...67 G2
Dommartin-
  -lès-Cuiseaux (71) ...117 E2
Dommartin-
  -lès-Remiremont (88) ...70 B5
Dommartin-lès-Toul (54) ...48 B5
Dommartin-lès-Vallois (88) ...69 F4
Dommartin-Lettrée (51) ...45 H4
Dommartin-
  -sous-Amance (54) ...48 D4
Dommartin-sous-Hans (51) ...46 C1
Dommartin-sur-Vraine (88) ...68 D3
Dommartin-Varimont (51) ...46 C3
Dommary-Baroncourt (55) ...25 G5
Domme (24) ...138 A6
Dommery (08) ...23 H2
Dommiers (02) ...21 H5
Domnom-lès-Dieuze (57) ...49 G3
Domont (95) ...42 D2
Dompaire (88) ...69 G3
Dompcevrin (55) ...47 F2
Dompierre (60) ...21 E3
Dompierre (61) ...38 B5
Dompierre (88) ...70 A3
Dompierre-aux-Bois (55) ...47 G2
Dompierre-Becquincourt (80) ...8 B5
Dompierre-du-Chemin (35) ...58 A3
Dompierre-en-Morvan (21) ...84 C5
Dompierre-les-Églises (87) ...110 C4
Dompierre-les-Ormes (71) ...115 H3
Dompierre-les-Tilleuls (25) ...103 H4
Dompierre-
  -sous-Sanvignes (71) ...115 F1
Dompierre-sur-Authie (80) ...7 E2
Dompierre-sur-Besbre (03) ...114 C2
Dompierre-
  -sur-Chalaronne (01) ...116 C5
Dompierre-sur-Charente (17) ...121 F3
Dompierre-sur-Helpe (59) ...9 H4
Dompierre-sur-Héry (58) ...99 G1
Dompierre-sur-Mer (17) ...106 D5
Dompierre-sur-Mont (39) ...117 E2
Dompierre-sur-Nièvre (58) ...99 E1
Dompierre-sur-Veyle (01) ...116 D6
Dompierre-sur-Yon (85) ...91 G4
Dompnac (07) ...157 E2
Domprel (25) ...104 B1
Dompremy (51) ...46 C5
Domprix (54) ...25 G5
Domps (87) ...125 E4
Domptail (88) ...70 B1
Domptail-en-l'Air (54) ...69 G1
Domptin (02) ...44 B2
Domqueur (80) ...7 E4
Domremy-la-Canne (55) ...25 G5
Domrémy-la-Pucelle (88) ...68 A2
Domrémy-Landéville (52) ...68 A2
Domsure (01) ...117 E3
Domvallier (88) ...69 F3
Don (59) ...3 E5
Donazac (11) ...186 C4
Donchery (08) ...24 B2
Doncières (88) ...70 A2
Doncourt-aux-Templiers (55) ...47 H1
Doncourt-lès-Conflans (54) ...26 A5
Doncourt-lès-Longuyon (54) ...25 G4
Doncourt-sur-Meuse (52) ...68 C4
Dondas (47) ...151 F5
Donges (44) ...73 H4
Donjeux (52) ...67 G3
Donjeux (57) ...49 F4
le Donjon (03) ...114 D3
Donnay (14) ...38 C3
Donnazac (81) ...170 A2
Donnemain-
  -Saint-Mamès (28) ...61 H6
Donnemarie-Dontilly (77) ...64 D1
Donnement (10) ...66 C2
Donnenheim (67) ...51 E4
Donnery (45) ...81 G1
Donneville (31) ...185 G1
Donnezac (33) ...135 F2
Dontreix (23) ...126 B1
Dontrien (51) ...46 A2
Donville-les-Bains (50) ...36 D3
Donzac (33) ...149 H1
Donzac (82) ...151 G5
Donzacq (40) ...165 G4
le Donzeil (23) ...111 G6
Donzenac (19) ...138 C2
Donzère (26) ...158 A3
Donzy (58) ...82 D6
Donzy-le-National (71) ...115 H2
Donzy-le-Pertuis (71) ...116 A2
Doranges (63) ...128 A5
Dorans (90) ...88 C3

Dorat (63) ...127 H2
le Dorat (87) ...110 B5
Dorceau (61) ...61 E2
Dordives (45) ...64 B4
Dore-l'Église (63) ...142 B1
la Dorée (53) ...58 B1
Dorengt (02) ...9 H6
Dorlisheim (67) ...50 D6
Dormans (51) ...44 D2
Dormelles (77) ...64 B3
la Dornac (24) ...138 B3
Dornas (07) ...143 F5
Dornecy (58) ...83 G5
Dornes (58) ...99 H3
Dornot (57) ...26 B6
Dorres (66) ...199 G4
Dortan (01) ...117 G3
Dosches (10) ...66 C3
Dosnon (10) ...45 G6
Dossenheim-
  -Kochersberg (67) ...50 D5
Dossenheim-sur-Zinsel (67) ...50 C3
Douadic (36) ...95 G6
Douai (59) ...8 D2
Douains (27) ...41 F2
Douarnenez (29) ...53 E2
Douaumont (55) ...25 F6
Doubs (25) ...104 A4
Doucelles (72) ...60 A3
Douchapt (24) ...136 D2
Douchy (45) ...64 C6
Douchy-lès-Ayette (62) ...8 B3
Douchy-les-Mines (59) ...9 E2
Doucier (39) ...103 E6
Doucy-en-Bauges (73) ...132 B3
Doudeauville (62) ...1 G5
Doudeauville (76) ...19 G3
Doudeauville-en-Vexin (27) ...19 F5
Doudelainville (80) ...7 E3
Doudeville (76) ...17 E3
Doudrac (47) ...151 F1
Doue (77) ...44 A4
Doué-la-Fontaine (49) ...93 F1
Douelle (46) ...152 C3
le Douhet (17) ...121 F2
Douilly (80) ...21 G1
Doulaincourt-Saucourt (52) ...68 A3
Doulevant-le-Château (52) ...67 G2
Doulevant-le-Petit (52) ...67 F2
Doulezon (33) ...136 A6
le Doulieu (59) ...2 D4
Doullens (80) ...7 G3
Doumely-Bégny (08) ...23 G2
Doumy (64) ...166 B6
Dounoux (88) ...69 H4
Dourbies (30) ...172 C1
Dourdain (35) ...57 H2
Dourdan (91) ...63 E1
Dourges (62) ...8 C1
Dourgne (81) ...186 B1
Douriez (62) ...6 D2
Dournazac (87) ...123 G4
Dournon (39) ...103 F4
Dours (65) ...183 F2
Doussard (74) ...132 B3
Doussay (86) ...94 B4
Douvaine (74) ...118 D3
Douville (24) ...137 E4
Douville-en-Auge (14) ...14 D4
Douville-sur-Andelle (27) ...19 E5
Douvrend (76) ...17 H2
Douvres (01) ...130 D1
Douvres-la-Délivrande (14) ...14 B3
Douvrin (62) ...2 D6
Doux (08) ...23 H4
Doux (79) ...93 H6
Douy (28) ...61 H5
Douy-la-Ramée (77) ...43 G2
Douzains (47) ...151 F2
Douzat (16) ...122 B3
la Douze (24) ...137 F3
Douzens (11) ...187 F3
Douzillac (24) ...136 D3
Douzy (08) ...24 C2
Doville (50) ...12 C4
Doye (39) ...103 G5
Doyet (03) ...113 D4
Dozulé (14) ...14 D4
Draché (37) ...95 E2
Drachenbronn-
  -Birlenbach (67) ...51 F2
Dracy (89) ...83 E2
Dracy-le-Fort (71) ...101 G5
Dracy-lès-Couches (71) ...101 E4
Dracy-Saint-Loup (71) ...100 D3
Dragey-Ronthon (50) ...35 G3
Draguignan (83) ...177 H5
Draillant (74) ...119 E3
Drain (49) ...75 F4
Draix (04) ...160 D6
Draize (08) ...23 G2
Drambon (21) ...86 B6
Dramelay (39) ...117 F2
Drap (06) ...195 F2
Dravegny (02) ...22 C6
Draveil (91) ...42 D5
Drée (21) ...85 F6
Dréfféac (44) ...74 A2
Drémil-Lafage (31) ...169 G5
le Drennec (29) ...31 E3
Dreuil-lès-Amiens (80) ...7 H5
Dreuilhe (09) ...186 A5
Dreux (28) ...41 F5
Drevant (18) ...97 H4
Dricourt (08) ...23 H5
Driencourt (80) ...8 C5
Drincham (59) ...2 B3
Drocourt (62) ...8 C1
Drocourt (78) ...41 H2
Droisy (27) ...40 D4
Droisy (74) ...131 H1
Droiturier (03) ...114 C5
Droizy (02) ...22 A6
Drom (01) ...117 E4
Dromesnil (80) ...7 E6
Drosay (76) ...17 E3
Drosnay (51) ...46 B6
Droué (41) ...61 E5
Droué-sur-Drouette (28) ...62 C1
Drouges (35) ...57 H5
Drouilly (51) ...46 A4
Droupt-Saint-Basle (10) ...66 A1
Droupt-Sainte-Marie (10) ...66 A1
Drouville (54) ...49 E5
Drouvin-le-Marais (62) ...2 D6
Droux (87) ...110 B4
Droyes (52) ...46 D6
Drubec (14) ...15 E4
Drucat (80) ...6 D4
Drucourt (27) ...15 G5
Drudas (31) ...168 D4
Druelle (12) ...154 C4
Druillat (01) ...117 E5
Drulhe (12) ...154 A3
Drulingen (67) ...50 B3
Drumettaz-Clarafond (73) ...131 H3
Druy-Parigny (58) ...99 F4
Druye (37) ...78 C6
Druyes-les-Belles-
  -Fontaines (89) ...83 F4
Dry (45) ...80 D2
Duault (22) ...32 D4
Ducey (50) ...35 G3
Duclair (76) ...18 B4
Ducy-Sainte-
  -Marguerite (14) ...13 H5
Duerne (69) ...129 G3
Duesme (21) ...85 G3
Duffort (32) ...183 H2
Dugny (93) ...42 D3
Dugny-sur-Meuse (55) ...47 F1
Duhort-Bachen (40) ...166 B4

Duilhac-sous-
  -Peyrepertuse (11) ...187 F6
Duingt (74) ...132 B2
Duisans (62) ...8 A2
Dullin (73) ...131 G5
Dumes (40) ...165 H4
Dun (09) ...186 A5
Dun-le-Palestel (23) ...111 E4
Dun-le-Poëlier (36) ...96 C1
Dun-les-Places (58) ...100 B1
Dun-sur-Auron (18) ...98 A4
Dun-sur-Grandry (58) ...99 H3
Dun-sur-Meuse (55) ...24 D5
Duneau (72) ...60 D4
Dunes (82) ...168 A1
Dunet (36) ...110 C2
Dung (25) ...88 C4
Dunière-sur-Eyrieux (07) ...143 H6
Dunières (43) ...143 F2
Dunkerque (59) ...2 B1
Duntzenheim (67) ...50 D4
Duppigheim (67) ...50 D6
Durance (47) ...167 H5
Duranus (06) ...195 F1
Duranville (27) ...15 H5
Duras (47) ...150 C1
Duravel (46) ...152 A3
Durban (32) ...167 H6
Durban-Corbières (11) ...187 H5
Durban-sur-Arize (09) ...185 F5
Durbans (46) ...153 E1
Durcet (61) ...38 C4
Durdat-Larequille (03) ...112 D4
Dureil (72) ...77 G1
Durenque (12) ...171 F1
Durfort (09) ...185 G3
Durfort (81) ...186 C1
Durfort-et-Saint-Martin-
  -de-Sossenac (30) ...173 G2
Durfort-Lacapelette (82) ...152 A6
Durlinsdorf (68) ...89 F4
Durmenach (68) ...89 F4
Durmignat (63) ...113 E5
Durnes (25) ...103 H2
Durningen (67) ...50 D5
Durrenbach (67) ...51 E3
Durrenentzen (68) ...71 G4
Durstel (67) ...50 B3
Durtal (49) ...77 F3
Durtol (63) ...127 E3
Dury (02) ...8 A6
Dury (62) ...8 C3
Dury (80) ...7 G6
Dussac (24) ...123 H6
Duttlenheim (67) ...50 D6
Duvy (60) ...21 F6
Duzey (55) ...25 G5
Dye (89) ...83 H1
Dyo (71) ...115 F3

E

Eancé (35) ...57 H5
Eaubonne (95) ...42 C3
Eaucourt-sur-Somme (80) ...6 D4
Eaunes (31) ...185 F1
Eaux-Bonnes (64) ...182 B5
Eaux-Puiseaux (10) ...65 H5
Eauze (32) ...167 E3
Ébaty (21) ...101 G4
Ebblinghem (59) ...2 B4
Eberbach-Seltz (67) ...51 G2
Ebersheim (67) ...71 G2
Ebersmunster (67) ...71 G2
Ébersviller (57) ...26 D4
Éblange (57) ...26 D4
Ébouleau (02) ...22 D2
Ébréon (16) ...122 A2
Ébreuil (03) ...113 G6
l'Écaille (08) ...23 F4
Écaillon (59) ...8 D2
Écalles-Alix (76) ...17 F4
Écaquelon (27) ...18 A5
Écardenville-
  -la-Campagne (27) ...40 C1
Écardenville-sur-Eure (27) ...41 E1
Écausseville (50) ...12 D3
Écauville (27) ...40 C1
Eccica-Suarella (2A) ...204 D6
Eccles (59) ...10 B3
Échalas (69) ...129 H5
Échallat (16) ...122 A4
Échallon (01) ...117 H4
Échalot (21) ...85 F4
Échalou (61) ...38 B4
Échandelys (63) ...128 A4
Échannay (21) ...101 F1
Écharcon (91) ...42 D6
Échassières (03) ...113 F5
Échauffour (61) ...40 A4
Échavanne (70) ...88 C2
Échay (25) ...103 F3
Échebrune (17) ...121 F4
l'Échelle (08) ...23 H1
l'Échelle-Saint-Aurin (80) ...21 E2
les Échelles (73) ...131 G6
Échemiré (49) ...77 G4
Échenans (25) ...88 B4
Échenans-sous-
  -Mont-Vaudois (70) ...88 C2
Échenevex (01) ...118 B3
Échenon (21) ...102 B2
Échenoz-la-Méline (70) ...87 G3
Échenoz-le-Sec (70) ...87 G4
Échevanne (25) ...86 C4
Échevannes (21) ...85 H5
Échevannes (25) ...103 H2
Échevis (26) ...145 F4
Échevronne (21) ...101 G2
Échigey (21) ...102 A2
Échillais (17) ...120 C2
Échilleuses (45) ...63 G4
Echinghen (62) ...1 F4
Échiré (79) ...107 H3
Échirolles (38) ...145 G3
Échouboulains (77) ...64 B2
Échourgnac (24) ...136 C3
Eckartswiller (67) ...50 C4
Eckbolsheim (67) ...51 E5
Eckwersheim (67) ...51 E5
Éclaibes (59) ...10 A3
Éclaires (51) ...46 D1
Éclance (10) ...67 E3
Éclans-Nenon (39) ...102 C3
Éclaron-Braucourt-
  -Sainte-Livière (52) ...46 D6
Eclassan (07) ...143 H3
Écleux (39) ...103 E3
Éclimeux (62) ...7 F1
Éclose (38) ...130 D5
Éclusier-Vaux (80) ...8 B5
Écluzelles (28) ...41 F5
Écly (08) ...23 G3
Écoche (42) ...115 F4
Écoivres (62) ...7 G1
École (73) ...132 B3
École-Valentin (25) ...87 F6
Écollemont (51) ...46 C6
Écommoy (72) ...78 B2
Écoquenéauville (50) ...13 E4
Écorcei (61) ...40 A4
les Écorces (25) ...104 D1
Écorches (61) ...39 F3
Écordal (08) ...24 A3
Écorpain (72) ...60 C5
Écos (27) ...41 G1
Écot (25) ...88 C4
Écot-la-Combe (52) ...68 B4
Écotay-l'Olme (42) ...128 D5
Écouché (61) ...38 D4
Écouen (95) ...42 D2
Écouflant (49) ...76 D4
Écouis (27) ...19 F5
Écourt-Saint-Quentin (62) ...8 C3
Écoust-Saint-Mein (62) ...8 B3
Écouviez (55) ...25 F3

l'Écouvotte (25) ...87 G6
Écoyeux (17) ...121 F2
Ecquedecques (62) ...2 C6
Ecques (62) ...2 A5
Ecquevilly (78) ...42 A3
Écrainville (76) ...16 C4
Écrammeville (14) ...13 G5
les Écrennes (77) ...64 B1
Écretteville-lès-Baons (76) ...17 E4
Écretteville-sur-Mer (76) ...16 D3
Écriennes (51) ...46 B5
Écrille (39) ...117 G2
Écromagny (70) ...88 A1
Écrosnes (28) ...62 C1
Écrouves (54) ...48 A5
Ectot-l'Auber (76) ...17 F4
Ectot-lès-Baons (76) ...17 E4
Écueil (51) ...45 E1
Écueillé (36) ...96 A2
Écuélin (59) ...10 A3
Écuelle (70) ...86 C3
Écuelles (71) ...102 A4
Écuelles (77) ...64 B3
Écuillé (49) ...76 D3
Écuires (62) ...6 D1
Écuisses (71) ...101 E5
Éculleville (50) ...12 B1
Écully (69) ...130 A3
Écuras (16) ...123 E3
Écurat (17) ...121 E2
Écurcey (25) ...88 C5
Écurey-en-Verdunois (55) ...25 E5
Écurie (62) ...8 B2
Écury-le-Repos (51) ...45 F4
Écury-sur-Coole (51) ...45 H3
Écutigny (21) ...101 F2
Edern (29) ...53 G1
Édon (16) ...122 D5
les Éduts (17) ...108 A4
Eecke (59) ...2 D4
Effiat (63) ...113 H6
Effincourt (52) ...68 A1
Effry (02) ...10 A6
Égat (66) ...199 H4
Égleny (89) ...83 E2
Égletons (19) ...125 H5
Égligny (77) ...64 D2
Églingen (68) ...89 E2
l'Église-aux-Bois (19) ...125 E4
Église-Neuve-de-Vergt (24) ...137 F3
Église-Neuve-d'Issac (24) ...136 D4
Égliseneuve-
  -d'Entraigues (63) ...126 D6
Égliseneuve-
  -des-Liards (63) ...127 H5
Égliseneuve-
  -près-Billom (63) ...127 G3
les Églises-d'Argenteuil (17) ...121 G2
les Églisottes-
  -et-Chalaures (33) ...136 A3
Égly (91) ...42 D6
Égreville (77) ...64 B4
Égriselles-le-Bocage (89) ...64 D5
Égry (45) ...63 G5
Éguelshardt (57) ...28 C5
Éguenigue (90) ...88 D2
l'Éguille (17) ...120 C3
Éguilles (13) ...175 H5
Éguilly (21) ...84 D6
Éguilly-sous-Bois (10) ...67 E4
Éguzon-Chantôme (36) ...111 E3
Éhuns (70) ...87 H2
Eichhoffen (67) ...71 F2
Eincheville (57) ...49 F2
Einvaux (54) ...69 H1
Einville-au-Jard (54) ...49 E5
Eix (55) ...25 G6
Élan (08) ...24 B3
Élancourt (78) ...42 B4
Elbach (68) ...89 E3
Elbeuf (76) ...18 C5
Elbeuf-en-Bray (76) ...19 G4
Elbeuf-sur-Andelle (76) ...19 E4
Élencourt (60) ...19 H2
Élesmes (59) ...10 A2
Életot (76) ...16 C3
Éleu-dit-Leauwette (62) ...8 C1
Élincourt (59) ...9 E4
Élincourt-
  -Sainte-Marguerite (60) ...21 F3
Élise-Daucourt (51) ...46 C2
Ellecourt (76) ...19 G1
Elliant (29) ...53 H1
Ellon (14) ...13 H6
Elnes (62) ...2 A5
Éloie (90) ...88 C2
Éloise (74) ...118 A6
Éloyes (88) ...70 B4
Elsenheim (67) ...71 G4
Elvange (57) ...49 F1
Elven (56) ...55 H6
Elzange (57) ...26 C3
Émagny (25) ...87 E6
Émalleville (27) ...40 D1
Émancé (78) ...62 B1
Émanville (27) ...40 C2
Émanville (76) ...17 F5
Emberménil (54) ...49 F5
Embres-
  -et-Castelmaure (11) ...187 H6
Embreville (80) ...6 B5
Embrun (05) ...161 E2
Embry (62) ...1 H6
Émerainville (77) ...43 F4
Émerchicourt (59) ...9 E2
Éméville (60) ...21 G6
Émiéville (14) ...38 D1
Emlingen (68) ...89 F3
Emmerin (59) ...3 F5
Émondeville (50) ...13 E3
Empeaux (31) ...168 C6
Empurany (07) ...143 H4
Empuré (16) ...108 C6
Empury (58) ...83 H6
Encausse (32) ...168 C4
Encausse-les-Thermes (31) ...184 B4
Enchastrayes (04) ...161 F4
Enchenberg (57) ...28 B6
Encourtiech (09) ...185 E5
Endoufielle (32) ...168 C6
Énencourt-le-Sec (60) ...19 H5
Énencourt-Léage (60) ...19 H5
Enfonvelle (52) ...68 D6
Engayrac (47) ...151 G5
Engente (10) ...67 F3
Engenville (45) ...63 F4
Enghien-les-Bains (95) ...42 D3
Engins (38) ...145 F3
Englancourt (02) ...9 H6
Englebelmer (80) ...8 A4
Englefontaine (59) ...9 G3
Englesqueville-en-Auge (14) ...15 E4
Englesqueville-la-Percée (14) ...13 G4
Englos (59) ...3 F5
Engomer (09) ...184 D5
Enguinegatte (62) ...2 B5
Engwiller (67) ...50 D3
Ennemain (80) ...8 C6
Ennery (57) ...26 C4
Ennery (95) ...42 C2
Ennetières-en-Weppes (59) ...3 F5
Ennevelin (59) ...3 G6
Ennezat (63) ...127 G2
Ennordres (18) ...81 F5
Enquin-les-Mines (59) ...2 B5
Enquin-sur-Baillons (62) ...1 G5
Ens (65) ...196 D1
Ensigné (79) ...108 A4
Ensisheim (68) ...71 F6
Ensuès-la-Redonne (13) ...191 H5
Entraigues (38) ...146 A5
Entraigues (63) ...127 G2
Entraigues-
  -sur-la-Sorgue (84) ...175 G2
Entrains-sur-Nohain (58) ...83 E5

Entrammes (53) 58 D5
Entrange (57) 26 B3
Entraunes (06) 161 G5
Entraygues-sur-Truyère (12) ..154 C2
Entre-Deux-Eaux (88) 70 D3
Entre-deux-Guiers (38) 131 G6
Entre-deux-Monts (39) 103 F6
Entrecasteaux (83) 193 G1
Entrechaux (84) 158 D5
Entrecasteaux (83) 132 C1
Entremont-le-Vieux (73) ...131 H6
Entrepierres (04) 160 B5
Entrevaux (04) 178 B2
Entrevennes (04) 177 E2
Entrevennes (74) 132 B2
Entzheim (67) 50 D6
Enval (63) 127 E2
Enveitg (66) 199 G4
Envermeu (76) 6 A6
Environville (76) 17 E4
Éourres (05) 159 H5
Éoux (31) 184 C2
Épagne (10) 66 D2
Épagne-Épagnette (80) 6 D4
Épagny (02) 10 B6
Épagny (21) 85 H5
Épagny (74) 132 A1
Épaney (14) 38 D3
Épannes (79) 107 G4
Éparcy (02) 10 B6
les Éparges (55) 47 F2
Épargnes (17) 120 D4
les Éparres (38) 130 D5
Épaumesnil (80) 6 D6
Épaux-Bézu (02) 44 B1
Épeautrolles (28) 62 A3
Épécamps (80) 7 F4
Épégard (27) 40 C1
Épehy (80) 8 D5
Épeigné-les-Bois (37) 95 G1
Épeigné-sur-Dême (37) 78 D3
Épénancourt (80) 21 F1
Épenède (16) 109 F6
Épenouse (25) 104 A1
Épenoy (25) 104 A2
Épense (51) 46 C3
Épercieux-Saint-Paul (42) .129 E3
Éperlecques (62) 2 A3
Épernay (51) 45 F2
Épernay-sous-Gevrey (21) ..101 H2
Épernon (28) 41 G6
Éperrais (61) 60 D2
Épersy (73) 131 H3
Épertully (71) 101 F4
Épervans (71) 101 G5
les Épesses (85) 92 C4
Épeugney (25) 103 G2
Épfig (67) 71 G2
Épiais (41) 79 H2
Épiais-lès-Louvres (95) 43 E2
Épiais-Rhus (95) 42 B1
Épieds (02) 44 B2
Épieds (27) 41 F3
Épieds (49) 93 H2
Épieds-en-Beauce (45) 62 B6
Épierre (73) 132 C6
Épiez-sur-Chiers (54) 25 F4
Épiez-sur-Meuse (55) 47 H6
Épinac (71) 101 E3
Épinal (88) 69 H4
Épinay (02) 40 A2
Épinay-Champlâtreux (95) ..42 D2
l'Épine-le-Comte (61) 58 C1
Épinay-sous-Sénart (91) 43 E5
Épinay-sur-Duclair (76) 1 F7
Épinay-sur-Odon (14) 14 A5
Épinay-sur-Orge (91) 42 D5
Épinay-sur-Seine (93) 42 D3
l'Épine (05) 159 G3
l'Épine (51) 46 A3
l'Épine (85) 90 B1
l'Épine-aux-Bois (02) 44 C1
Épineau-les-Voves (89) 65 H6
Épineu-le-Chevreuil (72) ...59 G5
Épineuil (89) 84 A1
Épineuil-le-Fleuriel (18) .112 D2
Épineuse (60) 20 D5
Épineux-le-Seguin (53) 59 F6
Épiniac (35) 35 F5
Épinonville (55) 24 D6
Épinouze (26) 144 B1
Épinoy (62) 8 D3
Épiry (58) 99 H2
Épisy (77) 64 B3
Épizon (52) 68 B2
Éplessier (80) 20 A1
Éply (54) 48 C3
Époisses (21) 84 B4
Épône (78) 41 H3
Épothémont (10) 67 E2
Épouville (76) 15 F1
Époye (51) 23 F6
Eppe-Sauvage (59) 10 B4
Eppes (02) 22 C3
Eppeville (80) 21 G2
Epping (57) 28 B5
Épretot (76) 15 G1
Épreville (76) 16 C3
Épreville-en-Lieuvin (27) ..15 H4
Épreville-en-Roumois (27) ..18 A5
Épreville-
  -près-le-Neubourg (27) ...40 C1
Épron (14) 14 B4
Eps (62) 7 G1
Épuisay (41) 79 F1
Équancourt (80) 8 C5
Équemauville (14) 16 B6
Équennes-Éramecourt (80) ..20 A2
Équeurdreville-
  -Hainneville (50) 12 C2
Équevillon (39) 103 F5
Équihen-Plage (62) 1 F4
Équilly (50) 35 H2
Équirre (62) 7 F1
Éragny (95) 42 B2
Éragny-sur-Epte (60) 19 G5
Éraines (14) 38 D3
Éraville (16) 122 A4
Erbajolo (2B) 205 F2
Erbéviller-sur-Amezule (54) .49 E4
Erbray (44) 75 E1
Erbrée (35) 58 A4
Ercé (09) 185 E6
Ercé-en-Lamée (35) 57 F5
Ercé-près-Liffré (35) 57 G1
Erceville (45) 63 E3
Erches (80) 21 E2
Ercheu (80) 21 G2
Erchin (59) 8 D2
Erching (57) 28 A5
Erckartswiller (67) 50 C2
Ercourt (80) 6 D4
Ercuis (60) 20 D6
Erdeven (56) 54 D6
Éréac (22) 56 D2
Ergersheim (67) 50 D6
Ergnies (80) 7 E4
Ergny (62) 1 H5
Ergué-Gabéric (29) 53 G3
Erize (62) 7 H4
Éringes (21) 84 D4
Eringhem (59) 2 D2
Érize-la-Brûlée (55) 47 E2
Érize-la-Petite (55) 47 E3
Érize-Saint-Dizier (55) 47 F3
Erlon (02) 22 C2
Erloy (02) 9 H6
Ermenonville (60) 43 E3
Ermenonville-la-Grande (28) .62 A3
Ermenonville-la-Petite (28) .62 A3
Ermenoville (76) 17 E3
Ermont (95) 42 C3
Ernée (53) 58 B2
Ernemont-Boutavent (60) ...19 H3
Ernemont-la-Villette (76) ..19 G3
Ernemont-sur-Buchy (76) 19 E3
Ernes (14) 39 E2
Ernestviller (57) 49 H1
Erneville-aux-Bois (55) 47 G5

Ernolsheim-Bruche (67) 50 D6
Ernolsheim-lès-Saverne (67) ..50 C4
Erny-Saint-Julien (62) 2 B1
Érôme (26) 144 A3
Érondelle (80) 6 D4
Érone (2B) 205 F1
Éroudeville (50) 12 D3
Erp (09) 185 G5
Erquery (60) 20 D4
Erquinghem-le-Sec (59) 3 E5
Erquinghem-Lys (59) 3 E4
Erquinvillers (60) 20 D4
Erquy (22) 34 A3
Err (66) 199 H4
Erre (59) 9 E2
Errevet (70) 88 C2
Errouville (54) 26 A3
Ersa (2B) 203 F1
Erstein (67) 71 H1
Erstroff (57) 49 G2
Esboz-Brest (70) 88 A1
Escala (65) 183 G4
Escalans (40) 166 D2
Escales (11) 187 G3
Escalquens (31) 169 G6
Escames (60) 19 H3
Escamps (46) 153 E4
Escamps (89) 83 F2
Escandolières (12) 154 A3
Escanecrabe (31) 184 B2
Escardes (51) 44 C5
l'Escarène (06) 195 G2
Escarmain (59) 9 F3
Escassefort (47) 150 C2
Escatalens (82) 168 D2
Escaudain (59) 9 E2
Escaudes (33) 149 H4
Escaudoeuvres (59) 8 D3
Escautpont (59) 9 F2
Escazeaux (82) 168 C3
Eschau (67) 51 E6
Eschbach (67) 51 E3
Eschbach-au-Val (68) 71 E5
Eschbourg (67) 50 B3
Eschentzwiller (68) 89 G2
Escherange (57) 26 B3
Esches (60) 20 B6
Eschwiller (67) 50 A3
Esclagne (09) 186 A5
Esclainvillers (80) 20 C2
Esclanèdes (48) 155 H3
Esclassan-Labastide (32) ..184 A1
Esclauzels (46) 152 D4
Esclavelles (76) 19 E2
Esclavolles-Lurey (51) 65 G1
Escles (88) 69 G4
Escles-Saint-Pierre (60) ...19 H1
Esclottes (47) 150 C1
Escobecques (59) 3 E5
Escœuilles (62) 1 G4
Escoire (24) 137 G2
Escolives-Sainte-Camille (89)..83 G3
Escombres-
  -et-le-Chesnois (08) 24 D2
Escondeaux (65) 183 F2
Esconnets (65) 183 F4
Escorailles (15) 140 A3
Escornebœuf (32) 168 B5
Escorpain (28) 41 E5
Escos (64) 165 E6
Escosse (09) 185 G4
Escot (64) 181 H3
Escots (65) 183 F4
Escou (64) 182 A3
Escoubès (64) 182 C1
Escoubès-Pouts (65) 183 E4
Esconlis (31) 184 D4
Escoulouble (11) 200 A2
Escource (40) 148 C5
Escoussans (33) 149 H1
Escoussens (81) 170 C6
Escout (64) 182 A3
Escoutoux (63) 128 A3
Escoville (14) 14 C4
Escragnolles (06) 178 E4
Escrennes (45) 63 F5
Escrignelles (45) 82 B3
Escroux (81) 171 F4
Escueillens-et-Saint-Just-
  -de-Bélengard (11) 186 C4
Escurès (64) 166 C6
Escurolles (03) 113 H5
Eslettes (76) 17 G5
Esley (88) 69 F4
Eslourenties-Daban (64) ...182 D2
Esmans (77) 64 C3
Esmery-Hallon (80) 21 G2
Esmoulières (70) 88 B1
Esmoulins (70) 86 C5
Esnandes (17) 106 D4
Esnans (25) 87 H6
Esnes (59) 9 F4
Esnes-en-Argonne (55) 24 D6
Esnon (89) 65 H6
Esnouveaux (52) 68 B4
Espagnac (19) 139 F2
Espagnac-
  -Sainte-Eulalie (46) 153 F2
Espalais (82) 168 B1
Espalem (43) 141 F1
Espalion (12) 154 D3
Espaly-Saint-Marcel (43) ..142 C4
Espanès (31) 185 G1
Espaon (32) 184 C1
Esparron (05) 160 A3
Esparron (31) 184 B2
Esparron (83) 193 E1
Esparron-de-Verdon (04) ...176 D4
Esparros (65) 183 G4
Esparsac (82) 168 C2
Espartignac (19) 124 D6
Espas (32) 167 E3
Espaubourg (60) 19 H4
Espèche (65) 183 G4
Espéchède (64) 182 C2
Espédaillac (46) 153 E2
Espelette (64) 180 C1
Espeluche (26) 158 B3
Espenel (26) 159 E1
Espérausses (81) 171 E5
Espéraza (11) 186 D6
Espère (46) 152 C3
Espès-Undurein (64) 181 G2
Espeyrac (12) 154 C2
Espeyroux (46) 139 F6
Espezel (11) 199 H1
Espieilh (65) 183 F4
Espiens (47) 150 D6
Espiet (33) 135 G6
Espinas (82) 153 F6
Espinasse (15) 141 E5
Espinasse (63) 112 D6
Espinasse-Vozelle (03) 113 H5
Espinasses (05) 160 C3
Espinchal (63) 140 D1
Espins (14) 14 B6
Espira-de-Conflent (66) ...200 A4
Espira-de-l'Agly (66) 201 F1
Espirat (63) 127 G3
Espiute (64) 181 F1
Esplantas (43) 142 A5
Esplas (09) 185 G3
Esplas-de-Sérou (09) 185 F5
Espoey (64) 182 D2
Espondeilhan (34) 188 D3
Esprels (70) 87 H4
Esquay-Notre-Dame (14) 14 B5
Esquay-sur-Seulles (14) 14 A4
Esquéhéries (02) 9 G5
Esquelbecq (59) 2 C3

Esquennoy (60) 20 C2
Esquerchin (59) 8 C1
Esquerdes (62) 2 A4
Esquibien (29) 52 D2
Esquièze-Sère (65) 183 E6
Esquiule (64) 181 H3
les Essards (16) 136 B2
les Essards (17) 120 D2
les Essards (37) 78 B6
les Essards-Taignevaux (39) ..102 C4
Essarois (21) 85 F2
les Essarts (27) 40 C3
les Essarts (41) 79 E2
les Essarts (85) 91 H3
les Essarts-le-Roi (78) 42 A5
les Essarts-le-Vicomte (51) ..44 C6
les Essarts-lès-Sézanne (51) ..44 C6
Essay (61) 101 E1
Esse (16) 109 G6
Essé (35) 57 G4
Essegney (88) 69 G2
les Esseintes (33) 150 A2
Essert (88) 88 C3
Essert-Romand (74) 119 F4
Essertaux (80) 20 B1
Essertenne (71) 101 E5
Essertenne-et-Cecey (70) ...86 C5
Essertines-
  -en-Châtelneuf (42) 128 D4
Essertines-en-Donzy (42) ..129 F3
Esserts-Blay (73) 132 D4
Esserval-Combe (39) 103 G5
Esserval-Tartre (39) 103 G5
Essey (21) 101 E1
Essey-et-Maizerais (54) 48 A3
Essey-la-Côte (54) 69 H1
Essey-les-Nancy (54) 48 D5
Essia (39) 117 F1
Essigny-le-Grand (02) 22 A1
Essigny-le-Petit (02) 9 E6
Essises (02) 44 B3
Essômes-sur-Marne (02) 44 B2
Esson (14) 14 B6
Essoyes (10) 67 E5
Essuiles (60) 20 C4
les Estables (43) 143 E5
Estables (48) 156 A1
Establet (26) 159 E2
Estadens (31) 184 C4
Estagel (66) 201 E1
Estaing (12) 154 D2
Estaing (65) 182 D5
Estaires (59) 3 F5
Estal (46) 139 F4
Estampes (32) 183 G1
Estampures (65) 183 G1
Estancarbon (31) 184 B4
Estandeuil (63) 127 H4
Estang (32) 166 C3
Estarvielle (65) 197 E1
Estavar (66) 199 H4
Esténos (31) 184 A5
Estensan (65) 196 D1
Estérençuby (64) 181 E3
Esternay (51) 44 C5
Esterre (65) 183 E6
Estevelles (62) 3 H1
Esteville (76) 17 H5
Estézargues (30) 174 C2
Estialescq (64) 182 A3
Estibeaux (40) 165 F5
Estigarde (40) 166 C1
Estillac (47) 151 E6
Estipouy (32) 167 G6
Estirac (65) 182 D2
Estissac (10) 65 H3
Estivals (19) 138 C4
Estivareilles (03) 112 D3
Estivareilles (42) 128 D6
Estivaux (19) 138 C1
Estoher (66) 200 C3
Estos (64) 182 A3
Estoublon (04) 177 F2
Estouches (91) 63 F3
Estourmel (59) 9 F4
Estouteville-Écalles (76) ..19 E3
Estouy (45) 63 G4
Estrablin (38) 130 B5
Estramiac (32) 168 B3
Estrebay (08) 10 C5
Estrébœuf (80) 6 C3
l'Estréchure (30) 173 F1
Estrée (62) 1 G6
Estrée-Blanche (62) 2 B5
Estrée-Cauchy (62) 8 A1
Estrée-Wamin (62) 7 G2
Estréelles (62) 1 G6
Estrées (02) 9 E5
Estrées-Deniécourt (80) 8 B6
Estrées-la-Campagne (14) ...38 D2
Estrées-lès-Crécy (80) 7 E3
Estrées-Mons (80) 8 B6
Estrées-Saint-Denis (60) ...21 E4
Estrées-sur-Noye (80) 20 C1
Estrennes (88) 69 F3
Estreux (59) 9 G2
Estrun (59) 9 E3
Estry (14) 38 A3
Esves-le-Moutier (37) 95 F3
Esvres (37) 95 E1
Eswars (59) 9 E3
Étable (73) 132 B5
Étables (07) 143 H3
Étables-sur-Mer (22) 33 G3
Étagnac (16) 123 F2
Étaimpuis (76) 18 D2
Étain (55) 25 G6
Étaing (62) 8 C2
Étainhus (76) 15 G1
Étais (21) 84 D3
Étais-la-Sauvin (89) 83 E5
Étalans (25) 103 H2
Étalante (21) 85 F3
Étalle (08) 10 D6
Étalleville (76) 17 F3
Étalon (80) 21 F2
Étalondes (76) 6 B5
Étampes (91) 63 F3
Étampes-sur-Marne (02) 44 B2
l'Étang-Bertrand (50) 12 C3
l'Étang-la-Ville (78) 42 B4
Étang-sur-Arroux (71) 100 C4
l'Étang-Vergy (21) 101 G2
les Étangs (57) 26 D5
Étaples (62) 1 F6
Étaule (89) 84 A4
Étaules (17) 120 B3
Étaules (21) 85 G5
Étauliers (33) 135 F2
Étaux (74) 118 D6
Éteaux (74) 118 D6
Éteignières (08) 10 D6
Éteimbes (68) 88 D2
Étel (56) 54 D6
Élelfay (80) 7 F2
Étercy (74) 132 A2
Éternoz (25) 103 G3
Éterpigny (62) 8 C3
Éterpigny (80) 8 B6
Éterville (14) 14 B5
Étevaux (21) 86 B6
Eth (59) 9 G2
Étienville (50) 12 D4
Étigny (89) 65 E6
les Étilleux (28) 61 E3
Étinehem (80) 8 A6
Étival (39) 117 H2
Étival-Clairefontaine (88) ..70 D2
Étival-lès-le-Mans (72) 60 A6
Étobon (70) 88 B3
Étoges (51) 45 E3
l'Étoile (39) 102 C6
l'Étoile (80) 7 E5

Étoile-Saint-Cyrice (05) ..159 G4
Étoile-sur-Rhône (26) 144 B6
Éton (55) 25 G5
Étormay (21) 85 E4
Étouars (24) 123 E4
Étourvy (10) 66 B6
Étouvans (25) 88 C4
Étouvelles (02) 22 C3
Étouvy (14) 37 H3
Étouy (60) 20 C4
Étrabonne (25) 103 E1
Étrappe (25) 88 B4
l'Étrat (42) 129 F5
Étray (25) 104 A2
Étraye (55) 25 E5
Étréaupont (02) 10 A6
Étrechet (36) 96 D5
Étréchy (18) 98 B2
Étréchy (51) 45 E3
Étréchy (91) 63 F1
Étréham (14) 13 H5
Étreillers (21) 21 H1
Étréjust (80) 6 D6
Étrelles (35) 58 A5
Étrelles-et-la-
  -Montbleuse (70) 87 E5
Étrelles-sur-Aube (10) 65 H1
Étrembières (74) 118 C5
Étrépagny (27) 19 F5
Étrepigney (39) 102 D2
Étrépigny (08) 24 B3
Étrépilly (77) 44 D2
Étrépilly (77) 43 G2
Étrepy (51) 46 C4
Étretat (76) 16 B3
Étreux (02) 9 G5
Étréval (54) 69 F1
Étrez (01) 116 D3
Étriac (16) 122 A5
Étriché (49) 77 E3
Étricourt-Manancourt (80) ..8 C5
Étrigny (71) 116 B1
Étrochey (21) 85 E1
Étrœungt (59) 10 A4
Étroussat (03) 113 G5
Étrun (62) 8 A2
Etsaut (64) 182 A5
Ettendorf (67) 50 D3
Etting (57) 28 A6
Étueffont (90) 88 C2
Étupes (25) 88 C4
Éturqueraye (27) 18 A5
Étusson (79) 93 E3
Étuz (70) 87 F6
Etzling (57) 27 G4
Eu (76) 6 B4
Euffigneix (52) 67 H4
Eugénie-les-Bains (40) 166 B4
Euilly-et-Lombut (08) 24 D2
Eulmont (54) 48 D4
Eup (31) 184 A5
Eurre (26) 144 B6
Eurville-Bienville (52) 46 D6
Eus (66) 200 C3
Euvezin (54) 48 A3
Euville (55) 47 H4
Euvy (51) 45 F5
Euzet (30) 174 A1
Évaillé (72) 78 D1
Évans (39) 103 E1
Évaux-et-Ménil (88) 69 G2
Évaux-les-Bains (23) 112 C5
Ève (60) 43 F2
Évecquemont (78) 42 A2
Évenos (83) 193 E5
Évergnicourt (02) 23 E4
Everly (77) 64 D2
Évette-Salbert (90) 88 C2
Éveux (69) 129 G2
Évian-les-Bains (74) 119 E3
Évigny (08) 24 A2
Évillers (25) 103 H3
Évin-Malmaison (62) 8 C1
Évires (74) 118 C6
Évisa (2A) 204 C3
Évosges (01) 131 E1
Évran (22) 34 D6
Évrange (57) 26 B2
Évrecy (14) 14 B5
Èvres (55) 47 E2
Évreux (27) 40 D2
Évricourt (60) 21 F3
Évriguet (56) 56 B2
Évron (53) 59 F4
Évry (89) 65 E3
Évry (91) 42 D6
Évry-Grégy-sur-Yerre (77) ..43 E6
Excenevex (74) 118 D3
Excideuil (24) 137 H1
Exermont (08) 24 C5
Exideuil (16) 123 F2
Exincourt (25) 88 B4
Exireuil (79) 108 B2
Exmes (61) 39 F4
Exoudun (79) 108 B3
Expiremont (17) 135 G1
Eybens (38) 145 G3
Eybouleuf (87) 124 D6
Eyburie (19) 124 D6
Eycheil (09) 185 F6
Eydoche (38) 130 C5
Eygalayes (26) 159 G5
Eygaliers (26) 159 E5
Eygalières (13) 175 F4
Eygliers (05) 161 F1
Eygluy-Escoulin (26) 144 D6
Eyguians (05) 159 H4
Eyguières (13) 191 G2
Eygurande (19) 126 B5
Eygurande-
  -et-Gardedeuil (24) 136 B3
Eyjeaux (87) 124 D6
Eyliac (24) 137 G3
Eymet (24) 150 D1
Eymeux (26) 144 C4
Eymouthiers (16) 123 E4
Eymoutiers (87) 125 E3
Eyne (66) 199 H4
Eynesse (33) 136 B5
Eyragues (13) 175 E3
Eyrans (33) 135 E2
Eyrein (19) 139 F1
Eyres-Moncube (40) 165 H4
Eyroles (26) 159 E4
Eysines (33) 135 E5
Eysson (25) 104 A1
Eysus (64) 182 A4
Eyvirat (24) 137 F1
Eywiller (67) 50 A3
Eyzahut (26) 158 C3
Eyzerac (24) 123 G6
les Eyzies-de-
  -Tayac-Sireuil (24) 137 H5
Eyzin-Pinet (38) 130 B5
Ézanville (95) 42 D2
Èze (06) 195 F3
Ézy-sur-Eure (27) 41 F4

F

Fa (11) 186 D6
Fabas (09) 184 D6
Fabas (31) 184 D2
Fabas (82) 169 E3
Fabras (07) 157 G2
Fabrègues (34) 173 F6
Fabrezan (11) 187 G3
Faches-Thumesnil (59) 3 F5
Fâchin (58) 100 B3
la Fage-Montivernoux (48) .155 G1
la Fage-Saint-Julien (48) .141 F6
Fageole (63) 141 E2
Faget-Abbatial (32) 168 A6
le Faget (31) 170 A6
Fagnières (51) 45 G3
Fagnon (08) 24 A1
Fahy-lès-Autrey (70) 86 C4

Failly (57) 26 C5
Faimbe (25) 88 B4
Fain-lès-Montbard (21) 84 D4
Fain-lès-Moutiers (21) 84 C4
Fains (27) 41 F2
Fains-la-Folie (28) 62 C4
Fains-Véel (55) 47 E4
Faissault (08) 23 H3
Fajac-la-Relenque (11) ...186 A2
Fajac-en-Val (11) 187 E4
Fajoles (46) 138 B6
la Fajolle (11) 199 G1
Fajolles (82) 168 C2
Falaise (08) 24 B5
Falaise (14) 38 D3
la Falaise (78) 42 A3
Falck (57) 27 E4
Faleyras (33) 135 G6
Falga (31) 186 B1
le Falgoux (15) 140 C3
Falicon (06) 195 F2
Falkwiller (68) 89 E2
Fallencourt (76) 6 C6
Fallerans (25) 103 H2
Falleron (85) 91 E2
Falletans (39) 102 D2
Fallon (70) 88 A4
la Faloise (80) 20 C2
Fals (47) 168 A1
Falvy (80) 21 G1
Famars (59) 9 F2
Famechon (62) 7 H4
Famechon (80) 20 A1
Fameck (57) 200 C2
Familly (14) 39 G3
Fampoux (62) 8 B2
Fanjeaux (11) 186 C3
Fanlac (24) 137 H3
le Faou (29) 31 F6
le Faouët (22) 33 E3
le Faouët (56) 54 B3
Faramans (01) 130 C2
Faramans (38) 130 C6
Farbus (62) 8 B2
Farceaux (27) 19 F4
la Fare-en-Champsaur (05) .160 B1
la Fare-les-Oliviers (13) .191 H3
Farébersheim (57) 49 G1
Fareins (01) 116 B6
Faremoutiers (77) 43 H4
Farges (01) 118 A5
les Farges (24) 138 A3
Farges-Allichamps (18) 97 G5
Farges-en-Septaine (18) 98 A3
Farges-lès-Chalon (71) 101 G5
Farges-lès-Mâcon (71) 116 B2
Fargues (33) 149 H2
Fargues (40) 166 A4
Fargues (46) 152 B4
Fargues-Saint-Hilaire (33) .135 F5
Fargues-sur-Ourbise (47) ..150 C5
Farincourt (52) 86 D2
Farinole (2B) 203 F3
la Farlède (83) 193 F5
Farnay (42) 129 G5
Faramontiers (77) 43 H4
la Fatarelle (83) 193 F5
Fatines (72) 60 C5
Fatouville-Grestain (27) ..16 C6
la Fauche (52) 68 B3
Fauch (81) 170 C3
Faucigny (74) 118 D5
Faucompierre (88) 70 A4
Faucon (84) 158 D5
Faucon-
  -de-Barcelonnette (04) ..161 F3
Faucon-du-Caire (04) 160 B4
Faucoucourt (02) 22 B3
Faudoas (82) 168 C3
le Fauga (31) 185 F1
Faugères (07) 157 E3
Faugères (34) 172 B6
Fauguernon (14) 15 F4
Fauguerolles (47) 150 C3
Fauillet (47) 150 C3
le Faulq (14) 15 F4
Faumont (59) 8 D1
Faulquemont (57) 49 F2
Faulx (54) 48 D4
Faumont (59) 8 D1
Faux (08) 23 H3
Faux (24) 137 E6
Faux-Fresnay (51) 45 E6
Faux-la-Montagne (23) 125 F3
Faux-Mazuras (23) 125 E2
Faux-Vésignaul (51) 45 H5
Faux-Villecerf (10) 65 G3
Faveraye-Mâchelles (49) ...93 F4
Faverdines (18) 112 C1
Faverelles (45) 82 C4
Faverges-de-la-Tour (38) ..131 E4
Faverney (70) 87 F2
Faverois (90) 88 D4
Faverolles (02) 141 H5
Faverolles (15) 141 H5
Faverolles (28) 41 G5
Faverolles (36) 96 A6
Faverolles (52) 67 H4
Faverolles (61) 38 C5
Faverolles (80) 21 E2
Faverolles-et-Coëmy (51) ..22 D6
Faverolles-la-Campagne (27) .40 C2
Faverolles-lès-Lucey (21) ..85 G1
Faverolles-sur-Cher (41) ...79 G6
la Favière (39) 103 G5
Favières (28) 61 H1
Favières (54) 69 E2
Favières (77) 43 F5
Favières (80) 6 C3
Favresse (51) 46 B5
Favreuil (62) 8 B3
Favrieux (78) 41 G3
le Favril (27) 15 H5
le Favril (28) 61 F3
le Favril (59) 9 H4
Fay (72) 60 A5
Fay (80) 8 A6
Fay-aux-Loges (45) 81 F1
Fay-de-Bretagne (44) 74 B3
Fay-en-Montagne (39) 103 E5
Fay-le-Clos (26) 144 B2
Fay-les-Étangs (60) 20 A6
Fay-lès-Marcilly (10) 65 G2
le Fay-Saint-Quentin (60) ..20 B4
Fay-sur-Lignon (43) 143 E4
Faycelles (46) 153 G2
la Faye (16) 108 D6
Faye (41) 79 G2
Faye-d'Anjou (49) 93 F3
Faye-la-Vineuse (37) 94 B3
Faye-l'Abbesse (79) 93 F4
Faye-sur-Ardin (79) 107 G2
le Fayel (60) 21 E5
Fayence (83) 178 D5
Fayet (02) 8 D6
Fayet (12) 171 F5
Fayet-le-Château (63) 127 H4
Fayet-Ronaye (63) 128 A6
Fayl-Billot (52) 86 D2
Faymont (70) 88 B3
Faymoreau (85) 107 G1
Fays (52) 67 E1
Fays (88) 70 B3
Fays-la-Chapelle (10) 66 A5

Féas (64) 181 H3
Febvin-Palfart (62) 2 B6
Fécamp (76) 16 C3
Féchain (59) 8 D2
Fêche-l'Église (90) 88 D4
Fécocourt (54) 69 F2
Fédry (70) 87 E3
Fegersheim (67) 51 E6
Fégréac (44) 74 A1
Feigneux (60) 43 F2
Feignies (59) 10 A2
Feillens (01) 116 B3
Feings (41) 80 A5
Feings (61) 40 A6
Feins (35) 57 F1
Feins-en-Gâtinais (45) 82 B2
Feissons-sur-Isère (73) ..132 D4
Feissons-sur-Salins (73) ..132 D5
le Fel (12) 154 B2
Fel (61) 39 F4
Felce (2B) 205 G2
Feldbach (68) 89 F4
Feldkirch (68) 71 F6
Feliceto (2B) 202 D5
Félines (07) 143 H2
Félines (43) 142 C2
Félines-Minervois (34) ...187 F3
Félines-sur-Rimandoule (26) .158 C2
Félines-Termenès (11) 187 F5
Felleries (59) 10 A4
Fellering (68) 70 D6
Felletin (23) 125 H2
Felleu (66) 200 C2
Felon (90) 89 E3
Felzins (46) 153 H2
Fenain (59) 9 E2
Fénay (21) 101 H1
Fendeille (11) 186 B3
Fénery (79) 93 F6
Fénétrange (57) 49 H3
Feneu (49) 76 D3
Féneyrols (82) 153 G5
Féniers (23) 125 G3
Fénols (81) 170 B3
le Fenouiller (85) 90 D4
Fenouillet (31) 169 E5
Fenouillet (66) 200 B1
Fenouillet-du-Razès (11) ..186 C4
Fépin (08) 11 E5
Fercé (44) 57 G6
Fercé-sur-Sarthe (72) 59 H6
Ferdrupt (88) 70 B6
la Fère (02) 22 A2
Fère-Champenoise (51) 45 F5
Fère-en-Tardenois (02) 44 C1
Fèrebrianges (51) 45 E4
la Férée (08) 23 G1
Féréole (61) 73 G2
Ferfay (62) 2 C6
Féricy (77) 64 B2
Férin (59) 8 D2
Fermanville (50) 12 D1
la Fermeté (58) 99 E4
Ferney-Voltaire (01) 118 B4
Fernoël (63) 126 B4
Férolles (45) 81 E2
Férolles-Attilly (77) 43 E5
Féron (59) 10 B4
Ferques (62) 1 G3
Ferrals-les-Corbières (11) .187 G4
Ferrals-les-Montagnes (34) .187 G1
Ferran (11) 186 C4
Ferrassières (26) 159 F6
les Ferres (06) 195 E1
Ferrensac (47) 151 F1
Ferrère (65) 183 G5
Ferreux (52) 86 B2
les Ferres (06) 195 E2
Ferrette (68) 89 F4
Ferreux-Quincey (10) 65 G2
Ferrière-et-Lafolie (52) ..67 H2
la Ferrière (22) 55 H2
la Ferrière (37) 79 E3
la Ferrière (38) 146 A1
la Ferrière (85) 92 A4
la Ferrière-Airoux (86) ..109 E3
la Ferrière-au-Doyen (61) ..39 F4
la Ferrière-aux-Étangs (61) .38 B5
la Ferrière-Béchet (61) 39 F6
la Ferrière-Bochard (61) ...59 H2
la Ferrière-de-Flée (49) ...76 C2
la Ferrière-en-Parthenay (79) .93 G6
la Ferrière-Harang (14) 37 H2
la Ferrière-la-Grande (59) ..10 A3
la Ferrière-la-Petite (59) ..10 A3
la Ferrière-Larçon (37) 95 F3
la Ferrière-sur-Beaulieu (37) .95 G2
la Ferrière-sur-Risle (27) ..40 B2
Ferrières (17) 107 E4
Ferrières (50) 37 G6
Ferrières (54) 48 D6
Ferrières (60) 21 E3
Ferrières (65) 182 C5
Ferrières (80) 7 F6
Ferrières (81) 171 E5
Ferrières-en-Bray (76) 19 G4
Ferrières-en-Brie (77) 43 F4
Ferrières-en-Gâtinais (45) .64 B5
Ferrières-Haut-Clocher (27) .40 C2
Ferrières-la-Verrerie (61) ..39 G6
Ferrières-les-Bois (25) 86 D6
Ferrières-lès-Ray (70) 87 E4
Ferrières-lès-Scey (70) 87 E3
Ferrières-les-Verreries (34) .173 F4
Ferrières-Saint-Hilaire (27) .15 H6
Ferrières-Saint-Mary (15) .141 E3
Ferrières-sur-Ariège (09) ..185 H6
Ferrières-sur-Sichon (03) .128 A1
Ferrussac (43) 141 H3
la Ferté (39) 102 D4
la Ferté-Alais (91) 63 G1
la Ferté-Beauharnais (41) ..80 D4
la Ferté-Bernard (72) 60 D4
la Ferté-Chevresis (02) 22 B2
la Ferté-Frênel (61) 39 H4
la Ferté-Gaucher (77) 44 B4
la Ferté-Hauterive (03) ...113 H3
la Ferté-Imbault (41) 80 D6
la Ferté-Loupière (89) 82 D1
la Ferté-Macé (61) 38 C6
la Ferté-Saint-Aubin (45) ..80 D3
la Ferté-Saint-Cyr (41) 80 C3
la Ferté-Saint-Samson (76) ..19 F3
la Ferté-sous-Jouarre (77) ..43 H3
la Ferté-sur-Chiers (08) ...25 E3
la Ferté-Vidame (28) 40 C6
la Ferté-Villeneuil (28) ...62 A5
Fertrève (58) 99 G4
Fervaches (50) 37 G2
Fervaques (14) 15 G5
Fescamps (80) 21 E2
Fesches-le-Châtel (25) 88 D4
Fesmy-le-Sart (02) 9 G4
Fesques (76) 19 F1
Fessanvilliers-
  -Mattanvilliers (28) 40 D5
Fessenheim (68) 71 G6
Fessenheim-le-Bas (67) 50 D5
les Fessey (70) 88 B1
Fessevillers (25) 88 D6
Festalemps (24) 136 C2
Festes-et-Saint-André (11) ..186 C5
Festieux (02) 22 D3
Festigny (51) 44 D2
Festigny (89) 83 F4
la Fête (21) 101 E2
Féternes (74) 119 E3
Fétigny (39) 117 G2
Feucherolles (78) 42 A4
Feuchy (62) 8 B2
Feugarolles (47) 150 D5
Feugères (50) 12 D6

Feuges (10) 66 B2
Feuguerolles (27) 40 D1
Feuguerolles-Bully (14) ...14 B5
Feuilla (11) 188 A6
Feuillade (16) 122 D4
la Feuillade (24) 138 C3
Feuillères (80) 8 B5
Feuilleuse (76) 8 B5
la Feuillie (50) 12 D6
la Feuillie (76) 19 F4
Feule (25) 88 C5
Feuquières (60) 19 H2
Feuquières-en-Vimeu (80) ...6 C4
Feurs (42) 129 E3
Feusines (36) 111 H2
Feux (18) 98 C1
Fèves (57) 26 B5
Féy (57) 26 B5
Fey-en-Haye (54) 48 B3
Feyt (19) 126 B4
Feytiat (87) 124 B3
Feyzin (69) 130 A4
Fiac (81) 170 A4
Ficaja (2B) 203 G6
Ficheux (62) 8 B3
Fichous-Riumayou (64) 166 A6
le Fidelaire (27) 40 C3
le Fied (39) 103 E5
le Fief-Sauvin (49) 75 G5
Fieffes-Montrelet (80) 7 F4
Fiefs (62) 2 B6
Fiennes (62) 1 G3
Fienvillers (80) 7 F4
Fierville-Bray (14) 38 D2
Fierville-les-Mines (50) ...12 C4
Fierville-les-Parcs (14) ...15 F4
le Fieu (33) 136 A3
Fieulaine (02) 9 F6
Fieux (47) 167 E1
Figanières (83) 177 H5
Figari (2A) 207 F4
Figeac (46) 153 G2
Fignévelle (88) 68 D6
Fignières (80) 20 D2
Filain (02) 22 B4
Filain (70) 87 G4
Fillé (72) 78 A1
Fillières (54) 25 H4
Fillièvres (62) 7 F2
Fillinges (74) 118 D5
Filols (66) 200 C3
Filstroff (57) 27 E3
Fimênil (88) 70 B4
Finestret (66) 200 C3
Finhan (82) 168 D2
les Fins (25) 104 C2
Fins (80) 8 C5
Fiquefleur-Équainville (27) .16 B6
Firbeix (24) 123 H4
Firfol (14) 15 F5
Firmi (12) 154 A3
Firminy (42) 129 E6
Fislis (68) 89 G4
Fitilieu (38) 131 F5
Fitou (11) 188 A6
Fitz-James (60) 20 D5
Fix-Saint-Geneys (43) 142 B3
Fixem (57) 26 C2
Fixin (21) 101 H1
Flacey (21) 86 A5
Flacey (28) 62 A4
Flacey-en-Bresse (71) 117 E1
la Flachère (38) 131 H6
Flachères (38) 130 D5
Flacourt (78) 41 G3
Flacy (89) 65 F4
Flagey (25) 103 G3
Flagey (52) 86 A2
Flagey-Echézeaux (21) 101 H2
Flagey-lès-Auxonne (21) ...102 C2
Flagey-Rigney (25) 87 G5
Flagnac (12) 154 A2
Flagy (70) 87 G3
Flagy (71) 116 A2
Flagy (77) 64 C3
Flaignes-Havys (08) 23 H1
Flainval (54) 49 E5
Flamanville (50) 12 A3
Flamanville (76) 17 H4
Flamarens (32) 168 B1
la Flamengrie (02) 10 A5
la Flamengrie (59) 9 G2
Flamets-Frétils (76) 19 F2
Flammerans (21) 102 C1
Flammerécourt (52) 67 H2
Flancourt-Catelon (27) 18 B5
Flangebouche (25) 104 B2
Flassan (84) 175 G1
Flassans-sur-Issole (83) ..193 G3
Flassigny (55) 25 F4
Flastroff (57) 27 E3
Flat (63) 127 G5
Flaucourt (80) 8 B5
Flaugeac (24) 136 D6
Flaujac-Gare (46) 153 F1
Flaujac-Poujols (46) 153 E3
Flaujagues (33) 136 A5
Flaumont-Waudrechies (59) .10 A4
Flaux (30) 174 C2
Flavacourt (60) 19 H5
Flaviac (07) 143 H6
Flavignac (87) 124 A3
Flavignerot (21) 101 G1
Flavigny (18) 98 B4
Flavigny (51) 45 F3
Flavigny-le-Grand-
  -et-Beaurain (02) 9 G6
Flavigny-sur-Moselle (54) ..48 D6
Flavigny-sur-Ozerain (21) ..85 E4
Flavin (12) 154 C5
Flavy-le-Martel (02) 21 H2
Flaxieu (01) 131 G2
Flaxlanden (68) 89 F2
Flayat (23) 126 A3
Flayosc (83) 193 H1
Fléac (16) 122 B4
Fléac-sur-Seugne (17) 121 F5
la Flèche (72) 77 G2
Fléchin (62) 2 B6
Fléchy (60) 20 B2
Flée (21) 84 C4
Flée (72) 78 C2
Fleigneux (08) 24 C2
Fleisheim (57) 50 A4
le Fleix (24) 136 C5
Fleix (86) 109 H2
Fléré-la-Rivière (36) 95 G5
Flers (61) 38 A4
Flers (62) 7 F3
Flers (80) 8 D5
Flers-en-Escrebieux (59) ...8 D1
Flers-sur-Noye (80) 20 C2
Flesquières (59) 8 D4
Flesselles (80) 7 G5
Flétrange (57) 49 F1
Flêtre (59) 3 E4
Fléty (58) 100 B5
Fleurac (16) 122 A3
Fleurac (24) 137 H4
Fleurat (23) 111 E4
Fleurbaix (62) 3 E5
Fleuré (61) 39 F5
Fleuré (86) 109 F2
Fleurey (25) 104 C1
Fleurey-lès-Faverney (70) ..87 F2
Fleurey-lès-Lavoncourt (70) .86 D3
Fleurey-lès-Saint-Loup (70) .69 H6
Fleurey-sur-Ouche (21) 85 G6
Fleurie (69) 116 B5
Fleurieu-sur-Saône (69) ..130 A2
Fleurieux-sur-l'Arbresle (69) .129 H2
Fleurigné (35) 58 A2
Fleurines (60) 20 D6
Fleurville (71) 116 B2
Fleury (02) 21 H6

Fleury (11) 188 B3
Fleury (50) 37 E3
Fleury (57) 26 C6
Fleury (60) 20 A6
Fleury (62) 7 G1
Fleury (80) 20 B1
Fleury-devant-
-Douaumont (55) 25 F6
Fleury-en-Bière (77) 63 H2
Fleury-la-Forêt (27) 19 F4
Fleury-la-Montagne (71) 115 E5
Fleury-la-Rivière (51) 45 G3
Fleury-la-Vallée (89) 83 F1
Fleury-les-Aubrais (45) 62 D6
Fleury-Mérogis (91) 42 D6
Fleury-sur-Andelle (27) 19 E5
Fleury-sur-Loire (58) 99 E5
Fleury-sur-Orne (14) 14 B5
Fléville (08) 24 C5
Fléville-devant-Nancy (54) 48 D5
Fléville-Lixières (54) 25 H4
Fley (57) 26 C4
Flexanville (41) 41 H4
Flexbourg (67) 50 C6
Fley (71) 101 F6
Fleys (89) 83 H2
Flez-Cuzy (58) 83 G6
Fligny (08) 10 C6
Flin (70) 70 B1
Flines-lès-Mortagne (59) 8 D1
Flines-lez-Raches (59) 8 C1
Flins-Neuve-Église (78) 41 G3
Flins-sur-Seine (78) 42 A3
Flipou (27) 18 D5
Flirey (54) 48 A3
Flixecourt (80) 7 F5
Flize (08) 24 B2
la Flocellière (85) 92 C4
Flocourt (57) 49 E2
Flocques (76) 6 A4
Flogny-la-Chapelle (89) 65 H6
Floing (08) 24 C2
Floirac (17) 120 D5
Floirac (33) 135 F5
Floirac (46) 138 D5
Florac (48) 156 B5
Florange (57) 26 B3
Florémont (88) 69 G2
Florensac (34) 188 D2
Florent-en-Argonne (51) 46 D1
Florentia (39) 117 F3
Florentin (81) 170 B3
Florentin-la-Capelle (12) 154 C2
Floressas (46) 152 A3
Florimont (90) 89 E4
Florimont-Gaumier (24) 152 B1
Floringhem (62) 2 B6
la Flotte (17) 106 B4
Flottemanville (50) 12 D3
Flottemanville-Hague (50) 12 B3
Floudès (33) 150 A2
Floure (11) 187 F3
Flourens (31) 169 G5
Floursies (59) 10 A3
Floyon (59) 9 H4
Flumet (73) 132 D2
Fluquières (02) 21 H1
Fluy (80) 7 F6
Foameix-Ornel (55) 25 G6
Foce (2A) 207 E3
Focicchia (2B) 205 F3
Foëcy (18) 97 F2
le Foeil (22) 33 F5
Foisches (08) 11 H1
Foissac (12) 153 G3
Foissac (30) 174 A1
Foissiat (01) 116 D3
Foissy (21) 101 E2
Foissy-lès-Vézelay (89) 83 H5
Foissy-sur-Vanne (89) 65 F4
Foix (09) 185 H5
Folcarde (31) 186 A1
Folembray (02) 22 A3
Folgensbourg (68) 89 G3
le Folgoët (29) 31 F3
la Folie (14) 13 G5
Folies (80) 21 E1
Folkling (57) 27 G5
Follainville-Dennemont (78) 41 H2
Folles (87) 110 D5
la Folletière (76) 17 E5
la Folletière-Abenon (14) 39 H2
Folleville (27) 15 H5
Folleville (80) 20 C2
Folligny (50) 35 H2
Folschviller (57) 49 F1
Fomerey (88) 69 H3
Fomperron (79) 108 B2
Fonbeauzard (31) 169 F5
Foncegrive (21) 86 A3
Fonches-Fonchette (80) 21 F1
Foncine-le-Bas (39) 103 G6
Foncine-le-Haut (39) 103 G6
Foncquevillers (62) 8 A3
Fondamente (12) 172 A3
Fondettes (37) 78 D5
Fondremand (70) 87 F4
Fongrave (47) 151 E4
Fongueusemare (76) 16 C4
Fonroque (24) 151 E1
Fons (07) 157 G2
Fons (30) 173 H3
Fons (46) 153 G1
Fons-sur-Lussan (30) 157 G6
Fonsomme (02) 9 G6
Fonsorbes (31) 168 D6
Font-Romeu-
-Odeillo-Via (66) 199 H4
Fontain (25) 103 G1
Fontaine (10) 67 F4
Fontaine (38) 145 G2
Fontaine (90) 88 D3
Fontaine-au-Bois (59) 9 G4
Fontaine-au-Pire (59) 9 E4
Fontaine-Bellenger (27) 41 E1
Fontaine-Bonneleau (60) 20 B2
Fontaine-Chaalis (60) 43 F1
Fontaine-Chalendray (17) 121 H1
Fontaine-Couverte (53) 58 A6
Fontaine-de-Vaucluse (84) 175 G2
Fontaine-Denis-Nuisy (51) 44 D6
Fontaine-en-Bray (76) 19 E2
Fontaine-en-Dormois (51) 24 B6
Fontaine-Étoupefour (14) 14 B5
Fontaine-Fourches (77) 65 E2
Fontaine-Française (21) 86 B4
Fontaine-Guérin (49) 77 G4
Fontaine-Henry (14) 14 B4
Fontaine-Heudebourg (27) 41 E1
Fontaine-la-Gaillarde (89) 65 E4
Fontaine-la-Guyon (28) 61 H1
Fontaine-la-Louvet (27) 15 G5
Fontaine-la-Mallet (76) 15 F1
Fontaine-la-Rivière (91) 63 E3
Fontaine-la-Soret (27) 40 B1
Fontaine-l'Abbé (27) 40 B1
Fontaine-Lavaganne (60) 20 A3
Fontaine-le-Bourg (76) 17 H5
Fontaine-le-Comte (86) 109 E1
Fontaine-le-Dun (76) 17 F3
Fontaine-le-Pin (14) 38 D2
Fontaine-le-Port (77) 64 B1
Fontaine-le-Puits (73) 132 D5
Fontaine-le-Sec (80) 6 D5
Fontaine-les-Bassets (61) 39 E3
Fontaine-lès-Boulans (62) 2 B6
Fontaine-lès-Cappy (80) 8 B6
Fontaine-lès-Clercs (02) 21 H1
Fontaine-lès-Clerval (25) 88 A5
Fontaine-les-Coteaux (41) 79 E2
Fontaine-lès-Croisilles (62) 8 C3
Fontaine-lès-Dijon (21) 85 H6
Fontaine-les-Hermans (62) 2 B6
Fontaine-lès-Luxeuil (70) 87 H1
Fontaine-les-Ribouts (28) 41 E5
Fontaine-lès-Vervins (02) 10 A6
Fontaine-l'Étalon (62) 7 E2
Fontaine-Mâcon (10) 65 F2
Fontaine-Milon (49) 77 F4
Fontaine-Notre-Dame (02) 9 H6

Fontaine-Notre-Dame (59) 8 D3
Fontaine-Raoul (41) 61 G6
Fontaine-Saint-Lucien (60) 20 B4
la Fontaine-Saint-Martin (72) 77 H2
Fontaine-Simon (28) 61 G1
Fontaine-sous-Jouy (27) 41 E2
Fontaine-
-sous-Montdidier (80) 20 D2
Fontaine-sur-Préaux? Fontaine-sur-Préaux (76) 17 H6
Fontaine-sur-Ay (51) 45 F2
Fontaine-sur-Maye (80) 7 E3
Fontaine-sur-Somme (80) 7 E5
Fontaine-Uterte (02) 9 E6
Fontainebleau (77) 64 A2
Fontainebrux (39) 102 C6
Fontaines (71) 101 G5
Fontaines (85) 107 E2
Fontaines (89) 83 E3
Fontaines-d'Ozillac (17) 121 G6
Fontaines-en-Duesmois (21) 85 E3
Fontaines-en-Sologne (41) 80 B4
Fontaines-les-Sèches (21) 84 D3
Fontaines-Saint-Clair (55) 25 E5
Fontaines-Saint-Martin (69) 130 A2
Fontaines-sur-Marne (52) 67 H1
Fontaines-sur-Saône (69) 130 A2
Fontains (77) 64 C1
Fontan (06) 179 G1
Fontanès (30) 173 H3
Fontanès (34) 173 F5
Fontanes (42) 129 F5
Fontanes (46) 152 D5
Fontanès (48) 142 B6
Fontanès-de-Sault (11) 199 H1
Fontanil-Cornillon (38) 145 F1
Fontannes (43) 141 H2
Fontans (48) 155 H1
Fontarèches (30) 174 B1
Fontclaireau (16) 122 C2
Fontcouverte (11) 187 E4
Fontcouverte (17) 121 F2
Fontcouverte-
-la-Toussuire (73) 146 C2
la Fontelaye (76) 17 F4
Fontenai-les-Louvets (61) 59 H1
Fontenai-sur-Orne (61) 39 E5
Fontenailles (77) 64 C1
Fontenailles (89) 83 F3
Fontenay (27) 19 F6
Fontenay (36) 96 C3
Fontenay (50) 37 G5
Fontenay (71) 115 F2
Fontenay (76) 15 F1
Fontenay (88) 70 A3
Fontenay-aux-Roses (92) 42 C4
Fontenay-de-Bossery (10) 65 F2
Fontenay-en-Parisis (95) 42 D2
Fontenay-le-Comte (85) 107 F2
Fontenay-le-Fleury (78) 42 B4
Fontenay-le-Marmion (14) 14 B5
Fontenay-le-Pesnel (14) 14 A4
Fontenay-le-Vicomte (91) 63 G1
Fontenay-lès-Briis (91) 42 C6
Fontenay-Mauvoisin (78) 41 G3
Fontenay-près-Chablis (89) 83 H1
Fontenay-près-Vézelay (89) 83 G5
Fontenay-Saint-Père (78) 41 H2
Fontenay-
-sous-Fouronnes (89) 83 G3
Fontenay-sur-Conie (28) 62 C4
Fontenay-sur-Eure (28) 62 A2
Fontenay-sur-Loing (45) 64 B5
Fontenay-sur-Mer (50) 13 E3
Fontenay-sur-Vègre (72) 59 G6
Fontenay-Torcy (60) 19 G3
Fontenay-Trésigny (77) 43 G5
Fontenelle (21) 86 B4
Fontenelle (90) 88 D3
la Fontenelle (35) 35 G5
la Fontenelle (41) 61 F5
Fontenelle-en-Brie (02) 44 C3
Fontenelle-Montby (25) 88 A5
les Fontenelles (25) 104 C1
Fontenermont (14) 37 F3
Fontenet (17) 121 F1
Fontenille (16) 122 C1
Fontenille-Saint-Martin-
-d'Entraigues (79) 108 B5
Fontenilles (31) 168 D6
Fontenois-la-Ville (70) 69 G6
Fontenois-
-lès-Montbozon (70) 87 G4
Fontenotte (25) 87 H5
Fontenouilles (89) 82 C1
Fontenoy (02) 21 H5
Fontenoy (89) 83 E3
Fontenoy-la-Joûte (54) 70 B1
Fontenoy-le-Château (88) 69 G5
Fontenoy-sur-Moselle (54) 48 B5
Fontenu (39) 103 E6
Fonteny (57) 49 E3
Fontès (34) 172 C6
Fontès (33) 150 B2
Fontette (10) 66 D5
Fontevraud-l'Abbaye (49) 94 A1
Fontgombault (36) 95 F6
Fontguenand (36) 96 B3
Fontienne (04) 176 C1
Fontiers-Cabardès (11) 186 D2
Fontiès-d'Aude (11) 187 E3
Fontjoncouse (11) 187 H5
Fontoy (57) 26 A3
Fontpédrouse (66) 200 A4
Fontrabiouse (66) 199 H3
Fontrailles (65) 183 G2
Fontvannes (10) 65 H3
Fontvieille (13) 191 E2
Forbach (57) 27 G4
Forcalqueiret (83) 193 F3
Forcalquier (04) 176 C2
la Force (11) 186 C3
la Force (24) 136 D5
Forcé (53) 58 D5
Forcelles-Saint-Gorgon (54) 69 F1
Forcelles-sous-Gugney (54) 69 F2
Forceville (80) 7 H4
Forceville-en-Vimeu (80) 6 D5
Forcey (52) 68 B4
Forciolo (2A) 205 E6
la Forclaz (74) 119 E3
Forest-en-Cambrésis (59) 9 F4
Forest-l'Abbaye (80) 6 D3
la Forest-Landerneau (29) 31 F4
Forest-Montiers (80) 6 D3
Forest-Saint-Julien (05) 160 B2
Forest-sur-Marque (59) 3 G5
Foreste (02) 21 G1
la Forestière (51) 44 C5
la Forêt-Auvray (61) 38 C4
la Forêt-de-Tessé (16) 108 C6
la Forêt-du-Parc (27) 41 E3
la Forêt-du-Temple (23) 111 G3
la Forêt-Fouesnant (29) 53 G3
Forêt-la-Folie (27) 19 F6
la Forêt-le-Roi (91) 63 E1
la Forêt-Sainte-Croix (91) 63 F2
la Forêt-sur-Sèvre (79) 92 D5
Forfry (77) 43 G2
la Forge (88) 70 B5
Forges (17) 107 E5
Forges (19) 139 F3
Forges (49) 93 G1
les Forges (56) 56 D3
les Forges (61) 60 A1
les Forges (79) 108 D1
les Forges (88) 69 H4
Forges-les-Bains (91) 42 B6
Forges-les-Eaux (76) 19 F3
Forges-sur-Meuse (55) 25 E5
Forgues (31) 184 D1
la Forie (63) 128 B5
Forléans (21) 84 C5

Formentin (14) 15 E4
Formerie (60) 19 G2
Formigny (14) 13 G5
Formiguères (66) 199 H3
Fornex (09) 185 E3
Fors (79) 107 H4
Forstfeld (67) 51 G3
Forstheim (67) 51 E3
Fort-du-Plasne (39) 118 A1
Fort-Louis (67) 51 G3
Fort-Mahon-Plage (80) 6 C2
Fort-Moville (27) 15 G3
Fortan (41) 79 F1
Fortel-en-Artois (62) 7 F3
la Forteresse (38) 145 E1
Fortschwihr (68) 71 G4
Fos (31) 184 B6
Fos (34) 172 B6
Fos-sur-Mer (13) 191 F4
le Fossat (09) 185 F3
Fossé (08) 24 C4
Fossé (41) 79 H3
Fossé (66) 200 C1
le Fossé (76) 19 F3
Fossemagne (24) 137 H3
Fossemanant (80) 20 B1
Fosses (95) 43 E2
Fossès-et-Baleyssac (33) 150 B2
Fosseux (62) 7 H3
Fossieux (57) 48 D3
Fossoy (02) 44 C2
Foucart (76) 15 H1
Foucarville (50) 13 E4
Foucaucourt-
-en-Santerre (80) 8 B6
Foucaucourt-Hors-Nesle (80) 6 C6
Foucaucourt-
-sur-Thabas (55) 47 E2
Fouchécourt (70) 87 F2
Fouchécourt (88) 69 E5
Foucherans (25) 103 G2
Foucherans (39) 102 C2
Fouchères (10) 66 C4
Fouchères (89) 64 D4
Fouchères-aux-Bois (55) 47 F6
Foucherolles (45) 64 C5
Fouchy (67) 71 E2
Foucrainville (27) 41 E3
Fouday (67) 71 E1
Fouencamps (80) 20 C1
Fouesnant (29) 53 G4
Foufflin-Ricametz (62) 7 G2
Foug (54) 48 A5
Fougaron (31) 184 C5
Fougax-et-Barrineuf (09) 186 B6
Fougeré (49) 77 G3
Fougeré (85) 91 H4
Fougères (35) 58 A2
Fougères-sur-Bièvre (41) 79 H5
les Fougerêts (56) 56 D6
Fougerolles (36) 111 G2
Fougerolles (70) 69 H6
Fougerolles-du-Plessis (53) 58 B1
la Fouillade (12) 153 G5
Fouilleuse (60) 20 D4
Fouilloy (60) 19 H2
Fouilloy (80) 8 A6
Fouju (77) 43 G6
Foulain (52) 68 A5
Foulangues (60) 20 D6
Foulayronnes (47) 151 F5
Foulbec (27) 16 C6
Foulcrey (57) 49 G5
Fouleix (24) 137 F4
Fouligny (57) 49 E1
Foulognes (14) 13 G6
Fouquebrune (16) 122 C5
Fouquenies (60) 20 A4
Fouquereuil (62) 2 D6
Fouquescourt (80) 21 E1
Fouqueure (16) 122 B2
Fouqueville (27) 18 B6
Fouquières-lès-Béthune (62) 2 D6
Fouquières-lès-Lens (62) 8 C1
Four (38) 130 C4
Fouras (17) 106 D6
Fourbanne (25) 87 H6
Fourcatier-et-
-Maison-Neuve (25) 104 A5
Fourcès (32) 167 F2
Fourchambault (58) 98 D3
Fourches (14) 39 E3
Fourcigny (80) 19 H1
Fourdrain (02) 22 B3
Fourdrinoy (80) 7 F6
Fourg (25) 103 E2
Fourges (27) 41 G1
les Fourgs (25) 104 A4
Fourilles (03) 113 G4
Fourmagnac (46) 153 G1
Fourmetot (27) 15 H3
Fourmies (59) 10 B5
Fournaudin (89) 65 G4
Fourneaux (42) 129 G2
Fourneaux (50) 37 G3
Fourneaux (73) 147 E2
Fourneaux-le-Val (14) 38 D3
Fournels (48) 141 H4
Fournès (30) 174 C2
Fournes-Cabardès (11) 187 E2
Fournes-en-Weppes (59) 3 E5
le Fournet (14) 15 E4
Fournet-
-Blancheroche (25) 104 D1
Fournets-Luisans (25) 104 B2
Fourneville (14) 15 F3
Fournival (60) 20 C4
Fournols (63) 128 A5
Fournoulès (15) 154 A1
Fouronnes (89) 83 F4
Fourques (30) 174 C4
Fourques (66) 201 E3
Fourques-
-sur-Garonne (47) 150 C3
Fourquevaux (31) 169 G6
Fours (33) 135 E2
Fours (58) 99 H5
Fours-en-Vexin (27) 41 G1
Fourtou (11) 187 E6
Foussais-Payré (85) 107 F1
Foussemagne (90) 88 D3
le Fousseret (31) 184 D2
Foussignac (16) 122 A3
Fouvent-
-Saint-Andoche (70) 86 D3
Fouzilhon (34) 172 B6
Foville (57) 48 D3
Fox-Amphoux (83) 193 F1
la Foye-Monjault (79) 107 G4
Fozières (34) 172 C4
Fozzano (2A) 207 E2
Frahier-et-Chatebier (70) 88 C3
Fraignot-et-Vesvrotte (21) 85 G3
Frailicourt (08) 23 F2
Fraimbois (54) 49 F6
Frain (88) 69 E5
Fraisans (39) 103 E2
Fraisse (24) 136 C5
Fraisse-Cabardès (11) 186 D2
Fraisse-des-Corbières (11) 187 H5
Fraisse-sur-Agout (34) 171 G6
Fraisses (42) 129 E6
Fraissines (81) 171 E2
Fraissinet-
-de-Fourques (48) 156 A6
Fraissinet-de-Lozère (48) 156 B4

Fraize (88) 70 D3
Fralignes (10) 66 D4
la Framboisière (28) 61 F1
Frambouhans (25) 104 C1
Framecourt (62) 7 G2
Framerville-Rainecourt (80) 8 A6
Framicourt (80) 6 C5
Framont (70) 86 C4
Frampas (52) 67 E2
Francalmont (70) 87 G1
Francaltroff (57) 49 G2
Francarville (31) 169 H5
Francastel (60) 20 B3
Françay (41) 79 G3
Francazal (31) 184 D5
Francescas (47) 167 G1
Francheleins (01) 116 B6
Franchesse (03) 113 F1
Francheval (08) 24 C2
Franchevelle (70) 88 A2
la Francheville (08) 24 A1
Francheville (21) 85 G5
Francheville (27) 40 C4
Francheville (39) 102 C5
Francheville (51) 46 A3
Francheville (54) 48 B4
Francheville (61) 39 E5
Francheville (69) 130 A3
Francières (60) 21 E4
Francières (80) 7 E4
Francillon (36) 96 B4
Francillon-
-sur-Roubion (26) 158 D2
Francilly-Selency (02) 8 D6
Francin (73) 132 A5
Franclens (74) 118 A6
François (79) 108 A3
Franconville (54) 69 H1
Franconville (95) 42 C3
Francoulès (46) 152 D3
Francourt (70) 86 D3
Francourville (28) 62 C2
Francs (33) 136 A4
Francueil (37) 79 G6
Franey (25) 103 E1
Frangy (74) 118 A6
Frangy-en-Bresse (71) 102 B6
Franken (68) 89 F3
Franleu (80) 6 C4
Franois (25) 103 F1
Franqueville (02) 22 D1
Franqueville (27) 40 D1
Franqueville (80) 7 F4
Franqueville-
-Saint-Pierre (76) 18 D4
Frans (01) 130 A1
Fransart (80) 21 F1
Fransèches (23) 125 G1
Fransu (80) 7 F4
Fransures (80) 20 B2
Franvillers (80) 7 H5
Franxault (21) 102 B3
Frapelle (88) 70 D2
Fraquelfing (57) 49 H5
Fraroz (39) 103 G5
Frasnay-Reugny (58) 99 G3
Frasne (25) 103 H4
Frasne-le-Château (70) 87 E4
Frasne-les-Meulières (39) 102 C1
la Frasnée (39) 117 H1
Frasnes (59) 9 H3
Frasnois (39) 103 F6
Frasnoy (59) 9 G2
Frasseto (2A) 205 E6
Frauenberg (57) 27 H5
Frausseilles (81) 170 A1
Fravaux (10) 67 E4
le Fraysse (81) 170 D3
Frayssinet (46) 152 D1
Frayssinet-le-Gélat (46) 152 B2
Frayssinhes (46) 139 F5
Frazé (28) 61 G3
Fréauville (76) 19 E2
Frebécourt (88) 68 D2
Frébuans (39) 102 C6
le Frêche (40) 166 C2
Fréchède (65) 183 F1
Fréchencourt (80) 7 H5
Fréchendets (65) 183 F4
le Fréchet (31) 184 C2
Fréchet-Aure (65) 183 G5
le Fréchou (47) 167 G1
Fréchou-Fréchet (65) 183 F3
Frécourt (52) 68 B6
Frédéric-Fontaine (70) 88 B3
la Frédière (17) 121 F2
Frédille (36) 96 B3
Frégimont (47) 151 E5
Frégouville (32) 168 C5
Fréhel (22) 34 B3
Freigné (49) 76 B3
Freissinières (05) 147 E6
la Freissinouse (05) 160 B2
Freistroff (57) 26 D4
Freix-Anglards (15) 140 A4
Fréjairolles (81) 170 C3
Fréjeville (81) 170 C5
Fréjus (83) 194 B2
Fréland (68) 71 E4
Frelinghien (59) 3 F4
Frémainville (95) 42 A2
Frémécourt (95) 42 B2
Fréménil (54) 49 G6
Frémeréville-
-sous-les-Côtes (55) 47 H4
Frémery (57) 49 E3
Frémestroff (57) 49 G2
Frémicourt (62) 8 C4
Frémonville (54) 49 H6
la Frénaye (76) 15 H2
Frencq (62) 1 F5
Frenelle-la-Grande (88) 69 F2
Frenelle-la-Petite (88) 69 F2
Freneuse (76) 18 C5
Freneuse (78) 41 G2
Freneuse-sur-Risle (27) 18 A6
Freney (73) 147 E2
le Freney-d'Oisans (38) 146 B3
Fréniches (60) 21 G2
Frénois (21) 85 G4
Frénois (88) 69 F4
Frénouville (14) 38 D1
Frépillon (95) 42 C2
Fresles (76) 19 E1
la Fresnaie-Fayel (61) 39 G4
la Fresnais (35) 35 E4
Fresnay (10) 67 E2
Fresnay-en-Retz (44) 90 D1
Fresnay-le-Comte (28) 62 B3
Fresnay-le-Gilmert (28) 62 A1
Fresnay-le-Long (76) 17 G4
Fresnay-le-Samson (61) 39 F3
Fresnay-l'Évêque (28) 62 D3
Fresnay-sur-Sarthe (72) 59 H3
la Fresnaye-
-au-Sauvage (61) 38 D4
le Fresne (27) 40 D2
le Fresne (51) 46 B3
le Fresne-Camilly (14) 14 A4
le Fresne-Poret (50) 37 H4
Fresné-la-Mère (14) 38 D2
le Fresne-sur-Loire (44) 76 B5
Fresneaux-
-Montchevreuil (60) 20 A5
Fresnes (02) 22 D1
Fresnes (21) 84 D4
Fresnes (41) 80 A5
Fresnes (89) 84 A2
Fresnes (94) 42 D5
Fresnes-au-Mont (55) 47 G3
Fresnes-en-Saulnois (57) 49 E3
Fresnes-en-Tardenois (02) 44 C1

Fresnes-en-Woëvre (55) 47 H1
Fresnes-lès-Montauban (62) 8 C2
Fresnes-Mazancourt (80) 8 B6
Fresnes-sur-Apance (52) 69 E6
Fresnes-sur-Escaut (59) 9 F1
Fresnes-sur-Marne (77) 43 F3
Fresnes-Tilloloy (80) 6 D5
Fresneville (80) 6 D6
Fresney (27) 41 E3
Fresney-le-Puceux (14) 14 B5
Fresney-le-Vieux (14) 14 B6
Fresnicourt-le-Dolmen (62) 8 A1
Fresnières (60) 21 F3
Fresnois-la-Montagne (54) 25 G3
Fresnoy (62) 7 E3
Fresnoy-Andainville (80) 6 D6
Fresnoy-au-Val (80) 7 E6
Fresnoy-en-Chaussée (80) 20 D1
Fresnoy-en-Gohelle (62) 8 C2
Fresnoy-en-Thelle (60) 20 C6
Fresnoy-Folny (76) 6 A6
Fresnoy-la-Rivière (60) 21 F6
Fresnoy-le-Château (10) 66 C4
Fresnoy-le-Grand (02) 9 F6
Fresnoy-le-Luat (60) 21 E6
Fresnoy-lès-Roye (80) 21 F2
Frespech (47) 151 G5
Fresquiennes (76) 17 G5
Fressac (30) 173 G2
Fressain (59) 8 D3
Fressancourt (02) 22 B2
Fresse (70) 88 C2
Fresse-sur-Moselle (88) 70 C6
Fresselines (23) 111 F3
Fressenneville (80) 6 C4
Fressies (59) 8 D3
Fressin (62) 7 E2
Fressines (79) 108 A3
Fresville (50) 12 D4
le Frestoy-Vaux (60) 21 E3
Fréterive (73) 132 B4
Fréteval (41) 79 H1
Frétigney-et-
-Velloreille (70) 87 F4
Frétigny (28) 61 F2
Fretin (59) 3 G6
Frétoy (77) 44 A5
Frétoy-le-Château (60) 21 G2
la Frette (38) 131 E6
la Frette (71) 116 C1
la Frette-sur-Seine (95) 42 C3
Frettecuisse (80) 6 D6
Frettemeule (80) 6 C5
Fretterans (71) 102 B4
le Fréty (08) 23 G1
Freulleville (76) 17 H3
Frévent (62) 7 G3
Fréville (76) 17 F5
Fréville (88) 68 D3
Fréville-du-Gâtinais (45) 63 G6
Frévillers (62) 7 H1
Frévin-Capelle (62) 8 A2
Freybouse (57) 49 G2
Freycenet-la-Cuche (43) 142 D5
Freycenet-la-Tour (43) 142 D5
Freychenet (09) 185 H6
Freyming-
-Merlebach (57) 49 G1
Freyssenet (07) 157 H1
Friaize (28) 61 G2
Friardel (14) 39 G2
Friaucourt (80) 6 B4
Friauville (54) 48 A1
Fribourg (57) 49 G4
Fricamps (80) 20 A1
Frichemesnil (76) 18 D2
Fricourt (80) 8 A5
Fridefont (15) 141 F5
Friedolsheim (67) 50 C4
Friesen (68) 89 E3
Friesenheim (67) 71 H2
Friesenheim (68) 89 F2
Frignicourt (51) 46 B5
Frise (80) 8 B5
Friville-Escarbotin (80) 6 B4
Frizon (88) 69 H3
Froberville (76) 16 C3
Frocourt (60) 20 A5
Froeningen (68) 89 F2
Froeschwiller (67) 51 E2
Froges (38) 145 H1
Frohen-sur-Authie (80) 7 F3
Frohmuhl (67) 50 B3
Froideconche (70) 87 H1
Froidefontaine (90) 88 D3
Froidestrées (02) 10 A5
Froideterre (70) 88 A3
Froidevaux (25) 88 B6
Froideville (39) 102 C5
Froidfond (85) 91 E2
Froidmont-Cohartille (02) 22 C2
Froidos (55) 47 E2
Froissy (60) 20 B3
Frôlois (21) 85 E4
Frolois (54) 48 C6
Fromelennes (08) 11 H4
Fromelles (59) 3 E5
Fromental (87) 110 D5
Fromentières (51) 44 D3
Fromentières (53) 76 D1
Fromeréville-
-les-Vallons (55) 47 F1
Fromezey (55) 25 G6
Fromont (77) 63 H3
Fromy (08) 24 D3
Froncles (52) 67 H3
Fronsac (31) 184 C5
Fronsac (33) 135 G4
Frontenac (33) 135 H5
Frontenac (46) 153 G3
Frontenard (71) 102 B3
Frontenas (69) 129 H2
Frontenaud (71) 117 E1
Frontenay (39) 102 D5
Frontenay-
-Rohan-Rohan (79) 107 H4
Frontenex (73) 132 C4
Frontignan (34) 189 F1
Frontignan-
-de-Comminges (31) 184 A5
Frontignan-Savès (31) 184 C1
Fronton (31) 169 E3
Frontonas (38) 130 D4
Fronville (52) 67 H2
Frossay (44) 74 A5
Frotey-lès-Lure (70) 88 A3
Frotey-lès-Vesoul (70) 87 G3
Frouard (54) 48 C4
Frouville (95) 42 C1
Frouzins (31) 169 E6
Froville (54) 69 H1
Froyelles (80) 7 E3
Frozes (86) 94 A6
Frucourt (80) 6 D5
Frugères-les-Mines (43) 141 G1
Fruges (62) 2 A6
Frugières-le-Pin (43) 141 H2
Fruncé (28) 61 H2
Fry (76) 19 F3
Fuans (25) 104 B2
Fublaines (77) 43 G3
le Fugeret (04) 178 A1
le Fuilet (49) 75 F5
Fuilla (66) 200 A3
Fuissé (71) 116 B4
Fuligny (10) 67 F3
Fulleren (68) 89 E3
Fultot (76) 17 E3
Fulvy (89) 84 B2
Fumay (08) 11 H4
Fumel (47) 151 H4
Fumichon (14) 15 G5
Furchhausen (67) 50 C4
Furdenheim (67) 50 D5
Furiani (2B) 203 G4
Furmeyer (05) 160 A2
Fussey (21) 101 G2
Fussy (18) 97 H2
Fustérouau (32) 166 D4
Fustignac (31) 184 C2

Futeau (55) 46 D2
Fuveau (13) 192 C1
Fyé (72) 60 A3

G

Gaas (40) 165 E5
Gabarnac (33) 149 H2
Gabarret (40) 166 D2
Gabaston (64) 182 C1
Gabat (64) 181 F1
Gabian (34) 172 B6
Gabillou (24) 137 H2
Gabre (09) 185 E4
Gabriac (12) 154 D3
Gabriac (48) 156 C6
Gabrias (48) 155 H3
Gacé (61) 39 G4
la Gacilly (56) 56 C6
Gâcogne (58) 100 A1
Gadancourt (95) 42 A2
Gadencourt (27) 41 F3
Gaël (35) 56 B2
Gageac-et-Rouillac (24) 136 C6
Gagnac-sur-Cère (46) 139 F5
Gagnac-sur-Garonne (31) 169 E4
Gagnières (30) 157 E5
Gagny (93) 43 E4
Gahard (35) 57 G1
Gaillac (81) 170 A3
Gaillac-d'Aveyron (12) 155 E4
Gaillac-Toulza (31) 185 G3
Gaillagos (65) 182 C5
Gaillan-en-Médoc (33) 120 C6
Gaillard (74) 118 C5
Gaillardbois-Cressenville (27) 19 E5
Gaillefontaine (76) 19 F2
Gaillères (40) 166 B2
Gaillon (27) 41 E1
Gaillon-sur-Montcient (78) 42 A2
Gainneville (76) 15 F2
Gajac (33) 150 A3
Gajan (09) 184 D5
Gajan (30) 174 A3
Gajoubert (87) 109 H5
Galametz (62) 7 F2
Galan (65) 183 G3
Galapian (47) 151 E4
Galargues (34) 173 G4
Galéria (2B) 204 B1
Galey (09) 184 C5
Galez (65) 183 G3
Galfingue (68) 89 E2
Galgan (12) 153 H4
Galgon (33) 135 G4
Galiax (32) 166 D5
Galié (31) 184 B5
Galinagues (11) 199 H1
Gallardon (28) 62 C1
Gallargues-
-le-Montueux (30) 173 H4
le Gallet (60) 20 B3
Galluis (78) 41 H4
Gamaches (80) 6 C5
Gamaches-en-Vexin (27) 19 F6
Gamarde-les-Bains (40) 165 F4
Gamarthe (64) 181 E3
Gambais (78) 41 G4
Gambaiseuil (78) 41 H5
Gambsheim (67) 51 F4
Gan (64) 182 B3
Ganac (09) 185 G5
Ganagobie (04) 176 D1
Gancourt-Saint-Étienne (76) 19 G3
Gandelain (61) 59 H1
Gandelu (02) 44 A2
Gandrange (57) 26 B4
Ganges (34) 173 E2
Gannat (03) 113 G6
Gannay-sur-Loire (03) 99 G6
Gannes (60) 20 C3
Gans (33) 150 A3
Ganties (31) 184 B4
Ganzeville (76) 16 C3
Gap (05) 160 B2
Gapennes (80) 7 E3
Gâprée (61) 39 G6
Garac (31) 168 D4
Garancières (78) 41 H4
Garancières-en-Beauce (28) 62 D2
Garancières-en-Drouais (28) 41 E5
Garanou (09) 199 F1
Garat (16) 122 C4
Garcelles-Secqueville (14) 38 C1
Garches (92) 42 C4
Garchizy (58) 98 D3
Garchy (58) 98 D1
Gardanne (13) 192 B2
la Garde (04) 178 A2
la Garde (38) 146 A3
la Garde (83) 193 F5
la Garde-Adhémar (26) 158 B4
la Garde-Freinet (83) 194 A3
Gardegan-et-Tourtirac (33) 136 A5
Gardères (65) 182 D2
Gardes-le-Pontaroux (16) 122 C5
Gardie (11) 186 D4
Gardonne (24) 136 C5
Gardouch (31) 185 H1
Garein (40) 165 H1
Garencières (27) 41 E3
la Garenne-Colombes (92) 42 C3
Garennes-sur-Eure (27) 41 F3
Garentreville (77) 63 H4
Garéoult (83) 193 F3
Garganvillar (82) 168 C2
Gargas (31) 169 F4
Gargas (84) 175 H2
Gargenville (78) 41 H2
Garges-lès-Gonesse (95) 42 D3
Gargilesse-Dampierre (36) 111 E2
Garidech (31) 169 G4
Gariès (82) 168 C3
Garigny (18) 98 C3
Garin (31) 183 H6
Garindein (64) 181 F3
Garlan (29) 32 A3
Garlède-Mondebat (64) 166 B6
Garlin (64) 166 B5
la Garnache (85) 90 D2
Garnat-sur-Engièvre (03) 114 A1
Garnay (28) 41 F5
Garnerans (01) 116 B5
Garons (30) 174 B3
Garos (64) 166 A6
Garravet (32) 184 B1
Garrebourg (57) 50 B4
Garrevaques (81) 170 A6
Garrey (40) 165 F4
le Garric (81) 170 C2
Garrigues (34) 173 G3
Garrigues (81) 169 H4
Garrigues-
-Sainte-Eulalie (30) 174 A2
Garris (64) 181 F1
Garrosse (40) 165 F1
Gars (06) 178 C3
Gartempe (23) 111 F5
Gas (28) 62 B1
Gasny (27) 41 G1
Gasques (82) 151 H6
Gassin (83) 194 A4
Gastes (40) 148 B4
Gastines (53) 58 A6
Gastins (77) 43 H6
Gasville-Oisème (28) 62 B1
Gatey (39) 102 C4
Gathemo (50) 37 G4
Gatteville-le-Phare (50) 13 E1
Gattières (06) 195 E2
Gatuzières (48) 156 A6

Gaubertin (45) 63 G5
la Gaubretière (85) 92 B3
Gauchin-Légal (62) 8 A1
Gauchin-Verloingt (62) 7 G1
Gauchy (02) 22 A1
la Gaudaine (28) 61 F3
la Gaude (06) 195 E3
Gaudechart (60) 20 A3
Gaudent (65) 184 A5
Gaudiempré (62) 7 H3
Gaudiès (09) 186 A3
Gaudonville (32) 168 B3
Gaudreville-la-Rivière (27) 40 D3
Gaugeac (24) 151 G1
Gaujac (30) 174 B1
Gaujac (32) 168 B6
Gaujac (47) 150 B3
Gaujacq (40) 165 G4
Gaujan (32) 168 B6
le Gault-Perche (41) 61 F5
le Gault-Saint-Denis (28) 62 B3
le Gault-Soigny (51) 44 C4
Gauré (31) 169 G5
Gauriac (33) 135 E3
Gauriaguet (33) 135 G3
Gaussan (65) 183 H4
Gausson (22) 33 G6
Gauville (61) 39 H6
Gauville (80) 19 H1
Gauville-la-Campagne (27) 40 D2
Gavarnie (65) 182 D6
Gavarret-sur-Aulouste (32) 167 H4
Gavaudun (47) 151 G2
Gavignano (2B) 203 F6
Gavisse (57) 26 C2
Gavray (50) 35 H1
le Gâvre (44) 74 C2
Gavrelle (62) 8 B2
Gâvres (56) 54 C6
Gavrus (14) 14 B5
Gayan (65) 183 E2
Gaye (51) 45 E5
Gayon (64) 166 C6
Gazaupouy (32) 167 G2
Gazave (65) 183 G4
Gazax-et-Baccarisse (32) 167 E5
Gazeran (78) 41 H5
Gazost (65) 183 E4
Geaune (40) 166 B5
Geay (17) 120 D2
Geay (79) 93 F4
Gèdre (65) 198 B1
Gée (49) 77 F4
Gée-Rivière (32) 166 C4
Geffosses (50) 12 C6
Géfosse-Fontenay (14) 13 F4
Gehée (36) 96 B3
Geishouse (68) 89 E2
Geispitzen (68) 89 G2
Geispolsheim (67) 51 E6
Geiswasser (68) 71 H5
Geiswiller (67) 50 D4
Gélacourt (54) 70 A1
Gélannes (10) 65 G1
Gélaucourt (54) 69 E2
Gellainville (28) 62 B2
Gellenoncourt (54) 49 E5
Gelles (63) 126 C3
Gellin (25) 103 H5
Gelos (64) 182 B2
Geloux (40) 165 H1
Gelucourt (57) 49 F3
Gelvécourt-et-Adompt (88) 69 G4
Gémages (61) 60 D3
Gemaingoutte (88) 70 D3
Gembrie (65) 184 A5
Gemeaux (21) 85 H5
Gémenos (13) 192 C4
Gémigny (45) 62 C6
Gémil (31) 169 G4
Gemmelaincourt (88) 69 E3
Gémonval (25) 88 B4
Gémonville (54) 69 E3
Gémozac (17) 121 E4
Genac (16) 122 B2
Genainville (95) 41 H1
Génas (69) 130 B3
Genat (09) 199 E1
Genay (21) 84 C4
Genay (69) 130 A2
Gençay (86) 109 E3
Gendreville (88) 68 D3
Gendrey (39) 102 D1
Gené (49) 75 H1
Génébrières (82) 169 F2
Genech (59) 3 G6
Génelard (71) 115 F1
Générac (30) 174 B4
Générac (33) 135 F2
Générargues (30) 173 G1
Générest (65) 183 H5
Generville (11) 186 B3
Geneslay (61) 59 E1
le Genest-Saint-Isle (53) 58 C4
Genestelle (07) 157 G1
Geneston (44) 91 F1
la Genête (71) 116 C2
la Genétouze (17) 136 C1
la Genétouze (85) 91 F4
les Genettes (61) 40 A4
Geneuille (25) 87 G6
la Genevraie (61) 39 G5
la Genevraye (77) 64 A3
Genevreuille (70) 87 H3
Genevrey (70) 87 H2
Genevrières (52) 86 C2
la Genévroye (52) 67 H3
Geney (25) 88 B4
la Geneytouse (87) 124 C3
Génicourt (95) 42 B2
Génicourt-sur-Meuse (55) 47 G2
Genilac (42) 129 G5
Genillé (37) 95 G2
Génis (24) 138 A1
Génissac (33) 135 G5
Génissieux (26) 144 C3
Genlis (21) 102 A1
Gennes (25) 103 G1
Gennes (49) 77 F5
Gennes-Ivergny (62) 7 E2
Gennes-sur-Glaize (53) 76 D1
Gennes-sur-Seiche (35) 58 A5
Genneteil (49) 77 H3
Gennetines (03) 114 A2
Genneton (79) 93 E2
Genneville (14) 15 F3
Gennevilliers (92) 42 C3
Genod (39) 117 E3
Génolhac (30) 156 D5
Génos (31) 183 H6
Génos (65) 197 H1
Genouillac (16) 123 E2
Genouillac (23) 111 H3
Genouillé (17) 107 F5
Genouillé (86) 108 D4
Genouilleux (01) 116 B5

Gerbécourt (57) 49 E3
Gerbécourt-
  -et-Haplemont (54) 69 E4
Gerbépal (88) 70 C4
Gerberoy (60) 19 H3
Gerbéviller (54) 70 A1
Gercourt-et-Drillancourt (55) ...25 E5
Gercy (02) 10 A6
Gerde (65) 183 F4
Gerderest (64) 182 D1
Gère-Bélesten (64) 182 B4
Gergny (02) 10 A6
Gergueil (21) 101 G1
Gergy (71) 101 H4
Gerland (21) 101 H2
Germ (65) 197 E1
Germagnat (01) 117 F4
Germagny (71) 101 H6
Germaine (02) 21 H1
Germaine (51) 45 F1
Germainville (28) 41 F5
Germainvilliers (52) 68 D4
Germay (52) 68 B2
Germéfontaine (25) 104 B1
Germenay (58) 99 G1
Germigny (17) 121 G4
Germigny (51) 101 H6
Germigny (89) 65 H6
Germigny-des-Prés (45) 62 C4
Germigny-l'Évêque (77) 43 G3
Germigny-l'Exempt (18) 98 C1
Germigny-
  -sous-Coulombs (77) 44 A2
Germigny-sur-Loire (58) 98 D3
Germinon (51) 45 G4
Germiny (54) 48 B6
Germisay (52) 68 A2
Germolles-sur-Grosne (71) ...115 H4
Germond-Rouvre (79) 107 H2
Germondans (25) 87 G5
Germont (08) 24 B4
Germonville (54) 69 G2
Germs-sur-l'Oussouet (65) ...183 E4
Gernelle (08) 24 B1
Gernicourt (02) 22 D5
Géronce (64) 181 H2
Gerponville (76) 16 D3
Gerrots (14) 15 E4
Gerstheim (67) 71 H1
Gertwiller (67) 71 G1
Geruge (39) 117 F1
Gervans (26) 144 A3
Gerville (76) 16 C4
Géry (55) 47 F4
Gerzat (63) 127 F2
Gesnes (53) 59 E4
Gesnes-en-Argonne (55) 24 D5
Gesnes-le-Gandelin (72) 59 H2
Gespunsart (08) 13 E4
Gestas (64) 181 G1
Geste (49) 75 F5
Gestel (56) 54 C5
Gesties (09) 199 E1
Gesvres (53) 59 G2
Gesvres-le-Chapitre (77) 43 G2
Gétigné (44) 75 E6
les Gets (74) 119 F5
Geu (65) 182 D4
Geudertheim (67) 51 E4
Géus-d'Arzacq (64) 165 H6
Geüs-d'Oloron (64) 181 H2
Gévezé (35) 57 E2
Gevigney-et-Mercey (70) 87 E2
Geville (55) 47 H4
Gevingey (39) 117 F1
Gevresin (25) 103 G3
Gevrey-Chambertin (21) 101 H1
Gevrolles (21) 67 F6
Gevry (39) 102 C3
Gex (01) 118 B3
Geyssans (26) 144 C3
Gez (65) 182 D5
Gez-Ez-Angles (65) 183 E4
Gézaincourt (80) 7 G4
Gézier-et-Fontenelay (70) 87 E6
Gézoncourt (54) 48 B4
Ghisonaccia (2B) 205 G5
Ghisoni (2B) 205 F4
Ghissignies (59) 9 G3
Ghyvelde (59) 2 C1
Giat (63) 126 B3
Gibeaumeix (54) 48 A6
Gibel (31) 185 H2
Gibercourt (02) 22 A2
Giberville (14) 14 C4
Gibles (71) 115 G4
Gibourne (17) 121 G1
Gibret (40) 165 F4
le Gicq (17) 121 H1
Gidy (45) 62 D6
Giel-Courteilles (61) 38 D4
Gien (45) 82 A3
Gien-sur-Cure (58) 100 B2
Gières (38) 145 G2
la Giettaz (73) 132 D2
Giéville (50) 37 G2
Gièvres (41) 96 C1
Giey-sur-Aujon (52) 85 H1
Giez (74) 132 B3
Gif-sur-Yvette (91) 42 B5
Giffaumont-
  -Champaubert (51) 67 F1
Gignac (34) 173 E6
Gignac (46) 138 C4
Gignac (84) 176 B2
Gignac-la-Nerthe (13) 191 H5
Gignat (63) 127 F6
Gignéville (88) 69 E4
Gigney (88) 69 H3
Gigny (39) 117 F2
Gigny (89) 84 C2
Gigny-Bussy (51) 46 B6
Gigny-sur-Saône (71) 101 H6
Gigondas (84) 158 C6
Gigors (04) 160 C3
Gigors-et-Lozeron (26) 144 C6
Gigouzac (46) 152 C2
Gijounet (81) 171 F4
Gildwiller (68) 89 E2
Gilette (06) 195 E2
Gilhac-et-Bruzac (07) 143 H5
Gilhoc-sur-Ormèze (07) 143 H4
Gillancourt (52) 67 G3
Gillaumé (52) 68 B1
Gilles (28) 41 F3
Gilley (25) 104 B2
Gilley (52) 86 D3
Gillois (39) 103 G5
Gillonnay (38) 130 D6
Gilly-lès-Cîteaux (21) 101 H2
Gilly-sur-Isère (73) 132 C4
Gilly-sur-Loire (71) 114 B1
Gilocourt (60) 21 F6
Gimat (82) 168 C3
Gimbrède (32) 168 A1
Gimeaux (63) 127 F1
Gimécourt (55) 47 F3
Gimel-les-Cascades (19) 139 E1
Gimeux (16) 121 H4
la Gimond (42) 129 F5
Gimont (32) 168 B5
Gimouille (58) 98 D4
Ginai (61) 39 F4
Ginals (82) 153 F6
Ginasservis (83) 176 D4
Ginchy (80) 8 B5
Gincla (11) 200 B1
Gincrey (55) 25 G6
Gindou (46) 152 B2
Ginestas (11) 187 H3
Ginestet (24) 136 D5
Gingsheim (67) 50 D4
Ginoles (11) 186 C6
Ginouillac (46) 152 D1
Gintrac (46) 139 E5
Giocatojo (2B) 203 F6

Gionges (51) 45 F3
Giou-de-Mamou (15) 140 B5
Gioux (23) 125 G3
Girac (46) 139 E5
Giraumont (88) 69 G4
Giraumont (54) 26 B6
Giraumont (60) 21 F4
Girauvoisin (55) 47 H4
Gircourt-lès-Viéville (88) 69 G2
Gircourt-sur-Durbion (88) 70 A3
Girefontaine (70) 69 G6
Giremoutiers (77) 43 H4
Girgols (15) 140 B4
Girmont (88) 70 A1
Girmont (88) 69 H3
Girmont-Val-d'Ajol (88) 70 A4
Girolles (45) 64 A5
Girolles (89) 83 H4
Giromagny (90) 88 C2
Giron (01) 117 H4
Gironcourt-sur-Vraine (88) 69 E3
Gironde-sur-Dropt (33) 150 A2
Girondelle (08) 10 D6
Gironville (77) 63 H4
Gironville-sur-Essonne (91) ...63 G2
le Girouard (85) 91 F5
Giroussens (81) 169 H4
Giroux (36) 96 D3
Giry (58) 99 F1
Gisay-la-Coudre (27) 40 A3
Giscaro (32) 168 B5
Giscos (33) 149 H5
Gisors (27) 19 G6
Gissac (12) 171 H3
Gissey-le-Vieil (21) 84 D6
Gissey-sous-Flavigny (21) 85 E4
Gissey-sur-Ouche (21) 101 G1
Gisy-les-Nobles (89) 64 D3
Giuncaggio (2B) 205 G3
Giuncheto (2A) 206 D3
Givardon (18) 98 B5
Givarlais (03) 112 D2
Givenchy-en-Gohelle (62) 8 B1
Givenchy-le-Noble (62) 7 H2
Givenchy-lès-la-Bassée (62) ...2 D6
Giverny (27) 41 G2
Giverville (27) 15 H4
Givet (08) 11 F4
Givonne (08) 24 C2
Givors (69) 130 A5
Givraines (45) 63 G4
Givrand (85) 90 D4
Givrauval (55) 47 F5
le Givre (85) 91 G6
Givrezac (17) 121 E4
Givron (08) 23 G2
Givry (08) 23 H4
Givry (71) 101 F5
Givry (89) 83 H4
Givry-en-Argonne (51) 46 C3
Givry-lès-Loisy (51) 45 E3
Givrycourt (57) 49 H3
Gizaucourt (51) 46 C2
Gizay (86) 109 F2
Gizeux (37) 78 A5
Gizia (39) 117 F2
Gizy (02) 22 D3
la Glacerie (50) 12 C2
Glageon (59) 10 B4
Glaignes (60) 21 F6
Glaine-Montaigut (63) 127 G3
Glaire (08) 24 C2
le Glaizil (05) 146 A6
Glamondans (25) 87 H6
Gland (02) 44 C2
Gland (89) 84 C2
Glandage (26) 159 G1
Glandon (87) 124 B5
Glanes (46) 139 F5
Glanges (87) 124 C4
Glannes (51) 46 A5
Glanon (21) 102 A3
Glanville (14) 15 E4
Glatens (82) 168 B3
Glatigny (50) 12 C5
Glatigny (57) 26 C5
Glatigny (60) 19 H4
Glay (25) 88 D5
Gleizé (69) 129 H1
Glénac (56) 56 C6
Glénat (15) 139 G5
Glénay (79) 93 F4
Glénic (23) 111 G5
Glennes (02) 22 C5
Glénouze (86) 93 H3
Glère (25) 88 D5
Glicourt (76) 17 H2
Glisolles (27) 40 D2
Glisy (80) 7 G6
Glomel (22) 54 C1
Glonville (54) 70 B1
Glorianes (66) 200 D3
Glos (14) 15 F5
Glos-la-Ferrière (61) 40 A4
Glos-sur-Risle (27) 18 A6
Gluiras (07) 143 G5
Glun (07) 144 A4
Glux-en-Glenne (58) 100 B4
Goas (82) 168 C3
la Godefroy (50) 35 H3
Godenvillers (60) 21 E3
Goderville (76) 16 C4
Godewaersvelde (59) 2 D4
Godisson (61) 39 G5
la Godivelle (63) 141 E1
Godoncourt (88) 69 E5
Goerlingen (67) 50 A4
Goersdorf (67) 51 E2
Goès (64) 182 A3
Goetzenbruck (57) 50 C4
Goeulzin (59) 8 D2
Gogney (54) 49 G5
Gognies-Chaussée (59) 10 A2
la Gohannière (50) 37 E4
Gohory (28) 61 H4
Goin (57) 48 D2
Goincourt (60) 20 A4
Golancourt (60) 21 G2
Golbey (88) 69 H4
Goldbach-Altenbach (68) 71 E6
Golfech (82) 151 G5
Golinhac (12) 154 C2
Golleville (50) 12 C3
Gombergean (41) 79 G3
Gomelange (57) 26 D3
Gomené (22) 56 A2
Gomer (64) 182 C2
Gometz-la-Ville (91) 42 B5
Gometz-le-Châtel (91) 42 B5
Gomiécourt (62) 8 B4
Gommecourt (62) 8 A4
Gommecourt (78) 41 G2
Gommegnies (59) 9 G2
Gommenec'h (22) 33 E3
Gommersdorf (68) 89 E3
Gommerville (28) 62 D3
Gommerville (76) 15 G1
Gommenville (21) 66 D6
Gomont (08) 23 H4
Goncelin (38) 146 A1
Goncourt (52) 68 C3
Gond-Pontouvre (16) 122 C4
Gondecourt (59) 3 F5
Gondenans-les-Moulins (25) ...87 H4
Gondenans-Montby (25) 88 A5
Gondeville (16) 121 H3
Gondrecourt-Aix (54) 25 H6
Gondrecourt-le-Château (55) ...68 C1
Gondreville (45) 64 A5
Gondreville (54) 48 B5
Gondreville (60) 21 G6
Gondrexange (57) 49 H5
Gondrexon (54) 49 H5
Gondrin (32) 167 F2
les Gonds (17) 121 F3
Gonesse (95) 42 D3
Gonez (65) 183 F3
Gonfaron (83) 193 H3
Gonfreville (50) 12 D5
Gonfreville-Caillot (76) 16 C4

Gonfreville-l'Orcher (76) 15 F2
la Gonfrière (61) 39 H4
Gonnehem (62) 2 C5
Gonnelieu (59) 8 D4
Gonnetot (76) 17 F3
Gonneville (50) 12 D2
Gonneville-en-Auge (14) 14 C4
Gonneville-la-Mallet (76) 16 B4
Gonneville-sur-Honfleur (14) ...15 F3
Gonneville-sur-Mer (14) 14 D4
Gonneville-sur-Scie (76) 17 G3
Gonsans (25) 103 H1
Gontaud-de-Nogaret (47) 150 D3
la Gonterie-Boulouneix (24) ...123 E6
Gonzeville (76) 17 F3
Goos (40) 165 F4
Gorbio (06) 195 G2
Gorcy (54) 25 G3
Gordes (84) 175 G2
Gorenflos (80) 7 E4
Gorges (44) 75 E6
Gorges (50) 12 D5
Gorges (80) 7 F4
Gorhey (88) 69 G4
Gornac (33) 150 A1
Gorniès (34) 173 E3
Gorre (87) 123 H3
Gorrevod (01) 116 C3
Gorron (53) 58 C2
Gosnay (62) 2 D6
Gosné (35) 57 G1
Gosselming (57) 49 H4
Gotein-Libarrenx (64) 181 G3
Gottenhouse (67) 50 C4
Gottesheim (67) 50 C4
Gouaix (77) 65 E1
Goualade (33) 149 H4
Gouarec (22) 54 A1
Gouaux (65) 183 G6
Gouaux-de-Larboust (31) 197 E1
Gouaux-de-Luchon (31) 184 A6
Gouberville (50) 13 E1
Gouchaupre (76) 6 A1
Goudargues (30) 157 G5
Goudelancourt-
  -lès-Berrieux (02) 22 D4
Goudelancourt-
  -lès-Pierrepont (02) 22 D2
Goudelin (22) 33 F3
Goudet (43) 142 C5
Goudex (31) 184 C2
Goudon (65) 183 F3
Goudourville (82) 151 H6
Gouesnach (29) 53 F3
Gouesnou (29) 31 E4
Gouex (86) 109 G3
Gouézec (29) 31 H4
Gougenheim (67) 50 D4
Gouhelans (70) 87 H5
Gouhenans (70) 88 A3
Gouillons (28) 62 D3
Gouise (03) 114 A3
Goujounac (46) 152 B2
la Goulafrière (27) 39 H3
Goulet (61) 39 E5
Goulien (29) 52 D2
Goulier (09) 198 D1
Goulles (19) 139 G4
les Goulles (21) 85 G1
Gouloux (58) 100 B1
Goult (84) 175 G3
Goulven (29) 31 F2
Goumois (25) 88 D6
Goupillières (14) 14 B6
Goupillières (27) 40 B1
Goupillières (76) 17 F5
Goupillières (78) 41 H3
Gouraincourt (55) 25 G5
le Gouray (22) 34 A6
Gourbera (40) 165 E3
Gourbesville (50) 12 D4
Gourbit (09) 199 E1
Gourchelles (60) 19 G2
Gourdan-Polignan (31) 184 A4
Gourdièges (15) 140 D5
Gourdon (06) 178 C4
Gourdon (07) 157 G1
Gourdon (46) 152 C1
Gourdon (71) 115 G1
Gourdon-Murat (19) 125 F5
Gourfaleur (50) 37 G1
Gourgançon (51) 45 F5
Gourgé (79) 93 G5
Gourgeon (70) 87 E2
Gourgue (65) 183 F4
Gourhel (56) 56 A4
Gourin (56) 54 B2
Gourlizon (29) 53 F2
Gournay (36) 111 F1
Gournay-en-Bray (76) 19 G4
Gournay-le-Guérin (27) 40 B5
Gournay-Loizé (79) 108 B5
Gournay-sur-Aronde (60) 21 E4
Gournay-sur-Marne (93) 43 E4
les Gours (16) 122 A1
Gourvieille (11) 186 A2
Gourville (16) 122 A2
Gourvillette (17) 121 H1
Goussaincourt (55) 68 D1
Goussainville (28) 41 G4
Goussainville (95) 42 D2
Goussancourt (02) 44 D1
Gousse (40) 165 F3
Goussonville (78) 41 H3
Goustranville (14) 14 D4
Gout-Rossignol (24) 122 D6
la Goutelle (63) 126 C2
Goutevernisse (31) 185 E3
Goutrens (12) 154 B3
Gouts (40) 165 G3
Goux (32) 167 F4
Goux (39) 102 D3
Goux-les-Dambelin (25) 88 B5
Goux-les-Dsiers (25) 103 H3
Goux-sous-Landet (25) 103 F2
Gouy (02) 9 E5
Gouy (76) 18 D5
Gouy-en-Artois (62) 8 A3
Gouy-en-Ternois (62) 7 G2
Gouy-les-Groseillers (60) 20 B2
Gouy-Saint-André (62) 7 E1
Gouy-Servins (62) 7 H1
Gouy-sous-Bellonne (62) 8 C2
Gouzangrez (95) 42 A1
Gouzeaucourt (59) 8 D4
Gouzens (31) 185 E3
Gouzon (23) 112 A5
Goven (35) 57 E3
Goviller (54) 69 F1
Goxwiller (67) 71 G1
Goyencourt (80) 21 F2
Goyrans (31) 169 H6
Grabels (34) 173 F5
Graçay (18) 96 D2
Grace-Uzel (22) 55 G1
Grâce-Uzel (22) 55 G1
Grâces (22) 33 E3
Gradignan (33) 135 E6
Graffigny-Chemin (52) 68 C4
Gragnague (31) 169 G5
Graignes-Mesnil-Angot (50) ...13 F4
Grailhen (65) 183 G6
Graimbouville (76) 15 G1
Graincourt-
  -lès-Havrincourt (62) 8 D4
Grainville (27) 18 C6
Grainville-la-Teinturière (76) ...17 E3
Grainville-Langannerie (14) ...38 D2

Grainville-sur-Odon (14) 14 A5
Grainville-sur-Ry (76) 17 H6
Grainville-Ymauville (76) 16 C4
le Grais (61) 38 C5
Graissac (12) 140 D6
Graissessac (34) 172 A5
Graix (42) 143 G1
le Gramat (46) 139 E6
Gramazie (11) 186 C4
Grambois (84) 176 B4
Grammond (42) 129 F5
Grammont (70) 88 A4
Gramond (12) 154 B5
Gramont (82) 168 A2
Granace (2A) 207 E3
Grancey-le-Château-
  -Neuvelle (21) 85 H3
Grancey-sur-Ource (21) 67 E6
Granchain (27) 40 A2
Grand (88) 68 B2
Grand-Auverné (44) 75 E2
le Grand-Abergement (01) 117 G6
le Grand-Bornand (74) 132 C1
le Grand-Bourg (23) 111 E5
Grand-Brassac (24) 136 D1
le Grand-Camp (27) 15 H6
le Grand-Camp (76) 15 H1
le Grand-Celland (50) 37 F5
le Grand-Champ (56) 55 F5
Grand-Charmont (25) 88 C4
le Grand-Combe (30) 157 E6
le Grand-Corent (01) 117 F5
Grand-Couronne (76) 18 C5
le Grand-Croix (42) 129 G5
Grand-Failly (54) 25 F4
Grand-Fayt (59) 9 H4
le Grand-Fort-Philippe (59) 2 A2
le Grand-Fougeray (35) 57 F6
Grand-Laviers (80) 6 D4
le Grand-Lemps (38) 131 E6
le Grand-Lucé (72) 78 C1
le Grand-Madieu (16) 122 D1
le Grand-Pressigny (37) 95 E4
le Grand-Quevilly (76) 17 G6
Grand-Rozoy (02) 22 A6
le Grand-Serre (26) 144 C2
Grand-Vabre (12) 154 B2
Grand-Verly (02) 9 G5
le Grand-Village-Plage (17) ...120 B1
Grandchamp (08) 23 H3
Grandchamp-Maisy (14) 13 F4
Grandchamp (52) 86 B2
Grandchamp (72) 60 B3
Grandchamp (78) 41 G5
Grandchamp (89) 82 D2
Grandchamp-le-Château (14) ...15 E5
Grandchamps-
  -des-Fontaines (44) 74 C4
Grand'Combe-
  -Châtelau (25) 104 B3
Grand'Combe-
  -des-Bois (25) 104 D2
Grandcourt (76) 6 B6
Grandcourt (80) 8 A4
la Grande-Fosse (88) 70 D2
la Grande-Motte (34) 173 H6
la Grande-Paroisse (77) 64 D2
la Grande-Résie (70) 86 C5
Grande-Rivière (39) 118 A1
la Grande-Synthe (59) 2 B1
Grande-Verrière (71) 100 C4
Grandcourt (70) 87 E3
les Grands-Armoises (08) 24 C3
les Grandes-Chapelles (10) ...66 A2
les Grandes-Loges (51) 45 H3
les Grandes-Ventes (76) 17 H3
Grandeyrolles (63) 127 E5
Grandfontaine (25) 103 F1
Grandfontaine (67) 71 E1
Grandfresnoy (60) 21 E5
Grandham (08) 24 B5
le Grand-Landes (85) 91 F3
Grandlup-et-Fay (02) 22 C3
Grandpré (08) 24 B5
Grandpuits-
  -Bailly-Carrois (77) 43 G6
Grandrieu (48) 142 A6
Grandrieux (02) 23 F2
Grandrif (63) 128 B5
Grandrû (60) 21 G3
Grandrupt (88) 70 D2
Grandrupt-de-Bains (88) 69 G5
les Grands-Chézeaux (87) 110 D3
Grandsaigne (19) 125 F5
les Granges (10) 66 A6
les Granges (42) 129 E2
Granges-d'Ans (24) 137 H2
les Granges-Gontardes (26) ...158 B4
Granges-la-Ville (70) 88 A3
le Granges-le-Bourg (70) 88 A3
les Granges-le-Roi (91) 63 E1
Granges-les-Beaumont (26) ...144 B3
Granges-Narboz (25) 104 A4
Granges-sur-Aube (51) 45 E6
Granges-sur-Baume (39) 102 D6
Granges-sur-Lot (47) 151 E4
Granges-sur-Vologne (88) 70 C4
les Grangettes (25) 104 A4
Granges (14) 13 H4
Granges (11) 21 F1
Granges (14) 14 B5
Granier (73) 133 E4
Granieu (38) 131 F4
Grans (13) 191 G3
Granville (50) 36 C3
Granzay-Gript (79) 107 G4
Gras (07) 157 H3
les Gras (25) 104 B4
Grassac (16) 122 D4
Grasse (06) 178 C4
Grassendorf (67) 50 D3
Grateloup-
  -Saint-Gayrand (47) 150 D3
Gratentour (31) 169 F4
Gratibus (80) 20 D2
Gratot (50) 36 D1
Gratreuil (51) 24 A6
Grattepanche (80) 20 C1
les Gratteris (25) 103 G1
Grattery (70) 87 F3
le Grau-du-Roi (30) 173 H6
Graulhet (81) 170 B4
Grauves (51) 45 F2
Graval (76) 19 F2
la Grave (05) 146 B2
Gravelines (59) 2 B2
la Gravelle (53) 58 B4
Graveron-Sémerville (27) 40 C1
Graves-Saint-Amant (16) 122 A4
Graveson (13) 157 H4
Gravières (07) 157 E4
Gravigny (27) 40 D2
Gravon (77) 64 D2
Gray (70) 86 C5
Gray-la-Ville (70) 86 C5
Grayan-et-l'Hôpital (33) 120 B5
Graye-et-Charnay (39) 117 F2

Graye-sur-Mer (14) 14 B3
Grayssas (47) 151 G6
Grazac (31) 185 G2
Grazac (43) 143 E2
Grazac (81) 169 G3
Grazay (53) 59 E3
Gréalou (46) 153 F3
Gréasque (13) 192 C2
Grébault-Mesnil (80) 6 C5
Grécourt (80) 21 G2
Gredisans (39) 102 C2
la Grée-Saint-Laurent (56) 56 A3
Gréez-sur-Roc (72) 61 E4
Greffeil (11) 187 E4
Grèges (76) 17 G2
Grémecey (57) 49 E4
Grémévillers (60) 19 H3
Gremilly (55) 25 F5
Grémonville (76) 17 F4
Grenade (31) 169 E4
Grenade-sur-l'Adour (40) 166 A3
Grenant (52) 86 C2
Grenant-
  -lès-Sombernon (21) 101 F1
Grenay (38) 130 C4
Grenay (62) 8 B1
Grendelbruch (67) 50 C6
Greneville-en-Beauce (45) 63 E4
Grenier-Montgon (43) 141 F2
Gréning (57) 49 G2
Grenoble (38) 145 G2
Grenois (58) 83 F6
Grentheville (14) 14 C5
Grentzingen (68) 89 F3
Greny (76) 6 A5
Gréolières (06) 178 C4
Gréoux-les-Bains (04) 176 D4
Grépiac (31) 185 G1
le Grès (31) 168 D4
Grésigny-Sainte-Reine (21) ...84 D4
Gresin (73) 131 F4
la Gresle (42) 115 F5
Gresse-en-Vercors (38) 145 F5
Gressey (78) 41 G4
Gresswiller (67) 50 C6
Gressy (77) 43 F3
Grésy-sur-Aix (73) 131 H3
Grésy-sur-Isère (73) 132 B4
Gretz-Armainvilliers (77) 43 F5
Greucourt (70) 87 E4
Greuville (76) 17 F3
Greux (88) 68 D1
la Grève-sur-Mignon (17) 107 F4
Gréville-Hague (50) 12 B1
Grévillers (62) 8 B4
Grevilly (71) 116 B3
Grez (60) 20 A2
le Grez (72) 59 G4
Grez-en-Bouère (53) 77 E1
Grez-Neuville (49) 76 D3
Grez-sur-Loing (77) 64 A3
Grézac (17) 120 D4
Grézes (24) 138 A3
Grèzes (43) 141 H5
Grèzes (46) 153 F2
Grézet-Cavagnan (47) 150 C4
Grézian (65) 183 G6
Grézieu-la-Varenne (69) 129 H3
Grézieu-le-Marché (69) 129 F4
Grézieux-le-Fromental (42) ...129 E4
Grézillac (33) 135 H5
Grézolles (42) 128 C2
Gricourt (02) 9 E6
Grièges (01) 116 B4
Gries (67) 51 E5
Griesbach-au-Val (68) 71 E5
Griesheim-
  -près-Molsheim (67) 50 D6
Griesheim-sur-Souffel (67) 51 E5
Grignan (26) 158 C4
Grigneuseville (76) 17 H4
Grignols (24) 137 E2
Grignols (33) 150 A4
Grignon (21) 84 D4
Grignon (73) 132 C4
Grignoncourt (88) 69 E6
Grigny (62) 7 E1
Grigny (69) 130 A4
Grigny (91) 42 D5
Grillon (84) 158 C4
Grilly (01) 118 B3
Grimaucourt-en-Woëvre (55) ...47 G1
Grimaucourt-
  -près-Sampigny (55) 47 G4
Grimaud (83) 194 A4
la Grimaudière (86) 93 H5
Grimault (89) 84 A3
Grimbosq (14) 14 B6
Grimesnil (50) 35 H1
Grimonviller (54) 69 F2
Grincourt-lès-Pas (62) 7 H3
Grindorff-Bizing (57) 26 D3
la Gripperie-
  -Saint-Symphorien (17) 120 C2
Gripport (54) 69 G2
Griscourt (54) 48 B4
Griselles (21) 84 C1
Griselles (45) 64 B5
Grisolles (02) 44 B2
Grisolles (82) 169 E3
Grisy-les-Plâtres (95) 42 B1
Grisolard-Grange (07) 144 B5
Grisy-Suisnes (77) 43 F5
Grisy-sur-Seine (77) 65 E2
Grives (24) 137 H6
Grivesnes (80) 20 D2
Grivillers (80) 21 E2
Grivy-Loisy (08) 24 A4
Groffliers (62) 6 C1
la Groise (59) 9 G4
Groises (18) 98 B1
Groissiat (01) 117 G4
Groisy (74) 118 C6
Grois (56) 54 B6
Groléjac (24) 138 B6
Gron (18) 98 B2
Gron (89) 65 E3
Gronard (02) 22 D1
Gros-Chastang (19) 139 F2
Gros-Réderching (57) 27 G5
le Gros-Theil (27) 18 B6
Grosbliederstroff (57) 27 G5
Grosbois (25) 87 H6
Grosbois-en-Montagne (21) ...85 E6
Grosbois-les-Tichey (25) 102 B3
Grosbreuil (85) 91 F5
les Groseillers (79) 107 H2
Groslay (95) 42 D3
Groslée (01) 131 F3
Grosley-sur-Risle (27) 40 B2
Grosmagny (90) 88 C2
Grosne (25) 88 D3
Grospierres (07) 157 F4
Grosrouvre (78) 41 H4
Grosrouvres (54) 48 A4
Grossa (2A) 206 D3
Grosseto-Prugna (2A) 204 D6
Grossœuvre (27) 40 D2
Grossouvre (18) 98 C4
Grostenquin (57) 49 G2
Grosville (50) 12 B3
Grouches-Luchuel (80) 7 G3
Grougis (02) 9 F5
la Groutte (18) 97 H6
Grozon (39) 102 D4
Gruchet-le-Valasse (76) 15 H1
Gruchet-Saint-Siméon (76) ...17 F3
Grues (85) 106 B3
Gruey-lès-Surance (88) 69 G5
Gruffy (74) 132 A2
Grugé-l'Hôpital (49) 76 B2
Grugies (02) 22 A2
Gruissan (11) 188 B4
Grumesnil (76) 19 G3
Grun-Bordas (24) 137 E4
Grundviller (57) 49 H1
Gruny (80) 21 F2

Grury (71) 100 A6
Gruson (59) 3 G5
Grusse (39) 117 F1
Grussenheim (68) 71 G4
Grust (65) 182 D6
Gruyères (08) 24 A2
le Gua (17) 120 C3
le Gua (38) 145 F3
Guagno (2A) 204 D3
Guainville (28) 41 F3
Guarbecque (62) 2 C5
Guargualé (2A) 206 D1
Guchan (65) 183 G6
Guchen (65) 183 G6
Gudas (09) 185 H5
Gudmont-Villiers (52) 67 H2
le Gué-d'Alleré (17) 107 E4
le Gué-de-la-Chaine (61) 60 D2
le Gué-de-Longroi (28) 62 C1
le Gué-de-Velluire (85) 107 E3
Gué-d'Hossus (08) 10 D5
Guebenhouse (57) 49 H1
Gueberschwihr (68) 71 F5
Guébestroff (57) 49 G3
Guéblange-lès-Dieuze (57) 49 F4
Guébling (57) 49 G3
Guebwiller (68) 71 E6
Guécélard (72) 78 A1
le Guédeniau (49) 77 G5
Guégon (56) 55 H4
Guéhébert (50) 35 H1
Guéhenno (56) 55 G4
Gueltas (56) 55 G2
Guémappe (62) 8 C3
Guémar (68) 71 F3
Guémené-Penfao (44) 74 B1
Guémené-sur-Scorff (56) 54 D2
Guemps (62) 2 D2
Guénange (57) 26 C4
Guengat (29) 53 F2
Guénin (56) 55 E4
Guenroc (22) 34 C6
Guenrouet (44) 74 A2
Guenviller (57) 49 G1
Guêprei (61) 39 E4
Guer (56) 56 C4
Guérande (44) 73 F4
Gérard (77) 43 G4
Guerbigny (80) 21 E2
la Guerche (37) 95 E4
la Guerche-de-Bretagne (35) ...57 H4
la Guerche-sur-l'Aubois (98) ...98 C4
Guercheville (77) 63 H3
Guerchy (89) 83 F1
Guéreins (01) 116 B6
Guéret (23) 111 G5
Guerfand (71) 101 H5
Guérigny (58) 99 E3
Guérin (47) 150 B3
la Guérinière (85) 90 B1
Guerlesquin (29) 32 B4
Guermange (57) 49 G4
Guermantes (77) 43 F4
Guern (56) 55 E3
Guernanville (27) 40 C3
Guernes (78) 41 G2
Gueron (27) 19 H1
Guerny (27) 19 G6
Guéron (14) 13 H5
Guerpont (55) 47 F5
Guerquesalles (61) 39 F3
les Guerreaux (71) 114 D2
Guerstling (57) 27 E3
Guerting (57) 27 E4
Guerville (76) 6 B6
Guerville (78) 41 H3
Gueschart (80) 7 E3
Guesnain (59) 8 D2
Guesnes (86) 94 A4
Guessling-Hémering (57) 49 F2
Guéthary (64) 164 A6
Gueudecourt (80) 8 B4
Gueugnon (71) 115 E1
Gueures (76) 17 F2
Guewenheim (68) 89 E2
Gueytes-et-Labastide (11) ...186 B4
Gugnécourt (88) 70 B3
Gugney (54) 69 F2
Gugney-aux-Aulx (88) 69 G3
Guibeville (91) 42 D6
Guichainville (27) 40 D2
la Guiche (71) 115 G2
Guichen (35) 57 E4
Guiclan (29) 31 H3
Guidel (56) 54 B5
la Guierche (72) 60 B4
Guignecourt (60) 20 A4
Guignemicourt (80) 7 F6
Guignen (35) 57 E4
Guignes (77) 43 F6
Guigneville (45) 63 F4
Guigneville-sur-Essonne (91) ...63 G1
Guignicourt (02) 22 C4
Guignicourt-sur-Vence (08) ...24 A2
Guigny (62) 7 E2
Guiler-sur-Goyen (29) 53 E2
Guilers (29) 30 D4
Guilestre (05) 161 E2
Guilherand-Granges (07) 144 A5
Guillac (33) 135 H6
Guillac (56) 56 A4
Guillaucourt (80) 8 A6
Guillaumes (06) 161 G6
Guillemont (80) 8 B5
la Guillermie (03) 128 A1
Guillervall (91) 63 E2
Guillestre (05) 161 E2
Guilleville (28) 62 D4
Guilliers (56) 56 A3
Guilligomarc'h (29) 54 C3
Guillon (89) 84 B4
Guillon-les-Bains (25) 87 H6
Guillonville (28) 62 C5
Guillos (33) 149 F2
Guilly (36) 96 C3
Guilly (45) 81 F2
Guilmécourt (76) 6 A5
Guilvinec (29) 53 E4
Guimaëc (29) 32 B2
Guimiliau (29) 31 G4
Guimps (16) 121 H5
Guinarthe-Parenties (64) 181 F1
Guincourt (08) 24 A3
Guindrecourt-
  -aux-Ormes (52) 67 G1
Guindrecourt-sur-Blaise (52) ...67 G2
Guinecourt (62) 7 F2
Guînes (62) 2 C3
Guipavas (29) 31 E4
Guipel (35) 57 F1
Guipronvel (29) 30 D4
Guipry (35) 57 E5
Guipy (58) 99 F1
Guiry-en-Vexin (95) 42 A1
Guiscard (60) 21 G2
Guiscriff (56) 54 B2
Guise (02) 22 D1
Guiseniers (27) 19 F6
Gujan-Mestras (33) 148 C1
Guitalens-L'Albarède (81) 170 B5
Guitera-les-Bains (2A) 205 E6
Guitinières (17) 121 F5
Guitrancourt (78) 41 H2
Guîtres (33) 135 G3
Guitté (22) 56 C1
Guivry (02) 21 H3
Guizancourt (80) 20 A2
Guizengeard (16) 136 A1
Guizerix (65) 183 H2
Gujan-Mestras (33) 148 C1
Gumbrechtshoffen (67) 50 D3
Gumery (10) 65 F2
Gumiane (26) 159 E3
Gumières (42) 128 D5
Gumond (19) 139 F2
Gundershoffen (67) 50 D3
Gundolsheim (68) 71 F6
Gungwiller (67) 49 H4
Gunsbach (68) 71 E5
Gunstett (67) 51 E2
Guntzviller (57) 50 B4
Guran (31) 184 A6
Gurat (16) 122 C6
Gurcy-le-Châtel (77) 64 D2
Gurgy (89) 83 F1
Gurgy-la-Ville (21) 85 G1
Gurgy-le-Château (21) 85 G1
Gurmençon (64) 182 A3
Gurs (64) 181 H2
Gurunhuel (22) 32 D4
Gury (60) 21 F3
Gussainville (55) 47 H1
Gussignies (59) 9 G2
Guyancourt (78) 42 C4
Guyans-Durnes (25) 103 H2
Guyans-Vennes (25) 104 B1
Guyencourt (02) 22 C4
Guyencourt-Saulcourt (80) 8 D5
Guyencourt-sur-Noye (80) 20 C1
la Guyonnière (85) 91 H2
Guyonvelle (52) 86 D1
Guzargues (34) 173 G4
Gy (70) 86 D5
Gy-en-Sologne (41) 80 B5
Gy-les-Nonains (45) 64 B6
Gy-l'Évêque (89) 83 F3
Gyé-sur-Seine (10) 66 C6

H

Habarcq (62) 8 A2
Habas (40) 165 F5
Habère-Lullin (74) 118 D4
Habère-Poche (74) 119 E4
l'Habit (27) 41 F3
Hablainville (54) 49 G6
Habloville (61) 39 E4
Haboudange (57) 49 F3
Habsheim (68) 89 G2
Hachan (65) 183 H2
Hâcourt (52) 68 C4
Hacqueville (27) 19 F6
Hadancourt-
  -le-Haut-Clocher (60) 42 A1
Hadigny-les-Verrières (88) 69 H2
Hadol (88) 70 A4
Haegen (67) 50 C4
Hagécourt (88) 69 G3
Hagedet (65) 166 D6
Hagen (57) 26 B2
Hagenbach (68) 89 E3
Hagenthal-le-Bas (68) 89 G4
Hagenthal-le-Haut (68) 89 G4
Haget (32) 183 G1
Hagetaubin (64) 165 H6
Hagetmau (40) 165 H4
Hagéville (54) 26 A6
Hagnéville-et-Roncourt (88) ...68 D3
Hagnicourt (08) 24 A3
Hagondange (57) 26 B4
Haguenau (67) 51 E3
la Haie-Fouassière (44) 74 D6
la Haie-Traversaine (53) 59 E2
les Haies (69) 129 H5
Haigneville (54) 69 H1
Haillainville (88) 70 A2
le Haillan (33) 135 E5
Hailles (80) 20 D1
Haillicourt (62) 2 D6
Haimps (17) 121 H2
Haims (86) 110 A2
Hainvillers (60) 21 E3
Haironville (55) 47 E5
Haisnes (62) 3 E6
Haleine (61) 59 F1
Halinghen (62) 1 F5
Hallencourt (80) 7 E5
Hallennes-lez-Haubourdin (59) ...3 F5
Hallering (57) 27 E5
les Halles (69) 129 F3
Halles-sous-les-Côtes (55) 24 D4
Hallignicourt (52) 46 C5
Hallines (62) 2 A4
Hallivillers (80) 20 C2
Halloville (54) 49 H6
Halloy (60) 20 B2
Halloy (62) 7 H3
Halloy-lès-Pernois (80) 7 F4
Hallu (80) 21 F2
Halluin (59) 3 H4
Halsou (64) 180 C1
Halstroff (57) 26 D3
le Ham (50) 12 D3
le Ham (53) 59 F2
Ham (80) 21 G1
Ham-en-Artois (62) 2 C5
Ham-les-Moines (08) 24 A1
Ham-sous-Varsberg (57) 27 E5
Ham-sur-Meuse (08) 11 F4
Hamars (14) 14 A6
Hambach (57) 49 H1
Hambers (53) 59 F3
Hamblain-les-Prés (62) 8 C2
Hambye (50) 37 F2
le Hamel (60) 20 A2
le Hamel (80) 8 A6
le Hamelet (80) 8 A6
Hamelin (50) 37 F6
Hamelincourt (62) 8 B3
Hames-Boucres (62) 2 C3
Hammeville (54) 69 F1
Hamonville (54) 48 A4
Hampigny (10) 67 E2
Hampont (57) 49 F3
Han-devant-Pierrepont (54) ...25 G4
Han-lès-Juvigny (55) 25 E4
Han-sur-Meuse (55) 47 G3
Han-sur-Nied (57) 49 E2
Hanc (79) 108 C6
Hanches (28) 41 H6
Hancourt (80) 8 D5
Handschuheim (67) 50 D5
Hangard (80) 20 D1
Hangenbieten (67) 50 D6
Hangest-en-Santerre (80) 21 E1
Hangest-sur-Somme (80) 7 E5
Hangviller (57) 50 B4
Hannaches (60) 19 H4
Hannapes (08) 23 F1
Hannappes (08) 23 F1
Hannescamps (62) 8 A4
Hannocourt (57) 49 F3
Hannogne-Saint-Martin (08) ...24 B2
Hannogne-Saint-Rémy (08) ...23 F3
Hannonville-
  -sous-les-Côtes (55) 47 H2
Hannonville-Suzémont (54) ...48 A1
le Hanouard (76) 17 E3
Hans (51) 46 B1
Hantay (59) 3 F6
Hanvec (29) 31 F5
Hanviller (57) 50 C1
Hanvoile (60) 19 H4
Haplincourt (62) 8 C4
Happencourt (02) 21 H2
Happonvilliers (28) 61 G3
Haramont (02) 21 G6
Haraucourt (08) 24 C2
Haraucourt (54) 49 F6
Haraucourt-sur-Seille (57) 49 F4
Haravesnes (62) 7 F2
Haravilliers (95) 42 B1

Harbonnières (80) 8 A6
Harbouey (54) 49 H6
Harcanville (76) 17 E3
Harchéchamp (88) 68 D2
Harcigny (02) 23 E1
Harcourt (27) 40 B1
Harcy (08) 11 E6
Hardancourt (88) 70 A2
Hardanges (53) 59 F2
Hardecourt-aux-Bois (80) 8 B5
Hardencourt-Cocherel (27) 41 E2
Hardifort (59) 2 C3
Hardinghen (62) 1 H2
Hardinvast (50) 12 C2
Hardivillers (60) 20 B3
Hardivillers-en-Vexin (60) 19 H5
Hardricourt (78) 42 A2
la Harengère (27) 18 C6
Haréville (88) 69 F4
Harfleur (76) 15 F2
Hargarten-aux-Mines (57) 27 E4
Hargicourt (78) 41 H3
Hargicourt (02) 23 H1
Hargicourt (80) 20 D2
Hargnies (08) 11 F5
Hargnies (59) 9 H3
Harly (02) 9 E6
Harmonville (88) 69 E1
la Harmoye (22) 33 F6
Harnes (62) 8 C1
Harol (88) 69 F4
Haroué (54) 69 G1
Harponville (80) 7 H5
Harprich (57) 49 F2
Harquency (27) 19 F6
Harreberg (57) 50 B5
Harréville-les-Chanteurs (52) 68 C3
Harricourt (08) 24 C4
Harsault (88) 69 G5
Harskirchen (67) 50 A2
Hartennes-et-Taux (02) 22 A6
Hartmannswiller (68) 71 E6
Hartzviller (57) 50 A5
Harville (55) 47 H1
Hary (02) 23 E1
Haselbourg (57) 50 B5
Hasnon (59) 9 E1
Hasparren (64) 180 D1
Haspelschiedt (57) 28 C5
Haspres (59) 9 E2
Hastingues (40) 164 D5
Hatrize (54) 26 A5
Hatten (67) 51 F2
Hattencourt (80) 21 F1
Hattenville (76) 16 D4
Hattigny (57) 49 H5
Hattmatt (67) 50 D3
Hattstatt (68) 71 F5
Hauban (65) 183 F4
Haubourdin (59) 3 F5
Hauconcourt (57) 26 C4
Haucourt (62) 19 H4
Haucourt (08) 8 C3
Haucourt (76) 19 G2
Haucourt-en-Cambrésis (59) 9 E4
Haucourt-Moulaine (54) 25 H3
Haudainville (55) 47 F1
Haudiomont (55) 47 G1
Haudivillers (60) 20 B4
Haudonville (54) 70 A1
Haudrecy (08) 24 A1
Haudricourt (76) 19 G2
Haulchin (59) 9 F2
Haulies (32) 168 A6
Haulmé (08) 11 F6
Haumont-
  -près-Samogneux (55) 25 E6
Hauriet (40) 165 G4
Hausgauen (68) 89 F3
Haussez (76) 19 G3
Haussignémont (51) 46 C5
Haussimont (51) 45 G5
Haussonville (54) 48 D6
Haussy (59) 9 F3
Haut-Clocher (57) 49 H4
le Haut-Corlay (22) 33 E6
Haut-de-Bosdarros (64) 182 C3
Haut-du-Them-Château-
  -Lambert (70) 88 B1
Haut-Lieu (59) 10 A4
Haut-Loquin (62) 1 H4
Haut-Mauco (40) 165 H3
Hautaget (65) 183 H4
Hautbos (60) 19 H2
Haute-Amance (52) 86 C1
la Haute-Beaume (05) 159 G2
la Haute-Chapelle (61) 38 A6
Haute-Épine (60) 20 A3
Haute-Goulaine (44) 74 D5
Haute-Isle (95) 41 G2
Haute-Kontz (57) 26 C2
la Haute-Maison (77) 43 H4
Haute-Rivoire (69) 129 F3
Haute-Vigneulles (57) 27 E5
Hautecloque (62) 7 G2
Hautecour (39) 117 H1
Hautecour (73) 132 D5
Hautecourt-
  -Romanèche (01) 117 F1
Hautefage (19) 139 F3
Hautefage-la-Tour (47) 151 G4
Hautefaye (24) 123 E5
Hautefeuille (77) 43 G5
Hautefond (71) 115 F3
Hautefontaine (60) 21 G5
Hautefort (24) 138 A2
Hauteluce (73) 132 D3
Hautepierre-le-Châtelet (25) 103 H2
Hauterive (03) 114 A5
Hauterive (61) 60 B1
Hauterive (89) 83 G1
Hauterive-la-Fresse (25) 104 A3
Hauterives (26) 144 B2
Hauteroche (21) 85 E4
Hautes-Duyes (04) 160 C5
les Hautes-Rivières (08) 11 F6
Hautesvignes (47) 150 D3
Hauteville (02) 9 H6
Hauteville (08) 23 G3
Hauteville (51) 46 C6
Hauteville (62) 8 A2
Hauteville (73) 131 H5
la Hauteville (78) 41 G5
Hauteville-la-Guichard (50) 13 G6
Hauteville-lès-Dijon (21) 85 G6
Hauteville-Lompnes (01) 131 F1
Hauteville-sur-Fier (74) 131 H1
Hauteville-sur-Mer (50) 36 D2
Haution (02) 9 H6
Hautmont (59) 10 A3
Hautmougey (88) 69 G5
Hautot-l'Auvray (76) 17 F3
Hautot-le-Vatois (76) 17 E4
Hautot-Saint-Sulpice (76) 17 E4
Hautot-sur-Mer (76) 17 G2
Hautot-sur-Seine (76) 18 C5
les Hauts-de-Chée (55) 47 E3
Hautteville-Bocage (50) 12 D4
Hautvillers (51) 45 E2
Hautvillers-Ouville (80) 6 D3
Hauville (27) 17 E6
Hauviné (08) 23 G5
Haux (33) 135 G6
Haux (64) 181 G4
Havange (57) 26 A3
Havelu (28) 41 G4
Haveluy (59) 9 F2
Havernas (80) 7 F5
Haverskerque (59) 2 C5
le Havre (76) 15 F2
Havrincourt (62) 8 C4
l'Haÿ-les-Roses (94) 42 D4
Hayange (57) 26 B3
Haybes (08) 11 E5
la Haye (76) 19 E4
la Haye (88) 69 G5
la Haye-Aubrée (27) 18 A4
la Haye-Bellefond (50) 37 F2

la Haye-de-Calleville (27) 18 B6
la Haye-de-Routot (27) 17 E6
la Haye-d'Ectot (50) 12 B4
la Haye-du-Puits (50) 12 C5
la Haye-du-Theil (27) 18 B6
la Haye-le-Comte (27) 18 D6
la Haye-Malherbe (27) 18 C6
la Haye-Pesnel (50) 35 H2
la Haye-Saint-Sylvestre (27) 40 A3
les Hayes (41) 79 E2
les Hays (39) 102 C4
Hazebrouck (59) 2 C4
Hazembourg (57) 49 H2
le Heaulme (95) 42 B1
Héauville (50) 12 B2
Hébécourt (27) 19 G5
Hébécourt (80) 20 C1
Hébécrevon (50) 37 F1
Héberville (76) 17 E3
Hébuterne (62) 8 A4
Hèches (65) 183 G5
Hecken (68) 89 E2
Hecmanville (27) 40 A1
Hécourt (27) 41 F3
Hécourt (60) 19 G3
Hecq (59) 9 G3
Hectomare (27) 18 B6
Hédauville (80) 7 H5
Héda-Bazouges (35) 57 E1
Hédouville (95) 42 C1
Hegeney (67) 51 E3
Hégenheim (68) 89 G3
Heidolsheim (67) 71 G3
Heidwiller (68) 89 F2
Heiligenberg (67) 50 D6
Heiligenstein (67) 71 F1
Heillecourt (54) 48 C5
Heilles (60) 20 C5
Heilly (80) 7 H5
Heiltz-le-Hutier (51) 46 C5
Heiltz-le-Maurupt (51) 46 C4
Heiltz-l'Évêque (51) 46 C4
Heimersdorf (68) 89 F3
Heimsbrunn (68) 89 E2
Heining-lès-Bouzonville (57) 27 E3
Heippes (55) 47 F2
Heiteren (68) 71 G5
Heiwiller (68) 89 F3
Hélesmes (59) 9 F2
Hélette (64) 180 D2
Helfaut (62) 2 B4
Helfrantzkirch (68) 89 G3
Helléan (56) 56 A4
Hellering-lès-Fénétrange (57) 50 A4
Helleville (50) 12 B2
Hellimer (57) 49 G2
Héloup (61) 59 H2
Helstroff (57) 26 D5
Hem (59) 3 G5
Hem-Hardinval (80) 7 G3
Hem-Lenglet (59) 8 D3
Hem-Monacu (80) 8 B5
Hémevez (50) 12 D3
Hémévillers (60) 21 E4
Hémilly (57) 49 E1
Héming (57) 49 H5
Hémonstoir (22) 55 F2
Hénaménil (54) 49 F5
Hénanbihen (22) 34 B4
Hénansal (22) 34 A4
Hendaye (64) 180 A1
Hendecourt-
  -lès-Cagnicourt (62) 8 C3
Hendecourt-lès-Ransart (62) 8 B3
Hénencourt (80) 7 H5
Henflingen (68) 89 F3
Hengoat (22) 32 D2
Hengwiller (67) 50 C5
Hénin-Beaumont (62) 8 C1
Hénin-sur-Cojeul (62) 8 B3
Héninel (62) 8 B3
Hennebont (56) 54 D5
Hennecourt (88) 69 G3
Hennemont (55) 47 H1
Henneveux (62) 1 G4
Hennezel (88) 69 F5
Hennezis (27) 19 F6
Hénon (22) 33 H5
Hénonville (60) 20 A6
Hénouville (76) 17 F6
Henrichemont (18) 81 H6
Henridorff (57) 50 B4
Henriville (57) 49 G1
Hénu (62) 7 H3
Henvic (29) 31 H3
Hérange (57) 50 B4
Herbault (41) 79 G3
Herbécourt (80) 8 B5
Herbelles (62) 2 A5
l'Herbergement (85) 91 G2
Herbeuval (08) 25 E3
Herbeuville (55) 47 H2
Herbéviller (54) 49 G6
Herbeville (78) 42 A3
Herbeys (38) 145 G3
les Herbiers (85) 92 B4
Herbignac (44) 73 G3
Herbinghen (62) 1 G4
Herbisse (10) 45 G6
Herbitzheim (67) 27 H6
Herblay (95) 42 C3
Herbsheim (67) 71 H2
Hercé (53) 58 C1
Herchies (60) 20 A4
la Hérelle (60) 20 C3
Hérenguerville (50) 36 D2
Hérépian (34) 172 A5
Hères (65) 166 D5
Hergnies (59) 4 B6
Herguigney (88) 69 G2
Héric (44) 74 C3
Héricourt (62) 7 H2
Héricourt (70) 88 C3
Héricourt-en-Caux (76) 17 E4
Héricourt-sur-Thérain (60) 19 G3
Héricy (77) 64 B2
la Hérie (02) 10 B6
la Hérie-la-Viéville (02) 22 C1
Hériménil (54) 49 E6
Hérimoncourt (25) 88 D3
Hérin (59) 9 F2
Hérissart (80) 7 G5
Hérisson (03) 112 D2
Herleville (80) 8 B6
la Herlière (62) 7 H3
Herlies (59) 3 E5
Herlin-le-Sec (62) 7 G2
Herlincourt (62) 7 G2
Herly (62) 1 H6
Herly (80) 21 F1
l'Herm (09) 185 H6
Herm (40) 164 D3
Hermanville (76) 17 G3
Hermanville-sur-Mer (14) 14 C4
les Hermaux (48) 155 F3
Hermaville (62) 8 A2
Hermé (77) 65 E1
Hermelange (57) 50 A5
Hermelinghen (62) 1 G4
l'Hermenault (85) 107 E1
Herment (63) 126 B3
Hermeray (78) 41 G6
Hermes (60) 20 B5
Herméville-en-Woëvre (55) 25 G6
Hermies (62) 8 C4
Hermillon (73) 146 C1
Hermin (62) 7 H1
l'Hermitage (35) 57 E2
l'Hermitage-Lorge (22) 33 G6
les Hermites (37) 79 E3
l'Hermitière (61) 60 D3
Hermival-les-Vaux (14) 15 E5
Hermonville (51) 23 E5
Hernicourt (62) 7 G1
Herny (57) 49 E2
le Héron (76) 19 E4
Héronchelles (76) 19 E3
Hérouville (95) 42 B2

Hérouville-Saint-Clair (14) 14 C4
Hérouvillette (14) 14 C4
Herpelmont (88) 70 B4
Herpont (51) 46 B2
Herpy-l'Arlésienne (08) 23 F3
Herqueville (27) 18 D6
Herqueville (50) 12 A1
Herran (31) 184 C5
Herré (40) 166 D1
Herrère (64) 182 A3
Herrin (59) 3 F6
Herrlisheim (67) 51 F4
Herrlisheim-près-Colmar (68) 71 F5
Herserange (54) 25 H3
Hersin-Coupigny (62) 8 A1
Hertzing (57) 49 H5
Hervelinghen (62) 1 F3
Hervilly (80) 8 D5
Héry (58) 99 G1
Héry (89) 83 G1
Héry-sur-Alby (74) 132 A2
Herzeele (59) 2 C3
Hesbécourt (80) 8 D5
Hescamps (80) 19 H2
Hesdigneul-lès-Béthune (62) 2 C6
Hesdigneul-lès-Boulogne (62) 1 F5
Hesdin (62) 7 E1
Hesdin-l'Abbé (62) 1 F4
Hésingue (68) 89 G3
Hesmond (62) 7 E1
Hesse (57) 50 A5
Hessenheim (67) 71 G3
Hestroff (57) 26 D4
Hestrud (59) 10 B3
Hestrus (62) 7 G1
Hétomesnil (60) 20 A3
Hettange-Grande (57) 26 B2
Hettenschlag (68) 71 G5
Heubécourt-Haricourt (27) 41 G1
Heuchin (62) 2 A6
Heucourt-Croquoison (80) 6 D5
Heudebouville (27) 18 D6
Heudicourt (27) 19 G5
Heudicourt (80) 8 D5
Heudicourt-
  -sous-les-Côtes (55) 47 H3
Heudreville-en-Lieuvin (27) 15 H4
Heudreville-sur-Eure (27) 41 E1
Heugas (40) 165 E4
Heugleville-sur-Scie (76) 17 G3
Heugnes (36) 96 A3
Heugueville-sur-Sienne (50) 36 D1
Heuilley-Cotton (52) 86 B2
Heuilley-le-Grand (52) 86 B2
Heuilley-sur-Saône (21) 86 C6
Heuland (14) 15 E4
Heume-l'Église (63) 126 C3
la Heunière (27) 41 F2
Heuqueville (27) 19 E5
Heuqueville (76) 16 B4
Heuringhem (62) 2 B4
Heurteauville (76) 17 E6
Heurtevent (14) 15 E6
Heussé (50) 37 G6
Heutrégiville (51) 23 G5
Heuzecourt (80) 7 F3
Hévilliers (55) 47 F6
Heyrieux (38) 130 C4
Hézecques (62) 2 A6
le Hézo (56) 73 E1
Hibarette (65) 183 E3
Hières-sur-Amby (38) 130 D3
Hierges (08) 11 F4
Hiermont (80) 7 F3
Hiers-Brouage (17) 120 C2
Hiersac (16) 122 B4
Hiesse (16) 109 F6
Hiesville (50) 13 E4
Hiéville (14) 39 G2
Higuères-Souye (64) 182 C1
Hiis (65) 183 E3
Hilbesheim (57) 50 A4
Hillion (22) 33 H4
Hilsenheim (67) 71 G2
Hilsprich (57) 49 H2
Hinacourt (02) 22 A1
Hinckange (57) 26 D5
Hindisheim (67) 71 H1
Hindlingen (68) 89 E3
Hinges (62) 2 D5
le Hinglé (22) 34 C6
Hinsbourg (67) 50 B3
Hinsingen (67) 49 H2
Hinx (40) 165 F4
Hipsheim (67) 71 H1
Hirel (35) 35 E4
Hirschland (67) 50 A3
Hirsingue (68) 89 F3
His (31) 184 C4
Hitte (65) 183 F3
Hochfelden (67) 50 D4
Hochstatt (68) 89 F2
Hochstett (67) 51 E4
Hocquigny (50) 35 H2
Hocquinghen (62) 1 H4
Hodeng-au-Bosc (76) 6 C6
Hodeng-Hodenger (76) 19 F3
Hodent (95) 41 H1
Hœdic (56) 72 C3
Hœnheim (67) 51 E4
Hœrdt (67) 51 E4
Hoéville (54) 49 E5
Hoffen (67) 51 F2
les Hogues (27) 19 E4
la Hoguette (14) 38 D3
Hohatzenheim (67) 50 D4
Hohengœft (67) 50 C5
Hohfrankenheim (67) 50 D4
Hohrod (67) 71 E4
le Hohwald (67) 71 E1
Holacourt (57) 49 E2
Holling (57) 26 D4
Holnon (02) 8 D6
Holque (59) 2 A3
Holtzheim (67) 50 D6
Holtzwihr (68) 71 G4
Holving (57) 49 H1
Hombleux (80) 21 G2
Homblières (02) 9 E6
Hombourg (68) 89 G1
Hombourg-Budange (57) 26 C4
Hombourg-Haut (57) 49 G1
l'Hôme-Chamondot (61) 40 B6
Homécourt (54) 26 A4
Hommarting (57) 50 A4
Hommert (57) 50 B5
Hommes (37) 78 B5
Homps (11) 187 G3
Homps (32) 168 B3
Hon-Hergies (59) 9 H2
Hondainville (60) 20 C5
Hondeghem (59) 2 C4
Hondevilliers (77) 44 B3
Hondouville (27) 40 D1
Hondschoote (59) 2 C2
Honfleur (14) 15 F2
Honguemare-
  -Guenouville (27) 18 B5
Honnechy (59) 9 F4
Honnecourt-sur-Escaut (59) 8 D5
l'Honor-de-Cos (82) 152 C6
Honskirch (57) 49 H2
Hontanx (40) 166 B3
Hôpital-Camfrout (29) 31 F5
l'Hôpital-d'Orion (64) 165 F6
l'Hôpital-du-Grosbois (25) 103 H1
l'Hôpital-le-Grand (42) 129 E5
l'Hôpital-le-Mercier (71) 114 D4
l'Hôpital-Saint-Blaise (64) 181 G2
l'Hôpital-Saint-Lieffroy (25) 88 B4
l'Hôpital-
  -sous-Rochefort (42) 128 D3

les Hôpitaux-Neufs (25) 104 A5
les Hôpitaux-Vieux (25) 104 A5
Horbourg-Wihr (68) 71 F4
Hordain (59) 9 E3
la Horgne (08) 24 A2
Horgues (65) 183 E3
l'Horme (42) 129 G5
Hornaing (59) 9 E2
Hornoy-le-Bourg (80) 6 D6
le Horps (53) 59 E2
Horsarrieu (40) 165 H4
Horville-en-Ornois (55) 68 B1
l'Hosmes (27) 40 D4
l'Hospitalet (04) 176 C1
l'Hospitalet-du-Larzac (12) 172 B2
l'Hospitalet-
  -près-l'Andorre (09) 199 F3
Hosta (64) 181 E3
Hoste (57) 49 G1
Hostens (33) 149 E3
Hostiaz (01) 131 E2
Hostun (26) 144 D4
l'Hôtellerie (14) 15 G5
l'Hôtellerie-de-Flée (49) 76 C2
Hotonnes (01) 117 H6
Hotot-en-Auge (14) 14 D5
Hottot-les-Bagues (14) 13 H5
Hottviller (57) 50 C1
la Houblonnière (14) 15 E5
les Houches (74) 133 F1
Houchin (62) 2 D6
Houdain (62) 7 H1
Houdain-lez-Bavay (59) 9 H2
Houdan (78) 41 G4
Houdancourt (60) 21 E5
Houdelaincourt (55) 47 G6
Houdelmont (54) 48 C6
Houdemont (54) 48 C5
Houdetot (76) 17 E3
Houdilcourt (08) 23 F4
Houdreville (54) 69 E1
Houécourt (88) 69 E3
Houeillès (47) 150 B5
Houesville (50) 13 E4
Houetteville (27) 40 D1
Houéville (88) 68 D2
Houeydets (65) 183 G3
le Houga (32) 166 C3
Houilles (78) 42 C3
Houlbec-Cocherel (27) 41 F2
Houlbec-près-
  -le-Gros-Theil (27) 18 B6
Houldizy (08) 24 A1
Houlette (16) 121 H3
Houlgate (14) 14 D3
le Houlme (76) 17 G5
l'Houmeau (17) 106 C4
Hounoux (11) 186 B4
Houplin-Ancoisne (59) 3 F5
Houplines (59) 3 E4
Houppeville (76) 17 G5
Houquetot (76) 15 G1
Hourc (65) 183 F2
Hourges (51) 22 D6
Hours (64) 182 D3
Hourtin (33) 134 B2
Houry (02) 22 D1
Houssay (41) 79 E2
Houssay (53) 58 D6
la Houssaye (27) 40 B2
la Houssaye-Béranger (76) 17 G4
la Houssaye-en-Brie (77) 43 G5
le Housseau-
  -Brétignolles (53) 59 E1
Houssen (68) 71 F4
Housseras (88) 70 B2
Housset (02) 22 C1
Housséville (54) 69 F2
la Houssière (88) 70 C3
la Houssoye (60) 19 H5
Houtaud (25) 104 A4
Houtkerque (59) 2 D3
Houtteville (50) 12 D4
Houville-en-Vexin (27) 19 E5
Houville-la-Branche (28) 62 C2
Houvin-Houvigneul (62) 7 G2
Houx (28) 41 G6
Hoymille (59) 2 C2
Huanne-Montmartin (25) 87 H5
Hubersent (62) 1 F5
Hubert-Folie (14) 14 C5
Huberville (50) 12 D3
Huby-Saint-Leu (62) 7 E1
Huchenneville (80) 6 D4
Huclier (62) 7 G1
Hucqueliers (62) 1 G5
Hudimesnil (50) 35 G2
Hudiviller (54) 49 E6
Huelgoat (29) 32 A5
Huest (27) 41 E2
Huêtre (45) 62 D5
Huez (38) 146 A3
Hugier (70) 86 D6
Hugleville-en-Caux (76) 17 F4
Huillé (49) 77 F3
Huilliécourt (52) 68 B4
Huilly-sur-Seille (71) 116 C1
Huiron (51) 46 B4
Huismes (37) 94 B1
Huisnes-sur-Mer (50) 35 G4
Huisseau-en-Beauce (41) 79 F2
Huisseau-sur-Cosson (41) 80 A4
Huisseau-sur-Mauves (45) 80 C1
l'Huisserie (53) 58 D5
Hulluch (62) 8 C1
Hultehouse (57) 50 B4
Humbauville (51) 45 H5
Humbécourt (52) 46 D6
Humbercamps (62) 8 A3
Humbercourt (80) 7 H3
Humberville (52) 68 B3
Humbligny (18) 98 A1
Humerœuille (62) 7 F1
Humes-Jorquenay (52) 86 A1
Humières (62) 7 F1
Hunawihr (68) 71 F3
Hundling (57) 49 H1
Hundsbach (68) 89 F3
Huningue (68) 89 H3
Hunspach (67) 51 F2
Hunting (57) 26 C2
Huos (31) 184 A4
Huparlac (12) 154 D1
Huppy (80) 6 D5
Hurbache (88) 70 C2
Hure (33) 150 B2
Hurecourt (70) 69 F6
Hures-la-Parade (48) 155 H5
Huriel (03) 112 C3
Hurigny (71) 116 B3
Hurtières (38) 146 A1
Hurtigheim (67) 50 D5
Husseren-
  -les-Châteaux (68) 71 F5
Husseren-Wesserling (68) 70 D6
Hussigny-Godbrange (54) 25 H3
Husson (50) 37 G6
Huttendorf (67) 50 D3
Huttenheim (67) 71 H2
Hyds (03) 113 G4
Hyencourt-le-Grand (80) 21 F1
Hyenville (50) 36 D2
Hyères (83) 193 G5
Hyet (70) 87 F4
Hyèvre-Magny (25) 88 A5
Hyèvre-Paroisse (25) 88 A5
Hymont (88) 69 F3

I

Ibarrolle (64) 181 E3
Ibigny (57) 49 H5
Ibos (65) 183 E3
Ichtratzheim (67) 51 E6
Ichy (77) 63 H4
Idaux-Mendy (64) 181 F3
Idrac-Respaillès (32) 167 G6
Idron (64) 182 C2
Ids-Saint-Roch (18) 97 F6
Iffendic (35) 56 D2
les Iffs (35) 57 E1
Ifs (14) 14 B5
les Ifs (76) 6 B6
Igé (61) 60 D3
Igé (71) 116 B3
Ignaucourt (80) 20 D1
Ignaux (09) 199 G2
Igney (54) 49 G5
Igney (88) 69 H3
Ignol (18) 98 B5
Igny (70) 86 D4
Igny (91) 42 C5
Igny-Comblizy (51) 44 D2
Igon (64) 182 C3
Igornay (71) 100 D3
Iguerande (71) 115 E5
Iholdy (64) 181 E2
Île-aux-Moines (56) 72 D1
l'Île-Bouchard (37) 94 C2
Île-d'Aix (17) 106 C6
Île-d'Arz (56) 72 D1
Île-de-Batz (29) 31 H2
Île-de-Bréhat (22) 33 F2
l'Île-d'Elle (85) 107 E3
Île-d'Houat (56) 72 C3
l'Île-d'Olonne (85) 91 E5
l'Île-d'Yeu (85) 90 A3
Île-Molène (29) 30 B4
l'Île-Rousse (2B) 202 D5
l'Île-Saint-Denis (93) 42 D3
Île-Tudy (29) 53 F4
Ilharre (64) 181 F1
Ilhan (65) 183 H6
les Ilhes (11) 187 E2
Ilhet (65) 183 G5
Ilheu (65) 184 A5
Illange (57) 26 B3
Illartein (09) 184 D6
Illats (33) 149 F2
Ille-sur-Têt (66) 200 D2
Illeville-sur-Montfort (27) 18 A5
Illfurth (68) 89 F2
Illhaeusern (68) 71 G3
Illiat (01) 116 B5
Illier-et-Laramade (09) 199 E1
Illiers-Combray (28) 61 H3
Illiers-l'Évêque (27) 41 E4
Illies (59) 3 E6
Illifaut (22) 56 B2
Illkirch-Graffenstaden (67) 51 E6
Illois (76) 19 G1
Illoud (52) 68 C4
Illy (08) 24 C1
Illzach (68) 89 F1
Ilonse (06) 178 D1
Imbleville (76) 17 F4
Imécourt (08) 24 C5
Imling (57) 50 A4
Imphy (58) 99 E4
Inaumont (08) 23 G3
Incarville (27) 18 D6
Incheville (76) 6 B5
Inchy (59) 9 F4
Inchy-en-Artois (62) 8 D4
Incourt (62) 7 F1
Indevillers (25) 88 D6
Indre (44) 74 C5
Ineuil (18) 97 G5
Ingenheim (67) 50 D4
Ingersheim (68) 71 F4
Inghem (62) 2 B5
Inglange (57) 26 C3
Ingolsheim (67) 51 F2
Ingouville (76) 17 E2
Ingrandes (36) 110 A1
Ingrandes (49) 75 H3
Ingrandes (86) 94 C4
Ingrandes-de-Touraine (37) 78 B6
Ingrannes (45) 63 F6
Ingré (45) 80 D1
Inguiniel (56) 54 D3
Ingwiller (67) 50 C3
Injoux-Génissiat (01) 117 H6
Innenheim (67) 50 D6
Innimond (01) 131 F3
Inor (55) 24 D3
Insming (57) 49 G2
Insviller (57) 49 H3
Intraville (76) 17 H2
Intres (07) 143 F4
Intréville (28) 62 D3
Intville-la-Guétard (45) 63 F3
Inval-Boiron (80) 6 D6
Inxent (62) 1 G6
Inzinzac-Lochrist (56) 54 D4
Ippécourt (55) 47 E2
Ippling (57) 49 H1
Irai (61) 40 B5
Irais (79) 93 G3
Irancy (89) 83 G3
Iré-le-Sec (55) 25 E4
Irigny (69) 130 A4
Irissarry (64) 181 E2
Irles (80) 8 A4
Irodouër (35) 56 D1
Iron (02) 9 G5
Irouléguy (64) 180 D3
Irreville (27) 41 E1
Irvillac (29) 31 F5
Is-en-Bassigny (52) 68 B5
Is-sur-Tille (21) 85 H4
Isbergues (62) 2 C5
Isches (88) 69 E5
Isdes (45) 81 F3
Isenay (58) 99 H4
Isigny-le-Buat (50) 35 H4
Isigny-sur-Mer (14) 13 F5
Island (89) 83 H5
Isle (87) 124 B3
l'Isle-Adam (95) 42 C2
l'Isle-Arné (32) 168 A5
Isle-Aubigny (10) 66 B1
Isle-Aumont (10) 66 B4
l'Isle-Bouzon (32) 168 B2
l'Isle-d'Abeau (38) 130 D4
l'Isle-de-Noé (32) 167 G5
l'Isle-d'Espagnac (16) 122 C4
l'Isle-en-Dodon (31) 184 C1
Isle-et-Bardais (03) 98 B6
l'Isle-Jourdain (32) 168 C5
l'Isle-Jourdain (86) 109 G4
l'Isle-Saint-Georges (33) 135 F6
l'Isle-sur-la-Sorgue (84) 175 F2
l'Isle-sur-le-Doubs (25) 88 B5
l'Isle-sur-Marne (51) 46 C5
l'Isle-sur-Serein (89) 84 A4
les Isles-Bardel (14) 38 C3
Isles-les-Meldeuses (77) 43 H2
Isles-lès-Villenoy (77) 43 G3
Isles-sur-Suippe (51) 23 F5
les Islettes (55) 46 D1
Isneauville (76) 17 G5
Isola (06) 162 B5
Isolaccio-di-Fiumorbo (2B) 205 F3
Isômes (52) 86 B3
Ispagnac (48) 156 A4
Ispoure (64) 180 D3
Isques (62) 1 F4
Issac (24) 136 D4
Issamoulenc (07) 143 G5
Issancourt-et-Rumel (08) 24 B1
Issanlas (07) 142 D6
Issans (25) 88 B4
les Issards (09) 186 A4
Issarlès (07) 142 D6
Issé (44) 74 D2
Issé (51) 45 G2
Issel (11) 186 B2
Issendolus (46) 153 E1
Issenhausen (67) 50 D3
Issenheim (68) 71 E6
Issepts (46) 153 F1
Isserpent (03) 114 B5
Isserteaux (63) 127 G4

Issigeac (24) 151 F1
Issirac (30) 157 G5
Issoire (63) 127 G5
Issor (64) 181 H4
Issou (78) 42 A3
Issoudun (36) 97 E4
Issoudun-Létrieix (23) 112 A6
Issus (31) 185 G1
Issy-les-Moulineaux (92) 42 C4
Issy-l'Évêque (71) 100 B6
les Istres-et-Bury (51) 45 F3
Isturits (64) 181 E1
Itancourt (02) 22 A1
Iteuil (86) 109 E2
Ittenheim (67) 50 D5
Itterswiller (67) 71 F2
Itteville (91) 63 G1
Itxassou (64) 180 C1
Itzac (81) 170 A1
Ivergny (62) 7 G3
Iverny (77) 43 F2
Iviers (02) 23 F1
Iville (27) 40 C1
Ivors (60) 21 G6
Ivory (39) 103 F4
Ivoy-le-Pré (18) 81 H5
Ivrey (39) 103 F3
Ivry-en-Montagne (21) 101 F3
Ivry-la-Bataille (27) 41 F3
Ivry-le-Temple (60) 20 A6
Ivry-sur-Seine (94) 42 D4
Iwuy (59) 9 E3
Izaourt (65) 184 A5
Izaut-de-l'Hôtel (31) 184 B5
Izaux (65) 183 G4
Izé (53) 59 F3
Izeaux (38) 145 E1
Izel-lès-Équerchin (62) 8 C2
Izel-lès-Hameau (62) 7 H2
Izenave (01) 117 F6
Izernore (01) 117 G4
Izeron (38) 145 E3
Izeste (64) 182 B4
Izeure (21) 102 A2
Izier (21) 86 A6
Izieu (01) 131 F4
Izon (33) 135 G4
Izon-la-Bruisse (26) 159 G5
Izotges (32) 166 D5

J

Jablines (77) 43 F3
Jabreilles-les-Bordes (87) 124 C1
Jabrun (15) 141 E6
Jacob-Bellecombette (73) 131 H5
Jacou (34) 173 F5
Jacque (65) 183 F2
Jagny-sous-Bois (95) 42 D2
Jaignes (77) 43 H3
Jaillans (26) 144 C4
la Jaille-Yvon (49) 76 D2
Jaillon (54) 48 B4
Jailly (58) 99 F2
Jailly-les-Moulins (21) 85 E5
Jainvillotte (88) 68 D3
Jalesches (23) 111 H4
Jaleyrac (15) 140 B2
Jaligny-sur-Besbre (03) 114 B3
Jallais (49) 75 H5
Jallanges (21) 102 A3
Jallans (28) 62 A5
Jallaucourt (57) 49 E3
Jallerange (25) 103 E1
Jalognes (18) 98 B1
Jalogny (71) 116 A3
Jâlons (51) 45 F2
Jambles (71) 101 F5
Jambville (78) 42 A2
Jaméricourt (60) 19 H5
Jametz (55) 25 E4
Janailhac (87) 124 B4
Janaillat (23) 111 F6
Jancigny (21) 86 B5
Jandun (08) 23 H2
Janneyrias (38) 130 C3
Jans (44) 74 C1
Janville (14) 14 D4
Janville (60) 21 E4
Janville (28) 62 D4
Janville-sur-Juine (91) 63 F1
Janvilliers (51) 44 D3
Janvry (51) 22 D6
Janvry (91) 42 C6
Janzé (35) 57 G4
Jarcieu (38) 144 B1
Jard-sur-Mer (85) 106 A2
le Jardin (19) 139 G1
Jardin (38) 130 B5
Jardres (86) 109 F1
Jargeau (45) 81 E1
Jarjayes (05) 160 C3
Jarménil (88) 70 A4
Jarnac (16) 122 A4
Jarnac-Champagne (17) 121 F5
Jarnages (23) 111 H5
la Jarne (17) 106 D5
Jarnioux (69) 129 H1
Jarnosse (42) 115 F5
Jarny (54) 26 A5
Jarret (65) 183 E4
la Jarrie (17) 107 E5
la Jarrie-Audouin (17) 107 G6
Jarrie (38) 145 G3
Jarrier (73) 146 C1
Jars (18) 82 A5
Jarsy (73) 132 B3
Jarville-la-Malgrange (54) 48 C5
Jarzé (49) 77 F4
Jas (42) 129 F3
Jasney (70) 87 G1
Jassans-Riottier (01) 129 H1
Jasseines (10) 66 D1
Jasseron (01) 117 E4
Jasses (64) 181 H2
Jatxou (64) 180 C1
Jau-Dignac-et-Loirac (33) 120 C6
Jaucourt (10) 67 E3
la Jaudonnière (85) 92 B6
Jaudrais (28) 41 E6
Jaujac (07) 157 F2
Jauldes (16) 122 C3
Jaulges (89) 65 H6
Jaulgonne (02) 44 C2
Jaulnay (37) 94 D3
Jaulnes (77) 64 D2
Jaulny (54) 48 A3
Jaulzy (60) 21 G5
Jaunac (07) 143 F5
Jaunay-Clan (86) 94 C6
Jaure (24) 137 E3
Jausiers (04) 161 G3
Jaux (60) 21 F5
Jauzé (72) 60 C4
Javaugues (43) 141 H2
Javené (35) 58 A2
Javerdat (87) 123 H1
Javerlhac-et-la-Chapelle-
  -Saint-Robert (24) 123 E5
Javernant (10) 66 A4
la Javie (04) 160 D5
Javols (48) 155 H1
Javrezac (16) 121 H3
Javron-les-Chapelles (53) 59 F2
Jax (43) 142 A2
Jaxu (64) 181 E3
Jayac (24) 138 B3
Jayat (01) 116 D3
Jazeneuil (86) 108 C2
Jazennes (17) 121 E4
Jeancourt (02) 8 D6
Jeandelaincourt (54) 48 D4
Jeandelize (54) 48 A1
Jeanménil (88) 70 B2
Jeansagnière (42) 128 C3
Jeantes (02) 23 E1

Jebsheim (68) 71 G4
Jegun (32) 167 G4
la Jemaye (24) 136 C2
Jenlain (59) 9 G2
Jenzat (03) 113 G5
Jésonville (88) 69 F4
Jessains (10) 67 E3
Jetterswiller (67) 50 C5
Jettingen (68) 89 F3
Jeu-les-Bois (36) 96 B6
Jeu-Maloches (36) 96 B3
Jeufosse (78) 41 G2
Jeugny (10) 66 B5
Jeumont (59) 10 B2
Jeurre (39) 117 H3
Jeux-lès-Bard (21) 84 C4
Jeuxey (88) 70 A3
Jevoncourt (54) 69 G2
Jezainville (54) 48 C3
Jézeau (65) 183 G6
Joannas (07) 157 F2
Job (63) 128 B4
Jobourg (50) 12 A1
Joch (66) 200 C3
Jœuf (54) 26 A4
Joganville (50) 12 D3
Joigny (89) 65 E6
Joigny-sur-Meuse (08) 11 F6
Joinville (52) 67 H2
Joinville-le-Pont (94) 42 D4
Joiselle (51) 44 C5
Jolimetz (59) 9 G3
Jolivet (54) 49 E6
Jonage (69) 130 B3
Joncels (34) 172 B4
la Jonchère (85) 91 G6
la Jonchère-
  -Saint-Maurice (87) 124 C1
Jonchères (26) 159 F2
Joncherey (90) 88 D4
Jonchery (52) 67 H4
Jonchery-sur-Suippe (51) 46 A1
Jonchery-sur-Vesle (51) 22 D6
Joncourt (02) 9 E5
Joncreuil (10) 67 E1
Joncy (71) 116 A1
Jongieux (73) 131 G3
Jonquerets-de-Livet (27) 15 H6
Jonquerettes (84) 175 E2
Jonquery (51) 45 E1
Jonquières (11) 187 G5
Jonquières (34) 172 D6
Jonquières (60) 21 E5
Jonquières (81) 170 C5
Jonquières (84) 158 C6
Jonquières-
  -Saint-Vincent (30) 174 C3
Jons (69) 130 C3
Jonval (08) 24 A3
Jonvelle (70) 69 E6
Jonville-en-Woëvre (55) 48 A2
Jonzac (17) 121 F5
Jonzier-Épagny (74) 118 B6
Jonzieux (42) 143 F1
Joppécourt (54) 25 H4
Jort (14) 39 E2
Jorxey (88) 69 G3
Josat (43) 142 A2
Josnes (41) 80 B2
Josse (40) 164 D4
Josselin (56) 55 H4
Jossigny (77) 43 F4
Jou-sous-Monjou (15) 140 C5
Jouac (87) 110 C3
Jouaignes (02) 22 B5
Jouancy (89) 84 B3
Jouarre (77) 44 A3
Jouars-Pontchartrain (78) 42 A4
Jouaville (54) 26 A5
Joucas (84) 175 G2
Joucou (11) 199 H1
Joudes (71) 117 E2
Joudreville (54) 25 H5
Joué-du-Bois (61) 38 D6
Joué-du-Plain (61) 38 D5
Joué-en-Charnie (72) 59 G5
Joué-l'Abbé (72) 60 B4
Joué-lès-Tours (37) 78 D6
Joué-sur-Erdre (44) 75 E3
Jouet-sur-l'Aubois (18) 98 C3
Jouey (21) 101 E2
Jougne (25) 104 A5
Jouhe (39) 102 C2
Jouhet (86) 109 H2
Jouillat (23) 111 G4
Jouques (13) 176 B5
Jouqueviel (81) 153 H6
Jourgnac (87) 124 A3
Journans (01) 117 E5
Journet (86) 110 A2
Journiac (24) 137 G4
Journy (62) 1 H4
Jours-en-Vaux (21) 101 E3
Jours-lès-Baigneux (21) 85 E3
Joursac (15) 141 E3
Joussé (86) 109 F4
Jouvençon (71) 116 C1
Joux (69) 129 F2
Joux-la-Ville (89) 83 H3
Jouy (28) 62 B1
Jouy (89) 64 C4
Jouy-aux-Arches (57) 26 B6
Jouy-en-Argonne (55) 47 E1
Jouy-en-Josas (78) 42 C5
Jouy-en-Pithiverais (45) 63 E4
Jouy-le-Châtel (77) 43 H5
Jouy-le-Moutier (95) 42 B2
Jouy-le-Potier (45) 80 C2
Jouy-lès-Reims (51) 23 E6
Jouy-Mauvoisin (78) 41 G3
Jouy-sous-Thelle (60) 20 A5
Jouy-sur-Eure (27) 41 E2
Jouy-sur-Morin (77) 44 B4
Joyeuse (07) 157 F3
Joyeux (01) 130 C2
Joze (63) 127 G2
Jozerand (63) 127 E1
Jû-Belloc (32) 166 D5
Juaye-Mondaye (14) 13 H5
Jubainville (88) 68 D2
la Jubaudière (49) 75 H6
Jublains (53) 59 F3
le Juch (29) 53 F2
Jugazan (33) 135 H6
Jugeals-Nazareth (19) 138 D3
Jugon-les-Lacs (22) 34 A5
Jugy (71) 116 B1
Juicq (17) 121 F2
Juif (71) 116 C1
Juignac (16) 122 C6
Juigné-des-Moutiers (44) 75 F1
Juigné-sur-Loire (49) 77 E5
Juigné-sur-Sarthe (72) 77 F1
Juignettes (27) 40 A3
Juillac (19) 138 B1
Juillac (32) 167 E6
Juillac (33) 136 A6
Juillac-le-Coq (16) 121 H4
Juillaguet (16) 122 C5
Juillan (65) 183 E3
Juillé (16) 122 C2
Juillé (72) 60 A3
Juillé (79) 108 B5
Juilles (32) 168 B5
Juilley (50) 35 H4
Juilly (21) 84 D4
Juilly (77) 43 F2
Jujols (66) 200 B3
Jujurieux (01) 117 F5
Julianges (48) 141 G5
Juliénas (69) 116 A5
Julienne (16) 122 A3
Jullianges (43) 142 B1
Jullié (69) 116 A4
Jullouville (50) 35 G2
Jully (89) 84 C2
Jully-lès-Buxy (71) 101 F6
Jully-sur-Sarce (10) 66 C5
Julos (65) 183 E4
Julvécourt (55) 47 E2

Jumeauville (78).....41 H3
Jumeaux (63).....127 G6
Jumel (80).....20 C1
Jumelles (27).....41 E3
la Jumellière (49).....76 C6
Jumencourt (02).....22 A4
Jumièges (76).....17 E6
Jumigny (02).....22 C4
Jumilhac-le-Grand (24).....123 H5
Junas (30).....173 H4
Junay (89).....84 A1
Juncalas (65).....183 E4
Jungholtz (68).....71 E6
Junhac (15).....154 B1
les Junies (46).....152 B3
Juniville (08).....23 G5
Jupilles (72).....78 C2
Jurançon (64).....182 B2
Juranville (45).....63 H5
Juré (42).....128 C2
Jurignac (16).....122 A5
Jurques (14).....38 A2
Jurvielle (31).....197 E1
Jury (57).....48 D1
Juscorps (79).....107 H4
Jusix (47).....150 D2
Jussac (15).....140 A4
Jussarupt (88).....70 B4
Jussas (17).....135 G1
Jussecourt-Minecourt (51).....46 C4
Jussey (70).....87 E1
Jussy (02).....21 H2
Jussy (57).....48 C1
Jussy (89).....83 G3
Jussy-Champagne (18).....98 A3
Jussy-le-Chaudrier (18).....98 C2
Justian (32).....167 F3
Justine-Herbigny (08).....23 G3
Justiniac (09).....185 G3
Jutigny (77).....64 D1
Juvaincourt (88).....69 F2
Juvancourt (10).....67 E5
Juvanzé (10).....67 E3
Juvardeil (49).....77 E3
Juvelize (57).....49 F4
Juvignac (34).....173 F5
Juvigné (53).....58 B3
Juvignies (60).....20 B3
Juvigny (02).....22 A4
Juvigny (51).....45 G2
Juvigny (74).....118 C4
Juvigny-en-Perthois (55).....47 E6
Juvigny-le-Tertre (50).....37 G5
Juvigny-sous-Andaine (61).....38 B6
Juvigny-sur-Loison (55).....25 E4
Juvigny-sur-Orne (61).....39 E5
Juvigny-sur-Seulles (14).....14 A5
Juville (57).....48 D3
Juvinas (07).....157 F1
Juvincourt-et-Damary (02).....22 D4
Juvisy-sur-Orge (91).....42 D5
Juvrecourt (54).....49 F4
Juxue (64).....181 F2
Juzanvigny (10).....67 E2
Juzennecourt (52).....67 G4
Juzes (31).....186 A1
Juzet-de-Luchon (31).....197 F1
Juzet-d'Izaut (31).....184 B5
Juziers (78).....42 A2

K

Kalhausen (57).....27 H6
Kaltenhouse (67).....51 E3
Kanfen (57).....26 B2
Kappelen (68).....89 G3
Kappelkinger (57).....49 H2
Katzenthal (68).....71 F4
Kauffenheim (67).....51 F3
Kaysersberg (68).....71 F4
Kédange-sur-Canner (57).....26 C3
Keffenach (67).....51 F2
Kembs (68).....89 G2
Kemplich (57).....26 D3
Kerbach (57).....27 H5
Kerbors (22).....33 E1
Kerfot (22).....33 F2
Kerfourn (56).....55 F3
Kergloff (29).....32 B6
Kergrist (56).....55 F2
Kergrist-Moëlou (22).....32 D6
Kerien (22).....32 D5
Kerlaz (29).....53 E2
Kerling-lès-Sierck (57).....26 C3
Kerlouan (29).....31 E2
Kermaria-Sulard (22).....32 D2
Kermoroc'h (22).....33 E3
Kernascléden (56).....54 C3
Kernilis (29).....31 E3
Kernouës (29).....31 E3
Kerpert (22).....33 E3
Kerprich-aux-Bois (57).....49 H4
Kersaint-Plabennec (29).....31 E4
Kertzfeld (67).....71 G2
Kervignac (56).....54 D5
Kesskastel (67).....27 H6
Kesseldorf (67).....51 F3
Kienheim (67).....50 D4
Kientzheim (68).....71 F4
Kiffis (68).....89 F4
Killem (59).....2 C2
Kilstett (67).....51 F4
Kindwiller (67).....50 D3
Kingersheim (68).....89 F1
Kintzheim (67).....71 F2
Kirchberg (68).....88 D1
Kirchheim (67).....50 D5
Kirrberg (67).....50 A5
Kirrwiller (67).....50 D3
Kirsch-lès-Sierck (57).....26 D2
Kirschnaumen (57).....26 D2
Kirviller (57).....49 H2
Klang (57).....26 D3
Kleingœft (67).....50 C4
Knœringue (68).....89 G3
Knœrsheim (67).....50 C4
Knutange (57).....26 B3
Kœnigsmacker (57).....26 C3
Kœstlach (68).....89 F4
Kœtzingue (68).....89 G2
Kœur-la-Grande (55).....47 G4
Kœur-la-Petite (55).....47 G4
Kogenheim (67).....71 G2
Kolbsheim (67).....50 D6
Krautergersheim (67).....71 G1
Krautwiller (67).....51 E4
le Kremlin-Bicêtre (94).....42 D4
Kriegsheim (67).....51 E4
Kruth (68).....70 D6
Kunheim (68).....71 G4
Kuntzig (57).....26 C3
Kurtzenbusse (67).....51 F3
Kuttolsheim (67).....50 D5
Kutzenhausen (67).....51 F2

L

Laá-Mondrans (64).....165 G6
Laas (32).....167 F3
Laas (45).....63 F5
Laàs (64).....181 G1
Labalme (01).....117 F6
Labarde (33).....135 E4
Labaroche (68).....71 E4
Labarthe (82).....167 E2
Labarthe (32).....167 H6
Labarthe-Bleys (81).....170 A1
Labarthe-Inard (31).....184 C4
Labarthe-Rivière (31).....184 A4
Labarthe-sur-Lèze (31).....185 G1
Labarthète (32).....166 C5
Labassère (65).....183 E4
Labastide (65).....183 G4
Labastide-Beauvoir (31).....185 H1

Labastide-
-Castel-Amouroux (47).....150 C4
Labastide-Cézéracq (64).....182 A1
Labastide-Chalosse (40).....165 H5
Labastide-Clermont (31).....184 D2
Labastide-d'Anjou (11).....186 B2
Labastide-d'Armagnac (40).....166 C2
Labastide-de-Lévis (81).....170 B2
Labastide-de-Penne (82).....152 D5
Labastide-de-Virac (07).....157 G4
Labastide-Dénat (81).....170 C3
Labastide-
-du-Haut-Mont (46).....139 G6
Labastide-du-Temple (82).....168 D1
Labastide-du-Vert (46).....152 B3
Labastide-en-Val (11).....187 F4
Labastide-
-Esparbairenque (11).....187 E2
Labastide-Gabausse (81).....170 B1
Labastide-Marnhac (46).....152 C4
Labastide-Monréjeau (64).....182 A1
Labastide-Murat (46).....152 D2
Labastide-Paumès (31).....184 C2
Labastide-Rouairoux (81).....187 E1
Labastide-
-Saint-Georges (81).....170 A4
Labastide-Saint-Pierre (82).....169 E2
Labastide-Saint-Sernin (31).....169 F4
Labastide-Savès (32).....168 C4
Labastide-
-sur-Bésorgues (07).....157 F1
Labastide-Villefranche (64).....165 E6
Labastidette (31).....185 E1
Labathude (46).....153 G1
Labatie-d'Andaure (07).....143 G4
Labatmale (64).....182 D3
Labatut (09).....185 G3
Labatut (40).....165 E5
Labatut (64).....183 E1
Labatut-Rivière (65).....166 D6
Labbeville (95).....42 C1
Labeaume (07).....157 F3
Labécède-Lauragais (11).....186 C2
Labège (31).....169 F6
Labégude (07).....157 G2
Labéjan (32).....167 G6
Labenne (40).....164 B5
Labergement-
-du-Navois (25).....103 G3
Labergement-Foigney (21).....102 B1
Labergement-
-lès-Auxonne (21).....102 C2
Labergement-
-lès-Seurre (21).....102 A2
Labergement-
-Sainte-Marie (25).....103 H5
Laberlière (60).....21 E3
Labescau (33).....150 A3
Labesserette (15).....154 B1
Labessette (63).....126 B5
Labessière-Candeil (81).....170 B3
Labets-Biscay (64).....181 F1
Labeuville (55).....48 A1
Labeuvrière (62).....2 C6
Labeyrie (64).....165 H5
Lablachère (07).....157 F3
Laboissière-en-Santerre (80).....21 E2
Laboissière-en-Thelle (60).....20 B6
Laborde (65).....183 G4
Laborel (26).....159 G5
Labosse (60).....19 H5
Labouheyre (40).....148 C5
Laboulbène (81).....170 C5
Laboule (07).....157 E2
Labouquerie (24).....137 F6
Labourgade (82).....168 D2
Labourse (62).....2 D6
Laboutarie (81).....170 B4
Labretonie (47).....150 D3
Labrihe (32).....168 B4
Labrit (40).....149 F6
Labroquère (31).....184 A4
Labrosse (45).....63 G4
Labrousse (15).....140 B5
Labroye (62).....7 E2
Labruguière (81).....170 C6
Labruyère (21).....102 A3
Labruyère (60).....20 D5
Labruyère-Dorsa (31).....185 G1
Labry (54).....26 A5
Laburgade (46).....152 D4
Lac-des-Rouges-
-Truites (39).....118 B1
le Lac-d'Issarlès (07).....142 D4
Lacabarède (81).....187 F1
Lacadée (64).....165 G5
Lacajunte (40).....166 A5
Lacalm (12).....140 D6
Lacam-d'Ourcet (46).....139 F6
Lacanau (33).....134 B4
Lacapelle-Barrès (15).....140 C5
Lacapelle-Biron (47).....151 H2
Lacapelle-Cabanac (46).....152 A3
Lacapelle-del-Fraisse (15).....140 A6
Lacapelle-Livron (82).....153 E5
Lacapelle-Marival (46).....153 F1
Lacapelle-Pinet (81).....170 D1
Lacapelle-Ségalar (81).....170 B1
Lacapelle-Viescamp (15).....139 H5
Lacarre (64).....181 E3
Lacarry-Arhan-Charritte-
-de-Haut (64).....181 F4
Lacassagne (65).....183 F2
Lacaugne (31).....185 E2
Lacaune (81).....171 F4
Lacaussade (47).....151 G3
Lacave (09).....184 D5
Lacave (46).....138 C6
Lacaze (81).....171 E4
Lacelle (19).....125 E4
Lacenas (69).....129 H1
Lacépède (47).....151 E4
Lachaise (16).....121 H5
Lachalade (55).....46 D1
Lachambre (57).....49 G1
Lachamp (48).....155 F2
Lachamp-Raphaël (07).....143 F6
Lachapelle (47).....150 C2
Lachapelle (54).....70 C1
Lachapelle (80).....20 A1
Lachapelle (82).....168 B2
Lachapelle-aux-Pots (60).....19 H4
Lachapelle-Auzac (46).....138 C5
Lachapelle-en-Blaisy (52).....67 G4
Lachapelle-Graillouse (07).....142 D6
Lachapelle-Saint-Pierre (60).....20 B6
Lachapelle-
-sous-Aubenas (07).....157 G2
Lachapelle-
-sous-Chanéac (07).....143 F5
Lachapelle-sous-Chaux (90).....88 C2
Lachapelle-
-sous-Gerberoy (60).....19 H3
Lachapelle-
-sous-Rougemont (90).....88 D2
Lachassagne (69).....129 H1
Lachau (26).....159 G5
Lachaussée (55).....48 A2
Lachaussée-
-du-Bois-d'Écu (60).....20 B3
Lachaux (63).....128 A1
Lachelle (60).....21 E4
Lachy (51).....44 D5
Lacollonge (90).....88 D2
Lacombe (11).....186 D1
Lacommande (64).....182 A2
Lacoste (34).....172 C6
Lacoste (84).....175 H3
Lacougotte-Cadoul (81).....169 H5
Lacour (82).....151 H4
Lacour-d'Arcenay (21).....84 C6
Lacourt (09).....185 E5
Lacourt-Saint-Pierre (82).....169 E2
Lacq (64).....182 A1
Lacquy (40).....166 B2
Lacrabe (40).....165 H5
Lacres (62).....1 F5
Lacroisille (81).....170 A5
Lacroix-Barrez (12).....140 C4
Lacroix-Falgarde (31).....169 E6

Lacroix-Saint-Ouen (60).....21 F5
Lacroix-sur-Meuse (55).....47 G2
Lacropte (24).....137 G4
Lacrost (71).....116 C1
Lacrouzette (81).....170 D5
Lacs (36).....111 H1
Ladapeyre (23).....111 H4
Ladaux (33).....149 H1
Ladern-sur-Lauquet (11).....187 E4
Ladevèze-Rivière (32).....167 E5
Ladevèze-Ville (32).....166 D6
Ladignac-le-Long (87).....124 A5
Ladignac-
-sur-Rondelles (19).....139 E2
Ladinhac (15).....154 B1
Ladirat (46).....139 F6
Ladiville (16).....122 A5
Ladoix-Serrigny (21).....101 G3
Ladon (45).....63 H6
Lados (33).....150 A3
Ladoye-sur-Seille (39).....103 E5
Laduz (89).....83 E1
Lafage (11).....186 B3
Lafage-sur-Sombre (19).....139 G2
Lafare (84).....158 D6
Lafarre (07).....143 G3
Lafarre (43).....142 D4
Lafat (23).....111 E4
Laféline (03).....113 G3
Laferté-sur-Amance (52).....86 D1
Laferté-sur-Aube (52).....67 F5
Lafeuillade-en-Vézie (15).....140 B6
Laffaux (02).....22 B4
Laffite-Toupière (31).....184 C3
Laffrey (38).....145 G4
Lafitole (65).....183 E1
Lafitte (82).....168 D2
Lafitte-sur-Lot (47).....150 D4
Lafitte-Vigordane (31).....185 E2
Lafox (47).....151 F6
Lafrançaise (82).....152 B6
Lafraye (60).....20 B4
Lafresguimont-
-Saint-Martin (80).....19 H1
Lafrimbolle (57).....50 A6
Lagamas (34).....172 D5
Lagarde (09).....186 B5
Lagarde (31).....185 H2
Lagarde (32).....167 H2
Lagarde (57).....49 G5
Lagarde (65).....183 E2
Lagarde-d'Apt (84).....176 A2
Lagarde-Enval (19).....139 E2
Lagarde-Hachan (32).....183 H1
Lagarde-Paréol (84).....158 B5
Lagarde-sur-le-Né (16).....121 H5
Lagardelle (46).....152 B3
Lagardelle-sur-Lèze (31).....185 F1
Lagardère (32).....167 F3
Lagardiolle (81).....170 B6
Lagarrigue (47).....150 D5
Lagarrigue (81).....170 D6
Lageon (79).....93 G5
Lagery (51).....22 D6
Lagesse (10).....66 B6
Laglorieuse (40).....166 B2
Lagnes (84).....175 G3
Lagney (54).....48 A5
Lagnicourt-Marcel (62).....8 C3
Lagnieu (01).....130 D2
Lagny (60).....21 F3
Lagny-le-Sec (60).....43 F2
Lagny-sur-Marne (77).....43 F4
Lagor (64).....182 A1
Lagorce (07).....157 G3
Lagorce (33).....135 H3
Lagord (17).....106 C4
Lagos (64).....182 C3
Lagrâce-Dieu (31).....185 F2
Lagrand (05).....159 H4
Lagrange (40).....166 D2
Lagrange (65).....183 G4
Lagrange (90).....88 D2
Lagrasse (11).....187 F4
Lagraulet-du-Gers (32).....167 F2
Lagraulet-Saint-Nicolas (31).....168 C3
Lagraulière (19).....138 D1
Lagrave (81).....170 B3
Lagruère (47).....150 C4
Laguenne (19).....139 E2
Laguépie (82).....153 G6
Laguian-Mazous (32).....183 F1
Laguinge-Restoue (64).....181 G4
Laguiole (12).....155 E1
Lagupie (47).....150 C2
Lahage (31).....184 D1
Lahas (32).....168 B4
Lahaymeix (55).....47 F3
Lahayville (55).....48 A3
Laheycourt (55).....46 D3
Lahitère (31).....185 E4
Lahitte (32).....168 A5
Lahitte-Toupière (65).....166 D6
Lahonce (64).....164 C6
Lahontan (64).....165 E5
Lahosse (40).....165 G4
Lahourcade (64).....182 A1
Lahoussoye (80).....7 H5
Laïfour (08).....11 E6
la Laigne (17).....107 F4
Laigné (53).....76 C1
Laigné-en-Belin (72).....78 B1
Laignelet (35).....58 A2
Laignes (21).....84 D1
Laigneville (60).....20 D6
Laigny (02).....9 H6
Laillé (35).....57 E4
Lailly (89).....65 F2
Lailly-en-Val (45).....80 C2
Laimont (55).....46 D4
Lain (89).....83 E3
Laines-aux-Bois (10).....66 A4
Lains (39).....117 F3
Lainsecq (89).....83 E4
Laires (62).....2 A6
Lairière (11).....187 F5
Lairoux (85).....91 H6
Laissac (12).....155 E4
Laissaud (73).....132 A6
Laissey (25).....87 G6
Laître-sous-Amance (54).....48 D4
Laives (71).....116 B1
Laix (54).....25 H4
Laiz (01).....116 B4
Laizé (71).....116 B3
Laize-la-Ville (14).....14 B5
Laizy (71).....100 C4
Lajo (48).....141 H6
Lajoux (39).....118 A3
Lalacelle (61).....59 G1
Lalande (89).....83 E3
Lalande-de-Pomerol (33).....135 H4
Lalande-en-Son (60).....19 G5
Lalandelle (60).....19 H5
Lalandusse (47).....151 E2
Lalanne (32).....168 A3
Lalanne (65).....184 A2
Lalanne-Arqué (32).....184 A2
Lalanne-Trie (65).....183 G2
Lalaye (67).....71 E2
Laleu (61).....60 A1
Laleu (80).....6 D4
Lalevade-d'Ardèche (07).....157 F2
Lalheue (71).....116 B1
Lalinde (24).....137 F5
Lalizolle (03).....113 F5
Lallaing (59).....8 D2
Lalleu (35).....57 G5
Lalley (38).....145 G6
Lalleyriat (01).....117 H5
Lalobbe (08).....23 G2
Lalœuf (54).....69 F1
Laloubère (65).....183 E3
Lalouret-Laffiteau (31).....184 B3

Lalouvesc (07).....143 G3
Laluque (40).....165 G2
Lama (2B).....203 E5
Lamadeleine-
-Val-des-Anges (90).....88 C2
Lamagdelaine (46).....152 D3
Lamagistère (82).....151 G6
Lamaguère (32).....168 A6
Lamaids (03).....112 C4
Lamalou-les-Bains (34).....172 A5
Lamancine (52).....67 H4
Lamanère (66).....200 C5
Lamanon (13).....191 G2
Lamarche (88).....68 D5
Lamarche-sur-Saône (21).....102 C1
Lamargelle (21).....85 F1
Lamaronde (80).....19 H1
Lamarque (33).....134 D3
Lamarque-Pontacq (65).....182 D3
Lamarque-Rustaing (65).....183 G2
Lamasquère (31).....168 D6
Lamastre (07).....143 G4
Lamath (54).....49 E6
Lamative (46).....139 G5
Lamayou (64).....183 E1
Lamazère (32).....167 G5
Lamazière-Basse (19).....139 G1
Lamazière-Haute (19).....126 A4
Lambach (57).....50 C1
Lamballe (22).....34 A5
Lambersart (59).....3 F5
Lamberville (50).....37 H1
Lamberville (76).....18 C1
Lambesc (13).....175 H5
Lamblore (28).....40 C6
Lambres (62).....2 B5
Lambres-lez-Douai (59).....8 D2
Lambruisse (04).....177 G1
Lamécourt (60).....20 D4
Lamelouze (30).....156 D6
Lamenay-sur-Loire (58).....99 G5
Lamérac (16).....121 H6
Lametz (08).....24 A3
Lamillarié (81).....170 C3
Lammerville (76).....17 G3
Lamnay (72).....61 E5
Lamongerie (19).....124 D5
Lamontélarié (81).....171 F5
Lamontgie (63).....127 G6
Lamontjoie (47).....167 H1
Lamonzie-Montastruc (24).....137 E5
Lamonzie-Saint-Martin (24).....136 D5
Lamorlaye (60).....42 D1
Lamorville (55).....47 G3
Lamothe (40).....165 H3
Lamothe (43).....141 H1
Lamothe-Capdeville (82).....169 E1
Lamothe-Cassel (46).....152 D2
Lamothe-Cumont (82).....168 B3
Lamothe-en-Blaisy (52).....67 G3
Lamothe-Fénelon (46).....138 C6
Lamothe-Goas (32).....167 H3
Lamothe-Landerron (33).....150 B2
Lamothe-Montravel (24).....136 A5
Lamotte-Beuvron (41).....81 E4
Lamotte-Brebière (80).....7 G6
Lamotte-Buleux (80).....6 D3
Lamotte-du-Rhône (84).....158 A5
Lamotte-Warfusée (80).....8 A5
Lamouilly (55).....25 E3
Lamoura (39).....118 A3
Lampaul-Guimiliau (29).....31 G4
Lampaul-Plouarzel (29).....30 C4
Lampaul-Ploudalmézeau (29).....30 D3
Lampertheim (67).....51 E5
Lampertsloch (67).....51 F2
Lamure-sur-Azergues (69).....115 H6
Lanans (25).....88 A6
Lanarce (07).....156 D1
Lanarvily (29).....31 E3
Lanas (07).....157 G3
Lancé (41).....79 G3
Lanches-Saint-Hilaire (80).....7 F4
Lanchy (02).....21 G1
Lancié (69).....116 A5
Lancieux (22).....34 C4
Lançôme (41).....79 G3
Lancon (08).....24 B3
Lançon (65).....183 G6
Lançon-Provence (13).....191 H3
Lancrans (01).....118 A5
Landange (57).....49 H5
Landas (59).....3 G6
Landaul (56).....55 E5
Landaville (88).....68 D3
Landavran (35).....57 H2
la Lande-Chasles (49).....77 G4
la Lande-d'Airou (50).....37 E3
la Lande-de-Fronsac (33).....135 G4
la Lande-de-Goult (61).....39 E6
la Lande-de-Lougé (61).....38 D5
la Lande-Patry (61).....38 B4
la Lande-Saint-Léger (27).....15 G4
la Lande-Saint-Siméon (61).....38 C4
la Lande-sur-Drôme (14).....37 H1
la Lande-sur-Eure (61).....40 C4
Landéan (35).....58 A1
Landébaëron (22).....33 E3
Landébia (22).....34 B4
le Landec (22).....34 C5
Landécourt (54).....69 H1
Landéda (29).....30 D3
Landéhen (22).....34 A5
Landeleau (29).....32 A6
Landelles (28).....61 H1
Landelles-et-Coupigny (14).....37 G3
Landemont (49).....75 F5
Landepéreuse (27).....15 H6
Landerneau (29).....31 F4
Landeronde (85).....91 F4
Landerrouet-sur-Ségur (33).....150 B1
Landersheim (67).....50 D4
Landes (17).....107 G6
Landes-Genusson (85).....92 A3
Landes-le-Gaulois (41).....79 G3
Landes-sur-Ajon (14).....14 A5
Landes-Vieilles-
-et-Neuves (76).....19 G1
Landévant (56).....54 D5
Landévennec (29).....31 F5
Landevieille (85).....91 E4
Landeyrat (15).....140 D2
Landifay-
-et-Bertaignemont (02).....22 C1
Landigou (61).....38 C4
le Landin (27).....17 E6
Landiras (33).....149 G2
Landisacq (61).....38 B4
Landivisiau (29).....31 G4
Landivy (53).....58 B1
Landogne (63).....126 C2
Landorthe (31).....184 B4
Landos (43).....142 C5
Landouge (87).....124 B2
Landouzy-la-Cour (02).....10 A6
Landouzy-la-Ville (02).....10 B6
Landrais (17).....107 E5
le Landreau (44).....75 E5
Landrecies (59).....9 G4
Landrecourt-Lempire (55).....47 F1
Landremont (54).....48 C3
Landres (54).....25 H5
Landres-
-et-Saint-Georges (08).....24 C5
Landresse (25).....88 A6
Landrethun-le-Nord (62).....1 G3
Landrethun-lès-Ardres (62).....1 H3
Landrévarzec (29).....53 G2
Landreville (10).....66 D5
Landrichamps (08).....11 F4
Landricourt (02).....22 B4
Landricourt (51).....46 C5
Landroff (57).....49 F2
Landry (73).....133 E4
Landser (68).....89 G2
Landudal (29).....53 G2
Landudec (29).....53 E2
Landujan (35).....56 D1

Landunvez (29).....30 C3
Lanespède (65).....183 F3
Lanester (56).....54 C5
Lanet (11).....187 F5
Laneuvelle (52).....68 D6
Laneuvelotte (54).....48 D4
Laneuville-aux-Bois (54).....49 F5
Laneuville-
-derrière-Foug (54).....48 A5
Laneuville-
-devant-Bayon (54).....69 G1
Laneuville-
-devant-Nancy (54).....48 D5
Laneuville-en-Saulnois (57).....49 E3
Laneuville-lès-Lorquin (57).....49 H5
Laneuville-à-Rémy (52).....67 G1
Laneuville-au-Pont (52).....46 C6
Laneuville-au-Rupt (55).....47 H5
Laneuville-sur-Meuse (55).....24 D4
Lanfains (22).....33 F6
Lanfroicourt (54).....48 D4
Langan (35).....57 E1
Langast (22).....55 H1
Langatte (57).....49 H4
Langé (36).....96 B3
Langeac (43).....141 H3
Langeais (37).....78 B6
Langensoultzbach (67).....51 E2
Langesse (45).....82 A2
Langey (28).....61 F4
Langlade (30).....174 A3
Langley (88).....69 G2
Langoat (22).....32 D2
Langoëlan (56).....54 D2
Langogne (48).....156 C1
Langoiran (33).....135 F6
Langolen (29).....53 G2
Langon (33).....149 H2
Langon (35).....56 D5
Langon (41).....96 D1
Langonnet (56).....54 B2
Langouet (35).....57 E1
Langourla (22).....34 A6
Langres (52).....86 B1
Langrolay-sur-Rance (22).....36 A6
Langrune-sur-Mer (14).....14 B3
Languédias (22).....34 C5
Languenan (22).....34 C5
Langueux (22).....33 G4
Languevoisin-Quiquery (80).....21 F1
Languidic (56).....54 D4
Languimberg (57).....49 G4
Langy (03).....114 A4
Lanhélin (35).....35 E6
Lanhères (55).....25 G6
Lanhouarneau (29).....31 F3
Lanildut (29).....30 C4
Laniscat (22).....55 E1
Laniscourt (02).....22 B3
Lanleff (22).....33 F3
Lanloup (22).....33 F3
Lanmérin (22).....32 D2
Lanmeur (29).....32 A3
Lanmodez (22).....33 E1
Lanne (65).....183 E3
Lanne-en-Barétous (64).....181 G3
Lanne-Soubiran (32).....166 D3
Lannéanou (29).....32 A4
Lannebert (22).....33 F3
Lannecaube (64).....166 C6
Lannédern (29).....31 H6
Lannemaignan (32).....166 C2
Lannemezan (65).....183 G4
Lannepax (32).....167 F3
Lanneplaà (64).....165 F6
Lanneray (28).....61 H5
Lannes (47).....167 F1
Lanneuffret (29).....31 F4
Lannilis (29).....30 D3
Lannion (22).....32 D2
Lannoy (59).....3 G5
Lannoy-Cuillère (60).....19 G2
Lannux (32).....166 C4
Lano (2B).....205 F1
Lanobre (15).....126 B6
Lanouaille (24).....124 A6
Lanouée (56).....55 H3
Lanoux (09).....185 F4
Lanquais (24).....137 F6
Lanques-sur-Rognon (52).....68 B5
Lanrelas (22).....34 B6
Lanrigan (35).....35 F6
Lanrivain (22).....32 D6
Lanrivoaré (29).....30 D4
Lanrodec (22).....33 F4
Lans (71).....101 H5
Lans-en-Vercors (38).....145 F3
Lansac (33).....135 F3
Lansac (65).....183 F3
Lansac (66).....200 D1
Lansargues (34).....173 H5
Lanslebourg-
-Mont-Cenis (73).....147 F1
Lanslevillard (73).....147 G1
Lanta (31).....169 G6
Lantabat (64).....181 E2
Lantages (52).....66 C6
Lantan (18).....97 H4
Lantéfontaine (54).....26 A4
Lantenay (01).....117 G6
Lantenay (21).....85 F6
Lantenne-Vertière (25).....103 E1
Lantenot (70).....88 A2
Lanteuil (19).....138 D3
Lanthenans (25).....88 B5
Lanthes (21).....102 B3
Lantheuil (14).....14 B4
Lantic (22).....33 G3
Lantignié (69).....116 A5
Lantillac (56).....55 G3
Lantilly (21).....84 D4
Lanton (33).....148 B1
Lantosque (06).....179 E1
Lantriac (43).....142 D4
Lanty (58).....100 A5
Lanty-sur-Aube (52).....67 F5
Lanuéjols (30).....155 H5
Lanuéjols (48).....156 A3
Lanuéjouls (12).....153 H3
Lanvallay (22).....34 D5
Lanvaudan (56).....54 D4
Lanvellec (22).....32 C3
Lanvénégen (56).....54 B3
Lanvéoc (29).....31 E5
Lanvollon (22).....33 F3
Lanzac (46).....138 C5
Laon (02).....22 C3
Laons (28).....41 E4
Lapalisse (03).....114 B4
Lapalud (84).....158 A5
Lapan (18).....97 G4
Lapanouse (12).....155 F4
Lapanouse-de-Cernon (12).....172 A2
Laparade (47).....151 E4
Laparrouquial (81).....170 B1
Lapège (09).....199 E1
Lapenche (82).....152 D5
Lapenne (09).....186 A4
Lapenty (50).....37 G6
Laperche (47).....150 D2
Lapeyre (65).....183 G2
Lapeyrère (31).....185 F3
Lapeyrouse (01).....130 B1
Lapeyrouse (63).....113 E4
Lapeyrouse-Fossat (31).....169 F4
Lapeyrouse-Mornay (26).....144 B2
Lapeyrugue (15).....154 C1
Lapleau (19).....139 G2
Laplume (47).....151 E5
Lapoutroie (68).....71 E3
Lapouyade (33).....135 G3
Lappion (02).....23 E3
Laprade (11).....186 D1
Laprade (16).....136 C1

Laprugne (03).....128 B1
Laps (63).....127 G4
Lapte (43).....143 E2
Lapugnoy (62).....2 C6
Laquenexy (57).....48 D1
Laqueuille (63).....126 C4
Laragne-Montéglin (05).....160 A4
Larajasse (69).....129 G4
Laramière (46).....153 F4
Laran (65).....183 H3
Larbey (40).....165 G4
Larbont (09).....185 F5
Larbroye (60).....21 G3
Larcan (31).....184 B3
Larcat (09).....199 E1
Larçay (37).....79 E6
Larceveau-
-Arros-Cibits (64).....181 E2
Larchamp (53).....58 B2
Larchant (77).....63 H3
Larche (04).....161 G3
Larche (19).....138 C3
le Larderet (39).....103 F5
Lardier-et-Valença (05).....160 B3
Lardiers (04).....176 C2
le Lardin-Saint-Lazare (24).....138 A3
Lardy (91).....63 F1
Larée (32).....166 D2
Laréole (31).....168 C4
Largeasse (79).....93 E6
Largentière (07).....157 F3
Largillay-Marsonnay (39).....117 G3
Largitzen (68).....89 E3
Largny-sur-Automne (02).....21 G6
Larians-et-Munans (70).....87 G5
Larivière (90).....88 D2
Larivière-Arnoncourt (52).....68 D5
Larmor-Baden (56).....72 C1
Larmor-Plage (56).....54 C5
Larnage (26).....144 A3
Larnagol (46).....153 E3
Larnas (07).....157 H1
Larnat (09).....199 E1
Larnaud (39).....102 C6
Larnod (25).....103 F1
Laroche-près-Feyt (19).....126 B3
Laroche-Saint-Cydroine (89).....65 H6
Larochemillay (58).....100 B4
Laroin (64).....182 B2
Laronxe (54).....49 F6
Laroque (33).....135 G6
Laroque (34).....173 E2
Laroque-de-Fa (11).....187 F5
Laroque-des-Albères (66).....201 F4
Laroque-des-Arcs (46).....152 C3
Laroque-d'Olmes (09).....186 B5
Laroque-Timbaut (47).....151 F5
Laroquebrou (15).....139 H5
Laroquevieille (15).....140 A4
Larouillies (59).....10 A5
Larra (31).....168 D4
Larrau (64).....181 F4
Larrazet (82).....168 D2
Larré (56).....55 H5
Larré (61).....60 A1
Larressingle (32).....167 F2
Larressore (64).....180 C1
Larret (70).....86 D4
Larreule (64).....166 A6
Larreule (65).....183 E1
Larrey (21).....84 D1
Larribar-Sorhapuru (64).....181 F2
Larringes (74).....119 E3
Larrivière-Saint-Savin (40).....166 A3
Larrivoire (39).....117 H3
Larroque (31).....184 A3
Larroque (65).....183 H2
Larroque (81).....169 G2
Larroque-Engalin (32).....167 H2
Larroque-Saint-Sernin (32).....167 G3
Larroque-sur-l'Osse (32).....167 F2
Larroque-Toirac (46).....153 G3
Lartigue (32).....168 A4
Lartigue (33).....150 A3
Laruns (64).....182 B5
Laruscade (33).....135 G3
Larzac (24).....137 H6
Larzicourt (51).....46 B6
Lasalle (30).....173 F1
Lasbordes (11).....186 C2
Lascabanes (46).....152 B4
Lascaux (19).....138 D1
Lascazères (65).....166 D6
Lascelle (15).....140 A4
Lasclaveries (64).....182 C1
Lasfaillades (81).....171 E6
Lasgraisses (81).....170 B3
Laslades (65).....183 F3
Lasne (64).....165 E6
Lasserade (32).....167 E4
Lasséran (32).....167 H5
Lasserre (09).....185 E4
Lasserre (31).....168 D4
Lasserre (47).....167 H1
Lasserre (64).....166 C6
Lasserre-de-Prouille (11).....186 C3
Lasseube (64).....182 A3
Lasseube-Propre (32).....167 H5
Lasseubetat (64).....182 A3
Lassicourt (10).....66 D2
Lassigny (60).....21 F3
Lasson (14).....14 B4
Lasson (89).....65 H4
Lassouts (12).....155 E3
Lassur (09).....199 F1
Lassy (14).....38 A3
Lassy (35).....56 D4
Lassy (95).....42 D2
Lastelle (50).....12 D5
Lastic (15).....141 E3
Lastic (63).....126 B4
Lastours (11).....187 E2
Lataule (60).....21 E3
le Latet (39).....103 F5
Lathuile (74).....132 B2
Lathus-Saint-Rémy (86).....110 A3
Latillé (86).....108 C1
Latilly (02).....44 B1
Latoue (31).....184 B3
Latouille-Lentillac (46).....139 F5
Latour (31).....185 E3
Latour-Bas-Elne (66).....201 G3
Latour-de-Carol (66).....199 G4
Latour-de-France (66).....200 D1
Latour-en-Woëvre (55).....48 A1
Latrape (31).....185 F3
Latrecey-
-Ormoy-sur-Aube (52).....67 F6
Latresne (33).....135 F5
Latrille (40).....166 B5
Latronche (19).....139 H2
Latronquière (46).....139 G6
Lattainville (60).....19 H6
Lattes (34).....173 G6
Lattre-Saint-Quentin (62).....8 A3
Lau-Balagnes (65).....182 D5
Laubach (67).....51 E3
Laubressel (10).....66 C3
Laubrières (53).....58 B6
Laucourt (80).....21 E2
Laudrefang (57).....49 F1
Laudun-l'Ardoise (30).....174 D1
Laugnac (47).....151 F4
Laujuzan (32).....166 D3
Laumesfeld (57).....26 D3
Launac (31).....168 D4
Launaguet (31).....169 F5
Launay (27).....15 H4
Launois-sur-Vence (08).....23 H2
Launoy (02).....22 B6
Launstroff (57).....26 D2
la Laupie (26).....158 B2

Laurabuc (11).....186 B3
Laurac (11).....186 B3
Laurac-en-Vivarais (07).....157 F3
Lauraët (32).....167 F2
Lauraguel (11).....186 D4
Laure-Minervois (11).....187 F3
Laurède (40).....165 G3
Laurenan (22).....34 A6
Laurens (34).....172 B6
Lauresses (46).....139 G6
Lauret (34).....173 F3
Lauret (40).....166 B5
Laurie (15).....141 F2
Laurière (87).....110 D6
Lauris (84).....175 H4
Lauroux (34).....172 B4
Laussonne (43).....142 D4
Laussou (47).....151 G2
Lautenbach (68).....71 E6
Lautenbachzell (68).....71 E6
Lauterbourg (67).....51 G2
Lauthiers (86).....109 G1
Lautignac (31).....184 D1
Lautrec (81).....170 C4
Lauw (68).....88 D2
Lauwin-Planque (59).....8 D2
Lauzach (56).....55 E6
Lauzerte (82).....152 A5
Lauzerville (31).....169 G6
Lauzès (46).....152 D2
le Lauzet-Ubaye (04).....161 E3
Lauzun (47).....151 E2
Lavacquerie (60).....20 B2
Laval (38).....145 H2
Laval (53).....58 C5
Laval-Atger (48).....142 B6
Laval-d'Aix (26).....159 F1
Laval-d'Aurelle (07).....156 D2
Laval-de-Cère (46).....139 F5
Laval-du-Tarn (48).....155 H4
Laval-en-Brie (77).....64 C2
Laval-en-Laonnois (02).....22 C4
Laval-le-Prieuré (25).....104 B1
Laval-Morency (08).....11 E5
Laval-Pradel (30).....157 E6
Laval-Roquecezière (12).....171 F4
Laval-Saint-Roman (30).....157 H5
Laval-sur-Doulon (43).....142 A4
Laval-sur-Luzège (19).....139 G2
Laval-sur-Tourbe (51).....46 B1
Laval-sur-Vologne (88).....70 B4
Lavalade (24).....137 G6
Lavaldens (38).....145 H4
Lavalette (11).....186 D3
Lavalette (31).....169 G5
Lavalette (34).....172 B5
Lavallée (55).....47 F4
Lavancia-Epercy (39).....117 G3
le Lavandou (83).....193 H6
Lavangeot (39).....102 D2
Lavans (39).....23 F5
Lavans-lès-Dole (39).....102 D2
Lavans-
-Saint-Claude (39).....117 H3
Lavans-Quingey (25).....103 F2
Lavans-sur-Valouse (39).....117 G3
Lavans-Vuillafans (25).....103 H2
Lavaqueresse (02).....9 G5
Lavardac (47).....150 D6
Lavardens (32).....167 G4
Lavaré (72).....79 F2
Lavars (38).....145 G5
Lavastrie (15).....141 E4
Lavatoggio (2B).....202 C5
Lavau (10).....66 B3
Lavau (89).....82 C4
Lavau-sur-Loire (44).....74 A4
Lavaudieu (43).....141 H2
Lavaufranche (23).....112 B4
Lavault-de-Frétoy (58).....100 B3
Lavault-Sainte-Anne (03).....112 D4
Lavaur (24).....152 A2
Lavaur (81).....169 H4
Lavaurette (82).....153 E6
Lavausseau (86).....108 C1
Lavaveix-les-Mines (23).....111 H6
Lavazan (33).....150 A4
Laveissenet (15).....140 D3
Laveissière (15).....140 D3
Lavelanet (09).....186 A6
Lavelanet-
-de-Comminges (31).....184 D3
Laveline-
-devant-Bruyères (88).....70 B4
Laveline-du-Houx (88).....70 B4
Lavenay (72).....78 D2
Laventie (62).....3 E5
Laveraët (32).....167 E6
Lavercantière (46).....152 C2
Laverdines (18).....98 B3
Lavergne (46).....139 E6
Lavergne (47).....150 D2
Lavernat (72).....78 C2
Lavernay (25).....103 E1
Lavernhe (12).....155 F5
Lavernose-Lacasse (31).....185 E1
Laversine (02).....21 H5
Laversines (60).....20 B4
Lavéra (13).....191 E4
Laveyron (26).....144 A2
Laveyrune (07).....156 C2
Laveyssière (24).....136 D4
Lavieu (42).....129 E5
Laviéville (80).....7 H5
Lavigerie (15).....140 C3
Lavignac (87).....124 A3
Lavigney (70).....87 E2
Lavigny (39).....102 D6
Lavillatte (07).....156 C1
Laville-aux-Bois (52).....68 B4
Lavilledieu (07).....157 G2
Lavilleneuve (52).....68 C4
Lavilleneuve-au-Roi (52).....67 G4
Lavilletertre (60).....42 A1
Lavincourt (55).....47 E5
Laviolle (07).....143 F6
Laviron (25).....88 B6
Lavit (82).....168 B2
Lavoine (03).....128 B1
Lavoncourt (70).....87 E3
Lavours (01).....131 G2
Lavoûte-Chilhac (43).....141 H3
Lavoûte-sur-Loire (43).....142 C3
Lavoux (86).....109 F1
Lavoye (55).....47 E2
Lawarde-
-Mauger-l'Hortoy (80).....20 C2
Laxou (54).....48 C5
Lay (42).....129 E2
Lay-Lamidou (64).....181 H2
Lay-Saint-Christophe (54).....48 D4
Lay-Saint-Remy (54).....48 A5
Laye (05).....160 B1
Laymont (32).....184 D2
Layrac (47).....151 F6
Layrac-sur-Tarn (31).....169 F3
Layrisse (65).....183 E3
Lays-sur-le-Doubs (71).....102 B3
Laz (29).....53 H1
Lazenay (18).....97 E3
Lazer (05).....160 A4
Léalvillers (80).....7 G4
Léaupartie (14).....15 E4
Léaz (01).....118 A5
Lebetain (90).....89 E4
Lebeuville (54).....69 G1
Lebiez (62).....1 H6
Leboulin (32).....168 A5
Lebreil (46).....152 B4
Lebucquière (62).....8 C4
Lécaude (14).....15 E5
Lecci (2A).....207 G2
Lecelles (59).....4 A6
Lechâtelet (21).....102 A3
Léchelle (62).....8 C4
Léchelle (77).....44 B6

la Léchère (73)....132 D5
les Lèches (24)....136 D4
Lécluse (59)....8 C2
Lécousse (35)....58 A2
Lecques (30)....173 G3
Lect (39)....117 G3
Lectoure (32)....167 H2
Lécumberry (64)....181 E4
Lécussan (31)....183 H3
Lédas-et-Penthiès (81)....170 D1
Lédat (47)....151 F3
Lédenon (30)....174 C2
Lédergues (12)....171 E1
Léderzeele (59)....2 B3
Ledeuix (64)....181 H3
Lédignan (30)....173 H2
Ledinghem (62)....1 H5
Ledringhem (59)....2 C3
Lée (64)....182 C2
Leers (59)....3 G4
Lées-Athas (64)....181 H5
Lefaux (62)....1 F6
Leffard (14)....38 C3
Leffincourt (08)....23 H5
Leffonds (52)....67 H6
Leffrinckoucke (59)....2 C1
Leforest (62)....8 D1
Lège (31)....184 A6
Legé (44)....91 F2
Lège-Cap-Ferret (33)....134 B5
Légéville-et-Bonfays (88)....69 G4
Léglantiers (60)....20 D4
Légna (39)....117 G3
Légny (69)....129 G2
Léguevin (31)....168 D5
Léguillac-de-Cercles (24)....123 E6
Léguillac-de-l'Auche (24)....137 E3
Lehaucourt (02)....9 E6
Léhon (22)....34 D3
Leigné-les-Bois (86)....95 G5
Leigné-sur-Usseau (86)....94 C4
Leignes-sur-Fontaine (86)....109 H2
Leigneux (42)....128 C3
Leimbach (68)....89 E1
Leintrey (54)....49 G5
Lélex (01)....118 A4
Lelin-Lapujolle (32)....166 C4
Lelling (57)....49 F2
Lemainville (54)....69 G1
Lembach (67)....51 E2
Lemberg (57)....50 C2
Lembeye (64)....166 C6
Lembras (24)....137 E5
Lemé (02)....9 H6
Lème (64)....166 B6
Leménil-Mitry (54)....69 G1
Lémeré (37)....94 B2
Lemmecourt (88)....68 D3
Lemmes (55)....47 F2
Lemoncourt (57)....49 E3
Lempaut (81)....170 B6
Lempdes (63)....127 F3
Lempdes-sur-Allagnon (43)....141 G1
Lempire (02)....8 D5
Lemps (07)....144 A3
Lemps (26)....159 F4
Lempty (63)....127 G2
Lempzours (24)....137 G1
Lemud (57)....26 D6
Lemuy (39)....103 F4
Lénault (14)....38 A3
Lenax (03)....114 C4
Lencloître (86)....94 B5
Lencouacq (40)....149 G6
Lengelsheim (57)....50 C1
Lengronne (50)....35 H1
Lenharrée (51)....45 G4
Léning (57)....49 G2
Lennon (29)....53 H1
Lenoncourt (54)....48 D5
Lens (62)....8 B1
Lens-Lestang (26)....144 C1
Lent (01)....116 D5
Lent (39)....103 F5
Lentigny (42)....128 C1
Lentillac-du-Causse (46)....153 E2
Lentillac-Saint-Blaise (46)....153 H2
Lentilles (07)....157 F2
Lentilles (10)....67 E1
Lentilly (69)....129 H2
Lentiol (38)....144 C1
Lento (2B)....203 F5
Léobard (46)....152 C1
Léogeats (33)....149 G2
Léognan (33)....135 E6
Léojac (82)....169 F2
Léon (40)....164 C2
Léoncel (26)....144 D5
Léotoing (43)....141 F1
Léouville (45)....63 E4
Léoville (17)....121 G6
Lépanges-
  -sur-Vologne (88)....70 B4
Lépaud (23)....112 B3
Lépin-le-Lac (73)....131 G5
Lépinas (23)....111 G6
Lépine (62)....6 D1
Lépron-les-Vallées (08)....23 H1
Lepuix (90)....88 C2
Lepuix-Neuf (90)....89 E4
Léran (09)....186 B6
Lercoul (09)....199 E1
Léré (18)....82 B5
Léren (64)....165 E6
Lérigneux (42)....128 C4
Lerm-et-Musset (33)....150 A4
Lerné (37)....94 A2
Lérouville (55)....47 G4
Lerrain (88)....69 G4
Léry (21)....85 F4
Léry (27)....19 E5
Lerzy (02)....10 A5
Lesbœufs (80)....8 B4
Lesbois (53)....58 C1
Lescar (64)....182 B2
Leschaux (74)....132 A3
Leschelle (02)....9 H5
Lescheraines (73)....132 A3
Leschères (39)....117 H2
Leschères-
  -sur-le-Blaiseron (52)....67 H1
Lescherolles (77)....44 B5
Lescheroux (01)....116 D3
Lesches (77)....43 F3
Lesches-en-Diois (26)....159 F2
Lescouët-Gouarec (22)....54 C2
Lescousse (09)....185 G4
Lescout (81)....170 B6
Lescun (64)....181 H5
Lescuns (31)....184 D4
Lescure (09)....185 E5
Lescure-d'Albigeois (81)....170 C2
Lescure-Jaoul (12)....153 H4
Lescurry (65)....183 F2
Lesdain (59)....9 E4
Lesdins (02)....9 E6
Lesges (02)....22 B5
Lesgor (40)....165 F2
Lésignac-Durand (16)....123 F2
Lésigny (77)....43 E5
Lésigny (86)....95 E5
le Leslay (22)....33 F5
Lesme (71)....114 C1
Lesménils (54)....48 C3
Lesmont (10)....66 D2
Lesneven (29)....31 F3
Lesparre-Médoc (33)....120 C6
Lesparrou (09)....186 B6
Lespéron (07)....156 D1
Lesperon (40)....165 E1
Lespesses (62)....2 C5
Lespielle (64)....166 C6
Lespignan (34)....188 B3
Lespinasse (31)....169 F4
Lespinassière (11)....187 F1
Lespinoy (62)....6 D1
Lespiteau (31)....184 B4
Lespourcy (64)....182 D1
Lespugue (31)....184 A3
Lesquerde (66)....200 C1

Lesquielles-
  -Saint-Germain (02)....9 G5
Lesquin (59)....3 G5
Lessac (16)....109 G6
Lessard-en-Bresse (71)....102 A5
Lessard-et-le-Chêne (14)....15 E5
Lessard-le-National (71)....101 G4
Lessay (50)....12 C5
Lesse (57)....49 E2
Lesseux (88)....70 D3
Lessy (57)....26 B5
Lestanville (76)....17 F3
Lestards (19)....125 F5
Lestelle-Bétharram (64)....182 C3
Lestelle-de-
  -Saint-Martory (31)....184 C4
Lesterps (16)....109 H6
Lestiac-sur-Garonne (33)....149 G1
Lestiou (41)....80 B2
Lestrade-et-Thouels (12)....171 F1
Lestre (50)....13 E3
Létanne (08)....24 D5
Lételon (03)....112 D1
Léthuin (28)....62 D2
Letia (2A)....204 C3
Létra (69)....129 G1
Létricourt (54)....48 D3
Letteguives (27)....19 E4
Lettret (05)....160 B3
Leubringhen (62)....1 F3
Leuc (11)....187 E4
Leucamp (15)....140 B6
Leucate (11)....188 B6
Leuchey (52)....86 A2
Leudeville (91)....63 G1
Leudon-en-Brie (77)....44 A5
Leuglay (21)....85 F2
Leugny (86)....95 E4
Leugny (89)....83 E3
Leuhan (29)....54 A2
Leuilly-sous-Coucy (02)....22 A4
Leulinghem (62)....2 A4
Leulinghen-Bernes (62)....1 F3
Leurville (52)....68 B3
Leury (02)....22 A4
Leutenheim (67)....51 G3
Leuvigny (51)....44 D2
le Leuy (40)....165 H3
Leuze (02)....10 B6
Levainville (28)....62 C1
Leval (59)....9 H3
Leval (90)....88 D2
Levallois-Perret (92)....42 C3
Levaré (53)....58 C1
Levécourt (52)....68 C4
Levens (06)....179 E2
Levergies (02)....9 E6
Levernois (21)....101 G3
les Lèves-et-
  -Thoumeyragues (33)....136 B6
Levesville-la-Chenard (28)....62 D3
Levet (18)....97 G4
Levie (2A)....207 E2
Levier (25)....103 G3
Lévignac (31)....168 D5
Lévignac-de-Guyenne (47)....150 C2
Lévignacq (40)....164 D1
Lévignen (60)....43 G1
Lévigny (10)....67 F3
Lévis (89)....83 E3
Lévis-Saint-Nom (78)....42 A5
Levoncourt (55)....47 F4
Levoncourt (68)....89 E4
Levroux (36)....96 D3
Lewarde (59)....8 D2
Lexy (54)....25 G3
Ley (57)....49 F4
Leychert (09)....185 H5
Leyme (46)....139 F6
Leymen (68)....89 G4
Leyment (01)....130 D1
Leynes (71)....116 A4
Leynhac (15)....154 A1
Leyr (54)....48 D4
Leyrat (23)....112 B3
Leyrieu (38)....130 D3
Leyritz-Moncassin (47)....150 C4
Leyssard (01)....117 F5
Leyvaux (15)....141 E1
Leyviller (57)....49 F2
Lez (31)....184 B6
lez-Fontaine (59)....10 B3
Lézan (30)....173 G2
Lézardrieux (22)....33 E2
Lézat (39)....118 A2
Lézat-sur-Lèze (09)....185 F2
Lezay (79)....108 C4
Lezennes (59)....3 G5
Lézéville (52)....67 H3
Lézey (57)....49 F4
Lézignan (65)....183 E4
Lézignan-Corbières (11)....187 G3
Lézignan-la-Cèbe (34)....172 C6
Lézigné (49)....77 F3
Lézigneux (42)....128 D5
Lézinnes (89)....84 B2
Lezoux (63)....127 G2
Lhéraule (60)....19 H4
Lherm (31)....185 E1
Lherm (46)....152 B2
Lhéry (51)....22 D6
Lhez (65)....183 F3
Lhommaizé (86)....109 G2
Lhomme (72)....78 D2
l'Hôpital (01)....117 H6
Lhor (57)....49 G3
Lhospitalet (46)....152 C3
Lhoumois (79)....93 G6
Lhuis (01)....131 F3
Lhuître (10)....45 G6
Lhuys (02)....22 B6
Liac (65)....183 E1
Liancourt (60)....20 D5
Liancourt-Fosse (80)....21 F1
Liancourt-Saint-Pierre (60)....19 H6
Liart (08)....23 G1
Lias (32)....168 D6
Lias-d'Armagnac (32)....166 D3
Liausson (34)....172 C5
Libaros (65)....183 G3
Libercourt (62)....3 F6
Libermont (60)....21 G2
Libourne (33)....135 G5
Licey-sur-Vingeanne (21)....86 B4
Lichans-Sunhar (64)....181 G4
Lichères (16)....122 C1
Lichères-
  -près-Aigremont (89)....83 H2
Lichères-sur-Yonne (89)....83 G4
Lichos (64)....181 G2
Lichtenberg (67)....50 D2
Licourt (80)....21 F1
Licq-Athérey (64)....181 G4
Licques (62)....1 H3
Licy-Clignon (02)....44 B2
Lidrezing (57)....49 F3
Liebenswiller (68)....89 G4
Liebsdorf (68)....89 F4
Liebvillers (25)....88 C5
Liederschiedt (57)....28 C5
Lieffrans (70)....87 F4
le Liège (37)....79 G5
Liéhon (57)....26 C6
Liencourt (62)....7 H3
Lieoux (31)....184 B3
Liepvre (68)....71 E3
Liéramont (80)....8 D5
Liercourt (80)....6 D4
Lières (62)....2 C5
Liergues (69)....129 H1
Liernais (21)....100 D1
Liernolles (03)....114 C3
Lierval (02)....22 C4
Lierville (60)....42 A1
Lies (65)....183 F4
Liesle (25)....103 E2
Liesse-Notre-Dame (02)....22 D3
Liessies (59)....10 B4

Liesville-sur-Douve (50)....12 D4
Liettres (62)....2 B5
Lieu-Saint-Amand (59)....9 E2
Lieuche (06)....178 C1
Lieucourt (70)....86 D6
Lieudieu (38)....130 C6
Lieuran (09)....186 A5
Lieuran-Cabrières (34)....172 C5
Lieuran-lès-Béziers (34)....188 C1
Lieurey (27)....15 H4
Lieuron (35)....56 D5
Lieusaint (50)....12 D3
Lieusaint (77)....43 E6
Lieutadès (15)....140 D6
Lieuvillers (60)....20 D4
Liévans (70)....87 H3
Liévin (62)....8 B1
Liez (02)....22 A2
Liez (85)....107 F3
Liézey (88)....70 C4
Liffol-le-Grand (88)....68 C3
Liffol-le-Petit (52)....68 C3
Liffré (35)....57 G2
Ligardes (32)....167 G1
Ligescourt (80)....6 D2
Liginiac (19)....126 A6
Liglet (86)....110 B2
Lignac (36)....110 C2
Lignairolles (11)....186 B4
Lignan-de-Bazas (33)....149 H3
Lignan-de-Bordeaux (33)....135 F6
Lignan-sur-Orb (34)....188 B2
Lignareix (19)....125 H4
Ligné (16)....122 B1
Ligné (44)....75 E3
Lignères (61)....39 G5
Lignereuil (62)....7 H2
Lignerolles (03)....112 C4
Lignerolles (21)....85 F1
Lignerolles (27)....41 E4
Lignerolles (36)....112 A2
Lignerolles (61)....40 A6
Lignéville (88)....69 E4
Ligneyrac (19)....138 D4
Lignières (10)....66 A6
Lignières (18)....97 F6
Lignières (41)....79 G1
Lignières (80)....21 E2
Lignières-Châtelain (80)....19 H1
Lignières-de-Touraine (37)....78 C6
Lignières-en-Vimeu (80)....6 D6
Lignières-Orgères (53)....38 D6
Lignières-Sonneville (16)....121 H4
Lignières-sur-Aire (55)....47 F4
Lignol (56)....54 D3
Lignol-le-Château (10)....67 F4
Lignon (51)....46 B3
Lignorelles (89)....83 H2
Lignou (61)....38 C5
Ligny-en-Barrois (55)....47 F5
Ligny-en-Brionnais (71)....115 F4
Ligny-en-Cambrésis (59)....9 E4
Ligny-le-Châtel (89)....83 H1
Ligny-le-Ribault (45)....80 C3
Ligny-lès-Aire (62)....2 B5
Ligny-Saint-Flochel (62)....7 H2
Ligny-sur-Canche (62)....7 F2
Ligny-Thilloy (62)....8 B4
Ligré (37)....94 B2
Ligron (72)....77 H2
Ligsdorf (68)....89 F4
Ligueil (37)....95 E3
Ligueux (24)....137 G1
Ligueux (33)....136 C6
Liguge (86)....109 E2
Lihons (80)....21 F1
Lihus (60)....20 A3
les Lilas (93)....42 D4
Lilhac (31)....184 B2
Lille (59)....3 F5
Lillebonne (76)....15 H2
Lillemer (35)....35 E4
Lillers (62)....2 C5
Lilly (27)....19 E4
Limalonges (79)....108 D5
Limans (04)....176 C2
Limanton (58)....99 H3
Limas (69)....129 H1
Limay (78)....41 H2
Limbrassac (09)....186 A5
Limé (02)....22 B5
Limeil-Brévannes (94)....43 E5
Limendous (64)....182 D2
Limeray (37)....79 F5
Limersheim (67)....71 H1
Limerzel (56)....73 G1
Limésy (76)....17 F4
Limey-Remenauville (54)....48 B3
Limeyrat (24)....137 H3
Limoges (87)....124 B2
Limoges-Fourches (77)....43 F6
Limogne-en-Quercy (46)....153 E4
Limoise (03)....98 D6
Limon (58)....99 F4
Limonest (69)....130 A2
Limons (63)....127 H1
Limont-Fontaine (59)....10 A3
Limony (07)....144 A1
Limours (91)....42 B6
Limousis (11)....187 E2
Limoux (11)....186 D5
la Limouzinière (44)....91 F1
Limpiville (76)....16 D4
Linac (46)....153 H1
Linard (23)....111 G3
Linards (87)....124 C4
Linars (16)....122 B4
Linas (91)....42 C6
Linay (08)....24 D2
Linazay (86)....108 D5
Lindebeuf (76)....17 F4
le Lindois (16)....123 E3
Lindre-Basse (57)....49 G4
Lindre-Haute (57)....49 G4
Linexert (70)....88 A2
Lingé (36)....95 G5
Lingeard (50)....37 G4
Lingèvres (14)....13 H6
Linghem (62)....2 B5
Lingolsheim (67)....51 E6
Lingreville (50)....35 G1
Linguizzetta (2B)....205 G2
Linières-Bouton (49)....77 H5
Liniers (86)....109 G1
Liniez (36)....96 C3
Linsdorf (68)....89 G4
Linselles (59)....3 F4
Linthal (68)....71 E6
Linthelles (51)....45 E5
Linthes (51)....45 E5
Lintot (76)....15 H1
Lintot-les-Bois (76)....17 G3
Liny-devant-Dun (55)....24 D4
Linzeux (62)....7 F2
Liocourt (57)....49 E3
Liomer (80)....6 D6
le Lion-d'Angers (49)....76 D3
Lion-devant-Dun (55)....24 D4
Lion-en-Beauce (45)....62 D5
Lion-en-Sullias (45)....81 H3
Lion-sur-Mer (14)....14 C3
Liorac-sur-Louyre (24)....137 E5
Liouc (30)....173 G3
Liourdres (19)....139 E5
Lioux (84)....175 H2
Lioux-les-Monges (23)....126 B1
Liposthey (40)....148 D4
Lipsheim (67)....51 E6
Lirac (30)....174 C1
Liré (49)....75 F4
Lirey (10)....66 B4
Lironcourt (88)....69 E6
Lironville (54)....48 B3
Liry (08)....24 A5
Lisbourg (62)....2 A6

Lisieux (14)....15 F5
Lisle (24)....137 E1
Lisle (41)....79 G1
Lisle-en-Barrois (55)....47 E3
Lisle-en-Rigault (55)....46 D5
Lisle-sur-Tarn (81)....169 H3
Lislet (02)....23 E2
Lison (14)....13 F5
Lisores (14)....39 F3
Lisors (27)....19 F5
Lissac (09)....185 G3
Lissac (43)....142 B3
Lissac-et-Mouret (46)....153 G2
Lissac-sur-Couze (19)....138 B6
Lissay-Lochy (18)....97 G4
Lisse-en-Champagne (51)....46 B4
Lisses (91)....42 D6
Lisseuil (63)....113 F6
Lissey (55)....25 E5
Lissieu (69)....129 H2
Lissy (77)....43 F6
Listrac-de-Durèze (33)....136 A6
Listrac-Médoc (33)....134 D3
Lit-et-Mixe (40)....164 D1
Lithaire (50)....12 C4
Litteau (14)....13 G6
Littenheim (67)....50 C4
Litz (60)....20 C4
Livaie (61)....59 H1
Livarot (14)....15 E6
Liverdun (54)....48 C4
Liverdy-en-Brie (77)....43 F5
Livernon (46)....153 F2
Livers-Cazelles (81)....170 B1
Livet (53)....59 E4
Livet-en-Saosnois (72)....60 B2
Livet-et-Gavet (38)....145 H3
Livet-sur-Authou (27)....18 A4
Livilliers (95)....42 B2
Livinhac-le-Haut (12)....154 A2
la Livinière (34)....187 G2
Livré-la-Touche (53)....58 B6
Livré-sur-Changeon (35)....57 H2
Livron (64)....182 D3
Livron-sur-Drôme (26)....144 A6
Livry (14)....38 A1
Livry (58)....98 D5
Livry-Gargan (93)....43 E3
Livry-Louvercy (51)....45 H1
Livry-sur-Seine (77)....64 A1
Lixhausen (67)....50 D4
Lixheim (67)....50 B4
Lixing-lès-Rouhling (57)....27 G5
Lixing-lès-Saint-Avold (57)....49 G2
Lixy (89)....64 D4
Lizac (82)....168 D1
Lizant (86)....108 D6
Lizeray (36)....96 D3
Lizières (23)....111 E5
Lizine (25)....103 F2
Lizines (77)....64 D1
Lizio (56)....55 H4
Lizos (65)....183 F3
Lizy (02)....22 B4
Lizy-sur-Ourcq (77)....43 H2
la Llagonne (66)....200 A4
Llauro (66)....201 E3
Llo (66)....199 H4
Llupia (66)....201 E3
Lobsann (67)....29 E6
Loc-Brévalaire (29)....31 E3
Loc-Eguiner (29)....31 G4
Loc-Eguiner-
  -Saint-Thégonnec (29)....31 H4
Loc-Envel (22)....32 C4
Locarn (22)....32 C6
Loché-sur-Indrois (37)....95 H2
Loches (37)....95 G2
Loches-sur-Ource (10)....66 D5
le Locheur (14)....14 A5
Lochieu (01)....131 G1
Lochwiller (67)....50 C4
Locmalo (56)....54 D2
Locmaria (56)....72 B4
Locmaria-Berrien (29)....32 A5
Locmaria-Grand-Champ (56)....55 F5
Locmaria-Plouzané (29)....30 D5
Locmariaquer (56)....72 C1
Locmélar (29)....31 G4
Locminé (56)....55 F4
Locmiquélic (56)....54 C5
Locoal-Mendon (56)....54 D5
Locon (62)....2 D5
Loconville (60)....19 H6
Locqueltas (56)....55 G5
Locquénolé (29)....32 A3
Locquignol (59)....9 G3
Locquirec (29)....32 B2
Locronan (29)....53 F2
Loctudy (29)....53 F4
Locunolé (29)....54 B3
Lodes (31)....184 A3
Lodève (34)....172 B4
Lods (25)....103 H3
Lœuilley (70)....86 B5
Lœuilly (80)....20 B1
Loffre (59)....8 D2
la Loge (67)....7 E1
la Loge-aux-Chèvres (10)....66 D3
la Loge-Fougereuse (85)....92 B6
la Loge-Pomblin (10)....66 B5
Logelheim (68)....71 F5
les Loges (14)....37 H2
les Loges (52)....86 C2
les Loges (76)....16 B4
les Loges-en-Josas (78)....42 B5
les Loges-Marchis (50)....37 F6
les Loges-Margueron (10)....66 B5
les Loges-Saulces (14)....38 C3
les Loges-sur-Brécey (50)....37 F4
le Loreur (50)....35 H2
Logny-Bogny (08)....23 G1
Logny-lès-Aubenton (02)....23 F1
Logonna-Daoulas (29)....31 E5
Logrian-Florian (30)....173 G2
Logron (28)....61 H4
Loguivy-Plougras (22)....32 C4
Lohéac (35)....56 D5
Lohitzun-Oyhercq (64)....181 F2
Lohr (67)....50 B3
Lohuec (22)....32 C4
Loigné-sur-Mayenne (53)....76 C1
Loigny-la-Bataille (28)....62 C4
Loire (49)....76 C3
Loire-les-Marais (17)....107 E6
Loire-sur-Nie (17)....121 H1
Loiré-sur-Rhône (69)....130 A5
Loiron (53)....58 B5
Loisail (61)....60 D1
Loisey (55)....47 F4
Loisia (39)....117 F2
Loisieux (73)....131 G4
Loisin (74)....118 D3
Loison (55)....25 F5
Loison-sous-Lens (62)....8 B1
Loison-sur-Créquoise (62)....7 E1
Loisy (54)....48 C3
Loisy (71)....116 C1
Loisy-en-Brie (51)....45 E3
Loisy-sur-Marne (51)....46 A4
Loivre (51)....23 E5
Loix (17)....106 B4
Lolif (50)....35 H3
Lolme (24)....151 H1
Lombard (25)....103 E2
Lombard (39)....102 C5
Lombers (81)....170 C4
Lombez (32)....168 B5
Lombia (64)....182 D2
Lombrès (65)....183 H4
Lombreuil (45)....63 H5
Lombron (72)....60 C5
Lommerange (57)....26 A3
Lommoye (78)....41 G3
Lomné (65)....183 G4
Lomont (70)....88 B3
Lomont-sur-Crête (25)....88 B5
Lompnas (01)....131 E2
Lompnieu (01)....131 F1
Lompret (59)....3 F5

Lonçon (64)....166 A6
la Londe (76)....18 C5
la Londe-les-Maures (83)....193 G5
Londigny (16)....108 D6
Londinières (76)....6 B6
Long (80)....7 E4
Longages (31)....185 E2
Longaulnay (35)....56 D1
Longavesnes (80)....8 D5
Longchamp (21)....102 B1
Longchamp (52)....68 B4
Longchamp (88)....70 A3
Longchamp-
  -sous-Châtenois (88)....69 E3
Longchamp-sur-Aujon (10)....67 F4
Longchamps (27)....19 G4
Longchamps-sur-Aire (55)....47 F3
Longchaumois (39)....118 A2
Longcochon (39)....103 G5
Longeau-Percey (52)....86 B2
Longeault (21)....102 B1
Longeaux (55)....47 F5
Longechaux (25)....104 A1
Longechenal (38)....130 D6
Longecourt-en-Plaine (21)....102 A1
Longecourt-lès-Culêtre (21)....101 E2
Longemaison (25)....104 B1
Longepierre (71)....102 B3
le Longeron (49)....92 B2
Longes (69)....129 H4
Longessaigne (69)....129 F3
Longevelle (70)....88 A3
Longevelle-lès-Russey (25)....104 C1
Longevelle-sur-Doubs (25)....88 B3
Longèves (17)....106 D4
Longèves (85)....107 E2
Longeville (25)....103 H3
la Longeville (25)....104 B3
Longeville-en-Barrois (55)....47 F5
Longeville-lès-Metz (57)....26 B5
Longeville-
  -lès-Saint-Avold (57)....49 F1
Longeville-sur-la-Laines (52)....47 E2
Longeville-sur-Mer (85)....106 A2
Longeville-sur-Mogne (10)....66 B3
Longevilles-Mont-d'Or (25)....104 A5
Longfossé (62)....1 G5
la Longine (70)....70 B6
Longjumeau (91)....42 C5
Longlaville (54)....25 H3
Longmesnil (76)....19 F3
Longnes (72)....59 H5
Longnes (78)....41 G3
Longny-au-Perche (61)....61 E1
Longperrier (77)....43 F2
Longpont (02)....21 H6
Longpont-sur-Orge (91)....42 C6
Longpré-le-Sec (10)....66 D4
Longpré-les-Corps-Saints (80)....7 E5
Longraye (14)....13 H6
Longré (16)....108 C6
Longroy (76)....6 B5
Longsols (10)....66 C2
Longué-Jumelles (49)....77 G5
Longueau (80)....20 C1
Longuefuye (53)....76 D1
Longueil (76)....17 F2
Longueil-Annel (60)....21 F4
Longueil-Sainte-Marie (60)....21 E5
Longuenée (49)....76 D3
Longuenoë (61)....59 H1
Longuerue (76)....17 H5
Longues-sur-Mer (14)....13 H5
Longuesse (95)....42 B2
Longueval (80)....8 B5
Longueval-Barbonval (02)....22 C5
Longueville (14)....13 G5
Longueville (47)....150 C3
la Longueville (59)....9 H2
Longueville (77)....64 C1
Longueville-sur-Aube (10)....66 A1
Longueville-sur-Scie (76)....18 B1
Longuevillette (80)....7 G4
Longuyon (54)....25 G4
Longvic (21)....85 H6
Longvillers (14)....14 A6
Longvilliers (62)....1 F6
Longvilliers (78)....42 B6
Longwé (08)....24 B5
Longwy (54)....25 H3
Longwy-sur-le-Doubs (39)....102 C3
Lonlay-l'Abbaye (61)....38 A5
Lonlay-le-Tesson (61)....38 C5
Lonnes (16)....122 C1
Lonny (08)....23 H1
Lonrai (61)....60 A1
Lons (64)....182 B2
Lons-le-Saunier (39)....102 D6
Lonzac (17)....121 G4
le Lonzac (19)....125 E5
Looberghe (59)....2 B2
Loon-Plage (59)....2 B2
Loos (59)....3 F5
Loos-en-Gohelle (62)....8 B1
Looze (89)....65 F6
Lopérec (29)....31 G6
Loperhet (29)....31 F5
Lopigna (2A)....204 C4
Loqueffret (29)....31 H5
Lor (02)....23 E3
Loray (25)....104 B1
Lorcières (15)....141 F2
Lorcy (45)....63 G5
Lordat (09)....199 E1
Loré (61)....58 C2
Lorentzen (67)....50 A2
Loreto-di-Casinca (2B)....203 G6
Loreto-di-Tallano (2A)....207 E2
Lorette (42)....129 G5
le Loreur (50)....35 H2
Loreux (41)....80 D5
le Lorey (50)....35 F1
Lorey (54)....69 G1
Lorges (41)....80 C2
Lorgies (62)....3 E5
Lorgues (83)....192 C2
Lorient (56)....54 C6
Loriges (03)....113 H4
Lorignac (17)....121 E5
Lorigné (79)....108 C5
Loriol-du-Comtat (84)....175 F1
Loriol-sur-Drôme (26)....144 A6
Lorlanges (43)....141 H1
Lorleau (27)....19 F4
Lormaison (60)....20 B6
Lormaye (28)....41 F6
Lormes (58)....100 A1
Lormont (33)....135 F5
Lornay (74)....131 H1
Loromontzey (54)....69 H2
le Loroux (35)....58 B2
le Loroux-Bottereau (44)....74 D5
Lorp-Sentaraille (09)....184 D4
Lorquin (57)....50 A5
Lorrez-le-
  -Bocage-Préaux (77)....64 B4
Lorris (45)....81 H1
Lorry-lès-Metz (57)....26 B5
Lorry-Mardigny (57)....48 C2
Lortet (65)....183 G4
Loscouët-sur-Meu (22)....56 B2
Losne (21)....102 B2
Losse (40)....150 A6
Lostanges (19)....139 E5
Lostroff (57)....49 G3
Lothey (29)....53 G2
Lottinghen (62)....1 G4
le Lou-du-Lac (35)....56 D2
Louailles (72)....77 F2
Louan-Villegruis-
  -Fontaine (77)....44 C6
Louannec (22)....32 D2
Louans (37)....95 E1
Louargat (22)....32 D4
Loubajac (65)....182 D3
Loubaresse (07)....157 E2
Loubaresse (15)....141 F4
Loubaut (09)....185 E3

Loubédat (32)....166 D4
Loubens (09)....185 G5
Loubens (33)....150 A1
Loubens-Lauragais (31)....169 H6
Loubers (81)....170 A1
Loubersan (32)....167 G6
Loubès-Bernac (47)....136 C6
Loubeyrat (63)....127 E1
Loubieng (64)....165 G6
la Loubière (12)....154 C4
Loubières (09)....185 H5
Loubigné (79)....108 C5
Loubillé (79)....108 C6
Loubressac (46)....139 E5
Loucé (61)....39 E5
Loucelles (14)....14 A4
Louchats (33)....149 F2
Louches (62)....1 H3
Louchy-Montfand (03)....113 H4
Loucrup (65)....183 E4
Loudéac (22)....55 G2
Loudenvielle (65)....197 E1
Loudervielle (65)....197 E1
Loudes (43)....142 B3
Loudet (31)....184 A3
Loudrefing (57)....49 G3
Loudun (86)....94 A3
Loué (72)....59 G5
Louer (40)....165 F3
Louerre (49)....77 F6
Louesme (21)....85 F1
Louestault (37)....78 D3
Loueuse (60)....19 H3
Louey (65)....183 E3
Lougé-sur-Maire (61)....38 D5
Lougratte (47)....151 F2
Lougres (25)....88 B4
Louhans (71)....116 D1
Louhossoa (64)....180 D1
Louignac (19)....138 B2
Louin (79)....93 G5
Louisfert (44)....75 E1
Louit (65)....183 F2
Loulans-Verchamp (70)....87 G5
Loulay (17)....107 G5
Loulle (39)....103 F6
la Loupe (28)....61 F1
Loupeigne (02)....22 B6
Loupershouse (57)....49 H1
Loupes (33)....135 G5
Loupfougères (53)....59 F2
Loupia (11)....186 C4
Loupiac (12)....154 C2
Loupiac (33)....149 H1
Loupiac (46)....138 C5
Loupiac (81)....169 H2
Loupiac-de-la-Réole (33)....150 A2
Loupian (34)....189 E1
Louplande (72)....59 H6
Loupmont (55)....47 H3
Louppy-le-Château (55)....46 D3
Louppy-sur-Loison (55)....25 E4
la Louptière-Thénard (10)....65 F2
Lourches (59)....9 F2
Lourde (31)....184 A5
Lourdes (65)....182 D4
Lourdios-Ichère (64)....181 H4
Lourdoueix-
  -Saint-Michel (36)....111 F3
Lourdoueix-
  -Saint-Pierre (23)....111 F3
Lourenties (64)....182 D2
Loures-Barousse (65)....184 A5
Louresse-Rochemenier (49)....93 F1
Lourmais (35)....35 F5
Lourmarin (84)....175 H4
Lournand (71)....116 A2
Lourouer-
  -Saint-Laurent (36)....111 H1
le Louroux (37)....95 E2
le Louroux-Béconnais (49)....75 H2
Louroux-Bourbonnais (03)....113 E2
Louroux-de-Beaune (03)....113 E3
Louroux-de-Bouble (03)....113 F5
Louroux-Hodement (03)....112 D2
Lourquen (40)....165 G4
Lourties-Monbrun (32)....183 H1
Loury (45)....63 E5
Louslitges (32)....167 E5
Loussous-Débat (32)....167 E5
Loutehel (35)....56 C4
Loutzviller (57)....28 C5
Louvagny (14)....39 E3
Louvaines (49)....76 D2
Louvatange (39)....103 E1
Louveciennes (78)....42 B4
Louvemont (52)....46 C6
Louvemont-
  -Côte-du-Poivre (55)....25 F6
Louvencourt (80)....7 H4
Louvenne (39)....117 F3
Louvergny (08)....24 B3
Louverné (53)....58 D4
le Louverot (39)....102 D5
Louversey (27)....40 D2
Louvetot (76)....17 E5
Louvie-Juzon (64)....182 B4
Louvie-Soubiron (64)....182 B5
la Louvière-Lauragais (31)....186 A1
Louvières (14)....13 G5
Louvières (52)....68 B5
Louvières-en-Auge (61)....39 E3
Louviers (27)....18 D6
Louvigné (53)....58 D5
Louvigné-de-Bais (35)....57 H4
Louvigné-du-Désert (35)....58 A1
Louvignies-Quesnoy (59)....9 G3
Louvigny (14)....14 B5
Louvigny (57)....48 C1
Louvigny (64)....166 A5
Louvigny (72)....60 B3
Louvil (59)....3 G6
Louville-la-Chenard (28)....62 C3
Louvilliers-en-Drouais (28)....41 E5
Louvilliers-lès-Perche (28)....40 D6
Louvois (51)....45 G1
Louvrechy (80)....20 C2
Louvres (95)....43 E2
Louvroil (59)....10 A2
Louye (27)....41 F4
Louzac-Saint-André (16)....121 G3
Louze (52)....67 E1
Louzignac (17)....121 H2
Louzouer (45)....64 A5
Louzy (79)....93 G3
Lovagny (74)....132 A2
Loyat (56)....56 A4
la Loye (39)....102 D3
Loye-sur-Arnon (18)....112 A1
la Loyère (71)....101 G5
Loyettes (01)....130 D2
Lozanne (69)....129 H2
Lozay (17)....107 G5
Loze (82)....153 E5
Lozinghem (62)....2 C5
Lozon (50)....12 D6
Lozzi (2B)....204 D2

Lucbardez-et-Bargues (40)....166 B2
Lucciana (2B)....203 G5
Lucé (28)....62 B2
Lucé (61)....38 B6
Lucé-sous-Ballon (72)....60 B4
Luceau (72)....78 C2
Lucelle (68)....89 F5
Lucenay (69)....129 H2
Lucenay-le-Duc (21)....85 E3
Lucenay-lès-Aix (58)....99 F6
Lucenay-l'Évêque (71)....100 C3
Lucéram (06)....179 E2
Lucerne-d'Outremer (50)....35 H2
la Lucerne-d'Outremer (50)....35 H2
Lucey (21)....85 G1
Lucey (54)....48 A5
Lucey (73)....131 G3
Lucgarier (64)....182 C3
Luchapt (86)....109 H5
Luchat (17)....120 D3
Luché-Pringé (72)....78 A2
Luché-sur-Brioux (79)....108 B5
Luché-Thouarsais (79)....93 F4
Lucheux (80)....7 G3
Luchy (60)....20 B3
Lucinges (74)....118 D4
Lucmau (33)....149 H4
Luçon (85)....106 C2
Lucq-de-Béarn (64)....181 H2
Lucquy (08)....24 A4
les Lucs-sur-Boulogne (85)....91 G3
Lucy (57)....49 E3
Lucy (76)....19 F1
Lucy-le-Bocage (02)....44 B2
Lucy-le-Bois (89)....84 A4
Lucy-sur-Cure (89)....83 H3
Lucy-sur-Yonne (89)....83 G4
le Lude (72)....78 A3
Ludes (51)....45 F1
Ludesse (63)....127 F4
Ludiès (09)....185 H4
Ludon-Médoc (33)....135 E4
Ludres (54)....48 C5
Lüe (40)....148 C5
Lué-en-Baugeois (49)....77 F4
Luemschwiller (68)....89 F2
Lugagnac (46)....153 E4
Lugagnan (65)....182 D4
Lugaignac (33)....135 H5
Lugan (12)....154 A3
Lugan (81)....169 H4
Lugarde (15)....140 C2
Lugasson (33)....135 H6
Lugo-di-Nazza (2B)....205 F4
Lugon-et-
  -l'Île-du-Carnay (33)....135 G4
Lugos (33)....148 D3
Lugrin (74)....119 F2
Lugy (62)....2 A6
le Luhier (25)....104 C1
Luigné (49)....77 E6
Luigny (28)....61 G3
Luisant (28)....62 B2
Luitré (35)....58 A3
Lullin (74)....119 E4
Lully (74)....118 D4
Lumbin (38)....145 H1
Lumbres (62)....2 A5
Lumeau (28)....62 C4
Lumes (08)....24 B1
Lumigny-
  -Nesles-Ormeaux (77)....43 G5
Lumio (2B)....202 C5
Lunac (12)....153 H5
Lunan (46)....153 H2
Lunas (24)....136 D5
Lunas (34)....172 A4
Lunax (31)....184 B2
Lunay (41)....79 F2
Luneau (03)....114 D3
Lunegarde (46)....153 E1
Lunel (34)....173 H5
Lunel-Viel (34)....173 H5
Luneray (76)....17 F2
Lunery (18)....97 F4
Lunéville (54)....49 E5
le Luot (50)....35 H3
Lupcourt (54)....48 D5
Lupé (42)....143 H1
Lupersat (23)....126 A1
Lupiac (32)....167 E4
Luplanté (28)....62 A3
Luppé-Violles (32)....166 C4
Luppy (57)....48 D1
Lupsault (16)....122 A1
Lupstein (67)....50 C4
Luquet (65)....182 D3
Lurais (36)....95 G6
Luray (28)....41 F4
Lurbe-Saint-Christau (64)....182 A3
Lurcy (01)....116 B6
Lurcy-le-Bourg (58)....99 F2
Lurcy-Lévis (03)....98 C6
Luré (42)....128 C2
Lure (70)....88 A3
Lureuil (36)....95 G5
Luri (2B)....203 F2
Luriecq (42)....128 D5
Lurs (04)....176 D2
Lury-sur-Arnon (18)....97 E2
Lus-la-Croix-Haute (26)....159 H1
Lusanger (44)....74 D1
Luscan (31)....184 A5
Lusignac (24)....136 C1
Lusignan (86)....108 D2
Lusignan-Petit (47)....151 E5
Lusigny (03)....114 A1
Lusigny-sur-Barse (10)....66 C3
Lusigny-sur-Ouche (21)....101 F2
Lussac (16)....122 D2
Lussac (17)....121 F5
Lussac (33)....136 A4
Lussac-les-Châteaux (86)....109 H3
Lussac-les-Églises (87)....110 C3
Lussagnet (40)....166 C3
Lussagnet-Lusson (64)....182 D1
Lussan (30)....174 A1
Lussan (32)....167 H6
Lussan-Adeilhac (31)....184 D2
Lussant (17)....120 D1
Lussas (07)....157 G2
Lussas-et-
  -Nontronneau (24)....123 E5
Lussat (23)....112 B5
Lussat (63)....127 G2
Lussault-sur-Loire (37)....79 F5
Lusse (88)....70 D3
Lusseray (79)....108 C4
Lustar (65)....183 G2
Luthenay-Uxeloup (58)....99 E5
Lutilhous (65)....183 G4
Luttange (57)....26 C4
Luttenbach-
  -près-Munster (68)....71 E5
Lutter (68)....89 G4
Lutterbach (68)....89 F1
Lutz-en-Dunois (28)....62 A5
Lutzelbourg (57)....50 C4
Lutzelhouse (67)....50 D6
Luvigny (88)....50 B6
Lux (21)....86 A4
Lux (31)....186 A1
Lux (71)....101 G5
Luxé (16)....122 C2
Luxe-Sumberraute (64)....181 E1
Luxémont-et-Villotte (51)....46 C5
Luxeuil-les-Bains (70)....88 A2
Luxey (40)....149 F5
Luyères (10)....66 C2
Luynes (37)....78 C5
Luz-Saint-Sauveur (65)....183 E6
Luzancy (77)....44 A2
Luzarches (95)....42 D2
Luzay (79)....93 G4

Luzé (37) 94 C3
Luze (70) 88 C3
Luzech (46) 152 B3
Luzenac (09) 199 F1
Luzeret (36) 110 D2
la Luzerne (50) 13 F6
Luzillat (63) 127 G1
Luzillé (37) 95 G1
Luznay (38) 30 B4
Luzoir (02) 10 A6
Luzy (58) 100 B5
Luzy-Saint-Martin (55) 24 D3
Luzy-sur-Marne (52) 68 A5
Ly-Fontaine (02) 22 A2
Lyas (07) 143 H6
Lyaud (74) 119 F3
Lye (36) 96 B1
Lynde (59) 2 C4
Lyoffans (70) 88 B3
Lyon (69) 130 A3
Lyons-la-Forêt (27) 19 F4
Lys (58) 83 G6
Lys (64) 182 B3
Lys-lez-Lannoy (59) 3 G5
Lys-Saint-Georges (36) 111 G1

M

Maast-et-Violaine (02) 22 B6
Maâtz (52) 86 B3
Mably (42) 115 E6
Macau (33) 135 E4
Macaye (64) 180 D1
Macé (61) 39 F5
Macey (10) 66 A3
Macey (50) 35 G4
Machault (08) 23 H5
Machault (77) 64 B2
Maché (85) 91 E3
Machecoul (44) 91 E1
Mâchecourt (02) 22 D2
Machemont (60) 21 F4
Macheren (57) 49 G1
Machézal (42) 129 E2
Machiel (80) 6 D2
Machilly (74) 118 D4
la Machine (58) 99 F4
Machy (10) 66 B4
Machy (80) 6 D1
Mackenheim (67) 71 G3
Mackwiller (67) 50 B2
Maclas (42) 143 H1
Macogny (02) 44 A1
Mâcon (71) 116 B4
Maconcourt (88) 69 E2
Maconge (21) 101 E1
Macornay (39) 102 D6
Mâcot-la-Plagne (73) 133 E4
Macqueville (17) 121 H2
Macquigny (02) 9 F6
Madaillan (47) 151 E5
Madecourt (88) 69 F3
Madegney (88) 69 G3
la Madeleine-
-sous-Montreuil (62) 1 F6
la Madeleine (59) 3 F5
la Madeleine-Bouvet (61) 61 F1
la Madeleine-
-de-Nonancourt (27) 41 E4
la Madeleine-sur-Loing (77) 64 A4
la Madeleine-Villefrouin (41) 80 A2
Madic (15) 140 B1
Madière (09) 183 G4
Madirac (33) 135 F6
Madiran (65) 166 D6
Madonne-et-Lamerey (88) 69 G3
Madranges (19) 125 E6
Madré (53) 59 F1
Madriat (63) 127 F6
Maël-Carhaix (22) 32 C6
Maël-Pestivien (22) 32 D5
Maennolsheim (67) 50 C4
Maffliers (95) 42 D2
Maffrécourt (51) 46 C1
Magalas (34) 188 C1
la Magdeleine-
-sur-Tarn (31) 169 F3
la Magdeleine (16) 108 C6
le Mage (61) 61 E1
Magenta (51) 45 F2
les Mages (30) 157 E5
Magescq (40) 164 D3
Magland (74) 119 F6
Magnac-Bourg (87) 124 C4
Magnac-Laval (87) 110 B5
Magnac-
-Lavalette-Villars (16) 122 C5
Magnac-sur-Touvre (16) 122 C4
Magnan (32) 166 C3
Magnant (10) 66 D4
Magnanville (78) 41 G3
Magnas (32) 168 A3
Magnat-l'Étrange (23) 125 H3
Magné (79) 107 G3
Magné (86) 109 E5
Magnet (03) 114 B5
Magneux (51) 22 C5
Magneux (52) 67 G1
Magneux-Haute-Rive (42) 129 E4
Magneville (50) 12 C3
Magnicourt (10) 66 D2
Magnicourt-en-Comte (62) 7 H1
Magnicourt-sur-Canche (62) 7 G2
Magnien (21) 101 E2
Magnières (54) 70 A1
Magnieu (01) 131 G3
les Magnils-Reigniers (85) 91 H6
Magnivray (70) 88 A2
Magnoncourt (70) 69 G6
le Magnoray (70) 87 F4
Magny (28) 61 H3
le Magny (36) 111 G1
Magny (68) 89 E3
les Magny (70) 88 A4
Magny (89) 84 A5
Magny-Châtelard (25) 103 H1
Magny-Cours (58) 98 D4
Magny-Danigon (70) 88 B2
Magny-en-Bessin (14) 14 A3
Magny-en-Vexin (95) 41 H1
Magny-Fouchard (10) 67 E3
Magny-Jobert (70) 88 B3
Magny-la-Campagne (14) 39 E2
Magny-la-Fosse (02) 9 E5
Magny-la-Ville (21) 84 D5
Magny-Lambert (21) 85 E3
Magny-le-Désert (61) 38 C6
Magny-le-Freule (14) 39 E1
Magny-le-Hongre (77) 43 F4
Magny-lès-Aubigny (21) 102 A2
Magny-lès-Hameaux (78) 42 B5
Magny-lès-Jussey (70) 87 F1
Magny-lès-Villers (21) 101 G2
Magny-Lormes (58) 83 H6
Magny-Montarlot (21) 102 B1
Magny-Saint-Médard (21) 86 A5
Magny-sur-Tille (21) 102 A1
Magny-Vernois (70) 88 A3
Magoar (22) 33 E5
Magrie (11) 186 D5
Magrin (81) 170 A5
Magstatt-le-Bas (68) 89 G3
Magstatt-le-Haut (68) 89 G3
Mahalon (29) 53 E2
Mahéru (61) 39 H5
Maîche (25) 88 C6
Maidières (54) 48 B3
Maignaut-Tauzia (32) 167 G2
Maignelay-Montigny (60) 20 D3
Mailhac (11) 187 H2
Mailhac-sur-Benaize (87) 110 C4
Mailhoc (81) 170 B2
Mailholas (31) 185 E3
Maillane (13) 174 D3
Maillas (40) 149 H5
Maillat (01) 117 G5
Maillé (37) 94 D3

Maillé (85) 107 F3
Maillé (86) 94 A6
Maillebois (28) 40 D6
la Mailleraye-sur-Seine (76) 17 E6
Maillères (40) 166 A1
Mailleroncourt-Charette (70) 87 G2
Mailleroncourt-
-Saint-Pancras (70) 69 G6
Maillet (03) 112 D2
Maillet (36) 111 F1
Mailley-et-Chazelot (70) 87 F4
Maillezais (85) 107 F3
Maillot (89) 65 E4
Mailly (71) 115 E5
Mailly-Champagne (51) 45 F1
Mailly-la-Ville (89) 83 G4
Mailly-le-Camp (10) 45 G5
Mailly-le-Château (89) 83 G4
Mailly-Maillet (80) 8 A4
Mailly-Raineval (80) 20 D1
Mailly-sur-Seille (54) 48 D3
les Maillys (21) 102 B2
Maimbeville (60) 20 D4
Maincy (77) 64 A1
Maine-de-Boixe (16) 122 C2
Mainfonds (16) 122 B5
Maing (59) 9 F2
Mainneville (27) 19 G5
Mainsat (23) 112 B6
Maintenon (28) 41 G6
Mainvillers (57) 27 E6
Mainvilliers (28) 62 B2
Mainvilliers (45) 63 F3
Mainxe (16) 121 H4
Mainzac (16) 123 E4
Mairé (86) 95 E4
Mairé-Levescault (79) 108 C5
Mairieux (59) 10 A2
Mairy (08) 24 C2
Mairy-Mainville (54) 25 H5
Mairy-sur-Marne (51) 45 H3
Maisdon-sur-Sèvre (44) 75 E6
Maisey-le-Duc (21) 85 E1
Maisnières (80) 6 C5
le Maisnil (59) 3 E5
Maisnil (62) 7 G2
Maisnil-lès-Ruitz (62) 8 A1
Maisod (39) 117 G2
Maison-des-Champs (10) 67 E3
la Maison-Dieu (58) 83 G5
Maison-Feyne (23) 111 F3
Maison-Maugis (61) 61 E1
Maison-Ponthieu (80) 7 E3
Maison-Roland (80) 7 E4
Maison-Rouge (77) 64 D1
Maisoncelle (62) 7 F1
Maisoncelle-et-Villers (08) 24 C3
Maisoncelle-Saint-Pierre (60) 20 B4
Maisoncelle-Tuilerie (60) 20 C3
Maisoncelles (52) 68 C4
Maisoncelles (72) 60 D6
Maisoncelles-du-Maine (53) 58 D6
Maisoncelles-en-Brie (77) 43 H4
Maisoncelles-
-en-Gâtinais (77) 64 A4
Maisoncelles-la-Jourdan (14) 37 H4
Maisoncelles-Pelvey (14) 38 A1
Maisoncelles-sur-Ajon (14) 14 A6
Maisonnais (18) 112 A1
Maisonnais-
-sur-Tardoire (87) 123 F3
Maisonnay (79) 108 B5
Maisonneuve (86) 93 H5
Maisonnisses (23) 111 G6
Maisons (11) 187 G6
Maisons (14) 13 H5
Maisons (28) 62 D2
Maisons-Alfort (94) 42 D4
Maisons-du-Bois-
-Lièvremont (25) 104 A3
Maisons-en-Champagne (51) 46 A5
Maisons-Laffitte (78) 42 C3
Maisons-lès-Chaource (10) 66 B6
Maisons-lès-Soulaines (10) 67 F3
Maisonsgoutte (67) 71 E2
Maisontiers (79) 93 F5
Maisse (91) 63 G2
Maissemy (02) 8 D6
Maixe (54) 49 E5
Maizeray (55) 47 H1
Maizeroy (57) 49 E1
Maizery (57) 26 C5
Maizet (14) 14 B5
Maizey (55) 47 G3
Maizicourt (80) 7 F3
Maizières (14) 14 D6
Maizières (52) 67 H1
Maizières (54) 48 C6
Maizières (62) 7 H2
Maizières (70) 87 F4
Maizières-
-la-Grande-Paroisse (10) 65 H1
Maizières-lès-Brienne (10) 67 E2
Maizières-lès-Metz (57) 26 B4
Maizières-lès-Vic (57) 49 G4
Maizières-sur-Amance (52) 86 C1
Maizilly (42) 115 F5
Maizy (02) 22 C5
Majastres (04) 177 F2
Malabat (32) 183 F1
la Malachère (70) 87 F5
Malafretaz (01) 116 D3
Malaincourt (88) 68 D4
Malaincourt-sur-Meuse (52) 68 C4
Malakoff (92) 42 C4
Malancourt (55) 24 D6
Malandry (08) 24 D3
Malange (39) 102 D1
Malans (25) 103 G3
Malans (70) 102 D2
Malansac (56) 56 B6
Malarce-sur-la-Thines (07) 157 E3
Malataverne (26) 158 A3
Malaucène (84) 158 D6
Malaucourt-sur-Seille (57) 48 D3
Malaunay (76) 17 G5
Malause (82) 168 C1
Malaussane (64) 166 A6
Malaussène (06) 195 E1
Malauzat (63) 127 E2
Malaville (16) 122 A5
Malavillers (54) 25 H5
Malay (71) 116 A1
Malay-le-Grand (89) 65 E4
Malay-le-Petit (89) 65 E4
Malbo (15) 140 C4
Malbosc (07) 157 E4
Malbouhans (70) 88 B2
Malbouzon (48) 155 G1
Malbrans (25) 103 G2
Malbuisson (25) 104 A5
Mâle (61) 61 E3
Malegoude (09) 186 A4
Malemort-du-Comtat (84) 175 F1
Malemort-sur-Corrèze (19) 138 D3
la Malène (48) 155 H5
Malesherbes (45) 63 G3
Malestroit (56) 56 A6
Maleville (12) 153 H4
Malguénac (56) 55 E2
la Malhoure (22) 34 A5
Malicornay (36) 111 E1
Malicorne (03) 113 E4
Malicorne (89) 82 D2
Malicorne-sur-Sarthe (72) 77 G1
Maligny (21) 101 E2
Maligny (89) 83 H1
Malijai (04) 177 E1
Malincourt (59) 9 E4
Malintrat (63) 127 F3
Malissard (26) 144 B5
Mallefougasse-Augès (04) 176 D1
Malleloy (54) 48 C4
Mallemoisson (04) 177 E1
Mallemort (13) 191 H2
Malléon (09) 185 H6
Malleret (23) 126 A3
Malleret-Boussac (23) 112 A4

Mallerey (39) 117 F1
Malleval (42) 129 H6
Malleval-en-Vercors (38) 145 E3
Malleville-les-Grès (76) 17 E2
Malleville-sur-le-Bec (27) 18 A6
Mallièvre (85) 92 C4
Malling (57) 26 C2
Malloué (14) 37 G2
la Malmaison (02) 23 E3
Malmerspach (68) 88 D1
Malmy (51) 46 C1
Malons-et-Elze (30) 157 E4
Malouy (27) 15 H5
Malpart (80) 20 D2
Malpas (25) 103 H4
Malras (11) 186 D4
Malrevers (43) 142 C3
Maltat (71) 100 A6
Maltot (14) 14 B5
Malval (23) 111 H3
Malvalette (43) 143 E1
Malves-en-Minervois (11) 187 E3
Malvezie (31) 184 A5
Malvières (43) 142 B1
Malviès (11) 186 D4
Malville (44) 74 B4
Malvillers (70) 86 D2
Malzéville (54) 48 C5
le Malzieu-Forain (48) 141 G5
le Malzieu-Ville (48) 141 G5
Malzy (02) 9 G6
Mamers (72) 60 C2
Mametz (62) 2 B5
Mametz (80) 8 A5
Mamey (54) 48 B3
Mamirolle (25) 103 G1
Manas (26) 158 C2
Manas-Bastanous (32) 183 G1
Manaurie (24) 137 H4
Mance (54) 26 A4
la Mancelière (28) 40 C5
la Mancellière-sur-Vire (50) 37 G1
Mancenans (25) 88 A4
Mancenans-Lizerne (25) 88 C5
Mancey (71) 116 B1
Manchecourt (45) 63 G4
Manciet (32) 166 D3
Mancieulles (54) 26 A4
Mancioux (31) 184 C3
Mancy (51) 45 E3
Mandagout (30) 173 E2
Mandailles-Saint-Julien (15) 140 C4
Mandelieu-la-Napoule (06) 178 C5
Manderen (57) 26 D2
Mandeure (25) 88 C4
Mandeville (27) 18 C6
Mandeville-en-Bessin (14) 13 G5
Mandray (88) 70 D3
Mandres (27) 40 C5
Mandres-aux-
-Quatre-Tours (54) 48 A4
Mandres-en-Barrois (55) 68 B1
Mandres-la-Côte (52) 68 B5
Mandres-les-Roses (94) 43 E5
Mandres-sur-Vair (88) 69 E3
Mandrevillars (70) 88 C3
Mane (04) 176 C2
Mane (31) 184 C4
Manéglise (76) 15 F1
Manéhouville (76) 17 G2
Manent-Montané (32) 184 A2
Manerbe (14) 15 F5
Mangiennes (55) 25 F5
Manglieu (63) 127 G4
Mangonville (54) 69 G1
Manhac (12) 154 B5
Manheulles (55) 47 H1
Manhoué (57) 48 D3
Manicamp (02) 21 H3
Manigod (74) 132 C2
Manin (62) 7 H2
Maninghem (62) 1 G6
Maninghen-Henne (62) 1 F4
Maniquerville (76) 16 C4
Manlay (21) 100 D2
Manneville-ès-Plains (76) 17 F2
Manneville-la-Goupil (76) 15 G1
Manneville-la-Pipard (14) 15 F4
Manneville-la-Raoult (27) 15 F3
Manneville-sur-Risle (27) 15 H3
Mannevillette (76) 15 F1
Mano (40) 149 E3
le Manoir (14) 14 A3
le Manoir (27) 18 D5
Manois (52) 68 B3
Manom (57) 26 B3
Manoncourt-en-Vermois (54) 48 D6
Manoncourt-en-Woëvre (54) 48 B4
Manonville (54) 48 B4
Manonviller (54) 49 F6
Manosque (04) 176 C3
Manot (16) 123 F1
Manou (28) 61 F1
Manre (08) 24 A4
le Mans (72) 60 B5
Mansac (19) 138 B3
Mansan (65) 183 F2
Mansat-la-Courrière (23) 125 E1
Mansempuy (32) 168 B4
Mansencôme (32) 167 F3
Manses (09) 186 A4
Mansigné (72) 78 A2
Mansle (16) 122 C2
Manso (2B) 204 C2
Mansonville (82) 168 B1
Manspach (68) 89 E3
Mant (40) 166 A5
Mantallot (22) 32 D2
Mantenay-Montlin (01) 116 D3
Mantes-la-Jolie (78) 41 H2
Mantes-la-Ville (78) 41 H2
Mantet (66) 200 B4
Manteyer (05) 160 B2
Manthelan (37) 95 E2
Manthelon (27) 40 D3
Manthes (26) 144 B1
Mantilly (61) 37 H6
Mantoche (70) 86 C5
Mantry (39) 102 D5
Manvieux (14) 14 A3
Many (57) 27 E6
Manzac-sur-Vern (24) 137 E3
Manzat (63) 126 D2
Manziat (01) 116 C3
Marac (52) 68 A6
Marainville-sur-Madon (88) 69 G2
Marainviller (54) 49 F6
aux Marais (60) 20 A4
Marais-la-Chapelle (14) 39 E3
le Marais-Vernier (27) 15 G2
Marambat (32) 167 F3
Marandeuil (21) 86 B6
Marange-Silvange (57) 26 B4
Marange-Zondrange (57) 27 E5
Marans (17) 106 D2
Marans (49) 75 H1
Maransin (33) 135 G3
Maranville (52) 67 G4
Maranwez (08) 23 G2
Marast (70) 87 H4
Marat (63) 128 B4
Maraussan (34) 188 B2
Maravat (32) 168 A4
Maray (41) 96 D1
Maraye-en-Othe (10) 65 H4
Marbache (54) 48 C4
Marbaix (59) 9 H4
Marbeuf (27) 18 C6
Marbéville (52) 67 G3
Marboué (28) 62 A5
Marboz (01) 117 E3
Marby (08) 10 D6
Marc-la-Tour (19) 139 E2
Marçais (18) 97 G6
Marçay (37) 94 B2
Marçay (86) 108 D2
Marce (49) 77 F3
Marcé-sur-Esves (37) 94 D3

Marcelcave (80) 8 A6
Marcellaz (74) 118 D5
Marcellaz-Albanais (74) 132 A2
Marcellois (21) 85 E6
Marcellus (47) 150 B3
Marcenais (33) 135 G3
Marcenat (03) 114 A5
Marcenat (15) 140 D1
Marcenay (21) 84 D1
Marcenod (42) 129 G5
Marcey-les-Grèves (50) 35 H3
Marchainville (61) 40 B6
Marchais (02) 22 D3
Marchais-Beton (89) 82 C2
Marchais-en-Brie (02) 44 C4
Marchamp (01) 131 F3
Marchampt (69) 115 H6
Marchastel (15) 140 D2
Marchastel (48) 155 F2
Marchaux (25) 87 G6
la Marche (58) 98 D2
Marché-Allouarde (80) 21 F2
Marchélepot (80) 21 F1
Marchemaisons (61) 60 B1
Marchémoret (77) 43 F2
Marchenoir (41) 80 A2
Marcheprime (33) 148 D1
Marches (26) 144 C4
les Marches (73) 132 A5
Marcheseuil (21) 100 D2
Marchésieux (50) 13 E6
Marchéville (28) 61 H2
Marchéville-
-en-Woëvre (55) 47 H1
Marchezais (28) 41 F4
Marchiennes (59) 9 E1
Marciac (32) 167 E6
Marcieu (38) 145 G5
Marcieux (73) 131 G4
Marcigny (71) 115 E4
Marcigny-sous-Thil (21) 84 D5
Marcilhac-sur-Célé (46) 153 E2
Marcillac (33) 135 F1
Marcillac-la-Croisille (19) 139 G2
Marcillac-la-Croze (19) 139 E4
Marcillac-Lanville (16) 122 B3
Marcillac-Saint-Quentin (24) 138 A5
Marcillac-Vallon (12) 154 B3
Marcillat (63) 113 F5
Marcillat-en-Combraille (03) 112 D6
Marcillé-la-Ville (53) 59 E3
Marcillé-Raoul (35) 35 F5
Marcillé-Robert (35) 57 G4
Marcilloles (38) 144 C1
Marcilly (50) 37 E5
Marcilly (77) 43 G2
Marcilly-d'Azergues (69) 129 H2
Marcilly-en-Bassigny (52) 86 C1
Marcilly-en-Beauce (41) 79 F2
Marcilly-en-Gault (41) 80 D5
Marcilly-en-Villette (45) 81 E2
Marcilly-et-Dracy (21) 84 D5
Marcilly-la-Campagne (27) 41 E4
Marcilly-la-Gueurce (71) 115 F3
Marcilly-le-Châtel (42) 128 D4
Marcilly-le-Hayer (10) 65 G3
Marcilly-lès-Buxy (71) 101 F6
Marcilly-Ogny (21) 100 D1
Marcilly-sur-Eure (27) 41 E4
Marcilly-sur-Maulne (37) 78 B4
Marcilly-sur-Seine (51) 65 G1
Marcilly-sur-Tille (21) 85 H4
Marcilly-sur-Vienne (37) 94 D3
Marck (62) 1 H2
Marckolsheim (67) 71 G3
Marclopt (42) 129 E4
Marcoing (59) 8 D4
Marcolès (15) 140 A6
Marcollin (38) 144 C1
Marcols-les-Eaux (07) 143 G6
Marçon (72) 78 C2
Marconne (62) 7 E1
Marconnelle (62) 7 E1
Marcorignan (11) 188 A3
Marcoussis (91) 42 C6
Marcoux (04) 160 D5
Marcoux (42) 128 D3
Marcq (08) 24 C5
Marcq (78) 41 H4
Marcq-en-Barœul (59) 3 F5
Marcq-en-Ostrevent (59) 9 E2
Marcy (02) 9 H6
Marcy (58) 83 F6
Marcy (69) 129 H2
Marcy-l'Étoile (69) 129 H3
Marcy-sous-Marle (02) 22 C2
Mardeuil (51) 45 E2
Mardié (45) 81 E1
Mardilly (61) 39 G4
Mardor (52) 86 A1
Mareau-aux-Bois (45) 63 F5
Mareau-aux-Prés (45) 80 D1
Mareil-en-Champagne (72) 59 G6
Mareil-en-France (95) 42 D2
Mareil-le-Guyon (78) 42 A4
Mareil-Marly (78) 42 B3
Mareil-sur-Loir (72) 77 H2
Mareil-sur-Mauldre (78) 42 A3
Mareilles (52) 68 A4
Marenla (62) 6 D1
Marennes (17) 120 B2
Marennes (69) 130 B4
Maresché (72) 60 A4
Maresches (59) 9 F2
Maresquel-
-Ecquemicourt (62) 7 E1
Marest (62) 7 G1
Marest-Dampcourt (02) 21 H3
Marest-sur-Matz (60) 21 F4
Marestaing (32) 168 C5
Marestmontiers (80) 20 D2
Maresville (62) 1 F6
les Marêts (77) 44 B5
Maretz (59) 9 F4
Mareugheol (63) 127 F6
Mareuil (16) 122 B3
Mareuil (24) 122 D6
Mareuil-Caubert (80) 6 D4
Mareuil-en-Brie (51) 44 D3
Mareuil-en-Dôle (02) 22 B6
Mareuil-la-Motte (60) 21 F3
Mareuil-le-Port (51) 44 D2
Mareuil-lès-Meaux (77) 43 G3
Mareuil-sur-Arnon (18) 97 F4
Mareuil-sur-Ay (51) 45 F2
Mareuil-sur-Cher (41) 79 H6
Mareuil-sur-Lay-Dissais (85) 91 H5
Mareuil-sur-Ourcq (60) 43 H1
Marey (52) 69 F3
Marey-lès-Fussey (21) 101 G2
Marey-sur-Tille (21) 85 H3
Marfaux (51) 45 E1
Marfontaine (02) 22 D1
Margaux (33) 135 E3
Margencel (74) 118 D3
Margency (95) 42 C2
Margerides (19) 126 A6
Margerie-Chantagret (42) 128 D5
Margerie-Hancourt (51) 66 D1
Margès (26) 144 C3
Margival (02) 22 B4
Margny (08) 24 D2
Margny (51) 44 D3
Margny-aux-Cerises (60) 21 F2
Margny-lès-Compiègne (60) 21 F4
Margny-sur-Matz (60) 21 F3
Margon (28) 61 E3
Margon (34) 188 C1
Margouët-Meymes (32) 167 F4
Marguerittes (30) 174 B3
Margueron (33) 136 C6
Marguestau (32) 166 D2
Margut (08) 25 E3
Mariac (07) 143 G5
Marie (06) 178 C1
Marieulles (57) 26 B6
Marieux (80) 7 H4
Marigna-sur-Valouse (39) 117 F2

Marignac (17) 121 F5
Marignac (31) 184 A6
Marignac (82) 168 B3
Marignac-en-Diois (26) 145 E6
Marignac-Lasclares (31) 184 D2
Marignac-Laspeyres (31) 184 C3
Marignana (2A) 204 C3
Marignane (13) 191 H4
Marigné (49) 76 D2
Marigné-Laillé (72) 78 B1
Marigné-Peuton (53) 76 C1
Marignier (74) 119 E5
Marignieu (01) 131 G2
Marigny (03) 113 G1
Marigny (39) 103 E5
Marigny (50) 37 F1
Marigny (51) 46 A5
Marigny (79) 107 H4
Marigny-Brizay (86) 94 C5
Marigny-Chemereau (86) 108 D2
Marigny-en-Orxois (02) 44 A2
Marigny-le-Cahouët (21) 84 D5
Marigny-le-Châtel (10) 65 G2
Marigny-l'Église (58) 84 A6
Marigny-lès-Reullée (21) 101 H3
Marigny-lès-Usages (45) 63 E6
Marigny-Marmande (37) 94 C4
Marigny-Saint-Marcel (74) 131 H2
Marigny-sur-Yonne (58) 99 G1
Marillac-le-Franc (16) 122 D3
le Marillais (49) 75 G4
Marillet (85) 107 G1
Marimbault (33) 149 H3
Marimont-lès-Bénestroff (57) 49 G3
Marin (74) 119 E3
Marines (95) 42 B1
Maringes (42) 129 F4
Maringues (63) 127 G2
Mariol (03) 114 A6
Marions (33) 150 A4
Marizy (71) 115 G1
Marizy-Saint-Mard (02) 44 A1
Marle (02) 22 D1
Marlemont (08) 23 G2
Marlenheim (67) 50 D5
Marlens (74) 132 C3
Marlers (80) 19 H1
Marles-en-Brie (77) 43 G5
Marles-les-Mines (62) 2 C6
Marles-sur-Canche (62) 6 D1
Marlhes (42) 143 F2
Marliac (31) 185 G3
Marliens (21) 102 A1
Marlieux (01) 116 D6
Marlioz (74) 131 H1
Marly (57) 26 B6
Marly (59) 9 F2
Marly-Gomont (02) 9 H6
Marly-la-Ville (95) 43 E2
Marly-le-Roi (78) 42 B4
Marly-sous-Issy (71) 100 A6
Marly-sur-Arroux (71) 115 E1
Marmagne (18) 97 G2
Marmagne (21) 84 D3
Marmagne (71) 100 D5
Marmande (82) 150 C3
Marmanhac (15) 140 B4
Marmeaux (89) 84 B4
Marminiac (46) 152 B1
Marmont-Pachas (47) 167 H1
Marmouillé (61) 39 G5
Marmoutier (67) 50 C5
Marnac (24) 137 H5
Marnand (69) 115 G6
Marnans (38) 144 D1
Marnaves (81) 170 A1
Marnay (70) 87 E6
Marnay (71) 101 H6
Marnay (86) 109 E3
Marnay-sur-Marne (52) 68 A5
Marnay-sur-Seine (10) 65 F1
Marnaz (74) 119 E5
la Marne (44) 91 E1
Marnes (79) 93 H4
Marnes-la-Coquette (92) 42 C4
Marnézia (39) 117 G1
Marnhagues-et-Latour (12) 172 A3
Marnoz (39) 103 E3
Marœuil (62) 8 A2
Maroilles (59) 9 H4
la Marolle-en-Sologne (41) 80 C4
Marolles (14) 15 H5
Marolles (41) 79 H3
Marolles (51) 46 A5
Marolles (60) 43 H1
Marolles-en-Beauce (91) 63 F2
Marolles-en-Brie (77) 44 B3
Marolles-en-Brie (94) 43 E5
Marolles-en-Hurepoix (91) 63 G1
Marolles-lès-Bailly (10) 66 C4
Marolles-les-Braults (72) 60 B3
Marolles-les-Buis (28) 61 F2
Marolles-
-lès-Saint-Calais (72) 61 E6
Marolles-
-sous-Lignières (10) 66 A6
Marolles-sur-Seine (77) 64 C2
Marollette (72) 60 C2
Marols (42) 128 D6
Maromme (76) 17 G6
Mâron (36) 96 D5
Maron (54) 48 C5
Maroncourt (88) 69 G3
Marpaps (40) 165 G5
Marpent (59) 10 B2
Marpiré (35) 57 H2
Marquaix (80) 8 C5
Marquay (24) 138 A5
Marquay (62) 7 H1
Marquefave (31) 185 E2
Marquéglise (60) 21 E4
Marquein (11) 186 A3
Marquerie (65) 183 E3
Marques (76) 19 G1
Marquette-en-Ostrevant (59) 9 E2
Marquette-lez-Lille (59) 3 F4
Marquigny (08) 24 A3
Marquillies (59) 3 E6
Marquion (62) 8 D3
Marquise (62) 1 F3
Marquivillers (80) 21 E2
Marquixanes (66) 200 C3
Marray (37) 78 D3
la Marre (39) 103 E5
les Mars (23) 126 A2
Mars (07) 143 F4
Mars (30) 172 D2
Mars-la-Tour (54) 26 A5
Mars-sous-Bourcq (08) 24 A4
Mars-sur-Allier (58) 98 D5
Marsa (11) 200 A1
Marsac (16) 122 B3
Marsac (23) 111 E6
Marsac (65) 183 E2
Marsac (82) 168 B3
Marsac-en-Livradois (63) 128 B6
Marsac-sur-Don (44) 74 C2
Marsac-sur-l'Isle (24) 137 F2
Marsainvilliers (45) 63 F4
Marsais (17) 107 F5
Marsais-
-Sainte-Radégonde (85) 107 E1
Marsal (57) 49 F4
Marsal (81) 170 D2
Marsalès (24) 151 H1
Marsan (32) 168 A5
Marsaneix (24) 137 F3
Marsangis (51) 45 E6
Marsangy (89) 65 E5
Marsannay-la-Côte (21) 101 H1
Marsannay-le-Bois (21) 85 H5
Marsanne (26) 158 B2
Marsas (33) 135 G3
Marsas (65) 183 F4
Marsat (63) 127 E2
Marsaz (26) 144 B3
Marseillan (32) 167 H5
Marseillan (34) 189 E2
Marseillan (65) 183 F2
Marseille (13) 192 B4
Marseille-en-Beauvaisis (60) 20 A3
Marseilles-lès-Aubigny (18) 98 C3
Marseillette (11) 187 F3
Marsillargues (34) 190 A2
Marsilly (17) 106 C4
Marsilly (57) 26 C5
Marsolan (32) 167 H2
Marson (51) 46 A3
Marson-sur-Barboure (55) 47 G5
Marsonnas (01) 116 D3
Marsoulas (31) 184 D4
Marssac-sur-Tarn (81) 170 B2
Martagny (27) 19 G5
Martailly-lès-Brancion (71) 116 B2
Martainneville (80) 6 C5
Martainville (14) 38 C2
Martainville (27) 17 H6
Martainville-Épreville (76) 17 H6
Martaizé (86) 94 A4
Martel (46) 138 D5
Marthemont (54) 48 C6
Marthille (57) 49 F3
Marthod (73) 132 C3
Marthon (16) 122 D4
Martiel (12) 153 F4
Martigna (39) 117 H3
Martignargues (30) 173 H1
Martignas-sur-Jalle (33) 134 D5
Martignat (01) 117 G4
Martigné-Briand (49) 93 F1
Martigné-Ferchaud (35) 57 H5
Martigné-sur-Mayenne (53) 58 D3
Martigny (02) 10 B6
Martigny (50) 37 F4
Martigny (76) 17 H2
Martigny-Courpierre (02) 22 C4
Martigny-le-Comte (71) 115 G2
Martigny-les-Bains (88) 69 E4
Martigny-
-les-Gerbonvaux (88) 68 D1
Martigny-sur-l'Ante (14) 38 D3
Martigues (13) 191 G5
Martillac (33) 135 E6
Martin-Église (76) 17 G2
Martincourt (54) 48 B4
Martincourt (60) 19 H3
Martincourt-sur-Meuse (55) 24 D3
le Martinet (30) 157 E5
Martinet (85) 91 E4
Martinpuich (62) 8 B4
Martinvast (50) 12 C2
Martinvelle (88) 69 F5
Martisserre (31) 184 C1
Martizay (36) 95 G5
Martot (27) 18 C5
Martragny (14) 14 A4
la Martre (83) 178 A3
Martres (33) 150 A1
les Martres-d'Artière (63) 127 G2
Martres-de-Rivière (31) 184 A4
les Martres-de-Veyre (63) 127 F4
Martres-sur-Morge (63) 127 F2
Martres-Tolosane (31) 184 D3
Martrin (12) 171 F2
Martrois (21) 85 E5
la Martyre (29) 31 F4
les Martys (11) 186 D1
Maruéjols-lès-Gardon (30) 173 H2
Marval (87) 123 G4
Marvaux-Vieux (08) 24 A5
Marvejols (48) 155 H3
Marvelise (25) 88 B4
Marville (55) 25 E4
Marville-Moutiers-Brûlé (28) 41 F5
Mary (71) 115 H1
Mary-sur-Marne (77) 43 H2
Marzan (56) 73 G2
Marzens (81) 170 A4
Marzy (58) 98 D3
le Mas (06) 178 C3
le Mas-Agenais (47) 150 C3
le Mas-Blanc-des-Alpilles (13) 191 E1
les Mas-Cabardès (11) 187 E2
Mas-Cabardès (11) 187 E2
Mas-d'Artige (23) 126 A3
Mas-d'Auvignon (32) 167 G3
le Mas-d'Azil (09) 185 F4
Mas-de-Londres (34) 173 E4
le Mas-de-Tence (43) 143 F3
Mas-des-Cours (11) 187 E4
Mas-d'Orcières (48) 156 B3
Mas-Grenier (82) 168 D3
Mas-Saint-Chély (48) 155 H5
Mas-Saintes-Puelles (11) 186 B3
Masbaraud-Mérignat (23) 125 E1
Mascaraàs-Haron (64) 166 B5
Mascaras (32) 167 F6
Mascaras (65) 183 F3
Mascarville (31) 169 H6
Masclat (46) 138 B6
Masevaux (68) 88 D2
Maslacq (64) 165 G6
Masléon (87) 124 D3
Maslives (41) 80 A3
le Masnau-Massuguiès (81) 171 E4
Masnières (59) 8 D4
Masny (59) 8 D2
Los Masos (66) 200 C3
Masparraute (64) 181 E1
Maspie-Lalonquère-
-Juillacq (64) 182 D1
Masquières (47) 152 A4
Massabrac (31) 185 F3
Massac (11) 187 F6
Massac (17) 121 H2
Massac-Séran (81) 170 A4
Massaguel (81) 170 C6
Massais (79) 93 F3
Massals (81) 171 E3
Massanes (30) 173 H2
Massangis (89) 84 A3
Massat (09) 185 F6
Massegros (48) 155 G4
Masseilles (33) 150 A3
Massels (47) 151 G4
Massérac (44) 74 B1
Masseret (19) 124 D5
Masseube (32) 184 A1
Massiac (15) 141 F2
Massieu (38) 131 F6
Massieux (01) 130 A2
Massiges (51) 46 C1
Massignac (16) 123 F3
Massignieu-de-Rives (01) 131 G3
Massillargues-Attuech (30) 173 G2
Massilly (71) 116 A2
Massingy (21) 85 E1
Massingy (74) 131 H2
Massingy-lès-Semur (21) 84 D4
Massingy-lès-Vitteaux (21) 85 E5
Massognes (86) 94 A6
Massoins (06) 195 E1
Massongy (74) 118 D3
Massoulès (47) 151 G4
Massugas (33) 136 B6
Massy (71) 115 H2
Massy (76) 19 F2
Massy (91) 42 C5
Mastaing (59) 9 E2
Matafelon-Granges (01) 117 G4
les Matelles (34) 173 F4
Matemale (66) 200 A3
Matha (17) 121 G2
Mathaux (10) 66 D2
Mathay (25) 88 C5
les Mathes (17) 120 B3
Mathieu (14) 14 B4
Mathons (52) 67 H2
Mathonville (76) 19 E2
Matignicourt-Goncourt (51) 46 B5
Matignon (22) 34 B4
Matigny (80) 21 G1
Matougues (51) 45 G3
Matour (71) 115 H4
Matra (2B) 205 G2
Mattaincourt (88) 69 F3

Mattexey (54) 70 A1
Matton-et-Clémency (08) 24 D2
Matzenheim (67) 71 H1
Maubec (38) 130 D5
Maubec (82) 168 B3
Maubec (84) 175 G3
Maubert-Fontaine (08) 10 D5
Maubeuge (59) 10 A2
Maubourguet (65) 166 D6
Mauchamps (91) 63 F1
Maucomble (76) 19 E2
Maucor (64) 182 C1
Maucourt (60) 21 G2
Maucourt (80) 21 E1
Maucourt-sur-Orne (55) 25 F6
Maudétour-en-Vexin (95) 41 H2
Mauguio (34) 173 G5
Maulan (55) 47 F5
Maulay (86) 94 B3
Maulde (59) 4 A6
Maule (78) 42 A3
Mauléon (79) 92 C3
Mauléon-Barousse (65) 184 A5
Mauléon-d'Armagnac (32) 166 C2
Mauléon-Licharre (64) 181 F2
Maulers (60) 20 B3
Maulette (78) 41 G4
Maulévrier (76) 19 G3
Maulévrier-
-Sainte-Gertrude (76) 17 E5
Maulichères (32) 166 C4
Maumusson (44) 75 F3
Maumusson (82) 168 B2
Maumusson-Laguian (32) 166 C5
Mauny (76) 18 B5
Maupas (10) 66 B4
Maupas (32) 166 C3
Mauperthuis (77) 43 H4
Maupertuis (50) 37 F2
Maupertus-sur-Mer (50) 12 D2
Mauprévoir (86) 109 F5
Mauquenchy (76) 19 F3
Mauran (31) 184 D3
Maure (64) 182 D1
Maure-de-Bretagne (35) 56 D4
Maurecourt (78) 42 B2
Mauregard (77) 43 E2
Mauregny-en-Haye (02) 22 D3
Maureilhan (34) 188 B2
Maureillas-las-Illas (66) 201 E4
Mauremont (31) 185 H1
Maurens (24) 136 D5
Maurens (31) 186 A1
Maurens (32) 168 A5
Maurens-Scopont (81) 169 H5
Maurepas (78) 42 A5
Maurepas (80) 8 B5
Mauressac (31) 185 F2
Mauressargues (30) 173 H2
Maureville (31) 169 G6
Mauriac (15) 140 A2
Mauriac (33) 136 A6
Mauries (40) 166 B5
Maurines (15) 141 F5
Maurois (59) 9 F4
Mauron (56) 56 B3
Mauroux (32) 168 A2
Mauroux (46) 152 A3
Maurrin (40) 166 B3
Maurs (15) 153 H1
Maurupt-le-Montois (51) 46 C5
Maury (66) 200 D2
Mausoléo (2B) 202 D6
Maussac (19) 139 G2
Maussane-les-Alpilles (13) 191 E2
Maussans (70) 87 G5
Mautes (23) 126 A1
Mauvages (55) 47 G6
Mauves (07) 144 A4
Mauves-sur-Huisne (61) 60 D1
Mauves-sur-Loire (44) 75 E4
Mauvezin (31) 184 B3
Mauvezin (32) 168 B4
Mauvezin (65) 183 G4
Mauvezin-d'Armagnac (40) 166 C2
Mauvezin-de-Prat (09) 184 D5
Mauvezin-
-de-Sainte-Croix (09) 185 F5
Mauvezin-sur-Gupie (47) 150 C2
Mauvières (36) 110 B1
Mauvilly (21) 85 F3
Maux (58) 99 H3
Mauzac (31) 185 F2
Mauzac-
-et-Grand-Castang (24) 137 F5
Mauzé-le-Mignon (79) 107 F4
Mauzé-Thouarsais (79) 93 F3
Mauzens-et-Miremont (24) 137 G4
Mauzun (63) 127 H3
Maves (41) 80 A2
Mavilly-Mandelot (21) 101 F3
la Maxe (57) 26 C5
Maxent (35) 56 C4
Maxéville (54) 48 C5
Maxey-sur-Meuse (88) 68 D2
Maxey-sur-Vaise (55) 68 D1
Maxilly-sur-Léman (74) 119 F3
Maxilly-sur-Saône (21) 86 B6
Maxou (46) 152 C3
May-en-Multien (77) 43 H2
le May-sur-Èvre (49) 75 H6
May-sur-Orne (14) 14 B5
Mayac (24) 137 G2
Mayenne (53) 58 D3
Mayet (72) 78 B2
le Mayet-de-Montagne (03) 114 C6
le Mayet-d'École (03) 113 H5
Maylis (40) 165 G4
Maynal (39) 117 F1
les Mayons (83) 194 A3
Mayot (02) 22 A2
Mayrac (46) 138 C5
Mayran (12) 154 A4
Mayrègne (31) 183 H6
Mayres (07) 157 E1
Mayres (63) 128 B6
Mayres-Savel (38) 145 G5
Mayreville (11) 186 A3
Mayrinhac-Lentour (46) 139 E6
Mayronnes (11) 187 F5
Maysel (60) 20 C6
Mazamet (81) 170 D6
Mazan (84) 175 G1
Mazan-l'Abbaye (07) 157 E1
Mazangé (41) 79 F1
Mazaugues (83) 193 E3
Mazaye (63) 126 D3
Mazé (49) 77 F4
le Mazeau (85) 107 F3
Mazeirat (23) 111 G5
Mazeley (88) 69 G3
Mazerat-Aurouze (43) 142 A3
Mazeray (17) 121 F1
Mazères (09) 185 H3
Mazères (33) 149 H3
Mazères-de-Neste (65) 183 H4
Mazères-Lezons (64) 182 B2
Mazères-sur-Salat (31) 184 C4
Mazerier (03) 113 G5
Mazerny (08) 24 A3
Mazerolles (16) 123 E3
Mazerolles (17) 121 F4
Mazerolles (40) 166 A2
Mazerolles (64) 166 A6
Mazerolles (65) 183 G2
Mazerolles (86) 109 H2
Mazerolles-du-Razès (11) 186 C4
Mazerolles-le-Salin (25) 103 F1
Mazerulles (54) 49 E4
Mazet-Saint-Voy (43) 143 E3
Mazeuil (86) 94 A5
Mazeyrat-d'Allier (43) 142 A3
Mazeyrolles (24) 152 A1
la Mazière-
-aux-Bons-Hommes (23) 126 A2
Mazières (87) 124 A3
Mazières-de-Touraine (37) 78 C5
Mazières-en-Gâtine (79) 108 A1
Mazières-en-Mauges (49) 75 G6

Mazières-Naresse (47)...151 F1
Mazières-sur-Béronne (79) ...108 B4
Mazille (71)...115 H3
Mazingarbe (62)...2 D6
Mazingham (62)...2 B5
Mazinghien (59)...9 G4
Mazion (33)...135 C2
Mazirat (03)...112 C5
Mazirot (88)...69 F2
le Mazis (80)...6 D6
Mazoires (63)...127 E6
Mazouau (65)...183 G4
Mazuby (11)...199 H1
les Mazures (08)...11 E6
Mazzola (2B)...205 F2
Méailles (04)...178 A1
Méallet (15)...140 A2
Méasnes (23)...111 F3
Méaucé (28)...61 F1
Méaudre (38)...145 F3
la Meauffe (50)...13 F6
la Méaugon (22)...33 G4
Meaulne (03)...112 D1
Méaulte (80)...8 A5
Méautis (50)...13 E5
Meaux (77)...43 G3
Meaux-la-Montagne (69) ...115 G6
Meauzac (82)...169 E1
Mecé (35)...57 H2
Mechmont (46)...152 C2
Mécleuves (57)...26 C6
Mecquignies (59)...9 H2
Mecrin (55)...47 G4
Mécringes (51)...44 C4
Médan (78)...42 B3
Médavy (61)...39 F5
Medeyrolles (63)...128 B6
Médière (22)...88 B4
Médillac (16)...136 B2
Médis (17)...120 C4
Médonville (88)...68 D4
Médréac (35)...56 C1
le Mée (28)...62 A6
Mée (53)...76 C1
le Mée-sur-Seine (77)...64 A1
les Mées (04)...176 D1
Mées (40)...165 E4
les Mées (72)...60 B3
Mégange (57)...26 D4
Mégève (74)...133 E2
Mégevette (74)...119 E4
Mégrit (22)...34 B6
Méharicourt (80)...21 E1
Méharin (64)...181 E1
Méhers (41)...80 A6
Méhoncourt (54)...69 H1
Méhoudin (61)...59 F1
Mehun-sur-Yèvre (18)...97 F2
la Meignanne (49)...76 D4
Meigné (49)...93 G1
Meigné-le-Vicomte (49) ...78 A4
Meigneux (77)...64 D1
Meigneux (80)...19 H1
Meilhac (87)...124 A3
Meilhan (32)...184 B1
Meilhan (40)...165 G2
Meilhan-sur-Garonne (47)...150 B2
Meilhards (19)...124 D5
Meilhaud (63)...127 F5
Meillac (35)...35 E6
Meillant (18)...97 H5
Meillard (03)...113 H3
le Meillard (80)...7 F3
la Meilleraie-Tillay (85) ...92 C5
Meilleray (77)...44 B4
la Meilleraye-
-de-Bretagne (44) ...75 E2
Meillerie (74)...119 F2
Meillers (03)...113 G2
Meillon (64)...182 C2
Meillonnas (01)...117 E4
Meilly-sur-Rouvres (21)...101 E1
Meisenthal (57)...50 C2
Meistratzheim (67)...71 G1
le Meix (21)...85 G3
le Meix-Saint-Epoing (51)...44 D5
Meix-Tiercelin (51)...46 H5
Méjanne-le-Clap (30)...157 G5
Méjannes-lès-Alès (30) ...173 H1
Mela (2A)...207 E2
Mélagues (12)...171 H4
Mélamare (76)...15 H1
Melay (52)...87 E1
Melay (71)...115 E5
le Mêle-sur-Sarthe (61)...60 C1
Mélecey (70)...88 A4
Meleuse (35)...57 F2
Melgven (29)...53 H3
Mélicocq (60)...21 F4
Mélicourt (27)...39 H3
Méligny-le-Grand (55)...47 G5
Méligny-le-Petit (55)...47 G5
Melin (70)...87 F1
Melincourt (70)...87 F1
Mélisey (70)...88 B2
Mélisey (89)...84 H1
Meljac (12)...154 B6
Mellac (29)...54 B4
Mellé (35)...58 A1
Melle (79)...108 B4
Mellecey (71)...101 F5
Melleran (79)...108 C5
Melleray (72)...61 E5
Melleroy (45)...82 C1
Melles (31)...184 B6
Melleville (76)...6 B5
Mellionnec (22)...54 D1
Mello (60)...20 C6
Meloisey (21)...101 F3
Melrand (56)...55 E3
Melsheim (67)...50 D4
Melun (77)...64 A1
Melve (04)...160 B4
Melz-sur-Seine (77)...65 E1
Membrey (70)...86 D3
la Membrolle-
-sur-Choisille (37)...78 D5
la Membrolle-
-sur-Longuenée (49) ...76 D3
Membrolles (41)...62 A6
Mémenil (88)...70 B3
Memmelshoffen (67)...51 F2
le Mémont (25)...104 C1
Menades (89)...83 H5
Ménarmont (88)...70 B1
Menars (41)...80 A3
Menat (63)...113 E6
Menaucourt (55)...47 F5
Mencas (62)...2 A6
Menchhoffen (67)...50 C3
Mende (48)...156 A3
Mendionde (64)...180 D1
Menditte (64)...181 F3
Mendive (64)...181 E3
Ménéac (56)...56 A2
Ménerbes (84)...175 G3
Ménerval (76)...19 G3
Ménesble (21)...85 G2
Meneslies (80)...6 B4
Ménesplet (24)...136 B4
Ménesqueville (27)...19 E5
Ménessaire (21)...100 C2
Menestreau (58)...83 E6
Menestreau-en-Villette (45) ...81 E3
Menet (15)...140 B2
Menetou-Couture (18)...98 C3
Menetou-Râtel (18)...82 B6
Menetou-Salon (18)...97 H1
Menetou-sur-Nahon (36)...96 C1
Ménétréol-
-sous-Sancerre (18)...82 B6
Ménétréol-sur-Sauldre (18)...81 F1
Ménétréols-sous-Vatan (36) ...96 D3
Ménétreuil (71)...116 D1
Ménétreux-le-Pitois (21)...84 D4
Ménétrol (63)...127 F2
Ménétru-le-Vignoble (39)...102 D5
Ménétrux-en-Joux (39)...117 H1
Ménévillers (60)...21 E3
Menglon (26)...159 F1

Ménigoute (79)...108 C2
Ménil (53)...76 D2
Ménil-Annelles (08)...23 H4
Ménil-aux-Bois (55)...47 G4
le Ménil-Bérard (61)...39 H5
le Ménil-Broût (61)...60 B1
le Ménil-Ciboult (61)...37 H4
le Ménil-de-Briouze (61)...38 C5
Ménil-de-Senones (88)...70 D2
Ménil-en-Xaintois (88)...69 E3
Ménil-Erreux (61)...60 B1
Ménil-Froger (61)...39 G5
Ménil-Gondouin (61)...38 C4
le Ménil-Guyon (61)...39 G6
Ménil-Hermei (61)...38 C4
Ménil-Hubert-en-Exmes (61) ...39 G4
Ménil-Hubert-sur-Orne (61) ...38 C3
Ménil-Jean (61)...38 D4
Ménil-la-Horgne (55)...47 G5
Ménil-la-Tour (54)...48 A4
Ménil-Lépinois (08)...23 G5
Ménil-sur-Belvitte (88)...70 B2
Ménil-sur-Saulx (55)...47 E6
le Ménil-Vicomte (61)...39 G4
Ménil-Vin (61)...38 C3
Ménilles (27)...41 F2
la Ménitré (49)...77 F5
Mennecy (91)...63 G1
Mennessis (02)...22 A2
Mennetou-sur-Cher (41)...96 D1
Menneval (27)...15 H5
Menneville (02)...23 E4
Menneville (62)...1 G4
Mennevret (02)...9 F5
Mennouveaux (52)...68 B5
Ménoire (19)...139 E3
Menomblet (85)...92 D5
Menoncourt (90)...88 D2
Ménonval (76)...19 F1
Menotey (39)...102 C2
Menou (58)...83 E5
Menouville (95)...42 B1
le Menoux (36)...111 E2
Menoux (70)...87 F1
Mens (38)...145 G6
Mensignac (24)...137 E2
Menskirch (57)...26 D3
Mentheville (76)...16 C4
Menthon-Saint-Bernard (74) ...132 B2
Menthonnex-
-en-Bornes (74) ...118 C6
Menthonnex-
-sous-Clermont (74) ...131 H1
Mentières (15)...141 F4
Menton (06)...195 H2
Mentque-Nortbécourt (62) ...1 H3
Menucourt (95)...42 B2
les Menus (61)...61 F1
Menville (31)...168 D5
Méobecq (36)...96 A6
Méolans-Revel (04)...161 E3
Méon (49)...78 A4
Méounes-
-lès-Montrieux (83) ...193 E4
Mer (41)...80 B3
Méracq (64)...166 A6
Méral (53)...58 B6
Méras (09)...185 F3
Mercatel (62)...8 B3
Mercenac (09)...184 D5
Merceuil (21)...101 G3
Mercey (27)...41 F2
Mercey-le-Grand (25)...103 E1
Mercey-sur-Saône (70)...86 D4
Mercin-et-Vaux (02)...22 A5
Merck-Saint-Liévin (62)...2 A5
Merckeghem (59)...2 B3
Mercœur (19)...139 F4
Mercœur (43)...141 G2
Mercuer (07)...157 G2
Mercuès (46)...152 C3
Mercurey (71)...101 F5
Mercurol (26)...144 B3
Mercury (73)...132 C3
Mercus-Garrabet (09)...185 H6
Mercy (03)...114 B2
Mercy (89)...84 B3
Mercy-le-Bas (54)...25 H4
Mercy-le-Haut (54)...25 H5
Merdrignac (22)...56 A2
Méré (78)...41 H4
Méré (89)...83 H1
Méréau (18)...97 E2
Méréaucourt (80)...19 H2
Méréglise (28)...61 H3
Mérélessart (80)...6 D5
Mérens (32)...167 H4
Mérens-les-Vals (09)...199 G2
Mérenvielle (31)...168 D5
Méreuil (05)...159 H4
Méréville (54)...48 C6
Méréville (91)...63 E3
Merey (27)...41 F3
Mérey-sous-Montrond (25) ...103 G2
Mérey-Vieilley (25)...87 F6
Merfy (51)...23 E5
Mergey (10)...66 A2
Meria (2B)...203 G2
Mérial (11)...199 H1
Méricourt (62)...8 B1
Méricourt (78)...41 G2
Méricourt-en-Vimeu (80)...7 E6
Méricourt-l'Abbé (80)...7 H5
Méricourt-sur-Somme (80)...8 A6
Mériel (95)...42 C2
Mérifons (34)...172 B5
Mérignac (16)...122 A3
Mérignac (17)...135 G1
Mérignac (33)...135 E5
Mérignas (33)...136 A6
Mérignat (01)...117 F6
Mérignies (59)...3 G6
Mérigny (36)...110 A1
Mérigon (09)...185 E4
Mérilheu (65)...183 F4
Mérillac (22)...56 A1
Mérinchal (23)...126 B2
Mérindol (84)...191 H1
Mérindol-les-Oliviers (26)...158 D5
Mérinville (45)...64 C5
le Mériot (10)...65 F1
Méritein (64)...181 G1
Merkwiller-Pechelbronn (67)...29 E6
Merlas (38)...131 F6
la Merlatière (85)...91 H3
Merlaut (51)...46 B5
Merle-Leignec (42)...128 D6
Merléac (22)...33 F6
le Merlerault (61)...39 G5
Merles (82)...168 B1
Merles-sur-Loison (55)...25 F5
Merlevenez (56)...54 D5
Merlieux-et-
-Fouquerolles (02)...22 B4
Merlimont (62)...6 C1
Merlines (19)...126 B4
Mernel (35)...56 D4
Mérona (39)...117 G1
Mérouville (28)...62 D3
Meroux (90)...88 D3
Merpins (16)...121 G3
Merrey (52)...68 C5
Merrey-sur-Arce (10)...66 D5
Merri (61)...39 E4
Merris (59)...2 D4
Merry-la-Vallée (89)...83 E1
Merry-Sec (89)...83 F3
Merry-sur-Yonne (89)...83 G4
Mers-les-Bains (80)...6 B4
Mers-sur-Indre (36)...111 G1
Merschweiller (57)...26 D2
Mersuay (70)...87 G2
Merten (57)...27 E4
Mertrud (52)...67 G2
Mertzen (68)...89 E3
Mertzwiller (67)...51 E3
Méru (60)...20 B6
Merval (02)...22 D5

Mervans (71)...102 A5
Mervent (85)...107 F1
Mervilla (31)...169 F6
Merville (31)...169 E4
Merville (59)...2 D5
Merville-
-Franceville-Plage (14)...14 C4
Merviller (54)...70 B1
Merxheim (68)...71 F6
Méry (73)...131 H4
Méry-Corbon (14)...39 E1
Méry-ès-Bois (18)...81 G6
Méry-la-Bataille (60)...21 E3
Méry-Prémecy (51)...22 D6
Méry-sur-Cher (18)...97 E1
Méry-sur-Marne (77)...44 A3
Méry-sur-Oise (95)...42 C2
Méry-sur-Seine (10)...65 H1
le Merzer (22)...33 E4
Mésandans (25)...87 H5
Mésanger (44)...75 F3
Mésangueville (76)...19 F3
Mesbrecourt-Richecourt (02)...22 B2
Meschers-sur-Gironde (17)...120 C4
Mescoules (24)...136 D6
le Mesge (80)...7 F5
Mésigny (74)...132 A1
Meslan (56)...54 C3
Mesland (41)...79 G4
Meslay (14)...38 C2
Meslay (41)...79 G2
Meslay-du-Maine (53)...59 E6
Meslay-le-Grenet (28)...62 A3
Meslay-le-Vidame (28)...62 A3
Meslières (25)...88 D5
Meslin (22)...33 H5
Mesmay (25)...103 E2
Mesmont (08)...23 G3
Mesmont (21)...85 E6
Mesnac (16)...121 G2
Mesnard-la-Barotière (85)...92 A4
Mesnay (39)...103 E4
les Mesneux (51)...23 E6
le Mesnil (50)...12 B4
le Mesnil-Adelée (50)...37 F5
le Mesnil-Amand (50)...35 H1
le Mesnil-Amelot (77)...43 E2
le Mesnil-au-Grain (14)...14 A6
le Mesnil-au-Val (50)...12 D2
le Mesnil-Aubert (50)...35 H1
le Mesnil-Aubry (95)...42 D2
le Mesnil-Auzouf (14)...38 A2
le Mesnil-Bacley (14)...15 F5
le Mesnil-Benoist (14)...37 G3
Mesnil-Bruntel (80)...8 C6
le Mesnil-Caussois (14)...37 G3
Mesnil-Clinchamps (14)...37 G3
le Mesnil-Conteville (60)...20 A2
le Mesnil-Domqueur (80)...7 E4
le Mesnil-Durand (14)...15 E6
le Mesnil-Durdent (76)...17 E3
Mesnil-en-Arrouaise (80)...8 C4
le Mesnil-en-Thelle (60)...42 C1
le Mesnil-en-Vallée (49)...76 B5
le Mesnil-Esnard (76)...18 D4
le Mesnil-Eudes (14)...15 F5
le Mesnil-Eury (50)...13 E6
Mesnil-Follemprise (76)...17 H3
le Mesnil-Fuguet (27)...40 D2
le Mesnil-Garnier (50)...35 H2
le Mesnil-Germain (14)...15 F5
le Mesnil-Gilbert (50)...37 G4
le Mesnil-Guillaume (14)...15 F5
le Mesnil-Hardray (27)...40 C3
le Mesnil-Herman (50)...37 F2
le Mesnil-Jourdain (27)...40 D1
Mesnil-la-Comtesse (10)...66 B1
le Mesnil-le-Roi (78)...42 B3
Mesnil-Lettre (10)...66 C2
le Mesnil-Lieubray (76)...19 F3
le Mesnil-Martinsart (80)...8 A4
le Mesnil-Mauger (14)...15 E5
le Mesnil-Mauger (76)...19 G2
le Mesnil-Opac (50)...37 F2
le Mesnil-Ozenne (50)...35 H4
le Mesnil-Panneville (76)...17 F5
Mesnil-Patry (14)...14 A4
le Mesnil-Raoul (76)...18 D4
le Mesnil-Réaume (76)...6 B5
le Mesnil-Robert (14)...37 G3
le Mesnil-Rogues (50)...35 H2
Mesnil-Rousset (27)...40 A3
le Mesnil-Rouxelin (50)...13 F6
le Mesnil-Saint-Denis (78)...42 A5
le Mesnil-Saint-Firmin (60)...20 D2
Mesnil-Saint-Georges (80)...20 D2
Mesnil-Saint-Laurent (02)...22 A1
le Mesnil-Saint-Loup (10)...65 H3
le Mesnil-Saint-Nicaise (80)...21 F1
le Mesnil-Saint-Père (10)...66 C3
le Mesnil-Sellières (10)...66 C3
le Mesnil-Simon (14)...15 E5
le Mesnil-Simon (28)...41 F4
le Mesnil-sous-Jumièges (76)...17 F6
le Mesnil-sous-Vienne (27)...19 G5
le Mesnil-sur-Blangy (14)...15 F4
le Mesnil-sur-Bulles (60)...20 C3
Mesnil-sur-l'Estrée (27)...41 E4
le Mesnil-sur-Oger (51)...45 F3
le Mesnil-Théribus (60)...20 A5
le Mesnil-Thomas (28)...40 D6
le Mesnil-Tôve (50)...37 F4
le Mesnil-Véneron (50)...13 E5
Mesnil-Verclives (27)...19 F5
le Mesnil-Vigot (50)...13 E6
le Mesnil-Villeman (50)...35 H2
le Mesnil-Villemont (14)...38 C2
les Mesnils (50)...3 G6
le Mesnillard (50)...37 F4
Mesnois (39)...117 G1
les Mesnuls (78)...42 A5
Mespaul (29)...31 G3
Mesplède (64)...165 G6
Mesples (03)...112 B3
Mespuits (91)...63 F3
Mesquer (44)...73 F3
Messac (17)...121 G6
Messac (35)...57 E5
Messanges (21)...101 G2
Messanges (40)...164 C3
Messas (45)...80 B2
Messei (61)...38 B5
Messein (54)...48 C6
Messeix (63)...126 B5
Messemé (86)...94 A3
Messery (74)...118 C2
Messey-sur-Grosne (71)...116 A1
Messia-sur-Sorne (39)...102 D6
Messigny-et-Vantoux (21)...85 H5
Messimy (69)...129 H4
Messimy-sur-Saône (01)...116 B6
Messincourt (08)...24 D2
Messon (10)...66 A3
Messy (77)...43 F2
Mesterrieux (33)...150 B1
Mestes (19)...126 A5
Mesves-sur-Loire (58)...98 C1
Mesvres (71)...100 C5
Métabief (25)...104 A5
Métairies-Saint-Quirin (57)...50 A5
Méteren (59)...2 D4
Méthamis (84)...175 G1
Métigny (80)...7 E5
Metting (57)...50 B3
Mettray (37)...78 D5
Metz (57)...26 B5
Metz-en-Couture (62)...8 C4
Metz-le-Comte (58)...83 G5
Metz-Robert (10)...66 B5
Metz-Tessy (74)...132 A1
Metzeral (68)...70 D5
Metzeresche (57)...26 C4
Metzervisse (57)...26 C3
Meucon (56)...55 G6
Meudon (92)...42 C4
Meuilley (21)...101 G2
Meulan-en-Yvelines (78)...42 A2
Meulers (76)...17 H2
Meulles (14)...39 G2
Meulson (21)...85 F3
Meunet-Planches (36)...97 E5
Meunet-sur-Vatan (36)...96 D3
Meung-sur-Loire (45)...80 C2
Meurcé (72)...60 B3
Meurchin (62)...3 E6
Meurcourt (70)...87 G2
la Meurdraquière (50)...35 H2
Meures (52)...67 H4
Meursac (17)...120 D3
Meursanges (21)...101 H3
Meursault (21)...101 G3
Meurville (10)...67 E4
Meusnes (41)...96 B1
Meussia (39)...117 H2
Meuvaines (14)...14 A3
Meux (17)...121 G6
le Meux (60)...21 E5
Meuzac (87)...124 C4
Mévoisins (28)...62 B1
Mévouillon (26)...159 F5
Meximieux (01)...130 C2
Mexy (54)...25 H3
Mey (57)...26 C5
Meyenheim (68)...71 F6
Meylan (38)...145 G2
Meymac (19)...125 G5
Meynes (30)...174 C3
Meyrals (24)...137 H5
Meyrannes (30)...157 F5
Meyrargues (13)...176 B5
Meyras (07)...157 F1
Meyreuil (13)...176 A6
Meyrié (38)...130 D4
Meyrieu-les-Étangs (38)...130 C5
Meyrieux-Trouet (73)...131 G4
Meyrignac-l'Église (19)...125 E6
Meyronne (46)...138 D5
Meyronnes (04)...161 G4
Meyrueis (48)...156 A6
Meys (69)...129 F4
Meyssac (19)...138 D4
Meysse (07)...158 A2
Meyssies (38)...130 C5
Meythet (74)...132 A1
Meyzieu (69)...130 B3
Mézangers (53)...59 E4
Mèze (34)...189 E1
Mézel (04)...177 F1
Mezel (63)...127 G3
Mézens (81)...169 H4
Mézeray (72)...77 H1
Mézères (43)...142 D3
Mézériat (01)...116 C4
Mézerolles (80)...7 F3
Mézerville (11)...186 A3
Mézidon-Canon (14)...39 E1
Mézières-au-Perche (28)...61 H3
Mézières-en-Brenne (36)...95 G5
Mézières-en-Drouais (28)...41 E5
Mézières-en-Gâtinais (45)...63 H5
Mézières-en-Santerre (80)...20 D1
Mézières-en-Vexin (27)...41 F1
Mézières-lez-Cléry (45)...80 C2
Mézières-sous-Lavardin (72)...59 H4
Mézières-sur-Couesnon (35)...57 H1
Mézières-sur-Issoire (87)...110 A5
Mézières-sur-Oise (02)...22 B1
Mézières-sur-Ponthouin (72)...60 B3
Mézières-sur-Seine (78)...41 H3
Mézilhac (07)...143 F6
Mézilles (89)...82 D3
Mézin (47)...167 F1
Méziré (90)...88 D4
Mézos (40)...148 B6
Mézy-Moulins (02)...44 C2
Mézy-sur-Seine (78)...42 A2
Mhère (58)...100 A1
Mialet (24)...123 G5
Mialet (30)...173 F1
Mialos (64)...166 A6
Miannay (80)...6 C4
Michaugues (58)...99 G1
Michelbach (68)...89 E2
Michelbach-le-Bas (68)...89 G3
Michelbach-le-Haut (68)...89 G3
Michery (89)...64 D3
Midrevaux (88)...68 C2
Mièges (39)...103 G5
Miélan (32)...167 F6
Miermaigne (28)...61 F3
Miéry (39)...102 D5
Mietesheim (67)...51 E3
Mieussy (74)...119 E5
Mieuxcé (61)...59 H2
Migé (89)...83 F3
Migennes (89)...65 H6
Miglos (09)...199 E1
Mignaloux-Beauvoir (86)...109 F1
Mignavillers (70)...88 A3
Migné (36)...96 A6
Migné-Auxances (86)...109 E1
Mignères (45)...64 A5
Mignerette (45)...63 H5
Mignéville (54)...49 G6
Mignières (28)...62 A2
Mignovillard (39)...103 G5
Migny (36)...97 E3
Migré (17)...107 G5
Migron (17)...121 G3
Mijanès (09)...199 H2
Mijoux (01)...118 B3
la Milesse (72)...60 A5
Milhac (46)...138 B5
Milhac-d'Auberoche (24)...137 G3
Milhac-de-Nontron (24)...123 F5
Milhars (81)...153 F6
Milhas (31)...184 B5
Milhaud (30)...174 A4
Milhavet (81)...170 B1
Milizac (29)...30 D4
Millac (86)...109 G5
Millam (59)...2 B3
Millançay (41)...80 C5
Millas (66)...201 E2
Millau (12)...172 A1
Millay (58)...100 B5
Millebosc (76)...6 B5
Millemont (78)...41 H4
Millencourt (80)...8 A5
Millencourt-en-Ponthieu (80)...7 E3
Millery (21)...84 C4
Millery (54)...48 C4
Millery (69)...130 A4
Millevaches (19)...125 G4
Millières (50)...12 C5
Millières (52)...68 B4
Millonfosse (59)...9 E2
Milly (50)...37 G5
Milly-la-Forêt (91)...63 G2
Milly-Lamartine (71)...116 A3
Milly-sur-Bradon (55)...24 D4
Milly-sur-Thérain (60)...20 A4
Milon-la-Chapelle (78)...42 B5
Mimbaste (40)...165 E4
Mimet (13)...176 B6
Mimeure (21)...101 E2
Mimizan (40)...148 A4
Minaucourt-le-Mesnil-
-lès-Hurlus (51)...46 B1
Minerve (34)...187 H2
Mingot (65)...183 F1
Mingoval (62)...8 A1
Miniac-Morvan (35)...35 E5
Miniac-sous-Bécherel (35)...56 D1
le Minihic-sur-Rance (35)...34 D5
Minihy-Tréguier (22)...33 E2
Minorville (54)...48 B4
Minot (21)...85 G3

Minversheim (67)...50 D4
Minzac (24)...136 B4
Minzier (74)...118 B6
Miolles (81)...171 E3
Mionnay (01)...130 B2
Mions (69)...130 B4
Miossens-Lanusse (64)...166 A6
Mirabeau (04)...176 B4
Mirabeau (84)...176 B4
Mirabel (07)...157 H2
Mirabel (82)...152 C5
Mirabel-aux-Baronnies (26)...158 D5
Mirabel-et-Blacons (26)...158 D1
Miradoux (32)...168 A2
Miramas (13)...191 G3
Mirambeau (17)...121 F6
Mirambeau (31)...168 B6
Miramont-d'Astarac (32)...167 G6
Miramont-
-de-Comminges (31)...184 B4
Miramont-de-Guyenne (47)...150 D2
Miramont-de-Quercy (82)...152 A5
Miramont-Latour (32)...168 A4
Miramont-Sensacq (40)...166 B5
Mirande (32)...167 G6
Mirandol-Bourgnounac (81)...153 H6
Mirannes (32)...167 G5
Miraumont (80)...8 A4
Miraval-Cabardès (11)...187 E2
Mirbel (82)...67 H3
Miré (49)...77 E2
Mirebeau (86)...94 A5
Mirebeau-sur-Bèze (21)...86 B5
Mirebel (39)...103 E6
Mirecourt (88)...69 F3
Mirefleurs (63)...127 F4
Miremont (31)...185 E2
Miremont (63)...126 C2
Mirepeisset (11)...188 A3
Mirepeix (64)...182 C3
Mirepoix (09)...186 B4
Mirepoix (32)...168 A4
Mirepoix-sur-Tarn (31)...169 G3
Mireval (34)...173 F6
Mireval-Lauragais (11)...186 B3
Miribel (01)...130 B2
Miribel (26)...144 C2
Miribel-Lanchâtre (38)...145 F4
Miribel-les-Échelles (38)...131 G6
le Miroir (71)...117 E2
Mirmande (26)...158 B1
Miscon (26)...159 F2
Miserey (27)...41 E2
Miserey-Salines (25)...87 F6
Misérieux (01)...130 A1
Mison (04)...160 A5
Missé (79)...93 G3
Missècle (81)...170 B4
Missègre (11)...187 E5
Missery (21)...84 D6
Missillac (44)...73 H3
Missiriac (56)...56 A4
Misson (40)...165 E5
Missy (14)...14 A5
Missy-aux-Bois (02)...21 H5
Missy-lès-Pierrepont (02)...22 D2
Missy-sur-Aisne (02)...22 B5
Misy-sur-Yonne (77)...64 D2
Mitry-Mory (77)...43 E3
Mittainville (78)...41 G5
Mittainvilliers (28)...61 H1
Mittelbergheim (67)...71 F2
Mittelbronn (57)...50 B4
Mittelhausbergen (67)...51 E5
Mittelhausen (67)...50 D4
Mittelschaeffolsheim (67)...50 D4
Mittelwihr (68)...71 F4
Mittersheim (57)...49 H3
Mittlach (68)...70 D5
Mittois (14)...15 E6
Mitzach (68)...70 D6
Mizérieux (42)...129 E3
Mizoën (38)...146 B3
Moca-Croce (2A)...207 E1
Modane (73)...147 E2
Modène (84)...175 G1
Moëlan-sur-Mer (29)...54 A4
les Moëres (59)...2 C1
Mœrnach (68)...89 F3
Moëslains (52)...46 C6
Moeurs-Verdey (51)...44 D5
Moeuvres (59)...8 B3
Mœze (17)...120 C1
Moffans-et-Vacheresse (70)...88 B3
Mogeville (55)...25 F6
Mognard (73)...131 H3
Mogneneins (01)...116 B5
Mognéville (55)...47 E4
Mogues (08)...25 E2
Mohon (56)...55 H3
Moidieu-Détourbe (38)...130 B5
Moigny-sur-École (91)...63 G2
Moimay (70)...87 H4
Moineville (54)...26 A5
Moings (17)...121 G5
Moinville-la-Jeulin (28)...62 C2
Moirans (38)...145 F1
Moirans-en-Montagne (39)...117 H2
Moirax (47)...151 F5
Moiré (69)...129 G2
Moiremont (51)...46 D1
Moirey-Flabas-Crépion (55)...25 F5
Moiron (39)...102 D6
Moiry (08)...24 D3
Moisdon-la-Rivière (44)...75 E2
Moisenay (77)...64 B1
Moislains (80)...8 C5
Moissac (82)...152 A6
Moissac-Bellevue (83)...177 H5
Moissac-
-Vallée-Française (48)...156 C6
Moissannes (87)...124 D2
Moissat (63)...127 G3
Moisselles (95)...42 D2
Moissey (39)...102 C1
Moissieu-sur-Dolon (38)...130 B6
Moisson (78)...41 H2
Moissy-Cramayel (77)...43 E6
Moissy-Moulinot (58)...83 G6
Moisville (27)...40 D4
Moisy (41)...79 H1
Moïta (2B)...205 G2
les Moitiers-d'Allonne (50)...12 B4
les Moitiers-en-Bauptois (50)...12 D4
Moitron (21)...85 F4
Moitron-sur-Sarthe (72)...59 H3
Moivre (51)...46 B3
Moivrons (54)...48 D4
Molac (56)...55 H6
Molagnies (76)...19 G3
Molain (02)...9 F5
Molamboz (39)...102 D4
Molandier (11)...185 H3
Molas (31)...184 B2
Molay (39)...102 C2
Molay (70)...87 E2
Môlay (89)...84 A2
le Molay-Littry (14)...13 G5
la Môle (83)...194 A4
Moléans (28)...62 A5
Molèdes (15)...141 E2
Molère (65)...183 F4
Molesme (21)...66 C6
Molesmes (89)...83 F4
Molezon (48)...156 B6
Moliens (60)...19 H3
Molières (24)...137 F6
Molières (46)...153 E1
les Molières (91)...42 B5
Molières (82)...152 C5
Molières-Cavaillac (30)...172 D3
Molières-Glandaz (26)...159 F1
Molières-sur-Cèze (30)...157 E5
Moliets-et-Maa (40)...164 C2

Molinchart (02)...22 B3
Molines-en-Queyras (05)...147 F6
Molinet (03)...114 D2
Molineuf (41)...79 H4
Molinges (39)...117 H3
Molinons (89)...65 F4
Molinot (21)...101 E3
Molins-sur-Aube (10)...66 D2
Molitg-les-Bains (66)...200 C2
Mollans (70)...87 H3
Mollans-sur-Ouvèze (26)...158 D5
Mollau (68)...70 D6
Mollégès (13)...175 F3
Molles (03)...114 B6
les Mollettes (73)...132 A5
Molliens-au-Bois (80)...7 G5
Molliens-Dreuil (80)...7 E6
Mollkirch (67)...50 D6
Molompize (15)...141 F2
Molosmes (89)...84 B1
Moloy (21)...85 G4
Molphey (21)...84 C6
Molpré (39)...103 G5
Molring (57)...49 G3
Molsheim (67)...50 D6
Moltifao (2B)...203 E6
les Molunes (39)...118 A3
Momas (64)...166 A6
Mombrier (33)...135 E3
Momères (65)...183 E3
Momerstroff (57)...27 E5
Mommenheim (67)...50 D4
Momuy (40)...165 H5
Momy (64)...182 D1
Monacia-d'Aullène (2A)...207 E4
Monacia-d'Orezza (2B)...205 G1
Monampteuil (02)...22 C4
Monassut-Audiracq (64)...182 C1
le Monastère (12)...154 C4
le Monastier-
-Pin-Moriès (48)...155 G3
le Monastier-
-sur-Gazeille (43)...142 D5
Monay (39)...102 D5
Monbahus (47)...151 E2
Monbalen (47)...151 F5
Monbardon (32)...184 B1
Monbazillac (24)...136 D6
Monbéqui (82)...168 D3
Monblanc (32)...184 D1
Monbos (24)...136 D6
Monbrun (32)...168 C4
Moncale (2B)...202 C6
Moncassin (32)...183 H1
Moncaup (31)...184 B5
Moncaup (64)...166 D6
Moncaut (47)...151 E6
Moncayolle-Larrory-
-Mendibieu (64)...181 G2
Moncé-en-Belin (72)...78 A1
Moncé-en-Saosnois (72)...60 C3
Monceau-le-Neuf-
-et-Faucouzy (02)...22 C1
Monceau-le-Waast (02)...22 C3
Monceau-lès-Leups (02)...22 B2
Monceau-Saint-Waast (59)...9 H3
Monceau-sur-Oise (02)...9 G6
les Monceaux (14)...15 E5
Monceaux (60)...20 D4
Monceaux-au-Perche (61)...61 E1
Monceaux-en-Bessin (14)...13 H5
Monceaux-l'Abbaye (60)...19 H2
Monceaux-le-Comte (58)...83 G6
Monceaux-
-sur-Dordogne (19)...139 F3
Moncel-lès-Lunéville (54)...49 F6
Moncel-sur-Seille (54)...49 E4
Moncel-sur-Vair (88)...68 C2
la Moncelle (08)...24 C2
Moncetz-l'Abbaye (51)...46 B6
Moncetz-Longevas (51)...45 H3
Moncey (25)...87 G5
Monchaux-Soreng (76)...6 B5
Monchaux-sur-Écaillon (59)...9 F2
Moncheaux (59)...8 D1
Moncheaux-lès-Frévent (62)...7 G2
Monchecourt (59)...8 D2
Monchel-sur-Canche (62)...7 F2
Moncheux (57)...48 D2
Monchiet (62)...8 A3
Monchy-au-Bois (62)...8 A3
Monchy-Breton (62)...7 G1
Monchy-Cayeux (62)...7 G1
Monchy-Humières (60)...21 E4
Monchy-Lagache (80)...8 C6
Monchy-le-Preux (62)...8 B2
Monchy-Saint-Éloi (60)...20 D5
Monchy-sur-Eu (76)...6 B5
Moncla (64)...166 B5
Monclar (32)...166 D4
Monclar (47)...151 E3
Monclar-de-Quercy (82)...169 G2
Monclar-sur-Losse (32)...167 F6
Moncley (25)...87 E6
Moncontour (22)...33 H6
Moncontour (86)...93 H4
Moncorneil-Grazan (32)...184 A1
Moncourt (57)...49 F4
Moncoutant (79)...92 D5
Moncrabeau (47)...167 F1
Moncy (61)...38 A4
Mondavezan (31)...184 D3
Mondelange (57)...26 B4
Mondement-
-Montgivroux (51)...45 E4
Mondescourt (60)...21 H3
Mondevert (35)...58 A4
Mondeville (14)...14 C5
Mondeville (91)...63 G2
Mondicourt (62)...7 H3
Mondigny (08)...24 A2
Mondilhan (31)...184 B2
Mondion (86)...94 C4
Mondon (25)...87 H5
Mondonville (31)...169 E5
Mondonville-Saint-Jean (28)...62 D3
Mondorff (57)...26 C2
Mondoubleau (41)...61 F6
Mondouzil (31)...169 G5
Mondragon (84)...158 B5
Mondrainville (14)...14 A5
Mondrepuis (02)...10 B5
Mondreville (77)...63 H4
Mondreville (78)...41 G3
Monein (64)...182 A1
Monès (31)...184 D1
Monesple (09)...185 G4
Monestier (03)...114 A4
Monestier (07)...143 H2
Monestier (24)...136 C6
le Monestier (63)...128 A5
Monestier-d'Ambel (38)...145 H6
Monestier-de-Clermont (38)...145 F4
le Monestier-du-Percy (38)...145 G6
Monestier-Merlines (19)...126 B4
Monestier-Port-Dieu (19)...126 B6
Monestiés (81)...170 B1
Monestrol (31)...185 H2
Monétay-sur-Allier (03)...114 A3
Monétay-sur-Loire (03)...114 C3
Monéteau (89)...83 G1
Monêtier-Allemont (05)...160 A4
le Monêtier-les-Bains (05)...147 E4
Monfaucon (24)...136 C5
Monfaucon (65)...183 E1
Monferran-Plavès (32)...167 H6
Monferran-Savès (32)...168 C5
Monflanquin (47)...151 G2
Monfort (32)...168 B3
Monfréville (14)...13 F5
Mongaillard (47)...150 D4
Mongausy (32)...184 A1
Mongauzy (33)...150 B2
Monget (40)...165 H5
Monguilhem (32)...166 C3
Monheurt (47)...150 D4
Monhoudou (72)...60 B3
Monieux (84)...175 H1
Monistrol-d'Allier (43)...142 A4
Monistrol-sur-Loire (43)...143 E2

Monléon-Magnoac (65)...183 H3
Monlet (43)...142 B2
Monlezun (32)...167 E6
Monlezun-d'Armagnac (32)...166 C3
Monlong (65)...183 H3
Monmadalès (24)...137 E6
Monmarvès (24)...151 F1
Monnai (61)...39 H3
Monnaie (37)...79 E4
Monneren (57)...26 D3
la Monnerie-le-Montel (63)...128 A2
Monnerville (91)...63 E3
Monnes (02)...44 A1
Monnet-la-Ville (39)...103 E6
Monnetay (39)...117 F2
Monnetier-Mornex (74)...118 C5
Monneville (60)...20 A6
Monnières (39)...102 C2
Monnières (44)...75 E6
Monoblet (30)...173 F2
Monpardiac (32)...167 F6
Monpazier (24)...151 H1
Monpezat (64)...166 B6
Monplaisant (24)...137 H6
Monprimblanc (33)...149 H1
Mons (16)...122 A2
Mons (17)...121 G2
Mons (30)...173 H1
Mons (31)...169 G5
Mons (34)...171 H6
Mons (63)...113 H6
Mons (83)...178 B4
Mons-Boubert (80)...6 C4
Mons-en-Baroeul (59)...3 G5
Mons-en-Laonnois (02)...22 C3
Mons-en-Montois (77)...64 D1
Mons-en-Pévèle (59)...3 F6
Monsac (24)...137 F6
Monsaguel (24)...137 E6
Monségur (33)...150 B1
Monségur (40)...166 A5
Monségur (47)...151 G3
Monségur (64)...182 D1
la Monselie (15)...140 B1
Monsempron-Libos (47)...151 H3
Monsireigne (85)...92 B5
Monsols (69)...115 H5
Monsteroux-Milieu (38)...130 B6
Monsures (80)...20 B2
Monswiller (67)...50 C4
Mont (64)...165 G6
Mont (65)...197 E1
Mont (71)...114 C1
le Mont (88)...70 D1
Mont-Bernanchon (62)...2 D5
Mont-Bonvillers (54)...25 H5
Mont-Cauvaire (76)...17 G5
Mont-d'Astarac (32)...184 A1
Mont-Dauphin (05)...161 F1
Mont-de-Galié (31)...184 A5
Mont-de-Lans (38)...146 B3
Mont-de-Laval (25)...104 C1
Mont-de-l'If (76)...17 F5
Mont-de-Marrast (32)...183 G1
Mont-de-Marsan (40)...166 A2
Mont-de-Vougney (25)...104 C1
Mont-devant-Sassey (55)...24 D4
le Mont-Dieu (08)...24 B3
Mont-Disse (64)...166 C5
Mont-Dol (35)...35 E4
Mont-Dore (63)...126 D5
Mont-et-Marré (58)...99 G3
Mont-Laurent (08)...23 H4
le Mont-Saint-Adrien (60)...20 A4
Mont-Saint-Aignan (76)...17 G6
Mont-Saint-Éloi (62)...8 A2
Mont-Saint-Jean (02)...23 F1
Mont-Saint-Jean (21)...84 D5
Mont-Saint-Jean (72)...59 G3
Mont-Saint-Léger (70)...87 E3
Mont-Saint-Martin (02)...22 C6
Mont-Saint-Martin (08)...24 A4
Mont-Saint-Martin (38)...145 G1
Mont-Saint-Martin (54)...25 H3
le Mont-Saint-Michel (50)...35 G4
Mont-Saint-Père (02)...44 C2
Mont-Saint-Remy (08)...23 H4
Mont-Saint-Sulpice (89)...65 G6
Mont-Saint-Vincent (71)...115 H1
Mont-sous-Vaudrey (39)...102 D3
Mont-sur-Courville (51)...22 C6
Mont-sur-Meurthe (54)...49 E6
Mont-sur-Monnet (39)...103 F6
Montabard (61)...39 E4
Montabon (72)...78 C3
Montabot (50)...37 F2
Montacher-Villegardin (89)...64 C4
Montadet (32)...184 C1
Montady (34)...188 B2
Montagagne (09)...185 F5
Montagna-
-le-Reconduit (39)...117 F2
Montagna-le-Templier (39)...117 F3
Montagnac (04)...177 F3
Montagnac (30)...173 H2
Montagnac (34)...188 D1
Montagnac-
-d'Auberoche (24)...137 G2
Montagnac-
-la-Crempse (24)...137 E4
Montagnac-Montpezat (04)...177 E3
Montagnac-
-sur-Auvignon (47)...151 E5
Montagnac-sur-Lède (47)...151 G2
Montagnat (01)...117 E5
Montagne (33)...135 H5
Montagne (38)...144 D3
la Montagne (44)...74 C5
la Montagne (70)...70 B6
Montagne-Fayel (80)...7 E6
Montagney (70)...86 D6
Montagney-Servigney (25)...87 H4
Montagnieu (01)...131 E2
Montagnieu (38)...131 E5
Montagnol (12)...171 H3
Montagnole (73)...131 H4
Montagny (42)...115 F5
Montagny (69)...129 H4
Montagny (73)...133 E5
Montagny-en-Vexin (60)...41 H1
Montagny-lès-Beaune (21)...101 G3
Montagny-lès-Buxy (71)...101 F6
Montagny-les-Lanches (74)...132 A2
Montagny-lès-Seurre (21)...102 B3
Montagny-
-près-Louhans (71)...102 B6
Montagny-
-Sainte-Félicité (60)...43 F1
Montagny-sur-Grosne (71)...115 H3
Montagoudin (33)...150 B2
Montagrier (24)...137 E2
Montagudet (82)...152 B5
Montagut (64)...166 A5
Montaignac-
-Saint-Hippolyte (19)...139 F1
Montaigu (02)...22 D3
Montaigu (39)...102 D6
Montaigu (85)...91 H2
Montaigu-de-Quercy (82)...151 H4
Montaigu-la-Brisette (50)...12 D2
Montaigu-le-Blin (03)...114 B4
Montaigu-les-Bois (50)...37 E2
Montaiguët-en-Forez (03)...114 C4
Montaigut (63)...113 E5
Montaigut-le-Blanc (23)...111 F6
Montaigut-le-Blanc (63)...127 F4

Montaigut-sur-Save (31).......168 D4
Montaillé (72)...........61 E6
Montailleur (73)..........132 C4
Montaillou (09)...........199 G1
Montaimont (73)..........132 C6
Montain (39)...........102 D6
Montain (82)...........168 D2
Montainville (28)...........62 B3
Montainville (78)...........42 A3
Montalba-le-Château (66)..200 D3
Montalembert (79)...........108 D5
Montalet-le-Bois (78)...........41 H2
Montalieu-Vercieu (38)......131 E2
Montalzat (82)...........152 D6
Montamat (32)...........168 B6
Montambert (58)...........99 H5
Montamel (46)...........152 C2
Montamisé (86)...........109 F1
Montanay (69)...........130 A2
Montancy (25)...........88 D5
Montandon (25)...........88 C6
Montanel (50)...........35 G5
Montaner (64)...........183 E2
Montanges (01)...........117 H5
Montans (81)...........170 A3
Montapas (58)...........99 G3
Montarcher (42)...........128 D6
Montardit (09)...........185 E4
Montardon (64)...........182 C1
Montaren-et-
  -Saint-Médiers (30).....174 B1
Montargis (45)...........64 A6
Montarlot (77)...........64 B3
Montarlot-lès-Rioz (70)......87 F5
Montarnaud (34)...........173 E6
Montaron (58)...........99 H4
Montastruc (47)...........151 E3
Montastruc (65)...........183 G3
Montastruc (82)...........152 B4
Montastruc-de-Salies (31)...184 C5
Montastruc-
  -la-Conseillère (31)....169 G4
Montastruc-Savès (31)......184 D2
le Montat (46)...........152 C4
Montataire (60)...........20 D6
Montauban (82)...........169 E2
Montauban-de-Bretagne (35)..56 C2
Montauban-de-Luchon (31)...197 F1
Montauban-de-Picardie (80)....8 B5
Montauban-
  -sur-l'Ouvèze (26)......159 F5
Montaud (34)...........173 G4
Montaud (38)...........145 F2
Montaudin (53)...........58 B2
Montaulieu (26)...........159 E4
Montaulin (10)...........66 B3
Montaure (27)...........18 C6
Montauriol (11)...........186 A3
Montauriol (47)...........151 F2
Montauriol (66)...........201 E3
Montauriol (81)...........170 D1
Montauroux (83)...........178 B5
Montaut (09)...........185 H3
Montaut (24)...........137 E6
Montaut (31)...........185 F2
Montaut (32)...........183 H1
Montaut (40)...........165 H4
Montaut (47)...........151 F2
Montaut (64)...........182 C3
Montaut-les-Créneaux (32)...167 H4
Montautour (35)...........58 A3
Montauville (54)...........48 B3
Montay (59)...........9 F4
Montayral (47)...........151 H3
Montazeau (24)...........136 B5
Montazels (11)...........186 D6
Montbard (21)...........84 C3
Montbarla (82)...........152 A5
Montbarrey (39)...........102 D3
Montbarrois (45)...........63 G5
Montbartier (82)...........169 E2
Montbavin (02)...........22 B3
Montbazens (12)...........154 A3
Montbazin (34)...........173 E6
Montbazon (37)...........78 D6
Montbel (09)...........186 B5
Montbel (48)...........156 C2
Montbéliard (25)...........88 C4
Montbéliardot (25)...........104 C1
Montbellet (71)...........116 B2
Montbenoît (25)...........104 B3
Montberaud (31)...........185 E4
Montbernard (31)...........184 B2
Montberon (31)...........169 F4
Montbert (44)...........91 G1
Montberthault (21)...........84 B5
Montbeton (82)...........169 E2
Montbeugny (03)...........114 A2
Montbizot (72)...........60 A4
Montblainville (55)...........24 C6
Montblanc (34)...........188 D1
Montboillon (70)...........87 E5
Montboissier (28)...........62 A4
Montbolo (66)...........200 D4
Montbonnot-
  -Saint-Martin (38).....145 G2
Montboucher (23)...........124 D1
Montboucher-
  -sur-Jabron (26).....158 B2
Montboudif (15)...........140 C1
Montbouton (90)...........88 D4
Montbouy (45)...........82 B1
Montboyer (16)...........136 B1
Montbozon (70)...........87 G4
Montbrand (05)...........159 G2
Montbras (55)...........68 D1
Montbray (51)...........37 F3
Montbré (51)...........45 F1
Montbrehain (02)...........9 E5
Montbrison (42)...........128 D4
Montbrison-sur-Lez (26)......158 C3
Montbron (16)...........123 E4
Montbronn (57)...........28 B6
Montbrun (46)...........153 F3
Montbrun (48)...........156 A4
Montbrun-Bocage (31)......185 E4
Montbrun-
  -des-Corbières (11)....187 G3
Montbrun-Lauragais (31)...185 G1
Montbrun-les-Bains (26)......159 F6
Montcabrier (46)...........152 A2
Montcabrier (81)...........169 H5
Montcaret (24)...........136 B5
Montcarra (38)...........131 E4
Montcavrel (62)...........1 G6
Montceau-
  -et-Écharnant (21).....101 F3
Montceau-les-Mines (71)...100 D6
Montceaux (01)...........116 B6
Montceaux-
  -lès-Provins (77).....44 B5
Montceaux-lès-Vaudes (10)...66 B4
Montceaux-l'Étoile (71)......115 E3
Montceaux-Ragny (71)......116 B1
Montcel (63)...........126 D2
Montcel (73)...........131 H3
Montcenis (71)...........100 D5
Montcet (01)...........116 D5
Montcey (70)...........87 G3
Montchaboud (38)...........145 G3
Montchal (42)...........129 F2
Montchamp (14)...........38 A3
Montchamp (15)...........141 E4
Montchanin (71)...........101 E6
Montchaton (50)...........36 D1
Montchaude (16)...........121 H6
Montchauvet (14)...........38 A1
Montchauvet (78)...........41 G3
Montchenu (26)...........144 B2
Montcheutin (08)...........24 B5
Montchevrel (61)...........39 G6
Montchevrier (36)...........111 F2
Montclar (04)...........160 D3
Montclar (11)...........186 D4
Montclar (12)...........171 F2
Montclar-
  -de-Comminges (31)....184 D3
Montclar-Lauragais (31).......185 H2
Montclar-sur-Gervanne (26)..144 C6
Montcléard (43)...........142 A2
Montcléra (46)...........152 B2
Montclus (05)...........159 H3
Montclus (30)...........157 G5
Montcombroux-
  -les-Mines (03).....114 C3
Montcony (71)...........102 B6
Montcorbon (45)...........64 C6
Montcornet (02)...........23 E2
Montcornet (08)...........11 E6
Montcourt (70)...........69 E6
Montcourt-Fromonville (77)....64 A3
Montcoy (71)...........101 H5
Montcresson (45)...........82 B1
Montcuit (50)...........37 E1
Montcuq (46)...........152 B4
Montcusel (39)...........117 G3
Montcy-Notre-Dame (08)......24 B1
Montdardier (30)...........172 D2
Montdauphin (77)...........44 B4
Montdidier (57)...........49 G3
Montdidier (80)...........20 D2
Montdoré (70)...........69 F6
Montdoumerc (46)...........152 D5
Montdragon (81)...........170 B4
Montdurausse (81)...........169 G2
Monte (2B)...........203 G6
Monteaux (41)...........79 G5
Montebourg (50)...........12 D3
Montech (82)...........168 D2
Montécheroux (25)...........88 C5
Montegrosso (2B)...........202 C5
Montégut (32)...........167 H5
Montégut (40)...........166 C2
Montégut (65)...........183 H4
Montégut-Arros (32)...........183 F1
Montégut-Bourjac (31)......184 D2
Montégut-
  -en-Couserans (09).....184 D5
Montégut-Lauragais (31)......186 B1
Montégut-Plantaurel (09)...185 G4
Montégut-Savès (32)......184 C1
Monteignet-
  -sur-l'Andelot (03).....113 H6
le Monteil (15)...........140 B2
le Monteil (43)...........142 C4
le Monteil-au-Vicomte (23)...125 F1
Monteils (12)...........153 G5
Monteils (30)...........173 H1
Monteils (82)...........152 D6
Montel-de-Gelat (63)...........126 B1
Montéléger (26)...........144 B5
Montélier (26)...........144 C5
Montélimar (26)...........158 A2
le Montellier (01)...........130 C1
Montels (09)...........185 G5
Montels (34)...........188 B2
Montels (81)...........170 A2
Montembœuf (16)...........123 E3
Montenach (57)...........26 D2
Montenay (53)...........58 C3
Montendre (17)...........135 G1
Montendry (73)...........132 B5
Montenescourt (62)...........8 A2
Monteneuf (56)...........56 B5
Montenils (77)...........44 C5
Montenois (25)...........88 B4
Montenoison (58)...........99 F1
Montenoy (54)...........48 D4
Montépilloy (60)...........21 E6
Monteplain (39)...........103 E2
Montépreux (51)...........45 G5
Monterblanc (56)...........55 H6
Montereau (45)...........81 H1
Montereau-Fault-Yonne (77)...64 C2
Montereau-sur-le-Jard (77)....43 F6
Monterfil (35)...........56 D3
Montérolier (76)...........19 E2
Monterrein (56)...........56 A4
Montertelot (56)...........56 A4
Montescot (66)...........201 F3
Montescourt-Lizerolles (02)....22 A2
Montespan (31)...........184 C4
Montesquieu (34)...........172 B6
Montesquieu (47)...........150 D5
Montesquieu (82)...........152 A6
Montesquieu-Avantès (09)...185 E5
Montesquieu-
  -des-Albères (66).....201 F4
Montesquieu-Guittaut (31)...184 B2
Montesquieu-Lauragais (31)..185 H1
Montesquieu-Volvestre (31)..185 E3
Montesquiou (32)...........167 F5
Montessaux (70)...........88 A2
Montesson (78)...........42 C3
Montestruc-sur-Gers (32)...167 H3
le Montet (03)...........113 F3
Montet-et-Bouxal (46)......153 G1
Monteton (47)...........150 C2
Montétrat (84)...........175 F1
Montévrain (77)...........43 F4
Monteynard (38)...........145 G4
Montézic (12)...........154 C1
Montfa (09)...........185 E4
Montfa (81)...........170 C4
Montfalcon (38)...........144 C2
Montfarville (50)...........13 E2
Montfaucon (02)...........44 B3
Montfaucon (25)...........103 G1
Montfaucon (30)...........174 D1
Montfaucon (46)...........152 D1
Montfaucon-d'Argonne (55)...24 D6
Montfaucon-en-Velay (43)...143 F2
Montfermeil (93)...........43 E3
Montfermier (82)...........152 C6
Montfermy (63)...........126 D2
Montferrand (11)...........186 A2
Montferrand-
  -du-Périgord (24).....137 G6
Montferrand-la-Fare (26)...159 F4
Montferrand-
  -le-Château (25).....103 F1
Montferrat (38)...........131 F5
Montferrat (83)...........177 H5
Montferrer (66)...........200 D5
Montferrier (09)...........186 A6
Montferrier-sur-Lez (34)...173 F5
Montfey (10)...........65 H5
Montfiquet (14)...........13 G6
Montflovin (25)...........104 A3
Montfort (04)...........176 D1
Montfort (25)...........103 H1
Montfort (49)...........93 G1
Montfort (64)...........181 G1
Montfort-en-Chalosse (31)...165 H4
Montfort-l'Amaury (78)......41 H4
Montfort-le-Gesnois (72)...60 C5
Montfort-sur-Argens (83)...177 G6
Montfort-sur-Boulzane (11)...200 B2
Montfort-sur-Meu (35)......56 D2
Montfort-sur-Risle (27)......18 A5
Montfranc (12)...........171 E3
Montfrin (30)...........174 C3
Montfroc (26)...........159 G6
Montfuron (04)...........176 C3
Montgaillard (09)...........185 H6
Montgaillard (11)...........187 G6
Montgaillard (40)...........166 A4
Montgaillard (65)...........183 E4
Montgaillard (81)...........169 G3
Montgaillard (82)...........168 D2
Montgaillard-de-Salies (31)...184 C4
Montgaillard-Lauragais (31)..185 H1
Montgaillard-sur-Save (31)...184 B3
Montgardin (05)...........160 C2
Montgaroult (61)...........38 D4
Montgauch (09)...........184 D5
Montgaudry (61)...........60 C2
Montgazin (31)...........185 F2
Montgé-en-Goële (77)......43 F2
Montgeard (31)...........185 H2
Montgellafrey (73)...........132 C6
Montgenèvre (05)...........147 F3
Montgenost (51)...........44 C6
Montgérain (60)...........20 D3
Montgermont (35)...........57 E2
Montgeron (91)...........42 D5
Montgeroult (95)...........42 B2
Montgesoye (25)...........103 H2
Montgesty (46)...........152 B2
Montgey (81)...........170 A6
Montgibaud (19)...........124 C5
Montgilbert (73)...........132 C5
Montgirod (73)...........132 D5
Montgiscard (31)...........185 G1
Montgivray (36)...........111 G1
Montgobert (02)...........21 H5
Montgon (08)...........24 A4
Montgradail (11)...........186 C4
Montgras (31)...........184 D1
Montgreleix (15)...........140 D1
Montgru-
  -Saint-Hilaire (02).....44 B1
Montguers (26)...........159 F5
Montgueux (10)...........66 A3
Montguyon (17)...........135 H2
les Monthairons (55)...........47 F2
Montharville (28)...........62 A4
Monthault (35)...........37 F6
Monthelie (21)...........101 G3
Monthelon (51)...........45 E2
Monthelon (71)...........100 C4
Monthenault (02)...........22 C4
Monthermé (08)...........11 E6
Monthiers (02)...........44 B2
Monthieux (01)...........130 B1
Monthion (73)...........132 C4
Monthodon (37)...........79 E3
Monthoiron (86)...........94 D6
Monthois (08)...........24 B5
Montholier (39)...........102 D4
Monthou-sur-Bièvre (41)...79 H5
Monthou-sur-Cher (41)......79 H6
Monthuchon (50)...........37 E1
Monthurel (02)...........44 C2
Monthureux-le-Sec (88)......69 F4
Monthureux-sur-Saône (88)...69 E5
Monthyon (77)...........43 G2
Monti (06)...........179 G4
Monticello (2B)...........202 D5
Montier-en-Der (52)...........67 F1
Montier-en-l'Isle (10)...........67 E3
Montiéramey (10)...........66 C4
Montierchaume (36)...........96 D5
Montiers (60)...........20 D4
Montiers-sur-Saulx (55)......68 A1
Monties (32)...........184 B1
Montignac (24)...........138 A3
Montignac (33)...........149 H1
Montignac (65)...........183 F3
Montignac-Charente (16)...122 B3
Montignac-de-Lauzun (47)...151 E2
Montignac-le-Coq (16)...........136 C1
Montignac-Toupinerie (47)...150 D2
Montignargues (30)...........173 H2
Montigné (16)...........122 A2
Montigné-le-Brillant (53)...58 C5
Montigné-lès-Rairies (49)...77 G3
Montigny (14)...........14 A6
Montigny (18)...........98 A1
Montigny (45)...........63 G5
Montigny (54)...........183 G4
Montigny (76)...........17 G6
Montigny-
  -aux-Amognes (58).....99 E3
Montigny-
  -devant-Sassey (55).....24 D4
Montigny-en-Arrouaise (02)....9 H6
Montigny-en-Cambrésis (59)....9 F4
Montigny-en-Gohelle (62)......8 C1
Montigny-en-Morvan (58)...100 A2
Montigny-en-Ostrevent (59)....8 D2
Montigny-la-Resle (89)......83 G1
Montigny-l'Allier (02)...........43 H1
Montigny-le-Bretonneux (78)..42 B5
Montigny-le-Chartif (28)...61 G3
Montigny-le-Franc (02)......22 D2
Montigny-le-Gannelon (28)...61 H6
Montigny-le-Guesdier (77)...65 E2
Montigny-Lencoup (77)......64 C2
Montigny-Lengrain (02)......21 G5
Montigny-lès-Arsures (39)...103 E4
Montigny-lès-Cherlieu (70)...87 E2
Montigny-lès-Condé (02)......44 C3
Montigny-lès-Cormeilles (95)..42 C2
Montigny-lès-Jongleurs (80)....7 F3
Montigny-lès-Metz (57)......26 B5
Montigny-lès-Monts (10)......66 A5
Montigny-
  -lès-Vaucouleurs (55).....47 H6
Montigny-Montfort (21)......84 C4
Montigny-Mornay-Villeneuve-
  -sur-Vingeanne (21).....86 B4
Montigny-
  -Saint-Barthélemy (21)...84 C5
Montigny-sous-Marle (02)...22 D1
Montigny-sur-Armançon (21)..84 D5
Montigny-sur-Aube (21)...67 F4
Montigny-sur-Avre (28)......40 D5
Montigny-sur-Canne (58)...99 G4
Montigny-sur-Chiers (54)...25 G4
Montigny-sur-Crécy (02)...22 C2
Montigny-sur-l'Ain (39)...103 E6
Montigny-sur-l'Hallue (80)....7 H5
Montigny-sur-Loing (77)......64 A3
Montigny-sur-Meuse (08)...11 E4
Montigny-sur-Vence (08)...24 A2
Montigny-sur-Vesle (51)...22 D5
Montilliers (49)...........93 E1
Montillot (89)...........83 G4
Montilly (03)...........113 H1
Montilly-sur-Noireau (61)...38 B4
les Montils (41)...........79 H4
Montipouret (36)...........111 G1
Montirat (11)...........187 E3
Montirat (81)...........153 H6
Montireau (28)...........61 G2
Montiron (32)...........168 B5
Montivernage (25)...........88 A6
Montivilliers (76)...........15 F1
Montjardin (11)...........186 C5
Montjaux (12)...........171 H1
Montjavoult (60)...........19 G6
Montjay (05)...........159 G4
Montjay (71)...........102 B5
Montjean (16)...........108 C6
Montjean (53)...........58 B5
Montjean-sur-Loire (49)...75 H4
Montjoie-en-Couserans (09)..185 E5
Montjoie-le-Château (25)...88 D5
Montjoie-Saint-Martin (50)...35 H5
Montjoire (31)...........169 F4
Montjoux (26)...........158 C3
Montjoyer (26)...........158 B3
Montjustin (04)...........176 B3
Montjustin-et-Velotte (70)...87 H3
Montlandon (28)...........61 G2
Montlaur (11)...........187 F4
Montlaur (12)...........171 G3
Montlaur (31)...........185 H1
Montlaur-en-Diois (26)...159 E2
Montlauzun (46)...........152 B4
Montlay-en-Auxois (21)...84 C6
Montlebon (25)...........104 B3
Montlevicq (36)...........111 H1
Montlhéry (91)...........42 C6
Montliard (45)...........63 G6
Montlieu-la-Garde (17)...135 G2
Montlignon (95)...........42 C2
Montliot-et-Courcelles (21)...85 E1
Montlivault (41)...........80 A3
Montlognon (60)...........21 E6
Montloué (02)...........23 E2
Montlouis (18)...........97 F5
Montlouis-sur-Loire (37)...79 E5
Montluel (01)...........130 B2
Montmachoux (77)...........64 C3
Montmacq (60)...........21 F4
Montmagny (95)...........42 D3
Montmahoux (25)...........103 G3
Montmain (21)...........102 A3
Montmain (76)...........18 D4
Montmalin (39)...........102 D4
Montmançon (21)...........86 B6
Montmarault (03)...........113 F4
Montmarlon (39)...........103 F4
Montmartin (60)...........21 E4
Montmartin-en-Graignes (50)..13 F5
Montmartin-le-Haut (10)...67 E4
Montmartin-sur-Mer (50)...36 D2
Montmaur (05)...........160 A2
Montmaur (11)...........186 A1
Montmaur-en-Diois (26)...159 E1
Montmaurin (31)...........184 A3
Montmédy (55)...........25 E3
Montmeillant (08)...........23 G2
Montmelard (71)...........115 G4
Montmelas-Saint-Sorlin (69)..129 G1
Montmélian (73)...........132 A5
Montmerle-sur-Saône (01)...116 B6
Montmerrei (61)...........39 E6
Montmeyan (83)...........177 E5
Montmeyran (26)...........144 B6
Montmin (74)...........132 B2
Montmirail (51)...........44 C4
Montmirail (72)...........61 E5
Montmiral (26)...........144 C3
Montmirat (30)...........173 H3
Montmirey-la-Ville (39)...102 C1
Montmirey-le-Château (39)...102 D1
Montmoreau-
  -Saint-Cybard (16).....122 B6
Montmorency (95)...........42 D3
Montmorency-Beaufort (10)...67 E1
Montmorillon (86)...........110 A3
Montmorin (05)...........159 G3
Montmorin (63)...........127 G4
Montmorot (39)...........102 D6
Montmort (71)...........100 B6
Montmort-Lucy (51)...........45 E3
Montmotier (88)...........69 G6
Montmoyen (21)...........85 F2
Montmurat (15)...........153 H2
Montner (66)...........200 D2
Montoillot (21)...........101 F1
Montoir-de-Bretagne (44)...73 H4
Montois-la-Montagne (57)...26 B4
Montoison (26)...........144 B6
Montoldre (03)...........114 A4
Montolieu (11)...........186 C3
Montolivet (77)...........44 B4
Montonvillers (80)...........7 G5
Montord (03)...........113 H4
Montory (64)...........181 G4
Montot (21)...........102 B2
Montot (70)...........86 D4
Montot-sur-Rognon (52)...68 A3
Montouliers (34)...........188 A2
Montoulieu (09)...........185 H6
Montoulieu (34)...........173 F3
Montoulieu-
  -Saint-Bernard (31).....184 C3
Montournais (85)...........92 C5
Montours (35)...........35 H5
Montourtier (53)...........59 E3
Montoussé (65)...........183 G4
Montoussin (31)...........184 D2
Montoy-Flanville (57)...........26 C5
Montpellier (34)...........173 F5
Montpellier-de-Médillan (17)..121 E4
Montpensier (63)...........113 G6
Montperreux (25)...........104 A4
Montpeyroux (12)...........155 E2
Montpeyroux (24)...........136 B5
Montpeyroux (34)...........172 D5
Montpeyroux (63)...........127 F4
Montpezat (30)...........173 H3
Montpezat (32)...........184 C1
Montpezat (47)...........151 E4
Montpezat-
  -sous-Bauzon (07).....157 F1
Montpinchon (50)...........37 E2
Montpinier (81)...........170 C5
Montpitol (31)...........169 G4
Montplonne (55)...........47 E5
Montpon-Ménestérol (24)...136 B4
Montpont-en-Bresse (71)...116 D1
Montpothier (10)...........44 C6
Montpouillan (47)...........150 B3
Montrabé (31)...........169 F5
Montrabot (50)...........37 H1
Montracol (01)...........116 D5
Montravers (79)...........92 D4
Montréal (11)...........186 C3
Montréal (32)...........167 E2
Montréal (89)...........84 B4
Montréal-la-Cluse (01)...117 G5
Montréal-les-Sources (26)...159 E4
Montredon (46)...........153 H2
Montredon-
  -des-Corbières (11).....188 A3
Montredon-
  -Labessonnié (81).....170 D4
Montregard (43)...........143 F3
Montréjeau (31)...........184 A4
Montrelais (44)...........76 B5
Montrem (24)...........137 E3
Montrésor (37)...........95 H2
Montret (71)...........102 A6
Montreuil (28)...........41 E4
Montreuil (62)...........6 D1
Montreuil (85)...........107 E2
Montreuil (93)...........42 D4
Montreuil-au-Houlme (61)...38 D5
Montreuil-aux-Lions (02)...44 A2
Montreuil-Bellay (49)...93 G2
Montreuil-Bonnin (86)...108 D1
Montreuil-des-Landes (35)...58 A3
Montreuil-en-Auge (14)...15 E5
Montreuil-en-Caux (76)...18 D2
Montreuil-en-Touraine (37)...79 F5
Montreuil-Juigné (49)...76 D3
Montreuil-la-Cambe (61)...39 E3
Montreuil-l'Argillé (27)...39 H2
Montreuil-le-Chétif (72)...59 H3
Montreuil-le-Gast (35)...57 E1
Montreuil-le-Henri (72)...78 D1
Montreuil-Poulay (53)...59 E2
Montreuil-sous-Pérouse (35)...57 H2
Montreuil-sur-Barse (10)...66 C4
Montreuil-sur-Blaise (52)...67 G1
Montreuil-sur-Brêche (60)...20 C4
Montreuil-sur-Epte (95)...41 G1
Montreuil-sur-Ille (35)...57 F1
Montreuil-sur-Lozon (50)...13 E6
Montreuil-sur-Maine (49)...76 D2
Montreuil-sur-Thérain (60)...20 B5
Montreuil-
  -sur-Thonnance (52).....68 A1
Montreux (54)...........49 H1
Montreux-Château (90)...88 D3
Montreux-Jeune (68)...88 D3
Montreux-Vieux (68)...88 D3
Montrevault (49)...........75 G5
Montrevel (38)...........131 E5
Montrevel (39)...........117 F3
Montrevel-en-Bresse (01)...116 D3
Montréverd (85)...........91 H2
Montrichard (41)...........79 H6
Montricher-Albanne (73)...146 D2
Montricoux (82)...........169 G1
Montrieux-en-Sologne (41)...80 C4
Montrigaud (26)...........144 C2
Montriond (74)...........119 F1
Montrodat (48)...........155 H3
Montrol-Sénard (87)...........123 H1
Montrollet (16)...........123 G3
Montromant (69)...........129 G3
Montrond (05)...........159 H4
Montrond (39)...........103 E5
Montrond-le-Château (25)...103 G2
Montrond-les-Bains (42)...129 E4
Montrosier (81)...........153 F6
Montrottier (69)...........129 G3
Montroty (76)...........19 G4
Montrouge (92)...........42 D4
Montrouveau (41)...........79 E2
Montroy (17)...........106 D5
Montrozier (12)...........154 D4
Montry (77)...........43 G3
Monts (37)...........78 D6
Monts (60)...........20 A6
Monts-en-Bessin (14)...14 A5
Monts-en-Ternois (62)...7 G2
Monts-sur-Guesnes (86)...94 B4
les Monts-Verts (48)...141 E5
Montsalès (12)...........153 G3
Montsalier (04)...........176 B1
Montsalvy (15)...........154 B1
Montsapey (73)...........132 C5
Montsauche-
  -les-Settons (58).....100 B1
Montsaugeon (52)...........86 B3
Montsaunès (31)...........184 C4
Montsec (55)...........47 H3
Montsecret-
  -Clairefougère (61).....38 A4
Montségur (09)...........186 A6
Montségur-sur-Lauzon (26)...158 B4
Montselgues (07)...........156 D3
Montséret (11)...........187 H4
Montseron (09)...........185 F5
Montseveroux (38)...........130 B6
Montsoreau (49)...........94 A1
Montsoué (40)...........166 A4
Montsoult (95)...........42 D2
Montsûrs (53)...........59 E4
Montsuzain (10)...........66 B2
Montureux-et-Prantigny (70)..86 D4
Montureux-lès-Baulay (70)...87 F1
Montusclat (43)...........142 D4
Montussaint (25)...........87 H5
Montussan (33)...........135 F5
Montvalen (81)...........169 G3
Montvalent (46)...........138 D5
Montvalezan (73)...........133 F4
Montvendre (26)...........144 C5
Montverdun (42)...........128 D3
Montvernier (73)...........146 C1
Montvert (15)...........139 G4
Montviette (14)...........39 E2
Montville (76)...........18 C3
Montviron (50)...........35 H3
Montzéville (55)...........25 E6
Monviel (47)...........151 E2
Monze (11)...........187 E4
Moon-sur-Elle (50)...........13 F6
Moosch (68)...........89 D1
Mooslargue (68)...........89 F3
Moraches (58)...........99 G1
Moragne (17)...........107 E6
Morainville (28)...........62 D2
Morainville-Jouveaux (27)...15 G6
Morainvilliers (78)...........42 A3
Morancé (69)...........129 H2
Morancez (28)...........62 B2
Morancourt (52)...........67 G2
Morand (37)...........79 F4
Morangis (51)...........45 E3
Morangis (91)...........42 D5
Morangles (60)...........42 C1
Morannes (49)...........77 E2
Moranville (55)...........47 G1
Moras (38)...........130 D4
Moras-en-Valloire (26)...144 B1
Morbecque (59)...........2 C4
Morbier (39)...........118 A1
Morcenx (40)...........165 F1
Morchain (80)...........21 F1
Morchies (62)...........8 C4
Morcourt (02)...........9 G6
Morcourt (80)...........8 A6
Mordelles (35)...........57 E3
Moréac (56)...........55 F4
Morée (41)...........79 H1
Moreilles (85)...........106 D3
Morelmaison (88)...........69 E3
Morembert (10)...........66 C1
Morestel (38)...........131 E4
Morette (38)...........145 E1
Moreuil (80)...........20 D1
Morey (71)...........101 H5
Morey-Saint-Denis (21)...101 H1
Morez (39)...........118 A1
Morfontaine (54)...........25 H4
Morganx (40)...........165 H5
Morgemoulin (55)...........25 G6
Morgny (27)...........19 F4
Morgny-en-Thiérache (02)...23 E1
Morgny-la-Pommeraye (76)...17 H5
Morhange (57)...........49 F3
Moriat (63)...........127 G6
Morienne (76)...........19 F1
Morienval (60)...........21 F5
Morières-lès-Avignon (84)...175 E2
Moriers (28)...........62 A4
Morieux (22)...........34 A4
Moriez (04)...........177 H2
Morigny (50)...........37 G3
Morigny-Champigny (91)...63 F2
Morillon (74)...........119 F5
Moringhem (62)...........2 A4
Morionvilliers (52)...........68 B2
Morisel (80)...........20 D1
Morizécourt (88)...........68 D5
Morizès (33)...........150 A2
Morlaàs (64)...........182 C2
Morlac (18)...........97 G6
Morlaix (29)...........32 A3
Morlancourt (80)...........8 A5
Morlanne (64)...........165 H6
Morlet (71)...........101 E4
Morley (55)...........47 F6
Morlhon-le-Haut (12)...153 G5
Morlincourt (60)...........21 G3
Mormaison (85)...........91 G2
Mormant (77)...........43 H6
Mormant-sur-Vernisson (45)...64 A6
Mormès (32)...........166 C2
Mormoiron (84)...........175 G1
Mornac (16)...........122 C3
Mornac-sur-Seudre (17)...120 C3
Mornand-en-Forez (42)...128 D4
Mornans (26)...........158 C2
Mornant (69)...........129 H4
Mornas (84)...........158 B5
Mornay (71)...........115 F4
Mornay-Berry (18)...........98 C3
Mornay-sur-Allier (18)...98 C4
Moroges (71)...........101 F5
Morogues (18)...........98 A2
Morosaglia (2B)...........203 D6
Morre (25)...........103 G1
Morsain (02)...........21 H4
Morsains (51)...........44 C4
Morsalines (50)...........13 E2
Morsan (27)...........15 H5
Morsang-sur-Orge (91)...42 D5
Morsang-sur-Seine (91)...43 E6
Morsbach (57)...........27 G5
Morsbronn-les-Bains (67)...51 E3
Morschwiller (67)...........50 D3
Morschwiller-le-Bas (68)...89 F2
Morsiglia (2B)...........203 F2
Mortagne (88)...........70 B2
Mortagne-au-Perche (61)...60 D1
Mortagne-du-Nord (59)...9 F2
Mortagne-sur-Gironde (17)...120 D5
Mortagne-sur-Sèvre (85)...92 B3
Mortain (50)...........37 G5
Mortcerf (77)...........43 G4
la Morte (38)...........145 H4
Morteau (25)...........104 B2
Morteaux-Coulibœuf (14)...39 E3
Mortefontaine (02)...........21 H5
Mortefontaine (60)...........21 E6
Mortefontaine-en-Thelle (60)...20 B6
Mortemart (87)...........110 A6
Montemer (60)...........21 E3
Mortemer (76)...........19 F1
Mortery (77)...........44 A6
Morthomiers (18)...........97 G3
Mortiers (17)...........135 G1
Mortiers (02)...........22 C2
Mortrée (61)...........39 F5
Morton (86)...........93 H2
Mortroux (23)...........111 G3
Mortzwiller (68)...........88 D2
Morval (39)...........117 F2
Morval (62)...........8 B5
Morvillars (90)...........88 D4
Morville (50)...........12 D3
Morville (88)...........69 E3
Morville-en-Beauce (45)...63 F3
Morville-lès-Vic (57)...49 F4
Morville-sur-Andelle (76)...19 E4
Morville-sur-Nied (57)...49 E2
Morville-sur-Seille (54)...48 C3
Morvillers (60)...........19 H3
Morvillers-Saint-Saturnin (80)..19 H1
Morvilliers (10)...........67 E2
Morvilliers (28)...........40 C5
Mory (62)...........8 B3
Mory-Montcrux (60)...........20 C3
Morzine (74)...........119 F4
Mosles (14)...........13 H5
Moslins (51)...........45 E3
Mosnac (16)...........122 A4
Mosnac (17)...........121 F5
Mosnay (36)...........111 E1
Mosnes (37)...........79 G5
Mosset (66)...........200 B2
Mosson (21)...........85 E1
Mostuéjouls (12)...........155 G6
Motey-Besuche (70)...........86 D6
Motey-sur-Saône (70)...86 D4
la Mothe-Achard (85)...91 E5
la Mothe-Saint-Héray (79)...108 B3
la Motte (22)...........55 G1
la Motte (83)...........177 H6
la Motte-Chalancon (26)...159 F3
la Motte-d'Aigues (84)...176 B4
la Motte-d'Aveillans (38)...145 G4
la Motte-de-Galaure (26)...144 B2
la Motte-du-Caire (04)...160 B4
la Motte-
  -en-Champsaur (05).....146 B6
la Motte-Fanjas (26)...144 D4
la Motte-Feuilly (36)...111 H2
la Motte-Fouquet (61)...38 C6
la Motte-Saint-Jean (71)...114 D2
la Motte-Saint-Martin (38)...145 G4
la Motte-Servolex (73)...131 H4
la Motte-Ternant (21)...84 C6
la Motte-Tilly (10)...65 F1
Mottereau (28)...........61 F3
Motteville (76)...........17 F4
Mottier (38)...........130 D6
Motz (73)...........131 G1
Mouacourt (54)...........49 F5
Mouais (44)...........57 F6
Mouans-Sartoux (06)...178 C5
Mouaville (54)...........25 H6
Mouazé (35)...........57 F2
Mouchamps (85)...........92 A5
Mouchan (32)...........167 F2
Mouchard (39)...........103 E3
Mouchès (32)...........167 G5
Mouchin (59)...........9 E1
Mouchy-le-Châtel (60)...20 B5
Moudeyres (43)...........142 D5
Mouen (14)...........14 B5
Mouettes (27)...........41 F4
Mouffy (89)...........83 F3
Mouflaines (27)...........19 F6
Mouflers (80)...........7 E4
Mouflières (80)...........6 D6
Mougins (06)...........178 D5
Mougon (79)...........108 A4
Mouguerre (64)...........164 B6
Mouhers (36)...........111 F1
Mouhet (36)...........110 D3
Mouhous (64)...........182 B2
Mouillac (33)...........135 G4
Mouillac (82)...........153 E5
la Mouille (39)...........118 A2
Mouilleron (52)...........85 H4
Mouilleron-en-Pareds (85)...92 C5
Mouilleron-le-Captif (85)...91 G4
Mouilly (55)...........47 G2
Moulainville (55)...........47 G1
Moularès (81)...........170 D1
Moulay (53)...........58 D3
Moulayrès (81)...........170 B4
Mouledous (65)...........183 F3
Moulézan (30)...........173 H2
Moulhard (28)...........61 F4
Moulicent (61)...........40 D6
Moulidars (16)...........122 A4
Mouliets-et-Villemartin (33)...136 A5
Mouliherne (49)...........77 H4
Moulin-Mage (81)...........171 E4
Moulin-Neuf (09)...........186 B4
Moulin-Neuf (24)...........136 C4
Moulin-sous-Touvent (60)...21 G4
Moulineaux (76)...........18 C5
Moulines (14)...........38 C2
Moulines (50)...........37 G6
Moulinet (06)...........179 F2
Moulinet (47)...........151 F2
Moulins (02)...........22 D4
Moulins (35)...........57 G4
Moulins (79)...........113 H1
Moulins-en-Tonnerrois (89)...84 B2
Moulins-Engilbert (58)...100 A3
Moulins-la-Marche (61)...39 H5
Moulins-le-Carbonnel (72)...59 H2
Moulins-lès-Metz (57)...26 B5
Moulins-Saint-Hubert (55)...24 D3
Moulins-sur-Céphons (36)...96 B3
Moulins-sur-Orne (61)...39 E4
Moulins-sur-Ouanne (89)...83 E3
Moulins-sur-Yèvre (18)...97 H3
Moulis (09)...........185 E5
Moulis-en-Médoc (33)...134 D3
Moulismes (86)...........109 H3
Moulle (62)...........2 A3
Moulon (33)...........135 H5
Moulon (45)...........63 H6
Moulotte (55)...........48 A1
Moult (14)...........14 C5
Moumoulous (65)...........183 F2
Moumour (64)...........181 H3
Mounes-Prohencoux (12)...171 G4
Mourède (32)...........167 F3
Mourens (33)...........149 H1
Mourenx (64)...........182 A2
Mouret (12)...........154 C3
Moureuille (63)...........113 E5
Mourèze (34)...........172 C5
Mouriès (13)...........191 F2
Mouron (08)...........24 B5
Mouron-sur-Yonne (58)...99 H2
Mouroux (77)...........43 H4
Mours (95)...........42 C1
Mours-Saint-Eusèbe (26)...144 C3
Mourvilles-Basses (31)...185 H1
Mourvilles-Hautes (31)...186 A1
Mouscardès (40)...........165 F5
Moussac (30)...........173 H3
Moussac (86)...........109 H3
Moussages (15)...........140 B2
Moussan (11)...........188 A3
Moussey (10)...........66 B4
Moussey (57)...........49 G5
Moussey (88)...........70 B1
les Moussières (39)...........118 A3
Mousson (54)...........48 C3
Moussonvilliers (61)...40 D6
Moussoulens (11)...........186 D5
Moussy (51)...........45 E2
Moussy (58)...........99 F2
Moussy (95)...........42 A1
Moussy-le-Neuf (77)...43 E2
Moussy-le-Vieux (77)...43 E2
Moussy-Verneuil (02)...22 C4
Moustajon (31)...........197 F1
Moustéru (22)...........32 D4
Moustey (40)...........149 E4
Moustier (47)...........150 D1
Moustier-en-Fagne (59)...10 B4
Moustier-Ventadour (19)...125 G6
Moustiers-Sainte-Marie (04)..177 F3
le Moustoir (22)...........32 C6
Moustoir-Ac (56)...........55 F4
Moustoir-Remungol (56)...55 F3
la Moutade (63)...........127 F1
le Moutaret (38)...........132 A6
Mouterhouse (57)...........50 C2
Mouterre-Silly (86)...........93 H3
Mouterre-sur-Blourde (86)...109 H5
Mouthe (25)...........103 H6
le Moutherot (25)...........103 E1
Mouthier-en-Bresse (71)...102 C4
Mouthier-Haute-Pierre (25)...103 H3
Mouthiers-sur-Boëme (16)...122 B5
Mouthoumet (11)...........187 F5
Moutier-d'Ahun (23)...........111 H6
Moutier-Malcard (23)...111 G3
Moutier-Rozeille (23)...125 H2
Moutiers (28)...........62 C3
Moutiers (35)...........58 A5
Moutiers (54)...........26 A4
Moutiers (73)...........132 D5
Moutiers-au-Perche (61)...61 F1
la Moutière (85)...........106 C1
Moutiers-en-Cinglais (14)...14 B6
les Moutiers-en-Puisaye (89)..82 D4
les Moutiers-en-Retz (44)...74 A6
les Moutiers-Hubert (14)...39 G2
Moutiers-les-Mauxfaits (85)...91 G6
Moutiers-Saint-Jean (21)...84 C4
Moutiers-
  -sous-Argenton (79).....93 E3
Moutiers-
  -sous-Chantemerle (79)...92 D6
Moutiers-sur-le-Lay (85)...106 C1
Mouton (16)...........122 C2
Moutonne (39)...........117 G2
Moutonneau (16)...........122 C1
Moutoux (39)...........103 F5
Moutrot (54)...........48 B6
Mouvaux (59)...........3 G4
Moux (11)...........187 G3
Moux-en-Morvan (58)...100 C2
Mouxy (73)...........131 H3
Mouy (60)...........20 C5
Mouy-sur-Seine (77)...64 D2
Mouzay (37)...........95 F2
Mouzay (55)...........24 D4
Mouzeil (44)...........74 D3
Mouzens (24)...........137 H5
Mouzens (81)...........170 A6
Mouzeuil-Saint-Martin (85)...106 D2
Mouzieys-Panens (81)...170 A1
Mouzieys-Teulet (81)...170 D3
Mouzillon (44)...........74 D6
Mouzon (08)...........24 D3
Mouzon (16)...........123 E2
Moval (90)...........88 D3
Moyaux (14)...........15 G5
Moydans (05)...........159 F4
Moye (74)...........131 H2
Moyemont (88)...........70 A2
Moyen (54)...........70 A1
Moyencourt (80)...........21 G2
Moyencourt-lès-Poix (80)...20 A1
Moyenmoutier (88)...........70 C2
Moyenneville (60)...........21 E4
Moyenneville (62)...........8 B3
Moyenneville (80)...........6 D4
Moyenvic (57)...........49 F4
Moyeuvre-Grande (57)...26 B4
Moyeuvre-Petite (57)...26 B4
Moyon (50)...........37 F2
Moyrazès (12)...........154 B4
Moyvillers (60)...........21 E4
Mozac (63)...........127 F2
Mozé-sur-Louet (49)...76 D5
Muchedent (76)...........17 H3
Mudaison (34)...........173 G5
Muel (35)...........56 C2
Muespach (68)...........89 G3
Muespach-le-Haut (68)...89 G3
Mugron (40)...........165 G3
Muhlbach-sur-Bruche (67)...50 B6
Muhlbach-sur-Munster (68)...70 D5
Muides-sur-Loire (41)...80 B3
Muidorge (60)...........20 B3
Muids (27)...........18 D6
Muille-Villette (80)...........21 G2
Muirancourt (60)...........21 G2
Muizon (51)...........22 D6
les Mujouls (06)...........178 C3
la Mulatière (69)...........130 A3
Mulcent (78)...........41 G3
Mulcey (57)...........49 F4
Mulhausen (67)...........50 D3
Mulhouse (68)...........89 F2
Mulsanne (72)...........78 B1
Mulsans (41)...........80 A3
Mun (65)...........183 G2
Munchhausen (67)...........51 G2
Muncq-Nieurlet (62)...........2 A3
Mundolsheim (67)...........51 E5
Muneville-le-Bingard (50)...12 D6
Muneville-sur-Mer (50)...36 D1
le Mung (17)...........121 E1
Munster (57)...........49 H3
Munster (68)...........70 D5
Muntzenheim (68)...........71 G4
Munwiller (68)...........71 F6
Mur-de-Barrez (12)...........140 C6
Mur-de-Sologne (41)...80 B5
Muracciole (2B)...........205 F3
Murasson (12)...........171 G4
Murat (03)...........113 F3
Murat (15)...........140 D4
Murat-le-Quaire (63)...126 C5
Murat-sur-Vèbre (81)...171 G5
Murato (2B)...........203 F5
la Mure (38)...........145 G5
la Mure-Argens (04)...........177 H2
Mureaumont (60)...........19 G2
les Mureaux (78)...........42 A3
Mureils (26)...........144 B2
Mûres (74)...........132 A2
Muret (31)...........185 F1
Muret-et-Crouttes (02)...22 B6
Muret-le-Château (12)...154 C3
la Murette (38)...........131 F6
Murianette (38)...........145 G2
Murinais (38)...........144 D2
Murles (34)...........173 E5
Murlin (58)...........98 D2
Muro (2B)...........202 C5
Murol (63)...........127 E5
Murols (12)...........154 C1
Muron (17)...........107 E5
Mûrs-Erigné (49)...........76 D5
Murs-et-Gélignieux (01)...131 F4
Murtin-et-Bogny (08)...23 H1
Murviel-lès-Béziers (34)...188 B1
Murviel-lès-Montpellier (34)..173 E5
Murzo (2A)...........204 C4
Mus (30)...........174 A4

Muscourt (02) ...22 D5
Musculdy (64) ...181 F3
Musièges (74) ...118 A6
Musigny (21) ...101 E2
Mussey-sur-Marne (52) ...67 H2
Mussidan (24) ...136 D4
Mussig (67) ...71 G3
Mussy-la-Fosse (21) ...84 D4
Mussy-sous-Dun (71) ...115 G4
Mussy-sur-Seine (10) ...66 D6
Mutigny (51) ...45 F2
Mutrécy (14) ...14 B5
Muttersholtz (67) ...71 G3
Mutzenhouse (67) ...50 D4
Mutzig (67) ...50 C6
le Muy (83) ...178 A6
Muzeray (55) ...25 G5
Muzillac (56) ...73 F2
Muzy (27) ...41 E4
Myans (73) ...132 A5
Myennes (58) ...82 C5
Myon (25) ...103 F3

N

Nabas (64) ...181 G1
Nabinaud (16) ...136 C1
Nabirat (24) ...138 B6
Nabringhen (62) ...1 G4
Nachamps (17) ...107 G6
Nadaillac (24) ...138 B4
Nadaillac-de-Rouge (46) ...138 C5
Nades (03) ...113 F5
Nadillac (46) ...152 D2
Nagel-Séez-Mesnil (27) ...40 C3
Nages (81) ...171 G5
Nages-et-Solorgues (30) ...174 A4
Nahuja (66) ...199 H4
Nailhac (24) ...138 A2
Naillat (23) ...111 E4
Nailloux (31) ...185 H2
Nailly (89) ...64 D4
Naintré (86) ...94 C5
Nainville-les-Roches (91) ...63 H1
Naisey-les-Granges (25) ...103 H1
Naives-en-Blois (55) ...47 G5
Naives-Rosières (55) ...47 E4
Naix-aux-Forges (55) ...47 F6
Naizin (56) ...55 F3
Najac (12) ...153 G5
Nalliers (85) ...106 D2
Nalliers (86) ...109 H1
Nalzen (09) ...186 A6
Nambsheim (68) ...71 G6
Nampcel (60) ...21 G4
Nampcelles-la-Cour (02) ...23 E1
Nampont (80) ...6 C2
Namps-Maisnil (80) ...20 B1
Nampteuil-sous-Muret (02) ...22 B5
Nampty (80) ...20 B1
Nan-sous-Thil (21) ...84 D6
Nançay (18) ...81 F5
Nance (39) ...102 C5
Nances (73) ...131 G4
Nanclars (16) ...122 C2
Nançois-le-Grand (55) ...47 F5
Nançois-sur-Ornain (55) ...47 F5
Nancras (17) ...120 D3
Nancray (25) ...103 G1
Nancray-sur-Rimarde (45) ...63 G5
Nancuise (39) ...117 F2
Nancy (54) ...48 C5
Nancy-sur-Cluses (74) ...119 E6
Nandax (42) ...115 F6
Nandy (77) ...43 E6
Nangeville (45) ...63 G3
Nangis (77) ...64 C1
Nangy (74) ...118 D5
Nannay (58) ...99 E1
Nans (25) ...88 A4
les Nans (39) ...103 F5
Nans-les-Pins (83) ...192 D3
Nans-sous-
  -Sainte-Anne (25) ...103 F3
Nant (12) ...172 B2
Nant-le-Grand (55) ...47 E5
Nant-le-Petit (55) ...47 E5
Nanteau-sur-Essonne (77) ...63 G3
Nanteau-sur-Lunain (77) ...64 B3
Nanterre (92) ...42 C3
Nantes (44) ...74 D5
Nantes-en-Ratier (38) ...145 H4
Nanteuil (79) ...108 B3
Nanteuil-Auriac-
  -de-Bourzac (24) ...122 C6
Nanteuil-en-Vallée (16) ...109 E6
Nanteuil-la-Forêt (51) ...45 E1
Nanteuil-la-Fosse (02) ...22 B4
Nanteuil-le-Haudouin (60) ...43 F1
Nanteuil-lès-Meaux (77) ...43 G3
Nanteuil-Notre-Dame (02) ...44 B1
Nanteuil-sur-Aisne (08) ...23 G3
Nanteuil-sur-Marne (77) ...44 A3
Nantey (39) ...117 F2
Nantheuil (24) ...123 G6
Nanthiat (24) ...123 H6
Nantiat (87) ...124 A1
Nantillé (17) ...121 F2
Nantillois (55) ...24 D5
Nantilly (70) ...86 C4
Nantoin (38) ...130 D6
Nantois (55) ...47 F5
Nanton (71) ...116 B1
Nantouillet (77) ...43 F2
Nantoux (21) ...101 G3
Nantua (01) ...117 G5
Naours (80) ...7 G5
Narbéfontaine (57) ...27 E4
Narbief (25) ...104 C2
Narbonne (11) ...188 A3
Narcastet (64) ...182 C2
Narcy (52) ...47 E6
Narcy (58) ...98 D1
Nargis (45) ...64 B5
Narnhac (15) ...140 D5
Narp (64) ...181 G1
Narrosse (40) ...165 E4
Nasbinals (48) ...155 F2
Nassandres (27) ...40 B1
Nassiet (40) ...165 G5
Nassigny (03) ...112 D2
Nastringues (24) ...137 G6
Nattages (01) ...131 G3
Natzwiller (67) ...71 E1
Naucelle (12) ...154 A6
Naucelles (15) ...140 A4
Naujac-sur-Mer (33) ...134 B1
Naujan-et-Postiac (33) ...135 H6
Nauroy (02) ...9 E5
Naussac (12) ...153 H3
Naussac (48) ...156 A1
Naussannes (24) ...137 F6
Nauvay (72) ...60 C3
Nauviale (12) ...154 B3
Navacelles (30) ...157 F6
Navailles-Angos (64) ...182 C1
Navarrenx (64) ...181 G2
Naveil (41) ...79 F2
Navenne (70) ...87 G3
Naves (03) ...113 H5
Naves (19) ...139 E1
Naves (59) ...9 E3
Navès (81) ...170 C6
Nâves-Parmelan (74) ...132 A1
Navilly (71) ...102 A4
Nay (50) ...12 D5
Nay (64) ...182 C3
Nayemont-les-Fosses (88) ...70 D2
le Nayrac (12) ...154 C2
Nazelles-Négron (37) ...79 F5
Néac (33) ...135 H4
Néant-sur-Yvel (56) ...56 B3
Neau (53) ...59 E4
Neaufles-Auvergny (27) ...40 B3
Neaufles-Saint-Martin (27) ...19 G6
Neauphe-sous-Essai (61) ...39 F6
Neauphe-sur-Dive (61) ...39 F4
Neauphle-le-Château (78) ...42 A4
Neauphle-le-Vieux (78) ...42 A4
Neauphlette (78) ...41 G3
Neaux (42) ...129 E1
Nébian (34) ...172 C5
Nébias (11) ...186 C6
Nébing (57) ...49 G3
Nébouzat (63) ...126 D3
Nécy (61) ...39 E4
Nedde (87) ...125 E3
Nédon (62) ...2 B6
Nédonchel (62) ...2 B6
Neewiller-près-
  -Lauterbourg (67) ...51 G2
Neffes (05) ...160 B3
Neffiès (34) ...172 C6
Néfiach (66) ...200 D2
Nègrepelisse (82) ...169 F1
Négreville (50) ...12 C3
Négrondes (24) ...137 G1
Néhou (50) ...12 C4
Nelling (57) ...49 H2
Nemours (77) ...64 A3
Nempont-Saint-Firmin (62) ...6 C2
Nénigan (31) ...184 B2
Néons-sur-Creuse (36) ...95 F5
Néoules (83) ...193 F3
Néoux (23) ...125 H2
Nepvant (55) ...24 D3
Nérac (47) ...150 D6
Nerbis (40) ...165 G3
Nercillac (16) ...121 H3
Néré (17) ...121 H1
Néret (36) ...112 A1
Nérigean (33) ...135 G5
Nérignac (86) ...109 G4
Néris-les-Bains (03) ...112 D4
Nernier (74) ...118 D3
Néron (28) ...41 F6
Néronde (42) ...129 E3
Néronde-sur-Dore (63) ...127 H3
Nérondes (18) ...98 B3
Ners (30) ...173 H1
Nersac (16) ...122 B4
Nervieux (42) ...129 E3
Nerville-la-Forêt (95) ...42 C2
Néry (60) ...21 F6
Neschers (63) ...127 F5
Nescus (09) ...185 F5
Nesle (80) ...21 F1
Nesle-et-Massoult (21) ...84 D2
Nesle-Hodeng (76) ...19 F2
Nesle-la-Reposte (51) ...44 C6
Nesle-le-Repons (51) ...44 D2
Nesle-l'Hôpital (80) ...6 C6
Nesle-Normandeuse (76) ...6 C6
Nesles (62) ...1 F5
Nesles-la-Montagne (02) ...44 B2
Nesles-la-Vallée (95) ...42 C1
Neslette (80) ...6 C6
Nesmy (85) ...91 G5
Nesploy (45) ...63 G6
Nespouls (19) ...138 C4
Nessa (2B) ...202 D5
Nestier (65) ...183 H4
Nettancourt (55) ...46 D3
Neublans-Abergement (39) ...102 C4
Neubois (67) ...71 F2
le Neubourg (27) ...40 C1
Neuchâtel-Urtière (25) ...88 C5
Neuf-Berquin (59) ...2 D5
Neuf-Brisach (68) ...71 G5
Neuf-Église (63) ...113 E6
Neuf-Marché (76) ...19 G4
Neuf-Mesnil (59) ...10 A2
Neufbosc (76) ...19 E3
le Neufbourg (50) ...37 G5
Neufchâteau (88) ...68 D2
Neufchâtel-en-Bray (76) ...19 E2
Neufchâtel-en-Saosnois (72) ...60 B2
Neufchâtel-Hardelot (62) ...1 F5
Neufchâtel-sur-Aisne (02) ...23 E4
Neufchef (57) ...26 B3
Neufchelles (60) ...43 H1
Neuffons (33) ...150 B1
Neuffontaines (58) ...83 H6
Neufgrange (57) ...27 H5
Neuflieux (02) ...21 H3
Neuflize (08) ...23 G4
Neufmaison (08) ...23 H1
Neufmaisons (54) ...70 C1
Neufmanil (08) ...24 B1
Neufmesnil (50) ...12 C5
Neufmoulin (80) ...7 E4
Neufmoutiers-en-Brie (77) ...43 G5
le Neufour (51) ...46 D1
Neufvillage (57) ...49 G2
Neufvy-sur-Aronde (60) ...21 E4
Neugartheim-Ittlenheim (67) ...50 D5
Neuhaeusel (67) ...51 G3
Neuil (37) ...94 D2
Neuilh (65) ...183 E4
Neuillac (17) ...121 G5
Neuillay-les-Bois (36) ...96 B5
Neuillé (49) ...77 H6
Neuillé-le-Lierre (37) ...79 F4
Neuillé-Pont-Pierre (37) ...78 C4
Neuilly (27) ...41 F3
Neuilly (58) ...99 F1
Neuilly (89) ...83 F1
Neuilly-en-Donjon (03) ...114 D3
Neuilly-en-Dun (18) ...98 B5
Neuilly-en-Sancerre (18) ...82 A6
Neuilly-en-Thelle (60) ...20 C6
Neuilly-en-Vexin (95) ...42 B1
Neuilly-la-Forêt (14) ...13 F5
Neuilly-le-Bisson (61) ...60 B1
Neuilly-le-Brignon (37) ...95 E3
Neuilly-le-Dien (80) ...7 E3
Neuilly-le-Réal (03) ...114 A2
Neuilly-lès-Dijon (21) ...102 A1
Neuilly-l'Évêque (52) ...68 B6
Neuilly-l'Hôpital (80) ...6 D3
Neuilly-Plaisance (93) ...43 E4
Neuilly-Saint-Front (02) ...44 A1
Neuilly-sous-Clermont (60) ...20 C5
Neuilly-sur-Eure (61) ...61 E1
Neuilly-sur-Marne (93) ...43 E3
Neuilly-sur-Seine (92) ...42 C3
Neuilly-sur-Suize (52) ...67 H5
Neulette (62) ...7 F2
Neulise (42) ...129 E2
Neulles (17) ...121 G5
Neulliac (56) ...55 F2
Neung-sur-Beuvron (41) ...80 C4
Neunkirchen-
  -lès-Bouzonville (57) ...27 E3
Neure (03) ...98 C6
Neurey-en-Vaux (70) ...87 G3
Neurey-lès-la-Demie (70) ...87 G3
Neussargues-Moissac (15) ...141 E3
Neuve-Chapelle (62) ...3 E5
la Neuve-Grange (27) ...19 F5
la Neuve-Lyre (27) ...40 B3
Neuve-Maison (02) ...10 A5
Neuvecelle (74) ...119 E3
Neuvéglise (15) ...141 E5
Neuville-lès-Cromary (70) ...87 F5
la Neuville-lès-Lure (70) ...88 A2
la Neuville-lès-Scey (70) ...87 E3
la Neuville-lès-Voisey (70) ...86 D1
Neuves-Maisons (54) ...48 C5
la Neuville-
  -devant-Lépanges (88) ...70 B4
la Neuveville-
  -sous-Châtenois (88) ...69 E3
la Neuveville-
  -sous-Montfort (88) ...69 F3
Neuvic (19) ...139 H1
Neuvic (24) ...136 D3
Neuvic-Entier (87) ...124 D3
Neuvicq (17) ...135 H2
Neuvicq-le-Château (17) ...121 H2
Neuvillalais (72) ...59 H4
Neuville (19) ...139 E4
la Neuville (59) ...3 F6

Neuville (63) ...127 H3
la Neuville-à-Maire (08) ...24 B3
Neuville-au-Bois (80) ...6 D5
Neuville-au-Cornet (62) ...7 G2
Neuville-au-Plain (50) ...13 E4
la Neuville-au-Pont (51) ...46 C1
Neuville-aux-Bois (45) ...63 E5
la Neuville-aux-Bois (51) ...46 C3
la Neuville-aux-Joûtes (08) ...10 C6
la Neuville-aux-Larris (51) ...45 E1
Neuville-Bosc (60) ...20 A6
la Neuville-Bosmont (02) ...22 D2
Neuville-Bourjonval (62) ...8 C4
la Neuville-Chant-d'Oisel (76) ...18 D5
Neuville-Coppegueule (80) ...6 D6
la Neuville-d'Aumont (60) ...20 B5
Neuville-Day (08) ...24 A4
la Neuville-de-Poitou (86) ...94 B6
Neuville-du-Bosc (27) ...18 B6
la Neuville-en-Avesnois (59) ...9 G3
Neuville-en-Beaumont (50) ...12 C4
la Neuville-en-Beine (02) ...21 H2
Neuville-en-Ferrain (59) ...3 G3
la Neuville-en-Hez (60) ...20 C5
la Neuville-
  -en-Tourne-à-Fuy (08) ...23 G5
la Neuville-en-Verdunois (55) ...47 F3
Neuville-Ferrières (76) ...19 F2
la Neuville-Garnier (60) ...20 A5
la Neuville-Housset (02) ...22 C1
la Neuville-lès-Bray (80) ...8 B5
Neuville-les-Dames (01) ...116 C5
la Neuville-lès-Dorengt (02) ...9 G5
la Neuville-lès-Lœuilly (80) ...20 B1
la Neuville-lès-This (08) ...24 A1
Neuville-lès-Vaucouleurs (55) ...47 H6
la Neuville-lès-Wasigny (08) ...23 G2
Neuville-lez-Beaulieu (08) ...10 C6
la Neuville-Roy (60) ...20 D4
Neuville-Saint-Amand (02) ...22 A1
la Neuville-Saint-Pierre (60) ...20 B3
Neuville-Saint-Rémy (59) ...8 D3
Neuville-Saint-Vaast (62) ...8 B2
la Neuville-Sire-Bernard (80) ...20 D1
Neuville-sous-Montreuil (62) ...1 G6
Neuville-sur-Ailette (02) ...22 C4
Neuville-sur-Ain (01) ...117 F6
la Neuville-sur-Authou (27) ...15 H4
Neuville-sur-Brenne (37) ...79 F3
la Neuville-sur-Essonne (45) ...63 G4
Neuville-sur-Escaut (59) ...9 E2
la Neuville-sur-Margival (02) ...22 B4
Neuville-sur-Oise (95) ...42 B2
Neuville-sur-Ornain (55) ...46 D4
la Neuville-sur-Oudeuil (60) ...20 A3
la Neuville-sur-Ressons (60) ...21 E3
Neuville-sur-Saône (69) ...130 A2
Neuville-sur-Sarthe (72) ...60 A5
Neuville-sur-Seine (10) ...66 D5
Neuville-sur-Touques (61) ...39 G3
la Neuville-sur-Vanne (10) ...65 H3
Neuville-Vault (60) ...20 A4
Neuville-Vitasse (62) ...8 B3
Neuviller-la-Roche (67) ...71 E1
Neuviller-lès-Badonviller (54) ...49 H6
Neuviller-sur-Moselle (54) ...69 G1
Neuvillers-sur-Fave (88) ...70 D3
Neuvillette (02) ...9 F6
Neuvillette (80) ...7 G3
Neuvillette-en-Charnie (72) ...59 G5
Neuvilly (59) ...9 F4
Neuvilly-en-Argonne (55) ...46 D1
Neuvireuil (62) ...8 C2
Neuvizy (08) ...23 H2
Neuvy (03) ...113 H2
Neuvy (41) ...80 B4
Neuvy (51) ...44 C5
Neuvy-au-Houlme (61) ...38 D4
Neuvy-Bouin (79) ...93 E6
Neuvy-Deux-Clochers (18) ...98 B1
Neuvy-en-Beauce (28) ...62 D3
Neuvy-en-Champagne (72) ...59 H5
Neuvy-en-Dunois (28) ...62 B4
Neuvy-en-Mauges (49) ...75 H5
Neuvy-en-Sullias (45) ...81 F2
Neuvy-Grandchamp (71) ...114 D1
Neuvy-le-Barrois (18) ...98 C5
Neuvy-le-Roi (37) ...78 D3
Neuvy-Pailloux (36) ...96 D4
Neuvy-Saint-Sépulchre (36) ...111 F1
Neuvy-Sautour (89) ...65 H5
Neuvy-sur-Barangeon (18) ...81 F6
Neuvy-sur-Loire (58) ...82 B4
Neuwiller (68) ...89 G3
Neuwiller-lès-Saverne (67) ...50 C3
Névache (05) ...147 E3
Nevers (58) ...98 D3
Névez (29) ...53 H4
Névian (11) ...188 A3
Néville (76) ...17 F2
Néville-sur-Mer (50) ...13 E1
Nevoy (45) ...81 H3
Nevy-lès-Dole (39) ...102 C3
Nevy-sur-Seille (39) ...102 D5
Nexon (87) ...124 A4
Ney (39) ...103 F5
Neydens (74) ...118 B5
les Neyrolles (01) ...117 G5
Neyron (01) ...130 B2
Nézel (78) ...42 A3
Nézignan-l'Évêque (34) ...188 D1
Niafles (53) ...76 B1
Niaux (09) ...199 E1
Nibas (80) ...6 C4
Nibelle (45) ...63 G6
Nibles (04) ...160 B5
Nice (06) ...195 F3
Nicey (21) ...84 C1
Nicey-sur-Aire (55) ...47 F3
Nicole (47) ...150 C4
Nicorps (50) ...37 E1
Niderhoff (57) ...49 H5
Niderviller (57) ...50 A4
Niederbronn-les-Bains (67) ...28 D6
Niederbruck (68) ...88 D1
Niederentzen (68) ...71 F5
Niederhaslach (67) ...50 C6
Niederhausbergen (67) ...51 E5
Niederhergheim (68) ...71 F5
Niederlauterbach (67) ...51 G2
Niedermodern (67) ...50 D3
Niedermorschwihr (68) ...71 F4
Niedernai (67) ...71 G1
Niederrœdern (67) ...51 G2
Niederschaeffolsheim (67) ...51 E4
Niedersoultzbach (67) ...50 C3
Niedersteinbach (67) ...51 E1
Niederstinzel (57) ...50 A3
Niedervisse (57) ...27 E5
Nielles-lès-Ardres (62) ...1 H3
Nielles-lès-Bléquin (62) ...1 H4
Nielles-lès-Calais (62) ...1 G3
Nieppe (59) ...3 E5
Niergnies (59) ...9 E4
Nieudan (15) ...139 H4
Nieuil (16) ...123 E2
Nieuil-l'Espoir (86) ...109 F2
Nieul (87) ...124 A1
Nieul-le-Dolent (85) ...91 F5
Nieul-le-Virouil (17) ...121 F6
Nieul-lès-Saintes (17) ...121 E3
Nieul-sur-l'Autise (85) ...107 F2
Nieul-sur-Mer (17) ...106 C4
Nieulle-sur-Seudre (17) ...120 C2
Nieurlet (59) ...2 A3
Niévroz (01) ...130 C2
Niffer (68) ...89 G2
Niherne (36) ...96 B5
Nijon (52) ...68 B3
Nilvange (57) ...26 B3
Nîmes (30) ...174 A3
Ninville (52) ...68 B5
Niort (79) ...107 H4
Niort-de-Sault (11) ...199 H1
Niozelles (04) ...176 D2
Nissan-lez-Enserune (34) ...188 B2
Nistos (65) ...183 H5
Nitry (89) ...83 H3

Nitting (57) ...50 A5
Nivelle (59) ...9 F1
Nivillac (56) ...73 G2
Nivillers (60) ...20 B4
Nivolas-Vermelle (38) ...130 D5
Nivollet-Montgriffon (01) ...117 F6
Nixéville-Blercourt (55) ...47 F1
le Nizan (33) ...149 H3
Nizan-Gesse (31) ...184 A3
Nizas (32) ...168 C6
Nizas (34) ...172 C6
Nizerolles (03) ...114 B6
Nizy-le-Comte (02) ...23 E3
Noailhac (12) ...154 B2
Noailhac (19) ...138 D3
Noailhac (81) ...170 D6
Noaillac (33) ...150 B2
Noaillan (33) ...149 G3
Noailles (19) ...138 C3
Noailles (60) ...20 B5
Noailles (81) ...170 B2
Noailly (42) ...115 E5
Noalhac (48) ...141 G6
Noards (27) ...15 H4
Nocario (2B) ...205 F1
Nocé (61) ...60 D2
Noceta (2B) ...205 F3
Nochize (71) ...115 F3
la Nocle-Maulaix (58) ...99 H5
Nod-sur-Seine (21) ...85 E2
Nods (25) ...104 A2
Noé (31) ...185 G2
Noé (89) ...65 E4
la Noë-Blanche (35) ...57 E5
Noé-les-Mallets (10) ...67 E5
la Noë-Poulain (27) ...15 H4
Nœllet (49) ...75 G1
les Noës (42) ...114 D6
les Noës-près-Troyes (10) ...66 B3
Nœux-lès-Auxi (62) ...7 F3
Nœux-les-Mines (62) ...2 D6
Nogaret (31) ...170 A6
Nogaro (32) ...166 D4
Nogent (52) ...68 B5
Nogent-l'Abbesse (51) ...23 F6
Nogent-l'Artaud (02) ...44 B3
Nogent-le-Bernard (72) ...60 C3
Nogent-le-Phaye (28) ...62 B2
Nogent-le-Roi (28) ...41 G6
Nogent-le-Rotrou (28) ...61 E3
Nogent-lès-Montbard (21) ...84 D4
Nogent-sur-Aube (10) ...66 C2
Nogent-sur-Eure (28) ...62 A2
Nogent-sur-Loir (72) ...78 C3
Nogent-sur-Marne (94) ...43 E3
Nogent-sur-Oise (60) ...20 D6
Nogent-sur-Seine (10) ...65 E2
Nogent-sur-Vernisson (45) ...82 A1
Nogna (39) ...117 G1
Noguères (64) ...182 A1
Nohanent (63) ...127 E3
Nohant-en-Goût (18) ...98 A2
Nohant-en-Graçay (18) ...96 D2
Nohant-Vic (36) ...111 G1
Nohèdes (66) ...200 B3
Nohic (82) ...169 F3
Noidan (21) ...84 D6
Noidans-le-Ferroux (70) ...87 F4
Noidans-lès-Vesoul (70) ...87 G3
Noidant-Chatenoy (52) ...86 B1
Noidant-le-Rocheux (52) ...86 A1
Noilhan (32) ...168 B6
Nointel (60) ...20 D5
Nointel (95) ...42 C2
Nointot (76) ...15 H1
Noircourt (02) ...23 E2
Noirefontaine (25) ...88 C5
Noirémont (60) ...20 B3
Noirétable (42) ...128 B3
Noiron (70) ...86 C5
Noiron-sous-Gevrey (21) ...102 A1
Noiron-sur-Bèze (21) ...86 B5
Noiron-sur-Seine (21) ...66 D6
Noironte (25) ...87 E6
Noirval (08) ...24 B4
Noiseau (94) ...43 E4
Noisiel (77) ...43 F4
Noisseville (57) ...26 C5
Noisy-le-Grand (93) ...43 E4
Noisy-le-Sec (93) ...42 D3
Noisy-Rudignon (77) ...64 C3
Noizay (37) ...79 F5
Nojals-et-Clotte (24) ...151 G1
Nojeon-en-Vexin (27) ...19 F5
Nolay (21) ...101 F4
Nolay (58) ...99 E2
Nolléval (76) ...19 F4
Nollieux (42) ...128 D4
Nomain (59) ...3 G6
Nomdieu (47) ...167 G1
Nomécourt (52) ...67 G3
Nomeny (54) ...48 D3
Nomexy (88) ...69 H3
Nommay (25) ...88 C4
Nompatelize (88) ...70 C2
Nonac (16) ...122 B6
Nonant (14) ...14 A4
Nonant-le-Pin (61) ...39 F5
Nonards (19) ...139 E4
Nonaville (16) ...122 B5
Noncourt-sur-
  -le-Rongeant (52) ...68 A2
Nonette (63) ...127 G6
Nonglard (74) ...132 A1
Nonhigny (54) ...49 H6
Nonières (07) ...143 G5
Nonsard-Lamarche (55) ...47 H3
Nontron (24) ...123 F5
Nonville (77) ...64 B3
Nonville (88) ...69 F5
Nonvilliers-Grandhoux (28) ...61 G3
Nonza (2B) ...203 F3
Nonzeville (88) ...70 B3
Noordpeene (59) ...2 B3
Nordausques (62) ...1 H3
Nordheim (67) ...50 D5
Nordhouse (67) ...71 H1
Noreuil (62) ...8 C3
Norges-la-Ville (21) ...85 H5
Normandel (61) ...40 B5
Normanville (27) ...40 D1
Normanville (76) ...16 D4
Normier (21) ...84 D6
Norolles (14) ...15 F4
Noron-la-Poterie (14) ...13 H6
Noron-l'Abbaye (14) ...38 D3
Noroy (60) ...20 D4
Noroy-le-Bourg (70) ...87 H3
Noroy-lès-Jussey (70) ...87 E1
Noroy-sur-Ourcq (02) ...21 H6
Norrent-Fontes (62) ...2 C5
Norrey-en-Auge (14) ...39 E3
Norris (51) ...46 B5
Norroy (88) ...69 E3
Norroy-le-Sec (54) ...25 H5
Norroy-le-Veneur (57) ...26 B5
Norroy-lès-Pont-
  -à-Mousson (54) ...48 B3
Nort-Leulinghem (62) ...2 A3
Nort-sur-Erdre (44) ...74 D3
Nortkerque (62) ...1 H3
la Norville (91) ...42 C6
Nossage-et-Bénévent (05) ...159 H4
Nossoncourt (88) ...70 B2
Nostang (56) ...54 D5
Noth (23) ...111 E4
Nothalten (67) ...71 F2
Notre-Dame-d'Aliermont (76) ...17 H2
Notre-Dame-
  -d'Allençon (49) ...77 E6

Notre-Dame-
  -de-Bellecombe (73) ...132 D2
Notre-Dame-
  -de-Bliquetuit (76) ...17 E6
Notre-Dame-
  -de-Boisset (42) ...128 D2
Notre-Dame-
  -de-Bondeville (76) ...17 G6
Notre-Dame-de-Cenilly (50) ...37 E2
Notre-Dame-
  -de-Commiers (38) ...145 G4
Notre-Dame-
  -de-Courson (14) ...15 F6
Notre-Dame-
  -de-Gravenchon (76) ...15 H2
Notre-Dame-
  -de-la-Rouvière (30) ...173 E1
Notre-Dame-de-l'Isle (27) ...41 F1
Notre-Dame-de-Livaye (14) ...15 E5
Notre-Dame-de-Livoye (50) ...37 F4
Notre-Dame-
  -de-Londres (34) ...173 F3
Notre-Dame-de-l'Osier (38) ...145 E2
Notre-Dame-
  -de-Mésage (38) ...145 G3
Notre-Dame-de-Monts (85) ...90 C2
Notre-Dame-de-Riez (85) ...90 D3
Notre-Dame-
  -de-Sanilhac (24) ...137 F3
Notre-Dame-de-Vaulx (38) ...145 G4
Notre-Dame-d'Elle (50) ...37 G1
Notre-Dame-d'Épine (27) ...15 H4
Notre-Dame-des-Landes (44) ...74 C3
Notre-Dame-
  -des-Millières (73) ...132 C4
Notre-Dame-
  -d'Estrées-Corbon (14) ...15 E5
Notre-Dame-d'Oé (37) ...78 D5
Notre-Dame-du-Bec (76) ...15 F1
Notre-Dame-du-Cruet (73) ...132 C6
Notre-Dame-du-Hamel (27) ...40 A3
Notre-Dame-du-Parc (76) ...18 D3
Notre-Dame-du-Pé (72) ...77 F2
Notre-Dame-du-Pré (73) ...133 E5
Notre-Dame-du-Rocher (61) ...38 C4
Notre-Dame-du-Touchet (50) ...37 G6
Nottonville (28) ...62 B5
la Nouaille (23) ...125 G2
Nouaillé-Maupertuis (86) ...109 E2
Nouainville (50) ...12 C2
Nouan-le-Fuzelier (41) ...81 E4
Nouans (72) ...60 B4
Nouans-les-Fontaines (37) ...96 A2
Nouart (08) ...24 C4
la Nouaye (35) ...56 D2
la Noue (51) ...44 D4
Noueilles (31) ...185 G1
Nougaroulet (32) ...168 A4
Nouhant (23) ...112 B4
Nouic (87) ...110 A5
Nouilhan (65) ...183 E1
les Nouillers (17) ...121 E1
Nouillonpont (55) ...25 G5
Nouilly (57) ...26 C5
Noulens (32) ...167 E3
Nourard-le-Franc (60) ...20 C4
Nourray (41) ...79 F2
Nousse (40) ...165 F4
Nousseviller-
  -Saint-Nabor (57) ...49 H1
Nousty (64) ...182 C2
Nouvelle-Église (62) ...1 H2
Nouvion (80) ...6 D3
le Nouvion-en-Thiérache (02) ...9 H5
Nouvion-et-Catillon (02) ...22 B2
Nouvion-le-Comte (02) ...22 B2
Nouvion-le-Vineux (02) ...22 C4
Nouvion-sur-Meuse (08) ...24 B2
Nouvoitou (35) ...57 F3
Nouvron-Vingré (02) ...21 H4
Nouzerines (23) ...111 H3
Nouzerolles (23) ...111 F3
Nouziers (23) ...111 G3
Nouzilly (37) ...79 E4
Nouzonville (08) ...24 B1
Novacelles (63) ...128 A6
Novalaise (73) ...131 G4
Novale (2B) ...205 G2
Novéant-sur-Moselle (57) ...26 B6
Novel (74) ...119 G3
Novella (2B) ...203 E5
Noviant-aux-Prés (54) ...48 B4
Novillard (90) ...88 D3
Novillars (25) ...87 G6
Novillers (60) ...20 B6
Novion-Porcien (08) ...23 H3
Novy-Chevrières (08) ...23 H3
Noyal (22) ...34 A5
Noyal-Châtillon-
  -sur-Seiche (35) ...57 F3
Noyal-Muzillac (56) ...73 F1
Noyal-Pontivy (56) ...55 F2
Noyal-sur-Brutz (44) ...57 F6
Noyal-sur-Vilaine (35) ...57 G3
Noyales (02) ...9 F6
Noyalo (56) ...73 E1
Noyant (49) ...77 H4
Noyant-d'Allier (03) ...113 G2
Noyant-de-Touraine (37) ...94 D2
Noyant-et-Aconin (02) ...22 A5
Noyant-la-Gravoyère (49) ...75 H1
Noyant-la-Plaine (49) ...77 F6
Noyarey (38) ...145 F2
Noyelle-Vion (62) ...7 H2
Noyelles-en-Chaussée (80) ...7 E3
Noyelles-Godault (62) ...8 C1
Noyelles-lès-Humières (62) ...7 F2
Noyelles-lès-Seclin (59) ...3 F5
Noyelles-lès-Vermelles (62) ...2 D6
Noyelles-sous-Bellonne (62) ...8 C2
Noyelles-sous-Lens (62) ...8 B1
Noyelles-sur-Escaut (59) ...8 D4
Noyelles-sur-Mer (80) ...6 C3
Noyelles-sur-Sambre (59) ...9 H3
Noyelles-sur-Selle (59) ...9 E2
Noyellette (62) ...8 A2
Noyen-sur-Sarthe (72) ...59 G6
Noyen-sur-Seine (77) ...65 E2
le Noyer (05) ...160 B1
le Noyer (18) ...82 A5
le Noyer (73) ...132 A3
le Noyer-en-Ouche (27) ...40 B2
Noyers (27) ...19 G6
Noyers (45) ...82 A1
Noyers (52) ...68 C4
Noyers (89) ...84 A3
Noyers-Auzécourt (55) ...46 D3
Noyers-Pont-Maugis (08) ...24 C2
Noyers-Saint-Martin (60) ...20 C3
Noyers-sur-Cher (41) ...96 A1
Noyers-sur-Jabron (04) ...160 A6
Noyon (60) ...21 G3
Nozay (10) ...66 B1
Nozay (44) ...74 C2
Nozay (91) ...42 C5
Nozeroy (39) ...103 F5
Nozières (07) ...143 G4
Nozières (18) ...97 G6
Nuaillé (49) ...75 H6
Nuaillé-d'Aunis (17) ...107 E4
Nuaillé-sur-Boutonne (17) ...107 H5
Nubécourt (55) ...47 E2
Nucourt (95) ...42 A1
Nueil-les-Aubiers (79) ...92 D3
Nueil-sous-Faye (86) ...94 B3
Nuillé-le-Jalais (72) ...60 C5
Nuillé-sur-Vicoin (53) ...58 C6
Nuisement-sur-Coole (51) ...45 H3
Nuits (89) ...84 B2
Nuits-Saint-Georges (21) ...101 H2
Nullemont (76) ...19 G1
Nully (52) ...67 F2
Nuncq-Hautecôte (62) ...7 F2
Nuret-le-Ferron (36) ...96 A6

Nurieux-Volognat (01) ...117 F5
Nurlu (80) ...8 C5
Nuzéjouls (46) ...152 C3
Nyer (66) ...200 B4
Nyoiseau (49) ...75 H1
Nyons (26) ...158 D4

O

Obenheim (67) ...71 H2
Oberbronn (67) ...50 D2
Oberbruck (68) ...88 D1
Oberdorf (68) ...89 F3
Oberdorf-Spachbach (67) ...51 E2
Oberdorff (57) ...27 E4
Oberentzen (68) ...71 F5
Obergailbach (67) ...28 A5
Oberhaslach (67) ...50 C6
Oberhausbergen (67) ...51 E5
Oberhergheim (68) ...71 F5
Oberhoffen-
  -lès-Wissembourg (67) ...51 F1
Oberhoffen-sur-Moder (67) ...51 F4
Oberlarg (68) ...89 F4
Oberlauterbach (67) ...51 G2
Obermodern-
  -Zutzendorf (67) ...50 D3
Obermorschwihr (68) ...71 F5
Obermorschwiller (68) ...89 F3
Obernai (67) ...71 G1
Oberrœdern (67) ...51 F2
Obersaasheim (68) ...71 G5
Oberschaeffolsheim (67) ...50 D5
Obersoultzbach (67) ...50 C3
Obersteinbach (67) ...50 D1
Oberstinzel (57) ...50 A4
Obervisse (57) ...27 E5
Obies (59) ...9 H2
Objat (19) ...138 C2
Oblinghem (62) ...2 D6
Obrechies (59) ...10 A3
Obreck (57) ...49 F4
Obsonville (77) ...63 H4
Obterre (36) ...95 G4
Obtrée (21) ...85 E1
Ocana (2A) ...204 D6
Occagnes (61) ...39 E4
Occey (52) ...86 A3
Occhiatana (2B) ...202 D5
Occoches (80) ...7 G3
Oches (08) ...24 C3
Ochey (54) ...48 B6
Ochtezeele (59) ...2 B3
Ocquerre (77) ...43 H2
Ocqueville (76) ...17 E3
Octeville-l'Avenel (50) ...12 D3
Octeville-sur-Mer (76) ...15 F1
Octon (34) ...172 C5
Odars (31) ...169 G6
Odenas (69) ...116 A6
Oderen (68) ...70 D6
Odomez (59) ...9 G1
Odos (65) ...183 E3
Odratzheim (67) ...50 D5
Œlleville (88) ...69 F2
Œrmingen (67) ...27 H6
Oeting (57) ...27 H5
Œuf-en-Ternois (62) ...7 F2
Œuilly (02) ...22 C5
Œuilly (51) ...45 E2
Oeyregave (40) ...165 E5
Oeyreluy (40) ...165 E4
Offemont (90) ...88 C3
Offendorf (67) ...51 F4
Offignies (80) ...19 H1
Offin (62) ...7 E1
Offlanges (39) ...102 D1
Offoy (62) ...7 F3
Offoy (80) ...21 G1
Offranville (76) ...17 G2
Offrethun (62) ...1 F4
Offroicourt (88) ...69 F2
Offwiller (67) ...50 D3
Ogenne-Camptort (64) ...181 H2
Oger (51) ...45 F3
Ogeu-les-Bains (64) ...182 A3
Ogéviller (54) ...49 G6
Ognes (02) ...21 H3
Ognes (51) ...44 D5
Ognes (60) ...21 F6
Ognéville (54) ...69 F1
Ognolles (60) ...21 F2
Ognon (60) ...21 E5
Ogy (57) ...26 C5
Ohain (59) ...10 B4
Oherville (76) ...17 E3
Ohis (02) ...10 A5
Ohlungen (67) ...51 E3
Ohnenheim (67) ...71 G3
l'Oie (85) ...92 A4
Oigney (70) ...87 E2
Oignies (62) ...8 C1
Oigny (21) ...85 F3
Oigny (41) ...61 F6
Oigny-en-Valois (02) ...21 H6
Oingt (69) ...129 G2
Oinville-Saint-Liphard (28) ...62 D4
Oinville-sous-Auneau (28) ...62 C2
Oinville-sur-Montcient (78) ...42 A2
Oiron (79) ...93 H3
Oiry (51) ...45 F2
Oiselay-et-Grachaux (70) ...87 F5
Oisemont (80) ...6 D5
Oisilly (21) ...86 B5
Oisly (41) ...80 A4
Oison (45) ...63 E4
Oisseau (53) ...58 D2
Oisseau-le-Petit (72) ...60 A2
Oissel (76) ...18 C5
Oissery (77) ...43 F2
Oissy (80) ...7 E5
Oisy (02) ...9 G5
Oisy (58) ...83 F5
Oisy (59) ...9 F2
Oisy-le-Verger (62) ...8 D3
Oizé (72) ...78 A2
Oizon (18) ...82 A5
Olargues (34) ...171 G6
Olby (63) ...126 D3
Olcani (2B) ...203 F3
Oléac-debat (65) ...183 F2
Oléac-Dessus (65) ...183 F3
Olemps (12) ...154 C4
Olendon (14) ...38 D2
Oletta (2B) ...203 F4
Olette (66) ...200 B4
Olivese (2A) ...205 E6
Olivet (45) ...80 D1
Olivet (53) ...58 C4
Olizy (51) ...44 D1
Olizy-Primat (08) ...24 B5
Olizy-sur-Chiers (55) ...24 D3
Ollainville (88) ...69 E3
Ollainville (91) ...42 C6
Ollans (25) ...87 G5
Ollé (28) ...61 H2
Olley (54) ...25 H6
Ollezy (02) ...21 H2
Olliergues (63) ...128 A4
les Ollières-sur-Eyrieux (07) ...143 H6
Ollières (83) ...193 E2
Olloix (63) ...127 E4
les Olmes (69) ...129 G2
Olmet (34) ...172 B5
Olmet-et-Villecun (34) ...172 B4
Olmeta-
  -di-Capocorso (2B) ...203 F3
Olmeta-di-Tuda (2B) ...203 F5
Olmeto (2A) ...204 D6
Olmi-Cappella (2B) ...202 D5
Olmiccia (2A) ...205 E6
Olmo (2B) ...203 F5
Olonne-sur-Mer (85) ...91 E5

Olonzac (34) ...187 G3
Oloron-Sainte-Marie (64) ...182 A3
Ols-et-Rinhodes (12) ...153 G4
Oltingue (68) ...89 G4
Olwisheim (67) ...51 E4
Omblèze (26) ...144 D5
Omécourt (60) ...19 H3
Omelmont (54) ...69 F1
les Omergues (04) ...159 G6
Omerville (95) ...41 H1
Omessa (2B) ...205 E2
Omet (33) ...149 H1
Omex (65) ...182 D4
Omey (51) ...46 B4
Omicourt (08) ...24 B2
Omiécourt (80) ...21 F1
Omissy (02) ...9 E6
Ommeel (61) ...39 F4
Ommeray (57) ...49 F4
Ommoy (61) ...39 E3
Omont (08) ...24 B3
Omonville (76) ...17 G3
Omonville-la-Petite (50) ...12 A1
Omonville-la-Rogue (50) ...12 B1
Omps (15) ...139 H5
Oms (66) ...201 E3
Onans (25) ...88 B4
Onard (40) ...165 F3
Onay (70) ...86 D5
Oncieu (01) ...131 E1
Oncourt (88) ...69 H3
Oncy-sur-École (91) ...63 H2
Ondefontaine (14) ...38 A2
Ondes (31) ...169 E4
Ondres (40) ...164 B5
Ondreville-sur-Essonne (45) ...63 G4
Onesse-Laharie (40) ...148 B6
Onet-le-Château (12) ...154 C4
Oneux (80) ...7 E4
Ongles (04) ...176 C1
Onglières (39) ...103 G5
Onjon (10) ...66 C2
Onlay (58) ...100 A4
Onnaing (59) ...9 G1
Onnion (74) ...119 E5
Onoz (39) ...117 G2
Ons-en-Bray (60) ...20 A4
Ontex (73) ...131 G3
Onville (54) ...48 B2
Onzain (41) ...79 G5
Oô (31) ...197 E1
Oost-Cappel (59) ...2 D2
Opio (06) ...178 C4
Opoul-Périllos (66) ...187 H6
Oppède (84) ...175 G3
Oppedette (04) ...176 B2
Oppenans (70) ...87 H3
Oppy (62) ...8 C2
Optevoz (38) ...130 D3
Oraàs (64) ...181 E1
Oradour (15) ...141 E5
Oradour (16) ...122 A1
Oradour-Fanais (16) ...109 H5
Oradour-Saint-Genest (87) ...110 B4
Oradour-sur-Glane (87) ...123 H1
Oradour-sur-Vayres (87) ...123 G3
Orain (21) ...86 A4
Orainville (02) ...23 E5
Oraison (04) ...176 D2
Orange (84) ...158 B6
Orbagna (39) ...117 F1
Orbais-l'Abbaye (51) ...44 D3
Orban (81) ...170 B3
Orbec (14) ...15 G6
Orbeil (63) ...127 G5
Orbessan (32) ...167 H6
Orbey (68) ...71 E4
Orbigny (37) ...95 H1
Orbigny-au-Mont (52) ...86 B1
Orbigny-au-Val (52) ...86 B1
l'Orbrie (85) ...107 F2
Orçay (41) ...97 E1
Orcemont (78) ...41 H6
Orcenais (18) ...97 H6
Orcet (63) ...127 F4
Orcevaux (52) ...86 A2
Orchaise (41) ...79 G4
Orchamps (39) ...102 D2
Orchamps-Vennes (25) ...104 B2
Orches (86) ...94 B4
Orcier (74) ...119 E3
Orcières (05) ...160 D1
Orcinas (26) ...158 C2
Orcines (63) ...127 E3
Orcival (63) ...126 D4
Orconte (51) ...46 C5
Ordan-Larroque (32) ...167 G4
Ordiarp (64) ...181 F3
Ordizan (65) ...183 F4
Ordonnac (33) ...134 D1
Ordonnaz (01) ...131 F2
Ore (31) ...184 A5
Orègue (64) ...181 E1
Oreilla (66) ...200 B3
Orelle (73) ...146 D2
Oresmaux (80) ...20 C1
Organ (65) ...183 H2
Orgeans-
  -Blanchefontaine (25) ...88 C5
Orgedeuil (16) ...123 E3
Orgeix (09) ...199 G2
Orgelet (39) ...117 G2
Orgères (35) ...57 F4
Orgères (61) ...39 G4
Orgères-en-Beauce (28) ...62 C4
Orgerus (78) ...41 H4
Orges (52) ...67 G5
Orgeux (21) ...85 H5
Orgeval (02) ...22 C4
Orgeval (78) ...42 B3
Orgibet (09) ...184 C5
Orglandes (50) ...12 D4
Orgnac-l'Aven (07) ...157 G5
Orgnac-sur-Vézère (19) ...138 C1
Orgon (13) ...175 F3
Orgueil (82) ...169 F3
Oricourt (70) ...87 H3
Orieux (65) ...183 G3
Orignac (65) ...183 F4
Origne (33) ...149 F3
Origné (53) ...58 D6
Orignolles (17) ...135 H2
Origny (21) ...85 E3
Origny-en-Thiérache (02) ...10 A6
Origny-le-Butin (61) ...60 C2
Origny-le-Roux (61) ...60 B2
Origny-le-Sec (10) ...65 G2
Origny-Sainte-Benoite (02) ...22 B1
Orin (64) ...181 H2
Orincles (65) ...183 E4
Oriocourt (57) ...49 E3
Oriol-en-Royans (26) ...144 D4
Oriolles (16) ...121 H6
Orion (64) ...181 G1
Oris-en-Rattier (38) ...145 H4
Orist (40) ...164 D4
Orival (16) ...136 B1
Orival (76) ...18 C5
Orléans (45) ...80 D1
Orléat (63) ...127 H2
Orleix (65) ...183 F2
Orliac (24) ...152 A1
Orliac-de-Bar (19) ...139 E1
Orliaguet (24) ...138 B5
Orliénas (69) ...129 H4
Orlu (09) ...199 G2
Orlu (28) ...62 D3
Orly (94) ...42 D5
Orly-sur-Morin (77) ...44 A3
Ormancey (52) ...86 A1
Ormenans (70) ...87 G4
Ormersviller (57) ...28 B5
Ormes (10) ...66 B1
Ormes (27) ...40 D2
Ormes (45) ...62 D6
Ormes (51) ...23 E6
Ormes (71) ...116 B1
les Ormes (86) ...94 D4
les Ormes (89) ...83 E1
Ormes-et-Ville (54) ...69 E1

244

les Ormes-sur-Voulzie (77).......64 D2
Ormesson (77).......................64 A4
Ormesson-sur-Marne (94) 43 E4
Ormoiche (70)........................87 H1
Ormoy (28)............................41 F6
Ormoy (70)............................87 F1
Ormoy (89)............................55 F6
Ormoy (91)............................42 D6
Ormoy-la-Rivière (91) 63 F2
Ormoy-le-Davien (60) 43 G1
Ormoy-lès-Sexfontaines (52)...67 H4
Ormoy-Villers (60).................43 G1
Ornacieux (38)......................130 D6
Ornaisons (11)......................187 H3
Ornans (25).........................103 G2
Ornes (55).............................25 F6
Ornex (01)............................118 B4
Ornézan (32)........................167 H6
Orniac (46)..........................153 E3
Ornolac-Ussat-
   -les-Bains (09).................199 E1
Ornon (38)...........................146 A3
Orny (57)...............................26 C6
Oroër (60)..............................20 B4
Oroix (65).............................183 E2
Oron (57)...............................49 E3
Oroux (79).............................93 G6
Orphin (78)............................41 H6
Orpierre (05).........................159 H4
Orret (21)..............................85 F4
Orriule (64)...........................181 G1
Orrouer (28)...........................61 H2
Orrouy (60)............................21 F6
Orry-la-Ville (60)....................43 E1
Ors (59)...................................9 G4
Orsan (30)............................158 A6
Orsanco (64)........................181 E2
Orsans (21)...........................86 B4
Orsans (25)..........................104 A1
Orsay (91)..............................42 C5
Orschwihr (68).......................71 E6
Orschwiller (67).....................71 F3
Orsennes (36).......................111 F2
Orsinval (59)............................9 G2
Orsonnette (63)....................127 G6
Orsonville (78).......................62 D1
Ortaffa (66)..........................201 F3
Ortale (2B)...........................205 G2
Orthevielle (40)....................164 D5
Orthez (64)..........................165 G6
Orthoux-
   -Sérignac-Quilhan (30)......173 G3
Ortillon (10)...........................66 C1
Ortiporio (2B).......................203 F6
Orto (2A).............................204 D3
Ortoncourt (88)......................70 A2
Orus (09).............................198 D1
Orval (18)...............................97 H6
Orval (50)..............................36 D2
Orvanne (77).........................64 B2
Orvault (44)............................74 C4
Orvaux (27)............................40 D3
Orve (25)...............................88 B6
Orveau (91).............................63 F2
Orveau-Bellesauve (45) 63 G3
Orville (21).............................86 A4
Orville (36).............................96 D2
Orville (45).............................63 G4
Orville (61).............................39 G3
Orville (62)..............................7 G4
Orvillers-Sorel (60)................21 E3
Orvilliers (78)........................41 G4
Orvilliers-Saint-Julien (10).....65 H2
Orx (40)...............................164 C5
Os-Marsillon (64)..................182 A1
Osani (2A)...........................204 B2
Osches (55)............................47 E2
Oslon (71)............................101 H5
Osly-Courtil (02)....................21 H5
Osmanville (14).......................13 F5
Osmets (65).........................183 F2
Osmoy (18)............................98 A4
Osmoy (78)............................41 H4
Osmoy-Saint-Valery (76)........19 E1
Osne-le-Val (52).....................68 A1
Osnes (08).............................24 D2
Osny (95)...............................42 B2
Ossages (65)........................165 F5
Ossas-Suhare (64)................181 G1
Osse (25)...............................87 G6
Ossé (35)...............................57 G3
Osse-en-Aspe (64)...............181 H5
Osséja (66)..........................199 H5
Osselle (25)..........................103 G2
Ossen (64)...........................182 D4
Ossenx (64).........................181 G1
Osserain-Rivareyte (64)........181 F1
Ossès (64)...........................180 D2
Ossey-les-Trois-Maisons (10)..65 G2
Ossun (65)...........................183 E3
Ossun-Ez-Angles (65)..........183 E4
Ostabat-Asme (64)...............181 E2
Ostel (02)...............................22 B4
Ostheim (68)..........................71 F4
Osthoffen (67)........................50 D5
Osthouse (67)........................71 H1
Ostreville (62)..........................7 G1
Ostricourt (59).........................8 C1
Ostwald (67)...........................51 E6
Ota (2A)...............................204 D3
Othe (54)...............................25 F3
Othis (77)...............................43 F2
Ottange (57)...........................26 A2
Ottersthal (67).......................50 C4
Otterswiller (67).....................50 C4
Ottmarsheim (68)...................89 G1
Ottonville (57).........................26 D4
Ottrott (67).............................71 F1
Ottwiller (67)..........................50 B3
Ouagne (58)...........................83 F5
Ouainville (76)........................16 D3
Ouanne (89)...........................83 F3
Ouarville (28)..........................62 B1
les Oubeaux (14)....................13 F5
Ouchamps (41).......................79 H5
Ouches (42).........................128 C1
Oucques (41)..........................79 H2
Oudalle (76)............................15 F2
Oudan (58).............................83 E6
Oudeuil (60)............................20 A3
Oudezeele (59).........................2 C3
Oudincourt (52).......................67 H4
l'Oudon (14)............................38 C2
Oudon (44)..............................74 E4
Oudrenne (57).........................26 C3
Oudry (71)............................115 F1
Oueilloux (65).......................183 F3
Ouerre (28).............................41 F5
Ouessant (29).........................30 A4
Ouézy (14).............................39 E1
Offières (14)............................14 B6
Ouge (70)...............................86 D2
Ouges (21)............................102 A1
Ougney (39)..........................102 D1
Ougney-Douvot (25)...............87 G6
Ougny (58).............................99 H3
Ouhans (25).........................103 H3
Ouides (43)..........................142 B5
Ouillon (64)..........................182 C2
Ouilly-du-Houley (14)..............15 G5
Ouilly-le-Tesson (14)...............38 D2
Ouilly-le-Vicomte (14).............15 F5
Ouistreham (14).......................14 C4
Oulchy-la-Ville (02).................22 A6
Oulches (36)........................110 C1
Oulches-
   -la-Vallée-Foulon (02)..........22 D4
Oulchy-la-Ville (02)................22 A6
Oulchy-le-Château (02)..........22 A6
Oulins (28).............................41 F4
Oulles (38).............................45 H5
Oullins (69)..........................130 A3
Oulmes (85).........................107 F2
Oulon (58)..............................99 F2
Ounans (39)..........................102 D3
Oupia (34)............................187 H2
Our (39)...............................102 D3
Ources (26)...........................144 C6

Ourches-sur-Meuse (55)........47 H5
Ourde (65)............................183 H5
Ourdis-Cotdoussan (65).......183 E4
Ourdon (65)..........................183 E4
Ouroüer (58)..........................99 E3
Ourouer-les-Bourdelins (18) ...98 B4
Ouroux (69)..........................115 H4
Ouroux-en-Morvan (58).........100 A3
Ouroux-sous-
   -le-Bois-Sainte-Marie (71).115 G3
Ouroux-sur-Saône (71).........101 H6
Oursbelille (65)......................183 E2
Oursel-Maison (60)..................20 B3
Ourton (62)..............................7 H1
Ourville-en-Caux (76)............16 D3
Ousse (64)............................182 C2
Ousse-Suzan (40).................165 G2
Oussières (39)......................102 D4
Ousson-sur-Loire (45)............82 B4
Oussoy-en-Gâtinais (45)........82 A1
Oust (09).............................185 E6
Oust-Marest (80).......................6 B4
Ousté (65)............................183 E4
Outarville (45).........................63 E4
Outines (51)............................67 E1
Outreau (62)............................1 F4
Outrebois (80)..........................7 G3
Outremécourt (52)..................68 D3
Outrepont (51)........................46 B4
Outriaz (01)..........................117 G6
Ouvans (25)............................88 A6
Ouve-Wirquin (62)....................2 A5
Ouveillan (11).......................188 A2
Ouville (50).............................37 E2
Ouville-la-Bien-Tournée (14)...39 E2
Ouville-la-Rivière (76)............17 F2
Ouville-l'Abbaye (76).............17 F4
Ouvrouer-les-Champs (45).....81 F2
Ouzilly (86)............................94 C5
Ouzouer-des-Champs (45).....82 A1
Ouzouer-le-Doyen (41)..........62 A6
Ouzouer-le-Marché (45).........80 B1
Ouzouer-sous-
   -Bellegarde (45).................63 G6
Ouzouer-sur-Loire (45)...........81 H2
Ouzouer-sur-Trézée (45)........82 B3
Ouzous (65).........................182 D4
Ovanches (70)........................87 F3
Ovillers-la-Boisselle (80)...........8 A5
Oxelaëre (59)...........................2 C3
Oye (71)...............................115 F4
Oye-et-Pallet (45).................104 A4
Oye-Plage (62)........................1 H2
Oyes (51)...............................45 E4
Oyeu (38).............................131 E6
Oyonnax (01)........................117 G4
Oyré (86)................................94 D4
Oyrières (70)..........................86 C4
Oysonville (28)........................62 D2
Oytier-Saint-Oblas (38).........130 B5
Oz (38).................................146 A3
Ozan (01).............................116 C3
Oze (05)...............................159 H3
Ozenay (71)..........................116 B2
Ozenx-Montestrucq (64)........165 F6
Ozerailles (54)........................25 H6
Ozières (52)............................68 B4
Ozillac (17)...........................121 G6
Ozoir-la-Ferrière (77).............43 G3
Ozoir-le-Breuil (28)................62 B6
Ozolles (71)..........................115 G3
Ozon (07).............................144 A3
Ozon (65).............................183 F3
Ozouer-le-Voulgis (77)...........43 F5
Ozourt (40)...........................165 F4

P

Paars (02)...............................22 C5
Pabu (22)................................33 E3
la Pacaudière (42)................114 D5
Pacé (35).................................57 E2
Pacé (61)................................59 H1
Pact (38)...............................144 B1
Pacy-sur-Armançon (89)........84 B2
Pacy-sur-Eure (27).................41 F2
Padern (11)...........................187 G6
Padiès (81)...........................170 D1
Padirac (46)..........................139 E6
Padoux (88)............................70 A3
Pageas (87).............................97 H3
Pagney (39)..........................103 E1
Pagney-derrière-Barine (54)....48 A5
Pagnoz (39)..........................103 E3
Pagny-la-Blanche-Côte (55)....48 A6
Pagny-la-Ville (21)................102 A3
Pagny-le-Château (21)..........102 A3
Pagny-lès-Goin (57)................48 C2
Pagny-sur-Meuse (55)............48 A5
Pagny-sur-Moselle (54)..........48 B2
Pagolle (64)..........................181 F2
Pailhac (65)..........................183 G6
Pailharès (07).......................143 G3
Pailherols (15)......................140 C5
Pailhès (09)..........................185 F4
Pailhès (34)..........................188 C1
Paillart (60)............................20 C2
Paillé (17).............................107 H6
Paillencourt (59).......................9 E3
Paillet (33)............................135 H6
Pailloles (47)........................151 F3
le Pailly (52)............................86 B2
Pailly (89)...............................65 E3
Paimbœuf (44)........................74 A4
Paimpol (22)...........................33 F2
Paimpont (35).........................56 C3
Painblanc (21)......................101 E2
Pair-et-Grandrupt (88)...........70 D3
Paissy (02)..............................22 C4
Paisy-Cosdon (10)..................65 G4
Paizay-le-Chapt (79)..............108 B5
Paizay-le-Sec (86).................109 H1
Paizay-le-Tort (79).................108 B5
Paizay-Naudouin-
   -Embourie (16)....................108 C6
Pajay (38).............................144 C1
Paladru (38)..........................131 F5
Palairac (11).........................187 G5
le Palais (56)..........................72 B3
le Palais-sur-Vienne (87)......124 B2
Palaiseau (91)........................42 C5
Palaiseul (52).........................86 B2
Palaja (11)............................187 E3
Palaminy (31)........................185 H4
Palante (70)............................88 B3
Palantine (25)..........................103 F2
Palasca (2B).........................202 D5
Palau-de-Cerdagne (66)........199 G5
Palau-del-Vidre (66)..............201 F3
Palavas-les-Flots (34)...........174 B3
Palazinges (19).....................138 D3
Paley (77)................................64 B4
Palhers (48)...........................155 H3
Palinges (71)........................115 F2
Palis (10)................................65 G3
Palise (25)...............................87 F5
Palisse (19)..........................126 B6
Paladuc (63)..........................128 A6
Palleau (71)..........................101 H4
Pallegney (88)........................69 H3
le Pallet (44)...........................75 E6
Palleville (81)........................170 B6
la Pallu (53)............................59 F2
Palluau (85)............................91 F3
Palluau-sur-Indre (36)............96 A4
Palluaud (16)........................136 C1
Pallud (73)............................132 A5
Palluel (62)...............................8 D2
Palmas (12)..........................155 G3
la Palme (11).........................188 A5
Palneca (2A).........................205 F4
Palogneux (42).......................128 D3
la Palud-sur-Verdon (04)......177 G3
Paluel (76)..............................16 D2
Pamfou (77)............................64 B2
Pamiers (09).........................185 H4

Pampelonne (81)...................154 A6
Pamplie (79).........................107 H1
Pamproux (79)......................108 C3
Panassac (32).......................184 A1
Panazol (87).........................124 B2
Pancé (35)..............................57 F5
Pancheraccia (2B)................205 G3
Pancy-Courteçon (02)............22 C4
Pandrignes (19)....................139 E2
Pange (57)..............................26 D5
Panges (21)............................85 H6
Panilleuse (27).......................41 F1
Panissage (38)......................131 E5
Panissières (42)....................129 F3
Panjas (32)...........................166 D3
Pannecé (44)..........................75 F3
Pannecières (45)....................63 F3
Pannes (45).............................64 A6
Pannes (54).............................48 A3
Pannessières (39).................102 D6
Panossas (38)........................130 C4
Panon (72)..............................60 B2
Panossas (38).......................130 C4
la Panouse (48).....................156 B1
Pansey (52)............................68 A1
Pantin (93)..............................42 D3
Panzoult (37)..........................94 C2
Papleux (02).............................9 H5
Paradou (13).........................191 E2
Parassy (18)............................97 H1
Parata (2B)...........................205 G1
Paray-Douaville (78)...............62 D2
Paray-le-Frésil (03)...............114 B1
Paray-le-Monial (71).............115 E3
Paray-sous-Briailles (03)......114 A4
Paray-Vieille-Poste (91)..........42 D5
Paraza (11)...........................187 H3
Parbayse (64).......................182 A2
Parc-d'Anxtot (76)..................15 G1
Parçay-les-Pins (49)...............78 A5
Parçay-Meslay (37).................79 E5
Parçay-sur-Vienne (37)...........94 C2
Parcey (39)...........................102 C3
Parcieux (01)........................130 A2
Parcoul (24)..........................136 B2
le Parcq (62)............................7 F1
Parcy-et-Tigny (02).................22 A6
Pardaillan (34)......................187 H1
Pardaillan (47)......................150 D1
Pardies (64)..........................182 A1
Pardies-Piétat (64)...............182 B3
Pardines (83)........................127 F5
Paréac (65)...........................183 E4
Pareid (55)..............................47 H1
Parempuyre (33)...................135 E4
Parennes (72).........................59 G4
Parent (63)...........................127 F4
Parentignat (63)....................127 G5
Parentis-en-Born (40)...........148 B4
Parenty (62)............................1 F5
Parey-Saint-Césaire (54)........48 C6
Parey-sous-Montfort (88)........69 E3
Parfondeval (02).......................23 F1
Parfondeval (61).....................60 D1
Parfondru (02).........................22 C3
Parfouru-sur-Odon (14)..........14 A5
Pargnan (02)...........................22 C5
Pargny (80)..............................21 F1
Pargny-Filain (02)...................22 B4
Pargny-la-Dhuys (02).............44 C3
Pargny-les-Bois (02)..............22 C2
Pargny-lès-Reims (51)............23 E6
Pargny-sous-Mureau (88).......68 C2
Pargny-sur-Saulx (51)............46 C4
Pargues (10)............................66 C5
Parignargues (30).................174 A3
Parigné (35).............................58 A1
Parigné-le-Pôlin (72)..............78 A1
Parigné-l'Évêque (72)..............60 B6
Parigné-sur-Braye (53)............58 D2
Parigny (42)..........................128 D1
Parigny (50)............................37 F5
Parigny-la-Rose (58)...............83 F6
Parigny-les-Vaux (58).............98 D3
Paris (75)................................42 D4
Paris-l'Hôpital (71)................101 F4
Parisot (81)...........................169 H4
Parisot (82)...........................153 F5
Parlan (15)............................139 G6
Parleboscq (40).....................166 D2
Parly (89)................................83 E2
Parmain (95)...........................42 C1
Parmilieu (38).......................130 D2
Parnac (36)...........................110 D2
Parnac (46)...........................152 B3
Parnans (26).........................144 C3
Parnay (18)..............................98 A5
Parnay (49)..............................93 H1
Parné-sur-Roc (53).................58 D5
Parnes (60).............................19 G6
Parnoy-en-Bassigny (52)........68 D5
les Paroches (55)...................47 G3
Paron (89)..............................65 E4
Paroy (25)............................103 F3
Paroy (77)..............................64 D1
Paroy-en-Othe (89)................65 E5
Paroy-sur-Saulx (52)..............68 A1
Paroy-sur-Tholon (89)............65 E6
Parpeçay (36)..........................96 C1
Parpeville (02).........................22 B1
Parnanquet (47)....................151 G1
Parroy (54)..............................49 F5
Pars-lès-Chavanges (10).........66 D1
Pars-lès-Romilly (10)...............65 G1
Parsac (23)...........................112 A5
Parthenay (79).........................93 F6
Parthenay-de-Bretagne (35)....57 E2
Partinello (2A).......................204 B2
Parux (54)...............................49 H6
Parves (01)...........................131 G3
Parville (27).............................40 D2
Parvillers-le-Quesnoy (80).......21 E1
Parzac (16)...........................122 D1
le Pas (53)..............................58 D1
Pas-de-Jeu (79)......................93 H3
Pas-en-Artois (62)....................8 A3
le Pas-Saint-l'Homer (61)........61 F1
Pasilly (89).............................84 B3
Paslières (63).......................127 H2
Pasly (02)...............................22 A5
Pasques (21)...........................85 G6
le Pasquier (39)....................103 F5
Passa (66)............................201 E3
le Passage (38).....................131 E5
le Passage (47).....................151 F5
Passais (61)............................37 H6
Passavant (25).........................87 H6
Passavant-en-Argonne (51)....46 D2
Passavant-la-Rochère (70).....69 F6
Passavant-sur-Layon (49)......93 F2
Passel (60).............................21 G3
Passenans (39).....................102 D5
Passins (38)..........................131 E3
Passirac (16).........................136 A1
Passonfontaine (25)..............104 A2
Passy (71).............................115 H2
Passy (74).............................119 E1
Passy (89)..............................65 E5
Passy-en-Valois (02)..............44 A1
Passy-Grigny (51)...................44 D1
Passy-sur-Marne (02)............44 C2
Passy-sur-Seine (77)..............65 E2
Pastricciola (2A)...................204 D4
Patay (45)...............................62 C5
Patornay (39)........................117 G1
Patrimonio (2B)....................203 F5
Pau (64)...............................182 B2
Paucourt (45)..........................64 B4
Paudy (36)..............................96 D3
Pauilhac (32)........................167 H4
Pauillac (33).........................134 D2
Paule (22)...............................32 B6
Paulhac (15).........................140 C4
Paulhac (31).........................169 G4
Paulhac (43).........................142 A2
Paulhac-en-Margeride (48)....141 G5
Paulhaguet (43)....................141 H3
Paulhan (34).........................172 D6
Paulhe (12)...........................155 F6

Paulhenc (15).......................140 D5
Paulhiac (47)........................151 G2
Pauligne (11)........................186 D6
Paulin (24)............................138 B4
Paulinet (81).........................171 E3
Paulx (44)...............................91 E1
Paunat (24)...........................137 G5
Paussac-et-
   -Saint-Vivien (24)..............137 E1
Pauvres (08)............................23 H4
Pavant (02)..............................44 B3
Pavezin (42)..........................129 H6
Pavie (32).............................167 H5
le Pavillon-Sainte-Julie (10)....66 A2
les Pavillons-sous-Bois (93)....43 E3
Pavilly (76).............................17 E4
Payns (10)..............................66 A2
Payra-sur-l'Hers (11).............186 B3
Payrac (46)...........................138 C4
Payré (86).............................108 D3
Payrignac (46)......................138 B6
Payrin-Augmontel (81)..........170 D6
Payros-Cazautets (40)..........166 B5
Payroux (86).........................109 F4
Payssous (31).......................184 B5
Payzac (07)...........................157 E3
Payzac (24)...........................124 A6
Pazayac (24).........................138 B3
Paziols (11)..........................187 G6
Pazy (58)................................99 G3
le Péage-de-Roussillon (38) ..144 A1
Péas (51)................................45 E5
Peaugres (07)........................143 H2
Péaule (56).............................73 G1
Péault (85)..............................91 H1
Pébées (32)...........................184 D1
Pébrac (43)...........................141 H4
Pech (09)..............................199 F1
Péchabou (31)......................186 A2
Péchaudier (81)....................170 A6
Pechbonnieu (31).................169 F4
Pechbusque (31)..................169 F6
le Pêchereau (36).................111 E1
Pécharic-et-le-Py (11)..........186 A3
Pécorade (40).......................166 B4
le Pecq (78)............................42 B3
Pecquencourt (59)....................8 D1
Pecqueuse (91)......................42 B6
Pécy (77)................................43 H6
Pédernec (22)........................32 D3
Pégairolles-de-Buèges (34)...172 D4
Pégairolles-
   -de-l'Escalette (34)............172 C4
Pégomas (06)........................178 C5
le Pègue (26)........................158 C3
Péguilhan (31).......................184 B2
Peigney (52)...........................86 B1
Peillac (56).............................56 B6
Peille (06).............................195 G2
Peillon (06)...........................195 G2
Peillonnex (74).....................118 D5
Peintre (39)...........................102 C1
les Peintures (33).................136 A3
Peipin (04)............................160 B6
Peisey-Nancroix (73)............133 F4
Pel-et-Der (10)........................66 D2
Pélissanne (13).....................191 H3
Pellafol (38)..........................145 H6
Pelleautier (05).....................160 B2
Pellefigue (32)......................168 A6
Pellegrue (33).......................136 B6
Pelleport (31)........................168 D4
Pellerey (21)...........................85 F4
le Pellerin (44)........................74 A5
la Pellerine (49)......................78 A5
la Pellerine (53)......................58 B2
Pellevoisin (36)......................96 A3
Pellouailles-les-Vignes (49).....77 F4
Pelonne (26).........................159 F4
Pelousey (25)..........................87 E6
Peltre (57)..............................48 D1
Pélussin (42)........................129 H6
Pelves (62)...............................8 C2
Pelvoux (05).........................146 D5
Penchard (77).........................43 G3
Pencran (29)...........................31 F4
Pendé (80)...............................6 C3
Pénestin (56)..........................73 F2
Penguily (22)..........................34 A6
Penin (62)................................7 H2
Penly (76)...............................17 H1
Penmarc'h (29).......................53 E4
Pennautier (11).....................187 E2
la Penne (06).........................178 C2
Penne (81)............................169 H1
Penne-d'Agenais (47)...........151 E4
la Penne-sur-Huveaune (13)..192 B4
la Penne-sur-l'Ouvèze (26)....159 F5
Pennedepie (14).....................16 B6
Pennes-le-Sec (26)...............159 E2
les Pennes-Mirabeau (13).....191 H3
Pennesières (70).....................87 F4
Penol (38)............................130 C6
Pensol (87)...........................123 G4
Penta-Acquatella (2B)...........203 F6
Penta-di-Casinca (2B)...........203 G6
Penvénan (22)........................32 D1
Péone (06)............................161 H6
Pernand (47)........................151 G1
Péray (72)..............................112 A2
Percé (09)..............................112 A2
Perceneige (89)......................65 E3
Percey (89).............................84 A3
Percey-le-Grand (70)..............86 B3
le Perchay (95).......................42 A1
la Perche (18).......................112 C1
Perchède (32).......................166 D3
Percy (38).............................145 G6
Percy (50)...............................37 F3
Percy-en-Auge (14)................39 E2
Perdreauville (78)...................41 G3
Péré (17)..............................107 E5
Péré (65)..............................183 G4
Péreille (09)..........................186 A6
Perelli (2B)...........................205 G2
Pérenchies (59).........................3 F5
Péret (34).............................172 C6
Péret-Bel-Air (19).................125 H5
Péreuil (16)...........................122 A5
Péreyres (07)........................143 E6
Pergain-Taillac (32)...............167 H1
Peri (2A)...............................204 D5
le Périer (38)........................146 A4
Périers (50).............................12 D6
Périers-en-Auge (14)..............14 C4
Périers-sur-le-Dan (14)...........14 C4
Pérignac (16)........................122 B5
Pérignac (17)........................121 F5
Pérignat-lès-Sarliève (63)......127 F3
Pérignat-sur-Allier (63).........127 F3
Périgné (79).........................108 A5
Périgneux (42)......................129 E6
Périgny (03)..........................114 A4
Périgny (17)..........................106 D5
Périgny (41)............................80 C2
Périgny (94)............................43 E5
Périgny-la-Rose (10)...............65 G1
Périgueux (24)......................137 F2
Périssac (33).........................135 G4
Perles-et-Castelet (09)..........199 F2
Pern (46)...............................152 C4
Pernand-Vergelesses (21).....101 G2
Pernant (02)............................22 A5
Pernay (37).............................78 C5
la Pernelle (50).......................13 E2
Pernes (62)..............................7 F2
Pernes-lès-Boulogne (62).........1 F3
Pernes-les-Fontaines (84).....175 F2
Pero-Casevecchie (2B)...........203 G6
Pérols (34)............................173 G6
Pérols-sur-Vézère (19)..........125 F5
Péron (01)............................118 A4
Péronnas (01).......................116 D3
Péronne (71).........................116 B3

Péronne (80).............................8 C6
Péronne-en-Mélantois (59).......3 G5
Péronville (28)........................62 B5
Pérouges (01).......................130 C2
la Pérouille (36)......................96 B6
Pérouse (90)...........................88 D3
Péroy-les-Gombries (60).........43 G1
Perpezac-le-Blanc (19)..........138 B2
Perpezac-le-Noir (19)............138 D1
Perpezat (63)........................126 D4
Perpignan (66)......................201 F2
les Perques (50).....................12 C3
Perquie (40)..........................166 B2
Perrancey-
   -les-Vieux-Moulins (52).......86 A1
le Perray-en-Yvelines (78)......42 A5
Perrecy-les-Forges (71)........115 F1
le Perréon (69)......................116 A2
Perret (22)..............................55 E1
Perreuil (71)..........................101 G5
Perreux (42).........................115 E6
le Perreux-sur-Marne (94)......43 E4
Perrex (01)............................116 C4
Perrier (63)...........................127 F5
le Perrier (85).........................90 C3
la Perrière (61)........................60 D1
la Perrière (73).....................133 E5
Perrières (14).........................39 E2
Perriers-en-Beauficel (50)......37 G4
Perriers-la-Campagne (27)......40 B1
Perriers-sur-Andelle (27)........19 E3
Perrignier (74)......................118 D3
Perrigny (39)........................102 D6
Perrigny (89)...........................83 F2
Perrigny-lès-Dijon (21)............86 A1
Perrigny-sur-Armançon (89)....84 C3
Perrigny-sur-l'Ognon (21).......86 D6
Perrigny-sur-Loire (71)..........114 D2
Perrogney-
   -les-Fontaines (52)..............86 A2
le Perron (50)..........................37 H1
Perros-Guirec (22)..................32 C1
Perrou (61).............................38 B6
Perrouse (70)..........................87 F5
Perroy (58).............................82 D5
Perruel (27)............................19 E3
Perrusse (52)..........................68 C5
Perrusson (37)........................95 G2
Pers (15)...............................139 H5
Pers (79)...............................108 C4
Pers-en-Gâtinais (45)..............64 B5
Pers-Jussy (74).....................118 C5
Persac (86)...........................109 G3
Persan (95)............................42 C1
Persquen (56).........................54 D4
Pertain (80)............................21 F1
Perthes (08)............................23 G4
les Piards (39)......................117 H2
la Pierre (05)........................159 G3
Piazzole (2B)........................205 G1
Piblange (57)..........................26 D4
Pibrac (31)............................169 E5
Picarrou (39).........................130 D6
Picauville (50)........................12 D4
Pichanges (21)........................86 A5
Picherande (63)....................126 D6
Picquigny (80)...........................7 F5
Pie-d'Orezza (2B)................205 G1
Pied-de-Borne (48)...............156 D3
Piedicorte-di-Gaggio (2B).....205 F3
Piedicroce (2B)....................205 G1
Piédigriggio (2B)..................203 E6
Piégros-la-Clastre (26)..........158 D1
Piégut (04)...........................160 C3
Piégut-Pluviers (24)..............123 F4
Piencourt (27)........................15 G5
Piennes (54)............................25 H5
Piennes-Onvillers (80)............21 E2
Pierlas (06)...........................178 D1
la Pierre (38).........................145 H1
Pierre-Bénite (69).................130 A3
Pierre-Buffière (87)...............124 B4
Pierre-Châtel (38).................145 G4
Pierre-de-Bresse (71)...........102 B4
Pierre-la-Treiche (54)..............48 B5
Pierre-Levée (77)....................43 H3
Pierre-Morains (51)................45 F4
Pierre-Percée (54)..................70 C1
Pierre-Perthuis (89)................83 H3
Pierreclos (71)......................116 A4
Pierrecourt (70).......................86 C3
Pierrecourt (76)........................7 E5
Pierrefeu (06)........................195 E1
Pierrefeu-du-Var (83)............193 G4
Pierrefiche (12).....................155 F3
Pierrefiche (48)......................156 C1
Pierrefitte (19).......................124 D6
Pierrefitte (23)......................112 A5
Pierrefitte (79).........................93 F4
Pierrefitte (88)........................69 G4
Pierrefitte-en-Auge (14).........15 F4
Pierrefitte-en-Beauvaisis (60) .20 A4
Pierrefitte-en-Cinglais (14)......38 C3
Pierrefitte-ès-Bois (45)...........82 C2
Pierrefitte-Nestalas (65)........182 D5
Pierrefitte-sur-Aire (55)...........47 F3
Pierrefitte-sur-Loire (03).......114 C2
Pierrefitte-sur-Sauldre (41).....81 F4
Pierrefitte-sur-Seine (93)........42 D3
Pierrefonds (60).....................21 G5
Pierrefontaine-
   -lès-Blamont (25)................88 C5
Pierrefontaine-
   -les-Varans (25)................104 B1
Pierrefort (15).......................140 D5
Pierregot (80)...........................7 G5
Pierrelatte (26).....................158 A4
Pierrelaye (95).......................42 C2
Pierrelongue (26).................159 E5
Pierremande (02)....................21 H3
Pierremont (62)........................7 G1
Pierremont-sur-Amance (52)...86 D2
Pierrepont (02)........................22 D2
Pierrepont (14)........................38 C3
Pierrepont (54)........................25 G4
Pierrepont-sur-Avre (80).........20 D2
Pierrepont-sur-l'Arentèle (88) .70 B3
Pierrerue (04)........................176 D2
Pierrerue (34)........................188 A1
Pierres (14).............................38 A3
Pierres (28)............................41 G5
Pierreval (76)..........................17 H5
Pierrevert (04)......................176 C3
Pierreville (50)........................12 B4
Pierreville (54)........................48 C6
Pierrevillers (57).....................26 B5
Pierric (44).............................74 C1
Pierry (51)..............................45 E3
Pietra-di-Verde (2B)..............205 G2
Pietracorbara (2B)................203 G3
Pietralba (2B)........................203 E5
Pietraserena (2B).................205 F3
Pietricaggio (2B)..................205 G2
Pietrosella (2A)....................206 C1
Pietroso (2B)........................205 F3
Piets-Plasence-
   -Moustrou (64)..................166 A4
Pieusse (11).........................186 D4
les Pieux (50).........................12 B4
Piève (2B)............................203 F5
Piffonds (89)...........................65 E5
Pigna (2B)............................202 D5
Pignan (34)...........................173 F5
Pignans (83).........................193 F4
Pignicourt (02).........................23 E4
Pignols (63)..........................127 G5
Pigny (18)................................97 H2
Pihem (62)................................2 A4
Pihen-lès-Guînes (62)..............1 F3
Pila-Canale (2A)...................206 C1
Pilat-Plage (33).....................148 A1
Pillac (16).............................122 B6
Pillemoine (39).....................103 F6
les Pilles (26)........................159 E4
Pillon (55)...............................25 G5
Pimbo (40)............................166 A5
Pimelles (89)...........................84 B3
Pimorin (39)..........................117 F2
Pimprez (60)...........................21 G4

Peyriguère (65)....................183 F2
Peyrilhac (87).......................124 A1
Peyrillac-et-Millac (24).........138 C5
Peyrilles (46)........................152 C2
Peyrins (26)..........................144 C3
Peyrissac (19)......................124 D5
Peyrissas (31).......................184 C2
Peyrole (81)..........................170 A3
Peyrolles (11)........................187 E5
Peyrolles (30)........................173 F1
Peyrolles-en-Provence (13) ...176 B5
Peyrouse (65).......................182 D4
Peyrouzet (31).....................184 B3
Peyruis (04)..........................176 D1
Peyrun (65)...........................183 F2
Peyrus (26)...........................144 C5
Peyrusse (15)........................141 E2
Peyrusse-Grande (32)...........167 E5
Peyrusse-le-Roc (12)...........153 H3
Peyrusse-Massas (32)..........167 H4
Peyrusse-Vieille (32).............167 E5
Peyssies (31)........................185 E2
Peyzac-le-Moustier (24).........137 H4
Peyzieux-sur-Saône (01)......116 B5
Pézarches (77)........................43 H5
Pézé-le-Robert (72)................59 H4
Pézenas (34).........................188 D1
Pézènes-les-Mines (34).........172 C5
Pezens (11)..........................186 D3
Pézilla-de-Conflent (66)........200 C2
Pézilla-la-Rivière (66)...........201 E2
Pezou (41)..............................79 G1
Pezuls (24)...........................137 F5
Pézy (28)................................62 B3
Pfaffenheim (68)....................71 F5
Pfaffenhoffen (67)..................50 D3
Pfalzweyer (67)......................50 B4
Pfastatt (68)............................89 F1
Pfetterhouse (68)...................89 E4
Pfettisheim (67).....................50 D5
Pfulgriesheim (67)..................51 E5
Phaffans (90)..........................88 D3
Phalempin (59)..........................3 F6
Phalsbourg (57)......................50 B4
Philippsbourg (67)..................50 B4
Philondance (40)...................166 A5
Philondenx (40).....................166 A5
Philondin (54).........................48 D3
Piace (72)...............................60 A3
Pianello (2B)........................205 G2
Pianottoli-Caldarello (2A).......207 E4
les Piards (39)......................117 H2
la Pierre (05)........................159 G3
Piazzole (2B)........................205 G1
le Pin (03).............................114 D3
le Pin (14)...............................15 G4
le Pin (17)............................135 G1
le Pin (30)............................174 C1
le Pin (38).............................131 E6
le Pin (39)............................102 D6
le Pin (44)...............................76 A3
le Pin (70)..............................87 E6
le Pin (77)...............................43 E3
le Pin (79)...............................92 D4
Pin (70)...................................87 E6
le Pin-au-Haras (61).............59 H1
Pin-Balma (31)......................169 F5
le Pin-en-Mauges (49)...........75 H5
le Pin-la-Garenne (61)...........60 D2
Pin-Muretel (81)....................184 D1
Pinas (65).............................183 H4
Pinay (42).............................128 D2
Pinols (43).............................141 G4
Pinon (02).................................22 B4
les Pins (16).........................122 D2
Pins-Justaret (31).................169 E6
Pinsac (46)...........................138 C5
Pinsaguel (31).......................169 E6
Pinsot (38)............................132 B6
Pintac (65)............................183 E2
Pinterville (27).........................18 D6
Pintheville (55).......................47 H1
les Pinthières (28)..................41 H5
Piobetta (2B)........................205 G2
Pioggiola (2B)......................202 D5
Piolenc (84)..........................158 B6
Pionnat (23)..........................111 H5
Pionsat (63)..........................112 D6
Pioussay (79)........................108 C6
Pipriac (35).............................56 C5
Piquecos (82)........................169 E1
Pirajoux (01).........................117 E3
Piré-sur-Seiche (35)................57 G4
Pirey (25).................................87 F6
Piriac-sur-Mer (44).................73 E3
Pirmil (72)...............................59 G6
Pirou (50)...............................12 C6
Pis (32).................................168 A3
Pisany (17)...........................120 D3
Piscop (95)..............................42 D2
Piseux (27)..............................40 C4
Pisieu (38).............................130 C6
Pisseleu (60)...........................20 A3
Pisseloup (52).........................86 D1
Pissos (40)...........................148 D4
Pissotte (85).........................107 F2
Pissy (80).................................7 F6
Pissy-Pôville (76)....................17 G5
Pisy (89).................................84 B2
Pitgam (59)...............................2 C3
Pithiviers (45)..........................63 F4
Pithiviers-le-Vieil (45).............63 F4
Pithon (02).............................21 G1
Pîtres (27)...............................18 D5
Pittefaux (62)............................1 F4
Pizay (01).............................130 C2
Pizay (21)...............................60 B3
Pizançon (26)........................144 B3
Pizay (01).............................130 C2
le Pizou (24).........................136 B4
le Pla (09)............................199 H2
Plabennec (29)........................31 E4
Placé (53)...............................58 C3
les Places (27).........................15 G5
Placey (25)...........................103 E1
Plachy-Buyon (80)..................20 B1
Placy (14)..............................14 B6
Placy-Montaigu (50)...............37 H2
le Plagnal (07)......................156 D1
Plagne (01)...........................117 H5
Plagne (31)...........................184 D3
Plagnole (31)........................184 D1
Plaigne (11)..........................186 A3
Plailly (60)...............................43 E2
Plaimbois-du-Miroir (25).......104 C1
Plaimbois-Vennes (25).........104 B1
Plaimpied-Givaudins (18)........97 H3
la Plaine (49)..........................92 D2
Plaine (67)..............................71 E1
Plaine-de-Walsch (57)............50 A5
la Plaine-sur-Mer (44)............73 G5
Plainemont (70).......................87 G1
Plaines-Saint-Lange (10)........66 D4
Plainfaing (88)........................70 D4
Plainoiseau (39)...................102 D6
les Plains-et-
   -Grands-Essarts (25)...........88 D6
Plaintel (22)............................33 G5
Plainval (60)............................20 D3
Plainville (27).........................15 G5
Plainville (60)..........................20 D2
Plaisance (12).......................171 E2
Plaisance (24).......................151 E1
Plaisance (32)......................166 D5
Plaisance (86)......................109 H3
Plaisance-du-Touch (31).......169 E6
Plaisia (39)...........................103 E6
Plaisians (26).......................159 E5
Plaisir (78)..............................42 A4
Plaissan (34).........................172 D6
Plaizac (16)..........................122 A3
le Plan (31)...........................184 D3
Plan (38)...............................145 E1
Plan-d'Aups-
   -Sainte-Baume (83)............192 D3
Plan-de-Baix (26).................144 C6
Plan-de-Cuques (13)............192 B3
la Plan-de-la-Tour (83)..........194 A3
Plan-d'Orgon (13).................175 F3
Planaise (73).........................132 A5
Planay (21).............................84 D2
Planay (73)...........................133 E6
la Planche (44)........................91 G1
Plancher-Bas (70)...................88 C2
Plancher-les-Mines (70).........88 C2
Plancherine (73)...................132 C3
les Planches-
   -en-Montagne (39)............103 G6
les Planches-
   -près-Arbois (39)...............103 E4
Planchez (58)........................100 B2
Plancoët (22)..........................34 C4
Plancy-l'Abbaye (10)..............45 G6
la Planée (25).......................103 H4
Planès (66)...........................200 B3
Planèzes (66).......................200 D1
Planfoy (42)..........................143 F1
Planguenoual (22)..................34 A4
Planioles (46)........................153 G2
la Planois (71).......................102 B3
les Planches (25)...................15 G6
Planquery (14)........................13 G5
Planques (62)...........................7 F1
Planrupt (52)...........................67 E2
les Plans (30)........................157 F6
les Plans (34)........................172 B5
le Plantay (01)......................116 D4
les Plantiers (30)..................173 E1
le Plantis (61).........................60 B2
Planty (10)..............................65 F3
Planzolles (07)......................157 E3
Plappeville (57)......................26 B5
Plasne (39)...........................102 D5
Plasnes (27)............................15 H5
Plassac (17).........................135 E1
Plassac (33).........................135 E2
Plassac-Rouffiac (16)...........122 B5
Plassay (17)..........................121 E4
Plats (07).............................144 A4
Plaudren (56)..........................55 H5
Plauzat (63).........................127 F4
Plavilla (11)...........................186 B4
Plazac (24)...........................137 H4
Pléaux (15)...........................139 H3
Pléboulle (22).........................34 B4

Pléchâtel (35).....57 E5
Plédéliac (22).....34 B5
Plédran (22).....33 G5
Pléguien (22).....33 F3
Pléhédel (22).....33 F3
Pleine-Fougères (35).....35 G5
Pleine-Selve (02).....22 B1
Pleine-Selve (33).....135 E1
Pleine-Sève (76).....17 E3
Plélan-le-Grand (35).....56 C3
Plélan-le-Petit (22).....34 C5
Plélauff (22).....54 D1
Plélo (22).....33 F4
Plémet (22).....55 H1
Plémy (22).....33 G6
Plénée-Jugon (22).....34 A6
Pléneuf-Val-André (22).....34 A4
Plénise (39).....103 G5
Plénisette (39).....103 G5
Plerguer (35).....35 E5
Plérin (22).....33 G4
Plerneuf (22).....33 F4
Plescop (56).....55 H4
Plesder (35).....34 D5
Plésidy (22).....33 E5
Pleslin-Trigavou (22).....34 D4
Plesnois (57).....26 B5
Plesnoy (52).....86 C1
Plessala (22).....55 H1
Plessé (44).....74 A2
le Plessier-Huleu (02).....22 A6
le Plessier-Rozainvilliers (80).....20 D1
le Plessier-sur-Bulles (60).....20 C4
le Plessier-sur-Saint-Just (60).....20 D4
Plessis-Barbuise (10).....44 C6
le Plessis-Belleville (60).....43 F2
le Plessis-Bouchard (95).....42 C2
le Plessis-Brion (60).....21 F4
le Plessis-de-Roye (60).....21 F3
le Plessis-Dorin (41).....61 F5
le Plessis-Feu-Aussoux (77).....43 H5
le Plessis-Gassot (95).....42 D2
le Plessis-Grammoire (49).....77 E4
le Plessis-Grimoult (14).....14 A6
le Plessis-Grohan (27).....40 D4
le Plessis-Hébert (27).....41 F2
le Plessis-Lastelle (50).....12 D5
le Plessis-l'Échelle (41).....80 A2
le Plessis-l'Évêque (77).....43 F2
le Plessis-Luzarches (95).....42 D2
le Plessis-Macé (49).....76 D4
le Plessis-Pâté (91).....42 D6
le Plessis-Patte-d'Oie (60).....21 G2
le Plessis-Placy (77).....43 H2
le Plessis-Robinson (92).....42 C4
Plessis-Saint-Benoist (91).....63 E2
Plessis-Saint-Jean (89).....65 E3
le Plessis-
  -Sainte-Opportune (27).....40 C2
le Plessis-Trévise (94).....43 E4
Plessix-Balisson (22).....34 C4
Plestan (22).....34 A5
Plestin-les-Grèves (22).....32 B3
Pleubian (22).....33 E1
Pleucadeuc (56).....56 B6
Pleudaniel (22).....33 E2
Pleudihen-sur-Rance (22).....36 A6
Pleugriffet (56).....55 G3
Pleugueneuc (35).....34 D6
Pleumeleuc (35).....56 D2
Pleumeur-Bodou (22).....32 C2
Pleumeur-Gautier (22).....33 E1
Pleure (39).....102 C4
Pleurtuit (35).....34 D4
Pleuven (29).....53 G3
Pleuvezain (88).....69 E2
Pleuville (16).....109 F6
Pléven (22).....34 B5
Plévenon (22).....34 B3
Plévin (22).....54 B1
Pleyben (29).....53 H2
Pleyber-Christ (29).....31 H4
Pliboux (79).....108 D5
Plichancourt (51).....46 B5
Plieux (32).....168 A2
Plivot (51).....45 F2
Plobannalec-Lesconil (29).....53 F3
Plobsheim (67).....71 H1
Ploemel (56).....55 E6
Ploemeur (56).....54 C5
Ploërdut (56).....54 D2
Ploeren (56).....55 H6
Ploërmel (56).....56 A4
Plœuc-sur-Lié (22).....33 G6
Ploéven (29).....53 F1
Ploézal (22).....33 E2
Plogastel-Saint-Germain (29).....53 E3
Plogoff (29).....52 C2
Plogonnec (29).....53 F2
Ploisy (02).....22 A5
Plomb (50).....35 H3
Plombières-les-Bains (88).....70 A6
Plombières-lès-Dijon (21).....85 G6
Plomelin (29).....53 F3
Plomeur (29).....53 E4
Plomion (02).....23 E1
Plomodiern (29).....53 F1
Plonéis (29).....53 F2
Plonéour-Lanvern (29).....53 E3
Plonévez-du-Faou (29).....31 H6
Plonévez-Porzay (29).....53 F1
Plorec-sur-Arguenon (22).....34 B5
Plottes (71).....116 B2
Plou (18).....97 F3
Plouagat (22).....33 F4
Plouaret (22).....32 C3
Plouarzel (29).....30 C4
Plouasne (22).....56 D1
Plouay (56).....54 C4
Ploubalay (22).....34 C4
Ploubazlanec (22).....33 F2
Ploubezre (22).....32 C2
Ploudalmézeau (29).....30 D3
Ploudaniel (29).....31 F3
Ploudiry (29).....31 G4
Plouëc-du-Trieux (22).....33 E3
Plouédern (29).....31 F4
Plouëgat-Guérand (29).....32 B3
Plouëgat-Moysan (29).....32 B3
Plouénan (29).....31 H3
Plouër-sur-Rance (22).....36 A6
Plouescat (29).....31 G2
Plouezoc'h (29).....32 A3
Ploufragan (22).....33 G4
Plougar (29).....31 G3
Plougasnou (29).....32 A2
Plougastel-Daoulas (29).....31 E5
Plougonvelin (29).....30 C5
Plougonven (29).....32 A4
Plougonver (22).....32 C4
Plougoulm (29).....31 G2
Plougoumelen (56).....55 F6
Plougourvest (29).....31 G3
Plougras (22).....32 B4
Plougrescant (22).....33 E1
Plouguenast (22).....55 G1
Plouguernével (29).....54 D1
Plouguiel (22).....32 D2
Plouguin (29).....30 D3
Plouha (22).....33 F3
Plouharnel (56).....72 B1
Plouhinec (56).....54 C5
Plouhinec (29).....52 D2
Plouider (29).....31 F3
Plouigneau (29).....32 B3
Plouisy (22).....33 E3
Ploulec'h (22).....32 C2
Ploumagoar (22).....33 E4
Ploumilliau (22).....32 C2
Ploumoguer (29).....30 C4
Plounéour-Ménez (29).....31 H4
Plounéour-Trez (29).....31 F2
Plounérin (22).....32 B4
Plounéventer (29).....31 G3
Plounévez-Lochrist (29).....31 F3
Plounévez-Moëdec (22).....32 C4

Plounévez-Quintin (22).....32 D6
Plounévézel (29).....32 B6
Plourac'h (22).....32 B5
Plouray (56).....54 C2
Plourhan (22).....33 G3
Plourin (29).....30 C3
Plourin-lès-Morlaix (29).....32 A4
Plourivo (22).....33 E2
Plouvain (62).....8 C2
Plouvara (22).....33 F4
Plouvien (29).....31 E3
Plouvorn (29).....31 G3
Plouyé (29).....32 A6
Plouzané (29).....30 D4
Plouzélambre (22).....32 C3
Plouzévédé (29).....31 G3
Plovan (29).....53 E3
Ployart-et-Vaurseine (02).....22 D4
le Ployron (60).....20 D3
Plozévet (29).....52 D2
Pludual (22).....33 F3
Pluduno (22).....34 B4
Plufur (22).....32 B3
Pluguffan (29).....53 F3
Pluherlin (56).....56 A6
Plumaudan (22).....34 C6
Plumaugat (22).....56 B1
Plumelec (56).....55 G3
Pluméliau (56).....55 E3
Plumelin (56).....55 F3
Plumergat (56).....55 F5
Plumetot (14).....14 C4
Plumieux (22).....55 H2
Plumont (39).....103 E2
Pluneret (56).....55 E6
Plurien (22).....34 B3
Plusquellec (22).....32 C5
Plussulien (22).....33 E6
Pluvault (21).....102 B1
Pluvet (21).....102 B1
Pluvigner (56).....55 E5
Pluzunet (22).....32 D3
Pocancy (51).....45 G3
Pocé-les-Bois (35).....57 H3
Pocé-sur-Cisse (37).....79 F5
Podensac (33).....149 G1
le Poët (05).....160 A5
le Poët-Célard (26).....158 D2
le Poët-en-Percip (26).....159 E3
le Poët-Laval (26).....158 C3
le Poët-Sigillat (26).....159 E4
Pœuilly (80).....8 D6
Poey-de-Lescar (64).....182 B1
Poey-d'Oloron (64).....181 H2
Poëzat (03).....113 G6
Poggio-di-Nazza (2B).....205 F4
Poggio-di-Venaco (2B).....205 E3
Poggio-d'Oletta (2B).....203 F4
Poggio-Marinaccio (2B).....203 F6
Poggio-Mezzana (2B).....205 G1
Poggiolo (2A).....204 D3
Pogny (51).....46 A4
Poids-de-Fiole (39).....117 G1
Poigny (77).....65 E1
Poigny-la-Forêt (78).....41 H5
Poil (58).....100 B4
Poilcourt-Sydney (08).....23 F4
Poilhes (34).....188 B2
Poillé-sur-Vègre (72).....59 F6
Poilley (35).....35 H5
Poilley (50).....35 H4
Poilly (51).....22 D6
Poilly-lez-Gien (45).....81 H3
Poilly-sur-Serein (89).....84 A2
Poilly-sur-Tholon (89).....83 E1
Poinçon-lès-Larrey (21).....84 D1
le Poinçonnet (36).....96 C5
Poincy (77).....43 G3
Poinsenot (52).....85 G2
Poinson-lès-Fayl (52).....86 C2
Poinson-lès-Grancey (52).....85 G3
Poinson-lès-Nogent (52).....68 B6
Pointel (61).....38 C5
Pointis-de-Rivière (31).....184 A4
Pointis-Inard (31).....184 B4
Pointre (39).....102 C1
Pointvillers (25).....103 F2
Poinville (28).....62 D4
le Poiré-sur-Velluire (85).....107 E2
le Poiré-sur-Vie (85).....91 F3
Poiroux (85).....91 F6
Poisat (38).....145 G2
Poiseul (52).....68 C6
Poiseul-la-Grange (21).....85 F4
Poiseul-la-Ville-
  -et-Laperrière (21).....85 E4
Poiseul-lès-Saulx (21).....85 G4
Poiseux (58).....99 E2
Poisieux (18).....97 F3
la Poislay (41).....61 G5
Poisson (71).....115 E3
Poissons (52).....68 A2
Poissy (78).....42 B3
Poisvilliers (28).....62 B1
Poisy (74).....132 A1
la Poitevinière (49).....75 H5
Poitiers (86).....109 E1
Poivres (10).....45 G5
Poix (51).....46 B3
Poix-de-Picardie (80).....20 A1
Poix-du-Nord (59).....9 G3
Poix-Terron (08).....24 A2
le Poizat (01).....117 H5

Pomoy (70).....87 H3
Pompaire (79).....108 A1
Pompéjac (33).....149 H3
Pompertuzat (31).....169 F6
Pompey (54).....48 C4
Pompiac (32).....168 C6
le Pompidou (48).....156 B6
Pompierre (88).....68 D3
Pompierre-sur-Doubs (25).....88 A5
Pompiey (47).....150 C5
Pompignac (33).....135 F5
Pompignan (30).....173 F3
Pompignan (82).....169 E3
Pompogne (47).....150 B5
Pomponne (77).....43 F4
Pomport (24).....137 E6
Pomps (64).....165 H6
Pomy (11).....186 C4
Poncé-sur-le-Loir (72).....78 D2
Poncey-lès-Athée (21).....102 C1
Poncey-sur-l'Ignon (21).....85 F4
le Ponchel (62).....7 E2
Ponches-Estruval (80).....6 D2
Ponchon (60).....20 B5
Poncin (01).....117 F6
Poncins (42).....129 E3
Pondaurat (33).....150 A2
Ponet-et-Saint-Auban (26).....144 D6
Ponlat-Taillebourg (31).....184 A4
Pons (17).....121 F4
Ponsampère (32).....183 G1
Ponsan-Soubiran (32).....183 H2
Ponsas (26).....144 A3
Ponson-Debat-Pouts (64).....182 D2
Ponson-Dessus (64).....182 D2
Ponsonnas (38).....145 G5
Pont (21).....102 B2
Pont-à-Marcq (59).....3 G6
Pont-à-Mousson (54).....48 C3
Pont-à-Vendin (62).....3 E6
Pont-Arcy (02).....22 C5
Pont-Audemer (27).....15 H3
Pont-Authou (27).....18 A6
Pont-Aven (29).....54 A4
Pont-Bellanger (14).....37 G2
Pont-Chrétien-
  -Chabenet (36).....110 D1
Pont-Croix (29).....52 D2
Pont-d'Ain (01).....117 E6
Pont-de-Barret (26).....158 C2
le Pont-de-Beauvoisin (38).....131 H5
le Pont-de-Beauvoisin (73).....131 H5
Pont-de-Buis-
  -lès-Quimerch (29).....31 G6
Pont-de-Chéruy (38).....130 C3
Pont-de-Claix (38).....145 G3
Pont-de-Labeaume (07).....157 F1
Pont-de-l'Arche (27).....18 D5
Pont-de-Larn (81).....170 D6
Pont-de-l'Isère (26).....144 A4
le Pont-de-Metz (80).....7 F6
le Pont-de-Montvert (48).....156 C4
Pont-de-Planches (70).....87 E4
Pont-de-Poitte (39).....117 G1
Pont-de-
  -Roide-Vermondans (25).....88 C5
Pont-de-Ruan (37).....94 D1
Pont-de-Salars (12).....154 D4
Pont-de-Vaux (01).....116 C3
Pont-de-Veyle (01).....116 B4
Pont-d'Héry (39).....103 F4
Pont-du-Bois (70).....69 F6
Pont-du-Casse (47).....151 F5
Pont-du-Château (63).....127 G3
Pont-du-Navoy (39).....103 E6
Pont-en-Royans (38).....144 D3
Pont-et-Massène (21).....84 D5
Pont-Évêque (38).....130 B5
Pont-Farcy (14).....37 G2
Pont-Hébert (50).....13 F6
Pont-la-Ville (52).....67 G5
Pont-l'Abbé (29).....53 F4
Pont-l'Abbé-d'Arnoult (17).....120 D2
Pont-les-Bonfays (88).....69 F4
Pont-les-Moulins (25).....87 H6
Pont-l'Évêque (14).....15 F4
Pont-l'Évêque (60).....21 G3
Pont-Melvez (22).....32 D4
Pont-Noyelles (80).....7 H5
Pont-Péan (35).....57 E3
Pont-Remy (80).....6 D4
Pont-Saint-Esprit (30).....158 A5
Pont-Saint-Mard (02).....22 A4
Pont-Saint-Martin (44).....74 C6
Pont-Saint-Pierre (27).....18 D5
Pont-Saint-Vincent (54).....48 C5
Pont-Sainte-Marie (10).....66 B3
Pont-Sainte-Maxence (60).....21 E5
Pont-Salomon (43).....143 E1
Pont-Scorff (56).....54 C4
Pont-sur-l'Ognon (70).....87 H4
Pont-sur-Madon (88).....69 F2
Pont-sur-Meuse (55).....47 G4
Pont-sur-Sambre (59).....9 H3
Pont-sur-Seine (10).....65 G1
Pont-sur-Vanne (89).....65 F4
Pont-sur-Yonne (89).....64 D3
Pont-Trambouze (69).....115 G6
Pontacq (64).....182 D3
Pontailler-sur-Saône (21).....86 B6
Pontaix (26).....144 D6

Popian (34).....172 D5
Popolasca (2B).....203 E6
Porcaro (56).....56 B4
Porcelette (57).....27 E5
Porchères (33).....136 A4
la Porcherie (87).....124 D5
Porcheux (60).....19 H5
Porcheville (78).....41 H3
Porcieu-Amblagnieu (38).....131 E2
Pordic (22).....33 G4
le Porge (33).....134 B5
Pornic (44).....73 H6
Pornichet (44).....73 G4
Porquéricourt (60).....21 G3
Porri (2B).....203 G6
Porspoder (29).....30 C3
Port (01).....117 G5
le Port (09).....185 F6
Port-de-Bouc (13).....191 G5
Port-de-Lanne (40).....164 D5
Port-de-Piles (86).....94 D3
Port-d'Envaux (17).....121 E2
Port-des-Barques (17).....120 C1
Port-en-Bessin-Huppain (14).....13 H5
Port-la-Nouvelle (11).....188 B5
Port-Launay (29).....31 G6
Port-le-Grand (80).....6 D3
Port-Lesney (39).....103 E3
le Port-Marly (78).....42 B4
Port-Mort (27).....41 F1
Port-Saint-Louis-
  -du-Rhône (13).....191 E5
Port-Saint-Père (44).....74 B6
Port-Sainte-Foy-
  -et-Ponchapt (24).....136 C5
Port-Sainte-Marie (47).....150 D5
Port-sur-Saône (70).....87 F3
Port-sur-Seille (54).....48 C3
Port-Vendres (66).....201 G4
Port-Villez (78).....41 G2
la Porta (2B).....203 F6
Porta (66).....199 F4
Portbail (50).....12 B4
Porte-Joie (27).....18 D6
Porté-Puymorens (66).....199 G3
le Portel (62).....1 F4
Portel-des-Corbières (11).....188 A5
Portes (27).....40 C2
Portes (30).....157 E5
les Portes-en-Ré (17).....106 A4
Portes-Valdaine (26).....158 C3
Portet (64).....166 C5
Portet-d'Aspet (31).....184 C5
Portet-de-Luchon (31).....197 E1
Portet-sur-Garonne (31).....169 F6
Portets (33).....149 G1
Portieux (88).....69 H2
Portiragnes (34).....188 D2
Porto-Vecchio (2A).....207 G3
Ports (37).....94 D3
Posanges (21).....85 E5
Possesse (51).....46 C3
la Possonnière (49).....76 D5
Postolle (89).....65 E3
Postroff (57).....50 A3
Potangis (51).....44 D6
Potelières (30).....157 F5
Potelle (59).....9 G3
la Poterie-au-Perche (61).....40 B6
la Poterie-Cap-d'Antifer (76).....16 B4
la Poterie-Mathieu (27).....15 H4
Pothières (21).....84 D1
Potigny (14).....38 D2
Potte (80).....21 F1
Pouan-les-Vallées (10).....66 B1
Pouançay (86).....93 H2
Pouancé (49).....76 A4
Pouant (86).....94 B3
Poubeau (31).....197 E1
Poucharramet (31).....185 E1
Poudenas (47).....167 F1
Poudenx (40).....165 H5
Poudis (81).....170 B6
Poueyferré (65).....182 D4
la Pouëze (49).....75 H2
Pouffonds (79).....108 B4
la Pouge (23).....125 F1
le Pouget (34).....172 D5
Pougnadoresse (30).....174 C1
Pougne-Hérisson (79).....93 E6
Pougny (01).....118 A5
Pougny (58).....82 C6
Pougues-les-Eaux (58).....98 D3
Pougy (10).....66 C2
Pouillac (17).....135 G1
Pouillat (01).....117 F3
Pouillé (85).....107 E1
Pouillé (86).....109 F2
Pouillé (41).....79 H6
Pouillé-les-Côteaux (44).....75 F3
Pouillenay (21).....84 D4
Pouilley-Français (25).....103 E1
Pouilley-les-Vignes (25).....103 F1
Pouillon (51).....23 E4
Pouillon (40).....165 E4
Pouilloux (71).....115 G1
Pouilly (57).....26 C6
Pouilly (60).....20 A6
Pouilly-en-Auxois (21).....101 E1
Pouilly-le-Monial (69).....129 H1
Pouilly-les-Feurs (42).....129 E3
Pouilly-les-Nonains (42).....115 E6
Pouilly-sous-Charlieu (42).....115 E5
Pouilly-sur-Loire (58).....98 C1
Pouilly-sur-Meuse (55).....24 D3
Pouilly-sur-Saône (21).....102 A3
Pouilly-sur-Serre (02).....22 C2
Pouilly-sur-Vingeanne (21).....86 B4
le Poujol-sur-Orb (34).....172 A6
Poujols (34).....172 C4
Poulaines (36).....96 C2
Poulainville (80).....7 G5
Poulan-Pouzols (81).....170 B3
Pouldergat (29).....53 E2
Pouldouran (22).....33 E2
Pouldreuzic (29).....53 E3
Poule-les-Écharmeaux (69).....115 G5
les Poulières (88).....70 C3
Pouligney-Lusans (25).....87 G6
Pouligny-Notre-Dame (36).....111 H2
Pouligny-Saint-Martin (36).....111 H2
Pouligny-Saint-Pierre (36).....95 G6
le Pouliguen (44).....73 F4
Poullan-sur-Mer (29).....53 E2
Poullaouen (29).....32 B5
Poullignac (16).....122 A6
Poumarous (65).....183 F3
Poupas (82).....168 B2
Poupry (28).....62 D4
Pouques-Lormes (58).....83 H6
Pourcharesses (48).....156 D3
Pourchères (07).....157 H1
Pourcieux (83).....176 C6
Pourcy (51).....45 E1
Pourlans (71).....102 B4
Pournoy-la-Chétive (57).....26 C6
Pournoy-la-Grasse (57).....26 C6
Pourrain (89).....83 E2
Pourrières (83).....176 C6
Poursac (16).....122 C1
Poursay-Garnaud (17).....121 F1
Poursiugues-Boucoue (64).....166 B5
Pouru-aux-Bois (08).....24 C2
Pouru-Saint-Remy (08).....24 D2
Poussan (34).....173 E6
Poussanges (23).....125 H2
Poussay (88).....69 F3
Pousseaux (58).....83 F5
Poussignac (47).....150 B4
Poussy-la-Campagne (14).....38 D1
Pousthomy (12).....171 F2
le Pout (33).....135 G5
Pouvrai (61).....60 D3
Pouxeux (88).....70 A4

Pouy (65).....184 A2
Pouy-de-Touges (31).....184 D2
Pouy-Loubrin (32).....167 H6
Pouy-Roquelaure (32).....167 H1
Pouy-sur-Vannes (10).....65 G3
Pouyastruc (65).....183 F2
Pouydesseaux (40).....166 B2
Pouydraguin (32).....166 D4
Pouylebon (32).....167 F6
Pouzac (65).....183 F4
Pouzauges (85).....92 C5
Pouzay (37).....94 D2
Pouze (31).....185 G1
Pouzilhac (30).....174 C1
le Pouzin (07).....144 A6
Pouzol (63).....113 F6
Pouzolles (34).....188 C1
Pouzols (34).....172 D5
Pouzols-Minervois (11).....187 H2
Pouzy-Mésangy (03).....98 C6
Poyanne (40).....165 F4
Poyans (70).....86 C5
Poyartin (40).....165 F4
Poyols (26).....159 F2
Pozières (80).....8 B5
le Pradal (34).....172 A5
Pradeaux (63).....127 G5
Pradelle (26).....159 E2
Pradelles (43).....142 C6
Pradelles (59).....3 E4
Pradelles-Cabardès (11).....187 E1
Pradelles-en-Val (11).....187 F4
Pradère-les-Bourguets (31).....168 D5
Prades (09).....199 G1
Prades (07).....157 F2
Prades (43).....142 A4
Prades (66).....200 C3
Prades (81).....170 B5
Prades-d'Aubrac (12).....155 E3
Prades-le-Lez (34).....173 F5
Prades-Salars (12).....154 D4
Prades-sur-Vernazobre (34).....188 A1
le Pradet (83).....193 F5
Pradettes (09).....186 A5
Pradières (09).....185 H5
Pradiers (15).....141 E2
Pradinas (12).....154 A5
Pradines (19).....125 F5
Pradines (42).....129 F2
Pradines (46).....152 C3
Pradons (07).....157 G3
Prads-Haute-Bléone (04).....161 E5
Prahecq (79).....108 A4
Prailles (79).....108 A4
Pralognan-la-Vanoise (73).....133 E6
Pralon (21).....85 F6
Pralong (42).....128 D4
Pranles (07).....143 G6
Pranzac (16).....122 D4
Praslay (52).....85 H2
Praslin (10).....66 A5
Prasville (28).....62 C3
Prat (22).....32 D3
Prat-Bonrepaux (09).....184 D5
Prato-di-Giovellina (2B).....203 E6
Prats-de-Carlux (24).....138 B5
Prats-de-Mollo-
  -la-Preste (66).....200 C5
Prats-de-Sournia (66).....200 C2
Prats-du-Périgord (24).....152 A1
Pratviel (81).....170 A6
Pratz (39).....117 H3
Prauthoy (52).....86 A3
Pravieux (42).....128 D4
Praye (54).....69 E1
Prayols (09).....185 H6
Prayssac (46).....152 B3
Prayssas (47).....151 E5
Praz-sur-Arly (74).....132 D2
le Pré-d'Auge (14).....15 E5
Pré-en-Pail (53).....59 G1
Pré-Saint-Évroult (28).....62 B4
Pré-Saint-Martin (28).....62 B3
Préaux (07).....143 H3
les Préaux (27).....15 G4
Préaux (36).....95 H3
Préaux (53).....59 E6
Préaux (76).....17 H6
Préaux-Bocage (14).....14 B6
Préaux-du-Perche (61).....61 E3
Préaux-Saint-Sébastien (14).....15 F6
Prébois (38).....145 G6
Précey (50).....35 H4
Préchac (33).....149 G3
Préchac (65).....182 D5
Préchac (32).....167 G3
Préchac-sur-Adour (32).....166 D5
Préchacq-Josbaig (64).....181 H2
Préchacq-les-Bains (40).....165 F3
Préchacq-Navarrenx (64).....181 H2
Précieux (42).....129 E4
Précigné (72).....77 F2
Précilhon (64).....182 A3
Précorbin (50).....37 G1
Précy (18).....98 C2
Précy-le-Sec (89).....83 H4
Précy-Notre-Dame (10).....66 C2
Précy-Saint-Martin (10).....66 C2
Précy-sous-Thil (21).....84 C5
Précy-sur-Marne (77).....43 F3
Précy-sur-Oise (60).....20 D6
Précy-sur-Vrin (89).....65 E5
Prédefin (62).....2 B6
Préfailles (44).....73 G5
Préfontaines (45).....64 A5
Prégilbert (89).....83 G3
Préguillac (17).....121 E3
Préhy (89).....83 H2
Preignac (33).....149 G2
Preignan (32).....167 H4
Preixan (11).....186 D4
Prémanon (39).....118 B2
Premeaux-Prissey (21).....101 H2
Prémery (58).....99 E2
Prémesques (59).....3 E5
Prémeyzel (01).....131 F3
Prémian (34).....171 G6
Premières (21).....102 B1
Prémierfait (10).....66 A1
Prémilhat (03).....112 C4
Prémillieu (01).....131 F2
Prémont (02).....9 E5
Prémontré (02).....22 B3
Prendeignes (46).....153 H1
Préneron (32).....167 F4
la Prénessaye (22).....55 H2
Prenois (21).....85 G6
Prénovel (39).....117 H2
Prény (54).....48 B3
Préporché (58).....100 A4
Prépotin (61).....40 A6
les Prés (26).....159 F2
Présailly (39).....117 G1
Présailly (74).....115 H3
Preseau (59).....9 F2
Présentevillers (25).....88 C4
Préserville (31).....169 G6
Présilly (39).....117 G1
Présilly (74).....118 A4
Presle (73).....132 B5
Presles (14).....37 H3
Presles (95).....42 D2
Presles (38).....145 E2
Presles-en-Brie (77).....43 F5
Presles-et-Boves (02).....22 B5
Presles-et-Thierry (02).....22 C4
Presly (18).....81 G6
Presnoy (45).....63 H6
Pressac (86).....109 F5
Pressagny-l'Orgueilleux (27).....41 F2
Pressiat (01).....117 F3
Pressignac (16).....123 G3
Pressignac-Vicq (24).....137 F5
Pressigny (79).....93 H6
Pressigny (52).....86 D2
Pressigny-les-Pins (45).....82 A1
Pressins (38).....131 F5
Pressy (62).....2 C6
Pressy-sous-Dondin (71).....115 H2

la Prétière (25).....88 B5
Pretin (39).....103 E4
Prétot-Sainte-Suzanne (50).....12 D5
Prétot-Vicquemare (76).....17 F3
Prêtreville (14).....15 F6
Préty (71).....116 C2
Pretz-en-Argonne (55).....47 E3
Preuilly (18).....97 F2
Preuilly-la-Ville (36).....95 F6
Preuilly-sur-Claise (37).....95 F4
Preures (62).....1 G5
Preuschdorf (67).....51 F2
Preuseville (76).....6 B6
Preutin-Higny (54).....25 H5
Preux-au-Bois (59).....9 G4
Preux-au-Sart (59).....9 G2
Préval (72).....60 D3
Prévelles (72).....60 C4
Prévenchères (48).....156 D3
Préveranges (18).....112 A3
Prévessin-Moëns (01).....118 B4
la Prévière (49).....76 A3
Prévillers (60).....20 A3
Prévinquières (12).....154 A4
Prévocourt (57).....49 E3
Prey (27).....41 E3
Prey (88).....70 B4
les Pradeaux (63).....127 G5
Prez (08).....23 G2
Prez-sous-Lafauche (52).....68 C3
Priaires (79).....107 G5
Priay (01).....130 D1
Priez (02).....44 A1
Prignac (17).....121 G2
Prignac-en-Médoc (33).....120 C6
Prignac-et-Marcamps (33).....135 F3
Prigonrieux (24).....136 D5
Primarette (38).....130 B6
Primat (08).....24 B4
Primelin (29).....52 C2
Primelles (18).....97 F4
Prin-Deyrançon (79).....107 G4
Prinçay (86).....94 B4
Princé (35).....58 B3
Pringy (51).....46 A4
Pringy (77).....63 H1
Pringy (74).....132 A1
Prinquiau (44).....74 A3
Prinsuéjols (48).....155 G1
Printzheim (67).....50 C4
Prisces (02).....22 D1
Prisches (59).....9 H4
Prissac (36).....110 C2
Prissé (71).....116 B4
Prissé-la-Charrière (79).....107 G5
Privas (07).....157 H1
Privezac (12).....153 H4
Prix-lès-Mézières (08).....24 A1
Priziac (56).....54 C2
Prizy (71).....115 F3
la Proiselière-et-Langle (70).....88 A1
Proissans (24).....138 B5
Proisy (02).....9 G6
Proix (02).....9 F6
Projan (32).....166 C5
Promilhanes (46).....153 F4
Prompsat (63).....127 E1
Prondines (63).....126 C3
Pronleroy (60).....20 D4
Pronville (62).....8 C3
Propiac (26).....158 D5
Propières (69).....115 G5
Propriano (2A).....206 D3
Prosnes (51).....45 G1
Prouilly (51).....22 D5
Proupiary (31).....184 C3
Proussy (14).....38 B3
Prouvais (02).....23 E4
Prouville (80).....7 F4
Prouvy (59).....9 F2
Prouzel (80).....20 B1
Provenchère (25).....88 B6
Provenchère (70).....87 G2
Provenchères-
  -lès-Darney (88).....69 E4
Provenchères-sur-Fave (88).....70 D2
Provency (89).....84 A4
Proverville (10).....67 E3
Proveysieux (38).....145 G2
Proville (59).....8 D3
Provin (59).....3 F6
Provins (77).....65 E1
Proviseux-et-Plesnoy (02).....23 E4
Proyart (80).....8 A6
Prudemanche (28).....40 D5
Prudhomat (46).....139 E5
Prugnanes (66).....200 C1
Prugny (10).....66 A4
Pruillé (49).....76 D3
Pruillé-le-Chétif (72).....60 A6
Pruillé-l'Éguillé (72).....78 C1
Pruines (12).....154 B3
Prunay (51).....45 G1
Prunay-Belleville (10).....65 H2
Prunay-Cassereau (41).....79 F3
Prunay-en-Yvelines (78).....62 D1
Prunay-le-Gillon (28).....62 C2
Prunay-le-Temple (78).....41 G4
Prunay-sur-Essonne (91).....63 G3
Prunelli-di-Casacconi (2B).....203 G5
Prunelli-di-Fiumorbo (2B).....205 G4
Prunet (15).....140 B5
Prunet (07).....157 F2
Prunet (31).....169 H6
Prunet-et-Belpuig (66).....200 D3
Pruniers (36).....96 D5
Pruniers (49).....76 C6
Pruniers-en-Sologne (41).....80 C6
Pruno (2B).....203 G6
Prunoy (89).....82 D1
Prusly-sur-Ource (21).....85 E1
Prusy (10).....66 B6
Pruzilly (71).....116 A4
Puberg (67).....50 B3
Publier (74).....119 E3
Publy (39).....117 G1
Puceul (44).....74 C2
Le Puch (09).....199 H2
Puch-d'Agenais (47).....150 C4
Puchay (27).....19 F5
Puchevillers (80).....7 G4
le Puech (34).....172 C4
Puéchabon (34).....173 E4
Puéchoursi (81).....169 H6
Puéchredon (30).....173 G3
Puellemontier (52).....67 E1
Puessans (25).....87 H5
Puget (84).....175 H4
Puget-Rostang (06).....178 C1
Puget-sur-Argens (83).....178 B5
Puget-Théniers (06).....178 C2
Puget-Ville (83).....193 G5
Pugey (25).....103 F1
Pugieu (01).....131 F2
Puginier (11).....186 A2
Pugnac (33).....135 F3
Pugny (79).....93 E5
Pugny-Chatenod (73).....131 H3
Puichéric (11).....187 G3
Puihardy (79).....107 H2
Puilacher (34).....172 D5
Puilaurens (11).....200 B1
Puilboreau (17).....106 D4
Puimichel (04).....177 E2
Puimisson (34).....188 C1
Puimoisson (04).....177 E3
la Puisaye (28).....61 E2
Puiseaux (45).....63 H4
Puiselet-le-Marais (91).....63 F2
le Puiset (28).....62 D3
le Puiset-Doré (49).....75 G5
Puiseux (08).....23 G3
Puiseux (28).....41 E6
Puiseux-en-Bray (60).....19 G4
Puiseux-en-France (95).....42 D2
Puiseux-en-Retz (02).....21 H5
Puiseux-le-Hauberger (60).....20 B6

Puiseux-Pontoise (95).....42 B2
Puisieulx (51).....45 F1
Puisieux (62).....8 A4
Puisieux (77).....43 G2
Puisieux-et-Clanlieu (02).....9 G6
Puissalicon (34).....188 C1
Puisseguin (33).....136 A4
Puisserguier (34).....188 B2
Puits (21).....84 D2
Puits-et-Nuisement (10).....66 D4
Puits-la-Vallée (60).....20 B3
Puivert (11).....186 D6
Pujaudran (32).....168 D5
Pujaut (30).....174 D2
Pujo (65).....183 E2
Pujo-le-Plan (40).....166 B3
les Pujols (09).....185 H4
Pujols (33).....136 A6
Pujols (47).....151 F4
le Puley (71).....101 F6
Puligny-Montrachet (21).....101 F4
Pullay (27).....40 C5
Pulligny (54).....48 C6
Pulney (54).....69 E2
Pulnoy (54).....48 D5
Pulvérières (63).....126 D2
Pulversheim (68).....89 F1
Punchy (80).....21 F1
Punerot (88).....68 D1
Puntous (65).....183 H2
Pupillin (39).....103 E4
Pure (08).....24 D2
Purgerot (70).....87 G3
Pusey (70).....87 G3
Pusignan (69).....130 C3
Pussay (91).....63 E3
Pussigny (37).....94 D3
Pussy (73).....132 D4
Putanges-Pont-Écrepin (61).....38 D4
Puteaux (92).....42 C4
Putot-en-Auge (14).....14 D4
Putot-en-Bessin (14).....14 A4
Puttelange-aux-Lacs (57).....49 H1
Puttelange-lès-Thionville (57).....26 C2
Puttigny (57).....49 F3
Puxe (54).....25 H6
Puxieux (54).....48 B1
le Puy (25).....87 G6
le Puy (33).....150 B1
Puy-d'Arnac (19).....139 E4
Puy-de-Serre (85).....107 F2
Puy-du-Lac (17).....121 F1
le Puy-en-Velay (43).....142 C4
Puy-Guillaume (63).....127 H1
le Puy-Malsignat (23).....112 A6
Puy-Notre-Dame (49).....93 G2
Puy-Saint-André (05).....147 E5
Puy-Saint-Eusèbe (05).....160 D2
Puy-Saint-Gulmier (63).....126 C3
Puy-Saint-Martin (26).....158 C2
Puy-Saint-Pierre (05).....147 E5
Puy-Saint-Vincent (05).....146 D5
le Puy-
  -Sainte-Réparade (13).....176 A5
Puy-Sanières (05).....161 E2
Puybarban (33).....150 A2
Puybegon (81).....170 A4
Puybrun (46).....139 E5
Puycalvel (81).....170 B5
Puycasquier (32).....168 A4
Puycelsi (81).....169 H2
Puydaniel (31).....185 F2
Puydarrieux (65).....183 G2
la Puye (86).....109 H1
Puygaillard-
  -de-Lomagne (82).....168 B2
Puygaillard-de-Quercy (82).....169 G1
Puygiron (26).....158 B2
Puygouzon (81).....170 C3
Puygros (73).....132 A4
Puyjourdes (46).....153 F4
Puylagarde (82).....153 F5
Puylaroque (82).....152 D5
Puylaurens (81).....170 B6
Puylausic (32).....184 C1
Puyloubier (13).....176 C6
Puymangou (24).....136 B2
Puyméras (84).....158 D5
Puymiclan (47).....150 D3
Puymirol (47).....151 G5
Puymoyen (16).....122 C4
Puynormand (33).....136 A4
Puyol-Cazalet (40).....166 A5
Puyoô (64).....165 F5
Puyravault (17).....107 E5
Puyravault (85).....106 D3
Puyréaux (16).....122 C2
Puyrenier (24).....122 D6
Puyrolland (17).....107 G6
Puységur (32).....167 H3
Puysserampion (47).....150 D2
Puyvalador (66).....200 A3
Puyvert (84).....175 H4
Puzeaux (80).....21 F1
Puzieux (57).....49 E3
Puzieux (88).....69 F2
Py (66).....200 B4
la Pyle (27).....18 B6
Pys (80).....8 B4

Q

Quaëdypre (59).....2 C2
Quaix-en-Chartreuse (38).....145 G2
Quantilly (18).....97 H1
Quarante (34).....188 A2
Quarouble (59).....9 G1
Quarré-les-Tombes (89).....84 A6
le Quartier (63).....113 E6
Quasquara (2A).....205 E6
Quatre-Champs (08).....24 B4
les Quatre-Routes-
  -du-Lot (46).....138 D4
Quatremare (27).....40 D5
Quatzenheim (67).....50 D5
Quéant (62).....8 C3
Québriac (35).....57 E1
Quédillac (35).....56 C1
Queige (73).....132 D3
Quelaines-Saint-Gault (53).....58 C6
Quelmes (62).....2 A4
Quéménéven (29).....53 F1
Quemigny-Poisot (21).....101 G1
Quemigny-sur-Seine (21).....85 E3
Quemper-Guézennec (22).....33 E2
Quemperven (22).....32 D2
Quend (80).....6 C2
Quenne (89).....83 G2
Quenoche (70).....87 F4
Quenza (2A).....207 E2
Quercamps (62).....2 A4
Quercitello (2B).....203 F6
Quérénaing (59).....9 F2
Quérigut (09).....199 H2
Quernes (62).....2 B5
Querqueville (50).....12 C1
Querré (49).....76 D2
Querrien (29).....54 B3
Querrieu (80).....7 H5
Quers (70).....87 H2
Quesmy (60).....21 G2
le Quesne (80).....7 E6
le Quesnel (80).....21 E1
le Quesnel-Aubry (60).....20 C4
le Quesnoy (59).....9 G3
le Quesnoy-en-Artois (62).....7 E2
Quesnoy-le-Montant (80).....6 C4
Quesnoy-sur-Airaines (80).....7 E5
Quesnoy-sur-Deûle (59).....3 F4
Quesques (62).....1 G4

Quessigny (27)....41 E3
Quessoy (22)....33 H5
Questembert (56)....56 A6
Questrecques (62)....1 F5
Quet-en-Beaumont (38)....145 H5
Quetigny (21)....85 H6
Quettehou (50)....13 E2
Quettetot (50)....12 C3
Quetteville (14)....15 F3
Quettreville-sur-Sienne (50)....35 G1
Queudes (51)....44 D6
la Queue-en-Brie (94)....43 E4
la Queue-les-Yvelines (78)....41 H4
Queuille (63)....126 C1
Quevauvillers (80)....20 B1
Quéven (56)....54 C5
Quévert (22)....34 C5
Quevillon (76)....17 F6
Quevilloncourt (54)....69 F1
Quévreville-la-Poterie (76)....18 D5
Queyrac (33)....120 C6
Queyrières (43)....142 D3
Queyssac (24)....137 E5
Queyssac-les-Vignes (19)....139 E4
Quézac (15)....153 H1
Quézac (48)....156 A4
Quiberon (56)....72 B2
Quiberville (76)....17 F2
Quibou (50)....37 F1
Quié (09)....199 E1
Quiers (77)....43 G6
Quiers-sur-Bézonde (45)....63 G6
Quiéry-la-Motte (62)....8 C2
Quierzy (02)....21 H3
Quiestède (62)....2 B4
Quiévelon (59)....10 B3
Quiévrechain (59)....9 G1
Quiévrecourt (76)....19 E1
Quievy (59)....9 F3
Quilen (62)....1 G6
Quillan (11)....186 D6
Quilleboeuf-sur-Seine (27)....15 H2
le Quillio (22)....55 F1
Quilly (08)....24 A4
Quilly (44)....74 A3
Quily (56)....56 A4
Quimper (29)....53 F3
Quimperlé (29)....54 B4
Quincampoix (76)....17 H5
Quincampoix-Fleuzy (60)....19 G1
Quinçay (86)....108 D1
Quincerot (21)....84 C3
Quincerot (89)....66 B6
Quincey (21)....101 H2
Quincey (70)....87 G3
Quincié-en-Beaujolais (69)....116 A4
Quincieu (38)....145 E1
Quincieux (69)....130 A2
Quincy (18)....97 F2
Quincy-Basse (02)....22 A4
Quincy-Landzécourt (55)....25 E4
Quincy-le-Vicomte (21)....84 C4
Quincy-sous-le-Mont (02)....22 B5
Quincy-sous-Sénart (91)....43 E5
Quincy-Voisins (77)....43 G3
Quinéville (50)....13 E3
Quingey (25)....103 F2
Quinquempoix (60)....20 D3
Quins (12)....154 B5
Quinsac (24)....123 F6
Quinsac (33)....135 F6
Quinson (04)....177 E4
Quinssaines (03)....112 C4
Quintal (74)....132 A2
la Quinte (72)....59 H5
Quintenas (07)....143 H2
Quintenic (22)....34 A4
Quintigny (39)....102 D5
Quintillan (11)....187 G5
Quintin (22)....33 F5
le Quiou (22)....34 D6
Quirbajou (11)....200 A1
Quiry-le-Sec (80)....20 C2
Quissac (30)....173 G3
Quissac (46)....153 E2
Quistinic (56)....54 D4
Quittebeuf (27)....40 D1
Quivières (80)....21 G1
Quœux-Haut-Maînil (62)....7 F2

R

Rabastens (81)....169 H3
Rabastens-de-Bigorre (65)....183 F1
Rabat-les-Trois-Seigneurs (09)....185 G6
la Rabatelière (85)....91 H3
Rablay-sur-Layon (49)....76 B3
Rabodanges (61)....38 C4
Rabou (05)....160 B2
Rabouillet (66)....200 C2
Racécourt (88)....69 G3
Rachecourt-sur-Marne (52)....67 H1
Rachecourt-Suzémont (52)....67 G1
Râches (59)....8 D1
Racines (10)....65 H5
la Racineuse (71)....102 A5
Racquinghem (62)....2 B4
Racrange (57)....49 F3
Raddon-et-Chapendu (70)....88 A1
Radenac (56)....55 G4
Radepont (27)....19 E5
Radinghem (62)....3 E5
Radinghem-en-Weppes (59)....3 E5
Radon (61)....60 A1
Radonvilliers (10)....66 D2
Raedersdorf (68)....89 F4
Raedersheim (68)....71 F6
Raffetot (76)....15 H1
Rageade (15)....141 G3
Rahart (41)....79 G1
Rahay (72)....61 E6
Rahling (57)....50 A2
Rahon (25)....88 B6
Rahon (39)....102 C3
Rai (61)....40 A4
Raids (50)....12 D6
Raillencourt-Sainte-Olle (59)....8 D3
Railleu (66)....200 A3
Raillicourt (08)....24 A2
Raillimont (02)....23 F2
Raimbeaucourt (59)....8 D1
Rainans (39)....102 C2
Raincheval (80)....7 H4
Raincourt (70)....87 E1
le Raincy (93)....43 E3
Rainfreville (76)....17 F3
Rainneville (76)....7 H5
Rainsars (59)....10 A4
Rainville (88)....69 E2
Rainvillers (60)....19 H4
les Rairies (49)....77 G3
Raismes (59)....9 F1
Raissac (09)....186 A6
Raissac-d'Aude (11)....187 H3
Raissac-sur-Lampy (11)....186 D3
Raival (55)....47 F3
Raix (16)....108 C6
Raizeux (78)....41 G6
Ramasse (01)....117 E5
Ramatuelle (83)....194 D4
Rambaud (05)....160 C2
Rambervillers (88)....70 B2
Rambluzin-et-Benoîte-Vaux (55)....47 F2
Rambouillet (78)....42 C6
Rambucourt (55)....48 A4
Ramburelles (80)....6 C5
Rambures (80)....6 C5
Ramecourt (62)....7 G2
Ramecourt (88)....69 F3
Ramerupt (10)....66 C1
Ramicourt (02)....9 E4
Ramillies (59)....9 E3
Rammersmatt (68)....89 E1
Ramonchamp (88)....70 B6
Ramonville-Saint-Agne (31)....169 F6

Ramoulu (45)....63 F4
Ramous (64)....165 F5
Ramousies (59)....10 A4
Ramouzens (32)....167 E3
Rampan (50)....13 F6
Rampieux (24)....151 G1
Rampillon (77)....64 C1
Rampoux (46)....152 C2
Rancé (01)....130 A1
Rancenay (25)....103 F1
Rancennes (08)....11 F4
Rances (10)....67 E1
Ranchal (69)....115 G5
Ranchot (39)....103 E2
Ranchy (14)....13 H5
Rancogne (16)....122 D3
Rançon (87)....110 B5
Rançonnières (52)....68 C6
Rancourt (80)....8 C5
Rancourt (88)....69 F3
Rancourt-sur-Ornain (55)....46 D4
Rancy (71)....116 D1
Randan (63)....127 G1
Randens (73)....132 C5
Randevillers (25)....88 A6
Randonnai (61)....40 A5
Rânes (61)....38 D5
Rang (25)....88 B5
Rang-du-Fliers (62)....6 C1
Rangecourt (52)....68 C5
Rangen (67)....50 C5
Ranguevaux (57)....26 B5
Rannée (35)....57 H4
Ranrupt (67)....71 E2
Rans (39)....103 E2
Ransart (62)....8 A3
Ranspach (68)....70 D6
Ranspach-le-Bas (68)....89 G3
Ranspach-le-Haut (68)....89 G3
Rantechaux (25)....104 A2
Rantigny (60)....20 D5
Ranton (86)....93 H3
Rantzwiller (68)....89 F2
Ranville (14)....14 C4
Ranville-Breuillaud (16)....122 A1
Ranzevelle (70)....69 F6
Ranzières (55)....47 G2
Raon-aux-Bois (88)....70 A5
Raon-lès-Leau (54)....50 A6
Raon-l'Étape (88)....70 C2
Raon-sur-Plaine (88)....50 A6
Rapaggio (2B)....205 G1
Rapale (2B)....203 F5
Rapey (88)....69 G3
Rapilly (14)....38 C3
Rapsécourt (51)....46 C2
Raray (60)....21 E6
Rarécourt (55)....47 E2
Rasiguères (66)....200 D1
Raslay (86)....93 H2
Rasteau (84)....158 C5
Ratenelle (71)....116 C2
Ratières (26)....144 B2
Ratte (71)....102 B6
Ratzwiller (67)....50 B2
Raucoules (43)....143 F2
Raucourt (54)....48 D3
Raucourt-au-Bois (59)....9 G3
Raucourt-et-Flaba (08)....24 C3
Raulhac (15)....140 C5
Rauret (43)....142 B6
Rauville-la-Bigot (50)....12 C3
Rauville-la-Place (50)....12 D4
Rauwiller (67)....50 A4
Rauzan (33)....135 H6
Raveau (58)....98 D2
Ravel (63)....127 G3
Ravenel (60)....20 D4
Ravenoville (50)....13 E3
Raves (88)....70 D3
Ravières (89)....84 C2
Ravigny (53)....59 H1
Raville (57)....49 E1
Raville-sur-Sânon (54)....49 E5
Ravilloles (39)....117 H1
la Ravoire (73)....131 H5
Ray-sur-Saône (70)....87 E3
Raye-sur-Authie (62)....7 E2
Rayet (47)....151 G1
Raymond (18)....98 A4
Raynans (25)....88 C4
Rayol-Canadel-sur-Mer (83)....194 A5
Rayssac (81)....170 D3
Razac-de-Saussignac (24)....136 C6
Razac-d'Eymet (24)....151 E1
Razac-sur-l'Isle (24)....137 E2
Raze (70)....87 F3
Razecueillé (31)....184 B5
Razengues (32)....168 C5
Razès (87)....110 C6
Razimet (47)....150 C4
Razines (37)....94 C3
Réal (66)....200 A3
Réalcamp (76)....6 B6
Réallon (05)....160 D2
Réalmont (81)....170 C4
Réalville (82)....169 F1
Réans (32)....166 D3
Réau (77)....43 E6
Réaumont (38)....131 F6
Réaumur (85)....92 C5
Réaup-Lisse (47)....150 C6
Réauville (26)....158 B3
Réaux (17)....121 G5
Rebais (77)....44 A4
Rébénacq (64)....182 B3
Rebergues (62)....1 H4
Rebets (76)....19 E3
Rebeuville (88)....68 C3
Rebigue (31)....169 F6
Rebourguil (12)....171 G3
Reboursin (36)....96 D2
Rebréchien (45)....63 E6
Rebreuve-Ranchicourt (62)....7 H1
Rebreuve-sur-Canche (62)....7 G2
Rebreuviette (62)....7 G2
Récanville (54)....49 G6
Recey-sur-Ource (21)....85 G2
Réchésy (90)....89 E4
Réchicourt-la-Petite (54)....49 F5
Réchicourt-le-Château (57)....49 G5
Récicourt (55)....47 E1
Réclainville (28)....62 C3
Reclesne (71)....100 C3
Reclinghem (62)....2 A5
Réclonville (54)....49 G6
Recloses (77)....64 A3
Recologne (25)....87 E6
Recologne (70)....86 D4
Recologne-lès-Rioz (70)....87 F4
Recoubeau-Jansac (26)....159 F1
Recoules-d'Aubrac (48)....155 F1
Recoules-de-Fumas (48)....155 E6
Recoules-Prévinquières (12)....155 E4
Récourt (62)....8 C3
Récourt-le-Creux (55)....47 F3
Recouvrance (90)....88 D3
le Recoux (58)....98 A6
Recques-sur-Course (62)....1 G6
Recques-sur-Hem (62)....2 A3
Recquignies (59)....10 B2
le Reculey (14)....37 H3
Reculfoz (25)....103 G6
Recurt (65)....183 G3
Recy (51)....45 H3
Rédange (57)....26 A3
Rédené (29)....54 B4
Redessan (30)....174 C3
Redon (35)....73 H1
la Redorte (11)....187 G3
Redortiers (04)....159 G6
Réez-Fosse-Martin (60)....43 G1
Reffannes (79)....108 B2
Reffroy (55)....68 B1
Reffuveille (50)....37 G5
Régades (31)....184 B4
Régat (09)....186 B5
Regnauville (62)....7 E2
Régnéville (88)....69 F2

Regnéville-sur-Mer (50)....36 D2
Regnéville-sur-Meuse (55)....25 E6
Regney (88)....69 G3
Régnié-Durette (69)....116 A5
Regnière-Écluse (80)....6 C2
Regniowez (08)....10 D5
Régny (02)....22 B1
Régny (42)....129 E1
la Regrippière (44)....75 F5
Réguiny (56)....55 G3
Réguisheim (68)....71 F6
Régusse (83)....177 F4
Rehaincourt (88)....70 A2
Rehainviller (54)....49 E6
Réhaupal (88)....70 B4
Reherrey (54)....49 G6
Réhon (54)....25 H3
Reichsfeld (67)....71 F2
Reichshoffen (67)....50 D2
Reichstett (67)....51 E5
Reignac (16)....121 H6
Reignac (33)....135 F2
Reignac-sur-Indre (37)....95 F1
Reignat (63)....127 G3
Reigneville-Bocage (50)....12 D4
Reignier-Ésery (74)....118 C5
Reigny (18)....112 B1
Reilhac (15)....140 A4
Reilhac (46)....153 E1
Reilhaguet (46)....138 C6
Reilhanette (26)....159 F6
Reillanne (04)....176 B3
Reillon (54)....49 G6
Reilly (60)....19 H6
Reims (51)....23 E6
Reims-la-Brûlée (51)....46 B5
Reinhardsmunster (67)....50 B5
Reiningue (68)....89 F2
Reipertswiller (67)....50 C2
Reithouse (39)....117 G1
Réjaumont (32)....167 H3
Réjaumont (65)....183 H3
Rejet-de-Beaulieu (59)....9 G4
Relanges (88)....69 F4
Relans (39)....102 C5
le Relecq-Kerhuon (29)....31 E4
Relevant (01)....116 C6
Rely (62)....2 B5
Remaisnil (80)....7 F3
Rémalard (61)....61 E2
Remaucourt (02)....9 E4
Remaucourt (08)....23 F3
la Remaudière (44)....75 F5
Remaugies (80)....21 E3
Rémauville (77)....64 B4
Rembercourt-Sommaisne (55)....47 E3
Rembercourt-sur-Mad (54)....48 B2
Rémécourt (60)....20 D4
Rémelfang (57)....26 D4
Rémelfing (57)....27 H5
Rémeling (57)....26 D3
Remennecourt (55)....46 D4
Remenoville (54)....69 H1
Rémérangles (60)....20 C4
Réméréville (54)....49 E5
Rémering (57)....27 E4
Rémering-lès-Puttelange (57)....49 H2
Remicourt (51)....46 C3
Remicourt (88)....69 F3
Remiencourt (80)....20 C1
Remies (02)....22 B2
Remigny (02)....22 A2
Remigny (71)....101 F4
Rémilly (57)....49 E2
Rémilly (58)....100 A5
Remilly-Aillicourt (08)....24 C2
Remilly-en-Montagne (21)....85 F6
Remilly-les-Pothées (08)....23 H1
Remilly-sur-Lozon (50)....13 E6
Remilly-sur-Tille (21)....86 A6
Remilly-Wirquin (62)....2 A5
Réminiac (56)....56 B5
Remiremont (88)....70 B5
Remoiville (55)....25 E4
Remollon (05)....160 C3
Remomeix (88)....70 D3
Remoncourt (54)....49 G5
Remoncourt (88)....69 F3
Rémondans-Vaivre (25)....88 C5
Rémonvaux-Boujeons (25)....103 H5
Remoulins (30)....174 C2
Removille (88)....69 E2
Rempnat (87)....125 F4
la Remuée (76)....15 G1
Remungol (56)....55 F4
Rémuzat (26)....159 E4
Rémy (60)....21 E4
Rémy (62)....8 C3
Renac (35)....56 D6
Renage (38)....145 E1
Renansart (02)....22 B2
Renaucourt (70)....86 D3
la Renaudie (63)....128 B3
la Renaudière (49)....75 G6
Renauvoid (88)....69 H4
Renay (41)....79 G1
Renazé (53)....76 B1
René (72)....60 B3
Renédale (25)....103 H3
Renescure (59)....2 B4
Renève (21)....86 B5
Réning (57)....49 G2
Rennemoulin (78)....42 B4
Rennepont (52)....67 F3
Rennes (35)....57 F3
Rennes-en-Grenouilles (53)....59 F1
Rennes-le-Château (11)....186 D6
Rennes-les-Bains (11)....187 E6
Rennes-sur-Loue (25)....103 E3
Renneval (02)....23 E1
Renneville (08)....23 G4
Renneville (27)....19 E4
Renneville (31)....186 A2
Renno (2A)....204 C3
le Renouard (61)....39 F3
Rentières (63)....127 F6
Renty (62)....1 H5
Renung (40)....166 B4
Renwez (08)....11 E6
la Réole (33)....150 B2
la Réorthe (85)....92 A6
Réotier (05)....161 F1
Repaix (54)....49 G5
Réparsac (16)....121 H3
Repel (88)....69 E2
Repentigny (14)....15 E4
Replonges (01)....116 B4
le Reposoir (74)....119 E6
Reppe (90)....88 D2
Requeil (72)....78 A2
Réquista (12)....171 E1
Résenlieu (61)....39 G4
la Résie-Saint-Martin (70)....86 D6
Résigny (02)....23 F1
Resson (55)....47 E4
Ressons-l'Abbaye (60)....20 B5
Ressons-le-Long (02)....21 H5
Ressons-sur-Matz (60)....21 E4
les Ressuintes (28)....40 C6
Restigné (37)....78 A6
Restinclières (34)....173 H5
le Retail (79)....107 H1
Rétaud (17)....121 E3
Reterre (23)....112 C6
Rethel (08)....23 G4
Retheuil (02)....21 G5
Rethondes (60)....21 F5
Rethonvillers (80)....21 F2
Réthoville (50)....13 E1
Retiers (35)....57 G4
Retjons (40)....149 G6
Retonfey (57)....26 C5
Rétonval (76)....19 F1
Retournac (43)....142 D2

Retschwiller (67)....51 F2
Rettel (57)....26 C2
Rety (62)....1 G3
Retzwiller (68)....89 E3
Reugney (25)....103 G3
Reugny (03)....112 D2
Reugny (37)....79 F5
Reuil (51)....45 E1
Reuil-en-Brie (77)....44 A3
Reuil-sur-Brêche (60)....20 B3
Reuilly (27)....41 E2
Reuilly (36)....97 E3
Reuilly-Sauvigny (02)....44 C2
Reulle-Vergy (21)....101 G2
Reumont (59)....9 F4
la Réunion (47)....150 B4
Reutenbourg (67)....50 C5
Reuves (51)....45 E4
Reuville (76)....17 F3
Reux (14)....15 E4
Réveillon (51)....44 C5
Réveillon (61)....60 D1
Revel (31)....186 C1
Revel (38)....145 H2
Revel-Tourdan (38)....130 B6
Revelles (80)....20 B1
Revens (30)....172 B1
Reventin-Vaugris (38)....130 A6
Revercourt (28)....40 D5
Revest-des-Brousses (04)....176 B3
Revest-du-Bion (04)....176 B1
le Revest-les-Eaux (83)....193 E5
Revest-les-Roches (06)....195 E1
Revest-Saint-Martin (04)....176 C1
Reviers (14)....14 B3
Revigny (39)....102 D6
Revigny-sur-Ornain (55)....46 D4
Réville (50)....13 E2
Réville-aux-Bois (55)....25 E5
Révillon (02)....22 D5
Revin (08)....11 E5
Revonnas (01)....117 E5
Rexingen (67)....50 B3
Rexpoëde (59)....2 C2
Reyersviller (57)....50 C1
Reygade (19)....139 F4
Reynel (52)....68 B3
Reynès (66)....201 E4
Reynies (82)....169 F2
Reyrevignes (46)....153 F2
Reyrieux (01)....130 A2
Reyssouze (01)....116 C3
Reyvroz (74)....119 E3
Rezay (18)....97 F6
Rezé (44)....74 C5
Rézentières (15)....141 F3
Rezonville (57)....26 A5
Rezza (2A)....204 D4
Rhèges (10)....66 A1
le Rheu (35)....57 E3
Rhinau (67)....71 G2
Rhodes (57)....49 H4
Rhodon (41)....79 H2
Rhuis (60)....21 E5
Ri (61)....38 D4
Ria-Sirach (66)....200 C3
le Rialet (81)....171 E6
Rians (18)....97 H2
Rians (83)....192 D1
Riantec (56)....54 C5
Riaucourt (52)....67 H4
Riaville (55)....47 H1
Ribagnac (24)....136 D6
Ribarrouy (64)....166 B6
Ribaute (11)....187 G4
Ribaute-les-Tavernes (30)....173 H1
le Ribay (53)....59 F2
Ribeaucourt (55)....67 H1
Ribeaucourt (80)....7 F4
Ribeauville (02)....9 G4
Ribeauvillé (68)....71 F3
Ribécourt-Dreslincourt (60)....21 F4
Ribécourt-la-Tour (59)....8 D4
Ribemont (02)....22 B2
Ribemont-sur-Ancre (80)....7 H5
Ribennes (48)....155 H2
Ribérac (24)....136 D2
Ribes (07)....157 F3
Ribeyret (05)....159 G3
Ribiers (05)....160 A5
Ribouisse (11)....186 B3
Riboux (83)....192 D3
la Ricamarie (42)....129 F6
Ricarville (76)....16 D4
Ricarville-du-Val (76)....17 H3
Ricaud (11)....186 B2
Ricaud (65)....183 F3
les Riceys (10)....66 D6
la Richardais (35)....36 A5
Richardménil (54)....48 D5
Richarville (91)....63 E1
la Riche (37)....78 D5
Riche (57)....49 F3
Richebourg (52)....67 H5
Richebourg (62)....3 E5
Richebourg (78)....41 G4
Richecourt (55)....48 A3
Richelieu (37)....94 B3
Richeling (57)....49 H2
Richemont (57)....26 B4
Richemont (76)....19 G1
Richerenches (84)....158 C4
Richeval (57)....49 H5
Richeville (27)....19 F5
Richtolsheim (67)....71 G3
Richwiller (68)....89 F1
Ricourt (32)....167 E6
Ricquebourg (60)....21 E3
Riec-sur-Belon (29)....54 A4
Riedisheim (68)....89 F2
Riedseltz (67)....51 F2
Riedwihr (68)....71 G4
Riel-les-Eaux (21)....67 E6
Riencourt (80)....7 F6
Riencourt-lès-Bapaume (62)....8 B5
Riencourt-lès-Cagnicourt (62)....8 C3
Riervescemont (90)....88 C2
Riespach (68)....89 F3
Rieucazé (31)....184 B4
Rieucros (09)....186 A5
Rieulay (59)....8 D2
Rieumajou (31)....186 B1
Rieumes (31)....168 D6
Rieupeyroux (12)....154 A5
Rieussec (34)....187 G1
Rieutort-de-Randon (48)....156 A2
Rieux (51)....44 D4
Rieux (56)....73 H1
Rieux (60)....20 D5
Rieux (76)....6 B6
Rieux-de-Pelleport (09)....185 H4
Rieux-en-Cambrésis (59)....9 E3
Rieux-en-Val (11)....187 F4
Rieux-Minervois (11)....187 F3
Rieux-Volvestre (31)....185 E3
Riez (04)....177 E3
Rigarda (66)....200 C3
Rigaud (06)....178 C1
Rignac (12)....154 A4
Rignac (46)....138 D5
Rigney (25)....87 G5
Rignieux-le-Franc (01)....130 C1
Rignosot (25)....87 G5
Rignovelle (70)....88 A2
Rigny (70)....86 D5
Rigny-la-Nonneuse (10)....65 G2
Rigny-la-Salle (55)....47 H6
Rigny-le-Ferron (10)....65 G4
Rigny-Saint-Martin (55)....48 A6
Rigny-sur-Arroux (71)....115 E2
Rigny-Ussé (37)....94 B1
Riguepeu (32)....167 F5
Rilhac-Lastours (87)....124 A4
Rilhac-Rancon (87)....124 C3
Rilhac-Treignac (19)....124 D5
Rilhac-Xaintrie (19)....139 H3
Rillans (25)....88 A5
Rillé (37)....78 A5
Rilieux-la-Pape (69)....130 B2
Rilly-la-Montagne (51)....45 F1

Rilly-Sainte-Syre (10)....66 A2
Rilly-sur-Aisne (08)....24 A4
Rilly-sur-Loire (41)....79 G5
Rilly-sur-Vienne (37)....94 C3
Rimaucourt (52)....68 B3
Rimbach-près-Guebwiller (68)....71 E6
Rimbach-près-Masevaux (68)....88 D1
Rimbachzell (68)....71 E6
Rimbez-et-Baudiets (40)....167 E1
Rimboval (62)....1 H6
Rimeize (48)....141 G6
Rimling (57)....28 A5
Rimogne (08)....10 D6
Rimon-et-Savel (26)....159 E1
Rimons (33)....111 H5
Rimont (09)....185 F5
Rimou (35)....35 G6
Rimplas (06)....162 C6
Rimsdorf (67)....50 A3
Ringeldorf (67)....50 D3
Ringendorf (67)....50 D3
Rinxent (62)....1 F3
Riocaud (33)....136 C6
Riolas (31)....184 D2
Riols (81)....171 G6
le Riols (81)....153 F6
Riom (63)....127 F2
Riom-ès-Montagnes (15)....140 C2
Rioms (26)....159 F5
Rion-des-Landes (40)....165 F2
Rions (33)....149 G1
Riorges (42)....115 E6
Riotord (43)....143 F2
Rioux (17)....121 E4
Rioux-Martin (16)....136 A2
Rioz (70)....87 F5
Riquewihr (68)....71 F3
Ris (63)....127 H1
Ris (65)....183 G6
Ris-Orangis (91)....42 D6
Riscle (32)....166 D4
Risoul (05)....161 E1
Ristolas (05)....147 G6
Rittershoffen (67)....51 F2
Ritzing (57)....26 D2
Riupeyrous (64)....182 C1
Rivarennes (36)....110 D1
Rivarennes (37)....94 C1
Rivas (42)....129 E5
Rive-de-Gier (42)....129 G5
Rivecourt (60)....21 E5
Rivedoux-Plage (17)....106 C4
Rivehaute (64)....181 G1
Rivel (11)....186 B6
Riventosa (2B)....205 E3
Rivèrenert (09)....185 E5
Rivère (69)....129 G4
Rivery (80)....7 G6
les Rives (34)....172 B3
Rives (38)....145 E1
Rives (47)....151 G1
Rivesaltes (66)....201 F1
la Rivière (33)....135 G4
la Rivière (37)....94 B2
la Rivière (38)....145 F2
Rivière (62)....8 A3
la Rivière-de-Corps (10)....66 A3
la Rivière-Drugeon (25)....103 H4
la Rivière-Enverse (74)....119 F5
Rivière-les-Fosses (52)....86 A3
Rivière-Saas-et-Gourby (40)....164 D4
la Rivière-Saint-Sauveur (14)....15 E3
Rivière-sur-Tarn (12)....155 F6
Rivières (16)....122 D3
Rivières (30)....157 F5
Rivières (81)....170 A3
les Rivières-Henruel (51)....46 A5
Rivières-le-Bois (52)....86 C3
Riville (76)....16 D3
Rivolet (69)....129 G1
Rix (39)....103 G5
Rix (58)....83 F5
Rixheim (68)....89 G2
la Rixouse (39)....118 A2
Rizaucourt-Buchey (52)....67 F3
Roaillan (33)....149 H3
Roaix (84)....158 C5
Roanne (42)....115 E6
Roannes-Saint-Mary (15)....140 A5
Robécourt (88)....68 D4
Robecq (62)....2 D5
Robersart (59)....9 G3
Robert-Espagne (55)....46 D5
Robert-Magny (52)....67 E2
Robertot (76)....17 E3
Roberval (60)....21 E6
Robiac-Rochessadoule (30)....157 E5
la Robine-sur-Galabre (04)....160 D6
Robion (84)....175 G3
le Roc (46)....138 C5
le Roc-Saint-André (56)....56 A5
Rocamadour (46)....138 D6
Rocbaron (83)....193 F3
Rocé (41)....79 G2
Roche (38)....130 C4
Roche (42)....128 C4
la Roche-Bernard (56)....73 G2
la Roche-Blanche (44)....75 F3
la Roche-Blanche (63)....127 F4
la Roche-Canillac (19)....139 F2
la Roche-Chalais (24)....136 A2
Roche-Charles-la-Mayrand (63)....127 E6
la Roche-Clermault (37)....94 B2
Roche-d'Agoux (63)....112 C6
la Roche-de-Glun (26)....144 A4
la Roche-de-Rame (05)....147 E6
la Roche-Derrien (22)....32 D2
la Roche-des-Arnauds (05)....160 B2
la Roche-en-Brenil (21)....84 B6
Roche-et-Régnier (43)....142 C2
Roche-et-Raucourt (70)....86 D3
la Roche-Guyon (95)....41 G2
Roche-la-Molière (42)....129 F6
la Roche-l'Abeille (87)....124 B4
la Roche-Mabile (61)....59 H2
la Roche-Maurice (29)....31 F4
la Roche-Morey (70)....86 D3
la Roche-Noire (63)....127 F4
la Roche-Posay (86)....95 E5
Roche-Saint-Secret-Béconne (26)....158 C3
la Roche-sur-Foron (74)....118 D6
la Roche-sur-Grane (26)....158 C1
la Roche-sur-le-Buis (26)....159 E5
Roche-sur-Linotte-et-Sorans-les-Cordiers (70)....87 G4
la Roche-sur-Yon (85)....91 G4
la Roche-Vanneau (21)....85 E5
la Roche-Vineuse (71)....116 A3
Rochebaudin (26)....158 C2
la Rochebeaucourt-et-Argentine (24)....123 E5
Rochebrune (05)....160 C3
Rochebrune (26)....159 E3
Rochechinard (26)....144 D3
Rochechouart (87)....123 G2
Rochecolombe (07)....157 G3
Rochecorbon (37)....79 E5
Rochefort (17)....120 D1
Rochefort (21)....85 F2
Rochefort-du-Gard (30)....174 D2
Rochefort-en-Terre (56)....56 A6
Rochefort-en-Valdaine (26)....158 B3
Rochefort-en-Yvelines (78)....42 C6
Rochefort-Montagne (63)....126 D4
Rochefort-Samson (26)....144 C4
Rochefort-sur-Brévon (21)....85 F2
Rochefort-sur-la-Côte (52)....68 A4
Rochefort-sur-Loire (49)....76 B4
Rochefort-sur-Nenon (39)....102 D2
la Rochefoucauld (16)....122 D3
Rochefourchat (26)....158 D2
la Rochegiron (04)....176 B1

Romilly-sur-Seine (10)....65 G1
Romont (88)....70 A2
Romorantin-Lanthenay (41)....80 C6
Rompon (07)....144 A6
Rônai (61)....38 D4
Roncenay (10)....66 A4
le Roncenay-Authenay (27)....40 D4
Roncey (50)....37 E2
Ronchamp (70)....88 B2
Ronchaux (25)....103 F3
Ronchères (02)....44 C1
Ronchères (89)....82 D3
Roncherolles-en-Bray (76)....19 F3
Roncherolles-sur-le-Vivier (76)....17 H6
Ronchin (59)....3 F4
Ronchois (76)....19 G2
Roncourt (57)....26 B5
Roncq (59)....3 G4
la Ronde (17)....107 F3
la Ronde-Haye (50)....12 D6
Rondefontaine (25)....103 H5
Ronel (81)....170 C3
Ronfeugerai (61)....38 B4
Rongères (03)....114 A4
Ronnet (03)....112 D5
Ronno (69)....129 F1
Ronquerolles (95)....42 C1
Ronsenac (16)....122 C5
Ronssoy (80)....8 D5
Rontalon (69)....129 H4
Rontignon (64)....182 C2
Ronvaux (55)....47 G1
Roost-Warendin (59)....8 D1
Roppe (90)....88 D2
Roppenheim (67)....51 G3
Roppentzwiller (68)....89 F3
Roppeviller (57)....28 C5
la Roque-Alric (84)....158 D6
la Roque-Baignard (14)....15 E5
la Roque-d'Anthéron (13)....175 H4
la Roque-Esclapon (83)....178 A4
la Roque-Gageac (24)....138 A6
la Roque-Sainte-Marguerite (12)....172 B2
Roquebillière (06)....179 E1
Roquebrun (34)....172 A4
Roquebrune (32)....167 E4
Roquebrune (33)....150 B1
Roquebrune-Cap-Martin (06)....195 G2
Roquebrune-sur-Argens (83)....193 G3
la Roquebrussanne (83)....193 E3
Roquecor (82)....151 H4
Roquecourbe (81)....170 D5
Roquecourbe-Minervois (11)....187 G3
Roquedur (30)....173 E2
Roquefère (11)....187 E2
Roquefeuil (11)....199 H1
Roquefixade (09)....186 A6
Roquefort (32)....167 H4
Roquefort (40)....166 B1
Roquefort (47)....151 E6
Roquefort-de-Sault (11)....200 A2
Roquefort-des-Corbières (11)....188 A5
Roquefort-la-Bédoule (13)....192 C4
Roquefort-les-Cascades (09)....186 A5
Roquefort-les-Pins (06)....195 E3
Roquefort-sur-Garonne (31)....184 C3
Roquefort-sur-Soulzon (12)....171 H2
Roquelaure (32)....167 H4
Roquelaure-Saint-Aubin (32)....168 C5
Roquemaure (30)....174 D1
Roquemaure (81)....169 G3
Roquepine (32)....167 G2
Roqueredonde (34)....172 B4
Roques (30)....174 B1
Roques (32)....167 F3
Roquesérière (31)....169 G4
Roquessels (34)....172 B6
Roquesteron (06)....178 C2
Roquestéron-Grasse (06)....178 C2
Roquetaillade (11)....186 D5
Roquetoire (62)....2 B4
la Roquette (27)....19 E6
la Roquette-sur-Siagne (06)....178 C5
la Roquette-sur-Var (06)....195 F2
Roquettes (31)....169 E6
Roquevaire (13)....192 C3
Roquevidal (81)....170 A5
Roquiague (64)....181 G3
la Roquille (33)....136 C6
Rorbach-lès-Dieuze (57)....49 G3
Rorschwihr (68)....71 F3
Rosans (05)....159 F4
Rosay (39)....117 F2
Rosay (76)....17 H4
Rosay (78)....41 G3
Rosay-sur-Lieure (27)....19 E5
Rosazia (2A)....204 C4
Rosbruck (57)....27 F5
Roscanvel (29)....30 D5
Roscoff (29)....31 H2
Rosel (14)....14 B4
Rosenau (68)....89 G3
Rosenwiller (67)....50 D6
Roset-Fluans (25)....103 E2
Rosey (70)....87 F4
Rosey (71)....101 F5
Rosheim (67)....50 D6
Rosières (07)....157 F3
Rosières (43)....142 D3
Rosières (60)....21 E6
Rosières (81)....170 C1
Rosières-aux-Salines (54)....48 D5
Rosières-en-Haye (54)....48 B4
Rosières-en-Santerre (80)....21 E2
Rosières-près-Troyes (10)....66 B3
Rosières-sur-Barbèche (25)....88 B5
Rosières-sur-Mance (70)....87 E1
Rosiers-de-Juillac (19)....138 B1
Rosiers-d'Égletons (19)....139 G1
les Rosiers-sur-Loire (49)....77 F5
Rosis (34)....171 H5
Rosnay (36)....95 H6
Rosnay (51)....45 G3
Rosnay (85)....91 H5
Rosnay-l'Hôpital (10)....66 D2
Rosnoën (29)....31 F6
Rosny-sous-Bois (93)....43 E4
Rosny-sur-Seine (78)....41 G2
Rosoy (60)....20 D5
Rosoy (89)....65 E4
Rosoy-en-Multien (60)....43 H1
Rospez (22)....32 D2
Rospigliani (2B)....205 F3
Rosporden (29)....53 H3
Rosselange (57)....26 B4
Rossfeld (67)....71 G2
Rossillon (01)....131 F2
Rostrenen (22)....54 D1
Rosult (59)....9 E1
Rosureux (25)....104 B1
Rotalier (39)....117 F1
Rotangy (60)....20 B3
Rothau (67)....71 E1
Rothbach (67)....50 D3
Rotherens (73)....132 B5
la Rothière (10)....67 E2
Rothois (60)....20 A3
Rothonay (39)....117 F2
les Rotours (61)....38 D4
Rots (14)....14 B4
Rott (67)....51 F1
Rottelsheim (67)....51 E4
Rottier (26)....159 F3
Rou-Marson (49)....77 G6
Rouairoux (81)....171 F5
Rouans (44)....74 B5
la Rouaudière (53)....76 A1
Roubaix (59)....3 G4
Roubia (11)....187 H3

Roubion (06) 162 B6
Roucamps (14) 14 A6
Roucourt (59) 8 D2
Roucy (02) 22 D5
Roudouallec (56) 54 A2
Rouécourt (52) 67 H3
Rouède (31) 184 C4
Rouelle (61) 38 A6
Rouelles (52) 85 H2
Rouen (76) 17 G6
Rouessé-Fontaine (72) 60 A3
Rouessé-Vassé (72) 59 G4
Rouet (34) 173 F3
Rouez (72) 59 G4
Rouffach (68) 71 F5
Rouffange (39) 103 E1
Rouffiac (15) 139 G4
Rouffiac (16) 136 B1
Rouffiac (17) 121 F3
Rouffiac (81) 170 B3
Rouffiac-d'Aude (11) 186 D4
Rouffiac-des-Corbières (11) ..187 F6
Rouffiac-Tolosan (31) 169 F5
Rouffignac (17) 135 F1
Rouffignac-
  -de-Sigoulès (24) 136 D6
Rouffignac-Saint-Cernin-
  -de-Reilhac (24) 137 H4
Rouffigny (50) 37 E4
Rouffilhac (46) 138 C6
Rouffy (51) 45 F3
Rougé (44) 57 G6
la Rouge (61) 61 E3
Rouge-Perriers (27) 40 B5
Rougefay (62) 7 F2
Rougegoutte (90) 88 C2
Rougemont (21) 84 C3
Rougemont (25) 87 H4
Rougemont-le-Château (90) ..88 D2
Rougemontiers (27) 18 A5
Rougemontot (25) 87 G5
Rougeou (41) 80 B6
Rougeries (62) 22 D1
les Rouges-Eaux (88) 70 C3
le Rouget (15) 139 H5
Rougeux (52) 86 C2
Rougiers (83) 193 E3
Rougnac (16) 122 D5
Rougnat (23) 112 C6
Rougon (04) 177 F2
Rouhe (25) 103 F2
Rouhling (57) 27 G5
Rouillac (16) 122 A3
Rouillac (22) 34 B6
Rouillé (86) 108 C2
Rouillon (72) 60 A5
Rouilly (77) 44 B6
Rouilly-Sacey (10) 66 C3
Rouilly-Saint-Loup (10) 66 B3
Roujan (34) 172 C6
Roulans (25) 87 G6
le Roulier (88) 70 B4
Roullens (11) 186 B1
Roullet-Saint-Estèphe (16) ..122 B4
Roullours (17) 37 H3
Roumagne (47) 150 D2
Roumare (76) 17 F5
Roumazières-Loubert (16) ..123 E2
Roumégoux (15) 139 H5
Roumégoux (81) 170 C4
Roumengoux (09) 186 B4
Roumens (81) 186 B1
Roumoules (04) 177 E3
Rountzenheim (67) 51 F3
Roupeldange (57) 26 D4
Rouperroux (61) 60 C2
Rouperroux-le-Coquet (72) ..60 C3
Rougy (02) 21 H1
la Rouquette (12) 153 G5
Roure (06) 162 C6
le Rouret (06) 178 D4
Rousies (59) 10 A2
Roussac (87) 110 C6
Roussas (26) 158 B3
Roussay (49) 75 G6
Roussayrolles (81) 169 H1
Rousseloy (60) 20 C5
Roussennac (12) 154 A3
Roussent (62) 6 D2
les Rousses (39) 118 B2
Rousses (48) 156 B6
Rousset (05) 160 C3
Rousset (13) 176 B6
le Rousset (71) 115 G1
Rousset-les-Vignes (26) ..158 D4
la Roussière (27) 40 A3
Roussieux (26) 159 E4
Roussillon (38) 144 A1
Roussillon (84) 175 H2
Roussillon-en-Morvan (71) ..100 C3
Roussines (16) 123 E3
Roussines (36) 110 D2
Rousson (30) 157 E6
Rousson (89) 65 E5
Roussy-le-Village (57) 26 B2
Routelle (25) 103 E2
Routes (76) 17 E3
Routier (11) 186 C4
Routot (27) 18 A5
Rouvenac (11) 186 C6
Rouves (54) 48 C3
la Rouvière (30) 174 A2
Rouvignies (59) 9 F2
Rouville (60) 21 F6
Rouville (76) 15 H1
Rouvillers (60) 21 E4
Rouvray (21) 84 B5
Rouvray (27) 41 E2
Rouvray (89) 83 G1
Rouvray-Catillon (76) 19 F3
Rouvray-Saint-Denis (28) ..62 D3
Rouvray-Saint-Florentin (28)..62 B3
Rouvray-Sainte-Croix (45) ..62 C5
Rouvrel (80) 20 C1
Rouvres (14) 38 D2
Rouvres (28) 41 F4
Rouvres (77) 43 F2
Rouvres-en-Multien (60) 43 H1
Rouvres-en-Plaine (21) 102 A1
Rouvres-en-Woëvre (55) 25 G6
Rouvres-en-Xaintois (88) 69 F3
Rouvres-la-Chétive (88) 68 D3
Rouvres-les-Bois (36) 96 C3
Rouvres-les-Vignes (10) 67 F3
Rouvres-Saint-Jean (45) 63 F3
Rouvres-sous-Meilly (21) ..101 E1
Rouvres-sur-Aube (52) 85 G1
Rouvrois-sur-Meuse (55) ..47 G3
Rouvrois-sur-Othain (55) ..25 G5
Rouvroy (02) 9 G6
Rouvroy (62) 8 C1
Rouvroy-en-Santerre (80) ..21 E1
Rouvroy-les-Merles (60) ..20 C2
Rouvroy-Ripont (51) 24 B6
Rouvroy-sur-Audry (08) ..23 H1
Rouvroy-sur-Marne (52) ..67 H2
Rouvroy-sur-Serre (02) 23 F2
le Roux (07) 157 E1
Rouxeville (50) 37 G1
la Rouxière (44) 75 E3
Rouxmesnil-Bouteilles (76) ..17 G2
Rouy (58) 99 G3
Rouy-le-Grand (80) 21 G1
Rouy-le-Petit (80) 21 G1
Rouze (09) 199 H2
Rouzède (16) 123 E3
Rouziers (15) 139 H6
Rouziers-de-Touraine (37) ..78 D4
le Rove (13) 191 H6
Roville-aux-Chênes (88) 70 A2
Roville-devant-Bayon (54) ..69 G1
Rovon (38) 145 E2
Roy-Boissy (60) 19 H3
Royas (38) 144 B1
Royat (63) 127 E3
Royaucourt (60) 20 D3
Royaucourt-et-Chailvet (02) ..22 C4
Royaumeix (54) 48 B4
Roybon (38) 144 D2
Royaumeix ...
Roye (70) 88 A3

Roye (80) 21 F2
Roye-sur-Matz (60) 21 F3
Royer (71) 116 B1
Royère-de-Vassivière (23)..125 F2
Royères (87) 124 C2
Roynac (26) 158 C2
Royon (62) 1 H6
Royville (76) 17 F3
Roz-Landrieux (35) 35 E4
Roz-sur-Couesnon (35) 35 H3
Rozay-en-Brie (77) 43 G5
le Rozel (50) 12 B3
Rozelieures (54) 69 H1
Rozérieulles (57) 26 B5
Rozerotte (88) 69 F3
Rozès (32) 167 G3
Rozet-Saint-Albin (02) 44 B1
le Rozier (48) 155 G6
Rozier-Côtes-d'Aurec (42) ..142 D1
Rozier-en-Donzy (42) 129 E3
Rozières-en-Beauce (45) ..62 C6
Rozières-sur-Crise (02) 22 A5
Rozières-sur-Mouzon (88) ..68 D4
Roziers-Saint-Georges (87) ..124 D3
Rozoy-Bellevalle (02) 44 C3
Rozoy-le-Vieil (45) 64 C5
Rozoy-sur-Serre (02) 23 F2
Ruages (58) 83 G6
Ruan (45) 62 D5
Ruan-sur-Egvonne (41) 61 G6
Ruaudin (72) 60 B6
Rubécourt-et-Lamécourt (08)..24 C2
Rubelles (77) 64 A1
Rubempré (80) 7 G5
Rubercy (14) 13 G5
Rubescourt (80) 20 D3
Rubigny (08) 23 F2
Rubrouck (59) 2 B3
Ruca (22) 34 B4
Ruch (33) 136 A6
Rucqueville (14) 14 A4
Rudeau-Ladosse (24) 123 E5
Rudelle (46) 153 F1
Rue (80) 6 C2
la Rue-Saint-Pierre (60) 20 C4
la Rue-Saint-Pierre (76) 17 H5
Ruederbach (68) 89 F3
Rueil-la-Gadelière (28) 40 C5
Rueil-Malmaison (92) 42 C4
Ruelisheim (68) 89 F1
Ruelle-sur-Touvre (16) 122 C3
les Rues-des-Vignes (59) 9 E4
Ruesnes (59) 9 G3
Rueyres (46) 153 F1
Ruffec (16) 108 D6
Ruffec (36) 110 B1
Ruffey-le-Château (25) 87 E6
Ruffey-lès-Beaune (21) 101 G3
Ruffey-lès-Echirey (21) 85 H6
Ruffey-sur-Seille (39) 102 D6
Ruffiac (47) 150 B4
Ruffiac (56) 56 B5
Ruffieu (01) 131 F1
Ruffieux (73) 131 G2
Ruffigné (44) 57 G6
Rugles (27) 40 B4
Rugney (88) 69 G2
Rugny (89) 84 B1
Ruhans (70) 87 G5
Ruillé-en-Champagne (72) ..59 H5
Ruillé-Froid-Fonds (53) 58 D6
Ruillé-le-Gravelais (53) 58 B5
Ruillé-sur-Loir (72) 78 D2
Ruisseauville (62) 2 A6
Ruitz (62) 8 A1
Rullac-Saint-Cirq (12) 154 B6
Rully (14) 38 A4
Rully (60) 21 E6
Rully (71) 101 F4
Rumaucourt (62) 8 C3
Rumegies (59) 9 E2
Rumersheim-le-Haut (68) ..71 G6
Rumesnil (14) 15 E4
Rumigny (08) 23 G1
Rumigny (80) 20 C1
Rumilly (62) 1 H6
Rumilly (74) 131 H2
Rumilly-en-Cambrésis (59) ..8 D4
Rumilly-lès-Vaudes (10) 66 C4
Ruminghem (62) 2 A3
Rumont (55) 47 F4
Rumont (77) 63 H3
Runan (22) 33 E2
Rungis (94) 42 D5
Ruoms (07) 157 G3
Rupéreux (77) 44 B6
Ruppes (88) 68 D1
Rupt (52) 67 H2
Rupt-aux-Nonains (55) 47 E5
Rupt-devant-
  -Saint-Mihiel (55) 47 F3
Rupt-en-Woëvre (55) 47 G2
Rupt-sur-Moselle (88) 70 B6
Rupt-sur-Othain (55) 25 F4
Rupt-sur-Saône (70) 87 E3
Rurange-lès-Thionville (57)..26 C4
Rurey (25) 103 F2
Rusio (2B) 205 F2
Russ (67) 50 B6
Russange (57) 26 A2
le Russey (25) 104 C1
Russy (14) 13 H5
Russy-Bémont (60) 21 G6
Rustenhart (68) 71 G6
Rustiques (11) 187 F3
Rustrel (84) 176 A2
Rustroff (57) 26 D2
Rutali (2B) 203 F5
Ruvigny (10) 66 B3
Ruy (38) 130 D4
Ruyaulcourt (62) 8 C4
Ruynes-en-Margeride (15) ..141 F4
Ry (76) 19 E4
Rye (39) 102 C4
Ryes (14) 14 A3

S

Saâcy-sur-Marne (77) 44 A3
Saales (67) 70 D2
Saâne-Saint-Just (76) 17 F3
Saasenheim (67) 71 G3
Sabadel-Latronquière (46) ..153 G1
Sabadel-Lauzès (46) 152 D2
Sabaillan (32) 184 B1
Sabalos (65) 183 E3
Sabarat (09) 185 G4
Sabarros (65) 183 H3
Sabazan (32) 166 D4
Sablé-sur-Sarthe (72) 77 F1
les Sables-d'Olonne (85) ..91 E6
Sablet (84) 158 C6
Sablières (07) 157 E3
Sablonceaux (17) 120 D3
Sablonnières (77) 44 B3
Sablons (33) 135 H4
Sablons (38) 144 A1
Sabonnères (31) 184 D1
la Sabotterie (08) 24 A3
Sabran (30) 157 H6
Sabres (40) 149 E6
Saccourvielle (31) 197 F1
Sacé (53) 58 D4
Sacey (50) 35 G5
Saché (37) 94 D1
Sachin (62) 2 B6
Sachy (08) 24 D2
Sacierges-Saint-Martin (36)..110 D2
Saclas (91) 63 E2
Saclay (91) 42 C5
Saconin-et-Breuil (02) 22 A5
Sacoué (65) 184 A5
le Sacq (27) 41 E4
Sacquenay (21) 86 B4
Sacquenville (27) 40 D2
Sacy (51) 45 E1
Sacy (89) 83 H3
Sacy-le-Grand (60) 20 D5

Sacy-le-Petit (60) 21 E5
Sadeillan (32) 183 G1
Sadillac (24) 136 D6
Sadirac (33) 135 F6
Sadournin (65) 183 G2
Sadroc (19) 138 D2
Saessolsheim (67) 50 D4
Saffais (54) 48 D6
Saffloz (39) 103 F6
Saffré (44) 74 D2
Saffres (21) 85 E6
Sagelat (24) 137 H6
Sagnat (23) 111 E4
Sagnes-et-Goudoulet (07) ..143 E6
Sagonne (18) 98 B5
Sagy (71) 117 E1
Sagy (95) 42 A2
Sahorre (66) 200 C3
Sahune (26) 159 E4
Sai (61) 39 E4
Saignes (15) 140 B1
Saignes (46) 139 E6
Saigneville (80) 6 C4
Saignon (84) 176 A3
Saiguède (31) 168 D6
Sail-les-Bains (42) 114 D4
Sail-sous-Couzan (42) 128 C3
Sailhan (65) 196 D1
Saillac (19) 138 D4
Saillac (46) 153 E4
Saillagouse (66) 199 H4
Saillans (26) 158 D1
Saillans (33) 135 G4
Saillant (63) 128 C6
Saillat-sur-Vienne (87) 123 G2
Saillenard (71) 102 C6
Sailly (08) 24 D2
Sailly (52) 68 A2
Sailly (71) 115 H2
Sailly (78) 41 H2
Sailly-Achâtel (57) 48 D3
Sailly-au-Bois (62) 7 H4
Sailly-en-Ostrevent (62) 8 C2
Sailly-Flibeaucourt (80) 6 D3
Sailly-Labourse (62) 2 D6
Sailly-Laurette (80) 8 A6
Sailly-le-Sec (80) 8 A6
Sailly-lez-Cambrai (59) 8 D3
Sailly-lez-Lannoy (59) 3 G5
Sailly-Saillisel (80) 8 C5
Sailly-sur-la-Lys (62) 3 E5
Sain-Bel (69) 129 G3
Saincaize-Meauce (58) 98 D4
Sainghin-en-Mélantois (59) ..3 G5
Sainghin-en-Weppes (59) 3 E6
Sainneville (76) 15 F1
Sainpuits (89) 83 E4
Sains (35) 35 F4
Sains-du-Nord (59) 10 A4
Sains-en-Amiénois (80) 20 C1
Sains-en-Gohelle (62) 8 A1
Sains-lès-Fressin (62) 1 H6
Sains-lès-Marquion (62) 8 D3
Sains-lès-Pernes (62) 2 B6
Sains-Morainvillers (60) 20 D3
Sains-Richaumont (02) 22 C1
le Saint (56) 54 B2
Saint-Abit (64) 182 C3
Saint-Abraham (56) 56 A5
Saint-Acheul (80) 7 F3
Saint-Adjutory (16) 123 E3
Saint-Adrien (22) 33 E4
Saint-Affrique (12) 171 G2
Saint-Affrique-
  -les-Montagnes (81) 170 C6
Saint-Agathon (22) 33 E4
Saint-Agil (41) 61 F5
Saint-Agnan (02) 44 C2
Saint-Agnan (58) 84 B6
Saint-Agnan (71) 114 D2
Saint-Agnan (81) 169 H4
Saint-Agnan (89) 64 C3
Saint-Agnan-
  -de-Cernières (27) 39 H3
Saint-Agnan-
  -en-Vercors (26) 145 E5
Saint-Agnan-
  -le-Malherbe (14) 14 A6
Saint-Agnan-sur-Erre (61)..61 E1
Saint-Agnant (17) 120 C1
Saint-Agnant-
  -de-Versillat (23) 111 E4
Saint-Agnant-
  -près-Crocq (23) 126 A3
Saint-Agne (24) 137 E5
Saint-Agnet (40) 166 B5
Saint-Agnin-sur-Bion (38) ..130 D5
Saint-Agoulin (63) 113 G6
Saint-Agrève (07) 143 F4
Saint-Aignan (08) 24 B2
Saint-Aignan (33) 135 G4
Saint-Aignan (41) 96 A1
Saint-Aignan (56) 55 E1
Saint-Aignan (72) 60 B4
Saint-Aignan (82) 168 C1
Saint-Aignan-
  -de-Couptrain (53) 59 F1
Saint-Aignan-
  -de-Cramesnil (14) 38 D1
Saint-Aignan-des-Gués (45)..81 G1
Saint-Aignan-
  -des-Noyers (18) 98 B5
Saint-Aignan-Grandlieu (44)..74 C6
Saint-Aignan-le-Jaillard (45)..81 G2
Saint-Aignan-sur-Roë (53) ..76 A1
Saint-Aignan-sur-Ry (76) ..19 E4
Saint-Aigny (36) 110 B1
Saint-Aigulin (17) 136 A2
Saint-Ail (54) 26 A5
Saint-Albain (71) 116 B3
Saint-Alban (01) 117 F6
Saint-Alban (22) 34 A4
Saint-Alban (31) 169 F4
Saint-Alban-Auriolles (07)..157 F4
Saint-Alban-d'Ay (07) 143 H2
Saint-Alban-
  -de-Montbel (73) 131 G5
Saint-Alban-de-Roche (38)..130 D4
Saint-Alban-
  -d'Hurtières (73) 132 C5
Saint-Alban-
  -des-Villards (73) 146 B1
Saint-Alban-du-Rhône (38)..130 A6
Saint-Alban-
  -en-Montagne (07) 156 D1
Saint-Alban-les-Eaux (42)..128 C1
Saint-Alban-Leysse (73) ..131 H4
Saint-Alban-
  -sur-Limagnole (48) 141 G6
Saint-Albin-
  -de-Vaulserre (38) 131 G5
Saint-Alexandre (30) 158 A5
Saint-Algis (02) 9 H6
Saint-Allouestre (56) 55 G4
Saint-Alpinien (23) 125 H1
Saint-Alyre-d'Arlanc (63) ..142 A1
Saint-Alyre-
  -ès-Montagne (63) 141 E1
Saint-Amadou (09) 185 H4
Saint-Amancet (81) 186 C1
Saint-Amand (23) 125 H1
Saint-Amand (50) 37 G1
Saint-Amand (62) 7 H3
Saint-Amand-
  -de-Belvès (24) 137 H6
Saint-Amand-de-Coly (24)..138 B4
Saint-Amand-de-Vergt (24)..137 F4
Saint-Amand-
  -des-Hautes-Terres (27) ..18 B6
Saint-Amand-
  -en-Puisaye (58) 82 C4
Saint-Amand-
  -Magnazeix (87) 110 D5

Saint-Amand-Montrond (18)..97 H6
Saint-Amand-sur-Fion (51) ..46 B4
Saint-Amand-sur-Ornain (55) ..47 F6
Saint-Amand-sur-Sèvre (79)..92 C4
Saint-Amandin (15) 140 C1
Saint-Amans (11) 186 B3
Saint-Amans (48) 156 B2
Saint-Amans-
  -de-Pellagal (82) 152 A5
Saint-Amans-des-Cots (12)..154 C1
Saint-Amans-du-Pech (82)..151 E4
Saint-Amans-Soult (81) 187 F1
Saint-Amans-Valtoret (81) ..187 F1
Saint-Amant-
  -de-Bonnieure (16) 122 C2
Saint-Amant-
  -de-Montmoreau (16) 122 B6
Saint-Amant-
  -de-Nouère (16) 122 B3
Saint-Amant-
  -Roche-Savine (63) 128 A5
Saint-Amant-Tallende (63) ..127 F4
Saint-Amarin (68) 70 D6
Saint-Ambreuil (71) 101 G6
Saint-Ambroix (18) 97 F4
Saint-Ambroix (30) 157 F5
Saint-Amé (88) 70 B5
Saint-Amour (39) 117 E2
Saint-Amour-Bellevue (71)..116 B4
Saint-Andelain (58) 82 C6
Saint-Andéol (26) 144 D6
Saint-Andéol (38) 145 E4
Saint-Andéol-de-Berg (07)..157 H3
Saint-Andéol-
  -de-Clerguemort (48) 156 D5
Saint-Andéol-
  -de-Fourchades (07) 143 F5
Saint-Andéol-de-Vals (07) ..157 G1
Saint-Andéol-
  -le-Château (69) 129 H5
Saint-Andeux (21) 84 B5
Saint-Andiol (13) 175 E3
Saint-André (16) 122 A3
Saint-André (31) 184 C2
Saint-André (32) 168 B6
Saint-André (66) 201 F3
Saint-André (73) 147 E2
Saint-André (81) 171 E2
Saint-André-Capcèze (48) ..156 D4
Saint-André-d'Allas (24) ..138 A5
Saint-André-d'Apchon (42)..114 D6
Saint-André-de-Bâgé (01) ..116 C4
Saint-André-de-Boëge (74)..118 D4
Saint-André-de-Bohon (50)..13 E5
Saint-André-de-Briouze (61) ..38 C4
Saint-André-
  -de-Buèges (34) 173 E3
Saint-André-
  -de-Chalencon (43) 142 C2
Saint-André-de-Corcy (01) ..130 B1
Saint-André-
  -de-Cruzières (07) 157 F5
Saint-André-
  -de-Cubzac (33) 135 F4
Saint-André-de-Double (24)..136 C3
Saint-André-
  -de-Lancize (48) 156 D5
Saint-André-de-l'Épine (50)..13 F6
Saint-André-de-l'Eure (27)..41 E3
Saint-André-de-Lidon (17)..120 D4
Saint-André-
  -de-Majencoules (30) 173 E2
Saint-André-de-Messei (61)..38 B5
Saint-André-de-Najac (12) ..153 G6
Saint-André-
  -de-Roquelongue (11) 187 H4
Saint-André-
  -de-Roquepertuis (30) 157 G5
Saint-André-de-Rosans (05)..159 F4
Saint-André-
  -de-Sangonis (34) 172 D5
Saint-André-
  -de-Seignanx (40) 164 C5
Saint-André-
  -de-Valborgne (30) 156 C6
Saint-André-
  -de-Vézines (12) 155 G5
Saint-André-d'Embrun (05)..161 E2
Saint-André-des-Eaux (22)..34 D6
Saint-André-des-Eaux (44)..73 G4
Saint-André-d'Hébertot (14)..15 F3
Saint-André-d'Huiriat (01)..116 C5
Saint-André-
  -d'Olérargues (30) 157 H6
Saint-André-
  -Farivillers (60) 20 C3
Saint-André-Goule-d'Oie (85)..92 A4
Saint-André-Lachamp (07) ..157 E3
Saint-André-
  -le-Bouchoux (01) 116 D5
Saint-André-le-Coq (63) 127 G1
Saint-André-le-Désert (71) ..115 H2
Saint-André-le-Gaz (38) 131 F5
Saint-André-les-Alpes (04)..177 H2
Saint-André-les-Vergers (10)..66 B3
Saint-André-lez-Lille (59) 3 F5
Saint-André-sur-Cailly (76)..17 H5
Saint-André-sur-Orne (14) ..14 B5
Saint-André-sur-Sèvre (79)..92 D5
Saint-André-
  -sur-Vieux-Jonc (01) 116 D5
Saint-André-Treize-Voies (85)..91 G2
Saint-Androny (33) 135 E2
Saint-Ange-et-Torçay (28) ..41 E6
Saint-Ange-le-Viel (77) 64 B3
Saint-Angeau (16) 122 C2
Saint-Angel (03) 112 D3
Saint-Angel (19) 125 H6
Saint-Angel (63) 127 E1
Saint-Anthème (63) 128 C5
Saint-Anthot (21) 85 E6
Saint-Antoine (15) 154 A1
Saint-Antoine (25) 104 A5
Saint-Antoine (32) 168 B1
Saint-Antoine (33) 135 H4
Saint-Antoine-Cumond (24)..136 C2
Saint-Antoine-
  -d'Auberoche (24) 137 G3
Saint-Antoine-
  -de-Breuil (24) 136 B5
Saint-Antoine-
  -de-Ficalba (47) 151 F4
Saint-Antoine-
  -du-Queyret (33) 136 A6
Saint-Antoine-
  -du-Rocher (37) 78 D4
Saint-Antoine-la-Forêt (76)..15 G1
Saint-Antoine-l'Abbaye (38)..144 D2
Saint-Antoine-sur-l'Isle (33)..136 B4
Saint-Antonin (06) 178 C2
Saint-Antonin (32) 168 B4
Saint-Antonin-
  -de-Lacalm (81) 170 D4
Saint-Antonin-
  -de-Sommaire (27) 40 A4
Saint-Antonin-du-Var (83)..193 G1
Saint-Antonin-
  -Noble-Val (82) 153 E5
Saint-Antonin-
  -sur-Bayon (13) 176 B6
Saint-Aoustrille (36) 96 D4
Saint-Août (36) 97 E6
Saint-Apollinaire (05) 160 D2
Saint-Apollinaire (21) 85 H6

Saint-Apollinaire-
  -de-Rias (07) 143 G5
Saint-Appolinaire (69) 129 F1
Saint-Appolinard (38) 144 D2
Saint-Appolinard (42) 143 H1
Saint-Aquilin (24) 136 D3
Saint-Aquilin-de-Corbion (61)..39 H6
Saint-Aquilin-de-Pacy (27)..41 F2
Saint-Araille (31) 184 D2
Saint-Arailles (32) 167 F5
Saint-Arcons-
  -de-Barges (43) 142 C6
Saint-Arey (38) 145 G5
Saint-Armel (35) 57 F4
Saint-Armel (56) 72 D1
Saint-Armou (64) 182 C1
Saint-Arnac (66) 200 C1
Saint-Arnoult (14) 15 E3
Saint-Arnoult (41) 79 F3
Saint-Arnoult (60) 19 H2
Saint-Arnoult (76) 17 E4
Saint-Arnoult-des-Bois (28)..61 H1
Saint-Arnoult-
  -en-Yvelines (78) 42 A6
Saint-Arroman (32) 183 H1
Saint-Arroman (65) 183 G4
Saint-Arroumex (82) 168 C2
Saint-Astier (24) 137 E3
Saint-Astier (47) 136 C6
Saint-Auban (04) 178 B3
Saint-Auban-
  -sur-l'Ouvèze (26) 159 F5
Saint-Aubert (59) 9 F3
Saint-Aubert-sur-Orne (61)..38 C4
Saint-Aubin (02) 21 H4
Saint-Aubin (10) 65 F1
Saint-Aubin (21) 101 F4
Saint-Aubin (36) 97 E5
Saint-Aubin (39) 102 B3
Saint-Aubin (40) 165 G4
Saint-Aubin (47) 151 G3
Saint-Aubin (59) 10 A3
Saint-Aubin (62) 6 C1
Saint-Aubin (91) 42 B5
Saint-Aubin-
  -Château-Neuf (89) 83 E2
Saint-Aubin-Celloville (76)..18 D5
Saint-Aubin-
  -d'Appenai (61) 60 C1
Saint-Aubin-d'Arquenay (14)..14 C4
Saint-Aubin-d'Aubigné (35)..57 F1
Saint-Aubin-de-Blaye (33) ..135 F1
Saint-Aubin-
  -de-Bonneval (61) 39 G3
Saint-Aubin-de-Branne (33)..135 H6
Saint-Aubin-
  -de-Cadelech (24) 151 E1
Saint-Aubin-
  -de-Courteraie (61) 39 H6
Saint-Aubin-de-Crétot (76)..18 A3
Saint-Aubin-
  -de-Lanquais (24) 137 E6
Saint-Aubin-
  -de-Locquenay (72) 59 H3
Saint-Aubin-de-Luigné (49)..76 D6
Saint-Aubin-de-Médoc (33)..134 D4
Saint-Aubin-de-Nabirat (24)..152 B1
Saint-Aubin-de-Scellon (27)..15 G5
Saint-Aubin-
  -de-Terregatte (50) 35 H4
Saint-Aubin-
  -d'Écrosville (27) 40 C1
Saint-Aubin-des-Bois (14) ..37 F3
Saint-Aubin-des-Bois (28) ..62 A2
Saint-Aubin-
  -des-Châteaux (44) 57 G6
Saint-Aubin-des-Chaumes (58)..83 H5
Saint-Aubin-
  -des-Coudrais (72) 60 D4
Saint-Aubin-des-Grois (61)..60 D2
Saint-Aubin-des-Hayes (27)..40 B2
Saint-Aubin-des-Landes (35)..57 H3
Saint-Aubin-
  -des-Ormeaux (85) 92 B3
Saint-Aubin-des-Préaux (50)..35 G2
Saint-Aubin-du-Cormier (35)..57 G1
Saint-Aubin-du-Désert (53)..59 G2
Saint-Aubin-du-Pavail (35)..57 G3
Saint-Aubin-du-Perron (50)..12 D6
Saint-Aubin-du-Plain (79) ..93 E4
Saint-Aubin-du-Thenney (27)..15 G6
Saint-Aubin-en-Bray (60) ..19 H4
Saint-Aubin-
  -en-Charollais (71) 115 F2
Saint-Aubin-Épinay (76) ..17 H6
Saint-Aubin-
  -Fosse-Louvain (53) 58 C1
Saint-Aubin-la-Plaine (85) ..106 D1
Saint-Aubin-le-Cauf (76) ..17 H2
Saint-Aubin-le-Cloud (79) ..93 F6
Saint-Aubin-le-Dépeint (37)..78 C3
Saint-Aubin-le-Guichard (27)..40 B2
Saint-Aubin-le-Monial (03)..113 F2
Saint-Aubin-le-Vertueux (27)..15 H6
Saint-Aubin-lès-Elbeuf (76)..18 C5
Saint-Aubin-les-Forges (58)..99 E2
Saint-Aubin-Montenoy (80) ..7 E6
Saint-Aubin-Rivière (80) 6 D6
Saint-Aubin-Routot (76) 15 G2
Saint-Aubin-
  -sous-Erquery (60) 20 D4
Saint-Aubin-sur-Aire (55) ..47 G5
Saint-Aubin-sur-Gaillon (27)..41 E1
Saint-Aubin-sur-Loire (71) ..114 D1
Saint-Aubin-sur-Mer (14) ..14 B3
Saint-Aubin-sur-Mer (76) ..17 F2
Saint-Aubin-sur-Scie (76)..17 G2
Saint-Aubin-sur-Yonne (89)..65 E6
Saint-Augustin (17) 120 B3
Saint-Augustin (19) 125 E6
Saint-Augustin (77) 44 A4
Saint-Augustin-
  -des-Bois (49) 75 H4
Saint-Aulaire (19) 138 B2
Saint-Aulais-
  -la-Chapelle (16) 122 A6
Saint-Aulaye (24) 136 B2
Saint-Aunès (34) 173 G5
Saint-Aunix-Lengros (32)..166 D5
Saint-Aupre (38) 145 G1
Saint-Austremoine (43) 141 G3
Saint-Auvent (87) 123 G3
Saint-Avaugourd-
  -des-Landes (85) 91 F6
Saint-Avé (56) 55 G6
Saint-Aventin (31) 197 F1
Saint-Avertin (37) 79 E6
Saint-Avit (16) 136 B2
Saint-Avit (26) 144 B2
Saint-Avit (40) 165 H2
Saint-Avit (41) 61 F6
Saint-Avit (47) 150 C2
Saint-Avit (63) 126 B2
Saint-Avit (81) 170 A6
Saint-Avit-de-Soulège (33)..136 B6
Saint-Avit-de-Tardes (23)..125 H2
Saint-Avit-de-Vialard (24)..137 G5
Saint-Avit-Frandat (32) 168 A2
Saint-Avit-le-Pauvre (23) ..125 G1
Saint-Avit-les-Guespières (28)..61 H3
Saint-Avit-Rivière (24) 137 H6
  -Saint-Nazaire (33) 136 C5
Saint-Avit-Sénieur (24) 137 F6
Saint-Avold (57) 49 F1
Saint-Avre (73) 132 C6
Saint-Ay (45) 80 C1
Saint-Aybert (59) 9 G1
Saint-Babel (63) 127 G5
Saint-Baldoph (73) 131 H5
Saint-Bandry (02) 21 H5
Saint-Baraing (39) 102 C3
Saint-Barbant (87) 109 H5
Saint-Bard (23) 126 A2
Saint-Bardoux (26) 144 B3
Saint-Barnabé (22) 55 G2
Saint-Barthélemy (38) 144 C1

Saint-Barthélemy (40) 164 C5
Saint-Barthélemy (50) 37 G5
Saint-Barthélemy (56) 55 E4
Saint-Barthélemy (70) 88 B2
Saint-Barthélemy (77) 44 B4
Saint-Barthélemy-
  -d'Agenais (47) 150 D3
Saint-Barthélemy-
  -d'Anjou (49) 77 E4
Saint-Barthélemy-
  -de-Bellegarde (24) 136 C3
Saint-Barthélemy-
  -de-Bussière (24) 123 F4
Saint-Barthélemy-
  -de-Séchilienne (38) 145 H3
Saint-Barthélemy-
  -de-Vals (26) 144 A3
Saint-Barthélemy-
  -Grozon (07) 143 H4
Saint-Barthélemy-
  -le-Meil (07) 143 G5
Saint-Barthélemy-
  -le-Plain (07) 144 A4
Saint-Barthélemy-
  -Lestra (42) 129 F3
Saint-Basile (07) 143 G4
Saint-Baslemont (88) 69 F4
Saint-Baudel (18) 97 F5
Saint-Baudelle (53) 58 D3
Saint-Baudille-
  -de-la-Tour (38) 130 D3
Saint-Baudille-et-Pipet (38)..145 G6
Saint-Bauld (37) 95 F2
Saint-Baussant (54) 48 A3
Saint-Bauzeil (09) 185 G4
Saint-Bauzély (30) 173 H2
Saint-Bauzile (07) 158 A1
Saint-Bauzile (48) 156 A3
Saint-Bauzille-
  -de-la-Sylve (34) 172 D5
Saint-Bauzille-
  -de-Montmel (34) 173 F4
Saint-Bauzille-
  -de-Putois (34) 173 E3
Saint-Bazile (87) 123 G3
Saint-Bazile-
  -de-la-Roche (19) 139 F3
Saint-Bazile-
  -de-Meyssac (19) 139 E4
Saint-Béat (31) 184 A6
Saint-Beaulize (12) 172 A3
Saint-Beauzeil (82) 151 H4
Saint-Beauzély (12) 155 E6
Saint-Beauzile (81) 169 H2
Saint-Beauzire (43) 141 G2
Saint-Beauzire (63) 127 F2
Saint-Bénézet (30) 173 H2
Saint-Benigne (01) 116 C3
Saint-Benin (59) 9 F4
Saint-Benin-d'Azy (58) 99 F3
Saint-Benin-des-Bois (58) ..99 F2
Saint-Benoist-sur-Mer (85)..106 B2
Saint-Benoist-sur-Vanne (10)..65 G4
Saint-Benoît (01) 131 F3
Saint-Benoît (04) 178 B2
Saint-Benoît (11) 186 C6
Saint-Benoît (86) 109 E1
Saint-Benoît-
  -de-Carmaux (81) 170 C1
Saint-Benoît-
  -des-Ombres (27) 15 H4
Saint-Benoît-des-Ondes (35)..35 E4
Saint-Benoît-d'Hébertot (14)..15 F3
Saint-Benoît-du-Sault (36) ..110 D3
Saint-Benoît-en-Diois (26)..158 D2
Saint-Benoît-la-Chipotte (88)..70 B2
Saint-Benoît-la-Forêt (37) ..94 B1
Saint-Benoît-sur-Loire (45)..81 F2
Saint-Benoît-sur-Seine (10)..66 A2
Saint-Bérain (43) 142 A4
Saint-Bérain-
  -sous-Sanvignes (71) 100 D6
Saint-Berain-
  -sur-Dheune (71) 101 E5
Saint-Bernard (01) 129 H1
Saint-Bernard (21) 101 H2
Saint-Bernard (38) 145 H1
Saint-Béron (73) 131 G5
Saint-Berthevin (53) 58 C5
Saint-Berthevin-
  -la-Tannière (53) 58 B2
Saint-Bertrand-
  -de-Comminges (31) 184 A5
Saint-Biez-en-Belin (72) ..78 B1
Saint-Bihy (22) 33 F5
Saint-Blaise (06) 179 E3
Saint-Blaise (74) 118 B6
Saint-Blaise-du-Buis (38) ..145 F1
Saint-Blaise-la-Roche (67) ..71 E1
Saint-Blancard (32) 184 A2
Saint-Blimont (80) 6 C4
Saint-Blin (52) 68 B3
Saint-Boès (64) 165 F5
Saint-Bohaire (41) 79 H3
Saint-Boil (71) 101 F6
Saint-Boingt (54) 69 H1
Saint-Bomer (28) 61 E3
Saint-Bômer-les-Forges (61)..38 A5
Saint-Bon (51) 44 D5
Saint-Bon-Tarentaise (73) ..133 E5
Saint-Bonnet-Avalouze (19)..139 E2
Saint-Bonnet-Briance (87) ..124 C3
Saint-Bonnet-de-Bellac (87)..110 A4
Saint-Bonnet-
  -de-Chavagne (38) 144 D3
Saint-Bonnet-
  -de-Chirac (48) 156 A3
Saint-Bonnet-
  -de-Condat (15) 140 D2
Saint-Bonnet-de-Cray (71)..115 E5
Saint-Bonnet-de-Four (03)..113 F4
Saint-Bonnet-de-Joux (71)..115 G2
Saint-Bonnet-
  -de-Montauroux (48) 156 B1
Saint-Bonnet-de-Mure (69)..130 B4
Saint-Bonnet-
  -de-Rochefort (03) 113 G5
Saint-Bonnet-
  -de-Salendrinque (30) 173 F1
Saint-Bonnet-
  -de-Salers (15) 140 B3
Saint-Bonnet-
  -de-Valclérieux (26) 144 C2
Saint-Bonnet-
  -de-Vieille-Vigne (71) 115 F2
Saint-Bonnet-
  -des-Bruyères (69) 115 H4
Saint-Bonnet-
  -des-Quarts (42) 114 D5
Saint-Bonnet-du-Gard (30)..174 C3
Saint-Bonnet-Elvert (19) ..139 F2
Saint-Bonnet-
  -en-Bresse (71) 102 A4
Saint-Bonnet-
  -en-Champsaur (05) 160 B1
Saint-Bonnet-la-Rivière (19)..138 C1
Saint-Bonnet-le-Bourg (63)..128 A6
Saint-Bonnet-
  -le-Chastel (63) 128 A6
Saint-Bonnet-
  -le-Courreau (42) 128 C3
Saint-Bonnet-le-Froid (43)..143 F3
Saint-Bonnet-le-Troncy (69)..115 H6
Saint-Bonnet-l'Enfantier (19)..138 C1
Saint-Bonnet-les-Allier (63)..127 G3
Saint-Bonnet-les-Oules (42)..129 F5
Saint-Bonnet-
  -les-Tours-de-Merle (19) ..139 G4
Saint-Bonnet-
  -près-Bort (19) 126 A5
Saint-Bonnet-
  -près-Orcival (63) 127 E3
Saint-Bonnet-
  -près-Riom (63) 127 F2
Saint-Bonnet-
  -sur-Gironde (17) 135 F1
Saint-Bonnet-Tronçais (03)..112 D1

Saint-Bouize (18) 98 C1
Saint-Brancher (89) 84 A5
Saint-Branchs (37) 95 E1
Saint-Brandan (22) 33 F5
Saint-Brès (30) 173 H5
Saint-Brès (32) 168 A4
Saint-Brès (34) 173 G5
Saint-Bresson (30) 173 E2
Saint-Bresson (70) 88 A1
Saint-Bressou (46) 153 G1
Saint-Brevin-les-Pins (44)..73 H4
Saint-Briac-sur-Mer (35) ..34 C4
Saint-Brice (33) 121 G3
Saint-Brice (33) 135 A1
Saint-Brice (50) 35 H3
Saint-Brice (53) 77 F1
Saint-Brice (61) 38 A6
Saint-Brice-Courcelles (51)..23 E6
Saint-Brice-de-Landelles (50)..37 F6
Saint-Brice-en-Coglès (35)..35 H6
Saint-Brice-sous-Forêt (95)..42 D3
Saint-Brice-sous-Rânes (61)..38 D5
Saint-Brice-sur-Vienne (87)..123 H2
Saint-Brieuc (22) 33 G4
Saint-Brieuc-de-Mauron (56)..56 B3
Saint-Bris-des-Bois (17) ..121 F3
Saint-Bris-le-Vineux (89)..83 G2
Saint-Brisson (58) 100 B1
Saint-Brisson-sur-Loire (45)..82 A2
Saint-Broing (70) 86 D5
Saint-Broing-les-Moines (21)..85 F3
Saint-Broing-les-Fosses (52)..86 A2
Saint-Broladre (35) 35 F4
Saint-Bueil (38) 131 G5
Saint-Calais (72) 61 E6
Saint-Calais-du-Désert (53)..59 G1
Saint-Calez-en-Saosnois (72)..60 B3
Saint-Cannat (13) 175 H5
Saint-Caprais (03) 112 D2
Saint-Caprais (18) 97 F4
Saint-Caprais (32) 168 A5
Saint-Caprais (46) 152 B2
Saint-Caprais-de-Blaye (33)..135 F1
Saint-Caprais-
  -de-Bordeaux (33) 135 F6
Saint-Caprais-de-Lerm (47)..151 F5
Saint-Caprais-
  -d'Eymet (24) 151 E1
Saint-Caradec (22) 55 F2
Saint-Caradec-Trégomel (56)..54 C3
Saint-Carné (22) 34 D5
Saint-Carreuc (22) 33 G5
Saint-Cassien (24) 151 G1
Saint-Cassien (38) 145 F1
Saint-Cassin (73) 131 H5
Saint-Cast-le-Guildo (22) ..34 B3
Saint-Castin (64) 182 C1
Saint-Céneré (53) 58 D4
Saint-Céneri-le-Gérei (61)..59 H2
Saint-Céols (18) 98 A1
Saint-Céré (46) 139 F5
Saint-Cergues (74) 118 D3
Saint-Cernin (15) 140 A4
Saint-Cernin (46) 152 D2
Saint-Cernin-
  -de-Labarde (24) 137 E6
Saint-Cernin-de-Larche (19)..138 C3
Saint-Cernin-de-l'Herm (24)..152 A2
Saint-Césaire (17) 121 F3
Saint-Césaire-
  -de-Gauzignan (30) 173 H1
Saint-Cézaire-
  -sur-Siagne (06) 178 B4
Saint-Cézert (31) 168 D4
Saint-Chabrais (23) 112 A5
Saint-Chaffrey (05) 147 E4
Saint-Chamant (15) 140 A3
Saint-Chamant (19) 139 F3
Saint-Chamarand (46) 152 C1
Saint-Chamas (13) 191 G3
Saint-Chamassy (24) 137 G5
Saint-Chamond (42) 129 G6
Saint-Champ (01) 131 G3
Saint-Chaptes (30) 174 A2
Saint-Charles-de-Percy (14)..37 H3
Saint-Charles-la-Forêt (53)..58 D6
Saint-Chartier (36) 111 H1
Saint-Chef (38) 130 D4
Saint-Chels (46) 153 F3
Saint-Chély-d'Apcher (48)..141 G6
Saint-Chély-d'Aubrac (12)..155 E2
Saint-Chéron (51) 46 A6
Saint-Chéron (91) 63 E1
Saint-Chinian (34) 187 G2
Saint-Christ-Briost (80) 8 C6
Saint-Christaud (31) 184 D3
Saint-Christaud (32) 167 F6
Saint-Christo-en-Jarez (42)..129 G5
Saint-Christol (07) 143 F5
Saint-Christol (34) 173 H4
Saint-Christol (84) 176 A1
Saint-Christol-
  -de-Rodières (30) 157 H5
Saint-Christol-
  -lès-Alès (30) 173 H1
Saint-Christoly-
  -de-Blaye (33) 135 F3
Saint-Christoly-Médoc (33)..120 D6
Saint-Christophe (03) 114 C5
Saint-Christophe (16) 123 G1
Saint-Christophe (17) 107 E4
Saint-Christophe (23) 111 G6
Saint-Christophe (28) 62 A5
Saint-Christophe (69) 115 H4
Saint-Christophe (73) 131 G5
Saint-Christophe (81) 153 G6
Saint-Christophe (86) 94 C4
Saint-Christophe-
  -á-Berry (02) 21 H4
Saint-Christophe-
  -d'Allier (43) 142 B5
Saint-Christophe-
  -de-Chaulieu (61) 37 H4
Saint-Christophe-
  -de-Double (33) 136 A3
Saint-Christophe-
  -de-Valains (35) 35 G6
Saint-Christophe-
  -des-Bois (35) 57 H1
Saint-Christophe-
  -Dodinicourt (10) 66 D2
Saint-Christophe-
  -du-Bois (49) 92 B3
Saint-Christophe-
  -du-Foc (50) 12 B2
Saint-Christophe-
  -du-Jambet (72) 59 H3
Saint-Christophe-
  -du-Ligneron (85) 91 E2
Saint-Christophe-
  -du-Luat (53) 59 E4
Saint-Christophe-
  -en-Bazelle (36) 96 C2
Saint-Christophe-
  -en-Boucherie (36) 97 F6
Saint-Christophe-
  -en-Bresse (71) 101 H5
Saint-Christophe-
  -en-Brionnais (71) 115 F4
Saint-Christophe-
  -en-Champagne (72) 59 G6
Saint-Christophe-
  -en-Oisans (38) 146 B4
Saint-Christophe-
  -et-le-Laris (26) 144 C2
Saint-Christophe-
  -la-Couperie (49) 75 F5
Saint-Christophe-
  -le-Chaudry (18) 112 B2
Saint-Christophe-
  -sur-Avre (27) 40 B5
Saint-Christophe-sur-Condé (27)..15 H4

Saint-Christophe-sur-Dolaison (43) 142 C4
Saint-Christophe-sur-Guiers (38) 131 G6
Saint-Christophe-sur-le-Nais (37) 78 C3
Saint-Christophe-sur-Roc (79) 108 A2
Saint-Christophe-Vallon (12) 154 B3
Saint-Cibard (33) 136 A4
Saint-Cierge-la-Serre (07) 143 H6
Saint-Cierge-sous-le-Cheylard (07) 143 G5
Saint-Ciergues (52) 86 A1
Saint-Ciers-Champagne (17) 121 G5
Saint-Ciers-d'Abzac (33) 135 G3
Saint-Ciers-de-Canesse (33) 135 E3
Saint-Ciers-du-Taillon (17) 121 E6
Saint-Ciers-sur-Bonnieure (16) 122 C2
Saint-Ciers-sur-Gironde (33) 135 E1
Saint-Cirgue (81) 170 D2
Saint-Cirgues (43) 141 H3
Saint-Cirgues (46) 153 H1
Saint-Cirgues-de-Jordanne (15) 140 B4
Saint-Cirgues-de-Malbert (15) 140 A4
Saint-Cirgues-de-Prades (07) 157 F2
Saint-Cirgues-en-Montagne (07) 142 D6
Saint-Cirgues-la-Loutre (19) 139 G3
Saint-Cirgues-sur-Couze (63) 127 F5
Saint-Cirice (82) 168 B1
Saint-Cirq (24) 137 G5
Saint-Cirq (82) 152 D6
Saint-Cirq-Lapopie (46) 153 E3
Saint-Cirq-Madelon (46) 138 B6
Saint-Cirq-Souillaguet (46) 152 C1
Saint-Civran (36) 110 D2
Saint-Clair (07) 143 H2
Saint-Clair (46) 152 C1
Saint-Clair (82) 151 H6
Saint-Clair (86) 94 A4
Saint-Clair-d'Arcey (27) 40 A2
Saint-Clair-de-Halouze (61) 38 A5
Saint-Clair-de-la-Tour (38) 131 E4
Saint-Clair-du-Rhône (38) 130 A6
Saint-Clair-sur-Epte (95) 19 G6
Saint-Clair-sur-Galaure (38) 144 C2
Saint-Clair-sur-l'Elle (50) 13 F6
Saint-Clair-sur-les-Monts (76) 17 E4
Saint-Clar (32) 168 A3
Saint-Clar-de-Rivière (31) 185 E1
Saint-Claud (16) 123 E2
Saint-Claude (39) 118 A3
Saint-Claude-de-Diray (41) 80 A3
Saint-Clément (02) 23 E1
Saint-Clément (03) 114 C6
Saint-Clément (07) 143 E5
Saint-Clément (15) 140 C4
Saint-Clément (19) 138 D1
Saint-Clément (30) 173 G3
Saint-Clément (54) 49 F6
Saint-Clément (89) 65 E4
Saint-Clément-á-Arnes (08) 23 H5
Saint-Clément-de-la-Place (49) 76 C4
Saint-Clément-de-Régnat (63) 127 G1
Saint-Clément-de-Rivière (34) 173 F5
Saint-Clément-de-Valorgue (63) 128 C5
Saint-Clément-de-Vers (69) 115 G5
Saint-Clément-des-Baleines (17) 106 A4
Saint-Clément-des-Levées (49) 77 G6
Saint-Clément-les-Places (69) 129 F3
Saint-Clément-Rancoudray (50) 37 H5
Saint-Clément-sur-Durance (05) 161 E1
Saint-Clément-sur-Guye (71) 115 H1
Saint-Clément-sur-Valsonne (69) 129 F2
Saint-Clet (22) 33 E3
Saint-Cloud (92) 42 C4
Saint-Cloud-en-Dunois (28) 62 A5
Saint-Colomb-de-Lauzun (47) 151 E2
Saint-Colomban (44) 91 F1
Saint-Colomban-des-Villards (73) 146 B1
Saint-Côme (33) 149 H3
Saint-Côme-de-Fresné (14) 14 A3
Saint-Côme-d'Olt (12) 154 D3
Saint-Côme-du-Mont (50) 13 E4
Saint-Côme-et-Maruéjols (30) 173 H3
Saint-Congard (56) 56 B5
Saint-Connan (22) 33 E5
Saint-Connec (22) 55 F1
Saint-Constant (15) 154 A1
Saint-Contest (14) 14 B4
Saint-Corneille (72) 60 B5
Saint-Cosme (68) 89 E2
Saint-Cosme-en-Vairais (72) 60 C3
Saint-Couat-d'Aude (11) 187 G3
Saint-Couat-du-Razès (11) 186 C5
Saint-Coulitz (29) 53 G1
Saint-Coulomb (35) 35 E3
Saint-Coutant (16) 109 F6
Saint-Coutant (79) 108 C4
Saint-Coutant-le-Grand (17) 121 E1
Saint-Créac (32) 168 B2
Saint-Créac (65) 183 E4
Saint-Crépin (05) 147 E6
Saint-Crépin (17) 107 F6
Saint-Crépin-aux-Bois (60) 21 G4
Saint-Crépin-d'Auberoche (24) 137 G3
Saint-Crépin-de-Richemont (24) 123 E6
Saint-Crépin-et-Carlucet (24) 138 B4
Saint-Crépin-Ibouvillers (60) 20 A6
Saint-Crespin (76) 18 D1
Saint-Crespin-sur-Moine (49) 75 F6
Saint-Cricq (32) 168 C4
Saint-Cricq-Chalosse (40) 165 G4
Saint-Cricq-du-Gave (40) 165 E5
Saint-Cricq-Villeneuve (40) 166 B2
Saint-Cybardeaux (16) 122 A3
Saint-Cybranet (24) 138 A6
Saint-Cyprien (19) 138 B2
Saint-Cyprien (24) 137 H5
Saint-Cyprien (42) 129 E5
Saint-Cyprien (46) 152 B5
Saint-Cyprien (66) 201 G3
Saint-Cyprien-sur-Dourdou (12) 154 B3
Saint-Cyr (07) 143 H2
Saint-Cyr (50) 12 D3
Saint-Cyr (71) 101 G6
Saint-Cyr (86) 94 C6
Saint-Cyr (87) 123 H3
Saint-Cyr-au-Mont-d'Or (69) 130 A2
Saint-Cyr-de-Favières (42) 128 D1
Saint-Cyr-de-Salerne (27) 18 A6
Saint-Cyr-de-Valorges (42) 129 E2
Saint-Cyr-des-Gâts (85) 107 E1
Saint-Cyr-du-Bailleul (50) 37 H6
Saint-Cyr-du-Doret (17) 107 E4
Saint-Cyr-du-Gault (41) 79 F3
Saint-Cyr-du-Ronceray (14) 15 F6
Saint-Cyr-en-Arthies (95) 41 H2
Saint-Cyr-en-Bourg (49) 93 H1
Saint-Cyr-en-Pail (53) 59 G1
Saint-Cyr-en-Talmondais (85) 91 G6
Saint-Cyr-en-Val (45) 80 D2
Saint-Cyr-la-Campagne (27) 18 C6
Saint-Cyr-la-Lande (79) 93 G2
Saint-Cyr-la-Rivière (91) 63 F3
Saint-Cyr-la-Roche (19) 138 B2
Saint-Cyr-la-Rosière (61) 60 D3
Saint-Cyr-le-Chatoux (69) 115 H6
Saint-Cyr-le-Gravelais (53) 58 B5
Saint-Cyr-l'École (78) 42 B4
Saint-Cyr-les-Champagnes (24) 138 B1
Saint-Cyr-les-Colons (89) 83 G2
Saint-Cyr-les-Vignes (42) 129 E4
Saint-Cyr-Montmalin (39) 103 E4
Saint-Cyr-sous-Dourdan (91) 42 B6
Saint-Cyr-sur-le-Rhône (69) 130 A5
Saint-Cyr-sur-Loire (37) 78 D5
Saint-Cyr-sur-Menthon (01) 116 C4
Saint-Cyr-sur-Mer (83) 192 D5
Saint-Cyr-sur-Morin (77) 44 A3
Saint-Cyran-du-Jambot (36) 95 G3
Saint-Dalmas-le-Selvage (06) 161 G4
Saint-Daunès (46) 152 B4
Saint-Denis (11) 186 D2
Saint-Denis (30) 157 F5
Saint-Denis (93) 42 D3
Saint-Denis-Catus (46) 152 C2
Saint-Denis-Combarnazat (63) 127 G1
Saint-Denis-d'Aclon (76) 17 F2
Saint-Denis-d'Anjou (53) 77 E1
Saint-Denis-d'Augerons (27) 39 H3
Saint-Denis-d'Authou (28) 61 F3
Saint-Denis-de-Cabanne (42) 115 F5
Saint-Denis-de-Gastines (53) 58 C2
Saint-Denis-de-Jouhet (36) 111 G2
Saint-Denis-de-l'Hôtel (45) 81 E1
Saint-Denis-de-Mailloc (14) 15 F5
Saint-Denis-de-Méré (14) 38 B3
Saint-Denis-de-Palin (18) 97 H4
Saint-Denis-de-Pile (33) 135 H4
Saint-Denis-de-Vaux (71) 101 F5
Saint-Denis-de-Villenette (61) 59 E1
Saint-Denis-des-Coudrais (72) 60 C4
Saint-Denis-des-Monts (27) 18 B6
Saint-Denis-des-Murs (87) 124 D3
Saint-Denis-des-Puits (28) 61 G2
Saint-Denis-d'Oléron (17) 106 B6
Saint-Denis-d'Orques (72) 59 F5
Saint-Denis-du-Béhélan (27) 40 C3
Saint-Denis-du-Maine (53) 59 E6
Saint-Denis-du-Payré (85) 106 C2
Saint-Denis-du-Pin (17) 107 G6
Saint-Denis-en-Bugey (01) 130 D1
Saint-Denis-en-Margeride (48) 156 A1
Saint-Denis-en-Val (45) 80 D1
Saint-Denis-la-Chevasse (85) 91 G3
Saint-Denis-le-Ferment (27) 19 G5
Saint-Denis-le-Gast (50) 35 H1
Saint-Denis-le-Thiboult (76) 19 E4
Saint-Denis-le-Vêtu (50) 37 E2
Saint-Denis-lès-Bourg (01) 116 D5
Saint-Denis-lès-Martel (46) 138 D5
Saint-Denis-les-Ponts (28) 61 H5
Saint-Denis-lès-Rebais (77) 44 A4
Saint-Denis-lès-Sens (89) 65 E4
Saint-Denis-Maisoncelles (14) 37 H2
Saint-Denis-sur-Coise (42) 129 F4
Saint-Denis-sur-Huisne (61) 60 D1
Saint-Denis-sur-Loire (41) 80 A3
Saint-Denis-sur-Ouanne (89) 82 D2
Saint-Denis-sur-Sarthon (61) 59 H1
Saint-Denis-sur-Scie (76) 17 G4
Saint-Deniscourt (60) 19 H3
Saint-Denœux (62) 1 G6
Saint-Denoual (22) 34 B4
Saint-Derrien (29) 31 F3
Saint-Désert (71) 101 F5
Saint-Désir (14) 15 F5
Saint-Désirat (07) 144 A2
Saint-Désiré (03) 112 C2
Saint-Dézéry (30) 174 A2
Saint-Didier (21) 84 C6
Saint-Didier (35) 57 G3
Saint-Didier (39) 102 C6
Saint-Didier (58) 83 G6
Saint-Didier (84) 175 G2
Saint-Didier-au-Mont-d'Or (69) 130 A2
Saint-Didier-d'Allier (43) 142 B4
Saint-Didier-d'Aussiat (01) 116 D4
Saint-Didier-de-Bizonnes (38) 130 D5
Saint-Didier-de-Formans (01) 130 A1
Saint-Didier-de-la-Tour (38) 131 E5
Saint-Didier-des-Bois (27) 18 C6
Saint-Didier-en-Bresse (71) 102 A4
Saint-Didier-en-Brionnais (71) 115 E4
Saint-Didier-en-Donjon (03) 114 D3
Saint-Didier-en-Velay (43) 143 E1
Saint-Didier-la-Forêt (03) 113 H5
Saint-Didier-sous-Aubenas (07) 157 G2
Saint-Didier-sous-Écouves (61) 39 E6
Saint-Didier-sous-Riverie (69) 129 G4
Saint-Didier-sur-Arroux (71) 100 C5
Saint-Didier-sur-Beaujeu (69) 115 H5
Saint-Didier-sur-Chalaronne (01) 116 B5
Saint-Didier-sur-Doulon (43) 142 A1
Saint-Didier-sur-Rochefort (42) 128 C3
Saint-Dié-des-Vosges (88) 70 D3
Saint-Dier-d'Auvergne (63) 127 H4
Saint-Diéry (63) 127 E5
Saint-Dionisy (30) 174 A3
Saint-Divy (29) 31 E4
Saint-Dizant-du-Bois (17) 121 F6
Saint-Dizant-du-Gua (17) 121 E5
Saint-Dizier (52) 46 D6
Saint-Dizier-en-Diois (26) 159 F3
Saint-Dizier-la-Tour (23) 112 A5
Saint-Dizier-les-Domaines (23) 111 H4
Saint-Dizier-l'Évêque (90) 88 D4
Saint-Dizier-Leyrenne (23) 111 F6
Saint-Dolay (56) 73 H2
Saint-Domet (23) 112 B6
Saint-Domineuc (35) 35 E6
Saint-Donan (22) 33 F5
Saint-Donat (63) 126 C6
Saint-Donat-sur-l'Herbasse (26) 144 B3
Saint-Dos (64) 165 E6
Saint-Doulchard (18) 97 G2
Saint-Drézéry (34) 173 G4
Saint-Dyé-sur-Loire (41) 80 B3
Saint-Ébremond-de-Bonfossé (50) 37 F1
Saint-Edmond (71) 115 F5
Saint-Égrève (38) 145 G2
Saint-Élier (27) 40 C3
Saint-Éliph (28) 61 G2
Saint-Élix (32) 168 A6
Saint-Élix-le-Château (31) 185 E2
Saint-Élix-Séglan (31) 184 C3
Saint-Élix-Theux (32) 183 H1
Saint-Ellier-du-Maine (53) 58 B2
Saint-Ellier-les-Bois (61) 59 H1
Saint-Éloi (01) 130 C1
Saint-Éloi (23) 111 F6
Saint-Éloi (58) 99 E4
Saint-Éloi-de-Fourques (27) 18 B6
Saint-Eloy (29) 31 G5
Saint-Éloy-d'Allier (03) 112 B2
Saint-Éloy-de-Gy (18) 97 G2
Saint-Éloy-la-Glacière (63) 128 A5
Saint-Éloy-les-Mines (63) 113 E5
Saint-Éloy-les-Tuileries (19) 124 B6
Saint-Éman (28) 61 H3
Saint-Émiland (71) 101 E4
Saint-Émilion (33) 135 H5
Saint-Ennemond (03) 99 F6
Saint-Épain (37) 94 D2
Saint-Epvre (57) 49 E2
Saint-Erblon (35) 57 F3
Saint-Erblon (53) 76 A1
Saint-Erme-Outre-et-Ramecourt (02) 22 D4
Saint-Escobille (91) 63 E2
Saint-Esteben (64) 181 E1
Saint-Estèphe (24) 123 F4
Saint-Estèphe (33) 134 D1
Saint-Estève (66) 201 F2
Saint-Estève-Janson (13) 176 A4
Saint-Étienne (42) 129 F6
Saint-Étienne-á-Arnes (08) 23 H5
Saint-Étienne-au-Mont (62) 1 F4
Saint-Étienne-au-Temple (51) 45 H2
Saint-Étienne-aux-Clos (19) 126 B5
Saint-Étienne-Cantalès (15) 139 H5
Saint-Étienne-d'Albagnan (34) 171 G6
Saint-Étienne-de-Baïgorry (64) 180 D3
Saint-Étienne-de-Boulogne (07) 157 G1
Saint-Étienne-de-Brillouet (85) 106 D1
Saint-Étienne-de-Carlat (15) 140 B5
Saint-Étienne-de-Chigny (37) 78 C5
Saint-Étienne-de-Chomeil (15) 140 B1
Saint-Étienne-de-Crossey (38) 131 F6
Saint-Étienne-de-Cuines (73) 146 C1
Saint-Étienne-de-Fontbellon (07) 157 G2
Saint-Étienne-de-Fougères (47) 151 E3
Saint-Étienne-de-Fursac (23) 111 E5
Saint-Étienne-de-Gourgas (34) 172 C4
Saint-Étienne-de-Lisse (33) 135 H5
Saint-Étienne-de-l'Olm (30) 173 H1
Saint-Étienne-de-Lugdarès (07) 156 D2
Saint-Étienne-de-Maurs (15) 153 H1
Saint-Étienne-de-Mer-Morte (44) 91 E2
Saint-Étienne-de-Montluc (44) 74 B4
Saint-Étienne-de-Puycorbier (24) 136 C3
Saint-Étienne-de-Saint-Geoirs (38) 144 D1
Saint-Étienne-de-Serre (07) 143 G6
Saint-Étienne-de-Tinée (06) 161 H5
Saint-Étienne-de-Tulmont (82) 169 F1
Saint-Étienne-de-Valoux (07) 144 A2
Saint-Étienne-de-Vicq (03) 114 B5
Saint-Étienne-de-Villeréal (47) 151 G2
Saint-Étienne-des-Champs (63) 126 B2
Saint-Étienne-des-Guérets (41) 79 G4
Saint-Étienne-des-Oullières (69) 116 A6
Saint-Étienne-des-Sorts (30) 158 A6
Saint-Étienne-d'Orthe (40) 164 D5
Saint-Étienne-du-Bois (01) 117 E4
Saint-Étienne-du-Bois (85) 91 F3
Saint-Étienne-du-Grès (13) 191 E1
Saint-Étienne-du-Gué-de-l'Isle (22) 55 H2
Saint-Étienne-du-Rouvray (76) 18 C5
Saint-Étienne-du-Valdonnez (48) 156 B3
Saint-Étienne-du-Vauvray (27) 18 D6
Saint-Étienne-du-Vigan (43) 142 C6
Saint-Étienne-en-Bresse (71) 102 A6
Saint-Étienne-en-Coglès (35) 35 H6
Saint-Étienne-Estréchoux (34) 172 A5
Saint-Étienne-la-Cigogne (79) 107 G5
Saint-Étienne-la-Geneste (19) 126 A6
Saint-Étienne-la-Thillaye (14) 15 E4
Saint-Étienne-la-Varenne (69) 116 A6
Saint-Étienne-l'Allier (27) 15 H4
Saint-Étienne-Lardeyrol (43) 142 D4
Saint-Étienne-le-Laus (05) 160 C3
Saint-Étienne-le-Molard (42) 128 D3
Saint-Étienne-les-Orgues (04) 176 C1
Saint-Étienne-lès-Remiremont (88) 70 B5
Saint-Étienne-Roilaye (60) 21 G5
Saint-Étienne-sous-Bailleul (27) 41 F1
Saint-Étienne-sous-Barbuise (10) 66 B1
Saint-Étienne-sur-Blesle (43) 141 F1
Saint-Étienne-sur-Chalaronne (01) 116 B5
Saint-Étienne-sur-Reyssouze (01) 116 C3
Saint-Étienne-sur-Suippe (51) 23 F5
Saint-Étienne-sur-Usson (63) 127 H5
Saint-Étienne-Vallée-Française (48) 156 C6
Saint-Eugène (02) 44 C2
Saint-Eugène (17) 121 G5
Saint-Eugène (71) 100 C6
Saint-Eulien (51) 46 C5
Saint-Euphraise-et-Clairizet (51) 22 D6
Saint-Euphrône (21) 84 D5
Saint-Eusèbe (71) 101 E6
Saint-Eusèbe (74) 131 H1
Saint-Eusèbe-en-Champsaur (05) 146 A6
Saint-Eustache (74) 132 B2
Saint-Eustache-la-Forêt (76) 15 G1
Saint-Eutrope (16) 122 B6
Saint-Eutrope-de-Born (47) 151 F2
Saint-Évarzec (29) 53 G3
Saint-Evroult-de-Montfort (61) 39 G4
Saint-Evroult-Notre-Dame-du-Bois (61) 39 H4
Saint-Exupéry (33) 150 A1
Saint-Exupéry-les-Roches (19) 126 A5
Saint-Fargeau (89) 82 C3
Saint-Fargeau-Ponthierry (77) 63 H1
Saint-Fargeol (03) 112 D5
Saint-Faust (64) 182 B2
Saint-Félicien (07) 143 H3
Saint-Féliu-d'Amont (66) 201 E2
Saint-Féliu-d'Avall (66) 201 E2
Saint-Félix (03) 114 A5
Saint-Félix (16) 122 A6
Saint-Félix (17) 107 G5
Saint-Félix (46) 153 H2
Saint-Félix (60) 20 C5
Saint-Félix (74) 131 H2
Saint-Félix-de-Bourdeilles (24) 123 E6
Saint-Félix-de-Foncaude (33) 150 A1
Saint-Félix-de-l'Héras (34) 172 B3
Saint-Félix-de-Lodez (34) 172 D5
Saint-Félix-de-Lunel (12) 154 C2
Saint-Félix-de-Pallières (30) 173 G2
Saint-Félix-de-Reillac-et-Mortemart (24) 137 G4
Saint-Félix-de-Rieutord (09) 185 H5
Saint-Félix-de-Sorgues (12) 171 H3
Saint-Félix-de-Tournegat (09) 186 A4
Saint-Félix-de-Villadeix (24) 137 F5
Saint-Félix-Lauragais (31) 186 B1
Saint-Fergeux (08) 23 F3
Saint-Ferjeux (70) 88 A4
Saint-Ferme (33) 150 B1
Saint-Ferréol (74) 132 C3
Saint-Ferréol-d'Auroure (43) 143 E1
Saint-Ferréol-de-Comminges (31) 184 B2
Saint-Ferréol-des-Côtes (63) 128 B5
Saint-Ferréol-Trente-Pas (26) 159 E3
Saint-Ferriol (11) 186 D6
Saint-Fiacre (22) 33 E5
Saint-Fiacre (77) 43 G3
Saint-Fiacre-sur-Maine (44) 74 D6
Saint-Fiel (23) 111 G5
Saint-Firmin (05) 146 A6
Saint-Firmin (54) 69 F2
Saint-Firmin (58) 99 F3
Saint-Firmin (71) 101 E5
Saint-Firmin-des-Bois (45) 64 B6
Saint-Firmin-des-Prés (41) 79 G1
Saint-Firmin-sur-Loire (45) 82 A3
Saint-Flavy (10) 65 H2
Saint-Florent (2B) 203 F4
Saint-Florent (45) 81 H3
Saint-Florent-des-Bois (85) 91 H5
Saint-Florent-le-Vieil (49) 76 B5
Saint-Florent-sur-Auzonnet (30) 157 E5
Saint-Florent-sur-Cher (18) 97 G3
Saint-Florentin (36) 96 D3
Saint-Florentin (89) 65 G6
Saint-Floret (63) 127 F5
Saint-Floris (62) 2 C5
Saint-Flour (15) 141 F4
Saint-Flour (63) 127 H4
Saint-Flour-de-Mercoire (48) 156 C1
Saint-Flovier (37) 95 G3
Saint-Floxel (50) 12 D3
Saint-Folquin (62) 2 A2
Saint-Fons (69) 130 A3
Saint-Forgeot (71) 100 D3
Saint-Forget (78) 42 B5
Saint-Forgeux (69) 129 G2
Saint-Forgeux-Lespinasse (42) 114 D5
Saint-Fort (53) 76 D1
Saint-Fort-sur-Gironde (17) 121 E5
Saint-Fort-sur-le-Né (16) 121 G4
Saint-Fortunat-sur-Eyrieux (07) 143 H6
Saint-Fraigne (16) 122 B1
Saint-Fraimbault (61) 58 D1
Saint-Fraimbault-de-Prières (53) 59 E2
Saint-Frajou (31) 184 C2
Saint-Franc (73) 131 G5
Saint-Franchy (58) 99 F2
Saint-François-de-Sales (73) 132 A3
Saint-François-Lacroix (57) 26 D3
Saint-François-Longchamp (73) 132 C6
Saint-Frégant (29) 31 E3
Saint-Fréjoux (19) 126 A5
Saint-Frézal-d'Albuges (48) 156 C2
Saint-Frézal-de-Ventalon (48) 156 C5
Saint-Frichoux (11) 187 F3
Saint-Frion (23) 125 H2
Saint-Fromond (50) 13 F6
Saint-Front (16) 122 C2
Saint-Front (43) 143 E4
Saint-Front-d'Alemps (24) 137 F1
Saint-Front-de-Pradoux (24) 136 D3
Saint-Front-la-Rivière (24) 123 F5
Saint-Front-sur-Lémance (47) 151 H2
Saint-Front-sur-Nizonne (24) 123 E5
Saint-Froult (17) 120 C1
Saint-Fulgent (85) 92 A4
Saint-Fulgent-des-Ormes (61) 60 C3
Saint-Fuscien (80) 7 G6
Saint-Gabriel-Brécy (14) 14 A3
Saint-Gal (48) 156 A1
Saint-Gal-sur-Sioule (63) 113 F6
Saint-Galmier (42) 129 F5
Saint-Gand (70) 87 E4
Saint-Ganton (35) 56 D6
Saint-Gatien-des-Bois (14) 15 F3
Saint-Gaudens (31) 184 B4
Saint-Gaudent (86) 109 E5
Saint-Gaudéric (11) 186 B4
Saint-Gaultier (36) 110 D1
Saint-Gauzens (81) 170 A4
Saint-Gein (40) 166 B3
Saint-Gelais (79) 107 H3
Saint-Gelven (22) 55 E1
Saint-Gély-du-Fesc (34) 173 F5
Saint-Génard (79) 108 B5
Saint-Gence (87) 124 A1
Saint-Généroux (79) 93 G4
Saint-Genès-Champanelle (63) 127 E3
Saint-Genès-Champespe (63) 126 C6
Saint-Genès-de-Blaye (33) 135 E2
Saint-Genès-de-Castillon (33) 136 A5
Saint-Genès-de-Fronsac (33) 135 G4
Saint-Genès-de-Lombaud (33) 135 F6
Saint-Genès-du-Retz (63) 113 G6
Saint-Genès-la-Tourette (63) 127 H5
Saint-Genest (03) 112 D4
Saint-Genest (88) 70 A2
Saint-Genest-d'Ambière (86) 94 C5
Saint-Genest-de-Beauzon (07) 157 F3
Saint-Genest-de-Contest (81) 170 C4
Saint-Genest-Lachamp (07) 143 F5
Saint-Genest-Lerpt (42) 129 F6
Saint-Genest-Malifaux (42) 143 F1
Saint-Genest-sur-Roselle (87) 124 C3
Saint-Geneys-près-Saint-Paulien (43) 142 C3
Saint-Gengoulph (02) 44 A1
Saint-Gengoux-de-Scissé (71) 116 B2
Saint-Gengoux-le-National (71) 116 A1
Saint-Geniès (24) 138 B4
Saint-Geniès-Bellevue (31) 169 F5
Saint-Geniès-de-Comolas (30) 174 D1
Saint-Geniès-de-Fontedit (34) 188 C1
Saint-Geniès-de-Malgoirès (30) 174 A2
Saint-Geniès-de-Varensal (34) 171 H5
Saint-Geniès-des-Mourgues (34) 173 G4
Saint-Geniez (04) 160 B5
Saint-Geniez-d'Olt (12) 155 E3
Saint-Geniez-ô-Merle (19) 139 G3
Saint-Genis (05) 159 H4
Saint-Genis-de-Saintonge (17) 121 F5
Saint-Génis-des-Fontaines (66) 201 F3
Saint-Genis-d'Hiersac (16) 122 B3
Saint-Genis-du-Bois (33) 150 A1
Saint-Genis-l'Argentière (69) 129 G3
Saint-Genis-Laval (69) 130 A4
Saint-Genis-les-Ollières (69) 129 H3
Saint-Genis-Pouilly (01) 118 B4
Saint-Genis-sur-Menthon (01) 116 C4
Saint-Genix-sur-Guiers (73) 131 F4
Saint-Genou (36) 96 A4
Saint-Genouph (37) 78 D5
Saint-Geoire-en-Valdaine (38) 131 F6
Saint-Geoirs (38) 145 E1
Saint-Georges (15) 141 F4
Saint-Georges (16) 122 C1
Saint-Georges (32) 168 B4
Saint-Georges (47) 151 H3
Saint-Georges (57) 49 H5
Saint-Georges (62) 7 F2
Saint-Georges (82) 153 E5
Saint-Georges-Antignac (17) 121 F5
Saint-Georges-Armont (25) 88 B5
Saint-Georges-Blancaneix (24) 136 C5
Saint-Georges-Buttavent (53) 58 D2
Saint-Georges-d'Annebecq (61) 38 D5
Saint-Georges-d'Aunay (14) 38 A2
Saint-Georges-d'Aurac (43) 142 A3
Saint-Georges-de-Baroille (42) 128 D2
Saint-Georges-de-Bohon (50) 13 E5
Saint-Georges-de-Chesné (35) 57 H1
Saint-Georges-de-Commiers (38) 145 G4
Saint-Georges-de-Didonne (17) 120 C4
Saint-Georges-de-Gréhaigne (35) 35 G4
Saint-Georges-de-la-Couée (72) 78 D1
Saint-Georges-de-la-Rivière (50) 12 B4
Saint-Georges-de-Lévéjac (48) 155 G5
Saint-Georges-de-Livoye (50) 37 F4
Saint-Georges-de-Longuepierre (17) 107 H6
Saint-Georges-de-Luzençon (12) 171 H1
Saint-Georges-de-Mons (63) 126 D1
Saint-Georges-de-Montaigu (85) 91 H2
Saint-Georges-de-Montclard (24) 137 E5
Saint-Georges-de-Noisné (79) 108 A2
Saint-Georges-de-Pointindoux (85) 91 F4
Saint-Georges-de-Poisieux (18) 97 H6
Saint-Georges-de-Reintembault (35) 37 E6
Saint-Georges-de-Reneins (69) 116 A6
Saint-Georges-de-Rex (79) 107 F4
Saint-Georges-de-Rouelley (50) 37 H5
Saint-Georges-d'Elle (50) 13 G6
Saint-Georges-des-Agoûts (17) 121 E6
Saint-Georges-des-Coteaux (17) 121 E2
Saint-Georges-des-Gardes (49) 92 C1
Saint-Georges-des-Groseillers (61) 38 B4
Saint-Georges-d'Hurtières (73) 132 C5
Saint-Georges-des-Sept-Voies (49) 77 F5
Saint-Georges-d'Espéranche (38) 130 C5
Saint-Georges-d'Oléron (17) 106 B6
Saint-Georges-d'Orques (34) 173 F5
Saint-Georges-du-Bois (17) 107 F5
Saint-Georges-du-Bois (49) 77 F4
Saint-Georges-du-Bois (72) 60 A6
Saint-Georges-du-Mesnil (27) 15 H4
Saint-Georges-du-Rosay (72) 60 C4
Saint-Georges-du-Vièvre (27) 15 H4
Saint-Georges-en-Auge (14) 15 E6
Saint-Georges-en-Couzan (42) 128 C4
Saint-Georges-Haute-Ville (42) 128 D5
Saint-Georges-la-Pouge (23) 125 F1
Saint-Georges-Lagricol (43) 142 C1
Saint-Georges-le-Fléchard (53) 59 E5
Saint-Georges-le-Gaultier (72) 59 G3
Saint-Georges-lès-Baillargeaux (86) 94 C6
Saint-Georges-les-Bains (07) 144 A5
Saint-Georges-les-Landes (87) 110 C3
Saint-Georges-Montcocq (50) 37 G1
Saint-Georges-Motel (27) 41 F4
Saint-Georges-Nigremont (23) 125 H2
Saint-Georges-sur-Allier (63) 127 G4
Saint-Georges-sur-Arnon (36) 97 F3
Saint-Georges-sur-Baulche (89) 83 F2
Saint-Georges-sur-Cher (41) 79 G6
Saint-Georges-sur-Erve (53) 59 F4
Saint-Georges-sur-Eure (28) 62 A2
Saint-Georges-sur-Fontaine (76) 17 H5
Saint-Georges-sur-la-Prée (18) 97 E1
Saint-Georges-sur-l'Aa (59) 2 A2
Saint-Georges-sur-Layon (49) 93 F1
Saint-Georges-sur-Loire (49) 76 C5
Saint-Georges-sur-Moulon (18) 97 H2
Saint-Georges-sur-Renon (01) 116 C6
Saint-Geours-d'Auribat (40) 165 F3
Saint-Geours-de-Maremne (40) 164 D4
Saint-Gérand (56) 55 F2
Saint-Gérand-de-Vaux (03) 114 A3
Saint-Gérand-le-Puy (03) 114 B4
Saint-Géraud (47) 150 C2
Saint-Géraud-de-Corps (24) 136 C4
Saint-Géréon (44) 75 F4
Saint-Germain (07) 157 G2
Saint-Germain (10) 66 A3
Saint-Germain (54) 69 H1
Saint-Germain (70) 88 A2
Saint-Germain (86) 109 H1
Saint-Germain-au-Mont-d'Or (69) 130 A2
Saint-Germain-Beaupré (23) 111 E4
Saint-Germain-Chassenay (58) 99 F5
Saint-Germain-d'Anxure (53) 58 D3
Saint-Germain-d'Arcé (72) 78 B3
Saint-Germain-d'Aunay (61) 39 G3
Saint-Germain-de-Belvès (24) 137 H6
Saint-Germain-de-Calberte (48) 156 C5
Saint-Germain-de-Clairefeuille (61) 39 G5
Saint-Germain-de-Confolens (16) 109 G6
Saint-Germain-de-Coulamer (53) 59 G3
Saint-Germain-de-Fresney (27) 41 E3
Saint-Germain-de-Grave (33) 149 H1
Saint-Germain-de-Joux (01) 117 H5
Saint-Germain-de-la-Coudre (61) 60 D3
Saint-Germain-de-la-Grange (78) 42 A4
Saint-Germain-de-la-Rivière (33) 135 G4
Saint-Germain-de-Livet (14) 15 F6
Saint-Germain-de-Longue-Chaume (79) 93 F5
Saint-Germain-de-Lusignan (17) 121 F5
Saint-Germain-de-Marencennes (17) 107 F5
Saint-Germain-de-Martigny (61) 39 H6
Saint-Germain-de-Modéon (21) 84 B6
Saint-Germain-de-Montbron (16) 122 D4
Saint-Germain-de-Montgommery (14) 39 F3
Saint-Germain-de-Pasquier (27) 18 C6
Saint-Germain-de-Prinçay (85) 92 B5
Saint-Germain-de-Salles (03) 113 G5
Saint-Germain-de-Tallevende-la-Lande-Vaumont (14) 37 H4
Saint-Germain-de-Tournebut (50) 12 D3
Saint-Germain-de-Varreville (50) 13 E4
Saint-Germain-de-Vibrac (17) 121 G6
Saint-Germain-d'Ectot (14) 38 A1
Saint-Germain-d'Elle (50) 37 H1
Saint-Germain-des-Angles (27) 40 D2
Saint-Germain-des-Bois (18) 97 H4
Saint-Germain-des-Bois (58) 83 F6
Saint-Germain-des-Champs (89) 84 A5
Saint-Germain-des-Essourts (76) 19 E3
Saint-Germain-des-Fossés (03) 114 A5
Saint-Germain-des-Grois (61) 61 E2
Saint-Germain-des-Prés (24) 137 H1
Saint-Germain-des-Prés (45) 64 B6
Saint-Germain-des-Prés (49) 75 H3
Saint-Germain-des-Prés (81) 170 B6
Saint-Germain-des-Vaux (50) 12 A1
Saint-Germain-d'Esteuil (33) 134 D1
Saint-Germain-d'Étables (76) 17 H2
Saint-Germain-du-Bel-Air (46) 152 C2
Saint-Germain-du-Bois (71) 102 B5
Saint-Germain-du-Corbéis (61) 60 A2
Saint-Germain-du-Crioult (14) 38 B3
Saint-Germain-du-Pert (14) 13 F5
Saint-Germain-du-Pinel (35) 58 A5
Saint-Germain-du-Plain (71) 101 H6
Saint-Germain-du-Puch (33) 135 G5
Saint-Germain-du-Puy (18) 97 H2
Saint-Germain-du-Salembre (24) 136 D3
Saint-Germain-du-Seudre (17) 121 E5
Saint-Germain-du-Teil (48) 155 G3
Saint-Germain-en-Brionnais (71) 115 F3
Saint-Germain-en-Coglès (35) 35 H6
Saint-Germain-en-Laye (78) 42 B3
Saint-Germain-en-Montagne (39) 103 F5
Saint-Germain-et-Mons (24) 137 E5
Saint-Germain-la-Blanche-Herbe (14) 14 B4
Saint-Germain-la-Campagne (27) 15 G6
Saint-Germain-la-Chambotte (73) 131 H3
Saint-Germain-la-Montagne (42) 115 G5
Saint-Germain-la-Poterie (60) 20 A4
Saint-Germain-la-Ville (51) 46 A3
Saint-Germain-l'Aiguiller (85) 92 C6
Saint-Germain-Langot (14) 38 C3
Saint-Germain-Laprade (43) 142 C4
Saint-Germain-Laval (42) 128 D2
Saint-Germain-Laval (77) 64 C2
Saint-Germain-Lavolps (19) 125 H4
Saint-Germain-Laxis (77) 43 F6
Saint-Germain-le-Châtelet (90) 88 D2
Saint-Germain-le-Fouilloux (53) 58 C4
Saint-Germain-le-Gaillard (28) 61 H2
Saint-Germain-le-Gaillard (50) 12 B3
Saint-Germain-le-Guillaume (53) 58 C3
Saint-Germain-le-Rocheux (21) 85 E2
Saint-Germain-le-Vasson (14) 14 C6
Saint-Germain-le-Vieux (61) 39 G6
Saint-Germain-Lembron (63) 127 G6
Saint-Germain-lès-Arlay (39) 102 D5
Saint-Germain-lès-Arpajon (91) 42 C6
Saint-Germain-les-Belles (87) 124 C4
Saint-Germain-lès-Buxy (71) 101 G6
Saint-Germain-lès-Corbeil (91) 43 E6
Saint-Germain-les-Paroisses (01) 131 F3
Saint-Germain-lès-Senailly (21) 84 C4
Saint-Germain-les-Vergnes (19) 138 D2
Saint-Germain-Lespinasse (42) 114 D6
Saint-Germain-l'Herm (63) 128 A6
Saint-Germain-Nuelles (69) 129 G2
Saint-Germain-près-Herment (63) 126 B3
Saint-Germain-sous-Cailly (76) 17 H5
Saint-Germain-sous-Doue (77) 44 A4
Saint-Germain-sur-Avre (27) 41 E4
Saint-Germain-sur-Ay (50) 12 C5
Saint-Germain-sur-Bresle (80) 6 C6
Saint-Germain-sur-Eaulne (76) 19 F1
Saint-Germain-sur-École (77) 63 H1
Saint-Germain-sur-Ille (35) 57 F1
Saint-Germain-sur-Meuse (55) 47 H5
Saint-Germain-sur-Moine (49) 75 F6
Saint-Germain-sur-Morin (77) 43 G4
Saint-Germain-sur-Renon (01) 116 D6
Saint-Germain-sur-Rhône (74) 117 H6
Saint-Germain-sur-Sarthe (72) 60 A3
Saint-Germain-sur-Sèves (50) 12 D5
Saint-Germain-sur-Vienne (37) 94 A1
Saint-Germain-Village (27) 15 H3
Saint-Germainmont (08) 23 F4
Saint-Germé (32) 166 C4
Saint-Germer-de-Fly (60) 19 G4
Saint-Germier (31) 186 A1
Saint-Germier (32) 168 C5
Saint-Germier (79) 108 C2
Saint-Germier (81) 170 C5
Saint-Géron (43) 141 G1
Saint-Gérons (15) 139 H5
Saint-Gervais (30) 157 H6
Saint-Gervais (33) 135 F4
Saint-Gervais (38) 145 E2
Saint-Gervais (85) 90 C2
Saint-Gervais (95) 41 H1
Saint-Gervais-d'Auvergne (63) 126 D1
Saint-Gervais-de-Vic (72) 79 E1
Saint-Gervais-des-Sablons (61) 39 F3
Saint-Gervais-du-Perron (61) 39 F6
Saint-Gervais-en-Belin (72) 78 B1
Saint-Gervais-en-Vallière (71) 101 H4
Saint-Gervais-la-Forêt (41) 80 A4
Saint-Gervais-les-Bains (74) 133 E1
Saint-Gervais-les-Trois-Clochers (86) 94 C4
Saint-Gervais-sous-Meymont (63) 128 A4
Saint-Gervais-sur-Couches (71) 101 E4
Saint-Gervais-sur-Mare (34) 172 A5
Saint-Gervais-sur-Roubion (26) 158 B2
Saint-Gervasy (30) 174 B3
Saint-Gervazy (63) 127 F6
Saint-Géry (24) 136 C4
Saint-Géry (46) 152 D3
Saint-Geyrac (24) 137 G3
Saint-Gibrien (51) 45 H3
Saint-Gildas (22) 33 F5
Saint-Gildas-de-Rhuys (56) 72 D2
Saint-Gildas-des-Bois (44) 74 A2
Saint-Gilles (30) 174 B5
Saint-Gilles (35) 57 E2
Saint-Gilles (36) 110 D2
Saint-Gilles (50) 37 F1
Saint-Gilles (51) 22 C6
Saint-Gilles (71) 101 F4
Saint-Gilles-Croix-de-Vie (85) 90 D4
Saint-Gilles-de-Crétot (76) 18 A3
Saint-Gilles-de-la-Neuville (76) 15 G1
Saint-Gilles-des-Marais (61) 38 A6
Saint-Gilles-du-Mené (22) 55 H1
Saint-Gilles-les-Bois (22) 33 E3
Saint-Gilles-les-Forêts (87) 124 D4
Saint-Gilles-Pligeaux (22) 33 E5
Saint-Gilles-Vieux-Marché (22) 55 F1
Saint-Gineis-en-Coiron (07) 157 H2
Saint-Gingolph (74) 119 G3
Saint-Girod (73) 131 H3
Saint-Girons (09) 185 E5
Saint-Girons-d'Aiguevives (33) 135 F2
Saint-Girons-en-Béarn (64) 165 F5
Saint-Gladie-Arrive-Munein (64) 181 F1
Saint-Glen (22) 34 A6
Saint-Goazec (29) 54 A1
Saint-Gobain (02) 22 A3
Saint-Gobert (02) 22 D1
Saint-Goin (64) 181 H2
Saint-Gondon (45) 81 H3
Saint-Gondran (35) 57 E1
Saint-Gonlay (35) 56 C2
Saint-Gonnery (56) 55 G2
Saint-Gor (40) 166 C1
Saint-Gorgon (56) 73 G1
Saint-Gorgon (88) 70 B2
Saint-Gorgon-Main (25) 104 A3
Saint-Gouéno (22) 55 H1
Saint-Gourgon (41) 79 F3
Saint-Gourson (16) 122 D1
Saint-Goussaud (23) 111 E6
Saint-Gratien (80) 7 G5
Saint-Gratien (95) 42 C3
Saint-Gratien-Savigny (58) 99 H4
Saint-Gravé (56) 56 B6
Saint-Grégoire (35) 57 F2
Saint-Grégoire (81) 170 C2
Saint-Grégoire-d'Ardennes (17) 121 F5
Saint-Grégoire-du-Vièvre (27) 15 H4
Saint-Griède (32) 166 C4
Saint-Groux (16) 122 C2
Saint-Guen (22) 55 F1
Saint-Guilhem-le-Désert (34) 172 D4
Saint-Guillaume (38) 145 F4
Saint-Guinoux (35) 35 E4
Saint-Guiraud (34) 172 C5
Saint-Guyomard (56) 55 H5
Saint-Haon (43) 142 B6
Saint-Haon-le-Châtel (42) 114 D6
Saint-Haon-le-Vieux (42) 114 D6
Saint-Héand (42) 129 F5
Saint-Hélen (22) 36 A6
Saint-Hélier (21) 85 F5
Saint-Hellier (76) 17 H3
Saint-Herblain (44) 74 C5
Saint-Herblon (44) 75 F3
Saint-Hérent (63) 127 F6
Saint-Hernin (29) 54 B1
Saint-Hervé (22) 33 G6
Saint-Hilaire (03) 113 F2
Saint-Hilaire (11) 186 D4
Saint-Hilaire (25) 87 G6
Saint-Hilaire (31) 185 E1
Saint-Hilaire (38) 145 H1
Saint-Hilaire (43) 141 H1
Saint-Hilaire (46) 139 G6
Saint-Hilaire (63) 112 D6
Saint-Hilaire (91) 63 E2
Saint-Hilaire-au-Temple (51) 45 H2
Saint-Hilaire-Bonneval (87) 124 B3
Saint-Hilaire-Cottes (62) 2 C5
Saint-Hilaire-Cusson-la-Valmitte (42) 142 D1
Saint-Hilaire-de-Beauvoir (34) 173 G4
Saint-Hilaire-de-Brens (38) 130 D4
Saint-Hilaire-de-Brethmas (30) 173 H1
Saint-Hilaire-de-Briouze (61) 38 C5
Saint-Hilaire-de-Chaléons (44) 74 B6
Saint-Hilaire-de-Clisson (44) 91 H1
Saint-Hilaire-de-Court (18) 97 E1
Saint-Hilaire-de-Gondilly (18) 98 C3
Saint-Hilaire-de-la-Côte (38) 130 D6
Saint-Hilaire-de-la-Noaille (33) 150 B2
Saint-Hilaire-de-Lavit (48) 156 D5
Saint-Hilaire-de-Loulay (85) 91 H1

Saint-Hilaire-de-Lusignan (47) 151 E5
Saint-Hilaire-de-Riez (85) 90 D4
Saint-Hilaire-de-Villefranche (17) 121 F2
Saint-Hilaire-de-Voust (85) 107 G1
Saint-Hilaire-des-Landes (35) 35 H6
Saint-Hilaire-des-Loges (85) 107 F2
Saint-Hilaire-d'Estissac (24) 137 E4
Saint-Hilaire-d'Ozilhan (30) 174 C2
Saint-Hilaire-du-Bois (17) 121 F6
Saint-Hilaire-du-Bois (33) 150 A1
Saint-Hilaire-du-Harcouët (50) 37 F6
Saint-Hilaire-du-Maine (53) 58 C3
Saint-Hilaire-du-Rosier (38) 144 D3
Saint-Hilaire-en-Lignières (18) 97 F6
Saint-Hilaire-en-Morvan (58) 100 A3
Saint-Hilaire-en-Woëvre (55) 47 H1
Saint-Hilaire-Foissac (19) 139 G1
Saint-Hilaire-Fontaine (58) 99 G5
Saint-Hilaire-la-Croix (63) 113 F6
Saint-Hilaire-la-Forêt (85) 91 F6
Saint-Hilaire-la-Gérard (61) 39 E6
Saint-Hilaire-la-Gravelle (41) 61 H6
Saint-Hilaire-la-Palud (79) 107 F4
Saint-Hilaire-la-Plaine (23) 111 G5
Saint-Hilaire-la-Treille (87) 110 C4
Saint-Hilaire-le-Château (23) 125 F1
Saint-Hilaire-le-Châtel (61) 39 H6
Saint-Hilaire-le-Grand (51) 46 A1
Saint-Hilaire-le-Lierru (72) 60 D5
Saint-Hilaire-le-Petit (51) 23 G6
Saint-Hilaire-le-Vouhis (85) 92 A5
Saint-Hilaire-les-Andrésis (45) 64 C5
Saint-Hilaire-les-Courbes (19) 125 E4
Saint-Hilaire-les-Monges (63) 126 C3
Saint-Hilaire-les-Places (87) 124 A4
Saint-Hilaire-lez-Cambrai (59) 9 F3
Saint-Hilaire-Luc (19) 139 H1
Saint-Hilaire-Petitville (50) 13 E5
Saint-Hilaire-Peyroux (19) 138 D2
Saint-Hilaire-Saint-Mesmin (45) 80 D1
Saint-Hilaire-sous-Charlieu (42) 115 F5
Saint-Hilaire-sous-Romilly (10) 65 G1
Saint-Hilaire-sur-Benaize (36) 110 B1
Saint-Hilaire-sur-Erre (61) 61 E3
Saint-Hilaire-sur-Helpe (59) 10 A4
Saint-Hilaire-sur-Puiseaux (45) 82 A1
Saint-Hilaire-sur-Risle (61) 39 H5
Saint-Hilaire-sur-Yerre (28) 61 H5
Saint-Hilaire-Taurieux (19) 139 E4
Saint-Hilarion (78) 41 H6
Saint-Hilliers (77) 44 A6
Saint-Hippolyte (12) 154 C1
Saint-Hippolyte (15) 140 C2
Saint-Hippolyte (17) 120 D1
Saint-Hippolyte (25) 88 C6
Saint-Hippolyte (33) 135 H5
Saint-Hippolyte (37) 95 G3
Saint-Hippolyte (66) 201 F1
Saint-Hippolyte (68) 71 F3
Saint-Hippolyte-de-Caton (30) 173 H1
Saint-Hippolyte-de-Montaigu (30) 174 C1
Saint-Hippolyte-du-Fort (30) 173 F2
Saint-Hippolyte-le-Graveyron (84) 158 D6
Saint-Honoré (38) 145 H4
Saint-Honoré (76) 17 H3
Saint-Honoré-les-Bains (58) 100 A4
Saint-Hostien (43) 142 D4
Saint-Hubert (57) 26 C4
Saint-Huruge (71) 115 H1
Saint-Hymer (14) 15 F4
Saint-Hymetière (39) 117 G3
Saint-Igeaux (22) 33 E6
Saint-Igest (12) 153 G4
Saint-Ignan (31) 184 B3
Saint-Ignat (63) 127 G2
Saint-Igny-de-Roche (71) 115 F5
Saint-Igny-de-Vers (69) 115 G4
Saint-Illide (15) 139 H4
Saint-Illiers-la-Ville (78) 41 G3
Saint-Illiers-le-Bois (78) 41 F3
Saint-Ilpize (43) 141 G2
Saint-Imoges (51) 45 F1
Saint-Inglevert (62) 1 F3
Saint-Ismier (38) 145 H2
Saint-Izaire (12) 171 F2
Saint-Jacques (04) 177 G2
Saint-Jacques-d'Aliermont (76) 17 H2
Saint-Jacques-d'Ambur (63) 126 D2
Saint-Jacques-d'Atticieux (07) 143 H1
Saint-Jacques-de-la-Lande (35) 57 E3
Saint-Jacques-de-Néhou (50) 12 C4
Saint-Jacques-de-Thouars (79) 93 G3
Saint-Jacques-des-Arrêts (69) 115 H4
Saint-Jacques-des-Blats (15) 140 C4
Saint-Jacques-des-Guérets (41) 79 E2
Saint-Jacques-en-Valgodemard (05) 146 A6
Saint-Jacques-sur-Darnétal (76) 17 H6
Saint-Jacut-de-la-Mer (22) 34 C4
Saint-Jacut-du-Mené (22) 56 A1
Saint-Jacut-les-Pins (56) 56 B6
Saint-Jal (19) 124 D6
Saint-James (50) 35 H5
Saint-Jammes (64) 182 C1
Saint-Jans-Cappel (59) 2 D4
Saint-Jean (31) 169 F5
Saint-Jean-aux-Amognes (58) 99 E3
Saint-Jean-aux-Bois (08) 23 G2
Saint-Jean-aux-Bois (60) 21 F5
Saint-Jean-Bonnefonds (42) 129 F6
Saint-Jean-Brévelay (56) 55 G5
Saint-Jean-Cap-Ferrat (06) 195 F3
Saint-Jean-Chambre (07) 143 G5
Saint-Jean-d'Aigues-Vives (09) 186 B6
Saint-Jean-d'Alcapiès (12) 171 H2
Saint-Jean-d'Angély (17) 121 F1
Saint-Jean-d'Angle (17) 120 C2
Saint-Jean-d'Ardières (69) 116 B5
Saint-Jean-d'Arves (73) 146 C2
Saint-Jean-d'Arvey (73) 132 A4
Saint-Jean-d'Assé (72) 60 A4
Saint-Jean-d'Ataux (24) 136 D3
Saint-Jean-d'Aubrigoux (43) 142 B1
Saint-Jean-d'Aulps (74) 119 F4
Saint-Jean-d'Avelanne (38) 131 F5
Saint-Jean-de-Barrou (11) 187 H5
Saint-Jean-de-Bassel (57) 49 H4
Saint-Jean-de-Beauregard (91) 42 C5
Saint-Jean-de-Belleville (73) 132 D6
Saint-Jean-de-Beugné (85) 106 D1
Saint-Jean-de-Blaignac (33) 135 H6
Saint-Jean-de-Bœuf (21) 101 F1
Saint-Jean-de-Boiseau (44) 74 C5
Saint-Jean-de-Bonneval (10) 66 B4
Saint-Jean-de-Bournay (38) 130 C5
Saint-Jean-de-Braye (45) 80 D1
Saint-Jean-de-Buèges (34) 173 E3
Saint-Jean-de-Ceyrargues (30) 174 A1
Saint-Jean-de-Chevelu (73) 131 G3
Saint-Jean-de-Côle (24) 123 G6
Saint-Jean-de-Cornies (34) 173 G4
Saint-Jean-de-Couz (73) 131 G5
Saint-Jean-de-Crieulon (30) 173 G2
Saint-Jean-de-Cuculles (34) 173 F4
Saint-Jean-de-Daye (50) 13 F5
Saint-Jean-de-Duras (47) 150 D1
Saint-Jean-de-Folleville (76) 15 H2
Saint-Jean-de-Fos (34) 172 D4
Saint-Jean-de-Gonville (01) 118 A4
Saint-Jean-de-la-Blaquière (34) 172 C4
Saint-Jean-de-la-Croix (49) 76 D5
Saint-Jean-de-la-Forêt (61) 60 D2
Saint-Jean-de-la-Haize (50) 35 H3
Saint-Jean-de-la-Léqueraye (27) 15 H4
Saint-Jean-de-la-Motte (72) 77 H2
Saint-Jean-de-la-Neuville (76) 15 G1
Saint-Jean-de-la-Porte (73) 132 B5
Saint-Jean-de-la-Rivière (50) 12 B4
Saint-Jean-de-la-Ruelle (45) 80 D1
Saint-Jean-de-Laur (46) 153 F4
Saint-Jean-de-Lier (40) 165 F3
Saint-Jean-de-Linières (49) 76 D4
Saint-Jean-de-Liversay (17) 107 E4
Saint-Jean-de-Livet (14) 15 F5
Saint-Jean-de-Losne (21) 102 B2
Saint-Jean-de-Luz (64) 180 B1
Saint-Jean-de-Marcel (81) 170 C1
Saint-Jean-de-Marsacq (40) 164 D4
Saint-Jean-de-Maruéjols-et-Avéjan (30) 157 F5
Saint-Jean-de-Maurienne (73) 146 C1
Saint-Jean-de-Minervois (34) 187 H2
Saint-Jean-de-Moirans (38) 145 F1
Saint-Jean-de-Monts (85) 90 C3
Saint-Jean-de-Muzols (07) 144 A3
Saint-Jean-de-Nay (43) 142 B4
Saint-Jean-de-Niost (01) 130 D2
Saint-Jean-de-Paracol (11) 186 C6
Saint-Jean-de-Rebervilliers (28) 41 E6
Saint-Jean-de-Rives (81) 169 H4
Saint-Jean-de-Sauves (86) 94 A4
Saint-Jean-de-Savigny (50) 13 F6
Saint-Jean-de-Serres (30) 173 G2
Saint-Jean-de-Sixt (74) 132 C1
Saint-Jean-de-Soudain (38) 131 E5
Saint-Jean-de-Tholome (74) 118 D5
Saint-Jean-de-Thouars (79) 93 G3
Saint-Jean-de-Thurac (47) 151 F6
Saint-Jean-de-Thurigneux (01) 130 A1
Saint-Jean-de-Touslas (69) 129 H5
Saint-Jean-de-Trézy (71) 101 E5
Saint-Jean-de-Valériscle (30) 157 E5
Saint-Jean-de-Vals (81) 170 C5
Saint-Jean-de-Vaulx (38) 145 G4
Saint-Jean-de-Vaux (71) 101 F5
Saint-Jean-de-Védas (34) 173 F6
Saint-Jean-de-Verges (09) 185 H5
Saint-Jean-Delnous (12) 171 E1
Saint-Jean-des-Baisants (50) 37 G1
Saint-Jean-des-Champs (50) 35 G2
Saint-Jean-des-Échelles (72) 61 E4
Saint-Jean-des-Essartiers (14) 37 H2
Saint-Jean-des-Mauvrets (49) 77 E5
Saint-Jean-des-Ollières (63) 127 H4
Saint-Jean-des-Vignes (69) 129 H2
Saint-Jean-d'Estissac (24) 137 E4
Saint-Jean-d'Étreux (39) 117 E3
Saint-Jean-devant-Possesse (51) 46 C4
Saint-Jean-d'Eyraud (24) 136 D4
Saint-Jean-d'Hérans (38) 145 G5
Saint-Jean-d'Heurs (63) 127 H3
Saint-Jean-d'Illac (33) 134 D5
Saint-Jean-d'Ormont (88) 70 D2
Saint-Jean-du-Bois (72) 77 H1
Saint-Jean-du-Bouzet (82) 168 B2
Saint-Jean-du-Bruel (12) 172 C2
Saint-Jean-du-Cardonnay (76) 17 G5
Saint-Jean-du-Castillonnais (09) 184 C5
Saint-Jean-du-Corail (50) 37 G5
Saint-Jean-du-Corail-des-Bois (50) 37 F4
Saint-Jean-du-Doigt (29) 32 A2
Saint-Jean-du-Falga (09) 185 H4
Saint-Jean-du-Gard (30) 173 F1
Saint-Jean-du-Pin (30) 173 G1
Saint-Jean-du-Thenney (27) 15 G6
Saint-Jean-en-Royans (26) 144 D4
Saint-Jean-en-Val (63) 127 G5
Saint-Jean-et-Saint-Paul (12) 171 H2
Saint-Jean-Froidmentel (41) 61 H6
Saint-Jean-Kerdaniel (22) 33 F4
Saint-Jean-Kourtzerode (57) 50 B4
Saint-Jean-la-Bussière (69) 129 F1
Saint-Jean-la-Fouillouse (48) 156 B1
Saint-Jean-la-Poterie (56) 73 H1
Saint-Jean-la-Vêtre (42) 128 B3
Saint-Jean-Lachalm (43) 142 B5
Saint-Jean-Lagineste (46) 139 E6
Saint-Jean-Lasseille (66) 201 F3
Saint-Jean-le-Blanc (14) 38 A3
Saint-Jean-le-Blanc (45) 80 D1
Saint-Jean-le-Centenier (07) 157 H2
Saint-Jean-le-Comtal (32) 167 G5
Saint-Jean-le-Thomas (50) 35 G3
Saint-Jean-le-Vieux (01) 117 F6
Saint-Jean-le-Vieux (38) 145 H2
Saint-Jean-le-Vieux (64) 181 E3
Saint-Jean-lès-Buzy (55) 47 H1
Saint-Jean-les-Deux-Jumeaux (77) 43 H3
Saint-Jean-lès-Longuyon (54) 25 F4
Saint-Jean-Lespinasse (46) 139 E5
Saint-Jean-Lherm (31) 169 G4
Saint-Jean-Ligoure (87) 124 B4
Saint-Jean-Mirabel (46) 153 H2
Saint-Jean-Pied-de-Port (64) 180 D3
Saint-Jean-Pierre-Fixte (28) 61 E3
Saint-Jean-Pla-de-Corts (66) 201 E4
Saint-Jean-Poudge (64) 166 C6
Saint-Jean-Poutge (32) 167 G4
Saint-Jean-Rohrbach (57) 49 G2
Saint-Jean-Roure (07) 143 F5
Saint-Jean-Saint-Germain (37) 95 G2
Saint-Jean-Saint-Gervais (63) 127 G6
Saint-Jean-Saint-Maurice-sur-Loire (42) 128 D1
Saint-Jean-Saint-Nicolas (05) 160 C1
Saint-Jean-Saverne (67) 50 C4
Saint-Jean-Soleymieux (42) 128 D5
Saint-Jean-sur-Couesnon (35) 57 H1
Saint-Jean-sur-Erve (53) 59 F5
Saint-Jean-sur-Mayenne (53) 58 D4
Saint-Jean-sur-Moivre (51) 46 B3
Saint-Jean-sur-Reyssouze (01) 116 C3
Saint-Jean-sur-Tourbe (51) 46 B1
Saint-Jean-sur-Veyle (01) 116 C4
Saint-Jean-sur-Vilaine (35) 57 H3
Saint-Jean-Trolimon (29) 53 E4
Saint-Jeannet (04) 177 E2
Saint-Jeannet (06) 195 E2
Saint-Jeanvrin (18) 112 A1
Saint-Jeoire (74) 119 E5
Saint-Jeoire-Prieuré (73) 132 A5
Saint-Jeure-d'Andaure (07) 143 G4
Saint-Jeure-d'Ay (07) 143 H3
Saint-Jeures (43) 143 E3
Saint-Joachim (44) 73 G3
Saint-Jodard (42) 128 D2
Saint-Joire (55) 47 G6
Saint-Jores (50) 12 D5
Saint-Jorioz (74) 132 B2
Saint-Jory (31) 169 E4
Saint-Jory-de-Chalais (24) 123 G5
Saint-Jory-las-Bloux (24) 137 H1
Saint-Joseph (42) 129 G5
Saint-Joseph (50) 12 C3
Saint-Joseph-de-Rivière (38) 131 G6
Saint-Joseph-des-Bancs (07) 157 G1
Saint-Josse (62) 1 F6
Saint-Jouan-de-l'Isle (22) 56 C1
Saint-Jouan-des-Guérets (35) 36 A5
Saint-Jouin (14) 14 D4
Saint-Jouin-Bruneval (76) 16 B4
Saint-Jouin-de-Blavou (61) 60 C1
Saint-Jouin-de-Marnes (79) 93 H4
Saint-Jouin-de-Milly (79) 92 D5
Saint-Jouvent (87) 124 A1
Saint-Juan (25) 87 H6
Saint-Judoce (22) 34 D6
Saint-Juéry (12) 171 F3
Saint-Juéry (48) 141 F6
Saint-Juéry (81) 170 C2
Saint-Juire-Champgillon (85) 106 D1
Saint-Julia (31) 170 A6
Saint-Julia-de-Bec (11) 186 D6
Saint-Julien (21) 86 A5
Saint-Julien (22) 33 G5
Saint-Julien (34) 171 H6
Saint-Julien (39) 117 F3
Saint-Julien (69) 116 A6
Saint-Julien (83) 176 D4
Saint-Julien (88) 69 E5
Saint-Julien-aux-Bois (19) 139 G3
Saint-Julien-Beychevelle (33) 134 D2
Saint-Julien-Boutières (07) 143 F4
Saint-Julien-Chapteuil (43) 142 D4
Saint-Julien-d'Ance (43) 142 C1
Saint-Julien-d'Armagnac (40) 166 C2
Saint-Julien-d'Arpaon (48) 156 B5
Saint-Julien-d'Asse (04) 177 E2
Saint-Julien-de-Bourdeilles (24) 137 E1
Saint-Julien-de-Briola (11) 186 B4
Saint-Julien-de-Cassagnas (30) 157 F6
Saint-Julien-de-Chédon (41) 79 G6
Saint-Julien-de-Civry (71) 115 F3
Saint-Julien-de-Concelles (44) 75 E5
Saint-Julien-de-Coppel (63) 127 G4
Saint-Julien-de-Crempse (24) 137 E4
Saint-Julien-de-Gras-Capou (09) 186 A5
Saint-Julien-de-Jonzy (71) 115 F4
Saint-Julien-de-la-Liègue (27) 41 E1
Saint-Julien-de-la-Nef (30) 173 E2
Saint-Julien-de-Lampon (24) 138 B5
Saint-Julien-de-l'Escap (17) 121 F1
Saint-Julien-de-l'Herms (38) 130 C6
Saint-Julien-de-Mailloc (14) 15 F5
Saint-Julien-de-Peyrolas (30) 157 H5
Saint-Julien-de-Raz (38) 145 F1
Saint-Julien-de-Toursac (15) 139 H6
Saint-Julien-de-Vouvantes (44) 75 F1
Saint-Julien-des-Chazes (43) 142 A4
Saint-Julien-des-Landes (85) 91 E4
Saint-Julien-des-Points (48) 156 D5
Saint-Julien-d'Eymet (24) 151 E1
Saint-Julien-d'Oddes (42) 128 D2
Saint-Julien-du-Gua (07) 143 G6
Saint-Julien-du-Pinet (43) 142 D3
Saint-Julien-du-Puy (81) 170 B4
Saint-Julien-du-Sault (89) 65 E5
Saint-Julien-du-Serre (07) 157 G1
Saint-Julien-du-Terroux (53) 59 F1
Saint-Julien-du-Tournel (48) 156 B3
Saint-Julien-du-Verdon (04) 177 H2
Saint-Julien-en-Beauchêne (05) 159 H2
Saint-Julien-en-Born (40) 148 A6
Saint-Julien-en-Champsaur (05) 160 C1
Saint-Julien-en-Genevois (74) 118 B5
Saint-Julien-en-Quint (26) 144 D5
Saint-Julien-en-Saint-Alban (07) 143 H6
Saint-Julien-en-Vercors (26) 145 E4
Saint-Julien-Gaulène (81) 170 D2
Saint-Julien-la-Geneste (63) 112 D6
Saint-Julien-la-Genête (23) 112 C5
Saint-Julien-la-Vêtre (42) 128 B3
Saint-Julien-Labrousse (07) 143 G5
Saint-Julien-l'Ars (86) 109 F1
Saint-Julien-le-Châtel (23) 112 B6
Saint-Julien-le-Faucon (14) 15 E6
Saint-Julien-le-Pèlerin (19) 139 G4
Saint-Julien-le-Petit (87) 125 E2
Saint-Julien-le-Roux (07) 143 H5
Saint-Julien-le-Vendômois (19) 124 B6
Saint-Julien-lès-Gorze (54) 26 A6
Saint-Julien-lès-Metz (57) 26 C5
Saint-Julien-lès-Montbéliard (25) 88 B4
Saint-Julien-les-Rosiers (30) 157 E6
Saint-Julien-lès-Russey (25) 104 C1
Saint-Julien-les-Villas (10) 66 B3
Saint-Julien-Maumont (19) 138 D4
Saint-Julien-Molhesabate (43) 143 F2
Saint-Julien-Molin-Molette (42) 143 H1
Saint-Julien-Mont-Denis (73) 146 C1
Saint-Julien-près-Bort (19) 126 A6
Saint-Julien-Puy-Lavèze (63) 126 C4
Saint-Julien-sous-les-Côtes (55) 47 H4
Saint-Julien-sur-Bibost (69) 129 G3
Saint-Julien-sur-Calonne (14) 15 F4
Saint-Julien-sur-Cher (41) 96 D1
Saint-Julien-sur-Dheune (71) 101 E5
Saint-Julien-sur-Garonne (31) 185 E3
Saint-Julien-sur-Reyssouze (01) 116 D3
Saint-Julien-sur-Sarthe (61) 60 C1
Saint-Julien-sur-Veyle (01) 116 C5
Saint-Julien-Vocance (07) 143 G3
Saint-Junien (87) 123 G2
Saint-Junien-la-Bregère (23) 125 E2
Saint-Junien-les-Combes (87) 110 B6
Saint-Jure (57) 48 D3
Saint-Jurs (04) 177 F2
Saint-Just (01) 117 E5
Saint-Just (15) 141 F5
Saint-Just (18) 97 H3
Saint-Just (24) 137 E1
Saint-Just (27) 41 F1
Saint-Just (34) 173 H5
Saint-Just (35) 56 D6
Saint-Just (63) 128 B6
Saint-Just-Chaleyssin (38) 130 B4
Saint-Just-d'Ardèche (07) 157 H5
Saint-Just-d'Avray (69) 129 F1
Saint-Just-de-Claix (38) 144 D3
Saint-Just-en-Bas (42) 128 C3
Saint-Just-en-Brie (77) 43 H6
Saint-Just-en-Chaussée (60) 20 D4
Saint-Just-en-Chevalet (42) 128 C2
Saint-Just-et-le-Bézu (11) 186 D6
Saint-Just-et-Vacquières (30) 174 A1
Saint-Just-Ibarre (64) 181 E3
Saint-Just-la-Pendue (42) 129 E2
Saint-Just-le-Martel (87) 124 C2
Saint-Just-Luzac (17) 120 C2
Saint-Just-Malmont (43) 143 F1
Saint-Just-près-Brioude (43) 141 G2
Saint-Just-Saint-Rambert (42) 129 E5
Saint-Just-Sauvage (51) 65 H1
Saint-Just-sur-Dive (49) 93 H1
Saint-Just-sur-Viaur (12) 154 B6
Saint-Justin (32) 167 E6
Saint-Justin (40) 166 C2
Saint-Juvat (22) 34 D6
Saint-Juvin (08) 24 C5
Saint-Lactencin (36) 96 B4
Saint-Lager (69) 116 A6
Saint-Lager-Bressac (07) 158 A1
Saint-Lamain (39) 102 D5
Saint-Lambert (14) 38 B3
Saint-Lambert (78) 42 B5
Saint-Lambert-du-Lattay (49) 76 D6
Saint-Lambert-et-Mont-de-Jeux (08) 24 A4
Saint-Lambert-la-Potherie (49) 76 D4
Saint-Lambert-sur-Dive (61) 39 F4
Saint-Langis-lès-Mortagne (61) 60 D1
Saint-Lanne (65) 166 D5
Saint-Laon (86) 93 H3
Saint-Lary (09) 184 C6
Saint-Lary (32) 167 G4
Saint-Lary-Boujean (31) 184 B3
Saint-Lary-Soulan (65) 196 D1
Saint-Lattier (38) 144 D3
Saint-Launeuc (22) 56 B1
Saint-Laure (63) 127 G2
Saint-Laurent (08) 24 B1
Saint-Laurent (18) 97 F1
Saint-Laurent (22) 32 D3
Saint-Laurent (23) 111 G5
Saint-Laurent (31) 184 B2
Saint-Laurent (47) 150 D5
Saint-Laurent (74) 118 D6
Saint-Laurent-Blangy (62) 8 B2
Saint-Laurent-Bretagne (64) 182 C1
Saint-Laurent-Chabreuges (43) 141 G2
Saint-Laurent-d'Agny (69) 129 H4
Saint-Laurent-d'Aigouze (30) 173 H5
Saint-Laurent-d'Andenay (71) 101 E6
Saint-Laurent-d'Arce (33) 135 F3
Saint-Laurent-de-Belzagot (16) 122 B6
Saint-Laurent-de-Brèvedent (76) 15 F1
Saint-Laurent-de-Carnols (30) 157 H5
Saint-Laurent-de-Cerdans (66) 200 D5
Saint-Laurent-de-Céris (16) 123 E1
Saint-Laurent-de-Chamousset (69) 129 F3
Saint-Laurent-de-Cognac (16) 121 G3
Saint-Laurent-de-Condel (14) 14 B6
Saint-Laurent-de-Cuves (50) 37 F4
Saint-Laurent-de-Gosse (40) 164 C5
Saint-Laurent-de-Jourdes (86) 109 F3
Saint-Laurent-de-la-Barrière (17) 107 F6
Saint-Laurent-de-la-Cabrerisse (11) 187 G4
Saint-Laurent-de-la-Plaine (49) 75 H4
Saint-Laurent-de-la-Prée (17) 106 D6
Saint-Laurent-de-la-Salanque (66) 201 G1
Saint-Laurent-de-la-Salle (85) 107 E1
Saint-Laurent-de-Lévézou (12) 155 E6
Saint-Laurent-de-Lin (37) 78 B4
Saint-Laurent-de-Mure (69) 130 B4
Saint-Laurent-de-Muret (48) 155 G2
Saint-Laurent-de-Neste (65) 183 H4
Saint-Laurent-de-Terregatte (50) 37 E6
Saint-Laurent-de-Trèves (48) 156 B5
Saint-Laurent-de-Veyrès (48) 141 F6
Saint-Laurent-des-Arbres (30) 174 D1
Saint-Laurent-des-Autels (49) 75 F4
Saint-Laurent-des-Bâtons (24) 137 F4
Saint-Laurent-des-Bois (27) 41 E4
Saint-Laurent-des-Bois (41) 80 A1
Saint-Laurent-des-Combes (16) 136 B1
Saint-Laurent-des-Combes (33) 135 H5
Saint-Laurent-des-Hommes (24) 136 C4
Saint-Laurent-des-Mortiers (53) 77 E2
Saint-Laurent-des-Vignes (24) 136 D6
Saint-Laurent-d'Oingt (69) 129 G1
Saint-Laurent-d'Olt (12) 155 F3
Saint-Laurent-d'Onay (26) 144 C2
Saint-Laurent-du-Bois (33) 150 A1
Saint-Laurent-du-Cros (05) 160 B1
Saint-Laurent-du-Mont (14) 15 E5
Saint-Laurent-du-Mottay (49) 76 B5
Saint-Laurent-du-Pape (07) 144 A6
Saint-Laurent-du-Plan (33) 150 A1
Saint-Laurent-du-Pont (38) 131 G6
Saint-Laurent-du-Tencement (27) 39 H3
Saint-Laurent-du-Var (06) 195 F3
Saint-Laurent-du-Verdon (04) 177 E4
Saint-Laurent-en-Beaumont (38) 145 H5
Saint-Laurent-en-Brionnais (71) 115 F4
Saint-Laurent-en-Caux (76) 17 F3
Saint-Laurent-en-Gâtines (37) 79 E4
Saint-Laurent-en-Grandvaux (39) 118 A1
Saint-Laurent-en-Royans (26) 144 D4
Saint-Laurent-la-Conche (42) 129 E4
Saint-Laurent-la-Gâtine (28) 41 G5
Saint-Laurent-la-Roche (39) 117 F1
Saint-Laurent-la-Vallée (24) 137 H6
Saint-Laurent-la-Vernède (30) 174 B1
Saint-Laurent-l'Abbaye (58) 82 C6
Saint-Laurent-le-Minier (30) 173 E2
Saint-Laurent-les-Bains (07) 156 D2
Saint-Laurent-les-Églises (87) 124 C1
Saint-Laurent-les-Tours (46) 139 F5
Saint-Laurent-Lolmie (46) 152 B5
Saint-Laurent-Médoc (33) 134 D2
Saint-Laurent-Nouan (41) 80 B3
Saint-Laurent-Rochefort (42) 128 C3
Saint-Laurent-sous-Coiron (07) 157 G2
Saint-Laurent-sur-Gorre (87) 123 H3
Saint-Laurent-sur-Manoire (24) 137 F3
Saint-Laurent-sur-Mer (14) 13 G4
Saint-Laurent-sur-Othain (55) 25 F4
Saint-Laurent-sur-Oust (56) 56 B5
Saint-Laurent-sur-Saône (01) 116 B4
Saint-Laurent-sur-Sèvre (85) 92 C3
Saint-Laurs (79) 107 G1
Saint-Léger (06) 178 B1
Saint-Léger (16) 122 B5
Saint-Léger (17) 121 F4
Saint-Léger (47) 150 D5
Saint-Léger (53) 59 E5
Saint-Léger (62) 8 B3
Saint-Léger (73) 132 C6
Saint-Léger (77) 44 A4
Saint-Léger-aux-Bois (60) 21 G4
Saint-Léger-aux-Bois (76) 6 C6
Saint-Léger-Bridereix (23) 111 E4
Saint-Léger-de-Balson (33) 149 F3
Saint-Léger-de-Fougeret (58) 100 A3
Saint-Léger-de-la-Martinière (79) 108 B4
Saint-Léger-de-Montbrillais (86) 93 H2
Saint-Léger-de-Montbrun (79) 93 G3
Saint-Léger-de-Peyre (48) 155 H2
Saint-Léger-de-Rôtes (27) 40 A1
Saint-Léger-des-Aubées (28) 62 C2
Saint-Léger-des-Bois (49) 76 D4
Saint-Léger-des-Prés (35) 35 F6
Saint-Léger-des-Vignes (58) 99 F5
Saint-Léger-du-Bois (71) 101 E3
Saint-Léger-du-Bourg-Denis (76) 18 D4
Saint-Léger-du-Gennetey (27) 18 A5
Saint-Léger-du-Malzieu (48) 141 G5
Saint-Léger-du-Ventoux (84) 159 E5
Saint-Léger-Dubosq (14) 14 D4
Saint-Léger-en-Bray (60) 20 A5
Saint-Léger-en-Yvelines (78) 41 H5
Saint-Léger-la-Montagne (87) 110 D6
Saint-Léger-le-Guérétois (23) 111 F5
Saint-Léger-le-Petit (18) 98 C2
Saint-Léger-lès-Authie (80) 7 H4
Saint-Léger-lès-Domart (80) 7 F4
Saint-Léger-les-Mélèzes (05) 160 C1
Saint-Léger-lès-Paray (71) 115 E2
Saint-Léger-les-Vignes (44) 74 B6
Saint-Léger-Magnazeix (87) 110 C4
Saint-Léger-près-Troyes (10) 66 B4
Saint-Léger-sous-Beuvray (71) 100 B4
Saint-Léger-sous-Brienne (10) 66 D2
Saint-Léger-sous-Cholet (49) 92 C2
Saint-Léger-sous-la-Bussière (71) 115 H4
Saint-Léger-sous-Margerie (10) 66 D1
Saint-Léger-sur-Bresle (80) 6 C6
Saint-Léger-sur-Dheune (71) 101 F5
Saint-Léger-sur-Roanne (42) 115 E6
Saint-Léger-sur-Sarthe (61) 60 C1
Saint-Léger-sur-Vouzance (03) 114 D3
Saint-Léger-Triey (21) 86 B6
Saint-Léger-Vauban (89) 84 B6
Saint-Léomer (86) 110 A3
Saint-Léon (03) 114 C3
Saint-Léon (31) 185 G1
Saint-Léon (33) 135 G6
Saint-Léon (47) 150 C5
Saint-Léon-d'Issigeac (24) 151 F1
Saint-Léon-sur-l'Isle (24) 137 E3
Saint-Léon-sur-Vézère (24) 137 H4
Saint-Léonard (32) 168 A3
Saint-Léonard (51) 23 F6
Saint-Léonard (62) 1 F4
Saint-Léonard (76) 16 C3
Saint-Léonard (88) 70 D3
Saint-Léonard-de-Noblat (87) 124 C2
Saint-Léonard-des-Bois (72) 59 H2
Saint-Léonard-des-Parcs (61) 39 G5
Saint-Léonard-en-Beauce (41) 80 A1
Saint-Léons (12) 155 F6
Saint-Léopardin-d'Augy (03) 98 D6
Saint-Léry (56) 56 B3
Saint-Leu-d'Esserent (60) 20 C6
Saint-Leu-la-Forêt (95) 42 C2
Saint-Lézer (65) 183 E1
Saint-Lézin (49) 76 C6
Saint-Lieux-Lafenasse (81) 170 C4
Saint-Lieux-lès-Lavaur (81) 169 H4
Saint-Lin (79) 108 A1
Saint-Lions (04) 177 G1
Saint-Lizier (09) 184 D5
Saint-Lizier-du-Planté (32) 184 C1
Saint-Lô (50) 37 G1
Saint-Lô-d'Ourville (50) 12 C4
Saint-Lon-les-Mines (40) 164 D5
Saint-Longis (72) 60 C2
Saint-Lormel (22) 34 C4
Saint-Lothain (39) 102 D5
Saint-Loube (32) 184 D1
Saint-Loubert (33) 150 A2
Saint-Loubès (33) 135 F4
Saint-Loubouer (40) 166 A4
Saint-Louet-sur-Seulles (14) 38 A1
Saint-Louet-sur-Vire (50) 37 G2
Saint-Louis (57) 50 B4
Saint-Louis (68) 89 H3
Saint-Louis-de-Montferrand (33) 135 F4
Saint-Louis-en-l'Isle (24) 136 D3
Saint-Louis-et-Parahou (11) 200 B1
Saint-Louis-lès-Bitche (57) 50 C2
Saint-Loup (03) 114 A3
Saint-Loup (17) 107 G6
Saint-Loup (23) 112 B5
Saint-Loup (39) 102 B3
Saint-Loup (41) 96 D1
Saint-Loup (50) 35 H3
Saint-Loup (51) 45 E5
Saint-Loup (58) 82 C5
Saint-Loup (69) 129 G2
Saint-Loup (82) 168 B1
Saint-Loup-Cammas (31) 169 F4
Saint-Loup-de-Buffigny (10) 65 G2
Saint-Loup-de-Fribois (14) 15 E5
Saint-Loup-de-Gonois (45) 64 C5
Saint-Loup-de-Naud (77) 64 D1
Saint-Loup-de-Varennes (71) 101 G6
Saint-Loup-des-Chaumes (18) 97 G5
Saint-Loup-des-Vignes (45) 63 G5
Saint-Loup-d'Ordon (89) 64 D6
Saint-Loup-du-Dorat (53) 59 E6
Saint-Loup-du-Gast (53) 59 E2
Saint-Loup-en-Champagne (08) 23 F4
Saint-Loup-en-Comminges (31) 184 A3
Saint-Loup-Géanges (71) 101 G4
Saint-Loup-Hors (14) 13 H5
Saint-Loup-Lamairé (79) 93 G5
Saint-Loup-Nantouard (70) 86 D5
Saint-Loup-sur-Aujon (52) 85 H1
Saint-Loup-sur-Semouse (70) 87 G1
Saint-Loup-Terrier (08) 24 A3
Saint-Lubin-de-Cravant (28) 40 D5
Saint-Lubin-de-la-Haye (28) 41 G4
Saint-Lubin-des-Joncherets (28) 41 E4
Saint-Lubin-en-Vergonnois (41) 79 H3
Saint-Luc (27) 41 E3
Saint-Lucien (28) 41 G6
Saint-Lumier-en-Champagne (51) 46 B4
Saint-Lumier-la-Populeuse (51) 46 C5
Saint-Lumine-de-Clisson (44) 75 E6
Saint-Lumine-de-Coutais (44) 74 B6
Saint-Lunaire (35) 34 C3
Saint-Luperce (28) 61 H2
Saint-Lupicin (39) 117 H3
Saint-Lupien (10) 65 G2
Saint-Lyé (10) 66 A2
Saint-Lyé-la-Forêt (45) 63 E5
Saint-Lyphard (44) 73 G3
Saint-Lys (31) 168 D6
Saint-Macaire (33) 149 H2
Saint-Macaire-du-Bois (49) 93 F2
Saint-Macaire-en-Mauges (49) 75 G6
Saint-Maclou (27) 15 G3
Saint-Maclou-de-Folleville (76) 18 D2
Saint-Maclou-la-Brière (76) 16 C4
Saint-Macoux (86) 108 D5
Saint-Maden (22) 34 C6
Saint-Magne (33) 149 E2
Saint-Magne-de-Castillon (33) 136 A5
Saint-Maigner (63) 112 D6
Saint-Maigrin (17) 121 G6
Saint-Maime (04) 176 C2
Saint-Maime-de-Péreyrol (24) 137 E4
Saint-Maixant (23) 125 H1
Saint-Maixant (33) 149 H2
Saint-Maixent (72) 60 D5
Saint-Maixent-de-Beugné (79) 107 G2
Saint-Maixent-l'École (79) 108 B3
Saint-Maixent-sur-Vie (85) 90 D3
Saint-Maixme-Hauterive (28) 40 D6
Saint-Malo (35) 36 A5
Saint-Malo-de-Beignon (56) 56 C4
Saint-Malo-de-Guersac (44) 73 H4
Saint-Malo-de-la-Lande (50) 36 D1
Saint-Malo-de-Phily (35) 57 E5
Saint-Malo-des-Trois-Fontaines (56) 56 A3
Saint-Malô-du-Bois (85) 92 C3
Saint-Malo-en-Donziois (58) 83 E6
Saint-Malon-sur-Mel (35) 56 C3
Saint-Mamert (69) 115 H4
Saint-Mamert-du-Gard (30) 173 H3
Saint-Mamet (31) 197 F1
Saint-Mamet-la-Salvetat (15) 139 H5
Saint-Mammès (77) 64 B2
Saint-Mandé (94) 42 D4
Saint-Mandé-sur-Brédoire (17) 108 A6
Saint-Mandrier-sur-Mer (83) 193 E5
Saint-Manvieu-Bocage (14) 37 G3
Saint-Manvieu-Norrey (14) 14 B4
Saint-Marc (15) 141 F5
Saint-Marc-á-Frongier (23) 125 G2
Saint-Marc-á-Loubaud (23) 125 F2
Saint-Marc-du-Cor (41) 61 F6
Saint-Marc-Jaumegarde (13) 176 B6
Saint-Marc-la-Lande (79) 107 H2
Saint-Marc-le-Blanc (35) 35 G6
Saint-Marc-sur-Couesnon (35) 57 H1
Saint-Marc-sur-Seine (21) 85 E3
Saint-Marcan (35) 35 F4
Saint-Marceau (08) 24 A2
Saint-Marceau (72) 60 A4
Saint-Marcel (01) 130 B1
Saint-Marcel (08) 23 H1
Saint-Marcel (27) 41 F2
Saint-Marcel (36) 111 E1
Saint-Marcel (54) 26 A5
Saint-Marcel (56) 56 A5
Saint-Marcel (70) 87 E1
Saint-Marcel (71) 101 G5
Saint-Marcel (73) 132 D5
Saint-Marcel-Bel-Accueil (38) 130 D4
Saint-Marcel-Campes (81) 170 B1
Saint-Marcel-d'Ardèche (07) 158 A4
Saint-Marcel-de-Careiret (30) 157 H6
Saint-Marcel-de-Félines (42) 129 E2
Saint-Marcel-du-Périgord (24) 137 F5
Saint-Marcel-d'Urfé (42) 128 C2
Saint-Marcel-en-Marcillat (03) 112 D5
Saint-Marcel-en-Murat (03) 113 F4
Saint-Marcel-l'Éclairé (69) 129 F2
Saint-Marcel-lès-Annonay (07) 143 H2
Saint-Marcel-lès-Sauzet (26) 158 B2
Saint-Marcel-lès-Valence (26) 144 B4
Saint-Marcel-Paulel (31) 169 G5
Saint-Marcel-sur-Aude (11) 188 A3
Saint-Marcelin-de-Cray (71) 115 H2
Saint-Marcellin (38) 144 D3
Saint-Marcellin-en-Forez (42) 129 E5
Saint-Marcellin-lès-Vaison (84) 158 D5
Saint-Marcet (31) 184 B3
Saint-Marcory (24) 151 H1
Saint-Marcouf (14) 13 F5
Saint-Marcouf (50) 13 E3
Saint-Mard (02) 22 C5
Saint-Mard (17) 107 F5
Saint-Mard (54) 69 G1
Saint-Mard (77) 43 F2
Saint-Mard (80) 21 E2
Saint-Mard-de-Réno (61) 60 D1
Saint-Mard-de-Vaux (71) 101 F5
Saint-Mard-lès-Rouffy (51) 45 F3
Saint-Mard-sur-Auve (51) 46 B2
Saint-Mard-sur-le-Mont (51) 46 C3
Saint-Mards (76) 17 G3
Saint-Mards-de-Blacarville (27) 15 H3
Saint-Mards-de-Fresne (27) 15 G6
Saint-Mards-en-Othe (10) 65 H4
Saint-Marien (23) 112 A3
Saint-Mariens (33) 135 F3
Saint-Mars-de-Coutais (44) 74 B6
Saint-Mars-de-Locquenay (72) 60 C6
Saint-Mars-d'Égrenne (61) 38 A6
Saint-Mars-d'Outillé (72) 78 B1
Saint-Mars-du-Désert (44) 75 E4
Saint-Mars-du-Désert (53) 59 G3
Saint-Mars-la-Brière (72) 60 C5
Saint-Mars-la-Jaille (44) 75 F2
Saint-Mars-la-Réorthe (85) 92 B4
Saint-Mars-sous-Ballon (72) 60 B4
Saint-Mars-sur-Colmont (53) 58 D2
Saint-Mars-sur-la-Futaie (53) 58 B1
Saint-Mars-Vieux-Maisons (77) 44 B5
Saint-Marsal (66) 200 D4
Saint-Martial (07) 143 E5
Saint-Martial (15) 141 E5
Saint-Martial (16) 122 B6
Saint-Martial (17) 107 H6
Saint-Martial (30) 173 E1
Saint-Martial (33) 150 A1
Saint-Martial-d'Albarède (24) 137 H1
Saint-Martial-d'Artenset (24) 136 C4
Saint-Martial-de-Gimel (19) 139 F2
Saint-Martial-de-Mirambeau (17) 121 E6
Saint-Martial-de-Nabirat (24) 152 B1
Saint-Martial-de-Valette (24) 123 F5
Saint-Martial-de-Vitaterne (17) 121 F5
Saint-Martial-Entraygues (19) 139 F3
Saint-Martial-le-Mont (23) 111 H6
Saint-Martial-le-Vieux (23) 125 H4
Saint-Martial-sur-Isop (87) 109 H5
Saint-Martial-sur-Né (17) 121 G4
Saint-Martial-Viveyrol (24) 136 D1
Saint-Martin (32) 167 F6
Saint-Martin (54) 49 G6
Saint-Martin (65) 183 E3
Saint-Martin (67) 71 F2
Saint-Martin-au-Bosc (76) 6 C6
Saint-Martin-au-Laërt (62) 2 B4
Saint-Martin-aux-Arbres (76) 17 F4
Saint-Martin-aux-Bois (60) 20 D3
Saint-Martin-aux-Buneaux (76) 16 D2
Saint-Martin-aux-Champs (51) 46 A4
Saint-Martin-aux-Chartrains (14) 15 F3
Saint-Martin-Belle-Roche (71) 116 B3
Saint-Martin-Bellevue (74) 132 B1
Saint-Martin-Boulogne (62) 1 F4
Saint-Martin-Cantalès (15) 139 H3
Saint-Martin-Château (23) 125 E2
Saint-Martin-Choquel (62) 1 G4
Saint-Martin-Curton (47) 150 B4
Saint-Martin-d'Abbat (45) 81 F1
Saint-Martin-d'Ablois (51) 45 E2
Saint-Martin-d'Août (26) 144 B2
Saint-Martin-d'Arberoue (64) 181 E1
Saint-Martin-d'Arc (73) 146 D2
Saint-Martin-d'Ardèche (07) 157 H5
Saint-Martin-d'Armagnac (32) 166 D4
Saint-Martin-d'Arrossa (64) 180 D2
Saint-Martin-d'Ary (17) 135 H2
Saint-Martin-d'Aubigny (50) 12 D6
Saint-Martin-d'Audouville (50) 12 D3
Saint-Martin-d'Auxigny (18) 97 H1
Saint-Martin-d'Auxy (71) 101 E6
Saint-Martin-de-Bavel (01) 131 F2
Saint-Martin-de-Beauville (47) 151 G5
Saint-Martin-de-Belleville (73) 132 D6
Saint-Martin-de-Bernegoue (79) 107 H4
Saint-Martin-de-Bienfaite-la-Cressonnière (14) 15 G6
Saint-Martin-de-Blagny (14) 13 G5
Saint-Martin-de-Bonfossé (50) 37 F1
Saint-Martin-de-Boscherville (76) 17 F6
Saint-Martin-de-Bossenay (10) 65 G2
Saint-Martin-de-Boubaux (48) 156 D6
Saint-Martin-de-Bréthencourt (78) 62 D1
Saint-Martin-de-Brômes (04) 176 D3
Saint-Martin-de-Caralp (09) 185 G5
Saint-Martin-de-Castillon (84) 176 A3
Saint-Martin-de-Cenilly (50) 37 E2
Saint-Martin-de-Clelles (38) 145 F5
Saint-Martin-de-Commune (71) 101 E4
Saint-Martin-de-Connée (53) 59 G3
Saint-Martin-de-Coux (17) 135 H3
Saint-Martin-de-Crau (13) 191 E2
Saint-Martin-de-Fenouillet (66) 200 C1
Saint-Martin-de-Fontenay (14) 14 B5
Saint-Martin-de-Fraigneau (85) 107 F2
Saint-Martin-de-Fressengeas (24) 123 G6
Saint-Martin-de-Fugères (43) 142 C5
Saint-Martin-de-Goyne (32) 167 H2
Saint-Martin-de-Gurson (24) 136 B4
Saint-Martin-de-Hinx (40) 164 C5
Saint-Martin-de-Juillers (17) 121 G1
Saint-Martin-de-Jussac (87) 123 G2
Saint-Martin-de-la-Brasque (84) 176 B4
Saint-Martin-de-la-Cluze (38) 145 G4
Saint-Martin-de-la-Lieue (14) 15 F5
Saint-Martin-de-la-Mer (21) 100 C1
Saint-Martin-de-la-Place (49) 77 G6
Saint-Martin-de-la-Porte (73) 146 D2
Saint-Martin-de-Lamps (36) 96 B3
Saint-Martin-de-Landelles (50) 37 F6
Saint-Martin-de-Lansuscle (48) 156 C6
Saint-Martin-de-l'Arçon (34) 171 H6
Saint-Martin-de-Laye (33) 135 H3
Saint-Martin-de-Lenne (12) 155 E4
Saint-Martin-de-Lerm (33) 150 B1
Saint-Martin-de-Lixy (71) 115 F5
Saint-Martin-de-Londres (34) 173 E4
Saint-Martin-de-Mâcon (79) 93 G3
Saint-Martin-de-Mailloc (14) 15 F5
Saint-Martin-de-Mieux (14) 38 D3
Saint-Martin-de-Nigelles (28) 41 G6
Saint-Martin-de-Pallières (83) 193 E1
Saint-Martin-de-Queyrières (05) 147 E5
Saint-Martin-de-Ré (17) 106 B4
Saint-Martin-de-Ribérac (24) 136 D2
Saint-Martin-de-Saint-Maixent (79) 108 B3
Saint-Martin-de-Salencey (71) 115 H2
Saint-Martin-de-Sallen (14) 14 A6
Saint-Martin-de-Sanzay (79) 93 G2
Saint-Martin-de-Seignanx (40) 164 C5
Saint-Martin-de-Sescas (33) 150 A2
Saint-Martin-de-Valamas (07) 143 F5
Saint-Martin-de-Valgalgues (30) 157 E6
Saint-Martin-de-Varreville (50) 13 E4
Saint-Martin-de-Vaulserre (38) 131 G5
Saint-Martin-de-Vers (46) 152 D2
Saint-Martin-de-Villeréal (47) 151 G2
Saint-Martin-de-Villereglan (11) 186 D4
Saint-Martin-d'Écublei (61) 40 A4
Saint-Martin-d'Entraunes (06) 161 G6
Saint-Martin-des-Besaces (14) 37 H2
Saint-Martin-des-Bois (41) 79 E2
Saint-Martin-des-Champs (18) 98 C2

Saint-Martin-
-des-Champs (29) ... 32 A3
Saint-Martin-
-des-Champs (50) ... 35 H3
Saint-Martin-
-des-Champs (77) ... 44 B4
Saint-Martin-
-des-Champs (78) ... 41 H3
Saint-Martin-
-des-Champs (89) ... 82 C3
Saint-Martin-
-des-Combes (24) ... 137 E4
Saint-Martin-
-des-Entrées (14) ... 14 A4
Saint-Martin-
-des-Fontaines (85) ... 107 E1
Saint-Martin-des-Lais (03) ... 99 G6
Saint-Martin-
-des-Landes (61) ... 38 D6
Saint-Martin-des-Monts (72) ... 60 D4
Saint-Martin-des-Noyers (85) ... 92 A5
Saint-Martin-
-des-Olmes (63) ... 128 B5
Saint-Martin-
-des-Pézerits (61) ... 39 H6
Saint-Martin-des-Plains (63) ... 127 G5
Saint-Martin-des-Prés (22) ... 33 F6
Saint-Martin-des-Puits (11) ... 187 F5
Saint-Martin-des-Tilleuls (85) ... 92 B3
Saint-Martin-
-d'Estréaux (42) ... 114 C5
Saint-Martin-
-d'Hardinghem (62) ... 2 A5
Saint-Martin-d'Hères (38) ... 145 G2
Saint-Martin-d'Heuille (58) ... 99 E3
Saint-Martin-d'Ollières (63) ... 127 H6
Saint-Martin-Don (14) ... 37 G3
Saint-Martin-d'Oney (40) ... 165 H2
Saint-Martin-d'Ordon (89) ... 64 D6
Saint-Martin-d'Oydes (09) ... 185 G3
Saint-Martin-du-Bec (76) ... 15 F1
Saint-Martin-du-Bois (33) ... 135 G4
Saint-Martin-du-Bois (49) ... 76 C2
Saint-Martin-du-Boschet (77) ... 44 B5
Saint-Martin-
-du-Clocher (16) ... 108 D6
Saint-Martin-
-du-Fouilloux (49) ... 76 D5
Saint-Martin-
-du-Fouilloux (79) ... 108 B1
Saint-Martin-du-Frêne (01) ... 117 G5
Saint-Martin-du-Lac (71) ... 115 E4
Saint-Martin-du-Limet (53) ... 76 B1
Saint-Martin-du-Manoir (76) ... 15 F1
Saint-Martin-
-du-Mesnil-Oury (14) ... 15 E6
Saint-Martin-du-Mont (01) ... 117 E5
Saint-Martin-du-Mont (21) ... 85 F5
Saint-Martin-du-Mont (71) ... 117 E1
Saint-Martin-du-Puy (33) ... 150 B1
Saint-Martin-du-Puy (58) ... 83 H6
Saint-Martin-du-Tartre (71) ... 116 A1
Saint-Martin-du-Tertre (89) ... 65 E4
Saint-Martin-du-Tertre (95) ... 42 D1
Saint-Martin-du-Tilleul (27) ... 15 H5
Saint-Martin-du-Var (06) ... 195 E2
Saint-Martin-
-du-Vieux-Bellême (61) ... 60 D2
Saint-Martin-du-Vivier (76) ... 18 D4
Saint-Martin-d'Uriage (38) ... 145 H3
Saint-Martin-en-Bière (77) ... 63 H2
Saint-Martin-en-Bresse (71) ... 102 A5
Saint-Martin-
-en-Campagne (76) ... 17 H1
Saint-Martin-
-en-Gâtinois (71) ... 101 H4
Saint-Martin-en-Haut (69) ... 129 G4
Saint-Martin-
-en-Vercors (26) ... 145 E4
Saint-Martin-Gimois (32) ... 168 B6
Saint-Martin-
-la-Campagne (27) ... 40 D2
Saint-Martin-la-Garenne (78) ... 41 H2
Saint-Martin-
-la-Méanne (19) ... 139 F3
Saint-Martin-
-la-Patrouille (71) ... 115 H1
Saint-Martin-la-Plaine (42) ... 129 G5
Saint-Martin-
-la-Sauveté (42) ... 128 C2
Saint-Martin-Labouval (46) ... 153 E3
Saint-Martin-
-Lacaussade (33) ... 135 E2
Saint-Martin-Laguépie (81) ... 153 G6
Saint-Martin-l'Aiguillon (61) ... 38 D6
Saint-Martin-Lalande (11) ... 186 C2
Saint-Martin-l'Ars (86) ... 109 F4
Saint-Martin-Lars-en-
-Sainte-Hermine (85) ... 107 E1
Saint-Martin-l'Astier (24) ... 136 C3
Saint-Martin-le-Beau (37) ... 79 F6
Saint-Martin-le-Bouillant (50) ... 37 F4
Saint-Martin-le-Châtel (01) ... 116 D4
Saint-Martin-le-Colonel (26) ... 144 D4
Saint-Martin-le-Gaillard (76) ... 6 A5
Saint-Martin-le-Gréard (50) ... 12 C2
Saint-Martin-le-Hébert (50) ... 12 C3
Saint-Martin-le-Mault (87) ... 110 C3
Saint-Martin-le-Nœud (60) ... 20 A5
Saint-Martin-le-Pin (24) ... 123 E5
Saint-Martin-le-Redon (46) ... 152 A3
Saint-Martin-le-Vieil (11) ... 186 C2
Saint-Martin-le-Vieux (87) ... 124 A3
Saint-Martin-le-Vinoux (38) ... 145 G2
Saint-Martin-les-Eaux (04) ... 176 C3
Saint-Martin-lès-Langres (52) ... 86 A1
Saint-Martin-lès-Melle (79) ... 108 B4
Saint-Martin-lès-Seyne (04) ... 160 D4
Saint-Martin-Lestra (42) ... 129 F3
Saint-Martin-l'Heureux (51) ... 23 G6
Saint-Martin-l'Hortier (76) ... 19 E1
Saint-Martin-Longueau (60) ... 21 E5
Saint-Martin-Lys (11) ... 200 A1
Saint-Martin-Osmonville (76) ... 17 H4
Saint-Martin-Petit (47) ... 150 B2
Saint-Martin-Rivière (02) ... 9 F4
Saint-Martin-
-Saint-Firmin (27) ... 15 H4
Saint-Martin-
-Sainte-Catherine (23) ... 124 D1
Saint-Martin-Sepert (19) ... 124 C6
Saint-Martin-
-sous-Montaigu (71) ... 101 F5
Saint-Martin-
-sous-Vigouroux (15) ... 140 D5
Saint-Martin-
-sur-Armançon (89) ... 84 B1
Saint-Martin-sur-Cojeul (62) ... 8 B3
Saint-Martin-sur-Écaillon (59) ... 9 F3
Saint-Martin-
-sur-la-Chambre (73) ... 132 C6
Saint-Martin-
-sur-Lavezon (07) ... 158 A2
Saint-Martin-sur-le-Pré (51) ... 45 H3
Saint-Martin-sur-Nohain (58) ... 82 C6
Saint-Martin-sur-Ocre (45) ... 82 A3
Saint-Martin-sur-Ocre (89) ... 83 E2
Saint-Martin-sur-Ouanne (89) ... 82 D1
Saint-Martin-sur-Oust (56) ... 56 B6
Saint-Martin-Terressus (87) ... 124 C2
Saint-Martin-
-Valmeroux (15) ... 140 A3
Saint-Martin-Vésubie (06) ... 162 D6
Saint-Martinien (03) ... 112 C4
Saint-Martory (31) ... 184 C4
Saint-Mary (16) ... 122 D2
Saint-Mary-le-Plain (15) ... 141 F3
Saint-Masmes (51) ... 23 G5
Saint-Mathieu (87) ... 123 F3
Saint-Mathieu-
-de-Tréviers (34) ... 173 F4
Saint-Mathurin (85) ... 91 E5
Saint-Mathurin-sur-Loire (49) ... 77 F5
Saint-Matré (46) ... 152 A4
Saint-Maudan (22) ... 55 G2
Saint-Maudez (22) ... 34 C5
Saint-Maugan (35) ... 56 C2
Saint-Maulvis (80) ... 6 D6
Saint-Maur (18) ... 112 B1
Saint-Maur (32) ... 167 F6
Saint-Maur (36) ... 96 C5
Saint-Maur (39) ... 117 G1
Saint-Maur (60) ... 19 H3
Saint-Maur-des-Bois (50) ... 37 F3
Saint-Maur-des-Fossés (94) ... 43 E4
Saint-Maur-sur-le-Loir (28) ... 62 A4
Saint-Maurice (52) ... 86 B1
Saint-Maurice (58) ... 99 G2
Saint-Maurice (63) ... 127 F4
Saint-Maurice (67) ... 71 F2
Saint-Maurice (94) ... 42 D4
Saint-Maurice-
-aux-Forges (54) ... 49 G6
Saint-Maurice-
-aux-Riches-Hommes (89) ... 65 F3
Saint-Maurice-
-Colombier (25) ... 88 B5
Saint-Maurice-Crillat (39) ... 117 H1
Saint-Maurice-
-d'Ardèche (07) ... 157 G3
Saint-Maurice-
-de-Beynost (01) ... 130 B2
Saint-Maurice-
-de-Cazevieille (30) ... 174 A1
Saint-Maurice-
-de-Gourdans (01) ... 130 C2
Saint-Maurice-
-de-Lestapel (47) ... 151 E2
Saint-Maurice-
-de-Lignon (43) ... 143 E2
Saint-Maurice-
-de-Rémens (01) ... 130 D1
Saint-Maurice-
-de-Rotherens (73) ... 131 G4
Saint-Maurice-
-de-Satonnay (71) ... 116 B3
Saint-Maurice-
-de-Tavernole (17) ... 121 G5
Saint-Maurice-
-de-Ventalon (48) ... 156 C5
Saint-Maurice-
-des-Champs (71) ... 116 A1
Saint-Maurice-
-des-Lions (16) ... 123 F1
Saint-Maurice-
-des-Noues (85) ... 107 F1
Saint-Maurice-d'Ételan (76) ... 15 H2
Saint-Maurice-d'Ibie (07) ... 157 G3
Saint-Maurice-du-Désert (61) ... 38 C6
Saint-Maurice-
-en-Chalencon (07) ... 143 G5
Saint-Maurice-
-en-Cotentin (50) ... 12 B4
Saint-Maurice-
-en-Gourgois (42) ... 129 E6
Saint-Maurice-
-en-Quercy (46) ... 153 G1
Saint-Maurice-
-en-Rivière (71) ... 101 H5
Saint-Maurice-
-en-Trièves (38) ... 145 G6
Saint-Maurice-
-en-Valgodemard (05) ... 146 B6
Saint-Maurice-l
a-Clouère (86) ... 109 E3
Saint-Maurice-
-la-Fougereuse (79) ... 93 E3
Saint-Maurice-
-la-Souterraine (23) ... 110 D5
Saint-Maurice-le-Girard (85) ... 92 C6
Saint-Maurice-le-Vieil (89) ... 83 E2
Saint-Maurice-
-les-Brousses (87) ... 124 B3
Saint-Maurice-
-lès-Charencey (61) ... 40 B5
Saint-Maurice-
-lès-Châteauneuf (71) ... 115 F5
Saint-Maurice-
-lès-Couches (71) ... 101 F4
Saint-Maurice-l'Exil (38) ... 130 A6
Saint-Maurice-
-Montcouronne (91) ... 42 B6
Saint-Maurice-
-Navacelles (34) ... 172 D3
Saint-Maurice-
-près-Crocq (23) ... 126 A2
Saint-Maurice-
-près-Pionsat (63) ... 112 D6
Saint-Maurice-
-Saint-Germain (28) ... 61 G1
Saint-Maurice-
-sous-les-Côtes (55) ... 47 H2
Saint-Maurice-
-sur-Adour (40) ... 166 A3
Saint-Maurice-
-sur-Aveyron (45) ... 82 C1
Saint-Maurice-
-sur-Dargoire (69) ... 129 H5
Saint-Maurice-
-sur-Eygues (26) ... 158 C5
Saint-Maurice-
-sur-Fessard (45) ... 64 A6
Saint-Maurice-
-sur-Huisne (61) ... 61 E2
Saint-Maurice-
-sur-Mortagne (88) ... 70 A2
Saint-Maurice-
-sur-Moselle (88) ... 88 C1
Saint-Maurice-
-sur-Vingeanne (21) ... 86 B4
Saint-Maurice-
-Thizouaille (89) ... 83 E2
Saint-Maurin (47) ... 151 G5
Saint-Max (54) ... 48 D5
Saint-Maxent (80) ... 6 C5
Saint-Maximin (30) ... 174 B2
Saint-Maximin (38) ... 132 A6
Saint-Maximin (60) ... 20 D6
Saint-Maximin-
-la-Sainte-Baume (83) ... 193 E2
Saint-Maxire (79) ... 107 H3
Saint-May (26) ... 159 E3
Saint-Mayeux (22) ... 55 E1
Saint-Méard (87) ... 124 D4
Saint-Méard-de-Drône (24) ... 136 D2
Saint-Méard-
-de-Gurçon (24) ... 136 B5
Saint-Médard (16) ... 121 H5
Saint-Médard (17) ... 121 G6
Saint-Médard (31) ... 184 B4
Saint-Médard (32) ... 167 G6
Saint-Médard (36) ... 95 H3
Saint-Médard (46) ... 152 B3
Saint-Médard (57) ... 49 F4
Saint-Médard (64) ... 165 H5
Saint-Médard (79) ... 108 A4
Saint-Médard-d'Aunis (17) ... 106 D5
Saint-Médard-
-de-Guizières (33) ... 136 A4
Saint-Médard-
-de-Mussidan (24) ... 136 D4
Saint-Médard-
-de-Presque (46) ... 139 E5
Saint-Médard-
-d'Excideuil (24) ... 137 H1
Saint-Médard-d'Eyrans (33) ... 135 F6
Saint-Médard-en-Forez (42) ... 129 F4
Saint-Médard-en-Jalles (33) ... 134 D5
Saint-Médard-
-la-Rochette (23) ... 112 A6
Saint-Médard-Nicourby (46) ... 139 F6
Saint-Médard-sur-Ille (35) ... 57 F1
Saint-Méen (29) ... 31 F3
Saint-Méen-le-Grand (35) ... 56 C2
Saint-Melaine-
-sur-Aubance (49) ... 77 E5
Saint-Mélany (07) ... 157 E3
Saint-Méloir-des-Bois (22) ... 34 B5
Saint-Méloir-des-Ondes (35) ... 35 E3
Saint-Même-le-Tenu (44) ... 91 E1
Saint-Même-
-les-Carrières (16) ... 121 H4
Saint-Memmie (51) ... 45 H3
Saint-Menge (88) ... 69 E3
Saint-Menges (08) ... 24 C1
Saint-Menoux (03) ... 113 G1
Saint-Merd-de-Lapleau (19) ... 139 G2
Saint-Merd-la-Breuille (23) ... 126 A3
Saint-Merd-
-les-Oussines (19) ... 125 G4
Saint-Méry (77) ... 43 G6
Saint-Meslin-du-Bosc (27) ... 18 B6
Saint-Mesmes (77) ... 43 F3
Saint-Mesmin (10) ... 66 A2
Saint-Mesmin (21) ... 85 E6
Saint-Mesmin (24) ... 138 A1
Saint-Mesmin (85) ... 92 C5
Saint-Mexant (19) ... 138 D2
Saint-Mézard (32) ... 167 H1
Saint-M'Hervé (35) ... 58 A4
Saint-M'Hervon (35) ... 56 C1
Saint-Micaud (71) ... 101 E6
Saint-Michel (02) ... 10 B6
Saint-Michel (09) ... 185 G4
Saint-Michel (16) ... 122 B4
Saint-Michel (31) ... 184 D3
Saint-Michel (32) ... 183 H1
Saint-Michel (34) ... 172 C3
Saint-Michel (45) ... 63 G5
Saint-Michel (64) ... 180 D3
Saint-Michel (82) ... 168 C1
Saint-Michel-Chef-Chef (44) ... 73 H5
Saint-Michel-
-d'Aurance (07) ... 143 G5
Saint-Michel-
-de-Bannières (46) ... 138 D4
Saint-Michel-
-de-Boulogne (07) ... 157 G1
Saint-Michel-
-de-Castelnau (33) ... 150 A5
Saint-Michel-
-de-Chabrillanoux (07) ... 143 H6
Saint-Michel-
-de-Chaillol (05) ... 160 C1
Saint-Michel-
-de-Chavaignes (72) ... 60 D5
Saint-Michel-de-Dèze (48) ... 156 D5
Saint-Michel-
-de-Double (24) ... 136 C3
Saint-Michel-de-Feins (53) ... 76 D2
Saint-Michel-
-de-Fronsac (33) ... 135 G4
Saint-Michel-
-de-la-Pierre (50) ... 12 D6
Saint-Michel-de-la-Roë (53) ... 58 A6
Saint-Michel-de-Lanès (11) ... 186 A2
Saint-Michel-
-de-Lapujade (33) ... 150 B2
Saint-Michel-de-Livet (14) ... 15 E6
Saint-Michel-de-Llotes (66) ... 200 D3
Saint-Michel-
-de-Maurienne (73) ... 146 D2
Saint-Michel-
-de-Montaigne (24) ... 136 A5
Saint-Michel-
-de-Montjoie (50) ... 37 G4
Saint-Michel-de-Plélan (22) ... 34 C5
Saint-Michel-
-de-Rieufret (33) ... 149 G1
Saint-Michel-
-de-Saint-Geoirs (38) ... 145 E1
Saint-Michel-de-Vax (81) ... 169 H1
Saint-Michel-de-Veisse (23) ... 125 G1
Saint-Michel-
-de-Villadeix (24) ... 137 F4
Saint-Michel-
-de-Volangis (18) ... 97 H2
Saint-Michel-
-des-Andaines (61) ... 38 C6
Saint-Michel-d'Euzet (30) ... 157 H6
Saint-Michel-
-d'Halescourt (76) ... 19 G3
Saint-Michel-
-en-Beaumont (38) ... 145 H5
Saint-Michel-en-Brenne (36) ... 95 G5
Saint-Michel-en-Grève (22) ... 32 B2
Saint-Michel-en-l'Herm (85) ... 106 C3
Saint-Michel-Escalus (40) ... 164 D2
Saint-Michel-
-et-Chanveaux (49) ... 75 F1
Saint-Michel-Labadié (81) ... 171 E2
Saint-Michel-le-Cloucq (85) ... 107 F2
Saint-Michel-les-Portes (38) ... 145 F5
Saint-Michel-
-l'Observatoire (04) ... 176 C2
Saint-Michel-Loubéjou (46) ... 139 E5
Saint-Michel-
-Mont-Mercure (85) ... 92 C4
Saint-Michel-sous-Bois (62) ... 1 G6
Saint-Michel-sur-Loire (37) ... 78 B6
Saint-Michel-
-sur-Meurthe (88) ... 70 C2
Saint-Michel-sur-Orge (91) ... 42 C6
Saint-Michel-
-sur-Rhône (42) ... 129 H6
Saint-Michel-
-sur-Savasse (26) ... 144 C3
Saint-Michel-sur-Ternoise (62) ... 7 G1
Saint-Michel-Tubœuf (61) ... 40 B4
Saint-Mihiel (55) ... 47 G3
Saint-Mitre-
-les-Remparts (13) ... 191 G4
Saint-Molf (44) ... 73 F3
Saint-Momelin (59) ... 2 B3
Saint-Mont (32) ... 166 C4
Saint-Montan (07) ... 158 A3
Saint-Moré (89) ... 83 H4
Saint-Moreil (23) ... 124 D2
Saint-Morel (08) ... 24 A5
Saint-Morillon (33) ... 149 F1
Saint-Mury-
-Monteymond (38) ... 145 H2
Saint-Myon (63) ... 127 F1
Saint-Nabor (67) ... 71 F1
Saint-Nabord (88) ... 70 A5
Saint-Nabord-sur-Aube (10) ... 66 C1
Saint-Nauphary (82) ... 169 F2
Saint-Nazaire (30) ... 158 A6
Saint-Nazaire (44) ... 73 G4
Saint-Nazaire (66) ... 201 G2
Saint-Nazaire-d'Aude (11) ... 187 H3
Saint-Nazaire-
-de-Ladarez (34) ... 172 A6
Saint-Nazaire-
-de-Pézan (34) ... 173 H5
Saint-Nazaire-
-de-Valentane (82) ... 151 H5
Saint-Nazaire-
-des-Gardies (30) ... 173 G2
Saint-Nazaire-
-en-Royans (26) ... 144 D3
Saint-Nazaire-le-Désert (26) ... 159 E2
Saint-Nazaire-
-les-Eymes (38) ... 145 H2
Saint-Nazaire-
-sur-Charente (17) ... 120 C1
Saint-Nectaire (63) ... 127 E5
Saint-Nexans (24) ... 137 E6
Saint-Nic (29) ... 31 F6
Saint-Nicodème (22) ... 32 D6
Saint-Nicolas (62) ... 8 B2
Saint-Nicolas-aux-Bois (02) ... 22 B3
Saint-Nicolas-
-d'Aliermont (76) ... 17 H2
Saint-Nicolas-d'Attez (27) ... 40 C4
Saint-Nicolas-
-de-Bliquetuit (76) ... 17 E5
Saint-Nicolas-
-de-Bourgueil (37) ... 78 A6
Saint-Nicolas-
-de-la-Balerme (47) ... 151 G6
Saint-Nicolas-
-de-la-Grave (82) ... 168 C1
Saint-Nicolas-de-la-Haie (76) ... 15 H1
Saint-Nicolas-
-de-la-Taille (76) ... 15 G2
Saint-Nicolas-
-de-Macherin (38) ... 131 F6
Saint-Nicolas-
-de-Pierrepont (50) ... 12 C4
Saint-Nicolas-de-Port (54) ... 48 D5
Saint-Nicolas-de-Redon (44) ... 74 A1
Saint-Nicolas-
-de-Sommaire (61) ... 40 A4
Saint-Nicolas-
-des-Biefs (03) ... 114 C6
Saint-Nicolas-des-Bois (50) ... 37 F4
Saint-Nicolas-des-Bois (61) ... 59 H1
Saint-Nicolas-
-des-Laitiers (61) ... 39 H4
Saint-Nicolas-
-des-Motets (37) ... 79 F4
Saint-Nicolas-du-Bosc (27) ... 18 B6
Saint-Nicolas-du-Pélem (22) ... 33 E6
Saint-Nicolas-du-Tertre (56) ... 56 B5
Saint-Nicolas-
-la-Chapelle (10) ... 65 F1
Saint-Nicolas-
-la-Chapelle (73) ... 132 D2
Saint-Nicolas-
-lès-Cîteaux (21) ... 101 H2
Saint-Nizier-
-d'Azergues (69) ... 115 H6
Saint-Nizier-de-Fornas (42) ... 128 D6
Saint-Nizier-
-du-Moucherotte (38) ... 145 F2
Saint-Nizier-
-le-Bouchoux (01) ... 116 D2
Saint-Nizier-le-Désert (01) ... 116 D6
Saint-Nizier-
-sous-Charlieu (42) ... 115 E5
Saint-Nizier-sur-Arroux (71) ... 100 C5
Saint-Nolff (56) ... 55 G6
Saint-Nom-la-Bretèche (78) ... 42 B4
Saint-Offenge (73) ... 132 A3
Saint-Omer (14) ... 38 C3
Saint-Omer (62) ... 2 B4
Saint-Omer-Capelle (62) ... 2 A2
Saint-Omer-
-en-Chaussée (60) ... 20 A3
Saint-Ondras (38) ... 131 F5
Saint-Onen-la-Chapelle (35) ... 56 C2
Saint-Oradoux-
-de-Chirouze (23) ... 126 A3
Saint-Oradoux-
-près-Crocq (23) ... 126 A2
Saint-Orens (32) ... 168 B4
Saint-Orens-
-de-Gameville (31) ... 169 F6
Saint-Orens-
-Pouy-Petit (32) ... 167 G2
Saint-Ost (32) ... 183 H1
Saint-Ouen (41) ... 79 G2
Saint-Ouen (80) ... 7 F5
Saint-Ouen (93) ... 42 D3
Saint-Ouen-d'Attez (27) ... 40 C4
Saint-Ouen-d'Aunis (17) ... 106 D4
Saint-Ouen-de-la-Cour (61) ... 60 D2
Saint-Ouen-de-Mimbré (72) ... 60 A3
Saint-Ouen-
-de-Pontcheuil (27) ... 18 C6
Saint-Ouen-
-de-Sécherouvre (61) ... 39 H6
Saint-Ouen-
-de-Thouberville (27) ... 18 B5
Saint-Ouen-des-Alleux (35) ... 57 G1
Saint-Ouen-
-des-Besaces (14) ... 37 H2
Saint-Ouen-
-des-Champs (27) ... 15 H3
Saint-Ouën-des-Toits (53) ... 58 C4
Saint-Ouën-des-Vallons (53) ... 59 E4
Saint-Ouen-Domprot (51) ... 45 H6
Saint-Ouen-du-Breuil (76) ... 17 G4
Saint-Ouen-
-du-Mesnil-Oger (14) ... 39 E1
Saint-Ouen-du-Tilleul (27) ... 18 B5
Saint-Ouen-en-Belin (72) ... 78 B1
Saint-Ouen-en-Brie (77) ... 64 C1
Saint-Ouen-
-en-Champagne (72) ... 59 G6
Saint-Ouen-la-Rouërie (35) ... 35 G5
Saint-Ouen-la-Thène (17) ... 121 H2
Saint-Ouen-l'Aumône (95) ... 42 B2
Saint-Ouen-le-Brisoult (61) ... 59 F1
Saint-Ouen-le-Houx (14) ... 39 F2
Saint-Ouen-le-Mauger (76) ... 17 F3
Saint-Ouen-le-Pin (14) ... 15 E5
Saint-Ouen-lès-Parey (88) ... 68 D4
Saint-Ouen-les-Vignes (37) ... 79 F5
Saint-Ouen-Marchefroy (28) ... 41 G4
Saint-Ouen-sous-Bailly (76) ... 6 A6
Saint-Ouen-
-sur-Gartempe (87) ... 110 B5
Saint-Ouen-sur-Iton (61) ... 40 B5
Saint-Ouen-sur-Loire (58) ... 99 E4
Saint-Ouen-sur-Maire (61) ... 38 D5
Saint-Ouen-sur-Morin (77) ... 44 A3
Saint-Oulph (10) ... 65 H1
Saint-Ours (63) ... 126 D2
Saint-Ours (73) ... 132 A3
Saint-Outrille (18) ... 96 D2
Saint-Ovin (50) ... 37 E5
Saint-Oyen (73) ... 132 D5
Saint-Pabu (29) ... 30 D3
Saint-Paër (76) ... 17 F5
Saint-Pair (14) ... 14 C5
Saint-Pair-sur-Mer (50) ... 35 G2
Saint-Pal-de-Chalencon (43) ... 142 C1
Saint-Pal-de-Mons (43) ... 143 E2
Saint-Pal-de-Senouire (43) ... 142 A2
Saint-Palais (03) ... 112 B3
Saint-Palais (18) ... 97 H1
Saint-Palais (33) ... 135 E1
Saint-Palais (64) ... 181 F1
Saint-Palais-
-de-Négrignac (17) ... 135 H1
Saint-Palais-de-Phiolin (17) ... 121 E5
Saint-Palais-du-Né (16) ... 121 G5
Saint-Palais-sur-Mer (17) ... 120 B3
Saint-Pancrace (24) ... 123 F6
Saint-Pancrace (73) ... 146 C1
Saint-Pancrasse (38) ... 145 H1
Saint-Pancré (54) ... 25 G3
Saint-Pandelon (40) ... 165 E4
Saint-Pantaléon (46) ... 152 B4
Saint-Pantaléon (84) ... 175 G3
Saint-Pantaléon-
-de-Lapleau (19) ... 139 H1
Saint-Pantaléon-
-de-Larche (19) ... 138 C3
Saint-Pantaléon-
-les-Vignes (26) ... 158 C4
Saint-Pantaly-d'Ans (24) ... 137 H2
Saint-Pantaly-
-d'Excideuil (24) ... 137 H1
Saint-Papoul (11) ... 186 C2
Saint-Pardon-
-de-Conques (33) ... 149 H2
Saint-Pardoult (17) ... 107 H6
Saint-Pardoux (63) ... 113 F6
Saint-Pardoux (79) ... 108 A1
Saint-Pardoux (87) ... 110 C6
Saint-Pardoux-Corbier (19) ... 124 C6
Saint-Pardoux-d'Arnet (23) ... 126 A2
Saint-Pardoux-
-de-Drône (24) ... 136 D2
Saint-Pardoux-
-du-Breuil (47) ... 150 C3
Saint-Pardoux-
-et-Vielvic (24) ... 137 H6
Saint-Pardoux-Isaac (47) ... 150 D2
Saint-Pardoux-
-la-Croisille (19) ... 139 F2
Saint-Pardoux-
-la-Rivière (24) ... 123 F5
Saint-Pardoux-le-Neuf (19) ... 126 A4
Saint-Pardoux-le-Neuf (23) ... 125 H2
Saint-Pardoux-le-Vieux (19) ... 125 H4
Saint-Pardoux-
-les-Cards (23) ... 111 H6
Saint-Pardoux-l'Ortigier (19) ... 138 D1
Saint-Pardoux-
-Morterolles (23) ... 125 E2
Saint-Pargoire (34) ... 172 D6
Saint-Parize-en-Viry (58) ... 99 F6
Saint-Parize-le-Châtel (58) ... 99 E5
Saint-Parres-aux-Tertres (10) ... 66 B3
Saint-Parres-lès-Vaudes (10) ... 66 C4
Saint-Parthem (12) ... 154 A2
Saint-Pastour (47) ... 151 F3
Saint-Pastous (65) ... 182 D5
Saint-Paterne (72) ... 60 A2
Saint-Paterne-Racan (37) ... 78 C3
Saint-Pathus (77) ... 43 F2
Saint-Patrice (37) ... 78 B6
Saint-Patrice-de-Claids (50) ... 12 D5
Saint-Patrice-du-Désert (61) ... 38 C6
Saint-Paul (19) ... 139 F2
Saint-Paul (33) ... 135 E2
Saint-Paul (60) ... 20 A4
Saint-Paul (61) ... 38 A4
Saint-Paul (65) ... 183 H4
Saint-Paul (73) ... 131 G4
Saint-Paul (87) ... 124 C3
Saint-Paul (88) ... 69 E2
Saint-Paul-aux-Bois (02) ... 21 H3
Saint-Paul-
-Cap-de-Joux (81) ... 170 B5
Saint-Paul-de-Baïse (32) ... 167 G4
Saint-Paul-
-de-Fenouillet (66) ... 200 C1
Saint-Paul-de-Fourques (27) ... 18 B6
Saint-Paul-de-Jarrat (09) ... 185 H6
Saint-Paul-
-de-Loubressac (46) ... 152 C5
Saint-Paul-de-Salers (15) ... 140 B3
Saint-Paul-de-Serre (24) ... 137 E3
Saint-Paul-de-Tartas (43) ... 142 C6
Saint-Paul-de-Varax (01) ... 116 D6
Saint-Paul-de-Varces (38) ... 145 F3
Saint-Paul-de-Vence (06) ... 195 E3
Saint-Paul-de-Vern (46) ... 139 F6
Saint-Paul-de-Vézelin (42) ... 128 D2
Saint-Paul-des-Landes (15) ... 139 H5
Saint-Paul-d'Espis (82) ... 151 H6
Saint-Paul-d'Izeaux (38) ... 145 E1
Saint-Paul-d'Oueil (31) ... 197 F1
Saint-Paul-du-Bois (49) ... 93 E2
Saint-Paul-du-Vernay (14) ... 13 H6
Saint-Paul-d'Uzore (42) ... 128 D4
Saint-Paul-en-Born (40) ... 148 B5
Saint-Paul-en-Chablais (74) ... 119 F3
Saint-Paul-en-Cornillon (42) ... 129 E6
Saint-Paul-en-Forêt (83) ... 178 B5
Saint-Paul-en-Gâtine (79) ... 92 D6
Saint-Paul-en-Jarez (42) ... 129 G5
Saint-Paul-en-Pareds (85) ... 92 B4
Saint-Paul-et-Valmalle (34) ... 173 E5
Saint-Paul-la-Coste (30) ... 156 D6
Saint-Paul-la-Roche (24) ... 123 H5
Saint-Paul-le-Froid (48) ... 142 A6
Saint-Paul-le-Gaultier (72) ... 59 G3
Saint-Paul-le-Jeune (07) ... 157 E4
Saint-Paul-lès-Dax (40) ... 165 E4
Saint-Paul-lès-Durance (13) ... 176 C4
Saint-Paul-les-Fonts (30) ... 174 C1
Saint-Paul-
-lès-Monestier (38) ... 145 F5
Saint-Paul-lès-Romans (26) ... 144 C3
Saint-Paul-Lizonne (24) ... 136 C1
Saint-Paul-Mont-Penit (85) ... 91 E3
Saint-Paul-sur-Isère (73) ... 132 D4
Saint-Paul-sur-Save (31) ... 168 D4
Saint-Paul-sur-Ubaye (04) ... 161 G2
Saint-Paul-
-Trois-Châteaux (26) ... 158 B4
Saint-Paulet (11) ... 186 B1
Saint-Paulet-
-de-Caisson (30) ... 157 H5
Saint-Paulien (43) ... 142 B3
Saint-Pavace (72) ... 60 A5
Saint-Pé-d'Ardet (31) ... 184 A5
Saint-Pé-de-Bigorre (65) ... 182 D4
Saint-Pé-de-Léren (64) ... 165 E6
Saint-Pé-Delbosc (31) ... 184 B2
Saint-Pé-Saint-Simon (47) ... 167 E1
Saint-Pée-sur-Nivelle (64) ... 180 B1
Saint-Pellerin (28) ... 61 G5
Saint-Pellerin (50) ... 13 E5
Saint-Péran (35) ... 56 C3
Saint-Péravy-
-la-Colombe (45) ... 62 C6
Saint-Péray (07) ... 144 A5
Saint-Perdon (40) ... 165 H2
Saint-Perdoux (24) ... 137 E6
Saint-Perdoux (46) ... 153 G1
Saint-Père (35) ... 36 A5
Saint-Père (58) ... 82 C5
Saint-Père (89) ... 83 H5
Saint-Père-en-Retz (44) ... 73 H5
Saint-Père-sur-Loire (45) ... 81 G2
Saint-Péreuse (58) ... 99 H3
Saint-Pern (35) ... 56 D1
Saint-Perreux (56) ... 73 H1
Saint-Péver (22) ... 33 E4
Saint-Pey-d'Armens (33) ... 135 H5
Saint-Pey-de-Castets (33) ... 136 A6
Saint-Phal (10) ... 66 A5
Saint-Philbert-
-de-Bouaine (85) ... 91 F1
Saint-Philbert-
-de-Grand-Lieu (44) ... 91 F1
Saint-Philbert-
-des-Champs (14) ... 15 F4
Saint-Philbert-du-Peuple (49) ... 77 H5
Saint-Philbert-
-en-Mauges (49) ... 75 G6
Saint-Philbert-
-sur-Boissey (27) ... 18 B6
Saint-Philbert-sur-Orne (61) ... 38 C3
Saint-Philbert-sur-Risle (27) ... 18 A5
Saint-Philibert (21) ... 101 H1
Saint-Philibert (56) ... 72 C1
Saint-Philippe-
-d'Aiguille (33) ... 136 A5
Saint-Philippe-
-du-Seignal (33) ... 136 C5
Saint-Piat (28) ... 62 B1
Saint-Pierre (04) ... 178 C2
Saint-Pierre (15) ... 140 A1
Saint-Pierre (31) ... 169 G5
Saint-Pierre (39) ... 118 A1
Saint-Pierre (51) ... 45 G3
Saint-Pierre (67) ... 71 G2
Saint-Pierre-á-Arnes (08) ... 23 H5
Saint-Pierre-Aigle (02) ... 21 H5
Saint-Pierre-Avez (05) ... 159 H5
Saint-Pierre-Azif (14) ... 15 E3
Saint-Pierre-Bellevue (23) ... 125 F2
Saint-Pierre-Bénouville (76) ... 17 F3
Saint-Pierre-Bois (67) ... 71 F2
Saint-Pierre-Brouck (59) ... 2 A2
Saint-Pierre-Canivet (14) ... 38 D3
Saint-Pierre-Chérignat (23) ... 124 D1
Saint-Pierre-Colamine (63) ... 127 E5
Saint-Pierre-d'Albigny (73) ... 132 B4
Saint-Pierre-d'Allevard (38) ... 132 A6
Saint-Pierre-d'Alvey (73) ... 131 G4
Saint-Pierre-d'Amilly (17) ... 107 F5
Saint-Pierre-
-d'Argençon (05) ... 159 H3
Saint-Pierre-d'Arthéglise (50) ... 12 B4
Saint-Pierre-d'Aubézies (32) ... 167 E5
Saint-Pierre-d'Aurillac (33) ... 149 H2
Saint-Pierre-d'Autils (27) ... 41 F1
Saint-Pierre-de-Bailleul (27) ... 41 F1
Saint-Pierre-de-Bat (33) ... 149 H1
Saint-Pierre-
-de-Belleville (73) ... 132 C5
Saint-Pierre-de-Bœuf (42) ... 130 A6
Saint-Pierre-
-de-Bressieux (38) ... 144 D1
Saint-Pierre-de-Buzet (47) ... 150 C5
Saint-Pierre-
-de-Cernières (27) ... 39 H3
Saint-Pierre-
-de-Chandieu (69) ... 130 B4
Saint-Pierre-
-de-Chartreuse (38) ... 145 G1
Saint-Pierre-
-de-Chérennes (38) ... 145 E3
Saint-Pierre-de-Chevillé (72) ... 78 C3
Saint-Pierre-
-de-Chignac (24) ... 137 G3
Saint-Pierre-de-Clairac (47) ... 151 G6
Saint-Pierre-de-Côle (24) ... 137 F1
Saint-Pierre-
-de-Colombier (07) ... 157 F1
Saint-Pierre-
-de-Cormeilles (27) ... 15 G4
Saint-Pierre-
-de-Coutances (50) ... 36 D1
Saint-Pierre-de-Curtille (73) ... 131 G3
Saint-Pierre-de-Frugie (24) ... 123 H5
Saint-Pierre-de-Fursac (23) ... 111 E5
Saint-Pierre-
-de-Genebroz (73) ... 131 G6
Saint-Pierre-de-Jards (36) ... 97 E2
Saint-Pierre-de-Juillers (17) ... 121 G1
Saint-Pierre-de-la-Fage (34) ... 172 C4
Saint-Pierre-de-Lages (31) ... 169 G6
Saint-Pierre-de-Lamps (36) ... 96 B4
Saint-Pierre-de-l'Isle (17) ... 107 H6
Saint-Pierre-de-Maillé (86) ... 95 E6
Saint-Pierre-de-Mailloc (14) ... 15 F6
Saint-Pierre-
-de-Manneville (76) ... 18 B4
Saint-Pierre-de-Méaroz (38) ... 145 H5
Saint-Pierre-de-Mésage (38) ... 145 G3
Saint-Pierre-
-de-Mézoargues (13) ... 174 D3
Saint-Pierre-de-Mons (33) ... 149 H2
Saint-Pierre-de-Nogaret (48) ... 155 G3
Saint-Pierre-
-de-Plesguen (35) ... 34 D5
Saint-Pierre-de-Rivière (09) ... 185 G5
Saint-Pierre-de-Salerne (27) ... 18 A6
Saint-Pierre-de-Semilly (50) ... 37 G1
Saint-Pierre-de-Soucy (73) ... 132 B5
Saint-Pierre-de-Trivisy (81) ... 171 E4
Saint-Pierre-
-de-Varengeville (76) ... 17 F5
Saint-Pierre-
-de-Varennes (71) ... 101 E5
Saint-Pierre-de-Vassols (84) ... 175 G1
Saint-Pierre-
-dels-Forcats (66) ... 200 A4
Saint-Pierre-
-d'Entremont (38) ... 131 H6
Saint-Pierre-d'Entremont (61) ... 38 A4
Saint-Pierre-
-d'Entremont (73) ... 131 H6
Saint-Pierre-des-Bois (72) ... 59 G6
Saint-Pierre-
-des-Champs (11) ... 187 F5
Saint-Pierre-des-Corps (37) ... 79 E5
Saint-Pierre-
-des-Échaubrognes (79) ... 92 D3
Saint-Pierre-des-Fleurs (27) ... 18 C6
Saint-Pierre-des-Ifs (14) ... 15 E5
Saint-Pierre-des-Ifs (27) ... 15 H4
Saint-Pierre-
-des-Jonquières (76) ... 6 B6
Saint-Pierre-des-Landes (53) ... 58 B3
Saint-Pierre-des-Loges (61) ... 39 H4
Saint-Pierre-des-Nids (53) ... 59 H2
Saint-Pierre-des-Ormes (72) ... 60 C3
Saint-Pierre-
-des-Tripiers (48) ... 155 G5
Saint-Pierre-d'Exideuil (86) ... 108 D5
Saint-Pierre-d'Eyraud (24) ... 136 C5
Saint-Pierre-d'Irube (64) ... 164 B6
Saint-Pierre-d'Oléron (17) ... 120 A1
Saint-Pierre-
-du-Bosguérard (27) ... 18 B6
Saint-Pierre-du-Bû (14) ... 38 D3
Saint-Pierre-du-Champ (43) ... 142 C2
Saint-Pierre-du-Chemin (85) ... 92 D6
Saint-Pierre-du-Fresne (14) ... 38 A2
Saint-Pierre-du-Jonquet (14) ... 14 D5
Saint-Pierre-du-Lorouër (72) ... 78 C2
Saint-Pierre-du-Mesnil (27) ... 40 A3
Saint-Pierre-du-Mont (14) ... 13 G4
Saint-Pierre-du-Mont (40) ... 166 A2
Saint-Pierre-du-Mont (58) ... 83 F6
Saint-Pierre-du-Palais (17) ... 135 H2
Saint-Pierre-du-Perray (91) ... 43 E6
Saint-Pierre-du-Regard (61) ... 38 B3
Saint-Pierre-du-Val (27) ... 16 C6
Saint-Pierre-du-Vauvray (27) ... 18 D6
Saint-Pierre-Église (50) ... 12 D1
Saint-Pierre-
-en-Faucigny (74) ... 118 D6
Saint-Pierre-en-Port (76) ... 16 D3
Saint-Pierre-en-Val (76) ... 6 B5
Saint-Pierre-en-Vaux (21) ... 101 E3
Saint-Pierre-es-Champs (60) ... 19 G4
Saint-Pierre-Eynac (43) ... 142 D4
Saint-Pierre-
-la-Bourlhonne (63) ... 128 B4
Saint-Pierre-la-Bruyère (61) ... 61 E2
Saint-Pierre-la-Cour (53) ... 58 B4
Saint-Pierre-la-Garenne (27) ... 41 F1
Saint-Pierre-la-Noaille (42) ... 115 E5
Saint-Pierre-la-Palud (69) ... 129 G3
Saint-Pierre-la-Rivière (61) ... 39 F4
Saint-Pierre-la-Roche (07) ... 158 A2
Saint-Pierre-la-Vieille (14) ... 38 B3
Saint-Pierre-Lafeuille (46) ... 152 C3
Saint-Pierre-Langers (50) ... 35 G2
Saint-Pierre-Laval (03) ... 114 C5
Saint-Pierre-Lavis (76) ... 18 A2
Saint-Pierre-le-Bost (23) ... 112 A3
Saint-Pierre-le-Chastel (63) ... 126 D3
Saint-Pierre-le-Moûtier (58) ... 98 D5
Saint-Pierre-le-Vieux (48) ... 141 G6
Saint-Pierre-le-Vieux (71) ... 115 H4
Saint-Pierre-le-Vieux (76) ... 17 F2
Saint-Pierre-le-Vieux (85) ... 107 F3
Saint-Pierre-le-Viger (76) ... 17 F3
Saint-Pierre-lès-Bitry (60) ... 21 G4
Saint-Pierre-les-Bois (18) ... 97 G6
Saint-Pierre-lès-Elbeuf (76) ... 18 C6
Saint-Pierre-les-Étieux (18) ... 98 A6
Saint-Pierre-
-lès-Franqueville (02) ... 22 D1
Saint-Pierre-
-lès-Nemours (77) ... 64 A3
Saint-Pierre-Montlimart (49) ... 75 G5
Saint-Pierre-Quiberon (56) ... 72 B2
Saint-Pierre-Roche (63) ... 126 D3
Saint-Pierre-Saint-Jean (07) ... 157 E3
Saint-Pierre-sur-Dives (14) ... 39 E2
Saint-Pierre-sur-Doux (07) ... 143 G3
Saint-Pierre-sur-Dropt (47) ... 150 C1
Saint-Pierre-sur-Erve (53) ... 59 F5
Saint-Pierre-sur-Orthe (53) ... 59 G3
Saint-Pierre-sur-Vence (08) ... 24 A2
Saint-Pierre-Tarentaine (14) ... 37 H2
Saint-Pierre-Toirac (46) ... 153 G3
Saint-Pierremont (02) ... 22 D2
Saint-Pierremont (08) ... 24 C4
Saint-Pierremont (88) ... 70 A1
Saint-Pierreville (07) ... 143 G6
Saint-Pierrevillers (55) ... 25 G4
Saint-Plaisir (03) ... 113 F1
Saint-Plancard (31) ... 184 A3
Saint-Planchers (50) ... 35 G2
Saint-Plantaire (36) ... 111 F2
Saint-Point (71) ... 116 A3
Saint-Point-Lac (25) ... 103 H5
Saint-Pois (50) ... 37 G4
Saint-Poix (53) ... 58 B5
Saint-Pol-de-Léon (29) ... 31 H2
Saint-Pol-sur-Ternoise (62) ... 7 G1
Saint-Polgues (42) ... 128 C2
Saint-Polycarpe (11) ... 186 D5
Saint-Pompain (79) ... 107 G2
Saint-Pompont (24) ... 152 A1
Saint-Poncy (15) ... 141 F3
Saint-Pons (04) ... 161 F3
Saint-Pons (07) ... 157 H2
Saint-Pons-
-de-Mauchiens (34) ... 172 D6
Saint-Pons-
-de-Thomières (34) ... 187 G1
Saint-Pons-la-Calm (30) ... 174 C1
Saint-Pont (03) ... 113 H5
Saint-Porchaire (17) ... 120 D2
Saint-Porquier (82) ... 168 D2
Saint-Pôtan (22) ... 34 B4
Saint-Pouange (10) ... 66 B4
Saint-Pourçain-
-sur-Besbre (03) ... 114 B2
Saint-Pourçain-
-sur-Sioule (03) ... 113 H4
Saint-Prancher (88) ... 69 E2
Saint-Préjet-Armandon (43) ... 142 A2
Saint-Préjet-d'Allier (43) ... 142 A5
Saint-Prest (28) ... 62 B1
Saint-Preuil (16) ... 121 H4
Saint-Priest (07) ... 157 H1
Saint-Priest (23) ... 112 B6
Saint-Priest (69) ... 130 B3
Saint-Priest-Bramefant (63) ... 127 H1
Saint-Priest-d'Andelot (03) ... 113 G6
Saint-Priest-de-Gimel (19) ... 139 F1
Saint-Priest-
-des-Champs (63) ... 126 D1
Saint-Priest-en-Jarez (42) ... 129 F6
Saint-Priest-en-Murat (03) ... 113 F3
Saint-Priest-la-Feuille (23) ... 111 E5
Saint-Priest-la-Marche (18) ... 112 A3
Saint-Priest-la-Plaine (23) ... 111 E5
Saint-Priest-la-Prugne (42) ... 128 B1
Saint-Priest-la-Roche (42) ... 128 D2
Saint-Priest-la-Vêtre (42) ... 128 B3
Saint-Priest-
-les-Fougères (24) ... 123 H5
Saint-Priest-Ligoure (87) ... 124 B4
Saint-Priest-Palus (23) ... 124 D2
Saint-Priest-sous-Aixe (87) ... 124 A2
Saint-Priest-Taurion (87) ... 124 C2
Saint-Prim (38) ... 130 A6
Saint-Privat (07) ... 157 G2
Saint-Privat (19) ... 139 G3
Saint-Privat (34) ... 172 C4
Saint-Privat-d'Allier (43) ... 142 B4
Saint-Privat-
-de-Champclos (30) ... 157 G5
Saint-Privat-
-de-Vallongue (48) ... 156 C5
Saint-Privat-des-Prés (24) ... 136 C2
Saint-Privat-des-Vieux (30) ... 157 E6
Saint-Privat-du-Dragon (43) ... 141 H2
Saint-Privat-du-Fau (48) ... 141 G5
Saint-Privat-
-la-Montagne (57) ... 26 B5
Saint-Privé (71) ... 101 E6
Saint-Privé (89) ... 82 C3
Saint-Prix (03) ... 114 B5
Saint-Prix (07) ... 143 G5
Saint-Prix (71) ... 100 B4
Saint-Prix (95) ... 42 C2
Saint-Prix-lès-Arnay (21) ... 101 E2
Saint-Projet (46) ... 152 D1
Saint-Projet (82) ... 153 F5
Saint-Projet-de-Salers (15) ... 140 B3
Saint-Projet-
-Saint-Constant (16) ... 122 D3
Saint-Prouant (85) ... 92 B5
Saint-Pryvé-
-Saint-Mesmin (45) ... 80 D1
Saint-Puy (32) ... 167 G3
Saint-Python (59) ... 9 F3
Saint-Quantin-
-de-Rançanne (17) ... 121 E5
Saint-Quay-Perros (22) ... 32 C1
Saint-Quay-Portrieux (22) ... 33 G3
Saint-Quentin (02) ... 9 E6
Saint-Quentin-au-Bosc (76) ... 6 A5
Saint-Quentin-
-de-Baron (33) ... 135 G5
Saint-Quentin-
-de-Blavou (61) ... 60 C1
Saint-Quentin-
-de-Caplong (33) ... 136 B6
Saint-Quentin-
-de-Chalais (16) ... 136 B2
Saint-Quentin-des-Isles (27) ... 15 H6
Saint-Quentin-des-Prés (60) ... 19 G3
Saint-Quentin-du-Dropt (47) ... 151 F1
Saint-Quentin-
-en-Mauges (49) ... 75 H4
Saint-Quentin-
-en-Tourmont (80) ... 6 C2
Saint-Quentin-Fallavier (38) ... 130 C4
Saint-Quentin-
-la-Chabanne (23) ... 125 G2
Saint-Quentin-la-Motte-
-Croix-au-Bailly (80) ... 6 B4
Saint-Quentin-
-la-Poterie (30) ... 174 B1
Saint-Quentin-la-Tour (09) ... 186 B5
Saint-Quentin-le-Petit (08) ... 23 E3
Saint-Quentin-le-Verger (51) ... 44 D6
Saint-Quentin-les-Anges (53) ... 76 C2
Saint-Quentin-
-lès-Beaurepaire (49) ... 77 G3
Saint-Quentin-
-les-Chardonnets (61) ... 38 A4
Saint-Quentin-
-les-Marais (51) ... 46 B4
Saint-Quentin-
-sur-Charente (16) ... 123 F2
Saint-Quentin-sur-Coole (51) ... 45 H4
Saint-Quentin-
-sur-Indrois (37) ... 95 G1
Saint-Quentin-sur-Isère (38) ... 145 F1
Saint-Quentin-
-sur-le-Homme (50) ... 35 H4
Saint-Quentin-
-sur-Nohain (58) ... 82 C6
Saint-Quentin-
-sur-Sauxillanges (63) ... 127 G5
Saint-Quintin-
-sur-Sioule (63) ... 113 G6
Saint-Quirc (09) ... 185 G2
Saint-Quirin (57) ... 50 A5
Saint-Rabier (24) ... 138 A3
Saint-Racho (71) ... 115 G4
Saint-Rambert-d'Albon (26) ... 144 A1
Saint-Rambert-
-en-Bugey (01) ... 131 E1
Saint-Raphaël (24) ... 137 H1
Saint-Raphaël (83) ... 194 C2
Saint-Régis-du-Coin (42) ... 143 F2
Saint-Règle (37) ... 79 G5
Saint-Remèze (07) ... 157 H4
Saint-Remimont (54) ... 69 G1
Saint-Remimont (88) ... 69 E3
Saint-Rémy (01) ... 116 D5
Saint-Rémy (12) ... 153 G4
Saint-Rémy (14) ... 38 B3
Saint-Rémy (19) ... 125 H4
Saint-Rémy (21) ... 84 C3
Saint-Rémy (24) ... 136 B4
Saint-Remy (70) ... 87 F1
Saint-Rémy (71) ... 101 G5
Saint-Rémy (79) ... 107 G3
Saint-Remy (88) ... 70 C2
Saint-Rémy-au-Bois (62) ... 6 D2
Saint-Rémy-aux-Bois (54) ... 69 H2
Saint-Rémy-Blanzy (02) ... 22 A6
Saint-Rémy-Boscrocourt (76) ... 6 B5
Saint-Rémy-Chaussée (59) ... 9 H3
Saint-Rémy-de-Blot (63) ... 113 F6
Saint-Rémy-
-de-Chargnat (63) ... 127 G5
Saint-Rémy-
-de-Chaudes-Aigues (15) ... 141 E6
Saint-Rémy-
-de-Maurienne (73) ... 132 C6
Saint-Rémy-
-de-Provence (13) ... 191 F1
Saint-Rémy-de-Sillé (72) ... 59 H4
Saint-Rémy-des-Landes (50) ... 12 C5
Saint-Rémy-des-Monts (72) ... 60 C3
Saint-Remy-du-Nord (59) ... 10 A3
Saint-Rémy-du-Plain (35) ... 35 F6
Saint-Rémy-du-Val (72) ... 60 B2
Saint-Remy-en-Bouzemont-
-Saint-Genest-et-Isson (51) ... 46 B6
Saint-Remy-en-l'Eau (60) ... 20 D4
Saint-Rémy-en-Mauges (49) ... 75 G5
Saint-Rémy-en-Rollat (03) ... 114 A5
Saint-Remy-la-Calonne (55) ... 47 H2
Saint-Rémy-la-Vanne (77) ... 44 A4
Saint-Rémy-la-Varenne (49) ... 77 F5
Saint-Remy-le-Petit (08) ... 23 F4
Saint-Rémy-
-lès-Chevreuse (78) ... 42 B5
Saint-Rémy-l'Honoré (78) ... 42 A5
Saint-Remy-
-sous-Barbuise (10) ... 66 B1
Saint-Remy-
-sous-Broyes (51) ... 44 D5
Saint-Rémy-sur-Avre (28) ... 41 E4
Saint-Remy-sur-Bussy (51) ... 46 B2
Saint-Rémy-sur-Creuse (86) ... 95 E4
Saint-Rémy-
-sur-Durolle (63) ... 128 A2
Saint-Renan (29) ... 30 D4
Saint-Restitut (26) ... 158 B4
Saint-Révérend (85) ... 90 D4
Saint-Révérien (58) ... 99 F1
Saint-Rieul (22) ... 34 A5
Saint-Rimay (41) ... 79 F2
Saint-Riquier (80) ... 7 E4
Saint-Riquier-en-Rivière (76) ... 6 B6
Saint-Riquier-ès-Plains (76) ... 17 E2
Saint-Rirand (42) ... 114 D6
Saint-Rivoal (29) ... 31 G5
Saint-Robert (19) ... 138 B2
Saint-Robert (47) ... 151 G5
Saint-Roch (37) ... 78 D5

Saint-Roch-sur-Égrenne (61)...38 A6
Saint-Rogatien (17)...106 D5
Saint-Romain (16)...136 B1
Saint-Romain (21)...101 F3
Saint-Romain (63)...128 C5
Saint-Romain (86)...109 E4
Saint-Romain-
-au-Mont-d'Or (69)...130 A2
Saint-Romain-d'Ay (07)...143 H3
Saint-Romain-
-de-Benet (17)...120 D3
Saint-Romain-
-de-Colbosc (76)...15 G1
Saint-Romain-
-de-Jalionas (38)...130 D3
Saint-Romain-de-Lerps (07)...144 A4
Saint-Romain-
-de-Monpazier (24)...151 G1
Saint-Romain-
-de-Popey (69)...129 G2
Saint-Romain-
-de-Surieu (38)...130 B6
Saint-Romain-d'Urfé (42)...128 B2
Saint-Romain-en-Gal (69)...130 A5
Saint-Romain-en-Gier (69)...129 H5
Saint-Romain-en-Jarez (42)...129 G5
Saint-Romain-
-en-Viennois (84)...158 D5
Saint-Romain-
-et-Saint-Clément (24)...123 G6
Saint-Romain-la-Motte (42)...115 E6
Saint-Romain-la-Virvée (33)...135 F4
Saint-Romain-Lachalm (43)...143 F2
Saint-Romain-le-Noble (47)...151 G6
Saint-Romain-le-Preux (89)...64 D6
Saint-Romain-le-Puy (42)...128 D5
Saint-Romain-
-les-Atheux (42)...143 F1
Saint-Romain-
-sous-Gourdon (71)...115 G1
Saint-Romain-
-sous-Versigny (71)...115 F1
Saint-Romain-sur-Cher (41)...80 A6
Saint-Romain-
-sur-Gironde (17)...120 D5
Saint-Roman (26)...159 F1
Saint-Roman-
-de-Codières (30)...173 F2
Saint-Roman-
-de-Malegarde (84)...158 C5
Saint-Romans (38)...144 D3
Saint-Romans-
-des-Champs (79)...107 H4
Saint-Romans-
-lès-Melle (79)...108 B4
Saint-Rome (31)...185 H1
Saint-Rome-de-Cernon (12)...171 H2
Saint-Rome-de-Dolan (48)...155 G5
Saint-Rome-de-Tarn (12)...171 H1
Saint-Romphaire (50)...37 F1
Saint-Rustice (31)...169 E3
Saint-Saëns (76)...17 H4
Saint-Saire (76)...19 F2
Saint-Salvadou (12)...153 H5
Saint-Salvadour (19)...125 E6
Saint-Salvi-
-de-Carcavès (81)...171 F4
Saint-Salvy (47)...151 E5
Saint-Salvy-
-de-la-Balme (81)...170 D5
Saint-Samson (14)...14 D4
Saint-Samson (53)...59 G1
Saint-Samson-
-de-Bonfossé (50)...37 F1
Saint-Samson-
-de-la-Roque (27)...15 G2
Saint-Samson-la-Poterie (60)...19 G3
Saint-Samson-
-sur-Rance (22)...36 A6
Saint-Sandoux (63)...127 F4
Saint-Santin (12)...153 H2
Saint-Santin-Cantalès (15)...139 H4
Saint-Santin-de-Maurs (15)...153 H2
Saint-Sardos (47)...151 E4
Saint-Sardos (82)...168 D3
Saint-Satur (18)...82 B6
Saint-Saturnin (15)...140 D2
Saint-Saturnin (16)...122 B4
Saint-Saturnin (18)...112 A2
Saint-Saturnin (48)...155 G4
Saint-Saturnin (51)...45 E6
Saint-Saturnin (63)...127 F4
Saint-Saturnin (72)...60 A5
Saint-Saturnin-
-de-Lenne (12)...155 F4
Saint-Saturnin-
-de-Lucian (34)...172 D5
Saint-Saturnin-du-Bois (17)...107 F5
Saint-Saturnin-du-Limet (53)...76 A1
Saint-Saturnin-lès-Apt (84)...175 H2
Saint-Saturnin-
-lès-Avignon (84)...175 E2
Saint-Saturnin-sur-Loire (49)...77 E5
Saint-Saud-
-Lacoussière (24)...123 G5
Saint-Sauflieu (80)...20 C1
Saint-Saulge (58)...99 G2
Saint-Saulve (59)...9 F2
Saint-Saury (15)...139 G5
Saint-Sauvant (17)...121 F3
Saint-Sauvant (86)...108 C3
Saint-Sauves-
-d'Auvergne (63)...126 C4
Saint-Sauveur (05)...161 E2
Saint-Sauveur (21)...86 B6
Saint-Sauveur (24)...137 E5
Saint-Sauveur (29)...31 G4
Saint-Sauveur (31)...169 F4
Saint-Sauveur (33)...134 D2
Saint-Sauveur (38)...144 D3
Saint-Sauveur (54)...49 H6
Saint-Sauveur (60)...21 F5
Saint-Sauveur (70)...87 H1
Saint-Sauveur (80)...7 F5
Saint-Sauveur (86)...94 D5
Saint-Sauveur-
-Camprieu (30)...172 D1
Saint-Sauveur-d'Aunis (17)...107 E4
Saint-Sauveur-
-de-Carrouges (61)...38 D6
Saint-Sauveur-
-de-Cruzières (07)...157 F5
Saint-Sauveur-de-Flée (49)...76 C2
Saint-Sauveur-
-de-Ginestoux (48)...156 B1
Saint-Sauveur-
-de-Landemont (49)...75 E4
Saint-Sauveur-
-de-Meilhan (47)...150 B3
Saint-Sauveur-
-de-Montagut (07)...143 G6
Saint-Sauveur-
-de-Peyre (48)...155 G2
Saint-Sauveur-
-de-Pierrepont (50)...12 C4
Saint-Sauveur-
-de-Puynormand (33)...136 A4
Saint-Sauveur-
-d'Émalleville (76)...15 F1
Saint-Sauveur-
-des-Landes (35)...35 H6
Saint-Sauveur-en-Diois (26)...158 D1
Saint-Sauveur-
-en-Puisaye (89)...82 D3
Saint-Sauveur-en-Rue (42)...143 G2
Saint-Sauveur-
-Gouvernet (26)...159 E4
Saint-Sauveur-
-la-Pommeraye (50)...35 G2
Saint-Sauveur-
-la-Sagne (63)...128 B6
Saint-Sauveur-la-Vallée (46)...152 D2
Saint-Sauveur-Lalande (24)...136 C4
Saint-Sauveur-
-le-Vicomte (50)...12 C4
Saint-Sauveur-Lendelin (50)...12 D6
Saint-Sauveur-lès-Bray (77)...64 D2
Saint-Sauveur-Marville (28)...41 E6
Saint-Sauveur-sur-École (77)...63 H1
Saint-Sauveur-
-sur-Tinée (06)...162 C6
Saint-Sauvier (03)...112 B3
Saint-Sauvy (32)...168 B4
Saint-Savin (33)...135 F2
Saint-Savin (38)...130 D4
Saint-Savin (65)...182 D5
Saint-Savin (86)...109 H1
Saint-Savinien (17)...121 E1
Saint-Saviol (86)...108 D5
Saint-Savournin (13)...192 B3
Saint-Sébastien (23)...111 E3
Saint-Sébastien (38)...145 G5
Saint-Sébastien-
-d'Aigrefeuille (30)...173 G1
Saint-Sébastien-
-de-Morsent (27)...40 D2
Saint-Sébastien-
-de-Raids (50)...12 D6
Saint-Sébastien-
-sur-Loire (44)...74 D5
Saint-Secondin (86)...109 F3
Saint-Ségal (29)...31 G6
Saint-Séglin (35)...56 D5
Saint-Seine (58)...100 A6
Saint-Seine-en-Bâche (21)...102 C2
Saint-Seine-l'Abbaye (21)...85 F5
Saint-Seine-
-sur-Vingeanne (21)...86 B4
Saint-Selve (33)...149 F1
Saint-Senier-de-Beuvron (50)...35 H4
Saint-Senier-
-sous-Avranches (50)...35 H3
Saint-Senoch (37)...95 F3
Saint-Senoux (35)...57 E4
Saint-Sériès (34)...173 H4
Saint-Sernin (07)...157 G2
Saint-Sernin (11)...186 A3
Saint-Sernin (47)...150 C1
Saint-Sernin-du-Bois (71)...101 E5
Saint-Sernin-du-Plain (71)...101 F4
Saint-Sernin-lès-Lavaur (81)...170 B6
Saint-Sernin-sur-Rance (12)...171 F3
Saint-Sérotin (89)...64 D4
Saint-Servais (22)...32 C5
Saint-Servais (29)...31 G4
Saint-Servant (56)...55 H4
Saint-Setiers (19)...125 G4
Saint-Seurin-de-Bourg (33)...135 E3
Saint-Seurin-
-de-Cadourne (33)...134 D1
Saint-Seurin-de-Cursac (33)...135 E2
Saint-Seurin-
-de-Palenne (17)...121 F4
Saint-Seurin-de-Prats (24)...136 B5
Saint-Seurin-sur-l'Isle (33)...136 A4
Saint-Sève (33)...150 B2
Saint-Sever (40)...165 H3
Saint-Sever-Calvados (14)...37 G3
Saint-Sever-de-Rustan (65)...183 F2
Saint-Sever-
-de-Saintonge (17)...121 F3
Saint-Sever-
-du-Moustier (12)...171 F4
Saint-Séverin (16)...136 C1
Saint-Séverin-d'Estissac (24) 136 D3
Saint-Séverin-
-sur-Boutonne (17)...107 H5
Saint-Siffret (30)...174 B2
Saint-Sigismond (45)...62 C6
Saint-Sigismond (49)...76 B4
Saint-Sigismond (74)...119 F5
Saint-Sigismond (85)...107 F3
Saint-Sigismond-
-de-Clermont (17)...121 F5
Saint-Silvain-
-Bas-le-Roc (23)...112 A4
Saint-Silvain-
-Bellegarde (23)...125 H1
Saint-Silvain-Montaigut (23)...111 F5
Saint-Silvain-
-sous-Toulx (23)...112 A4
Saint-Siméon (27)...15 H4
Saint-Siméon (61)...58 D1
Saint-Siméon (77)...44 A4
Saint-Siméon-
-de-Bressieux (38)...144 D1
Saint-Simeux (16)...122 A4
Saint-Simon (02)...21 H1
Saint-Simon (15)...140 B5
Saint-Simon (16)...122 A4
Saint-Simon (46)...153 F1
Saint-Simon-
-de-Bordes (17)...121 F6
Saint-Simon-
-de-Pellouaille (17)...121 E4
Saint-Sixt (74)...118 D6
Saint-Sixte (42)...128 C3
Saint-Sixte (47)...151 G6
Saint-Solve (19)...138 C1
Saint-Sorlin (69)...129 H4
Saint-Sorlin-d'Arves (73)...146 B2
Saint-Sorlin-de-Conac (17)...121 E6
Saint-Sorlin-
-de-Morestel (38)...131 E4
Saint-Sorlin-de-Vienne (38)...130 B6
Saint-Sorlin-en-Bugey (01)...130 D2
Saint-Sorlin-en-Valloire (26)...144 B1
Saint-Sornin (03)...113 F3
Saint-Sornin (16)...122 D3
Saint-Sornin (17)...120 C2
Saint-Sornin-la-Marche (87)...110 A5
Saint-Sornin-Lavolps (19)...138 B1
Saint-Sornin-Leulac (87)...110 C5
Saint-Soulan (32)...168 B6
Saint-Souplet (59)...9 F4
Saint-Souplet-sur-Py (51)...23 H6
Saint-Soupplets (77)...43 F2
Saint-Sozy (46)...138 D5
Saint-Stail (88)...70 D2
Saint-Suliac (35)...36 A5
Saint-Sulpice (01)...116 C4
Saint-Sulpice (46)...153 F2
Saint-Sulpice (49)...77 E5
Saint-Sulpice (53)...58 D6
Saint-Sulpice (58)...99 F3
Saint-Sulpice (60)...20 B5
Saint-Sulpice (63)...126 C4
Saint-Sulpice (70)...88 A3
Saint-Sulpice (73)...131 H4
Saint-Sulpice-
-d'Arnoult (17)...120 D2
Saint-Sulpice-
-de-Cognac (16)...121 G3
Saint-Sulpice-
-de-Faleyrens (33)...135 H5
Saint-Sulpice-
-de-Favières (91)...63 F1
Saint-Sulpice-
-de-Grimbouville (27)...15 G3
Saint-Sulpice-
-de-Guilleragues (33)...150 B1
Saint-Sulpice-
-de-Mareuil (24)...123 E5
Saint-Sulpice-
-de-Pommeray (41)...79 H3
Saint-Sulpice-
-de-Pommiers (33)...150 A1
Saint-Sulpice-
-de-Roumagnac (24)...136 D2
Saint-Sulpice-
-de-Royan (17)...120 C3
Saint-Sulpice-
-de-Ruffec (16)...122 D1
Saint-Sulpice-
-des-Landes (35)...57 F6
Saint-Sulpice-
-des-Landes (44)...75 F2
Saint-Sulpice-
-des-Rivoires (38)...131 F5
Saint-Sulpice-
-d'Excideuil (24)...123 H6
Saint-Sulpice-en-Pareds (85)...92 C6
Saint-Sulpice-
-et-Cameyrac (33)...135 F5
Saint-Sulpice-la-Forêt (35)...57 F2
Saint-Sulpice-la-Pointe (81)...169 G4
Saint-Sulpice-Laurière (87)...110 D6
Saint-Sulpice-
-le-Dunois (23)...111 F4
Saint-Sulpice-
-le-Guérétois (23)...111 F5
Saint-Sulpice-le-Verdon (85)...91 G2
Saint-Sulpice-les-Bois (19)...125 G4
Saint-Sulpice-
-les-Champs (23)...125 G1
Saint-Sulpice-
-les-Feuilles (87)...110 D4
Saint-Sulpice-sur-Lèze (31)...185 F2
Saint-Sulpice-sur-Risle (61)...40 A4
Saint-Supplet (54)...25 H4
Saint-Sylvain (14)...38 D2
Saint-Sylvain (19)...139 F3
Saint-Sylvain (76)...17 E2
Saint-Sylvain-d'Anjou (49)...77 E4
Saint-Sylvestre (07)...144 A4
Saint-Sylvestre (74)...132 A2
Saint-Sylvestre (87)...124 C1
Saint-Sylvestre-Cappel (59)...2 C4
Saint-Sylvestre-
-de-Cormeilles (27)...15 G4
Saint-Sylvestre-
-Pragoulin (63)...114 A6
Saint-Sylvestre-sur-Lot (47)...151 G4
Saint-Symphorien (18)...97 G5
Saint-Symphorien (27)...15 G3
Saint-Symphorien (33)...149 F3
Saint-Symphorien (35)...57 E1
Saint-Symphorien (48)...142 A6
Saint-Symphorien (72)...59 G5
Saint-Symphorien (79)...107 G4
Saint-Symphorien-
-d'Ancelles (71)...116 B5
Saint-Symphorien-
-de-Lay (42)...129 E1
Saint-Symphorien-
-de-Mahun (07)...143 G3
Saint-Symphorien-
-de-Marmagne (71)...100 D5
Saint-Symphorien-
-de-Thénières (12)...154 D1
Saint-Symphorien-
-des-Bois (71)...115 F4
Saint-Symphorien-
-des-Bruyères (61)...40 A4
Saint-Symphorien-
-des-Monts (50)...37 G6
Saint-Symphorien-
-d'Ozon (69)...130 A4
Saint-Symphorien-
-le-Valois (50)...12 C5
Saint-Symphorien-
-sous-Chomérac (07)...158 A1
Saint-Symphorien-
-sur-Coise (69)...129 F4
Saint-Symphorien-
-sur-Couze (87)...110 C6
Saint-Symphorien-
-sur-Saône (21)...102 B2
Saint-Thégonnec (29)...31 H4
Saint-Thélo (22)...55 F1
Saint-Théodorit (30)...173 H2
Saint-Théoffrey (38)...145 G4
Saint-Thibault (10)...66 B4
Saint-Thibault (21)...84 D6
Saint-Thibault (60)...19 H2
Saint-Thibault-
-des-Vignes (77)...43 F4
Saint-Thibaut (02)...22 C5
Saint-Thibéry (34)...188 D1
Saint-Thiébaud (39)...103 F3
Saint-Thiébault (52)...68 C4
Saint-Thierry (51)...23 E5
Saint-Thois (29)...53 H1
Saint-Thomas (02)...22 D4
Saint-Thomas (31)...168 C6
Saint-Thomas-
-de-Conac (17)...121 E6
Saint-Thomas-
-de-Courceriers (53)...59 G3
Saint-Thomas-
-en-Argonne (51)...46 C1
Saint-Thomas-
-en-Royans (26)...144 D4
Saint-Thomas-la-Garde (42)...128 D5
Saint-Thomé (07)...158 A3
Saint-Thonan (29)...31 E4
Saint-Thual (35)...34 D6
Saint-Thurial (35)...56 D3
Saint-Thuriau (56)...55 F3
Saint-Thurien (27)...16 D6
Saint-Thurien (29)...54 B3
Saint-Thurin (42)...128 C3
Saint-Tricat (62)...1 G2
Saint-Trimoël (22)...33 H5
Saint-Trinit (84)...159 F6
Saint-Trivier-
-de-Courtes (01)...116 D2
Saint-Trivier-
-sur-Moignans (01)...116 C6
Saint-Trojan (33)...135 E3
Saint-Trojan-les-Bains (17)...120 B2
Saint-Tropez (83)...194 B4
Saint-Tugdual (56)...54 C2
Saint-Ulphace (72)...61 E4
Saint-Ulrich (68)...89 E3
Saint-Uniac (35)...56 D2
Saint-Urbain (29)...31 F5
Saint-Urbain (85)...90 C2
Saint-Urbain-
-Maconcourt (52)...68 A2
Saint-Urcisse (47)...151 G6
Saint-Urcisse (81)...169 G2
Saint-Urcize (15)...155 F1
Saint-Usage (10)...67 E5
Saint-Usage (21)...102 B1
Saint-Usuge (71)...102 B5
Saint-Utin (51)...66 D1
Saint-Uze (26)...144 A2
Saint-Vaast-
-de-Longmont (60)...21 E5
Saint-Vaast-
-d'Équiqueville (76)...17 H3
Saint-Vaast-Dieppedalle (76)...17 E3
Saint-Vaast-du-Val (76)...17 G4
Saint-Vaast-en-Auge (14)...15 E4
Saint-Vaast-
-en-Cambrésis (59)...9 F3
Saint-Vaast-en-Chaussée (80)...7 F5
Saint-Vaast-la-Hougue (50)...13 E2
Saint-Vaast-lès-Mello (60)...20 C6
Saint-Vaast-sur-Seulles (14)...14 A5
Saint-Vaize (17)...121 E2
Saint-Valbert (70)...87 H1
Saint-Valentin (36)...96 D4
Saint-Valérien (85)...107 E1
Saint-Valérien (89)...64 D4
Saint-Valery (60)...19 G2
Saint-Valery-en-Caux (76)...17 E2
Saint-Valery-sur-Somme (80)...6 C3
Saint-Vallerin (71)...101 F6
Saint-Vallier (16)...136 A1
Saint-Vallier (26)...144 A2
Saint-Vallier (71)...115 G1
Saint-Vallier (88)...69 G3
Saint-Vallier-de-Thiey (06)...178 C4
Saint-Vallier-sur-Marne (52)...86 B1
Saint-Varent (79)...93 G4
Saint-Vaury (23)...111 F5
Saint-Venant (62)...2 C5
Saint-Vénérand (43)...142 B5
Saint-Vérain (58)...82 C5
Saint-Véran (05)...147 G6
Saint-Vérand (38)...144 D2
Saint-Vérand (69)...129 G2
Saint-Vérand (71)...116 A4
Saint-Vert (43)...142 A1
Saint-Viance (19)...138 C2
Saint-Viâtre (41)...80 D4
Saint-Viaud (44)...74 A4
Saint-Victeur (72)...60 A3
Saint-Victor (03)...112 D3
Saint-Victor (07)...143 H3
Saint-Victor (15)...139 H4
Saint-Victor (24)...136 D2
Saint-Victor-de-Buthon (28)...61 F2
Saint-Victor-
-de-Cessieu (38)...131 E5
Saint-Victor-
-de-Chrétienville (27)...15 H6
Saint-Victor-de-Malcap (30)...157 F5
Saint-Victor-
-de-Morestel (38)...131 E3
Saint-Victor-de-Réno (61)...61 E1
Saint-Victor-d'Épine (27)...15 H4
Saint-Victor-des-Oules (30)...174 B1
Saint-Victor-en-Marche (23)...111 F5
Saint-Victor-et-Melvieu (12)...171 G1
Saint-Victor-la-Coste (30)...174 C1
Saint-Victor-la-Rivière (63)...127 E5
Saint-Victor-l'Abbaye (76)...18 D2
Saint-Victor-
-Malescours (43)...143 F2
Saint-Victor-
-Montvianeix (63)...128 A1
Saint-Victor-Rouzaud (09)...185 G4
Saint-Victor-sur-Arlanc (43)...142 B1
Saint-Victor-sur-Avre (27)...40 C5
Saint-Victor-sur-Ouche (21)...101 F1
Saint-Victor-sur-Rhins (42)...129 E1
Saint-Victoret (13)...191 H4
Saint-Victour (19)...126 A6
Saint-Victurnien (87)...123 H2
Saint-Vidal (43)...142 B3
Saint-Vigor (27)...41 E2
Saint-Vigor-
-des-Mézerets (14)...38 A3
Saint-Vigor-des-Monts (50)...37 F3
Saint-Vigor-d'Ymonville (76)...15 G2
Saint-Vigor-le-Grand (14)...13 H5
Saint-Vincent (31)...186 A1
Saint-Vincent (43)...142 C3
Saint-Vincent (63)...127 F5
Saint-Vincent (64)...182 D3
Saint-Vincent-Bragny (71)...115 E2
Saint-Vincent-Cramesnil (76)...15 G2
Saint-Vincent-d'Autéjac (82)...152 C6
Saint-Vincent-
-de-Barbeyrargues (34)...173 F4
Saint-Vincent-
-de-Barrès (07)...158 A1
Saint-Vincent-
-de-Boisset (42)...128 D1
Saint-Vincent-
-de-Connezac (24)...136 D2
Saint-Vincent-
-de-Cosse (24)...138 A5
Saint-Vincent-
-de-Durfort (07)...143 H6
Saint-Vincent-
-de-Lamontjoie (47)...167 H1
Saint-Vincent-
-de-Mercuze (38)...131 H6
Saint-Vincent-de-Paul (33)...135 F4
Saint-Vincent-de-Paul (40)...165 E3
Saint-Vincent-
-de-Pertignas (33)...135 H6
Saint-Vincent-de-Reins (69)...115 G6
Saint-Vincent-
-de-Salers (15)...140 B2
Saint-Vincent-
-de-Tyrosse (40)...164 C4
Saint-Vincent-des-Bois (27)...41 F2
Saint-Vincent-
-des-Landes (44)...74 D1
Saint-Vincent-des-Prés (71)...115 H2
Saint-Vincent-des-Prés (72)...60 C3
Saint-Vincent-
-d'Olargues (34)...171 G6
Saint-Vincent-du-Boulay (27)...15 G5
Saint-Vincent-
-du-Lorouër (72)...78 C1
Saint-Vincent-
-du-Pendit (46)...139 F6
Saint-Vincent-
-en-Bresse (71)...102 A6
Saint-Vincent-
-Jalmoutiers (24)...136 C2
Saint-Vincent-la-Châtre (79)...108 C4
Saint-Vincent-
-la-Commanderie (26)...144 C5
Saint-Vincent-le-Paluel (24)...138 B5
Saint-Vincent-les-Forts (04)...160 D3
Saint-Vincent-
-Lespinasse (82)...151 H6
Saint-Vincent-
-Rive-d'Olt (46)...152 B3
Saint-Vincent-Sterlanges (85)...92 A5
Saint-Vincent-sur-Graon (85)...91 G6
Saint-Vincent-
-sur-Jabron (04)...159 H6
Saint-Vincent-sur-Jard (85)...106 A2
Saint-Vincent-sur-l'Isle (24)...137 G2
Saint-Vincent-sur-Oust (56)...56 C6
Saint-Vit (25)...103 E1
Saint-Vital (73)...132 C4
Saint-Vite (47)...151 H3
Saint-Vitte (18)...112 C2
Saint-Vitte-sur-Briance (87)...124 D4
Saint-Vivien (17)...106 D5
Saint-Vivien (24)...136 B5
Saint-Vivien-de-Blaye (33)...135 F3
Saint-Vivien-de-Médoc (33)...120 C5
Saint-Vivien-
-de-Monségur (33)...150 B2
Saint-Voir (03)...114 B3
Saint-Vougay (29)...31 G3
Saint-Vrain (51)...46 C5
Saint-Vrain (91)...63 G1
Saint-Vran (22)...56 A1
Saint-Vulbas (01)...130 D2
Saint-Waast (59)...9 G2
Saint-Wandrille-Rançon (76)...17 E5
Saint-Witz (95)...43 E2
Saint-Xandre (17)...106 D4
Saint-Yaguen (40)...165 G2
Saint-Yan (71)...115 E3
Saint-Ybard (19)...124 C6
Saint-Ybars (09)...185 F3
Saint-Yon (91)...63 F1
Saint-Yorre (03)...114 A6
Saint-Yrieix-
-la-Montagne (23)...125 G2
Saint-Yrieix-la-Perche (87)...124 A5
Saint-Yrieix-le-Déjalat (19)...125 F6
Saint-Yrieix-les-Bois (23)...111 G6
Saint-Yrieix-sous-Aixe (87)...123 H2
Saint-Yrieix-
-sur-Charente (16)...122 B3
Saint-Ythaire (71)...116 A1
Saint-Yvi (29)...53 G3
Saint-Yvoine (63)...127 G5
Saint-Yzan-de-Soudiac (33)...135 F2
Saint-Yzans-de-Médoc (33)...134 D1
Saint-Zacharie (83)...192 D3
Sainte-Adresse (76)...15 E2
Sainte-Agathe (63)...128 A3
Sainte-Agathe-
-d'Aliermont (76)...6 A6
Sainte-Agathe-
-en-Donzy (42)...129 E2
Sainte-Agathe-
-la-Bouteresse (42)...128 D3
Sainte-Agnès (06)...195 G2
Sainte-Agnès (38)...145 H2
Sainte-Agnès (39)...117 F1
Sainte-Alauzie (46)...152 B5
Sainte-Alvère (24)...137 F4
Sainte-Anastasie (15)...141 E3
Sainte-Anastasie (30)...174 A2
Sainte-Anastasie-
-sur-Issole (83)...193 F3
Sainte-Anne (25)...103 F3
Sainte-Anne (32)...168 C4
Sainte-Anne (41)...79 G2
Sainte-Anne-d'Auray (56)...55 E6
Sainte-Anne-
-Saint-Priest (87)...124 D3
Sainte-Anne-sur-Brivet (44)...74 A3
Sainte-Anne-
-sur-Gervonde (38)...130 D5
Sainte-Anne-sur-Vilaine (35)...57 E6
Sainte-Aulde (77)...44 A3
Sainte-Aurence-
-Cazaux (32)...183 H1
Sainte-Austreberthe (62)...7 E2
Sainte-Austreberthe (76)...17 F5
Sainte-Barbe (57)...26 C5
Sainte-Barbe (88)...70 B2
Sainte-Barbe-
-sur-Gaillon (27)...41 E1
Sainte-Bazeille (47)...150 B2
Sainte-Beuve-en-Rivière (76)...19 F1
Sainte-Blandine (38)...131 E5
Sainte-Blandine (79)...108 A4
Sainte-Brigitte (56)...55 E2
Sainte-Camelle (11)...186 A3
Sainte-Catherine (62)...8 B2
Sainte-Catherine (63)...127 H6
Sainte-Catherine (69)...129 G4
Sainte-Catherine-
-de-Fierbois (37)...94 D2
Sainte-Cécile (36)...96 C2
Sainte-Cécile (50)...37 F3
Sainte-Cécile (71)...116 A3
Sainte-Cécile (85)...92 A5
Sainte-Cécile-
-d'Andorge (30)...156 D5
Sainte-Cécile-
-du-Cayrou (81)...169 H2
Sainte-Cécile-
-les-Vignes (84)...158 B5
Sainte-Céronne-
-lès-Mortagne (61)...39 H6
Sainte-Cérotte (72)...78 D1
Sainte-Christie (32)...167 H4
Sainte-Christie-
-d'Armagnac (32)...166 D3
Sainte-Christine (49)...75 H5
Sainte-Christine (63)...113 E6
Sainte-Colombe (05)...159 G5
Sainte-Colombe (16)...122 D2
Sainte-Colombe (17)...135 G1
Sainte-Colombe (25)...103 H4
Sainte-Colombe (33)...136 A5
Sainte-Colombe (35)...57 G5
Sainte-Colombe (40)...165 H4
Sainte-Colombe (46)...153 G1
Sainte-Colombe (50)...12 C4
Sainte-Colombe (69)...130 A5
Sainte-Colombe (76)...17 E3
Sainte-Colombe (77)...65 E1
Sainte-Colombe (89)...84 A4
Sainte-Colombe-
-de-Duras (47)...150 C1
Sainte-Colombe-de-
-la-Commanderie (66)...201 E3
Sainte-Colombe-
-de-Peyre (48)...155 G1
Sainte-Colombe-
-de-Villeneuve (47)...151 F4
Sainte-Colombe-
-des-Bois (58)...82 D6
Sainte-Colombe-
-en-Auxois (21)...84 D5
Sainte-Colombe-
-en-Bruilhois (47)...151 E6
Sainte-Colombe-
-la-Commanderie (27)...40 C1
Sainte-Colombe-
-près-Vernon (27)...41 E1
Sainte-Colombe-
-sur-Gand (42)...129 E2
Sainte-Colombe-
-sur-Guette (11)...200 B2
Sainte-Colombe-
-sur-l'Hers (11)...186 B5
Sainte-Colombe-
-sur-Loing (89)...82 D4
Sainte-Colombe-
-sur-Seine (21)...85 E1
Sainte-Colome (64)...182 B4
Sainte-Consorce (69)...129 H3
Sainte-Croix (01)...130 B2
Sainte-Croix (02)...22 D4
Sainte-Croix (12)...153 G4
Sainte-Croix (24)...137 G6
Sainte-Croix (26)...144 D6
Sainte-Croix (46)...152 B4
Sainte-Croix (71)...117 E1
Sainte-Croix (81)...170 B2
Sainte-Croix-à-Lauze (04)...176 B2
Sainte-Croix-aux-Mines (68)...71 E3
Sainte-Croix-
-de-Caderle (30)...173 F1
Sainte-Croix-
-de-Mareuil (24)...122 D5
Sainte-Croix-
-de-Quintillargues (34)...173 F4
Sainte-Croix-du-Mont (33)...149 H2
Sainte-Croix-
-du-Verdon (04)...177 F4
Sainte-Croix-en-Jarez (42)...129 H5
Sainte-Croix-en-Plaine (68)...71 F5
Sainte-Croix-
-Grand-Tonne (14)...14 A4
Sainte-Croix-Hague (50)...12 B2
Sainte-Croix-sur-Aizier (27)...16 D6
Sainte-Croix-sur-Buchy (76)...19 E3
Sainte-Croix-sur-Mer (14)...14 B3
Sainte-Croix-sur-Orne (61)...38 C4
Sainte-Croix-
-Vallée-Française (48)...156 C6
Sainte-Croix-Volvestre (09)...185 E4
Sainte-Dode (32)...183 G1
Sainte-Eanne (79)...108 B3
Sainte-Engrâce (64)...181 G4
Sainte-Enimie (48)...155 H4
Sainte-Eugénie-
-de-Villeneuve (43)...142 A3
Sainte-Eulalie (07)...143 E6
Sainte-Eulalie (11)...186 D3
Sainte-Eulalie (15)...140 A3
Sainte-Eulalie (33)...135 F5
Sainte-Eulalie (48)...141 H6
Sainte-Eulalie-d'Ans (24)...137 H2
Sainte-Eulalie-
-de-Cernon (12)...172 A2
Sainte-Eulalie-d'Eymet (24)...150 D1
Sainte-Eulalie-d'Olt (12)...155 E3
Sainte-Eulalie-en-Born (40)...148 B4
Sainte-Eulalie-
-en-Royans (26)...144 D4
Sainte-Euphémie (01)...130 A1
Sainte-Euphémie-
-sur-Ouvèze (26)...159 F5
Sainte-Eusoye (60)...20 B3
Sainte-Fauste (36)...96 D5
Sainte-Féréole (19)...138 D2
Sainte-Feyre (23)...111 G5
Sainte-Feyre-
-la-Montagne (23)...125 H2
Sainte-Flaive-des-Loups (85)...91 F5
Sainte-Florence (33)...135 H5
Sainte-Florence (85)...92 A4
Sainte-Florine (43)...127 G6
Sainte-Foi (09)...186 B4
Sainte-Fortunade (19)...139 E2
Sainte-Foy (40)...166 B2
Sainte-Foy (71)...115 E4
Sainte-Foy (76)...18 D1
Sainte-Foy (85)...91 E5
Sainte-Foy-
-d'Aigrefeuille (31)...169 G6
Sainte-Foy-de-Belvès (24)...151 H1
Sainte-Foy-de-Longas (24)...137 F5
Sainte-Foy-
-de-Montgommery (14)...39 F3
Sainte-Foy-
-de-Peyrolières (31)...168 D6
Sainte-Foy-la-Grande (33)...136 C5
Sainte-Foy-la-Longue (33)...150 A2
Sainte-Foy-l'Argentière (69)...129 G3
Sainte-Foy-lès-Lyon (69)...130 A3
Sainte-Foy-
-Saint-Sulpice (42)...128 D3
Sainte-Foy-Tarentaise (73)...133 F4
Sainte-Gauburge-
-Sainte-Colombe (61)...39 H5
Sainte-Gemme (17)...120 D2
Sainte-Gemme (32)...168 B4
Sainte-Gemme (33)...150 B2
Sainte-Gemme (36)...96 A5
Sainte-Gemme (51)...44 D1
Sainte-Gemme (79)...93 F4
Sainte-Gemme (81)...170 C1
Sainte-Gemme-
-en-Sancerrois (18)...82 B5
Sainte-Gemme-
-la-Plaine (85)...106 D2
Sainte-Gemme-
-Martaillac (47)...150 C4
Sainte-Gemme-
-Moronval (28)...41 F5
Sainte-Gemmes (41)...79 H2
Sainte-Gemmes-
-d'Andigné (49)...75 H1
Sainte-Gemmes-
-le-Robert (53)...59 F4
Sainte-Gemmes-
-sur-Loire (49)...76 D5
Sainte-Geneviève (02)...23 E2
Sainte-Geneviève (50)...13 E2
Sainte-Geneviève (54)...48 C3
Sainte-Geneviève (60)...20 B6
Sainte-Geneviève (76)...19 E2
Sainte-Geneviève-
-des-Bois (45)...82 B2
Sainte-Geneviève-
-des-Bois (91)...42 D6
Sainte-Geneviève-
-lès-Gasny (27)...41 G2
Sainte-Geneviève-
-sur-Argence (12)...140 C6
Sainte-Hélène (33)...134 C4
Sainte-Hélène (48)...156 B3
Sainte-Hélène (56)...54 D5
Sainte-Hélène (71)...101 F5
Sainte-Hélène (88)...70 B3
Sainte-Hélène-
-Bondeville (76)...16 C3
Sainte-Hélène-du-Lac (73)...132 A5
Sainte-Hélène-
-sur-Isère (73)...132 C3
Sainte-Hermine (85)...106 D1
Sainte-Honorine-
-de-Ducy (14)...13 H6
Sainte-Honorine-
-des-Pertes (14)...13 H5
Sainte-Honorine-du-Fay (14)...14 B5
Sainte-Honorine-
-la-Chardonne (61)...38 B4
Sainte-Honorine-
-la-Guillaume (61)...38 C4
Sainte-Innocence (24)...150 D1
Sainte-Jalle (26)...159 E4
Sainte-Jamme-
-sur-Sarthe (72)...60 A4
Sainte-Julie (01)...130 D2
Sainte-Juliette (82)...152 B5
Sainte-Juliette-
-sur-Viaur (12)...154 C6
Sainte-Léocadie (66)...199 H4
Sainte-Lheurine (17)...121 G5
Sainte-Livrade (31)...168 D5
Sainte-Livrade-sur-Lot (47)...151 E4
Sainte-Lizaigne (36)...97 E3
Sainte-Luce (38)...145 H5
Sainte-Luce-sur-Loire (44)...74 D5
Sainte-Lucie-
-de-Tallano (2A)...207 E2
Sainte-Lunaise (18)...97 G4
Sainte-Magnance (89)...84 B5
Sainte-Marguerite (43)...142 A2
Sainte-Marguerite (88)...70 D3
Sainte-Marguerite-
-de-Carrouges (61)...38 D6
Sainte-Marguerite-
-de-l'Autel (27)...40 C3
Sainte-Marguerite-
-de-Viette (14)...15 E6
Sainte-Marguerite-d'Elle (14)...13 F6
Sainte-Marguerite-
-des-Loges (14)...15 F6
Sainte-Marguerite-
-en-Ouche (27)...40 A2
Sainte-Marguerite-
-Lafigère (07)...156 D3
Sainte-Marguerite-
-sur-Duclair (76)...17 F5
Sainte-Marguerite-
-sur-Fauville (76)...16 D4
Sainte-Marguerite-
-sur-Mer (76)...17 F2
Sainte-Marie (05)...159 F3
Sainte-Marie (08)...24 A5
Sainte-Marie (15)...140 D5
Sainte-Marie (25)...88 B4
Sainte-Marie (32)...168 B5
Sainte-Marie (35)...56 C6
Sainte-Marie (58)...99 F2
Sainte-Marie (65)...184 A5
Sainte-Marie (66)...201 G2
Sainte-Marie-à-Py (51)...23 H6
Sainte-Marie-au-Bosc (76)...16 B4
Sainte-Marie-
-aux-Chênes (57)...26 A5
Sainte-Marie-aux-Mines (68)...71 E3
Sainte-Marie-Cappel (59)...2 C3
Sainte-Marie-d'Alloix (38)...132 A6
Sainte-Marie-d'Alvey (73)...131 G4
Sainte-Marie-
-de-Chignac (24)...137 G3
Sainte-Marie-
-de-Cuines (73)...146 C1
Sainte-Marie-de-Gosse (40)...164 D5
Sainte-Marie-de-Ré (17)...106 B5
Sainte-Marie-
-de-Vatimesnil (27)...19 F6
Sainte-Marie-de-Vaux (87)...123 H2
Sainte-Marie-
-des-Champs (76)...17 E4
Sainte-Marie-du-Bois (50)...37 G6
Sainte-Marie-du-Bois (53)...59 E1
Sainte-Marie-
-du-Lac-Nuisement (51)...46 C6
Sainte-Marie-du-Mont (38)...131 H6
Sainte-Marie-du-Mont (50)...13 E4
Sainte-Marie-
-en-Chanois (70)...88 A1
Sainte-Marie-en-Chaux (70)...87 H2
Sainte-Marie-Kerque (62)...2 A4
Sainte-Marie-
-la-Blanche (21)...101 G3
Sainte-Marie-la-Robert (61)...38 D5
Sainte-Marie-
-Lapanouze (19)...126 A6
Sainte-Marie-Laumont (14)...37 H3
Sainte-Marie-
-Outre-l'Eau (14)...37 G2
Sainte-Marie-
-sur-Ouche (21)...85 F6
Sainte-Marthe (27)...40 C3
Sainte-Marthe (47)...150 C3
Sainte-Maure (10)...66 B3
Sainte-Maure-
-de-Peyriac (47)...167 E1
Sainte-Maure-
-de-Touraine (37)...94 D2
Sainte-Maxime (83)...194 B3
Sainte-Même (17)...121 F2
Sainte-Menehould (51)...46 C2
Sainte-Mère (32)...168 A2
Sainte-Mère-Église (50)...13 E4
Sainte-Mesme (78)...62 D1
Sainte-Mondane (24)...138 B5
Sainte-Montaine (18)...81 G5
Sainte-Nathalène (24)...138 B5
Sainte-Néomaye (79)...108 A3
Sainte-Olive (01)...116 C6
Sainte-Opportune (61)...38 C4
Sainte-Opportune-
-du-Bosc (27)...40 C1
Sainte-Opportune-
-la-Mare (27)...15 H2
Sainte-Orse (24)...137 H2
Sainte-Osmane (72)...78 D1
Sainte-Ouenne (79)...107 H2
Sainte-Pallaye (89)...83 G3
Sainte-Paule (69)...129 G1
Sainte-Pazanne (44)...74 B6
Sainte-Pexine (85)...106 D1
Sainte-Pience (50)...35 H3
Sainte-Pôle (54)...49 G6
Sainte-Preuve (02)...22 D4
Sainte-Radegonde (12)...154 C4
Sainte-Radegonde (17)...120 D2
Sainte-Radegonde (24)...151 F1
Sainte-Radegonde (32)...167 H3
Sainte-Radegonde (33)...136 A6
Sainte-Radegonde (71)...100 B6
Sainte-Radegonde (79)...93 G3
Sainte-Radégonde (86)...109 G1
Sainte-Radégonde-
-des-Noyers (85)...106 D3
Sainte-Ramée (17)...121 E6
Sainte-Reine (70)...87 E4
Sainte-Reine (73)...132 B4
Sainte-Reine-
-de-Bretagne (44)...73 H3
Sainte-Ruffine (57)...26 B5
Sainte-Sabine (21)...101 F2
Sainte-Sabine-Born (24)...151 G1
Sainte-Sabine-
-sur-Longève (72)...60 A4
Sainte-Savine (10)...66 B3
Sainte-Scolasse-
-sur-Sarthe (61)...39 G6
Sainte-Segrée (80)...19 H1
Sainte-Sève (29)...31 H3
Sainte-Sévère (16)...121 H3
Sainte-Sévère-
-sur-Indre (36)...111 H2
Sainte-Sigolène (43)...143 E2
Sainte-Solange (18)...97 H2
Sainte-Soline (79)...108 C4
Sainte-Souline (16)...122 A6
Sainte-Soulle (17)...106 D4
Sainte-Suzanne (09)...185 G3
Sainte-Suzanne (25)...88 C4
Sainte-Suzanne (53)...59 F4
Sainte-Suzanne-sur-Vire (50)...37 G1
Sainte-Terre (33)...135 H5
Sainte-Thérence (03)...112 C4
Sainte-Thorette (18)...97 F3
Sainte-Tréphine (22)...33 E6
Sainte-Trie (24)...138 A1
Sainte-Tulle (04)...176 C3
Sainte-Valière (11)...187 H3
Sainte-Vaubourg (08)...24 A4
Sainte-Verge (79)...93 G3
Sainte-Vertu (89)...84 A2
Sainteny (50)...13 E5
Saintes (17)...121 E3
Saintes-Maries-
-de-la-Mer (13)...190 C4
Saintines (60)...21 E5
Saintry-sur-Seine (91)...43 E6
Saints (77)...43 H5
Saints-en-Puisaye (89)...83 E3
Saints-Geosmes (52)...86 B1
Sainville (28)...62 D2
Saires (86)...94 B4
Saires-la-Verrerie (61)...38 B5
Saissac (11)...186 D2
Saisseval (80)...7 F6
Saisy (71)...101 E4
Saivres (79)...108 A2
le Saix (05)...160 A3
Saïx (81)...170 C6
Saix (86)...93 H2
Saizenay (39)...103 F3
Saizerais (54)...48 C4
Saizy (58)...83 G6
Sajas (31)...184 D2
Salagnac (24)...138 A1
Salagnon (38)...130 D4
Salaise-sur-Sanne (38)...144 A1
Salans (39)...103 E2
Salasc (34)...172 C5
Salaunes (33)...134 D4
Salavas (07)...157 G4
Salavre (01)...117 E3
Salazac (30)...157 H5
Salbris (41)...81 E5
les Salces (48)...155 G3
Saléchan (65)...184 A5
Saleich (31)...184 C5
Saleignes (17)...108 B6
Saleilles (66)...201 F2
les Salelles (07)...157 E4
les Salelles (48)...155 G3
Salency (60)...21 G3
Salenthal (67)...50 C5
Saléon (05)...159 H4
Salérans (05)...159 H5
Salerm (31)...184 B2
Salernes (83)...193 G1
Salers (15)...140 B3
Sales (74)...131 H2
Salesches (59)...9 G3
la Salette-Fallavaux (38)...146 A5
Salettes (26)...158 C2
Salettes (43)...142 C5
Saleux (80)...7 F6
Salice (2A)...204 D4
Saliceto (2B)...205 F1
Saliès (81)...170 C3
Salies-de-Béarn (64)...165 F6
Salies-du-Salat (31)...184 C4
Salignac (04)...160 B6
Salignac (33)...135 G4
Salignac-
-de-Mirambeau (17)...121 F6
Salignac-Eyvigues (24)...138 B4
Salignac-sur-Charente (17)...121 G3
Saligney (39)...102 D1
Saligny (85)...91 G3
Saligny (89)...65 E4
Saligny-le-Vif (18)...98 B3
Saligny-sur-Roudon (03)...114 C2
Saligos (65)...182 D6
Salindres (30)...157 E6
Salinelles (30)...173 G3
Salins (15)...140 A2
Salins (77)...64 C2
Salins-les-Bains (39)...103 F4
Salins-les-Thermes (73)...132 D5
Salives (21)...85 G3
Sallagriffon (06)...178 C2
Sallanches (74)...133 E1
Sallaumines (62)...8 B1
la Salle (71)...116 B3
la Salle (88)...70 C2
la Salle-de-Vihiers (49)...92 D1
la Salle-en-Beaumont (38)...145 H5
la Salle-et-
-Chapelle-Aubry (49)...76 B6
la Salle-les-Alpes (05)...147 E4
la Salle-Prunet (48)...156 B5
Salleboeuf (33)...135 F5
Sallèdes (63)...127 G4
Sallèles-Cabardès (11)...187 E2
Sallèles-d'Aude (11)...188 A3
Sallen (14)...37 H1
Sallenelles (14)...14 C4
Sallenôves (74)...118 B6
Sallertaine (85)...90 D2
Salles (33)...148 D2
les Salles (42)...128 B2
Salles (47)...151 G2
Salles (65)...182 D4
Salles (79)...108 B3
Salles (81)...170 B1
Salles-Adour (65)...183 E3
Salles-Arbuissonnas-
-en-Beaujolais (69)...116 A6
Salles-Courbatiès (12)...153 G3
Salles-Curan (12)...154 D6
Salles-d'Angles (16)...121 G4
Salles-d'Armagnac (32)...166 D3
Salles-d'Aude (11)...188 B3
Salles-de-Barbezieux (16)...121 H5
Salles-de-Belvès (24)...151 H1
les Salles-de-Castillon (33)...136 A5
Salles-de-Villefagnan (16)...122 C1
les Salles-du-Gardon (30)...157 E6
Salles-et-Pratviel (31)...197 F1
Salles-la-Source (12)...154 C4
Salles-Lavalette (16)...122 C6
les Salles-Lavauguyon (87)...123 F3
Salles-Mongiscard (64)...165 F6
Salles-sous-Bois (26)...158 C3
Salles-sur-Garonne (31)...185 E2
Salles-sur-l'Hers (11)...186 A2
Salles-sur-Mer (17)...106 D5
les Salles-sur-Verdon (83)...177 F3
Sallespisse (64)...165 G5
Salmagne (55)...47 F4
Salmaise (21)...85 E5
Salmbach (67)...51 G2
Salmiech (12)...154 C6
Salomé (59)...3 E6
Salon (10)...45 F6
Salon (24)...137 F4
Salon-de-Provence (13)...191 G2
Salon-la-Tour (19)...124 C5

Salonnes (57)....49 E4
Salornay-sur-Guye (71)....115 H2
Salouël (80)....7 F6
Salperwick (62)....2 B4
Salsein (09)....184 D6
Salses-le-Château (66)....201 F1
Salsigne (11)....187 E2
Salt-en-Donzy (42)....129 E3
Salvagnac (81)....169 G3
Salvagnac-Cajarc (12)....153 F4
la Salvetat-Belmontet (82)....169 F2
la Salvetat-Lauragais (31)....169 H5
la Salvetat-Peyralès (12)....153 H5
la Salvetat-Saint-Gilles (31)....169 E5
la Salvetat-sur-Agout (34)....171 F5
Salvezines (11)....200 B1
Salviac (46)....152 B1
Salvizinet (42)....129 G3
Salza (11)....187 G1
Salzuit (43)....141 H2
Samadet (40)....166 A5
Saman (31)....184 B3
Samaran (32)....183 H1
Samatan (32)....168 B6
Samazan (47)....150 B3
Sambin (41)....79 H5
Sambourg (89)....84 A2
Saméon (59)....4 A6
Samer (62)....1 F5
Samerey (21)....102 B2
Sames (64)....164 D5
Sammarcolles (86)....94 A3
Sammeron (77)....43 H3
Samoëns (74)....119 F5
Samognat (01)....117 G4
Samogneux (55)....25 G6
Samois-sur-Seine (77)....64 B2
Samonac (33)....135 E3
Samoreau (77)....64 B2
Samouillan (31)....184 C3
Samoussy (02)....22 C3
Sampans (39)....102 C2
Sampigny (55)....47 G4
Sampigny-lès-Maranges (71)....101 F4
Sampolo (2A)....205 G4
Sampzon (07)....157 G4
Samson (25)....103 F3
Samsons-Lion (64)....182 D1
Samuran (65)....184 A5
San-Damiano (2B)....203 G6
San-Gavino-d'Ampugnani (2B)....203 G6
San-Gavino-di-Carbini (2A)....207 F2
San-Gavino-di-Fiumorbo (2B)....205 F5
San-Gavino-di-Tenda (2B)....203 F5
San-Giovanni-di-Moriani (2B)....205 G1
San-Giuliano (2B)....205 G2
San-Lorenzo (2B)....205 F1
San-Martino-di-Lota (2B)....203 G3
San-Nicolao (2B)....205 G1
Sana (31)....184 C1
Sanary-sur-Mer (83)....192 D5
Sancé (71)....116 B3
Sancergues (18)....98 C2
Sancerre (18)....82 B6
Sancey-le-Grand (25)....88 B5
Sancey-le-Long (25)....88 B5
Sancheville (28)....62 B4
Sanchey (88)....69 H4
Sancoins (18)....98 C5
Sancourt (27)....19 G5
Sancourt (59)....8 D3
Sancourt (80)....21 G1
Sancy (54)....26 A3
Sancy (77)....43 G3
Sancy-les-Cheminots (02)....22 B4
Sancy-lès-Provins (77)....44 B5
Sand (67)....71 G2
Sandarville (28)....62 A3
Sandaucourt (88)....69 E3
Sandillon (45)....81 E1
Sandouville (76)....15 G2
Sandrans (01)....116 C6
Sangatte (62)....1 G2
Sanghen (62)....1 G4
Sanguinet (40)....148 C2
Sanilhac (07)....157 F3
Sanilhac-Sagriès (30)....174 B2
Sannat (23)....112 B6
Sannerville (14)....14 C4
Sannes (84)....176 A4
Sannois (95)....42 C3
Sanous (65)....183 E1
Sanry-lès-Vigy (57)....26 C5
Sanry-sur-Nied (57)....26 D6
Sans-Vallois (88)....69 F4
Sansac-de-Marmiesse (15)....140 A5
Sansac-Veinazès (15)....154 B1
Sansais (79)....107 G4
Sansan (32)....167 H6
Sanssac-l'Église (43)....142 B4
Sanssat (03)....114 A4
Santa-Lucia-di-Mercurio (2B)....205 F2
Santa-Lucia-di-Moriani (2B)....205 H1
Santa-Maria-di-Lota (2B)....203 G3
Santa-Maria-Figaniella (2A)....207 E2
Santa-Maria-Poggio (2B)....205 G2
Santa-Maria-Siché (2A)....204 D6
Santa-Reparata-di-Balagna (2B)....202 D5
Santa-Reparata-di-Moriani (2B)....205 G1
Sant'Andréa-di-Bozio (2B)....205 F2
Sant'Andréa-di-Cotone (2B)....205 G2
Sant'Andréa-d'Orcino (2A)....204 C5
Santans (39)....102 D3
Sant'Antonino (2B)....202 C5
Santeau (45)....63 F5
Santec (29)....31 G2
Santenay (21)....101 F4
Santenay (41)....79 G4
Santeny (94)....43 E5
Santes (59)....3 F5
Santeuil (28)....62 C2
Santeuil (95)....42 A1
Santigny (89)....84 B4
Santilly (28)....62 D4
Santilly (71)....116 A1
Santo-Pietro-di-Tenda (2B)....203 F5
Santo-Pietro-di-Venaco (2B)....205 E3
Santoche (25)....88 A5
Santosse (21)....101 F3
Santranges (18)....82 B5
Sanvensa (12)....153 G5
Sanvignes-les-Mines (71)....100 D6
Sanxay (86)....108 C2
Sanzey (54)....48 A4
Saon (14)....13 G5
Saône (25)....103 G1
Saonnet (14)....13 G5
Saorge (06)....179 G1
Saosnes (72)....60 B3
Saou (26)....158 C2
le Sap (61)....39 G3
le Sap-André (61)....39 G4
Sapignicourt (51)....46 C5
Sapignies (62)....8 B3
Sapogne-et-Feuchères (08)....24 B2
Sapogne-sur-Marche (08)....25 E3
Sapois (39)....103 F5
Sapois (88)....70 B5
Saponay (02)....22 B6
Saponcourt (70)....87 F1
le Sappey (38)....131 F5
le Sappey-en-Chartreuse (38)....145 G2
Saramon (32)....168 A6
Saran (45)....62 D6
Saraz (25)....103 F3
Sarbazan (40)....166 B1
Sarcé (72)....78 B2
Sarceaux (61)....39 E5
Sarcelles (95)....42 D3
Sarcenas (38)....145 G1
Sarcey (52)....68 B5

Sarcey (69)....129 G2
Sarcos (32)....184 B1
Sarcus (60)....19 H2
Sarcy (51)....22 D6
Sardan (30)....173 G3
Sardent (23)....111 G6
Sardieu (38)....144 D1
Sardon (63)....127 F1
Sardy-lès-Épiry (58)....99 H3
Sargé-lès-le-Mans (72)....60 B5
Sargé-sur-Braye (41)....61 E4
Sari-d'Orcino (2A)....204 C5
Sari-Solenzara (2A)....205 G6
Sariac-Magnoac (65)....183 H2
Sarlabous (65)....183 F4
Sarlande (24)....124 A6
Sarlat-la-Canéda (24)....138 A5
Sarliac-sur-l'Isle (24)....137 G2
Sarniguet (65)....183 E2
Sarnois (60)....19 H2
Saron-sur-Aube (51)....44 D6
Sarp (65)....184 A5
Sarpourenx (64)....165 G6
Sarragachies (32)....166 D4
Sarrageois (25)....103 H5
Sarraguzan (32)....183 G2
Sarralbe (57)....49 H2
Sarraltroff (57)....50 A4
Sarran (19)....125 F6
Sarrance (64)....182 A4
Sarrancolin (65)....183 G5
Sarrant (32)....168 B4
Sarras (07)....144 A2
Sarrazac (24)....123 H6
Sarrazac (46)....138 D4
Sarraziet (40)....166 A4
Sarre-Union (67)....50 A2
Sarrebourg (57)....50 A4
Sarrecave (31)....184 A3
Sarreguemines (57)....27 H5
Sarreinsming (57)....27 H5
Sarremezan (31)....184 A3
Sarrewerden (67)....50 A3
Sarrey (52)....68 B5
Sarriac-Bigorre (65)....183 F1
Sarrians (84)....175 F1
Sarrigné (49)....77 E4
Sarrogna (39)....117 G2
Sarrola-Carcopino (2A)....204 C5
Sarron (40)....166 B5
Sarrouilles (65)....183 F3
Sarroux (19)....126 A6
Sarry (51)....45 H3
Sarry (71)....115 E4
Sarry (89)....84 B3
le Sars (62)....8 B4
Sars-et-Rosières (59)....9 E1
Sars-le-Bois (62)....7 H2
Sars-Poteries (59)....10 A3
Sartène (2A)....206 D3
Sartes (88)....68 D3
Sartilly (50)....35 G3
Sarton (62)....7 H4
Sartrouville (78)....42 C3
Sarzay (36)....111 G1
Sarzeau (56)....72 D2
Sasnières (41)....79 F2
Sassangy (71)....101 F6
Sassay (41)....80 A5
Sassegnies (59)....9 H3
Sassenage (38)....145 G2
Sassenay (71)....101 H5
Sassetot-le-Malgardé (76)....17 F3
Sassetot-le-Mauconduit (76)....16 D3
Sasseville (76)....17 E3
Sassey (27)....41 E2
Sassey-sur-Meuse (55)....24 D4
Sassierges-Saint-Germain (36)....96 D5
Sassis (65)....182 D6
Sassy (14)....14 D6
Sathonay-Camp (69)....130 A2
Sathonay-Village (69)....130 A2
Satillieu (07)....143 H3
Satolas-et-Bonce (38)....130 C3
Saturargues (34)....173 H4
Saubens (31)....169 E6
Saubion (40)....164 C4
Saubole (64)....182 D2
Saubrigues (40)....164 C5
Saubusse (40)....164 C4
Saucats (33)....149 F1
Saucède (64)....181 H2
la Saucelle (28)....40 D6
Sauchay (76)....17 H2
Sauchy-Cauchy (62)....8 D3
Sauchy-Lestrée (62)....8 D3
Saucières (12)....172 C2
Saudemont (62)....8 C3
Saudoy (51)....44 D5
Saudron (52)....68 B1
Saudrupt (55)....46 D5
Saugeot (39)....117 H1
Saugnac-et-Cambran (40)....165 E4
Saugnacq-et-Muret (40)....148 D3
Saugon (33)....135 F2
Saugues (43)....142 A5
Sauguis-Saint-Étienne (64)....181 G3
Saugy (18)....97 F4
Saujac (12)....153 F3
Saujon (17)....120 C3
la Saulce (05)....160 B3
Saulce-sur-Rhône (26)....158 B2
Saulces-Champenoises (08)....23 H4
Saulces-Monclin (08)....23 H3
Saulcet (03)....113 H4
Saulchery (02)....44 B3
le Saulchoy (60)....20 B2
Saulchoy (62)....6 D2
Saulchoy-sous-Poix (80)....20 A1
Saulcy (10)....67 F3
le Saulcy (88)....70 D1
Saulcy-sur-Meurthe (88)....70 D3
Saules (25)....103 H2
Saules (71)....101 F6
Saulgé (86)....109 H3
Saulgé-l'Hôpital (49)....77 E6
Saulges (53)....59 F5
Saulgond (16)....123 G1
Sauliac-sur-Célé (46)....153 E3
Saulieu (21)....100 C1
Saulles (52)....86 C2
Saulmory-et-Villefranche (55)....24 D4
Saulnay (36)....95 H4
Saulnes (54)....25 H3
Saulnières (28)....41 E4
Saulnières (35)....57 F4
Saulnot (70)....88 B3
Saulny (57)....26 B5
Saulon-la-Chapelle (21)....102 A1
Saulon-la-Rue (21)....101 H1
la Saulsotte (10)....65 F1
Sault (84)....176 A1
Sault-Brénaz (01)....131 E2
Sault-de-Navailles (64)....165 G5
Sault-lès-Rethel (08)....23 G4
Sault-Saint-Remy (08)....23 F4
Saultain (59)....9 F2
Saulty (62)....7 H3
Saulvaux (55)....47 G5
Saulx (70)....87 G2
Saulx-lès-Duc (21)....85 H4
Saulx-les-Champlon (55)....47 H2
Saulx-les-Chartreux (91)....42 C5
Saulx-Marchais (78)....42 A4
Saulxerotte (54)....69 E1
Saulxures (52)....68 C6
Saulxures (67)....71 E2
Saulxures-lès-Bulgnéville (88)....68 D4
Saulxures-lès-Nancy (54)....48 D5
Saulxures-lès-Vannes (54)....68 D1
Saulzais-le-Potier (18)....112 C2
Saulzet (03)....113 G5
Saulzet-le-Froid (63)....126 D4
Saulzoir (59)....9 F3
Saumane (04)....176 C1
Saumane (30)....173 E3
Saumane-de-Vaucluse (84)....175 F2

Sauméjan (47)....150 B5
Saumeray (28)....61 H3
Saumont (47)....151 E6
Saumont-la-Poterie (76)....19 F3
Saumos (33)....134 C4
Saunay (49)....77 G6
Saunay (37)....79 F3
la Saunière (23)....111 G5
Saunières (71)....102 A4
Saurais (79)....108 B1
Saurat (09)....185 G6
Sauret-Besserve (63)....126 D1
Saurier (63)....127 E5
Sausheim (68)....89 F1
Saussan (34)....173 F6
Saussay (28)....41 F4
Saussay (76)....17 F5
Saussay-la-Campagne (27)....19 F5
la Saussaye (27)....18 C6
Saussemesnil (50)....12 D2
Saussenac (81)....170 D2
Saussens (31)....169 H5
Sausseuzemare-en-Caux (76)....16 C4
Saussey (21)....101 F3
Saussey (50)....36 D2
Saussignac (24)....136 C6
Saussines (34)....173 G4
Saussy (21)....85 H5
Sautel (09)....186 A5
Sauternes (33)....149 G2
Sauteyrargues (34)....173 G3
Sauto (66)....200 A4
Sautron (44)....74 C4
la Sauvagère (61)....38 C5
les Sauvages (69)....129 F2
Sauvagnac (16)....123 F3
Sauvagnas (47)....151 F5
Sauvagnat (63)....126 C3
Sauvagnat-Sainte-Marthe (63)....127 F5
Sauvagney (25)....87 E6
Sauvagnon (64)....182 B1
Sauvagny (03)....113 E3
Sauvain (42)....128 C4
Sauvat (15)....140 A1
Sauve (30)....173 G2
la Sauve (33)....135 G6
Sauvelade (64)....181 H1
Sauverny (01)....118 B3
Sauvessanges (63)....128 C6
la Sauvetat (32)....167 H3
la Sauvetat (63)....127 F4
la Sauvetat-de-Savères (47)....151 G5
la Sauvetat-du-Dropt (47)....150 D1
la Sauvetat-sur-Lède (47)....151 F4
Sauveterre (30)....174 D1
Sauveterre (32)....184 C1
Sauveterre (65)....167 E4
Sauveterre (81)....187 F1
Sauveterre (82)....152 B1
Sauveterre-de-Béarn (64)....181 H1
Sauveterre-de-Comminges (31)....184 A5
Sauveterre-de-Guyenne (33)....150 A1
Sauveterre-de-Rouergue (12)....154 A4
Sauveterre-la-Lémance (47)....151 H2
Sauveterre-Saint-Denis (47)....151 F6
Sauviac (32)....183 H1
Sauviac (33)....149 H3
Sauvian (34)....188 C2
Sauviat (63)....128 A3
Sauviat-sur-Vige (87)....124 D2
Sauvignac (16)....136 A2
Sauvigney-lès-Gray (70)....86 D5
Sauvigney-lès-Pesmes (70)....86 C6
Sauvigny (55)....68 D1
Sauvigny-le-Beuréal (89)....84 B5
Sauvigny-le-Bois (89)....84 A4
Sauvigny-les-Bois (58)....99 F4
Sauville (08)....24 B3
Sauville (88)....68 D4
Sauvillers-Mongival (80)....20 D2
Sauvimont (32)....184 C1
Sauvoy (55)....47 H5
Saux (46)....152 A4
Saux-et-Pomarède (31)....184 B3
Sauxillanges (63)....127 G5
Sauze (06)....161 G6
le Sauze-du-Lac (05)....160 D3
Sauzé-Vaussais (79)....108 C5
Sauzelles (36)....95 F6
Sauzet (26)....158 B2
Sauzet (30)....174 A2
Sauzet (46)....152 B4
la Sauzière-Saint-Jean (81)....169 G2
Sauzon (56)....72 A3
Savarthès (31)....184 B4
Savas (07)....143 H1
Savas-Mépin (38)....130 C5
Savasse (26)....158 B2
Savenay (44)....74 A4
Savenès (82)....168 D3
Savennes (23)....111 G6
Savennes (63)....126 B5
Savennières (49)....76 D5
Saverdun (09)....185 G4
Savères (31)....184 D2
Saverne (67)....50 C4
Saveuse (80)....7 F6
Savianges (71)....101 F6
Savières (10)....66 A2
Savigna (39)....117 G2
Savignac (12)....153 G4
Savignac (33)....150 A2
Savignac-de-Duras (47)....150 C1
Savignac-de-l'Isle (33)....135 G4
Savignac-Lédrier (24)....137 G4
Savignac-les-Églises (24)....137 G2
Savignac-les-Ormeaux (09)....199 F2
Savignac-Mona (32)....184 C1
Savignac-sur-Leyze (47)....151 G3
Savignargues (30)....173 H2
Savigné (86)....109 E5
Savigné-l'Évêque (72)....60 B5
Savigné-sous-le-Lude (72)....77 H3
Savigné-sur-Lathan (37)....78 B5
Savigneux (01)....116 C6
Savigneux (42)....128 D4
Savignies (60)....20 A4
Savigny (50)....37 E1
Savigny (52)....86 D2
Savigny (69)....129 G2
Savigny (74)....118 A6
Savigny (88)....69 G2
Savigny-en-Revermont (71)....117 F1
Savigny-en-Sancerre (18)....82 B5
Savigny-en-Septaine (18)....98 A3
Savigny-en-Terre-Plaine (89)....84 B4
Savigny-en-Véron (37)....94 A1
Savigny-le-Sec (21)....85 H5
Savigny-le-Temple (77)....43 E6
Savigny-le-Vieux (50)....37 G6
Savigny-lès-Beaune (21)....101 G3
Savigny-Lévescault (86)....109 F2
Savigny-Poil-Fol (58)....100 A5
Savigny-sous-Mâlain (21)....85 F6
Savigny-sur-Aisne (08)....24 B5
Savigny-sur-Ardres (51)....22 D6
Savigny-sur-Braye (41)....79 E1
Savigny-sur-Clairis (89)....64 D5
Savigny-sur-Grosne (71)....116 A1
Savigny-sur-Orge (91)....42 D5
Savigny-sur-Seille (71)....116 C1
Savilly (21)....100 D2
Savines-le-Lac (05)....160 D2
Savins (77)....64 D1
Savoillan (84)....159 F6
Savoisy (21)....85 E3
Savolles (21)....86 A5
Savonnières (37)....78 C6
Savonnières-devant-Bar (55)....47 E4
Savonnières-en-Perthois (55)....47 E6

Savouges (21)....101 H2
Savournon (05)....159 H3
Savoyeux (70)....86 D4
Savy (02)....21 H1
Savy-Berlette (62)....8 A2
Saxel (74)....118 D4
Saxi-Bourdon (58)....99 F3
Saxon-Sion (54)....69 F2
Sazeray (36)....111 H3
Sazeret (03)....113 F4
Saze (30)....174 D2
Sazilly (37)....94 C2
Sazos (65)....182 D6
Scaër (29)....54 A2
Scata (2B)....203 G6
Sceau-Saint-Angel (24)....123 F5
Sceautres (07)....157 H2
Sceaux (89)....84 B4
Sceaux (92)....42 C4
Sceaux-d'Anjou (49)....76 D3
Sceaux-du-Gâtinais (45)....63 H5
Sceaux-sur-Huisne (72)....60 D5
Scey-Maisières (25)....103 G2
Scey-sur-Saône-et-Saint-Albin (70)....87 F3
Schaeffersheim (67)....71 H1
Schaffhouse-près-Seltz (67)....51 G2
Schaffhouse-sur-Zorn (67)....50 D4
Schalbach (57)....50 A3
Schalkendorf (67)....50 D3
Scharrachbergheim-Irmstett (67)....50 D5
Scheibenhard (67)....51 G2
Scherlenheim (67)....50 D4
Scherwiller (67)....71 F2
Schillersdorf (67)....50 D3
Schiltigheim (67)....51 E5
Schirmeck (67)....71 E1
Schirrhein (67)....51 F3
Schirrhoffen (67)....51 F3
Schleithal (67)....51 G2
Schlierbach (68)....89 G2
Schmittviller (57)....28 A6
Schneckenbusch (57)....50 A5
Schnersheim (67)....50 D5
Schœnau (67)....71 H3
Schœnbourg (67)....50 B3
Schœneck (57)....27 G4
Schœnenbourg (67)....51 F2
Schopperten (67)....50 A3
Schorbach (57)....50 C1
Schweighouse-sur-Moder (67)....51 E3
Schweighouse-Thann (68)....89 E2
Schwenheim (67)....50 C4
Schwerdorff (57)....27 E3
Schweyen (57)....28 B5
Schwindratzheim (67)....50 D4
Schwoben (68)....89 F3
Schwobsheim (67)....71 G3
Sciecq (79)....107 H3
Scientrier (74)....118 D5
Scieurac-et-Flourès (32)....167 E6
Scillé (79)....107 G1
Scionzier (74)....119 E6
Scolca (2B)....203 F6
Scorbé-Clairvaux (86)....94 C5
Scrignac (29)....32 B5
Scrupt (51)....46 C5
Scy-Chazelles (57)....26 B5
Scye (70)....87 F3
Séailles (32)....167 E4
la Séauve-sur-Semène (43)....143 E1
Sébazac-Concourès (12)....154 C4
Sébécourt (27)....40 D3
Sébeville (50)....13 E4
Seboncourt (02)....9 F5
Sebourg (59)....9 G2
Sébrazac (12)....154 C3
Séby (64)....166 A6
Séchault (08)....24 B6
Sécheras (07)....144 A3
Sécheval (08)....11 E6
Séchilienne (38)....145 H3
Séchin (25)....87 H6
Seclin (59)....3 F6
Secondigné-sur-Belle (79)....108 A5
Secondigny (79)....107 H1
Secourt (57)....48 D3
Secqueville-en-Bessin (14)....14 B4
Sedan (08)....24 C2
Sédeilhac (31)....184 A4
Séderon (26)....159 G5
Sedze-Maubecq (64)....182 D1
Sedzère (64)....182 C1
Sées (61)....39 F6
Séez (73)....133 F4
Ségalas (47)....151 E2
Ségalas (65)....183 F1
la Ségalassière (15)....139 H5
Séglien (56)....54 D2
Ségny (01)....118 B3
Segonzac (16)....121 H4
Segonzac (19)....137 H1
Segonzac (24)....136 C2
Ségos (32)....166 C5
Ségoufielle (32)....168 D5
Segré (49)....76 B2
Ségreville (31)....169 H6
Ségrie (72)....59 H4
Ségrie-Fontaine (61)....38 C4
Segrois (21)....101 G2
Ségry (36)....97 E4
la Séguinière (49)....92 B2
Ségur (12)....155 E5
le Ségur (81)....170 B1
Ségur-le-Château (19)....124 B6
Ségur-les-Villas (15)....140 C2
Ségura (09)....185 H5
Ségus (65)....182 D5
Seich (65)....183 H5
Seichamps (54)....48 D5
Seichebrières (45)....63 F6
Seicheprey (54)....47 H3
Seiches-sur-le-Loir (49)....77 F3
Seignalens (11)....185 H5
Seigné (17)....121 H1
Seignelay (89)....83 H3
Seigneulles (55)....47 E4
Seignosse (40)....164 C4
Seigny (21)....85 E4
Seigy (41)....96 A1
Seilh (31)....169 E5
Seilhac (19)....125 E5
Seilhan (31)....184 A4
Seillac (41)....79 G4
Seillans (83)....178 A5
Seillonnaz (01)....131 E2
Seillons-Source-d'Argens (83)....176 D6
Seine-Port (77)....63 H1
Seingbouse (57)....49 H1
Seissan (32)....167 H6
Seix (09)....185 E6
le Sel-de-Bretagne (35)....57 F5
Selaincourt (54)....69 E2
Selens (02)....21 H4
Sélestat (67)....71 G3
Séligné (79)....108 A5
Séligney (39)....102 D3
la Selle-Craonnaise (53)....76 B1
la Selle-en-Coglès (35)....35 H6
la Selle-en-Hermoy (45)....64 B6
la Selle-en-Luitré (35)....58 A2
la Selle-Guerchaise (35)....57 H5
la Selle-la-Forge (61)....38 B4
la Selle-sur-le-Bied (45)....64 B5
Selles (27)....18 D4
Selles (51)....23 G5
Selles (62)....1 G3
Selles (70)....69 E6
Selles-Saint-Denis (41)....80 D6
Selles-sur-Cher (41)....96 B1
Selles-sur-Nahon (36)....96 B2
Sellières (39)....102 D5
Selommes (41)....79 G2

Seloncourt (25)....88 C4
Selongey (21)....86 A4
Selonnet (04)....160 D4
Seltz (67)....51 G2
la Selve (02)....23 E3
la Selve (12)....171 E1
Sem (09)....198 D1
Sémalens (81)....170 B5
Semallé (61)....60 A1
Semarey (21)....101 F1
Sembadel (43)....142 B2
Sembas (47)....151 F4
Semblançay (37)....78 D4
Sembleçay (36)....96 C1
Semboues (32)....167 E6
Semécourt (57)....26 B5
Sémelay (58)....100 A4
Semens (33)....149 H1
Sémeacq-Blachon (64)....166 C6
Sémeries (59)....10 A4
Semerville (41)....62 A6
Semezanges (21)....101 G1
Séméac (65)....183 F3
Sémézies-Cachan (32)....168 A6
Semide (08)....24 A5
Semillac (17)....121 E6
Semilly (52)....68 B3
Semmadon (70)....87 E2
Semoine (10)....45 F6
Semond (21)....85 E3
Semondans (25)....88 B4
Semons (38)....130 C6
Semousies (59)....10 A3
Semoussac (17)....121 E6
Semoutiers-Montsaon (52)....67 H5
Semoy (45)....62 D6
Sempesserre (32)....168 A3
Sempigny (60)....21 G3
Sempy (62)....6 D1
Semur-en-Auxois (21)....84 C5
Semur-en-Brionnais (71)....115 E4
Semur-en-Vallon (72)....60 D5
Semussac (17)....120 C4
Semuy (08)....24 A4
le Sen (40)....149 F6
Sénac (65)....183 F2
Senaide (88)....69 E6
Sénaillac-Latronquière (46)....139 G6
Sénaillac-Lauzès (46)....153 E2
Senailly (21)....84 C4
Senan (89)....83 E3
Senantes (28)....41 G5
Senantes (60)....19 H4
Senard (55)....46 D3
Sénarens (31)....184 C2
Senargent-Mignafans (70)....88 A3
Senarpont (80)....6 C6
Sénas (13)....191 G2
Senaud (39)....117 E3
Senaux (81)....171 F4
Sencenac-Puy-de-Fourches (24)....137 F1
Senconac (09)....199 F1
Sendets (33)....150 A3
Sendets (64)....182 C2
Séné (56)....72 D1
Sénéchas (30)....157 E5
Sénergues (12)....154 B2
Sénestis (47)....150 C3
Séneujols (43)....142 B5
Senez (04)....177 G2
Sénezergues (15)....154 B1
Sengouagnet (31)....184 B5
Séniergues (46)....152 D1
Senillé (86)....94 D5
Seninghen (62)....1 G5
Senlecques (62)....1 G5
Senlis (60)....21 E6
Senlis (62)....2 A6
Senlis-le-Sec (80)....8 A5
Senlisse (78)....42 B5
Sennecey-le-Grand (71)....116 B1
Sennecey-lès-Dijon (21)....85 H6
Sennely (45)....81 F2
Sennevières (37)....95 G3
Senneville-sur-Fécamp (76)....16 C3
Sennevoy-le-Bas (89)....84 C2
Sennevoy-le-Haut (89)....84 C2
Senon (55)....25 H5
Senonches (28)....40 D6
Senoncourt (70)....87 F1
Senoncourt-les-Maujouy (55)....47 F1
Senones (88)....70 D1
Senonges (88)....69 F4
Senonnes (53)....76 A1
Senots (60)....20 A5
Senouillac (81)....170 A2
Sénoville (50)....12 B3
Senozan (71)....116 B3
Sens (89)....65 E4
Sens-Beaujeu (18)....82 A6
Sens-de-Bretagne (35)....35 G6
Sens-sur-Seille (71)....116 C1
Sentein (09)....184 C6
Sentelie (80)....20 B2
Sentenac-de-Sérou (09)....185 F5
Sentenac-d'Oust (09)....185 E6
Sentheim (68)....88 D2
Sentilly (61)....38 D5
la Sentinelle (59)....9 F2
Sentous (65)....183 G2
Senuc (08)....24 B4
Senven-Léhart (22)....33 E5
Sépeaux (89)....64 D6
Sepmeries (59)....9 F2
Sepmes (37)....95 E3
Seppois-le-Bas (68)....89 E4
Seppois-le-Haut (68)....89 E4
Sept-Forges (61)....59 E1
Sept-Frères (14)....37 G3
Sept-Meules (76)....6 B6
Sept-Saulx (51)....45 G1
Sept-Sorts (77)....43 H3
Sept-Vents (14)....37 H1
Septème (38)....130 B4
Septèmes-les-Vallons (13)....192 A3
Septeuil (78)....41 H3
Septfonds (82)....152 D6
Septfontaines (25)....103 H3
Septmoncel (39)....118 A3
Septmonts (02)....22 A5
Septsarges (55)....24 D5
Septvaux (02)....22 A3
Sepvigny (55)....68 D2
Sepvret (79)....108 B4
Sepx (31)....184 C3
Sequedin (59)....3 F5
Sequehart (02)....9 E6
le Sequestre (81)....170 B2
Serain (02)....9 E5
Seraincourt (95)....42 A2
Seraincourt (08)....23 F3
Sérandon (19)....140 A1
Séranon (06)....178 A3
Serans (61)....39 E5
Serans (60)....42 A1
Seranville (54)....69 H1
Séranvillers-Forenville (59)....9 E4
Seraucourt-le-Grand (02)....21 H1
Seraumont (88)....68 C2
Serazereux (28)....41 F6
Serbannes (03)....113 H6
Serbonnes (89)....64 D3
Serches (02)....22 B5
Sercœur (88)....70 A3
Sercus (59)....2 C4
Serdinya (66)....200 C3
Sère (32)....184 A1
Sère-en-Lavedan (65)....182 D4
Sère-Lanso (65)....183 E4
Sère-Rustaing (65)....183 G2
Sérécourt (88)....68 D4
Séreilhac (87)....123 H3
Serémange-Erzange (57)....26 B4
Sérénac (81)....170 D2
Sérent (56)....73 G1
Sérévillers (60)....20 C2
Serez (27)....41 F3

Sérézin-de-la-Tour (38)....130 D5
Sérézin-du-Rhône (69)....130 A4
Sergeac (24)....137 H5
Sergenaux (39)....102 C4
Sergenon (39)....102 C4
Sergines (89)....65 E3
Sergy (01)....118 B3
Sergy (02)....44 C1
Séricourt (62)....7 G2
Sériers (15)....141 E4
Sérifontaine (60)....19 G5
Sérignac (46)....152 A3
Sérignac (82)....168 C2
Sérignac-Péboudou (47)....151 E2
Sérignac-sur-Garonne (47)....151 E5
Sérignan (34)....188 C2
Sérignan-du-Comtat (84)....158 B6
Sérigné (85)....107 E2
Sérigny (61)....60 D2
Sérigny (86)....94 B4
Sérilhac (19)....139 E3
Seringes-et-Nesles (02)....22 B6
Séris (41)....80 B2
Serley (71)....102 B5
Sermages (58)....100 A2
Sermaise (49)....77 G4
Sermaise (91)....62 B5
Sermaises (45)....63 F3
Sermaize (60)....21 G3
Sermaize-les-Bains (51)....46 D4
Sermamagny (90)....88 C2
Sermange (39)....102 D1
Sermano (2B)....205 F2
Sermentizon (63)....127 H3
Sermérieu (38)....131 E4
Sermersheim (67)....71 G2
Sermesse (71)....102 A4
Sermiers (51)....45 F1
Sermizelles (89)....83 H4
Sermoise (02)....22 B5
Sermoise-sur-Loire (58)....99 E4
Sermoyer (01)....116 C2
Sermur (23)....126 A1
Sernhac (30)....174 C2
Serocourt (88)....69 E5
Séron (65)....182 D2
Serpaize (38)....130 B5
la Serpent (11)....186 D5
Serques (62)....2 A3
Serqueux (52)....68 D6
Serqueux (76)....19 F3
Serquigny (27)....40 B1
Serra-di-Ferro (2A)....206 C2
Serra-di-Fiumorbo (2B)....205 G5
Serra-di-Scopamène (2A)....207 E2
Serralongue (66)....200 D5
Serraval (74)....132 C2
la Serre (12)....171 F3
la Serre-Bussière-Vieille (23)....112 B6
Serres (11)....187 E6
Serres (54)....49 E5
Serres-Castet (64)....182 B1
Serres-et-Montguyard (24)....151 E1
Serres-Gaston (40)....166 A4
Serres-Morlaàs (64)....182 C2
Serres-Sainte-Marie (64)....182 A1
Serres-sur-Arget (09)....185 G5
Serreslous-et-Arribans (40)....165 H4
Serriera (2A)....204 B2
Serrières (07)....144 A1
Serrières (71)....116 A4
Serrières-de-Briord (01)....131 E2
Serrières-en-Chautagne (73)....131 G2
Serrières-sur-Ain (01)....117 F5
Serrigny (89)....84 A2
Serrigny-en-Bresse (71)....102 A5
Serris (77)....43 F4
Serrouville (54)....26 A3
Serruelles (18)....97 G4
Sers (16)....122 D4
Sers (65)....183 E6
Servais (02)....22 A2
Serval (02)....22 C5
Servance (70)....88 B1
Servanches (24)....136 B3
Servant (63)....113 F6
Servas (01)....116 D5
Servas (30)....157 F6
Servaville-Salmonville (76)....17 H6
Serverette (48)....155 H1
Serves-sur-Rhône (26)....144 A3
Servian (34)....188 C2
Servières (48)....155 H2
Servières-le-Château (19)....139 F3
Serviers-et-Labaume (30)....174 B1
Serviès (81)....170 B4
Serviès-en-Val (11)....187 F4
Servignat (01)....116 D2
Servigney (70)....87 H2
Servigny (50)....36 D1
Servigny-lès-Raville (57)....49 E1
Servigny-lès-Sainte-Barbe (57)....26 C5
Serville (28)....41 F5
Servilly (03)....114 B4
Servin (25)....88 A6
Servins (62)....8 A2
Servon (50)....35 G4
Servon (77)....43 F5
Servon-Melzicourt (51)....24 B6
Servon-sur-Vilaine (35)....57 G3
Servoz (74)....133 E1
Séry (08)....23 H3
Séry (89)....83 G3
Séry-lès-Mézières (02)....22 B1
Séry-Magneval (60)....21 F6
Serzy-et-Prin (51)....22 D6
Sessenheim (67)....51 F3
Sète (34)....189 F1
Setques (62)....2 A4
Seugy (95)....42 D1
Seuil (08)....23 H4
Seuil-d'Argonne (55)....46 D2
Seuillet (03)....114 A5
Seuilly (37)....94 A2
Seur (41)....79 H4
le Seure (17)....121 G2
Seurre (21)....102 A2
Seux (80)....7 F6
Seuzey (55)....47 G2
Sevelinges (42)....115 F6
Sevenans (90)....88 C3
Sévérac (44)....73 H4
Sévérac-le-Château (12)....155 F5
Sévérac-l'Église (12)....155 E4
Seveux (70)....86 D4
Sévignacq (64)....182 C1
Sévignacq-Meyracq (64)....182 B3
Sévigny (08)....23 H3
Sévigny-la-Forêt (08)....10 D6
Sévigny-Waleppe (08)....23 F3
Sévis (76)....17 H4
Sevrai (61)....38 D5
Sevran (93)....43 E3
Sèvres (92)....42 C4
Sèvres-Anxaumont (86)....109 F1
Sévrier (74)....132 B2
Sévry (18)....98 B2
Sewen (68)....88 D1
Sexcles (19)....139 F4
Sexey-aux-Forges (54)....48 C5
Sexey-les-Bois (54)....48 B5
Sexfontaines (52)....67 H4
Seychalles (63)....127 G3
Seyches (47)....150 D2
Seyne (04)....160 D4
la Seyne-sur-Mer (83)....193 E5
Seynes (30)....174 A1
Seynod (74)....132 B2
Seyre (31)....185 G2
Seyresse (40)....164 D4
Seyssel (01)....131 G1
Seyssel (74)....131 G1
Seysses (31)....169 E6
Seysses-Savès (32)....168 A6
Seyssinet-Pariset (38)....145 G2
Seyssins (38)....145 G2
Seyssuel (38)....130 A5
Seythenex (74)....132 C3
Seytroux (74)....119 F4
Sézanne (51)....44 C5
Sézéria (39)....117 G2
Siarrouy (65)....183 E2
Siaugues-Sainte-Marie (43)....142 A3
Sibiril (29)....31 G2
Sibiville (62)....7 G3
Siccieu-Saint-Julien-et-Carisieu (38)....130 D3
Sichamps (58)....99 E2
Sickert (68)....88 D1
Sideville (50)....12 C2
Sidiailles (18)....112 C3
Siecq (17)....121 H2
Siegen (67)....51 G2
les Sièges (89)....65 F4
Sierck-les-Bains (57)....26 C2
Sierentz (68)....89 G2
Siersthal (57)....50 B1
Sierville (76)....17 G5
Siest (40)....164 D4
Sieurac (81)....170 B3
Sieuras (09)....185 F4
Siévoz (38)....145 H5
Siewiller (67)....50 B3
Sigale (06)....178 C2
Sigalens (33)....150 A3
Sigean (11)....188 A5
Sigloy (45)....81 F2
Signac (31)....184 A6
Signes (83)....193 E4
Signéville (52)....68 B3
Signy-l'Abbaye (08)....23 G2
Signy-le-Petit (08)....10 C6
Signy-Montlibert (08)....25 E3
Signy-Signets (77)....43 H3
Sigogne (16)....121 H4
Sigolsheim (68)....71 F4
Sigonce (04)....176 D1
Sigottier (05)....159 G4
Sigoulès (24)....136 D6
Sigournais (85)....92 B5
Sigoyer (04)....160 B4
Sigoyer (05)....160 B3
Siguer (09)....199 E1
Signy-en-Bray (76)....19 F3
Sigy-le-Châtel (71)....115 H2
Silfiac (56)....54 D1
Silhac (07)....143 H5
Sillans (38)....145 E1
Sillans-la-Cascade (83)....193 G1
Sillars (86)....109 H3
Sillas (33)....150 A4
Sillé-le-Guillaume (72)....59 G4
Sillé-le-Philippe (72)....60 B5
Sillegny (57)....48 C3
Silley-Amancey (25)....103 G3
Silley-Bléfond (25)....87 H6
Sillingy (74)....132 A1
Silly-en-Gouffern (61)....39 F4
Silly-en-Saulnois (57)....48 D2
Silly-la-Poterie (02)....44 A1
Silly-le-Long (60)....43 F2
Silly-sur-Nied (57)....26 D5
Silly-Tillard (60)....20 B5
Silmont (55)....47 F5
Siltzheim (67)....27 H5
Silvareccio (2B)....203 G6
Silvarouvres (52)....67 F5
Simacourbe (64)....182 D1
Simandre (71)....116 C1
Simandre-sur-Suran (01)....117 F4
Simandres (69)....130 A4
Simard (71)....116 C1
Simencourt (62)....8 A3
Simeyrols (24)....138 B5
Simiane-Collongue (13)....192 B3
Simiane-la-Rotonde (04)....176 B2
Simorre (32)....184 B1
Simplé (53)....58 C6
Sin-le-Noble (59)....8 D2
Sinard (38)....145 G4
Sinceny (02)....21 H3
Sincey-lès-Rouvray (21)....84 B5
Sindères (40)....165 E1
Singles (63)....126 B5
Singleyrac (24)....136 D6
Singly (08)....24 A2
Singrist (67)....50 C4
Sinsat (09)....199 E1
Sinzos (65)....183 F3
Sion (32)....166 D4
Sion-les-Mines (44)....57 F6
Sioniac (19)....139 E4
Sionne (88)....68 C2
Sionviller (54)....49 F5
Siorac-de-Ribérac (24)....136 D2
Siorac-en-Périgord (24)....137 H6
Siouville-Hague (50)....12 B2
Sirac (32)....168 C4
Siracourt (62)....7 G1
Siradan (65)....184 A5
Siran (15)....139 G5
Siran (34)....187 G2
Sireix (65)....182 D5
Sireuil (16)....122 B4
Sirod (39)....103 F5
Siros (64)....182 B1
Sisco (2B)....203 G2
Sissonne (02)....23 E3
Sissy (02)....22 B1
Sistels (82)....168 B1
Sisteron (04)....160 A4
Sivergues (84)....176 A3
Sivignon (71)....115 H3
Sivry (54)....48 C4
Sivry-Ante (51)....46 C2
Sivry-Courtry (77)....64 A1
Sivry-la-Perche (55)....47 E1
Sivry-sur-Meuse (55)....25 E5
Six-Fours-les-Plages (83)....193 E5
Sixt-Fer-à-Cheval (74)....119 G6
Sixt-sur-Aff (35)....56 C5
Sizun (29)....31 G5
Smarves (86)....109 E2
Smermesnil (76)....19 G1
Soccia (2A)....204 D3
Sochaux (25)....88 C3
Socourt (88)....69 G2
Socx (59)....2 C2
Sode (31)....197 H1
Sœurdres (49)....77 E2
Sognolles-en-Montois (77)....64 C1
Sogny-aux-Moulins (51)....45 H3
Sogny-en-l'Angle (51)....46 C3
Soignolles (14)....38 B6
Soignolles-en-Brie (77)....43 F6
Soindres (78)....41 H3
Soing-Cubry-Charentenay (70)....87 E4
Soings-en-Sologne (41)....80 B5
Soirans (21)....102 A1
Soissons (02)....22 A5
Soissons-sur-Nacey (21)....102 C1
Soisy-Bouy (77)....65 E1
Soisy-sous-Montmorency (95)....42 C3
Soisy-sur-École (91)....63 H1
Soisy-sur-Seine (91)....42 D6
Soize (02)....23 E2
Soizé (28)....61 F3
Soizy-aux-Bois (51)....44 D4
Solaize (69)....130 A4
Solaro (2B)....205 G6
Solbach (67)....71 E1
Soleilhas (04)....178 A3
Solemont (25)....88 B5
Solente (60)....21 F2
le Soler (66)....201 E2
Solérieux (26)....158 B4
Solers (77)....43 F6
Solesmes (59)....9 F3
Solesmes (72)....59 F6
Soleymieux (42)....128 D4

Solférino (40) ...148 C6
Solgne (57) ...48 D2
Soliers (14) ...38 D1
Solignac (87) ...124 B3
Solignac-sous-Roche (43) ...142 D2
Solignac-sur-Loire (43) ...142 C4
Solignat (63) ...127 F5
Soligny-la-Trappe (61) ...39 H6
Soligny-les-Étangs (10) ...65 F2
Sollacaro (2A) ...206 D2
Sollières-Sardières (73) ...147 F1
Solliès-Pont (83) ...193 F4
Solliès-Toucas (83) ...193 F4
Solliès-Ville (83) ...193 F4
Sologny (71) ...116 A3
Solomiac (32) ...168 B3
Solre-le-Château (59) ...10 B3
Solrinnes (59) ...10 B3
Solterre (45) ...82 A1
Solutré-Pouilly (71) ...116 A4
Somain (59) ...9 E2
Sombacour (25) ...103 H3
Sombernon (21) ...85 F6
Sombrin (62) ...7 H3
Sombrun (65) ...166 D6
Somloire (49) ...92 D3
Sommaing (59) ...9 F2
Sommancourt (52) ...67 G1
Sommant (71) ...100 C3
Sommauthe (08) ...24 C4
Somme-Bionne (51) ...46 B2
Somme-Suippe (51) ...46 B1
Somme-Tourbe (51) ...46 B1
Somme-Vesle (51) ...46 B3
Somme-Yèvre (51) ...46 C3
Sommecaise (89) ...82 D1
Sommedieue (55) ...47 G1
Sommeilles (55) ...46 D3
Sommelans (02) ...44 B1
Sommelonne (55) ...46 D5
Sommepy-Tahure (51) ...23 H6
Sommerance (08) ...24 C5
Sommerécourt (52) ...68 D3
Sommereux (60) ...20 A2
Sommeron (02) ...10 A5
Sommervieu (14) ...14 A3
Sommerviller (54) ...49 E5
Sommery (76) ...19 E2
Sommesnil (76) ...17 E4
Sommesous (51) ...45 H5
la Sommette (25) ...104 B1
Sommette-Eaucourt (02) ...21 H2
Sommeval (10) ...66 A4
Sommevoire (52) ...67 F2
Sommières (30) ...173 H4
Sommières-du-Clain (86) ...109 E4
Sompt (79) ...108 B5
Sompuis (51) ...45 H5
Somsois (51) ...46 B6
Son (08) ...23 G3
Sonac (46) ...153 F1
Sonchamp (78) ...42 A6
Soncourt (88) ...69 E2
Soncourt-sur-Marne (52) ...67 H3
Sondernach (68) ...70 D5
Sondersdorf (68) ...89 F4
la Sône (38) ...144 D3
Songeons (60) ...19 H3
Songeson (39) ...103 E6
Songieu (01) ...131 G1
Songy (51) ...46 A4
Sonnac (12) ...153 H3
Sonnac (17) ...121 H2
Sonnac-sur-l'Hers (11) ...186 B5
Sonnay (38) ...144 B1
Sonnaz (73) ...131 H4
Sonneville (16) ...122 A2
Sons-et-Ronchères (02) ...22 C1
Sonthonnax-
  -la-Montagne (01) ...117 F4
Sonzay (37) ...78 C4
Soorts-Hossegor (40) ...164 B4
Soppe-le-Bas (68) ...89 E2
Soppe-le-Haut (68) ...88 D2
Sor (09) ...184 D6
Sorans-lès-Breurey (70) ...87 F5
Sorbais (02) ...10 A6
Sorbets (32) ...166 D4
Sorbets (40) ...166 B5
Sorbey (55) ...25 G4
Sorbey (57) ...26 C6
Sorbier (03) ...114 B3
Sorbiers (05) ...159 G4
Sorbiers (42) ...129 F5
Sorbo-Ocagnano (2B) ...203 G6
Sorbollano (2A) ...207 D2
Sorbon (08) ...23 G3
Sorbs (34) ...172 C3
Sorcy-Bauthémont (08) ...23 F3
Sorcy-Saint-Martin (55) ...47 H5
Sorde-l'Abbaye (40) ...165 E5
Sore (40) ...149 F4
Soréac (65) ...183 F2
Sorède (66) ...201 F4
Sorel (80) ...8 C5
Sorel-en-Vimeu (80) ...7 E5
Sorel-Moussel (28) ...41 F4
Sorèze (81) ...186 C1
Sorgeat (09) ...199 G2
Sorges (24) ...137 G1
Sorgues (84) ...174 C1
Sorigny (37) ...95 E1
les Sorinières (44) ...74 D6
Sorio (2B) ...203 F5
Sormery (89) ...65 H5
Sormonne (08) ...23 H1
Sornac (19) ...125 H4
Sornay (70) ...86 D6
Sornay (71) ...116 D1
Sornéville (54) ...49 E4
Sorrus (62) ...6 D1
Sort-en-Chalosse (40) ...165 F4
Sortosville (50) ...12 D3
Sortosville-
  -en-Beaumont (50) ...12 B4
Sos (47) ...167 E1
Sospel (06) ...195 G1
Sossais (86) ...94 C4
Sost (65) ...183 H5
Sotta (2A) ...207 F4
Sottevast (50) ...12 C3
Sotteville (50) ...12 B2
Sotteville-lès-Rouen (76) ...17 G6
Sotteville-sous-le-Val (76) ...18 D5
Sotteville-sur-Mer (76) ...17 F2
Soturac (46) ...151 H3
Sotzeling (57) ...49 F3
Souain-Perthes-
  -lès-Hurlus (51) ...46 A1
Soual (81) ...170 A6
Souancé-au-Perche (28) ...61 F3
Souanyas (66) ...200 B3
Souastre (62) ...7 H3
Soubès (34) ...172 C4
Soubise (17) ...120 C1
Soublecause (65) ...166 D6
Soubran (17) ...121 F6
Soubrebost (23) ...125 E1
Soucé (53) ...58 D1
Soucelles (49) ...77 E3
la Souche (07) ...157 F2
Souché (62) ...28 B6
Soucia (39) ...117 H1
Soucieu-en-Jarrest (69) ...129 H4
Soucirac (46) ...152 D1
Souclin (01) ...131 E2
Soucy (02) ...21 H5
Soucy (89) ...65 E4
Soudaine-Lavinadière (19) ...125 E5
Soudan (44) ...57 H6
Soudan (79) ...108 B2
Soudat (24) ...123 E4
Souday (41) ...61 F5
Soudé (51) ...45 H5
Soudeilles (19) ...125 G6
Soudorgues (30) ...173 F1
Soudron (51) ...45 G4
Soueich (31) ...184 B4
Soueix-Rogalle (09) ...185 E6

Souel (81) ...170 A1
Soues (65) ...183 E3
Soues (80) ...7 E5
Souesmes (41) ...81 F5
Souffelweyersheim (67) ...51 E5
Soufflenheim (67) ...51 F3
Souffrignac (16) ...123 E4
Sougé (36) ...96 B4
Sougé (41) ...79 E2
Sougé-le-Ganelon (72) ...59 H3
Sougéal (35) ...35 G5
Sougères-en-Puisaye (89) ...83 E4
Sougraigne (11) ...187 E6
Sougy (45) ...62 C5
Sougy-sur-Loire (58) ...99 F5
les Souhesmes-
  -Rampont (55) ...47 E2
Souhey (21) ...84 D5
le Souich (62) ...7 G3
Souilhanels (11) ...186 B2
Souilhe (11) ...186 B2
Souillac (46) ...138 C5
Souillé (72) ...60 A4
Souilly (55) ...47 E2
Soula (09) ...185 H6
Soulac-sur-Mer (33) ...120 B5
Soulages (15) ...141 G3
Soulages-Bonneval (12) ...154 D1
Soulaines-Dhuys (10) ...67 F2
Soulaines-sur-Aubance (49) ...77 E5
Soulaire-et-Bourg (49) ...77 E3
Soulaires (28) ...62 B1
Soulan (09) ...185 E6
Soulanges (51) ...46 A4
Soulangis (18) ...97 H2
Soulangy (14) ...38 D3
Soulatgé (11) ...187 F6
Soulaucourt-
  -sur-Mouzon (52) ...68 D4
Soulaures (24) ...151 H1
Soulce-Cernay (25) ...88 C6
Soulgé-sur-Ouette (53) ...59 E5
le Soulié (34) ...171 F6
Soulières (51) ...45 E3
Soulignac (33) ...149 H1
Souligné-Flacé (72) ...59 H6
Souligné-sous-Ballon (72) ...60 B4
Soulignonne (17) ...120 D2
Souligny (10) ...66 A4
Soulitré (72) ...60 C5
Soullans (85) ...90 D3
Soulles (50) ...37 F2
Soulom (65) ...182 D5
Soulosse-sous-
  -Saint-Élophe (88) ...68 D2
Soultz-Haut-Rhin (68) ...71 E6
Soultz-les-Bains (67) ...50 D6
Soultz-sous-Forêts (67) ...51 F2
Soultzbach-les-Bains (68) ...71 E5
Soultzeren (68) ...71 E5
Soultzmatt (68) ...71 E5
Soulvache (44) ...57 G5
Soumaintrain (89) ...65 H6
Soumans (23) ...112 B4
Soumensac (47) ...150 D1
Souméras (17) ...121 F5
Soumont (34) ...172 C4
Soumont-Saint-Quentin (14) ...38 D2
Soumoulou (64) ...182 C2
Soupex (11) ...186 B2
Soupir (02) ...22 C4
Souppes-sur-Loing (77) ...64 A4
Souprosse (40) ...165 G3
Souraïde (64) ...180 C1
Sourans (25) ...88 B5
Sourcieux-les-Mines (69) ...129 G3
le Sourd (02) ...9 H6
Sourdeval (50) ...37 G4
Sourdeval-les-Bois (50) ...37 E2
Sourdon (80) ...20 C2
Sourdun (77) ...65 E1
le Sourn (56) ...55 E3
Sournia (66) ...200 C2
Sourniac (15) ...140 A3
Sournibes (04) ...160 B6
Sours (28) ...62 B2
Soursac (19) ...139 H2
Sourzac (24) ...136 D3
sous-Parsat (23) ...111 G6
Sousceyrac (46) ...139 G5
Sousmoulins (17) ...135 G1
Souspierre (26) ...158 C2
Soussac (33) ...136 A6
Soussans (33) ...135 E3
Soussey-sur-Brionne (21) ...85 E6
Soustelle (30) ...156 D6
Soustons (40) ...164 C4
Sousville (38) ...145 H5
Souternon (42) ...128 C2
la Souterraine (23) ...110 D4
Soutiers (79) ...108 A1
Souvans (39) ...102 D3
Souvignargues (30) ...173 H3
Souvigné (16) ...122 B1
Souvigné (37) ...78 C4
Souvigné (79) ...108 B3
Souvigné-sur-Même (72) ...60 D4
Souvigné-sur-Sarthe (72) ...77 E1
Souvigny (03) ...113 G2
Souvigny-de-Touraine (37) ...79 G5
Souvigny-en-Sologne (41) ...81 F3
Souyeaux (65) ...183 F3
Souzay-Champigny (49) ...93 H1
Souzy (69) ...129 F3
Souzy-la-Briche (91) ...63 F1
Soveria (2B) ...205 E2
Soyans (26) ...158 C2
Soyaux (16) ...122 C4
Soye (25) ...88 A5
Soye-en-Septaine (18) ...97 H3
Soyécourt (80) ...8 B6
Soyers (52) ...86 D1
Soyons (07) ...144 A5
Sparsbach (67) ...50 C3
Spay (72) ...60 A6
Spechbach-le-Bas (68) ...89 E2
Spechbach-le-Haut (68) ...89 E2
Speloncato (2B) ...202 D5
Spéracèdes (06) ...178 C4
Spézet (29) ...54 A1
Spicheren (57) ...27 G4
Spincourt (55) ...25 G5
Sponville (54) ...48 A2
Spoy (10) ...67 E4
Spoy (21) ...86 A5
Spycker (59) ...3 E3
Squiffiec (22) ...33 E3
Staffelfelden (68) ...89 F1
Stains (93) ...42 D3
Stainville (55) ...47 E5
Staple (59) ...3 G4
Stattmatten (67) ...51 F3
Stazzona (2B) ...205 G1
Steenbecque (59) ...3 G4
Steene (59) ...3 F3
Steenvoorde (59) ...3 H4
Steenwerck (59) ...3 H4
Steige (67) ...71 E2
Steinbach (68) ...89 E1
Steinbourg (67) ...50 C4
Steinbrunn-le-Bas (68) ...89 F2
Steinbrunn-le-Haut (68) ...89 F2
Steinseltz (67) ...51 F1
Steinsoultz (68) ...89 F3
Stenay (55) ...24 D4
Sternenberg (68) ...89 E2
Stetten (68) ...89 G3
Stigny (89) ...84 C2
Still (67) ...50 D6
Stiring-Wendel (57) ...27 G4
Stonne (08) ...24 C3
Storckensohn (68) ...70 D6
Stosswihr (68) ...71 E5
Stotzheim (67) ...71 F2
Strasbourg (67) ...51 E5
Strazeele (59) ...3 H4
Strenquels (46) ...138 D4
Strueth (68) ...89 E3
Struth (67) ...50 B3
Stuckange (57) ...26 C3

Stundwiller (67) ...51 F2
Sturzelbronn (57) ...28 C5
Stutzheim-Offenheim (67) ...50 D5
Suarce (90) ...89 E3
Suaux (16) ...123 E2
le Subdray (18) ...97 G3
Subligny (18) ...82 B5
Subligny (50) ...35 H3
Subligny (89) ...64 D4
Suc-et-Sentenac (09) ...198 D1
Succieu (38) ...130 D5
Suce-sur-Erdre (44) ...74 D4
Sucy-en-Brie (94) ...43 E5
Suèvres (41) ...80 A3
Sugères (63) ...127 H4
Sugny (08) ...24 A5
Suhescun (64) ...181 E2
Suilly-la-Tour (58) ...82 C6
Suin (71) ...115 H3
Suippes (51) ...46 A1
Suisse (57) ...49 F2
Suizy-le-Franc (51) ...44 D3
Sulignat (01) ...116 C5
Sully (14) ...13 H5
Sully (60) ...19 G3
Sully (71) ...101 E3
Sully-la-Chapelle (45) ...63 F6
Sully-sur-Loire (45) ...81 G2
Sulniac (56) ...55 H6
Sumène (30) ...173 E2
Sundhoffen (68) ...71 F5
Sundhouse (67) ...71 G3
Supt (39) ...103 F4
Surat (63) ...127 G1
Surba (09) ...185 G6
Surbourg (67) ...51 F2
Surcamps (80) ...7 E4
Surdoux (87) ...124 D4
Suré (61) ...60 C2
Suresnes (92) ...42 C4
Surfontaine (02) ...22 B1
Surgères (17) ...107 F5
Surgy (58) ...83 F4
Suriauville (88) ...69 E4
Surin (79) ...107 H2
Surin (86) ...109 E6
Suris (16) ...123 F2
Surjoux (01) ...117 H6
Surmont (25) ...88 B6
Surques (62) ...1 G4
Surrain (14) ...13 G5
Surtainville (50) ...12 B3
Surtauville (27) ...18 C6
Survie (61) ...39 F4
Surville (14) ...15 F3
Surville (27) ...18 C6
Surville (50) ...12 C5
Survilliers (95) ...43 E2
Sury (08) ...24 A1
Sury-aux-Bois (45) ...63 G6
Sury-en-Vaux (18) ...82 B6
Sury-ès-Bois (18) ...82 A5
Sury-le-Comtal (42) ...129 E5
Sury-près-Léré (18) ...82 B5
Sus (64) ...181 G2
Sus-Saint-Léger (62) ...7 H3
Susmiou (64) ...181 G2
Sussac (87) ...124 D4
Sussargues (34) ...173 G4
Sussat (03) ...113 F6
Sussey (21) ...100 D1
Susville (38) ...145 G5
Sutrieu (01) ...131 F1
Suzan (09) ...185 F5
Suzanne (08) ...24 A3
Suzanne (80) ...8 B5
Suzannecourt (52) ...67 H2
Suzay (27) ...19 F6
Suze (26) ...144 C6
Suze-la-Rousse (26) ...158 B5
la Suze-sur-Sarthe (72) ...77 H1
Suzette (84) ...158 D6
Suzoy (60) ...21 G3
Suzy (02) ...22 B3
Sy (08) ...24 B3
Syam (39) ...103 F6
Sylvains-les-Moulins (27) ...40 D3
Sylvanès (12) ...171 H3
le Syndicat (88) ...70 B5

T

Tabaille-Usquain (64) ...181 G1
Tabanac (33) ...135 F6
la Table (73) ...132 B5
le Tablier (85) ...91 G5
Tabre (09) ...186 B5
la Tâche (16) ...122 D2
Tachoires (32) ...167 H6
Tacoignières (78) ...41 G4
Taconnay (58) ...83 F6
Taden (22) ...36 A6
Tadousse-Ussau (64) ...166 C5
Taglio-Isolaccio (2B) ...203 G6
la Tagnière (71) ...100 C5
Tagnon (08) ...23 G4
Tagolsheim (68) ...89 F2
Tagsdorf (68) ...89 F3
Tailhac (43) ...141 H4
Taillades (84) ...175 F3
le Taillan-Médoc (33) ...135 E5
Taillancourt (55) ...68 D1
Taillant (17) ...121 E1
Taillebois (61) ...38 C4
Taillebourg (17) ...121 E2
Taillebourg (47) ...150 C3
Taillecavat (33) ...150 C1
Taillecourt (25) ...88 C4
la Taillée (85) ...107 E3
Taillefontaine (02) ...21 G5
Taillepied (50) ...12 C4
Taillet (66) ...200 D4
Taillette (08) ...11 G5
Tailleville (14) ...14 B3
Taillis (35) ...57 H2
Tailly (08) ...24 C4
Tailly (21) ...101 G3
Tailly (80) ...7 E5
Tain-l'Hermitage (26) ...144 A3
Taingy (89) ...83 E3
Taintrux (88) ...70 C3
Taisnières-en-Thiérache (59) ...9 H4
Taisnières-sur-Hon (59) ...9 H3
Taissy (51) ...23 E6
Taïx (81) ...170 C2
Taizé (71) ...116 A2
Taizé-Aizie (16) ...108 D6
Taizy (08) ...23 G3
Tajan (65) ...183 H3
Talairan (11) ...187 G5
Talais (33) ...120 B5
Talange (57) ...26 B4
Talant (21) ...85 H6
Talasani (2B) ...203 G6
la Talaudière (42) ...129 F5
Talazac (65) ...183 E2
Talcy (41) ...80 A3
Talence (33) ...135 E5
Talencieux (07) ...144 A2
Talensac (35) ...56 D3
Talissieu (01) ...131 G2
Talizat (15) ...141 F3
Tallans (25) ...87 H5
Tallard (05) ...160 B3
Tallenay (25) ...87 G6
Tallende (63) ...127 F4
Taller (40) ...165 E3
Talloires (74) ...132 B2
Tallone (2B) ...205 G2
le Tallud (79) ...93 F6
Tallud-Sainte-Gemme (85) ...92 C5
Talmas (80) ...7 G4
Talmay (21) ...86 B5

Talmont-Saint-Hilaire (85) ...91 F6
Talmont-sur-Gironde (17) ...120 C4
Talmontiers (60) ...19 G5
Talon (58) ...83 F6
Talus-Saint-Prix (51) ...44 D4
Taluyers (69) ...129 H4
Tamerville (50) ...12 D3
Tamnay-en-Bazois (58) ...99 H3
Tamniès (24) ...138 A4
Tanavelle (15) ...141 E4
Tanay (21) ...86 A5
Tancarville (76) ...15 G2
Tancoigné (49) ...93 F1
Tancon (71) ...115 F5
Tanconville (54) ...49 H5
Tancrou (77) ...43 H2
Tangry (62) ...7 G1
Taninges (74) ...119 E5
Tanis (50) ...35 G4
Tanlay (89) ...84 B1
Tannay (08) ...24 B3
Tannay (58) ...83 G6
Tannerre-en-Puisaye (89) ...82 D2
Tannières (02) ...22 B6
Tannois (55) ...47 E5
Tanques (61) ...39 E5
Tantonville (54) ...69 F1
le Tanu (50) ...35 H2
Tanus (81) ...170 D1
Tanville (61) ...39 E6
Tanzac (17) ...121 E4
Taponas (69) ...116 B5
Taponnat-Fleurignac (16) ...122 D3
Tarabel (31) ...169 G6
Taradeau (83) ...177 H6
Tarare (69) ...129 F2
Tarascon (13) ...174 D3
Tarascon-sur-Ariège (09) ...199 E1
Tarasteix (65) ...183 E2
Tarbes (65) ...183 E3
Tarcenay (25) ...103 G2
Tardes (23) ...112 B5
Tardets-Sorholus (64) ...181 G3
la Tardière (85) ...92 C6
Tardinghen (62) ...1 F3
Tarentaise (42) ...143 G1
Tarerach (66) ...200 C2
Targassonne (66) ...199 H4
Target (03) ...113 F4
Targon (33) ...135 G6
Tarnac (19) ...125 G4
Tarnès (33) ...135 G4
Tarnos (40) ...164 B5
Taron-Sadirac-
  -Viellenave (64) ...166 B6
Tarquimpol (57) ...49 G4
Tarrano (2B) ...205 G2
Tarsac (32) ...166 C4
Tarsacq (64) ...182 A1
Tart-l'Abbaye (21) ...102 B1
Tart-le-Bas (21) ...102 A1
Tart-le-Haut (21) ...102 A1
Tartaras (42) ...129 H5
Tartécourt (70) ...87 F1
Tartiers (02) ...21 H4
Tartigny (60) ...20 C2
Tartonne (04) ...177 G1
le Tartre (71) ...102 C5
le Tartre-Gaudran (78) ...41 G5
Tarzy (08) ...10 C6
Tasque (32) ...166 D5
Tassé (72) ...77 G1
Tasso (2A) ...205 E4
Tatinghem (62) ...2 A4
le Tâtre (16) ...121 H6
Taugon (17) ...107 E3
Taulé (29) ...31 H3
Taulignan (26) ...158 C3
Taulis (66) ...200 D4
Taupont (56) ...56 A3
Tauriac (33) ...135 F3
Tauriac (46) ...139 E5
Tauriac (81) ...169 G3
Tauriac-de-Camarès (12) ...171 H4
Tauriac-de-Naucelle (12) ...154 A6
Taurignan-Castet (09) ...184 D5
Taurignan-Vieux (09) ...184 D5
Taurinya (66) ...200 C3
Taurize (11) ...187 F4
Taussac (12) ...140 C6
Taussac-la-Billière (34) ...172 A5
Tautavel (66) ...201 E1
Tauves (63) ...126 C5
Tauxières-Mutry (51) ...45 F2
Tauxigny (37) ...95 F1
Tavaco (2A) ...204 D5
Tavant (37) ...94 C2
Tavaux (39) ...102 C3
Tavaux-et-
  -Pontséricourt (02) ...22 D2
Tavel (30) ...174 D2
Tavera (2A) ...204 D4
Tavernay (71) ...100 C3
Tavernes (83) ...193 F1
Taverny (95) ...42 C2
Tavers (45) ...80 B2
Tavey (70) ...88 C3
Taxat-Senat (03) ...113 G5
Taxenne (39) ...102 D2
Tayac (33) ...136 A4
Taybosc (32) ...168 A4
Tayrac (12) ...154 A6
Tayrac (47) ...151 G5
Tazilly (58) ...100 A5
le Tech (66) ...200 D5
Têche (38) ...145 E2
Técou (81) ...169 H3
le Teich (33) ...148 C1
Teigny (58) ...83 G6
le Teil (07) ...158 A2
Teilhède (63) ...127 E1
Teilhet (09) ...186 A4
Teilhet (63) ...113 E6
Teillay (35) ...57 F5
Teillé (44) ...75 E3
Teillé (72) ...60 B4
Teillet (81) ...170 D2
Teillet-Argenty (03) ...112 C4
le Teilleul (50) ...37 H6
Teillots (24) ...138 A2
Teissières-de-Cornet (15) ...140 A4
Teissières-lès-Bouliès (15) ...140 B6
Telgruc-sur-Mer (29) ...31 E6
Tellancourt (54) ...25 G3
Tellecey (21) ...86 B6
Tellières-le-Plessis (61) ...39 G6
Teloché (72) ...78 B1
le Temple (33) ...134 C5
le Temple (41) ...79 F3
Temple-Laguyon (24) ...137 H2
le Temple-sur-Lot (47) ...151 E4
Templemars (59) ...3 F5
Templeuve (59) ...3 G5
Templeux-la-Fosse (80) ...8 C5
Templeux-le-Guérard (80) ...8 D5
Tenay (01) ...131 E1
Tencin (38) ...145 H1
Tende (06) ...163 F6
Tendon (88) ...70 B4
Tendron (18) ...98 B3
Tendu (36) ...111 E1
Teneur (62) ...7 F1
Tennie (72) ...59 H4
Tenteling (57) ...27 G5
Tercé (86) ...109 F2
Tercillat (23) ...111 H3
Tercis-les-Bains (40) ...165 E4
Terdeghem (59) ...3 H3
Tergnier (02) ...22 A2
Terjat (03) ...112 C5
Termes (11) ...187 F5

Termes (48) ...141 G1
Termes-d'Armagnac (32) ...166 D4
Termignon (73) ...147 F1
Terminiers (28) ...62 C5
Ternand (69) ...129 G2
Ternant (17) ...121 F1
Ternant (58) ...100 A6
Ternant-les-Eaux (63) ...127 F6
Ternas (62) ...7 G2
Ternat (52) ...85 H1
Ternay (41) ...79 E2
Ternay (69) ...130 A4
Ternay (86) ...93 H3
les Ternes (15) ...141 E4
Ternuay-Melay-
  -et-Saint-Hilaire (70) ...88 B1
Terny-Sorny (02) ...22 A4
Terramesnil (80) ...7 G4
la Terrasse (38) ...145 H1
la Terrasse-sur-Dorlay (42) ...129 G6
Terrasson-Lavilledieu (24) ...138 B3
Terrats (66) ...201 E3
Terraube (32) ...167 H2
Terre-Clapier (81) ...170 D3
Terrebasse (31) ...184 C3
Terrefondrée (21) ...85 G2
Terrehault (72) ...60 C4
les Terres-de-Chaux (25) ...88 C6
la Terrisse (12) ...140 D5
Terroles (11) ...187 E5
Terron-sur-Aisne (08) ...24 A4
Terrou (46) ...139 F6
Tersanne (26) ...144 B2
Tersannes (87) ...110 B4
Terssac (81) ...170 B2
le Tertre-Saint-Denis (78) ...41 G3
Tertry (80) ...8 C6
Terville (57) ...26 B3
Tessancourt-sur-Aubette (78) ...42 B2
Tessé-Froulay (61) ...38 C6
Tessel (14) ...14 A5
Tesson (17) ...121 E4
Tessonnière (79) ...93 G5
la Tessoualle (49) ...92 C3
le Tessy (50) ...37 F2
Tessy-sur-Vire (50) ...37 G2
la Teste-de-Buch (33) ...148 B1
Tétaigne (08) ...24 D2
Téteghem (59) ...2 C1
Téterchen (57) ...27 E4
Téthieu (40) ...165 E3
Teting-sur-Nied (57) ...49 F1
Teuillac (33) ...135 F3
Teulat (81) ...169 G5
Teurthéville-Bocage (50) ...12 D2
Teurthéville-Hague (50) ...12 B2
Teyran (34) ...173 G4
Teyssières (26) ...158 D3
Teyssieu (46) ...139 F5
Teyssode (81) ...170 A5
Thaas (51) ...45 E6
Thaims (17) ...120 D4
Thairé (17) ...106 D5
Thaix (58) ...99 H5
Thal-Drulingen (67) ...50 A3
Thal-Marmoutier (67) ...50 C4
Thalamy (19) ...126 B5
Thann (68) ...89 E1
Thannenkirch (68) ...71 F3
Thanvillé (67) ...71 F2
Thaon (14) ...14 B4
Thaon-les-Vosges (88) ...69 H3
Tharaux (30) ...157 F5
Tharoiseau (89) ...83 H4
Tharot (89) ...83 H4
Thaumiers (18) ...98 A5
Thauron (23) ...125 E1
Thauvenay (18) ...82 B6
Thèbe (65) ...184 A5
Théding (57) ...49 G1
Thédirac (46) ...152 C2
Théfy (85) ...106 D3
Thégra (46) ...139 E5
Théhillac (56) ...73 H2
le Theil (03) ...113 G3
le Theil (15) ...140 C3
le Theil (23) ...111 F6
le Theil (50) ...12 D2
le Theil (61) ...61 E3
le Theil-Bocage (14) ...38 A3
le Theil-de-Bretagne (35) ...57 G4
le Theil-en-Auge (14) ...15 F3
le Theil-Nolent (27) ...15 H4
le Tholonet (13) ...176 B6
le Tholy (88) ...70 B4
Thomer-la-Sôgne (27) ...40 D3
Thomery (77) ...64 B2
Thomirey (21) ...101 E3
Thonac (24) ...138 A4
Thônes (74) ...132 C1
Thonnance-lès-Joinville (52) ...67 H1
Thonnance-les-Moulins (52) ...68 A2
Thonne-la-Long (55) ...25 E3
Thonne-le-Thil (55) ...25 E3
Thonne-les-Près (55) ...25 E3
Thonnelle (55) ...25 E3
Thonon-les-Bains (74) ...119 E3
les Thons (88) ...68 D6
Thonville (57) ...49 F2
le Thor (84) ...175 F2
Thorailles (45) ...64 A5
Thoraise (25) ...103 F1
Thorame-Basse (04) ...161 E6
Thorame-Haute (04) ...161 F6
Thoras (43) ...142 A5
Thoré-la-Rochette (41) ...79 F2
Thorée-les-Pins (72) ...77 H2
Thorens-Glières (74) ...118 C6
Thorey (89) ...84 B1
Thorey-en-Plaine (21) ...102 A1
Thorey-Lyautey (54) ...69 F1
Thorey-sous-Charny (21) ...84 D6
Thorey-sur-Ouche (21) ...101 F2
Thorigné (79) ...108 A4
Thorigné-d'Anjou (49) ...76 D2
Thorigné-en-Charnie (53) ...59 F5
Thorigné-Fouillard (35) ...57 F2
Thorigné-sur-Dué (72) ...60 D5
Thorigny (85) ...91 H5
Thorigny-sur-le-Mignon (79) ...107 G5
Thorigny-sur-Marne (77) ...43 F3
Thorigny-sur-Oreuse (89) ...65 E3
le Thoronet (83) ...193 G1
Thorrenc (07) ...144 A2
Thors (10) ...67 F3
Thors (17) ...121 G2
Thory (80) ...20 C2
Thory (89) ...83 G4
Thoste (21) ...84 C6
le Thou (17) ...107 E5
Thou (18) ...82 A4
Thouaré-sur-Loire (44) ...74 D5
Thouars (79) ...93 G3
Thouars-sur-Arize (09) ...185 F4
Thouars-sur-Garonne (47) ...150 D5
Thouarsais-Bouildroux (85) ...92 A6
le Thoult-Trosnay (51) ...44 D4
le Thour (08) ...23 E4
le Thoureil (49) ...77 F5
Thourie (35) ...57 G5
Thouron (87) ...124 B1
Thourotte (60) ...21 F4
Thoury (41) ...80 D3
Thoury-Férottes (77) ...64 B3
Thoux (32) ...168 C4
Thubœuf (53) ...58 D1
le Thuel (02) ...23 E2
Thuellin (38) ...131 E4
Thuès-entre-Valls (66) ...200 A4
Thueyts (07) ...157 F1
Thugny-Trugny (08) ...23 G4
la Thuile (73) ...132 A5
les Thuiles (04) ...161 F3
Thuilley-aux-Groseilles (54) ...48 D6
Thuillières (88) ...69 E4
Thuir (66) ...201 E3
le Thuit (27) ...19 F6
le Thuit-Anger (27) ...18 C5
Thuit-Hébert (27) ...18 B5
le Thuit-Signol (27) ...18 C6
le Thuit-Simer (27) ...18 C6
Thulay (25) ...88 C4

Thumeries (59) ...3 F6
Thun-l'Évêque (59) ...9 E3
Thun-Saint-Amand (59) ...4 A6
Thun-Saint-Martin (59) ...9 E3
Thurageau (86) ...94 B5
Thuré (86) ...94 C5
Thuret (63) ...127 G1
Thurey (71) ...102 B5
Thurey-le-Mont (25) ...87 G5
Thurins (69) ...129 H4
Thury (21) ...101 E3
Thury (89) ...83 E4
Thury-en-Valois (60) ...43 H1
Thury-Harcourt (14) ...14 B6
Thury-sous-Clermont (60) ...20 C5
Thusy (74) ...131 H1
Thuy (65) ...183 F2
Thyez (74) ...119 E5
Tibiran-Jaunac (65) ...183 H4
Ticheville (61) ...39 G3
Tichey (21) ...102 B3
Tieffenbach (67) ...50 B3
Tiercé (49) ...77 E3
Tiercelet (54) ...26 A2
le Tiercent (35) ...35 G6
Tierceville (14) ...14 A3
Tieste-Uragnoux (32) ...166 D5
la Tieule (48) ...155 G4
Tiffauges (85) ...92 A3
Tigeaux (77) ...43 G4
Tigery (91) ...43 E6
Tignac (09) ...199 F2
Tigné (49) ...93 F1
Tignécourt (88) ...69 E5
Tignes (73) ...133 G5
le Tignet (06) ...178 C4
Tignieu-Jameyzieu (38) ...130 C3
Tigny-Noyelle (62) ...6 C2
Tigy (45) ...81 F2
le Tilleul (76) ...16 B4
le Tilleul-Dame-Agnès (27) ...40 C2
le Tilleul-Lambert (27) ...40 C2
le Tilleul-Othon (27) ...40 B1
Tilleux (88) ...68 D3
Tillières (49) ...75 H5
Tillières-sur-Avre (27) ...40 D5
Tilloloy (80) ...21 E2
Tillou (79) ...108 B5
Tilloy-et-Bellay (51) ...46 B2
Tilloy-Floriville (80) ...6 C5
Tilloy-lès-Conty (80) ...20 B1
Tilloy-lès-Hermaville (62) ...7 H2
Tilloy-lès-Mofflaines (62) ...8 B2
Tilloy-lez-Cambrai (59) ...8 D3
Tilloy-lez-Marchiennes (59) ...9 E1
Tilly (27) ...41 G1
Tilly (36) ...110 C3
Tilly (78) ...41 G3
Tilly-Capelle (62) ...7 F1
Tilly-la-Campagne (14) ...14 C5
Tilly-sur-Meuse (55) ...47 F2
Tilly-sur-Seulles (14) ...14 A4
Tilques (62) ...2 A3
Tincey-et-Pontrebeau (70) ...87 E3
Tinchebray-Bocage (61) ...38 A4
Tincourt-Boucly (80) ...8 C5
Tincques (62) ...7 H2
Tincry (57) ...49 E3
Tingry (62) ...1 F5
Tinqueux (51) ...22 D6
Tinténiac (35) ...35 E6
Tintry (71) ...101 E4
Tintury (58) ...99 G3
Tiranges (43) ...142 D1
Tirent-Pontéjac (32) ...168 B6
Tirepied (50) ...37 E4
Tissey (89) ...84 A1
le Titre (80) ...6 D3
Tivernon (45) ...62 D4
Tiviers (15) ...141 F4
Tizac-de-Curton (33) ...135 G5
Tizac-de-Lapouyade (33) ...135 G3
Tocane-Saint-Apre (24) ...137 E2
Tocqueville (27) ...18 D1
Tocqueville (50) ...12 D1
Tocqueville-en-Caux (76) ...17 F3
Tocqueville-les-Murs (76) ...16 D4
Tocqueville-sur-Eu (76) ...17 H1
Tœufles (80) ...6 D4
Toges (08) ...24 B4
Togny-aux-Bœufs (51) ...46 A3
Tolla (2A) ...204 D5
Tollaincourt (88) ...68 D5
Tollent (62) ...7 E2
Tollevast (50) ...12 C2
la Tombe (77) ...64 D2
Tombebœuf (47) ...151 E3
Tomblaine (54) ...48 D5
Tomino (2B) ...203 G2
les Tonils (26) ...158 D2
Tonnac (81) ...170 A1
Tonnay-Boutonne (17) ...121 E1
Tonnay-Charente (17) ...120 D1
Tonneins (47) ...150 D4
Tonnerre (89) ...84 A1
Tonneville (50) ...12 B2
Tonnoy (54) ...69 F1
Tonquédec (22) ...32 D3
Torcé (35) ...57 H3
Torcé-en-Vallée (72) ...60 C4
Torcé-Viviers-en-Charnie (53) ...59 F4
Torcenay (52) ...86 C1
Torchamp (61) ...38 B6
Torchefelon (38) ...131 E5
Torcieu (01) ...131 E1
Torcy (62) ...1 H6
Torcy (71) ...101 E5
Torcy (77) ...43 F4
Torcy-en-Valois (02) ...44 B2
Torcy-et-Pouligny (21) ...84 C5
Torcy-le-Grand (10) ...66 B1
Torcy-le-Grand (76) ...17 H3
Torcy-le-Petit (10) ...66 B1
Torcy-le-Petit (76) ...17 H3
Tordères (66) ...201 E3
Tordouet (14) ...15 F6
Torfou (49) ...92 A2
Torfou (91) ...63 F1
Torigni-sur-Vire (50) ...37 G2
Tornac (30) ...173 G2
Tornay (52) ...86 C2
le Torp-Mesnil (76) ...17 F3
Torpes (25) ...103 F1
Torpes (71) ...102 C5
le Torpt (27) ...15 G3
le Torquesne (14) ...15 G5
la Torre (66) ...201 E3
Torreilles (66) ...201 F2
Torsac (16) ...122 C5
Torsiac (43) ...141 G1
Tortebesse (63) ...126 D3
Tortefontaine (62) ...7 E2
Tortequesne (62) ...8 C2
Torteron (18) ...98 C3
Torteval-Quesnay (14) ...13 H5
Tortezais (03) ...113 E3
Torvilliers (10) ...66 A3
Torxé (17) ...121 E1
Tosny (27) ...19 E6
Tossiat (01) ...117 E4
Tostat (65) ...183 E2
Tostes (27) ...18 D6
Totainville (88) ...69 E2
Tôtes (76) ...17 G4
Touchay (18) ...97 F6
les Touches (44) ...74 D4
les Touches-de-Périgny (17) ...121 G2
Toucy (89) ...83 E2
Toudon (06) ...195 E1
Touët-de-l'Escarène (06) ...195 G1
Touët-sur-Var (06) ...178 B2

Touffailles (82) 152 A5
Toufflers (59) 3 G5
Touffréville (14) 14 C4
Touffréville (27) 19 E5
Touffréville-la-Câble (76) 15 H2
Touffréville-la-Corbeline (76) ...17 E5
Touffréville-sur-Eu (76) 6 A5
Touget (32) 168 B4
Touille (31) 184 C4
Touillon (21) 84 D1
Touillon-et-Loutelet (25) 104 A5
Toujouse (32) 166 C3
Toul (54) 48 B5
Toulaud (07) 144 A5
Toulenne (33) 149 H2
Touligny (08) 24 A2
Toulis-et-Attencourt (02) 22 C2
Toulon (83) 193 E5
Toulon-sur-Allier (03) 113 H4
Toulon-sur-Arroux (71) 100 C6
Toulonjac (12) 153 G4
Toulouges (66) 200 C4
Toulouse (31) 169 F5
Toulouse-le-Château (39) 102 D5
Toulouzette (40) 165 G3
Toulx-Sainte-Croix (23) 112 A4
Touques (14) 5 F6
le Touquet-Paris-Plage (62) 1 E6
Touquettes (61) 39 H4
Touquin (77) 43 H5
la Tour (06) 179 E2
la Tour (74) 118 D6
la Tour-Blanche (24) 122 D6
la Tour-d'Aigues (84) 176 B4
la Tour-d'Auvergne (63) 126 C5
Tour-de-Faure (46) 153 E3
la Tour-de-Salvagny (69) 129 H2
la Tour-de-Sçay (25) 87 G5
la Tour-du-Crieu (09) 185 H4
la Tour-du-Meix (39) 117 H2
le Tour-du-Parc (56) 73 E2
la Tour-du-Pin (38) 131 E5
Tour-en-Bessin (14) 13 H5
Tour-en-Jarez (42) 129 F5
Tour-en-Sologne (41) 80 B4
la Tour-en-Jarez (42) 129 F5
Tour-Saint-Gelin (37) 94 C3
la Tour-sur-Orb (34) 172 B5
Touraines (41) 7 G3
les Tourailles (61) 38 C4
Tourbes (34) 188 D1
Tourcelles-Chaumont (08) 24 A4
Tourch (29) 53 H2
Tourcoing (59) 3 G4
Tourdun (32) 167 E5
la Tourette (42) 128 D6
la Tourette-Cabardès (11) 187 E2
Tourette-du-Château (06) 195 E1
Tourgéville (14) 15 E3
la Tourlandry (49) 92 D2
Tourlaville (50) 12 C2
Tourliac (47) 151 G1
Tourly (60) 20 A6
Tourmignies (59) 3 F6
Tourmont (39) 103 E4
Tournai-sur-Dive (61) 39 E4
Tournan (83) 184 B1
Tournan-en-Brie (77) 43 F5
Tournans (25) 87 H5
Tournavaux (08) 11 F6
Tournay (65) 183 F3
Tournay-sur-Odon (14) 14 A5
le Tourne (33) 135 F6
Tournebu (14) 14 B6
Tournecoupe (32) 168 B3
Tournedos-Bois-Hubert (27) ...40 C2
Tournedos-sur-Seine (27) 18 D6
Tournefeuille (31) 169 E5
Tournefort (06) 178 D2
Tournehem-sur-la-Hem (62) 1 H3
Tournemire (12) 172 A2
Tournemire (15) 140 B4
Tournes (08) 24 A1
le Tourneur (14) 37 H2
Tourneville (27) 40 D1
Tournières (14) 13 G5
Tournissan (11) 187 G4
Tournoisis (45) 62 B6
Tournon (73) 132 C4
Tournon-d'Agenais (47) 151 H4
Tournon-Saint-Martin (36) 95 G6
Tournon-Saint-Pierre (37) 95 F6
Tournon-sur-Rhône (07) 144 A3
Tournous-darré (65) 183 G2
Tournous-devant (65) 183 G3
Tournus (71) 116 C1
Tourny (27) 41 G1
Tourouvre (61) 40 A6
Tourouzelle (11) 187 G3
Tourreilles (11) 186 D5
les Tourreilles (31) 183 H4
Tourrenquets (32) 168 A4
Tourrette-Levens (06) 195 F2
les Tourrettes (26) 158 B1
Tourrettes (83) 178 B5
Tourrettes-sur-Loup (06) 195 E3
Tourriers (16) 122 C2
Tours (37) 78 D5
Tours-en-Savoie (73) 132 D4
Tours-en-Vimeu (80) 6 D4
Tours-sur-Marne (51) 45 F2
Tours-sur-Meymont (63) 128 A4
Tourtenay (79) 93 G3
Tourteron (08) 24 A3
Tourtoirac (24) 137 H2
Tourtour (83) 193 G1
Tourtouse (09) 184 D4
Tourtrès (47) 151 E3
Tourtrol (09) 186 A4
Tourves (83) 193 E2
Tourville-en-Auge (14) 15 F5
Tourville-la-Campagne (27) ...18 B6
Tourville-la-Chapelle (76) 17 H2
Tourville-la-Rivière (76) 18 C5
Tourville-les-Ifs (76) 16 B1
Tourville-sur-Arques (76) 17 G2
Tourville-sur-Odon (14) 14 B5
Tourville-sur-
-Pont-Audemer (27) 15 H3
Tourville-sur-Sienne (50) 36 D1
Toury (28) 62 D4
Toury-Lurcy (58) 99 F6
Toury-sur-Jour (58) 99 E6
Tourzel-Ronzières (63) 127 F5
Toussaint (76) 16 C3
Toussieu (69) 130 B4
Toussieux (01) 130 A1
Tousson (77) 63 G3
Toussus-le-Noble (78) 42 B5
Toutainville (27) 15 G3
Toutenant (71) 102 A4
Toutencourt (80) 7 H5
Toutens (31) 186 A1
Toutlemonde (49) 92 C2
Toutry (21) 84 B4
Touvérac (16) 121 H6
le Touvet (38) 131 H6
Touville (27) 18 A5
Touvois (44) 91 E2
Touvre (16) 122 C4
Touzac (16) 121 H6
Touzac (46) 152 A3
Tox (2B) 205 G2
Toy-Viam (19) 125 F4
Tracy-Bocage (14) 38 A1
Tracy-le-Mont (60) 21 G4
Tracy-le-Val (60) 21 G4
Tracy-sur-Loire (58) 82 B6
Tracy-sur-Mer (14) 14 A4
Trades (69) 115 H4
Traenheim (67) 50 C5
Tragny (57) 48 D2
Traînel (10) 65 F2
Traînou (45) 63 E6
le Trait (76) 17 E6
Traitiéfontaine (70) 87 F5
Traize (73) 131 G4
Tralaigues (63) 126 B2
Tralonca (2B) 205 F2
Tramain (22) 34 A5
Tramayes (71) 116 A4
Trambly (71) 115 H4

Tramecourt (62) 7 F1
Tramery (51) 22 D6
Tramezaïgues (65) 196 D5
Tramolé (38) 130 D5
Tramont-Émy (54) 69 E2
Tramont-Lassus (54) 69 E2
Tramont-Saint-André (54) 69 E2
Tramoyes (01) 130 B2
Trampot (88) 68 B2
Trancault (10) 65 F2
la Tranche-sur-Mer (85) 106 B3
la Tranclière (01) 117 E5
Trancrainville (28) 62 D4
Trangé (72) 60 A5
le Tranger (36) 95 H4
Trannes (10) 67 E3
Tranqueville-Graux (88) 69 E2
Trans (53) 59 F3
Trans-en-Provence (83) 177 H6
Trans-la-Forêt (35) 35 F5
Trans-sur-Erdre (44) 75 E3
Le Translay (80) 6 C5
le Transloy (62) 8 C4
Tranzault (36) 111 G1
Trappes (78) 42 B4
Trassanel (11) 187 E2
Traubach-le-Bas (68) 89 E3
Traubach-le-Haut (68) 89 E3
Travaillan (84) 158 C6
Travecy (02) 22 A2
Traversères (32) 167 H6
Traves (70) 87 F3
le Travet (81) 170 D3
Trayes (79) 93 E6
Tréal (56) 56 B5
Tréauville (50) 12 B3
Trébabu (29) 30 C5
Treban (03) 113 G3
Treban (81) 170 D1
Trébas (81) 171 E2
Trébédan (22) 34 C6
Trèbes (11) 187 E3
Trébeurden (22) 32 C2
Trébons (65) 183 E4
Trébons-de-Luchon (31) 197 F1
Trébons-sur-
-la-Grasse (31) 186 A1
Trébrivan (22) 32 C6
Trébry (22) 33 H6
Tréclun (21) 102 B1
Trécon (51) 45 F4
Trédaniel (22) 33 H6
Trédarzec (22) 33 E2
Trédias (22) 34 B6
Trédion (56) 55 H5
Trédrez-Locquémeau (22) 32 B2
Tréduder (22) 32 B3
Trefcon (02) 8 D6
Treffendel (35) 56 D3
Treffiagat (29) 53 E4
Treffieux (44) 74 D1
Treffléan (56) 55 H6
Treffort (38) 145 G3
Treffort-Cuisiat (01) 117 E4
Tréflaouénan (29) 31 G3
Tréflévénez (29) 31 F3
Tréflez (29) 31 F3
Tréfols (51) 44 C4
Tréfumel (22) 34 D6
Trégarantec (29) 31 F3
Trégarvan (29) 31 F5
Trégastel (22) 32 C1
Tréglamus (22) 32 D3
Tréglonou (29) 30 D3
Trégomeur (22) 33 H5
Trégon (22) 34 C4
Trégonneau (22) 33 E3
Trégourez (29) 53 H2
Trégrom (22) 32 C3
Tréguennec (29) 53 E3
Trégueux (22) 33 G4
Tréguidel (22) 33 H4
Tréguier (22) 33 E2
Trégunc (29) 53 H4
Tréhet (41) 78 D2
Tréhorenteuc (56) 56 B3
le Tréhou (29) 31 G5
Treignac (19) 125 E5
Treignat (03) 112 B3
Treigny (89) 82 D4
Treilles (11) 188 A6
Treilles-en-Gâtinais (45) 64 A5
Treillières (44) 74 C4
Treix (52) 68 A4
Treize-Septiers (85) 91 H1
Tréjouls (82) 152 B5
Trélans (48) 155 F3
Trélazé (49) 77 E5
Trélévern (22) 32 D1
Trelins (42) 128 D3
Trélissac (24) 137 F2
Trélivan (22) 34 C5
Trelly (50) 35 H1
Trélon (59) 10 B4
Trélou-sur-Marne (02) 44 B2
Trémaouézan (29) 31 F4
Trémargat (22) 32 D6
Trémauville (76) 16 C4
la Tremblade (17) 120 B2
Tremblay (35) 35 G6
le Tremblay (49) 76 B2
Tremblay-en-France (93) 43 E3
Tremblay-les-Villages (28) 41 F6
le Tremblay-Omonville (27) 40 C1
le Tremblay-sur-Mauldre (78) ...42 A4
Tremblecourt (54) 48 B4
le Tremblois (70) 86 B6
Tremblois-lès-Carignan (08) ...25 E2
Tremblois-lès-Rocroi (08) 10 D6
Trémeheuc (35) 35 F5
Trémel (22) 32 B3
Tréméloir (22) 33 G4
Trémentines (49) 75 H6
Tréméoc (29) 53 F3
Tréméreuc (22) 34 C4
Trémery (57) 26 C4
Trémeur (22) 34 B6
Tréméven (22) 33 F3
Tréméven (29) 54 A4
Trémilly (52) 67 F2
Tréminis (38) 145 F5
Trémoins (70) 88 B3
Trémolat (24) 137 G5
Trémons (47) 151 H4
Trémont (49) 76 C6
Trémont (61) 39 G6
Trémont-sur-Saulx (55) 46 D5
Trémonzey (88) 69 G6
Trémorel (22) 56 B2
Trémouille (15) 140 C1
Trémouille-Saint-Loup (63) ..126 B5
Trémouilles (12) 154 C5
Trémoulet (09) 185 H4
Trémuson (22) 33 G4
Trenal (39) 102 C6
Trensacq (40) 149 E5
Trentels (47) 151 G3
Tréogan (22) 54 B1
Tréogat (29) 53 E3
Tréon (28) 41 E5
Tréouergat (29) 30 D3
Trépail (51) 45 G1
le Tréport (76) 6 A4
Trept (38) 130 D4
Trésauvaux (55) 47 H2
Tresbœuf (35) 57 F5
Trescault (62) 8 C4
Treschenu-Creyers (26) 145 F6
Trescléoux (05) 159 H4
Trésilley (70) 87 F5
Treslon (51) 22 D6
Tresnay (58) 99 F6
la Truchère (71) 116 C2

Tressange (57) 26 A3
Tressé (35) 35 E5
Tresserre (66) 201 E3
Tresserve (73) 131 H4
Tresses (33) 135 F5
Tressignaux (22) 33 F3
Tressin (59) 3 G5
la Trétoire (77) 44 A4
Trets (13) 192 D2
Treux (80) 8 A5
Treuzy-Lévelay (77) 64 B3
Trévé (22) 55 G1
Trévenans (90) 88 C3
Tréveneuc (22) 33 G3
Tréveray (55) 47 F6
Trévérec (22) 33 E3
Trévérien (35) 34 D6
Trèves (69) 129 H5
Trèves (30) 172 C1
Trévien (81) 171 E1
Trévières (14) 13 G5
Trévignin (73) 131 H3
Trévillach (66) 200 C2
Tréville (11) 186 B2
Trévillers (25) 88 D6
Trévilly (89) 84 B4
Trévol (03) 113 H1
Trévou-Tréguignec (22) 32 D1
Trévoux (01) 130 A1
le Trévoux (29) 54 A4
Trévron (22) 34 C6
Trézelles (03) 114 B4
Trézény (22) 32 D2
Tréziers (11) 186 B5
Trézilidé (29) 31 G3
Trézioux (63) 127 H3
Triac-Lautrait (16) 122 A3
le Triadou (34) 173 F4
Triaize (85) 106 C2
Tribehou (50) 13 E6
Trichey (89) 66 B6
Tricot (60) 20 D3
Trie-Château (60) 19 H6
Trie-la-Ville (60) 19 H6
Trie-sur-Baïse (65) 183 G2
Triembach-au-Val (67) 71 F2
Trieux (54) 26 A3
Trigance (83) 177 H3
Trignac (44) 73 G4
Trigny (51) 22 D5
Triguères (45) 64 C6
Trilbardou (77) 43 F3
Trilla (66) 200 C2
Trilport (77) 43 F3
Trimbach (67) 51 G2
Trimer (35) 34 D6
la Trimouille (86) 110 B2
Trinay (45) 62 D5
la Trinité (73) 132 B5
la Trinité (06) 195 F2
la Trinité (27) 41 E2
la Trinité (50) 37 F4
la Trinité (73) 132 B5
la Trinité-de-
-Thouberville (27) 18 B5
la Trinité-des-Laitiers (61) 39 G4
la Trinité-du-Mont (76) 15 H1
la Trinité-Porhoët (56) 55 H2
la Trinité-sur-Mer (56) 72 C1
la Trinité-Surzur (56) 73 E1
Triors (26) 144 C3
le Trioulou (15) 153 H1
Tripleville (41) 62 B6
Triquerville (76) 18 A3
Triqueville (27) 15 G3
Trith-Saint-Léger (59) 9 F2
Tritteling-Redlach (57) 49 F1
Trivy (71) 115 H3
Trizac (15) 140 B2
Trizay (17) 120 D1
Trizay-Coutretot-
-Saint-Serge (28) 61 F3
Trizay-lès-Bonneval (28) 62 A4
Troarn (14) 14 C4
Troche (19) 124 C6
Trochères (21) 86 B6
Trocy-en-Multien (77) 43 G2
Troësnes (02) 44 A1
Trogéry (22) 33 E2
Trogues (37) 94 C2
les Trois-Domaines (55) 47 F3
Trois-Fonds (23) 112 A4
Trois-Fontaines-l'Abbaye (51) ...46 D5
Trois-Monts (14) 14 B6
les Trois-Moutiers (86) 93 H2
Trois-Palis (16) 122 A4
les Trois-Pierres (76) 15 G1
Trois-Puits (51) 23 E6
Trois-Vèvres (58) 99 F4
Trois-Villes (64) 181 G3
Troisfontaines (57) 50 A5
Troisfontaines-la-Ville (52) 67 G1
Troissereux (60) 20 A4
Troissy (51) 44 D2
Troisvaux (62) 7 G1
Troisvilles (59) 9 F4
Tromarey (70) 86 D6
Tromborn (57) 27 E4
Troncens (32) 167 E6
la Tronche (38) 145 G2
le Tronchet (35) 35 E5
le Tronchet (72) 60 A4
Tronchoy (89) 84 A1
Tronchy (71) 102 A5
le Troncq (27) 18 B6
Trondes (54) 48 A5
Tronget (03) 113 G3
le Tronquay (14) 13 G6
le Tronquay (27) 19 F4
Tronsanges (58) 98 D2
Tronville (54) 48 B3
Tronville-en-Barrois (55) 47 F5
Troo (41) 79 E2
Trosly-Breuil (60) 21 G5
Trosly-Loire (02) 21 H4
Trouans (10) 45 G6
Troubat (65) 184 A5
Trouhans (21) 102 B2
Trouhaut (21) 85 F5
Trouillas (66) 201 E3
Trouley-Labarthe (65) 183 F2
Troussencourt (60) 20 B3
Troussey (55) 47 H5
Troussures (60) 20 A5
Trouvans (25) 87 H5
Trouville (76) 15 H1
Trouville-la-Haule (27) 15 H2
Trouville-sur-Mer (14) 15 E3
Trouy (18) 97 G3
Trouy-d'Ariège (09) 186 B5
Troyes (10) 66 B3
Troyon (55) 47 G2
Truchtersheim (67) 50 D5
Trucy (02) 22 C4
Trucy-l'Orgueilleux (58) 83 F5
Trucy-sur-Yonne (89) 83 G3
le Truel (12) 171 G1
Trugny (21) 102 A3
Truinas (26) 158 D2
Trumilly (60) 21 F6
Trun (61) 39 E4
Trungy (14) 13 H6
Truttemer-le-Grand (14) 37 H4
Truttemer-le-Petit (14) 37 H4
Truyes (37) 95 F1
Tubersent (62) 1 F6
Tuchan (11) 187 G6
Tucquegnieux (54) 26 A5
Tudeils (19) 139 E4
Tudelle (32) 167 F4
Tuffé (72) 60 C5
Tugéras-Saint-Maurice (17) .121 G6
Tugny-et-Pont (02) 21 H1
la Tuilière (42) 128 B1
Tulette (26) 158 C4

Tulle (19) 139 E2
Tullins (38) 145 E1
Tully (80) 6 B4
Tupigny (02) 9 G5
Tupin-et-Semons (69) 130 A5
la Turballe (44) 73 F3
la Turbie (06) 195 G2
Turcey (21) 85 F5
Turckheim (68) 71 F4
Turenne (19) 138 D4
Turgon (16) 122 D1
Turgy (10) 66 B5
Turny (89) 65 G5
Turquant (49) 93 H1
Turquestein-Blancrupt (57) ...50 A6
Turqueville (50) 13 E4
Turretot (76) 15 F1
Turriers (04) 160 C3
Tursac (24) 137 H4
Tusson (16) 122 B1
Tuzaguet (65) 183 H4
le Tuzan (33) 149 F3
Tuzie (16) 122 C1

U

Uberach (67) 50 D3
Ubexy (88) 69 G2
Ubraye (04) 178 A2
Ucciani (2A) 204 D5
Ucel (07) 157 G2
Uchacq-et-Parentis (40) 165 H3
Uchaud (30) 174 A4
Uchaux (84) 158 B5
Uchentein (09) 184 D6
Uchizy (71) 116 B2
Uchon (71) 100 C5
Uckange (57) 26 C4
Ueberstrass (68) 89 E3
Uffheim (68) 89 G2
Uffholtz (68) 89 E1
Ugine (73) 132 C3
Uglas (65) 183 G4
Ugnouas (65) 183 E2
Ugny (54) 25 G4
Ugny-le-Gay (02) 21 H2
Ugny-l'Équipée (80) 8 C6
Ugny-sur-Meuse (55) 47 H5
Uhart-Cize (64) 180 D3
Uhart-Mixe (64) 181 F2
Uhlwiller (67) 51 E3
Uhrwiller (67) 50 D3
Ulcot (79) 93 F3
les Ulis (91) 42 C5
Ully-Saint-Georges (60) 20 C6
les Ulmes (49) 93 G1
Umpeau (28) 62 C1
Unac (09) 199 F1
Uncey-le-Franc (21) 85 E6
Unchair (51) 22 D6
Ungersheim (68) 71 E4
Unias (42) 129 E4
Unienville (10) 67 E3
Unieux (42) 129 E6
l'Union (31) 169 F5
Unverre (28) 61 G4
Unzent (09) 185 G3
Upaix (05) 160 A4
Upie (26) 144 B6
Ur (66) 199 G4
Urau (31) 184 C5
Urbalacone (2A) 206 D1
Urbanya (66) 200 B3
Urbeis (67) 71 E2
Urbès (68) 70 D6
Urbise (42) 114 D4
Urçay (03) 112 D1
Urcel (02) 22 B4
Urcerey (90) 88 C3
Urciers (36) 112 A2
Urcuit (64) 164 C6
Urcy (21) 101 G1
Urdens (32) 168 A3
Urdès (64) 165 H6
Urdos (64) 182 A4
Urepel (64) 180 C4
Urgons (40) 166 A4
Urgosse (32) 166 D4
Uriménil (88) 69 H4
Urmatt (67) 50 D6
Urost (64) 182 D2
Urou-et-Crennes (61) 39 E4
Urrugne (64) 164 A6
Urs (09) 199 F1
Urschenheim (68) 71 G4
Urt (64) 164 C6
Urtaca (2B) 203 E5
Urtière (25) 88 B6
Uruffe (54) 48 A6
Urval (24) 137 G6
Urville (10) 66 D4
Urville (14) 14 C6
Urville (50) 12 D3
Urville (88) 68 D4
Urville-Nacqueville (50) 12 A1
Urvillers (02) 22 A1
Ury (77) 63 H3
Urzy (58) 99 E3
Us (95) 42 A2
Usclades-et-Rieutord (07) ...143 E6
Usclas-d'Hérault (34) 172 D6
Usclas-du-Bosc (34) 172 C6
Usinens (74) 118 A6
le Tronchet (72) 60 A4
Ussac (19) 138 C2
Ussat (09) 199 E1
Usseau (79) 107 G5
Usseau (86) 94 D2
Ussel (19) 141 E3
Ussel (46) 152 D2
Ussel-d'Allier (03) 113 G5
Usson (63) 127 G5
Usson-du-Poitou (86) 109 F4
Usson-en-Forez (42) 142 C1
Ussy (14) 38 D3
Ussy-sur-Marne (77) 43 H3
Ustaritz (64) 180 C1
Utelle (06) 195 F1
Uttenheim (67) 71 F1
Uttenhoffen (67) 50 D3
Uttwiller (67) 50 C3
Uvernet-Fours (04) 161 E1
Uxeau (71) 100 D6
Uxegney (88) 69 H4
Uxelles (39) 117 H1
Uxem (59) 2 D1
Uz (65) 182 D5
Uza (40) 164 A6
Uzan (64) 166 A6
Uzay-le-Venon (18) 97 G5
Uzech (46) 152 D1
Uzein (64) 182 B1
Uzel (22) 55 E1
Uzelle (25) 88 A4
Uzemain (88) 69 H5
Uzer (07) 157 F3
Uzer (65) 183 E4
Uzerche (19) 124 D6
Uzès (30) 173 H3
Uzeste (33) 149 G3
Uzos (64) 182 B2

V

Vaas (72) 78 B3
Vabre (81) 170 D5
Vabre-Tizac (12) 153 H5
Vabres (15) 141 H3
Vabres (30) 173 F1
Vabres-l'Abbaye (12) 171 H1
Vacheresse (74) 119 E6
Vachères (04) 176 D2
Vachères-en-Quint (26) 144 D6
Vacheresse-et-
-la-Rouillie (88) 68 D4
la Vacherie (27) 40 D1
Vacognes-Neuilly (14) 14 A5
la Vacquerie (14) 37 H1
la Vacquerie-et-Saint-Martin-
-de-Castries (34) 172 D4
Vacquerie-le-Boucq (62) 7 F2
Vacqueriette-Erquières (62) 7 F2
Vacqueville (54) 70 C1
Vacqueyras (84) 158 C6
Vacquières (34) 173 G3
Vacquiers (31) 169 F4
Vadans (39) 103 E4
Vadans (70) 86 C6
Vadelaincourt (55) 47 F2
Vadenay (51) 45 H2
Vadencourt (80) 7 H5
Vadonville (55) 47 G4
Vagnas (07) 157 G4
Vagney (88) 70 B5
Vahl-Ebersing (57) 49 G1
Vahl-lès-Bénestroff (57) 49 F2
Vahl-lès-Faulquemont (57) 49 F2
Vaiges (53) 59 E5
Vailhan (34) 172 C6
Vailhauquès (34) 173 E5
Vailhourles (12) 153 F5
Vaillac (46) 152 D1
Vaillant (52) 85 H2
Vailly (10) 66 B2
Vailly (74) 119 E3
Vailly-sur-Aisne (02) 22 B4
Vailly-sur-Sauldre (18) 82 A5
Vains (50) 35 H1
Vairé (85) 105 F4
Vaire-Arcier (25) 87 G6
Vaire-le-Petit (25) 87 G6
Vaire-sous-Corbie (80) 7 H6
Vaires-sur-Marne (77) 43 E4
Vaison-la-Romaine (84) 158 D5
Vaïssac (82) 169 G1
Vaite (70) 86 D3
la Vaivre (70) 70 A6
Vaivre-et-Montoille (70) 87 F3
le Val (83) 193 F2
Vaivre (70) 70 A6
le Val-d'Ajol (88) 70 A6
Val-d'Auzon (10) 66 C2
Val-David (27) 41 E2
Val-de-Bride (57) 49 F4
Val-de-Chalvagne (04) 178 B2
Val-de-Fier (74) 131 H1
le Val-de-Gouhenans (70) 88 A3
le Val-de-Guéblange (57) 49 H3
Val-de-la-Haye (76) 18 B5
Val-de-Mercy (89) 83 G3
Val-de-Meuse (52) 68 C6
Val-de-Reuil (27) 18 D6
Val-de-Roulans (25) 87 H5
Val-de-Saâne (76) 17 F4
Val-de-Vesle (51) 45 G1
Val-de-Vière (51) 46 B4
Val-d'Épy (39) 117 F3
Val-des-Marais (51) 45 F4
Val-des-Prés (05) 147 E4
le Val-d'Esnoms (52) 86 A3
Val-d'Ornain (55) 46 D4
le Val-Saint-Éloi (70) 87 G2
le Val-Saint-Germain (91) 42 B6
le Val-Saint-Père (50) 35 H3
Val-Suzon (21) 85 G5
Valady (12) 154 A4
Valailles (27) 15 H5
Valaire (41) 79 H5
Valanjou (49) 92 D1
Valaurie (26) 158 B4
Valavoire (04) 160 B5
Valay (70) 86 D6
Valbelle (04) 160 A6
Valbois (55) 47 H3
Valbonnais (38) 145 H5
Valbonne (06) 178 D4
Valcabrère (31) 183 H4
Valcanville (50) 13 E2
Valcebollère (66) 199 H5
Valcivières (63) 128 B5
Valcourt (52) 46 C6
Valdahon (25) 104 A2
Valdampierre (60) 20 A5
Valdeblore (06) 162 C6
le Valdécie (50) 12 C3
Valderiès (81) 170 C2
Valderoure (06) 178 B3
Valdieu-Lutran (68) 89 E3
Valdivienne (86) 109 G2
Valdoie (90) 88 C2
Valdrôme (26) 159 G3
Valdurenque (81) 170 D6
Valeille (42) 129 F3
Valeilles (82) 151 H4
Valeins (01) 116 B5
Valempoulières (39) 103 F5
Valençay (36) 96 D3
Valence (16) 122 C1
Valence (26) 144 B5
Valence (82) 151 G6
Valence-d'Albigeois (81) 170 D3
Valence-en-Brie (77) 64 B2
Valence-sur-Baïse (32) 167 G3
Valenciennes (59) 9 F2
Valencin (38) 130 B4
Valencogne (38) 130 D6
Valennes (72) 61 E6
Valensole (04) 177 E3
Valentigney (25) 88 C4
Valentine (31) 184 B4
Valenton (94) 42 D5
Valergues (34) 173 G5
Valernes (04) 160 B5
Valescourt (60) 20 D4
Valette (15) 140 D1
la Valette (38) 145 H4
la Valette-du-Var (83) 193 F5
Valeuil (24) 137 E1
Valeyrac (33) 135 E1
Valezan (73) 133 F4
Valff (67) 71 G1
Valfin-sur-Valouse (39) 117 F3
Valflaunès (34) 173 F4
Valfleury (42) 129 G5
Valframbert (61) 60 A2
Valfroicourt (88) 69 F4
Valgorge (07) 157 E2
Valhey (54) 49 E5
Valhuon (62) 7 G1
Valiergues (19) 125 H6
Valignat (03) 113 G5
Valigny (03) 98 B6
Valines (80) 6 C4
Valjouffrey (38) 145 H5
Valjouze (15) 141 E2
la Valla-en-Gier (42) 129 G6
la Valla-sur-Rochefort (42) ..128 C3
Vallabrègues (30) 174 C3
Vallabrix (30) 174 B1
Vallan (89) 83 F2
Vallangoujard (95) 42 B2
Vallans (79) 107 G3
Vallant-Saint-Georges (10) ...66 A2
Vallauris (06) 195 E4
Valle-d'Alesani (2B) 205 G2
Valle-di-Campoloro (2B) 205 G2
Valle-di-Mezzana (2A) 204 C5
Valle-di-Rostino (2B) 203 E6
Valle-d'Orezza (2B) 205 G1
Vallecalle (2B) 203 F5
la Vallée (17) 120 D1
la Vallée-au-Blé (02) 22 D2
la Vallée-Mulâtre (02) 9 F5
Vallègue (31) 186 A1
Valleiry (74) 118 B5
Vallenay (18) 97 G5
Vallentigny (10) 67 E2
Vallerange (57) 49 F2
Vallérargues (30) 157 G6

Valleraugue (30) 173 E1
Vallères (37) 78 C6
Valleret (52) 67 G1
Vallereuil (24) 137 E3
Vallerois-le-Bois (70) 87 H4
Vallerois-Lorioz (70) 87 G4
Valleroy (25) 87 G5
Valleroy (52) 86 D2
Valleroy (54) 26 A5
Valleroy-aux-Saules (88) 69 F3
Valleroy-le-Sec (88) 69 F4
Vallery (89) 64 C4
Vallesvilles (31) 169 G5
Vallet (44) 75 E6
Valletot (27) 15 H3
Vallica (2B) 203 E6
Vallière (23) 125 G2
Vallières (10) 66 B6
Vallières (74) 131 H1
Vallières-les-Grandes (41) 79 G5
Valliguières (30) 174 C2
Valliquerville (76) 17 E4
Valloire (73) 146 D2
Vallois (54) 70 A2
les Vallois (88) 69 F4
Vallon-en-Sully (03) 112 D2
Vallon-Pont-d'Arc (07) 157 G4
Vallon-sur-Gée (72) 59 H6
Vallorcine (74) 119 H6
Vallouise (05) 146 D5
Valmanya (66) 200 C4
Valmascle (34) 172 C5
Valmeinier (73) 146 D2
Valmestroff (57) 26 C3
Valmigère (11) 187 E5
Valmondois (95) 42 C2
Valmont (57) 49 F1
Valmont (76) 16 C3
Valmunster (57) 26 D4
Valmy (51) 46 C2
Valognes (50) 12 D3
Valojoulx (24) 138 A4
Valonne (25) 88 B5
Valoreille (25) 88 C6
Valouse (26) 158 D3
Valprionde (46) 152 A4
Valpuiseaux (91) 63 G2
Valras-Plage (34) 188 C3
Valréas (84) 158 C4
Valros (34) 188 D2
Valroufié (46) 152 D3
Vals (09) 186 A4
Vals-des-Tilles (52) 85 H3
Vals-le-Chastel (43) 141 H2
Vals-les-Bains (07) 157 G1
Vals-près-le-Puy (43) 142 C4
Valuéjols (15) 141 E2
le Valtin (88) 70 D4
Valvignères (07) 157 G3
Valz-sous-Châteauneuf (63) .127 G6
Valzergues (12) 153 H3
Vanault-le-Châtel (51) 46 B3
Vanault-les-Dames (51) 46 C4
Vançais (79) 108 A4
Vancé (72) 78 D1
la Vancelle (67) 71 F2
Vanclans (25) 104 A2
Vandeins (01) 116 D4
Vandelainville (54) 26 A6
Vandelans (70) 87 G5
Vandeléville (54) 69 E2
Vandélicourt (60) 21 F4
Vandenesse (58) 99 H4
Vandenesse-en-Auxois (21) ..101 F1
Vandeuil (51) 22 D6
Vandières (51) 44 D1
Vandières (54) 48 B3
Vandœuvre-lès-Nancy (54) ...48 D5
Vandoncourt (25) 88 D4
Vandré (17) 107 F6
Vandrimare (27) 19 E5
Vandy (08) 24 B3
Vanlay (10) 66 A5
Vannaire (21) 85 E1
Vanne (70) 87 E3
le Vanneau-Irleau (79) 107 G3
Vannecourt (57) 49 F3
Vannecrocq (27) 15 G3
Vannes (56) 55 G6
le Vanneau-Irleau (79) 107 G3
Vannes-le-Châtel (54) 48 A6
Vannes-sur-Cosson (45) 81 F3
Vannoz (39) 103 F5
Vanosc (07) 143 G2
les Vans (07) 157 E4
Vantoux (57) 26 C5
Vantoux-et-Longevelle (70) ...87 E5
Vanves (92) 42 C4
Vanvey (21) 85 F1
Vanvillé (77) 44 A6
Vanxains (24) 136 C2
Vany (57) 26 C5
Vanzac (17) 121 G6
Vanzay (79) 108 C4
Vanzy (74) 118 A6
Vaour (81) 169 H1
Varacieux (38) 144 D2
Varades (44) 76 B5
Varages (83) 193 E1
Varaignes (24) 123 E4
Varaire (46) 153 E4
Varaize (17) 121 G1
Varambon (01) 117 E6
Varanges (21) 102 A1
Varangéville (54) 48 D5
Varaville (14) 14 D4
Varces-Allières-
-et-Risset (38) 145 G3
Varen (82) 153 E5
Varengeville-sur-Mer (76) 17 G2
Varenguebec (50) 12 C4
Varenne-l'Arconce (71) 115 F4
Varenne-Saint-Germain (71) .115 E3
Varennes (24) 137 F5
Varennes (31) 185 H1
Varennes (37) 95 F3
Varennes (80) 7 H4
Varennes (82) 169 F3
Varennes (86) 94 B5
Varennes (89) 83 H1
Varennes-Changy (45) 82 A1
Varennes-en-Argonne (55) 46 D1
Varennes-Jarcy (91) 43 E5
Varennes-le-Grand (71) 101 G6
Varennes-lès-Mâcon (71) 116 B3
Varennes-lès-Narcy (58) 98 D1
Varennes-
-Saint-Honorat (43) 142 A3
Varennes-
-Saint-Sauveur (71) 117 E2
Varennes-sous-Dun (71) 115 G4
Varennes-sur-Allier (03) 114 A4
Varennes-sur-Amance (52) ...86 C1
Varennes-sur-Fouzon (36) 96 C2
Varennes-sur-Loire (49) 94 A1
Varennes-sur-Morge (63) 127 F3
Varennes-sur-Seine (77) 64 C2
Varennes-sur-Têche (03) 114 B4
Varennes-sur-Usson (63) 127 G5
Varennes-Vauzelles (58) 98 D3
Vareille (87) 123 E2
Vareilles (23) 110 D6
Vareilles (71) 115 F4
Vareilles (89) 65 F4
Varen (82) 153 F6
Varenne (82) 169 F3
Varès (47) 150 D3
Varesnes (60) 21 H3
Varetz (19) 138 C2
Varilhes (09) 185 H5
Varinfroy (60) 43 H2
Variscourt (02) 23 E4
Varize (28) 62 B5
Varize (57) 27 E5
Varmonzey (88) 69 G2
Varnéville (55) 47 H3
Varneville-Bretteville (76) 17 F4
Varogne (70) 87 G2
Varois-et-Chaignot (21) 85 H6
Varouville (50) 12 D1
Varrains (49) 93 H1
Varreddes (77) 43 G2
Vars (05) 161 F2
Vars (16) 122 B3
Vars (70) 86 C4
Vars-sur-Roseix (19) 138 B2
Varsberg (57) 27 F5
Varzay (17) 121 E3
Varzy (58) 83 E6
Vascœuil (27) 19 E4
Vasles (79) 108 C1
Vasperviller (57) 50 A5
Vassel (63) 127 G3
Vasselay (18) 97 G2
Vasselin (38) 131 E4
Vassens (02) 21 H4
Vasseny (02) 22 B5
Vassieux-en-Vercors (26) 145 E4
Vassimont-
-et-Chapelaine (51) 45 G5
Vassincourt (55) 46 D4
Vassogne (02) 22 C4
Vassonville (76) 17 G4
Vassy (14) 38 A3
Vassy (89) 84 B4
le Vast (50) 13 E2
Vasteville (50) 12 B2
les Vastres (43) 143 E4
Vatan (36) 96 D3
Vathiménil (54) 70 B1
Vatierville (76) 19 F1
Vatilieu (38) 145 E2
Vatimont (57) 49 E2
Vatry (51) 45 H4
Vattetot-sous-Beaumont (76) ..16 C3
Vattetot-sur-Mer (76) 16 B3
Vatteville (27) 19 E6
Vatteville-la-Rue (76) 17 E6
Vaubadon (14) 13 G6
Vauban (71) 115 F4
Vaubecourt (55) 47 E3
Vaubexy (88) 69 G3
Vaucelles (14) 13 H5
Vaucelles-et-Beffecourt (02) ..22 B3
Vauchamps (25) 87 G6
Vauchamps (51) 44 D4
Vauchassis (10) 66 A4
Vauchelles (60) 21 G3
Vauchelles-lès-Authie (80) 7 H3
Vauchelles-lès-Domart (80) 7 F4
Vauchelles-les-Quesnoy (80) ...6 D4
Vauchignon (21) 101 F3
Vauchonvilliers (10) 66 D3
Vauchoux (70) 87 F3
Vauchrétien (49) 77 E6
Vauciennes (51) 45 E2
Vauciennes (60) 21 G6
Vauclaix (58) 84 A6
Vauclerc (51) 46 B5
Vaucluse (25) 88 B5
Vauclusotte (25) 88 C6
Vaucogne (10) 66 C1
Vauconcourt-Nervezain (70) ..87 E3
Vaucouleurs (55) 47 H6
Vaucourt (54) 49 F5
Vaucourtois (77) 43 G3
Vaucresson (92) 42 C4
Vaudancourt (60) 19 G6
Vaudebarrier (71) 115 F3
Vaudelnay (49) 93 G2
Vaudeloges (14) 39 E3
Vaudemange (51) 45 G2
Vaudémont (54) 69 F2
Vaudes (10) 66 B4
Vaudesincourt (51) 23 G6
Vaudesson (02) 22 B3
Vaudeurs (89) 65 F5
Vaudevant (07) 143 H3
Vaudeville (54) 69 G1
Vaudéville (88) 70 A3
Vaudeville-le-Haut (55) 68 C1
Vaudherland (95) 43 E2
Vaudigny (54) 69 G1
le Vaudioux (39) 103 F6
Vaudoncourt (55) 25 G5
Vaudoncourt (88) 68 D3
Vaudoué (77) 63 H3
Vaudoy-en-Brie (77) 43 H5
Vaudrecourt (52) 68 C2
Vaudreching (57) 26 D4
Vaudrémont (52) 67 G3
le Vaudreuil (27) 18 D6
Vaudreuille (31) 186 B2
Vaudreville (50) 12 D3
Vaudrey (39) 103 E3
Vaudricourt (62) 8 A2
Vaudricourt (80) 6 B4
Vaudrimesnil (50) 12 D6
Vaudringhem (62) 1 H5
Vaudrivillers (25) 88 A6
Vaudry (14) 37 H3
Vaugines (84) 176 B4
Vaugneray (69) 129 H3
Vaugrigneuse (91) 42 B6
Vauhallan (91) 42 C5
Vaujours (93) 43 E3
le Vaulmier (15) 140 C2
Vaulnaveys-le-Bas (38) 145 G3
Vaulnaveys-le-Haut (38) 145 G3
Vaulry (87) 110 B6
Vault-de-Lugny (89) 84 A3
Vaulx (62) 7 F2
Vaulx (74) 131 G1
Vaulx-en-Velin (69) 130 A3
Vaulx-Milieu (38) 130 C4
Vaulx-Vraucourt (62) 8 C4
le Vaumain (60) 19 H5
Vaumas (03) 114 B3
Vaumeilh (04) 160 B5
Vaumoise (60) 21 G6
Vaunac (24) 137 G1
Vaunaveys-la-Rochette (26) .144 C6
Vaunoise (61) 60 C2
la Vaupalière (76) 17 F5
Vaupillon (28) 61 F1
Vaupoisson (10) 66 C1
Vauquois (55) 46 D1
Vauréal (95) 42 B2
Vaureilles (12) 153 H3
le Vauroux (60) 19 H5
Vausseroux (79) 108 B1
Vautebis (79) 108 B1
Vauthiermont (90) 88 D2
Vautorte (53) 58 C3
Vauvenargues (13) 192 D1
Vauvert (30) 174 A4
Vauville (14) 15 E3
Vauville (50) 12 A2
Vauvillers (70) 69 F6
Vauvillers (80) 8 B6
Vaux (03) 112 D3
Vaux (31) 186 A1
Vaux (57) 26 B5
Vaux (86) 108 C2
Vaux-Andigny (02) 9 F5
Vaux-Champagne (08) 23 H4
Vaux-devant-Damloup (55) ...25 F6
Vaux-en-Amiénois (80) 7 F5
Vaux-en-Beaujolais (69) 115 H6
Vaux-en-Bugey (01) 130 D1
Vaux-en-Dieulet (08) 24 C4
Vaux-en-Pré (71) 115 H1
Vaux-en-Vermandois (02) 8 D6
Vaux-et-Chantegrue (03) 104 A4
Vaux-Lavalette (16) 122 C6
Vaux-le-Moncelot (70) 87 F4
Vaux-le-Pénil (77) 63 H1
Vaux-lès-Mouron (08) 24 A5
Vaux-lès-Mouzon (08) 24 D3
Vaux-lès-Palameix (55) 47 H2
Vaux-lès-Prés (25) 103 F1
Vaux-lès-Rubigny (08) 23 F2
Vaux-lès-Saint-Claude (39) .117 H3
Vaux-Marquenneville (80) 6 D5
Vaux-Montreuil (08) 24 A4
Vaux-Rouillac (16) 122 A4
Vaux-Saules (21) 85 G5

Vaux-sous-Aubigny (52) 86 A3
Vaux-sur-Aure (14) 13 H5
Vaux-sur-Blaise (52) 67 G1
Vaux-sur-Eure (27) 41 E2
Vaux-sur-Lunain (77) 64 C4
Vaux-sur-Mer (17) 120 C3
Vaux-sur-Poligny (39) 103 E5
Vaux-Saint-Urbain (52) 68 A2
Vaux-sur-Seine (78) 42 A2
Vaux-sur-Seulles (14) 14 A4
Vaux-sur-Somme (80) 7 H6
Vaux-sur-Vienne (86) 94 D4
Vaux-Villaine (08) 23 H1
Vauxaillon (02) 22 B4
Vauxbons (52) 85 H1
Vauxbuin (02) 22 A5
Vauxcéré (02) 22 C5
Vauxrenard (69) 116 A5
Vauxrezis (02) 22 A4
Vauxtin (02) 22 C5
Vavincourt (55) 47 E4
Vavray-le-Grand (51) 46 B4
Vavray-le-Petit (51) 46 B4
Vaxainville (54) 49 G6
Vaxoncourt (88) 69 H3
Vaxy (57) 49 E3
Vay (44) 74 C2
Vaychis (09) 199 F2
Vaylats (46) 153 E4
Vayrac (46) 138 D5
Vayres (33) 135 G5
Vayres (87) 123 G3
Vayres-sur-Essonne (91) 63 G2
Vazeilles-Limandre (43) 142 B3
Vazeilles-près-Saugues (43) 142 A5
Vazerac (82) 152 B6
Veauce (03) 113 F5
Veauche (42) 129 E5
Veauchette (42) 129 E5
Veaugues (18) 98 B1
Veaunes (26) 144 B3
Veauville-lès-Baons (76) 17 E4
Veauville-lès-Quelles (76) 17 E3
Vèbre (09) 199 F1
Vebret (15) 140 B1
Vebron (48) 156 B5
Veckersviller (57) 50 B3
Veckring (57) 27 D3
Vecoux (88) 70 B5
Vecquemont (80) 7 H6
Vecqueville (52) 67 H1
Vedène (84) 175 E2
Védrines-Saint-Loup (15) 141 G4
Végennes (19) 139 E4
Vého (54) 49 G6
Veigné (37) 79 E6
Veigy-Foncenex (74) 118 C4
Veilhes (81) 169 H5
Veilleins (41) 80 C5
Veilly (21) 101 E2
Veix (19) 125 E5
Velaine-en-Haye (54) 48 B5
Velaine-sous-Amance (54) 48 D5
Velaines (55) 47 F5
Velanne (38) 131 F5
Velars-sur-Ouche (21) 85 G6
Velaux (13) 175 H6
Velennes (60) 20 B4
Velennes (80) 20 B1
Velesmes-Échevanne (70) 86 D5
Velesmes-Essarts (25) 103 F1
Velet (70) 86 C5
Vélieux (34) 187 G2
Velle (70) 136 B5
Vélizy-Villacoublay (78) 42 C4
Velle-le-Châtel (70) 87 F3
Velle-sur-Moselle (54) 48 D6
Velleches (86) 94 D4
Vellechevreux-
  -et-Courbenans (70) 87 A4
Velleclaire (70) 87 E5
Vellefaux (70) 87 G4
Vellefrey-et-Vellefrange (70) 87 E5
Vellefrie (70) 87 G2
Velleguindry-et-Levrecey (70) 87 F4
Velleminfroy (70) 87 H3
Vellemoz (70) 87 E4
Velleron (84) 175 F2
Vellerot-lès-Belvoir (25) 88 B5
Vellerot-lès-Vercel (25) 104 A1
Velles (36) 96 C6
Velles (52) 86 D1
Vellescot (90) 88 D3
Vellevans (25) 88 A6
Vellexon-Queutrey-
  -et-Vaudey (70) 87 F4
Velloreille-lès-Choye (70) 86 D5
Velluire (85) 107 E2
Velogny (21) 84 D5
Velone-Orneto (2B) 205 G1
Velone (38) 25 F3
Velotte-et-Tatignécourt (88) 69 G3
Vélu (62) 8 C4
Velving (57) 27 E4
Vélye (51) 45 G3
Velzic (15) 140 B4
Vémars (77) 43 E2
Venables (27) 19 E6
Venaco (2B) 205 E3
Venansault (85) 91 F4
Venanson (06) 162 D6
Venarey-les-Laumes (21) 84 D4
Venarsal (19) 138 D2
Venas (03) 113 E2
Venasque (84) 175 G2
Vence (06) 195 E3
Vendargues (34) 173 G5
Vendat (03) 113 H5
Vendays-Montalivet (03) 120 B6
Vendegies-au-Bois (59) 9 G3
Vendegies-sur-Écaillon (59) 9 F3
Vendel (35) 57 H1
la Vendelée (50) 36 D1
Vendelles (02) 8 D5
Vendémian (34) 172 D6
Vendenesse-
  -lès-Charolles (71) 115 G2
Vendenesse-sur-Arroux (71) 115 E1
Vendenheim (67) 51 E5
Vendes (14) 14 A5
Vendeuil (02) 22 A2
Vendeuil-Caply (60) 20 C3
Vendeuvre (14) 39 E2
Vendeuvre-du-Poitou (86) 94 B5
Vendeuvre-sur-Barse (10) 66 D4
Vendeville (59) 3 F5
Vendhuile (02) 8 D5
Vendières (02) 44 C4
Vendin-le-Vieil (62) 3 E6
Vendin-lès-Béthune (62) 2 D6
Vendine (31) 169 H5
Vendœuvres (36) 96 A5
Vendoire (24) 122 B1
Vendôme (41) 79 G2
Vendranges (42) 128 D1
Vendrennes (85) 92 A4
Vendres (34) 188 C3
Vendresse (08) 24 B3
Vendresse-Beaulne (02) 22 C4
Vendrest (77) 43 H2
la Vendue-Mignot (10) 66 B4
Vénéjan (30) 158 A6
Venelles (13) 176 A5
Vénérand (17) 121 F2
Venère (70) 86 D6
Vénérieu (38) 130 D4
Vénérolles (02) 9 G5
Venerque (31) 169 G1
Vénès (81) 170 C4
Venesmes (18) 97 G5
Vénestanville (76) 17 F3
Venette (60) 21 F4
Veneux-les-Sablons (77) 64 B2
Veney (54) 70 C1
Vengeons (50) 37 G4
Venise (25) 87 G6
Venizel (02) 22 A5
Venizy (89) 65 G4

Vennans (25) 87 G6
Vennecy (45) 63 E6
Vennes (25) 104 B1
Vennezey (54) 69 H1
Venon (27) 40 D1
Venon (38) 145 G2
Vénosc (38) 146 B4
Venouse (89) 83 G1
Venoy (89) 83 G2
Vensac (33) 120 C6
Vensat (63) 113 G6
Ventabren (13) 175 H6
Ventavon (05) 160 A4
Ventelay (51) 22 D5
Ventenac (09) 186 A5
Ventenac-Cabardès (11) 186 D3
Ventenac-en-Minervois (11) 187 H3
Venterol (04) 160 B3
Venterol (26) 158 D4
les Ventes (27) 40 D3
les Ventes-de-Bourse (61) 60 D3
Ventes-Saint-Rémy (76) 19 E2
Venteuges (43) 141 H4
Venteuil (51) 45 E2
Venthon (73) 132 C3
la Ventrouze (61) 40 B6
Ventron (88) 70 C6
Venzolasca (2B) 203 G6
Ver (50) 35 H1
Ver-lès-Chartres (28) 62 B2
Ver-sur-Launette (60) 43 F2
Ver-sur-Mer (14) 14 B3
Vérac (33) 135 G4
Véranne (42) 143 H1
Vérargues (34) 173 H4
Véraza (11) 186 D5
Verberie (60) 21 E5
Verbiesles (52) 68 A5
Vercel-Villedieu-
  -le-Camp (25) 104 A1
Verchain-Maugré (59) 9 F2
Verchaix (74) 119 F5
Vercheny (26) 159 E1
les Verchers-sur-Layon (49) 93 F2
Verchin (62) 2 A6
Verchocq (62) 1 H5
Vercia (39) 117 F1
Verclause (26) 159 F4
Vercoiran (26) 159 E5
Vercourt (80) 6 C2
Verdaches (04) 160 D5
Verdalle (81) 170 C6
Verdelais (33) 149 H2
Verdelot (77) 44 B4
Verdenal (54) 49 G6
Verderel-lès-Sauqueuse (60) 20 B4
Verderonne (60) 20 D5
Verdes (41) 62 A6
Verdèse (2B) 205 G1
Verdets (64) 181 H1
le Verdier (81) 170 A2
la Verdière (83) 176 D5
Verdigny (18) 82 B6
Verdille (16) 122 A2
Verdilly (02) 44 B2
Verdon (24) 137 E6
Verdon (51) 44 D3
le Verdon-sur-Mer (33) 120 B4
Verdonnet (21) 84 C2
Verdun (09) 199 F1
Verdun (55) 47 F1
Verdun-en-Lauragais (11) 186 C2
Verdun-sur-Garonne (82) 168 D3
Verdun-sur-le-Doubs (71) 101 H4
Vereaux (18) 98 C4
Verel-de-Montbel (73) 131 G5
Verel-Pragondran (73) 131 H4
Véretz (37) 79 E6
Vereux (70) 86 D4
Verfeil (31) 169 G5
Verfeil (82) 153 F6
Verfeuil (30) 157 G6
Vergaville (57) 49 G3
Vergéal (35) 57 H3
la Vergenne (70) 88 A3
le Verger (35) 56 D3
Vergeroux (17) 106 D6
Verges (39) 103 E6
Vergetot (76) 16 B4
Vergézac (43) 142 B4
Vergèze (30) 174 A4
Vergheas (63) 112 C6
Vergies (80) 6 D5
Vergigny (89) 65 H4
Vergisson (71) 116 A4
la Vergne (17) 121 F1
Vergoignan (32) 166 C4
Vergoncey (50) 35 H4
Vergongheon (43) 141 G1
Vergonnes (49) 76 A2
Vergons (04) 178 A2
Vergranne (25) 87 H5
Vergt (24) 137 F4
Vergt-de-Biron (24) 151 G2
le Verguier (02) 8 D6
Vérignon (83) 177 E4
Vérigny (28) 62 A1
Vérin (42) 130 A6
Vérines (17) 106 D4
Vérissey (71) 102 A6
Verjon (01) 117 E3
Verjux (71) 101 H4
Verlans (70) 88 C3
Verlhac-Tescou (82) 169 F2
Verlin (89) 64 D6
Verlincthun (62) 1 F5
Verlinghem (59) 3 F4
Verlus (32) 166 C5
Vermand (02) 8 C6
Vermandovillers (80) 8 B6
Vermelles (62) 2 D6
Vermenton (89) 83 G3
le Vermont (88) 70 D2
Vern-d'Anjou (49) 76 C3
Vern-sur-Seiche (35) 57 F3
Vernais (18) 98 B5
Vernaison (69) 130 A4
Vernajoul (09) 185 H6
Vernancourt (51) 46 C4
Vernantes (49) 77 H5
la Vernarède (30) 156 D5
Vernas (38) 130 D3
Vernassal (43) 142 B3
Vernaux (09) 199 F1
Vernay (69) 115 H5
la Vernaz (74) 119 E3
Verne (25) 87 H6
Vernègues (13) 175 H4
le Verneil (73) 132 B5
Verneil-le-Chétif (72) 78 B2
Verneix (03) 113 E3
la Vernelle (36) 96 B1
le Vernet (03) 114 A4
le Vernet (04) 160 D5
le Vernet (09) 185 H5
le Vernet (43) 142 B4
Vernet-la-Varenne (63) 127 H6
Vernet-les-Bains (66) 200 D4
le Vernet-
  -Sainte-Marguerite (63) 127 E4
Verneugheol (63) 126 B3
Verneuil (16) 123 F3
Verneuil (18) 98 A5
Verneuil (51) 44 D2
Verneuil (58) 99 G5
Verneuil-
  -en-Bourbonnais (03) 113 H4
Verneuil-en-Halatte (60) 20 D6
Verneuil-Grand (55) 25 F3
Verneuil-le-Château (37) 94 C3
Verneuil-l'Étang (77) 43 G6
Verneuil-Moustiers (87) 110 B3
Verneuil-Petit (55) 25 F3
Verneuil-sous-Coucy (02) 22 A3

Verneuil-sur-Avre (27) 40 C5
Verneuil-sur-Igneraie (36) 111 H1
Verneuil-sur-Indre (37) 95 G3
Verneuil-sur-Seine (78) 42 B3
Verneuil-sur-Serre (02) 22 C2
Verneuil-sur-Vienne (87) 124 A2
Verneusses (27) 39 H3
Vernéville (57) 26 A5
Vernie (72) 59 H4
Verniolle (09) 185 H5
Vernioz (38) 130 A6
Vernix (50) 37 F4
Vernoil-le-Fourrier (49) 77 H5
le Vernois (39) 102 D5
Vernois-lès-Belvoir (25) 88 B5
Vernois-lès-Vesvres (21) 85 H3
Vernois-sur-Mance (70) 86 D2
Vernols (15) 140 D2
Vernon (07) 157 F3
Vernon (27) 41 F2
Vernon (86) 109 F2
Vernonvilliers (10) 67 E3
Vernosc-lès-Annonay (07) 143 H2
Vernot (21) 85 G4
la Vernotte (70) 87 F4
Vernou-
  -la-Celle-sur-Seine (77) 64 B2
Vernou-sur-Brenne (37) 79 E5
Vernouillet (28) 41 F5
Vernouillet (78) 42 B3
Vernoux (01) 116 D2
Vernoux-en-Gâtine (79) 93 F6
Vernoux-en-Vivarais (07) 143 H5
Vernoux-sur-Boutonne (79) 108 A5
le Vernoy (25) 88 B3
Vernoy (89) 64 D5
Vernusse (03) 113 F4
Verny (57) 26 C6
Vero (2A) 204 D4
Véron (89) 65 E5
Véronne (26) 158 D1
Véronnes (21) 86 A4
Verosvres (71) 115 G3
Verpel (08) 24 C5
la Verpillière (38) 130 C4
Verpillières (80) 21 F2
Verpillières-sur-Ource (10) 67 E5
Verquières (13) 175 E3
Verquigneul (62) 2 D6
Verquin (62) 2 D6
Verrens-Arvey (73) 132 C4
Verreries-de-Moussans (34) 187 G1
Verrey-sous-Drée (21) 85 F6
Verrey-sous-Salmaise (21) 85 E5
Verricourt (10) 66 C2
Verrie (49) 77 G6
la Verrie (85) 92 B3
la Verrière (78) 42 A4
Verrières (08) 24 B4
Verrières (10) 66 B4
Verrières (12) 155 F6
Verrières (16) 121 H4
Verrières (51) 46 C2
Verrières (61) 61 E2
Verrières (63) 127 E5
Verrières (86) 109 G3
Verrières-de-Joux (25) 104 B4
Verrières-en-Grosbois (25) 103 H1
Verrières-en-Forez (42) 128 D5
Verrières-le-Buisson (91) 42 C5
Verrue (86) 94 A4
Verruyes (79) 108 A2
Vers (71) 116 B1
Vers (71) 116 B1
Vers (74) 118 B5
vers-en-Montagne (39) 103 F5
Vers-Pont-du-Gard (30) 174 C2
vers-sous-Sellières (39) 102 D5
Vers-sur-Méouge (26) 159 G5
vers-sur-Selles (80) 7 F6
Versailles (78) 42 B4
Versailleux (01) 130 C1
Versainville (14) 38 D3
la Versanne (42) 143 G1
Versaugues (71) 115 E3
Verseilles-le-Bas (52) 86 A2
Verseilles-le-Haut (52) 86 B2
Versigny (02) 22 B2
Versigny (60) 43 F1
Versols-et-Lapeyre (12) 171 H3
Verson (14) 14 B5
Versonnex (01) 118 B4
Versonnex (74) 145 H1
le Versoud (38) 145 H2
Vert (40) 149 F6
Vert (78) 41 H3
le Vert (78) 107 H5
Vert-en-Drouais (28) 41 E5
Vert-le-Grand (91) 42 D6
Vert-le-Petit (91) 63 G1
Vert-Saint-Denis (77) 64 A1
Vert-Toulon (51) 45 E4
Vertain (59) 9 F3
Vertaizon (63) 127 G3
Vertamboz (39) 117 H1
Vertault (21) 84 C1
Verteillac (24) 136 D1
Verteuil-d'Agenais (47) 150 D3
Verteuil-sur-Charente (16) 122 C1
Verthemex (73) 131 G4
Vertheuil (33) 134 D1
Verton (62) 6 C1
Vertou (44) 74 D5
Vertrieu (38) 130 D2
Vertus (51) 45 F3
Verzé (71) 116 A3
Verzeille (11) 187 E4
Verzenay (51) 45 G1
Verzy (51) 45 G1
Vesaignes-
  -sous-Lafauche (52) 68 B3
Vesaignes-sur-Marne (52) 68 A4
Vesancy (01) 118 B3
Vesc (26) 158 D3
Vescemont (90) 88 C2
Vescheim (57) 50 B4
Vescles (39) 117 G3
Vescours (01) 116 C2
Vescovato (2B) 203 G6
Vesdun (18) 112 C2
Vésigneul-sur-Marne (51) 46 B3
le Vésinet (78) 42 B3
Vesles-et-Caumont (02) 22 D2
Veslud (02) 22 C3
Vesly (27) 19 G6
Vesly (50) 12 C5
Vesoul (70) 87 G3
Vesseaux (07) 157 G2
Vesselieu (38) 131 E3
Vessey (50) 35 G5
Vestric-et-Candiac (30) 174 A4
Vésines (01) 116 B3

Veyras (07) 157 H1
Veyre-Monton (63) 127 F4
Veyreau (12) 155 H6
Veyrier-du-Lac (74) 132 B2
Veyrières (15) 140 A1
Veyrières (19) 126 A5
Veyrignac (24) 138 B6
Veyrines-de-Domme (24) 137 H6
Veyrines-de-Vergt (24) 137 F4
Veyrins-Thuellin (38) 131 F4
Veyssilieu (38) 130 D4
Vez (60) 21 G6
Vézac (15) 140 B5
Vézac (24) 138 A6
Vézannes (89) 83 H1
Vézaponin (02) 21 H4
Vèze (15) 141 E2
la Vèze (25) 103 G1
Vézelay (89) 83 H4
Vézelise (54) 69 F1
Vézelois (90) 88 D3
Vezels-Roussy (15) 140 B6
Vézénobres (30) 173 H1
Vezet (70) 87 E4
Vézézoux (43) 127 G6
le Vézier (51) 44 C4
Vézières (86) 94 A2
Vézin-le-Coquet (35) 57 E2
Vézinnes (89) 84 A1
Vezins (49) 92 D2
Vézins-de-Lévézou (12) 155 E5
Vezot (72) 60 B2
Vezzani (2B) 205 F3
Viabon (28) 62 C4
Viala-du-Pas-de-Jaux (12) 172 A2
Viala-du-Tarn (12) 171 G1
Vialas (48) 156 D4
Vialer (64) 166 B6
Viam (19) 125 F4
Vianges (21) 100 D2
Vianne (47) 150 D5
Viâpres-le-Petit (10) 66 B1
Viarmes (95) 42 D1
Vias (34) 188 D2
Viazac (46) 153 G2
le Vibal (12) 154 D5
Vibersviller (57) 49 H3
Vibeuf (76) 17 F4
Vibrac (16) 122 A4
Vibrac (17) 121 G6
Vibraye (72) 61 E5
Vic-de-Chassenay (21) 84 C5
Vic-des-Prés (21) 101 F2
Vic-en-Bigorre (65) 183 F1
Vic-la-Gardiole (34) 173 F6
Vic-le-Comte (63) 127 G4
Vic-le-Fesq (30) 173 H3
Vic-sous-Thil (21) 84 C6
Vic-sur-Aisne (02) 21 H5
Vic-sur-Cère (15) 140 C4
Vic-sur-Seille (57) 49 F4
le Vicel (50) 13 E2
Vichel (63) 127 G6
Vichel-Nanteuil (02) 44 B1
Vichères (28) 61 F3
Vicherey (88) 69 E2
Vichy (03) 114 A5
Vico (2A) 204 C4
la Vicogne (80) 7 G4
la Vicomté-sur-Rance (22) 36 A6
Vicq (03) 113 G5
Vicq (59) 9 G1
Vicq (78) 42 A4
Vicq-d'Auribat (40) 165 F3
Vicq-Exemplet (36) 112 A1
Vicq-sur-Breuilh (87) 124 C4
Vicq-sur-Gartempe (86) 95 F6
Vicq-sur-Nahon (36) 96 B2
Victot-Pontfol (14) 39 E1
Vidai (61) 60 C1
Vidaillac (46) 153 F4
Vidaillat (23) 125 E1
Vidauban (83) 194 A2
Videcosville (50) 12 D2
Videix (87) 123 F3
Vidouville (50) 37 F1
Viefvillers (60) 20 B3
le Vieil-Dampierre (51) 46 C3
le Vieil-Évreux (27) 41 E2
Vieil-Hesdin (62) 7 F2
Vieil-Moutier (62) 1 G4
Vieille-Brioude (43) 141 H2
Vieille-Chapelle (62) 2 D5
Vieille-Église (62) 1 H2
Vieille-Église-en-Yvelines (78) 42 A4
la Vieille-Loye (39) 102 D3
la Vieille-Lyre (27) 40 B3
Vieille-Toulouse (31) 169 F6
Vieilles-Maisons-
  -sur-Joudry (45) 81 G1
Vieillespesse (15) 141 F3
Vieillevie (15) 154 B2
Vieillevigne (31) 185 H1
Vieillevigne (44) 91 H1
Vieilley (25) 87 G6
Vieilmoulin (21) 85 F6
Viel-Arcy (02) 22 C5
Viel-Saint-Remy (08) 23 H3
Vielle-Adour (65) 183 E3
Vielle-Aure (65) 196 B1
Vielle-Louron (65) 196 D1
Vielle-Saint-Girons (40) 164 C1
Vielle-Soubiran (40) 166 C1
Vielle-Tursan (40) 166 A4
Viellenave-d'Arthez (64) 182 B1
Viellenave-
  -de-Navarrenx (64) 181 G1
Vielmanay (58) 98 D1
Vielmur-sur-Agout (81) 170 B5
Vielprat (43) 142 C5
Viels-Maisons (02) 44 B3
Vielverge (21) 102 C1
Viennay (79) 93 F6
Vienne (38) 130 A5
Vienne-en-Arthies (95) 41 H2
Vienne-en-Bessin (14) 14 A3
Vienne-en-Val (45) 81 F2
Vienne-la-Ville (51) 46 C1
Vienne-le-Château (51) 24 C6
Viens (84) 176 B2
Vienville (88) 70 C4
Vier-Bordes (65) 182 D5
Viersat (23) 112 C4
Vierville (28) 62 D2
Vierville (50) 13 E4
Vierville-sur-Mer (14) 13 H4
Vierzon (18) 97 E1
Vierzy (02) 22 A6
Viesly (59) 9 F3
Viessoix (14) 37 H3
Viéthorey (25) 88 A5
Vieu (01) 131 F2
Vieu-d'Izenave (01) 117 F6
Vieugy (74) 132 A2
Vieure (03) 113 F2
Vieussan (34) 171 H6
Vieuvicq (28) 61 H3
Vieuvy (53) 58 C1
Vieux (14) 14 B5
Vieux (81) 170 A2
Vieux-Berquin (59) 2 D4
Vieux-Boucau-
  -les-Bains (40) 164 C3
Vieux-Bourg (14) 15 E3
le Vieux-Bourg (22) 33 F5
le Vieux-Cérier (16) 122 D1
Vieux-Champagne (77) 44 A6

Vieux-Charmont (25) 88 C4
Vieux-Château (21) 84 B5
Vieux-Condé (59) 9 F1
Vieux-Ferrette (68) 89 F4
Vieux-Fumé (14) 39 E2
Vieux-lès-Asfeld (08) 23 F4
Vieux-Lixheim (57) 50 A4
Vieux-Manoir (76) 18 D3
le Vieux-Marché (22) 32 C3
Vieux-Mareuil (24) 123 E6
Vieux-Mesnil (59) 9 H3
Vieux-Moulin (60) 21 F5
Vieux-Moulin (88) 70 D2
Vieux-Pont (61) 38 D5
Vieux-Pont-en-Auge (14) 15 E6
Vieux-Port (27) 16 D5
Vieux-Reng (59) 10 A2
Vieux-Rouen-sur-Bresle (76) 6 C6
le Vieux-Rue (76) 17 H6
Vieux-Ruffec (16) 109 E6
Vieux-Thann (68) 89 E1
Vieux-Viel (35) 35 G5
Vieux-Villez (27) 41 E1
Vieux-Vy-
  -sur-Couesnon (35) 35 G6
Vieuzos (65) 183 H2
Viévigne (21) 86 A5
Viéville (52) 67 H3
Viéville-en-Haye (54) 48 B3
Vièvre (86) 94 A2
Viévy (21) 101 E3
Viévy-le-Rayé (41) 79 H1
Viey (65) 182 D6
Vif (38) 145 G3
Viffort (02) 44 C3
le Vigan (30) 172 D2
le Vigan (46) 152 C1
le Vigean (15) 140 A2
le Vigeant (86) 109 G4
le Vigen (87) 124 B3
Vigeois (19) 138 C1
Viger (65) 182 D5
Vigeville (23) 111 H5
Viggianello (2A) 206 D3
Viglain (45) 81 F2
Vignacourt (80) 7 F5
Vignale (2B) 203 G6
Vignats (14) 39 E3
le Vignau (40) 166 B3
Vignaux (31) 168 D4
les Vigneaux (05) 147 E5
Vignec (65) 183 G6
Vignely (77) 43 F3
Vignemont (60) 21 F4
Vignes (33) 149 H3
Vignes (89) 84 A3
Vignes-la-Côte (52) 68 A3
Vigneul-sous-
  -Montmédy (55) 25 E3
Vigneulles (54) 48 D6
Vigneulles-
  -lès-Hattonchâtel (55) 47 H2
Vigneux-de-Bretagne (44) 74 C4
Vigneux-Hocquet (02) 23 E1
Vigneux-sur-Seine (91) 42 D5
Vignevieille (11) 187 F5
Vignieu (38) 131 E4
Vignoc (35) 57 E1
Vignol (58) 83 G6
Vignoles (21) 101 G3
Vignolles (16) 122 A5
Vignols (19) 138 C1
Vignonet (33) 135 H5
Vignory (52) 67 H3
Vignot (55) 47 G3
Vignoux-sur-Barangeon (18) 97 F2
Vigny (57) 26 C6
Vigny (95) 42 B2
Vigoulant (36) 111 H3
Vigoulet-Auzil (31) 169 F6
Vigoux (36) 110 D2
Vigueron (82) 168 C3
Vigy (57) 26 C4
Vihiers (49) 93 E2
Vijon (36) 111 H3
Vilcey-sur-Trey (54) 48 B3
Vildé-Guingalan (22) 34 C5
le Vilhain (03) 113 E2
Vilhonneur (16) 122 D4
Villabé (91) 42 D6
Villabon (18) 98 A2
Villac (24) 138 B2
Villacerf (10) 66 B2
Villacourt (54) 69 G1
Villadin (10) 65 G3
Villafans (70) 88 A3
Village-Neuf (68) 89 H3
Villaines-en-Duesmois (21) 85 E3
Villaines-la-Carelle (72) 60 B2
Villaines-la-Gonais (72) 60 D4
Villaines-la-Juhel (53) 59 F2
Villaines-les-Prévôtes (21) 84 C4
Villaines-les-Rochers (37) 94 C1
Villaines-sous-Bois (95) 42 D2
Villaines-sous-Lucé (72) 78 C2
Villaines-sous-Malicorne (72) 77 G2
Villainville (76) 16 B4
Villalet (27) 41 E2
Villalier (11) 187 E3
Villamblain (45) 62 B6
Villamblard (24) 137 E4
Villamée (35) 58 A1
Villampuy (28) 62 B5
Villandraut (33) 149 G3
Villandry (37) 78 D6
Villanière (11) 187 E2
Villanova (2A) 204 B5
Villapourçon (58) 100 B4
Villar-d'Arêne (05) 146 C3
Villar-en-Val (11) 187 E4
Villar-Loubière (05) 146 B5
Villar-Saint-Anselme (11) 186 D5
Villar-Saint-Pancrace (05) 147 E5
Villard (23) 111 F4
Villard (74) 118 D4
Villard-Bonnot (38) 145 H2
Villard-d'Héry (73) 132 B5
Villard-Léger (73) 132 B5
Villard-Notre-Dame (38) 146 A4
Villard-Reculas (38) 146 A3
Villard-Reymond (38) 146 A4
Villard-
  -Saint-Christophe (38) 145 G4
Villard-Saint-Sauveur (39) 118 A3
Villard-Sallet (73) 132 B5
Villard-sur-Bienne (39) 118 A2
Villard-sur-Doron (73) 132 D3
Villardebelle (11) 187 E5
Villardonnel (11) 187 E2
Villards-d'Héria (39) 117 H3
les Villards-sur-Thônes (74) 132 C1
Villargent (70) 88 A3
Villargoix (21) 84 D6
Villargondran (73) 146 D1
Villariès (31) 169 F4
Villarlurin (73) 133 E5
Villaroger (73) 133 F4
Villaroux (73) 132 A5
Villars (24) 123 E6
Villars (28) 62 B5
Villars (42) 129 F5
Villars (84) 176 A3
Villars-Colmars (04) 161 E5
Villars-en-Azois (52) 67 E5
Villars-en-Pons (17) 121 F4
Villars-Fontaine (21) 101 G2
Villars-le-Pautel (70) 87 F1
Villars-le-Sec (90) 88 D4
Villars-lès-Blamont (25) 88 D5
Villars-les-Bois (17) 121 G3
Villars-les-Dombes (01) 130 B1
Villars-Saint-Georges (25) 103 E2
Villars-Santenoge (52) 85 H3
Villars-sous-Dampjoux (25) 88 C5
Villars-sous-Écot (25) 88 B5

Villars-sur-Var (06) 195 E1
Villarzel-Cabardès (11) 187 E3
Villarzel-du-Razès (11) 186 D4
Villasavary (11) 186 C3
Villate (31) 185 F1
Villaudric (31) 169 F3
Villautou (11) 186 A4
Villavard (41) 79 F2
Villaz (74) 132 B1
Ville (60) 21 G3
Ville (67) 71 F2
Ville-au-Montois (54) 25 H4
la Ville-aux-Bois (10) 67 C2
la Ville-aux-Bois-lès-Dizy (02) 23 E2
la Ville-aux-Bois-
  -lès-Pontavert (02) 22 D4
la Ville-aux-Clercs (41) 61 G6
la Ville-aux-Dames (37) 79 E5
Ville-d'Avray (92) 42 C4
Ville-devant-Belrain (55) 47 F3
Ville-devant-Chaumont (55) 25 F5
Ville-di-Paraso (2B) 202 D5
Ville-di-Pietrabugno (2B) 203 G6
la Ville-Dieu-du-Temple (82) 168 D1
Ville-Dommange (51) 23 E6
Ville-du-Pont (25) 104 B3
Ville-en-Blaisois (52) 67 G2
Ville-en-Sallaz (74) 118 D5
Ville-en-Selve (51) 45 F1
Ville-en-Tardenois (51) 45 E1
Ville-en-Vermois (54) 48 D6
Ville-en-Woëvre (55) 47 H1
la Ville-ès-Nonais (35) 36 A5
Ville-Houdlémont (54) 25 G3
la Ville-la-Grand (74) 118 C4
Ville-Langy (58) 99 F4
le Ville-Marclet (80) 7 F5
la Ville-Saint-Jacques (77) 64 B3
Ville-Savoye (02) 22 C5
Ville-sous-Anjou (38) 144 A1
Ville-sous-la-Ferté (10) 67 F5
Ville-sur-Ancre (80) 8 A5
Ville-sur-Arce (10) 66 D5
Ville-sur-Cousances (55) 47 E2
Ville-sur-Illon (88) 69 G4
Ville-sur-Jarnioux (69) 129 G1
Ville-sur-Lumes (08) 24 B1
Ville-sur-Retourne (08) 23 H5
Ville-sur-Saulx (55) 46 D5
Ville-sur-Terre (10) 67 E3
Ville-sur-Tourbe (51) 24 C6
Ville-sur-Yron (54) 26 A5
Villeau (28) 62 B4
Villebadin (61) 39 F4
Villebarou (41) 79 H3
Villebaudon (50) 37 F2
Villebazy (11) 187 E4
Villebéon (77) 64 C4
Villebernier (49) 93 H1
Villeberny (21) 85 E5
Villebichot (21) 101 H2
Villeblevin (89) 64 C3
Villebois (01) 131 E2
Villebois-Lavalette (16) 122 C5
Villebois-les-Pins (26) 159 G4
Villebon (28) 61 H2
Villebon-sur-Yvette (91) 42 C5
Villebougis (89) 64 D4
Villebout (41) 61 G6
Villebramar (47) 151 E2
Villebret (03) 112 D4
Villebrumier (82) 169 F3
Villecelin (18) 97 F5
Villecerf (77) 64 C3
Villecey-sur-Mad (54) 26 A6
Villechantria (39) 117 F3
Villechauve (41) 79 F3
Villechenève (69) 129 F3
Villechétif (10) 66 B3
Villechétive (89) 65 E4
Villechien (50) 37 G6
Villecien (89) 65 E5
Villécloye (55) 25 E3
Villecomtal (12) 154 C3
Villecomtal-sur-Arros (32) 183 F1
Villecomte (21) 85 H4
Villeconin (91) 63 E1
Villecourt (80) 21 G1
Villecresnes (94) 43 E5
Villecroze (83) 193 G1
Villedaigne (11) 187 H3
Villedieu (15) 141 E4
la Villedieu (17) 108 A6
Villedieu (21) 84 D1
la Villedieu (23) 125 F3
Villedieu (84) 158 D5
la Villedieu-du-Clain (86) 109 E2
la Villedieu-
  -en-Fontenette (70) 87 G2
Villedieu-la-Blouère (49) 75 G6
Villedieu-le-Château (41) 78 D3
Villedieu-lès-Bailleul (61) 39 E4
Villedieu-les-Poêles (50) 37 F3
Villedieu-sur-Indre (36) 96 B5
Villedômer (37) 79 F4
Villedoux (17) 106 D3
Villedubert (11) 187 E3
Villefagnan (16) 122 B1
Villefargeau (89) 83 F2
Villefavard (87) 110 C5
Villeferry (21) 85 E5
Villefloure (11) 187 E4
Villefollet (79) 108 A4
Villefontaine (38) 130 C4
Villefort (11) 186 B4
Villefort (48) 156 D4
Villefranche (32) 184 A1
Villefranche (89) 82 C6
Villefranche-d'Albigeois (81) 170 D3
Villefranche-d'Allier (03) 113 E3
Villefranche-de-Conflent (66) 200 B3
Villefranche-
  -de-Lauragais (31) 185 H1
Villefranche-de-Lonchat (24) 136 B4
Villefranche-de-Panat (12) 171 F1
Villefranche-
  -de-Rouergue (12) 153 G4
Villefranche-
  -du-Périgord (24) 152 A2
Villefranche-
  -du-Queyran (47) 150 C4
Villefranche-le-Château (26) 159 F5
Villefranche-sur-Cher (41) 96 D1
Villefranche-sur-Mer (06) 195 F3
Villefranche-sur-Saône (69) 129 H1
Villefrancœur (41) 79 G3
Villefranque (64) 180 C1
Villefranque (65) 166 D6
Villegailhenc (11) 187 E3
Villegardin (89) 64 D4
Villegats (16) 122 C1
Villegats (27) 41 F3
Villegaudin (71) 102 A5
Villegenon (18) 82 A5
Villegly (11) 187 E2
Villegongis (36) 96 B4
Villegouge (33) 135 G4
Villegouin (36) 96 A3
Villegusien-le-Lac (52) 86 B2
Villeherviers (41) 80 C6
Villejésus (16) 122 B2
Villejoubert (16) 122 C2
Villejuif (94) 42 D4
Villejust (91) 42 C5
Villelaure (84) 176 A4
Villeloin-Coulangé (37) 95 H2
Villelongue (65) 182 D5
Villelongue-d'Aude (11) 186 C4
Villelongue-
  -de-la-Salanque (66) 201 F2
Villelongue-dels-Monts (66) 201 F4

Villemade (82) 169 E1
Villemagne (11) 186 C2
Villemagne-l'Argentière (34) 172 A6
Villemain (79) 108 B6
Villemandeur (45) 64 A6
Villemanoche (89) 64 D3
Villemardy (41) 79 G2
Villemaréchal (77) 64 B3
Villemareuil (77) 43 G3
Villematier (31) 169 F3
Villembits (65) 183 G2
Villembray (60) 19 H4
Villemer (77) 64 B3
Villemer (89) 83 F1
Villemereuil (10) 66 B4
Villemeux-sur-Eure (28) 41 F5
Villemoirieu (38) 130 D3
Villemoiron-en-Othe (10) 65 H4
Villemoisson-sur-Orge (91) 42 D5
Villemolaque (66) 201 F3
Villemomble (93) 43 E3
Villemontais (42) 128 D2
Villemontoire (02) 22 A6
Villemorien (10) 66 C5
Villemorin (17) 108 A6
Villemort (86) 110 A1
Villemotier (01) 117 E3
Villemoustaussou (11) 187 E3
Villemoutiers (45) 63 H6
Villemoyenne (10) 66 C4
Villemur (65) 183 H3
Villemur-sur-Tarn (31) 169 F3
Villemurlin (45) 81 G3
Villemus (04) 176 C3
Villenauxe-la-Grande (10) 44 C6
Villenauxe-la-Petite (77) 65 E2
Villenave (40) 165 G1
Villenave-d'Ornon (33) 135 E6
Villenave-près-Béarn (65) 182 D1
Villenave-près-Marsac (65) 183 E2
Villenavotte (89) 64 D4
Villeneuve (01) 116 B6
Villeneuve (04) 176 C2
Villeneuve (09) 184 D5
Villeneuve (12) 153 G3
la Villeneuve (23) 126 A2
Villeneuve (33) 135 E3
Villeneuve (63) 127 F6
la Villeneuve-au-Châtelot (10) 65 G1
Villeneuve-au-Chemin (10) 65 H5
la Villeneuve-au-Chêne (10) 66 D3
la Villeneuve-Bellenoye-
  -et-la-Maize (70) 87 G2
Villeneuve-d'Allier (43) 141 G2
Villeneuve-d'Amont (25) 103 G4
Villeneuve-d'Ascq (59) 3 G5
Villeneuve-d'Aval (39) 103 E3
Villeneuve-de-Berg (07) 157 H2
Villeneuve-de-Duras (47) 136 C6
Villeneuve-de-la-Raho (66) 201 F3
Villeneuve-de-Marc (38) 130 C5
Villeneuve-de-Marsan (40) 166 B2
Villeneuve-de-Rivière (31) 184 A4
Villeneuve-d'Entraunes (06) 161 G6
Villeneuve-des-Escaldes (66) 199 G4
Villeneuve-du-Latou (09) 185 F3
Villeneuve-du-Paréage (09) 185 H4
la Villeneuve-en-Chevrie (78) 41 G2
Villeneuve-
  -en-Montagne (71) 101 F6
Villeneuve-en-Perseigne (72) 60 B1
Villeneuve-Frouville (41) 79 H2
Villeneuve-la-Comptal (11) 186 B3
Villeneuve-la-Comtesse (17) 107 H5
Villeneuve-la-Dondagre (89) 64 D5
Villeneuve-la-Garenne (92) 42 D3
Villeneuve-la-Guyard (89) 64 C3
Villeneuve-la-Lionne (51) 44 C5
Villeneuve-l'Archevêque (89) 65 F4
Villeneuve-le-Comte (77) 43 F4
Villeneuve-le-Roi (94) 42 D5
Villeneuve-Lécussan (31) 183 H3
Villeneuve-lès-Avignon (30) 174 D3
Villeneuve-lès-Béziers (34) 188 C2
Villeneuve-lès-Bordes (77) 64 C1
Villeneuve-lès-Bouloc (31) 169 F4
Villeneuve-les-Cerfs (63) 127 G1
la Villeneuve-
  -lès-Charleville (51) 44 D4
la Villeneuve-lès-Charnod (39) 117 F3
la Villeneuve-
  -les-Convers (21) 85 F4
Villeneuve-
  -les-Corbières (11) 187 H5
Villeneuve-les-Genêts (89) 82 D3
Villeneuve-les-Lavaur (81) 169 H6
Villeneuve-
  -lès-Maguelone (34) 173 F6
Villeneuve-lès-Montréal (11) 186 C3
Villeneuve-les-Sablons (60) 20 A6
Villeneuve-Loubet (06) 195 E3
Villeneuve-Minervois (11) 187 F2
Villeneuve-
  -Renneville-Chevigny (51) 45 F3
Villeneuve-Saint-Denis (77) 43 F4
Villeneuve-
  -Saint-Georges (94) 42 D5
Villeneuve-
  -Saint-Germain (02) 22 A5
Villeneuve-
  -Saint-Nicolas (28) 62 B3
Villeneuve-Saint-Salves (89) 83 G1
Villeneuve-Saint-Vistre-
  -et-Villevotte (51) 44 D6
Villeneuve-
  -sous-Charigny (21) 84 D5
Villeneuve-
  -sous-Dammartin (77) 43 E2
Villeneuve-
  -sous-Pymont (39) 103 E6
la Villeneuve-sous-Thury (60) 43 H1
Villeneuve-sur-Allier (03) 114 A1
Villeneuve-sur-Auvers (91) 63 F1
Villeneuve-sur-Bellot (77) 44 B4
Villeneuve-sur-Cher (18) 97 F3
Villeneuve-sur-Conie (45) 62 C5
Villeneuve-sur-Fère (02) 44 C1
Villeneuve-sur-Lot (47) 151 F4
Villeneuve-sur-Verberie (60) 21 E6
Villeneuve-sur-Vère (81) 170 B2
Villeneuve-sur-Yonne (89) 65 E5
Villeneuve-Tolosane (31) 169 E6
Villeneuvette (34) 172 C6
Villennes-sur-Seine (78) 42 B3
Villenouvelle (31) 185 H1
Villenoy (77) 43 G3
Villentrois (36) 96 B2
Villeny (41) 80 D4
Villepail (53) 59 G2
Villeparisis (77) 43 E3
Villeperdrix (26) 159 E4
Villeperdue (37) 94 D1
Villeperrot (89) 64 D3
Villepinte (11) 186 C3
Villepinte (93) 43 E3
Villeporcher (41) 79 F3
Villepot (44) 57 G6
Villepreux (78) 42 B4
Villequier (76) 16 D5
Villequier-Aumont (02) 21 H2
Villequiers (18) 98 B3
Viller (57) 49 F2
Villerable (41) 79 F2
Villerbon (41) 80 A3
Villeréal (47) 151 G2
Villereau (45) 62 D5
Villereau (59) 9 G2
Villerest (42) 128 D1
Villeret (02) 8 D5
Villeret (10) 66 B1
Villereversure (01) 117 F5
Villermain (41) 80 B1
Villeron (95) 43 E2
Villerouge-Termenès (11) 187 G5
Villeroy (77) 43 F3
Villeroy (80) 6 D4
Villeroy (89) 64 D4

Villeroy (89) 64 D4
Villeroy-sur-Méholle (55) 47 H6
Villers (42) 115 F5
Villers (88) 69 G3
Villers-Agron-Aiguizy (02) 44 D1
Villers-Allerand (51) 45 F1
Villers-au-Bois (62) 8 A2
Villers-au-Flos (62) 8 C4
Villers-au-Tertre (59) 8 D2
Villers-aux-Bois (51) 45 E3
Villers-aux-Érables (80) 20 D1
Villers-aux-Nœuds (51) 45 F1
Villers-aux-Vents (55) 46 D4
Villers-Bocage (14) 14 A5
Villers-Bocage (80) 7 G5
Villers-Bouton (70) 66 B2
Villers-Bretonneux (80) 7 H6
Villers-Brûlin (62) 7 H2
Villers-Buzon (25) 103 E1
Villers-Campsart (80) 6 D6
Villers-Carbonnel (80) 8 C6
Villers-Cernay (08) 24 C2
Villers-Châtel (62) 8 A1
Villers-Chemin-et-Mont-lès-Étrelles (70) 87 E5
Villers-Chief (25) 104 A1
Villers-Cotterêts (02) 21 G6
Villers-devant-Dun (55) 24 D4
Villers-devant-le-Thour (08) 23 F4
Villers-devant-Mouzon (08) 24 C2
Villers-Écalles (76) 17 F5
Villers-en-Argonne (51) 46 D2
Villers-en-Arthies (95) 41 H2
Villers-en-Cauchies (59) 9 E3
Villers-en-Haye (54) 48 B4
Villers-en-Ouche (61) 39 H3
Villers-en-Prayères (02) 22 C5
Villers-en-Vexin (27) 19 F6
Villers-Farlay (39) 103 E3
Villers-Faucon (80) 8 C5
Villers-Franqueux (51) 23 E5
Villers-Grélot (25) 87 G5
Villers-Guislain (59) 8 D5
Villers-Hélon (02) 22 A6
Villers-la-Chèvre (54) 25 G3
Villers-la-Combe (25) 104 A1
Villers-la-Faye (21) 101 G2
Villers-la-Montagne (54) 25 H4
Villers-la-Ville (70) 88 A4
Villers-le-Château (51) 45 G3
Villers-le-Lac (25) 104 C2
Villers-le-Rond (54) 25 F4
Villers-le-Sec (02) 22 B1
Villers-le-Sec (51) 46 C4
Villers-le-Sec (55) 47 F6
Villers-le-Sec (70) 87 G3
Villers-le-Tilleul (08) 24 B2
Villers-le-Tourneur (08) 23 H2
Villers-les-Bois (39) 102 D4
Villers-lès-Cagnicourt (62) 8 C3
Villers-lès-Guise (02) 9 G6
Villers-lès-Luxeuil (70) 87 G2
Villers-lès-Mangiennes (55) 25 F5
Villers-lès-Moivrons (54) 48 D4
Villers-lès-Nancy (54) 48 C5
Villers-lès-Ormes (36) 96 C4
Villers-lès-Pots (21) 102 B1
Villers-lès-Roye (80) 21 E2
Villers-l'Hôpital (62) 7 F3
Villers-Marmery (51) 45 G1
Villers-Outréaux (59) 9 E5
Villers-Pater (70) 87 G4
Villers-Patras (21) 67 E6
Villers-Plouich (59) 8 D4
Villers-Pol (59) 9 G2
Villers-Robert (39) 102 C4
Villers-Rotin (21) 102 C2
Villers-Saint-Barthélemy (60) 20 A5
Villers-Saint-Christophe (02) 21 G1
Villers-Saint-Frambourg (60) 21 E6
Villers-Saint-Genest (60) 43 G1
Villers-Saint-Martin (25) 88 A6
Villers-Saint-Paul (60) 20 D6
Villers-Saint-Sépulcre (60) 20 B5
Villers-Semeuse (08) 24 B1
Villers-Sir-Simon (62) 7 H2
Villers-Sire-Nicole (59) 10 A2
Villers-sous-Ailly (80) 7 E4
Villers-sous-Chalamont (25) ..103 G4
Villers-sous-Châtillon (51) 45 E2
Villers-sous-Foucarmont (76) 6 B6
Villers-sous-Montrond (25) ...103 G2
Villers-sous-Pareid (55) 47 H1
Villers-sous-Prény (54) 48 B3
Villers-sous-Saint-Leu (60) ...20 C6
Villers-Stoncourt (57) 49 E2
Villers-sur-Auchy (60) 19 G4
Villers-sur-Authie (80) 6 C2
Villers-sur-Bar (08) 24 B2
Villers-sur-Bonnières (60) 20 A3
Villers-sur-Coudun (60) 21 F4
Villers-sur-Fère (02) 44 C1
Villers-sur-le-Mont (08) 24 A2
Villers-sur-le-Roule (27) 19 E6
Villers-sur-Mer (14) 15 E3
Villers-sur-Meuse (55) 47 F2
Villers-sur-Nied (57) 49 E3
Villers-sur-Port (70) 87 F2
Villers-sur-Saulnot (70) 88 B4
Villers-sur-Trie (60) 19 H5
Villers-Tournelle (80) 20 D2
Villers-Vaudey (70) 86 D3
Villers-Vermont (60) 19 G3
Villers-Vicomte (60) 20 B2
Villerserine (39) 102 D4
Villersexel (70) 88 A4
Villerupt (54) 26 A2
Villerville (14) 16 A6
Villery (10) 66 A4
Villes (01) 117 H6
Villes-sur-Auzon (84) 175 G1
Villeselve (60) 21 G2
Villeseneux (51) 45 G4
Villesèque (46) 152 C4
Villesèque-des-Corbières (11) 187 H5
Villesèquelande (11) 186 D3
Villesiscle (11) 186 D3
Villespassans (34) 188 A2
Villespy (11) 186 C2
Villetaneuse (93) 42 D3
la Villetelle (23) 126 A1
Villetelle (34) 173 H4
Villethierry (89) 64 C3
Villeton (47) 150 C4
Villetoureix (24) 136 D2
Villetritouls (11) 187 F4
Villetrun (41) 79 G2
la Villette (14) 38 B3
Villette (54) 25 F4
Villette (78) 41 H3
Villette-d'Anthon (38) 130 C4
Villette-de-Vienne (38) 130 B4
Villette-lès-Arbois (39) 103 E4
Villette-lès-Dole (39) 102 C3
Villette-sur-Ain (01) 130 D1
Villette-sur-Aube (10) 66 B1
Villettes (27) 40 D1
les Villettes (43) 143 E2
Villeurbanne (69) 130 A3
Villevallier (89) 65 E6
Villevaudé (77) 43 F3
Villevenard (51) 45 E4
Villévêque (49) 77 E4
Villeveyrac (34) 173 G6
Villevieille (30) 173 H4
Villevieux (39) 102 C5
Villevocance (07) 143 G2
Villevoques (45) 64 A5
Villexanton (41) 80 A2
Villexavier (17) 121 F6
le Villey (39) 102 C4
Villey-le-Sec (54) 48 B5
Villey-Saint-Étienne (54) 48 B5
Villey-sur-Tille (21) 85 H4
Villez-sous-Bailleul (27) 41 F1
Villez-sur-le-Neubourg (27) 40 C1
Villié-Morgon (69) 116 A5
Villiers (36) 95 H4
Villiers (86) 94 A6

Villiers-Adam (95) 42 C2
Villiers-au-Bouin (37) 78 B4
Villiers-aux-Corneilles (51) 44 D6
Villiers-Charlemagne (53) 58 D6
Villiers-Couture (17) 122 A1
Villiers-en-Bière (77) 63 H1
Villiers-en-Désœuvre (27) 41 F3
Villiers-en-Lieu (52) 46 C5
Villiers-en-Morvan (21) 100 C2
Villiers-en-Plaine (79) 107 G2
Villiers-Fossard (50) 13 F6
Villiers-Herbisse (10) 45 G6
Villiers-le-Bâcle (91) 42 B5
Villiers-le-Bel (95) 42 D2
Villiers-le-Bois (10) 66 B6
Villiers-le-Duc (21) 85 F2
Villiers-le-Mahieu (78) 41 H4
Villiers-le-Morhier (28) 41 G6
Villiers-le-Pré (50) 35 H5
Villiers-le-Roux (16) 108 C4
Villiers-le-Sec (14) 14 A3
Villiers-le-Sec (52) 67 H5
Villiers-le-Sec (58) 83 F6
Villiers-le-Sec (95) 42 D2
Villiers-lès-Aprey (52) 86 A2
Villiers-les-Hauts (89) 84 B2
Villiers-Louis (89) 65 E4
Villiers-Saint-Benoît (89) 82 D2
Villiers-Saint-Denis (02) 44 A3
Villiers-Saint-Frédéric (78) 42 A4
Villiers-Saint-Georges (77) 44 B6
Villiers-Saint-Orien (28) 62 B4
Villiers-sous-Grez (77) 63 H4
Villiers-sous-Mortagne (61) 60 D1
Villiers-sous-Praslin (10) 66 C5
Villiers-sur-Chizé (79) 108 A5
Villiers-sur-Loir (41) 79 F2
Villiers-sur-Marne (94) 43 E4
Villiers-sur-Morin (77) 43 G4
Villiers-sur-Orge (91) 42 C6
Villiers-sur-Seine (77) 65 E2
Villiers-sur-Suize (52) 68 A6
Villiers-sur-Tholon (89) 83 E1
Villiers-sur-Yonne (58) 83 G5
Villiers-Vineux (89) 65 H5
Villiersfaux (41) 79 F2
Villieu-Loyes-Mollon (01) 130 D1
Villing (57) 27 E4
Villognon (16) 122 C2
Villon (89) 84 B1
Villoncourt (88) 70 A1
Villons-les-Buissons (14) 14 B4
Villorceau (45) 80 B2
Villosanges (63) 126 C2
Villotran (60) 20 A5
Villotte (88) 68 D5
Villotte-devant-Louppy (55) 46 D3
Villotte-Saint-Seine (21) 85 F5
Villotte-sur-Aire (55) 47 F4
Villotte-sur-Ource (21) 85 E1
Villouxel (88) 68 C2
Villuis (77) 65 E2
Villy (08) 24 D3
Villy (89) 83 H1
Villy-Bocage (14) 14 A5
Villy-en-Auxois (21) 85 E5
Villy-en-Trodes (10) 66 D4
Villy-le-Bois (10) 66 B4
Villy-le-Bouveret (74) 118 C6
Villy-le-Maréchal (10) 66 B4
Villy-le-Moutier (21) 101 H3
Villy-le-Pelloux (74) 118 C6
Villy-lez-Falaise (14) 38 D3
Villy-sur-Yères (76) 6 B5
Vilory (70) 87 G2
Vilosnes-Haraumont (55) 25 E5
Vilsberg (57) 50 B4
Vimarcé (53) 59 G4
Vimenet (12) 155 E4
Viménil (88) 70 B3
Vimines (73) 131 H5
Vimont (14) 38 D1
Vimory (45) 64 A4
Vimoutiers (61) 39 F3
Vimpelles (77) 64 D2
Vimy (62) 8 B2
Vinantes (77) 43 F2
Vinassan (11) 188 B3
Vinax (17) 108 A6
Vinay (38) 145 E2
Vinay (51) 45 E2
Vinça (66) 200 C3
Vincelles (39) 117 F1
Vincelles (51) 44 D2
Vincelles (71) 102 B6
Vincelles (89) 83 G3
Vincelottes (89) 83 G3
Vincennes (94) 42 D4
Vincent (39) 102 C5
Vincey (88) 69 H2
Vincly (62) 2 A6
Vincy-Manœuvre (77) 43 G2
Vincy-Reuil-et-Magny (02) 23 E2
Vindecy (71) 115 E3
Vindefontaine (50) 12 D4
Vindelle (16) 122 B3
Vindey (51) 44 D5
Vindrac-Alayrac (81) 170 A1
Vinets (10) 66 C1
Vineuil (36) 96 C4
Vineuil (41) 80 A4
Vineuil-Saint-Firmin (60) 43 E1
la Vineuse (71) 115 H2
Vinezac (07) 157 F3
Vingrau (66) 201 E1
Vingt-Hanaps (61) 60 A1
Vinnemerville (76) 16 D3
Vinneuf (89) 64 D3
Vinon (18) 98 B1
Vinon-sur-Verdon (83) 176 C4
Vins-sur-Caramy (83) 193 G2
Vinsobres (26) 158 D4
le Vintrou (81) 171 E6
Vinzelles (71) 116 B4
Vinzelles (63) 127 G2
Vinzier (74) 119 E3
Vinzieux (07) 143 H1
Viocourt (88) 69 E3
Viodos-Abense-de-Bas (64) 181 G2
Violaines (62) 3 E6
Violay (42) 129 F2
Violès (84) 158 C6
Violot (52) 86 B2
Viols-en-Laval (34) 173 E4
Viols-le-Fort (34) 173 E4
Vioménil (88) 69 G5
Vion (07) 144 A3
Vion (72) 77 G1
Vions (73) 131 G2
Vionville (57) 48 B1
Viozan (32) 183 H1
Viplaix (03) 112 B2
Vira (09) 186 A5
Vira (66) 200 C1
Virac (81) 170 B1
Virandeville (50) 12 B2
Virargues (15) 140 D3
Virazeil (47) 150 C3
Vire (14) 37 H3
Viré (71) 116 B2
Viré-en-Champagne (72) 59 F5
Vire-sur-Lot (46) 152 A3
Vireaux (89) 84 B2
Virecourt (54) 69 G1
Vireux-Molhain (08) 11 E4
Vireux-Wallerand (08) 11 E4
Virey (50) 37 F6
Virey-le-Grand (71) 101 G5
Virey-sous-Bar (10) 66 C4
Virginy (51) 24 C6
Viricelles (42) 129 F4
Virieu (38) 131 E5
Virieu-le-Grand (01) 131 F2
Virieu-le-Petit (01) 131 G1
Virignin (01) 131 G3

Viriville (38) 144 D1
Virlet (63) 112 D5
Virming (57) 49 G2
Viroflay (78) 42 C4
Virollet (17) 121 E4
Vironchaux (80) 6 D2
Vironvay (27) 18 D6
Virsac (33) 135 F3
Virson (17) 107 E5
Virville (76) 15 G1
Viry (39) 117 H4
Viry (71) 115 G2
Viry (74) 118 B5
Viry-Châtillon (91) 42 D5
Viry-Noureuil (02) 21 H2
Vis-en-Artois (62) 8 C3
Visan (84) 158 C4
Viscomtat (63) 128 B2
Viscos (65) 182 D5
Viserny (21) 84 C4
Visker (65) 183 E3
Vismes (80) 6 C5
Visoncourt (70) 87 H2
Vissac-Auteyrac (43) 142 A3
Vissec (30) 172 D3
Visseiche (35) 57 H4
Viterbe (81) 170 A5
Viterne (54) 48 C6
Vitot (27) 40 C1
Vitrac (15) 139 H6
Vitrac (24) 138 A6
Vitrac (63) 126 D1
Vitrac-en-Viadène (12) 140 D6
Vitrac-Saint-Vincent (16) 123 E3
Vitrac-sur-Montane (19) 139 F1
Vitrai-sous-Laigle (61) 40 B5
Vitray (03) 112 D1
Vitray-en-Beauce (28) 62 A3
Vitré (35) 58 A4
Vitreux (39) 102 D1
Vitrey (54) 69 F1
Vitrey-sur-Mance (70) 86 D1
Vitrimont (54) 49 E6
Vitrolles (05) 160 B3
Vitrolles (13) 192 A2
Vitrolles-en-Luberon (84) 176 B3
Vitry-aux-Loges (45) 63 F6
Vitry-en-Artois (62) 8 C2
Vitry-en-Charollais (71) 115 E2
Vitry-en-Montagne (52) 85 H1
Vitry-en-Perthois (51) 46 B5
Vitry-la-Ville (51) 46 A4
Vitry-Laché (58) 99 G2
Vitry-le-Croisé (10) 67 E4
Vitry-le-François (51) 46 B5
Vitry-lès-Cluny (71) 115 H2
Vitry-lès-Nogent (52) 68 B6
Vitry-sur-Loire (71) 99 H6
Vitry-sur-Orne (57) 26 B4
Vitry-sur-Seine (94) 42 D4
Vittarville (55) 25 F4
Vitteaux (21) 85 E5
Vittefleur (76) 17 E3
Vittel (88) 69 E4
Vittersbourg (57) 49 H2
Vittoncourt (57) 49 E2
Vitz-sur-Authie (80) 7 E3
Viuz-en-Sallaz (74) 118 D5
Viuz-la-Chiésaz (74) 132 A2
Vivaise (02) 22 B3
Vivans (42) 114 D5
Vivario (2B) 205 E3
Viverols (63) 128 C6
Vivès (66) 201 E4
Vivey (52) 85 H2
le Vivier (66) 200 C1
Vivier-au-Court (08) 24 B1
le Vivier-sur-Mer (35) 35 H4
Vivières (02) 21 G5
Viviers (07) 158 A3
Viviers (57) 49 E3
Viviers (89) 84 A2
Viviers-du-Lac (73) 131 H4
Viviers-le-Gras (88) 69 E4
Viviers-lès-Lavaur (81) 169 H5
Viviers-lès-Montagnes (81) 170 C6
Viviers-lès-Offroicourt (88) 69 F3
Viviers-sur-Artaut (10) 66 D5
Viviers-sur-Chiers (54) 25 G4
Viviès (09) 186 A4
Viviez (12) 153 H2
Viville (16) 122 A5
Vivoin (72) 60 A3
Vivonne (86) 109 E2
Vivy (49) 77 G6
Vix (21) 85 E1
Vix (85) 107 E3
Vizille (38) 145 G3
Vizos (65) 183 E6
Vocance (07) 143 G2
Vodable (63) 127 F5
Voegtlinshoffen (68) 71 F5
Voelfling-lès-Bouzonville (57) 27 E4
Vœllerdingen (67) 50 A2
Vœuil-et-Giget (16) 122 B4
Vogelgrun (68) 71 G5
Voglans (73) 131 H4
Vogüé (07) 157 G2
Voharies (02) 22 D1
Void-Vacon (55) 47 H5
Voigny (77) 67 F3
Voilemont (51) 46 C2
Voillans (25) 88 A5
Voillecomte (52) 67 F1
Voimhaut (57) 49 E2
Voinémont (54) 49 E6
Voingt (63) 126 B3
Voinsles (77) 43 H5
Voipreux (51) 45 F3
Voires (25) 103 H2
Voiron (38) 145 F1
Voiscreville (27) 18 A5
Voise (28) 62 C2
Voisenon (77) 43 F6
Voisey (52) 86 D1
Voisines (52) 86 A1
Voisines (89) 65 E3
Voisins-le-Bretonneux (78) 42 B5
Voissant (38) 131 G5
Voissay (17) 121 F1
Voiteur (39) 102 D5
la Voivre (70) 88 A1
la Voivre (88) 70 C2
les Voivres (88) 69 G6
Voivres-lès-le-Mans (72) 60 A6
Volckerinckhove (59) 2 D3
Volesvres (71) 115 F2
Volgelsheim (68) 71 G5
Volgré (89) 83 E1
Volksberg (67) 50 B2
Vollore-Montagne (63) 128 B3
Vollore-Ville (63) 128 A3
Volmerange-lès-Boulay (57) 26 D5
Volmerange-les-Mines (57) 26 B2
Volmunster (57) 28 B5
Volnay (21) 101 G3
Volnay (72) 60 C6
Volon (70) 86 D3
Volonne (04) 160 B6
Volpajola (2B) 203 F5
Volstroff (57) 26 C3
Volvent (26) 159 E2
Volvic (63) 127 E2
Volx (04) 176 D3
Vomécourt (88) 70 B2
Vomécourt-sur-Madon (88) 69 G2
Voncq (08) 24 B4
Vonges (21) 86 B5
Vongnes (01) 131 G2
Vonnas (01) 116 C3
Voray-sur-l'Ognon (70) 87 F5
Voreppe (38) 145 F1
Vorey (43) 142 C2

Vorges (02) 22 C4
Vorges-lès-Pins (25) 103 F2
Vorly (18) 97 H4
Vornay (18) 98 A4
Vosbles (39) 117 F3
Vosne-Romanée (21) 101 H2
Vosnon (10) 65 H5
Vou (37) 95 F2
Vouarces (51) 45 E6
Voudenay (21) 100 D2
Voué (10) 66 B2
Vouécourt (52) 67 H3
Vougécourt (70) 69 F6
Vougeot (21) 101 H2
Vougy (42) 115 E6
Vougy (74) 119 E6
Vouharte (16) 122 B2
Vouhé (17) 107 E5
Vouhé (79) 108 A1
Vouhenans (70) 88 A3
Vouillé (79) 107 H3
Vouillé (86) 94 A6
Vouillé-les-Marais (85) 107 E3
Vouillers (51) 46 C5
Vouillon (36) 96 D6
Vouilly (14) 13 F5
Voujeaucourt (25) 88 C4
Voulaines-les-Templiers (21) 85 F2
Voulangis (77) 43 G4
Voulême (86) 108 C5
Voulgézac (16) 122 B5
Voulmentin (79) 93 E3
Voulon (86) 108 D3
Voulpaix (02) 9 G6
la Voulte-sur-Rhône (07) 144 A6
Voulton (77) 44 B6
Voulx (77) 64 C3
Vouneuil-sous-Biard (86) 109 E1
Vouneuil-sur-Vienne (86) 94 B6
Vourey (38) 145 F1
Vourles (69) 130 A4
Voussac (03) 113 F4
Voutenay-sur-Cure (89) 83 H4
Voutezac (19) 138 C1
Vouthon (16) 122 D4
Vouthon-Bas (55) 68 C1
Vouthon-Haut (55) 68 C1
Voutré (53) 59 F4
Vouvant (85) 107 F1
Vouvray (37) 79 E5
Vouvray-sur-Huisne (72) 60 D5
Vouvray-sur-Loir (72) 78 C3
Vouxey (88) 69 E2
Vouzailles (86) 94 A6
Vouzan (16) 122 D4
Vouziers (08) 24 A4
Vouzon (41) 81 E3
Vouzy (51) 45 F3
Voves (28) 62 B3
Vovray-en-Bornes (74) 118 C6
Voyenne (02) 22 C2
Voyennes (80) 21 G1
Voyer (57) 50 A5
la Vraie-Croix (56) 55 H6
Vraignes-en-Vermandois (80) 8 D6
Vraignes-lès-Hornoy (80) 19 H1
Vraincourt (52) 67 H3
Vrainville (27) 18 C6
Vraux (51) 45 G2
Vrécourt (88) 68 D4
Vred (59) 8 D1
Vregille (70) 87 E6
Vregny (02) 22 B5
Vrély (80) 21 E1
Vritz (44) 76 A6
Vrizy (08) 24 A4
Vrocourt (60) 19 H3
Vroil (51) 46 D4
Vron (80) 6 D2
Vroncourt (52) 68 B4
Vroncourt-la-Côte (52) 68 C4
Vroville (88) 69 G3
Vry (57) 26 C5
Vue (44) 74 B5
Vuillafans (25) 103 H2
Vuillecin (25) 104 A3
Vuillery (02) 22 A4
Vulaines (10) 65 G4
Vulaines-lès-Provins (77) 64 D1
Vulaines-sur-Seine (77) 64 B2
Vulbens (74) 118 A5
Vulmont (57) 48 D3
Vulvoz (39) 117 H3
Vy-le-Ferroux (70) 87 F3
Vy-lès-Filain (70) 87 G4
Vy-lès-Lure (70) 88 A3
Vy-lès-Rupt (70) 87 E3
Vyans-le-Val (70) 88 C4
Vyt-lès-Belvoir (25) 88 B5

W

Waben (62) 6 C1
Wacquemoulin (60) 21 E4
Wacquinghen (62) 1 F3
Wadelincourt (08) 24 C2
Wagnon (08) 23 H2
Wahagnies (59) 8 D1
Wahlbach (68) 89 F3
Wahlenheim (67) 51 E4
Wail (62) 7 F2
Wailly (62) 8 B3
Wailly-Beaucamp (62) 6 D1
Walbach (68) 71 E5
Walbourg (67) 51 E3
la Walck (67) 50 D3
Waldersbach (67) 71 E1
Waldhambach (67) 50 B3
Waldhouse (57) 28 B5
Waldighofen (68) 89 F3
Waldolwisheim (67) 50 C4
Waldweistroff (57) 26 D3
Waldwisse (57) 26 D2
Walheim (68) 89 F3
Walincourt-Selvigny (59) 9 E4
Wallers (59) 9 F2
Wallers-en-Fagne (59) 10 B4
Wallon-Cappel (59) 2 D4
Walschbronn (57) 28 B5
Walscheid (57) 50 A5
Waltembourg (57) 50 B4
Waltenheim (68) 89 G2
Waltenheim-sur-Zorn (67) 51 E4
Waly (55) 47 E2
Wambaix (59) 9 E4
Wambercourt (62) 7 E2
Wambez (60) 19 H3
Wambrechies (59) 3 F4
Wamin (62) 7 E2
Wanchy-Capval (76) 6 B5
Wancourt (62) 8 B3
Wandignies-Hamage (59) 9 E1
Wangen (67) 50 C5
Wangenbourg-Engenthal (67) 50 B5
Wannehain (59) 3 G5
Wanquetin (62) 8 A3
la Wantzenau (67) 51 F5
Warcq (08) 24 A1
Warcq (55) 25 G6
Wardrecques (62) 2 C4
Wargemoulin-Hurlus (51) 46 B1
Wargnies (80) 7 G4
Wargnies-le-Grand (59) 9 G2
Wargnies-le-Petit (59) 9 G2
Warhem (59) 2 C2
Warlaing (59) 9 E1
Warlencourt-Eaucourt (62) 8 B4

Warlincourt-lès-Pas (62) 7 H3
Warloy-Baillon (80) 7 H5
Warlus (62) 8 A3
Warlus (80) 7 G5
Warluis (60) 20 B5
Warluzel (62) 7 H3
Warmeriville (51) 23 F5
Warnécourt (08) 24 A1
Warneton (59) 3 F4
Warsy (80) 21 E2
Warvillers (80) 21 E1
Wasigny (08) 23 G2
Wasnes-au-Bac (59) 9 E2
Wasquehal (59) 3 G5
Wasselonne (67) 50 C5
Wasserbourg (68) 71 E5
Wassigny (02) 9 G5
Wassy (52) 67 G1
Le Wast (62) 1 G4
Watigny (02) 10 B6
Watronville (55) 47 G1
Watten (59) 2 C3
Wattignies (59) 3 F5
Wattignies-la-Victoire (59) 10 A3
Wattrelos (59) 3 G4
Wattwiller (68) 89 E1
Wavignies (60) 20 C3
Waville (54) 48 B2
Wavrans-sur-l'Aa (62) 2 A4
Wavrans-sur-Ternoise (62) 7 G1
Wavrechain-sous-Denain (59) 9 F2
Wavrechain-sous-Faulx (59) 9 E2
Wavrille (55) 25 E5
Wavrin (59) 3 E5
Waziers (59) 8 D1
Weckolsheim (68) 71 G5
Wegscheid (68) 88 D1
Weinbourg (67) 50 C3
Weislingen (67) 50 B3
Weitbruch (67) 51 E4
Weiterswiller (67) 50 C3
Welles-Pérennes (60) 20 D3
Wemaers-Cappel (59) 2 C3
Wentzwiller (68) 89 G3
Werentzhouse (68) 89 F4
Wervicq-Sud (59) 3 F4
West-Cappel (59) 2 C2
Westhalten (68) 71 F5
Westhoffen (67) 50 C5
Westhouse (67) 71 G1
Westhouse-Marmoutier (67) 50 C5
Westrehem (62) 2 B6
Wettolsheim (68) 71 F5
Weyer (67) 50 A3
Weyersheim (67) 51 E4
Wickerschwihr (68) 71 G4
Wickersheim-Wilshausen (67) 50 D4
Wicquinghem (62) 1 H5
Wicres (59) 3 E5
Widehem (62) 1 F5
Widensolen (68) 71 G4
Wiège-Faty (02) 9 G6
Wiencourt-l'Équipée (80) 8 A6
Wierre-au-Bois (62) 1 F5
Wierre-Effroy (62) 1 F4
Wiesviller (57) 27 H5
Wignehies (59) 10 A5
Wignicourt (08) 24 A3
Wihr-au-Val (68) 71 E5
Wildenstein (68) 70 D4
Wildersbach (67) 71 E1
Willeman (62) 7 F2
Willems (59) 3 G5
Willencourt (62) 7 F3
Willer (68) 89 F3
Willer-sur-Thur (68) 89 E1
Willeroncourt (55) 47 F5
Willerval (62) 8 B2
Willerwald (57) 49 H2
Willgottheim (67) 50 D5
Williers (08) 25 E2
Willies (59) 10 B4
Wilwisheim (67) 50 D4
Wimereux (62) 1 F4
Wimille (62) 1 F4
Wimmenau (67) 50 C3
Wimy (02) 10 A5
Windstein (67) 28 D6
Wingen (67) 51 E1
Wingen-sur-Moder (67) 50 C2
Wingersheim (67) 50 D4
Wingles (62) 3 E6
Winkel (68) 89 F4
Winnezeele (59) 2 C3
Wintersbourg (57) 50 B4
Wintershouse (67) 51 E4
Wintzenbach (67) 51 G2
Wintzenheim (68) 71 F4
Wintzenheim-Kochersberg (67) 50 D4
Wirwignes (62) 1 F4
Wiry-au-Mont (80) 6 D5
Wisches (67) 50 B6
Wisembach (88) 71 E3
Wiseppe (55) 24 D4
Wismes (62) 1 H5
Wisques (62) 2 A4
Wissant (62) 1 F3
Wissembourg (67) 51 F1
Wissignicourt (02) 22 B3
Wissous (91) 42 D5
Witry-lès-Reims (51) 23 F5
Wittelsheim (68) 89 F1
Wittenheim (68) 89 F1
Witternesse (62) 2 B5
Witternheim (67) 71 H2
Wittersdorf (68) 89 F3
Wittersheim (67) 50 D4
Wittes (62) 2 B5
Wittisheim (67) 71 G3
Wittring (57) 50 A1
Wiwersheim (67) 50 D5
Wizernes (62) 2 A4
Wœlfling-lès-Sarreguemines (57) 28 A5
Wœrth (67) 51 E2
Woignarue (80) 6 B4
Woimbey (55) 47 G2
Woincourt (80) 6 B4
Woippy (57) 26 B5
Woirel (80) 6 D5
Wolfersdorf (68) 89 E3
Wolfgantzen (68) 71 G5
Wolfisheim (67) 51 E5
Wolschheim (67) 50 C4
Wolschwiller (68) 89 G4
Wolxheim (67) 50 D6
Wormhout (59) 2 C3
Woustviller (57) 49 H1
Wuenheim (68) 71 E6
Wuisse (57) 49 F3
Wulverdinghe (59) 2 B3
Wy-Dit-Joli-Village (95) 42 A1
Wylder (59) 2 C2

X

Xaffévillers (88) 70 A2
Xaintrailles (47) 150 C5
Xaintray (79) 107 H2
Xambes (16) 122 B2
Xammes (54) 48 B2
Xamontarupt (88) 70 B4
Xanrey (57) 49 F4
Xanton-Chassenon (85) 107 F2
Xaronval (88) 69 G2
Xermaménil (54) 49 E6
Xertigny (88) 69 H5
Xeuilley (54) 48 C6
Xirocourt (54) 69 G1
Xivray-et-Marvoisin (55) 48 A3
Xivry-Circourt (54) 25 H5

Xocourt (57) 48 D3
Xonrupt-Longemer (88) 70 D4
Xonville (54) 48 A2
Xouaxange (57) 49 H5
Xousse (54) 49 G5
Xures (54) 49 F5

Y

Y (80) 21 G1
Yainville (76) 17 F6
Yaucourt-Bussus (80) 7 E4
Ychoux (40) 148 C4
Ydes (15) 140 A1
Yèbleron (76) 16 D4
Yèbles (77) 43 F6
Yenne (73) 131 G3
Yermenonville (28) 62 B1
Yerres (91) 43 E5
Yerville (76) 17 F4
Yèvre-la-Ville (45) 63 G4
Yèvres (28) 61 H4
Yèvres-le-Petit (10) 66 D1
Yffiniac (22) 33 H5
Ygos-Saint-Saturnin (40) 165 G1
Ygrande (03) 113 F2
Ymare (76) 18 D5
Ymeray (28) 62 C1
Ymonville (28) 62 C3
Yolet (15) 140 B5
Yoncq (08) 24 C3
Yonval (80) 6 D4
Youx (63) 113 E5
Yport (76) 16 C3
Ypreville-Biville (76) 16 D4
Yquebeuf (76) 17 H5
Yquelon (50) 35 G2
Yronde-et-Buron (63) 127 G4
Yrouerre (89) 84 A2
Yssac-la-Tourette (63) 127 F2
Yssandon (19) 138 B2
Yssingeaux (43) 142 D3
Ytrac (15) 140 A5
Ytres (62) 8 C4
Yutz (57) 26 C3
Yvecrique (76) 17 E4
Yvernaumont (08) 24 A2
Yversay (86) 94 B6
Yves (17) 106 D6
les Yveteaux (61) 38 D5
Yvetot (76) 17 E4
Yvetot-Bocage (50) 12 D3
Yvias (22) 33 F2
Yviers (16) 136 A1
Yvignac-la-Tour (22) 34 C6
Yville-sur-Seine (76) 17 F6
Yvoire (74) 118 D3
Yvoy-le-Marron (41) 80 D3
Yvrac (33) 135 F5
Yvrac-et-Malleyrand (16) 122 D3
Yvré-le-Pôlin (72) 78 A1
Yvré-l'Évêque (72) 60 B5
Yvrench (80) 7 E3
Yvrencheux (80) 7 E3
Yzengremer (80) 6 B4
Yzernay (49) 92 D3
Yzeron (69) 129 G3
Yzeure (03) 114 A2
Yzeures-sur-Creuse (37) 95 F5
Yzeux (80) 7 G5
Yzosse (40) 165 E4

Z

Zaessingue (68) 89 F3
Zalana (2B) 205 G2
Zarbeling (57) 49 F3
Zegerscappel (59) 2 B3
Zehnacker (67) 50 C5
Zeinheim (67) 50 C5
Zellenberg (68) 71 F4
Zellwiller (67) 71 G1
Zermezeele (59) 2 C3
Zérubia (2A) 207 E2
Zetting (57) 27 H5
Zévaco (2A) 205 E6
Zicavo (2A) 205 E6
Zigliara (2A) 204 D6
Zilia (2B) 202 C6
Zilling (57) 50 B4
Zillisheim (68) 89 F2
Zimmerbach (68) 71 E4
Zimmersheim (68) 89 F2
Zimming (57) 49 F1
Zincourt (88) 69 H3
Zinswiller (67) 50 D3
Zittersheim (67) 50 C3
Zœbersdorf (67) 50 D4
Zommange (57) 49 G4
Zonza (2A) 207 E2
Zoteux (62) 1 G5
Zouafques (62) 2 A3
Zoufftgen (57) 26 B2
Zoza (2A) 207 E2
Zuani (2B) 205 G3
Zudausques (62) 2 A4
Zutkerque (62) 2 A3
Zuydcoote (59) 2 C1
Zuytpeene (59) 2 C3